LES

COMBATTANTS FRANÇAIS

DE LA GUERRE AMÉRICAINE

1778 — 1783

Listes établies d'après les documents authentiques déposés aux Archives Nationales et aux Archives du Ministère de la Guerre

PUBLIÉES PAR LES SOINS

DU MINISTÈRE DES AFFAIRES ÉTRANGÈRES

PARIS
ANCIENNE MAISON QUANTIN
LIBRAIRIES-IMPRIMERIES RÉUNIES
MOTTEROZ, MARTINET
7, rue Saint-Benoît 7
1903

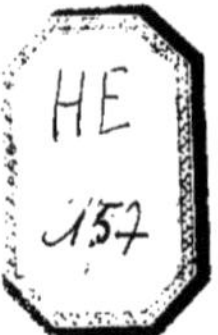

LES

COMBATTANTS FRANÇAIS

DE LA GUERRE AMÉRICAINE

1778 — 1783

CHARLES GRAVIER, COMTE DE VERGENNES,

Conseiller d'État ordinaire et Chef du Conseil, Ministre et Secrétaire d'État.

LES

COMBATTANTS FRANÇAIS

DE LA GUERRE AMÉRICAINE

1778 — 1783

Listes établies d'après les documents authentiques déposés aux Archives Nationales et aux Archives du Ministère de la Guerre

PUBLIÉES PAR LES SOINS

DU MINISTÈRE DES AFFAIRES ÉTRANGÈRES

PARIS
ANCIENNE MAISON QUANTIN
LIBRAIRIES-IMPRIMERIES RÉUNIES
MOTTEROZ, MARTINET
7, rue Saint-Benoît, 7
1903

INTRODUCTION

CONCLUSION DE LA CAMPAGNE LIBERTÉ DE 1781 EN VIRGINIE

To his Excellency General Washington this Likeness of his friend, the Marquess de la Fayette, is humbly dedicated By le Mier.

I

La République des États-Unis, loin d'avoir perdu le souvenir de ses origines à mesure qu'elle s'en éloignait, semble, à l'époque contemporaine, sentir de plus en plus se développer chez elle le culte de son passé héroïque et le traditionnalisme qui fait l'honneur et souvent la force des peuples. Depuis un quart de siècle, on peut remarquer qu'elle n'a manqué aucune occasion de remettre en honneur les événements de la Guerre de l'Indépendance et la mémoire de tous ceux qui y ont participé.

Parmi les manifestations de ces sentiments, il faut placer au premier rang la création de la Société Nationale des Fils de la Révolution Américaine. Fondée en 1889, cette Association n'a cessé de prendre de jour en jour plus d'importance; elle s'est établie dans tous les États de l'Union et compte parmi ses membres les hommes les plus éclairés de la nation. Quant au but qu'elle se propose, les statuts qui la régissent l'indiquent en termes précis. Voici comment s'exprime l'article 1er : « La Société a pour but de perpétuer la mémoire des hommes qui, par leurs « services ou sacrifices durant la Guerre de la Révolution Américaine, ont accompli l'œuvre « de l'Indépendance; d'unir les descendants de ces hommes et de créer entre eux des liens « d'amitié et de bonne camaraderie, de leur inspirer à tous et à la communauté, en général, « le plus profond sentiment de respect pour les principes du Gouvernement fondé par nos « ancêtres, d'encourager les recherches historiques concernant la Révolution Américaine, « d'acquérir et conserver le souvenir des services individuels rendus par les patriotes de la « guerre, tout aussi bien que les documents, édifices historiques et reliques, de marquer les « scènes de la Révolution par des récits appropriés, de célébrer les anniversaires des événe- « ments principaux de la Guerre, d'entretenir et développer le vrai patriotisme, de maintenir « et étendre les institutions de la liberté américaine, de mettre à exécution les principes et « vues exprimés dans l'exposé des motifs de la Constitution des États-Unis, ainsi que les « *injonctions* de Washington dans son discours d'adieu *Farewell address* au peuple amé- « ricain. »

De semblables aspirations ne peuvent que trouver un écho sympathique dans le cœur de la nation Française; les deux Républiques ont les mêmes désirs en ce qui concerne les souvenirs qui leur sont communs; elles sont rapprochées par leur ardent patriotisme ainsi que par leur attachement aux principes de liberté et de justice, principes et sentiments que la Société dont nous parlons contribuera certainement à honorer et à répandre.

Aussi lorsqu'en 1899, un jeune avocat de Chicago, M. Paul Wentworth Linebarger vint me trouver au Consulat de France en cette ville et me proposa de créer en France des sections de la Société, j'accueillis favorablement ces ouvertures et ne manquai pas d'entretenir de cette proposition mon chef hiérarchique, M. Jules Cambon, ambassadeur de France à Washington, et le ministre des Affaires étrangères. De son côté, l'Assemblée de la Société Nationale des Fils de la Révolution Américaine décidait que « les descendants des Français qui combattirent « pour l'indépendance des États-Unis pourraient se grouper et former en France des sections « officiellement reconnues de la Société ». S. E. le général Porter, ambassadeur des États-Unis à Paris, avait déjà fondé avec l'autorisation du Gouvernement Français une section des Fils de la Révolution qui groupait les Américains établis en France, descendants de combattants de la Révolution de 1776; la nouvelle organisation permettait aux citoyens des États-Unis d'entrer, en même temps que des Français, dans le cadre des sections françaises.

Mais il fallait, avant toute autre démarche, reconstituer les listes des combattants français qui prirent part à la Guerre de l'Indépendance. Une enquête poursuivie au Ministère de la Guerre des États-Unis fit constater que cette administration ne possédait à cet égard aucun document contenant des indications spéciales et individuelles concernant les Français marins ou soldats qui avaient pris part à la guerre. C'est dans ces conditions que, à la demande de S. Exc. M. le général Porter, M. Delcassé, ministre des Affaires étrangères, a bien voulu nommer une commission chargée d'effectuer des recherches dans les différents dépôts d'archives de l'État français, aux Archives Nationales et aux Archives du Ministère de la guerre.

Cette commission, nommée en octobre 1900, et dont j'avais l'honneur d'être le Président, était composée de MM. Edward P. Mac Lean, vice-consul général des États-Unis à Paris, le colonel Chaillé Long et le commandant Huntington. Elle eut dès le premier jour à sa disposition toutes les autorisations nécessaires à l'accomplissement de sa tâche et a toujours trouvé auprès des chefs des différentes archives le plus aimable et le plus sympathique accueil. Je tiens à leur transmettre ici nos plus vifs remerciements, ainsi qu'aux secrétaires dévoués que les Ministères de la Guerre et de la Marine mirent pendant un an à notre disposition.

J'avais pris sur moi le soin des recherches à opérer aux archives du Ministère de la Guerre, qui servirent d'ailleurs de base au travail de la commission (1).

MM. Chaillé Long et Huntington se chargèrent d'effectuer les recherches aux Archives Nationales où sont déposés depuis quelques années les documents relatifs à la marine française de l'époque qui nous occupait. Ils furent secondés dans leurs efforts par M. Lacour-Gayet, professeur à l'École supérieure de marine, que la commission s'adjoignit, plus tard, en janvier 1902, comme membre auxiliaire, en reconnaissance de ses services compétents et gracieux.

(1) En ce qui concerne les investigations préliminaires qui ont servi de base au travail de la commission, j'ai pu les effectuer sur les documents suivants :

1° M. Thomas Balch, *The French in America*, en deux volumes, le premier en français, le second en anglais; 2° l'*Histoire de l'ancienne infanterie française*, par Louis Susane; 3° l'*Histoire de l'ancienne artillerie française*, par le même auteur, qui avait appartenu à l'arme de l'artillerie; 4° le *Journal de campagne de Claude Bernard*, publié par La Chaisnais; 5° la correspondance encore inédite, mais qui, m'assure-t-on, sera bientôt publiée, du comte de Rochambeau avec Washington, le comte de Grasse, le chevalier de la Luzerne, le comte de Barras, le Ministre de la guerre de France, Lafayette et d'autres; 6° des documents inédits conservés dans cinq cartons aux Archives historiques du Ministère de la guerre.

Enfin M. Arthur Chuquet, membre de l'Institut, professeur au Collège de France, voulut bien revoir dans leur intégralité les épreuves de cet ouvrage. Qu'il reçoive ici l'expression de notre vive gratitude.

Avant de présenter le travail de la commission, il a paru bon de retracer, en quelques mots, celles des péripéties de la Guerre de l'Indépendance où les troupes françaises ont été plus spécialement mêlées.

II

La période de participation de la France à la guerre de l'Indépendance américaine est nettement délimitée par deux actes fort importants : d'une part le traité d'amitié du 6 février 1778 entre la France et les États-Unis par lequel notre pays reconnaissait l'indépendance des colonies britanniques, et d'autre part les préliminaires de paix signés à la fin de 1782 entre la Grande-Bretagne et les États-Unis, confirmés par le traité de Versailles du 3 septembre 1783.

La guerre fut poursuivie par la France à la fois sur terre et sur mer; le rôle de la marine y fut d'autant plus important que nos vaisseaux eurent non seulement à soutenir vaillamment le choc des puissantes flottes ennemies, mais encore à transporter tous les corps de troupes de l'armée de terre destinés à combattre sur le continent américain. C'est pourquoi il nous a paru logique de donner d'abord la liste des équipages et des troupes de garnison embarqués sur les navires de notre flotte, en suivant l'ordre chronologique de départ de ces escadres et de ne faire connaître qu'à la fin de notre ouvrage la composition de l'armée de terre qui débarqua sous les ordres du comte de Rochambeau.

L'escadre qui prit la mer la première fut celle de l'amiral d'Estaing : cinq semaines après la signature du traité d'amitié avec les États-Unis, le 13 avril 1778, elle quittait Toulon, composée de 12 vaisseaux et de 4 frégates, et le 8 juillet suivant, arrivait à l'embouchure de la Delaware : remontant alors au Nord, elle forçait le passage de Newport pour entrer dans la baie de Connecticut, où les Anglais surpris et effrayés brûlèrent cinq de leurs frégates ainsi que deux corvettes. Comme l'Amiral Howe s'avançait pour porter secours aux forces britanniques, d'Estaing se préparait à le combattre lorsqu'une violente tempête sépara les deux flottes; l'amiral français dut se retirer à Boston et les Américains évacuèrent le Rhode Island; ce premier effort des Français obligea cependant les Anglais à se tenir sur la défensive au moment où ils préparaient une offensive redoutable.

D'Estaing ayant réparé ses vaisseaux remit à la voile pour les Antilles le 4 novembre 1778; il dut d'abord se contenter d'observer la flotte anglaise de Byron sans être en situation de la forcer à combattre. Mais, rallié par l'escadre du chevalier de la Motte-Piquet, il se trouva, le 5 juillet 1779, à la tête de 25 vaisseaux de ligne. Alors il attaqua les Anglais dans les eaux de la Grenade et endommagea tellement 8 de leurs navires qu'ils durent battre en retraite; d'Estaing alla jeter l'ancre dans la rade de Saint-Georges. Le 22 juillet il offrit de nouveau le combat, mais la flotte anglaise embossée dans la rade de Basse-Terre restait immobile, il fit alors voile vers le continent américain, en Géorgie.

Savannah était depuis un an fortement occupée par les Anglais; il est certain que les forces franco-américaines ne concertèrent pas assez leur attaque; malgré un assaut vigoureux où Américains et Français rivalisèrent d'ardeur et de bravoure, les alliés ne purent emporter la place et durent battre en retraite sous le feu terrible de l'artillerie des assiégés; les Américains se retirèrent dans la Caroline du sud et les Français sur leurs vaisseaux; les premiers avaient 400 hommes hors de combat, nous en avions 700; le comte d'Estaing était parmi les blessés.

Malgré cet insuccès, l'arrivée inattendue de l'armée navale française arrêta les projets offensifs des Anglais contre les provinces méridionales. Le général Clinton fit évacuer Rhode Island avec tant de précipitation que la garnison de Newport abandonna toute sa grosse artillerie et une grande quantité de munitions de guerre (27 octobre 1779).

Le général Washington dut toutefois se tenir sur une sage défensive; il avait besoin, et s'en rendait compte, d'être secondé par des forces navales supérieures à celles de la Grande-Bretagne : « Si nous n'avons pas l'argent et les soldats de France, disait-il, notre cause est perdue ». Il lui fallait aussi des vaisseaux que la France seule pouvait fournir.

Elle devait les lui fournir bientôt, mais déjà le noble enthousiasme des Français pour la cause de la liberté américaine avait décidé le Roi de France sur les instances de La Fayette et de ses amis, partis en volontaires, à envoyer une armée sur le continent américain. Ce n'était pas une armée alliée, c'était presque un corps d'armée américain; le chef se placerait sous les ordres du généralissime américain, les officiers céderaient le pas et le commandement aux officiers américains de même rang.

L'armée se réunit à Brest en avril 1780, sous le commandement du comte de Rochambeau; mais, des 6 régiments d'infanterie qu'elle devait comprendre, 4 seulement, en raison de l'insuffisance des transports, purent s'embarquer : c'étaient le Bourbonnais, le Soissonnais, le Saintonge, le Royal Deux Ponts. A cela s'ajoutaient 600 hommes de la légion de Lauzun dont 300 cavaliers, et près de 700 artilleurs, sapeurs et ouvriers du génie. Plus tard, des renforts pris dans les régiments de Neustrie et d'Anhalt purent être envoyés et le total des hommes de chaque régiment fut finalement de 1,300.

Suivant Claude Bernard, commissaire des guerres principal de ce corps auxiliaire français de l'armée américaine, l'armée de Rochambeau s'embarqua sur 7 vaisseaux, 2 frégates et 25 à 30 transports. Cette flotte atteignit les eaux américaines vers le milieu du mois de juillet 1780; l'armée débarqua à Newport, assez maltraitée par la longue traversée et le mauvais temps : sur 5,000 hommes, 800 étaient malades.

De son côté, l'armée américaine avait à lutter contre des difficultés nombreuses; les enrôlements de volontaires se faisaient malaisément. L'argent manquait; pour avilir le papier-monnaie, les Anglais avaient imaginé de le contrefaire : on en trouva trois caisses, pour une somme de 500,000 dollars, sur la « Polly » capturée à Newport.

Les deux armées employèrent à s'organiser les premiers mois qui suivirent le débarquement. Dès le premier jour, il fallut que Rochambeau se préoccupât de la question monétaire. Tout ce que l'armée consommait était payé comptant, en espèces, car il y avait à combattre l'avilissement du papier-monnaie et l'énorme agiotage entrepris dans la négociation des traites sur la France. On avait donc besoin de fonds : de là les pressants appels du général au

Ministre de la Guerre, et l'on juge combien furent bienvenus le don que le Roi Louis XVI fit aux États-Unis d'une somme de 6 millions de livres et les envois d'argent au commandant de l'armée française.

En même temps Rochambeau et Washington se concertaient, élaboraient des plans de campagne : ils furent bien vite obligés de reconnaître que tout projet était impossible tant que la flotte française n'aurait pas obtenu, dans les parages américains, un avantage indiscutable, soit en attaquant New York où le général Clinton avait une armée de 15,000 hommes, soit par une diversion dans le sud, en Virginie, où se trouvaient avec des forces considérables le renégat Arnold et Lord Cornwallis.

Vers le milieu de mars 1781, l'Amiral Hood partit de New York pour ravitailler l'armée du sud par la baie de la Chesapeake. En l'apprenant, Des Touches qui, depuis la mort de Ternay, commandait la flotte française, appareilla et fit voile vers la baie dans l'intention d'en disputer l'entrée à la flotte anglaise. Il avait 8 vaisseaux, ayant pris le vaisseau anglais le « Romulus ». La flotte de Hood était numériquement égale, mais supérieure en artillerie. Destouches l'attaqua en pleine mer, malgré le désavantage du vent; la bataille fut acharnée, trois vaisseaux ennemis furent mis hors de combat. L'avantage restait aux Français qui ne purent cependant, à cause des vents contraires, poursuivre l'ennemi et l'empêcher d'entrer dans la baie de Chesapeake. L'escadre française revint à Newport.

Si le but de l'expédition fut ainsi manqué, l'effet moral du moins fut considérable. Washington écrivait à Rochambeau le 3 avril : « J'ai l'honneur de vous envoyer la relation « que donne l'ennemi du combat du 16 du mois dernier entre la flotte française et la flotte « anglaise. De son aveu, trois de ses vaisseaux furent entièrement désemparés, et comme ils « ne se vantent pas, ainsi qu'ils sont toujours disposés à le faire, d'avoir obtenu un avan- « tage considérable, il est évident, dans leur propre opinion, qu'ils n'ont pas de quoi se « glorifier ».

Le Congrès des États-Unis chargeait son président Huntington de transmettre au Comte de Rochambeau des félicitations avec « des remerciements particuliers à l'adresse du Che- « valier Destouches et aux officiers et gens de mer sous ses ordres pour la bravoure, la « fermeté et la belle conduite qu'ils ont déployées dans la dernière entreprise contre l'ennemi : « bien que des événements imprévus aient empêché l'exécution du projet, le combat vigou- « reux du 16 mars, si courageusement et avantageusement soutenu devant le cap de la « Chesapeake contre une escadre ennemie supérieure, fait honneur aux armes de S. M. T. C. « et est un heureux présage d'avantages décisifs pour les États-Unis ».

Ce combat coûtait cependant à la France un grand nombre d'hommes, et la flotte dut retourner à Newport pour s'y réparer (1).

(1) Il y eut 51 tués et 41 blessés sur le *Conquérant*; 19 tués et 35 blessés sur l'*Ardent*; 5 tués et 1 blessé sur le *Jason*; 6 tués et 5 blessés sur le *Duc de Bourgogne*; 4 tués et 2 blessés sur le *Neptune*: 2 tués et 1 blessé sur le *Romulus*; 1 tué et 8 blessés sur l'*Éveillé*; 1 tué et 7 blessés sur la *Provence*.

L'*Éveillé*, commandé par M. de la Villebrune, se distingua particulièrement :

Le *London*, de 98 canons, ayant, en effet, tenté de couper la ligne française entre le *Romulus* et l'*Éveillé*, le commandant de ce dernier navire, qui était de 64 canons seulement, eut l'audace de tenir le vent, d'envoyer sa bordée à ce vaisseau à trois ponts, et de recevoir toutes les siennes qui ne lui firent aucun mal, mais qui, bien dirigées, auraient dû le couler bas, vu la petite distance qui les séparait. C'est grâce à cette manœuvre hardie que l'Amiral Hood ne put couper la ligne de nos vaisseaux.

Au moment où ces événements s'accomplissaient dans les eaux américaines, le comte de Grasse partait de Brest, le 22 mars 1781. De grandes constructions avaient eu lieu à Brest, Toulon et Rochefort : en trois ans, plus de vingt vaisseaux de ligne avaient été construits ou mis en état de prendre la mer, l'un d'eux, le *Spectre*, au bout de 105 jours. Quelques-uns de ces nouveaux bâtiments étaient partis sous le commandement du comte d'Estaing. Grasse avait sous ses ordres 26 vaisseaux et quelques frégates.

Il avait pour mission d'aller toucher aux Antilles, puis longeant du sud au nord, de Savannah à Rhode Island, la côte des États-Unis, d'aller prêter à l'armée de Washington et de Rochambeau toute l'assistance possible, en gardant cependant le droit d'agir en tout et pour tout suivant son jugement : il rallierait la flotte de Destouches, dont le comte de Barras venait de prendre le commandement. Il devait retrouver également dans les mêmes eaux l'escadre du comte de Guichen qui, après avoir pris part avec le comte de Grasse à quelques combats contre les Anglais entre la Martinique et Sainte-Lucie, regagna les côtes d'Europe en laissant à celui-ci une dizaine de vaisseaux. Les forces navales de la France allaient acquérir ainsi la supériorité du nombre.

Grasse profita de son séjour aux Antilles pour obtenir du Gouverneur 3,400 hommes de renfort qu'il devait amener à Rochambeau. Il put aussi conclure, grâce au bon vouloir du gouverneur Espagnol de la Havane, un prêt de 1,200,000 livres pour lequel il engagea sa propre fortune.

Des deux points de concentration qui lui étaient indiqués, l'amiral français choisit la Chesapeake. Aussitôt les armées de Washington et de Rochambeau quittèrent leurs quartiers du nord et par marches forcées arrivèrent à Whiteplains : les Français parcoururent en onze jours 220 milles. Puis les deux généraux en effectuant des étapes de 60 milles par jour, rejoignirent le comte de Grasse à Williamsburg. Ils y trouvèrent La Fayette qui, à la tête d'un corps d'armée américain, tenait tête aux troupes d'Arnold et de Cornwallis, et le comte de Saint-Simon avec les 3,400 hommes venus des Antilles. La Fayette était depuis longtemps en Amérique; il y était arrivé au printemps de 1777, escorté d'autres volontaires français et bientôt il était devenu officier d'ordonnance de Washington : son enthousiasme pour la noble cause qu'il défendait, sa bravoure chevaleresque l'imposèrent à l'admiration. Après la bataille de Brandywine, où il fut blessé (17 septembre 1777) le Congrès l'avait nommé au commandement d'une division américaine.

Pendant ces opérations, les escadres anglaises de l'Amiral Hood et de l'Amiral Graves s'étaient jointes devant New-York, elles firent voile le 31 août vers la baie de la Chesapeake.

Le 5 septembre les frégates françaises signalèrent les voiles de l'ennemi. Grasse donna l'ordre de se préparer au combat : ses ordres furent exécutés avec tant de célérité que, malgré l'absence de 1,500 hommes et 90 officiers employés au débarquement des troupes de terre, l'armée navale française fut sous voiles en moins de trois quarts d'heure.

La flotte anglaise avait l'avantage du vent; elle était formée sur la ligne du plus près, tribord amures; en approchant des Français, à deux heures de l'après-midi, elle prit les mêmes amures qu'eux. L'action, engagée à 4 heures, dura jusqu'à la nuit; les Français cherchèrent en vain à la rengager, pendant quatre jours; les vents contraires leur firent perdre de vue la flotte anglaise.

L'escadre de Grasse rentra dans la baie de la Chesapeake; la flotte anglaise était trop endommagée pour rien tenter de nouveau. Alors l'armée de Cornwallis fut bloquée du côté de la mer, et cette victoire navale assura le succès du siège de York-Town.

La ville était déjà entourée sur terre par les troupes américaines et françaises; à celles-ci s'étaient joints 400 hommes « garnisonnés », comme on disait alors, sur les vaisseaux de Grasse. Les troupes alliées rivalisèrent d'entrain et de bravoure, les unes et les autres refoulant les ennemis de tranchées en tranchées, et forcèrent enfin le général Cornwallis à capituler (19 octobre 1781). Les Américains étaient conduits par La Fayette, les Français par Rochambeau, sous le commandement suprême de Washington, ce héros de la Guerre de l'Indépendance.

Il faut admirer la précision avec laquelle s'est exécuté le plan de campagne concerté par les généraux et l'amiral alliés. Washington et Rochambeau venant du Nord étaient arrivés à l'embouchure de l'Elk, dans la Chesapeake, une heure après l'arrivée du messager leur annonçant que le comte de Grasse était devant la baie. « C'est peut-être, disait Rochambeau, le « hasard le plus extraordinaire que, pour l'expédition combinée des isles sous le vent et du « Nord de l'Amérique, on se soit trouvé au rendez-vous de la baie, dans le sud de l'Amérique, « à une heure de différence. » Il fallait toute la modestie de Rochambeau pour appeler « hasard » un pareil fait.

Le siège de York-Town marque la fin de la résistance anglaise à l'indépendance américaine. Ainsi furent récompensés les efforts combinés d'hommes qui avaient donné tout leur dévouement à la cause de la liberté d'un peuple.

Ces hommes s'étaient liés d'une affection sans bornes au milieu de tant de périls. Washington aimait La Fayette comme un père aime son fils. La Fayette a été, d'ailleurs, de tout temps, et sans que jamais ces sentiments se soient affaiblis, l'objet de l'affection du peuple des États-Unis, qui ne le sépare pas, dans sa reconnaissance, de Washington, ce père de la patrie. Le témoignage d'admiration que les Américains ont récemment rendu au héros français en lui élevant une statue dans son propre pays, en est une éclatante preuve.

On ne connaît peut-être pas assez, au contraire, l'amitié qui lia étroitement Washington et Rochambeau. Cet attachement, né d'une longue collaboration et des responsabilités supportées en commun, s'est manifesté à plusieurs reprises dans la correspondance qu'ils échangeaient, même après la signature de la paix. Washington écrivait, le 1er février 1784 : « Je me rappellerai avec joie que nous avons été compagnons d'armes dans les labeurs de la Guerre pour la cause de la liberté et que nous avons vécu ensemble comme deux frères en harmonie et amitié. » (1)

Une même sympathie unissait les officiers et les hommes des troupes. L'adresse des habitants de Providence et de l'Etat de Rhode Island au comte de Rochambeau est, à ce point de vue, caractéristique :

« Nous avons aussi à reconnaître très sincèrement le généreux attachement et l'application « sans relâche pour les intérêts des États-Unis qui marquent si constamment le caractère de

(1) Au moment où ces lignes ont été écrites on n'avait pas encore inauguré le monument de Rochambeau dans la capitale des États-Unis.

« Votre Excellence, depuis son arrivée, et, d'une manière particulière, cette discipline exacte « et cette conduite si soutenue que les habitants ont éprouvées de Votre Excellence et de « l'Armée Française, qui a plutôt l'air composée de compagnons et de citoyens gouvernés « par les mêmes lois que d'une armée en quartier chez des alliés, à une si grande distance du « globe ».

On pourrait, sans exagération, appliquer à l'armée toute entière ce que Claude Bernard dit, dans son Journal de Campagne, de Rochambeau :

« Il fit estimer dans sa personne, au plus haut point, le caractère français sous ses plus « nobles aspects. Les Américains, avant son arrivée, imbus des préjugés anglais, s'étaient « d'avance représenté le général français (plusieurs l'ont avoué) comme un homme peu fait « à leurs idées et à leurs manières et avec lequel les rapports seraient difficiles, en raison de « tant de contrastes supposés. Ils virent, au contraire, un type de notre vieille France qui « semblait taillé sur le modèle même de leurs grands citoyens, aimant la justice, cherchant le « bien, digne et sérieux ».

Le contact, le travail dévoué pour une belle cause, les souffrances, les dangers affrontés en commun, avaient suffi pour dissiper les préjugés et les remplacer par l'estime et l'affection mutuelles.

III

Il est plus aisé de voir, après cet exposé, quel travail avait à faire la commission franco-américaine.

Ce travail devait porter, selon l'ordre chronologique, sur les points suivants :

1° Les équipages de l'escadre du comte d'Estaing;

2° Les équipages de l'escadre successivement commandée par Ternay, Destouches et Barras;

3° Les équipages de l'escadre du comte de Grasse;

4° Les troupes d'infanterie garnisonnées sur les divers vaisseaux de ces trois escadres, car ces troupes assistèrent aux mêmes combats que les marins;

5° Enfin et principalement, les 7 régiments d'infanterie qui prirent part au siège de York-Town, avec la légion de Lauzun et les compagnies d'artillerie, de sapeurs et ouvriers du génie. J'ai donné les noms des 4 régiments placés sous le commandement de Rochambeau. A ces forces il faut ajouter :

a) Le régiment d'Agénois : une partie de ce régiment s'embarqua sur la flotte du comte d'Estaing en 1779, prit part au Siège de Savannah, puis revint aux Antilles où le régiment avait sa garnison; le régiment entier s'embarqua sur la flotte du comte de Grasse et prit part au siège de York-Town.

b) Le régiment de Gâtinais ou Royal-Auvergne qui, de même, fit partie du corps d'embarquement du comte d'Estaing, puis de celui du comte de Grasse et prit part aux deux sièges de Savannah et de York-Town.

c) Le régiment de Touraine que le comte de Grasse prit à bord à son passage aux Antilles et qui prit part au siège de York-Town.

d) Le 1er bataillon du régiment d'Hainaut qui fut à Savannah en 1779 avec le comte d'Estaing.

e) Quelques compagnies du régiment de *Foix*, qui furent également à Savannah en 1779.

f) Le 1er bataillon du régiment de *Dillon*, qui fut à Savannah;

g) Le 2e bataillon du régiment de *Walsh*, qui fut à Savannah;

h) 2 compagnies de lanciers et 2 compagnies de hussards de la légion de *Lauzun*, qui firent toute la campagne dans l'armée de Rochambeau.

i) Le 2e bataillon du régiment d'*Auxonne* (*artillerie*) qui fit partie de l'armée de Rochambeau.

j) 4 compagnies du régiment de *Metz* (*artillerie*) qui firent partie de l'armée de Rochambeau; deux de ces compagnies partirent avec lui de France en 1780, les deux autres vinrent le rejoindre en 1781.

k) La compagnie du capitaine Savournin du régiment de *Grenoble* (*artillerie*) qui fit partie de l'armée de Rochambeau.

Ce sont les listes des hommes de ces équipages et de ces troupes que nous avons essayé de dresser.

Mais, avant de mettre le travail de la commission sous les yeux des lecteurs, il n'est peut-être pas inutile de faire remarquer combien cette nomenclature est incomplète. Tout d'abord il n'a pas été possible de retrouver tous les documents qu'il eut été raisonnable de faire figurer ici; nos listes, en ce qui concerne les flottes, englobent à peu près tous les marins qui ont effectivement pris part à cette campagne, mais celles des soldats d'infanterie ne comprennent que la moitié environ des troupes de terre qui ont réellement combattu aux États-Unis; les états des corps *garnisonnés* sur chaque navire n'ont pu notamment être établis d'une façon certaine, et ne figurent point par conséquent dans cet ouvrage; et chaque navire tant de la flotte du comte d'Estaing que de celle du comte de Grasse, avait à son bord 100 à 150 hommes de troupes d'infanterie; de même, les documents concernant la légion de Lauzun, les compagnies d'artillerie et du génie, la compagnie du régiment de Grenoble n'ont pu être retrouvés. Puis les recherches n'ont porté que sur la participation officielle et directe de la France à la Guerre Américaine; d'une part, les contrôles des départements ministériels français, d'après lesquels ont été faites d'une façon exclusive les listes que l'on trouvera plus loin, ne portent aucune trace des engagements volontaires, cependant nombreux, qui ont précédé l'intervention gouvernementale; d'autre part, ce ne sont pas les seules flottes françaises ayant figuré dans les eaux Américaines et les seules armées françaises ayant combattu sur le sol Américain qui ont contribué à l'affranchissement de l'Amérique, mais toutes les flottes et toutes les armées françaises qui ont lutté contre l'Angleterre au même moment; les exploits de Suffren, par exemple, dans la mer des Indes ont peut-être, autant que ceux dont la Chesapeake fut le théâtre, préparé le résultat final; de même à l'heure où d'Estaing cinglait vers l'Amérique, les flottes Françaises soutenaient sur les côtes Européennes contre les escadres anglaises de magnifiques combats, dont le duel de la *Belle Poule* et de l'*Aréthuse* et le combat d'Ouessant restent les épisodes fameux, et qui, en affaiblissant la Grande-Bretagne, portaient puissamment secours à ses colonies dans leurs efforts vers la liberté. Dans notre désir de ne faire strictement figurer dans cette publication que les troupes qui ont combattu soit dans les eaux, soit sur le territoire américain, nous avons même exclu la flotte du comte de Guichen qui combattit aux Antilles et se trouva en contact presque constant avec les flottes dont les opérations se poursuivaient en face de la côte de l'Atlantique (1). Les noms de tous les soldats ou marins Français engagés dans cette guerre auraient cependant dû être consignés ici s'il n'avait forcément fallu se restreindre.

Que cette publication soit du moins l'occasion de leur adresser à tous, de France et d'Amérique, un souvenir et un hommage.

H. Mérou,

Consul de France a Chicago,
Membre honoraire de la Société des Fils de la Révolution Américains de l'Illinois.

(1) Nous avons tenu cependant à faire figurer dans cette publication le portrait du comte de Guichen, puisque plusieurs des navires de son escadre, ceux qu'il céda au comte de Grasse, apparaissent dans la nomenclature et que, d'autre part, sa coopération indirecte à l'œuvre américaine ne saurait être niée.

LE GÉNÉRAL WASHINGTON.

La Société Nationale des Fils de la Révolution Américaine, lorsqu'elle eut connaissance de l'accueil favorable qu'avait rencontré en France le projet de former dans ce pays des sections françaises de cette Société et qu'elle fut informée du travail qui avait été fait dans nos Archives en vue de reconstituer les listes de ceux de nos compatriotes qui avaient participé à la Guerre de l'Indépendance, fit parvenir au Ministère des Affaires Étrangères le texte des résolutions suivantes qu'elle avait prises au cours d'une de ses assemblées :

« WHEREAS in consequence of resolution adopted by the National Society Sons of the American Revolution at its Annual Congress in New York City on May Ist, 1900, on the proposition made by the Illinois State Society on the initiative of Judge Paul Wentworth Linebarger and M. Henri Merou, a report has been made to the General Board of Managers and the Executive Committee of the National Society, which shows than an exceedingly advantageous and effective work has been accomplished in France in ascertaining the names and services of the many thousands of French sailors and soldiers who assisted the Colonists in the War of the American Revolution; therefore be it

« RESOLVED that the National Executive Committee of the Society of the Sons of the American Revolution hereby tenders its appreciative congratulations and warm thanks for their untiring efforts in the direction stated, to

« The **MINISTRIES FOR FOREIGN AFFAIRS**, of **WAR**, of the **NAVY**, and of **PUBLIC INSTRUCTION** of the French Republic;

« To His Excellency **Jules CAMBON**, Ambassador of the French Republic at Washington;

« To His Excellency General **Horace PORTER**, Ambassador of the United States in Paris;

« To M. **Leon BOURGEOIS**, Deputy, former Premier Minister of the French Republic;

« To the **Franco-American Commission**, Hon. **Henri MÉROU**, President, Honorary Member of the Illinois Society Sons of the American Revolution, upon whose initiative the work was undertaken;

« Hon. **Edward MAC LEAN**, U. S. Vice-Consul in Paris; Colonel **CHAILLÉ LONG**; and Major **HUNTINGTON**, appointed, on the proposition of his Excellency General PORTER: by His Excellency M. DELCASSÉ, Minister for Foreign Affairs of the French Republic;

« To M. **BLADÉ**, Consul General of France, Sous-Directeur at the Ministry for Foreign Affairs at Paris;

« To M. **F. CLÉMENT-SIMON**, attaché at the Ministry for Foreign Affairs at Paris;

« To Judge **Paul WENTWORTH LINEBARGER**, Member of the Illinois Society Sons of the American Revolution;

« To captain **Samuel EBERLY GROSS**, Secretary General of the National Society of the Sons of the American Revolution;

« To the Members of the Committee of Publication, M. **LACOUR-GAYET**, Professor of History at the Superior School of the Navy of Paris and M. **Henri BRÉAL**, Advocat of the Court of Appeals of Paris; and to all others who have co-operated in forwarding the excellent work accomplished. »

Sgd. : Hon. WALTER SETH LOGAN,
President General National Society Sons of the American Revolution, and Chairman of the National S. A. R. Executive Committee.

Sgd. : Hon. FRANKLIN MURPHY,
Governor of New-Jersey, Ex-President General National Society Sons of the American Revolution, and Member of the National S. A. R. Executive Committee.

Sgd. : FRANCIS H. APPLETON,
Ex-Vice-President General National Society Sons of the American Revolution, and Member of the National S. A. R. Executive Committee.

Sgd. : WILLIAM W. J. WARREN,
Member of the National S. A. R. Executive Committee.

Sgd. : Capt. SAMUEL EBERLY GROSS,
Secretary General National Society Sons of the American Revolution, Ex-Vice-President General National Society Sons of the American Revolution, and Secretary of the National S. A. R. Executive Committee.

Sgd. : G. W. HASKINS,
Ex-Treasurer General National Society Sons of the American Revolution, and Member of the National S. A. R. Executive Committee.

Sgd. : Gen'l EDWIN S. GREELEY,
Ex-Vice-President General National Society Sons of the American Revolution, and Member of the National S. A. R. Executive Committee.

Sgd. : JOHN PAUL EARNEST,
Member of the National S. A. R. Executive Committee.

MARINE

Albion redouta son bras et son Genie;
Vengeur du nom français, Général et soldat,
Il sçut dompter avec éclat,
Les Anglais et la Calomnie.

Se Vend à Paris chez Bligny, Lancier du Roy, Md d'Estampes, Peintre, Doreur, et Vitrier, Cour du Manège aux Thuilleries.

ESCADRE DU COMTE D'ESTAING

CHARLES-HENRI-THÉODAT, COMTE D'ESTAING

Amiral, Lieutenant général des armées navales, né en 1729 au château de Ruvel en Auvergne, mort à Paris le 28 avril 1794.

LE LANGUEDOC

(1778-1779)

M. DE BOULAINVILLIERS, Capitaine de vaisseau, Commandant, sous les ordres de M. le Comte D'ESTAING, Vice-amiral.

ÉTAT-MAJOR

VICE-AMIRAL

Le Comte d'**ESTAING**.

CAPITAINES DE VAISSEAU

De **BOULAINVILLIERS**, Commandant.
De **SALVER**, Second.

LIEUTENANTS DE VAISSEAU

Le Chevalier de **BORDA**.
De **BEAUCAIRE**.
De **RIBIERS**.
De **CABANOUX**.
SAQUY de **TOURRES**.
PLEVILLE Le **PELEY**.
Le **MAUFF**.

ENSEIGNES DE VAISSEAU

Le Comte de **GRIMALDY**.
Le Comte de **CAMBIS**.
De **COSTEBELLE**.
Le Chevalier de **CASTILLON**.
De **PUYSEGUR**.
De **CHATEAUBOURG**.
DORSIN de **MIRAVAL**.
De **JOSSERAU**.

LIEUTENANTS DE FRÉGATE

De **PREVILLE** (fils).
RABLATTEAU.
BEURIERS.
DECOREIL (Charles).
DORE de **QUERIVON**.
TAILLARD.
CARRO.
PICHEVIN.

CHIRURGIEN, DÉMONSTRATEUR MAJOR

MANNE.

AUMONIERS

BANDOL (R. P. Séraphin), Récollet.
MARAZEL (R. P.).

GARDES DU PAVILLON ET DE LA MARINE

De **LOMENIE**, garde du pavillon.
De **LA CROIX**, garde du pavillon.
De **BOUQUIER**, garde du pavillon.
De **BORNNES**, garde du pavillon.
De **COMBAUD**, garde du pavillon.
Le Vicomte de **BARTHON** de **MONTBAS**, garde de la marine.
Le Chevalier de **LA FITTE**, garde de la marine.
De **BATHEON**, garde de la marine, tué devant Savannah, le 9 octobre 1779.
SIMONY de **BROUTIERES**, garde de la marine.
DE SUTTON de **CLONARD**, garde de la marine, tué au combat du 15 décembre 1778.

Officiers-mariniers de manœuvre.

Le Blond (Julien), premier maître, de Brest.
Maie (Jean-Baptiste), maître, de Toulon.
Planchut (Joseph), deuxième maître, de Toulon.
Grisolle (Pierre), deuxième maître, de Toulon.
Gueit (Paul), contremaître, de Toulon.
Coste (Joseph), contremaître, de Toulon.
Fournier (François), contremaître de la Ciotat.
Gueiller (Benoît), quartier-maître, de Toulon.
Guillot (Joseph), quartier-maître, de Toulon, mort le 3 janvier 1780.
Jinbert (Raymond), deuxième maître de Toulon.
Phylipe (Laurent), deuxième maître, de Toulon.
Roux (Jacques), contremaître, de Toulon.
Mouton (Balthazard), quartier-maître, d'Antibes.
Giraud (Jean-François), contremaître, de Toulon.
Simon (Nicolas), premier du canot, bosseman, du Havre.
Arnaud (Jean), quartier-maître, de Marseille.
Fonteneau (Pierre), quartier-maître, de Saint-André (Libourne).
Michel (Antoine), quartier-maître, de Marseille.
Votier (Adrien-Julien), quartier-maître, de Lingreville (Granville).
Sauvage (Pierre-François), quartier-maître, de Boulogne.
Le Gaq (François), quartier-maître, de Saint-Brieuc.
Glavieux (Pierre), quartier-maître, de Boulogne.
Ségalin (Jacques), quartier-maître, de Dunkerque, mort le 17 octobre 1779.
Hervieux (Antoine), quartier-maître, de Saint-Valéry.
Montfort (Christolphe), quartier-maître, de Bourg (Libourne).
Barreau (François), quartier-maître, de Libourne.

Etchebelard (Joannis), quartier-maître, de Saint-Jean-de-Luz.

Duvetre (Jacques), quartier-maître, de la Tremblade (Bayonne).

Mauléon (Pierre), quartier-maître, de Biarritz.

Michel (Jean-Baptiste-Honoré), quartier-maître, de Toulon.

Rastègue (Jean-Baptiste), quartier-maître, de Marseille.

La Faurie (Elie), quartier-maître, de la Treine (Bordeaux).

Fournier (Charles), quartier-maître, de Toulon.

Cazaur (Benoît), quartier-maître, de Bayonne.

Fimel (Antoine), quartier-maître, de Toulon.

Picon (Pierre-François), quartier-maître, de Saint-Tropez.

Galbe (François), quartier-maître, d'Antibes.

Cadière (Jacques), quartier-maître, de Toulon.

Officiers-mariniers de pilotage.

Decoreil (Charles), premier pilote, ent., d'Ollioules, fait lieutenant de frégate, le 15 décembre 1779, par ordre de M. le comte d'Estaing.

Moracin (Guillaume), deuxième pilote, de Bayonne.

Goyetche (Jean), deuxième pilote, de Liboure (Bayonne).

Guièn' (Pierre-Thomas), premier pilote, de Toulon.

Halsuet (Jean), aide-pilote, de Bayonne.

Detcheverry (Joannis), aide-pilote, de Bayonne.

Castagliola (François), aide-pilote, de Rouen.

Reboul (François), aide-pilote, de Toulon, fait deuxième pilote.

Portalis (Sauveur), aide-pilote, du Bausset (Lorient).

Toulouzan (Louis-Nicolas), d'Ollioules (Var).

Broca (Abraham), aide-pilote, de Bordeaux.

Jehannès (Julien), aide-pilote, de Lorient, en remplacement de Portalis (Sauveur).

Officiers-mariniers de canonnage.

Allègre (Honnoré), maître canonnier, ent., de Toulon.

Trouche (Jean), maître canonnier, s^{re}, de Toulon.

Barbier (François), maître canonnier, de Toulon.

Lambert (Jean), deuxième canonnier, de Toulon.

Tombarel (Joseph-Toussaint), deuxième canonnier, de Toulon.

Pelegrin (Jean-François), deuxième canonnier, de Toulon.

Garbeiron (Pierre), bombardier ou aide-canonnier, de Toulon.

Jullien (Jean-François), bombardier ou aide-canonnier, de Toulon.

Lieutard (Louis), bombardier ou aide-canonnier, de Toulon.

Roux (Charles-Cyprien), aide-canonnier, de Toulon.

Vaccon (Joseph), aide-canonnier, de Toulon.

Lhermitte (Pierre), aide-canonnier, de Toulon.

Andrieu (Cyprien-Joseph), aide-canonnier, de Toulon.

Aubin (Jean-Louis), aide-canonnier, de Toulon.

Vidal (Jacques), aide-canonnier, de Narbonne.

Lompiez (Pierre), aide-canonnier, de Boulogne, mort le 20 octobre 1779.

Carpentier (Jacques), aide-canonnier, de Dieppe.

Laboubère (Bertrand), aide-canonnier, de Bayonne.

Tampon (Jean), aide-canonnier, de Sanary.

Pomet (Louis), aide-canonnier, de Toulon.

Mirabeau (Louis), aide-canonnier, de Toulon.

Gardanne (Jean-Maur), aide-canonnier, de Toulon.

Giraud (Etienne), aide-canonnier, de Toulon.

Lacan (Louis), aide-canonnier, de la Seyne (près Toulon).

Fouarre (Jean-François), aide-canonnier, de Toulon.

Gautier (Raphaël), aide-canonnier, de Toulon.

Allègre (Joseph), aide-canonnier, de Toulon.

Roubaud (Benoît-Xavier), aide-canonnier, de Toulon.

Bernard (Etienne), aide-canonnier, de Six-Fours.

Ginié (Jean), aide-canonnier, de Gruissan (arrondissement de Narbonne).

Grégoire (Pierre), aide-canonnier, de Gruissan, mort le 25 octobre 1779.

Icard (François), aide-canonnier, de Six-Fours.

Peyran (Claude), aide-canonnier, de Toulon.

Pomet (Martin), aide-canonnier, de Toulon.

Georges (Louis), aide-canonnier, de la Ciotat.

Vidal (Jean-Baptiste), bombardier et aide-canonnier, de Toulon.

Coste (Joseph), bombardier et aide-canonnier de Toulon.

Cadière (Vincent-Louis), bombardier et deuxième canonnier, de Toulon.

Rey (Marc-Antoine), bombardier et aide-canonnier, de Toulon.

Boildieu (Charles-Antoine), aide-canonnier, de Saint-Valéry-sur-Somme.

Celery (Pierre), aide-canonnier, de Biarritz.

Mathieu (François-Maur), aide-canonnier, de Toulon.

Raillaud (Jean), aide-canonnier, d'Antibes.

Officiers-mariniers de charpentage.

Estelle (François), maître charpentier, de Toulon.

Couteller (Joseph), maître charpentier servant de second, de Six-Fours.

Lasyer (Louis), aide-charpentier, de Toulon.

Lydoux (Joseph), aide-charpentier, de Toulon.

Daniel (J.-Ph.), dit **la Grêle**, second charpentier, de la Seyne (près Toulon).

Aicard (Antoine-Pascal), second charpentier, de la Seyne, mort le 2 janvier 1780.

Raynaud (Pierre), second charpentier, de Toulon.

Fournier (Pierre-Louis), second charpentier, de Toulon.

Ambruy (Honoré-François), de Toulon.

Officiers-mariniers de calfatage.

Jansolenq (Antoine), maître calfat, de Toulon, mort le 11 décembre 1779.

Hugues (Jean-Baptiste), deuxième calfat, de Toulon.

Raynoard (Jean), deuxième calfat, de Toulon.

Moriès (Simon), deuxième calfat, de Toulon.

Sabattier (Jean-Baptiste), aide-calfat, de Toulon.

Denan (Joseph), dit **Belloy**, aide-calfat, de la Seyne (près Toulon).

Isnard (Jean-Louis), aide-calfat, de la Seyne (près Toulon).

Gaudemier (Antoine), aide-calfat, de Toulon.

Guiol (Joseph-Barthélemy), maître calfat surnuméraire, de Toulon.

Officiers-mariniers de voilerie.

Favette (Joseph), maître voilier, de Toulon.

Julien (Antoine-Augustin), deuxième voilier, de Toulon.

Méric (Jean-Baptiste), aide-voilier, de Berre, mort le 12 septembre 1779.

Pourquier (Pierre-Guillaume), aide-voilier, de la Seyne.

Gabiers.

Berthelot (François), de Saint-Servan.

Mouton (Michel), de Marseille.

Ferrat (Jean-André), de Marseille.

Dardel (Vincent-Claude), de Marseille.

Blanc (Pierre), de la Ciotat.

Férard (Jean-Baptiste), de Boulogne.

Pibouin (Jean), de Boulogne.

Bouley (Andrieu-Pierre), de Dieppe.

Bilhalie (Jacques-Noël), de Dieppe.

Réau (Jaque), de Marseille.

Timoniers.

Laumosne (Pierre-Jacques), de Honfleur.

Terreneuve (Jacques), de Marseille.

Azibert (Jean-André), de Gruissan (Aude).

Coulet (Pierre), de Marseille.

Arnaud (François-Etienne), de Marseille.

Jouy ou **Jossy** (Jean-Baptiste-François), de Saint-Valéry.

Roquer (Nicolas), de Dieppe.

Duvinçau (René), de Plassac.

Monevau (Simon), de Libourne.

Aubert (Jean-Thomas-Augustin), de Rouen.

Matelots.

Quartier de Toulon.

Ventre (Joseph), de Souliers.

David (Nicolas), d'Esnandes (La Rochelle).

Maudet (Jean), fils de Pierre, d'Esnandes.

Cambaud (Jean-Toussaint), de Toulon.

Bouchard (Jean-Pierre), deuxième boulanger, d'Embrun.

Bourbon (Jean-Baptiste), deuxième boulanger, de Briançon.

La Seyne.

Tortel (Toussaint), de la Seyne.

Guibaud (Jacques), de la Seyne.

Laure (Jean-Joseph), calfat, de la Seyne.

Tortel (Antoine), calfat, de la Seyne.

Barbaroux (Jean-François-Paul), de la Seyne.

Gautier (André), de Six-Fours.

Pourquier (Antoine), de Six-Fours.

Turin (Jean-Antoine), de Six-Fours.

Curet (Augustin), de la Seyne.

Mattou (Antoine), de la Seyne.

Pascal (Louis).

La Ciotat.

Camoin (Claude), de la Ciotat.

Aillaud (Louis), de Saint-Chély, mort le 7 mars 1778.

David (Joseph), de la Ciotat.

Sauvaire (Jean-Louis), de la Ciotat.
Barbaroux (André), de Baudol.
Maurin (Joseph), de la Ciotat.
Coste (Jean-Baptiste), de la Ciotat.
Moutton (Jean-André), de la Ciotat.
Moutton (Louis-Mathieu), de la Ciotat.
Joannis (Jacques), de Bordeaux.

Saint-Tropez.

Courren (Jacques), de Saint-Tropez.
Tambon (David), de Saint-Tropez.

Quartier de Marseille.

Cayeux (Adrien), de Dieppe.
Douaron (Pierre), d'Acadie (Levé au Havre 1779).
Achard (Pierre-Nicolas), de Fécamp.
Le Floch (François), de Saint-Brieuc.
Le Porgeré (Jacques), de Brech (Morbihan).
Luquonider (Guillaume), de Ploubazlanec (Côtes-du-Nord).
Flavignès (Louis-Alexandre-Eustache), d'Elbeuf.
Sauvage (Guillaume-Hipolite), de Saint-Brieuc (Côtes-du-Nord).
Page (Pierre), de Bordeaux.
Le Canelié (Jean-François), de Barneville (Cherbourg-Rouen).
Lemarinel (Guillaume-François-Pierre), de Querqueville (Cherbourg).
Baudissère (Jean-Esprit), de Cassis.
Rabel (Pierre), de Saint-Brieuc.
Hustaud (Jean), d'Ambon.
Balestrier (Dominique), de Marseille.
Jullian (Joseph), de Marseille.
Meinier (Jean-Baptiste-Antoine), de Marseille.
Le Savouroux (Jean), de Saint-Brieuc, mort le 15 juillet 1778.
Grossieu (Mathurin), de Plomeur (Finistère).
Blanc (Louis), de Marseille.
Hélène (Antoine), de Servo (levé à Marseille).
Vidal (Antoine-François), de Servo (levé à Marseille).
Fenouil (Jean-Louis), de Marseille.
Gleize (Sébastien), de Marseille, mort le 11 novembre 1779.
Héraud (Jean-Jacques), de Marseille.
Robert (Claude), de Marseille, tué lors du combat livré le 15 décembre 1778.
Montagne (Louis-Antoine), de Marseille.
Plassarre (Michel), propriétaire d'un bateau marchand, de Raguse (Italie).
Féraud (Jean-Jacques), de Marseille.
Estienne (Jean-Michel), de Marseille.
Nalin (Jean-François), du Terron.
Hausset (Michel-Frédérick), de Dunkerque.
Papegaye (Pierre), de Dunkerque.
Auzende (François), de Saint-Remy.
Gastaud (Jean-Baptiste), de Marseille.
Massel (François), de Marseille.
Maurel (François), de Marseille.
David (Jean-Pierre), de Marseille.
Gaspe (Dominique), propriétaire d'un bateau marchand, de Venise.
Mounier (Joseph), de Marseille.
Mahé (Pierre), de Vannes.
Simon (Guilleaume), de Vannes.
Renaud (Pierre), d'Ambon.
Maguère (Jean-Pierre), d'Ambon, mort le 24 sept. 1779.
Roquerau (Pierre), d'Ambon, mort le 4 août 1778.
Briand (Yves), d'Etables (Côtes-du-Nord).
Didauret (Jacques), de Paimpol (Côtes-du-Nord).
Legoff (Paul), de Bourg-Paul.
Bidault (Alexis), d'Ambon (Vannes).
Le Breton (Joseph), de Cesson (Saint-Brieuc).
Brousseau (Sébastien), de Paimbœuf (Nantes).
Giquet (Zacharie), de Bourdebat (Croisic).
Chalouame (Guillaume), d'Ambon (Vannes).
Réau (Jean-Baptiste), de Marseille.
Béreinguier (Guilleaume-Jean-François), de Marseille.
Valentin (Louis), de Marseille.
Mautalent (Pierre-François), de Rouen.
Moriol (Jean-Baptiste), de Caumont (Rouen).
Tropsem (François), de Trouville (Rouen).
Galopin (Toussaint-Bazile), de Barneville (Rouen).
Demarais (Remi-André), de Guerbaville (Rouen).
Guemin (François-Adrien), du Val de la Haye (Rouen), mort le 6 juillet 1779.
Pontif (Louis), de Valteville (Rouen).
Alleaume (Pierre), de Jumièges (Rouen).
Bouquet (Pierre-Marie), de Rouen.
Duval (François), de Mailleraye (Rouen).
Tiberge (Charles), de Serquigny (Rouen).
Duprès (Siméon-Bernard), de Rouen.
Yve (Jacques-Philippe), de Rouen.
Legroix (Noël-Augustin), de Saint-Valéry (Fécamp).
Monier (François-Augustin), de Saint-Valéry (Fécamp).
Bénard (Nicolas-Noël), de Fécamp.
Drouin (Jean), de Paimbœuf.
Sonnet (Jean), de Dieppe.
Piriou (Jacques), de Brest.
Toutrein (Jean), de Dieppe.
Demaren (Antoine-Thomas-Pascal), de Rouen.
Potet (Louis-Michel), de Rouen.
Favalle (Charles), de Rouen.
Le Gendre (Charles), de Vatteville (Rouen), mort le 26 décembre 1779.
Lieugard (Pierre-Gabriel), de Honfleur.
Anquetit (Jacques), de Vateville (Rouen).
Anquetit (Jacques), de Vatteville (Rouen).
Sailli (Jean-Baptiste), de Bléville (Rouen).
Léger (Charles-Baptiste), de Rouen, mort le 8 décembre 1779.
Le Beau (Ollivier), d'Ambon (Vannes).
Talouarne (Louis), de Sarzeau (Vannes).
Cartron (Pierre), de Sarzeau (Vannes).
Piréol (Marc), de Sarzeau (Vannes).
Erlegan (Joseph), d'Ambon (Vannes).
Mahé (Jean-Marie), de Sarzeau (Vannes).
Cartrevaux (Ollivier), d'Ambon (Vannes).
Guilloux (Symphorien), de Sarzeau (Vannes).
Fontaine (Jacques-Valéry), de Saint-Valéry (Picardie).
Valentin (Jean-Baptiste), de Dieppe.
Devim (Louis-François), de Boulogne.
Delahaye (Jean-Pierre), de Rouen.
Masser (Charles-Achille), de Dunkerque, mort le 18 septembre 1779.
Quoniam (Jean-Baptiste-François), de Rouen.
Le Roux (Joseph), de Saint-Valéry (Picardie).
Poulain (Pierre), de Cherbourg.
Hauver (Jacques), de Cherbourg.
Valentin (Pierre-Marie-François), du Crotoy (Picardie).
Leprieur (André), de Conteville.
Duval (Jean-Baptiste), de Cherbourg, mort le 6 juillet 1779.
Cadiou (Pierre), de Rouen.
Hauver (Pierre-François), de Cherbourg.
Billard (Jean-Pierre), du Petit-Couronne (Rouen).
Morel (Louis), d'Abbeville (Picardie).
Raymond (Louis), du Crotoy (Picardie).
Bamière (André), du Crotoy (Picardie).
Périer (Jacques), de Cricquebœuf (Normandie).
Cottard (Etienne), de Jumièges (Rouen), mort le 17 décembre 1779.
Frichau (Pierre), de la Hougue.
Digard (Jacques-François), de Saint-Germain-des-Vaux (Cherbourg).
Pinguet (Jean-Baptiste), de Rouen.
Lefort (Guilleaume), de Dieppe.
Gilly (Jean-François), de Dieppe, mort le 18 octobre 1779.
Le Duc (Luce-Joseph-Abraham), de Dieppe.
Normandin (Jean-François), de Dieppe.
Desvaux (Jean-André), de Dieppe.
Lefort (Joseph), de Bourg d'Ault (Somme), mort le 26 septembre 1779.
Deloison (Adrien-Nicolas), du Crotoy, mort le 6 juillet 1779.
Fauqueux (Jean-Nicolas), du Tréport.
Martin (Michel-David), de Dieppe.
Clémence (Jacques-François), de Dieppe.
Boursier (Louis-Thomas), de Dieppe, mort le 8 décembre 1779.
Paris (Joseph-Pierre), de Dieppe.
Paris (Jean-Louis-Augustin), de Dieppe.
Billard (Jean-Baptiste-Vincent), de Saint-Valéry, mort le 1er décembre 1779.
Fourmentin (Charles), de Calais.
Cordier (Jacques-Nicolas), de Dieppe.
Thomas (Jean), de Libourne.
Saint-Aubin (Guillaume-Pierre), de Rouen.
Nerrée (Jacques), du Petit-Couronne (Rouen).
Desmarais (Jean-Vincent), de Rouen.
Hullay (André), de Jumièges.
Langlais (François), de Rouen.
Pédron (Jacques), d'Ambon (Vannes).
Landin (Pierre), de Marseille.
Berny (Jacques-Joseph-Marie), de Marseille.
Doguincourt (Charles-François), de Saint-Valéry.
Mayeux (Pierre), de Saint-Valéry.
Jean (Jean-Baptiste), de Marseille.
Géan (Jacques-Antoine), du Havre.
Delamarre (Antoine-Augustin), de la Marre (de Dieppe).
Naux (Maurice-Louis), des Sables-d'Olonne.
Querignard (Jean-Jean), de Sarzeau (Vannes).
Dubois (Robert), de Boulogne.
Chilard (Jacques), de Tourlaville (Cherbourg).
Le Cannelier (Jacques), de Saint-Jean-de-la-Rivière (Cherbourg).
Lavenu (Jean-François), de Saint-Germain-des-Vaux (Manche).
Digar (Jean-Baptiste), de Saint-Gerlain (Cherbourg).
Baillet (Bon-Timothée), de Cherbourg.
Maudet (Jean-François), de Granville.
Cuinoir (Joachim), de Saint-Lunaire, Dinan (Ille-et-Vilaine).
Doguert (Jean-Baptiste), de Saint-Malo.
Gauvin (Joseph), du Guerveur.
Barbaroux (Elie), de Saint-Malo.
Maudet (Jacques), d'Acadie.
Debreder (Jean), de Belle-Isle (Lorient), mort le 9 août 1778.

Le Moine (Michel-Marin), de Saint-Pierre-de-Manneville (Rouen).
Sardé (André), de Saint-Seurin (Bordeaux).
Garreau (Pierre), de Sainte-Croix.
Duffau (Arnaud-Charles), de Sainte-Croix.
Lassac (Louis), de Saint-Rémy (Bordeaux).
Picard (Sébastien), de Sarzeau (Morbihan).
Le Pivert (François), de Saint-Brieuc, mort le 26 décembre 1779.
Denis (Vincent), de Saint-Brieuc.
Maret (Ambroise), de Rouen (Rouen).
Rugnier (Philippe), de Marseille.
Lefebvre (Jacques), de Cherbourg.
Roux (Jean-Baptiste), de Dieppe.
Arnaud (Jean-Baptiste), de Marseille.
Jourdain (Jean), de Vieux-Rouen.
Lefort (Antoine), de Rouen, mort le 1er décembre 1779.
Groult (Michel), de Hauville.
Hamel (Charles-François), du Hauzey.
Jaubert (François), de Marseille.
Legoin (Jean), de Paimbœuf.
Gain (Pierre), de Cherbourg.
Lebozée (François), de Ploubazlanec (Saint-Brieuc).
Doré (Yves), de Paimpol, fait lieutenant de frégate par ordre de M. le comte d'Estaing, le 15 décembre 1778.
Cayol (Pierre), de Marseille.
Guérin (Joseph-Toussaint), de Marseille.
Ardent (Jean-Joseph), de Marseille.
Ferrier (Jean-Baptiste), de Marseille.
Isnard (Louis), de Marseille.
Valentin (Jean-Baptiste), de Marseille.
Angot (Jacques), de Saint-Valéry (Fécamp).
Lamy de la Rosière (Jean-François), du Havre.
Tersenier (Jean-Baptiste-Laurent), de Dieppe.
Joulet (Jean-Modeste), de Saint-Valéry-en-Caux.
Valentin (Joseph), de Marseille.
Chabran (Joseph), de Marseille.
Coulouman (François), de Roscoff (Finistère).
Loutreuil (Louis-Estienne-Jacques), de Honfleur, mort le 11 septembre 1779.
Marin (Honnoré), de Marseille.
Serre (Sébastien), de Marseille, mort le 17 décembre 1777.
Moulet (Simon), de Marseille.
Ouin (Thomas), de Berneville.
Tubeuf (Pierre), de Rouen.
Michel (Jean-Honnoré), de Marseille.
Campion (Pierre-François), de Honfleur.
Tournon (Antoine), de Marseille.
Neveu (Elie-Thomas), de Honfleur.
Laugier (Jean-Estienne), de Marseille.
Moreau (Louis), de Rochefort.
Bonnet (Jean-François), de Marseille.
Fabre (César-Auguste-Magdelaine), de Marseille.
Fabre (Pierre-François-Marie), de Marseille.
Izouard (Jean-François), de Marseille.
Carpillety (Joseph), de Marseille.
Audibert (Joseph-Bonnaventure), de Cassis (Bouches-du-Rhône).
Tamison (Jaques), de Marseille.
Gertous (Gaspard-Jean-Baptiste), de Marseille.
Chabert (Jean-André), de Marseille.
Cretel (Antoine), de Marseille.
Roux (François), de Marseille.
Montet (Bernard), de Marseille.
Galibardy (Jean-Joseph-Marguerit), de Marseille.
Maunier (Jean), de Marseille.
Garibaldi (Antoine), de Marseille.
Guitton (Augier), de Marseille.
Aillaud (Jean-Louis), de Marseille.
Ollive (Jean-Joseph), de Marseille.
Bouis (Théodore), de Marseille.
Héraud (Louis-Michel), de Marseille.

Martigues.

Varse (Pierre), de Martigues.
Burel (Augustin), de Martigues.
Mandine (Jaques), de Martigues.
Moutton (Jacques-Antoine), de Martigues.
Rivière (Pascal), de Martigues.
Suest (Pierre), de Poitou [illegible].
Marbec (Nicolas), de Martigues.
Lantier (Joseph), de Martigues.
Jouglas (André), de Martigues.
Vachin (Antoine), de Martigues.

Antibes.

Graller (Louis), d'Antibes.

Cannes.

Alliès (Antoine), de Cannes.
Alliès (Joseph), de Cannes.
Bernard (Joseph), de Cannes.

Arles.

Blanc (François), d'Arles.
Desteau (Georges), d'Arles.
Lantier dit **Loumotty** (André), d'Arles, mort le 18 avril 1778, en mer.
Gonard (Poncet), de Tarascon.
Benoit (Pierre), d'Arles.
Reynaud (Ambroise), d'Arles.
Rousseau (Henry), d'Arles.

Agde.

Gareng (Jean), d'Agde.
Romans (Jacques), d'Agde.
Fabre (Antoine), de Sérignan, mort le 6 juillet 1779.
Thouin (Jean), de Sérignan.
Mons (Nicolas), d'Agde.
Boret (Pierre), d'Agde.
Négret (Jean-François), d'Agde.
Lignon (Jean-Etienne), d'Agde.
Bourrely (Jean-Louis-Alexis), d'Agde.
Reboul (Etienne-Maxance), d'Adge.

Cette.

Moulinier (Guilleaume), de Mèze (Hérault).
Boudou (Antoine-Louis), de Villeneuve-les-Maguelonne ou les Béziers (Hérault), mort à la mer, le 29 avril 1778.
Thomas (Pierre), fils de Jean, de Mèze.
La Rose (Jean), de Mèze.
Valette (Etienne), ainé, de Villeneuve.
Boude (Pierre), fils d'Etienne, de Villeneuve.
Naud (Jean), fils de Pierre, de Pérols.
Suquet (Antoine), de Pérols.
Caumer (Pierre), de Pérols.
Astier (Pierre), de Pérols.
Savarin (Jacques), de Saint-Gilles.
Graval (Thomas), de Saint-Gilles.
Testus (Reymond), de Narbonne.
Rivès (Bernard), de Narbonne.
Tesquier (Antoine), de Narbonne.

Libourne.

Bessède (Jean), de Saint-André.
Lamoulière dit **Simon** (Jean), de Saint-André.
Bonnecaze (Raymond), de Saint-André.
Eyraud (Estienne), de Saint-André.
Caboye (Philippe), de Saint-André, mort le 28 septembre 1779.
Bergey (Pierre), de Saint-André.
Letourneau (Pierre), de Saint-André.
Thomas (Emméric), de Saint-André.
Marcouillat (Léonard), de Bourg (probablement Bourg-sur-Gironde).
L'Epine (François), de Bourg.
Mourillon (Thomas), de Bourg.
David (Estienne), de Bourg.
Mellier (Jacques), de Port-Mouron.
Carbonnier (Guillaume), de Port-Mouron.
Branlevet (François), de Saint-André.
Eyraud (Antoine), de Saint-André.
Périsson (Arnaud), de Saint-André.
Morin (Antoine), de Saint-André.
Buchaud (Etienne), de Saint-André.
Maroy (Pierre), de Saint-André.
Seyze (Michel), de Saint-André.
Vigier (Vincent), de Saint-André.
Viau (Pierre), de Saint-André.
Georges (Jacques), de Saint-André.
Surin (Pierre), de Saint-André.
Montanyon (Jacques), de Saint-André.
Giraud (Simon), de Saint-André.
Aubert (Jean), d'Aigues, mort le 21 décembre 1779.
Roullet (Jacques), d'Aigues.
Abrard (André), de Caverne.
Croizet (Pierre), de Caverne.
Pipoleau (Arnaud), de Saint-Pardon, mort le 23 septembre 1779.
Garreau (Guillaume), de Saint-Pardon.
Roux (Pierre), de Saint-Pardon.
Monereau (Bernard), de Saint-Pardon.
Séguin (Ambroise), de Saint-Pardon.
Robert (Jean), de Vayres (Gironde).
Gouin (François), de Vayres (Gironde).
Casteing (Pierre), de Vayres (Gironde).
Dufort (Mathieu), de Vayres, mort le 18 novembre 1778.
Desserre (Jean), de Vayres (Gironde), mort le 6 octobre 1779.
Constantin (Jacques), de Vayres (Gironde).
Richard (Pierre), de Libourne.
La Croix (Denis), de Libourne.
Donge (Pierre), de Libourne.
Fauric (François), de Génissac.
Freiche (Jean), de Moulon.
Doublet (Pierre), de Vignonet (Gironde), mort le 7 janvier 1780.
Bonnaud (Jean), de Fronsac (Gironde).
Bertrand (Jean), de Fronsac (Gironde), mort le 18 avril 1779.
Livet (Barthy), de Fronsac.
Despagne (Jean), de Cabara.

Quartier de Blaye.

Goyeau (Colleau), de Pouillac.
Salignan (Pierre), de Saint-Estèphe.
Mauguet (André), de Saint-Estèphe.
Audron (Louis), de Goulée, mort le 3 octobre 1779.
Andouin (Claude), de Goulée.

Quartier de Bayonne.

D'Arphastan (Jean), de Bayonne.
Labeyrie (Charles), de Tarnos (Landes).
Bascaraux dit **Sarralde** (Jean), de Tarnos.
Darnis (Dominique), de Mont-de-Marsan.
Brun (Philippe), de Bayonne.
Ponjès (Jean), de Salies.
Dunoquier dit **Balance** (Jean), de Peyrole.
Degrand (Jean), de Pontonx.
Broquedis (Jean), de Saint-Martin.
Laporte (Dominique), de Bayonne.
Missotte (Estienne), de Dax.
Darbon (Jean), de Mugron.
Ducasse (François), de Pontonx.
Ricaud (Arnaud), d'Audon (Landes).
Porlets (Jean), de Saint-Jean-de-Marsacq (Landes).
Cazenave (Dominique), de Bayonne.
De Bos (Jacques), de Margaux (Gironde).
Saint-Martin (Jean), de Bayonne.
Blancart (Dominique-Louis), d'Auch.
Courtade (Jean), de Bayonne.
Pascal (Pierre), du Saint-Esprit (commune Bayonne).
Cazebat (Jean), du Saint-Esprit (commune Bayonne).
Baubert (Etienne), du Saint-Esprit (commune Bayonne), mort le 6 juillet 1779.
Labarthe (Bernard), de Sarde (Hautes-Pyrénées).
Semicourbe (Jean), de Sazde.
Larroumiou (Pierre), de Comes (Pyrénées-Orientales).
Sallenave (Pierre), de Peyrehorade.
Fonca (Jean), de Peyrehorade.
Cazaubon dit **Cardinare** (Jean), de Peyrehorade.
Cazeaux (Jean), de Peyrehorade.
Degris (Jean), de Peyrehorade.
Lajus dit **Marseau** (Gratien), de Peyrehorade.
Dussarat (Jean), de Peyrehorade, mort le 6 mai 1778.
Fumier (Jean), de Peyrehorade, mort le 20 avril 1778.
Maisonnair (Henry), de Peyrehorade.
Montfort (Arnaud), de Peyrehorade.
Cazeaux dit **Garaigue** (Bertrand), de Peyrehorade.
Sangla (Jean, cadet), de Peyrehorade.
Peyres (Gabriel), de Peyrehorade.
Barrère (Jean), de Peyrehorade, mort le 8 janvier 1780.
Peyron (Jacques), de Peyrehorade.
Montrezim ou **Montrezion** (Bertrand), de Peyrehorade.
Dupla (Bertrand), de Peyrehorade.
Treigts dit **Harpilot** (Jean), de Peyrehorade, mort le 31 décembre 1779.
Pinaquy (Jean), de Peyrehorade, mort le 2 mai 1778.
Lapègue (Jean), de Peyrehorade.
Lafitte (Vincent), de Dax, mort le 2 octobre 1779.
Pendans (Jean), de Dax, mort le 3 janvier 1780.
Bordouse (Jean), de Dax, mort le 8 novembre 1778.
Baulac (Marc), de Dax.
Castagnet (Pierre), de Dax, mort le 28 novembre 1778.
Melé (Jean), de Dax.
Cazade dit **Guindouille** (Jean), de Mont-de-Marsan.
Lacroix (Jean), de Mont-de-Marsan.
Sabatte dit **Chinon** (Pierre, aîné), de Mont-de-Marsan.
Mongin dit **Capuchin** (Raymond), de Mont-de-Marsan, mort le 6 juill. 1779.
Lataste dit **Taste** (Pierre), de Mont-de-Marsan, mort le 27 janvier 1780.
Cadillon dit **Barbedor** (Jean), de Mont-de-Marsan.
La Serre dit **Jean de Jautte** (Jean), de Mont-de-Marsan.
Duffau dit **Baron** (Bernard), de Mont-de-Marsan.
La Croix (Pierre), de Mont-de-Marsan.
Baron, dit **Parrein** (Claude), de Mont-de-Marsan.
Raisin (Jean), de Mont-de-Marsan.
Cazade (Antoine, cadet), de Mont-de-Marsan.
Desclaux dit **Ponton** (Joseph), de Mont-de-Marsan
Cazaux (Pierre), de Mont-de-Marsan, mort le 12 janvier 1780.
Biben (Estienne), de Mont-de-Marsan, mort le 22 novembre 1779.
Dandignon (Pierre), de Mont-de-Marsan.
Clavey dit **Tony** (Jean), de Mont-de-Marsan, mort le 6 juillet 1779.
Dupeyron dit **Campet** (Jean), de Mont-de-Marsan.
Dureau (Jean), de Mont-de-Marsan, mort le 25 novembre 1778.
L'Epine dit **Tartas** (Guilleaume), de Mont-de-Marsan, mort le 21 novembre 1778.
Hey (Antoine), de Mont-de-Marsan, mort le 21 janvier 1780.
Duprat (Jean), de Mont-de-Marsan.
Fabas ou **Sabas** (Jean), de Pontonx.
Torris (Bertrand), de Pontonx.
Bonnefont (George), de Saubusse (Landes).
Disabeau (Jean), de Saubusse (Landes), mort le 13 janvier 1780.
Dumora dit **Tachu** (Jacques), de Saubusse (Landes), mort le 14 juin 1778.
Despaux dit **Menet** (Jean), de Saubusse (Landes).
Dussoir (Jean), de Saubusse (Landes), mort le 14 septembre 1779.
Dubousquet dit **Hillon** (Jean), de Mont-de-Marsan.
Bayle dit **Chevrier** (Bernard), de Saubusse (Landes).
Pommiers (Jean), de Saubusse (Landes).
Honye (Jean), de Mugron.
Tastels (Bernard), de Laurède (Landes).
Cazaubon (Pierre), d'Audon, mort à Toulon, le 9 mars 1778.
Cazeaux (Vincent), d'Audon.
La Pègue (Jean), de Sainte-Marie (Landes).
Cazenave (Pierre), de Hastingues.

Quartier de Saint-Jean-de-Luz.

Detchepare, jeune (Martin), de Ciboure.
Celhay (Joannis), de Ciboure.
Latxague (Joannis), de Ciboure.
Loustau ou **Lostau** (Michel), de Saint-Jean-de-Luz.
Cazat (André), de Saint-Jean-de-Luz.
Larrea (Joannis-Galant), de Saint-Jean-de-Luz.
Camino (Jean), de Saint-Jean-de-Luz.
Basterreche (Pierre), de Ciboure, mort le 17 octobre 1779.
Hiviart (Pierre), de Ciboure.
La Fitte (Martin), de Ciboure, mort le 2 septembre 1779.
Dibarboure (Martin), de Ciboure, mort le 20 septembre 1779.
Sallabery (Samson), de Ciboure.
Dondicola (André), de Ciboure, mort à l'hôpital du Fort-Royal, le 31 janvier 1779.
Duhart (Joannis), d'Ascain.
Detchetto (François), d'Ascain.
Lasserre (Joannis), d'Ascain.
Dorcalar (Michel), d'Ascain.
Salha (Saubat), d'Ascain.
Detchegaray (Jean), d'Urrugne.
Larraquet (Pierre), d'Urrugne, mort à Brest, le 26 janvier 1780.
Dondicola (Betry), d'Urrugne.
Harismendy (Joannis), d'Urrugne.
Detcheverry (Bertrand), de Bidart, mort à Brest, le 6 janvier 1780.
Saint-Pau (Bernard), de Bidart, mort le 19 décembre 1779.
Detcheverry (Raymond), de Bidart.
Hiribaren (Jean), de Bidart.
Lateouille (Alexis), de Biarritz.
Hirigoyen (Pierre), de Biarritz.
Destradère (Pierre), de Biarritz.
Herausset (Joseph), de Biarritz.
Diratseboure (Joannis), de Sare.
Barretneche (Dominique), de Sare.
Detcheverry (Peillo), de Sare.
Hiriart (Joannis), de Sare.
Barretneche (Joannis), de Sare.
Hariboure (Michel), de Sare.
Saubens (Jacques), de Saint-Jean-de-Luz.
Larroquet (Joannis), de Saint-Jean-de-Luz.
Sarrouble (Jean), de Saint-Jean-de-Luz.
Hiriberritegny (Manuel), de Saint-Jean-de-Luz.
Duronca (Bertrand), de Saint-Jean-de-Luz.
Lissardy (Léon), de Saint-Jean-de-Luz.
Massonde (Pierre), de Saint-Jean-de-Luz.
Dubonia (Bernard), de Saint-Jean-de-Luz.
Farandiette (Pierre), de Saint-Jean-de-Luz.
Sallaberry (Joannis), de Saint-Jean-de-Luz.
Fagonde (Jean), de Saint-Jean-de-Luz.
Maubec (Jean), de Saint-Jean-de-Luz.
Berronnet (Jean), de Saint-Jean-de-Luz.
Moyne (François), de Saint-Jean-de-Luz.
Forsans (Joannis-Galant), de Saint-Jean-de-Luz, mort le 5 juin 1778.
Noguez (Bernard), de Saint-Jean-de-Luz.
Douat (Esteben), de Saint-Jean-de-Luz.
Detchepare (Gabriel), de Saint-Jean-de-Luz.
Sarrouble (Saubat), de Saint-Jean-de-Luz.
La Faye (Antoine), de Saint-Jean-de-Luz.
Souques (Pierre), de Saint-Jean-de-Luz.
Cazeaux (Esteben), de Saint-Jean-de-Luz.
Etchegoyen (Jean), de Saint-Jean-de-Luz, mort le 31 juillet 1779.
Sendide (David), de Saint-Jean-de-Luz.
Bouertan (Joachim), de Saint-Jean-de-Luz.
Larronde (Joannis), de Ciboure.
Boutz (Marsans), de Ciboure.
Chourrito (Dominique), de Ciboure.
Lascaray (Jean), de Ciboure.
Lerson (François), de Ciboure.
Churitto (Marsans), de Ciboure.
Olheguy (Miquel), de Ciboure.
Harismendy (Joannis), de Ciboure.
Cazabran (Joannis), de Ciboure.
Garat (Jean), de Ciboure, mort le 11 janvier 1780.

Dolhandy (Joannis), de Ciboure.
Desparmet (Joannis), de Ciboure.
Harismendy (Esteben), de Ciboure.
Duverger (Jean-Baptiste), de Ciboure.
Hiraboure (Martin), d'Urrugne.
Diharec (Martin), d'Urrugne.
Camino (Pierre), d'Ascain.
Detcheverry (Dominique), d'Ascain.
Bonaventuro (Domingo), de Sare, mort le 10 septembre 1779.
Daguerre (Jean-Martin), de Sare.
Carlos (Martin), de Sare.
Labadie (Vincent), de Sare.
Detchart (Saubat), de Sare.
Elissade (Miquel), de Sare.
Sorhaits (Miquel), de Saint-Pée.
Larrein (Joannis-Dominique), d'Ahetze, mort le 8 septembre 1779.
Hirionde (Betry), d'Ahetze.
Cazaubon (Bertrand), de Guéthary.
Miquelau (Laurent), de Guéthary.
Monde (Dominique), de Guéthary.
Fagonde (François), de Guéthary.
Dithurbide (Martin), de Guéthary.
Darrits (Dominique), de Biarritz, mort le 1er octobre 1779.
Dominge (Jean), de Biarritz.
Guinée (Dominique), de Biarritz.
Campus (Estienne), de Biarritz.
Laborde (Miquel), d'Ainhoue.
Desguerre (Martin), d'Ainhoue.
Langa (Esteben), de Ciboure.
Delissalde (Pierre), de Ciboure.
Dubroca (Jean), d'Agemont (sans doute Hagetmau), mort le 25 septembre 1779.
Caillara (Jean), cadet, de Cannes.
Mainbielle (Jean), de Bayonne.
Raymond (Jacques), de Toulouse.
La Bastie (Jean), cadet, de Peyrehorade.

Quartier de la Teste-de-Buch.

Fourcan dit **Panche** (François), de la Teste-de-Buch.
Lambon dit **La Faquissomen** (Guillcaume), de la Teste-de-Buch.
Desprès dit **Janon** (Jean), de la Teste-de-Buch.
Duvigneau dit **Poulic** (Jean), de la Teste-de-Buch.
Dupont dit **Gasset** (Jean), de la Teste-de-Buch.
Mainvieille dit **Tarné** (Arnaud), de la Teste-de-Buch, mort en septembre 1779.

Castaudet (Simon), de Gujan, mort en août 1779.
Daycard dit **Nen** (Gérard), de Gujan.
Rainac dit **Louissay** (Gérard), de Gujan.
Dechyotte dit **Garçon** (Bertrand), de Gujan.
Castaing dit **Jaillot** (Jean), de Gujan.
D'Armand dit **Piton** (Christophle), de Gujan.
Daney dit **Ille** (Jiron), de Biganos, mort le 14 août 1779.
Gardeloup dit **Jeanlout** (Jean), de Biganos.
Lacoué (Jean), de Biganos.
Gaillarden dit **Couchot** (Guillem), de Biganos.
Dulong dit **Guillon** (Pierre), de Biganos.
Rite ou **Rue** (Martin), d'Audanges, probablement Audenge (Gironde), mort en 1779.
Guittard dit **Desclat** (Pierre), d'Audenge (Gironde).
Rue dit **Bernon** (Jean), d'Audenge (Gironde).

Département de Bordeaux.

Gaston (Pierre), de Saint-Remy (Dordogne), mort en fin 1778.
Alguier (Louis), de Saint-Remy.
Nalès (Jean), de Saint-Remy.
Julien (Jean), de Saint-Remy.
Ranconnet (Jean), de Saint-Remy.
Porchet (Martin), de Saint-Remy.
Martinot (Charles), de Saint-Remy.
Cruchet (Pierre), de Saint-Remy, mort en novembre 1779.
Lussac (Louis), de Saint-Remy.
Dourneaud (Raymond), de Saint-Remy.
Dulasta (Jean), de Saint-Remy.
Sabourin (Jean), de Saint-Remy.
La Faye (François), de Saint-Remy, mort en décembre 1779.
Gourdon (Jean), de Saint-Remy.
Dalerc (Jean), de Saint-Remy.
Bissandeau (Jean), de Saint-Remy.
Lépine (Pierre), de Saint-Remy.
Dupuch (Arnaud), de Saint-Remy.
Boissinte (Pierre), de Saint-Remy.
Texier (Jean), de Saint-Pierre.
La Chaise (Jacques), de Saint-Michel.
Pan (François), de Saint-Michel.
Barrié (Gabriel), de Saint-Michel, mort en décembre 1779.
Bernat (Jean), de Saint-Michel.
Garreau (Pierre), de Sainte-Croix.
Sardé (André), de Saint-Seurin.
Bretage (Michel), de Saint-Seurin.
Brandeau (Pierre), de Saint-Seurin.
Faure (Bernard), de Saint-Macaire (Gironde).
Preignac (Jean), de Saint-Macaire (Gironde), mort en septembre 1779.
Travazac (François), de Saint-Macaire (Gironde).
La Barbe (Jacques), de Saint-Macaire (Gironde), mort en septembre 1779.
Larchevaux (Jean), de Cambes (Gironde).
Gercé (Jean), de Cambes.
Bourdieu (Jean), de Cambes.
Normandin (François), de Cambes.
Bonnet (Jean), de Sadanja ou La Danja (?).
Bret dit **Saint-Michel** (Jean), de Sadanja ou La Danja (?).
Faugère (Pierre), de Saint-Remy.
Cotchon (Arnaud), de Bordeaux.

Quartier de Narbonne.

Vignaud (François), de Narbonne.
Boudet (Bernard), de Gruissan.
Tardieu (Gabriel), de Sigean (Aude).
Second (Pierre), de Sigean (Aude).
Peiret (Louis), de Sigean (Aude).

Matelots corses.

Souverio (Joseph-Marie), de Bastia.
Bosc (Joseph), de Bastia.
Serra (André), de Bastia.
Lombardy (Antoine-Dominique), de Bastia.
Cazerretto (Antoine), de Bastia.
Franceschi (Antoine-Pierre), de Cagnano.
Francioni (Jules-François), de Cagnano.
Piéri (Joseph-Simon), de Cagnano.
Dottore (Joseph), de l'Ile-Rousse.

Canonniers servants.

Thivot (François), de Carpentras.
Chossel (André), d'Hyères.
Honnoré (Jean-Baptiste), de Figanières.
Aubanel (Etienne), de Sommières (Gard).
Dublay (Jean), de Valence.
Perroux ou **Perrouy** (Edmond), de Voiron.

Novices.

Planchut (Jean-Louis), de Toulon.
Dumoulin (François), de Toulon.
Féraud (Cidoine), de Carnoules.
Rébu (Théodore), de Saint-Omer.
Gay (Jean-Baptiste), de Marseille.

LE ZÉLÉ

(De mars 1778 à décembre 1779.)

M. DE BARRAS, Capitaine de vaisseau, Commandant; — M. le Comte DE BRUYERÈDE, Capitaine de vaisseau, Commandant.

ÉTAT-MAJOR

CAPITAINES DE VAISSEAU

De BARRAS, Commandant.
Le Comte de **BRUYEREDE**, Commandant.
De GANTES.

LIEUTENANTS DE VAISSEAU

De VILLENEUVE TRANS.
De PEZENAS.
Le Chevalier **de COGOLIN.**

ENSEIGNES DE VAISSEAU

Le Chevalier **de ROGNES.**
MONS de VILLENEUVE.
De MONTCALM.
Le Chevalier de **PREVILLE.**

CHIRURGIEN

TRABAUD.

AUMONIERS

ROUX (R. P. Stanislas), Récollet.
DAUMAS BERNARDY (R. P.).

GARDES DU PAVILLON ET DE LA MARINE

De BARRAS.
De MAZAN.
BARRAS MELLAN.
De FONTIENNE.

VOLONTAIRES

Taxy (Clément), de La Garde-Freinet.
Decoreil (Charles), d'Ollioules.
Aubert (Etienne), de Bandol.
Chevalier **de Taurine**, de Castelnaudary.

Officiers-mariniers de manœuvre.

Fouque (Pierre), premier maître, de Toulon.
Daumas (Antoine), premier maître, de Toulon.
Martinenq (Sébastien), premier maître, de Six-Fours.
Artigues (Augustin), premier maître, de Toulon.
Hauteserre (Laurent), second maître, de Toulon.
Pichaud (André), second maître, de Toulon.
Miel (Etienne), second maître, de Toulon.
Joly (Jean), contremaître, de Toulon.
Mein (Louis), contremaître, de la Ciotat.
Couteleng (Pierre), contremaître, de Six-Fours.
Simon (Antoine), bosseman, de Toulon.
Flayol (Jacques), bosseman, de Toulon.
Gaffarel (Etienne), bosseman, de la Ciotat.
Roux (Jean), quartier-maître, de Toulon.
Rougier (Jean), quartier-maître, de Marseille.
Isnard (Joseph), quartier-maître, de Marseille.
Pignon (Jean-Esprit), quartier-maître, de Marseille.
Camoin (Guillaume), quartier-maître, de Marseille.
Sage (Louis), quartier-maître, de Marseille.
Fizet (François), quartier-maître, de la Ciotat.
Dalen (Augustin), quartier-maître, de Cassis.
Carrare (Honoré), quartier-maître, de la Ciotat.
Bonis (Jean), quartier-maître, de Marseille.
Azan (Barthélemy), quartier-maître, de Cassis.
Assence de la Croix (Jean), quartier-maître, de Marseille.
Fouque (Pierre), quartier-maître de Toulon.
Gonivan (Jean), quartier-maître, de Toulon.
Jaubert (Gaspard), quartier-maître, de Marseille.
Pomet (Honoré), quartier-maître, de Toulon.
Aune (Guillaume), quartier-maître, de Six-Fours.
Ollivier (François), quartier-maître, de Marseille.
Lieuron (Henry), quartier-maître, de Martigues.
Benard (Mathurin), quartier-maître, de Vannes.
Mouton (Joseph), quartier-maître, de Cassis.

Officiers-mariniers de pilotage.

Daumenge (Marc), premier pilote, de Toulon.
Decoreil (Charles), premier pilote, d'Ollioules.
Pecoul (Antoine), second pilote, de Six-Fours.
Bonnefoy (Pierre), second pilote, de Toulon.
Pelletan (Michel), second pilote, de Blaye.
Pauquet (Louis), second pilote, de Toulon.
Louche (Pierre), aide-pilote, de Toulon.
Consauve (Pierre), aide-pilote, de Toulon.
Martinenq (Bonaventure), aide-pilote, de Six-Fours.
Toulouzan (Louis), aide-pilote, d'Ollioules.
Barralier (Joseph), aide-pilote, de Toulon.
Painchaud (Jean), aide-pilote, de Blaye.
Bourre (Jean), aide-pilote, de Marseille.
Legré (Antoine), aide-pilote, de Marseille.

Officiers-mariniers de canonnage.

Vidal (Laurent), maître canonnier, de Toulon.
Angalier (Louis), maître canonnier, de Toulon.
Couton (Jean), maître canonnier, de Toulon.
Lautier (Antoine), maître canonnier, de Toulon.
Blancard (Jean), maître canonnier, de Toulon.
Pelissier (Louis), second canonnier, de Toulon.
Allegre (Dominique), second canonnier, de Toulon, mort de blessures le 23 septembre 1779.
Fauchier (André), second canonnier, de Toulon, mort le 20 décembre 1779.
Maurin (Jacques), aide-canonnier, de Toulon.
Delisle (Louis), aide-canonnier, de Toulon.
Vidal (Jean), aide-canonnier, de Toulon.
Vidal (Jacques), aide-canonnier, de Toulon.
Bertrand (Joseph), aide-canonnier, de Toulon.
Mirabeau (Louis), aide-canonnier, de Toulon.
L'Hirondelle (Louis), aide-canonnier, de Toulon.
Cedran (Laurent), aide-canonnier, de Toulon.
Arnaud (Joseph), aide-canonnier, de Bandol.
Andrieu (Jean), aide-canonnier, de Bandol.
Rougier (Joseph), aide-canonnier, de Pertuis.
Ollivier (Jacques), aide-canonnier, de Toulon.
Redon (Honoré), aide-canonnier, de Toulon.
Daliguet (Marc), aide-canonnier, de Toulon.
Champorcin (Joseph), aide-canonnier, de la Seyne.
Gazias (Louis), aide-canonnier, de Toulon.
Etienne (Pierre), aide-canonnier, de Six-Fours.
Roustan (Joseph), aide-canonnier, de Toulon.
Champignon (Claude), aide-canonnier, de Marseille.
Chevreau (Claude), aide-canonnier, de Toulon.
Chauvet (Joseph), aide-canonnier, de la Ciotat.
Gardane (Joseph), aide-canonnier, de St-Tropez.
Pourquier (Dominique), aide-canonnier de la Seyne.
Brouchier (Claude), aide-canonnier, de Toulon.
Augias (Pierre), aide-canonnier, de Toulon.
Gardanne (Jean), aide-canonnier, de Toulon.
Remoy (Louis), aide-canonnier, de Toulon.
Deprat (François), aide-canonnier, d'Ollioules.
Martin (Jean), aide-canonnier, d'Ollioules.
Giraud (Etienne), aide-canonnier, de Toulon.
Courreau (Jacques), aide-canonnier, de la Seyne.
Lauve (Gaspard), aide-canonnier, de Toulon.
Gautier (Honoré), aide-canonnier, de Six-Fours, mort le 16 décembre 1778.
Cadiere (Antoine), aide-canonnier, de Toulon.
Bante (Blaise), aide-canonnier, de Gruissan.
Fontés (Jacques), aide-canonnier, de Gruissan.
Raybaud (Pierre), aide-canonnier, d'Antibes.

Officiers-mariniers de charpentage.

Reyne (Louis), maître charpentier, de Toulon.
Ginoux (Jean), maître charpentier, de Toulon.
Beaussan (Sauveur), second charpentier, de Toulon.
Fabre (Joseph), aide-charpentier, de Toulon.
Guiot (Louis), aide-charpentier, de Toulon.

Petit (Jean), aide-charpentier, de Toulon.
Curet de la Mauve (Joseph), aide-charpentier, de Six-Fours.

Officiers-mariniers de calfatage.

Aynaud (Jean), maître calfat, de Toulon.
Bennas (Joseph), maître calfat, de Toulon.
Gras (Noël), aide-calfat, de Toulon.
Arnoux (François), aide-calfat, de Toulon.
Teisseire (Jacques), aide-calfat, de Toulon.
Brochier (François), aide-calfat, de Toulon.

Officiers-mariniers de voilerie.

Castelan (Jean), maître voilier, de Toulon.
Sicard (Antoine), second voilier, de la Seyne.
Reboul (Antoine), aide-voilier, de Toulon.
Bassinet (Joseph), aide-voilier, de Martigues.

Gabiers.

Equier (Joseph), de Toulon.
Moutton (Joseph), de Cassis.
Argence (François), de Marseille.
Pezans (Jean), de Cassis.

Timoniers.

Parrimond (Jean), de Marseille.
Deloux (Jean), de Cassis.
Audibert (Antoine), de la Seyne.
Trigat (Louis), de Martigues.
Guerin dit Guelin (Antoine), de Martigues.
Labre (Jean), de la Ciotat.
Adrian (Claude), de Marseille.

Matelots.

Bouisson (Pierre), de Toulon.
Michel (Joseph), de Toulon.
Feraud (Jean), de Toulon.
Monestel (Joseph), de Toulon.
Constant (Jean), de Toulon.
Aubrau (François), de Toulon.
Laurent (Louis), de Toulon.
Romain (Vincent), de Toulon.
Alain (Joseph), de Toulon.
Grégoire (Jean), de Toulon.
Meau (Antoine), d'Agde.
Marin (Joseph), de Toulon.
Castelan (Jean), de Toulon, tué au combat du 6 juillet 1779.
Sabatier (Jean), de Toulon.
Alard (Jean), de Tarascon.
Eynesi (Jean), de Toulon.
Lesbreau (Félix), de la Seyne.
Giraud (Joseph), de la Seyne.
Monge (Joseph), de la Seyne.
Armagnenq (Joseph), de la Seyne.
Fauchier (Jean), de la Seyne.
Daniel (Louis), de la Seyne.
Crestian (Joseph), de la Seyne.
Gassin (André), de la Seyne.
Lacan (Jean), de la Seyne.
Jourdan (Alexis), de la Seyne.
Sauvaire (Laurent), de la Seyne.
Jaume (François), de la Seyne.
Falve (Arnoux), de la Seyne.
Espanet (François), de Bandol.
Laugier (Laurent), de Bandol.
Arnaud (Jean), de la Ciotat.
Davin (Jean), de Bandol.
Bonnifay (Jean), de la Ciotat.
Cayol (Joseph), de la Ciotat.
Giraud (Jean), de Bandol.
Poncy (Jean), de la Ciotat.
Gardon (Romain), de la Ciotat.
Martin (Philippe), de la Ciotat.
Paul (François), de la Ciotat.
Joye (Etienne), de la Ciotat.
Bonifay (Antoine), de la Ciotat.
Cruvelier (Jean), de la Ciotat.
Pin (Joseph), de la Ciotat.
Nicolas (Jean), de la Ciotat, mort à bord le 16 octobre 1779.
Paul (Claude), de Bandol.
Raveau (Jean), de la Ciotat.
Clavy (Jean), de la Ciotat.
Flavy (Ange), de la Ciotat.
Mein (Jean), de la Ciotat.
Audibert (François), de la Ciotat.
Mazière (François), de Saint-Tropez.
Martin (Alexis), de Saint-Tropez.
Tropez-Fouque (Joseph), de Saint-Tropez.
Charronier (Charles), de Saint-Tropez.
Touze (François), de Cogolin.
Courbon (Jacques), de Fréjus.
Porre (Jean), de Montauroux.
Bertrand (Jean), de Saint-Tropez.
Gilly (Jean), de Cogolin, mort à bord le 9 septembre 1779.
Lorgne (Antoine), de Saint-Tropez.
Marquis (François), de Ramatuelle.
Gouffon (Jean), de Saint-Maxime.
Blanc (Laurent), de Fréjus, mort le 22 décembre 1779.
Cauvin (Jean), de Ramatuelle.
Laugier (Charles), de Montauroux.
Magnand (Joseph), de Saint-Tropez.
Farnet (Joseph), de Grimaud.
Laugier (Boniface), de Fréjus.
Maille (Thomas), de Saint-Tropez.
Ferrus (Hermentaire), de Revens.
Benet (Jean), de Ramatuelle.
Roux (Jean), de Fréjus.
Maglion (Simon), de Marseille.
Reynier (Jean), de Marseille.
Léonciny (Joseph), de Marseille.
Léonciny (Gaëtan), de Marseille.
Vardon (Joseph), de Nice.
Margaillan (Louis), de Marseille, mort à bord le 11 décembre 1779.
Grapassy (Joseph), de Cassis.
Bœuf (Joseph), de Marseille.
Bonnafoux (Honoré), de Bagnols.
Louvet (Jean), de Marseille.
Nicolas (Lange), de Saint-Tropez.
Basset (François), de Marseille.
Silvestre (François), de Marseille.
Tabaron (Guillaume), de Marseille, mort à bord le 13 octobre 1779.
Violette (Guillaume), de Marseille.
Fauchier (Etienne), de Marseille.
Broch (Charles), de Nice.
Maillan (Louis), de Marseille.
Roussel (André), de Marseille.
Roux (Jean), de Marseille.
Reynaud (Joseph), de Marseille.
Peyron (Jean), de Marseille.
Silvy (Jean), de Cassis.
Clément (Joseph), de Marseille.
Roch-Mouton (Jean), de Cassis.
Chouquet (Louis), de Cassis.
Verandy (Jérôme), de Marseille.
Ventueil (Jacques), de Marseille.
Escassy (Barthélemy), de Marseille, mort à bord le 24 juillet 1779.
Maurin (Joseph), de Marseille, tué au combat du 6 juillet 1779.
Grallier (Paul), de Marseille.
Cartinel (Jean), de Marseille.
Mascardy (Jean), de Marseille.
Bonfort (Joseph), de Marseille.
Mouton (Philippe-Barthélemy), de Cassis.
Alimieu (Gaspard), de Marseille.
Aubert (François), de Cannes.
Astuc (Jean), de Cannes.
Bonifay (Jean-François), de Marseille.
Isnard (Constant), de Marseille.
Signoret (Louis), de Marseille.
Derbe (Pierre), de Marseille.
Senès (Jean), de Marseille.
Chouquet (Louis), de Marseille.
Jean (Jean), de Fréjus.
Cressin (Claude), de Martigues.
Isnard (Joseph-Sébastien), de Martigues.
Venel (Victor), de Martigues.
Jourdan (Jean), de Martigues.
Ripert (Jacques), de Martigues.
Ripert (Gaëtan), de Martigues.
Guien (Etienne), de Martigues.
Achard (Jean), de Martigues.
Lambert (Jean), d'Antibes.
Curabecq (Claude), de Cagnes.
Autran (Thomas), de Cagnes.
Rebecon (Joseph), d'Antibes.
Carles (Joseph), d'Antibes.
Isnard (Guillaume), de Vallauris.
Muraire (André), d'Antibes.
Latty (Honoré), d'Antibes.
Chaniel (Jacques), d'Antibes.
Sauvalier (Antoine), de Biot.
Chaniel (Esprit), d'Antibes.
Latty (Pierre), de Vallauris.
Durbec (André), de Biot.
Gastaudon (Philippe), d'Antibes.
Chaniel (Pierre), d'Antibes.
Paulian (Henri), de Cagnes.
Teniere (Pierre), d'Antibes.
Foucard (Joseph), d'Antibes.
Buscailles (Jean), d'Antibes.
Mouson (Jean), d'Antibes, mort à bord le 5 octobre 1779.
Arluc (Alexandre), de Cannes.
Rapon (François), de Cannes.
Bon (Jacques), de Cannes.
Maisseboeuf (Pierre), de Cannes.
Joye (François), de Cannes.
Matel (Honoré), de Cannes.
Capel (Jean), de Cannes.
Autran (Antoine), de Cannes.
Carles (Nicolas), de Cannes.
Cresse (François), de Cannes.
Aubert (Antoine), de Cannes.
Reinaud (Jean), d'Arles.
Gras (Jean), de Tarascon.
Aubert (Honoré), d'Arles.
Faure (Pierre), d'Arles, tué au combat du 6 juillet 1779.
Simon (Jean), d'Arles.
Denogeant (Raphaël), d'Arles.
Icard (François), d'Arles.
Caillez (Antoine), d'Agde.
Bonnafé (Antoine), d'Agde.
Icard (François), d'Agde.
Brignet (Jean), d'Agde.

Portet (Augustin), d'Agde.
La Treille (François), d'Agde.
Barbès (Jean), d'Agde.
Blondin (Jean), d'Agde.
Granet (Pierre), d'Agde.
Gauvet (Jean), d'Agde.
Caillé (Louis), d'Agde.
Brone (Paul), d'Agde.
Favier (Jean), d'Agde.
Blondin (Michel), d'Agde.
Casse (Clément), d'Agde.
Olivier (Jean), d'Agde, mort à bord le 31 mai 1778.
Montan (Jean), d'Agde.
Roux (Guillaume), d'Agde, mort à bord d'une goélette américaine le 28 octobre 1779.
Arrioux (Jean), d'Agde.
Isnard (Pierre), d'Agde.
Gairaud (François), d'Agde.
Dordieu (Charles), d'Agde.
Teissier (Jean), d'Agde.
Simonet (Charles), de Bouzigues.
Gues (Bernard), de Bouzigues.
Coste (Laurent), de Bouzigues.
Restouble (Pierre), de Villeneuve.
Prunet (François), de Villeneuve.
Vaillé (Michel), de Cette.
Michel (Jean), d'Aigues-Mortes.
Ramel (Jacques), d'Aigues-Mortes.
Michel (Etienne), d'Aigues-Mortes.
Lugan (Jacques), de Mèze.
Boude (Etienne), de Villeneuve.
Tinel (Etienne), de Villeneuve.
Plion (Etienne), de Cette.
Mégy (Jean), de Cette.
Vaillé (Jean), de Cette, mort à bord le 1er septembre 1779.
Lugan (Pascal) de Mèze.
Augé (Joseph), d'Aigues-Mortes.
Libourel (Claude), de Villeneuve.
Izac (Jacques), de Villeneuve.
Duplex (Emmanuel), de Cette.
Ducrox (François), de Cette.
Daudé (Louis), de Bages.
Fournier (Philippe), de Gruissan.
Montagnac (Guillaume), de Bages.
Dureau (Antoine), de Bages.
Montagnac (Jean) de Bages.
Daudé (Pierre), de Bages, mort à bord le 2 août 1778.
Bounot (Jean), de Gruissan.
Caumal (Pierre), de Bages.
Daudé (Barthélemy), de Bages.
Azibert (André), de Gruissan.
Benas (Thomas), de Gruissan.
Rachon (Jean), de Gruissan.
Dellong (Louis), de Bages.
Rouquete (Dominique), de Gruissan.
Fournier (Antoine), de Gruissan.
Reynaud (Etienne), de Bages.
Tavera (Dominique), d'Ajaccio.
Pozzo (Dominique), d'Ajaccio.
Cauggy (Zavier), d'Ajaccio.
Bogognano (Jean), d'Ajaccio.
Disiderello (Jean), d'Ajaccio.
Laulan (Pierre), de Saint-Michel.
Labanne (Pierre), de Saint-Macaire.
Barreyre (Bernard), de Langon.
Peyron (Jean), de Lormont.
Laige (André), de Boé.
Chaubard (Jean), de Villemur.
Duguerries (Antoine), de Saint-Christophe.
Foulacarriere (Jean), de Sauveterre, blessé au combat du 6 juillet 1779.
Fournier (Antoine), de Moissac.
Gamat (Guillaume), de Mary.
La Laume (Jean), de Mary, tué au combat du 6 juillet 1779.
Mesplet (Bertrand), de Mary.
La Gardere (Martin), de Mary, mort le 12 juillet 1779.
La Porte (Hugues), de Mary.
Lamothe (Guillaume), de Mary.
Fresquet (Jean), de Mary.
Labelaude (Jean), de Saint-Christophe.
Planton (Joseph), de Boé, tué au combat du 6 juillet 1779.
Dugaroin (Jean), de Boé.
Lartigaud (Jean), de Moissac, blessé au combat du 6 juillet 1779.
Mege (Jean), de Castelsarrazin.
Libret (Jean), de Toulouse.
Gautier (Barthélemy), de Saint-Cyprien, tué au combat du 6 juillet 1779.
Joubert (Dominique), de Verdun.
Labro (Pierre), de Verdun.
Soubeiran (Pierre), de Verdun.
Begué (Antoine), de Merles.
Baume (Jean), de Merles.
Pons (Grégoire), de Merles.
Cazales (Cristoal), de Sare.
Dalbarade (Jacques), de Biarritz.
Darchiagne (Joannis), de Guéthary.
Harosteguy (Jean), de Biarritz.
Detcheverry (Joannis), de Sare, mort à bord le 4 juillet 1778.
Doussinague (Dominique), de Bidart, mort le 2 avril 1779.
Carlos (Joannis), de Sare.
Duhart (Martin), de Bidart, mort à bord le 19 octobre 1779.
Moulian (Pierre), de Guiche.
Hiribarne (Pierre), d'Us.
Roche (Pierre), de Bergerac.
Rateau (Jean), de Coutras.
David (Pierre), de Vignonet.
Faure (Jean), de Vignonet.
Reynal (Pierre), de Cabara.
D'Espagne (Léonard), de Cabara.
Courade (Jean), de Cabara.
Chopin (Pierre), de Cabara.
Soupre (Pierre), de Cabara.
Arvoir (Jean), de Blaye.
Jonas (François), de Bréau.
Larrau (Antoine), de Taillebourg.
Gourry (Etienne), de Taillebourg.
Casse (Jean), de Taillebourg.
Rousseau (François), de Couture.
Labat (François), de la Réole.
Cridelauze (André), de Caumont, mort à bord le 18 août 1778.
Soyeres (Jean), de Tonneins.
Cridelauze (Pierre), de Tonneins.
Maurin (Jean), de Bourdelles.
La Bastide (François), de Bourdelles.
Laurent (Pierre), de Meilhan.
Barbe (Jean), de Meilhan.
Cauzimont (Jean), de Suris.
Cauzimont (François), de Suris.

Novices.

Abraham (Pierre), de Toulon.
Flayola (Jacques), de Toulon.
Audibert (Joseph), de la Ciotat.
Gloarel (Claude), de Marseille.
Vidal (Jean), de Carcassonne.
Gauguin (Nicolas), de Cette.
Fouque (André), de Toulon.
Reyne (Jean-Maur), de Toulon.
Peliaud (Jean), de Grenoble.
Gaffarele (Jacques-Laurent), de la Ciotat.

Surnuméraires.

Glech (Antoine), de Toulon.
Tostel (Jean), de Saint-Brieuc.
Thollon (Etienne), de Solliès.
Glas (Joseph), de Toulon.
Dauphin (Jean), de Raguse.
Aube (Benoît), de Pignans.
Dupont (Joseph), d'Hyères.
Reybaud (Nicolas), de Montagnac.
Reybaud (Marius), de Montagnac.
Gravisse (Blaize), de Toulon.
Cordeil (Antoine), de Toulon.
Brignolle (Alexandre), de Toulon, mort à bord le 30 décembre 1779.
Bourgarel (Pierre), de Toulon.
Seven (Joseph), d'Hyères.
Achard (François), de Toulon.
Pons (Antoine), de Toulon.
Jacquier (Jean), de Toulon.
Icard (André), de Toulon.

Mousses.

Reybaud (Nicolas), de Toulon.
Tortel (Jean), de la Seyne.
Morel (Joseph), de Toulon.
Bernard (François), de Toulon.
Gras (Joseph-Marie), de Toulon.
Bérenguier (François), de Toulon.
Barthélemy (François), de Toulon.
Barthélemy (Jean), de Toulon.
Berard (Jean), de Toulon.
Davé (Simon), de Toulon.
Bonnavie (Jean), de Toulon.
Augias (Jean), de Toulon.
Joly (Joseph-Niolas), de Toulon.
Gazias (Marc), de Toulon.
Funel (Jean), de Toulon.
Espié (Antoine), d'Aix.
Pignol (André), de la Seyne.
James (Pascal), d'Ollioules.
Bonnaud (Jean-Joseph), de la Seyne.
Faure (Jacques), de Briançon.
Gueis (Antoine), de la Valette.
Aycard (Jean), d'Hyères.
Fournier (Jean), d'Hyères.
Meille (Louis), de Toulon.
Bonnaud (Jean-Gaëtan), de Garde.
Chiousse (Antoine), de Toulon.
Trouin (Barthélemy), de Toulon.
Dumas (Jean), de Saint-Remy.
Dimes (Antoine), de Toulon.
Aune (Joseph), de Six-Fours.
Chabest (Jean), de Toulon.
Maille (Pierre), de Barjols.
Grasset (Jean-Hippolyte), de Pignans.
Pizani (Pierre), de Toulon.
Pignol (Joseph), de la Seyne.
Glinchard (Jean), de la Seyne, mort le 17 septembre 1778.
Merci (Victor), de Saint-Tropez.
Cime (Joseph), de Barjols.
Daniel (Paul), d'Entrevaux, noyé le 28 juillet 1778.
Coignet (Jean), de Brignoles.

LE FANTASQUE

(1778-1779)

M. DE SUFFREN, Capitaine de vaisseau, Commandant.

Pierre-André de Suffren-Saint-Tropez (*le bailli de Suffren*), né le 13 janvier 1729 au château de Saint-Cannat, près d'Aix, mort à Paris le 8 octobre 1788. Devint vice-amiral.

ÉTAT-MAJOR

CAPITAINE DE VAISSEAU

M. le Commandeur de **SUFFREN**, Commandant.

LIEUTENANTS DE VAISSEAU

Le Sr de **CAMPREDON**, tué au combat du 6 juillet 1779.
Le Sr de **LORT**.
Le Sr de **RUYTTER-WERFUSE**.
Le Sr de **MOISSAC**.
Le Sr de **MAZILLAN**.
Le Chevalier de **PIERVERT**.
Le Sr de **GARENG**.

ENSEIGNE DE VAISSEAU

Le Sr de **SUFFREN**.

AUMONIER

ARDOUVIN (R. P. Urbain), Récollet.

CHIRURGIEN ORDINAIRE ENTRETENU

Le Sr **TEXTORIS**.

GARDES DU PAVILLON ET DE LA MARINE

Le Chevalier de **PIERREVERT**.
De **GUY de BEGUE**.

Officiers-mariniers de manœuvre.

Causse (Joseph), premier maître, de Toulon.
Audibert (Honoré), premier maître, de Toulon.
Bedeq (François), maître, de Saint-Brieuc.
Pouhisson (Etienne), deuxième maître, de Toulon.
Sauvet (Pierre), deuxième maître, de Toulon.
Durbec (François-Noël), contremaître, de Toulon.
Brunet (Pierre), contremaître, de Marseille.
Pomier (Jacques-Laurent), bosseman, de Toulon.
Causse (Louis-Mitre), bosseman, de Toulon.
Laury ou **Lamy** (François), bosseman, de Toulon.
Mège (Alexis-Valentin), quartier-maître, de Toulon, mort à bord le 30 août 1779.
Chabaud (Pierre), quartier-maître, de Toulon.
Tranquilain (Joseph), quartier-maître, de Toulon.
Pomer (François), quartier-maître, de Toulon.
Viau (François-Joseph), quartier-maître, de Toulon.
Castelin (Benoît), quartier-maître, de Marseille.
Laure (Jean-François), quartier-maître, de Toulon.
Mourre (Jean-Louis), quartier-maître, de Toulon.
Langlade (André), quartier-maître, de Marseille.
Ginier (Jean), quartier-maître de Marseille (Terroir).
Daumas (André), quartier-maître, de Toulon.
Castellan (Etienne-Roch), quartier-maître, de Toulon.
Mourguy (Jean), quartier-maître, de Ciboure.
Gibouin (Antoine), quartier-maître, de la Ciotat.
Labecot (Jean), quartier-maître, de Bordeaux.

Officiers-mariniers de pilotage.

Martin (Claude-Jean), premier pilote, de Toulon.
Larronde (Tristan), deuxième pilote, de Saint-Jean-de-Luz.
Barthélémy (Augustin), deuxième pilote, de Toulon, tué par un éclat de la cloche brisée par un boulet, au combat du 6 juillet 1779.
Vacon (Jean-Pierre), aide-pilote, de Sanary.
Montagne (Louis-Isidore), aide-pilote, de Sanary.
Harrier (Jean), aide-pilote, de Saint-Jean-de-Luz.
Loubatières (Louis-Pierre-Sévère), aide-pilote, d'Agde.

Officiers-mariniers de canonnage.

Hermite (Joseph), maître canonnier, de Toulon.
Vidal (Etienne-Laurent), maître canonnier, de Toulon.
Oreille (Joseph), maître canonnier, de Toulon, mort à bord le 1er octobre 1779.
Gueir (Jean), deuxième canonnier, de Toulon.
Arnaud (Antoine), deuxième canonnier, de Toulon.
Martin (Jean-Louis), aide-canonnier, de Toulon.
Estienne dit **Portalis** (François), aide-canonnier, de Toulon.
Humeau (Guillaume), aide-canonnier, de Toulon.
Vial (Joseph-Blaise), aide-canonnier, de Six-Fours.
Cordouan (André-Valentin), aide-canonnier, de Toulon.
Bonnaud (Joseph-Claude), aide-canonnier, de Toulon.
Albinet (Jacques), aide-canonnier, de Toulon.
Rouge (Joseph), aide-canonnier, de Toulon.
Roux (Joseph), aide-canonnier, de Toulon.
Peyran (Félix-Paul), aide-canonnier, de Toulon.
Venel (Joseph), aide-canonnier, de Toulon.
Marquisan (Joseph), aide-canonnier, de Toulon.
Martin (Jacques), aide-canonnier, de Toulon.
Estienne (Joseph), aide-canonnier, de Six-Fours.
Maraval (Jean), aide-canonnier, d'Agde.
Nicolas (Jean-Henry), aide-canonnier, d'Agde.
Allauch (Jacques-Laurent), aide-canonnier, de Six-Fours.
Roubin (Jean-Pierre), aide-canonnier, de Marseille.
Ouillé (Pierre), aide-canonnier, d'Agde, mort à l'hôpital de Brest le 3 mars 1780.
Audibert (Nazaire), aide-canonnier, de Marseille.
Aubaret (Guillaume), aide-canonnier, de Marseille.
Blanc (Jean-Joseph), aide-canonnier, de Martigues.
Vidal (Pierre-François), aide-canonnier, de Martigues.
Tortel (François), aide-canonnier, de Toulon.
Aubert (Jean-François), aide-canonnier, de la Ciotat.

Officiers-mariniers de charpentage.

Gautier (Jacques-Joseph), maître charpentier, de Toulon.
Armagnin (Pierre), deuxième charpentier, de Sanary.
Taureau (Dominique), aide-charpentier, de la Ciotat.
Piston (Antoine), aide-charpentier, de Toulon.
Pourquier (Etienne), aide-charpentier, de Six-Fours.

Officiers-mariniers de calfatage.

Maunier (Pierre), maître calfat, de Toulon.
Saffret (Antoine), deuxième calfat, de Mahon (Levé à Toulon).
Artigues (Joseph-Benoît), aide-calfat, de Toulon.
Reynaud (Eustache), aide-calfat, de Toulon.
Riboul (Jean-Baptiste), aide-calfat, de Toulon.

Officiers-mariniers de voilerie.

Casselan (Pierre-Estienne), maître voilier, de Toulon.
Sigaud (Estienne), deuxième voilier, de la Seyne.
Bernard (Roch), aide-voilier, de la Seyne.

Gabiers.

Cauvin (Barthélémy), de la Ciotat.
Martinenq (André-Joseph), de Fréjus.
Esquier (Jean-Pierre), de Marseille.
Salvajus (Eloi), de Marseille.
Rey (Barthélémy), de Marseille, mort à bord le 14 octobre 1779.
Gaudemar (François), de Toulon.
Tanoux (Antoine-Melchior), de Marseille.
Mouretty (Jacques-Clair), de Marseille, tué d'un coup de canon le 10 août 1778.

Timoniers.

Signoret (Dominique), d'Arles, mort à bord le 18 octobre 1779.
Tournier (Simon-Augustin), de la Ciotat.
Fabre (Joseph), de la Ciotat.
De Revest (Jules), de Menton.
Fabre (Antoine), de Grimaud.
Berton (Arnaud), de Libourne, mort à l'hôpital de Brest, le 17 janvier 1780.
Hequy (Joannis), de Ciboure, mort à l'hôpital de Brest, le 13 février 1780.
Cavalier (François), d'Agde.

Matelots.

Département de Toulon.

Lautiers (Pierre), d'Hyères.
Aubert (Honnoré), d'Hyères, mort à l'hôpital de la Grenade le 10 juillet 1779.
Montanard (Joseph-Marie), de Toulon, mort à bord le 12 septembre 1779.
Risson (Barthélémy), de Toulon, mort à bord le 30 avril 1778.
Garcin (Antoine), de Toulon.
Artigues (Pierre-Antoine), de Toulon.
Artigues (Jean-Joseph), de Toulon.
Julien (Antoine), de Toulon.
Jorgy (Joseph), de Toulon.
Jorat (Léon), de Montpellier.
Lavarelly (Noël-Antoine), de Boulesle, peut-être Boulerie (Var).
Pichon (Jean-Sylvestre), de Boulesle, peut-être Boulerie (Var).
Christophle (Joseph-Maur), de Boulesle, peut-être Boulerie (Var).
Brun (Antoine), de Boulesle, peut-être Boulerie (Var).
Chiousse (François), de Boulesle, peut-être Boulerie (Var).
Audier (Jean-François), de Toulon.
Aurezy (Louis-Laurent), de Toulon, tué d'un coup de canon le 10 août 1778.
Bonegrace (André), de Toulon.
Giraud (Joseph), de Toulon.
Simon (Jean-Baptiste), de Toulon.
Durbecq (Jean-Baptiste-Cyprien), de Toulon.
Blanc (André), d'Allauch.

Quartier de La Seyne.

Robert (Jean-François), de la Seyne.
Rey (Jean-Louis), de Six-Fours.
Deprat (Antoine), de Sanary.
Gueit (Honoré-Grégoire), de la Seyne.

Quartier de La Ciotat.

Arnaud (Michel), de la Cadière.
Janséaume (Jacques), de la Ciotat.
Ganteaume (François), de la Ciotat.
Daumas (Jean-Louis), de la Ciotat.
Giniex ou **Ginier** (Pierre), de la Ciotat, mort à bord le 28 août 1779.
Falot (Simon), de la Ciotat.
Lantier (Estienne), de la Ciotat.
Chaix (Hermantaire), de la Ciotat.
Blanc (François-Marie), de la Ciotat.
Poujeau (Jean-Joseph), de la Ciotat.
Fenouil (Antoine), de la Ciotat.
Girard (Louis-Barthélémy), de la Ciotat.
Blanc (Gabriel), de la Cadière.
Maujourdan (Pierre-François), de la Ciotat.
Pourcelly (Jean-Joseph), de la Ciotat.
Ventre (Honnoré-Rémy), de la Ciotat.

Quartier de Saint-Tropez.

Sigala (Jean-Charles), de Saint-Tropez.
Mirat (Jean-Dedieu), de Saint-Tropez.
Beaulieu (Louis), de Saint-Tropez.
Taxy (Jacques-Pons), de Saint-Tropez.
Touze (Jean-Joseph), de Cogolin.
Porre (Joseph), de Cogolin.
Pascal (Nicolas), de Fréjus, mort à bord le 9 mai 1778.
Mallet (Charles), de Canet (Hérault).
Coulomb (Auguste), de Saint-Maxime, tué au combat du 6 juillet 1779.

Département de Marseille.

Lambert (Jean-Antoine), de Marseille.
Fabron (Maurice), de Marseille.
Guillemé (Honnoré), de Marseille.
Rousselin (François), de Marseille.
Brest (Louis), de Marseille, mort à bord le 30 juillet 1779.
Blanc (François), de Marseille.
Floux (Paul-Pascal), de Marseille.
Fourneau (Joseph), de Marseille.
Fouques (Gaspard), de Mazargues.
Tyran dit Soldat (Joseph), de Mazargues.
Laugier (Claude), de Mazargues.
Roux (Claude), de Marseille.
Com (Joseph-Gaspard), de Marseille.
Bonjoanis (Jean-Jacques-Marie), de Marseille.
Faury (Pierre), de Marseille.
Icard (Marc), de Marseille.
Lieutaud (François), de Marseille.
Squiou (Dominique), de Marseille, tué le 17 juillet 1778.
Beillon (Jean-François), de Marseille, mort à bord le 31 août 1779.
Charvin (Louis-Barthélémy), de Marseille.
Granier (Honoré), de Marseille.
Gazin (Vincent), de Marseille.
Icard (Pierre), de Marseille.
Jourdan (Michel), de Marseille.
Coulomb (Pierre), de Marseille.
Arnaud (Etienne-Marie), de Marseille.
Gaudouin (Antoine-Pons-Félicité), de Marseille.
Deloye (Joseph), de Marseille.
Isnard (Jean-Antoine-Estienne), de Marseille.
Gessac (Jean), du Terroir (Marseille).
Guey ou **Gueit** (Toussaint), du Terroir (Marseille.
Tambon (Pierre), du Terroir (Marseille).
Icard (Antoine), du Terroir (Marseille), mort à bord le 19 juin 1779.
Caillot ou **Caillol** (Jacques), d'Aubagne.
Ballas (Guillaume-Antoine-Gabriel), de Marseille.
Carrier (Jean-Pierre), de Marseille.
Babilony (Jean-Michel), de Marseille.
Bernard (Jean-Baptiste), de Marseille.
Mouton (Jean-Jacques-Noël), de Marseille.
Coste (Toussaint-Louis-Michel), de Marseille.
Teisseire (Boniface-Joseph), de Marseille.
Chabert (Jean-Louis), de Marseille.
Maurel (Bernard), de Marseille.
Audibert (Joseph), de Marseille.
Ruban (Casimir), de Marseille.
Trené (Jean), de Marseille.
Gautier (Joseph), de Marseille.
Fach (François-Marie), de Marseille.
Simian (Jacques-Maurice), de Marseille.
Rimbaud (Antoine), de Marseille, tué au combat du 6 juillet 1779.
Mourret (Jean-Baptiste), de Mazargues.
Tiosy (Toussaint-Blaise), de Marseille.
Lambert (Nicolas-Maurice), de Marseille.
Chape (André), de Marseille.
Bouvet (Jean-Louis), de Marseille.
Priou (Henry), de Marseille.
Arnaud (Antoine-Toussaint), de Marseille.
Tournon (Mathieu), de Marseille.
Majarque (Jean-Giraud), de Marseille.
Blanc (Pierre), de Marseille.
Fléchon (Jean-Baptiste), de Marseille.
Carles (Jean-Baptiste), de Marseille.
Revertegat (Jean), de Marseille.
Jouve (Léon-François), de Marseille.
Floux (Jean-Honnoré), de Marseille.
Millord (Silvestre-Augustin), de Marseille.
Saque (Jacques-Barthélemy), de Marseille.
Paul (Jean-Joseph), de Marseille.
Borelly (Balthazard), de Marseille.
Payan (Joseph-Eloy), de Marseille.
Depenne (François), de Marseille.
Dauphin (François), de Marseille.
Durand (Jean), de Marseille, mort à bord le 14 février 1779.

Quartier de Martigues.

Sarde (André), de Martigues.
Lhomme (Pierre), de Martigues.
Rivière (Joseph), de Martigues.
Fouque (Vincent), de Martigues.
Dufour (Mathieu), de Martigues.
Audibert (Jérome), de Martigues, tué au combat du 6 juillet 1779.
Sabatier (Jean-Jacques), de Martigues
Figuière (Jean-François), de Martignes.
Giloux (Jean-Paul), de Martigues.
Carbonnel (François), de Martigues.
Anselme (Jean-Baptiste), de Martigues.
Bourrouille (Joseph), de Martigues.
Vacher (Pierre), de Martigues, mort à bord le 1er septembre 1779.
Antoine (Vincent), de Saint-Chamas.

Pollon (Jean-François), d'Antibes.
Dany (Pierre-Joseph), de Cannes.
Avignon (Jean), d'Arles.
Lamouroux (Gabriel), de Sérignan (Hérault).
Caldiès (Jean-Jacques), de Sérignan (Hérault), tué au combat du 6 juillet 1779.

Quartier de Cette.

Serret (François), de Cette, mort à bord le 17 octobre 1779.
Laurenzy (Pierre-Paul), de Mèze.
Moulinier (Estienne), de Mèze.
Galibert (Jean-Baptiste), de Mèze.
Moulinier (Pascal), de Mèze, mort à bord le 3 mai 1779.

Quartier de Narbonne.

Dandé (Pierre), fils de Guillaume, de Narbonne.

Mongé (Louis), de Narbonne, mort à l'hôpital de Brest le 1er janvier 1780.
Aziben (Joseph), de Gruissan.
Rouquette (Dominique), de Gruissan.
Bonnat ou **Bonnet** (Dominique), de Gruissan.
Mourrut (Philippe), de Gruissan, tué au combat du 6 juillet 1779.
Sastre (Louis), de Leucate.
Dandé (Barthélemy), de Bages (Aude).
Revès (Raymond), de Bages (Aude).
Dallong (Jean-Baptiste), de Bages (Aude).
Dellong (Guillaume), de Bages (Aude), tué au combat du 6 juillet 1779.
Tesquier (Pierre), de Feu Jean (Sigean).
Chevalier (Guillaume), de Sigean.
Mathieu (Gabriel), de Sigean.
Paulet (Félix), de Sigean.
Raynaud (François), de Sigean.
Cavalier (Jean), de Sigean.
Fouët (Jean-Baptiste), fils de Jean, de Sigean.
Hastemau (Gabriel), de Sigean.
Tabouriech (Dominique), de Sigean.
Taigade (Augustin), de Sigean.
Mourrat ou **Mourrut** (Martin), de Sigean, tué au combat du 6 juillet 1779.
Cabanet (Jean-Baptiste), de Leucate.
Cadorsy (François), de Leucate.
Fournier (Philippe), de Leucate, tué au combat du 6 juillet 1779.
Caumal (Joachim), de Bages (Aude).
Bouisson (Raymond), de Narbonne.
Cavel (Joseph), de Narbonne.

Quartier de Moissac.

Berguières (Jacques), de Villemur-sur-Tarn.
Durand dit **Blondin** (Jean), de Villemur-sur-Tarn.
Rémy dit **Batouille** (Bernard), de Villemur-sur-Tarn.
Bresson (Antoine), de Villemur-sur-Tarn.
Estau (Barthélemy), de Villemur-sur-Tarn.
Roques (Jean), de Villemur-sur-Tarn.
Fauré dit **Barraguet** (Antoine), de Villemur-sur-Tarn.
Delmar dit **Camayot** (Pierre), de Villebrumier.
Roque dit **Gabache** (Jean), de Montauban.
Gaye (Antoine), de Montauban.
Damas dit **Ministre** (Jean), de Montauban.
Contrasty (Jean), de Montauban.
Caumont (François), dit **Naubelle** (Jean), de Montauban, tué au combat du 6 juillet 1779.
Blanc dit **Cambrézy** (Pierre), de Montauban.
Dussaut dit **Courteballe** (Jean), de Montauban.
La Roque (Arnaud), de Montauban.
Millau dit **Roc** (Pille), de Montauban.
Cousteneau dit **Pétasson** (Jean), de Montauban.
Ferrié dit **Tarde** (Jean), de Montauban.
Popis (Pierre), de Montauban.
Blanc dit **Fignoleur** (Jean-Pierre), de Montauban.
Delaye dit **Girguer** (Jean-Pierre), de Montauban, tué d'un coup de canon le 10 août 1778.
Couirenne (Samuel), de Montauban, mort à bord le 11 octobre 1779.
Bessier dit **La Pax** (Claude), de Montauban, mort à l'hôpital de Brest le 26 janvier 1780.
Savit dit **Soldat** (François), de Montauban.
Garrigues (Jean), de Montauban, mort à l'hôpital de Brest le 13 janvier 1780.
Vidal dit **Fardette** (Jean), de Montauban, mort à l'hôpital de Brest le 4 janvier 1780.
Dainich dit **Nadoc** (François), de Montauban.
Garrigues (Dominique), de Montauban.
Salamon dit **Poblet** (Jean), de Montauban.
Delpech dit **Patille** (Bernard), de Montauban.
Lajouret (Guillaume), de Montauban.
Pibeirol dit **Bourry** (Isaac), de Montauban, mort le 7 juillet 1779, à la suite du combat du 6 juillet.
Garceau ou **Gardau** (Jacques), de Marennes.
Pellan (Joseph), de Dinan (Côtes-du-Nord).
Cauvin (Guillaume), de Saint-Malo, mort à bord le 21 août 1779.
Mignon (Eutrope), de Lorient.
L'Amy (Jean-Louis), de Saint-Brieuc.
Boyer (Pierre), de Bordeaux.
De Machinkal (Ebrard), de Bordeaux.
Blanchet (Jean), de Libourne.
Truand (Pierre), de Bordeaux.

Quartier de Toulouse.

Bladanet (Pierre), de Verdun-sur-Garonne.
Delblanc (Jean), de Verdun-sur-Garonne, mort à l'hôpital de Brest le 5 janvier 1780.
Dourde (Jean), de Mas-Verdun (Tarn-et-Garonne).
Cadillac dit **France** (Antoine), de Castelferrus.
Parcon dit **Belle** (Pierre), de Castelferrus.
Maugast (Raymond), de Castelferrus.
Daroles (Jean-Paul), de Carbonne.
Bonas (Barthélémy), de Carbonne, tué au combat du 6 juillet 1779.
Baraillé (Pierre), de Carbonne.
Casse (Paul), de Carbonne, mort à bord le 29 août 1779.
Serres dit **Carillon** (Jacques), d'Auterive (Haute-Garonne), mort à bord le 14 octobre 1779.
Serres (François), d'Auterive (Haute-Garonne), mort à bord le 1er septembre 1779.
Papeyre (Antoine), de Blagnac.

Quartier de Saint-Jean-de-Luz.

Goyetche (Pierre), de Ciboure.
D'Iratis (Bietry), de Ciboure.
Elissade (Martin), d'Urrugne, mort à bord le 22 septembre 1779.
Tambarre (Jean-François), d'Urrugne.
Ocil (Esteben), de Biriatou.
Darraspe (Joannis), d'Ascain.
Daguerre (Dominique), d'Ascain.
Prabe (Pierre), de Sare, mort à bord le 22 décembre 1779.
Detcheverry (Joannis), de Sare, mort à bord le 18 octobre 1779.
Detchegaray (Dominique), de Bidart, mort à l'hôpital de Brest le 1er février 1780.
Ducasson (Jean), de Saint-Laurent (Basses-Pyrénées), mort à bord le 21 août 1779.

Quartier de Libourne.

Bertrand (Pierre), de Castillon (Gironde), mort à bord le 12 décembre 1778.
Terrasson (Bertrand), de Castillon (Gironde).

Quartier de Blaye.

Roquillet (Augustin), de Blaye.
Kanon (Antoine), de Blaye.
Dupas (François), de Blaye.
Noël (Jean), de Blaye.
Tallais (Louis), de Roque-de-Taux.
Verdois dit **Le Pauvre** (Jean), de Roque-de-Taux.
La Taste dit **Pichot** (Antoine), de Roque-de-Taux.
Fumeau (Jean), de Roque-de-Taux.
Forton (Pierre), de Roque-de-Taux.
Rabeau (François), de Roque-de-Taux.
Ridois (Jean), de Roque-de-Taux.
Simon dit **Le Vieux** (Antoine), de Roque-de-Taux.
Allard (Jean), de Roque-de-Taux.
Bureau dit **Gibeline** (Jean), de Margaux, mort à bord le 25 décembre 1779.
Duc (François), de Savignac (Gironde).
Moreau (Arnaud), de Savignac (Gironde), mort à bord le 28 mai 1778.

Quartier de Marmande.

Garax (Raymond), de Saint-Hilaire (Lot-et-Garonne).
Lalanne (François), du Passage d'Agen.
Bégoule (Joseph), de Clairac.
Rivès (Berthomieu), de Villeneuve (Lot-et-Garonne).
Mothès dit **Marquisac** (François), de Villeneuve (Lot-et-Garonne).
Drouillet (Jean), du Port de Penne (Lot-et-Garonne).
Caillat (Jean), du Port de Penne (Lot-et-Garonne).
Turon (Léonard), du Port de Penne (Lot-et-Garonne), mort à l'hôpital de Quimper le 29 janvier 1780.

Département de Bordeaux.

Boudou (Jacques), de l'Ile Saint-Georges.
Bordenave (François), de Bègles.
Desbans (Jean), de la Bastide, mort à New-York le 28 octobre 1778.
Bouchet (Pierre), de la Bastide.
Faugère (Pierre), de Lormont.
Flours (Mathieu), de Bassens (Gironde).
Mondeguerre (Thomas), de Macau (Gironde).
Merlet (Maurice), de Macau.
Boutereau (Jean), de Macau, mort à bord le 19 octobre 1779.

Département de la Corse.

Vero (Paul), d'Ajaccio.
Fauché (Charles-Marie), d'Ajaccio.
Nataliny (Pierre), de Meria.
Antonetty (Dominique), de Meria.
Morajjany (Dominique-Marie), de Meria.

Canonniers servants.

Maurin (Jacques), de Mauregard, mort à l'hôpital du Fort-Royal le 18 avril 1779.
Camand (Jean), de Barraux (Isère).
Valentin (François), de Barraux (Isère).
Longeat (Barthélemy), de Barraux (Isère).

Novices.

Sauvet (Pierre-Jules-Roch), de Toulon.
Laure (Pierre-Hippolyte), de Toulon.
Simiat (Jean), d'Hyères.
Montillet (Hyacinthe), de Chazelet.
Rivès (Paul), de Marseille.

Mousses.

Aubert (Pascal), de Toulon.
D'Aumas (Antoine), de Toulon.
Pantet (Pierre), de Luc (Var).
Taureau (Antoine), de la Ciotat.
Jourdan (Jacques), de Six-Fours.
Maurel (Estienne), de Toulon.

Audier (Jacques), de Toulon.
Melin (François), de Toulon.
Mège (Joseph-Marie), de Toulon.
Dauin (Jacques), de Toulon.
Castaud (Jean-Louis), de Toulon.
Saffret (César-Joseph), de Toulon.
Meissonnier (André), de Toulon.
Jouan (Joseph), de Toulon.
Castellau (Louis-Benoit), de Toulon.
Vin (Antoine), de la Seyne.
Chabaud (Estienne), de la Seyne.
Barbaroux (Jean-André), de Cuers.
Castellin (Jean-André), de Cuers.
Béraud (Pierre), de Cuers.
Durbec (Laurent-Joseph), de Toulon.
Bayle (Jean-François), de Toulon.
Dol (Joseph), de Toulon.
Gautier (Vincent), de Toulon.
Monin (Alexis), de Toulon.
Brun (François), de Toulon.
Laugier (Laurent), de Toulon.
Fouque (Pierre), de Toulon.
Féraud (Marc), de Toulon.
Verse (François), de Toulon.
Langlade (Simon), de Marseille.
Demarai (Jean), de Marseille.
Corse (Nicolas-Barthélémy), de Marseille.
Fourrat (Jean-Louis), de Nîmes.
Guiot (François), d'Hyères.
Vincent (Jean-Paul), d'Aix.

LE MAGNIFIQUE

(1782)

M. MITTON DE GENOUILLY, Capitaine de vaisseau, et M. MACARTY DE MARTEIGUE, Capitaine de vaisseau, Commandants.

ÉTAT-MAJOR

CAPITAINES DE VAISSEAU

Le Comte de **MITTON de GENOUILLY**, Commandant.
MACARTY de MARTEIGUE, Commandant.
PETIT, Second.
De **GRIMOUARD**, Second.

LIEUTENANTS DE VAISSEAU

LENORMAND de VICTOT.
De la **BINTINAYE.**
De **PALMQUIST.**
De **TERRASSON.**

CAPITAINE DE BRULOT

De **CAMBERNIN** de **BREVILLE.**

ENSEIGNES DE VAISSEAU

De **LUZEAU.**
De **VIELA.**
De **KAAS.**
De **MARNIERES.**
Du **PETIT-THOUARS.**
Le Chevalier **ROSPIEC de TRIVIEN.**
Du **FAY** de **CARTY.**
JOUENNE d'**ESGRIGNY.**
BOUSSARD.
De **MONTELL** (Suédois).

LIEUTENANTS DE FRÉGATE

NINON.
LINDET.
KERPRIGENT-RIOU.
JACQUES.
BOULET.

OFFICIERS AUXILIAIRES

LE MINIHY.
PAUMIER.
CHAUVIN de la **CASSAGNE.**
Le Chevalier d'**AYMARD.**

CHIRURGIENS-MAJORS

JACOB.
MAUBEC.

AUMONIERS

CASIMIR (R. P.), Capucin.
DURANDEAU (R. P.).
BOURDY (R. P.), Récollet.

GARDES DE LA MARINE

LUZEAU de BEUERIES.
De **FRANSSURE.**
De **MAUPERTUIS.**
De **MALEISSYE.**
De **SAINT-HIPPOLYTE.**
De **BOTMILLIAU.**
De **BOURBERS.**
LE VOYER.
ORGOMAN.

VOLONTAIRES

Oisel, de Quintin.
Marin, de Caen.
D'Isel (Evrard), de Luxembourg.
Desilz, de Vannes.
Labory (Barthélémy), de Vannes.
Hamelin (Auguste), de Caen.
Duval (Alexandre), de Rennes.
Le Roux, de Franqueville.
Fontenoy (Claude), de Montargis.
Desbordes de Brive, de Paris.
Tirel, de Nantes.
Du Houlbec, de Nantes.
Le Chevalier **de Mutet**, de Bernus.
Couteires, de Rennes.

Officiers-mariniers de manœuvre.

Joly (Michel), premier maître, de la Rochelle.
Nicole (Louis), premier maître, de Brest.
Mesnard (Jean), deuxième maître, de Saint-Brieuc.
Olitreau (Claude), deuxième maître, de Lorient.
Metereau (Jacques), deuxième maître, de la Rochelle.
Lecouffiet (Jacques), contremaître, de la Hougue.
Cailleau (Pierre), contremaître, de Nantes.
Chanceau (Pierre), contremaître, des Sables.
Crouan (Thomas), bosseman, de Caen.
Pilliard (Julien), bosseman, de Nantes.
Lemitte (Jacques), bosseman, du Conquet.
Boulanger (André), bosseman, des Sables.
Mouden (Jean-Baptiste), bosseman, de Brest.
Adam (Balthazard), bosseman, de Granville.
Montier (Jean-Baptiste), quartier-maître, du Havre.
Hamel (Pierre), quartier-maître, de Cherbourg.
Boivaut (Etienne), quartier-maître, de Saint-Malo.
Mallet (Jean), quartier-maître, de Saint-Malo.
Carré (Jean), quartier-maître, de Saint-Malo.
Boissel (Pierre), quartier-maître, de Dieppe.
Camard (Louis), quartier-maître, de Granville.
Charier (Charles), quartier-maître, de Nantes.
Rigalon (François), quartier-maître, de l'Ile-de-Ré.
Jézéquel (Barmel), quartier-maître, du Conquet.
Le Sage (Antoine), quartier-maître, de Saint-Brieuc.
Nicolas (Jean-Baptiste), quartier-maître, de Saint-Malo.
Hamon (François), quartier-maître, de Saint-Malo.
Grossin (Olivier), quartier-maître, de Saint-Malo.
Nicoles (Louis), quartier-maître, de Nantes.
Micheau (Louis), quartier-maître, des Sables.
Guérit (Jean), quartier-maître, des Sables, mort à l'hôpital de Nantasquet le 8 décembre 1782.
Lamoureux (Hervé), quartier-maître, de Lorient.

Guilbert (Raphaël), quartier-maître, de Saint-Brieuc.

Mahéas (René), quartier-maître, de Saint-Brieuc.

Mathieu (Jacques-Simon), quartier-maître, d'Honfleur.

Reault (Joseph), quartier-maître, de la Rochelle.

Béchet (Simon), quartier-maître, de la Rochelle.

Clémence (Jean-Baptiste), quartier-maître, de Dieppe.

Dubois (Étienne), quartier-maître, de Dieppe.

Gallène (Nicolas), quartier-maître, de Belle-Isle.

Guellec (Jean-Nicolas), quartier-maître, de Belle-Isle.

Le Hérissé (Julien), quartier-maître, de Granville.

Delacour (Jean-François), quartier-maître, de Granville.

Chagnon (François), quartier-maître, de Dinan, mort à l'hôpital de Nantasquet le 16 août 1782.

Officiers-mariniers de pilotage.

Vermé (Claude), premier pilote, de Saint-Valéry.

Marthe (Jean-Pierre), deuxième pilote, de Granville.

Licornu (Pierre), deuxième pilote, de Saint-Malo.

Thual (Yves-Alain), deuxième pilote, de Saint-Malo, mort à bord le 9 juin 1782.

Chartier (Louis), aide-pilote, de Saint-Malo.

Polard (Joseph), aide-pilote, de Lannion.

Michaut (Jacques), aide-pilote, de Saintes.

Praud (Joseph), aide-pilote, de Noirmoutiers.

Aurereau (Louis), aide-pilote, de la Rochelle.

Officiers-mariniers de canonnage.

Pavis (Guillaume), maître canonnier, de Brest.

Robert (Marcel), maître canonnier, de Brest.

Laglacé (Nicolas), maître canonnier, de Saint-Valéry.

Le Moine (Joseph), second canonnier, de Saint-Malo.

Gouzil (Jean), second canonnier, de Libourne.

Gombot (Jean), second canonnier, de Libourne.

Le Pommier (Jacques), second canonnier, de la Hougue.

Thin (Nicolas), second canonnier, de la Hougue.

Lamache (Bon), second canonnier, de la Hougue.

Chevalier (Antoine), aide-canonnier, de Saint-Malo.

L'Instant (Louis), aide-canonnier, de Saint-Malo.

Bessellèvre (Pierre), aide-canonnier, de Saint-Malo.

Trochon (Julien), aide-canonnier, de Dinan.

Mousset (Noël), aide-canonnier, de Dinan.

Langlé (Jacques), aide-canonnier, de Saint-Servan.

Augeard (Jean), aide-canonnier, des Sables.

Le Bon (Charles), aide-canonnier, de Granville.

Tinévès (Mathieu), aide-canonnier, du Conquet.

Ouin (Dominique), aide-canonnier, de Dieppe.

Beaudouin (Guillaume), aide-canonnier, de Dieppe.

Marion (François), aide-canonnier, de Granville.

Aubin (Martin), aide-canonnier, de Fécamp.

Duparc (Guillaume), aide-canonnier, de Fécamp.

Dupuis (Pierre), aide-canonnier, de Fécamp.

Lemonnier (Nicolas), aide-canonnier, de Fécamp.

L'Eveillé (Renaud), aide-canonnier, de la Hougue.

Porquier (Claude), aide-canonnier, de Saint-Valéry.

Bélin (Nicolas), aide-canonnier, de Saint-Valéry.

Vautier (Adrien), aide-canonnier, de Dieppe.

Seveno (Louis), aide-canonnier, de Belle-Isle.

Le Roux (Eustache), aide-canonnier, de Lorient.

Leclerc (Guillaume), aide-canonnier, de Quetteville, tué au combat du 12 avril 1782.

Levaillant (Marcel), aide-canonnier, de la Hougue.

Charpentier (Jean), aide-canonnier, de Granville.

Nicolle (Guillaume), aide-canonnier, de Granville.

Cannelle (Pierre), aide-canonnier, de Granville.

Beurieu (Félix), aide-canonnier, de Saint-Valéry, mort des suites d'une blessure reçue le 12 avril 1782.

Roussel (Antoine), aide-canonnier, du Vigan, mort à l'hôpital de Nantasquet à la suite d'une surdité contractée au combat du 9 avril 1782.

Officiers-mariniers de charpentage.

Bonniec (Pierre), maître charpentier, de Rochefort.

Huby (Guillaume), second charpentier, de Dinan.

Chevalier (Pierre), aide-charpentier, de Rochefort.

Bounin (Charles), aide-charpentier, de Rochefort.

Lemerre (Louis), aide-charpentier, de Pleurtuit.

Nicolas (Jean), aide-charpentier, de Pleurtuit.

Gaudineau (Simon), aide-charpentier, des Sables, mort à bord le 15 décembre 1782.

Officiers-mariniers de calfatage.

Jean (Joseph), maître calfat, de Dinan.

Boyer (Pierre), maître calfat, de Rochefort.

Hautière (Jean), second calfat, de Dinan.

Le Gouté (Martin), second calfat, de Dinan.

Belay (François), second calfat, de Saint-Malo.

Mervin (Joseph), aide-calfat, de Dinan.

Officiers-mariniers de voilerie.

Guillou (Marc), maître voilier, de Lorient.

Gauthier (Pierre), maître voilier, de la Rochelle, mort des blessures reçues le 12 avril 1782 au combat.

Major (Mathieu), second voilier, du Havre.

Barette (Louis), second voilier, d'Honfleur, mort à bord le 14 mars 1782.

Lumeau (Jean), aide-voilier, de Nantes.

Gabiers.

Grignoux (François), de Quimper.

Goreguer (Alain), de Quimper.

Heurtaux (François), de Saint-Malo.

Chênu (Jean), de Saint-Malo.

Forest (Ignace), de Saint-Malo.

Coupeau (Julien-Joseph), de Dinan.

Petitbon (Jean), de Dinan.

Lorre (Charles), de Dinan.

Lasalle (Julien), de Dunkerque.

Fauconnier (Jean), d'Honfleur.

Cornière (Nicolas), de Cherbourg.

Delahaye (Noël-François), de Cherbourg.

Berton (Pierre), de Libourne.

Vermont (Jean-Pierre), de Caen.

Colin (Dominique), de Saint-Brieuc.

Pouher (Jean), de Saint-Brieuc.

Fréchon (Charles), de Dieppe.

Aliguen (Pierre), de Belle-Isle.

Jouant (Julien), de Granville.

Poulain (Michel), de Granville.

La Coste (Étienne), de Libourne.

Timoniers.

Alix (Jean), de Saint-Brieuc.

Ruellan (Jean-Louis), de Saint-Brieuc.

Lefèvre (Norbert), de Saint-Brieuc.

Nolichon (André), de Quimper.

Poyès (Jean), de Bayonne.

Fervaque (François), d'Honfleur.

Henry (Charles), de Dinan.

Gefflot (Joseph), de Dinan.

Olivier (Jean-Baptiste), du Havre.

Le Marec (Joseph), de Belle-Isle.

Gorgeron (Charles), de Fécamp.

Fauchet (Jean-Louis), de la Rochelle.

Fontemoing (Emmanuel), de Libourne.

Matelots.

Cadoudal (Alain-Marie), d'Ouessant.

Noret (Paul-François), d'Ouessant, mort à la suite d'une blessure reçue le 12 avril 1782.

Chilgny (Guillaume), d'Ouessant, tué au combat du 12 avril 1782.

Terrier (Jean-Baptiste), d'Orléans.

La Pommeraye (Jacques), d'Orléans.

Daniélou (Henry), de Camaret.

Leguenne (Pierre), de Landerneau.

Grall (Jean), de Landerneau.

Tirely (Michel), de Quimper.

Denez (Yves), de Tréguier.

Eouzan (Denis), de Saint-Brieuc.

Graude (Jean), de Saint-Brieuc.

Périnet (Jean), de Saint-Brieuc.

Boussougant (Louis), de Saint-Brieuc.

Beyo (Jean), de Saint-Brieuc.

La Poulenne (Claude), de Saint-Brieuc.

Le Coat (François), de Saint-Brieuc, mort à l'hôpital de Nantasquet le 1er décembre 1782.

Nicolle (François), de Saint-Brieuc.

Le Clair (Alain), de Saint-Brieuc.

Colin (François), de Saint-Brieuc.

Guilcher (Yves), de Saint-Brieuc.

Le Brigant (Jean-Marie), de Saint-Brieuc.

Clément (Jean), de Saint-Brieuc.

Auvray (Julien), de Saint-Brieuc.

Montfort (Jean), de Saint-Brieuc, mort à bord le 9 janvier 1782.

Berthelé (Paul-Joseph), du Conquet.

Bougaut (Julien), de Dinan.

Le Mée (Julien), de Dinan.

Briand (Pierre), de Dinan.

Griquard (Augustin), de Dinan.

Robert (Luc), de Dinan.

Forestier (Jean), de Dinan.

Ruault (Jacques), de Dinan.

Robert (René), de Dinan.

Miopet (Michel), de Dinan.

Petit (Charles), de Dinan.
Lévêque (Jean), de Dinan.
Simon (Mathurin), de Dinan.
Soulas (Jean), de Dinan.
Brohaunier (François), de Dinan.
Ovier (François), de Dinan.
Boivin (Mathieu), de Dinan.
Eon (François), de Dinan, mort à l'hôpital de Nantasquet le 6 avril 1783.
Drian (Guillaume), de Vannes.
Rebuffet (Mathurin), de Dinan.
Rigaud (Louis), de Dinan.
Rebuffet (François), de Dinan.
Peluard (Jean), de Dinan.
Gauthier (François), de Dinan.
Tardif (Vincent), de Dinan.
David (Barthélémy), de Dinan.
Launay (Jean), de Dinan.
Delahaye (François), de Dinan.
Dacon (Henry), de Saint-Malo.
Huard (Jean), de Saint-Malo.
Burel (Guillaume), de Saint-Malo.
Cocherie (Pierre), de Saint-Malo.
Hamoniaux (Jean-Joseph), de Saint-Malo.
Vivien (Julien), de Saint-Malo.
Grimau (Jean), de Saint-Malo.
Bailblé (Pierre), de Saint-Malo.
Beyer (François), de Saint-Malo.
Ballet (François), de Saint-Malo.
Chauvoy (Noël), de Saint-Malo.
Fautou (Dominique), de Saint-Malo.
Dœuve (Jean), de Honfleur.
Vegnier (Etienne), de Honfleur.
Teissier (Alexandre), de Honfleur.
Le Grain (Philippe), de Honfleur.
Bouin (Pierre), de Nantes.
Angibaut (Simon), de Nantes.
Bessac (Pierre), de Nantes.
Chauvelon (Noël), de Nantes.
Renaud (Jean), de Nantes.
Turpin (Pierre), de Nantes.
Moizan (Guillaume), de Nantes.
Flamand (Jacques), de Nantes, mort à l'hôpital de Nantasquet le 7 décembre 1782.
Monnier (Joseph), de Nantes.
Berranger (Pierre), de Nantes.
Joyau (Mathieu), de Nantes.
Hotter (Louis), de Nantes.
Auffret (Yves), de Nantes.
Hénault (Guillaume), de Nantes.
Olive (Jean), de Nantes.
Fontaine (François), de Nantes.
Duret (Jacques), d'Angers.
Bontemps (Pierre), d'Angers.
Rouget (Amand), de Fécamp.
Le Mettey (Benjamin), de Fécamp.
Laurent (Jacques), de Fécamp.
Benard (Jean-Baptiste), de Fécamp.
Deschamps (Marin), de Fécamp.
Le Dun (Robert), de Fécamp.
Le Villain (Charles), de Fécamp.
Caulot (François), de Fécamp.
Caisse (Louis), de Fécamp.
Décaché (Louis), de Rouen.
Lucas (Jean-Louis), de Rouen.
Bouffée (Jacques-Amand), de Rouen.
Le Cerf (Etienne), de Rouen.
Delamarre (Jean-Baptiste), de Rouen.
Desvaux (Jacques-Philippe), du Havre.
Roussel (Emmanuel), du Havre.
Tassity (Louis), du Havre.

L'Ecluse (Victor), de Cherbourg.
Beaubet (Louis), de Cherbourg.
Le Portier (Pierre), de Cherbourg.
Le Masson (Jean), de Cherbourg.
Martin (Jean), de Cherbourg.
Masson (Guillaume), de Cherbourg.
Gaudouin (Jean-Jacques), de Caen.
Marie (Jacques), de Caen.
Motte (Adrien), de Caen.
Poyer (Jacques), de Caen.
Dalet (Nicolas), de Caen.
Auffray (François-Julien), de Granville.
Le Granvillay (Louis), de Granville.
Hardet (Jean-Baptiste), de Granville.
Dubreuil (Louis), de Granville.
Quétier (Jacques), de Granville.
Petel (Etienne), de Granville, mort à bord le 6 août 1782.
Hue (Jean), de Granville.
Jeanne (Jean), de Granville.
Baudré (François), de Granville.
Paumier (François), de Granville.
Gambier (Pierre), de Granville, tué au combat du 12 avril 1782.
Thomasin (Jean), de Granville.
Hédouin (Jacques), de Granville.
Le Bas (Louis), de Granville.
Vallet (Michel), de Dieppe.
Fréchon (Onuffre), de Dieppe.
Fromentin (Pierre), de Dieppe.
Poulain (Jean-Jacques), de Dieppe.
Saintsœur (François-Nicolas), de Dieppe, tué au combat du 12 avril 1782.
Miguignon (Jean-François), de Dieppe.
Forestier (Jean-Baptiste), de Dieppe.
Dilard (Jean), de Dieppe.
Philie (Jean-Noël), de Dieppe.
Vasseur (Antoine), de Dieppe.
Petiteville (Antoine), de Dieppe.
Jégo (Jean-Marie), de Belle-Isle.
Thomas (Bernard), de Belle-Isle.
Quintin (Julien), de Belle-Isle.
Elizer (Louis), de Belle-Isle.
Lacroix (Louis), de la Hougue.
Musseau (Louis), des Sables.
Barreteau (Joseph), des Sables.
Perron (François), des Sables.
Malescot (André), des Sables.
Chabot (Antoine), de Rochefort.
Gaillard (Laurent), de la Rochelle.
Bégaud (Pierre), de la Rochelle.
Blanc (Jean-Pierre), de Montauban.
Dautalle (Guillaume), de Montauban.
Courrière (Jean), de Bordeaux.
Arnaud (Jean), de Bordeaux.
Fauché (Jean), de Bordeaux.
Blanchard (Bertrand), de Bordeaux.
Bonnot (Jean), de Blaye.
Charier (Gabriel), de Blaye.
Voisin (Jean-Antoine), de Blaye.
Marre (Jean), de Toulouse.
Cattin (Vincent), de Bayonne.
Darras (François), de Saint-Valéry.
Bœurieux (François), de Saint-Valéry.
Moulard (Antoine), de Saint-Valéry.
Percheval (Georges), de Saint-Valéry.
Le Clère (Michel), de Saint-Valéry.
Fougue (René), de Paris.
Julien (Damiens), de Martigues.
Fabre (Pierre), de Narbonne.
Jouve (François), de Marseille.

Novices.

Marsin (Germain), de Quimper.
Le Maho (René), de Quimper.
Rivière (Louis), de Quimper.
Red (François), de Quimper.
Riou (Yves), de Quimper.
Néven (Renaud), de Quimper.
Le Goff (Symphorien), de Quimper.
Piriou (Louis), de Quimper.
Fraval (Thomas), de Quimper.
Gallic (Pierre), de Quimper.
Corvellec (Joseph), de Quimper.
Niven (François), de Quimper.
Le Néec (Joseph), de Quimper, mort à bord le 28 mai 1782.
Amice (Louis), de Quintin, noyé au Fort-Royal le 8 avril 1782.
Noël (Nicolas), de Dieppe.
Renaut (Martin), de Dieppe.
Douilly (Joseph), de Saint-Omer.
Renaud (Jacques), de Fécamp.
Chapelain (Jean), de Morlaix.
Colin (Hervé), de Morlaix.
Dupuis (Antoine), d'Orléans.
Le Marchand (Yves), de Lannion.
Nicolas (Yves), de Lannion.
Le Bouder (Jean), de Lannion.
Derrien (Vincent), de Lannion.
Le Cutteur (Julien), de Dinan.
Frontan (Jean), de Dinan.
Guillou (Pierre), de Morlaix.
Le Roy (Yves), de Lannion.
Rondot (Jean), de Lannion.
Le Roux (Allain), de Lannion.
Le Terrien (Rolland), de Lannion.
Robé (Rolland), de Lannion.
Le Dantec (François), de Lannion.
Roche (Allain), de Lannion.
Lopez (Louis), de Plouaret.
Soliman (Gabriel), de Plouaret.
Lescop (Jean), de Plouaret, mort à Nantasquet le 19 novembre 1782.
Gorbus (Gilbert), de Nevers.
Chabet (Paul), de Nevers.
Chabet (Jean), de Nevers.
Henry (Claude), de Nevers.
Ancler (Benoît), de Nevers.
Le Callier (François), de Dinan.
Gaubard (Jean-Marie), de Dinan.
Crochet (André), de Dinan.
Lhermitte (Jean-Michel), de Granville, mort à bord le 12 juin 1782.
Poupet (Jean-Baptiste), d'Orléans.
Hiot (Henry), d'Orléans.
Bichereau (François), d'Orléans.
Martin (Pierre), d'Orléans.
Guiblain (François), d'Orléans.
Perrin (Jean), d'Orléans.
Boussougant (Yves), de Saint-Brieuc, tué au combat du 12 avril 1782.
Brûlé (Etienne), de Moulins.
Chedalleir (Julien), de Vannes.
Auffret (Guillaume), de Saint-Brieuc.
Rebours (Jean), de Saint-Brieuc.
Le Goetteler (Yves), de Saint-Brieuc.
Le Masson (Rolland), de Saint-Brieuc.
Rebours (Alexis), de Saint-Brieuc.
Thomas (Jean-Marie), de Saint-Brieuc, noyé en rade du Fort-Royal le 8 avril 1782.
Rouat (Thomas), de Quimper.
Kerlou (François), de Quimper.

Desriens (Siphorien), de Quimper.
Janvier (Jean-Louis), de Quimper.
Gigond (Jean), de Quimper.
Daniel (Clair), de Quimper, mort à l'hôpital de Boston le 8 déc. 1782.
Goyer (Jean-René), d'Alençon.
Meunier (Victor), de la Rochelle.
Tostain (Melchior), de Cherbourg.
Cabot (Michel), de Rouen.
Guillot (Hilaire), de Nevers.
Pommier (Jean-Marie), de Narbonne.
Porquaut (Mathieu), de Saint-Malo.
Baudry (Pierre), de Fécamp.
Lappel (Robert), de Fécamp.
Pavis (Jean-Baptiste), de Fécamp.
Fleurier (François), de Rennes, mort des blessures reçues au combat du 12 avril 1782.
Beaumont (Jacquês), d'Honfleur.
Douvet (Pierre), de Dinan.
Asseline (Jean-Baptiste), de Dieppe.
Bourdel (Jean-Jacques), de Dieppe.
Painblanc (François), de Granville.
Frémi (Nicolas), de Granville.
Cerviger (Jean), de Saint-Brieuc.
Le Barbu (Sylvestre), de Saint-Brieuc.
Laurent (Jacques), du Faou.
Brûlé (Pierre-François), de Calais.
De la Marconnois (Joseph), de Poitiers, noyé le 8 août 1782.
Villemon (René), de Paris.
Simon (Grégoire), de Paris.
Nantille (Bon), de Paris.
Daugin (Pierre), de Paris.
Porcher (Nicolas), de Paris.
Barinot (Lioban), de Salignac.
Roussel (Etienne), de Versailles.
Quartrin (François), de Versailles.
Cerf (Etienne), de Bourgelois, tué au combat du 12 avril 1782.
Lhuillier (Philippe), de Montluçon.
Raudouin (Jean-Louis), de Villejuif.
Lamarre (Pierre), de Rouen.
Girard (Jacques), de Rouen.
Mottès (François), de Chartres.
Concouil (Guillaume), de Chartres.
Huillier (Rémy), de Châlons.
La Chapelle (Nicolas), de Châlons.
Tuévenin (Sébastien), de Verdun.
La Goutte (Alexandre), de Rennes.
Paris (Augustin), de Rennes.
Rey (Joseph), de Lyon.
Melin (Jean), de Cherbourg.
Coquard (Etienne), de Nancy.
Philippe (Jacques), de Mâcon.
Brest (Renaud), du Faou.
Beaumoure (Antoine), d'Houdeville.

Surnuméraires.

Janvier (Urbain), de Quimper.
Bois (Pierre-Marie), de Quimper.
Paquié (Alexandre), de Nantes.
Morvan (Yves), de Morlaix.
Jaouen (Pierre), de Morlaix.
Le Goff (Pierre), de Morlaix.
Lelièvre (Louis), de Morlaix.
Isoutier (Jérôme), de Toulon.
Cabaret (Mathurin), de Dinan.

Mousses.

Pellot (Augustin), de Nantes.
Nicolle (Joseph), de Nantes.
Peton (Hervé), de Brest.
Boussongant (Christophe), de Saint-Brieuc.
Boix (Jean-Louis), de Saint-Brieuc.
Hervé (Adrien), de Saint-Brieuc.
Padel (Jean), de Saint-Brieuc.
Thomas (Joseph), de Saint-Brieuc.
Gouiffé (Pierre), de Quimper.
Manivel (Julien), de Dinan.
Le Mée (Laurent), de Dinan.
Graseveur (François), de Dinan.
Lebreton (François), de Saint-Malo.
Malgorne (Arsène), d'Ouessant.
Le Rouzic (Paul), d'Ouessant.
Compianne (François-Marie), d'Ouessant.
Geffroy (Nicolas), d'Ouessant.
Barillon (Cyprien), d'Ouessant.
Michau (Gabriel), de Saintes.
Garec (Jean), de Vannes.
Durieu (Jean-François), de Caen.
Lefranc (Jean), de Granville.
Rabasse (Pierre), de Granville.
Rabasse (Jacques), de Granville.
Jourdan (Jacques), de Granville.
Hardet (François), de Granville.
Bédouin (Charles), de Granville.
Dauvin (Nicolas), de Granville.
Le Chevalier (Jacques), de Granville.
Théloc (François), de Granville.
Gouiffard (Charles), de Granville.
Caron (Charles), de Granville.
Noblet (Nicolas), de Granville.
Lamort (Julien), de Granville.
Berthaud (Louis), de Granville.
Gorrec (Yves), de Trégnier.
Cadiou (Guillaume), de Tréguier.
Faride (Benjamin), d'Honfleur.
Marceau (Jean), de la Rochelle.
Robert (Christophe), de Fécamp.
Querrien (Pierre), de Morlaix.
Querrien (Yves), de Morlaix.
De la Lande (André), de Rouen.
D'Estaing (Alexandre), de Dieppe.
Grimaud (Joseph), de Saint-Malo.
Pellerin (Pierre), de Brest.
Fabre (François), de Brest.
Mannaut (Guillaume), de Brest.
Farou (René), de Brest.
Nicol (Jean-Louis), de Brest.
Poret (François), de Brest.
Lescop (Laurent), de Lannion.
Prégeant (Jean), de Lannion.
Drollet (Pierre), de Lannion.
Guérin (Joseph), de Rennes.
Cainau (François), de Nantes.
Boizourdie (Antoine), de Nantes.
Réveillard (Louis), d'Angers.
Lefèvre (Jean), de Saint-Malo.
Dumoulin (Gilles), de Saint-Brieuc.
Dumoulin (Jean-François), de Saint-Brieuc.
Thouin (Honoré), de Saint-Brieuc.
Gautier (Jean-Yves), de Saint-Brieuc.
Guillemain (Ollivier), de Saint-Brieuc.
Hamon (Charles), de Lorient.
Olitreau (Louis), de Lorient.
Henry (Jean-Baptiste), de Paris.
Perron (Isidore), de Landerneau.
Robert (Rolland), de Rouen.
Bonis (Jean-Baptiste), de Marseille.
Treffol (Charles), de Tréguier.
Beaucher (Ollivier), de Quimper.
Bonhomme (Jacques), de Saint-Malo.
Riquet (Antoine), de Granville.

Domestiques.

Clérian (François), de Brest.
Marat (Etienne), de Lyon.
Perrès (François), de Vannes.
Jevau (Collin), de Fougères.
Masson (Martin), de Nantes.
Poinec (Yves), de Tréguier.

LE TONNANT

(1778-1780)

M. le Comte DE BREUGNON, Chef d'escadre, Commandant; — M. le Comte DE BRUYÈRES, Capitaine de vaisseau, Commandant.

ÉTAT-MAJOR

CHEF D'ESCADRE

Le Comte de **BREUGNON**, Commandant.

CAPITAINES DE VAISSEAU

Le Comte de **BRUYERES**, Commandant.
Le Comte de **PONTEVES-GIENS**, Second.

LIEUTENANTS DE VAISSEAU

De **CHAMPMARTIN**.
De **ROQUEFORT**.
Le Comte de **LAVEAULX**.
Le Chevalier de **CAUX**.
Le Chevalier de **SAINT-LAURENT**.
Le Chevalier de **SAINT-SAUVEUR**, mort à Boston en septembre 1778.

ENSEIGNES DE VAISSEAU

DURAND de BRAYE.
ROQUART de MONT-ROUX.
Le Comte de **SAINT-POLGUE**.

PAS de BEAULIEU.
Le Chevalier **d'ARS.**

LIEUTENANT DE FRÉGATE

LEGOING.

CHIRURGIEN-MAJOR

ABBE.

AUMONIER

SIGNORET (R. P. Wencesias), Récollet.

GARDES DE LA MARINE

Le Chevalier **de la TOURRETTE.**
D'AURIBEAU.
De **SAINT-MARC.**
De **PRADINE.**
De **GUILHERMIER.**

Officiers-mariniers de manœuvre.

Eyffren (Louis), premier maître, de Toulon.
Consauve (Laurent), premier maître, de Toulon.
Benoit (Pierre), deuxième maître, de Toulon.
Roumiou (Joseph-Désiré), deuxième maître, de Toulon.
Paron (Antoine), contremaître, de Toulon.
Jeannet (Honoré), contremaître, de Toulon.
Fournier (Alphonse), contremaître, de Toulon.
Camoin (Jean-Baptiste), bosseman, de Toulon.
Hirigoyen (Pierre), bosseman, de Bidart.
Ginoux (François), bosseman, de Marseille.
Giraud (Pierre-Modeste), quartier-maître, de Toulon.
Moreau (Pierre), quartier-maître, de Bordeaux.
Delor (Pierre), quartier-maître, de Bordeaux.
Reboul (Pascal), quartier-maître, de Sanary.
Fournier (Esprit-Benoît), quartier-maître, de Toulon.
Villabrun (Jacques), quartier-maître, d'Agde, mort à bord le 10 décembre 1779.
Autrel (Philippe), quartier-maître, de Marseille.
Marin (François), quartier-maître, de Marseille.
Nieuron (Jean-Baptiste), quartier-maître, de Marseille.
Repetto (Laurent), quartier-maître, de Marseille.
Ricard (Pierre), quartier-maître, de Marseille.
Maffre (Jérôme), quartier-maître, de Marseille.
Pourquier (Balthazard), quartier-maître, de Marseille.
Aubert (Balthazard), quartier-maître, de Marseille.
Dussié (Joseph), quartier-maître, de Marseille.
Icard (Antoine), quartier-maître, de Marseille.
Bellenger (Antoine), quartier-maître, de Dunkerque.
Tacet (Raymond), quartier-maître, de Martigues.
Lamy (Gabriel), quartier-maître, de Mazargues.
Mouren (Laurent), quartier-maître, de Mazargues.
Mouren (Laurent), quartier-maître, de Mazargues.
Majastre (Simon), quartier-maître, de la Ciotat.
Mengeot (André), quartier-maître, de Bordeaux.

Officiers-mariniers de pilotage.

Depeille (Jean), de Toulon.
Racord (Pierre-Sicard), de Toulon.
Charlois (Jean-François), de Marseille.
Larose (Salvatori), de Marseille.
Racord (Jean-Louis), de Marseille.
Senès (Louis-André), de Toulon.
Mastre (Joseph), de Toulon.
Samson (Pierre-Germain), de Toulon.
Tournaire (Jean-Joseph), de Sanary.

Officiers-mariniers de canonnage.

Le Grand (Pierre), maître canonnier, de Toulon.
Le Grand (Barthélémy), maître canonnier, de Toulon.
Bourges (Louis-Nazaire), deuxième canonnier, de Toulon.
Mouraille (Pierre), deuxième canonnier, de Toulon.
Boyer (Jean-Baptiste), deuxième canonnier, de Toulon.
Bonnaud (Charles), deuxième canonnier, de Toulon.
Julien (Sébastien), deuxième canonnier, de Toulon.
Foix (Joseph), aide-canonnier, de Toulon.
Telier (Louis), aide-canonnier, de Toulon.
Gasquet (Jean-François), aide-canonnier, de Toulon.
Tourrès (Pierre), aide-canonnier, de Toulon.
Julien (Jean-Baptiste), aide-canonnier, de Toulon.
Imbert (Jean-Michel), aide-canonnier, de Six-Fours.
Eyrenc (Honoré), aide-canonnier, de Grasse.
Doussolin (Honoré), aide-canonnier, de la Cadière.
Rougier (Jean), aide-canonnier, d'Ollioules.
Thécal (Philippe), aide-canonnier, de Brest.
Sauvaire (Jean-Joseph), aide-canonnier, de Marseille.
Cauvière (Jean-Mathieu), aide-canonnier, de Marseille.
Gaffarel (Lange), aide-canonnier, de Marseille.
Decany (Joseph), aide-canonnier, de Marseille.
Négreau (Laurent), aide-canonnier, de Marseille, mort à bord le 28 février 1780.
Pourquier (Joseph), aide-canonnier, de la Seyne.
Bonnace (Alexandre), aide-canonnier, de la Seyne.
Curet (Jacques), aide-canonnier, de la Seyne.
Daniel (Joseph), aide-canonnier, de la Seyne.
Brémond (André), aide-canonnier, de la Seyne.
Dauphin (Jean-François), aide-canonnier, de Saint-Tropez.
Casteuil (Mathieu), aide-canonnier, de Saint-Tropez.
Martin (Joseph-Lazare), aide-canonnier, de Toulon.
Decot (Jean-François), aide-canonnier, de Toulon.
Roustan (Jean-Joseph), aide-canonnier, de Toulon.
Lassuc (Jean-Joseph), aide-canonnier, de Toulon.
Martin (Jacques), aide-canonnier, de Toulon.
Gonet (Nicolas), aide-canonnier, de Toulon.
Parian (Antoine-Joseph), aide-canonnier, de Toulon.
Plancheur (Barthélémy), aide-canonnier, d'Antibes.
Séguier (Jean-Baptiste), aide-canonnier, de Cassis.
Cauvin (Antoine), aide-canonnier, de Martigues.
Prinsol (Charles), aide-canonnier, de Fréjus.
Chauvy (Sévère), aide-canonnier, d'Agde.
Eyraud (Mathieu), aide-canonnier, d'Agde.
Bar (Jacques), aide-canonnier, d'Agde.
Lalle (Jean), aide-canonnier, de Cette.
Boriès (Jean-Laurent), aide-canonnier, de Cette.
Gaston (Bertrand), aide-canonnier, de Bordeaux.

Officiers-mariniers de charpentage.

Depeille (Gaspard), maître charpentier, de Toulon.
Eyguier (Antoine), maître charpentier, de Toulon.
Chautard (Jean), deuxième charpentier, de Toulon, mort en mer le 22 mai 1779.
Garnier (Alexandre), aide-charpentier, de Toulon.
Beltrotte (Jean), aide-charpentier, de Toulon.
Gérin (Antoine), aide-charpentier, de Toulon.
Calvy (Antoine), aide-charpentier, de Toulon.
Perouzy (Honoré), aide-charpentier, de Toulon, mort à bord le 24 février 1779.

Officiers-mariniers de calfatage.

Julien (Joseph), maître calfat, de Toulon.
Ripert (Honoré-Benoît), deuxième calfat, de Toulon.
Pourquier (Michel), deuxième calfat, de la Seyne.
Tassy (Pierre), aide-calfat, de Toulon.
Roux (Jean-Pierre), aide-calfat, de Toulon.
Gueit (Antoine), aide-calfat, de Toulon.

Officiers-mariniers de voilerie.

Pelletier (Jean), maître voilier, de Toulon.
Rey (Joseph), deuxième voilier, de Toulon.
Mougne (Michel), aide-voilier, de Martigues.

Gabiers.

Cabasse (Joseph), de Marseille.
Trémelat (Lazare), de Marseille.
Arnaud (Etienne), de Marseille.
Rech (Charles), de Marseille.
Simonet (Jacques), de Marseille.
Ollivier (Pierre), de Toulon.
Gueirard (Louis-Antoine), de Toulon.
Ricard (Claude), de Mazargues.
Pastourel (François), de Martigues.

Timoniers.

Grapassy (Félix), de Cassis.
Bousquet (André), d'Agde.
Gameau (Louis-Laurent), de Bandol.
Hétier (Bernard), de Blaye.
Delmâtre (Jean-Pierre), de Clairac.
Pinçon (Michel), de Libourne.
Gasquet (Joseph), de Cireste, mort à Savannah le 6 mai 1779.
Berard (François), de Martigues.
Ruas (Jean-Baptiste), de Cette.
Berthelot dit **Bendit** (Honoré), de Marseille.
Julien (Jacques-Simon), de Marseille.
Arnaud (Guillaume), de Marseille.
Gloux (Pierre), de Martigues.
Jourdan (Jean-Jacques), de Mazargues.
Rachon (Jean-Baptiste), de Gruissan.

Matelots.

Grisolle (Silvestre), de Toulon.
Chambarel (André-Hyacinthe), de Toulon.
Féraud (Joseph), de Toulon.
Féraud (Jean-Baptiste), de Toulon, noyé au Fort-Royal, le 12 août 1778.

Arnaud (Louis), d'Hyères.
Bouisson (Joseph), d'Hyères.
Bouis (Pierre), d'Hyères.
Andrieux (Guillaume), d'Hyères.
Racaud (Jean), de Toulon.
Sicard (Barthélémy), de Toulon.
Vian (Pierre-Honoré), de Toulon.
Barthélemy (Laurent), de Toulon.
Maudet (Jean), de Toulon.
Troachet (François), de Toulon.
Sicard (Jean-Simon), de Sanary.
Maunier (Jean-Pierre), de Six-Fours.
Paul (Honoré), de Six-Fours.
Curet (Sébastien), de Six-Fours.
Roustan (François), de Sanary.
Masselon (Pierre), d'Ollioules.
Regimbaud (Charles), d'Ollioules.
Bérard (Etienne), de la Seyne.
Espanet (Jean-Joseph), de la Ciotat.
Michel (Pierre), de la Ciotat.
Targe (Simon), de la Ciotat.
Allègre (François-Raymond), de la Ciotat.
Roque (Louis), de la Ciotat.
Fassy (Edouard), de la Ciotat.
Chaix (Jean-Louis), de la Ciotat.
Plumier (Sauveur), de la Ciotat.
Dupuy (Antoine), de la Ciotat.
La Grange (Jacques), de la Ciotat.
Décugis (Jacques), de la Ciotat.
Simian (Jean-Jacques), de la Ciotat.
Sinet (Jean-Baptiste), de la Ciotat.
Clary (Louis), de la Ciotat.
Jaubert (Frédéric), de la Ciotat.
Mouton (Barthélémy), de la Cadière.
Ferrier (Félix), de Saint-Maxime (Var), mort à la mer le 11 octobre 1779.
Erieq (Charles-Tropès), de Saint-Tropez.
Durand (Jacques-Antoine), de Saint-Tropez.
Boyer (Joseph), de Saint-Tropez.
Condroyer (Clément), de Saint-Tropez.
Terrua (Louis), de Mazargues.
Gayet (Pierre), de Mazargues.
Jourdan (Antoine), de Mazargues.
Anjouvin (Jean), de Mazargues.
Granier (Barthélémy), de Mazargues.
Blanc dit **lou Gravat** (Jean), de Mazargues.
Tanoux (Jean-Jacques), de Mazargues.
Anjouvin dit **Boucher** (Esprit), de Mazargues.
Gaudin (Balthazard), de Mazargues.
La Mothe (Gaspard), de Mazargues, mort à la mer le 31 janvier 1780.
Tournon (Laurent), de Mazargues.
Jourdan (Raphaël), de Mazargues.
Aycard (Jean-Baptiste), de Mazargues.
Devera (Joseph), de Mazargues.
Millières (Joseph), de Mazargues.
Terras (Jean-François), de Cassis.
Michel (Jean-Joseph), de Cassis.
Dupuy (Charles-Jacques), de Dunkerque.
Charles (Pierre), de Bordeaux, mort à la mer le 19 février 1780.
Regouffre (Jean), de Marseille.
Robert (Sébastien), de Marseille.
Escolle (Jean-Bernard), de Marseille.
Terrasson (Mathieu), de Marseille.
Allard (Joseph), de Marseille.
Blanc dit **Thonin** (Jean), de Marseille.
Meissier (Georges), du Havre.
Pilastre (Icard-Pierre), de Marseille.
Bazin (Jean-Baptiste), de Marseille.
Tournon (Jean-Etienne), de Marseille.
Bœuf (Jean-Baptiste), de Marseille.
Anquetil (Jean-François), de Marseille, mort à la mer le 6 septembre 1779.
Darbon (François), de Martigues.
Lagnel (Pierre), de Dunkerque.
Malingre (Jacques-Louis), de Dunkerque.
Devaux (Pierre), de Marseille.
Rouy (Jean-Pierre), de Marseille.
Carles (Jean), de Marseille.
Moulard (Pierre-Nicolas), de Marseille.
Debonne (Claude), de Marseille.
Vieil (Jérôme), de Marseille.
Marinette (Jean-Baptiste), de Marseille.
Berenguier (Joseph), de Marseille.
Zamith (Gaëtan), de Marseille, mort à la mer le 9 mars 1780.
Henry (Joseph), de Marseille.
Malconi (François), de Marseille.
Turc (César), de Marseille.
Barille (Joseph), de Marseille.
Maurel (François), de Marseille.
Lange (Guillaume), de Marseille.
Clary (Pierre), de Marseille.
Nicolas (Claude), de Marseille.
Berthe (Antoine-Jean), de Marseille, mort à la mer le 2 août 1779.
Montfray (Joseph), de Marseille.
Largerol (Jean-Claude), de Marseille.
Mege (Joseph), de Marseille.
Otton (François-Jean), de Marseille.
Icard (Michel), de Marseille.
Barille (Antoine), de Marseille.
Lombard (Jean-Etienne), de Marseille.
Allard (François-Rose), de Marseille.
Granier (Antoine), de Marseille.
Perrot (Antoine), de Marseille.
Pascal (Grégoire), de Marseille.
Brusque (Jean-Michel), d'Arles.
Ricard (Etienne-Blaise), de Cassis.
Bernard (Barthélémy), de Mazargues.
Martin (Jean), de Mazargues, mort à l'hôpital du Fort-Royal le 22 janvier 1779.
Caillol (Thomas), de Mazargues.
Corinon (Pierre-Antoine), de Mazargues.
Poustau (Antoine), de Mazargues, mort en mer le 1er février 1780.
Audibert (Jean-Etienne), de Cassis.
Teisseire (Claude), de Marseille.
Legoff (Marc), de Marseille.
Gay (Jean), de Marseille.
Blanc (Lazare-Bernard), de Marseille.
Carentène (Jean-Pierre), de Marseille.
Bescond (Paul), de Marseille.
Queroen (Guillaume), de Marseille.
Reynaud (Louis), de Marseille.
Champion (Jean-Baptiste), de Marseille, noyé à la mer le 8 mai 1778.
Violet (Charles-Esprit), de Marseille.
Tanoux (François), de Marseille.
Condroyer (Clément), de Marseille.
Caillol (Dominique), de Marseille.
Boulaire (Guillaume), de Marseille.
Mourenq (Jean-Baptiste), de Marseille.
Gantelme (Benoît), de Marseille.
Perrodeau (Julien), de Marseille.
Pallaire (Joseph), de Marseille, mort à la mer le 13 mai 1778.
Le Roux (Pierre-Joseph), du Havre.
Topsent (Jean-Baptiste), du Havre.
Le Deau (Pierre), de Morlaix.
Gras (Pierre-Mathieu), du Havre.
Giloux (Simon-Michel), de Marseille.
Jouve (Jean-Raymond), de Marseille.
Vessan (Pierre-Paul), de Marseille.
Dallauch (Barthélémy), de Marseille.
Ricard (Jean-Michel), de Marseille.
Riou (François), de Marseille.
Rimbaud (Jean-Baptiste), de Marseille.
Reau (Antoine), de Marseille.
Chausel (Antoine-Blaise), de Marseille, mort à bord le 14 juin 1779.
Barrière (Jean), de Marseille.
Abeille (Jean-Baptiste), de Marseille.
Dojet (Yves), de Marseille.
Valot (Pierre), de Marseille.
Lamer (Rémi), de Marseille.
Ledoujet (Yves), de Marseille.
Ville (Joseph), de Marseille.
Brémond (Jean-Baptiste), de Marseille.
Barthalot (René-François), de Marseille.
Mouton (Jean-Pierre), de Marseille.
Fillastre (Louis-Simon), de Marseille.
Henry (Jean-Antoine), de Marseille.
Solis (Noël), de Marseille.
Roux (Joseph), de Marseille.
Barthélémy (Etienne), de Marseille.
Ricaud (Augustin), de Marseille.
Carmagnolle (Jean-Baptiste), de Marseille.
Fabre (Charles), de Marseille.
Roussel (Joseph), de Marseille.
Roustan (François), de Marseille.
Boyard (Jean-François), de Dunkerque.
Boyard (Pierre), de Dunkerque.
Boyard (Joseph), de Dunkerque.
Alexis (Jean-Joseph), de Dunkerque.
Gay (Joseph), de Mazargues.
Ripert (Jean), de Sanary.
Sicard (Pierre), de Sanary.
Paul (Jean-François), de Cassis.
Tariet (Nicolas), du Havre, mort à la mer le 24 juillet 1778.
Malet (Balthazard), d'Aubagne.
Alexandre (Nicolas), du Havre.
Cohonec (René), du Havre.
Brouillard (Charles-Sébastien), de Rouen.
Ollivier (Nicolas), du Havre.
Milhour (Jacques), de Brest.
Goyer (Nicolas-François), de Dunkerque.
Quinio (Marc), de Dunkerque.
Mahé (René), de Dunkerque, tué au combat de la Grenade, le 6 juillet 1779.
Izabel (Jean-Pierre), du Havre.
Blanc (Jean-Toussaint), de Mazargues.
Jourdan (Jean-Baptiste), de Mazargues.
Rousset (Jean-Baptiste), de Marseille.
Quintar (Simon), de Marseille.
Arnaud (Jean-Baptiste), de Marseille.
Gautier (Jean-Baptiste), de Marseille.
Izoird (Pierre), de Marseille.
Féger (Nicolas), de Marseille.
Allin (Jean), de Marseille.
Guarin (Pierre), de Marseille.
Guillermeau (Jean), de Marseille.
Le Conin (Jean-Baptiste), de Marseille.
Doiseu (André-Bruno), de Marseille.
Nicolas (Pascal), de Martigues.
Savournin (Joseph), de Martigues.
Surnier (Jean-Louis), de Martigues.
Bartholin (Pierre), de Martigues.
Leydet (Jean-Joseph), de Martigues.
Martin (Pierre), de Martigues.
Pastour (Nicolas), de Martigues.
Combes (Joseph), de Martigues.

Gautier (Jean-Joseph), de Martigues.
Angalier (Dominique), de Saint-Chamas.
Clavrier (Bonaventure), de Martigues.
Messier (Antoine), d'Antibes.
Cazenaire (Honoré), d'Antibes.
Ardoin (Pierre-François), d'Antibes.
Messier (Jean), d'Antibes.
Arnaud (Laurent), d'Antibes.
Isnard (Arquelin), de Cagnes.
Ferrand (Antoine), de Cagnes.
Macary (Georges), de Cannes.
Dany (Joseph), de Cannes.
Blois (Marc), de Cannes.
Garcin (Pierre-François), de Cannes.
Flory (Joseph), de Cannes.
Raphely (Pierre), de Cannes.
Rouve (Antoine), de Cannes.
Bouchet (Antoine), de Cannes.
Vassal (Raphaël), de Cannes.
Gazan (Antoine), de Cannes.
Ardisson (Jean), de Cannes.
Aubert (Joseph), de Cannes.
Labatut (Pierre), de Cannes.
Balot (Adolphe), d'Arles.
Gutières (Emmanuel), d'Arles.
Blanc (François), d'Arles.
Roux (Michel), d'Arles.
Subeiran (Pierre), d'Arles.
Decu (Michel), de Marseillan.
Baisse (Jean), de Marseillan.
Catalan (François), d'Agde.
Fournier (Jean-Roch), d'Agde.
Broue (Antoine), d'Agde.
Aussenac (Etienne), d'Agde.
Carriès (Michel), d'Agde.
Fournier (Pierre), d'Agde.
Fournier (Antoine), d'Agde.
Delmar (André-François), d'Agde, mort à la mer le 29 juillet 1779.
Coste (Guillaume), d'Agde.
Carriès (Claude), d'Agde.
Jullian (Jean), d'Agde.
Marquès (Jacques), de Marseillan.
Juglar (Jean-Baptiste), de Cette.
Cély (Jean-Baptiste), de Cette.
Granier (Louis), de Cette.
Granier (Michel), de Cette.
Garric (Pierre), de Cette.
Izoird (Pierre), de Cette.
Ducros (François), de Cette.
Mouragne (Jean), de Cette.
Niquet (Jean-Pierre), de Cette, mort à la mer le 13 septembre 1779.
Sabran (Jean-Jacques), de Cette.
David (Jacques), de Cette.
Paraillade (François), de Cette.
Roussel (Michel), de Cette.
Treille (Jean-Pierre), de Cette.
Izoird (François), de Cette.
Naud (Laurent), de Pérols.
Naud (Bertrand), de Pérols.
Valadier (François), de Pérols.
Boude (Jean), de Villeneuve.
Boude (Etienne), de Villeneuve.
Servière (Louis), de Lansargues.
Vidal (Jean), de Lansargues.
Caumal (Jean-Baptiste), de Bages (Aude).
Passebosq (Jacques), de Bages (Aude).
Martin (Paul-Just), de Bages (Aude).
Tourel (Antoine), de Narbonne.
Viguier (Antoine), de Sigean.
Alexandre (Augustin), de Sigean.
Devèze (Jean), de Sigean.
Gatignol (Jean), de Sigean.
Baichas (Jean), de Sigean.
Gouzy (Jean), de Sigean.
Eymard dit **Merlusset** (Alexis), de Castelnaudary.
Roudiès dit **Gaizard** (Jean), de Castelnaudary, mort à Boston le 31 octobre 1778.
Tamagny (Baldo), de Bastia.
Micra (Jérôme), de Bastia.
Nini (Ignace), de Bastia.
Masso (Joseph), de Bastia.
Martinelly (Barthélémy), de Bastia.
Grégori (Joseph), de Cagnano.
Domenici (Dominique), de Cagnano.
Santelli (Pierre), de Luri.
Pierretti (Mathieu), de Luri.
Ferrier (Jean), de Saint-Rémy (Bordeaux).
Lanoüe (Mathieu), de Saint-Rémy (Bordeaux).
Chariot (Vidal), de Cadillac.
Audron (Raymond), de Cadillac.
Gaudin (Mathieu), de Cadillac.
Baye (Jean), de Cadillac.
Delas (Bernard), de Cadillac.
Ricaud (Jean), de Cadillac.
Ribous (Pierre), de Cadillac, mort à la mer le 6 mai 1778.
Crabot (Louis), de Cadillac.
Dieu (Antoine), de Cadillac.
Videau (Jean), de Saint-Michel (Bordeaux).
Bomard (Bernard), de Saint-Pierre (Bordeaux).
Mauroux (Pierre), de Saint-Pierre (Bordeaux).
Lafond (Jean-Joseph), de Saint-Pierre (Bordeaux).
Azembat (Jacques), de Langon.
Dufaux (Bernard), de Langon.
Laborde (François), de Langon.
Bandas (Jean), de Langon.
Dubreuil (Isaac), de Langon, mort à la mer le 8 août 1778.
Lanneluc (Jean), de Preignac, mort à la mer le 20 octobre 1779.
Darruspe (Jean), d'Ascain.
Darte (Joannis), d'Ascain, mort à la mer le 10 novembre 1779.
L'Arregain (Jean), de Hendaye.
Mougonde (Joannis), de Ciboure.
Biscar (Joannis), de Ciboure.
Hiribarren (Martin), de Ciboure.
Lauga (Joseph), de Ciboure.
Doyambehere (Joannis), de Ciboure.
Guilson (Martin), de Ciboure.
Saint-Martin (Martin), de Ciboure.
Loubert (Joannis), de Ciboure.
Lafargue (Joannis), de Ciboure.
Narbey (Jean), de Ciboure.
Custo de Holasso (Pierre), de Ciboure.
Hiriart (Joannis), d'Urrugne.
Darreins (Pierre), d'Urrugne.
Detcheverry (Baptiste), de Saint-Jean-de-Luz.
Marlat (Michel), de Guéthary.
Caze (Arnaud), de Biarritz.
Hirigoyen (Michel), de Biriatou.
Doche (Guillaume), de Mont-de-Marsan.
Campons (Jean), de Mont-de-Marsan.
Légise (Jean), de Cabara.
Dupin (Jean), de Cabara.
Boyer (Jean), de Civrac, mort à la mer le 13 mars 1780.
Trenier (Pierre), de Savignac (Gironde).
Gaussens (Pierre), de Savignac (Gironde).
La Roche (Jean), de Savignac (Gironde).
Saujon dit **Maujean** (Jean), de Savignac (Gironde).
Broustey (Jean), de Savignac (Gironde).
Saujon (Guilhem), de Savignac (Gironde).
Ducasse (Raymond), de Savignac (Gironde).
Perrin (Elie), de Savignac (Gironde).
Musset dit **Roubiron** (Jean), de Savignac (Gironde).
Isare (Pierre), de Savignac (Gironde).
Léotey (Mathieu), de Savignac (Gironde).
Purgat (Bertrand), de Vayres (Gironde).
Baguet (Guillaume), de Vayres (Gironde).
Duport (Guillaume), de Cézac.
Joubiot (Pierre), de Castillon (Gironde).
Girard (Jean), du Plessac.
Jaffard (Pierre), de Génissac.
Maurin (Jean), de Génissac.
Congrès (Bernard), de Génissac.
Bressac (Pierre), de Génissac.
Teycheney (Pierre), de Génissac.
Couprix (Arnaud), de Génissac.
Luc (Clément), de Vayres (Gironde).
Simon (Louis), de Libourne.
Bernard (Jean), de Savignac.
Abraar (Pierre), de Savignac.
Dutours (Jean), de Cabara.
Mondouvet (Dominique), de Grenade-sur-Garonne.
Audureau (Jean), de Sainte-Bazeille.
Augère (Jean), de Castels.
Latapie dit **Paisan** (Charles), de Castels.
Castaing (Raymond), de Castels.
Duval dit **Bigarre** (Charles), de Castels.
Despujols (Thomas), de Castels.
Virelinte (Guiraud), de Castels.
Loste (Jean), de Castels.
Balans (Thomas), de Castels.
Boudey (Jean), de Castels.
Clavières (Bernard), de Castels.
Saint-Marc dit **Barrouille** (Guillaume), mort à la mer le 28 décembre 1779.
Cazaubiel (Jean), de Taillebourg.
Barbe (Michel), de Gironde.
Crabot (Vital), de Gironde.
Lestrem (Jean), de Caumont.
Quillateau (Mathieu), de Marmande.
Maillard (Jean), de Caudrot.
Labeau (Pierre), de Caudrot.
Villeneuve (Bernard), de Caudrot.
Bourgeuil (Etienne), de Caudrot.
Sempey (Guilhem), de Caudrot.
Blanchard (Pierre), de Caudrot, mort à l'hôpital du Fort-Royal le 7 juin 1779.
Mange-Résine (Jean-Delas), de Barie.
Queyron (Jean), de Barie.
Grillon (Jean), de Barie.
Martineau (Michel), de Gironde.
Bourgeuil (Raymond), de Gironde.
Bourgeuil (Joseph), de Gironde, mort à la mer le 11 octobre 1779.
Lasca dit **Chicoy** (Jean), de la Teste-de-Buch.
Bouzats dit **Pessègue** (Joseph), de Gujan (Gironde).
Simonet (Icard), de Gujan (Gironde).
Favas (François), de Gujan (Gironde).
Billatte (Jean), de Gujan (Gironde).
Daubry dit **Mené** (Pierre), de Gujan (Gironde).
Dupuy dit **Piam** (Pierre), de Gujan (Gironde).
Bosmaurin (Jean), de Gujan (Gironde).
Demesple dit **Trimpon** (Jean), de Gujan (Gironde).

Dubourdieu (Louis), de Gujan (Gironde).
Daussy dit **Chicoy** (Jean), de Gujan (Gironde).
Duprat (Jean), de la Teste-de-Buch.
L'Hermite (Philippe), de la Teste-de-Buch.
Daney (Jean), de la Teste-de-Buch.
Tambourin (Jean), de la Teste-de-Buch.
Villeneuve (Jean), de la Teste-de-Buch.
Pontac (Jean), de la Teste-de-Buch.
Baillon (Jean-Baleste), de la Teste-de-Buch.
Gardère (Gérard), de la Teste-de-Buch.
Cousteau (Bernard), d'Audenge.
Martin (Pierre), d'Audenge.
Barreau (Pierre), d'Audenge.
Doney dit **Jaurel** (Jean), de Lanton.
Lamy dit **Capey** (Pierre), de Lanton.
Puet (Louis), de l'Ile-de-Ré.
Henry (Benoit), de Châtenois.
Aubaret (Jean-Jacques), d'Aix.
Rey (Joseph), d'Aix.
Pacifique (Louis), de Marseille.

Novices.

Boyard (Nicolas), de Saint-Valéry.
Sicard (Claude-François), de la Seyne.
Meissonier (Fortuné), de Toulon.
Calvy (Jean-Pierre), de Toulon.
Colin (Jean-Louis), de Toulon.
Aiguier (Mathieu), de Toulon.
Julien (Joseph-Honoré), de Toulon.
Jullian (Joseph), de Toulon.
Emeric (Laurent), de Toulon.
Doze (Joseph-Marie), de Toulon.
Pellegrin (Jean-Baptiste), de Toulon.
Bouché (Pierre), de Nîmes.
Bouchard (Jean-Baptiste), d'Agen.
Lussan (Joseph), d'Agen.
Chabran (Mathieu), de Marseille.
Verni (Simon), de Marseille.
Leydet (Jean-Baptiste), de Marseille.
Fartin (Pierre), de Romans.
Franc (Pierre), de Bordeaux.
Ricard (Joseph), de Cagnes.
Dabrion (Pierre), d'Hyères.
Bouis (Jean-Baptiste), de Pignans.
Gerbe (Maximin), de Saint-Maximin (Var).
Orgias (Joseph), de Fréjus.
Gemmond (Alexis), de Grenoble.

Surnuméraires, etc.

Mouton (Laurent), de Toulon.
Payan (François-Sauveur), de Pignans.
Mourias (Michel), de Toulon.
Gabert (Thomas-Antoine), de Toulon.
Eytiren (Jean-Baptiste), de Toulon.
Abbe (Jean-Louis), de Toulon.
Guien (Maxime), de Toulon.
Guien (Jean-Marie), de Toulon.
Gerbe (François), de Saint-Maximin (Var).
Décugis (Joseph-Marie), de Castellet.
Chassenet (Jean-Joseph), d'Avignon.
Guignon (Jean-Louis), de Marseille.
Pisset (Joseph), de Toulon.
Garin (Honoré), de Toulon.
Trésorier (Charles), de Toulon.
Pons (Antoine), de Toulon.
Devincey (Joseph), de Toulon.
Revot (Jean-Baptiste), de Toulon.
Biry (Etienne), de Nantes.
Benoit (Jacques), de Solliès.
Bontoux (Joseph-Gaspard), d'Aix.
Duneschaud (François), de Luçon.

Mousses.

Leidier (Pierre-Gaspard), de Toulon.
Allègre (Vincent), de Toulon.
Bouisson (Joseph), de Toulon.
Meunier (Antoine), de Toulon.
Guien (Auguste), de Toulon.
Hugon (Jean-Pierre), de Toulon.
Fournier (Jean), de Toulon.
Gazielle (Pierre-Simon), de Toulon.
Bernard (Joseph), de Toulon.
Boyer (Jean-Baptiste), de Toulon.
Meille (Louis), de Toulon.
Ventre (François), d'Hyères.
Barnouin (Dominique), d'Hyères.
Tavernié (Jean-Joseph), d'Hyères.
Grimaud (Barthélemy), de la Garde.
Quintilli (César), de Menton.
Roussi (Philippe), de Menton.
Boucara (Joseph), d'Uzès.
Taffe (Pierre), de Grasse.
Curet (Joseph), de la Seyne.
Etienne (Jean-André), de Sanary.
Maille (Pierre), de Barjols.
Cime (Joseph), de Barjols.
Sapeur (Félix), d'Aix.

Domestiques.

Fraisse (Jean-Baptiste), d'Aubenas (Ardèche).
Boniface (Laurent), de Nice.
Dubuisson (Jean), d'Aix.
Thévenin (Antoine), d'Aix.
Geme (François), de Sainte-Colombe (Aude).
Lion (Dominique), de la Penne (Bouches-du-Rhône).
Laondé (Joseph), de Carpentras.
Laborde (Guillaume), de Toulouse.
Capel (Jean-François), du Havre.
Blantier dit **La Rose** (Jean), de Pau.
Riquier (Pons), de Toulon.
Laby (Jean-Josse), de Boulogne.
Testory (André), de Marseille.
Grenoulhac (Jean), de Figeac.
Defesse (Jean), de Saint-Justin (Landes).
Le Nain (Jean-Claude), d'Entrevaux.

LE PROTECTEUR

(Mars 1778)

M. le Chevalier D'APCHON, Capitaine de vaisseau, Commandant.

ÉTAT-MAJOR

CAPITAINES DE VAISSEAU

Le Chevalier **d'APCHON**, Commandant.
De CORIOLIS PUYMICHEL.

LIEUTENANTS DE VAISSEAU

De BESSEY.
Des TOURRES.
De JOANNIS.
DAUTHIER.

ENSEIGNES DE VAISSEAU

De RIBENES.
De BOUBEE.
Le Chevalier **de SADE.**

AUMONIER

ROCHANSSON (R. P. Policarpe), Récollet.

CHIRURGIEN

LULLY.

GARDES DE LA MARINE

De CHAZERON.
D'ASTORGUE.
Le Chevalier **de DAMAS.**

— —

Officiers-mariniers de manœuvre.

Roustan (Pierre), premier maître, de Toulon.
Andrieu (Louis), premier maître, de Toulon.
Lambert (Esprit), second maître, de Toulon.
Estier (Jean), contremaître, de Toulon.
Astier (Antoine), contremaître de Toulon.
Forest (Antoine), contremaître, de Toulon.
Bousquet (Joseph), contremaître, de Toulon.
Audibert (Pierre), bosseman, de Six-Fours.
Turin (Etienne), bosseman, de la Seyne.
Courtes (Pierre), quartier-maître, de Toulon.
Liotaud (François), quartier-maître, de Toulon.
Malnent (Jean), quartier-maître, de Cannes.
Thibaud (Jérôme), quartier-maître, de Toulon.
Decugis (Louis), quartier-maître, de Toulon.
Goné (Claude), quartier-maître, de Marseille.
Prat (César), quartier-maître, de Cannes.
Gazan (André), quartier-maître, de Marseille.

Joubert (Jean), quartier-maître, de Marseille.
Roux (Augustin), quartier-maître, de Toulon.
Cèze (Paul), quartier-maître, de Marseille.
Clinchard (Jean), quartier-maître, de la Seyne.
Alleneau (Henry), quartier-maître, de Toulon.
Sauvage (Jean), quartier-maître, de Marseille.

Officiers-mariniers de pilotage.

Eyraud (Joseph), premier pilote, de Toulon.
Dupuy (Barthélemy), second pilote, de Toulon.
Cruchet (Martin), second pilote, de Ciboure.
Eyraud (Charles), aide-pilote, de Toulon.
Fournier (Jean), aide-pilote, de Toulon.
Bollot (Charles), aide-pilote, de Toulon.
Arnaud (Jean), aide-pilote, de Six-Fours, mort le 29 novembre 1779.

Officiers-mariniers de canonnage.

Isnard (Louis), maître canonnier de Toulon.
Grausset (Jean), maître canonnier, de Toulon.
Rimbaud (Jean), maître canonnier, de Toulon.
Andrieu (Antoine), second canonnier, de Toulon.
Astier (Henry), second canonnier, de Toulon.
Laure (Joseph), aide-canonnier, de Toulon.
Binaud (François), aide-canonnier, de Toulon.
Chailas (Jean), aide-canonnier, de Toulon.
Roustan (Jean), aide-canonnier, de Toulon.
Arnic (Paul), aide-canonnier, de Toulon.
Roux (François), aide-canonnier, de Toulon.
Joseph (Théodore), aide-canonnier, de Toulon.
Arnaud (Guillaume), aide-canonnier, de Toulon.
Saurin (Pierre), aide-canonnier, de Toulon.
Rozier (François), aide-canonnier, de Narbonne.
Valette (Louis), aide-canonnier, de Narbonne.
Bassas (François), aide-canonnier, d'Agde.
Conzi (Pierre), aide-canonnier, d'Agde.
Rassis (Pierre), aide-canonnier, d'Arles.
Foucaut (Jean), aide-canonnier, de Toulon.
Bovis (Jacques), aide-canonnier, d'Arles.
Bonneau (André), aide-canonnier, de la Seyne.
Brabou (Jean), aide-canonnier, de Six-Fours.

Officiers-mariniers de charpentage.

Benoit (Jean), maître charpentier, de Toulon.
Mourche (Louis), second charpentier, de Toulon.
Bastide (Claude), aide-charpentier, de Toulon.
Isnard (Pierre), aide-charpentier, de Toulon.
Allègre (Jean), aide-charpentier, de Toulon.
Merlin (Antoine), aide-charpentier, de Toulon.

Officiers-mariniers de calfatage.

Ricoux (Denis), maître calfat, de Toulon.
David (Toussaint), second calfat, de Toulon.
Gautier (Esprit), aide-calfat, de Toulon.
Martin (Jacques), aide-calfat, de Toulon.
Azan (Jean), aide-calfat, de Toulon.
David (Honoré), aide-calfat, de Toulon.

Officiers-mariniers de voilerie.

Isnard (Alexandre), maître voilier, de Toulon, mort le 23 juin 1779.
Feraud (Honoré), second voilier, de Toulon.
Audibert (Joseph), aide-voilier, de la Seyne.

Gabiers.

Cauvan (Joseph), de Marseille.
Arnaud (Pierre), de Martigues.
Jouve (François), de Toulon.
Bourillon (Noël), de Marseille.
Giraud (André), de Marseille.

Timoniers.

Sarti (Nicolas), de Marseille.
Martin (Gabriel), de Marseille, tué au combat du 15 décembre 1778.
Pons (Genesy), de Martigues.
Andrieu (Pierre), de Toulon.
Barthélemy (Jacques), de la Ciotat.
Bazili (Jean), de Marseille.
Gauthier (Ciprien), d'Hyères.

Matelots.

Douisse (Jean), de Toulon.
Digne (Victor), de Toulon.
Palmani (Alexandre), de Toulon.
Pichaud (Jean), de Valette.
Michel (Antoine), de Toulon.
Castel (Joseph), de Toulon.
Barbarie (Jean), de Toulon.
Gauthier (André), d'Hyères.
Meissonier (François), de Toulon.
Garnier (Lange), de Toulon.
Giraud (André), d'Hyères.
Imbert (Joseph), de Toulon.
La Place (Jacques), de Toulon.
Isnard (Hippolite), de Toulon.
Vidal (Antoine), de Toulon.
Davé (Antoine), de Toulon.
Buisson (Antoine), de Toulon.
Audibert (Jean), de Six-Fours.
Auffan (Antoine), de la Seyne.
Ripert (Mathieu), de la Seyne.
Roubaud (Jean), de la Seyne.
Rey (Louis), de Six-Fours, mort à bord le 27 septembre 1779.
Pourquier (Jean), de Toulon.
Olivier (Louis), de Six-Fours.
Malet (Michel), de la Ciotat.
Cauvière (Honoré), de la Ciotat.
Roubaud (Louis), de la Ciotat.
Blanc (Nicolas), de la Ciotat.
Decugis (Etienne), de la Ciotat.
Aycard (Pierre), de Bandol.
Rambert (Laurent), de la Ciotat.
Ganteaume (Pierre), de la Ciotat.
Flavy (Joseph), de la Ciotat.
Martin (François), de la Ciotat.
Decugis (Jean), de Bandol.
Bonifay (Jean), de la Ciotat.
Abeille (Jean), de la Ciotat.
Sauvaire (Claude), de la Ciotat.
Janson (Jacques), de la Ciotat.
Giraud (Pierre), de la Ciotat.
Genselme (Joseph), de la Ciotat.
Lion (Antoine), de Saint-Tropez.
Trestour (Jean), de Saint-Tropez.
Giraud (Ignace), de Saint-Tropez.
Lorgne (Joseph), de Saint-Tropez.
Françon (Joseph), de Fréjus.
Jean (Joseph), de Fréjus.
Martin (Joseph), de Saint-Tropez.
Lion (Joseph), de Draguignan.
Pareymond (Joseph), de Fréjus.
Perache (Joseph), de Saint-Raphaël.
Pons (Jean), de Fréjus.
Fournier (Pierre), de Saint-Tropez.
Giraud (Joseph), de Saint-Tropez.
Gandolphe (Tropez), de Saint-Tropez.
Giraud (Barthélemy), de Fréjus.
Boutarde (Claude), de Fréjus.
André (Honoré), de Fréjus.
Bonnefoy (Joseph), de Saint-Tropez.
Condroyer (Jean), de Saint-Tropez.
Cavalier (Jean), de Saint-Tropez.
Daumas (Joseph), de Fréjus.
Cromat (Nicolas), de Cassis.
Ricaud (Pierre), de Cassis.
Olivier (Etienne), de Cassis.
Gaudemar (Joseph), de Marseille.
Héraud (Louis), de Marseille.
Roux (Antoine), de Marseille.
Ferrier (Mathieu), de Marseille, mort à bord le 21 août 1778.
Barcillon (Joseph), de Marseille.
Lamy (Jean), de Marseille.
Tricon (Jean), de Marseille.
Ollive (Louis), de Marseille.
Grenier (Antoine), de Marseille.
Rimbaud (Joseph), de Marseille.
Parody (André), de Marseille.
Bonelle (Jérôme), de Marseille.
Legier (Gabriel), de Marseille.
Montagne (Esprit), de Marseille.
Bertrand (Antoine), de Marseille.
Merlet (Jean), de Marseille.
Teste (Noël), de Marseille.
Fabre (Charles), de Marseille.
Pavanthon (François), de Marseille.
La Corre (François), de Marseille.
Boze (Pascal), de Marseille.
Bertrand (Jean), de Marseille.
Lieutaud (Louis), de Marseille.
Héraud (Lazard), de Marseille.
Hamont (Hervé), de Marseille.
Gouiran (Pierre), de Marseille.
Gazan (Claude), de Marseille.
Melon (Jean), de Marseille.
Rafi (Charles), de Marseille.
Fouque (Jean), de Marseille.
Perron (Guillaume), de Marseille.
Margaillan (Nicolas), de Marseille.
Ramben (François), de Marseille.
Jauffret (Nicolas), de Marseille.
Creissard (Jean), de Marseille.
Bormes (Jean), de Marseille.
Rivière (Joseph), de Marseille.
Grandville (Jean), de Marseille.
Lombard (François), de Marseille.
Guitton (Honoré), de Marseille.
Bérenguier (Joseph), de Marseille.
La Grenade (Laurent), de Marseille.
Renaud (Nicolas), de Marseille.
Lombard (Honoré), de Marseille.
Molinier (Jacques), de Marseille.
Durand (Augustin), de Martigues.
Gautier (Jean), de Martigues.
Caste (Antoine), de Martigues.
Creissen (Jean), de Martigues.
Olivier (André), de Martigues.
Aillaud (Pascal), de Martigues.
Houme (Etienne), de Martigues.
Arnoux (Jérôme), de Martigues.
Sabatier (André), de Martigues.
Berle (Pierre), de Martigues.
Regibaud (Nicolas), de Martigues.
Rivière (Louis), de Martigues, mort à bord le 29 septembre 1779.
Troussier (Jean), de Martigues.

Pellegrin (Pierre), de Martigues.
Eyma (Gabriel), de Martigues.
Olivier (Joseph), de Martigues.
Olivier (Jean), de Martigues.
Tourreau (Louis), de Martigues.
Gablian (Jean), d'Antibes.
Trestour (Antoine), d'Antibes.
Léon (Joseph), d'Antibes.
Riousse (Jean), d'Antibes, mort à bord le 13 octobre 1779.
Raillan (Honoré), d'Antibes.
Gazan (Louis), de Cannes.
Alliès (Pierre), de Cannes.
Durand (Jean), de Cannes.
Prat (Jean), de Cannes.
Roustan (Joseph), de Cannes.
Rapon (François), de Cannes.
De la Marmote (Antoine), de Cannes.
Aillet (Pierre), d'Arles.
Brun (Joseph), d'Arles.
Ginouves (Jean), d'Arles.
Gautier (Jean), d'Arles.
Chabrier (Pierre), d'Arles.
Mille (Honoré), d'Arles.
Vidal (Barthélémy), de Beaucaire.
Armentier (Jean), d'Agde.
Roux (Etienne), d'Agde.
Blanc (Sever), d'Agde.
Pepido (Jean), d'Agde.
Cassan (Antoine), d'Agde.
Vidal (Jean), d'Agde.
Triol (Jean), d'Agde.
Millan (Pierre), d'Agde.
Granier (François), de Cette.
Brezet (Antoine), de Cette.
Blanc (Crepin), de Cette.
Benezech (Jean), de Cette.
Foret (Jean), de Cette.
Diane (Barney), de Cette.
Azibert (Bernard), de Gruissan.
Maux (Jean), de Castelnaudary.
Bonnot (Jean), de Gruissan.
Cassan (Pierre), de Moissac.
Bourdevis (Barthélémy), de Moissac, mort à bord le 19 octobre 1779.
Delrieux (Raymond), de Valence.
Thomas (Pierre), de Valence.
Dupuy (Jean), de Malause, mort à bord le 16 décembre 1779.
Tournier (Jacques), de Malause.
Castares (Etienne), de Malause.
Richard (Pierre), de Malause.
Marseille (Jean), de Toulouse.
Bezian (Bertrand), de Verdun.
Montardy (Antoine), de Cordes.
Lafont (Gabriel), de Cordes.
Capela (Pierre), de Cordes.
Massot (Jean), de Verdun.
Larret (Jean), de Saint-Tropez.
Jouve (Pierre), de Clermont-Ferrand.
Gazac (Pierre), de Taillebourg.
Latapie (Pierre), de Tonneins.
Pladinet (Jean), de Marmande.
Aubelis (Jean), de Marmande.
Labezeile (Joseph), de Marmande.
Vacqué (Mathieu), de Caumont.
Dupin (Jean), de Caumont.
Fauconneau (Jean), de Caumont.
Castaignet (Pierre), de Caumont.
Dulugat (Jean), de Caumont, mort le 14 novembre 1779.
Mariot (Pierre), de Toulouse.
Cazanave (Pierre), de Toulouse.
Baussens (Joseph), de Moularès.
Vigneau (Jean), de Moularès.
Merle (Michel), de Moularès.
Bingau (Joseph), de Tonnac.
La Mothe (Pierre), de Tonnac.
Rendan (Pierre), de Tonnac.
Servat (François), de Port-Sainte-Marie.
Roques (François), de Port-Sainte-Marie.
Ducourneau (Joseph), de Port-Sainte-Marie.
Lamotte (Joseph), de Port-Sainte-Marie.
Declaux (Raymond), de Clermont, mort à bord le 7 décembre 1778.
Toly (Jacques), de Clermont.
Barthe (Jean), de Clermont.
Chaudet (Arnaud), de Clermont.
Randet (Jean), de Clermont.
Petoray (Antoine), de Saint-Hilaire.
Garry (Pierre), de Saint-Hilaire.
Cave (Jean), de Saint-Hilaire.
Robert (Jean), de Saint-Hilaire, mort à bord le 19 septembre 1779.
Delile (Philippe), de Saint-Hilaire, mort le 26 juillet 1779.
Chaumel (Jean), de Saint-Hilaire.
Mamon (Pierre), de Saint-Hilaire.
Fachat (Jean), de Saint-Hilaire.
Cornié (Antoine), de Saint-Hilaire.
Sellier (Nicolas), de Saint-Hilaire, mort à bord le 18 octobre 1779.
Maily (Pierre), de Saint-Hilaire.
Gravere (Michel), d'Agen.
Doré (Raymond), d'Agen.
Roumagont (Jean), d'Agen.
Cours (Antoine), d'Agen.
Broustan (Jean), d'Agen.
La Gourge (François), de Tonnac.
Buran (Pierre), de la Teste.
Duport (Girard), de la Teste.
Vidouze (Jean), de la Teste.
Galande (Jean), de Gujan.
Lafond (Jean), de Gujan.
Desganos (Martin), de Gujan.
Castaing (Jean), de Gujan.
Dossi (Jean), de Gujan.
Dubos (Jean), de Gujan.
Gabriel (Pierre), de Gujan.
Labat (Pierre), de Gujan.
Deligny (Martin), de Gujan.
La Chatte (Antoine), de Gujan.
Lartigues (Pierre), de Gujan, mort à bord le 11 octobre 1779.
Boussoreille (Laurent), de la Bastide.
Teissier (Pierre), de Podensac.
Amanieu (Guillaume), de Podensac.
Mongard (Pierre), de Langoiran.
Dussau (François), de la Bastide.
Dumas (Jean), de Lormont.
Selly (Jean), d'Ajaccio.
Medicis (Pierre), d'Ajaccio.
Recco (Jean), d'Ajaccio.
Turchini (Dominique), de Calvi.
Miniquetty (Antoine), de Bonifacio.
Parody (Jean), de Bonifacio.
Parody (Vincent), de Bonifacio.

Novices.

Vacquier (Joseph), de Toulon.
Allègre (Jean), de Six-Fours.
Bernier (Gabriel), de Marseille.
Ordy (Louis), de Toulon.
Maurin (Pierre), de Toulon.
Hermite (Joseph), de Toulon.
Ricard (André), de Toulon.

Volontaires.

Meric (Pierre), de Toulon.
Cogorde (Toussaint), de Toulon.

Surnuméraires.

Catelin (Jean), de Toulon.
Gense (Joseph), de Toulon.
Ferrat (Joseph), de Toulon.
Pelissier (Joseph), de Digne.
Garnier (Jean), de Toulon.
Vidal (Antoine), de Toulon.
Espanet (François), de Toulon.
Blanc (François), de Toulon.
Lafond (Pierre), de Toulon.
Senes (Joseph), de Toulon.
Palmary (Jean), de Toulon.
Ricard (Joseph), de Toulon.
La Pierre (Etienne), de Toulon.
Veissière (Antoine), de Saint-Etienne.

Mousses.

Bousquet (Louis), de Toulon.
Bremond (Jean), de Toulon.
Liautoud (Jean), de Toulon.
Tournier (Honoré), de Toulon.
Bernard (Martin), de Toulon.
De Prat (Bernard), de Toulon.
Alibert (Joseph), d'Ollioules.
Jeansolenq (Antoine), de Toulon.
Isnard (Joseph), de Toulon.
Icard (Joseph), de Toulon.
Brun (Jean), de Toulon.
Pons (Genesi), de Martigues.
Boutard (Pierre), d'Antibes.
Davé (François), de Toulon.
Liency (Pierre), de la Seyne.
Feraud (Charles), d'Ollioules.
Binaud (Jean), de Toulon.
Thibaut (Jean), de Toulon.
Cayol (Jacques), de Toulon.
Audibert (François), de la Seyne.
Fia (Pierre), de Grenoble.
Michel (Charles), de la Seyne.
Crotte (Jean), d'Hyeres.
Boyer (Laurent), d'Ollioules.
Lautier (Pierre), de Toulon.
Roux (Jean), de Marseille.
Gasquet (Louis), de Toulon.
Roustan (Jean), de Toulon.
Rivier (Pierre), de Toulon.
Fabvre (Joseph), d'Hyères.
Mondé (Jean), de Grenoble.

Domestiques.

Michel (Joseph), de Grenoble.
Martin (Germain), de Castelnaudary.
Simon (Jacques), de Lunéville.
Michel (Antoine), de Marseille.
Coulomb (Joseph), de Marseille.
Langy (François), d'Orléans.
Lafond (Philippe), de Dijon.

LE FIER

(De juin 1778 à juillet 1780)

M. le Chevalier DE TURPIN, Capitaine de vaisseau, Commandant.

ÉTAT-MAJOR

CAPITAINE DE VAISSEAU

Le Chevalier de **TURPIN**, Commandant.

LIEUTENANTS DE VAISSEAU

Le Chevalier de **GIRARDIN**.
De **BAUVILLE**.
DEBEAUVOIR.
PAGES.
TREMIC de **KERANISANT**.

ENSEIGNES DE VAISSEAU

FITTE de **CHAMPAGNY** (Pierre).
VIS de **LOU** de **BOUAMOUR**.
De **FRESE**.
Le Chevalier de **GUERNIZAC**.
DUBUC de **SAINT-BRIX**.

OFFICIERS AUXILIAIRES

FRERE.
COUPRY.
LE COMTE.
BARBE.
LE COMTE.
LE GRAND.

CHIRURGIEN

MAUGE.

AUMONIERS

AIME (R. P.).
DE BRASSAC (R. P. Alexis).

GARDES DE LA MARINE

Le Duc **DUBOS**.
DUBUC du FERET.
DUQUESNE.
DUPATY (Louis), de la Martinique.

Officiers-mariniers de manœuvre.

Griset (Louis), premier maître, de Lorient.
Noirmard (Pierre), premier maître, du Havre.
Dubry (Jean-Marie), second maître, de Brest.
Gervin (Alexandre), contremaître, de Saint-Malo.
Le Bars (François), contremaître, du Conquet.
Derais (Michel), bosseman, de Rouen.
Le Seine (Georges), bosseman, de Granville, mort le 17 novembre 1779.
Benz (Julien), quartier-maître, de Granville.
Troquet (Guillaume), quartier-maître, de Nantes.
Duponchel (Alexandre), quartier-maître, de Saint-Valéry.
Rivoel (Antoine), quartier-maître, de Brest.
Bué (Antoine), quartier-maître, de Rouen.
Desmoulins (Alain), quartier-maître, de Brest.
Passilly (Joseph), quartier-maître, de la Hougue, mort le 16 novembre 1779.
Tisoil (Jean), quartier-maître, de Honfleur.
Saunier (Guillaume), quartier-maître, de Saint-Valéry.
Simon (Jean), quartier-maître, de la Hougue.
Thréhuidic (Jacques), quartier-maître, de Vannes.
Garçon (Jean), quartier-maître, de Saint-Malo.
Cel (Pierre), quartier-maître, de Granville.
Desvaux (Antoine), quartier-maître, de Calais.
De Canon (Jacques), quartier-maître, de la Rochelle, mort le 29 juillet 1779.
Fort (Pierre), quartier-maître, de Royan, mort le 18 octobre 1779.

Officiers-mariniers de pilotage.

Mouden (Jean), patron de canot, de Brest.
Augard (François), second pilote, de Calais.
Bremont (Pierre), second pilote, de Saint-Valéry.
Berthelon (Pierre), aide-pilote, de Honfleur.
Léonard (Jacques), aide-pilote, de Granville.
Belland (Pierre), aide-pilote, du Havre.
Queveauvilliers (Jacques), aide-pilote, de Saint-Valéry.
Hue (Félix), aide-pilote, du Havre.

Officiers-mariniers de canonnage.

Blin (Thomas), maître canonnier, de Granville.
Chamberland (Dominique), maître canonnier, de Brest, mort le 17 septembre 1779.
Fleury (Etienne), maître canonnier, de Rochefort, mort le 6 novembre 1779.
Langlacé (Jean), second canonnier, de Saint-Valéry.
Tanguy (Yves), second canonnier, de Brest.
Burnel (Gratien), second canonnier, de Saint-Malo.
Vasnier (Pierre), aide-canonnier, de Caen.
Goisou (Grégoire), aide-canonnier, de Saint-Brieuc.
Ruault (Louis), aide-canonnier, de Saint-Malo.
Dorsos (Joseph), aide-canonnier, de Vannes.
Nicol (Jean), aide-canonnier, de Dieppe, mort le 27 octobre 1779.
Julienne (Pierre-Damas), aide-canonnier, de Granville.
Maillard (Claude), aide-canonnier, de Granville.
Le Nourry (Jean), aide-canonnier, de la Hougue.
Fallaise (Nicolas), aide-canonnier, de Granville.
Salmon (Nicolas), aide-canonnier, de Saint-Malo.
Bataille (Joseph), aide-canonnier, de la Hougue.
Talabardon (Paul), aide-canonnier, de Brest.
Roger (Jean), aide-canonnier, de Rouen.
Cayeux (François), aide-canonnier, de Dieppe.
L'Heureux (Pierre), aide-canonnier, de Dieppe.
Le Franc (Joseph), aide-canonnier, de Vannes, mort le 7 novembre 1779.
Batigant (Gilles), aide-canonnier, de Brest.
Vaslin (Jacques), aide-canonnier, de Fécamp.
Bellanger (Jean), aide-canonnier, de Saint-Valéry.
D'Ednyers (Jacques), aide-canonnier, de Brest.
Maurice (Jean), aide-canonnier, de Fécamp.
Pinot (Jean), aide-canonnier, de la Hougue, mort le 9 novembre 1779.
Fromentin (Jean), aide-canonnier, de Dieppe.
Godefroy (Charles), aide-canonnier, de Dieppe.
Cotro (René), aide-canonnier, de Granville, mort le 6 août 1779.

Officiers-mariniers de charpentage.

Renaud (Marie), maître charpentier, de Vannes.
Cloutier (Jean), second charpentier, de Saint-Malo.
Petit (Pierre), aide-charpentier, de Caen.
Aubré (François), aide-charpentier, de Caen.
Duret (Jean), aide-charpentier, de Granville.

Officiers-mariniers de calfatage.

Jourdan (Claude), maître calfat, de Granville, mort le 30 août 1779.
Gaty (Esprit), maître calfat, de Toulon.
Bunel (Thomas), second calfat, de la Hougue.
Thualle (Joseph), aide-calfat, de Lorient, mort le 2 janvier 1780.
Duparc (Nicolas), aide-calfat, de Honfleur.
Elie (Pierre), aide-calfat, de Granville.

Officiers-mariniers de voilerie.

Bedel (Pierre), maître voilier, de Lorient.
Lamarche (Pierre), second voilier, de Lorient.
Le Saunier (Jean), aide-voilier, de Caen.

Gabiers.

Lamort (Jean), de Granville.
Léger (Pierre), de la Hougue.
Thieulin (Jacques), de Fécamp.
Lenormand (Pierre), de Fécamp.
Corre (Jean), de Brest.
Paolous (Marie), de Granville.
Lemarié (Guillaume), de Honfleur.
Fraboulet (Gabriel), de Quimper.
Massé (Yves), de Quimper.
Duhamel (Jacques), de Saint-Valéry.
Hamel (Jean), de Cherbourg.
Soudril (Jean), de Fécamp.
Hébert (François), de la Hougue.
Le Chevallier (André), de la Hougue.
Guillouet (André), de la Hougue.
Duplessis (Pierre), de Dieppe.

4

Timoniers.

Danneville (Pierre), de la Hougue.
Pignot (Jean), de la Hougue, mort le 9 novembre 1779.
Thomas (Jacques), de Caen.
Béliard (André), de Caen, mort le 17 décembre 1779.
Poitevin (Nicolas), de Caen, mort le 17 août 1779.
Poitevin (Julien), de Caen.
Dutertre (Claude), de Saint-Valéry.
Desmoulins (Michel), de Dunkerque.
Martin (Antoine), de Fécamp.
Jacob (Yves), du Conquet, mort le 25 décembre 1779.
Montegu (Pierre), de Caen, mort le 6 mai 1779.

Matelots.

Meschin (Jean), de Saintes.
Hébert (Jean), de la Hougue.
Fournier (Pierre), de Dieppe.
Fermant (Jean), de Dieppe.
Rodmont (Jacques), de Dunkerque.
Thomé (Marin), de Caen.
Desroches (Vincent), de Granville.
Duplessis (Jacques), de Fécamp.
Rio (Pierre), de Vannes, mort le 20 mai 1779.
Le Goff (Jacques), de Vannes.
Tellio (Vincent), de Vannes.
Houlbrecq (Nicolas), de Fécamp, mort le 2 juillet 1779.
Gervais (Guillaume), de la Hougue, mort le 22 septembre 1779.
Limantour (Roch), de Lorient.
Simon (Jean), de Caen, mort le 19 novembre 1779.
Benoist (Jean), de Caen.
Aubert (François), de Caen.
Le Gallic (Richard), de Caen.
Cardiune (Pierre), de Caen.
Costit (François), de Caen.
Tessel (Pierre), de Caen.
Leteillier (Pierre), de Caen.
Pasquier (François), de Caen, mort le 9 novembre 1779.
Foucher (Laurent), de Caen.
Moisson (Pierre), de Caen.
Osmon (François), de Caen.
Vermond (Jean), de Caen.
Petit (Michel), de Caen.
Tessel (Jacques), de Caen.
Jamet (François), de Caen.
Robert (François), de Caen.
Avisse (Charles), de Caen.
Robert (Guillaume), de Caen.
Pégard (Nicolas), de Dieppe.
Mariette (Jean), de Dieppe.
Saunier (Jean-Louis), de Dieppe.
Roger (Jean), de Dieppe.
Godefroy (Charles), de Granville.
Lucas (Martin), de Rouen.
Le Fournier (Philippe), de Caen.
Savary (Jean), de Fécamp.
Le Grand (Jacques), de Saint-Valéry, mort le 8 décembre 1779.
Benoist (Guillaume), de Caen.
Palfray (Jean), de Fécamp.
Vaslin (Etienne), de Fécamp.
Hébert (Etienne), de la Hougue.
Aubert (Victor), de la Hougue, mort le 23 septembre 1779.
Le Chevallier (André), de Caen.
Prestaud (Nicolas), de Dieppe.
Vaillet (Jacques), de Dieppe.
Thomas (Germain-Pierre), de Rouen, mort le 27 août 1779.
Thomas (Pierre), de Caen.
Ginard (Jean), de Caen.
Le Carpentier (Gabriel), de la Hougue.
Marie (Jacques), de la Hougue.
Poullet (Antoine), de Saint-Valéry.
Carron (André), de Saint-Valéry.
Thomas (Isaac), de Granville.
David (Pierre), de Granville.
Stéphant (Joseph), de Quimper.
Jourdan (Jean-Nicolas), de Granville, mort le 23 décembre 1779.
Chenu (Pierre), de Saint-Malo, mort le 10 octobre 1779.
Dujardin (François), de Caen.
Jourdan (Jean), de Granville, mort le 26 août 1779.
Blondel (Pierre), de Fécamp.
Bouteiller (Noël), de Fécamp.
Caudvin (Jean), de Dunkerque.
Fromentin (Guillaume), de Granville, mort le 19 juillet 1779.
Gourbin (Gilles), de Granville.
Grosos (Nicolas), de la Hougue.
Burel (Nicolas), de la Hougue.
Moitié (Nicolas), de la Hougue, mort le 18 janvier 1779.
Sourval (Nicolas), de Fécamp, tué au combat du 6 juillet 1779.
Poussier (Jean), de Dieppe.
Cointrel (Pierre), de Dieppe.
Audiquet (Pierre), de Dieppe.
Priel (Nicolas), de Dieppe.
Cauvin (Jean), de Caen, mort le 14 septembre 1778.
Lefebvre (Jacques), de Rouen.
Mayet (Bon), de Granville.
Duchesne (Joseph), de Granville.
Biaré (Antoine), de Saint-Valéry.
Grouel (Jean), de Saint-Valéry.
Le Comte (François), de Saint-Valéry.
Lefevre (Antoine), de Rouen.
Coquet (Charles), de Saint-Valéry.
Aubré (Michel), de Caen.
Maubré (Noël), de la Hougue, blessé au combat du 6 juillet 1779.
Loinel (François), de Rouen.
Friscourt (Jean), de Saint-Valéry.
Cacleau (Josse), de Saint-Valéry, mort le 20 juin 1779.
Beq (Antoine), de Saint-Valéry, mort le 29 novembre 1779.
Jolly (Jean), de Granville.
Sinsens (Louis), de Dieppe.
Vaslin (Martin), de Fécamp, mort le 9 juillet 1779.
Piednoël (Pierre), de Fécamp, mort le 24 juillet 1779.
Hedouin (Michel), de Coutances.
Quintrée (René), de Vannes.
Le Grand (Michel), de Saint-Valéry.
Fauvel (Léonard), de Honfleur.
Leblanc (Jean), de Honfleur.
Piard (Jean), de la Hougue.
L'Eveillé (Louis), de la Hougue.
Bauché (François), de la Hougue.
Drieuse (François), de la Hougue, blessé au combat du 6 juillet 1779.
Pinçon (Noël), de la Hougue.
Tessel (Jean), de Caen.
Dauteville (Pierre), de Caen.
Vimond (Jean), de Caen.
Marie (Benoist), de Caen.
Abry (Nicolas), de Granville.
Goupil (Georges), de Granville.
Leteillier (François), de Granville.
Hamelin (Jean), de Granville, mort le 27 juillet 1779.
Gelé (François), de Granville, noyé le 30 décembre 1778.
Baumont (Guillaume), de Granville.
Béchard (Thomas), de Cherbourg, noyé le 7 septembre 1778.
Desrués (Thomas), de Rouen.
D'Auvergne (Robert), de Rouen.
Tiffagne (Pierre), de Rouen.
Taurin (Jacques), de Rouen.
Tierry (Philippe), de Fécamp.
Poitevin (François), de Fécamp, noyé le 7 septembre 1778.
Gohebeur (Georges), de Dunkerque.
Vasseur (Pierre), de Saint-Valéry, mort le 3 juillet 1779.
Bizien (Yves), de Rouen.
Lombard (Vincent), de Fécamp.
Breton (Pierre), de Saint-Valéry, mort le 1er août 1779.
Dupond (Jacques), de Granville.
Dupré (Hervé), de Granville.
Lécard (Jean), du Croisic.
Launay (Joseph), du Croisic.
Goudrée (Jacques), de Dieppe.
Pilleur (Charles), de Fécamp.
Lefèvre (Jean, de Rouen.
Avril (Ervaisse), de Granville.
De Cribal (Guillaume), de Saint-Michel.
Desseinte (Simon), de Bordeaux.
Pommier (Pierre), du Croisic.
Guery (Michel), du Croisic.
Cobergeot (Joseph), de Noirmoutiers.
Boucharin (François), de Brest.
Penin (Pierre), de Calais.
Balin (Guillaume), de Granville.
Beuzelin (Pierre), de Fécamp.
Bernard (Hippolite), de Saint-Lô.
Brandor (Jacques), de Paimbœuf.
Boutemaille (Jean), de Saint-Jean-d'Angély.
Mousson (Pierre), d'Hendaye.
Catherino (Julien), de Lorient.
Peignet (Jean), de Granville.
Veron (Joseph), du Havre.
Piron (Jean), de Bordeaux.
Ducorre (Jean), de Bordeaux.
Duval (Louis), de Bordeaux.
Mancel (Charles), de Saint-Malo.
D'Artigné (Jean), de Bordeaux.
Lugné (Mathurin), de Bordeaux.
Labbadie (Arnaud), de Bordeaux.
Cizeau (Valentin), de Bordeaux.
Moreau (Pierre), de Nantes.
Préville (Pierre), de Libourne.
Morin (Joseph), de Marseille.
Lafon (Jean), de Bordeaux.
Pagès (François), d'Agen.
Armagnac (Thomas), d'Agen.
Gimous (François), d'Agen.
Lataillade (Pierre), de Libourne.
Saussier (Jacques), de Libourne.
Bruhaud (Antoine), de Libourne.
Salines (Hervé), de Nantes.

Lefèvre (Pierre), de la Hougue.
Blanche (Jean), de Bordeaux.
Tricon (François), de Marseille.
Gonziguier (Jean), de Cette.
Brocq (Joseph), de Nantes.
Hervé (François), de Dinan.
Le Cointre (Gaspard), de Paris.
Le Verre (Victor), de Brest.
Charneaud (Jean), du Croisic.
Le Cocq (Henry), de Guingamp.
Joanis (Jean), de Vannes.
Tessier (Pierre), de Nantes.
Fleur de Lis (François), du Conquet.
Bureau (Pierre), de Bordeaux.
Hozierre (Honoré), d'Antibes.
Le Bechet (Jean), de Morlaix.
Gestard (Michel), de Saint-Jean-de-Luz.
Mallet (Jacques), d'Antibes.
Troude (Noël), de Honfleur.
Lomban (Philippe), de Marmande.
Quillec (Louis), du Croisic.
L'Elézard (Jean), de Saint-Jean-de-Luz.
L'Habitant (Dominique), de Bordeaux.
Desmarais (Jean), de Rouen.

Novices.

Langlais (Augustin), de Caen.
Honnête (Nicolas), de Rouen.
Moisy (Jacques), de Honfleur.
Lacour (Pierre), de Honfleur.
Jacques (Jean), de Granville, mort le 20 décembre 1779.
Amelain (Alexis), de la Rochelle.
Cossu (Christophe), de Dinan.
Séradin (Dominique), de Saint-Brieuc, mort le 7 septembre 1779.
Piou (André), de Nantes.
Lucas (Jean), de Rouen.
Le Dantec (Jean), de Dinan.
Morel (Charles), de Saint-Brieuc, mort le 21 février 1780.
Gouessant (Jacques), de Dinan.
Langlais (Jacques), de Dinan.
Cormier (André), de Nantes.
Allain (Zacharie), de Nantes.
Le Courtois (Armand), de Vannes, mort le 30 mai 1779.
Gogé (Pierre), de Honfleur.
Mauger (Adrien), de Rouen, mort le 11 juillet 1779.
Adam (Isaac), de Rouen.
Bremon (Jean), de Saint-Valéry.
Bariteau (François), d'Angoulême.

Dumanoir (Ambroise), de Granville.
Allard (Laurent), de Dieppe.
Feuvrier (Joseph), de Vannes.
Cogny (Jacques), de Rouen.
D'Ardignac (François), de Toulouse.
Gonier (Louis), de Fort-Royal.
Le Cigné (Louis), de Quimper.
Cosquer (Guillaume), de Quimper, mort le 25 janvier 1780.
Jaouen (Jean), de Quimper, mort le 5 décembre 1779.
Bogard (François), de Quimper.
Bretau (François), de Vannes, blessé au combat du 6 juillet 1779.
Lidoux (Alain), de Brest.
Le Ballé (Claude), de Granville, mort le 28 octobre 1779.
David (Thomas), de Granville, mort le 12 septembre 1779.
Chevallier (Louis), de Granville.
Dupont (Nicolas), de Rouen.
Lebouvier (Charles), de Granville, mort le 28 août 1779.
Predal (Jérôme), de Dieppe, mort le 22 août 1779.
Aubry (Guillaume), de Granville.
Hormon (Jean), de Boulogne.
Lemoux (Pierre), de Boulogne.
Bonhomme (Jean), américain.
Legrand (François), de Granville.
Guiomard (Sébastien), de Saint-Brieuc.
Laurent (Claire), de Blaye.
Rabainne (Jean), de Blaye.
Fourgat (Jean), de Montauban.
Imbert (Pierre), de Montauban.
Rigal (Antoine), de Montauban.
Tardier (Pierre), de Montauban.
Bernard (Antoine), de Montauban.
Barollé (Pierre), de Montauban, mort le 7 septembre 1779.
Lafond (Jean), de Montauban, mort le 18 octobre 1779.
Macouvis (Raymond), de Montauban.
Pons (Antoine), de Montauban.
Simonnet (Martin), de Montauban.
Laurent (Claude), de Blaye.
Bouyer (Jean), de Libourne.
Sorbé (Jacques), de Bordeaux.

Surnuméraires.

Mescoff (César), du Conquet.
Stephany (Jacques), de Lorient.
Le Presle (Thomas), de la Hougue.

Le Rhumeur (Guillaume), de Morlaix, mort le 12 février 1780.
Rousse (Jean), de Bordeaux.
Messonier (François), de Nantes.
Thibeaux (Jacques), du Havre.
Prichaud (Jean), de Bayonne.

Mousses.

Blin (Charles), de Granville.
Gervain (Alexandre), de Saint-Malo.
Le Sesne (Georges), de Granville.
Vaesou (Tudréal), de Lannion.
Abgral (Alexandre), de Landivisiau.
Rolland (François), de Quimperlé.
Bouffo (Jean), de Quimperlé.
Corret (Corentin), de Quimper.
Le Bougt (Remy), de Caen.
Lemanissier (Jean), de Caen.
Barreau (Etienne), de Brest.
Le Louarn (Jean), de Tréguier.
Desrais (Louis), de Rouen.
Cloutier (Jean), de Saint-Malo.
Cantelas (Christophe), de Landerneau.
Londin (Gilles), de Brest.
Tanguy (Jean-Marie), de Recouvrance.
Collin (Jacques), de Saint-Brieuc.
Thibeau (Pierre), de Rouen.
Abgral (Hervé), de Landivisiau, blessé au combat du 6 juillet 1779.
Lhoré (Antoine), de Rochefort, blessé au combat du 6 juillet 1779, mort le 17 novembre 1779.
Le Comte (Jean), de Granville, blessé au combat du 6 juillet 1779.
Nazereau (Jean), de Bordeaux.
Noizeaux (Jean), de Vérsailles.
Aligé (Auguste), de Bordeaux.
Desmassones (Pierre), de la Rochelle.
Nicolas (Joseph), de la Corse.
Cocherel (Gabriel), de Saint-Servan.
Robert (Louis), de Brignolles.
Le Brass (Jean), de Brest.
Lastanecq (Pierre), de Brest.
Haratim (Jacques), de Bayonne.

Domestiques.

Bouyer (Gabriel), de Luçon.
Thomas (Jean-Jacques), de Pont-Scorff.
Puissis (Jean), de Rochefort.
Derrieux (Jean), d'Agen.
Brochard (Raymond), de la Martinique.
Daguer (Louis), de Saintes.
Duranton (Mathieu), de Bordeaux.

LA PROVENCE

(De mars 1778 à décembre 1779)

M. DE CHAMPORCIN, Capitaine de vaisseau, et M. le Chevalier DE SAINT-ANTONIN, Capitaine de vaisseau, Commandants.

ÉTAT-MAJOR

CAPITAINES DE VAISSEAU

De **CHAMPORCIN**, Commandant, tué au combat du 5 juillet 1779.
Le Chevalier **de SAINT-ANTONIN**, Commandant.

LIEUTENANTS DE VAISSEAU

Le Chevalier de **CIPIERE**.
De **LAMBERT**.
Le Chevalier **de SAMBUEY**.
Le Chevalier **de VILLENEUVE LA CROISILLE**.

ENSEIGNES DE VAISSEAU

Le Chevalier de **FERRIERE**.
De **MINE** de **QUINSON**.
Le Chevalier **de GOTHO**, tué au combat du 6 juillet 1779.

CHIRURGIEN

CABUCHET.

AUMONIER

De LORME (R. P. Gabriel).

GARDES DU PAVILLON

DEVENEL.
FARRET de COUSSERGUES.
CHIENNET de COMBAUD.

Officiers-mariniers de manœuvre.

Ripert (Pierre), premier maître, de Toulon.
Martinenq (Pierre), premier maître, de Six-Fours.
Daniel (Pierre), second maître, de Six-Fours.
Allègre (Joseph), second maître, de Toulon.
Arnaud (Jean), contremaître, de Toulon.
Arnaud (Antoine), bosseman, de Toulon.
Reboul (Alexis), bosseman, de Toulon.
Gabert (Jacques), bosseman, de Toulon.
Gardon (Charles), quartier-maître, de Toulon.
Chaulan (Joseph), quartier-maître, de Marseille.
Féraud (Jean), quartier-maître, de Marseille.
Daniel (Jean), quartier-maître, de Six-Fours.
Fontan (Boniface), quartier-maître, de Cannes.
Bessière (Claude), quartier-maître, d'Agde.
Rebufat (Pierre), quartier-maître, de Toulon.
Audibert (Laurent), quartier-maître, de la Seyne.
Fouache (Gaspard), quartier-maître, de la Ciotat.
Ricord (Joseph), quartier-maître, d'Agde.
Audibert (Lazare), quartier-maître, de la Seyne.
Fournier (François), quartier-maître, de la Ciotat.
Revel (Jean), quartier-maître, de Narbonne, mort le 10 février 1779.

Officiers-mariniers de pilotage.

Berny (Louis), pilote, de la Seyne.
Jouffroit (Dominique), pilote, de la Seyne.
Gache (Louis), pilote, de Toulon.
Le Grand (Pierre), pilote, de Toulon.
Réquier (Joseph), pilote, de Toulon.
Flamenq (Jean), pilote, de Marseille.
Dellastre (Pierre), pilote, de Boulogne.

Officiers-mariniers de canonnage.

Bachelon (Joseph), premier canonnier, de Toulon.
Vidal (Lazare), premier canonnier, de Toulon.
Martinenq (Pierre), premier canonnier, de Six-Fours.
Emeric (Joseph), second canonnier, de Toulon.
Roustan (Nicolas), second canonnier, de Toulon.
Marin (Joseph), second canonnier, de Toulon.
Audemard (Alexandre), aide-canonnier, de Toulon.
Bienfait (Nicolas), aide-canonnier, de Toulon.
Chevreau (Michel), aide-canonnier, de Toulon.
Audibert (Joseph), aide-canonnier, de Toulon.
Guibaud (Honoré), aide-canonnier, de Toulon, mort le 22 mai 1779.
Fouque (André), aide-canonnier, de Toulon.
Azan (Jean), aide-canonnier, de Toulon.
Modeune (Bernard), aide-canonnier, de Toulon.
Alibert (Louis), aide-canonnier, de Toulon.
Broutin (Pierre), aide-canonnier, de Marseille.
Garnier (Jacques), aide-canonnier, de Toulon.
Boutin (Antoine), aide-canonnier, de Toulon.
Fours (Jean), aide-canonnier, d'Antibes.
Lion (François), aide-canonnier, de Toulon.
Briguier (Joseph), aide-canonnier, de Toulon, mort le 28 novembre 1779.
Alibert (Jean), aide-canonnier, de Toulon.
Planelongue (François), aide-canonnier, de Marseille.
Long (Jean), aide-canonnier, de Marseille.
Mangieux (André), aide-canonnier, de Marseille, mort le 27 juin 1778.
Michel (Joseph), aide-canonnier, de Cassis.
Chichon (Christophe), aide-canonnier de Toulon.
Philandre (Jean), aide-canonnier, de Bandol.
Hubac (Jean), aide-canonnier, de Toulon.
Guigou (Pierre), aide-canonnier, de Six-Fours.
Rossignol (Jean), aide-canonnier, d'Agde.
Bonat (Marc), aide-canonnier, d'Agde.
Pourquier (Jean), aide-canonnier, de Six-Fours.
Bousquet (François), aide-canonnier, de Toulon.
Delong (Antoine), aide-canonnier, de Narbonne.

Officiers-mariniers de charpentage.

Trabaud (Lazare), maître-charpentier, de Toulon.
Mayol (Joseph), second charpentier, de Toulon.
Guiol (Pierre), aide-charpentier, de Toulon.
Vian (Pierre), aide-charpentier, de Toulon.
Carbonnel (Jacques), aide-charpentier, de Toulon.
Daniel (Joseph), aide-charpentier, de la Seyne.

Officiers-mariniers de calfatage.

Core (Jean), maître-calfat, de Toulon.
Roudeiron (Cyprien), second calfat, de Toulon.
Roux (François), second calfat, de Toulon.
Diacon (Jean), aide-calfat, de Toulon.
Bonace (Noël), aide-calfat, de la Seyne.

Officiers-mariniers de voilerie.

Renaud (Joseph), maître-voilier, de Toulon.
Viau (Joseph), second voilier, de la Seyne.

Gabiers.

Jullien (François), de Toulon.
Franc (Marchal), de Saint-Tropez.
Jomard (Jean), de Saint-Tropez.
Cavèbe (Antoine), de Marseille.
Arenne (Tropès-Pierre), de Saint-Tropez.
D'Honore (Jean), de la Seyne.

Timoniers.

Mourut (Gabriel), de Bages.
Ollivier (Jacques), de Saint-Tropez.
Blanc (Esprit), d'Hyères, mort le 10 décembre 1779.
Caste (Barthélemy), de Martigues.
Guiraud (Nicolas), d'Agde.
Gabriel (Jean), de Marseille.
Laty (Ambroise), de Saint-Tropez.
Imbert (Joseph), de Martigues.

Matelots.

Trabaud (Joseph-Martin), de Toulon.
Goudet (Joseph), de Toulon.
Girard (Etienne), de Toulon.
Redon (Jean), de Toulon.
Reimier (Jacques), de Toulon.
Villy (François), de Toulon.
Pomet (Esprit), de Toulon, mort le 6 décembre 1779.
Breton (Barthélemy), de Toulon.
Simian (Jacques), de Toulon.
Morel (Jean), de Toulon.
Gazan (Jean), de Toulon.
Seglat (Jean), de Toulon.
Augier (Jean), de Bonnes, mort le 29 octobre 1779.
Roux (Joseph), de Toulon.
Porre (Etienne), de Toulon.
Bertrand (Claude), d'Ambrus.
Roubaud (Jean), de Toulon.
Vertre (Joseph), de Toulon.
Fouquet (Alexandre), de Toulon.
Modenne (Laurent), de Toulon.
Imbert (François), de Toulon.
Denant (Jean), de la Seyne.
Daniel (Jean), de la Seyne.
Amic (Pierre), de la Seyne.
Levet (Barthélemy), de la Seyne.
Michel (Pierre), de la Seyne.
Jauffrois (André), de la Seyne.
Jeansolenq (Antoine), de la Seyne.
Daignant (Joseph), d'Ollioulles, mort le 18 avril 1779.
Andrieu (Laurent), de la Seyne, mort le 18 décembre 1779.
Marin (Jean-Charles), de la Seyne.
Roustan (François), de la Seyne.
Sicard (Etienne), de la Seyne.
Colle (François), de la Seyne.
Laugier (Joseph), de la Seyne.
Daniel (Jean-Etienne), de Six-Fours.
Surle (François), de la Cadière.
Fabre (Lazare), de la Cadière.
Blanc (Pierre), de la Cadière.
Bonifay (Barthélemy), de la Ciotat.
Bastiany (Guillaume), de la Ciotat.
Giraud (Honoré), de la Ciotat.
Vian (Jean), de la Ciotat.
Bremond (Antoine), de Fréjus.
Lambert (Joseph), de Fréjus.
Coste (Jean), de Saint-Tropez.
Attanoux (Antoine), de Roquebrune.
Vallette (Jean), de Marseille.
Vertron (Joseph), de Cassis.
Bonnet (Antoine), de Marseille.
Andrau (Simon), de Marseille.
Mourian (Nicolas), de Marseille.
Tambon (Honoré), de Marseille.
Repetty (Jacques), de Marseille.
Morel (Etienne), de Marseille.
Libon (Denis), de Marseille.
Michel (François), de Marseille.
Jourdan (Joseph), de Marseille, mort le 17 décembre 1779.
Baudeuf (Louis), de Marseille.
Lamy (Charles), de Marseille.
Ravin (Pierre), de Saint-Valéry.
Baudillon (Ignace), de Marseille.
Roux (Jean-Claude), de Marseille.
Mavilly (Barthélemy), de Marseille, mort le 29 novembre 1779.
Arragnol (Pierre), de Marseille.
Valentin (Ignace), de Marseille.
Ginac (Joseph), de Marseille.
Mourenq (Louis), de Marseille.
Jauffret (Jean), de Marseille.

Rousset (Marie), de Marseille, mort le 19 décembre 1779.
Campanier (Guillaume), de Marseille.
Berenguier (Jean), de Marseille.
Isnard (Antoine), de Marseille.
Michel (Louis), de Marseille.
César (Marc), de Marseille.
Jourdan (Jean), d'Aubagne.
Bremond (Joseph), de Marseille.
Daniel (Gaspard), de Marseille.
Carentenne (Pierre), de Marseille.
Floux (Pierre), de Marseille.
Galibardy (Maurice), de Marseille.
Jourdan (Honoré), de Marseille.
Aliès (Jacques), de Marseille.
Truc (Jean), de Marseille.
Orliac (Jean), de Marseille.
Panet (Joseph), de Marseille.
Poulin (Jean-Magloire), de Marseille.
Cayeux (Jean), de Marseille.
Martin (Joseph), de Marseille.
Auzeby (Laurent), de Marseille.
Jourdan (Jean), de Marseille.
Chaux (Siffrede), de Marseille.
Roux (Jean-Baptiste), de Marseille.
Demier (Jean-Baptiste), de Marseille.
Florent (Laurent), de Marseille.
Perducet (Jean), de Marseille.
Moulard (Louis), de Marseille.
Mathieu (Pierre), de Marseille.
Jourdan (Jean-Baptiste), de Marseille.
Toures (Gaspard), de Marseille.
Jourdan (Marie-Michel), de Marseille.
Tambon (André), de Marseille.
Gadin (François), de Marseille.
Mouton (Honoré), de Marseille, mort le 25 avril 1779.
Michel (Jean-Joseph), d'Aubagne.
Jardin (Jean), de Marseille.
Villaron (Jacques), de Dunkerque.
Grandsire (François), de Saint-Valéry.
Bellicard (Claude), de Mâcon, mort le 6 décembre 1779.
Garnier (Cristophe), de Berre.
Durand (Hiacinte), de Berre.
André (Joseph), de Berre.
Aubrand (André), de Martigues.
Mouton (Joseph), de Martigues.
Baussan (Joseph), de Martigues.
Salla (Jean), de Martigues.
Tourel (Jean), de Martigues.
Giraud (Joseph), de Berre.
Violet (Jean), de Berre.
Ollivier (Claude), de Berre.
Rougier (Pierre), de Berre.
Nègre (Lambert), de Biot, mort le 22 septembre 1778.
Mony (François), de Biot.
Goudon (François), de Biot.
Ayraud (Pierre), d'Antibes.
Tours (Guillaume), d'Antibes.
Vidal (Jean), d'Arles.
Peloux (Guillaume), d'Arles.
Lagnel (Vincent), d'Arles.
Eyssen (Jean), d'Arles.
Thuron (Julien), d'Agde, mort le 4 novembre 1779.
Comte (Antoine), d'Agde.
Serignan (Antoine), d'Agde.
Prouvat (Pierre), de Cette.
Astier (Pierre), de Cette.
Pages (Jean), de Cette.
Gaillard (Nicolas), de Cette.
Martin (Antoine), de Bages.
Azibert (Pierre), de Bages.
Resulière (Jean), de Bages.
Martin (Giraud), de Bages.
Mourut (Jacques), de Bages.
Benezet (Jean), de Bages.
Roubert (Pierre), de Bages, mort le 25 décembre 1779.
Martin (Barthélemy), de Bages.
Castaing (Jean), de Moissac.
Neissens (Jean), de Moissac.
Richard (Philippe), de Moissac, mort le 22 juillet 1779.
Frebois (Pierre), de Moissac.
Prebosq (Jean), de Moissac, mort le 30 décembre 1779.
Queriol (Antoine), de Moissac.
Cannat (Jean), de Moissac, mort le 1er mai 1779.
Cartuat (Pierre), de Moissac.
Labat (Jean), de Moissac, mort le 3 novembre 1779.
Bousquet (Raimond), de Moissac, mort le 31 janvier 1779.
Genestet (Pierre), de Moissac, mort le 29 novembre 1779.
Aurangue (Pierre), de Moissac.
Gignoux (Joseph), de Moissac, mort le 13 décembre 1779.
Vignau (Antoine), de Moissac.
Bergerac (Guillaume), de Moissac, mort le 22 décembre 1779.
Bergerac (Jean), de Moissac, mort le 17 décembre 1779.
Maurin (Antoine), de Moissac.
Abard (Louis), de Moissac.
Davach (Vital), de Moissac, mort le 31 janvier 1779.
Merle (Jean), aîné, de Moissac.
Saumade (Pierre), de Moissac, mort le 30 décembre 1779.
Lavergne (André), de Moissac, mort le 12 septembre 1779.
Boudet (Jean), de Moissac.
Neissens (Antoine), de Moissac.
Davach (Antoine), de Moissac.
Lavergne (Jean), de Moissac.
Boudet (Antoine), de Moissac.
Teissoire (Pierre), de Moissac.
Merle (Jean), cadet, de Moissac.
Queirol (Jean), de Moissac.
Martin (Jean), cadet de Moissac, mort le 11 novembre 1778.
Martin (Jean), aîné, de Moissac.
Gannat (Jean), de Moissac.
Barthe (Barthélemy), de Moissac.
Nougues (Jean), de Toulouse.
Sardin (Jean), de Toulouse.
Palangue (Guillaume), de Toulouse.
Brousse (Etienne), de Toulouse.
Massias (Antoine), de Toulouse.
Raymond (Dominique), de Toulouse, mort le 11 décembre 1779.
Sardin (Guiraud), de Toulouse.
Marty (Arnaud), de Toulouse.
Verdier (Antoine), de Verdun.
Gineste (Londet), de Verdun.
Cami (Jean), de Verdun.
Vidouze (Guillaume), de Clermont.
Lalanne (Bernard), de Clermont.
Lafond (Jean), de Clermont.
Magens (Jean), de Clermont.
Richard (Jean), de Saint-Hilaire.
Paillé (Jean), de Villeneuve.
Gaston (Izaac), de Villeneuve.
Pers (Jean), de Villeneuve, mort le 20 juillet 1779.
Pejat (Etienne), de Villeneuve.
Carrère (Jean), de Villeneuve.
Branlès (Guiraud), de Villeneuve, mort le 27 décembre 1779.
Goumetton (Jean), de Villeneuve, mort le 25 septembre 1779.
Galban (Guiraud), de Villeneuve.
Grifoul (Félix), de Villeneuve.
Deix (Pierre), de Sainte-Livrade.
Barrau (Guiraud), de Sainte-Livrade.
Cavalier (Pierre), de Sainte-Livrade.
Bompas (Raymond), de Sainte-Livrade.
Delber (Jean), de Sainte-Livrade.
Dansoulla (Antoine), de Sainte-Livrade.
Savary (Simon), de Sainte-Livrade.
Sivrac (Jean), de Sainte-Livrade.
Royne (Jean), de Villeneuve.
Dupré (Joseph), de Villeneuve.
Brives (Silvestre), de Villeneuve.
Bourbon (Pierre), de Villeneuve.
Griffoul (Jacques), de Villeneuve.
Sibrac (Jean), de Villeneuve.
Mejac (Nicolas), de Villeneuve.
Carrat (Antoine), de Villeneuve.
Hablanc (François), de Villeneuve.
Lacoste (Louis), de Villeneuve.
Gattier (Martin), de Villeneuve.
Benés (Louis), de Villeneuve, mort le 8 septembre 1778.
Beires (Jean), de Villeneuve.
Navetier (Jean), de Villeneuve.
Lessel (Marc), de Villeneuve.
Delmas (Joseph), de Villeneuve.
Lavergne (Philipe), de Villeneuve.
Delfour (Paul), de Villeneuve.
Delber (Jean), de Villeneuve.
Raynal (Jean), de Villeneuve.
Sabatier (Louis), de Villeneuve.
Malbec (Betonier), de Villeneuve.
Castel (Jean), de Villeneuve.
Dautial (Jacques), de la Teste-de-Buch.
Tardis (Girond), de la Teste-de-Buch.
Fourton (Jean), de la Teste-de-Buch, mort le 29 décembre 1779.
Savignac (Jean), de la Teste-de-Buch, mort le 26 novembre 1779.
Guittard (Jean), de la Teste-de-Buch, mort le 13 décembre 1779.
Despagne (Pierre), de la Teste-de-Buch.
Dumora (Philipe), de la Teste-de-Buch.
Dannis (Pierre), de la Teste-de-Buch, mort le 19 mai 1779.
Labrunette (François), de la Teste-de-Buch, mort le 25 décembre 1779.
Maleivan (Michel), de la Teste-de-Buch.
Martin (Thomas), de la Teste-de-Buch.
Bouscot (François), de la Teste-de-Buch, mort le 18 décembre 1779.
Prévot (Jean), de la Teste-de-Buch, mort le 9 décembre 1779.
Lacaze (Raymond), de la Teste-de-Buch, mort le 6 décembre 1779.
Rostin (Pierre), de la Teste-de-Buch.
Augey (Jean), de la Teste-de-Buch.
Gausseng (Guillaume), de la Teste-de-Buch.
Arribey (Jean), de la Teste-de-Buch.
Savignac (Jean), de la Teste-de-Buch.

Chassenes (Jean), de Bordeaux, mort le 24 novembre 1779.
Lasserre (Jean), de Bordeaux, mort le 29 octobre 1779.
Bonmartin (Jean), de Bordeaux.
Desorés (Thomas), de Bordeaux.
Giraudet (Jean), de Bordeaux.
Léglise (Jean), de Bordeaux.
Bourdié (Giraud), de Bordeaux.
Chautard (Pierre), de Bordeaux, mort le 2 novembre 1779.
Martin (Bernard), de Bordeaux.
Dupuy (Léonard), de Bordeaux.
Laconfourgue (Jean), de Bordeaux.
Dupuis (Jean), de Bordeaux.
Groulet (Antoine), d'Ajaccio.
Jevaco (Jean), d'Ajaccio, mort le 20 décembre 1779.
Sullacaro (Jean), d'Ajaccio.
Saint-André (Noël), d'Ajaccio.
Dominici (Jean), d'Ersa.
Carlini (Ange), d'Ersa, mort le 18 juin 1778.

Novices.

Rancurel (Joseph), de Cigné.
Philipe (Jacques), de Six-Fours.
Marin (Joseph), de Toulon.
Hermitte (Pierre), d'Ollioulles.

Benoit (Etienne), d'Ollioulles.
Nicolas (Jean), pilote côtier, de la Seyne, tué au combat du 6 juillet 1779.

Officiers non mariniers.

Beaud (Jean), de Toulon.
Cardeil (Jean), de la Valette.
Rousnelet (Jean), de Saint-Gilles.

Commis du munitionnaire.

Bourgan (Pierre), de Bordeaux.
Bonhomme (Joseph), de Toulon, mort le 11 décembre 1779.
Audibert (Jean), de Marseille, mort le 16 juin 1778.
Rougier (François), de Toulon.
Chassenos (Charles), de Toulon.
Roland (Jean), de Toulon.
Goudon (François), d'Antibes.
Estier (Jean), de la Valette.
Tardieu (Etienne), d'Arles.

Mousses.

Moutet (Alexis), de Toulon.
Joseph (Marc), de Toulon.
Guiol (Claude), de Toulon.
Gautier (Joseph), de Toulon.
Cabucet (Bruno), de Toulon.

Bachelon (Joseph), de Toulon.
Vidal (Joseph), de Beausset.
Guigon (Jacques), de Six-Fours.
Fouque (Jacques), de Toulon.
Ollivier (Pascal), de Six-Fours.
Ripert (Barthélemy), de Toulon.
Alibert (Jean), de Toulon.
Juie (Jean), de la Seyne.
Vieil (Jean), de la Seyne, mort le 19 février 1779.
Masses (Modeste), de Toulon.
Laplace (Pierre), de Toulon.
Valibouze (Joseph), de Toulon.
Amic (Etienne), de la Seyne.
Berony (Laurent), d'Ollioulles.
Rouband (Louis), de Six-Fours.
Girard (Etienne), de la Seyne.
Eynaud (Jean), de Toulon.
Audibert (Joseph), de Toulon.

Domestiques.

Gautier (Joseph), de Toulon.
Peyré (Pierre), de Castelnaudary, mort le 11 mai 1779.
Baille (Louis), de Toulon.
Paumerol (Pierre), de Toulon.
Laurent (Jean), de Tarascon.

L'ARTÉSIEN

(1778-1781)

M. DE PEYNIER, Capitaine de vaisseau, Commandant.

ÉTAT-MAJOR

CAPITAINE DE VAISSEAU

De PEYNIER, Commandant.

LIEUTENANTS DE VAISSEAU

Vicomte de **MONTAULT**.
De VILLEVIELLE.
De la TOURNERYE.
De CHAVAGNAC.

ENSEIGNES DE VAISSEAU

De GALBERT.
De LANGE.
BEJARY.
HARANG.
KIEGER, officier Danois.

OFFICIERS AUXILIAIRES

BOURDET.
De la BARONNAIS.

CHIRURGIEN-MAJOR

SENNE.

AUMONIERS

DARGUENE (R. P. Jean-François).
BERNARD (R. P. Eloi), Récollet.
WARNIER (R. P.), Cordelier, mort à l'hôpital de la Guadeloupe, le 4 mai 1780.
GRASSIEUS (R. P.), Récollet.

GARDES DE LA MARINE ET DU PAVILLON

MOREL DETHAN, garde de la marine.
GUIQUERNEAU, garde du pavillon.

VOLONTAIRES

Gouillard (Charles-Louis), de Paris.
Blanchard (Jacques-Charles), d'Oléron.
Brossard du Bottan (Guy-Marie-Paul).
Dubreuil (Jean-François), de Vannes.
Allemain-Villeray (Joseph), de Rochefort.
Richard (Clément), de Marennes.
Gouachin (Pierre), de Libourne.

Officiers-mariniers de manœuvre.

Michel (Jean-François), premier maître, de Brest.
Triblier (Jean), premier maître, de Marennes.
Monnier (René), premier maître, de Rochefort.
Lafosse (Goulven), premier maître, de Brest.
Bourget (Vincent), second maître, des Sables d'Olonne.
Marec (Jean), second maître, de Lorient.
Luminé (Nicolas), contremaître, de Noirmoutiers, mort le 18 décembre 1778.
Augé (Mathurin), contremaître, de Royan.
Goisjematte (François), bosseman, de Lorient.
Bartel (François), bosseman, de Bordeaux.
Cherance (Charles), bosseman, de Lorient.
Dumonteil (Louis), quartier-maître, de Blaye.
Berthé (François), quartier-maître, de Noirmoutiers, mort à bord le 20 octobre 1780.
Prilleau ou **Frilleau** (Jean), quartier-maître, de l'île de Ré, tué au combat du 17 avril 1780.
Courval (Philippe), quartier-maître, de Bordeaux, mort à bord le 9 septembre 1780.
Duhamel (Jean), quartier-maître, de Noirmoutiers.
Lamau (Jean), quartier-maître, de Blaye.
Guérin (Pierre), quartier-maître, de Saintes.
Savain (Louis), quartier-maître, des Sables d'Olonne.
Le Ger (André), quartier-maître, de Rochefort.
Poireau (Vincent), quartier-maître, des Sables d'Olonne.
Martineau (François-Augustin), quartier-maître, des Sables d'Olonne, mort à bord le 15 décembre 1778.
Chavigneau (Pierre), quartier-maître, des Sables d'Olonne.

Blanchet (Dominique-Charles), quartier-maître, de Rouen, mort à l'hôpital de Fort-Royal le 15 janvier 1780.

Bernard (François), quartier-maître (Isle Dieu), de l'Ile d'Yeu.

Gazeau (Louis), quartier-maître, de Noirmoutiers.

Maréchal (Michel), quartier-maître, de Noirmoutiers.

Nadeau (Jean), quartier-maître, d'Oléron.

Roy (Arnaud), quartier-maître, de Blaye.

Roy (Pierre), quartier-maître, des Sables d'Olonne.

Adam (Jean), quartier-maître, de Recouvrance (Brest).

Saliou (François), quartier-maître, de Brest.

Romain (Jean), quartier-maître, de Saint-Valery (Somme), mort à l'hôpital le 25 mai 1779.

Langlois (Pierre-Jean), maître-d'équipage, de Lorient.

Bournig (Laurent), maître-d'équipage, de Rochefort.

Officiers-mariniers de pilotage.

Guérin (Luc), patron de canot, des Sables d'Olonne.

Charrier (François), patron de canot, de Noirmoutiers.

Marchais (Etienne), premier pilote, de Rochefort.

Neau (Pierre-Louis), second pilote, des Sables d'Olonne.

Jouano (François), second pilote, de Libourne.

Le Roux (Yves), second pilote, de Saint-Brieuc.

Signoret (Clément), pilote, de Blaye.

Sicard (Jean-Antoine), pilote, des Iles du Vent.

Fayeau (Pierre), aide-pilote, de la Tremblade.

Buffereau (Elie), aide-pilote, de Marennes.

Luneau (Daniel), aide-pilote, de Royan.

Dupont (Pierre), aide-pilote, de Boulogne-sur-mer.

Le Noir (François-Pierre-Auguste), aide-pilote, du Havre.

Guénon-Deschamps (Victor-Charles), aide-pilote, de Caen.

Lucos (Charles), aide-pilote, de Lorient.

Officiers-mariniers de canonnage.

Sacriste (Pierre), maître canonnier, de Rochefort.

Lepage (Nicolas), maître canonnier, de Rochefort.

Talouneau (Pierre), maître canonnier, de Royan.

André (Pierre), second canonnier, de Rochefort.

Guybaud (André), second canonnier, de Noirmoutiers.

Cateste (Philippe), second canonnier, de Marmande.

La Taste (Jean), second canonnier, de Blaye.

Philippot (Etienne), aide-canonnier, de Noirmoutiers.

Moriseau (Pierre), aide-canonnier, de Noirmoutiers.

D'Eray (Antoine), aide-canonnier, de Marmande.

Denis (François), aide-canonnier, de Marennes.

Lelgau (René-Jean), aide-canonnier, du Croisic.

Chevreau (Jacques), aide-canonnier, de Marennes.

Rivasseau (André), aide-canonnier, d'Oléron.

André (Joseph), aide-canonnier, des Sables d'Olonne, mort à l'hôpital de Fort-Royal le 14 mars 1780.

Cheneau (Jean), aide-canonnier, d'Oléron.

Gibeau (Etienne), aide-canonnier, de la Rochelle.

Nalet (Jacques), aide-canonnier, de Saintes.

Brizard (Joseph), aide-canonnier, de l'Ile de Ré.

Ratouil (Pierre), aide-canonnier, de l'Ile de Ré.

Gois (Jean-Bazile), aide-canonnier, de Rochefort.

Bessan (Raymond), aide-canonnier, de Bayonne.

Chenu (Pierre), aide-canonnier, de Saintes.

Espéron (Georges), aide-canonnier, de Libourne.

Guittet (Charles), aide-canonnier, de Noirmoutiers.

Vasivier (Fidel), aide-canonnier, des Sables d'Olonne, mort à bord le 26 août 1779.

Landreau ou **Lundreau** (Jean), aide-canonnier, de Libourne.

Herveau (François), aide-canonnier, des Sables d'Olonne, tué au combat du 17 avril 1780.

Robineau (Barthélémy), aide-canonnier, de Blaye.

Roy (Jean), aide-canonnier, de Blaye.

Martin (Pierre), aide-canonnier, de Blaye.

Laborde (Jean-Baptiste), aide-canonnier, de Bayonne.

Gendron (Mathurin), aide-canonnier, de Bayonne, tué au combat du 17 avril 1780.

Ravel (Jean), aide-canonnier, de Bayonne.

Giraud (Claude), aide-canonnier, de Bayonne.

Héran (Jean-Louis), aide-canonnier, de Nîmes, blessé deux fois le 17 avril 1780.

Denis (Pierre), aide-canonnier, de Bordeaux.

Gaudin (Pierre), aide-canonnier, de Rochefort.

Chalumeau (Louis), aide-canonnier, d'Oléron.

Gazin (Jean), aide-canonnier, de Rochefort.

Desclos (Pierre), aide-canonnier, de Toulouse.

Cautin (Jean), aide-canonnier, de Rochefort.

Officiers-mariniers de charpentage.

Grenon (Jacques), premier maître charpentier, de Rochefort.

Ribardier (Dominique), second charpentier, de Rochefort.

Roussel (Louis), second charpentier, de Lorient.

Fougère (Joseph), aide-charpentier, de Rochefort.

Bertrand (Nicolas), aide-charpentier, de Rochefort.

Giraud (André), aide-charpentier, de Rochefort.

Officiers-mariniers de calfatage.

Nettier (Pierre), premier maître calfat, de Rochefort.

Michaud (François), second calfat, de Rochefort.

Hervé (Jean), aide-calfat, de Rochefort.

Arnu (Michel), aide-calfat, de Rochefort.

Loumeau (Jean), aide-calfat, de Rochefort.

Le Sauve (Etienne-François), aide-calfat, de Granville.

Officiers-mariniers de voilerie.

Bertrand (Etienne), premier maître-voilier, de Rochefort.

Grusard (René), second voilier, de Rochefort.

Foury (Claude), aide-voilier, de Bayonne.

Staford (François-Marie), aide-voilier, de Brest.

Gabiers.

Bellamy (Jean), de la Rochelle, mort à l'hôpital du Fort-Royal le 13 mai 1780.

Gugnier (Pierre), de l'Isle de Ré.

Bled (Pierre), des Sables d'Olonne.

Pébart (Etienne), de Bayonne.

Dibouleau (Pierre), des Sables d'Olonne.

Martin (François), des Sables d'Olonne, mort à bord le 6 octobre 1780.

Gaudineau (Simon), des Sables d'Olonne.

Ravon (Jean), des Sables d'Olonne.

Girard (André), des Sables d'Olonne.

Ratouil (Louis), de l'Isle de Ré.

Robin (Pierre-Zacharie), de l'Isle de Ré.

Bergeneau (Jean), des Sables.

Timoniers.

Bourgel ou **Bourgu** (Pierre), de Rochefort.

Patteau (Jean), de Rochefort, mort à l'hôpital du Fort-Royal le 21 mars 1780.

Dubreuil (Isaac), de Saintes.

Boulanger (François), des Sables d'Olonne, mort à bord le 7 septembre 1780.

Damagneux (Jean), de Bayonne.

Poireau (Pierre), de l'Ile d'Yeu, mort à bord le 13 octobre 1779.

Filleu (Guillaume), de Royan, mort à bord le 1er janvier 1780.

Bonnard (Jean), de Royan.

Brandon (Nicolas), de l'Ile de Ré.

Chauvel (Jacques), des Sables d'Olonne.

La Cime ou **Lacime** (Pierre), de Bordeaux.

Saurin (Luc), de Noirmoutiers.

Matelots canonniers.

Guilloteau (Jacques), de Rochefort.

Bilbéau (Jean), de Rochefort.

Morpain (Jean), d'Angoulême.

Brochard (Jean), des Sables d'Olonne.

Guillou (Antoine-Joseph), de Noirmoutiers.

Etier (Jean), de Libourne, tué au combat du 17 avril 1780.

Sauzon (Guillaume), de Libourne.

Rivierre (Jean), de Libourne, mort à l'hôpital du Fort-Royal en fin mai 1780.

Fousquerre (Guillaume), de Marmande.

D'Escas (Antoine), de Marmande.

Cruzet (Jean-Gabriel), de Toulouse, mort à l'hôpital du Fort-Royal le 27 novembre 1779.

Orangue (Jean), de Montauban.

Selle (René), de Saint-Malo, blessé au combat du 6 décembre 1778; mort de ses blessures le 7 du dit.

Catteau (Jean), de Noirmoutiers.

Ballet (Jean), d'Angoulême.

Matelots.

Rochefort.

Champion (Jean-Joseph).

Soubilau ou **Soubidau** (Charles).

Paquereau (Jean).

Roger (Jacques), calfat.

Tessier (François), voilier.

Brevet (Louis), charpentier.

Comte (Alexandre), charpentier.

Guigon (Jean-Maurice).

Delpèche (Guillaume), canonnier-servant.

Ridoire (Jean), canonnier-servant.

Philippe (Mathieu), canonnier-servant.

Renault (Jacques), canonnier-servant.

Joussan (Pierre), mort à bord le 24 juillet 1780.

La Cantine ou **Lacantine** (Pierre).
Tessier (Pierre).

Saintes.

Boisier ou **Boifier** (Antoine).
Joulain (Pierre).
Elie (Louis).
Allemand (Vivien).
Vincent (Jean), mort le 29 décembre 1778 à l'hôpital.
Deschamps (Pierre).
Chaudron (Jean), blessé au combat du 6 décembre 1778; mort le 27 janvier suivant.
Priou (Pierre).
Boisier ou **Boifier** (François).

Angoulême.

Gatineau (Louis).
Coupeau (Jacques), mort à l'hôpital du Fort-Royal le 21 décembre 1779.
Roy (Jean).
Gratereau (Pierre), mort à l'hôpital de Lorient le 19 décembre 1778.
Rousseau (Jacques).
Drouillard (Jean).
Gratteau (Pierre).

Marennes.

Dubois (Elisée).
Guillet (Samuel).
Martin (Antoine).
Secret (Daniel).

Oléron.

Tétard (Jacques), mort à bord le 29 novembre 1778.
Regner (Henry).
Patoiseau (Jean), mort à l'hôpital du Fort-Royal le 1 décembre 1779.
Chiron (François).
Guérineau (Jean).

Royan.

Pean (François).
Dubos ou **Dubois** (Joseph-Sébastien), mort à l'hôpital de Fort-Royal le 17 avril 1779.
Bruno (Pierre).
Arsando (Pierre).
Guindet (Pierre), mort à l'hôpital du Fort-Royal le 1er décembre 1779.
Morin (Michel).
Pineau (Pierre), mort à bord le 30 septembre 1780.
Cerisier (Jean).
Ardouin (Gabriel).
Bacle (Pierre).
Abrard (Michel).
Roullin (Jean).
Blanchard (Jean).

La Rochelle.

Pineau (Louis).
Touteau (Jacques).
Gerbeau (François).
Mureau (Jacques).
Bareau (Pierre).
Guillou (Pierre-Modeste).
Thoussaint (Jean), mort à l'hôpital du Fort-Royal le 11 janv. 1780.
Martin (Pierre), mort à l'hôpital du Fort-Royal le 19 décembre 1779.
Etienne (Jean).

Ile de Ré.

Bizet (Jean-Baptiste).
Riganeau (Jacques).
Febay (Claude).
Febay (Claude), mort à bord le 20 novembre 1779.
Bled (Jacques), mort à bord le 19 novembre 1780.
Brizard (François).
Grasset (Pierre).
Moreau (Jean-Louis).
Sicateau (François).
Baufils (André), mort à l'hôpital de Lorient le 21 janvier 1779.
Dupré (Louis).

Sables d'Olonne.

Rousselaut (Pierre).
Guilleman (Maurice), mort à l'hôpital du Fort-Royal le 26 janvier 1780.
Gratia (Casimir).
Caradeuc (Jean).
Rousseau (René).
Hébert (Pierre), mort à l'hôpital du Fort-Royal le 19 janvier 1780.
Arnoux (Nicolas), mort à l'hôpital du Fort-Royal le 6 février 1780.
Vilnot (Jacques).
Pellison (André).
Cuileau (Pierre).
Létard (Jean).
Mériau (François), mort le 10 décembre 1779 à l'hôpital du Fort-Royal.
Michau (Louis).
Martin (François-Gabriel).
Bouët (André).
Taugaur (André).
Marie (Jean).
Manoury (Jacques).
Tesson (Joseph), mort à bord le 11 octobre 1780.
Magneau (Louis-René).
Mallet (Joseph-Fidèl).
Lajoye (François), mort à bord le 30 août 1780.
Geais (Etienne).
Charrier (Luc).
Bertin (Jacques).
Dupuis (François-Antoine).
Guillet (Jacques).
Boulineau (Trinquilin).
Trouilleau (Casimir).
Guignement (Pierre).
Barré (Pierre), mort le 8 novembre 1779, à bord.
Charier (Louis).

Noirmoutiers.

Masson (Louis).
Guittonneau (Jean), mort à bord le 1er novembre 1779.
Souchet (Nicolas).
Pabeuf (Jacques).
Maurice (Gilles).
Imbert (Jean).
Vinundeau (Jacques).
Guilleau (Pierre), mort en mer le 24 juin 1779.
Richardeau (Jacques).
Frioux (Henry).

Ile d'Yeu.

Orsonneau (Pierre).
Poireau (Pierre), fils de Jacques, mort à bord le 23 novembre 1779.
Rouët (Charles-Sébastien).
David (François).
Tarraud (Jacques).
Poireau (Pierre), fils de Nicolas.
Guilhot (Jean-Louis), mort à l'hôpital du Fort-Royal le 29 mars 1780.
Moizeau (Pierre).
Roy (Jean), mort à l'hôpital du Fort-Royal le 7 février 1780.
Pruneau (Jean), mort à l'hôpital du Fort-Royal le 13 mars 1780.
Lucas (Jacques), tué au combat du 19 mai 1780, après souper.
Nolau (Pierre).
Chaviteau (Yves).

Bordeaux.

La Brege (Jean), de Bordeaux.
Normandin (Jean), mort à l'hôpital du Fort-Royal le 20 décembre 1779.
Gadéchen (Henry).
Lanterne (Jean).
Goudable (Antoine).
Dalcourt (Alexandre).
Goudart (Jean).
Martin (Pierre).
Salbeuf (Jean).
Faure (Jacques).
Dupuis (Jean).
Béarnois (Pierre).
Driolle (Jean).
Duret (Jean).
Martin (Arnaud), mort à l'hôpital du Fort-Royal le 2 mai 1780.
Lamy (Bernard).

Blaye.

Lavau (Jacques).
Coacaud (Jean).
Fallou (Jean).
Guillory (Pierre), mort à l'hôpital du Fort-Royal le 23 janvier 1780.
Raboulet (Etienne), mort à l'hôpital du Fort-Royal le 23 janvier 1780.
Duret (Jean).
Métayer (Pierre).
Bénéaut (Mathurin).
Rochet (Louis), mort à bord le 28 avril 1779.
Gorffe (Gilles).
Le Geay (André).

Libourne.

Laidet (Pierre).
Cassadou (Jean).
Monnereau (Jean).
Faure (Bernard), mort à l'hôpital du Fort-Royal le 20 décembre 1779.
David (Pierre).
Saugeon (Pierre).
Hélie (Etienne), mort à l'hôpital du Fort-Royal le 16 mars 1780.
Milhas (Jean).
Bouët (Jean).
Cluzeau (Jean).
Rolland (Jean), mort à bord le 14 octobre 1780.
Grenier (François), mort à bord le 24 octobre 1780.
Tissandier (Joseph), mort à l'hôpital du Fort-Royal le 10 décembre 1780.
Deschamps (Pierre).
Rousseau (François).
Desserres (François), mort à l'hôpital du Fort-Royal le 30 décembre 1779.
Billau (Jean).
Rigolle (Raimond), mort à l'hôpital du Fort-Royal le 23 janvier 1780.
Bossuet (Jean).

Landreau (Jean).
Léglise (François), mort à l'hôpital du Fort-Royal le 22 décembre 1779.
Laroche (François), mort à l'hôpital de Cadix le 25 octobre 1780.

Marmande.

Maurice (Jean).
Ciret (Jean), mort à la mer le 5 décembre 1778.
Naulet (Antoine), mort le 25 octobre à l'hôpital de Cadix.
Cassou (Jean).
Graverre (Jean), mort à l'hôpital du Fort-Royal le 25 décembre 1779.
Morineau (Jean).
Lacoste (Jean), mort à bord le 25 octobre 1779.
Delrieu (Pierre).
Gourmelon (Félix).
Jouglat (François).
Crouchepaire (Jean).
Baudon (Jean).
Delmasse (Jean).
Monteyral (Jean).
Gasse (Jean).
Defois (Pierre).
Gassou (François).
Péjeat (Jean).
La Vigne ou **Lavigne** (Jean)
Rivierre (François), mort à l'hôpital du Fort-Royal le 28 novembre 1779.
Rigal (Henry).
L'Eglise (Barthélémy).
Bâtard (Etienne).
Paillou (Guillaume).
Lafosse (Pierre).
Dunaud (Jean).
Maillé (Arnaud).
Argelos (Pierre).
Bouroucle (Pierre).
Bouet (Jean).
Pontevès (Antoine).
Bordes (François).

Toulouse.

Peycayère (Jean).
Roumeau (Guillaume).
Mascarin (Gabriel), mort à l'hôpital du Fort-Royal le 22 septembre 1779.
Figuerolle (Barthélémy).
Roi ou **Roy** (Jean).
Lafond (Jean).
Quérou (Jean).

Montauban.

Delprejat (Jean).
Bressolles (Arnaud).
Auger (Pierre), mort à bord le 20 octobre 1780.
Sazy (Arnaud), mort à l'hôpital du Fort-Royal le 30 décembre 1779.
Dufour (Arnaud).
Soulascarel (Jean).
Martin (Antoine).
Frisquet (Barthélémy).
Pradine (Jean).
Souage (Philippe).
Merle (Etienne), mort à bord le 22 novembre 1779.
Le Bétaude (Jean).
Martin (Jean).
Vugneau ou **Vrigneau** (François).
La Garde (Jean).
La Croix (Giraud), mort à l'hôpital du Fort-Royal le 10 décembre 1779.

Delbert (Antoine).
Dupuis (Pierre).
De Rax (Blaise), mort à l'hôpital du Fort-Royal le 19 janvier 1780.

Bayonne et Bretagne.

Meignier (Joseph), de Bayonne.
Lasalle (Jean-Pierre), de Bayonne.
La Borde (Pierre), de Bayonne.
Burgalat (Jean), de Bayonne.
Laffitte (Bernard), de Bayonne.
Dittieu (Raimond), de Bayonne.
Tauzier (Jean), de Saint-Jean-de-Luz.
Darricade (Jean), de Saint-Jean-de-Luz.
Guerlava (Mathurin), de Saint-Malo.
Dutanoué (Georges), de Saint-Malo.
Jougan (Laurent), de Saint-Malo.
Quermarec (Alain), de Camaret.
Malgorn (Yves-Jean), d'Ouessant.
Guillaumet (Alain), de Quimper.
Perenou (François), de Quimper.
Pitton (Michel), de Quimper, mort à bord le 29 août 1780.
Tourillon (Mathieu), de Camaret, mort à bord le 24 août 1779.
Riou (Pierre), de Lannion.
Gauvin (Julien), de Saint-Malo.
Godefroy (Jean), de Granville.
Baldeveque (Jean), de Granville.
Aubry (Louis-Alexandre), de Fécamp.

Barbe (Etienne), de Calais.
Bouchet (Pierre), de Saintes.
Billou (Jacques), de Marennes.
Mauffange (Guillaume), de Marmande.
L'Espaut (Pierre), de Toulouse.
Raillac (Pierre), de Libourne.
Giraud (Pierre), de Libourne.
Charbouillut (Pierre), de Marmande.
Braud (François), de la Rochelle.
Pieurd ou **Pieard** (Léon), de la Rochelle.
Crétain (Etienne), de Saintes.
Patarin (Etienne), de Saintes.
Bacle (François), de Montauban.
Boucher (Nicolas), d'Orléans.
Rouët (François), de Paimbœuf.
Bibes (Jean), de Marmande, mort à l'hôpital du Fort-Royal le 19 mars 1780.
Roumagnoux (Jean), aîné, de Marmande, mort à bord le 16 septembre 1780.
Roumagnoux (Jean), cadet, de Marmande.
Muissans (Jean), de Marmande.
Brousteau (Antoine), de Marmande.
Bierre (Martin), de Marmande.
Lalanne (Claude), de Marmande.
Vergnes (Pierre), de Moissac, mort à bord le 13 novembre 1779.
Lafond (Pierre), de Moissac.
Desclaux (Martial), de Bordeaux.
Le Clerq (Jacques), de Marennes.
Malescot (André), de Libourne.
Lano (Jean), de Marennes.
Bithalie (Charles-François), de Dieppe.
Gélcoch (Noël), de Brest.
Patarin (Etienne), de Saintes.
Hardy (Germain), de Lorient.
Blondel (Jacques), de Granville.
Bonté (Jean), de Granville.
Pesnel (René), de Granville.
Campion (Jacques), de Granville.
Bataille (Noël), de Granville.
Coupard (François), de Granville.

Longrais (Louis), de Granville, mort à bord le 9 octobre 1779.
Duverger (Julien), de Dinan.
Charlopin (Mathurin), de Dinan.
Ameline (François), de Dinan, mort à l'hôpital du Fort-Royal le 4 mai 1780.
Macé (François), de Dinan, mort à bord le 26 septembre 1779.
Corvec (Laurent), de Vannes, tué dans le combat du 15 mai 1780.
Brien (Jean), de Vannes, mort le 29 janvier 1779.
Joannic (Joseph), de Vannes.
Lecomte (Michel), de Saint-Valéry.
Elias (Jean), de Camaret.
Le Gac (Jean), de Brest.
Lebrun (Thomas-Marie), de Brest.
Colin (Pierre-Marie), de Brest.
Le Roy (Yves), de Brest.
Tolmer (Jean-Baptiste), de Saint-Malo.
Gauvin (Jean-Antoine), de Cherbourg.
Lahaye (Guillaume-Julien), de Brest.
Marec (Jean-Louis), de Brest, tué au combat du 17 avril 1780.
Le Borgne (Pierre-Marie), de Brest.
Jasé (Jean-Nicolas), de Dieppe
D'Anjou ou **Danjou** (Jean), de Lorient.
Le Bail (Pierre), de Quimper.
Selin (Thomas), de Quimper, mort à bord le 29 décembre 1780.
Kervella (Joseph), de Brest.
Canuet (Claude), de Granville, mort à l'hôpital du Fort-Royal le 23 janvier 1780.
Thomas (André), de Vannes.
Le Cerf (Pierre), de Vannes.
Perroux (Guillaume), de Vannes.
Guéneau (Jean), de Vannes, mort à l'hôpital du Fort-Royal le 8 mars 1780.
Tonnerre (Yves-Michel), de Lorient.
Landry (Jean-Baptiste), de Nantes.
Rénolau (Jean-Pierre), de Royan.
Silvestre (Mathieu), de Carnac.
Adeline (Pierre), de Carnac.
Nicole (Pierre), de Carnac.
Royer (Etienne), de Louviers.
Pichou (Toussaint), de Billé (Ille-et-Vilaine), mort à l'hôpital de Cadix le 2 novembre 1780.
James (Julien-François), de Billé (Ille-et-Vilaine), mort à l'hôpital du Fort-Royal le 27 février 1780.
Dubreuil (Gaspard), de Bordeaux.
Thomas (Louis), de Quiberon.
Guézel (Joachim), de Quiberon, mort à l'hôpital du Fort-Royal le 5 avril 1780.
Le Floc (Guillaume), de Quiberon.
Chevrefin (Jean), de Dieppe.
Brochet (Etienne), de Marennes.
Le Gall (Guillaume), de Bordeaux.
Danic (Jean), de Vannes.
Rouzic (Bonnard), de Vannes.
Le Port (Joseph), de Vannes, mort le 20 octobre 1779, à bord.
Croisier (Pierre), de Vannes.
Bouidec (Pierre), de Vannes, mort à l'hôpital du Fort-Royal le 29 janvier 1780.
Le Port (Jean), de Vannes.
Pilloux (Mathurin), de Port-Louis.
Guistreberg (Ollivier), de Vannes.
Eveno (Guillaume), de Vannes.
Madec (Pierre), de Vannes.
Goffeny (Gilles), de Saint-Brieuc, mort à l'hôpital du Fort-Royal le 6 mars 1780.
Le Venard (Vincent), de Vannes.

Torby (Guy), de Vannes.
Laydu (Julien), de Vannes, mort le 1er août 1779 à Saint-Domingue.
Guiguérau (Joseph), de Vannes.
Le Dantec (Yves), de Vannes, mort à bord le 10 novembre 1779.
Dano (Jean), de Vannes.
Loné (Guillaume), de Vannes.
Hervé (Saturnin), de Vannes, mort le 24 mai 1780, à bord.
Matau (Joseph), de Vannes.
Le Cam (Marc), de Vannes, mort à l'hôpital du Fort-Royal le 6 février 1780.
Gigan (Raimond), de Saint-Malo.
Royau (Jacques), de Cancale.
Lamerre (François), de Vannes.
Adam (Jean), de Granville.
Bourset (Antoine), d'Orange.
Le Marchand (Jean), de Granville, mort à l'hôpital du Fort-Royal le 22 décembre 1779.
Loisel (Jean-Etienne), de Fécamp.
Grégoire (François), de Nantes, mort à l'hôpital du Fort-Royal le 28 décembre 1779.
Guerrier (Jean-René), de Fécamp.
Bachelet (Louis-Sénateur), de Fécamp.
Le Puil (Jean), de Vannes, mort le 8 novembre 1779, à bord.
Le Lan (Louis), de Morlaix, mort le 18 mai 1779, à bord.
Diament (Jean), de Recouvrance (Brest).

Novices et Matelots.

Guérin (Michel), de Paris, mort à l'hôpital du Fort-Royal le 3 décembre 1779.
Jacques (Nicolas), de Paris.
Thurin (François-Antoine), de Paris.
Tallard (Antoine), de Paris.
Enaut (Pierre-François), de Granville.
Quintin (Pierre), de Saint-Brieuc.
Meunier (Jean), de Saint-Brieuc, mort à l'hôpital du Fort-Royal le 5 mars 1780.
Lassou (Louis), de Rochefort.
Léveillé (Charles), de Saintes.
Taillé (Jacques), de Bourg (en Brie).
Courtain (Mathieu), d'Angers.
Cartes (Wilhem), de Boston.
Rondel (Jean), de Marmande.
Cam (Jean), de Toulouse.
Savary (Pierre-Victor), du Havre.
Caillet (Gabriel), de Nantes.
Sureau (Jean), de Bordeaux.
Duhamel (Jean-Baptiste), de Honfleur.
Pommier (Pierre), de Bordeaux.
Fillatte (François), de Rochefort.
Lalaunne (Pierre), de Marmande.
Moreau (Joseph), de Marmande.
Marly (Pierre), de Marseille.
Le Cuir (Jean-Baptiste), de Granville.
Patoiseau (André), d'Oléron.
Malbecq (Louis), de Paris.
Sicard (Mathieu), de Marseille.
Feuilleron (Pierre), de Bordeaux.
Magnon (François), de Bordeaux.
Chauvin (Jean), de Marseille.
Andureau (Pierre), de Nantes.
Robicheau (Joseph), de Nantes.
Bellot (Joseph), de Saint-Jean-de-Luz.
De Linel (Thomas), de Paris, mort à bord le 23 janvier 1781.
Jaichwal, de Boston.
Feguins (Guillaume), de Boston.
Letman (Thomas), de Boston.
Manuel (Gilles), de Boston.
Thomsel (Ledgé), de Boston.
Sévère (Pierre), de Morlaix.
Lude (Mathurin), de Bordeaux.
Corbejol (Joseph), de Noirmoutiers.
Rondelle (François), de Dinan.
Thomas (Jean-François), de Saint-Brieuc.
Vallet (Jean), de Dunkerque.
Poyer ou **Foyer** (Jean), de Caen.
Dumanoir (Ambroise), de Granville.
Platon (Jacques), de Marmande.
Ride (Julien), de Rennes.
Gauré (Jean), de Bordeaux.
Dupont (Jean), de Bordeaux.
Gaillard (François), de Cherbourg, mort à l'hôpital du Fort-Royal le 13 mars 1780.
Jacob (Louis), de Nantes.
Michau (Pierre), de Bordeaux.
Hussebé (Joseph), de Rouen.
Le Breton (Guillaume), de Granville.
Pérault (Nicolas), de la Rochelle.
Viaud (Thomas), de Nantes.
Mercier (Antoine), de Honfleur.
Lehire (Yves), de Brest, mort à l'hôpital du Fort-Royal le 10 avril 1780.
Berthelot (Jean), de la Rochelle.
Thébaud (Pierre-Nicolas), de Rouen.
Porteboutin (Jean), de Saint-Malo.
Calle (Guillaume), de Montauban.
Tabois (Louis), de Rochefort.
Guerbodar (Emmanuel), de Saint-Valéry.
Sarrete (Alexandre), de Bordeaux.
Bougarau (Geffroy), du Mans.
Gouinguenet (Ollivier), de Dinan.
Toudu (Jean), d'Angoulême.
Martin (Dominique), de Dinan.
Donné (Jacques), de Dinan.
Le Prince (André), de Dinan.
Papillon (Jean), de Rochefort.
Delavoye (Gabriel), de Rochefort.
Blouin (Nicolas), d'Angers.
Biarne (Pierre), de Bordeaux.
Guiard (Louis-Augustin), de Mayenne.
Baudreau (Louis), du Mans.
Bonneau (Gabriel), de Saumur.
Fouquet (Guillaume), de Saint-Malo.
Fourneau (François), de Dieppe.
Rohan (Bertrand), de Guingamp.
De la Marque (Jean), de Bayonne.
Lambert (François), de Fougères.
Le Vasseur (Pierre), de Dieppe.
Serigue (Louis), de Vannes.
Ollivier (François), de Saint-Brieuc.
Ecorchard (Alexandre), de Saint-Malo.
Guiot (Jean-Louis), d'Hyères.
Bernard (François), d'Hyères.
Stéphain (Michel), de Nice.
Garnier (Jean-Victor), de Marseille.
Bœuf (Joseph), de Saint-Tropez, mort à bord le 21 décembre 1780.
Robert (Barthélémy), de Marseille.
Ricard (Jean-Baptiste), de Marseille.
Bouillé (Jean), de Marseille.

Equipage du vaisseau du roy l' « ORIENT », passé de la prise le « VIGILANT » à bord de l' « ARTESIEN ».

LAINE, Commandant la prise, Officier auxiliaire.
KEROUAN, Second, officier auxiliaire.

Fenet (François), quartier-maître, de Calais.
Luméo (Nicolas-Etienne), matelot, de Rouen.
De Ray (Alexandre), matelot, de Nantes.
Sibille (Louis-Bonnefoy), matelot, de Dieppe.
Poussain (Louis-Tranquille), matelot, de Dieppe, mort à bord le 23 décembre 1780.
Boulon (Pierre), matelot, de Saint-Malo.
Bas ou **Bar** (Nicolas-Denis), matelot, de Dieppe.
Parquet (Pierre-Adrien), matelot, de Dieppe.
Troquet (François), matelot, de Dieppe.
Augay (Louis-Nicolas-Laurent), matelot, de Dieppe.
Picquet (Michel-Honoré), matelot, de Dieppe.
Joyet (Louis), matelot, de Paimbœuf.
Visguenel (Adrien-Louis), matelot, de Honfleur.
Morin (Guillaume), matelot, de Croisic.

LE GUERRIER

(Avril 1778)

M. DE BOUGAINVILLE, Capitaine de vaisseau, Commandant.

ÉTAT-MAJOR

CAPITAINES DE VAISSEAU

De **BOUGAINVILLE**, Commandant.
De **MISSIESSY**.
De **GRASSE LIMERMONT**.

LIEUTENANTS DE VAISSEAU

De **RIBIERS**.
Le Comte de **LAVEAULX**.
De **BEAUJEU**.
MARTINENQ.
De **BEAUREPAIRE**.
Le Chevalier de **CHAVAGNAC**.
DURAND de la MOTHE.

ENSEIGNES DE VAISSEAU

Le Chevalier de **GRIMALDY**.
De **CANILLAC**.
DUTILLET.
De **TERRAS**.
Le Chevalier de **FABRY**.

AUMONIER

GIRAUD (R. P.).

CHIRURGIEN

BERTRAND.

GARDES DE LA MARINE

MARRON de SANTIAT.
De **CROZE**.
De **LABATUT**.
De **PINSUN**.
De la **BORDE MARCHAINVILLE**.

Officiers-mariniers de manœuvre.

Icard (Joseph), maître, de la Seyne.
Hermite (François), maître, de Toulon.
Hermite (Jacques), second maître, de la Seyne.
Daumas (Laurent), second maître, de Toulon.
Gautier (André), contremaître, de la Seyne.
Fabre (François), contremaître, de Six-Fours.
Chamoullé (Mathieu), contremaître, de la Seyne.
Beaudouin (Joseph), bosseman, de Six-Fours.
Senés (Félix), bosseman, de la Seyne.
Bernard (Jean), quartier-maître, de Six-Fours.
Tassy (Victor), quartier-maître, de Six-Fours.
Reynaud (Antoine), quartier-maître, d'Antibes.
Soutier (Jean), quartier-maître, d'Agde.
Aillaud (Mathieu), quartier-maître, de Six-Fours.
Artaud (Honoré), quartier-maître, d'Antibes.
Lansard (Louis), quartier-maître, de la Ciotat.
Brunot (Augustin), quartier-maître, de Toulon.
Barthélémy (Jean), quartier-maître, de la Ciotat.
Bérenguier (Laurent), quartier-maître, de Toulon.
Barthélémy (Joseph), quartier-maître, de Marseille.
Maurel (Barthélémy), quartier-maître, de Martigues.
Morel (Jean-Clair), quartier-maître, de Martigues.
Martin (Joseph), quartier-maître, de la Seyne.
Demissura (Jean), quartier-maître, de Saint-Jean-de-Luz.
Blain (Jean), quartier-maître, de Marseille.

Officiers-mariniers de pilotage.

Catelin (François), pilote, de Toulon.
Cocampot (Jean), pilote, de Toulon.
Catelin (Jean), pilote, de Toulon.
Tostel (Joseph), pilote, de la Seyne.
Tostel (Honoré), pilote, de la Seyne.
Rouvier (François), pilote, de Toulon.
Ricaud (Louis), pilote, de Toulon.

Officiers-mariniers de canonnage.

Castelan (Toussaint), maître canonnier, de Toulon.
Augias (Jean), maître canonnier, de Toulon, mort le 24 août 1778.
Rigoutier (Jean), maître canonnier, de Toulon.
Chichon (Jacques), second canonnier, de Toulon.
Moriés (Antoine), second canonnier, de Toulon.
Fournier (Jean), second canonnier, de Toulon.
Gautier (Jean), aide-canonnier, de Toulon.
Olivier (François), aide-canonnier, de Toulon.
Piston (Antoine), aide-canonnier, de Toulon.
Mevel (Honoré), aide-canonnier, de Toulon.
Roubian (Jean), aide-canonnier, de Toulon.
Durand (Louis), aide-canonnier, de Toulon.
Marquisan (Antoine), aide-canonnier, de Toulon.
Bonneval (Pierre), aide-canonnier, de Toulon.
Raynaud (Louis), aide-canonnier, de Toulon.
Lieutaud (Jean), aide-canonnier, de Toulon.
Fouque (Louis), aide-canonnier, de Toulon.
Roubaud (Jacques), aide-canonnier, de Toulon.
Pichaud (Joseph), aide-canonnier, de Toulon.
Gueit (Louis), aide-canonnier, de Toulon.
Fabre (Laurent), aide-canonnier, de Six-Fours.
Lardier (Jacques), aide-canonnier, de la Seyne.
Liotaud (Jean), aide-canonnier, de Toulon.
Dol (Alexis), aide-canonnier, de Toulon.
Fabvre (Jean), aide-canonnier, de Six-Fours.
Trabaud (Lazard), aide-canonnier, de Toulon.
Guerard (Louis), aide-canonnier, de Toulon.
Vachier (Louis), aide-canonnier, de Toulon.
Giraud (Jacques), aide-canonnier, d'Arles.
Planchut (Louis), aide-canonnier, de Toulon.
Liautaud (Jean), aide-canonnier, de Toulon.
Cauvet (Joseph), aide-canonnier, de Toulon.
Luchard (François), aide-canonnier, d'Arles.

Officiers-mariniers de charpentage.

Viennet (Joseph), maître charpentier, de Toulon.
Pignol (Jean), second charpentier, de Toulon.
Clair (Pierre), aide-charpentier, de Toulon.
Lacyer (Louis), aide-charpentier, de Toulon.
Martinenq (Etienne), aide-charpentier, de Six-Fours.
Michel (Jean), aide-charpentier, de Toulon, mort le 12 juin 1779.

Officiers mariniers de calfatage.

Laure (Jean), maître calfat, de Toulon.
Berlet (Louis), second calfat, de Toulon.
Eynaud (Jean), second calfat, de la Seyne.
Rimbaud (Jean), aide-calfat, de Toulon.
Espanet (Benott), aide-calfat, de Toulon.
Gués (André), aide-calfat, de Toulon.

Officiers mariniers de voilerie.

Allègre (Jean), maître voilier, de Toulon.
Daniel (Jacques), second calfat, de Six-Fours.
Rey (Joseph), second calfat, de Toulon.
Aragneau (Pierre), aide-calfat, Marseille.
Thomas (François), aide-calfat, de Toulon.

Gabiers.

David (Crepin), de la Ciotat.
Junot (Etienne), de la Ciotat.
Martin (André), de la Seyne.
Vent (Pierre), de Marseille.
Pelegrin (Jean), de Toulon.
Camoin (Joseph), de Toulon.

Timoniers.

Ventueil (Jean), de Marseille.
Laurent (Joseph), d'Antibes.
Natte (Jean), de Marseille, mort à bord le 30 septembre 1778.
Gaudin (Jean), de Marseille.
Salomon (Jean), de Martigues.

Matelots.

Roudet (Joseph), de Toulon.
Peyrin (Antoine), de Toulon.
Paulet (Paul), de Toulon.

Rimbaud (Jean), de Toulon.
Ginouvès (Joseph), de Cuers.
Gueit (André), de Toulon.
Michel (Pierre), de Toulon.
Astour (Jacques), de Toulon.
Mège (Toussaint), de Toulon.
Dollioulles (Jacques), de Toulon.
Aune (Pierre), de Toulon.
Ginol (Augustin), de Toulon.
Munier (Etienne), de Toulon.
Penne (Joseph), de Toulon.
Drogon (Louis), de Six-Fours.
Denant (Jean), de Six-Fours.
Sicard (Joseph), de la Seyne.
Mattou (Antoine), de la Seyne.
Pourquier (Pierre), de la Seyne, mort à bord le 21 décembre 1779.
Doudon (Joseph), de la Seyne.
Rimbaud (Mathieu), de Six-Fours.
Paul (Jean), de la Seyne.
Cailiot (Antoine), de la Seyne.
Grisolle (Laurent), de la Seyne.
Giraud (Pierre), de la Seyne.
Fauchier (Louis), de la Seyne.
Ferandin (Laurent), de la Seyne.
Pourquier (Jean), de la Seyne.
Massel (Jean), de Six-Fours.
Lombard (François), de la Seyne.
Pourquier (Laurent), de Six-Fours.
Penon (Louis), de la Seyne.
Brassevin (Laurent), de Six-Fours.
Sauvin (Charles), de la Ciotat.
Soleil (Valentin), de la Ciotat.
David (André), de la Ciotat, mort le 15 avril 1779.
Revest (Michel), de la Ciotat.
Blanc (Benoist), de la Ciotat.
Meyou (François), de la Ciotat.
Tapan (Antoine), de la Ciotat.
Toche (Honoré), de la Ciotat.
Silvy (Jean), de la Ciotat, mort le 19 juin 1779.
Blanc (Jean), de la Ciotat.
Decugis (Claude), de la Ciotat.
Amouret (Honoré), de la Ciotat.
Blanc (Pierre), de la Ciotat.
Fabre (François), de Fréjus.
Simon (Joseph), de Fréjus.
Gentieu (Joseph), de Fréjus.
Condrillier (Jacques), de Saint-Tropez.
Ferlande (Joseph), de Fréjus.
Laugier (Antoine), de Fréjus.
Guirard (Pierre), de Fréjus.
Dussoy (André), de Marseille.
Martin (Charles), de Marseille.
Baudillon (Joseph), de Marseille.
Feleng (Barthélémy), de Marseille.
Rutin (Pierre), de Royan.
Gaudin (Antoine), de Marseille.
Jouve (Jean), de Marseille.
Monivan (Joseph), de Marseille.
Courrer (André), de Marseille.
Cabasse (Jean), de Marseille.
Gassin (Henry), de Marseille.
Amiel (Etienne), de Marseille.
Moulin (Jean), de Marseille.
Daumas (Henry), de Marseille.
Roubaud (François), de Marseille.
Fircou (Jean), de Marseille.
Soublette (Jean),de Marseille.
Sausse (Jean), de Marseille.
Vialis (Nicolas), de Marseille.
Auton (François), de Marseille.
Boyer (Jean), de Marseille.
Trouche (Jean), de Marseille.
Jubelin (Mathieu), de Marseille.
Chierque (Gaspard), de Marseille.
Brunet (Jean), de Marseille.
Curnier (Joseph), de Marseille.
Taxis (Jean), de Marseille, mort le 6 juillet 1779.
Vaillant (Jean), de Marseille.
Arramel (Jean), de Marseille.
Curet (Paul), de Marseille.
Hélène (François), de Marseille.
Nicolas (Paul), de Marseille.
Alexis (Martin), de Marseille.
Goume (François), de Marseille.
Vardin (Jean), de Marseille.
Sicard (Mathieu), de Marseille.
Fillastre (Charles), de Marseille.
Gerbaud (Michel), de Martigues.
Chavabot (Gabriel), de Martigues.
Ricard (Jacques), de Martigues.
Sicard (Antoine), de Martigues.
Ferry (Honoré), de Martigues, mort à bord le 23 octobre 1778.
Galon (Jacques), de Martigues, mort à bord le 25 août 1779.
Ferry (Bonnaventure), de Martigues.
Deluy (Joseph), de Martigues.
Mouton (Alexandre), de Martigues.
Abeille (Pierre), de Martigues.
Ardisson (Martin), de Martigues.
Esmiol (Honoré), d'Antibes.
Raillan (Antoine), d'Antibes.
Martin (Jean), de Cannes, mort à bord le 12 novembre 1779.
Lautier (Jean), de Cannes.
Laty (Joseph), de Cannes.
Barles (Guillaume), de Cannes.
Palanque (Cristophe), de Cannes.
Bernard (Jean), de Cannes.
Carrougue (Paul), de Cannes.
Gamathée (Barthélémy), de Cannes.
Figuiere (Jean), de Cannes.
Amourety (Joseph), de Cannes.
Guirard (Honoré), de Cannes.
Guile (Jean), de Cannes.
Allemand (Guillaume), de Cannes.
Bonnefoy (Guillaume), d'Arles.
Brunet (François), d'Arles.
Roch (Henry), d'Arles.
Bayol (Pierre), d'Arles.
Raynaud (Trophine), d'Arles.
Rousseau (Jean), d'Arles.
Bertet (Jacques), d'Arles, mort le 26 décembre 1779.
Aymes (Jean), d'Agde.
Rivière (Bernard), d'Agde.
Mouzereau (Jean), d'Agde.
Rouvière (Simon), d'Agde.
Raynard (Pierre), d'Agde.
Nicolas (Jean), d'Agde.
Bruignet (Charles), d'Agde.
Bonneville (Pierre), d'Agde.
Bringuier (Jacques), d'Agde.
Cassaud (Pierre), d'Agde.
Brun (Gabriel), d'Agde.
Fabre (Jean), d'Agde.
Michel (Charles), d'Agde.
Blaguière (Nicolas), d'Agde.
Vouladou (Antoine), de Cette.
Neau (Jacques), d'Aiguemortes.
Chauvet (Jean), d'Aiguemortes.
Michel (Pierre), d'Aiguemortes.
Sallier (Chrétien), d'Aiguemortes.
Vouladou (Mathieu), de Villeneuve.
Vouladou (Etienne), de Villeneuve.
Boudou (Claude), de Villeneuve.
Boudou (Antoine), de Villeneuve.
Pliou (Antoine), d'Aiguemortes.
Fantat (Vincent), d'Aiguemortes.
Cairol (Claude), de Cette.
Roustan (Jean), de Cette.
Vouladou-Dejean (Jean), de Villeneuve.
Rouquette (Dominique), de Gruissan.
Taillade (Pierre), de Gruissan.
Gaillard (Jacques), de Leucate.
Lamanille (Antoine), de Leucate.
Azeau (Hyacinthe), de Leucate.
Azibert (Joseph), de Leucate.
Pons (Jean), de Leucate.
Combes (Etienne), de Narbonne.
Gimié (Jacques), de Gruissan.
Labatut (Etienne), de Gruissan.
Bounot (Jean), de Gruissan.
Azibert (Joseph), de Gruissan.
Labeur (Dominique), de Gruissan.
Iché (Bernard), de Gruissan.
Azibert (Philippe), de Gruissan.
Peretty (Jean), d'Ajaccio.
Bogognagno (Paul), d'Ajaccio.
Miquetton (Pierre), d'Ajaccio.
Marignano (Jean), d'Ajaccio.
Cazafranco (Paul), d'Ajaccio.
Scagniglia (François), de Rogliano.
Monterregalo (Joseph), de Bonifacio.
Dagregario (Charles), de Bonifacio.
Barriera (Jacques), de Bonifacio.
Escamaroné (Jean), de Bonifacio.
Malberty (François), de Bonifacio.
Moura de la Pointe (Antoine), de Moissac.
Augé (Jean), de Moissac.
Jougla (Jean), de Moissac.
De Cercés (Jean), de Moissac.
Bonnefoux (Jean), de Moissac.
Rouzet (Pierre), de Paillolles.
Touron (André), de Paillolles.
La Rive (Jean), de Paillolles.
Marty (Pierre), de Paillolles.
Casse (Jean), de Paillolles.
Marty (Jean), de Paillolles.
Magnac (Bertrand), de Paillolles.
Lacombe (François), de Paillolles.
Delbès (Guilleaume), de Paillolles.
David (Jean), de Moissac.
Dordé (Jean), de Moissac.
Garrigues (Barthélemy), de Moissac.
Condol (Hugues), de Moissac.
Poujade (Jean), de Saint-Maurice.
Claverie (Guillaume), de Moissac.
Molinié (Jean), de Moissac.
Chauderon (Gérand), de Moissac.
Charles (Hugues), de Moissac.
Lacroix (Bernard), de Moissac.
Galland (François), de Moissac.
Fouquet (Guillaume), de Moissac.
Bonnefoux (Etienne), de Moissac.
Poujade (Antoine), de Saint-Maurice.
Grasset (Jean), de Verdun.
Soubiran (Thomas), de Verdun.

Redon (Jean), de Castel-Sarrazin.
Nègre (Jean), de Castel-Sarrazin.
Clavery (Dominique), de Biarritz.
L'Isle (Jean), de Biarritz.
Duhuty (François), de Ciboure.
Hurbide (Mathieu), de Ciboure.
Durrola (Gabriel), de Ciboure, mort le 17 avril 1778.
Bastres (Pierre), de Bidart.
Mirande (Joannis), de Bidart.
Denis (Jean), de Ciboure.
Detxail (Jean), de Ciboure.
Mollevés (Joannis), de Bidart, mort à bord le 9 décembre 1779.
Cazaubiel (Pierre), de Taillebourg.
Poncet (Jean), de Tonneins.
Baudris (Pierre), de Tonneins.
Lafitte (Bernard), de Thouars.
Labat (Jean), de Marmande.
Sicard (Etienne), de Marmande.
La Grave (Bertrand), de Marmande.
Rup (Etienne), de Saint-Michel.
Massalves (Antoine), de Saint-Michel.
Garnier (Etienne), de Saint-Michel.
Bilatte (Thomas), de Lormont.
Chariot (Jean), de Langoiran.
Fazas (Dominique), de Langoiran.
Bérard (Dominique), de Langoiran.
Gimel (Pierre), de Langoiran.
Laville (Jacques), de Langoiran.

Novices.

Pichaud (Jacques), de Toulon.
Philibert (Marc), de Toulon.
Martin (Joseph), de Toulon.
Roussery (Denis), de Rouen.
Lydon (Jean), de la Seyne.
Giloux (Joseph), de la Seyne.
Ravel (Jean), de Cuers.
Jacobin (Jacques), de Saint-Malo.
Dupuy (Antoine), de la Garde.

Surnuméraires.

Guillon (Guillaume), de Toulon.
Brun (Jean), de Toulon.
Fassy (Jean), de Toulon.
Geoffroy (Nazaire), de Toulon.
Jauffroy (Antoine), de Toulon.
Ponçon (Vincent), de Toulon.
Aymes (Jean), d'Aix.
Arnoux (Michel), de Digne.
Dumarais (Michel), de Saint-Etienne.
Chalier (Antoine), de Saint-Etienne.

Mousses.

Gautier (Nicolas), de Toulon.
Crepin (Louis), de Toulon.
Trouin (Jean), de Toulon.
Rigoutier (Louis), de Toulon.
Fournier (Victor), de Toulon.
Gautier (Louis), de Toulon.
Mauras (Mathieu), de la Seyne.
Ollivier (Pierre), de Toulon.
Miraillet (Victor), de Six-Fours.
Espitalier (Jean), de Toulon.
Toulon (François), de Toulon.
Ravel (Louis), d'Ollioulles.
Ravel (Laurent), d'Ollioulles.
Olivier (Jean), de Toulon.
Pascal (Jean), de la Seyne.
Olivier (Joseph), de Toulon.
Dot (Joseph), de Toulon.
Lidon (Joseph), de la Seyne.
Long (Laurent), de la Seyne.
Sicard (Noël), de la Seyne.
Valence (Jean), de la Seyne.
Liautaud (Honoré), de Toulon.
Hermitte (François), de Toulon.
Arnaud (Joseph), de Toulon.
Gras (Joseph), de Toulon.
Gautier (Hyacinthe), de la Seyne.
Olivier (Joseph), de la Ciotat.
Pierre (François), de Bordeaux.
Gay (Antoine), de Toulon.
Vieux (Antoine), d'Hyères.
Augias (Joseph), de Toulon.
Arnaud (Antoine), de Toulon.
Lion (Pierre), de Six-Fours.
Boudon (Paul), de Nîmes.
Matou (Jean), de la Seyne.
Firy (Jean), de Toulon.
Bertrand (André), de Toulon.
Gautier (Pierre), d'Hyères.
Roux (Louis), de Toulon.
Laure (Charles), de Toulon.
Mille (Nicolas), d'Aix.
Vienet (François), de Toulon.
Daniel (Jean), de Six-Fours.
Riquier (François), de Toulon.
Dot (Charles), de Toulon.
Vieux (Nicolas), d'Hyères.
Fabvre (Joseph), de la Seyne.

Domestiques.

Deschamps (Thomas), de Bordeaux.
Mion (Jean), de Metz.
Bilon (Jean), de Metz.
Allé (Denis), d'Arles.
Trouin (Joseph), de Toulon.
Nègre (Jean), d'Arles.
Duviviers (Roger), de Blois.
Bertrand (Louis), de Toulon.
Bernard (Jean), de Lyon.

L'AMPHION

(De février 1779 à mars 1781)

M. FERRON DE QUENGO, Capitaine de vaisseau, Commandant; — M. DE SAINT-CÉSAIRE, Capitaine de vaisseau, Commandant.

ÉTAT-MAJOR

CAPITAINES DE VAISSEAU

FERRON de QUENGO, Commandant.
De SAINT-CESAIRE.

LIEUTENANTS DE VAISSEAU

DULAC.
Le Chevalier de **BRAS.**
De TROGOFF.

ENSEIGNES DE VAISSEAU

DESCURES.
De COATANDO.
BLAIN DESCORMIERS.
De VAUJUAS.
DANNEVILLE.
D'ORVILLIERS.

OFFICIERS AUXILIAIRES

JUGAN.
LE BRETON de la MILLIERE.
BUISSON.
VIGNOT.

LIEUTENANT DE FRÉGATE

De la VALETTE.

CHIRURGIENS

CIRON.
VERDELETTE.
BOUDIN.
CAROSIN.

AUMONIERS

FORTIN, Religieux Bernardin.
GRANDMOUGIN (R. P.), Cordelier.

VOLONTAIRES

Chauvin, de Chartres.
Le Breton de la Millière, de Chartres.
Belletier, de Chartres.
Regnier (Pierre), de la Rochelle.
Vaudé (Léon), de Saintes.

Officiers-mariniers de manœuvre.

Pellardy (Yves), premier maître, de Brest.
Hamon (Mathurin), second maître, de Brest.
Raimfroy (Claude), second maître, de Brest.

Debrage (Pierre), contremaître, de Lorient.

Guilmot (Charles), bosseman, de Lorient.

Piron (Blaise), bosseman, de Brest.

Ladani (Jean), quartier-maître, de Quimper.

Adam (Pierre), quartier-maître, de Saint-Malo.

Sobre (Louis), quartier-maître, de Boulogne.

Le Dentu (Pierre), quartier-maître, du Havre.

Robert (Louis), quartier-maître, de Saint-Brieuc.

Pellardy (Jacques), quartier-maître, de Lorient.

Cadalin (Nicolas), quartier-maître, de Brest.

Vasselin (Paul), quartier-maître, du Havre.

Hedouin (Guillaume), quartier-maître, de Granville.

Officiers-mariniers de pilotage.

Gilbert (Pierre), patron de chaloupe, de Lorient.

Le Sourd (Jean), premier pilote, du Croisic.

Becquet (Pierre), second pilote, de Saint-Valéry.

Schemitte (Georges), aide-pilote, de Honfleur.

Murat (François), aide-pilote, de Villefranche.

Officiers-mariniers de canonnage.

Laudon (Louis), maître canonnier de Lorient.

Kermorvant (André), second canonnier, de Vannes.

Houard (Louis), second canonnier, de Dieppe.

Juste (Joseph), aide-canonnier, de Brest.

Fontaine (Louis), aide-canonnier, de Caen.

Néel (Louis), aide-canonnier, de Caen.

Cabioche (Jean), aide-canonnier, de Brest, mort le 21 janvier 1780.

Roy (Jean), aide-canonnier, du Havre.

Valéry (Jean), aide-canonnier, de Saint-Valéry.

Paumier (Jean), aide-canonnier, de Dieppe, mort le 5 mai 1779.

Le Corre (Pierre), aide-canonnier, de Saint-Brieuc.

Le Mintour (Mathieu), aide-canonnier, de Vannes.

Le Bart (Joseph), aide-canonnier, de Vannes.

Dubois (Jacques), aide-canonnier, de Calais.

Dessaubierre (François), aide-canonnier, de Calais.

Nicolle (Jean), aide-canonnier, de Saint-Brieuc.

Le Brun (Jean), aide-canonnier, de Brest.

Kermorvant (Laurent), aide-canonnier, de Vannes.

Modard (Jean), aide-canonnier, de Dieppe.

Laurent (Hamon), aide-canonnier, de Brest.

Hüe (Pierre), aide-canonnier, de Caen.

Officiers-mariniers de charpentage.

Caro (Louis), maître charpentier, de Lorient.

La Badie (Pierre), second charpentier, de Nantes.

Pisquer (Jean), aide-charpentier, de Port-Louis.

Guitton (Pierre), aide-charpentier, de Rochefort, mort à bord le 28 juin 1779.

Officiers-mariniers de calfatage.

Le Saux (Joseph), maître calfat, de Lorient.

Le Bris (François), second calfat, de Lorient.

Rouillard (Guillaume), aide-calfat, de Dinan.

La Braye (Guillaume), aide-calfat, de Dinan.

Officiers-mariniers de voilerie.

Boré (Joseph), maître voilier, de Brest.

Talibot (Guillaume), second voilier, de Nantes.

Blot (René), aide voilier, de Nantes.

Gabiers.

Vallier (Vincent), de Lorient, tué au combat du 6 juillet 1779.

Aillet (Thomas), de Dinan, mort le 8 juillet 1780.

De la Marre (Jean), de Brest.

Le Comte (François-Denis), de Fécamp.

Gauffeny (Jean), de Saint-Brieuc.

Bernard (Toussaint), de Saint-Malo.

Le Breton (Jacques), de Saint-Brieuc.

Le Dau (Jacques), de Saint-Malo.

Le Rebours (Jean), de Caen, mort le 27 août 1779.

L'Eguillon (Jean), de Caen.

Gabriel (Jean), de Granville.

Viratet (Jean), de Brest.

Raguenés (Yves), de Brest.

Soleux (Jean), de Saint-Brieuc.

Timoniers.

Morvan (Jean), de Brest.

Couillard (Nicolas), de Granville.

Cachant (Jean), de Lorient.

Rolland (Pierre), de Dieppe.

Meriel (Pierre), de Dieppe.

Petit (Nicolas), du Havre, mort le 18 mars 1779.

Le Rouge (François), de Nantes.

Boulanger (Jean), de Honfleur.

Le Huby (Simon), de Granville.

Matelots.

Nicolan (Joseph), de Brest.

Forescheur (Nicolas), de Brest.

Castel (Jean), de Brest.

Hameau (François), de Brest.

Dumont (Guillaume), de Brest.

Dubois (Jean), de Brest.

Maléjac (Nicolas), de Recouvrance, blessé au combat du 6 juillet 1779.

Becquet (Mathieu), de Brest, mort le 23 avril 1779.

Boujaré (François), de Brest.

Pouliquen (Corentin), de Brest.

Des Gravières (Jacques), de Rennes.

Mélé (Siphorien), de Rennes.

Jourand (Guillaume), de Saint-Brieuc.

Pennec (Jean), du Conquet.

Thomas (André), de Brest.

Serré (François), de Brest.

Kerbel (Jean), du Conquet.

Cadallen (François), du Conquet.

Caillot (Jean), de Morlaix.

Severre (Pierre), de Morlaix.

Huguen (Jean), de Morlaix.

Bellec (Jacques), de Morlaix.

Moal (Jean), de Morlaix.

Gohonnec (Hervé), de Morlaix.

Steun (Laurent), de Morlaix.

Rogués (Ollivier), de Morlaix.

Quintin (Louis), de Morlaix.

Guézennec (Henry), de Quimper.

Tereanton (Etienne), de Quimper.

Correquer (Alain), de Quimper.

Elias (Laurent), de Quimper, mort le 1er juin 1779.

Crozon (Jacques), de Quimper.

Jorlay (Mathieu), de Quimper.

Rolland (Yves), de Quimper, mort le 7 mai 1779.

Velly (Henry), de Quimper.

Baraon (Noël), de Quimper.

Toudy (Louis), de Quimper, mort le 1er juin 1780.

Le Roux (Guillaume), de Lorient.

Le Meur (Marc), de Lorient.

Mouchard (Mathurin), de Lorient.

Travaillé (Louis), de Lorient.

Priol (Jacques), de Lorient.

Le Quer (Joseph), de Lorient.

Bellec (René), de Lorient.

Gallic (Vincent), de Lorient, mort le 18 juin 1779.

Mocard (Jean), de Lorient.

Lamandé (Louis), de Lorient.

Loquet (François), de Saint-Brieuc.

Pierre (Jean), de Saint-Brieuc.

Drillet (Louis), de Saint-Brieuc.

Jamet (Toussaint), de Saint-Brieuc.

Le Moine (Jean), de Saint-Brieuc.

Le Roy (Rolland), de Saint-Brieuc.

Le Roy (Noël), de Saint-Brieuc.

Morvan (Jean), de Saint-Brieuc.

Libouban (Pierre), de Saint-Brieuc.

Barras (Julien), de Saint-Brieuc.

Le Pennec (Jean), de Saint-Brieuc.

Le Breton (Jacques), de Saint-Brieuc.

Auger (François), de Saint-Brieuc.

Philippe (Laurent), de Saint-Brieuc.

Gicquel (Paul), de Saint-Brieuc.

Le Comte (Jacques), de Saint-Brieuc.

Janvier (Yves), de Tréguier.

Lyonnois (Jean), de Saint-Brieuc.

Thébaud (François), de Saint-Brieuc.

Ascouet (Jacques), de Saint-Brieuc.

Cardinal (Bertrand), de Dinan.

Garnier (Julien), de Saint-Malo.

David (Joseph), de Dinan.

Thébault (Joseph), de Saint-Malo.

Nicolas (Jean), de Dinan.

Coumont (Jean), de Dinan.

Bagot (Jean), de Saint-Malo.

Goupil (Gilles), de Saint-Malo.

Eon (Joseph), de Saint-Malo.

Foin (Pierre), de Saint-Malo.

Duval (Guillaume), de Saint-Malo.

Galenne (Etienne), de Saint-Malo.

Duclos (François), de Saint-Malo.

Lasseplet (Jean), de Saint-Malo.

Belliot (Louis), de Saint-Malo.

Villosanne (Henry), de Saint-Malo, mort le 26 avril 1779.

Charles (Augustin), de Saint-Malo

Olive (Pierre), de Saint-Malo.

Le Cointre (François), de Dinan.

Perrin (Ollivier), de Dinan.

Russe (René), de Dinan.

Brilland (Julien), de Dinan.

Le Roux (François), de Nantes.

Delarue (Jean), de Nantes.

Le Moussu (Julien), de Granville.

Flambé (François), de Nantes.

Jacqueline (Jean), de Nantes.

Hallé (François), de Nantes.

Thomas (Michel), de Nantes.

Bureau (Jean), de Nantes, mort à bord le 25 juillet 1779.

Bachelier (Jean), de Nantes, mort le 2 décembre 1779.
Gourant (Jacques), de Paimbœuf.
Raffray (Jacques), de Nantes.
Perrot (Joseph), de Nantes.
Gallereau (Martin), de Nantes.
Cœffard (Jean), de Nantes.
Damret (Comme), du Croisic, mort le 7 juin 1779.
Doucan (Maurice), du Croisic.
Halgaud (Jean), du Croisic.
Gadiot (Jean), du Croisic.
Guerric (Michel), du Croisic.
Louet (Jean), de Vannes, blessé au combat du 6 juillet 1779.
Kerfontaine (René), de Vannes.
François (Mathurin), de Vannes.
Rochefort (Jean), de Vannes.
Madec (Julien), de Vannes.
Michel (Julien), de Vannes.
Le Bras (Julien), de Vannes.
Le Berre (Ollivier), de Vannes.
Fresné (Jean), de Vannes.
Gourhel (Julien), de Vannes, mort à bord le 18 juillet 1779.
Hervé (Simon), de Nantes.
Diffon (Charles), de Belle-Ile.
Thomas (Bertrand), de Belle-Ile.
Le Goff (Pierre), de Belle-Ile.
Le Bideau (Jean), d'Auray.
Fiergal (Pierre), de Vannes.
L'Eguillon (Charles), de Caen, mort le 26 juin 1779.
Deslandes (Jacques), de Caen.
Quesmel (Pierre), de Caen.
Dumont (Charles), de Caen, blessé au combat du 6 juillet 1779.
Flambard (Jean), de Caen.
Fallu (Jacques), de Caen.
Vallée (François), de Caen.
Foasse (Pierre), de Caen.
Jolly (Louis), de Granville.
Bertrand (Antoine), de Granville.
Lefevre (Jacques), de Granville.
Verrier (Jean), de Granville.
Le Guir (Jean), de Granville.
Rozey (Michel), de Granville.
Douillet (Marc), de Granville.
Pottier (Jean), de Granville.
Totin (Jean), de Granville.
Lointel (Jean), de Granville, mort le 30 avril 1780.
Lorbehaye (Guillaume), de Granville.
Perrier (Gérôme), de Granville.
Eon (Jacques), de Granville.
Elie (Jacques), de Granville.
Boubrun (Pierre), de Granville.
Adelus (François), de Granville.
Thomine (Thomas), de Granville.
Chenu (Gilles), de Granville.
Rabec (Léonore), de Granville.
Lacoley (Pierre), de Granville.
Croisard (Raimond), de Granville.
Le Goupil (Jean), de Granville.
Loizel (Jean), de Granville.
Bourquet (Jean), de Granville.
Le Bourg (Pierre), de Granville.
Allain (Jean), de Granville.
Beaudrouet (Pierre), de Rouen.
Gauché (Louis), de Rouen.
Berranger (Paul), de Rouen.
Collet (Pierre), de Rouen.
Marcant (Jean), de Rouen.
Corruble (Nicolas), de Fécamp.
Beuzelin (Pierre), de Fécamp.
Morel (Jean), de Fécamp.
Rabby (Adrien), de Fécamp, mort le 24 mars 1779.
De la Marre (Jacques), de Fécamp.
Benoist (Jean), de Fécamp.
Roulant (Pierre), de Fécamp.
Thomas (Jean), de Fécamp.
Lignier (Jacques), de Fécamp.
Bazille (Jean), de Fécamp.
Ferraud (Jacques), de Fécamp.
Thierry (Jean), de Fécamp.
Haudey (Jean), de Fécamp.
Thuillier (Pierre), de Fécamp.
Grenier (Jacques), de Fécamp.
Doucet (Jacques), de la Hougue.
Doucet (Antoine), de la Hougue.
Corbin (François), de la Hougue.
Gausselin (Jean), de la Hougue.
Le Tanneur (Jean), de la Hougue.
Saillard (Jean), de la Hougue.
Guéraud (Jacques), de la Hougue.
Bellanger (Pierre), de Honfleur.
Gervais (Jean), de Honfleur.
Clémence (Pierre), de Dieppe.
Compiagne (Michel), de Dieppe
Robin (Pierre), de Dieppe.
Serrée (Jean), de Dieppe.
Delabye (Michel), de Calais.
Le Bordeaux (Jean), de Marseille.
Mastro (Jean), de Bordeaux.
Renard (Gabriel), de Saint-Valéry.
Guilbert (Jean), de Saint-Valéry.
Ferté (Laurent), de Saint-Valéry.
Guilbert (Josse), de Saint-Valéry.
Vautier (Nicolas), de Cherbourg.
Le Portier (Pierre), de Cherbourg.
L'Ecluse (Jacques), de Cherbourg.
Bonamy (Louis), de Cherbourg.
Coupey (Jean), de Cherbourg.
Ermisse (Bon), de Cherbourg.
Toulorge (François), de Cherbourg.
Toulorge (Jean), de Cherbourg.
Le Franc (Jean), de Cherbourg.
Livray (Louis), de Cherbourg.
Rolland (Pierre), de Blaye.
Gamin (Pierre), de Blaye.
Thomas (André), de Libourne.
Boudon (Pierre), de Rochefort.
Savigneau (Jean), de Libourne.
Vacher (Jean), d'Oléron.
Perodeau (Nicolas), de Marmande.
Hortin (André), de Rochefort.
Pougeol (Laurent), de Bordeaux.
Paillette (Jacques), de Saint-Malo.
Saget (Julien), de Dinan.
Delinot (Nicolas), de Lorient.
Chardin (Jean), de Cherbourg.
Loiseau (Jean), d'Augers.
Rio (Jean), de Lorient.
Pedronneau (Jean), de Lorient.
Boinnée (Michel), d'Augers.
Cornet (François), de Lorient.
Charpentier (Jean), de Lorient.
Riban (Marc), de Lorient.
Boulet (Julien), de Lorient.
Lescurier (François), de Lorient.
Chateau (Jean), de Lorient.
Lescurier (François), de Lorient.
Boulanger (Jean), de Granville.
Rolland (Jean), de Vannes, mort le 29 mai 1779.
Grenard (Pierre), de Tréguier.
Ferré (Nicolas), de Tréguier.
Garnier (Mathurin), de Saint-Brieuc.
Ganyer (Jean), de Morlaix.
Caplet (Charles), de Cherbourg.
Lecannelier (Jean), de Cherbourg.
Houssois (Jean), de Dieppe.
La Teste (Pierre), de Dieppe.
Planque (Jean), de Bordeaux.
Rabo (Pierre), de Rochefort.
Morin (Jean), de Saintes.
Allard (René), de la Rochelle.
André (Pierre), de Blaye.
Bercanbiau (Michel), de Bayonne.
Poitier (Antoine), de Rochefort.

Novices.

Bonnissant (Gilles), de Cherbourg.
Guinard (Mathurin), de Saint-Brieuc.
Michel (Jean), de Saint-Brieuc.
Guillotin (Jean), de Dinan.
Fagain (Prigent), de Guingamp.
Rayés (Jean), de Rennes.
Guezennec (Jean), de Lannion.
Rabel (René), de Rennes.
Le Cam (Nicolas), de Lannion.
Fégere (Pierre), de Saint-Brieuc.
Dupré (Pierre), de Nantes.
Guyot (Gabriel), du Croisic.
La Chambre (Joseph), de Vannes.
Rival (Guillaume), de Vannes.
Ceré (François), d'Augers.
Toupain (Jean), de Tréguier.
Verlicot (Jean), de Plouguerneau.
Morel (Jean), de Brest.
Magnon (Philippe), de Tréguier.
Girot (Pierre), de Saint-Brieuc.
Garel (Pierre), de Saint-Brieuc.
Feuillette (Marc), de Saint-Brieuc.
Glatin (Louis), de Saint-Brieuc.
Le Chaix (Jean), de Saint-Brieuc.
Pulien (Claude), de Saint-Brieuc.
Pulien (François), de Saint-Brieuc.

Surnuméraires.

Pellier (Jean), de Paris.
Lescan (Charles), de Roscoff.
Salaun (Marc), de Morlaix.
Loisel (Pierre), de Granville.
Allégot (François), de Quimper.
Baudy (François), de Rochefort.
Le Moigne (Etienne), de Brest.
Janvier (Urbain), de Quimper.
La Quintane (Jean), de Saint-Cloud.
Dabain (Julien), de Nantes.

Mousses.

Girard (Jacques), de Granville.
La Rüe (Guillaume), de Morlaix.
Grelier (Julien), de Paimbœuf.
Gobujon (Joseph), de Noirmoutiers.
Josse (François), de Lorient.
Galleron (Jean), de Logonna.
Maléjac (Jean), de Logonna.
Jégou (François), de Quimper.

Le Meur (Guillaume), de Quimper.
Médellec (Pierre), de Lorient.
Carof (Charles), de Saint-Pol-de-Léon.
Robinet (Jacques), de Rochefort.
Lesquen (Tanguy), de Morlaix, tué au combat du 6 juillet 1779.
Levé (François), de Saint-Brieuc.
Abgral (François), de Landivisiau.
Cahut (Jacques), de Caen.
Veniard (Pierre), de Fécamp.
Benoist (Jean), de Fécamp.
Desmarchais (Henry), de Lannion.
Pellardy (Yves), de Brest.
Guillou (Pierre), de Landivisiau.
Brunellier (Louis), de Rennes.
Denouillers (Mathurin), de Rennes.
Boucher (Baptiste), de Rennes.
Bonnet (Charles), de Boulogne.
Dagorn (Jean), de Roscanvel.
Toudic (Louis), de Lannion.
Chatellier (Jean), de Brest.
Ollive (Joseph), de Rennes.
Le Cam (Jean), de Morlaix.
Morice (Yves), de Morlaix.
Conseil (Guillaume), de Lorient.
Le Breton (Guillaume), de Saint-Brieuc.
Trehoret (Jean), de Saint-Brieuc.
Riou de Kersalaun (Charles), de Ploudaniel.
Kermovan (François), de Vannes.
Lucas (Joseph), de Saint-Pol-de-Léon.
Michel (François), du Conquet.
Magnon (Philipe), de Tréguier.
Bihan (François), de Morlaix.
Mordellec (Guillaume), de Lannion.
Le Pivaigne (Jacques), de Tréguier.
Michel (Jean), de Lamballe.
Guérin (Guillaume), de Dinan.
Goulven (Hervé), du Conquet.
Le Vern (Hervé), de Landerneau.
Le Maitre (Allain), du Faou.
Salmon (Ollivier), de Saint-Brieuc.

Domestiques.

Tiffetaigne (Auguste), de Rouen.
Lefèvre (Marc), de Quimper.
Mesquer (Nicolas), de Saint-Malo.
Le Moine (Gabriel), de Brest.
Guillou (Jacques), de Vannes.
Lefèvre (Pierre), de Boulogne.
Lumé (Pierre), de Bourges.

LE MARSEILLAIS

(1778 et 1779)

M. DE LA POYPE-VERTRIEUX, Capitaine de vaisseau, Commandant.

ÉTAT-MAJOR

CAPITAINES DE VAISSEAU

De la POYPE-VERTRIEUX, Commandant.
De RAYMONDIS-CANAUX, Second.

LIEUTENANTS DE VAISSEAU

De ROCHE-SALEIL.
D'ARNAUD.
Le Chevalier **de MEYRONET-SAINT-MARC.**

ENSEIGNES DE VAISSEAU

De FORBIN la BARBEN.
De FOUDRAS.
DUCLOS.
BEAUSSIER de L'ISLE.

CHIRURGIEN ENTRETENU

GIRAUD.

AUMONIER

MOREL (R. P. Siméon), Récollet.

GARDES DE LA MARINE

COLBERT de TURGIS.
MARRON de SANTIAT.
Le Chevalier **de RAMATUELLE.**
D'ETIENNE du BOURGUET.
De BADASSET.
De SAINT-LAURENT.
De MONBADON.
Le Chevalier **de BRIZON.**

VOLONTAIRES

Audibert (Joseph-Lange), de Toulon.
Reboul (Joseph-Victor), de Toulon.
Martin (Pierre-Jean), de Toulon.

Officiers-mariniers de manœuvre.

Martin (Jean-François), premier maître, de Toulon.
Pignol (Charles), premier maître, de Toulon.
Daumas (Louis), deuxième maître, de Toulon.
Daumas (Joseph), deuxième maître, de Toulon.
Valence (Lazare), contremaître, de Toulon.
Baude (Cyprien), contremaître, de la Seyne.
Petit (Guillaume), contremaître, de Toulon.
Lougne (François-Michel), bosseman, de Toulon.
Michel (Jean-Joseph), bosseman, de Toulon.
Daumas (Pierre-Antoine), bosseman, de Toulon.
Celon (Antoine), bosseman, de Toulon.
Estelle (François), quartier-maître, de Marseille.
Eymin (Antoine), quartier-maître, de Marseille.
Paillan (Jacques), quartier-maître, de Marseille.
Roussel (Hubert), quartier-maître, de Marseille, mort à bord le 26 août 1779.
Blaize (Antoine), quartier-maître, de Marseille.
Croua (Honoré), quartier-maître, de Marseille.
Joubert (Benoît), quartier-maître, de Marseille.
Vitalis (Joseph), quartier-maître, de Marseille, mort à bord le 6 octobre 1779.
Pomet (Honoré), quartier-maître, de Toulon.
Roubaud (François), quartier-maître, de Toulon.
Doumet (Antoine-Sauveur), quartier-maître, de Toulon.
Meistre (Jacques), quartier-maître, de Toulon.
Gontier (Jean-Joseph), quartier-maître, de Cogolin.
Daumas (Honoré), quartier-maître, de Cannes, mort à bord le 15 octobre 1779.
Blanc (Pierre), quartier-maître, de la Ciotat.
Guigou (Antoine), quartier-maître, de la Seyne.
Garence (André), quartier-maître, de la Seyne.
Fabre (Jean-Joseph), quartier-maître, de la Cadière.
Cadière (Honoré-François), quartier-maître, de la Ciotat, mort à bord le 10 décembre 1779.

Officiers-mariniers de pilotage.

Reboul (Victor), premier pilote, de Toulon.
Clément (Bernard), deuxième pilote, de Toulon.
Gordouan (Joseph), deuxième pilote, de Toulon.
Rogerel (Jean-Baptiste), aide-pilote, du Havre.
Planteau (Jean), aide-pilote, de Bordeaux.
Aubert (François), aide-pilote, de la Seyne.
D'Aspicounete (Pierre), aide-pilote, de Hendaye, mort au Fort-Royal le 25 janvier 1779.
Caron (Jacques), aide-pilote, de Marseille.
Portel (François), aide-pilote, de Marseille.
Troquet (Jean-Louis), aide-pilote, de Dieppe.
Ouistre (Victor), aide-pilote, de Cherbourg.
Vauquelin (François), aide-pilote, de Rouen.

Officiers-mariniers de canonnage.

Clément (Jean), maître canonnier, de Toulon.
Trabaud (Joseph), maître canonnier, de Toulon.
Ventre (Jean-Baptiste), maître canonnier, de Toulon, mort en mer le 19 août 1778, d'une brûlure reçue en combattant.

Valence (Joseph), deuxième canonnier, de Toulon.
Fournier (Henry), deuxième canonnier, de Toulon.
Rimbaud (Laurent), deuxième canonnier, de Toulon.
Arluc (Henry), deuxième canonnier, de Toulon.
Laure (Etienne), deuxième canonnier, de Toulon.
Pecouil (Joseph), deuxième canonnier, de Six-Fours, mort à bord le 9 novembre 1779.
Vacon (Joseph), aide-canonnier, de Toulon.
Gay (Pierre-Jean), aide-canonnier, de Toulon.
Fabre (Jean-Etienne), aide-canonnier, de Toulon.
Denis (Honoré), aide-canonnier, de Toulon.
David (Antoine), aide-canonnier, de Toulon.
Ginouvès (François), aide-canonnier, de Toulon.
Ventre (Jean-François), aide-canonnier, de Toulon.
Brun (Etienne), aide-canonnier, de Toulon.
Robert (Pierre-Joseph), aide-canonnier, de Toulon.
Fouquet (Joseph-Louis), aide-canonnier, de Toulon.
Hugues (Bonaventure), aide-canonnier, de Toulon.
Narbon (Antoine), aide-canonnier, de Toulon.
Barcilon (Augustin-Laurent), aide-canonnier, de Toulon, mort en mer le 19 novembre 1779.
Servis (Louis-Noël), aide-canonnier, de Marseille.
Lafont (Jean-Joseph), aide-canonnier, de Marseille.
Blanc (Louis), aide-canonnier, de Marseille.
Sauteron (Joseph), aide-canonnier, de Saint-Tropez.
Arnaud (Jean), aide-canonnier, de Blaye.
Miraillet (Joseph), aide-canonnier, de Six-Fours.
Charot (Antoine), aide-canonnier, de Six-Fours.
Brémond (Joseph), aide-canonnier, de Six-Fours.
Monier (François), aide-canonnier, de Six-Fours.
Magnique (Honoré), aide-canonnier, d'Antibes.
Martin (Joseph-Marie), aide-canonnier, de la Cadière.
Bonifay (Jean-François), aide-canonnier, de la Cadière.
Moutet (Joseph), aide-canonnier, de la Cadière.
Touzet (Barthélémy), aide-canonnier, de Narbonne.
Boyer (Jean-Pierre), aide-canonnier, de Narbonne.
Soulet (Gabriel), aide-canonnier, de Narbonne.
Cabard (Jean-Paul), aide-canonnier, de Narbonne.
Brunel (Jean-François), aide-canonnier, de Narbonne.
Lautran (Antoine), aide-canonnier, de Martigues.
Granet (Laurent), aide-canonnier, de Sanary, mort en mer le 12 novembre 1779.
Raillan (Jean), aide-canonnier, d'Antibes.
Valentin (Philippe), aide-canonnier, de la Ciotat.
Audibert (Lazare-Mathieu), aide-canonnier, de la Seyne.
Gillet (Pierre), aide-canonnier, de Bordeaux.

Officiers-mariniers de charpentage.

Roman (Jean-Louis), maître charpentier, de Toulon.
Teisseire (Jean-Baptiste), deuxième charpentier de Toulon, mort au Fort-Royal le 14 mars 1779.
Boyer (Louis), aide-charpentier, de Toulon.
Petit (Joseph), aide-charpentier, de Toulon.
Gros (Mathieu), aide-charpentier, de Toulon.
Pourquier (Joseph), aide-charpentier, de la Seyne.
Bourguignon (Charles), aide-charpentier, de la Seyne.

Officiers-mariniers de calfatage.

Charbonier (Honoré), maître calfat, de Toulon.
Tasseron (Jean-Louis), maître calfat, de Toulon.
Michel (Mathieu), deuxième calfat, de Toulon.
Maunier (Silvestre), deuxième calfat, de Toulon.
Bastide (Henry), aide-calfat, de Toulon.
Deprat (Antoine), aide-calfat, de Sanary.
Roussard (Sébastien), aide-calfat, de Sanary.
Coulomb (Balthazard), aide-calfat, de la Seyne.

Officiers-mariniers de voilerie.

Véran (François), maître voilier, de Toulon.
Vian (Joseph-Marie), deuxième voilier, de Toulon.
Baron (Thomas), deuxième voilier, de Toulon.
Pascal (Joseph-Toussaint), aide-voilier, de la Seyne.
Héran (Pierre), aide-voilier, de Nîmes.
Jorat (Joseph), aide-voilier, de Montpellier.

Gabiers.

Com (Jean-Etienne) de Marseille.
Champel (Jules), de Martigues.
Cavalier (Alexandre) de Toulon.
Miffre (Joseph-Martin), de Toulon, mort en mer le 16 décembre 1779.

Timoniers.

Méric (Jean-Louis), de Saint-Tropez.
Guérin (Antoine), de Saint-Tropez.
Coulet (Louis), de Saint-Tropez.
Arenne (François-Joseph), de Saint-Tropez.
Bonnaud (Joseph), de la Ciotat.
Antoine (Jean-Baptiste), de Martigues, mort en mer le 16 octobre 1779.

Matelots.

Blancard (Jean-Baptiste), de Toulon.
Isnard (François), de Toulon.
Petit (Jean-Baptiste), de Toulon, mort en mer le 1er octobre 1779.
Jauvat (Jean-Pierre), de Toulon.
Bourgogne (Joseph), de Toulon.
Chautard (Jean-François), de Toulon.
Fournier (Esprit-Benoît), de Toulon.
Trabaud (François), de Toulon.
Pignol (Charles-François), de Toulon.
Icard (Pierre-Joseph), de Toulon.
Mattaron (Joseph), de Toulon.
Calas (Jean-Baptiste), de Toulon.
Fagot (Jean-Baptiste), de Toulon.
Colombelle (Claude), de Toulon, mort en mer le 15 décembre 1778.
Champ (Joseph), de Cuers.
Marin (Jean-François), de la Valette.
Cauvat (Gabriel), de Bormes.
Ricard (Jean-Baptiste), de Bormes, mort en mer le 22 août 1779.
Berre (Jean-Baptiste), de Bormes.
Angély (Jean), de Bormes.
Monier (Jean-Louis), de Bormes, mort à bord le 26 octobre 1779.
Chiousset (Adrien), d'Hyères.
Girard (Jean-Baptiste), d'Hyères, mort à Boston le 10 octobre 1778.
Sabatier (Joseph), de la Seyne.
Blanc (Pierre), de la Seyne.
Bourguignon (Jacques), de la Seyne.
Bonnaud (André), de la Seyne.
Gueit (Antoine), de la Seyne.
Denans (Jacques), de la Seyne.
Sicard (Jean-Joseph), de la Seyne, mort en mer le 30 novembre 1779.
Ricoux (Joseph), d'Ollioules.
Brémond (Alexandre), de Six-Fours.
Fabre (Antoine), de la Cadière.
Azan (Jean-Joseph), de la Cadière.
Thorel (Joseph), de la Cadière.
Barthélémy (André), de la Cadière.
Moutte (Jean-Marie), de la Cadière.
Olive (Jean-Baptiste), de la Cadière.
Boyge (Jean), de la Ciotat.
Garcin (Benoît), de la Ciotat.
François (Etienne), de la Ciotat.
Coursach (Charles), de la Ciotat.
Roque (Elzéard), de la Ciotat.
Allègre (François), de Bandol.
Méric (Antoine), de Bandol.
Bouffy (Joseph), de Bandol.
Gravier (François), de Bandol.
Rebuffet (Arnoux), de Saint-Tropez.
Malatesto (Lazare), de Saint-Tropez.
Coste dit Imbert (Jean-Baptiste), de Saint-Tropez.
Ricard (Justin-Tropez), de Saint-Tropez.
Cerize (Pierre), de Saint-Tropez.
Icard (Joseph), de Saint-Tropez.
Reynaud (Jean-Joseph), de Saint-Tropez.
Borry (Joseph), de Saint-Tropez.
Laugier (Jacques-Alexis), de Saint-Tropez.
Massena (Antoine), de Saint-Tropez.
Cerize (Félix-Joseph), de Saint-Tropez.
Coulomb (Maximin), de Saint-Tropez.
Parreymond (Jean-Baptiste), de Saint-Tropez.
Aumerand (Joseph), de Saint-Maxime, blessé au combat du 6 juillet 1779.
Astour (Jean-Joseph), de Ramatuelle.
Abbé (Joseph), de Roquebrune, mort en mer le 9 octobre 1779.
Ollivier (Clément), du Plan-de-la-Tour, mort en mer le 13 septembre 1778.
Falcou (Blaise), de Marseille.
Caste (Jean), de Marseille.
Come (Jérôme), de Marseille.
Martin (Honoré), de Marseille.
Reboul (François), de Marseille.
Borro (Etienne), de Marseille.
Anglade (Raymond), de Marseille.
Pellegrin (Joseph), de Marseille.
Glaudet (Bernard), de Marseille, mort en mer le 17 octobre 1779.
Ravier (Laurent), de Cassis, mort à la mer le 28 septembre 1778.
Clairet (Valentin), de Rouen.
Le Page (Pierre-Marin), de Rouen.
David (Pierre), de Saint-Malo, mort en mer le 12 décembre 1779.

Tricon (François), de Mazargues.
Giniès (Antoine), de Mazargues.
Berthelot (Barthélemy), de Mazargues.
Aymard (Pascal), de Marseille.
Silvestre (André), de Marseille.
Lebre (Jean-Antoine), de Marseille.
Combes (Joseph), de Marseille.
Gavin (Barthélemy), de Marseille.
Icard (Pierre-François), de Marseille, mort en mer le 21 novembre 1779.
Féraud (Augustin), de Marseille.
Jouve (Jean-Joseph), de Marseille.
Rampal (François-Xavier), de Marseille.
Brun (Joseph), de Marseille.
Simon (Joseph), de Marseille.
Barrielle (Pierre-Noël), de Marseille.
Aillasse (Dominique), de Marseille.
Pétrache (Jean-Louis), de Marseille.
Blanc dit **Tonin** (Germain), de Marseille, mort en mer le 2 août 1778.
Ricard (Charles-André), de Marseille.
Scutéry (François), de Marseille.
Avon (Joseph), de Marseille.
Davin (Antoine), de Marseille.
Meifre (Mathieu), de Marseille.
Charpanty (Sauveur), de Marseille.
Gaymard (Jean), de Marseille.
Jourdan (Nicolas-Henri), de Marseille.
Bonnefoy (Joseph), de Marseille.
Journe (Jean), de Marseille.
Ollivier (Antoine), de Cassis.
Ardisson (Alexandre), de Cassis.
Julian (Louis-Etienne), de Cassis.
Bœuf (Pierre), de Marseille.
Dassy (Antoine), de Marseille.
Nicolas (Balthazard), de Marseille.
Richier (Jean-François), de Marseille.
Giloux (Jean-Louis), de Marseille.
Mère (Joseph), de Marseille.
Roumieux (François), de Marseille.
Guier (Barthélemy), de Marseille.
Amiel (Pascal) de Marseille.
Blanc (Jean-Baptiste), de Marseille, mort en mer le 1er août 1778.
Cayol (Joseph), de Marseille.
Margaillan (Claude), de Marseille.
Aymé (Jérôme), de Marseille.
Chanard (Honoré), de Marseille.
Tellier (Michel), de Rouen.
Faure (Augustin), de Guerbaville.
Langlois (Jean-Pierre), de Rouen, mort en mer le 12 septembre 1779.
Arenne (Jean-Louis), d'Aubagne.
Sicard (Paul), d'Aubagne.
Antoine (François), d'Aubagne.
Allemand (François), de Marseille.
Gonfard (Joseph), de Marseille.
Gonfard (Etienne), de Marseille.
Reboul (Louis), de Marseille.
Icard (Jean), de Marseille.
Valentin (Jean-Antoine), de Marseille.
Valauris (Mathieu), de Marseille.
Guérin (André), de Marseille.
Guérin (Pierre), de Marseille.
Etienne (Jean-Pierre), de Marseille.
Tardieu (François), de Marseille.
Gily (Jean-Joseph), de Marseille.
Robert (Honoré), de Marseille.
Vialla (Philippe), de Marseille.
Revoux (François), de Marseille.
Gautier (Jean-Baptiste), de Marseille.
Masséna (Antoine), de Marseille.
Trestour (Joseph), de Marseille.
Teste (Barthélemy), de Marseille, tué le 1er juillet 1779, d'un coup de tonnerre.
Boutin (Jacques), d'Antibes.
Rouaze (Joseph), d'Antibes.
Carbonel (Jacques), d'Antibes.
Bayle (Jean-Pierre), de Cette.
Beaussan (Félix), de Martigues.
Martin (Jean-Joseph), de Martigues.
Decoup (Hyacinthe), de Martigues.
Mollimier (Jacques), de Martigues.
Vessel (Pierre), de Martigues.
Coulet (Jacques), de Martigues.
Piston (Joseph), de Martigues.
Lulau (Jacques), de Martigues.
Aubert (Joseph-François), mort au Fort-Royal le 19 février 1779.
Gras (Jérôme), de Valauris (Golfe Juan).
Ferrande (Jacques), de Valauris (Golfe Juan).
Mallet (Jacques), de Valauris (Golfe Juan).
Sicard (Jérôme), de Valauris (Golfe Juan).
Abou (Pierre), de Valauris (Golfe Juan)
Mathieu (Jean-Baptiste), de Valauris (Golfe Juan).
Benoit (Pierre-Jean), de Valauris (Golfe Juan), mort à bord le 11 février 1779.
Boucheil (Thomas), de Cagnes, mort en mer le 10 novembre 1779.
Todou (Dominique), de Cagnes.
Auzière (Honoré), de Cagnes.
Aubernon (Pierre), d'Antibes.
Latty (François), d'Antibes.
Cotte (Antoine), d'Antibes.
Chaniel (Pierre-Jean), d'Antibes.
Ravaisse (Honoré), d'Antibes.
Teisseire (Joseph), d'Antibes.
Goulet (Jacques), d'Antibes.
Lombard (Jean), d'Antibes.
Allègre (Honoré), d'Antibes.
Guirard (Jean), d'Antibes.
Cauvy (Joseph), d'Antibes.
Dounet (Jean), d'Antibes.
Allègre (Jacques), d'Antibes.
Missier (Jacques), d'Antibes.
Chaniel (Antoine), d'Antibes.
Blacas (Joseph), de Cannes.
Ménier (Antoine), de Cannes.
Isnard (Antoine), de Cannes.
Brémond (Pierre), de Cannes.
Roumiou (Joseph), de Cannes.
Monier (Pierre), de Cannes.
Meiffret (Joseph), de Cannes.
Calvy (Honoré), de Canet (Hérault).
Hérault (Jacques), de Canet (Hérault).
Isnard (Blaise), de Canet (Hérault).
Foucaud (François), de Canet (Hérault).
Roustan (Honoré), de Canet (Hérault).
Auquier (Marcelin), d'Arles.
Gondran (Joseph), d'Arles.
Raymond (Constantin), de Valabrègue.
Allès (Augustin), d'Agde.
Denis (Raymond), d'Agde.
Carriès (Antoine), de Marseillan.
Bringues (Charles), de Marseillan.
Benezech (Etienne), de Marseillan.
Mallet (Etienne), de Marseillan.
Voisin (Jean-Baptiste), de Marseillan.
Verche (François), de Cette.
Mijoulet (Jean), de Bouzigues.
Imbert (Pierre), de Bouzigues
Benezech (Jacques), de Bouzigues.
Bailou (Guillaume), de Bouzigues.
Vivarès (Jean), de Bouzigues.
Cuisinier (Jean-Baptiste), de Bouzigues.
Grès (Jean), de Mèze.
Mourre (Jean), de Mèze.
Clément (Pierre), de Mèze.
Guillot (André), de Villeneuve (Hérault).
Vouladou (Antoine), de Villeneuve (Hérault).
Galabert (Jean), de Villeneuve (Hérault).
Riès (Pierre), de Mauguio.
Belan (Antoine), de Narbonne.
Garric (Raymond), de Narbonne.
Augé (Jean), de Bages (Aude).
Passebon (Jean), de Bages (Aude).
Martin (Bertrand), de Bages (Aude).
Mourrut (Jacques), de Bages (Aude).
Delong (Pierre), de Bages (Aude).
Normandin (Silvestre), de Saint-Surin (Gironde).
Reynaud (Bernard), de Saint-Surin (Gironde).
Declair (Arnaud), de Saint-Macaire (Gironde).
Mallet (Guillaume), de Rions.
Thibaud (Jean), de Rions.
Labat (Raymond), de Rions.
Ronmagoux (Jean), de Rions, mort en mer le 19 novembre 1779.
Rostein (Hilaire), de Bègles.
Eyquem (Jean), de Lormont.
Thomas (Jean), de Bassens (Gironde).
Gondin (Daniel), d'Escoussans (Gironde).
Chassenès (Pierre), de Beautiran, mort en mer le 5 octobre 1778.
Gautier (Georges), de Bouliac.
Robric (Jean), de Latresne.
Lanusse (Vincent), de Cadaujac.
Bonnefoux (Arnaud), de Paillet (Gironde)
Falguières (Hugues), de Loubejac.
Poujade (Hugues), de Loubejac.
Plantade (Jean-Pierre), de Villemade.
Poujade (Louis), de Villemade.
Sabatin (Bernard), de Villemade.
Galès (Etienne), de Villemade.
Tonnisson (Jacques), de Loubejac.
Delcassé (Mathieu), de la Garde.
Catur (Antoine), de la Garde.
Delbret (Jean), de la Garde.
Cazal (Paul), de la Garde.
Roudier (Paul), de la Garde.
Pape (Bertrand), de la Garde.
Bernard (François), de la Garde.
La Coste (Jean), de Bioule.
La Coste dit **Rougeaud** (Jean), de Bioule.
Tarasly (Blaise), de Montricoux.
Lafont (Pierre), de Montricoux.
Terrail (Jean), de Montricoux.
Marty (Pierre), de Montricoux.
Delmas (Pierre), de Montricoux.
Béoulaigue (Louis), de Montricoux.
Gasq (Antoine), de Cazals (Tarn-et-Garonne).
Plantade (Antoine), de Cazals (Tarn-et-Garonne).
Viallard (Jean), de Cazals (Tarn-et-Garonne).
Albenque (Guillaume), de Cazals (Tarn-et-Garonne).
Ollivier (Antoine), des Barthes (Tarn-et-Garonne).
La Montagne (Antoine), des Barthes (Tarn-et-Garonne).
La Montagne (Jean), des Barthes (Tarn-et-Garonne.

Delpech (François), des Barthes (Tarn-et-Garonne), mort en mer le 21 novembre 1779.
Falguières (Blaise), de Lizac.
Descazaux (Pierre), de Verdun-sur-Garonne.
Capdeviele (Jean), de Toulouse.
Fontan (Jean), d'Auvillar.
Duplan (Jean), d'Auvillar.
Charpoulat (Guillaume), de Saint-Aignan (Tarn-et-Garonne).
Soldat (François), de Saint-Aignan (Tarn-et-Garonne).
Bidel (Jean), de Saint-Aignan (Tarn-et-Garonne).
Louis (Pierre), de Saint-Aignan (Tarn-et-Garonne).
Cruzel (Blaise), de Saint-Aignan (Tarn-et-Garonne).
Brunet (François), de Saint-Aignan (Tarn-et-Garonne).
Cruzel (Louis), de Saint-Aignan (Tarn-et-Garonne), tué le 1er juillet 1779, d'un coup de tonnerre).
Aniots (Joannis), de Sare.
Hiriart (Joannis), de Sare.
Pinjartin (Martin), de Biarritz.
Dernant (Jean), de Hendaye.
Darrajouque (Martin), d'Ascain.
Dibar (Pierre), d'Ascain, mort en mer le 18 septembre 1779.
Deviau (Arnaud), d'Ascain.
L'Arregain (Pellio), d'Ascain, tué au combat du 9 août 1778.
Detcheverry (Joannis), de Bidart.
Goyetche (Bernard), de Bidart.
Lartigue (Dominique), de Bidart, mort en mer le 4 septembre 1779.
Hiribarne (Jean), de Helette.
Chouris (Dominique), d'Urrugne.
Dithurbide (Mathieu), d'Urrugne.
Dihoursoubhere (Laurent), d'Urrugne, mort en mer le 31 octobre 1779.
Antsoborlo (Jean), d'Urrugne, tué au combat du 13 août 1778.
Baronie (Jean), de Libourne.
Boileau (Thomas), de Savignac.
Laganne (Jean), de Savignac.
Dubourdieu (Pierre), de Savignac.
Blanc (François), de Savignac.
Bordès (Jacques), de Pessac.
Bernard (Jacques), de Pessac.
Trigoulet (Pierre), de Pessac.
Maigre (Jacques), de Pessac.
Cluzeau (Jean), de Pessac.
Rouchon (Pierre), de Pessac.
Lavergne (François), de Pessac.
Jambon (Pierre), de Pessac.
Faure (Pierre), de Pessac.
Faure (Jean), de Pessac, mort en mer le 28 octobre 1779.
Laveau (Pierre-François), de Libourne.
Mansere (Léonard), de Blaye.
Micheau (Antoine), de Plassac.
Grenier (Joseph), de Plassac.
Lameau (Louis), de Plassac.
Guiraud (Jean), de Roque-de-Taux, commune Bayon (Gironde).
Couillandeau (Raymond), de Roque-de-Taux, commune Bayon (Gironde).
Raymond (Jean), de Roque-de-Taux, commune Bayon (Gironde).
Couilleau (Jean), de Roque-de-Taux, commune Bayon (Gironde).
Libeaud (Guillaume), de Roque-de-Taux, commune Bayon (Gironde).
Rabois (Pierre), de Roque-de-Taux, commune Bayon (Gironde).
Brun (Arnaud), de Margaux.
Lombaterre (Joseph), de Nicole (Lot-et-Garonne).
Gardères (Bernard), de Thouars (Lot-et-Garonne).
Buzet (Joseph), de Thouars (Lot-et-Garonne).
Cazaubon (Jean), de Thouars (Lot-et-Garonne).
Dutbil (Jean), de Thouars (Lot-et-Garonne).
Taché (Joseph), de Thouars (Lot-et-Garonne).
Bigné (Pierre), de Sérignan.
Sadance (André), du Passage-d'Agen.
Bacqué (André), du Passage-d'Agen.
Demens (Henry), du Passage-d'Agen.
Monier (Antoine), du Passage-d'Agen.
La Claverie (Michel), du Passage-d'Agen.
Durand (Jean), du Passage-d'Agen.
La Brunie (Charles), du Passage-d'Agen.
Bense (Antoine), du Passage-d'Agen.
Delias (Jacques), du Passage-d'Agen.
Maccoy (Pierre), du Passage-d'Agen, mort en mer le 11 novembre 1779.
Tavaco (Charles), d'Ajaccio.
Barbiery (Dominique), d'Ajaccio.
Roca (Jean-Baptiste), d'Ajaccio.
Cazamartire (Mathieu), d'Ajaccio.
Gianelloni (Augustin), de Rogliano.
Thoméi (Charles), de Rogliano.
Thoméi (Mathieu), de Rogliano.
Bastiani (Jean-Marie), de Rogliano, mort en mer le 16 octobre 1779.
Lambert (Jean-Joseph), d'Auriol.
Paul (Antoine), d'Auriol.
Castaud (Jean-Baptiste), de Pignans.
Garnier (Victor), de Vidauban.
Camoin (Jean-Louis), de Vidauban.
Héraud (Cazimir), de Vidauban.

Novices.

Guignan (Antoine), de Toulon.
Piston (Jean-Gabriel), de Toulon.
Pignol (Louis), de Toulon.
Espanet (Jean-Baptiste), de Toulon.
Gérard (Alexandre), de Toulon.
Tiran (Laurent), de Sanary.
Abbé (Honoré), de Fréjus.
Sandou (Honoré), d'Aix.
Gharny (Fleury), de Lyon.
Aoun (Louis-François), d'Hyères.
Chanet (François), de Draguignan.
Fulconis (François), de Nice.
Coste (François), de Lorient.

Surnuméraires.

Raymondis (Jean-Baptiste), de la Seyne.
Martin (Antoine), de la Valette.
Bourillon (Jean-Philippe), de Lunel.
Audibert (Lange), de Toulon.
Reboul (Joseph-Victor), de Toulon.
Martin (Pierre-Jean), de Toulon.
Ricard (Thomas), de Toulon.
Mouton (Louis-Laurent), de Toulon.
Serraire (Joseph), de Toulon.
Fouque (Thomas), de Toulon.
Bernardeau (Jean-François), de Toulon, mort au Fort-Royal le 6 août 1779.
Serraire (Jean), de Toulon.
Lion (Jean-Jacques), de Toulon.
Honnoré (Thomas), de Toulon.
Mouton (Joseph), de Toulon.
Massot (Joseph), de Toulon.
Reverdy (François), de Bargemon.
Barbaroux (Pierre), de Marseille.
Glaudet (Bernard), de Marseille.
Canard (Jérôme), de Lyon.
Eveillard (Charles), de Rennes.
Décugis (Joseph), d'Ollioules.
Abon (Pierre), de Valauris.
Guichard (André), du Puy.
Brun (Louis), de Toulon.
Gothin (Antoine), de Gânnat.

Mousses.

Bonnet (Etienne), de Toulon.
Daumas (Jean-Joseph), de Toulon.
Viguier (Henry), de Toulon.
Lougne (Jacques-Antoine), de Toulon.
Laure (Joseph), de Toulon.
Blanc (Jean-Baptiste), de Toulon.
Massot (André), de Toulon.
Roubaud (Jean-Baptiste), de Toulon.
Véran (Joseph), de la Seyne.
Viau (Honoré), de la Seyne.
Baude (Antoine), de la Seyne.
Venel (Joseph), de la Seyne.
Guigue (Antoine), de la Seyne.
Guigue (Louis), de la Seyne.
Carmagnolle (Benoît), de Toulon.
Marcel (Antoine), de Toulon.
Reynaud (André), de Toulon.
Martin (Honoré), de Toulon.
Petit (Jean-Pierre), de Toulon.
Petit (Antoine-Jacques), de Toulon.
Ventre (Pierre-Blaise), de Toulon.
Dedieu (Jean), de Toulon.
Coulet (Honoré-Etienne), de Toulon.
Garry (Joseph-François), de Toulon.
Brun (Joseph), de Toulon.
Balestrier (Antoine), de Toulon.
Ginouvès (Joseph-Marie), de Toulon.
Hauteserre (Gabriel), de Toulon.
Valence (François), de Toulon.
Gérard (Alexandre), de Toulon.
Armelin (Joseph), de Toulon.
Giraud (Marc-Antoine), de Toulon, mort à bord le 14 mai 1779.
Martin (François), de Toulon.
Serraire (Louis), de Toulon.
Meistre (Jean-Jacques), de Toulon.
Bel (Joseph), de Toulon.
Gueit (Jean-Jacques), de Toulon.
Ginié (Jacques-Alexandre), de Toulon.
Reboul (Alexandre), de Toulon.
Daumas (Etienne), de Toulon.
Ollivier (Jean-Antoine), de Toulon.
Fontane (François), de Toulon.
Hermitte (Augustin), de Toulon.
Brun (Louis), de Toulon.
Baron (Joseph), de Toulon.
Valence (Antoine), de Toulon, mort au Fort-Royal le 25 mai 1779.
Toucas (Jean-Baptiste), de Solliès.
Tiran (Jean-Baptiste), de Sanary.
Rouquier (Jean), d'Ollioules.
Alexis (Jean-Baptiste), d'Ollioules.
Marcelin (François), de Gap.
Deluy (Joseph-François), d'Aix.

Ganteaume (Modeste), de Six-Fours.
Andrac (Jean-Baptiste), de Le Luc (Var).
De Maillon (Jean-Ossou), de Le Luc (Var).
Reynoard (Jacques), de Carces (Var).
Ayasso (Joseph), de Turriers.
Parreymond (Jean), de Draguignan.

Domestiques.

Artaud (François), de Digne.
Rassin (François), de Grenoble.
Mazet (François), de Grenoble.
Duvivier (Antoine), de Paris.

Dely (Joseph), de Bourg-en-Bresse.
Bonair (Jean-Baptiste), de Fontainebleau.
Coste (Thomas), de Toulon.
Laure (Dominique), de Toulon, mort au Fort-Royal le 7 juin 1779.
Chefdeville (Louis), d'Evreux.

LE CÉSAR ou CÉZAR

(1778-fin 1779)

M. le Comte DE BROVES, Chef d'escadre, Commandant.

Jean-Joseph de Rafelis, comte de Broves, Lieutenant général des armées navales du 1er mars 1779, né au château de Broves près de Fréjus le 8 juillet 1715, mort le 12 novembre 1782.

ÉTAT-MAJOR

CAPITAINE DE VAISSEAU ET DU PAVILLON

De RAIMONDIS, a eu le bras droit emporté le 16 août 1778. — Débarqué à Boston le 27 octobre suivant à raison de ses blessures.

CAPITAINE DE VAISSEAU

De CASTELLET, Second, puis Capitaine du Pavillon, le 6 juillet 1779, une plaie faite par une balle de fusil à la partie interne intéressant l'intervalle du doigt du milieu et de l'annulaire de la main gauche.

LIEUTENANTS DE VAISSEAU

Le Chevalier **de FRAMONT de GREZE**, nommé Capitaine de vaisseau en second du 14 juillet 1779.
De VENET.
De GOTHO, tué le 6 juillet 1779, au combat, par un boulet de canon.
De CAMBRAY.

ENSEIGNES DE VAISSEAU

De GRASSE-BRIANÇON.
RAFELIS de BROVES.
De FONTE-BLANCHE, le 16 août 1778, contusion grave à la partie interne et moyenne des deux cuisses par un boulet de canon. — Débarqué malade à l'hôpital de Fort-Royal.
De COLOMA.
DURAND DE LA PENNE.

AUMONIER

BONICE (R. P.), Récollet.

CHIRURGIEN ORDINAIRE ENTRETENU

Le Sr **ROUX.**

LIEUTENANTS DE FRÉGATE

Le Sr **BOULOUVARD**, faisant fonctions de Lieutenant de Frégate, au combat du 6 juillet 1779, contusion à la partie moyenne et interne de la jambe gauche.
MAURICE (Jean-Louis), faisant fonctions de Lieutenant de Frégate.
DARCET, faisant fonctions de Lieutenant de Frégate par ordre de M. le Comte d'Estaing.

GARDES DU PAVILLON ET DE LA MARINE

De RAMATUELLE, fait Enseigne de vaisseau le 13 avril 1778.
D'HEUREUX.
De REYNIES, au combat du 6 juillet 1779, plaie à la partie supérieure et moyenne du coronal avec une très forte contusion aux deux yeux, et surtout le droit qui est en danger de se perdre, et une contusion à l'articulation du bras gauche.
De COLBERT-TURGIS.
De BROUTIERES.

Officiers-mariniers de manœuvre.

Audran (Joseph), premier maître entretenu, de Toulon.
Boyer (Antoine), maître surnuméraire, de Toulon.
Bernard (Jean-Joseph), deuxième maître, de Toulon.
Cousauve (Laurent-François), deuxième maître, de Toulon.
Chapelle (Etienne), contremaître, de Toulon.
Augier (Jean-Laurent), bosseman, de Toulon.
Piston (Jean-François), bosseman, de Toulon.
Trotebas (Michel), bosseman, de Toulon.
Gazielle (Antoine), quartier-maître, de Toulon, mort le 10 décembre 1779 à l'hôpital de Brest.
Arnaud (Pierre), quartier-maître, de la Ciotat, mort à l'hôpital de Brest, le 1er janvier 1780.
Simon (Joseph), quartier-maître, de Marseille.
Icard (Antoine), quartier-maître, de Marseille, légèrement blessé à la jambe gauche le 6 juillet 1779.
Beucchely (Jean), quartier-maître, de Marseille.
Dalert (Simon), quartier-maître, de Cassis, au combat du 6 juillet 1779, légère plaie à la main droite.
Maurin (Jean-Nicolas), contremaître, de Marseille.
Martinenq (Pierre), contremaître, de Six-Fours.
Agneau (Joseph), patron de chaloupe, de Marseille.
Moutte (Joseph), contremaître, de la Badine, La Ciotat.
Martin (Jean-Louis), quartier-maître, de la Badine, La Ciotat.
Ollivier (François-Jacques), quartier-maître, de la Badine, La Ciotat, tué raide au combat du 6 juillet 1779.
Jaubert (Jacques-Gabriel), quartier-maître, de Marseille, blessé au combat du 6 juillet 1779, et mort à l'hôpital de la Grenade le 10 juillet suivant, de ses blessures.
Galon (Barthélémy), quartier-maître, de Marseille, mort à l'hôpital de Brest le 4 janvier 1780.
Robert (François-Joseph), quartier-maître, de Toulon.
Tassy (Pierre), quartier-maître, de la Ciotat.
Aubin (Antoine), quartier-maître, de Marseille.

Officiers-mariniers de pilotage.

Bonnefoy (Pierre-Victor), deuxième pilote, de Toulon.
Louché (Pierre-Louis-Probace), aide-pilote, de Toulon.
Consauve (Pierre), aide-pilote, de Toulon.
Gamain (Jean-Baptiste), deuxième pilote, de Saint-Valéry, le 16 août, plaie légère avec contusion sur la pommette du côté droit.
Castelot (Louis-François), aide-pilote, de Dieppe.
Coste (Honnoré), aide-pilote, de Marseille.
Blanc (Antoine), aide-pilote, de Marseille, le 16 août, plaie légère sur le poignet de la main droite et sur la pommette du côté droit.
Halley (Jean-Charles-Joseph), aide-pilote, de Honfleur.
Suttan (Gratien), aide-pilote, de Bayonne.
Frichet (Joseph-Jacques), deuxième pilote, de Toulon.
Pruisseau (Joseph), deuxième pilote, de Bayonne.

Officiers-mariniers de canonnage.

Burle (François), maître canonnier, de Toulon, mort le 29 mars 1779 à l'hôpital de Fort-Royal.
Mège (Pierre-Marc), maître canonnier, de Toulon.
Déacgis (Jean-Louis), deuxième canonnier, de Toulon.
Paulet (Pascal), deuxième canonnier, de Sanary, le 16 août, plaie grave sur le carpe de la main droite.
Reynouard (Pierre), maître canonnier surnuméraire, de Toulon.
Jubelin (Honoré), deuxième canonnier, de Toulon.
Girard (Joseph), aide-canonnier, de Toulon.
Maunier (Toussaint), aide-canonnier, d'Ollioules.
Brunond (Pierre), aide-canonnier, d'Ollioules.
Negret (Laurent), aide-canonnier, de Mazargues.
Daumas (Noël), aide-canonnier, de Toulon.
Benoit (Jean-François-Luc), aide-canonnier, de Toulon.
Pinchinat (Jean-Baptiste), aide-canonnier, d'Antibes.
Simian (Jean-Louis), aide-canonnier, d'Antibes.
Terras (Laurent), aide-canonnier, de Toulon.
Galibert (Jean-Baptiste-André), aide-canonnier, de Marseille, le 6 juillet 1779, plaie considérable à la cuisse. Débarqué et resté à l'hôpital de la Grenade.
Jourdan (Esprit), aide-canonnier, de la Seyne.
Cylle (Joseph-Toussaint), aide-canonnier, de la Seyne.
Julien (Esprit-Pierre), aide-canonnier, de Marseille, tué raide au combat du 6 juillet 1779.
Laugier (Jean-François), aide-canonnier, de Cannes.
Julien (Jean-Joseph), minor, aide-canonnier, de Marseille.
Richard (Charles), aide-canonnier, de Marseille.
Cassestre (Louis-Dominique), aide-canonnier, de Toulon, blessure considérable sur le métacarpe le 16 août 1778. Mort du scorbut le 22 octobre 1779.
Ferre (Étienne-Joseph), aide-canonnier, de Toulon, le 6 juillet 1779, contusions légères au visage et à une jambe.
Azan (Joseph-Maur), aide-canonnier, de Toulon.
Martinenq (Jean), aide-canonnier, de Six-Fours.
Montet (Jean), aide-canonnier, de Marseille.
David (Jean-Honoré), aide-canonnier, de Saint-Chamas, mort à l'hôpital de Brest le 3 mai 1780.
Dauphin (Antoine), aide-canonnier, de Saint-Tropez, tué d'un coup de canon le 16 août 1778.
Dano (Joseph), aide-canonnier, de Lorient.
Tandol (Louis), aide-canonnier, de Bordeaux.
Rieu (Jean), aide-canonnier, de Moissac.

Officiers-mariniers de charpentage.

Viry (Jean-Gaspard), maître charpentier entretenu, de Toulon.
Bourgogne (Jean-Louis), deuxième charpentier, de Toulon, le 16 août 1778, blessure légère à la main gauche.
Bourgaret (François-Honoré), aide-charpentier, de Toulon.
Coutelier (Antoine), aide-charpentier, de Toulon.
Antelme (Joseph-François), aide-charpentier, de la Seyne, mort le 13 octobre 1779, du scorbut.
Pascal (Jacques), aide-charpentier, de Six-Fours.

Officiers-mariniers de calfatage.

Aubin (Pierre), maître calfat, de Toulon.
Maunier (Jacques), deuxième calfat, de Toulon.
Daniel (François), aide-calfat, de la Seyne.
Galine (Jean-Baptiste), aide-calfat, de Marseille.
Mayol (Joseph-Raymond), aide-calfat, de Toulon.
Charbonnier (Pierre), deuxième calfat, de Toulon.

Officiers-mariniers de voilerie.

Décugis (Laurent), deuxième voilier, de Toulon.
Guérin (Jean-François), maître voilier, de Toulon.
Sinot (Noël-Jean-Élie), aide-voilier, de Saint-Valéry, tué raide au combat du 6 juillet 1779.

Gabiers.

Daney (Guirand), de Castel (Marmande), au combat du 6 juillet 1779, contusion un peu forte à la cuisse droite et à la jambe gauche.
Boyer (Jean-Baptiste), de Marseille.
Laugier (Joseph), de Marseille.
Staiforollo (Joseph), de Marseille.
Cayac (Noël), de Marseille.
Deluze (Honoré-Laurent), de Marseille.
Tourre (Jean), de Marseille.
Gassin (Vincent-Pascal), de Marseille.
Angalier (Joseph), de Saint-Chamas, légèrement blessé au combat du 6 juillet 1779.
Carrié (Toussaint), de Marseille, légèrement blessé au combat du 6 juillet 1779.
La Rose (Jean), de Saint-Malo.

Timoniers.

Marsès (Mathurin), de Roquecleau (Blaye), le 16 août 1778, contusion légère sur le métacarpe de la main droite.
Beaudoin (Benoît), de Marseille, mort de la fièvre à l'hôpital de Fort-Royal le 6 avril 1779.
Martin (Pierre), de Marseille, le 16 août 1778, légère contusion sur le métacarpe de la main droite et plaie à la joue droite.
Gasquet (Jean-François), de la Ciotat, le 6 juillet 1779, au combat, légère contusion à l'avant-bras.
Poujeau (Étienne), d'Arles, mort le 29 décembre 1779, à l'hôpital de Brest.
Constant (Jean), de Cassis, le 16 août 1778, au combat, légère blessure à la main droite.
Lamy dit Dauphiné (François), de Marseille, le 6 juillet 1779, au combat, plaie contuse à la cuisse, mort à l'hôpital de Brest le 20 décembre suivant.
Roaze (Charles), de Cannes, mort du scorbut le 24 novembre 1779.
Sabin (François), de Marseille.
Ferrot (Mathieu-Séraphin), de Marseille.

Matelots.

Département de Toulon.

Bruno (André), de Toulon.
Vidal (Henri-Félix), de Toulon, brûlure légère au bras gauche au combat du 6 juillet 1779.
Commenay (Vincent), de Toulon.
Andrieu (Jean-Baptiste), de Toulon, mort à l'hôpital de Brest le 24 janvier 1780.
Albert (Jean-Louis), de Toulon.
Aubin (Jean-François), de Toulon.
Martin (Louis-Grégoire), de Toulon.
Reboul (Jean-Claude), de Toulon.
Garoty (François), de Soliès.
Benoit (César-Michel), de Toulon.
Peyran (Mathieu), de Toulon.
Hermitte (Antoine-Marc), de Toulon, au combat du 6 juillet 1779, brûlure très considérable au visage et aux bras; débarqué le 8 juillet suivant à l'hôpital de la Grenade.
Vidal (Jean-Baptiste), de Toulon, au combat du 6 juillet 1779, brûlure très considérable au visage et au bras; débarqué le 8 juillet suivant à l'hôpital de Saint-Georges de la Grenade.
Vidal (Pierre-Joseph), de Toulon.
Charpin (Balthazard-Gabriel), de Toulon.
Martin (Honoré), de Draguignan.
Michel (Toussaint-Balthazard), de Toulon.

Quartier de la Seine (La Seyne).

Jauffroy (Joseph), de Senary (Sanary).
Miraillet (François-Elzéard), de la Seyne.
Raoux (André), de Six-Fours.
Pous (Jean), de Sanary, mort du scorbut le 24 juillet 1779.
Beaussier (Jean), de la Seyne.
Serenon (Antoine), de Sanary.
Vidal dit Branete (Pierre), de la Seyne.
Martinenq (Joseph), de Sanary.
Honoré (Pierre), de Six-Fours.
Bérangier (François), de la Seyne.
Curet (Antoine), de la Seyne, le 6 juillet 1779, au combat, plaie très grave avec fracas des os de l'avant-bras. Le 8 juillet suivant, débarqué à l'hôpital de Saint-Georges de la Grenade, où il est resté.
Berard (Jean-Joseph), de la Seyne.
Depart (Pascal), d'Ollioules.
Moustier (Joseph), de Sanary.
Reboul (Jean-Louis), de Sanary.
Vaché (Jean-Joseph), de Sanary.
Fabre (Antoine), de Six-Fours.
Michel (Antoine), de la Seyne, le 16 août 1778, a eu le bras droit amputé par suite de blessure grave.
Arnaud (Jean-Joseph), d'Ollioules.
Robert (Jean), d'Ollioules, le 6 juillet 1779, brûlure légère au bras.
Arnaud (Joseph), d'Ollioules.
Sicard (Jean), de la Seyne.
Sarteau (Pierre), de la Seyne.
Martin (Jean-Pierre), de la Seyne, tué d'un coup de canon au combat du 16 août 1778.
Martin (Joseph), de la Seyne.

Quartier de La Ciotat.

Bernard (Pierre-André), de la Ciotat.
Mille (Louis), de la Ciotat.
David (Joseph-Jacques), de la Ciotat.
Alezard (André), de la Ciotat.

Barthalot (André), de Bandol.
Arnoux (Jacques), de Bandol.
Carel (François), de Bandol.
Blain (Jean-Jacques), de Cireste, certainement Ceyreste (Bouches-du-Rhône).
Audiffren (Jean), de Bandol.
Allègre (Jean-Dominique), de la Ciotat.
Roubion (André-Barthélémy), de la Ciotat.
Revest (Louis-Joseph), de la Ciotat, le 6 juillet 1779, au combat, brûlure aux deux jambes et au bras; débarqué le 8 juillet suivant à l'hôpital de la Grenade.
Foulejon dit **Coste** (Blaise), de la Ciotat.
Blanc (Louis-César-Marie), de Ceyreste.
Tassy (Claude), de la Ciotat.
Tourmio (Jacques), de la Ciotat.
Pezét (Jean-Joseph), de la Ciotat.
Gras (Jean-Antoine), de la Ciotat.
Mallet (Jean-Antoine), de la Ciotat.
Turle (Pons), de la Ciotat, le 6 juillet 1779, au combat, légère contusion au côté.
Hermitte (Jacques-François), de la Ciotat.
Cameyran (Jean-Baptiste), de Bandol.
D'Arquier (Louis-Grégoire), de la Ciotat.
Maubert (Joseph), de Bandol.
Brest (André), de Bandol.
Marchand (Étienne), de la Ciotat.
Audiffren (Jean-Baptiste), de Bandol.
Aicard (Joseph-Étienne), de la Ciotat.
Arnaud (François-Auguste), de la Ciotat.
Beaudovin (Pierre), de la Ciotat.
Terras (Noël-Benoît), de la Ciotat.
Bonifay (André), de la Ciotat.
Lamy (Louis), de la Ciotat.
Blanc (Antoine), de la Ciotat, mort à l'hôpital de Fort-Royal le 13 juillet 1779.
Aubin (Barthélémy-Martin), de la Ciotat.

Quartier de Saint-Tropez.

Martin (Tropès), de Saint-Tropez.
Pelegrin (Joseph-Patrice), de Saint-Tropez, mort du scorbut le 12 novembre 1779.

Département de Marseille.

Camouin (Pierre), de Marseille, mort le 8 juillet 1779, à la suite d'une cuisse coupée dans le combat du 6 juillet 1779.
Taradant (Guillaume), de Roquebrune (Var).
Tourait (Antoine), de Marseille.
Sicard (Pierre), d'Aubagne.
Gassin (Pierre-Joseph), de Marseille.
Breton (Antoine), de Marseille.
Esquiere (Félix-Martin), de Marseille.
Coutarel (Jean), de Marseille.
Cornier (Jacques-Raymond), de Marseille.
Charles (Étienne), de Marseille.
Julien (Antoine), de Marseille.
Deleousse (Laurent-Dominique), de Marseille.
Nouveau (Augustin), de Marseille.
Brémond (Michel-Barthélémy), de Cassis.
Ardouin (François), de Cancale.
Beaudremont (Joseph), de Dinan.
Barbier (Jacques), de Saint-Enogat (près Dinan).
Le Dantec (Vincent), de Saint-Enogat (près Dinan).
Rouve (Honoré), de Marseille.
Clément (François), de Marseille.
Rouve (Jean-Joseph), de Marseille.
Esteignie (Joseph-Antoine), de Marseille.
Gueimard (Jean-Baptiste), de Marseille.
Taxy (François), de Cassis, le 16 août 1778, au combat, forte contusion avec plaie à la fesse gauche.
Abeille (Jean-François), de Marseille.
Fournillier (Jean-Pierre), de Marseille.
Blanche (Jean-Jacques), de Marseille.
Clavel (Joseph-Thomas), de Marseille.
Savourhin (André-Joseph), de Marseille.
Coulomb (Laurent), d'Aubagne, mort le 19 décembre 1778, à la suite des blessures qu'il a reçues le jour du combat avec l'escadre anglaise au mouillage de Sainte-Lucie.
Caze (Louis-Balthazard), de Marseille.
Sicard (Jean-Paul), de Cassis.
Peyran (Lazare), de Marseille.
Seard (Antoine-Arnoux), de Marseille.
Roux (Mathieu-Nicolas-François), de Marseille.
Gautier (Jean-Lange), de Marseille.
Payan (François), de Marseille.
Colpe (Guillaume-Nicolas-M^el^), de Marseille.
Lyon (Gabriel), de Marseille.
Bernié (Jacques), de Marseille.
Glise (Jean), de Marseille.
Reynaud (Jean), de Marseille.
Chabry (Pierre-Jacques), de Marseille.
Pegy (Guillemme), de Montauroux, mort du scorbut le 1er octobre 1779.
Bouis (Jean-Pierre-Marie), de Marseille, le 16 août 1778, contusion légère au genou droit.
Desrues (Pierre-Mathurin), de Querbaville (Rouen).
Ollivier (Toussaint), de Querbaville (Rouen), le 15 décembre 1778, au combat de Sainte-Lucie, plaie à la partie moyenne et extérieure de la jambe.
Daye (François-Antoine), de Rouen, le 6 juillet 1779, contusion légère au dos.
Freme ou **Franc** (Jacques), de Marseille.
Carbonnel (Louis), de Marseille.
Durand dit **Moutranqui** (Christophle), de Marseille.
Gavarré (Antoine), d'Antibes, **tué raide** au combat du 6 juillet 1779.
Aycard (Bruno), d'Hyères.
Galiman (Jacques), de la Ciotat, le 16 août 1778, plaie légère sur le pied droit.
Coursach (Laurent), de la Ciotat, mort le 5 septembre 1779, d'une fièvre putride.
Malafosse (M^el^), de Marseille.
Préver (Joseph), de Saint-Malo, mort du scorbut le 29 novembre 1779.
Berenguier (François), de Marseille, mort du scorbut le 7 décembre 1779.
Valentin (Benoit), de Marseille, mort le 26 avril 1778, d'une fièvre putride.
Jauffret (Sébastien), de Marseille.
D'Antoine (Jean-François), de Marseille.
Ollive (Jean-Baptiste), de Marseille.
Gaudin dit **Barrillon** (Dominique), de Mazargues.
Cayol (Jean-André), de Marseille.
Reymonet (André-Elie), de Marseille.
Fournillier (Jean-Baptiste), de Marseille, mort du scorbut le 9 octobre 1779.
Lange (Joseph), de Marseille, mort du scorbut le 30 août 1779.
Gabriel (François), de Marseille.
Garbus (Joseph), de Gênes.
Maillousse (Jean-Baptiste), de Marseille.
Paillet (Joseph-Augustin), de Marseille.
Patery (Sauveur-Augustin), de Marseille.
Court (Thomas), de Marseille.
Boyer (Louis), d'Aubagne.
Donat (Louis-Gaspard), d'Antibes.
Millot (Pierre), d'Antibes, le 16 août 1778, contusion avec écorchure à la partie moyenne et inférieure du coronal.
Brun (Louis), de Marseille.
Guillardon (François), de Marseille, mort le 19 octobre 1779, du scorbut.
Charpin (Jean-Joseph), de Marseille, mort à l'hôpital du Fort-Royal le 23 avril 1779.
Garnier (Jean-Baptiste), de Marseille.
Senequier (Antoine), de Marseille.
Tassy (Pierre-Gaspard), de Marseille.
Rimbaud (Paul-François), de Marseille, le 6 juillet 1779, au combat, brûlure légère au visage.
Coudonnet (Toussaint-Gaëtan), de Martigues.
Chaxpoux (Barthélémy), de Marseille.
Jubelin (Louis), de Marseille.
Rossignol (André-Dominique), de Marseille.
Pavie (Jacques), de Marseille.
Peyre (Jean-Philippe), de Marseille, le 6 juillet 1779, au combat, plaie contuse aux orteils.
Berger (Honoré), de Marseille, Pont de Beau-Voisin.
Moriès (Joseph), de Marseille.
Pignatel (Antoine-Lazare), de Marseille.
Boze (Barthélémy-Martin), de Marseille.
Imbert (Antoine), de Marseille.
Vassal (Nicolas-Joseph), de Marseille.
Cauné (Jacques-Pierre), de Marseille.
Gaubert (Joseph-Marie), de Marseille.
Reissety (Jean), de Marseille.
Beaudeuf (Sébastien), de Marseille.
Autrand (François), de Cannes.
Rey (Jean-Raymond), de Marseille.
Martin (Barthélémy), de Marseille.
Rouy (Antoine), de Marseille, tué raide au combat du 6 juillet 1779.
Carles (Jean-Jacques), de Marseille.
Moutet (Joseph), de Marseille.
Gassin (Pierre), de Marseille.
Fillastre (Laurent), de Marseille.
Aubert (Jean), de Marseille.
Thomas (Hyacinthe-Salva), de Narbonne.
Delago (Jean-Laurent), de Marseille.
Garcié (Guillaume), de Marseille, le 6 juillet 1779, au combat, contusions très graves à l'œil droit et au bras gauche.
Laurent (François-Gaston), de Marseille, débarqué le 2 août 1779, pour cause de ses blessures graves.
Ferrary (Jean), de Marseille, le 6 juillet 1779, au combat, plaie contuse aux orteils.
Jourdan (Blaise), de Marseille.
Boès (Jean-Antoine), de Marseille.
Jourdan (Jérôme), de Marseille, le 6 juillet 1779, au combat, brûlures au visage et au bras droit.
Cougnet (Charles), de Marseille.
Montagnac (Mathieu), de Marseille.
Chaussegros (Jean-Joseph), de Marseille.
Fourniquier (André), de Marseille.
Despeches (Claude), de Marseille.

Quartier de Martigues.

Michel (Jean-Baptiste), de Saint-Chamas.
Leutier (Grégoire), de Martigues.
Silvestre (Étienne), de Martigues.
Marquis (Louis-Simon), de Martigues.
Ricard (Pierre), de Martigues.

Reynier (Jean-Baptiste), de Martigues.
Aillaud (Jean-M[el]), de Martigues.
Isnard (Joseph), de Martigues.
Mouton (Balthazar), de Martigues.
Parremond (Joseph), de Martigues.
André (Claude), de Martigues, le 6 juillet 1779, au combat, brûlure légère au bras.
Carlon (Jean-Joseph), de Martigues.
Benoit (Jean-Pierre), de Martigues.
Bernard (Jean-Honoré), de Martigues.
Escalon (Laurent), de Berri (probablement la province de ce nom).
Blanc (Augustin), de Berri (probablement la province de ce nom).
Juge (Henry), de Saint-Chamas, le 6 juillet 1779, brûlure à la main.
Dupré (François), de Martigues.
Silvestre (Joseph), de Saint-Chamas.

Département d'Antibes.

André (Dominique), de Cagnes, mort à l'hôpital de Brest le 19 mars 1780.
Mussou (Benoît), de Valaury (Valloris), le 16 août 1778, au combat, forte contusion sur l'os sacrum.
Bompard (Jean), d'Antibes, tombé à la mer et noyé le 29 mai 1778.
Provençal (Jacques), de Cagnes.
Currault (M[el]), d'Antibes.
Reboutat (Jacques), d'Antibes.
Jourdan (Jean), d'Antibes.

Quartier de Cannes.

Alieys (Honoré), de Cannes.
Autran (Honoré), de Cannes.
Raymondon (Joseph), de Cannes.
Huguès (Honoré), de Cannes, le 16 août 1778, au combat, blessure légère, partie moyenne de la jambe droite; le 6 juillet 1779, au combat, brûlures considérables au visage et au bras.
Conte (Pierre), de Cannes.
Rolland (André), de Cannes, le 6 juillet 1779, au combat, plaie grande et profonde à la partie supérieure et intérieure de la jambe; débarqué le 8 juillet à l'hôpital de la Grenade, où il est resté.

Département d'Arles.

Bernier (Louis), d'Arles.
Peyrol (Jacques), d'Arles.

Département d'Agde.

Rigal (Nicolas), d'Agde.
Bertrand (François-Joseph), d'Agde.
Lacombe (Joseph), d'Agde.
Carriès (Jean), d'Agde.
Benoit (Antoine), d'Agde, le 16 août 1778, plaie contuse peu considérable sur le sternum.
Sabattier (Antoine), d'Agde.
Combes (Henry), d'Agde.
Veiriou (Michel), d'Agde.
Bertrand (Jean-Pierre), d'Agde.

Quartier de Cette.

Ollivier (Jean), de Cette.
Gautier (Barthélémy), de Cette, mort le 23 septembre 1779, du scorbut.
Delmas (Antoine), de Cette.
Julien (Guillaume), de Cette.
Archer (Pierre), de Cette, tué d'un coup de canon au combat du 16 août 1778.
Roux (Louis), de Cette.
Viala (Jean-François), de Cette.
Bousquet (Jean-Baptiste), de Cette.
Gonny (Georges), de Cette, le 16 août 1778, forte contusion sur la cuisse droite, partie externe et moyenne; mort à l'hôpital de Brest le 29 décembre 1779.
Privat (Jacques), d'Aigues-Mortes, le 6 juillet 1779, au combat, plaie contuse à la jambe.
Nau (Jean), d'Aigues-Mortes.

Quartier de Narbonne.

Pons (Jean-Baptiste), de Narbonne.
Mourrut (Barthélemy), de Baige (Haute-Vienne).
Cadessus (Antoine), de Baige (Haute-Vienne).
Martin (Antoine), de Baige.
Reynaud (Barthélemy), de Baige.
Reynaud (Jean-Louis), de Leucate.
Simon (Jean-Louis), de Floury (Aude), mort du scorbut le 22 janvier 1779.
Cayol (Joseph), de Narbonne.
Dieulafoy (François), de Narbonne, le 6 juillet 1779, légère contusion au pied.
Balyste (Barthélémy), de Narbonne.
Reynaud (Mathieu), de Narbonne.
Artigue (Paul), de Narbonne.

Quartier de Saint-Jean-de-Luz.

Daguerre (Auger), de Ciboure.
Munier (Étienne), de Ciboure.
Germain (Jean), de Ciboure.
Rochilet (Pierre), d'Urrugne.
Hiratpandy (Martin), d'Urrugne.
Daguerre (Pedro), de Sare.
Larrea (Pierre), de Sare.
Dithurbide (Christoal), de Sare.
Detcheverry (Martin), de Saint-Pé.
Sallabery (Pierre), de Saint-Pé.
Detcheverry (Dominique), de Bidart, mort à la mer le 28 août 1779.
La Fargue (M[el]), de Bidart, le 6 juillet 1779, au combat, légère contusion au visage.
Detchepare (Estoban), de Bidart.
Doyamboure (Joannis), de Biarritz.
Dithurbide (Joannis), de Briscous (Basses-Pyrénées).
Duvergez (Étienne), de Saint-Martin-de-Seignaux (Landes), le 6 juillet 1779, contusion légère au bras.

Quartier de Libourne.

Maubilas (Elie), de Vignonet.
La Grange (André), de Vignonet.
Monnereau (Jean), de Vignonet.
Goudichaux (Jean), de Vignonet.
Foussat (François), de Vignonet.
Goffre (Pierre), de Vignonet.
Frestier (Louis), de Vignonet.
Robert (Pierre), de Vignonet.
Foussat (Pierre), de Vignonet.
Sans dit Piney (Pierre), de Vignonet, le 16 août 1778, bras droit emporté; mort le 10 septembre suivant à l'hôpital de Boston.
Chaumette (Pierre), de Cabara, le 6 juillet 1779, au combat, brûlures au visage et aux mains.
Boyer (Vidal), de Cabara.
Saujon (Jean), de Cabara.
Broustay (François), de Cabara.
Diars (Pierre), de Cabara.
Piganeau (Jean), de Pessac ou Pessac-sur-Dordogne (Gironde).
Rousseau (Pierre), de Pessac ou Pessac-sur-Dordogne (Gironde).
Loubeau (Jean), de Pessac ou Pessac-sur-Dordogne (Gironde).
Marron (Jacques), de Pessac ou Pessac-sur-Dordogne (Gironde), le 16 août 1778, tué d'un coup de canon.
Dumas (Pierre), de Bergerac.
Mercier (Guillaume), de la Faye (Charente), mort le 13 mai 1778, d'une fièvre putride.
Maillard (Pierre), de la Faye.
Coiffard (Antoine), de Guitre (Guitre-sur-l'Isle (Gironde).
Neau (Arnaud), de Coutras.

Quartier de Marmande.

Patochon (Pierre), de Castel, probablement Castel-Viel (Gironde).
Barbe (Jean), de Gironde, le 6 juillet 1779, au combat, brûlure considérable au visage et au bras; débarqué le 8 juillet suivant à l'hôpital de la Grenade.
Bignon (Michel), de Gironde.
Faucher (Jean), de Gironde.
Bordenave (Colas), de Gironde.
Barbe (Antoine), de Gironde.
Labat dit Pelliot (François), de la Réole.
Secrestan (Pierre), de la Réole.
Mondin (Pierre), de la Réole.
Bléziat (Jean), de la Réole, mort à Quimper le 17 janvier 1780.
Dulinge (Jean), de Bourdelles.
Balureau (Bertrand), de Bourdelles, le 6 juillet 1779, au combat, brûlures considérables au visage et au bras droit; débarqué le 8 juillet suivant à l'hôpital de la Grenade.
Berteig (Jean), de Marmande.
Moupouillant (Jean), de Caumont (Gironde), mort le 17 août 1778, à la suite d'un coup de canon qu'il avait reçu au combat, la veille.
Castaignet (Jean), de Caumont (Gironde).
Anduran (Pierre), de Caumont (Gironde).
Subiot (Martial), du Mas-d'Agenais (Lot-et-Garonne).
Flairet dit Maupas (Pierre), de Marmande.
Lusseau dit Bourrut (Pierre), de Saint-Crépin.

Quartier de la Teste-de-Buch.

Dayot dit Janot (Jean), de la Teste-de-Buch.
Biran dit Mourbian (Pierre), de la Teste-de-Buch.
Dechoux (Guillaume), de la Teste-de-Buch.
Coustau dit Bourdujan (Pierre), d'Audenge et Arthez, le 16 août 1778, plaie légère au nez et contusion sur le sternum.
Caze dit Lail (Jean), d'Audenge et Arthez.
Guittard dit Paipé (Pierre), d'Audenge et Arthez.
D'Espagne dit Coglai (Pierre), de Lanton.
Barrières (Arnaud), de Lanton, le 6 juillet 1779, tué raide au combat.
Elies (Jean), de Lanton, mort à l'hôpital du Fort-Royal le 17 avril 1779.
Lambert dit Chilhomme (François), d'Archignac et Lège.
Tités dit Bertrille (Antoine), d'Archignac et Lège.

Sauvignon (Antoine), d'Archignac et Lège.
Martin dit **Ganache** (François), d'Archignac et Lège.
Conte (Pierre), d'Archignac et Lège.
Camin (Antoine), d'Archignac et Lège.
Dubos dit **Chicoy** (Jean), de Gujan.

Département de Bordeaux.

Saboureau (Pierre), de Saint-Remy (Dordogne).
Barradieu (Pierre), de Saint-Michel.
Bousquet (Pierre), de Saint-Michel.
Baudri (Jean-Pierre), de Saint-Michel.
Driancourt dit **Parisien** (Pierre), de Saint-Michel.
Chamaulau (Jacques), de Saint-Michel.
Bergeon (Pierre), de Saint-Michel.
Valette (Jean-Pierre), de Saint-Michel.
Souriac (Jean), de Saint-Michel, le 6 juillet 1779, au combat, contusion légère au bras.
La Tournerie (Bernard), de Barsac (Gironde).
La Porte dit **Moulette** (Jean), de Lauger, peut-être L'Augère.
Gahures (Pierre), de Lauger, peut-être L'Augere.
Texier (Raymond), de Rioux (Gironde).
Saillan (Pierre), de Rioux (Gironde).
Delin (Jean), de Paillet (Gironde).
La Couture (Nicolas), de Paillet (Gironde), le 16 août 1778, forte contusion sur l'omoplate à la partie supérieure du bras gauche avec plaie sur la deltoïde.
Linquin (Jean), de Quinsac (Gironde).
Chassenès (Jean), de Beautiran.
Léonard (Mathieu), d'Ambarès-et-la-Grave (Gironde).
La Couture (Aubert), d'Ambarès-et-la-Grave (Gironde).
Molière (Pierre), de Bordeaux.
Petit (Jean), de Bordeaux.
Castaing (Jean-Baptiste), de Bordeaux.
Brouillet (François), de Bordeaux.
Meyroux (Pierre), de Bordeaux.
Morin (Jean-François), de Lorient.
Arnaud (Jean), de Bordeaux.
Laurent (Pierre), de Bordeaux.

Département de la Corse.

Luciana (Augustin), de Bastia, le 16 août 1778, contusion légère sur le côté droit de la poitrine.
Aitelli (Joseph-Marie), de Bastia.
Simonini (Joseph), de Bastia.
Bianchi (Jérôme), de Bastia, le 6 juillet 1779, au combat, légère brûlure au pied.
Venturini (Pierre-Paul), de Cagnano (Corse).
Christofany (Ange), de Cagnano (Corse).
Venturini (Jean), de Cagnano (Corse), le 16 août 1778, au combat, plaie légère à la partie moyenne et antérieure de la jambe droite.
Juliany (Joseph), de Cagnano, le 6 juillet 1779, brûlure au côté; débarqué le 10 juillet suivant à l'hôpital de la Grenade.
Cattony (Antoine), de Cagnano.

Novices.

Vian (Jean-Baptiste), de Toulon.
Gibert (Henry), de Nîmes.
Cassegrain (François), de Châtellerault.
Boyer (Jean-André), de Marseille.
Rouge (Simon), de Grenoble.
Volaire (Jean-François-Charles), de Toulon.
Franc (Joseph), de Draguignan.
Surron (Jean-Louis), de la Garde, le 16 août 1778, légère contusion à la partie moyenne externe du bras droit; mort de fièvre le 31 décembre 1778.
Philibert (Jean-Baptiste), de Riez (Basses-Alpes).
Therville (Jean-Baptiste), de Riez (Basses-Alpes).
Girard (Jean-Baptiste), de Toulon, le 16 août 1778, contusion légère au genou gauche.
Trotebas (Joseph-Marie), de Toulon.
Provençal (Louis), d'Antibes.
Bonet (François), de Draguignan.
Meunier (Edouard), de la Martinique.
Maudet (Jacques), du Canada.
Rocher (Jean), de Cognac.

Matelots de Boston.

Blasdes (Jonathan), matelot, de Boston.
Foler (Thomas), novice, de Boston.
Martheg (Joannes), novice, de Boston.

Canonniers servants.

Maurel (Etienne), de Larée (Gers).
Colomby (Jacques-Marcelin), de Barjols (Var), blessé grièvement les 16 août 1778 et 6 juillet 1779, aux combats.
Romain (Antoine), de Marseille.
Armand (Jean), de Sisteron.
Maldinet (Jean-Baptiste), de Massay ou Macey, blessé aux combats des 16 août 1778 et 6 juillet 1779.
Rabat (Georges-François), du Pas.

LE VENGEUR

(1778-1781)

M. le Chevalier DE RETZ, Capitaine de vaisseau, Commandant.

ÉTAT-MAJOR

CAPITAINE DE VAISSEAU

Le Chevalier **de RETZ**, Commandant.

LIEUTENANTS DE VAISSEAU

De **FORNOUE**, Lieutenant de vaisseau, puis Capitaine de vaisseau.
Le Chevalier **du BOCASGE.**
Baron **de ROBINDER**, surnuméraire, Suédois.

LIEUTENANT DE VAISSEAU ET DE PORT

RUREFF.

ENSEIGNES DE VAISSEAU

Le Chevalier **de RIEUX.**
De **BANVILLE.**
De **RUAC.**
DAUGA ou **DANGA.**
De la **GALERNERIE.**

OFFICIERS AUXILIAIRES

Le Sr **TOULGAYAC.**
Le Sr **LEYRITZ.**
Le Sr **LAMBERT**, de Saint-Valéry.
Le Sr **QUELLO.**
Le Sr **BOUCHET.**
Le Sr **GRANDMONGIN.**

CHIRURGIENS-MAJORS

Le S[r] **CRE**, mort à l'hôpital du Fort-Royal le 16 juillet 1780.
Le Sr **CHAPELAIN.**

AUMONIERS

PICHET (R. P. Victor).
PERROT (R. P.), Cordelier.

GARDES DU PAVILLON ET DE LA MARINE

Le Chevalier **de BERULLE**, Garde du pavillon.
De **ROMAIN**, Garde de la marine, mort à bord le 2 février 1780.
De **SAINT-GEORGES.**

VOLONTAIRES

Septsans (Louis), de Saint-Malo, tué au combat du 17 avril 1780.
Raffy (René), de Saint-Malo.
Pinel (Louis-Marie), de Saint-Malo.
Le Sr **Crescent**, père, de Saint-Malo.
Le Sr **Crescent**, fils, de Saint-Malo.
Durif (Pierre), de Saint-Malo.
Duchêne ou **Duchesne** (Joseph), de Saint-Malo.
Glaud (François), de Saint-Brieuc.

Le Sr **La Biche**, de Saint-Brieuc, tué au combat du 6 juillet 1779.
Le Chevalier **de Ruan**.
Le Sr **Jouim** (Louis).
Le Sr **Caulard**.

Officiers-mariniers de manœuvre.

Quartier (Antoine), premier maître, de Rochefort.
Guignard (Charles), premier maître, de Rochefort, mort à bord le 29 mars 1780.
Poisson (Jean), second maître, de Lorient.
Rousseau (Luc), contremaître, des Sables-d'Olonne, mort à l'hôpital du Fort-Royal le 24 février 1779.
Bretonné (Louis), contremaître, de Noirmoutiers.
Brochard (René), contremaître, de la Rochelle.
Rio (Jean-Marie), bosseman, de Lorient.
Gleudic (Jean-Marie), bosseman, du Croisic.
Méchin (Estienne), quartier-maître, de la Rochelle.
Le Sergent (Jean), quartier-maître, de Camaret.
Dabouit (Jean-François), quartier-maître, de Lorient.
De Bien (Joseph), quartier-maître, du Croisic.
Halgant (Estienne), quartier-maître, du Croisic.
Guehenneuc (François-Marie), quartier-maître, de Recouvrance (Brest).
Daniel (Pierre-Antoine), quartier-maître, de Brest.
Bizien (Mathieu), quartier-maître, du Conquet.
Hervau (Jean-Mathurin), quartier-maître, de Lorient.
Morin (Jean), quartier-maître, de Dinan, mort en rade de Savannah le 12 octobre 1779.
Cabut (Jean), quartier-maître, de Rouen.
Peltier (Jacques), quartier-maître, de Granville.
Le Groïc (Pierre-Adrien), quartier-maître, du Havre.
Hausseguy (Pierre), quartier-maître, de Saint-Jean-de-Luz.

Officiers-mariniers de pilotage.

Duviquet (Noël-Epiphane), second pilote, de Dieppe.
Pilastre (Pierre), second pilote, de Rouen.
Jouhanneau (François), second pilote, de Libourne.
Petit (Jean-Nicolas), aide-pilote, de Rouen.
Despuglaux (Pierre), aide-pilote, de Bayonne.
Pilastre (Jean-Jacques-Thomas), aide-pilote, de Rouen.
Laplanche (Jean-Louis), aide-pilote, de Lanvellec, nommé pilote de première classe le 1er décembre 1780.

Officiers-mariniers de canonnage.

Perroux (Charles), maître canonnier, de Brest.
Ligut (Jean-Marie), maître canonnier, de Brest.
Eliès (Jean), second canonnier, de Lorient.
Chaigneaux (Jacques), second canonnier, de la Rochelle.
Le Moing (Guillaume), second canonnier, de la Bde (probablement Barbade).
Aumont (Estienne), aide-canonnier.
Ménard (François), aide-canonnier.
Salmon (Pierre-Jacques), aide-canonnier.
Patarin (André), aide-canonnier.
Louarn (François-Marie), aide-canonnier, de Brest.
Guéguen (Philippe), aide-canonnier, de Brest.
Pache (Sébastien), aide-canonnier, de Brest.
Beaujendre (Yves-Marie), aide-canonnier, de Brest.
Ribleur (François), aide-canonnier, de Vannes.
Crézon (Pierre-Antoine), aide-canonnier, de Vannes.
Humbert (Jean-Pierre), aide-canonnier, de la Bde (probablement Barbade).
Chalumeau (Mathurin), aide-canonnier, de la Bde (probablement Barbade), tué au combat du 17 avril 1780.
Le Vieux (Balthazar), aide-canonnier, de la Bde (probablement Barbade).
Gouzec (Guillaume), aide-canonnier, de Saint-Brieuc, mort à bord le 13 avril 1780.
Bernardin (Jean-Baptiste), aide-canonnier, du Vivarais.
Dumouchel (Robert-François), aide-canonnier, du Havre.
Natis (Jean), aide-canonnier, de Bordeaux.
Pitard (Louis), aide-canonnier, de la Bde (Barbade).
Miorzec (Jean-Nicolas), aide-canonnier, de la Bde (Barbade).
Garnier (Noël), aide-canonnier, de la Bde (Barbade).
Hériard (Dominique), aide-canonnier, de Bayonne.
Le Bris (Jean-François), aide-canonnier, de Granville.
Coquet (Jean), aide-canonnier, de Granville.
Germe (Jean), aide-canonnier, de Boulogne.

Officiers-mariniers de charpentage.

Ditly (Henry), premier maître charpentier, de Rochefort.
Sauvaget (Louis), second charpentier, de Rochefort.
Le Creu (René), aide-charpentier, de Recouvrance (Brest).
Gral (Yves), aide-charpentier, de Brest.
Chauve (André), aide-charpentier, de Nantes.

Officiers-mariniers de calfatage.

Labat (Pierre), premier maître calfat, de Recouvrance (Brest), mort à bord le 8 janvier 1781.
Garin (Hervé), second calfat, de Recouvrance (Brest).
Godal (Joseph), aide-calfat de Lorient.
Priou (Joseph-Marie), aide-calfat, de Recouvrance (Brest), mort à l'hôpital du Fort-Royal le 2 janvier 1780.

Officiers-mariniers de voilerie.

Le Bert (Joseph), premier maître voilier, de Brest.
Colin (Bernard), second voilier, de Lambézellec.
Bataille (Jacques-François), aide-voilier, de Saint-Malo.
Benze (Louis), aide-voilier, de Bayonne.

Remplacement des officiers-mariniers.

Bouyer (Pierre), second maître, de l'Ile-de-Ré.
Cogant (Yves), aide-calfat, de Brest.
Séguineau (François), quartier-maître, d'Oléron, mort à l'hôpital du Fort-Royal le 5 juillet 1780.
Nadeau (Jean), quartier-maître, d'Oléron.
Daudin (Louis), quartier-maître, d'Oléron, tué au combat du 6 juillet 1779.
Vince (Pierre), quartier-maître, du Croisic.
Bertin (Pierre), quartier-maître, du Croisic.
Priston (Nicolas), quartier-maître, de Granville.
Maudret (Pierre), quartier-maître, de l'Ile d'Yeu.
Ayreau (Jacques), deuxième pilote, des Sables-d'Olonne.
Simon (Philippe), aide-pilote, des Sables-d'Olonne.
Odon (François), aide-charpentier, de la Rochelle.
Balléa (Jean), maître calfat, de Brest.
Le Bourhis (Yves), maître voilier, de Lorient.
Toulouse (André), aide-voilier, de Bayonne.
Henry (Estienne), aide-canonnier, de Brest.
Michel (Jean-Louis), aide-canonnier, de la Bde (Barbade).
Dumeur (Jean), aide-canonnier, de la Bde (Barbade).
Longin (Yves), aide-canonnier, de Brest.
Avard (Michel), aide-canonnier, de Caen.
Mousset (Noël), aide-canonnier, de Dinan.
Guernigou (Jean), aide-canonnier, de Morlaix.
Pichut (Michel-André), aide-canonnier, de Lambézellec.
Dumouchel (Louis-François), aide-canonnier, du Havre.
Fache (Antoine), aide-canonnier, de Saint-Valéry.
Petuzel (Julien), aide-canonnier, de Morlaix, mort en mer le 25 septembre 1779.
Buzeau (Jean-Michel), aide-canonnier, de Saint-Valéry.
Gallic (Jean), aide-canonnier, de Lorient, mort au Fort-Royal le 8 avril 1779.
Grebert (Antoine), aide-canonnier, de Calais.
Laballe (Louis), aide-canonnier, de Granville.
Tête (Gabriel), aide-canonnier, de Saint-Valéry.
Touzant (Guillaume), aide-canonnier, de Saint-Brieuc.
Margoulet ou **Margollé** (Jean-Charles), aide-canonnier, de Boulogne.
Riverot (Julien), aide-canonnier, de Boulogne.
Mascot (Jean-Pierre), aide-canonnier, de Boulogne.
Bidet (Thomas), aide-canonnier, de Brest.
Castinge (Jean), aide-canonnier, de Bayonne.
Cozan (François), aide-canonnier, d'Ouessant.
Claireau (Aimable), aide-canonnier, d'Ouessant.
Merière (Jean-Pierre), aide-canonnier, de Caen.

Gabiers.

Vimarre (Jean), de Caen.
Priston (Nicolas), de Granville.
Gautier (Jacques-Ollivier), de Granville.
Thual (François), d'Ambon (près Vannes), tué au combat du 6 juillet 1779.
Nicolas (Jean), du Croisic.
Quintin (Ambroise), de l'Ile d'Yeu, tué au combat du 6 juillet 1779.
Huon (François), de Lannion, mort à l'hôpital du Fort-Royal le 25 janvier 1780.

Timoniers.

Denié (René), du Croisic.
Sambron (Charles), du Croisic.
Niel (Pierre), du Havre.
Pontif (Robert-Guillaume), de Rouen.

Herval (Guillaume), de Rouen.

Samson (Philipe-Bernard), de Cherbourg.

Matelots.

Fourré (Nicolas), de Saint-Valéry.

Mulard (Antoine), de Saint-Valéry.

Jouand (Jean), de Saint-Brieuc.

Vannier (Jean-Baptiste), de Caen.

La Porte (Jacques), de Caen.

Herbeline (Michel), de Caen.

Pasteur (Claude), de Recouvrance (Brest).

Thobic (Jean), de Lorient.

Rouzic (Jean), de Lorient, mort le 23 avril 1779.

Pouché (Jacques), de Granville.

Durand (Pierre), de Caen, mort en mer le 28 septembre 1780.

Chemin (Marin), de Caen.

Friard (René), du Croisic.

Calembert (Jacques), du Croisic, mort à bord le 19 mars 1780.

Jean (François), du Croisic, mort au Fort-Royal le 22 février 1780.

Guilloré (Jean), du Croisic.

Pédron (François), du Croisic.

Hervel (Thomas), du Croisic.

Le Heudier (Michel), du Croisic, tué au combat du 6 juillet 1779.

Criaud (Joachim), du Croisic.

Mahé (Jean), du Croisic, mort le 14 décembre 1779, à bord.

Oliveau ou **Olivrau** (Estienne), du Croisic, mort en mer le 3 octobre 1780.

Mériel (Estienne), de Caen.

Clément (Jacques), de Lorient.

Alain (Michel), de Lorient, mort à l'hôpital du Fort-Royal le 20 décembre 1779.

Le Vilain (Pierre), de Caen.

Osmont (Jean-François), de Caen.

Héroux (Pierre), de Landerneau.

Dubos (Olivier), de Honfleur.

Gostas (Michel), de Saint-Jean-de-Luz.

Landry (Georges), de Noirmoutiers.

Le Normand (Mathieu), de Caen.

Dangon (Joseph), de Blaye, mort à l'hôpital du Fort-Royal le 18 décembre 1779.

Le Gambier (François), de la Hougue.

Frais (Louis-Claude), de Rouen.

Baril (Jean-Baptiste), du Havre.

Devaux (Jean), de Caen.

Grin (François), de Caen.

De la Cour (Guillaume), de Cherbourg.

Terrieu (Joseph), d'Henbon (certainement Hennebont).

Crétien (Michel), de Saint-Valéry.

Crétien (Jean), de Saint-Valéry.

Erivois (Laurent), de Saint-Brieuc.

Gautier (Joseph), de Saint-Malo.

Le Béchet (Jean-Pierre), de Brest.

Fréret (François), du Havre.

Boudin (Pierre-Thomas), de Honfleur.

Guesmer ou **Guesméo** (Charles), de Saint-Brieuc, mort à l'hôpital du Fort-Royal le 4 janvier 1780.

Even (Jean), de Morlaix.

Bidet (Thomas), de Brest.

Fougère (Jean-Nicolas), de Honfleur.

Pignol (Pierre-Antoine), de la Hougue.

Le Fort (Antoine-Benoît), de Saint-Valéry.

Mary (Jean), de Saint-Valéry.

Vallerand (Michel), de Caen.

Diveux (Julien), de Dinan.

Catherine (Gabin), de Caen.

Desriviers (Marin), de Caen, mort en mer le 26 décembre 1780.

Roussel (Claude), de Caen.

Le Poitre (François), de Caen, mort à l'hôpital du Fort-Royal le 7 janvier 1780.

Patey (Pierre), de Caen.

Roussel (Pierre), de Caen.

Le Marchand (Jean-Louis), de Caen, mort à l'hôpital du Fort-Royal le 15 mai 1780.

Beyon (Jean-Marie), de Landerneau.

Guillaume (Jean), du Croisic.

Dugué (Joseph), de Nantes.

Roussel (Adrien), de Saint-Valéry.

Le Toullec (Joachim), de Vannes.

Hubaud (Jean), de Saint-Nazaire.

Guignard (Pierre), de Saint-Brieuc, mort à l'hôpital du Fort-Royal le 15 mars 1780.

Conor (François), de Brest.

Fréchon (Gabriel), de Saint-Valéry.

Varlet (Jean-Baptiste), de Saint-Valéry.

Saumonière (Charles-François), de la Hougue.

Normandie (Jean), de Caen, mort à bord le 23 novembre 1779.

De la Porte (Jean-Baptiste), de Caen.

D'Hiers ou **d'Hyères** (Guillaume), de Saint-Valéry.

Boulo (Jacques), de Granville.

Bedesque (Charles), de Belle-Isle.

Roulé (Jacques), du Croisic.

Bruneau (Jean), de Guérande.

Berthau (Julien), du Croisic, mort à bord le 23 janvier 1779.

Le Hot (André-Jean), de la Hougue.

Gobichon (Alain), de Brest, mort à bord le 13 janvier 1781.

Ménard (François), de Granville, tué au combat du 6 juillet 1779.

Léost (François), de Lambézellec, mort à l'hôpital du Fort-Royal le 9 mai 1780.

Chagneau (Elie), de Royan.

Messan (Elie), de Cadillac (Bordeaux), tué au combat du 6 juillet 1779.

Dallerat (Antoine), de Saint-Nazaire ou du Croisic.

Richard (François), de Saint-Nazaire.

Choupeaux (Pierre), de Dinan.

Vacogne (Jacques), de Boulogne.

Bégué (Jean), de Toulouse, mort en mer le 25 septembre 1780.

Bonnec (Guénaël), de Vannes.

Lamarre (Pierre), de Vannes, mort à l'hôpital du Fort-Royal le 15 janvier 1780.

Grabeuil (Jean-Baptiste), du Canada, établi à Rochefort.

Galliet (Jean), de Royan.

Bescond (Sébastien), de Morlaix, mort à l'hôpital du Fort-Royal le 18 février 1780.

Madec (Guillaume), de Brest.

Vince (Luc), du Croisic.

Chénériau (Louis), de la Bde (Barbade).

Lubize (Pierre), de Bayonne.

Dithurbide (Jean), de Saint-Jean-de-Luz.

Palette (Antoine), de Saint-Valéry.

Esnard (Claude-Nicolas), de Saint-Valéry.

Le Hir (Jean-Marie), de Brest.

Degain (Nicolas), de Saint-Valéry, mort en mer le 11 décembre 1780.

Le Roux (Jean-Baptiste), de Saint-Valéry.

Berthe (Jean-Paul), de Saint-Valéry.

Houtteville (François), de Caen.

Le Blais (Pierre), de Caen, mort en mer le 6 octobre 1779.

Lars (François), de Recouvrance (Brest).

Longueville (Pierre-Julien), de Granville.

Louitel (Antoine-Michel), de Granville.

Gabriel (Jean-Baptiste), de Granville.

Le Torel (Pierre), de Granville.

Coste (Michel), de Bordeaux.

Desmont (Louis-François), de Granville, mort à l'hôpital du Fort-Royal le 28 mars 1780.

Piel (Pierre), de Granville.

Le Fèvre (Paul), de Granville.

Viel (Jean-Henry), de Granville, mort à l'hôpital du Fort-Royal le 27 décembre 1779.

Touzé (Jacques), de Caen.

Barazer (Jean-Marie), de Brest, mort en mer le 18 octobre 1780.

Motte (René), du Croisic.

Le Lay (Yves), du Croisic.

Berthelot (Jean), du Croisic, tué au combat du 17 avril 1780.

Moilo (Estienne), de Lorient.

Le Guennec (François), de Lorient.

Le Duit (Charles), de Lorient, mort en mer le 3 février 1779.

Le Guennec (Pierre), de Lorient.

Magadour (Vincent), de Lorient.

Le Bras (Vincent), de Landerneau.

Marc (Charles), de Landerneau.

Touboulic (Jean), de Landerneau, mort à l'hôpital du Fort-Royal le 3 août 1780.

Plomoguer (Noël), de Brest.

Clément (Michel), de Belle-Isle.

Le Normand (Nicolas), de Caen.

Héraud (René), de Nantes.

Maurice (François), de Saint-Brieuc.

La Planche (Jean-Louis), de Lanvellec (Lannion), nommé officier-marinier le 1er janvier 1779.

Cluchet (Pierre-Marie), de Bordeaux, mort à l'hôpital du Fort-Royal le 10 juin 1779.

Desgens (Bertrand), de Royan.

Le Duc (Vincent), d'Hennebont.

Le Bret (Guillaume), d'Hennebont.

Bouetté (Bertrand), d'Hennebont.

Le Brie (Lucas), d'Hennebont.

Le Nevès (Toussaint), d'Hennebont.

Quillevin (Julien), d'Hennebont.

Gadin (Michel), du Croisic, mort à bord le 1er janvier 1779.

Ollivier (Pierre), de l'Ile de Batz, mort étant de retour à Brest le 6 janvier 1781.

Le Prévot (René), de Granville.

Alléaume (Louis), de Rouen.

Maquet (Antoine), de Saint-Valéry.

Vasseur (François), de Saint-Valéry.

Dubois (Jean-Michel), de Brest.

Chaignon (Jacques), de Granville, tué au combat du 6 juillet 1779.

Berthe (Jean-Baptiste), de Granville.

Jourdan (Pierre-Claude), de Granville.

Philipe (Noël-Jean), de Granville, mort à l'hôpital du Fort-Royal le 8 juillet 1780.

Sevestre (Pierre-Modeste), de Fécamp.

Clément (Louis-François), de Granville.

Enault (Jacques-François), de Granville.

Le François (Michel,) de Granville.

Cariau (Michel), de Belle-Isle.

Talouard (Jérôme), du Croisic.

Roussel (Guillaume), du Croisic.

Le Douarin (Michel), du Croisic.

Angely (François), du Croisic.

Moillo (Simon), de Lorient.

Conqueur (Jean), de Lorient.

Le Guennec (Jacques), de Lorient, mort à l'hôpital du Fort-Royal le 27 novembre 1779.

Le Gal (Joachim), de Lorient.
Fermal (Jean), de Lorient.
Mousset (Pierre), de Caen, mort en mer le 14 septembre 1779.
Pontif (Victor), de Rouen.
Guyomard (François), de Dinan, mort à l'hôpital du Fort-Royal le 4 mars 1779.
Héron (Pierre), de Cherbourg.
Le Norais (Pierre), de Granville.
Guillou (Jacques), d'Hennebont.
Quérivet (René), de Plœmeur (près Vannes).
Mélard (Jean), de Crozon.
La Roque (Jean-Baptiste), de Granville.
Clerc (Jacques-François), de Saint-Valéry, mort en mer le 21 décembre 1780.
Herlie (Jean-François), de Saint-Valéry.
Dez (Claude), de Saint-Valéry.
Gouémou (Jean-François), de Saint-Valéry.
Biharré (Guillaume), de Saint-Valéry, mort en mer le 5 octobre 1780.
Pelleteur (Jean), de Brest, mort en mer le 11 septembre 1780.
Costiou (Jean-Paul), de Brest.
Mérienne (Pierre), de Fécamp, mort à bord le 1er février 1779.
Le Breton (Jacques), de Caen.
Mériel (Pierre-François), de Caen.
Vannier (Pierre), de Caen.
Le Fort (Nicolas-Jean-Cyprien), de Saint-Valéry.
Mellard (Antoine), de Saint-Valéry, mort à bord le 25 décembre 1780.
Sauvage (Antoine), de Saint-Valéry, mort en mer le 21 novembre 1779.
Mary (Jean-Baptiste), de Vannes.
Rouillé (Bertrand), de Dinan.
Sergent (Jean- François), de Brest, mort en mer le 3 août 1779.
Dubourg (François-Clerc), de Saint-Valéry.
Cuvelaire (Jean-François), de Saint-Valéry.
Collin (Jean-Guillaume), de Recouvrance (Brest).
Girard (René), de Mortagne, mort à l'hôpital du Fort-Royal le 8 mars 1780.
Ollivier (Gilles), de Saint-Brieuc.
Le Bailly (Pierre-Joseph), de Granville.
Oblin (Pierre-François), de Granville, tué au combat du 17 avril 1780.
Bazin (Pierre-Jean-Baptiste), de Granville, mort à l'hôpital du Fort-Royal le 10 décembre 1779.
Tirelle (Pierre-François), de Rouen, mort à l'hôpital du Fort-Royal le 24 janvier 1780.
Robin (Jean), de la Hougue.
Françoise dit **Renoult** (Jean-Baptiste), de Granville.
Hébert (Thomas), de Granville.
Roussel (François-Jean), de Granville.
Nequet (Jean-Baptiste), de Granville.
Bataille (Nicolas), de Granville.
Dupont (François), de Granville.
Jugan (François), de Granville.
Simon (Jean), de Granville.
Busson (Jacques-Louis), de Lorient.
Desriviers (Jean), de Caen.
Briffaut (Jacques), de Rouen.
Burette (François-Amour), de Fécamp.
Le Dève (Nicolas-Philipe), de Fécamp, mort à l'hôpital du Fort-Royal le 8 janvier 1780.
Billard (Nicolas-Augustin), de Fécamp.
Poret (Nicolas-Estienne), de Fécamp, mort en mer le 26 août 1779.
David (Pierre), de Granville.
Le Maitre (Julien), de Granville.
Rio (Yves), de Vannes.
Dorso (Yves), de Vannes.
Roncin (Pierre), du Croisic.
Labouré (Pierre), du Croisic.
Dalino (François), du Croisic.
Pallay (Guillaume), du Croisic, mort à l'hôpital du Fort-Royal le 9 décembre 1779.
Guitton (Joseph), du Croisic.
Mahé (René), du Croisic.
David (Pierre), du Croisic.
Le Gal (Guy-Marie), de Recouvrance (Brest).
L'Affreteur (Jacques-François), de Granville.
Bisson (François), de Caen.
Aubert (Pierre), de Caen, mort le 9 janvier 1779, à bord.
L'Escouët (Marc), de Lorient.
Le Floch (Joseph), de Lorient.
Guillevic (Mathurin), de Lorient.
Voisin (Olivier), de Lorient.
Rio (Nicolas), de Lorient.
Kermorvan (Yves), de Lorient.
Jeannot (Jacques), de Lorient, mort en mer le 28 janvier 1780.
Le Borgne (Jean-Louis), de Lorient.
Dévoré (Joseph), de Lorient.
Cambrière (Joseph), de la Hougue, mort en mer le 19 juillet 1779.
Godebout (François), de Saint-Valéry-en-Caux.
Couiard (Pierre-François), de Fécamp.
Le Vilain (Charles), de Caen, mort à l'hôpital du Fort-Royal le 12 décembre 1779.
Prin (Jean), de Nantes.
David (Pierre), du Croisic.
Ferron (Antoine-Augustin), de Fécamp.
Billard (Jean-Jacques), de Fécamp.
Liot (Jean), de Fécamp, mort le 8 juillet 1780, à l'hôpital du Fort-Royal.
Bourgeois (Jacques-François), de Cherbourg.
Royer (Charles), de Rouen.
Laurent (Pierre), de Quimper.
Léger (Louis-Pierre), d'Honfleur.
Rivel (Charles), de Saint-Valéry.
Thomas (Jean-Baptiste), de Caen, mort à l'hôpital du Fort-Royal le 27 février 1779.
Desnoyers (Emmanuel-Thomas), de Rouen.
Grandcour (François), de Fécamp, mort à l'hôpital du Fort-Royal le 17 janvier 1780.
Landié (Raimond), de Marmande.
Burgain (Louis), de Vannes.
Alléry (Louis-Jean), d'Hennebont, mort en mer le 4 septembre 1779.
Torivellec (Marc), d'Hennebont.
Le Merle (Antoine), de la Hougue.
Vial (Nicolas), de Saint-Brieuc.
Moyon (Jean), du Croisic.
Olliveau (Denis), du Croisic.
Philippes (Jean), du Croisic, mort en mer le 16 décembre 1780.
Moyon (Julien), du Croisic, mort à l'hôpital du Fort-Royal le 6 mai 1780.
Le Sin (Jean-Joseph), d'Ouessant, mort en mer le 18 septembre 1780.
Bilan (Jean), de Blaye.
Fort (Arnaud), de Blaye.
Moullet (Jean), de Blaye.
Borgougnaut (Raymond), de Blaye, mort en mer le 15 octobre 1780.
Loubonnay (Jean), de Blaye.
Malpel (Guillaume), de Montauban.
Ciriel (Nicolas), de Moissac, mort à bord le 22 novembre 1779.
Gacq (Jean), de Moissac.
Lafaye (Jean), de Moissac.
Paquet (Antoine), de Moissac.
Savit (Dominique), de Moissac.
Matril dit **Pouchot** (Pierre), de Moissac, mort à l'hôpital du Fort-Royal le 16 avril 1779.
Delrieux (Antoine), de Moissac, mort à bord le 16 novembre 1779.
Delbosq (Antoine), de Moissac, mort à l'hôpital du Fort-Royal le 10 juillet 1780.
Fargue (Etienne), de Moissac, mort à bord le 6 septembre 1780.
Taillefer (Antoine), de Montauban.
Larrielle (Jean), de Bordeaux.
Binsse (Bertrand), de Toulouse.
Gabias (Jean), de Toulouse.
Loumet (Louis), de Toulouse.
Rouillé (Thomas), de Toulouse.
Lannes (Antoine), de Toulouse.
Virgines (Jean), de Toulouse, mort à l'hôpital du Fort-Royal le 10 octobre 1779.
Poujeot (Antoine), de Moissac.
Detcheverry (Pierre), de Saint-Jean-de-Luz.
Hayes (Jean), de Saint-Jean-de-Luz.
Vincent (Jean), de Fécamp.
Le Monnier (Jean-Philippe), de Fécamp, tué au combat du 6 juillet 1779.
Renoux (Romain), de Fécamp, mort en mer le 27 août 1779.
Le Tellier (Guillaume-Pierre), de Fécamp.
Thorel (Jean-Charles), de Rouen.
Dérubé (Ambroise), de Rouen, mort le 25 février 1780 à l'hôpital du Fort-Royal.
Valette (Isaac), de la Hougue, mort en mer le 1er octobre 1779.
Auger (Joseph), de la Hougue.
Loyer (Philippe-André), de Caen.
Blandin (Aubin), de Cherbourg.
Gilles (Jean-Philippe), de Cherbourg.
Hauvet (Jean-Baptiste), de Cherbourg.
Le Rouvillais (Alexis), de Cherbourg, mort à bord le 17 novembre 1779.
Pincet (Louis), de Boulogne.
Leydy (Michel), de Boulogne.
Attasin (Jean), de Boulogne.
Méquignon (Louis), de Boulogne, mort en mer le 26 septembre 1780.
Sauvage (Jacques), de Boulogne, mort à la Basse-Terre le 19 juin 1781.
Dumain (Jean-Jacques), de Boulogne, mort en mer le 4 octobre 1780.
De Quincourt (Pierre-Modeste), de Saint-Valéry.
Fontaine (Antoine-René), de Saint-Valéry.
Belin (Thomas), de Saint-Valéry.
Bailly (Jean-Robert-Victor), de Saint-Valéry, mort en mer le 18 novembre 1780.
Stéphan (Jean-Louis-Marie), du Conquet.
Le Guen (Barthélémy), du Conquet, mort à bord le 8 février 1779.
Esnault (Pierre-Guillaume), de Fécamp, tué au combat du 17 avril 1780.
Le Bihan (Michel), de Brest.
Hernot (Gabriel-Louis), de Brest.
Boyard (François), de Saint-Valéry.
Grébert (Antoine), de Calais.
Silvestre (François), de Vannes, mort à l'hôpital du Fort-Royal le 14 mars 1780.
Le Gentilhomme (Joseph), de Saint-Malo, mort à l'hôpital du Fort-Royal le 26 mai 1780.
Daulais (Pierre), de Toulouse.
Gourdon (Benoit), de Moissac.
Evrard (Pierre), de Brest, mort à bord le 3 juillet 1780.

Le Roux (Pierre), de Saint-Malo.
Chardon (Julien), de Saint-Malo.
Faure (Nicolas), de Saint-Malo, mort en mer le 12 septembre 1779.
Elbert (François), de Dinan.
Bertré (Jacques), de Dinan.
Piclé (Jacques), de Lorient.
Pattachon (Raymond), de Marmande.
Decaseau (Pierre), de Toulouse, mort à l'hôpital du Fort-Royal le 23 octobre 1779.
Millau (Jean), de Toulouse.
Lorme (Jean), de Moissac.
Barau (Pierre), de Moissac.
Dumoulin (Arnaud), de Moissac.
Saunier (Jacques), de Dieppe.
Le Cronnier (Guillaume), de Granville.
Le Gallais (Pierre-Charles-Jean), de Granville.
Duval (Gilles-Charles), de Granville, mort à l'hôpital du Fort-Royal le 20 janvier 1780.
Le Noble (Nicolas), de Granville, tué au combat du 17 avril 1780.
Hervieux (François), de Granville.
Le Noble (François), de Granville.
Letellier (Jacques), de Granville, mort en mer le 15 novembre 1780.
Le Franc (Jacques), de Granville, mort au Cap le 8 août 1779.
Beven (Pierre), de Vannes.
Le Borgne (Mathieu), de Vannes.
Drian (Julien), de Vannes, mort en mer le 26 septembre 1779.
De Montargis (Félix), d'Honfleur.
Le Bedel (Jean), de Granville.
Samson (Pierre), de Nantes.
Douaron (Jean-Baptiste), de Nantes.
Philippe (Honoré), de Nantes.
Le Teur (Louis), de Nantes.
Gazin (François), de Marseille.
Fouquet (Elie), de Bordeaux.
Bonnaud (Pierre), de Surgères.
Superville (François), de Bordeaux.
Arseau (Charles), de Marseille.
Bouller (Guillaume), de Libourne, mort à l'hôpital du Fort-Royal le 2 février 1780.
Moreau (Etienne), de Libourne, tué au combat du 19 mai 1780.
Hévin (Louis), de Lorient, mort à l'hôpital du Fort-Royal le 5 janvier 1780.
Hermite (Joseph), de Marseille.
Michel (Augustin-François), de Toulon.
Corne (Yves), de Saint-Brieuc.
Fréneau (François), de Nantes.
Bodin (André), de Tours.
Charron (Raymond), de Rochefort.
Fédauge (Marc), de Marseille.
Bergeron (Jean-Marie), de Marseille.
Pascal (Jean), de Marseille.
Roddet (François), de Marseille.
Tasse (Jean), de Marseille, mort en mer le 6 octobre 1780.
Colonge (Jacques), de Marmande.
Trochu (Georges), de Saint-Malo, tombé à la mer le 5 juin 1780.
Bravel (Noël), de Marseille, mort en mer le 7 février 1780.
Carré (Pierre), de Bordeaux, mort à l'hôpital du Fort-Royal le 20 mars 1780.
Coignac (Louis), de Poitiers, mort à l'hôpital de la Basse-Terre le 14 février 1780.
Ludo (Jacques), de Nantes.
Renaud (Pierre), de Bordeaux.
Véron (Joseph), du Havre.
Quintric (René), de Vannes.
Isaac (Nicolas), de Fécamp.
Mallet (Joseph), de Granville.
Deschamps (Nicolas), de Granville.
Le Roux (Alexis), de Saint-Brieuc.
Gallineau (Guillaume), de Saint-Brieuc.
Corchau (Joseph), de Vannes.
Le Bert (Jean), de Quimper.
Aupajot (Pierre), de Nantes.
Harrisson (Louis), de Nantes.
Marchand (Michel), de Royan, mort en mer le 3 février 1780.
Pigeon (Julien), de Saint-Malo.
Lafontaine (Bernard), de Bordeaux.
Chevrel (Joseph), de Granville.
Pigonneau (Jean), de Libourne, mort en mer le 26 septembre 1780.
Aublan (Antoine), de Marseille.
Bécille (Jean-Antoine), de Marseille.
Aubran (Louis), de Marseille.
La Coste (Bernard), de Bordeaux.
Le Cint (Barthélémy), de Sens.
Furon (Jean), de Nérac.
Lusson (François), de Saint-Malo.
Bacon (Antoine-Marie), de Toulouse.
Pompé (Etienne), de Marseille.
Royer (Pierre), de Marennes.
Martin (Pierre), de Toulouse.
Martin (Louis), de Bordeaux.
Lhomme (Jean), de Bordeaux.
Lamaison (François), de Saint-Jean-de-Luz.
Fiette (Georges), de Bayonne.
Le Bordet (Jean-Baptiste), de Marseille.
Morin (François), de Marseille.
Horret (Fortis), de Bordeaux.
Dubourg (Joseph), de Bordeaux.
Gourdin (Charles), de Bordeaux.
Dartel (François), de Bordeaux.
Pélissier (Louis), de Marseille.
Dubas (Charles), de Marseille.
Le Blanc (Balthazar), de Toulon.
Andrieu (Jean), de Moissac.
Bindouin (Jean), de Granville.
Gasteau (Jean), de Marseille.
Galos (Joseph), de Marseille.
Delahaye (Thomas), de Nantes.
Petit (Jean), de Bordeaux.
Granger (François), de Bordeaux.
Gibeau (Jacques), de Bordeaux.
Le Quellec (Pierre), de Lorient.
Robin (Jean-Christophle), de Granville, mort en mer le 15 septembre 1780.
Maugé (Jean), de Granville, mort en mer le 15 décembre 1780.
Simon (Etienne), de Granville.
Marialain (Joseph), de Morlaix.
Mercière (Pierre), d'Honfleur.
Ruffin (Michel), d'Honfleur.
Cochart (Jean-Baptiste), de Granville.
Landreau (Jean), de Libourne.
Charlemagne (Ignace), de Colmar, mort en mer le 28 septembre 1780.
Keragus (Jean), de Saint-Brieuc.
Coudron (Jean), de Dinan.
Durand (Joseph), de Dinan, mort en mer le 23 septembre 1780.
Milleau (Jean), de Toulouse.
Trésien (Barthélémy), de Toulouse.
Trémoulet (François), de Toulouse.
L'Espinasse (Antoine), de Marmande.
Comme ou **Comine** (François), de Nantes
Périssac (Jean), de Marennes.
Moreau (Jean), de Rochefort.
Couillebeau (Jean), de l'Ile de Ré.
Raynault (André), de l'Ile de Ré.
Roy (Jean), de l'Ile de Ré.
Rivet (Pierre), de Rouen, mort en mer le 30 novembre 1780.
Rolland (Jean-François), de Cherbourg.
Bourrié (Jacques), de Marmande.
Saint-Tenant (François), d'Oléron.
Perdery (Louis), de Rochefort.
Lévêque (Nicolas), du Havre, mort à l'hôpital du Fort-Royal le 28 août 1780.
Larivierre (Jean-Baptiste), de Saint-Valéry-en-Somme.
Tarlay (François), de Dinan.
Chancerel (Pierre), de Cherbourg.
Cornu (Jean), de Montauban.
Le Flot (Jean), de Saint-Brieuc.
Boulet (Pierre), de Brest.
Aubert (Jacques), de Marseille.
Huard ou **Hicard** (Jean-Baptiste), de Marseille.
Martel (Jean-Baptiste), de Marseille.
Caral (Etienne), de Marmande, mort en mer le 7 décembre 1780.
Vatrel (Pierre), de Saint-Valéry.
Chenau (Pierre), de Bordeaux.
Combeau (François), de Strasbourg.
Ventaux (Jacques), de Nantes.
Auzanne (Bertrand), de Saint-Malo, mort en mer le 4 octobre 1780.
Charpentier (Pierre), de la Rochelle.
Chevrier (François), de la Rochelle.
Charrette (Paul), de la Rochelle.
Houvret (Louis), de Martigues.
Tanté ou **Tauté** (Pierre), de Honfleur.
Rocque (Louis), de Marseille.
Boisseau (Paul), de Bordeaux.
Morel (Antoine), de Martigues.
Pinel (Jean-Baptiste), de Cherbourg.
Oceuges (Etienne), de Toulon.
Beguon (François), de Narbonne.
Pistonnilly (François), de Piémont (en Corse).
Hulair (Jacques), d'Orléans.
Martin (Jean-François), d'Hyères.
Maurin (Jean), d'Hyères.
David (Pierre), de la Garde (Marseille).
Beaucon (Balthazard), du Puget (Toulon).
Périn (Antoine), de Cogolin (Antibes).
Guérin (Auguste), de Nantes.
Salade (Joseph), de Nantes.
Hévrier (Pierre-Bernard), de Rouen.

Michel (Christophle), Américain.
Thomas (Williams), Américain.
Samson (Georges), Américain.
Droatenian (Benjamin), Américain.
Borel (Georges), Américain.
Jacquelin (Williams), Américain, mort à l'hôpital du Fort-Royal le 21 février 1780.
Clacks ou **Clackers** (Georges), Américain.
Bardeu (Anatheu), Américain.
Mekné ou **Mekerné** (Johns), Américain.
Megleklin ou **Meglekerlin** (François), Américain.
Parker (Johns), Américain.
Augustine (Jean), Américain.
Nel (Arthur), Américain.

Novices.

Conin (Jean), de Saint-Servan.
Rault (Noël), de Saint-Servan.

Le Guen (Joseph-Marie), de Brest.
L'Ecuyer (Louis-Joachim), de Rouen, mort à bord le 23 janvier 1779.

Mousses.

Guillaume (Joseph), de Vannes.
Jacques (Nicolas), du Faou.
Le Guillou (Guy), de Quimper.
Gazon (Pierre), de Rochefort.
Le Bourg (Jean-Baptiste), de Granville.
Runavot (Raymond-Jean), de Brest.
Personne (Jacques), de Lorient.
Piou (Jean), de Saint-Malo.
La Morinière (Mathurin), de Noirmoutiers.
Auradoux (Gabriel), de la Rochelle.
Bourdin (Jean), de Rochefort.
Buffart (Pierre-André), de Rochefort.
Le Chevalier (François-Bonaventure), de la Hougue.
Le Couillaud (Charles), de Nantes.
Belleguy (André), de Lorient.
Robic (Jean-Louis), de Lorient.
Poisson (Jean-Marie), de Lorient.
Chevalier (Jean), de Rochefort.
Le Fol (Alain), de Landivisiau.
Le Fol (Guy), de Landivisiau.
Le Guen (Simon), de Camaret.
Omnès (Jean), de Recouvrance (Brest).
Tartur (Jacques), de Brest.
Bothorel (Jean), de Saint-Pierre-Quilbignon.
Bergot (Jean), de Brest.
Jouan (Hervé-Marie), de Brest.
Le Cam (Yves-Marie), de Brest.
Herjèan (Alexis), de Brest.
Mével (Louis), de Recouvrance (Brest).
Quiniou (Pierre), de Camaret.
Daniel (Gilles), de Brest.
Drechelé (Louis-Marie), de Brest.
Le Gal (Joseph), de Porspoder.
Allain (Julien-Marie), de Vannes.
Desnoyers (Emmanuel-Charles), de Rouen.
Néel (Jacques-Marie), de Rouen, mort à l'hôpital du Cap le 21 août 1780.
Quéravel (Joseph), de Quimper.
Calvez (Jean-Baptiste), du Faou.
Frogé (Martial), de Limoges.
Gloaguen (Jean), de Quimper.
Campion (Pierre), de Quimper, mort à bord le 16 février 1779.
Montault (Martial), de Châteauneuf (???).
Quérou (Jean-Louis), d'Hennebont.
Rémond (Jean), de Bordeaux.
Le Fort (Jacques), du Croisic.
Darall (Jean-Baptiste), de Grenoble.
Le Grand (Bertrand), de Rochefort.
Frème (Abraham), de Rochefort.
Manceau (Baptiste), de Bordeaux.
Savain (Joseph), de Toulon.
Collet ou Collu (François), de Saint-Brieuc.

L'ANNIBAL

(1779 à 1781)

MM. DE TERNAY, puis DE LA MOTTE-PICQUET, Chefs d'escadre, Commandants.

ÉTAT-MAJOR

CHEFS D'ESCADRE

Le Chevalier de **TERNAY**.
Le Chevalier de la **MOTTE-PIQUET**.

CAPITAINES DE VAISSEAU

De **MEDINE**.
Le Comte de **LA CROIX**.

LIEUTENANTS DE VAISSEAU

GRANCHIN de **SENNEVILLE**.
De **SAINT-FELIX**.
Le **LARGE**.
HAMITTON.
DULOUP.
De **RIVIERRE**.
De **MONTLUC** de la **BOURDONNAYE**.
De **CHAVAGNAC**.
MARGUERY, tué au combat de la Grenade, le 6 juillet 1779.

CAPITAINES DE BRULOT

DESLOGES de **KEROPARS**.
CARRO.

ENSEIGNES DE VAISSEAU

VIS de **LOUP**.
RABB (Charles).
De **GASTON**, aîné.
Le Chevalier de **LANTIVY**.
Le Chevalier **DEMONTY**.
Le Chevalier de **SERRAN**.
De **GASTON**, cadet.
De **LATIOLAYE**.
De **GOYON**.
Le Chevalier de la **ROCHE-SAINT-ANDRE**.
Le Chevalier du **GUINY**.

LIEUTENANT DE FRÉGATE

FAYOLLE.

OFFICIERS AUXILIAIRES

BUSSON.
SALAMBIER.
PREDOUR.
Le Chevalier de **BESSONIERS**.

CHIRURGIENS-MAJORS

CORDON.
HUET, mort à l'hôpital du Fort-Royal le 7 juillet 1779.
VARDELAY.
GIRAUD, de Toulon.

AUMONIERS

QUERNEL (R. P.), Cordelier.
MACCABE (Abbé).

GARDES DE LA MARINE

MAGON.
RIVIERRE.
LAMONNERAYE.
De **VILLERAULT**.
De **MOELIEN**.
MOYENGOUR.
PERIGNY.

VOLONTAIRES

Cadet de Bellevue, de Saint-Brieuc.
Gibouin, de Brest.
Bourayne (Louis), de Brest.
Lachouarn, de Morlaix.
Salambier, de Calais.
Chauvin (Jean-Baptiste), de Chartres.
De la Salle (Bernard), de Chartres.
Lefèvre Deplaney.
Deloges de Kérouvel.
De Maillardière.
De Trogoff.
De Breuillac.
Keryoualan-Lemesle.
Forget (Pierre).
Magouat.
Deschamps.
Rayneau.

Officiers-mariniers de manœuvre.

Robic (Louis), premier maître, de Lorient.
Dimet (Barnabé), premier maître, de Lorient.
Le Goff (Yves), deuxième maître, de Lorient.
Corbier (Joseph), deuxième maître, de Lorient, blessé au combat du 6 juillet 1779.
Thomas (Jean), contremaître, de Lorient.
Malenfant (Pierre), contremaître, de Saint-Brieuc, tué le 6 juillet 1779, au combat.
Cottin (Joseph), bosseman, de Lorient.
Dumon (Joseph), bosseman, du Havre.
Bousquet (Pierre), quartier-maître, de Bayonne.
L'Heureux (Vincent), quartier-maître, de Dieppe, mort à bord le 30 mai 1779.
Dufour (Guillaume), quartier-maître, de la Hougue.
Bernardet (Moliard), quartier-maître, de Lorient.

Kérézéon (Jean-Marie), quartier-maître, de Brest.

Le Gallais (Jean-François), quartier-maître, de Granville.

Troude (Jean-Baptiste), quartier-maître, de Dieppe.

Hulé (Pierre), quartier-maître, de Rouen.

Le Corre (Jean), quartier-maître, de Morlaix.

Gicquel (Yves), quartier-maître, de Saint-Brieuc.

Gigousse (Henry), quartier-maître, de Lorient.

Poulain (Jacques), quartier-maître, de Rouen.

Cauchy (Jean), quartier-maître, de Rouen.

Bellon (Jean-Louis), quartier-maître, de Brest.

Gazé (Charles), quartier-maître, de Fécamp, mort à l'hôpital du Cap le 9 septembre 1779.

Provost (René), quartier-maître, de Brest.

Revel (Pierre), quartier-maître, de Saint-Brieuc.

Adiche (François), quartier-maître, de Nantes.

Lobé (Joseph), quartier-maître, de Saint-Malo.

Villard (Guillaume), quartier-maître, de Fécamp.

Le Bourhis (François), quartier-maître, de Camaret.

Petton (Vincent), quartier-maître, de Brest.

Tartu (Jean-Marie), quartier-maître, de Brest.

Janou (Jean-Claude), quartier-maître, de Brest, mort le 7 juillet 1779, des blessures reçues au combat.

Le Sourd (Etienne), quartier-maître, de Rouen.

Richard (Antoine), quartier-maître, de Caen.

Le Hir (François), quartier-maître, de Brest.

Bouton (Joseph), quartier-maître, de Brest.

Le Bris (Pierre), quartier-maître, de Brest.

Huë (Julien), quartier-maître, de Granville.

Le Hodé (Félix), quartier-maître, de Granville.

Poussain (Charles) quartier-maître, de Saint-Malo, blessé au combat du 6 juillet 1779.

Barthélémy (Servan), quartier-maître, de Saint-Malo.

Caër (Paul), quartier-maître, de Brest.

Vial (Yves), quartier-maître, de Brest.

Simon (Jacques), quartier-maître, de Caen.

Thelot (François), quartier-maître, de Granville.

Le Gros (Nicolas), quartier-maître, de Granville.

Chérot (Guillaume), quartier-maître, de Granville.

Le Breton (Philippe), quartier-maître, de Granville.

Prévot (Charles), quartier-maître, d'Honfleur.

Lescureau (Louis), quartier-maître, de Marennes.

Loudon (Louis), quartier-maître, de Lorient.

Briand (Mathurin), quartier-maître, de Lorient.

Donnet (Nicolas), quartier-maître, de Fécamp, tué au combat du 21 mars 1780.

Mesnard (Jean), quartier-maître, de Blaye.

Brulou (Guillaume), quartier-maître, de Saint-Brieuc.

Chauvelon (Alexis), quartier-maître, de Nantes.

Chenard (Etienne), quartier-maître, de Nantes.

Delahaye (Jean), quartier-maître, de Nantes.

Vitel (Mathurin), quartier-maître, de Nantes.

Armand (Jean-Jacques), quartier-maître, de Narbonne.

Desmarais (Vincent), quartier-maître, de Rouen.

Petit (Antoine), quartier-maître, de la Rochelle.

Le Merle (Pierre), quartier-maître, de Vannes.

Baulé (Guillaume), quartier-maître, du Croisic.

Ricard (Jean), quartier-maître, de Royan.

Fourneau (Michel), quartier-maître, de Marennes.

Quiet (Simon), quartier-maître, de Dieppe.

Cava (Jacques), quartier-maître, de Fécamp.

Delâtre (Michel), quartier-maître, de Fécamp.

Porteau (Jean), quartier-maître, de Nantes.

Lefort (Médard), quartier-maître, de Nantes.

Gautier (Laurent), quartier-maître, de Toulon.

Bussier (Pierre), quartier-maître, de la Rochelle.

Pluet (Ollivier), quartier-maître, de Dinan.

Lavit (François), quartier-maître, d'Agde.

Le Brun (Louis), quartier-maître, de Brest.

Le Brun (Alexis), quartier-maître, de Brest.

Lesteven (Goulven), quartier-maître, de Brest.

Dubois (Jacques), quartier-maître, de Brest.

Formal (Julien), quartier-maître, de Lorient.

Levent (Jean), quartier-maître, de Dinan.

Cadalen (Nicolas), quartier-maître, de Brest

L'Hostis (Jean), quartier-maître, de Brest.

Robert (Louis), quartier-maître, de Saint-Brieuc.

Philippe (Laurent), quartier-maître, de Saint-Brieuc.

Rouget (Pierre), quartier-maître, de Saint-Brieuc.

Vimont (Jacques), quartier-maître, de Saint-Brieuc, mort à bord le 20 novembre 1779.

Estonnant (Etienne), quartier-maître, de Paimbœuf.

Le Dentec (Philippe), quartier-maître, du Havre.

Mahé (Jean), quartier-maître, de Lorient.

Adelus (François), quartier-maître, de Granville.

Camiel (Jacques), quartier-maître, de Granville.

Blin (Julien), quartier-maître, de Granville.

Lagneuil (Louis), quartier-maître, de Granville.

Guillot (Jean-Baptiste), quartier-maître, de Granville.

Simon (Jean), quartier-maître, de Granville.

Gons (Thomas), quartier-maître, de Granville, mort à bord le 6 juillet 1779.

Officiers-mariniers de pilotage.

Poideloup (Louis), premier pilote, de Saint-Malo, tué au combat du 21 mars 1780.

Mahé (Guillaume), deuxième pilote, de Granville.

Le Vallon (Christophe), deuxième pilote, de Granville.

Le Huby (Jacques), deuxième pilote, de Granville.

Hélin (François), deuxième pilote, de Granville.

David (Emmanuel), deuxième pilote, de Granville.

Guillemer (Louis), deuxième pilote, de Saint-Malo.

Hauguel (Jean), aide-pilote, du Havre.

Kerveno (Jean), aide-pilote, de Quimper.

Respiget (Mathias), aide-pilote, de Brest.

Balbouse (Pierre), aide-pilote, de Brest.

Officiers-mariniers de canonnage.

Thomas (Jean), maître canonnier, de Lorient.

Oriol (Jean), maître canonnier, de Saint-Malo.

L'Heureux (Jean), deuxième canonnier, de Dieppe.

Rouas (Jean-Baptiste), deuxième canonnier, du Havre.

Duvivier (François), deuxième canonnier, de Caen.

Le Broch (Jacques), deuxième canonnier, d'Honfleur.

Martin (Jean-Baptiste), deuxième canonnier, de Granville.

Choux (François), deuxième canonnier, de Granville.

Elie (Nicolas), aide-canonnier, de Granville.

Acarie (Jean), aide-canonnier, de Boulogne.

Coilleau (Antoine), aide-canonnier, de Boulogne.

Verneuil (Jean), aide-canonnier, de Libourne.

Colmine (Pierre), aide-canonnier, du Havre.

Galais (Vincent), aide-canonnier, de Saint-Brieuc.

Malherbe (Jean), aide-canonnier, de Lorient.

Gravier (Michel), aide-canonnier, de Lorient.

Delbœuf (René), aide-canonnier, de Brest.

Le Duc (Mathurin), aide-canonnier, de Saint-Brieuc.

Bourrel (Philippe), aide-canonnier, de Granville.

Gautier (Benoît), aide-canonnier, de Dinan.

Robert (Nicolas), aide-canonnier, de Nantes.

Normand (Michel), aide-canonnier, d'Honfleur, tué dans le combat du 21 mars 1780.

Rebours (Jean), aide-canonnier, de Saint-Brieuc.

Zion (Julien), aide-canonnier, de Saint-Brieuc.

Morvan (Henry), aide-canonnier, de Saint-Brieuc.

Le Breton (Félix), aide-canonnier, de Saint-Brieuc.

Caillebot (Allain), aide-canonnier, de Saint-Brieuc.

Boivin (Michel), aide-canonnier, de Cherbourg.

Coliou (Julien), aide-canonnier, de Brest.

Morvan (Joseph), aide-canonnier, de Brest.

Hotter (Jean-Marie), aide-canonnier, de Brest.

Canel (Pierre), aide-canonnier, de Dieppe.

Duchesne (François), aide-canonnier, de Saint-Brieuc.

Acarie (Jacques), aide-canonnier, de Calais.

Debos (Jean), aide-canonnier, de Bordeaux.

Routy (Joseph), aide-canonnier, de Bordeaux.

Forcier (Pierre), aide-canonnier, de Bourgneuf.

Bras (Louis), aide-canonnier, de Nantes.

Bidau (Pierre), aide-canonnier, de Nantes.

Dangers (Adrien), aide-canonnier, de Lorient.

Aro (Jacques), aide-canonnier, de Nantes.

Bernard (Jacques), aide-canonnier, de Nantes.

Lesin (Jean), aide-canonnier, de Nantes.

Richard (Jean), aide-canonnier, de Nantes.

Gandouin (Mathurin), aide-canonnier, de Rochefort.

Massé (Joseph), aide-canonnier, de Nantes.

Perrochar (François), aide-canonnier, de Nantes.

Le Bars (François), aide-canonnier, du Conquet.

Goné (Nicolas), aide-canonnier, de Toulon.

Le Brie (François), aide-canonnier, de Lorient.

Nédellec (François), aide-canonnier, de Lorient.

Belliot (Louis), aide-canonnier, de Toulon.

Ourlande (Dominique), aide-canonnier, de Calais.
Le Breton (Thomas), aide-canonnier, de Saint-Malo.
Viaud (Pierre), aide-canonnier, de Nantes, mort à la suite des blessures reçues au combat du 21 mars 1780.
Le Juste (Joseph), aide-canonnier, de Brest.
Colin (Ollivier), aide-canonnier, de Saint-Brieuc.
Frasaint (Pierre), aide-canonnier, de Bordeaux.
Naud (René), aide-canonnier, de la Rochelle.
Mathias (Pierre), aide-canonnier, d'Honfleur.

Officiers-mariniers de charpentage.

Portier (Mathurin), premier maître charpentier, de Lorient.
Douvrandel (François), deuxième charpentier, de Dieppe.
Mouillé (Mathurin), aide-charpentier, de Nantes.
Le Coué (Jean), aide-charpentier, de Brest.
Perrier (Charles), aide-charpentier, de Saint-Malo.
Fichau (Mathurin), aide-charpentier, de Lorient.
Le Cam (Jean-Marie), aide-charpentier, de Brest.
Corre (Yves), aide-charpentier, de Brest.
Saudrais (Jacques), aide-charpentier, de Brest, tué au combat du 6 juillet 1779.

Officiers-mariniers de calfatage.

Cagnec (Mathurin), maître calfat, de Lorient.
Modeste (Hamon), deuxième calfat, de Brest.
Nicole (Alexis), aide-calfat, de Saint-Brieuc.
Boullic (Guillaume), aide-calfat, de Brest.
Baby (Gabriel), aide-calfat, de Brest.
Cadalen (René), aide-calfat, de Brest.

Officiers-mariniers de voilerie.

Lalla (François), maître voilier, de Lorient.
Fiolet (Aubin), deuxième voilier, de Lorient.
Talmon (Guillaume), deuxième voilier, de Lorient.
Blanchard (Dominique), aide-voilier, de Saint-Malo.
Taloret (Denis), aide-voilier, de Saint-Malo.
Quennec (Henry), aide-voilier, de Quimper.
Guillard (Michel), aide-voilier, de Lorient.

Gabiers.

Daniel (Joseph), de Vannes.
Lavenasse (Gilles), de Vannes.
Métayer (Joseph), de Vannes.
Payen (René), de Vannes.
L'Escop (Bernard), de Vannes, mort à bord le 22 juin 1779.
De France (Laurent), de Dieppe.
Blondel (Jean-Jacques), de Dieppe.
Gavel (Pierre), de Saint-Malo.
La Place (Laurent), de Bayonne.
Nourry (Bertrand), de Bayonne.
Allaire (Jean), du Croisic.
Logier (Michel), de Brest.
Salaün (Augustin), de Brest.
Fresnau (Pierre), de Nantes.
Boutaleau (André), de Nantes.
Bindaut (Julien), de Granville.

Timoniers.

Fournier (André), de Marseille.
Géro (Louis), de Nantes.
Le Roy (Pierre), de Nantes.
Charrier (Charles), de Nantes.
Desmarets (Thomas), de Rouen.
Cresseveur (Pierre), de Lannion.
Rolland (Gilles), de Lorient.
Daniel (Louis), de Lorient.
Salaün (Yves), de Saint-Brieuc.
Le Bars (Jean), de Saint-Brieuc, tué dans le combat du 21 mars 1780.
Guénéval (Hervé), de Quimper.
Ferré (Robert), de Fécamp.
Caradec (Jean), de Brest.

Matelots.

Guillou (René), de Brest.
Cardinal (Noël), de Brest.
Lars (François), de Brest.
Ménès (François), de Brest.
Le Guen (Jean), de Brest.
Tinévès (Toussaint), de Brest.
Le Moine (Joseph), de Brest.
Berder (Louis), de Brest.
Pondaven (Hervé), de Brest.
Kérinec (Jean), de Brest.
Morvan (Louis), de Brest.
Caujean (Jean-Marie), de Brest, mort à bord le 16 avril 1779.
Le Meur (Yves), de Morlaix.
Kerprigent (François), de Quimper.
Barré (Yves), de Brest.
Desduyer (Pierre), de Brest.
Corre (Jacques), de Brest.
Gral (Vincent), du Conquet.
Le Hir (Jean), de Morlaix.
Perron (Yves), de Morlaix.
Thomas (Louis), de Morlaix.
Le Page (Tanguy), de Morlaix.
Mériadec (Guillaume), de Morlaix.
Gilet (Jean), de Morlaix.
Gaillard (Julien), de Morlaix, mort à bord le 6 juin 1779.
Hérel (Adrien), de Lannion.
Le Fel (Marc), de Lannion.
Bider (Noël), de Lannion.
De Leissegues (Jacques), de Châteaulin.
Bellinge (Joseph), de Quimper.
Postolet (Yves), de Quimper.
Olivier (Nicolas), de Quimper.
Le Manchey (Yves), de Quimper.
Le Ménès (Jean), de Quimper.
Luty (Charles), de Quimper.
Le Faou (André), de Quimper.
Le Barillec (Yves), de Quimper.
Prussier (Michel), de Quimper, noyé le 26 juin 1779.
Villeneuve (Pierre), de Lorient.
Painbeny (Louis), de Lorient.
Thomas (Louis), de Lorient.
Bontems (François), de Lorient.
Kermorvan (René), de Lorient.
Stéphan (François), de Lorient.
Le Meur (Jacques), de Lorient.
Barbier (Jean), de Lorient.
Yhuel (Joseph), de Lorient.
Rouault (Jean), de Lorient, tué au combat du 6 juillet 1779.
Le Grand (Jean), de Vannes.
Capitran (Joseph), de Vannes.
Corre (Louis), de Vannes.
Montfort (Nicolas), de Vannes.
Valère (Jean), de Vannes.
Kermorvan (Mathieu), de Vannes.
Kermorvan (Sébastien), de Vannes.
Ezanno (Jean), de Vannes.
Le Marrec (François), de Vannes.
Allano (Vincent), de Vannes, tué au combat du 6 juillet 1779.
Kermorvan (Jean-Marie), de Vannes.
Guillevic (Georges), de Vannes.
Le Port (Gilles), de Vannes.
Le Vaillant (Justin), de Vannes.
Quivenne (Jean), de Vannes.
Gourdel (Pierre), de Vannes.
Barbier (Jean), de Vannes.
Guyon (Louis), de Vannes.
Quiberan (Jean), de Vannes, mort à bord le 17 juin 1779.
Daniello (François), de Vannes.
Quergal (Pierre), de Vannes.
Lusson (François), de Vannes.
Noël (Guillaume), de Vannes.
Billard (Jean-Louis), de Vannes, mort à bord le 2 octobre 1780.
Bâtard (Joseph), de Nantes.
Le Petit (Joachim), de Nantes.
Josia (René), de Nantes.
Barbin (Pierre), de Nantes.
Bauvert (Joseph), de Nantes.
Guyard (Jean), de Nantes.
Moisan (Guillaume), de Nantes.
Poirrier (Jean-Baptiste), de Nantes.
Ornay (Pierre), de Nantes.
Mesnard (Guillaume), de Nantes.
Mulon (Jacques), de Nantes.
Benoit (Henry), de Nantes.
Glochet (Joseph), du Croisic.
Mahé (Pierre), de Dinan.
Mousseau (Joseph), de Dinan.
Descrouttes (François), de Dinan.
Bellot (Guillaume), de Dinan.
Gautier (Laurent), de Dinan.
Salomon (François), de Dinan.
Hervy (Joseph), de Dinan.
Chapelle (Jacques), de Dinan, mort à bord le 18 juin 1779.
Miège (Antoine), de Rouen.
Gilbert (Jean), de Saint-Malo.
Rouault (François), de Saint-Malo.
Ganteuil (Yves), de Saint-Malo.
Guichard (Pierre), de Saint-Malo.
Chemin (Pierre), de Saint-Malo.
Germain (Louis), de Saint-Malo.
Asselin (Jean-Baptiste), de Saint-Malo.
Le Gras (Louis), de Saint-Malo, mort à bord le 16 juin 1779.
Guédel (François), de Saint-Malo.
Bodin (Joseph), de Saint-Malo.
Brindejonc (François), de Saint-Malo.
Chaperon (Michel), de Saint-Malo.
David (Jean), de Saint-Malo.
Sarazin (Jean), de Saint-Malo.
Le Dû (François), de Saint-Malo.
Latinier (Joseph), de Saint-Malo.
Richard (Guillaume), de Saint-Malo, blessé au combat du 6 juillet 1779.
Salomon (René), de Dinan.
Courtin (Joseph), de Dinan.
Belle-Isle (Jean), de Dinan.
Lucas (François), de Dinan.
Hubert (Mathurin), de Dinan.
Noble (Maurice), de Dinan.
Le Voyé (Jean), de Dinan.

Bourdel (Georges), de Dinan.
Bunel (Guillaume), de Dinan.
Fontenelle (Guillaume), de Dinan.
Langlois (Laurent), de Dinan.
Récamp (Joseph), de Dinan.
Chevalier (Jean), de Dinan.
De la Haye (Pierre), de Saint-Malo.
Chevalier (Antoine), de Saint-Malo.
Chevalier (François), de Saint-Malo.
Bourdenois (Jean), de Saint-Malo.
Vautier (François), de Saint-Malo.
Nourry (Mathurin), de Saint-Malo.
Amelin (Jean), fils de Gilles, de Saint-Malo.
Hamelin (Jean), fils de Henry, de Saint-Malo.
Torreux (Mathurin), de Saint-Malo.
Fontaine (François), de Saint-Malo.
Trédan (Auguste), de Saint-Malo.
Jouan (Thomas), de Saint-Malo.
Buret (Pierre), de Saint-Malo.
Le Sec (Olivier), de Saint-Malo.
Meury (Robert), de Saint-Malo.
Tonnel (René), de Saint-Malo.
Massé (Louis), de Saint-Malo.
Lochet (Michel), de Saint-Malo.
Bois (Pierre), de Saint-Malo.
Gallo (Joseph), de Saint-Malo.
Eon (Mathurin), de Saint-Malo.
Chehu (Jean), de Saint-Malo.
Ferret (Henry), de Saint-Malo.
Rouault (Jacques), de Saint-Malo, mort à bord le 7 juillet 1779.
Rouxel (Olivier), de Saint-Malo.
Auffray (Guillaume), de Saint-Malo.
Gruhaux (Jean), de Saint-Malo.
Lomalier (Christophe), de Saint-Malo.
Hamoniau (Jean-Joseph), de Saint-Malo.
Le Provot (Servan), de Saint-Malo.
Ollivier (Pierre), de Saint-Malo, mort à bord le 14 septembre 1779.
Briand (Jean), de Dinan.
Texier (Guillaume), de Dinan.
Poivert (Louis), de Dinan.
Totivin (Pierre), de Dinan.
Nourry (Guillaume), de Dinan.
Sécardin (Charles), de Dinan.
Le Monnier (Laurent), de Dinan.
Blanchandin (Barthélémy), de Dinan.
Berginal (François), de Dinan.
Cordier (André), de Saint-Brieuc.
Le Veneur (Claude), de Saint-Brieuc.
Duchesne (Olivier), de Saint-Brieuc.
Garnier (Joseph), de Saint-Brieuc.
Ascouët (Jacques), de Saint-Brieuc.
Cosson (Joseph), de Saint-Brieuc.
Guignard (Jean-François), de Saint-Brieuc.
Cormiard (François), de Saint-Brieuc.
Guyomard (Etienne), de Saint-Brieuc, tué au combat du 6 juillet 1779.
Royan (Jean), de Saint-Brieuc.
Le Cozennec (Yves), de Saint-Brieuc.
Le Meur (Pierre), de Saint-Brieuc.
Chartier (Noël), de Saint-Brieuc.
Briand (François), de Saint-Brieuc.
Hallé (Nicolas), de Saint-Brieuc.
Le Maître (François), de Saint-Brieuc.
Beyo (Alexis), de Saint-Brieuc, mort à bord le 26 novembre 1779.
Miniot (Antoine), de Saint-Brieuc.
Courdouzic (Charles), de Saint-Brieuc.
Millet (Laurent), de Saint-Brieuc.
Soulas (Jean), de Saint-Brieuc.
Gandon (Pierre), de Saint-Brieuc.
Le Monnier (Jean-François), de Saint-Brieuc.
Le Gat (Jean), de Saint-Brieuc.
Nobin (François), de Saint-Brieuc.
Crétien (Jean), de Matignon.
Biron (Jean), de Lamballe.
Le Blanc (Pierre), de Saint-Malo.
Bougo (Joseph), de Corlay.
Morvan (Pierre), de Tréguier.
Foulhair (Yves), de Tréguier.
Le Corre (Jean), de Guingamp.
Dupont (Michel), de Granville.
Le Normand (Jacques), de Granville.
Adam (Jean-Jacques), de Granville.
Blescaude (Jean), de Granville.
Bazin (Jacques), de Granville.
Marie (François), de Granville.
Julien (Jacques), de Granville.
Amelin (Clément), de Granville.
Langlois (Jacques), de Granville.
Ancoignard (Jean), de Granville.
Picot (Guillaume), de Granville, mort à bord le 25 juin 1779.
Forcel (Louis), de Granville.
Hibert (Louis), de Granville.
Bétille (Jacques), de Granville.
Cauvin (Jacques), de Granville.
Mancel (Jacques), de Granville.
Le Bourg (Pierre), de Granville.
Launay (Jean-Baptiste), de Granville.
La Mort (Louis), de Granville, mort à bord le 22 juin 1779.
Jaqueline (François), de Granville.
Servain (Michel), de Granville.
Le Clerc (Philippe), de Granville.
Le Fresne (Pierre), de Granville.
Chevalier (Guillaume), de Granville.
Danlos (Jean), de Granville.
Delisle (Louis), de Granville.
Clairant (Nicolas), de Granville.
Rozet (Philippe), de Granville.
Rozet (François), de Granville.
Enouf (André), de Granville.
Le Cerf (Jean), de Granville.
Morel (Charles), de Granville, mort à bord le 27 juin 1779.
Dupont (Simon), de Granville.
Dupont (Louis), de Granville.
Daligot (Thomas), de Granville.
Chevrel (Jean-François), de Granville.
Le Gagneux (François), de Cherbourg.
Carpentier (Jean), de Cherbourg.
Guillemette (Pierre), de Cherbourg.
Roussel (Jacques), de Cherbourg.
La Grange (Bernardin), de Cherbourg.
Millet (Philippe), de Cherbourg.
Rault (Pierre), de Cherbourg.
Blandamour (Joseph), de Cherbourg.
Ferron (Georges), de Cherbourg.
Lollier (Alexandre), de Cherbourg.
Ecourtemer (Pierre), de Cherbourg.
Lucas (Louis), de Rouen.
Chenau (Antoine), de Rouen.
Petit (Jean-Baptiste), de Rouen.
Lainé (Guillaume), de Rouen.
Le Fèvre (Jacques), de Rouen, mort à bord le 22 juin 1779.
Tillaye (Samson), de Rouen.
Hébert (Jean-François), de Rouen.
Marc (Romain), de Rouen.
Dubuc (Etienne), de Rouen.
Carpentier (Jean-Baptiste), de Dieppe.
Lomé (Charles), de Dieppe.
Canel (Laurent), de Dieppe.
Le Grand (Joseph), de Dieppe.
Vigneux (Charles), de Dieppe.
Roux (Jean-Baptiste), de Dieppe.
Le Mesle (Jean-Baptiste), de Dieppe.
Ville (Jacques), de Dieppe.
Siré (Jacques), de Dieppe.
Siré (Nicolas), de Dieppe, tué dans le combat du 6 juillet 1779.
Chandelier (Augustin), de Dieppe.
Lavenu (Michel), de Dieppe.
Petit (Pierre), de Dieppe.
Leillet (Félix), de Dieppe.
Roussel (Guillaume), de Dieppe.
Charpentier (Antoine), de Dieppe.
Cayeux (David), de Dieppe.
Aubert (Michel), de Rouen.
Renaud (Michel), de Rouen.
Colard (Adrien), de Rouen.
Burette (Jean), de Fécamp.
Rouault (Michel), de Fécamp.
L'Ecuyer (François), de Fécamp.
Billard (Modeste), de Fécamp.
Mache (Jean-Baptiste), de Fécamp.
Chouland (Félix), de Fécamp.
Angot (Jacques), de Fécamp.
Maillard (Pierre), du Havre.
Le Seigneur (François), du Havre.
Dubos (Robert), d'Honfleur.
Poussier (Louis), d'Honfleur.
Le Mercier (Pierre), d'Honfleur.
Dumont (Nicolas), d'Honfleur.
Patin (Charles), d'Honfleur.
Quesnol (Jean-François), d'Honfleur.
Grard (Jacques), d'Honfleur.
Hallé (Hervé), de la Hougue.
Le Lion (Jacques), de la Hougue.
Paumier (Pierre), de la Hougue.
Fiquet (Jean-Baptiste), de la Hougue.
Lourdel (Claude), de St-Valéry-sur-Somme.
Darras (François), de St-Valéry-sur-Somme.
Gondré (Denis), de Dieppe.
Brillard (Jacques), de Boulogne, mort au Fort-Royal le 18 août 1779.
Saint-Germain (Jean-Louis), de Caen.
Tailly (Nicolas), de Falaise.
Rosé (Jean-François), de Falaise.
Tichenery (Jean), de Bayonne.
Castel (Jean), de Bayonne.
Lavignotte (Jean), de Bayonne.
Dubreuil (Nicolas), de Bayonne, mort à bord le 10 juin 1779.
Mérac (Baptiste), de Marmande.
Gurget (Pierre), de Marmande.
Capdeville (Bernard), de Marmande.
Artigala (Etienne), de Marmande.
Ginette (Antoine), de Marmande.
La Combe (Henry), de Marmande.
La Porte (Jean), de Marmande.
Bodiniou (Antoine), de Marmande.
Lombard (Jean), de Marmande.
Boisleau (Simon), d'Angoulême.
Cassau (Guillaume), de Marmande.
L'Estas (Raymond), de Moissac.
Lasserre (Jean), de Moissac.
Goizé (Antoine), de Toulouse.
Ducos (Jean), de Bordeaux.
Picot (Charles), de Bordeaux.
Favreau (Louis), de Saintes.

Patron (Jean), de Saintes.
Caprais (Étienne), d'Agen.
Richaudia (Jean), de Blaye.
La Brunette (Jean), de la Teste.
Rousseau (François), de l'Isle de Ré.
Gotreau (Charles), de l'Isle de Ré.
Guillaume (François), de Dinan.
Bourget (François), de Dinan.
Le Barge (Jean), de Dinan, tué au combat du 6 juillet 1779.
Corvoisier (Jacques), de Saint-Malo.
Le Belour (Gilles), de Saint-Malo.
Le Glantin (Yves), de Saint-Malo.
Loyonnec (Bonaventure), de Granville.
Le Maitre (Georges), de Granville.
Allain (Jean), de Granville.
Baudric (Bion), de Granville.
Héleine (Guillaume), de Granville.
Fauvel (Gilles), de Granville.
Dubois (Charles), de Granville.
Le Hodé (Philippe), de Granville.
Campion (Pierre), de Granville.
Brual (Gilles), de Saint-Brieuc.
Montfort (Joseph), de Saint-Brieuc.
Gautier (Jean), de Saint-Brieuc.
Le Roux (Sébastien), de Saint-Brieuc.
Mat (François), de Saint-Brieuc.
Grosvalet (Jean-Baptiste), de Saint-Brieuc.
Ilion (Mathurin), de Saint-Brieuc.
Guillou (Guillaume), de Saint-Brieuc.
Catho (Mathurin), de Saint-Brieuc.
Abraham (François), de Saint-Brieuc.
Rouget (Julien), de Saint-Brieuc.
Monnier (Alexis), de Saint-Brieuc.
Louis (Benjamin), de Rouen.
Chauvin (Nicolas), de Rouen.
Caumont (Alexandre), de Rouen.
Amiaut (Gilles), de Rouen.
Cheneau (Michel), de Rouen.
Berranger (Pierre), de Rouen.
Guillebert (Pierre), de Rouen.
Vassard (Pierre), de Dinan.
Vassard (Gilles), de Dinan.
Gourneuf (Julien), de Dinan.
Delahaye (Jean), de Dinan.
Moisset (Joachim), de Dinan.
Poignant (Gabriel), de Dinan.
Labé (Julien), de Dinan, mort à bord le 23 octobre 1780.
Le Cam (Jean), de Dinan.
Le Roy (François), de Dinan.
Robert (Germain), de Dinan.
Frémont (François), de Dinan.
Benoît (Louis), de Dinan.
Hingant (François), de Dinan, mort à bord le 14 juin 1779.
Maris (Louis), de Saint-Malo.
Du Nord (Mathurin), de Saint-Malo.
Gingard (Jean), de Saint-Malo.
Augrin (Michel), de Fougères.
Buffel (Joseph), de Fougères.
Boileau (Nicolas), de Toul.
Huel (Yvon), de Tréguier.
Le Long (Nicolas), de Cherbourg.
Lescot (Christophe), de la Hougue.
Paunet (Nicolas), de la Hougue.
Blanvilain (Jacques), de la Hougue.
Bertot (Guillaume), de la Hougue.
Despins (Jean-Baptiste), de la Hougue, tué au combat du 6 juillet 1779.
Le Masson (Jacques), de la Hougue.
Alix (Michel), de la Hougue.
Guilbert (Philippe), d'Honfleur.
Collet (Guillaume), d'Honfleur.
Simon (Thomas), d'Honfleur.
Godard (Pierre), d'Honfleur.
Vanier (Toussaint), du Havre.
Besnard (Jean), du Havre.
Le Masson (André), du Havre.
Kermorvan (Joseph), de Vannes.
Génédal (Joachim), de Vannes.
Puhel (Joseph), de Vannes, tué au combat du 6 juillet 1779.
Senestre (Jean), de Belle-Isle-en-mer.
Sauvage (Pierre), de Belle-Isle-en-mer.
Junguenet (Jacques), de Belle-Isle-en-mer.
Le Clerc (François), de Belle-Isle-en-mer.
Mettay (Pierre), de Belle-Isle-en-mer.
Rouaut (Victor), de Belle-Isle-en-mer.
Chouloux (Gilles), de Belle-Isle-en-mer.
Berthau (Bonaventure), de Belle-Isle-en-mer.
Berthau (Jean), de Belle-Isle-en-mer, mort à bord le 28 octobre 1779.
Philippe (Jean), de Belle-Isle-en-mer.
Galenne (Pierre), de Belle-Isle-en-mer.
Loréat (François), de Belle-Isle-en-mer.
David (Étienne), de Belle-Isle-en-mer.
Guégan (Nicolas), de Belle-Isle-en-mer.
Le Port (Jean), de Belle-Isle-en-mer.
Bibet (Nicolas), de Dieppe.
Reine (Louis), de Dieppe.
Dupuis (Lambert), de Dieppe.
Jouault (Julien), de Dieppe, mort à l'hôpital le 30 avril 1780.
Toulan (Michel), d'Ouessant.
Berthelé (Robert), d'Ouessant.
Querloch (Jean), de Quimper.
Demay (Jean), de Saint-Valéry.
Pen (Bernard), du Conquet.
Poullaouec (Jean), du Conquet.
Bellemont (Étienne), de Montauban.
Martineau (Pierre), de Montauban.
Nègre (Guillaume), de Montauban.
Vincent (Jean), de Montauban.
Maisemeuve (Paul), de Montauban, tué au combat du 6 juillet 1779.
Dufour (Pierre), de Marmande.
La Coste (Jean), de Marmande.
Nizier (Jean), de Marmande.
Rivasseau (François), d'Oléron.
Clergat (Claude), d'Oléron.
Moreau (Louis), de l'Ile de Ré.
Neau (Jean), de Saintes.
Réveillon (Louis), de la Rochelle.
Latour (Louis), de Marennes.
Goureau (Jean), de Marennes, mort à bord le 15 juin 1779.
Filastre (Jean), de Nantes.
Astique (Jean), de Nantes.
Minvienne (Pierre), de Nantes.
Simon (Jean), de Nantes.
Roux (Pierre-François), de Nantes, tué au combat du 21 mars 1780.
Gloriet (Pierre), de Nantes.
Lambert (Jean), de Nantes.
Jubinau (Jean), de Nantes.
Bessac (André), de Nantes.
Bernier (Jean), de Nantes.
Béziau (Louis), de Nantes.
Chauvelon (André), de Nantes.
Girard (Simon), de Nantes.
Joyan (Mathurin), de Nantes.
Thibot (Michel), de Nantes.
Martin (Joseph), de Nantes.
Dejoie (Pierre), de Nantes.
Chauvelon (Pierre), de Nantes, mort au Fort-Royal le 5 juillet 1780.
Damon (Jean), de Nantes.
Jeannet (Pierre), de Nantes.
Moreau (Pierre), de Nantes.
Pénisson (Étienne), de Nantes.
Achet (Jacques), de Nantes.
Benoit (Charles), de Nantes.
Trouillart (René), de Nantes.
Becquet (Julien), de Nantes.
Bonsergent (Gabriel), de Nantes.
D'Argent (Louis), de Nantes.
Bâtard (René), de Nantes, mort à bord le 6 septembre 1779.
Noël (Jean-Baptiste), de Nantes.
Sechet (Jean), de Nantes.
Breau (Jacques), de Nantes.
Ragony (René), de Nantes.
Paillusseau (Etienne), de Nantes.
Ollive (François), de Nantes.
Monier (Joseph), de Nantes.
Artau (Joseph), de Nantes.
Chauvelon (Yves), de Nantes.
Bertret (Gabriel), de Nantes.
Lefèvre (Jean), de Nantes.
Boulair (Joachim), de Nantes.
Dupin (Etienne), de Nantes.
Laurent (Pierre), de Nantes.
Dejoie (Jean-François), de Nantes, tué au combat du 6 juillet 1779.
Le Roy (Pierre), de Nantes.
Génard (Louis), de Nantes.
Dejoie (Etienne), de Nantes.
Chauvelon (Pierre), de Nantes.
Le Merle (Jean), de Nantes.
Filbert (Jacques), de Nantes.
Proux (Ollivier), de Nantes.
Mornet (Pierre), de Nantes.
Chauvet (André), de Nantes.
Morin (Vincent), de Nantes.
Poiron (Jean), de Nantes.
Ollive (Jean-Baptiste), de Nantes.
Le Breton (Nicolas), de Nantes, blessé le 6 juillet 1779, au combat; mort le lendemain.
Sorin (Jacques), de Nantes.
Gautier (Pierre), de Nantes.
Guérin (Guillaume), de Nantes.
Herry (Jean), de Nantes.
Albert (Yves), de Nantes, tué au combat du 6 juillet 1779.
Mercier (Pierre), de la Rochelle.
Gabory (Pierre), de la Rochelle.
Le Sourd (Pierre), de Bordeaux.
Lango (Jean), de Bordeaux.
Egrettard (Pierre), de Bordeaux.
Séguin (Jean), de Bordeaux.
Chevry (Joseph), de Paimbœuf.
Triau (Jean), de Paimbœuf.
Cadet (Jean-Marie), de Paimbœuf.
Rouet (François), de Paimbœuf.
Marchand (Etienne), de Paimbœuf.
Eriot (Jacques), de Paimbœuf.
Imbrit (Michel), du Croisic.
Guisneuf (Pierre), du Croisic.
Gilet (Hyacinthe), du Croisic.
Hyon (Mathurin), du Croisic.
Maurin (Guillaume), du Croisic.
Orcon (Hyacinthe), du Croisic.

Guérin (Jacques), du Croisic.
Crepel (Paul), du Croisic.
Aicard (Jacques), du Croisic.
Groan (Pierre), du Croisic.
Paludier (Pierre), du Croisic, mort à bord le 12 septembre 1779.
Pédron (Thomas), de Vannes.
Grandjean (René), de Vannes.
Thébaud (Gilles), de Vannes.
Gautier (Jean), de Vannes, tué dans le combat du 6 juillet 1779.
Le Gallais (Pierre), de Granville.
Le Martinet (Julien), de Granville.
Turfort (Jean), de Granville.
Viard (Thomas), de Granville.
Le Vallois (Adrien), de Granville.
Le Vallois (Julien), de Granville, mort à bord le 28 juillet 1779.
Guého (Mathurin), de Saint-Brieuc.
Blaye (Louis), de Saint-Brieuc.
Bréhamet (Pierre), de Saint-Brieuc, mort à bord le 22 janvier 1780.
Tripé (Charles), de Cherbourg.
Gauthier (Paul), de Saint-Malo.
Bouglé (François), de Rochefort.
Bœuf (Jean), de Rochefort.
Aignant (Robert), d'Orléans.
Bussaly (Thomas), de Libourne.
Cimaliot (Daniel), de Marennes.
Fabre (Jean), de Marennes.
Maillet (Jean), de Marennes.
De Baye (Louis), de Marennes.
Brot (Jean), de Marennes.
Martin (Simon), de Marennes.
Régnier (Pierre), de Marennes.
Berthou (Barthélémy), de Toulouse.
Moustardy (Guillaume), de Toulouse.
Huiliet (Jean), de Toulouse.
Déville (Guillaume), de Toulouse.
Déville (Gilles), de Toulouse.
Fontaine (Pierre), de Toulouse.
Lafond (Jean), de Toulouse.
Paulet (Pierre), de Toulouse.
Nicar (Albert), de Toulouse.
Mourlard (Bazile), de Toulouse.
Crabé (Dominique), de Toulouse.
Loumède (François), de Toulouse.
Nogues (Raymond), de Toulouse.
Ortenne (Jean), de Toulouse.
Laporte (Jean), de Moissac.
Pellussier (Jean), de Moissac.
Larrive (Jean), de Moissac.
Sabatier (Pierre), de Moissac, noyé le 5 septembre 1779.
Violot (Jean-François), de Cette.
Arnaud (Esprit), de Marseille.
Moulin (Pierre), de Marmande.
La Combe (Jean), de Marmande.
Taillard (Pierre), de Marmande.
Splaiger (Etienne), de Marmande.
Marquet (François), de Marmande.
Faondeau (Pierre), de Marmande.
Dantelle (Jean), de Marmande.
Boulé (Thomas), de Marmande.
Macarie (Charles), de Marmande.
Margoulé (Jean), de Marmande, mort à bord le 15 octobre 1779.
Choissy (Jean), de Versailles.
Le Blanc (Pierre), de Montauban.
Poisseau (François), de la Rochelle.
Plisson (Michel), de la Rochelle.

Déclé (Louis), de Rochefort.
Lécuyer (Jean), de Rochefort.
Couillaud (Pierre), de Rochefort.
Le Tinévès (Yves), de Tréguier.
Chevalier (Jean), d'Angoulême, mort à bord le 11 octobre 1779.
Delisle (Claude), de Rouen.
Raboux (Pierre), d'Oléron.
Moroude (François), d'Oléron.
Rivierre (Guillaume), de Caen, mort à bord le 20 novembre 1779.
Bouvrelay (Guillaume), de Lorient.
Lécuyer (Pierre), du Havre.
Cavé (Mathurin), du Havre.
Bernard (François), de Bordeaux.
Fourcade (Etienne), de Bordeaux.
Guillem (Jacques), de Bordeaux.
Desessart (Pierre), de Bordeaux.
Charier (François), de Bordeaux.
Guérin (Jacques), de Marmande.
Dubery (Jacques), de Marmande.
Grignard (Etienne), de Marmande.
La Ramée (Barthélémy), de Limoges.
Petit (Elie), de Libourne.
Garnier (Joseph), de Libourne.
Nicolas (Joseph), de Brest.
Pellennec (Jean), de Brest.
Mocard (Jean), de Lorient.
Riot (Jean-Baptiste), de Lorient.
Cornet (François), de Lorient.
Ribeau (Marc), de Lorient.
Le Boullay (Julien), de Lorient.
L'Escuriot (Jean), de Lorient.
Le Meur (Marc), de Lorient.
Le Doux (Jean), de Lorient, mort à bord le 22 octobre 1779.
François (Mathurin), de Vannes.
Le Bras (Julien), de Vannes.
Frenay (Jean), de Vannes.
Guillemette (Pierre), de Vannes.
La Gambre (Jean), de Vannes.
Bagot (Jean), de Saint-Malo.
Raffret (Jean), de Saint-Malo.
Rayer (Jean), de Saint-Malo.
Duclos (François), de Saint-Malo.
Thébot (Joseph), de Saint-Malo.
Charle (Augustin), de Saint-Malo.
Loiseau (Jean), de Saint-Malo.
Desmotais (François), de Saint-Malo, mort à bord le 18 novembre 1779.
Combrun (Pierre), de Granville.
Le Mitois (Julien), de Granville.
Collet (Pierre), de Rouen.
Linier (Jacques), de Fécamp.
Hervieux (Louis), de Cherbourg.
Coupé (Jean), de Cherbourg.
Le Cannelier (François), de Cherbourg.
Valogne (Thomas), de Cherbourg.
Naudet (Jean), de Cherbourg.
Guézennec (Jean), de Morlaix.
Toupin (Julien), de Tréguier.
Cornaly (Joseph), de Saint-Brieuc.
Loquet (François), de Saint-Brieuc.
Le Roy (Noël), de Saint-Brieuc.
Le Roy (Rolland), de Saint-Brieuc.
Gicquel (Paul), de Saint-Brieuc.
Le Breton (Jacques), de Saint-Brieuc.
Feuillet (Marc), de Saint-Brieuc, mort à bord le 22 octobre 1779.
Hinguant (Paul), de Saint-Brieuc.
Caline (Guillaume), de Saint-Brieuc.

Boulen (Guillaume), de Saint-Brieuc.
Dauleau (Gilles), de Granville.
Perrier (Gérôme), de Granville.
Le Landais (Louis), de Granville.
Le Sullier (Etienne), de Granville.
Le Tellier (Jean), de Granville.
Jorlet (Mathieu), de Quimper.
Garnier (Mathurin), de Quimper.
Morel (Jean), de Quimper.
Violot (Abraham), de Quimper.
Lefur (Jean), de Quimper.
Castel (Guillaume), de Brest.
Mazéas (Jacques), de Brest.
L'Aiguillon (Jean-Baptiste), de Brest.
Rolland (Pierre), de Brest.
Robin (Pierre), de Dieppe.
De la Rue (Jean), de Nantes.
Thomas (Pierre), de Nantes.
Drogant (Guillaume), de Nantes.
Gadelein (Jean), de Nantes.
Guillard (Henry), de Nantes.
Blenay (Pierre), de Nantes.
Gareau (Jean), de Nantes.
Carpentier (Joseph), de Lorient.
Conseil (Guillaume), de Lorient.
Robin (Julien), de Lorient.
Jégo (Julien), de Lorient.
Ozanne (Jean-Baptiste), d'Honfleur.
Savary (Guillaume), de Libourne.
Marzel (François), de Libourne.
Besse (Jean), de Libourne.
Brancard (Pierre), de Libourne.
Miaussa (Jean), de Libourne.
Gaussin (Michel), de Marmande.
Lonce (Antoine), de Marmande.
Cotrisse (Pierre), de Marmande, mort à bord le 10 octobre 1780.
Jamy (François), de Montauban.
Blancon (Antoine), de Montauban.
Malf (Jean), de Montauban.
Malmont (Jean), de Montauban.
Bernard (Jean), de Toulouse.
Le Brun (Jean), de Toulouse.
Lièvre (Jacques), de la Rochelle.
James (Jean), de Saint-Malo.
Riou (Yves), de Saint-Malo.
Gérel (Vincent), de Saint-Malo.
Antonino (Pierre), de Saint-Malo.
Briant (Jean), de Saint-Malo.
Cantin (Jean), de Bordeaux.
Allard (Jean), de Bordeaux.
Lavaut (Pierre), de Bordeaux.
Mériano (François), de Bordeaux.
Moucher (Jean), de Bordeaux.
Vallens (Simon), de Bordeaux.
Pugeol (Jean), de Bordeaux.
Fouchet (Jean), de Bordeaux.
Laurent (Jean), de Bordeaux.
Brédal (Bernard), de Bordeaux.
Dadre (Jean), de Bordeaux.
Bernard (Jérôme), de Bordeaux.
Poitevin (Jean), de Bordeaux.
Raquet (Arnaud), de Bordeaux.
Billot (Bernard), de Bordeaux.
Miraud (Pierre), de Bordeaux.
Rabel (Arnaud), de Bordeaux.
Druës (Pierre), de Bordeaux.
Pommier (Etienne), de Bordeaux.
La Coste (Jean), de Bordeaux.
Bernardet (Jean), de Bordeaux.
Dumans (Basquin), de Bordeaux.

Derpé (Pierre) de Bordeaux.
Bodin (Jean), de Bordeaux.
Ménard (Jean), de Bordeaux.
Alfond (Pierre), de Cahors.
Bel (Guillaume), de Cahors.
Lézin (Antoine), de Bourgneuf.
Viot (Jean), de Bourgneuf.
Le Grand (Joseph), de Bourgneuf.
Guilbaud (Nicolas), de Bourgneuf.
Thomas (Pierre), de Marennes.
Bossuet (Jean), de Marennes.
Vivier (Giraud), de Marennes.
Le Kiker (Hervé), de Morlaix.
Kourik (Sylvestre), de Morlaix.
Rogner (Ollivier), de Morlaix.
La Rue (Guillaume), de Morlaix.
David (Jacques), de Royan.
Long (Pierre), de Bayonne.
Braha (Charles), de Saint-Malo.
Le Masson (Jean-Baptiste), de Saint-Malo.
Sicard (Jean-Baptiste), de Marseille.
Bouriou (Antoine), de Marseille.
Gazin (François), de Marseille.
Aimé (Mathieu), de Marseille.
Bonnet (Baptiste), de Marseille.
Marseillais (Louis), de Marseille.
Hédelin (André), de Nantes.
Hilleret (Marcel), de Nantes.
Samson (Pierre), de Nantes.
Méchisseau (René), de Nantes.
Cadoux (Jean), de Nantes.
Douillard (Mathurin), de Nantes.
Gélary (Jean), de Nantes.
Egorneaux (François), de Nantes.
Le Gendre (Jean-Baptiste), de Nantes.
Le Blanc (Joseph), de Nantes.
Péger (Jean), de Nantes.
Douaron (Grégoire), de Nantes, tué dans le combat du 21 mars 1780.
Chevalier (François), de Marennes.
Laille (François), de Marennes.
Thibaut (Louis), de Marennes.
Mousset (Joachim), de Dinan, mort à bord le 24 septembre 1780.
Robin (Jean), de Rochefort.
Bonne (Jean), d'Issoudun.
Poulard (Charles), de Lyon, tué au combat du 21 mars 1780.
Gabillé (Nicolas), de Saumur, tué au combat du 21 mars 1780.
Déville (Jacques), de Toulon, tué au combat du 21 mars 1780.
Blanche (Jean), de Bordeaux, tué au combat du 21 mars 1780.
Nicolas (François), de Landivisiau.
Liard (Jean), du Havre.
Biau (Jean), de Libourne.
Lory (Michel), de Libourne.
Vivien (Jean), de Libourne.
Stournet (Pierre), de Libourne.
Gathrino (Julien), de Lorient.
Vivet (Joseph), de Lorient.
Giglé (Pierre), de Lorient.
De Linot (Nicolas), de Lorient.
Châtel (Louis), de Granville.
Hébert (Nicolas), de Granville.
Beaudé (Léger), de Rochefort.
Besse (Pierre), de Rochefort.
Caillebaud (Jean), de Quimper.
Gaillard (Philippe), de Quimper.
Roy (François), de Saintes.
Morin (François), de Royan.
Alizal (Michel), de Royan.
Lombard (Jean), de Marmande.
Resbosse (Barthélémy), de Marmande, tué au combat du 21 mars 1780.
Buisson (Pierre), de Bayonne.
Crabot (François), de Vannes.
Robert (Jean), de Vannes.
Taillet (Charles), de Saint-Malo.
Guillaume (Jean), de Saint-Malo.
Gratien (Bernard), de Saint-Malo.
Tiran (Philippe), de Marseille.
Jotru (Nicolas), de Troyes.
Bruno (Pierre), de Libourne.
Pain (Bastien), de Nantes.
Pauveraut (Michel), de Nantes.
Gacouin (René), de Nantes.
Abraham (Jean-Baptiste), de Nantes.
Marchais (Louis), de Nantes.
Pinçon (André), de Nantes.
André (Julien), de Nantes.
Fouchard (François), de Nantes.
Drouault (Joseph), de Nantes.
Brunet (Gabriel), de Nantes.
Thomas (René), de Nantes.
Chevreuil (Guillaume), de Nantes.
Vallogne (Jean), de Nantes.
Le Cordeur (Louis), d'Honfleur.
Tisson (Thomas), de Cherbourg.
Fougère (Bernard), de Cherbourg.
Guillaume (Pierre), de Bordeaux.
Léonard (Jean), de Bordeaux.
Ganivel (Jean), de Bordeaux.
Nadeau (Pierre), de Bordeaux.
Médoc (Jean), de Bordeaux.
Muset (Rémond), de Bordeaux.
Gondeau (Pierre), de Bordeaux.
Dagins (Etienne), de Bordeaux.
Gaillard (Jean), de Bordeaux, mort à bord le 13 septembre 1780.
Duteau (Jean), de Bordeaux.
Manuel (François), de Bordeaux.
Richard (Bernard), de Bordeaux.
Bonamy (Pierre), de Bordeaux.
La Croix (René), de Bordeaux.
Camu (Pierre), de Bordeaux.
Second (Mathieu), de Marseille.
Clément (Pierre), de Marseille.
Régnier (Jacques), de Marseille.
Camerle (Josime), de Marseille.
Giraud (Alexandre), de Marseille.
Dubois (Jean), de Rochefort.
Lambert (François), de Rochefort.
Fabre (François), de Rochefort.
Bissière (Jean), de Moissac.
Casau (Etienne), de Bayonne.
Vivaut (Antoine), de Bayonne.
Fournay (Bernard), de Bayonne.
Pascal (Pierre), de Bayonne.
Alexandre (Baptiste), de Bayonne.
Guinée (Dominique), de Saint-Jean-de-Luz.
Lissal (Thomas), de Saint-Jean-de-Luz.
De la Place (Louis), de Soissons.
Niau (Julien), du Mans.
Billon (Charles), de Lyon.
Lamoureux (Hervé), de Lorient.
Guimard (Pierre), de Nice.
Giran (Tropez), de Saint-Tropez.
Poulain (Manuel), de Rouen.
Bouvier (Jacques), de Rouen.
Troussé (Nicolas), de Rouen.
Roulet (Jean), d'Avignon.
La Tour (Baptiste), de Montauban.
La Tour (François), de Montauban.
Casenave (Gilles), de Toulouse.
Roux (Jean), de Saint-Tropez.
Périn (Michel), de Saint-Tropez.
Blain (Joseph), de Saint-Tropez.
Perronnet (Pierre), de Libourne.
Gilet (Jean), de Libourne.
Renaud (Joseph), de Marseille.
Joanne (Joseph), de Marseille.
Tiran (Jean), de Marseille.
Sica (Jean-Baptiste), de Marseille.
Gramagnol (Jean), de Marseille, mort à bord le 22 octobre 1780.
Maudeville (Louis), du Havre.
Jeantel (Jean), de Bordeaux.
Baile (Gérôme), de Bordeaux.
Lafond (Antoine), de Bordeaux.
Meloche (François), de la Rochelle.
Noël (Pierre), de la Rochelle.
Hérignon (Laurent), de la Rochelle.
Lassivet (Julien), de la Rochelle.
Paucard (Pierre), de la Rochelle.
Robert (Jean), de Vannes.
Legal (Jean-François), de Vannes.
Féraud (Louis), de Dunkerque.
Vidal (Joseph), de Toulon.
Couperie (Jean-Baptiste), de Toulon, mort à bord le 18 juin 1780.
Beaucher (Dominique), de Saint-Brieuc.
Raimond (Jean), de Bordeaux.
Spol (Jean-Baptiste), de Bordeaux.
Ripert (Joseph), d'Avignon.
Tombarel (Louis), de Cannes.
Massebœuf (Honoré), de Cannes.
Bard (Jean-Baptiste), de Cannes.
Barlet (Guillaume), de Cannes.
Bret (Donat), de Cannes.
Blacar (Barthélémy), de Cannes.
Cadière (François), de la Valette (Var).
Durand (Claude), de la Valette (Var).

Novices.

Canoville (Victor), de Cherbourg.
Feuillic (Jacques), de Cherbourg.
Turbert (Charles), de Cherbourg.
Le Terrier (Yves), de Cherbourg, mort à bord le 25 juin 1779.
Le Page (Jean), de Morlaix.
Sparfel (Yves), de Morlaix.
Le Scouasse (Pierre), de Morlaix.
Pincemin (Georges), de Saint-Malo.
Joly (André), de Saint-Malo.
Chevalier (Jean), de Saint-Malo.
Méliard (Jean), de Saint-Malo.
Petry (Gilles), de Saint-Malo, blessé dans le combat du 6 juillet 1779.
Roussel (Maurice), de Saint-Malo, tué au combat du 6 juillet 1779.
Saunier (Jean), de Saint-Malo.
L'Ecuyer (Pierre), de Saint-Malo.
L'Ecuyer (Thomas), de Saint-Malo.
David (Michel), du Croisic.
Durand (François), du Croisic.
Bernier (Mathurin), du Croisic.
Le Cointre (Alexis), de Dinan.
Poirier (François), de Dinan.
Heuzet (Pierre), de Dinan.
Moulet (François), de Dinan.
Mouland (Jules), de Dinan.
Troche (Michel), de Dieppe.
Bovin (Thomas), de Dieppe.
Fleury (Nicolas), de Dieppe.

Nouette (René-Pierre), de Dieppe, tué au combat du 6 juillet 1779.
Beauchamp (Louis), de Paris.
Boulch (Pierre), de Recouvrance (Brest).
Maurice (François), de Vannes.
Travaillant (Yves), de Vannes.
Hervé (Bernard), de Vannes.
Jagouret (Joseph), de Vannes.
Balanau (Jean), de Roscoff.
Casesic (François), de Roscoff.
Morvan (Yves), du Faou, mort à bord le 6 mai 1780.
Tanguy (Joseph), de Saint-Brieuc.
Le Petit (Jean), de Saint-Brieuc.
L'Ecuyer (Louis), de Saint-Brieuc.
Hameau (Mathurin), de Fougères.
Legal (Jean-Baptiste), de Lorient.
Hérault (Joseph), de Nantes, mort à bord le 7 octobre 1779.
Agnus (Christophe), de Quimper.
Le Roy (Stanislas), de Rennes.
Henry (Pierre), de Granville.
Néel (Charles), de Granville.
Le Buffe (Louis), de Granville.
Banville (François), de Granville.
Eudes (Pierre), de Granville.
Hamon (François), de Granville.
L'Eveillé (Jacques), de Granville.
Le Roy (Clément), de Granville, tué au combat du 6 juillet 1779.

Surnuméraires.

Masson (Yves), de l'île Molène.
Monclair (Jean), de Fougères.
Le Vassor (Mathurin), d'Orléans.
Le Bail (Joachim), de Lorient.
Soubier (Pierre), d'Oléron.
Lefèvre (Antoine), de Narbonne.
Lefèvre (Ollivier), de Narbonne.
Pelleteur (Jean-Marie), de Brest.
Berthou (François), de Morlaix, mort au Fort-Royal le 3 juillet 1779.
Salaün (Jérôme), de Porspoder.
Hubert (Jean-Marie), de Rennes.
Chargeur (René), du Mans.
Le Guilcher (Jean-Louis). de Molène.
Herval (Gabriel), de Brest, mort à bord le 26 septembre 1779.
Berthou (Julien), de Pluzunet, tué au combat du 6 juillet 1779.
Couillandre (François), du Conquet, mort au Fort-Royal le 17 septembre 1779.
Hians (Louis), de Perpignan.
Rozec (André), de Morlaix.
Roussel (René), de Caen.
Colbert (Guillaume) de Quimper.

Mousses.

Lefèvre (Honoré), de Narbonne.
Salvau (Vincent), de Brest.
Cadiou (Goutven), de Brest.
Le Guin (Louis), de Brest.
Le Borgne (René), de Brest, mort à bord le 19 juin 1779.
Hauvet (Louis), de Saint-Malo.
Bizien (Jean), de Saint-Malo.
Guinard (Julien), de Saint-Malo.
Le Maigre (François), de Saint-Brieuc.
Joubin (Louis), de Saint-Brieuc.
Chesnel (René), de Saint-Brieuc.
Le Corre (Guillaume), de Saint-Brieuc.
Galliot (Hervé), de Saint-Brieuc.
Faucon (Jean), de Saint-Brieuc.
Mahé (François), de Saint-Brieuc.
Gandon (Pierre), de Saint-Brieuc.
Guyomard (Joseph), de Saint-Brieuc.
Bidan (François), de Saint-Brieuc.
Le Breton (Guillaume), de Saint-Brieuc.
Le Bars (Jean), de Saint-Brieuc, mort à bord le 10 septembre 1779.
Herhel (Ollivier), de Saint-Brieuc, mort à l'hôpital du Cap le 9 septembre 1779.
Malenfant (Augustin), de Saint-Brieuc, mort à bord le 3 avril 1780.
Ferrière (Bernard), de Boulogne.
Pitanche (Jean-Joseph), de Nantes.
Perron (Noël), de Nantes.
Sézel (Louis), de Nantes.
Santeron (François), de Nantes.
Perrier (Jean), de Nantes.
Rivierre (François), de Nantes, mort au Fort-Royal le 4 avril 1779.
Bihan (Julien), de Nantes.
Dolay (Joseph), de Nantes.
Clément (François), de Nantes.
Baboneau (Henry), de Nantes.
Chevalier (André), de Nantes.
Le Tourneau (Pierre), de Fougères.
Hamon (Jean), de Quimper.
Richard (Ollivier), de Quimper.
Le Brusque (François), de Quimper.
Barbier (François), du Croisic.
Lefort (Jacques), du Croisic.
Tisson (Nicolas), du Croisic.
Falher (Jean), de Vannes.
Conan (Maurice), de Vannes.
Conan (Yves), de Vannes.
Le Charpentier (Louis), de Vannes.
Ropert (François), de Vannes.
Bernugat (Jean), de Vannes, mort à bord le 17 décembre 1780.
Ledoux (Jean), de Morlaix.
Hervé (Pierre), de Morlaix.
Normand (François), de Morlaix.
Loumeuven (Hervé), de Plouédern.
Dufour (Pierre), de Cherbourg.
Guillemette (Jacques), de Cherbourg.
Perdriel (Pierre), de Granville.
Morin (Noël), de Granville.
Blain (Jean), de Granville.
Lehodey (Louis), de Granville.
Botin (Ollivier), de Lannilis, mort à bord le 24 juin 1779.
Lavolée (Allain), de Morlaix.
Raimou (Jean), de Morlaix.
Le Goff (Jean), de Dinan.
Nolichon (Mathurin), de Lorient.
Puvoine (Jacques), de Lorient.
Thomas (Pierre), de Lorient.
Jougand (Antoine), de Lorient.
Lizier (René), de Brest.
Kerraoul (Pierre), de Brest.
Tallot (Etienne), de Brest.
Bonfils (Joseph), de Brest.
Kermabou (Alain), de Brest.
Dubois (Pierre), de Brest.
Pallière (Joseph), de Brest.
Le Roy (Jean-Marie), de Brest.
Respiget (René), de Brest.
Dumoulin (François), de Brest, mort à bord le 14 avril 1779.
Huet (François), de Brest.
Huet (Augustin), de Brest.
Guézennec (Guillaume), de Brest.
Tartu (Aimé), de Brest.
Le Moing (Yves), de Brest.
Pellé (Marin), de Brest.
Diès (Nicolas), de Brest.
Le Roux (Pierre), de Brest.
Auvray (Robert), de Bayeux.
Cantin (François), de Versailles.
Nicole (Jean), de Lannion.
Boulon (Frédéric), de Matignon.
Nicolas (François), de Commana.
Bourdis (Bastien), de Bourg de Batz.
Montfort (François), du Croisic.
Tisson (Pierre-François), du Croisic, mort à bord le 8 septembre 1779.
Le Goff (Louis), de Rostrenen.
Boispertuis (Pierre), de Rostrenen, tué au combat du 6 juillet 1779.
Chancerel (Joseph), de Fougères, mort à l'hôpital du Cap le 10 août 1779.
Kerhardy (Marc), de Morlaix.
Fouesnée (Jacques), de Rennes.
Peloit (Pierre), de Rennes.
Gainemer (Auguste), de Dinan.
Poignant (Pierre), de Dinan.
Pitre (Jean), de Dinan.
Tiffine (Pierre), de Lorient.
Le Couédec (Louis), de Lorient.
Le Clerc (François), de Saint-Malo.
Benoit (Mathurin), de Saint-Malo.
Héry (Jean), de Saint-Malo.
Chéron (Pierre), de Rouen.
Lagadic (François), de Quimper.
Le Naour (Philippe), de Tréguier.
Réothé (François), de Rochefort.
Faraud (Jean), de Rochefort.
Caro (Charles), de Saint-Pol-de-Léon.
Garcin (Jean-Baptiste), de Marseille.
Jour (Barthélemy), de Marseille.
Josselau (Jean), de Marseille.
Savon (François), de Marseille.
Roustan (François), de Marseille.
Laugenez (Jean), de Bordeaux.
Ganel (Antoine), de Bordeaux.
Visier (André), de Toulon, mort à bord le 12 janvier 1780.
Grall (Nicolas), de Roscoff, mort à bord le 14 avril 1779.
Reboul (Noël), d'Avignon, mort au Fort-Royal le 6 février 1780.
Roque (Joseph), de Toulon.
Long (Paul), d'Hyères.

Domestiques.

Le Men (Julien), de Quimper.
Even (Philippe), de Rennes.
Poulain (Jacques), de Saint-Brieuc.
Gillet (Benoit), de Saint-Brieuc.
Bourhis (Jean-Marie), du Faou.
Pernou (Joseph), de Besançon.
Pernod (Jacques), de Pontarlier.
Corguillé (François), de Vannes, mort à bord le 27 juin 1779.
Bedel (Michel), de Rouen.
Guesno (Joseph), d'Angers.
Blesicks (Jean), de Montpellier.
Lemarié (Emery), de Brest.
Favennec (Nicolas), de Brest.
Huon (François), de Tréguier.
Giron (Jean-Marie), de Tréguier, mort à bord le 17 août 1780.
Lehodey (Charles), de Granville.
Vion (Louis), de Lorient.
Thomas (Jean), de Rennes.
Lainé (François), de Saint-Malo.

L'AMÉRIQUE.

TAPISSERIE DE LA MANUFACTURE DE BEAUVAIS (1788-1791)

LA PRUDENTE

(De mai 1778 à juin 1779, date de sa prise par les Anglais)

M. le Vicomte D'ESCARS, Capitaine de vaisseau, Commandant.

ÉTAT-MAJOR

CAPITAINE DE VAISSEAU

Le Vicomte **d'ESCARS**, Commandant.

LIEUTENANT DE VAISSEAU

THIERRY.

ENSEIGNES DE VAISSEAU

De MESSEINE.
DANNEVILLE.

OFFICIERS AUXILIAIRES

L'EVEILLE de la MOINERIE.
Le GRAND, mort le 11 décembre 1778.
Le TENDRE.

CHIRURGIEN

Le MASSON.

AUMONIER

CORSIN-DUPONT (R. P. André).

GARDE DE LA MARINE

Le Chevalier **de la TAILLE des ESSARTS.**

VOLONTAIRES

Rouault de Coutances, de Saint-Servan.
Roche, de Versailles.

Officiers-mariniers de manœuvre.

Piston (Julien), premier maître, de Saint-Servan.
Le Melle (Pierre), second maître, de Saint-Servan.
Gorgel (Jean), second maître, de Dinan.
Guéguen (François), contremaître, de Saint-Servan.
Poulain (Laurent), contremaître, de Saint-Brieuc.
Folliard (Louis), bosseman, de Dinan.
Cautin (Jean), quartier-maître, de Saint-Malo.
Nabour (Pierre), quartier-maître, de Saint-Servan.
Tricot (Pierre), quartier-maître, de Saint-Brieuc.
Le Breton (Thomas), quartier-maître, de Cancale.
Trouillon (Joseph), quartier-maître, de Dinan.
Meinger (Gilles), quartier-maître, de Granville.

Officiers-mariniers de pilotage.

Ferret (Dominique), patron de chaloupe, de Saint-Servan.
Richard (François), patron de canot, de Saint-Servan.
Cretté (Etienne), premier pilote, de Saint-Malo.
Toré (Noël), second pilote, de Saint-Malo.
Quinard (Etienne), aide-pilote, de Saint-Malo.
Le Mordant (François) aide-pilote, de Saint-Malo.

Officiers-mariniers de canonnage.

Besnard (Toussaint), maître canonnier, de Saint-Malo.
Noël (Jean), second canonnier, de Saint-Servan, mort le 8 octobre 1779.
Dupont (Augustin), aide-canonnier, de Cancale.
Besselièvre (Pierre), aide-canonnier, de Saint-Servan.
Langlois (Pierre), aide-canonnier, de Saint-Servan.
Langlé (Jacques), aide-canonnier, de Saint-Servan.
Le Vaix (Guillaume), aide-canonnier, de Saint-Malo.
Robert (Jacques), aide-canonnier, de Dinan.
Galopet (François), aide-canonnier, de Dinan.
Almange (François), aide-canonnier, de Dinan.
Baquenel (Pierre), aide-canonnier, de Dinan.
Malanfant (Guillaume), aide-canonnier, de Saint-Brieuc.
Quatre-Sols (Dominique), aide-canonnier, de Dinan.
Le Brêt (André), aide-canonnier, de Granville.
Rozel (Jean), aide-canonnier, de Granville.
Guilbert (Louis), aide-canonnier, de Granville.
Cottentin (Jean), aide-canonnier, de Granville, mort le 14 février 1779.

Officiers-mariniers de charpentage.

Girard (Julien), maître charpentier, de Saint-Servan.
Le Goff (Pierre), second charpentier, de Saint-Servan.
Durand (Jacques), aide-charpentier, de Cancale, mort le 17 février 1779.

Officiers-mariniers de calfatage.

Poncin (Guillaume), maître calfat, de Brest.
Jouanne (Julien), aide-calfat, de Saint-Servan.
La Truitte (Pierre), aide-calfat, de Dinan.

Officiers-mariniers de voilerie.

Durand (Louis), maître voilier, de Saint-Servan.
Langlois (Thomas), aide-voilier, de Saint-Servan.

Timoniers.

Padel (François), de Saint-Servan.
Raffy (Jean), de Saint-Malo.
Couke (Edouard), de Saint-Malo.
Domalin (Guillaume), de Dinan.
Guégant (Laurent), de Saint-Brieuc.
Le Fournier (Guillaume), de Granville.
Robillard (Joseph), de Saint-Brieuc.
Duliaux (Charles), de Saint-Brieuc, tué au combat du 4 mai 1779.

Gabiers.

Esnaud (Jean), de Saint-Brieuc.
Beaudouit (Georges), de Granville.
Herry (Barthélemy), de Dinan.
Nicolas (Jean), de Saint-Servan, mort à bord le 4 septembre 1778.

Matelots.

Pitton (Jean), de Saint-Malo.
Aubry (Louis), de Saint-Malo.
Bleven (Gratien), de Saint-Malo.
Hérault (Elie), de la Rochelle.
Chartier (René), de Saint-Malo.
Pallas (Jacques), de Saint-Malo.
Grosvalet (Jacques), de Saint-Brieuc.
Hellio (Pierre), de Saint-Brieuc.
Gelveterre (Olivier), de Saint-Brieuc.
Frochard (Louis), de Saint-Brieuc.
Briand (Augustin), de Dinan.
Lionnais (Joseph), de Dinan.
Blavon (Vincent), de Dinan, mort le 12 janvier 1779.
Le Villain (Toussaint), de Granville.
Dufour (Gilles), de Granville.
Canuel (Pierre), de Granville, mort le 12 février 1779.
Berthaud (Jean), de Granville.
Gautier (Jacques), de Granville.
Carante (Michel), de Granville.
Vraicq (Michel), de Granville.
Beaussier (Etienne), de Saint-Malo.
Henry (Mathurin), de Dinan.
Laure (Charles), de Granville.
Le Rendu (Jean), de Granville.
Esnol (Julien), de Granville.
Gosselin (Louis), de Granville.
Le Rond (Etienne), de Granville.
Charles (Louis), de Saint-Malo.
Bréon (Joseph), de Saint-Malo.
Gral (Paul), de Brest.
Bouchard (François), de Saint-Brieuc.
Drillet (Yves), de Saint-Brieuc.
Brezy (Jérôme), de Saint-Brieuc.
Oriol (Jacques), de Granville.
Hébert (Nicolas), de Granville, mort le 11 février 1779.
Baumont (Olivier), de Granville.
L'Enouf (Adrien), de Granville.
Bernard (Jean), de Granville.
Le Rendu (Joseph), de Dinan.
Auffray (Pierre), de Saint-Malo.
Paturel (Jean), de Saint-Malo.
Migadel (Pierre), de Saint-Malo.
Pellé (Pierre), de Saint-Malo.

Piquet (Julien), de Dinan.
Mousset (Mathurin), de Dinan.
Richard (Louis), de Dinan.
Grande (Jean), de Saint-Brieuc.
Morin (François), de Saint-Brieuc.
Bertho (François), de Saint-Brieuc.
Fromanger (Louis), de Saint-Brieuc.
Fauvel (Louis), de Granville.
Le Chevalier (Jean), de Granville.
Besnard (Jean), de Granville.
Le Guerrier (Louis), de Granville, mort le 10 février 1779.
Duchene (Jean), de Granville.
Nicolet (Guillaume), de Granville, mort le 6 avril 1779.
Mottais (Georges), de Saint-Malo.
Brindejonc (Pierre), de Saint-Malo.
Hervé (Pierre), de Saint-Malo.
Le Roux (Hiacinthe), de Saint-Malo.
Trublet (Bonnaventure), de Dinan.
Pluët (Eustache), de Dinan.
Audinot (Guillaume), de Dinan, mort le 1er mars 1779.
Bertré (François), de Dinan.
La Troche (Jean), de Saint-Brieuc.
Baucher (Samson), de Saint-Brieuc.
Enol (Pierre), de Granville.
Le Long (Jean), de Granville.
Philibert (Joseph), de Granville.
Le Tourneur (Jean), de Granville, tué au combat du 2 juin 1779.
Duvard (Joseph), de Granville.
Drouët (Etienne), de Granville.
Herissé (Thomas), de Saint-Malo.
Daniel (Pierre), de Saint-Malo, mort le 24 janvier 1779.
Blaizeau (Michel), de Granville.
Le Cocq (Pierre), de Saint-Brieuc.
Tisseran (Jean), de Dinan.
Le Mesle (René), de Saint-Malo, blessé au combat du 22 avril 1779, mort le 23 du dit.
Postel (Louis), de Saint-Malo.
Le Masson (Jean), de Saint-Malo.
Noblet (François), de Saint-Malo.
Outre (Guillaume), de Saint-Malo.
Bajol (Jean), de Saint-Malo.
Vagot (Louis), de Sainte-Colombe (Ille-et-Vilaine).
Richard (Denis), de Saint-Malo.
Juhel (François), de Dinan.
Le Pecre (Jean), de Dinan.
Seget (Joseph), de Dinan.
Bouttesole (Louis), de Granville.
Mittois (Jean), de Granville.
Le Breton (Philippe), de Granville.
Cotentin (François), de Granville.
Pellerin (Martin), de Granville.
Robine (Pierre), de Granville.
Lerel (Louis), de Granville.
Ameline (Jean), de Granville.
Hallay (Marc), de Granville.
Sublime (Pierre), de Granville.
Godey (Bernard), de Granville.
Guillemin (Charles), de Granville.
Marie (François), de Granville.
Le Bourgeois (Guillaume), de Granville.
Colin (François), de Saint-Brieuc.
Caro (Jean), de Saint-Brieuc, mort le 3 juillet 1779.
Faucon (Jean), de Saint-Brieuc.
Thébaut (Jacques), de Saint-Brieuc.
Tanguy (Jacques), de Saint-Brieuc.
Le Rezy (Louis), de Saint-Brieuc.
Eouzan (Denis), de Saint-Brieuc.
Le Picard (Guillaume), de Saint-Brieuc.
Coupé (Joseph), de Saint-Brieuc.
Quintin (Pierre), de Saint-Brieuc, tué au combat du 4 mai 1779.
Le Quinio (Louis), de Saint-Brieuc.
Beyo (Louis), de Saint-Brieuc.
L'Œillet (François), de Saint-Brieuc.
Lantien (Jean), de Saint-Brieuc.
Herry (Vincent), de Saint-Brieuc.
Carrio (Joseph), de Saint-Brieuc.
Le Bodour (Jean), de Saint-Brieuc.
Gernot (Guillaume), de Saint-Brieuc.
Barra (Julien), de Saint-Brieuc.
Lostis (Jean), de Plestin-les-Grèves.
Poirson (Nicolas), de Brest.
Ruello (Artur), de Saint-Brieuc.
Léger (Guillaume), de Cherbourg.
Pont-Gérard (Louis), de Lorient.
Le Portz (Yves), de Lorient.
Lelong (Jean), de Lorient.
Le Gal (Alain), de Lorient.
Rousseau (Jacques), de Lorient.
Rouault (Jean), de Lorient.
Frault (Olivier), de Lorient.
Gauzic (Marin), de Lorient.
Rochefort (Charles), de Lorient.
Bonnic (Guillaume), de Lorient.
Guillevin (Vincent), de Lorient.
Derivery (Nicolas), de Lorient.
Dupont (Jean), de Lorient.
Gosselin (Germain), de la Hougue.
Surdive (Jean), de la Hougue.
Le Roy (Pierre), de Dieppe.
Direuty (Joseph), de Dieppe.
Letout (Guillaume), de Dieppe.
De France (Pierre), de Dieppe.
Huet (Jean), de la Hougue.
Bibet (Jean), de Dieppe.
Sauvage (Jacques), de Boulogne.
Fournier (Louis), de Boulogne.
Clémence (Louis), de Dieppe.
Labbé (Bon), du Havre.
Ricœur (René), de Dieppe.
L'Ecuyer (Nicolas), de Dieppe.
Labat (Jean), de Dunkerque.
Lamarre (François), de Boulogne, mort le 26 janvier 1779.
Alexandre (Pierre), de Calais.
Tatevin (Louis), du Croisic.
Rougeville (Louis), de Dunkerque.
Le Camus (Jean), de Nantes.
Boulanger (Pierre), de Calais.
Fizet (Pierre), de Dieppe.
Le Breton (Charles), de Dieppe.
Fromentin (Jean), de Dieppe.
Clément (Jean-Joseph), de Dieppe.
Guay (Nicolas), de la Rochelle, mort à bord le 9 avril 1779.
Satien (Pierre), de Bordeaux.
Boulet (François), du Havre.
Sevestre (Nicolas), du Havre.
Nuel (Vital), de Redon.
Moreau (Pierre), de la Rochelle.
Chatelier (Joseph), de Nantes.
Rivaux (Etienne), de la Rochelle.
Dupoix (Louis), de Nantes.
Renaud (Pierre) de Royan.
Rousseau (Michel), de Nantes.
Maquant (Jean), de Bordeaux.
Priou (François), de Marennes.
Brabant (Jean), de Bordeaux.
Savanty (Jean), de Bayonne.
Normand (Jean), de Marennes.
Arnaud (Pierre), d'Aix.
Parival (Guillaume), de Bordeaux.
Bergué (Pierre), de Bordeaux.
Tandonnet (Pierre), de Bordeaux.
Cornillon (Louis), de Paris.
Calmousse (Estienne), de Bayonne.
Aubret (François), de Bordeaux.
Cambeau (Pierre), d'Agde.
Mazouy (Sorien), d'Agde.
Tennevot (Jacques), d'Angoulême.
Provost (Dominique), d'Orléans.
Danio (François), de Marennes.
Du Blanc (Charles), de Mississipi.
Biscaye (Pierre), de Saint-Sébastien.
Savariau (François), de Nantes.

Surnuméraires.

Chevalier (Mathurin), de Saint-Brieuc, mort à bord le 19 novembre 1778.
Bruno (Georges), de Saint-Servan.
Dutemple (Jean), de Saint-Servan.
Gallais (Claude), de Dol.
Menez (Louis), de Lorient.
Menez (Pierre), de Lorient.
Le Bonbomme (Malo), de Saint-Malo.
Le Douet (Jean), de Saint-Servan.
Ringuet (Louis), de Saint-Malo.
Morié (Julien), de Saint-Malo.
Bocher (Jean), de Saint-Brieuc.
Houdart (René), de Brest.

Mousses.

Derté (Jean), de Saint-Servan.
Le Grand (Etienne), de Saint-Servan.
Piston (Pierre), de Saint-Servan, mort le 22 octobre 1778.
Le Masson (Georges), de Saint-Servan.
Biron (Jean), de Lamballe.
Pigéon (Julien), de Saint-Malo.
Dinahé (Louis), de Saint-Malo.
Guilbert (François), de Saint-Malo.
Landaie (René), de Saint-Malo.
Durand (Jean), de Saint-Malo.
Rasquinel (Yves), de Saint-Malo.
Sivar (Jean), de Saint-Malo.
Tachot (Jean), de Saint-Malo.
Heurtot (Vincent), de Saint-Malo.
Menez (Noël), de Lorient.
Folliard (François), de Saint-Servan.
Boulioux (Joseph), de Saint-Malo.
Touin (Jean), de Saint-Malo.
Bizien (Louis), de Guingamp.
Laisné (Jean), de Saint-Malo.
Néel (Jean), de Saint-Malo.
Guillard (Pierre), de Saint-Malo.
Chevalier (Pierre), de Saint-Malo.
Postel (Joseph), de Dinan.
Salmon (Yves), de Dinan.
Corvoisier (Joachim), de Dinan.
Rouault (François), de Dinan.
Meinger (Gilles), de Granville.
Picard (Julien), de Saint-Brieuc.
Duguen (Jacques), de Saint-Brieuc.
Le Bret (Pierre), de Saint-Malo.
Ameline (Guillaume), de Saint-Malo.

Pallas (Michel), de Saint-Malo.
Heurtot (Joseph), de Saint-Malo.
Anquetil (François), de Saint-Malo.
Tassel (François), de Saint-Malo.
Hervé (Joseph), de Saint-Malo.
Gagnerot (Pierre), de Saint-Malo.
Le Nabour (Pierre), de Saint-Malo.
Le Goff (Aubin), de Saint-Malo.
Rault (Augustin), de Saint-Malo.
Dolin (François), de Saint-Malo
Le Monnier (Jean), de Saint-Malo.
Maillot (Corentin), de Saint-Malo.
Ruellan (Joseph), de Saint-Malo.
Vimard (Guillaume), de Saint-Malo.
Bigoro (Jacques), de Saint-Malo.
Jugan (Joseph), de Saint-Coulomb.
Boucher (Jean), de Saint-Servan, mort à bord le 6 avril 1779.
Marchand (Guillaume), de Saint-Malo, tué au combat du 2 juin 1779.
Ozanne (Henry), de Saint-Malo.
Martin (Laurent), de Saint-Malo.
Dupont (Pierre), de Pleurtuit.
Gautier (Jacques), de Dinan.
Roussel (Joseph), de Paramé.
Gautier (Jacques), de Crehen.
Gégou (Marc), de Saint-Brieuc.
Lucas (Toussaint), de Nantes.

Domestiques.

Constantin (Jean), de Brest.
Oudin (François), de Nantes.
Marot (Mathieu), de Vannes.
Chevalier (Jean), de Closnas.
Moinerée (Fidèle), de Rennes.
Galoux (Noël), de Quimper.
Dion (Guillaume), de la Rochelle.
Laisne (Jacques), de Châteauneuf.

LA CONCORDE

(De janvier 1778 à mars 1779)

M. LE GARDEUR DE TILLY, Capitaine de vaisseau, Commandant.

ÉTAT-MAJOR

CAPITAINE DE VAISSEAU

Le GARDEUR de TILLY, Commandant, blessé au combat du 18 février 1779.

LIEUTENANTS DE VAISSEAU

Le Chevalier **de TILLY**, tué au combat du 22 août 1778.
Le Chevalier **de LINIERE**, blessé au combat du 18 février 1779.

ENSEIGNES DE VAISSEAU

De RAYMOND.
De REPENTIGNY, blessé au combat du 22 août 1778.

OFFICIERS AUXILIAIRES

LUVEN de KERBIGUET.
Le CORDIER.
De BERGEVIN de MESGUEZ.

CHIRURGIEN

CAILLAU.

AUMONIER

MONTILLET (R. P. Gabriel).

Officiers-mariniers de manœuvre.

Maudet (Jean), premier maître, d'Oléron.
Granger (Jean), second maître, de Rochefort, blessé au combat du 22 août 1778.
Girard (Jacques-Daniel), contremaître, de l'Ile de Ré.
Vadancourt (Jacques), contremaître, d'Oléron, blessé au combat du 18 février 1779.
Martin (Pierre), bosseman, d'Oléron.
Rolland (Jean), quartier-maître, de Rochefort.
Maté (Hillaire), quartier-maître, des Sables.
Rucheau (Jean), quartier-maître, des Sables, tué au combat du 18 février 1779.
Guérin (Pierre), quartier-maître, de Noirmoutiers.
Phelippeau (Pierre), quartier-maître, de Libourne.
Guérin (Joseph), quartier-maître, des Sables, mort le 2 novembre 1778.

Officiers-mariniers de pilotage.

Dion (André), patron de chaloupe, d'Oléron.
Mesnard (Pierre), premier pilote, de Rochefort, blessé au combat du 18 février 1779.
Masson (Pierre), aide-pilote, de Rochefort.
Pertier (André), aide-pilote, de Rochefort.

Officiers-mariniers de canonnage.

Merlet (Jean), maître canonnier, de Rochefort.
Normandin (Jean), second canonnier.
Michel (Edem), aide-canonnier.
Roumy (Thomas), aide-canonnier.
Allard (Bernard), aide-canonnier.
Micheau (André), aide-canonnier, des Sables, mort le 8 décembre 1778.
Bertrand (Jean), aide-canonnier, de l'Ile de Ré.
Le Roy (Mathurin), aide-canonnier, de Noirmoutiers.
Bertrand (Pierre), aide-canonnier, de Marennes, blessé au combat du 18 février 1779.
Duchemin (Claude), aide-canonnier, de Rochefort.
Dionnet (Pierre), aide-canonnier, de Rochefort.
Seguin (Jean), aide-canonnier, de Saintes, mort le 25 novembre 1778.
Bouton (Louis), aide-canonnier, d'Oléron.
Barbin (Joseph), aide-canonnier, de Saintes.
Fonteneau (Nicolas), aide-canonnier, de Rochefort.
Drouillard (Jean), aide-canonnier, de Saintes.
Ballereaud (Jean), aide-canonnier, de Marmande, blessé mortellement au combat du 22 août 1778.

Officiers-mariniers de charpentage.

Baron (Pierre), maître charpentier, de Rochefort.
Drouineau (Crespin), second charpentier, de Rochefort.
Fougerit (Alexandre), aide-charpentier, de Rochefort.

Officiers-mariniers de calfatage.

Fraigneau (Jacques), maître calfat, de Rochefort.
Langevin (Jean), second calfat, de Rochefort.
Bernard (Pierre), aide-calfat, de Rochefort.

Officiers-mariniers de voilerie.

Martin (Jacques), maître voilier, de Rochefort, blessé au combat du 18 février 1779.
Daniau (Jean), aide-voilier, de Rochefort.

Gabiers.

Morneau (Luc), des Sables.
Bourcier (André), d'Oléron.
Gautier (Jacques), de Marennes.
Pelusse (André), de Bayonne, blessé au combat du 22 août 1778.
Amiot (Jean), de Saintes.
Peyon (Jean), de Marennes.

Timoniers.

Dubon (Joseph), des Sables, mort le 4 novembre 1778.
Péau (Jacques), des Sables.
Bridonneau (Louis), des Sables, mort le 7 décembre 1778.
Pineau (Jean), d'Oléron.
Martin (André), des Sables.
Hébert (Louis), des Sables.
Loirat (Pierre), de Blaye, tué au combat du 18 février 1779.

Matelots.

Ancelin (Pierre), de Rochefort.
Blanchard (Etienne), de Rochefort.

Joubert (Philippe), de Rochefort.
Blanchet (Jean), de Rochefort.
Durand (Jean), de Rochefort.
Guitton (Pierre), de Rochefort.
Laridon (Joseph), de Quimper.
Guignet (Jacques), de Rochefort.
Chevallier (Pierre), de Rochefort, blessé au combat du 22 août 1778.
Moreau (François), de Rochefort, mort le 31 décembre 1778.
Rivet (Jean), de Rochefort.
Pascreau (Jacques), de Rochefort, mort le 8 décembre 1778.
Labat (Jean), de Rochefort.
Peluchon (Etienne), de Rochefort.
Crouaille (Jean), de Rochefort, blessé au combat du 18 février 1779.
Gros (René), de Saintes.
Parenteau (François), d'Angoulême.
Salé (François), d'Angoulême.
Poussard (François), d'Angoulême.
Lortie (Elie), de Marennes.
Quantin (André), de Marennes.
Merine (Jean), de Marennes.
Bignon (Joseph), de Marennes, noyé le 27 février 1778.
Poitou (Pierre), d'Oléron.
Seutre (Jacques), d'Oléron.
Lot (Jacques), d'Oléron.
Guindet (Daniel), de Royan.
Mège (Daniel), de Royan.
Play (François), de la Rochelle, mort le 14 novembre 1778.
Pereau (Jean), de la Rochelle.
Royer (Pierre), de la Rochelle.
Bordier (Louis), de l'Ile de Ré.
Membrard (Louis), de l'Ile de Ré, mort le 2 décembre 1778.
Orsonneau (Louis), de l'Ile de Ré, mort le 29 octobre 1778.
Isacard (Bonnaventure), des Sables, mort le 24 octobre 1778.
Ferret (Jean), des Sables.
Bonyer (François), des Sables.
Le Jay (Joseph), des Sables, blessé mortellement au combat du 18 février 1778.
Renou (Jacques), des Sables.
Biteau (Joseph), des Sables, mort le 16 octobre 1778.
Rucheau (Louis), des Sables.
Gallipeau (Félix), des Sables.
Laurent (Jacques), des Sables, mort le 11 décembre 1778.
Briant (Jacques), des Sables.
Tribert (Jean), des Sables.
Violteau (Claude), des Sables.
Boulineau (René), des Sables.
Desbours (René), des Sables.
Touseau (Augustin), des Sables, blessé au combat du 22 août 1778, mort des suites le 17 octobre 1778.
Guérit (Jean), des Sables, blessé au combat du 18 février 1778.
Friou (François), de Noirmoutiers, mort le 28 septembre 1778.
Remond (Joseph), de Noirmoutiers, blessé au combat du 22 août 1778.
Barbier (Jacques), de Noirmoutiers.
Perrein (Clément), de Noirmoutiers, blessé au combat du 22 août 1778.
Corbrejeau (Louis), de Noirmoutiers.
Gagneux (Jean), de Noirmoutiers.
Chevalier (Pierre), de Noirmoutiers.
Normandin (Pierre), de Bordeaux.
Rousseau (Jean), de Bordeaux.
Guilhem (André), de Bordeaux.
Castets (Pierre), de Bordeaux.
Andron (Jean), de Bordeaux.
Musin (Jean), de Bordeaux.
Fauveau (Jean), de Bordeaux, blessé au combat du 18 février 1779.
Videau (Antoine), de Bordeaux, mort le 13 octobre 1778.
Durand (Jean), de Blaye.
Tiffon (Jean), de Blaye.
Raymond (François), de Blaye.
Lafon (Joseph), de Libourne.
Feignan (Jean), de Libourne.
Boyer (Pierre), de Libourne.
Dupeyra (Pierre), de Libourne, mort à bord le 17 février 1779.
Antoine (Jean), de Libourne.
Ceyron (Antoine), de Libourne.
Baudry (Arnaud), de Libourne.
Brunetteau (Guillaume), de Libourne.
Frestier (François), de Libourne.
Camarsac (Pierre), de Libourne.
Feize (Charles), de Libourne, blessé au combat du 18 février 1779.
Bonamy (Jean), de Libourne, blessé au combat du 18 février 1779.
La Brunette (Jean), de la Teste.
Lafon (Benoist), de Marmande.
Charit (Jean), de Marmande.
Cauzat (Jean), de Marmande.
La Perche (Jean), de Marmande.
Montet (Vidal), de Marmande, tué au combat du 22 août 1778.
Coste (Jean), de Marmande.
Barbe (Raymon), de Marmande, blessé au combat du 18 février 1779.
Nougue (Antoine), de Marmande, mort le 8 décembre 1778.
Faugas (Jean), de Marmande.
Parailloux (Jean), de Marmande, mort le 20 décembre 1778.
Despin (Etienne), de Marmande.
Causimon (Guillaume), de Marmande.
Drouillet (Berthoumieu), de Marmande.
La Tronche (Pierre), de Toulouse, mort le 1er décembre 1778.
Darbon (Pierre), de Toulouse, blessé au combat du 22 août 1778.
Berdun (Guiraud), de Toulouse, mort le 24 novembre 1778.
Durand (Jean), de Toulouse.
Lasserre (Paul), de Toulouse.
Faure (Pierre), de Toulouse.
Soula (Joseph), de Toulouse.
Penchenat (Jacques), de Toulouse, blessé au combat du 18 février 1779.
Duprat (Jean), de Toulouse, mort le 8 novembre 1778.
Flouret (Jacques), de Montauban, blessé au combat du 18 février 1779.
Loubet (Louis), de Montauban.
Escadassas (Pierre), de Montauban.
Lartigaud (Jean), de Montauban.
Delorme (Jean), de Montauban.
Barthélémy (François), de Montauban.
Gaigné (Jean), de Montauban.
Chaulet (Mathieu), de Montauban.
Darassin (Bertrand), de Bayonne.
Calbet (Pierre), de Bayonne.

Surnuméraires.

Tourneur (Jean-Joseph), de Pont-l'Abbé.
Patarin (Pierre), de l'Ile de Ré.
Mesnard (Pierre), de Rochefort.
Faye (Jean), de Rochefort.
Daniaud (Louis), des Aubiers.
Chevaillier (Jean-Baptiste), de Rochefort.
Chaffau (Jean), de Launay, mort le 15 octobre 1778.
Petit-Gras (René), de Nantes, mort le 27 octobre 1778.
Héraud (Claude), de Rochefort.
Baudry (Antoine), de Rochefort.
Delanoue (Jean), de Rochefort.

Mousses.

Merlet (Joseph), de Rochefort.
Guille (Pierre), de Rochefort.
Mesnard (Théodore), de Rochefort.
Bouet (Jean), de Rochefort.
Renaudeau (François), de Rochefort.
Fayet (François), de Port-des-Barques.
Rousselin (Jean), d'Oléron.
Armand (Louis), de Rochefort.
Dumont (Pierre), de Saintes, mort le 8 janvier 1779.
Chevallier (Pierre), de Rochefort.
Baudry (Pierre), de Rochefort.
Auzereau (Louis), de la Rochelle, blessé au combat du 18 février 1779.
Gouin (François), de Rochefort.
Bonneteau (Louis), de Rochefort.
Foisseau (François), de Rochefort.
Jay (François), de Rochefort, blessé au combat du 18 février 1779.
Moulier (Etienne), de Rochefort.
Le Comte (Pierre), de Rochefort.
Renaud (Jean), de Rochefort.
Dupuy (Alexandre), de la Rochelle.

Domestiques.

Arnaud (Charles), d'Angoulême.
Duchemin (Jean), de Vernon.
Braud (Jean), de Tonnay-Charente.
Sauvage (François), de Bonneuil.
Rambaud (Louis), de Niort, mort le 26 février 1778.
Chauvet (Abraham), de Prailles.

Divers.

Martineau (Jean), de Saint-Jean-d'Angély.
Maudet (Laurent), d'Oléron, tué au combat du 22 août 1778.
Le Gardeur de Tilly (Etienne-Marie), mousse, d'Oléron.
Pellerin (François), de la Rochelle.
Vinet (Jacques), de Rochefort.
Coumaillau (Joseph), de Saintes.
Labrousse (Jean), d'Angoulême.
Guilloton (Jean), des Sables.
Forgerit (Pierre), de Marennes, blessé au combat du 18 février 1779.
Mallord (Pierre), de Rochefort.
Mallemole (Raymond), de Marmande.
Colombel (Philippe), de Rochefort.
Grassiot (Pierre), de Montauban, mort le 6 novembre 1778.
Petit (Etienne), de Toulouse.
Baujac (Jacques), de Montauban.
Texier (André), de Noirmoutiers.
Barres (Bernard), de Montauban, mort le 2 octobre 1778.
Vidal (Jean), de Montauban.
Darcé (André), de Rochefort.
Averty (Jean), de Nantes.
Le Moal (Antoine), de Guingamp.

Janvier (Antoine), de Pondichéry.
Mollay (Jean), de l'Ile d'Yeu.
Joussemet (François), des Sables.
Jagueneau (Thomas), de Rochefort, blessé au combat du 18 février 1779.
Maubuchon (Jean), de Guingamp.
Rivault (Jean), de Rochefort.
Tarat (Simon), de Montauban.
Groult (Pierre), de Granville, noyé le 1er janvier 1779.
Grenier (Romain), de Bordeaux.
Dardignac (Jean), de Paimbœuf.
La Salle (François), de Nantes.
Bonard (Julien), de Dinan.
Dupas (Jean), de Nantes.
Durand (François), de Paimbœuf.
Bérard (Jean), de Bordeaux.
Foucault (René), de Nantes.
Voisas (Jean), du Havre.
La Croix (Jean), de Vannes.
Rivoel (Jean), de Port-Louis.
Le Moine (André), de Lorient.
Rioux (François), de Saint-Brieuc.
Le Petit (Augustin), de Saint-Malo.
Miroix (François), de Vannes.
Dupont (François), de Nantes.
Trahau (Philippe), de Port-Louis.
Berniers (Jean), de Bordeaux.
Hervé (Pierre), de Marennes.
Pommier (Joseph), de Bordeaux.
Denis (François), de Rochefort.
Harel (Jacques), de Nantes.
Suire (Antoine), de Marennes.
Laporte (Pierre), de Bordeaux.
Perriere (Manuel), du Havre.
Lieudegar (Michel), du Havre.
Le Grand de la Pomerai, de Nantes.
Bernard (Joseph), de Toulon.
Brunet (Pierre), du Havre.
Le Gens (Louis), du Havre.
Ardou (Jean), de Saint-Brieuc, blessé au combat du 18 février 1779.
André (Pierre), de l'Ile de Ré.
Guenau (Jean), de Saumur.
Thebaut (Guillaume), de Nantes.
Ollivier (René), de la Rochelle.
Fleurisson (François), de Rochefort.
Barrierre (Etienne), de la Rochelle.
Bellanger (François), de la Rochelle.
Talon (Pierre), de la Rochelle.
Brossard (Jean), de la Rochelle.
Lievre (Pierre), de la Rochelle.
Mainguet (Michel), de Nantes.
Brichon (Honoré), de Nantes.
Bonnamy (Noël), de Nantes.
Galbeur (Honoré), de Nantes, blessé au combat du 18 février 1779.
Morino (Joseph), de Nantes.
Maurice (Pierre), de Nantes.
Fos (Pierre), de Bordeaux.
Delpy (Bernard), de Bordeaux.
Pascal (Pierre), de Blaye.
Bretel (François), de Marennes.
Bégou (Paul), de Toulouse.
Coste (Jean), de Bordeaux.
Ollivier (Pierre), de Vincennes.

LA CHIMÈRE

(De mars 1778 à mars 1780)

M. DE SAINT-CÉZAIRE, Capitaine de vaisseau, Commandant.

ÉTAT-MAJOR

CAPITAINE DE VAISSEAU

De **SAINT-CEZAIRE.**

LIEUTENANTS DE VAISSEAU

Le Chevalier de **BRAS-PUGET.**
DEFONTBLANCHE.
Le Chevalier **DURUMAIN.**

ENSEIGNES DE VAISSEAU

Le Chevalier de **BRAS PUGET.**
De **RAMATUELLE.**
DETAILLARD.

OFFICIERS AUXILIAIRES

LAFONT.
De **MALIEU.**

CHIRURGIENS

PAVET COURTEILLE.
GIRAUD.

AUMONIERS

DURAND (R. P. Valérien).
LA ROGHE (R. P.).

GARDES DU PAVILLON ET DE LA MARINE

GALLIENS CHABON, Garde du pavillon.
SAINTE-MARGUERITE, Garde la la marine.

Officiers-mariniers de manœuvre.

Normand (Jean), premier maître, de Toulon.
Poutrisson (Jacques), second maître, de Toulon.
Lavarelly dit **Bonteille** (Jean), contremaître, de Toulon.
Gardon (Antoine), bosseman, de Toulon.
Barthélemy (Joseph), quartier-maître, de Toulon.
Agueji (Augustin), quartier-maître, de Toulon.
Paron (François), quartier-maître, de Toulon.
Eñgauran (Jean), quartier-maître, de Toulon.
Ardisson (Honoré), quartier-maître, de la Ciotat.
Lefavre (Honoré), quartier-maître, de Cannes.
Pin (Antoine), quartier-maître, de Frejus.
Ardouvin (Joseph), quartier-maître, de Marseille.
Cahinet (Saturne), quartier-maître, de Lorient.

Officiers-mariniers de pilotage.

Eydoux (Joseph), premier pilote, de Toulon.
D'Arrains (Etienne), second pilote, d'Urrugne.
Riquier (Joseph), aide-pilote, de Toulon.
Decheverry (Martin), aide-pilote, de Saint-Jean-de-Luz.

Officiers-mariniers de canonnage.

Rey (Louis), maître canonnier, de Toulon.
Miaille (Georges), second canonnier, de Toulon.
Crestian (Jacques), aide-canonnier, de Six-Fours.
Reboul (François), aide-canonnier, de Toulon.
Julien (Laurent), aide-canonnier, de Six-Fours.
Crestian (Jean), aide-canonnier, de Six-Fours.
Beaussier (Joseph), aide-canonnier, de la Seyne.
Guigues (Jean), aide-canonnier, de Six-Fours.
Curet (Jean), aide-canonnier, de Six-Fours.
Bouzin (Pierre), aide-canonnier, de Toulon.
Grimaud (Joseph), aide-canonnier, de Six-Fours.
Tassy (Jean-Baptiste), aide-canonnier, d'Arles.
Aymes dit **Leclerc** (Joseph), aide-canonnier, d'Arles.
Martinenq (Pierre), aide-canonnier, de Six-Fours.
Fabre (André), aide-canonnier, de Six-Fours.
Bernassé (Jean), aide-canonnier de Marseille.

Officiers-mariniers de charpentage.

Charvin (Louis), maître charpentier, de Toulon.
Brun (Joseph), second charpentier de Toulon.
Bernis (Joseph), aide-charpentier, de Toulon.

Officiers-mariniers de calfatage.

Gensolen (Asenas), maître calfat, de Toulon.
Diaque (Jean), second calfat, de Toulon.
Hermitte (Pierre), aide-calfat, de Toulon.

Officiers-mariniers de voilerie.

Valence (Etienne), maître voilier, de Toulon.
Pelletier (Jean), second voilier, de Toulon.
Reboul (Louis), aide-voilier, de Toulon, mort le 1er juin 1779.

Gabiers.

Barthelemy (François) de Six-Fours.
Olive (Esprit), de Six-Fours.
Paul (Pierre), de Marseille.
Jassois (Etienne), de Saint-Tropez, noyé le 4 novembre 1779.
Roustan (Jean-Pierre), d'Antibes, mort le 18 mars 1780.

Timoniers.

Giraud (Louis), de Saint-Tropez.
Sarva (Louis), de Marseille.
Icard (Jacques), de Cirès, mort le 19 novembre 1779.

Matelots.

Gire (Antoine-Toussaint), de Saint-Tropez, mort à bord le 21 décembre 1779.
Beringuier (Jean), de Toulon.
Laville (Jean), de Toulon.
Lavarelly (Joseph), de Toulon.
Rey (Jean), de Toulon.
Casimir (Louis), de Toulon.
Simon (Jean), de Toulon.
Surle (Jean), d'Hyères.
Coulomb (Christophe), d'Hyères.
Laugier (Joseph), d'Hyères.
Peyron (Joseph), d'Hyères.
Audet (Pierre), d'Hyères.
Bouchet (Jean), de Lorient.
Cauvière (Jean), de Toulon.
Perrin (Emmanuel), de Toulon.
Hismand (Jean), de Lorient.
Argoy (Martin), de Saint-Jean-de-Luz, mort le 15 mars 1780.
Montoir (Jean), de Nantes.
Colle (Jean), de la Seyne.
Civret (Augustin), de la Seyne.
Arnaud (Jean), de Six-Fours.
Jouvenal (Célestin), de Six-Fours.
Fabre (Jean), de Six-Fours.
Icard (Jean), de la Seyne.
Gardon (Vincent), de la Seyne.
Delory (Joseph), de la Seyne.
Martinenq (Jacques-Laurent), de Six-Fours.
Esprit (Jean), de la Ciotat.
Minor (Jean-Durand), de la Ciotat.
Lebel (Pierre), de la Ciotat.
Izouard (Louis), de la Ciotat.
Ganteau (Pierre), de Bandol.
Clavery (Etienne), de la Ciotat.
Blanc (Joseph), de la Ciotat.
Turcai (Pierre), de la Ciotat.
Jeanseaume (Pierre), de la Ciotat.
Blanc (Etienne), de Bandol.
Rebuffet (Pierre), de Saint-Tropez, mort le 20 mars 1780.
Rebuffet (Louis), de Saint-Tropez.
Pallier (Pierre), de Fréjus.
Dal (Philippe), de Saint-Tropez.
Véran (Jean), de Saint-Tropez, mort le 26 mars 1780.
Pourquier (François), de Marseille.
Gautier (Jacques), de Marseille.
Camoin (Joseph), de Marseille.
Brousquier (François), de Marseille.
Cazal (Michel), de Marseille.
Olive (Pierre), de Marseille.
Samson (Louis), de Marseille.
Blanc (Etienne), de Marseille.
Chansaud (Jean), de Marseille.
Antoine (Pierre), de Marseille.
Goujon (Augustin), de Marseille.
Blanc (Louis-Charles), de Marseille.
Moustier (Jean), de Marseille.
Julien (Jean), de Marseille.
Jacques (Jean-Joseph), de Marseille.
Rougier (Joseph), de Marseille.
Raymond (Joseph), de Marseille.
Turin (Joseph), de Marseille.
Aurienna (Pierre), de Marseille.
Deidier (Jacques), de Marseille.
Reynaud (Jean), de Marseille.
Fouquet (Jean-Laurent), de Marseille.
Olivier (Louis), de Marseille.
Julien (Jean-Claude), de Marseille.
Mourard (Jean), de Marseille.
Girard (Jacques), de Marseille.
Culotte (Félix), de Marseille, mort le 13 mars 1780.
Gelezi (Claude), de Marseille.
Mingaud (Joseph), de Berre.
Bory (Louis), de Martigues.
Ignace (Laurent), de Martigues.
Constant (Honoré), de Berre.
Romey (Jean), de Martigues.
Bertrand (Pierre), de Martigues.
Jourdan (Jean), de Martigues.
Rivière (Jean), de Martigues, mort le 20 mars 1779.
André (Antoine), de Martigues.
Morand (Augustin), de Saint-Chamas.
Caziele (Nicolas), de Cannes, mort le 26 mars 1780.
Garcin (Jean), de Cannes.
Sicard (François), de Cannes.
Cazi (Pierre), de Cannes.
Sourd (Honoré), d'Arles.
Nicolas (Jean), d'Arles, mort le 29 septembre 1779.
Martin (Joseph), d'Arles.
Tassy (Gaspard), d'Arles.
Pecouil (Henry), d'Arles.
Bourbonet (Louis), d'Arles.
Raymond (Pierre), d'Arles.
Gely (Claude), d'Agde.
Garache (Antoine), d'Agde.
Vidal (Jean), de Cette.
Vial (Jean), de Cette.
Jalade (Imbert), de Cette.
Lapierre (Joseph), de Cette.
Pioch (Jean), de Cette, mort le 26 février 1780.
Cailx (André), de Cette.
Brunet (Jean), d'Aiguemortes.
Claude (François), de Cette, mort le 24 février 1780.
Fournier (Michel), de Leucate.
Gaubert (Bernard), de Gruissan.
Catalan (Joseph), de Narbonne.
Tesquier (Paul), de Narbonne.
Fabre (Jacques), de Narbonne.
Deville (Guillaume), de Verdun.
Deville (Gilles), de Verdun.
Fontan (Pierre), de Verdun.
Lafont (Jean), de Castel-Sarrazin.
Blanc (Jean), de Castel-Sarrazin.
Paulet (Pierre), de Castel-Sarrazin.
Micas (Albert), de Cuges.
Mourland (Bazile), de Cuges.
Crabé (Dominique), de Cuges.
Loumède (François), de Cuges.
Maroude (Jean), d'Auterive, mort le 22 mars 1780.
Noyer (Raymond), d'Auterive.
Comagère (Jean), d'Urrugne, mort le 3 septembre 1779.
Ordosgoity (François), d'Hendaye.
Guibery (Jean-Faure), d'Ascain.
Darragoagne (Martin), d'Ascain, mort le 26 février 1780.
D'Arroguy (Joannis), de Sare, mort le 17 novembre 1779.
Larralde (Martin), de Sare.
Segaud (Jean), de Toulon.
Richard (Charles), de Lorient.
L'Espinasy (Antoine), de Chalons.
Perou (Pierre), de La Rochefoucauld.
Clos (Henri), de Calais.
Le Tellier (Fabien), de Caen.
Dufreché (Pierre), de Toulouse.
Binet (Jean), de Caen.
Roquet (Dominique), de Narbonne.
Moucouzet (Jean), de Dol.
Blanc (Augustin), de Marseille.

Novices.

Normand (François), de Toulon.
Simon (Honoré), de Toulon.
Rimbert (François), de Grasse.

Surnuméraires.

Augias (Etienne), de Toulon.
Besson (Joseph), d'Ollioules.
Eydoux (Toussaint), de Toulon.
Borrely (Antoine), d'Aix.
Barcelon (Joseph), de Toulon.
Castel (Philipe), de la Valette.
Bremond (Joseph), de Toulon.
Chaise (Joseph), de Toulon.
Mere (Jean), de Toulon.
Lion (Paul), de Toulon.
Grauvy (Michel), de Cette.
Terrasson (Antoine), de Saint-Etienne.

Mousses.

Normand (Jean-Joseph), de Toulon.
Diaque (Jean-Pierre), de Toulon.
Bouzin (Joseph), de Toulon.
Hermitte (Joseph), de Toulon.
Pelletier (Alexis), de Toulon.
Rouget (Jean), de la Seyne.
Maire (Maure), de Toulon.
Martinenq (Louis), de Six-Fours.
Crestian (Jacques), de Six-Fours.
Chervin (Louis), de Toulon.
Crestian (Pierre), de Six-Fours.
Esquier (Antoine), de Toulon.
Feraud (Pierre), de Toulon.
Paron (Pierre), de Toulon.
Pascal (Jean), de Toulon.
Montfort (Joseph), de Toulon.
Ardisson (Pierre), de la Ciotat.
Ventre (Augustin), de Toulon.
Rimbaud (Joseph), de Toulon.
Poutrisson (Pierre), de Toulon.
Reybaud (Jean), de Toulon.
Brun (Pierre), de Toulon.

Moreau (Barthélémy), d'Arles.
Baude (Victor), de Toulon.

Domestiques.

Germain (Dominique), de Saint-Benoît.
Chevalier (Charles), de la Garde.
Fremy (Nicolas), de Boulay.
Brest (Laurent), de la Seyne.
Colin (Jean), de La Cornuaille.

Prisonniers échangés embarqués à Charlestown.

Officiers-mariniers divers.

Consauve (Laurent), de Toulon.
Trotebas (Michel), de Toulon.
Dalert (Simon), de Cassis.
Bertrand (François), d'Agde.
Monasteau (Joseph-Mathieu), d'Agde.
Robert (François), de Toulon.
Morel (Charles), de Saint-Tropez.
Bonnefoi (Pierre), de Toulon.

Matelots.

Boyer (Jean), de Marseille.
Deleuge (Laurent), de Marseille.
Sabin (Pierre), de Marseille.
Papety (Mathieu), de Marseille.
Robequi (Joseph), d'Antibes.
La Marque (Jacques), de Bordeaux.
Trotebas (Marie), de Toulon.
Vidal (Henry), de Toulon.
Albert (Jean), de Toulon.
Tassy (François), de Cassis.
Beringuier (François), de Six-Fours.
Loubon (Antoine), de la Cadière.
Gode (Guillaume-Pascal), de la Ciotat.
Lamy (Louis), de la Ciotat.
Pejet (Jean), de la Ciotat.
Meynet (Jean), de Marseille.
Zebelin (Louis), de Marseille.
Colet (Jacques), de Marseille.
Durand (Christophe), de Marseille.
Aurand (Henry), de Marseille.
Fassy (Jean), de Marseille.
Bouteille (Antoine), de Marseille.
Senequier (Antoine), de Marseille.
Clément (François), de Marseille.
Mayan (Joseph), de Marseille.
Bichety (Jean), de Marseille.
Silvestre (Joseph), de Saint-Chamas.
Silvestre (Etienne), de Saint-Chamas.
Trotebas (Guillaume), d'Arles.
Combes (Henry), d'Agde.
Beiriens (Michel), d'Agde.
Cartel (Jean), d'Agde.
Benoit (Antoine), d'Agde.
Savatier (Antoine), d'Agde.
Marc (Pierre), d'Agde.
Roux (Guillaume), d'Agde.
Serries (Jean), d'Agde.
Teissier (Marc), d'Agde.
Naud (Jean), de Cette.
Pedenos (Jean), de la Rochelle.
Pelletier (Joseph), de Saint-Malo.
Février (François), de Saintes.
Secristan (Pierre), de Marmande, mort le 20 novembre 1779.
Bruno (Jacques), d'Angers.
Labergne (Félix), de Marmande.
Dubourg (Jean), de Bayonne.
Pelerin (Pierre), de Nantes.
Peyran (Mathieu), de Toulon.
Lacombe (Joseph), d'Agde.
Olistran (Louis), de Lorient.
Lieutaud (Jean), de Marseille.
Bernard (Pierre), du Havre, mort le 28 mars 1780.
Blanchard (Michel), de Coutances.
Olitran (Louis), de Lorient.

L'ALCMÈNE

(1778 et 1779)

Le Chevalier DE BONNEVAL, Capitaine de vaisseau, Commandant.

ÉTAT-MAJOR

CAPITAINE DE VAISSEAU

Le Chevalier de **BONNEVAL**, Commandant.

LIEUTENANT DE VAISSEAU

De **MONTCABRIER.**

ENSEIGNES DE VAISSEAU

Le Chevalier de **CHABRILLANT.**
De **FONTAINE.**
DARRAGONET-DORCET.

CHIRURGIENS ENTRETENUS

CONDERY.
RENARD.

AUMONIERS

QUENTIN (R. P. Jean-François).
BONNAUD (R. P. Elzéard), Récollet.

GARDES DE LA MARINE

De **FONTAINSEU.**
De **GANTES**, blessé au combat du 6 juillet 1779.

Officiers-mariniers de manœuvre.

Fouque (Antoine), deuxième maître, de Toulon.
Guellet (Michel), deuxième maître, de Toulon.
Audibert (Jean), bosseman, de la Seyne.
Consauve (Joseph), bosseman, de Toulon.
Gouvin (Louis), bosseman de Toulon.
Bouis (Antoine), quartier-maître, de Marseille.
Belliot (Louis), quartier-maître, de Toulon.
Valence (Joseph), quartier-maître, de Toulon.
Gardon (Jacques), quartier-maître, de la Seyne.
Pignatel (Antoine), quartier-maître, de Toulon.
Braudis (Jean-Joseph), quartier-maître, de Toulon.

Officiers-mariniers de pilotage.

Viry (Cyprien), premier pilote, de Toulon, mort le 30 septembre 1779, d'une blessure reçue dans les reins à un combat.
Vialis (Jean-Baptiste), deuxième pilote, de Toulon.
Viry (Joseph-Donat), aide-pilote, de Toulon.
Castagliola (François), aide-pilote, de Rouen.

Officiers-mariniers de canonnage.

Martinenq (Antoine), maître canonnier, de Six-Fours.
Dufour (Guillaume), deuxième canonnier, de Toulon.
Martinenq (Vincent), deuxième canonnier, de Six-Fours.
Audibert (Joseph), aide-canonnier, de Six-Fours.
Martinenq (Pierre), aide-canonnier, de Six-Fours.
Martinenq (Joseph), aide-canonnier, de Six-Fours.
Cautelier (Pierre), aide-canonnier, de Six-Fours.
Audibert (Antoine-Sanctus), aide-canonnier, de Six-Fours, mort à la mer le 17 octobre 1779.
Grimaud (Joseph), aide-canonnier, de Six-Fours.
Roux (Jean), aide-canonnier, de Six-Fours.
Fabre (Joseph), aide-canonnier, de Six-Fours.
Fabre (Jean-Joseph), aide-canonnier, de Six-Fours.
Pourquier (Pierre), aide-canonnier, de la Seyne.
Malosse (Antoine), aide-canonnier, de Roquemaure (Gard).
Mourandy (Joseph), aide-canonnier, de Marseille.
Estaquier (Pierre), aide-canonnier, de Marseille, mort à Rhode-Island le 31 octobre 1778.

Aycard (Guillaume), aide-canonnier, de la Ciotat.
Debren (Jean), aide-canonnier, de Bayonne.

Officiers-mariniers de charpentage.

Letrain (Joseph), maître charpentier, de Toulon.
Fabre (François-Blaise), maître charpentier, de Six-Fours.

Officiers-mariniers de calfatage.

Battarel (François), maître calfat, de Toulon.
Guès (Jacques), aide-calfat, de Toulon.

Officier-marinier de voilerie.

Bouisson (Nicolas), maître voilier de Toulon.

Gabiers.

Michel (Jean-Pierre), de la Seyne.
Bonifay (Fabien), de la Cadière.
Portalis (Jean-Etienne), de Marseille.
Pailloux (Antoine), d'Agde.
Marquet (Jean), d'Agde.

Timoniers.

Saint-Loup (Jacques-Benoît), de Toulon.
Reboul (Pierre), de Six-Fours.
Terras (Jean), de la Cadière.
Meistre (Noël), de la Ciotat.
Lombard (Sauveur), de Marseille.
Gassin (Etienne), de Marseille.
Icard (Barnabé), de Marseille.
Viguier (Joseph), d'Arles.
Renaud (Jean-Pierre), de Bages (Aude).
Ferrier (Antoine), de Sigean.
Vidal (Benoît), de Sigean.
Morel (Jean-Louis), d'Hyères.
Bernard (Joseph), d'Hyères.
Pélicard (Etienne), d'Agde.

Matelots.

Brandis (François-Arnoutis), de Toulon.
Reynaud (Cyprien), de Toulon.
Bondy (Gaspard-Joseph), de Toulon.
Teisseire (Benoît), de Toulon.
Maisse (Honoré), de Toulon.
Fournier (Louis), de Toulon.
Anot (Toussaint-François), de Toulon.
Paquet (Louis), de Toulon.
Brun (François), de Toulon.
Requier (Jean-François), de Puget-Théniers.
Roustan (Jean-François), de Puget-Théniers.
Etienne (Michel), de la Seyne.
Portaly (Jacques), de la Seyne.
Martinenq (Jean), de la Seyne.
Gibellin (Jean-Joseph), de la Seyne.
Pascal (Pierre-François), de la Seyne.
Brémond (Louis), de la Seyne.
Louche (Joseph), de la Seyne.
Giraud (Pierre-François), de la Seyne, mort à la mer le 29 août 1779.
Gourrier (Jean-Joseph), de Six-Fours.
Guigou (Louis), de Six-Fours.
Bory (Jean), de Six-Fours.
Fabre (Barthélémy), de Six-Fours.
Isnard (Laurent-Etienne), de Six-Fours.
Chabert (Joseph), de Solliès.
Sardou (Jean), d'Ollioules.
Jauffret (Louis), de la Ciotat.
Fabre (Jacques), de la Ciotat.
Lion (Blaise-Romain), de la Ciotat, mort à la mer le 15 septembre 1779.
Testanier (Joseph), de Fréjus.
Cavalier (Joseph), de Saint-Tropez.
Bernis (Hyacinthe), de Saint-Tropez.
Bérenguier (Jean-Baptiste), de Marseille.
Anselme (Etienne), de Marseille.
Demonté (Pierre), de Marseille.
Morel (Jean-André), de Marseille.
Gras (François), de Marseille.
Joffroy (Clair), de Marseille.
Ricard (Pierre), de Marseille.
Glize (Jean-François), de Marseille.
Gros (Pierre), de Marseille.
Chabert (Mathieu), de Marseille.
Chabert (Jean-Louis), de Marseille, mort à l'hôpital du Fort-Royal le 4 mars 1779.
Baigne (Joseph), de Marseille.
Montagnat (Jean-Baptiste), de Marseille.
Gély (Balthazard), de Marseille.
Meillèur (Barthélémy), de Marseille.
Tiran (Philippe-Joseph), de Marseille.
Bérenger (Joseph), de Marseille.
Journeau (Pierre), de Marseille.
Rolland (Balthazard), de Marseille.
Rougier (Jean-Louis), de Marseille.
Ventrin (Esprit), de Marseille.
Tournon (Jean-Joseph), de Marseille.
Jourdan (Pierre), de Mazargues.
Tambon (Joseph), de Mazargues.
Mourenq (Joseph), de Mazargues.
Reboul (François), de Cassis.
Barthélémy (Gabriel), de la Ciotat.
Blanc (Jacques), de Martigues.
Béraud (Jean-Joseph), de Martigues.
Ardouin (Pierre), d'Antibes.
Pascal (François), de Cannes.
Calvi (François), de Cannes.
Manne (Honoré), d'Arles.
Croze (Honoré), d'Arles.
Tassy (Pierre), d'Arles.
Clément (François), d'Arles.
Daudet (Pierre), d'Arles.
Chauvin (Pierre), d'Arles.
Vouet (Jacques), d'Agde.
Braou (Guillaume), d'Agde.
Meau (Paul-André), d'Agde.
Postat (Jean), d'Agde.
Béraud (Pierre), d'Agde.
Véran (Pierre), d'Agde.
Pouster (François), d'Agde.
Expouloux (Barthélémy), d'Agde.
Fittou (François), d'Agde.
Reynaud (Pierre), d'Agde.
Dejean (Jean-Pierre), d'Agde.
Leverre (Gabriel), de Cette.
Pages (Hilaire), de Cette.
Granier (François), de Cette.
Fournaire (Joseph), de Cette.
Mastet (Joseph), de Cette.
Rouquette (Jean-Baptiste), de Gruissan.
Gibert (Alexis), de Gruissan.
Ginié (Jean), de Gruissan.
Iché (Blanc), de Gruissan.
Fousteau (Jean), de Narbonne.
Dieulafoy (François), de Narbonne.
Catalan (Joseph), de Narbonne.
Reynaud (Joseph), de Narbonne.
Travaillé (Augustin), de Narbonne.
Martin (Antoine), de Narbonne.
Sizès (Gabriel), de Castelnaudary.
Daudet (Paul), de Bages (Aude).
Martin (Barthélémy), de Bages (Aude).
Cauvet (Etienne), de Sigean.
Pichery (Vincent), de Sigean.
Flour (Mathieu), de Sigean.
Gatignol (Urbain), de Sigean.
Tréburiech (Roch), de Sigean.
Guérin (Joseph), de Sigean.
Cadissac (Arnaud), de Bordeaux.

Novices.

Grimaud (François), de Six-Fours.
Thomas (Louis-Gabriel), de Vidauban.
Plantas (Joseph), de Pertuis.
Sup (Antoine-François), de Narbonne, mort à la mer le 28 mars 1779.

Volontaires, etc.

Plegat (Pierre), de Cette.
Fabre (Dominique), de Toulon.
Regnard (François), de Paris.
Lombard (Laurent), de Six-Fours.
Châtelain (Henri), d'Orléans.
Serrier (Jean-Baptiste), de Toulon.
Chaspoulx (Jacques), de Toulon.
Plautier (Louis), de Toulon.
Imbert (Joseph), de Toulon.
Bonnaud (Jean), de Toulon.
Forest (Guillaume), de Toulon.
Consauve (Dominique), de Toulon.
Bouisson (André), de Toulon.
Jouven (Honoré), de Toulon.

Mousses.

Raspal (Joseph), de Grenoble.
Clavier (Laurent), de Soissons.
Giraud (Jean), de Montmorency.
Anot (Jean-Joseph), de la Seyne.
Sarrazan (Claude), de Gap, mort à bord le 21 octobre 1778.
David (Jean-Joseph), d'Aix.
Stelle (Antoine), de Toulon.
Ferrier (Joseph), de Toulon.
Garnier (François), de Toulon.

Domestiques.

Clavet (Bernard), de Toulon.
Lemaux (Jacques), de Saumur.
Deville (Joseph), de Saint-Esprit.
Indeminé (Jean), de Thonon.
Rougier (François), de Marseille.

L'ÉTOURDIE

(1778-1779)

M. le Marquis DE MONTBAS, Lieutenant de vaisseau, Commandant.

ÉTAT-MAJOR

—

LIEUTENANT DE VAISSEAU

Le Marquis de **MONTBAS**, Commandant.

ENSEIGNES DE VAISSEAU

D'ANGELY.
HUON de KERMADEC.
De SAINT-REMY de VALOIS.
FOUCAUT de PONTBRIANT.
De SAINT-VINCENT (Robert).

CHIRURGIEN-MAJOR

GRABEUIL.

AUMONIER

FELIX (R. P.), Récollet.

Officiers-mariniers de manœuvre.

Quintric (Mathurin), premier maître, de Recouvrance.
Motais (Thomas), deuxième maître, de Saint-Malo.
Fouquet (Guillaume), contremaître, de Saint-Malo.
Le Bon (Hervé), contremaître, de Recouvrance.
Liziard (Yves), quartier-maître, de Brest.
Rebours (François), quartier-maître, de Saint-Brieuc.
Halley (Yves), quartier-maître, de Dinan.
Rectif (Julien), quartier-maître, de Dinan.
Thémoin (Augustin), quartier-maître, de Saint-Brieuc.
Bitel (René), quartier-maître, de Saint-Malo, mort à bord le 25 octobre 1778.

Officiers-mariniers de pilotage.

Donneval (Julien), premier pilote, de Brest.
Gautier (Joseph), deuxième pilote de Royan.
Lidier (François), aide-pilote, de Recouvrance.

Officiers-mariniers de canonnage.

Madec (François), maître canonnier, de Brest.
Millour (Guillaume), deuxième canonnier, de Brest, mort à l'hôpital du Fort-Royal le 15 septembre 1778.
Amirand (Toussaint), aide-canonnier, de Dinan.
Desliées (Antoine), aide-canonnier, de Dieppe.
Gourneuf (Joseph), aide-canonnier, de Saint-Malo.
Renoux (François), aide-canonnier, de Saint-Malo.
Anquetil (Laurent), aide-canonnier, de Fécamp.
Cavelan (Nicolas), aide-canonnier, de Fécamp.
Boret (Simon), aide-canonnier, de Brest.
Boismare (Pierre), aide-canonnier, de Rouen.
Léostic (Jean), aide-canonnier, de Porspoder.
Mulard (Philippe), aide-canonnier, de Calais.
Gautret (Jean), aide-canonnier, de Royan.
Luneven (Pierre), aide-canonnier, de Brest.

Officiers-mariniers de charpentage.

De la Bruyère (Jacques), deuxième charpentier, de Brest.
Gouës (Jean-Marie), aide-charpentier, de Recouvrance.

Officiers-mariniers de calfatage.

Quéméneur (Olivier), deuxième calfat, de Recouvrance.
Le Cam (Julien), aide-calfat, de Recouvrance.

Officier-marinier de voilerie.

Orteau (Ollivier), deuxième voilier, de Brest.

Matelots.

Hénon (Jacques) de Saint-Malo.
Agasse (André), de Rouen.
Marier (Robert), de Rouen.
Le Corre (Sébastien), de Morlaix, mort à l'hôpital du Fort-Royal le 17 février 1778.
Le Velly (Pierre), de Brest.
Helgoualch (Jean), de Brest.
Rome (Jean-Marie), de Brest.
Collet (François), de Brest.
Calonnec (Mathieu), de Brest, mort à bord le 1er octobre 1778.
Goubeau (Michel), de Brest.
Tréanton (Jean-François), de Brest.
Bernard (Jean), de Brest.
La Biche (Louis), de Brest.
Le Brun (Thomas), de Brest.
Le Gueut (Joseph), de Morlaix.
Le Roux (Guillaume), de Tréguier.
Laurent (Jean), de Saint-Malo.
Gautier (François), de Saint-Malo.
Doussin (Thomas), de Saint-Malo.
Lefèvre (Guillaume), de Saint-Malo.
Lair (Guillaume), de Saint-Malo.
Jouane (Gilles), de Saint-Malo.
Maillard (Charles), de Saint-Malo.
Coupiau (Antoine), de Saint-Malo.
Valier (Joseph), de Saint-Malo.
Gicquel (Pierre), de Saint-Malo.
Gin (Marin), de Saint-Malo.
Chagnon (Mathurin), de Saint-Malo.
Chagnon (André), de Saint-Malo.
Le Pomaire (Joseph), de Saint-Malo.
Croqueville (Abraham), de Saint-Malo.
Feuregard (Olivier), de Saint-Malo.
Jagat (Pierre), de Saint-Malo.
Arnouard (Pierre), de Saint-Malo, mort à l'hôpital du Fort-Royal le 22 novembre 1778.
Beaudoin (Pierre), de Saint-Malo.
Béziers (François), de Saint-Malo, mort à l'hôpital du Fort-Royal le 18 août 1778.
Ollivier (Marc), de Marseille.
Baille (Pierre), de Bordeaux.
Charier (Antoine), de Bordeaux.
Poncelet (Jacques), de Paris.
Reboullard (Elie), de Dieppe.
Richard (Mathurin), de Dinan.
Hervé (Antoine), de Dinan.
Hervé (Marc), de Dinan.
Guillaume (Laurent), de Dinan.
Hervé (Gabriel), de Dinan.
Dagorne (Louis), de Dinan.
Rousset (Pierre), de Dinan.
Bellay (Pierre), de Dinan.
Harel (Pierre), de Dinan.
Dagorn (Jean-François), de Dinan, mort à l'hôpital du Fort-Royal le 30 mai 1778.
Rigal (Joachim), de Dinan.
Hervé (Charles), de Dinan.
Renier (François), de Dinan.
Homery (Etienne), de Dinan.
Villeneuve (Jean), de Dinan.
Robert (Joseph), de Dinan.
Gombert (Gilles), de Dinan.
Priol (Yves), de Saint-Brieuc.
Le Roux (Jacques), de Saint-Brieuc.
Henry (Jean), de Saint-Brieuc.
Pédron (Louis), de Saint-Brieuc.
Hydrio (René), de Saint-Brieuc, mort à l'hôpital du Fort-Royal le 9 avril 1778.
Garel (François), de Saint-Brieuc.
Gautier (Simon), de Saint-Brieuc.
Castrec (Jean), de Saint-Brieuc.
Mainguy (Yves), de Saint-Brieuc, mort à bord le 9 avril 1779.
Bertho (Guillaume), de Saint-Brieuc.
Querré (Pierre), de Saint-Brieuc.
Brulon (Claude), de Saint-Brieuc.
Even (Vincent), de Saint-Brieuc.
Boulard (Claude), de Saint-Brieuc.
Charan (Pierre), de Saint-Brieuc.
Pédron (François), de Saint-Brieuc.
Sibille (Louis), de Saint-Brieuc, mort à bord le 21 mars 1779.
Gouézou (Pierre), de Saint-Brieuc.
Le Pollès (François), de Saint-Brieuc.
Le Vacon (René), de Saint-Brieuc.
Boitard (Thomas), de Granville.
Philippe (Gilles), de Granville.
Desvergers (Jean), de Granville.
Georges (René), de Granville.
Naviguant (Claude), de Granville.
Danguelle (Jean-Baptiste), de Granville.
Durozel (François), de Granville, mort à l'hôpital du Fort-Royal le 25 juin 1779.

Andureau (Yves), de Roque-de-Taux (Gironde).
Taillis (Martin), de Roque-de-Taux (Gironde).
Barbe (Étienne), de Roque-de-Taux (Gironde).
Raberre (Arnaud), de Roque-de-Taux (Gironde).
François (Jean), de Roque-de-Taux (Gironde).
Fribert (André), d'Antibes.
Malardeau (Georges), de Bordeaux.
Blohic (René), de Vannes.
Monnereau (Jean), de Libourne.
Deliès (Claude), de Saint-Jean-de-Luz.
Castel (Jean), de Toulouse.
Espagnol (Joseph), de Bordeaux.
Tissot (Antoine), de Bordeaux.
Distrac (Pierre), de Bordeaux.
Colin (François), de Saint-Estèphe.
Beauret (Étienne), des Sables.
Riguet (Arnaud), de Montauban.
Lionay (Pierre), de Blaye.
Goutteches (Chavato), de Saint-Jean-de-Luz.
Guillou (Louis), de Nantes.

Surnuméraires.

Taffcret (Joseph), de Saint-Malo.
Gaudin (Jean), de Saint-Malo.
Vinet (Pierre), de Saint-Jean-d'Angély.
Goulvain (Alexis), de Brest.

Mousses.

Salmon (Jean), de Recouvrance.
Bodénès (Jacques), de Recouvrance.
De Surgère (Nicolas), de Recouvrance.
Fouquet (Guillaume), de Saint-Malo.
Fluter (Joseph), de Brest.
Perron (Yves), de Brest.
Dumont (Guillaume), de Brest.
Derval (Toussaint), de Brest.
De la Bruyère (Yves), de Brest.
Antoniou (Yves), de Brest.
Canivet (Charles), de Brest.
Ladoux (Jean), de Royan.
Garnier (Anglois), de Royan.
Keruen (André), de Brest.
Malfait (François), de Brest.

Domestiques.

Lamoureux (Guillaume), de Brest.
Monnier (Jean), de Martelly (Normandie).
Santin (Louis), de Toulon.
Chassereau (Pierre), de Brest.
Lamoureux (Joseph), de Rennes.
Beautemps (Joseph), de Morlaix.

L'AIMABLE

(1778-1779)

M. DE SAINT-COSME-SAINTE-EULALIE, Lieutenant de vaisseau, Commandant.

ÉTAT-MAJOR

LIEUTENANT DE VAISSEAU

De **SAINT-COSME-SAINTE-EULALIE**, Commandant.

ENSEIGNES DE VAISSEAU

Le Chevalier **du CHAFFAUT**, second.
Le Chevalier **de la ROCHEBŒTE.**
Le Chevalier **de CLUZEL.**
De GRASSE-LIMERMONT.

CHIRURGIEN ENTRETENU

GANTEAUME.

AUMONIER

DAMAZE (R. P.), Récollet.

GARDES DE LA MARINE

FERRARY de ROMANS.
Le Chevalier **de l'EPINE.**

Officiers-mariniers de manœuvre.

Lieutaud (Jean), premier maître, de Toulon.
Olivier (André), second maître, de Toulon.
Daumas (Jean-Baptiste), contremaître, de Toulon.
Peyron (Joseph), bosseman, de Toulon.
Darville (Pierre), bosseman, de Toulon.
Ripert (Jean-François), quartier-maître, de Toulon.
Camus (Jean-Joseph), quartier-maître, de Toulon.
Viennet (Mathieu), quartier-maître, de Toulon.
Reynaud (Jérôme), quartier-maître, de Toulon.
Brisanavi (Michel), quartier-maître, de Toulon.
Barthélémy (Antoine), quartier-maître, de Toulon.
Lieutaud (Jean), quartier-maître, de Toulon.
Autrevangle (Augustin), quartier-maître, de Toulon.
Vian (Jacques), quartier-maître, de Toulon.
Berlet (Simon), quartier-maître, de Saint-Maxime.
Milet (Joseph), quartier-maître, de la Seyne.

Officiers-mariniers de pilotage.

Gay (Antoine), premier pilote, de Toulon.
Fournier (Pierre), second pilote, de Toulon.
Ferrat (Pierre), aide-pilote, de Toulon.
Bouisson (Jean-Louis), aide-pilote, de Toulon.
Marrot (Joseph), aide-pilote, de Toulon.
Senequier (Jean), aide-pilote, de Fréjus.
Roux (François), aide-pilote, de la Ciotat.
Royer (Armand), aide-pilote, de Bordeaux.

Officiers-mariniers de canonnage.

Audibert (Noël), maître canonnier, de Toulon.
Galle (Louis), second canonnier, de Toulon.
David (Pierre), second canonnier, de Toulon.
Blanc (Joseph), aide-canonnier, de Toulon.
Gastaud (Michel), aide-canonnier, de Toulon.
Isnard (Joseph), aide-canonnier, de Toulon.
Amand (Raphaël), aide-canonnier, de Toulon.
Barattier (Joseph), aide-canonnier, de Toulon.
Malaussen (Joseph), aide-canonnier, de Toulon.
Jouglas (Laurent), aide-canonnier, de Six-Fours.
Ordy (Sébastien), aide-canonnier, de Six-Fours.
Vidal (Blaise), aide-canonnier, de Six-Fours.
Progou (Joseph), aide-canonnier, de Six-Fours.
Merousse (Antoine), aide-canonnier de Marseille.
Autran (Honoré), aide-canonnier, de Toulon.
Terras (Laurent), aide-canonnier, de Toulon.

Officiers-mariniers de charpentage.

Laure (Antoine), second charpentier, de Toulon.
Antrevangle (Jean), aide-charpentier, de Toulon.

Officiers-mariniers de calfatage.

Nouveau (Jean-Marie), second calfat, de Toulon.
Audibert (Jean-Baptiste), aide-calfat, de Toulon.

Officiers-mariniers de voilerie.

Guiran (Hervé), second voilier, de Toulon.
Gouiran (Charles), aide-voilier, de Toulon.
Camoin (Pierre), aide-voilier, de Martigues.

Gabiers.

Paron (Jean-Louis), de Toulon.
Teisseire (Jacques), de Toulon.
Jouve (François-Esprit), de Toulon.
Mère (Jean), de Toulon.
Gasquet (Jean-Joseph), de Toulon.
Franc (Joseph), de Toulon.
Cheinet (Antoine), de Toulon.
Boyer (François-Xavier), de Toulon.
Castelin (Jean-Baptiste), de Marseille.

Timoniers.

Bourrely (André), de Saint-Chamas.
Combès (Pierre), de Bayonne.

Pegé (Jacques), de Lorient.
Coste (François), de Toulon.
Peyron (Antoine), de Toulon.
Boutin (Jean-Baptiste), de Toulon.
Goadet (Jean-Pierre), de Toulon.
Faille (Jean-Jacques), de Toulon.

Matelots.

Dragon (Jean-Baptiste), d'Hyères.
Laugier (Louis), d'Hyères.
Lemaitre (Julien), de Lorient.
Furet (Pierre), de Lorient.
La Carrière (Jean-Pierre), de Lorient.
Aubert (Jean-Joseph), de Toulon.
Rouvier (Gaspard), de Toulon.
Pomet (Pierre), de Toulon.
Léon (Honoré), de Toulon.
Laure (Pierre), de Toulon.
Sturgeon (Mathurin), de Toulon.
Reybaud (Jean-Pierre), de Toulon.
Rebuffat (Joseph), de Toulon.
Ripert (Guillaume), de Toulon.
Guibaud (Louis), de Toulon.
Monin (Simon), de Toulon.
Redon (Etienne), de Toulon.
Rissou (Jean-François), de Toulon.
Camus (Antoine), de Toulon.
Daumas (Esprit-Julien), de Toulon.
Reybaud (Jean), de Toulon.
Blanc (Sylvestre), de Toulon.
Bernard (Jérôme), de Gramelle (Morbihan).
Béchennet (Pierre), de Gramelle (Morbihan).
Boucher (Jean-Pierre), de Gramelle (Morbihan).
Féraud (Antoine), d'Antibes.
Poupon (Laurent), de Soliès.
Barra (Joseph), de la Roque.
Cuvet (Antoine), de Six-Fours.
Fabre (Antoine), de Six-Fours.
Simon (Pierre), de Six-Fours.
Crestian (Pascal), de Six-Fours.
Audibert (Antoine), de Six-Fours.
Martinenq (Pierre), de Six-Fours.
Audibert (Joseph), de la Seyne.
Vial (Pierre), de la Seyne.
Jouven (Antoine), de la Seyne.
Chave (Pierre), de la Seyne.
Baude (Louis), de la Seyne.
Gueit (Barthélémy), d'Ollioules.
Coste (François), de la Ciotat.
Bonfils (Balthazard), de la Ciotat.
Bren (Etienne), de la Ciotat.
Michel (Jean-Joseph), de la Ciotat.
Barthélémy (Balthazard), de la Ciotat.
Sicard (Jean-Joseph), de Cireste.
Rebuffet (Jean-François), de Saint-Tropez.
Souché (Jacques), de Marseille.
Jaconasse (Mathieu), de Marseille.
Saneti (Edme), de Marseille.
Fassy (André), de Marseille.
Rousset (Gaspard), de Marseille.
Féraud (Antoine), de Marseille.
Lion (Etienne), de Marseille.
Autier (Jacques), de Marseille.
Bonjoannis (Jean-Louis), de Marseille.
Eymé (Joseph), de Marseille.
Chansaud (Joseph), de Marseille.
Gautier (Sébastien), de Marseille.
Boutin (Pierre-Jacques), de Marseille.
Aillaud (Etienne), de Mazargues.
Giraud (Etienne), de Mazargues.
Second (Alexandre), de Mazargues.
Flotte (Louis), de Mazargues.
Cornier (Raymond), de Mazargues.
Allard (François), de Mazargues.
Culotte (Jean-Marie), de Mazargues.
Valarin (Jacques), de Mazargues.
Héraut (Michel), de Mazargues.
Ricaud (Raphaël), de Cassis.
Hiriat (Jean-Baptiste), de Bayonne.
Egreteau (Etienne), de Libourne.
Ricard (Pierre), de Libourne.
Moulin (Maurice), de Libourne.
Pignatel (Antoine), de Libourne.
Garibaldy (François), de Libourne.
Rongé (Antoine), de Libourne.
Tassy (Jean-Baptiste), de Libourne.
Icard dit **Arbaud** (Jérôme), de Libourne.
Guitton (Jean-Charles), de Libourne.
André (Honoré), de Libourne.
Icard (Paul), de Libourne.
Bulegan (Genézy), de Martigues.
Paillet (Jean-Pierre), de Martigues.
Brun (Génézy), de Martigues.
Catelin (Gaspard), de Martigues.
Audibert (Jean), de Martigues.
Paly (Claude), de Martigues.
Pery (Joseph), de Martigues.
Allard (Jean-Louis), de Martigues.
Galon (Jean), de Martigues.
Ayma (Jean-Etienne), de Martigues.
Com (Dominique), de Saint-Chamas.
Mille (Etienne), d'Istres.
Girard dit **Paillasson** (Pierre), d'Arles.
Blois (Marc), de Cannes.
Dany (Joseph), de Cannes.
Nouve (Antoine), de Cannes.
Vassaire (Joseph), de Cannes.
Timon (Pierre), de Cette.
Audouri (François), d'Antibes.
Caumel (Dominique), d'Agde.
Crouzet ou **Crouzat** (Bernard), de Gruissan.
Pons (Benoît), de Gruissan.
Lamanille (Antoine), de Gruissan.

Novices.

Laure (Honoré), de Toulon.
Benoit (Pierre-Joseph), de Toulon.
Pons Jean-Baptiste), de Toulon.
Nouveau (Jean), de Toulon.
Petit (Thomas), de Toulon.
Lieutaud (Jean-André), de Toulon.
Guérouard (Henri), de Toulon.
Montagne (François-Charles), de Toulon.
Guiraud (Dominique), de Toulon.
Guirand (Louis), de Toulon.
Imbert (Charles), de Toulon.
Lauvergne (François), de Toulon.
Clément (Charles), de Toulon.
Blanc (Jean-Baptiste), de Briançon.
Bousquet (Jean-Louis), de Toulon.
Maquignon (Joseph), de Toulon.

Volontaires.

Padirac (Jean-Louis), de la Seyne.
Charbonnier (Antoine), de Toulon.
Rambert (François), de Toulon.

Surnuméraires, etc.

Hirlard (Joseph-Philippe), de Toulon.
Gense (Thomas), de Toulon.
Cotte (Victor), de Toulon.
Monge (André), de Toulon.
Icard (Joseph-Marie), de Toulon.
Jaubert (François), de Toulon.
Féraud (Joseph-Melchior), de Toulon.
Lion (Alexis), de Toulon.
Cartel (François), de le Solier.
Bourgeonnier (Joseph), de Toulon.
Bernard (Esprit), d'Antibes.

Mousses.

Engaurran (Jean), de Toulon.
Antressangle (Joseph-Vincent), de Toulon.
Laure (Jean-Baptiste), de Toulon.
Aycard (Joseph-Pierre), de Toulon.
Davé (Antoine), de Toulon.
Lieutaud (François-Mathieu), de Toulon.
Ruffé (Constance), de Toulon.
Bezeau (André), de Toulon.
Marquisan (Jean), de Toulon.
Bouisson (Etienne), de Toulon.
Ventre (Jean-Baptiste), de Toulon.
Bonavie (Jean-Baptiste), de Toulon.
Minasse (Pierre), de Toulon.
Parian (Jean-Pierre), de Toulon.
Isnard (Honoré-Joseph), de Toulon.
Auvière (Jean-Baptiste), de Toulon.
Chiousse (Honoré), de la Garde.
Fabre (André-Joseph), de la Seyne.
Garcin (Dominique), de la Seyne.
Simon (Joseph), de Six-Fours.
Boyer (Abraham), de Six-Fours.
Olivier (Joseph), de Cuers.
Auvière (Pierre-Michel), d'Aix.
Carle (Joseph), de Castellet (Var).
Roubaud (Noël), de Castellet (Var).

Domestiques.

Fournier (Jean), de Toulouse.
Guillot (André), de Lyon.
Graffas (Jean), de Lyon.
Lemaître (Julien), de Saint-Malo.
Duval (Louis), de Saint-Malo.
Garnier (François), de Saint-Malo.
Lucas (Guillaume), de Saint-Malo.

L'ANDROMAQUE

(Du 15 avril 1778 au 11 juillet 1779)

M. DE BUORT DE LA CHANALIÈRE, Lieutenant de vaisseau, Commandant.

ÉTAT-MAJOR

LIEUTENANTS DE VAISSEAU

De BUORT de la CHANALIERE, Commandant.
De FLOTTE.
De L'ISLE LESGUEN.

ENSEIGNES DE VAISSEAU

BOISSAUVEUR.
HURAULT.
De MAUVIEL.

OFFICIERS AUXILIAIRES

DUBOSQUE.
ROUSSEAU.
FIGOLY.

CHIRURGIEN

DAVID (René-Pierre), des Sables.

PRÊTRE-AUMONIER

MORISSON (Roger).

GARDES DE LA MARINE

De GUICHEN.
D'AIGREMONT.

VOLONTAIRES

Tougard (Jacques), de Fécamp.
Simon, de Brest.
Peponnet (Denis), d'Oléron.
De la Vileou, d'Oléron.
Colasse (Marie-Gabriel), de Paris, tué au combat du 16 juin 1779.

Officiers-mariniers de manœuvre.

Vigot (François), premier maître, de Saint-Malo.
Marie (Joseph), second maître, de Saint-Servan.
Fontenau (Jean), contremaître, de Rochefort.
Dumesnil (Jean), contremaître, de Saint-Malo.
Morisset (Jean), contremaître, de Royan.
Deniau (François), bosseman, du Croisic.
Guichet (Louis), quartier-maître, de Dieppe.
Rousselot (Jacques), quartier-maître, d'Oléron.
Rolland (Pierre), quartier-maître, de Royan.
Drouet (Jean), quartier-maître, de Royan.
Menanteau (Michel), quartier-maître, de l'Ile de Ré.

Officiers-mariniers de pilotage.

Benoît (Isidore), patron de chaloupe, de Saint-Servan.
Le Magnau (François), patron de canot, de Saint-Malo.
Brocard (Jean), second pilote, de Bordeaux.
Le Braiq (Guillaume), aide-pilote, de Granville.

Officiers-mariniers de canonnage.

Cocherel (Charles), maître canonnier, de Saint-Malo.
Morissonneau (Pierre), second canonnier, de Royan.
Boissien (Arnaud), aide-canonnier, de Marmande.
Modard (Jean), aide-canonnier, de Dieppe.
Guignard (Gabriel), aide-canonnier, de l'Ile de Ré.
Bouchet (François), aide-canonnier, de Saintes.
Guilvout (Denis), aide-canonnier, de Lorient.
Dupuis (Jacques), aide-canonnier, du Croisic.
Fromentin (Jacques), aide-canonnier, de Calais.
Bruxelles (Antoine), aide-canonnier, de Calais.
Fené (François), aide-canonnier, de Calais.
Hébert (Jacques), aide-canonnier, de Saint-Malo.
Robert (Nicolas), aide-canonnier, de Nantes.
Babin (René), aide-canonnier, de Rochefort.

Officiers-mariniers de charpentage.

Morvant (François), maître charpentier, de Recouvrance.
Guillou (Louis), second charpentier, de Saint-Malo.
L'Indel (Sébastien), aide-charpentier, de Nantes.

Officiers-mariniers de calfatage.

Gabel (Adrien), maître calfat, du Havre.
Briard (Etienne), second calfat, de Saint-Malo.
Bougeur (Jean), aide-calfat, de Granville.

Officiers-mariniers de voilerie.

Martin (Julien), maître voilier, de Saint-Malo.
Noleau (Jean), aide-voilier, de Rochefort.
Riou (Michel), aide-voilier, de Brest.

Officiers-mariniers divers.

Marot (Jacques), d'Oléron.
Dodin (Louis), d'Oléron.
Leclerc (Louis), de Boulogne.
Auriol (François), de Brest.
Noblier (Charles), de Saint-Malo.
Quéraudren (François), de Camaret.
Clément (Amand), de Rouen.
Cavaro (Yves), du Croisic.
Bruxelles (Pierre), de Calais.
Le Du (Jean), de Recouvrance.
Tardy (Pierre), de Rochefort.

Matelots.

Bidault (François), de Belle-Ile.
Harmel (Vincent), de Saint-Brieuc.
Bilbaut (Jean), de Rochefort.
Arnaud (François), de Rochefort.
David (Antoine), d'Oléron.
Darrups (Joanny), de Saint-Jean-de-Luz.
Dargain (Joanny), de Saint-Jean-de-Luz.
Detchevers (Joanny), de Saint-Jean-de-Luz.
Cosquer (André), de Quimper.
Breton (André), de l'Ile de Ré.
Bart (Laurent), de Dunkerque.
Caillebot (René), de Brest.
Danic (Joseph), de Belle-Ile.
Simon (Michel), du Conquet.
Derieu (Olivier), de Brest.
Le Blanc (Guillaume), de Brest.
Boiset (Julien), de Hennebont.
Bagot (Jean), de Saint-Malo.
Babin (Nicolas), de Saint-Malo.
Guérin (Michel), de Saint-Malo.
Sorel (Jean), de Saint-Malo.
Dumesnil (Jean), de Saint-Malo.
Launay (François), de Saint-Malo.
Langlois (Joseph), de Saint-Malo.
Hardy (Louis), de Saint-Malo.
Bros (Alain), de Saint-Malo.
Regnier (Jacques), de Saint-Malo.
Bonfils (Yves), de Saint-Malo, mort le 9 février 1779.
Even (Barthélémy), de Saint-Malo, mort le 12 avril 1779.
Chevalier (Julien), de Saint-Malo.
Gueré (Joseph), de Saint-Malo.
Gabouret (Yves), de Saint-Malo.
Le Tourneur (Michel), de Saint-Malo.
Pottier (Joseph), de Saint-Malo.
Jossé (Toussaint), de Saint-Malo.
Briand (Mathurin), de Dinan.
Vaudelet (Jean), de Dinan.
Dugain (Jean), de Dinan.
Croizé (Jean), de Dinan.
Meno (Michel), de Saint-Malo.
Doz (Alain), de Saint-Brieuc.
Vérité (Pierre), de Saint-Brieuc.
Ferchal (Jean), de Saint-Brieuc.
Duchesne (Yves), de Saint-Brieuc.
Le Blanc (Jean), de Saint-Brieuc.
Even (Augustin), de Saint-Brieuc.
Le Sourd (Julien), de Nantes.
Chenio (Philippe), de Nantes.
Charon (Michel), de Nantes.
Babin (Christophe), de Nantes.
Aubin (Jean), de Granville.
L'Eveillé (Pierre), de Granville.
Maillard (Pierre), de Granville.

Turquetin (Julien), de Granville, mort le 27 novembre 1778.
Le Monnier (Louis), de Granville.
Jourin (Claude), de Granville.
Trely (Nicolas), de Granville.
Tison (Antoine), de Granville.
Giron (Louis), de Granville.
Paquet (Jacques), de Granville.
Sublime (Nicolas), de Granville.
Gatebler (Jacques), de Granville.
Tanqueray (Jean), de Granville.
Guillaume (Jacques), de Granville.
Trianon (Jean), de Granville.
Le Gentil (Michel), de Granville.
Le Maitre (Robert), de Granville.
Le Busse (Jean), de Granville.
Longueville (Charles), de Granville.
Dumon (Gilles), de Granville.
Pilvesse (Charles), de Granville.
Lavoué (Louis), de Granville.
Philippe (Jean), de Granville.
Julien (Pierre), de Granville.
Gautier (Jean), de Granville.
Rocher (Guillaume), de Granville.
Agnès (Nicolas), de Granville.
Cordier (Jean), de Honfleur.
Dieu (Jean), de Honfleur.
Terrier (Jacques), de Honfleur.
Bureau (Pierre), de Honfleur.
Lamort (Jacques), de Granville.
Vasseur (Jean), de Honfleur.
Clairet (Charles), de Caen.
Le Roy (Pierre), de Caen.
Tardiff (Jean), de Caen.
Fougues (Antoine), de Caen, mort à bord le 20 décembre 1778.
Mauvieu (Michel), de Caen.
Dufour (Jean), de Caen.
Renaud (Jacques), de Caen, mort le 5 mai 1778.
Ferey (Souvrain), de Caen, mort à bord le 5 juillet 1778.
Morel (Louis) de Caen.
Mariette (Charles), de Caen.
Le Courtois (Jean), de Caen.
Le Beuf (Pierre), de Caen.
Aubey (Pierre), de Caen.
Le Chevallier (François), de Caen.
Ouën (Michel), de Dieppe.
Ouën (Dominique), de Dieppe.
Lamache (Jean), de la Heugue.
Chevalier (Ernest), de Marmande.
Duluque (Jean), de Marmande.
Barbe (Bertrand), de Marmande.
Borde (François), de Marmande.
Delasse (Jean), de Marmande.
Montaudon (Jean), de Marmande.
Boutin (Bernard), de Marmande.
Duraux (Arnaud), de Marmande.
Pepil (François), de Marmande.
Besson (Jean), de Marmande.
Morin (Jean), de Marmande.
Tossain (Jean), de Marmande.
Petit (Pierre), de Marmande.
Cosinont (Guillaume), de Marmande.
Lamarque (Jean), de Libourne.
Jugla (Pierre), de Blaye.
Couille (Pierre), de Blaye.
Batet (Jean), de Blaye.
Le Bleu (Jean), de Libourne.
Dumont (Guillaume), de Libourne.
Merlande (André), de Libourne.
Dubourdieux (Jean), de Libourne, mort le 12 avril 1779.
Vidau (Léonard), de Libourne.
Deloncle (Antoine), de Libourne.
Riberolle (Guillaume), de Montauban.
Baye (François), de Libourne.
Saugeon (Pierre), de Libourne.
Bourulan (Jean), de Libourne.
Chatin (Jean), de Libourne.
Andrieux (Marc), de Moissac.
Drouët (René), de Moissac, mort à bord le 1er juin 1779.
Guerel (Perre), de Moissac.
Goury (François), de Saintes.
Rateau (Pierre), de Rochefort.
Contel (Jean), de Quimper, mort le 8 avril 1779.
Keriven (Grégoire), de Quimper, mort le 5 décembre 1778.
Cornic (Pierre), d'Oléron.
Le Combery (Jonnny), de Saint-Jean-de-Luz.
Habans (Joanny), de Saint-Jean-de-Luz.
Fagonde (Martin), de Saint-Jean-de-Luz.
Le Roy (Henry), de Quimper.
Cariou (René), de Quimper.
Manuel (Yves), de Quimper.
Tanguy (Jacques), de Quimper.
Vasseur (Pierre), de Saint-Valéry.
Vincent (Jean), de Saint-Valéry.
Guilbert (Jean), de Saint-Valéry.
Bignay (Josse), de Saint-Valéry, mort à bord le 16 septembre 1778.
Vacogne (Michel), de Saint-Valéry.
Crapoulet (Jean), de Saint-Valéry.
Devot (Alphonse), de Dunkerque.
Denecker (Jean), de Dunkerque.
Caudevin (Pierre), de Dunkerque.
Piescen (Philipe), de Dunkerque.
Dowen (Pierre), de Dunkerque.
Jolly (Jean), de Dunkerque.
Tobie (Charles), de Dunkerque.
Delacter (Pierre), de Dunkerque.
Couvreur (Pierre), de Dunkerque.
Roulant (Jean), de Dunkerque.
Pavis (Nicolas), de Dunkerque.
Daisse (Jean), de Pauillac.
Beaufils (Pierre), de Saint-Valéry.
Lecaudé (Jean), de Granville.
La Vielle (Michel), de Granville.
Robert (Jean), de Pauillac.
Le Pomier (Nicolas), de Cherbourg.
Portrel (Charles), de Cherbourg.
Hochet (Jean), de Cherbourg.
Maugé (Silvestre), de Cherbourg.
Le Dos (Robert), de Cherbourg.
Le Maitre (Nicolas), de Dinan.
Patard (Ollivier), de Dinan.
Vidal (Jean), de Montauban.
Garat (Pierre), de Saint-Jean-de-Luz.
Bassard (Pierre), de Fécamp.
Savary (Charles), de Granville.
Le Touzè (Julien), de Granville.
Jolly (Charles), de Rouen.
Le Garrec (Joseph), de Vannes.
Saridant (Pierre), de Vannes.
Denis (François), de Paimbœuf.
Longueville (Gilles), de Granville.
Nicol (Jean), de Dieppe.
Gauffeny (François), de Saint-Brieuc.
Gelveterre (Ollivier), de Saint-Brieuc.
Rio (Jacques), de Port-Louis, mort le 12 avril 1779.
Lalande (Etienne), de Granville.
Vadet (Jean), de Granville.
Dupuis (Jacques), de Dieppe.
Nicol (Toussaint), de Granville.
Duvey (Guillaume), de Caen.
Enault (Michel), de Tours.
Douday (Jean), de Bayonne.
Fagalde (Pierre), de Saint-Jean-de-Luz.
Guérin (François), de Fécamp.
Carpentier (Jean), de Dieppe.
Guillouet (François), de Caen.
Contal (Yves), de Quimper.
Le Page (Louis), de Morlaix.
Larrieu (Pierre), de Marmande.
Elias (Guillaume), de Quimper.
Petit (Pierre), de Dinan.
Chevalier (Jean), de Boulogne.
Priou (François), de Quimper.
Sinou (André), de Quimper.
Mousquay (Pierre), de Cherbourg.
Bergory (Jean), de Bordeaux.
Liquet (Jean), de Bordeaux.
Varin (Jean), de Rouen.
Goudriliol (Jean), de Lorient.
Bernard (Jean), de Blaye.
Normand (Mathieu), de Caen.
Le Normand (Charles), de Caen.
Cariot (Guillaume), de Brest.
Couduriec (Jean), de Bordeaux.
Sonnelet (Jean), de Bordeaux.
Blancard (Jean), de Bordeaux.
Le Comte (Mathurin), de Saint-Brieuc.
Pastural (Anastaze), de Saint-Brieuc.
Le Breton (Joseph), de Lorient.
Le Hélidut (François), de Lorient.
Briand (Salomon), de la Rochelle.
Saunier (Jean), de Lorient.

Surnuméraires.

Thomas (Alexis), de Saint-Brieuc.
Le Nort (François), de Saint-Malo.
Corre (Noël), de Lanvau.
Goulven (Alexis), de Brest.
Le Gal (Jean), de Morlaix.
Le Roy (Yves), de Lambézellec.
Josse (Toussaint), de Saint-Malo.
Cocherel (Jean), de Saint-Malo.
Crapoulet (Etienne), de Saint-Valéry.

Mousses.

Sardou (Michel), de Marennes.
Le Cler (Gabriel), de Quimper.
Buors (Jean), de Brest.
Le Tourneur (Pierre), de Granville.
Dujardin (Louis), de Saint-Brieuc.
Cocherel (Charles), de Saint-Malo.
Guyomard (François), de Saint-Malo.
Vimar (Pierre), de Saint-Malo.
Huet (Toussaint), de Saint-Malo.
Enouf (François), de Saint-Malo.
Le Clerc (Joseph), de Saint-Malo.
Le Bègue (Laurent), de Saint-Malo.
Goudelin (Michel), de Saint-Malo.
Crechminet (Jean), de Morlaix.
Gayastrenec (Jean), de Quimper.
Gilbert (Pierre), de Cancale.
Cloutier (Jean), de Saint-Malo.
Perrot (René), de Brest, blessé au combat du 16 juin 1779.

Stévan (Yves), de Plougastel.
Le Nabour (Pierre), de Saint-Malo.
Fourchet (Charles), de Caen.
Sayanifaire (Dominique), de Caen.
Dorieux (Toussaint), de Caen.
Louet (Allain), de Landivisiau.
Le Moing (Tanguy), de Crozon.
Caléatalres (Joseph), de Brest.
Olivier (Jean), de Caen.

Domestiques.

Vidal (Nicolas), de Saint-Brieuc.
Le Dru (André), du Mans.
Forget (Jean), de Rouen.
Salaun (François), de Quimperlé.
Sormiard (Thomas), de Lamballe.
Salaun (Marie), de Quimperlé.
Labat (Claude), de Morlaix.

LA BLANCHE

(1778-1779)

M. BOUCAULT, puis M. DE LA GALISSONNIÈRE, Lieutenants de vaisseau, Commandants.

ÉTAT-MAJOR

LIEUTENANTS DE VAISSEAU

BOUCAULT, Commandant.
De la **GALISSONNIERE**, Commandant.
VICTOT.
VASSAL.

ENSEIGNES DE VAISSEAU

Le Chevalier du **CLESMEUR.**
IEGRCHEULD, Suédois.

LIEUTENANTS DE FRÉGATE

Le Chevalier de la **FALCONNERIE.**
De **MARTINEAU.**
VASSAL.

OFFICIERS AUXILIAIRES

CONDE.
DEVEAUX.
AVRIL.
NAUDY.
CHAMBERT.
COURONNAT.
RICHARD.

CHIRURGIENS-MAJORS

BEAULIEU.
ROUGIER.
HUET.

AUMONIER

De **SAINT-XAVIER** (R. P.), Carme.

GARDES DE LA MARINE

BELLOT.
De **TANOUARN.**

VOLONTAIRES

La Mazure de Brossard.
Coupé des Essards.
Boulet (Pierre).

Officiers-mariniers de manœuvre.

Le Mire (René), premier maître, de Port-Louis.
Le Page (Vincent), second maître, de Recouvrance (Brest).
Flutteur (Jean-François), contremaître, de Brest.
Pilven (Yves), contremaître, de Brest.
Bozec (Mathieu), contremaître, de Vannes.
Calvès (Michel), quartier-maître, de Quimper.
Porteau (Jean), quartier-maître, de Bourgneuf.
Dalidec (Louis), quartier-maître, de Camaret.
Le Hébel (Laurent), quartier-maître, du Croisic.
Goulay (Jean-Baptiste), quartier-maître, d'Honfleur.
Viaud (Pierre), quartier-maître, de Nantes.
Hilvoas (Pierre), quartier-maître, de Recouvrance.
Brohan (Louis), quartier-maître, de Dinan, mort à bord le 2 avril 1779.

Officiers-mariniers de pilotage

De la Porte (Jean), premier pilote, de Nantes.
Chapellier (Jean-Marie), second pilote, du Conquet.
Pihour (Pierre), aide-pilote, du Croisic.
Richard (Jean-François), aide-pilote, de Saint-Brieuc.

Officiers-mariniers de canonnage.

Valentin (François), maître canonnier, de Brest.
Le Mitois (Jean-François), aide-canonnier, de Granville.
Le Mitois (Jean), aide-canonnier, de Granville.
Soyer (Etienne), aide-canonnier, de Brest.
Quénel (Jean-Baptiste), aide-canonnier de Brest.
Guilmin (François), aide-canonnier, de Granville, mort à bord le 11 avril 1780.
Mignonet (Jacques), aide-canonnier, de Boulogne.
Moisan (Daniel), aide-canonnier, de Quimper.
Touler (Jean), aide-canonnier, de Quimper.
Signard (Félix), aide-canonnier, de Brest
Le Basle (Louis), aide-canonnier, de Granville.
Neveu (Jean-Nicolas), aide-canonnier, de Cherbourg.

Officiers-mariniers de charpentage.

Colin (Jean-Marie), premier maître charpentier, de Recouvrance.
Roudot (Pierre), aide-charpentier, de Recouvrance.

Officiers-mariniers de calfatage.

Le Guen (Julien), maître calfat, de Recouvrance.
Guillou (Perpétue), second calfat, de Recouvrance.
Cottard (François), aide-calfat, de Saint-Brieuc, mort à bord le 16 mars 1779.

Officiers-mariniers de voilerie.

Hamon (Louis), second voilier, de Brest.
Méorzec (François), aide-voilier, de Brest.

Gabiers.

Fabre (Pierre), de Bordeaux.
Lamoureux (René), de Saint-Brieuc.
Séhen (Jean-Claude), de Brest.
Berthomé (Joseph), de Nantes.
Jardin (Pierre), d'Honfleur, mort à Boston le 18 mars 1779.

Timoniers.

Quillec (Louis), du Croisic.
Lespael (Julien), du Croisic.
Malbranche (François), de Honfleur.
Guérin (Mathurin), de Bourgneuf.
Cozic (Tudy), de Quimper.
Matière (Jacques-Simon), de Quimper.
Saliot (Alexandre), de Nantes.
La Fontaine (Jacques), de Bordeaux.

Matelots.

Champ (Jean-Léonard), du Conquet.
Perrot (Hervé), du Conquet.
Pilvin (Ollivier), du Conquet.
Launay (Pierre), de Vannes.
Le Brun (Jean-Louis), de Brest.
Martin (Pierre), de Brest.
Tréguier (François-Marie), de Brest, mort le 1er novembre 1779.
Quélen (Corentin), de Camaret.
Kernéis (Yves), de Brest.
Potin (Ollivier), de Brest.
Le Verne (Victor), de Brest.
Quérincuf (François), de Brest.
Quéméneur (Jacques), de Brest.
Touchard (Vincent), de Brest.
Fourdilis (François), du Conquet.
Troadec (Yves), du Conquet.
Le Normand (François), du Conquet.
Penhoat (Jean), de Roscanvel.
Trufert (Pierre), de Cherbourg.
Geslin (Jean), de Cherbourg.
Guéret (Pierre), de Cherbourg.

Le Fèvre (Jean-Baptiste), de Cherbourg.
André (Michel), de Cherbourg.
Raimond (Louis-François), de Cherbourg.
Frégoult (Jean), de Cherbourg.
Loir (Jean-Louis), de Cherbourg.
Le Neveu (Jacques), de Cherbourg.
Bertin (Georges-François), de Cherbourg.
Planquet (Louis), de Cherbourg.
Le Cannelier (Honoré), de Cherbourg.
Le Scoldron (Mathieu), de Nantes.
Greslier (Julien), de Nantes.
Moisnard (Pierre), de Nantes.
Mocquart (François), de Nantes.
Chaprou (François), de Nantes.
Frémont (François), de Nantes.
Rousseau (Mathurin), de Nantes.
Subilleau (Pierre), de Nantes.
Buau (Pierre), de Nantes, mort à bord le 2 décembre 1779.
Guéry (René), de Nantes.
Mosnier (Jean), de Nantes.
Soreau (Pierre), de Nantes.
Terrien (François), de Nantes.
Chevalier (Jean), de Nantes.
Letout (Noël), de Nantes.
Gaudin (Pierre), de Nantes, mort à bord le 1er décembre 1779.
Thébaud (Jacques), de Nantes.
Salmon (Julien), de Nantes.
Tuau (Gabriel), de Nantes.
Bouteillier (Pierre), de Nantes, mort à bord le 9 novembre 1779.
Mocquart (Thomas), de Nantes.
Rivet (René), de Nantes.
Buron (Gilles), de Nantes.
Bureau (Pierre), de Nantes.
Poulaille (Julien), de Nantes.
Buau (Louis), de Nantes, mort à bord le 6 octobre 1779.
Tremau (Joseph), du Croisic.
Pouliduau (Jean), du Croisic.
Peignard (Jean), du Croisic.
Tatevin (Jacques), du Croisic.
Jarneau (Jean), du Croisic.
Hervé (Ollivier), du Croisic.
Mahé (Michel), du Croisic.
Garino (Jean), du Croisic.
Binard (Nicolas), du Croisic, mort à bord le 7 décembre 1779.
Gérard (François), de Nantes.
Tessier (Pierre), de Nantes.
Doucet (Pierre), de Nantes.
Renaud (Jean), de Paimbœuf.
Maindron (Jacques), de Paimbœuf.
Regnaud (François), de Paimbœuf.
Minotte (Etienne), de Paimbœuf.
Minotte (Pierre), de Paimbœuf.
Le Tort (Jean), de Paimbœuf.
Daniou (Marc), de Paimbœuf.
Guillou (Corentin), de Quimper.
Yven (Germain), de Quimper.
Roussel (François), de Dinan.
Sicot (Joseph), de Dinan.
Tassé (Guillaume), de Saint-Malo.
Troude (Noël), de Honfleur.
Lamarre (Michel), de Honfleur.
Fauconnier (Jean), de Honfleur.
Viel (Jacques-Pierre), de Honfleur.
Le Sourd (Martin), de Honfleur.
Maillard (Augustin), de Granville.
François (Jean), de Granville.
Avril (Léonard), de Granville.
Godfroy (Jacques), de Granville.
Adam (Jean), de Granville.
Le Cronnier (François), de Granville.
Le Roux (François), de Granville, mort à la mer le 4 décembre 1779.
Girard (Jean), de Granville.
Coulon (Pierre), de Granville.
La Touche (François), de Granville.
Le Breton (Guillaume), de Granville.
Drieux (Jean-François), de Granville, mort à bord le 12 novembre 1779.
Ropars (Pierre), de Lannion.
Livro (Yves), de Lannion.
Stéphany (Jean), de Lannion.
Le Lan (Louis), de Lannion.
Tassel (Pierre), de Lannion.
Desmarais (Jean-Pierre), de Rouen.
Brument (Martin), de Rouen.
Cocagne (Philippe), de Rouen.
Cheminel (Jean-Baptiste), du Havre.
Blondel (Michel), du Havre.
Le Chevalier (Guillaume), du Havre.
Lécuyer (Jean-Baptiste), de la Hougue.
Précef (Jean-Pierre), de la Hougue.
Fontaine (Jean), de la Hougue.
Rollando (Jean-Louis), de Lorient.
Crabot (Laurent), de Vannes.
Guibert (Jean-Raphaël), de Saint-Brieuc.
Boulaire (Louis), de Saint-Brieuc.
Heurtel (Jean), de Saint-Brieuc.
Bauchat (Alain-Norbert), de Saint-Brieuc, mort à bord le 1er avril 1779.
Carue (Jean-Bernard), de Dieppe.
Dorange (Jean-Baptiste), de Caen.
Le Jeune (Pierre), de Fécamp.
Le Bert (Louis), de Granville.
Blin (Jacques), de Granville.
Longle (Jacques), de Saint-Brieuc.
Elizade (Jean), de Bordeaux.
Fresnel (Jean), d'Honfleur.
Laloyer (Louis), de Saint-Brieuc.
Hérouard (Jean-Louis), de Fécamp.
Huet (Pierre), de Nantes.
Bouly (Louis), de Brest.
Le Gaffon (Maurice), de Cherbourg.
Guérin (Jean-François), de Cherbourg.
Guilbert (Jean-Raphaël), de Saint-Brieuc.
Loir (Jean-François), de Cherbourg, mort à l'hôpital le 24 mars 1779.
Lescot (Christophe), de la Hougue.
De la Croix (Léonard), de Rouen.
Alix (Jean), de Cherbourg.
Mée (François), de Saint-Brieuc.
Boucher (René), de Châteaudun.
Jardin (Joseph), de Saint-Michel-des-Loups.
Brière (Nicolas), de Saint-Michel-des-Loups.
Suire (Joseph), de Saintes.
Perrot (Nicolas), de la Rochelle.
Gourdon (Jean), de Blaye.
Chapelain (Jean), de Marennes.
Nebourg (Pierre), de Bayonne.
Boisseil (Jacques), de Saintes.
Decrut (Jean), de Saintes.
Baumont (Pierre), de Rochefort.
Chauvin (Jean), de Libourne.
Denis (Jacques), de Paris.
Pichon (Pierre), de Pondensac.
Colineau (Jean), de Langoiran.
Ollivier (Guillaume), de Margaux.
Drujeon (Pierre), de Saintes.
Buteau (Pierre), de l'Ile-de-Ré.
Bernardet (Jean), de Margaux.
Fleury (Yves), d'Honfleur.
Roy (Jean), de Saintes.
Geay (Nicolas), de Saintes.
Couffec (Mathurin), de Margaux.
Ferchaud (Antoine), de Blaye.

Novices.

Paradis (Marc), de Lyon.
Castellan (Joseph), de Narbonne.
Fratter (Julien), de Lorient.
Frémet (Charles), d'Honfleur.
Gourmel (Nicolas), d'Argenton.
Le Rougé (François), de Vannes.
Duval (Jacques), de Saint-Brieuc.
Allain (François), de Lannion.
Denis (François), de Lannion.
Briand (Pierre), de Lannion.
Le Duc (Julien), du Croisic.
Coadic (Yves), du Croisic.

Surnuméraires.

Manach (François), de Tréguier.
Le Duff (Jean), du Conquet.
Gendry (Pierre), de Château-Gontier.
Le Quin (Antoine), de Cambrai.
Demeule (Joseph), de Cambrai.
Hinque (Jules-François), de Cambrai.
Godfroy (François), de Charleville.
Goudeau (Raymond), de Cahors.

Mousses.

Lannion (Louis), de Brest.
Querré (Etienne), de Brest.
Henry (François), de Brest.
Le Saulx (Jean-Louis), de Brest.
Bozec (Nicolas), de Recouvrance (Brest).
Clément (Guillaume), de Recouvrance (Brest).
Cornu (Laurent), de Recouvrance (Brest).
Péhau (Corentin), de Plougastel.
Hamon (Yves), de Landerneau.
Le Cocq (Henri), de Guingamp.
Lestideau (François), de Saint-Renan.
Laurent (Michel), de Quimper.
Laurent (Jean-Marie), de Quimper.
Jannot (Goulven), de Josselin.
Bretèche (Hyacinthe), de Paimbœuf, mort à bord le 3 novembre 1779.
Calonnec (Pierre), de Vannes.
Jouannic (Jean), de Vannes.
Caillot (Jean-Baptiste), de Caen.
Le Goff (Yves), de Brest.
Quintric (Michel), de Brest.
Pelardy (Yves), de Brest.
Le Gall (Didier), de Brest.
Leprince (Pierre), de Brest.
Lanuzel (Pierre), de Brest.
Dirand (Gilles), de Caen, mort à bord le 22 janvier 1779.
Tisson (Thomas), de Cherbourg.
L'Etourneau (Pierre), de Fougères.
Evinet (François), de Nantes.

Domestiques.

Laurent (Toussaint), de Quimper.
Martin (Bastien), de Quimper.
Le Jeune (Yves), de Morlaix.
Bigre (Jean), de Rennes.
Elary (Jean-Baptiste), de Lorient.
Marec (Pierre-Marie), de Brest.
Quiniou (Sébastien), de Quimper.
Louvrier (Joseph), de Morlaix.
Guilbert (Denis), de Belle-Isle.

LE FENDANT

(1778-1781)

M. DE VAUDREUIL, Capitaine de vaisseau, Commandant.

Louis-Philippe Rigaud, marquis de Vaudreuil, né à Rochefort le 18 avril 1724, mort à Paris le 14 décembre 1802, devint lieutenant général des armées navales. — Son père avait occupé le même emploi.

Ce vaisseau, deux fois armé en 1778, ne paraît avoir rejoint l'escadre du comte d'Estaing qu'au cours de 1779.

Dans le premier rôle du *Fendant* (C^{4} 463), armement de janvier à octobre 1778, on parle d'un combat qui aurait eu lieu le 27 juillet 1778.

L'état sommaire des Archives (II-I, 208^{v}, p. 194) indique un volume (B^{4} 136-*Côtes de France*), où il est question d'un combat livré à Ouessant le 27 juillet 1778 et dont le *Fendant* dut faire partie.

Ce bâtiment n'était donc pas avec le comte d'Estaing lors du départ de l'escadre française, le 13 avril, de Toulon.

Il semble que le *Fendant* partit seul en décembre 1778 pour le Sénégal et les Antilles.

DEUXIÈME ARMEMENT EN 1778

Armement commencé le 1er novembre 1778, appareillé le 15 décembre de Brest, entré le 19 à Quiberon, parti le 25 du dit port; mouillé au Sénégal le 28 janvier; le même jour canonné le fort qui s'est rendu le 30.

Appareillé du Sénégal le 4 mars 1779; mouillé à la Praya le 7 mars, parti le 7 avril; arrivé à la Martinique, au Fort-Royal le 21 avril suivant; parti le 30 juin, arrivé à la Grenade le 2 juillet; appareillé le 6 et livré combat naval aux Anglais. Retourné à la Grenade le 7 juillet, parti le 15, arrivé le 19 à la Guadeloupe, parti le 20; mouillé au Cap (Ile Saint-Domingue), le 31 juillet. Parti le 3 août, mouillé à Port-au-Prince le 7 août, parti le 13; mouillé à la côte de Géorgie le 1er septembre 1779; déradé de la Géorgie le 26 octobre, mouillé à la baie de Chesapéack le 11 novembre 1779; passé à Yorck le 20 du dit. Parti d'Yorck le 25 janvier 1780; arrivé au Fort-Royal le 16 février 1780, sorti le 21 mars; rentré le 23 avec l'escadre et le convoi du comte de Guichen; appareillé le 24, rentré le 27. Parti de Fort-Royal avec l'escadre le 13 avril 1780. Combat avec les Anglais le 17 avril; 2e combat le 15 mai; 3e combat le 19 mai. Rentré au Fort-Royal le 22 mai, sorti le 9 juin; rencontre avec les Espagnols le 10; rentré avec eux au Fort-Royal le 25 juin. Sorti le 5 juillet et arrivé au Cap le 26 du dit. Sorti du Cap le 13 août sous les ordres de M. le comte de Guichen; arrivé à Cadix le 23 octobre sous les ordres du comte d'Estaing; parti de Cadix le 6 novembre; arrivé à Brest le 3 janvier 1781 et entré dans le port le 23 février 1781.

ÉTAT-MAJOR

CAPITAINES DE VAISSEAU

Le Marquis **de VAUDREUIL**, Commandant; chef d'escadre du 1er juillet 1779.

DUCHAFFAULT, Second, Capitaine de pavillon.

LIEUTENANTS DE VAISSEAU

MACARTY de MAGTEQUE, Capitaine de vaisseau en mars 1780, a eu la paume de la main gauche brûlée en voulant éteindre le feu dans le combat du 6 juillet 1779.

POTRIN de la MORINIERE.

Le Chevalier **de l'EGUILLE**, aide-major.

Le Sr **NORDENVCHOEL**, suédois, Surnuméraire.

ENSEIGNES DE VAISSEAU

Le Baron **de PAROY**, employé comme Lieutenant de vaisseau du 24 février 1780.

De **MELFORT** (Henry), mort le 19 avril 1779, d'une fièvre putride.

De **PANAT**, enseigne de vaisseau, par ordre de M. le comte de Guichen.

Le Sr **DU PETIT-THOUARS**, des Gardes de la marine, Enseigne de vaisseau du 1er janvier 1781.

OFFICIERS AUXILIAIRES

Le Sr **de BOUSSARD**.

Le Sr **ANDRIEU**.

Le Sr **CORIOU**, de Quimper.

Le Sr **HUGON**, de Saint-Malo.

Le Sr **de PRENEUF**, de Saint-Malo.

CHIRURGIEN-MAJOR

Le Sr **NIELLY**.

AUMONIERS

NICOLAS (R. P.), Capucin, mort à bord le 2 février 1780.

L'abbé **BOUCHER**, aumônier, en remplacement du R. P. Nicolas, le 2 février 1780.

GARDES DU PAVILLON ET DE LA MARINE

REALS, garde de la marine.

Le Chevalier **de BOISCHUTEAU**, garde de la marine, mort à bord le 21 avril 1779, d'une fièvre putride.

DUPARC de LOCMARIA, garde du pavillon.

Officiers-mariniers de manœuvre.

Kyager (Claude), premier maître, de l'Orient, probablement Lorient (Morbihan), mort à l'hôpital de Fort-Royal le 30 avril 1779.

Brun (Pierre), premier maître, d'Oléron.

L'Œil (Jean), second maître, de Rochefort.

Gauré (François), second maître, de Vannes.

Isacard (Pierre), contremaître, de Noirmoutiers, mort à bord le 27 février 1779, de fièvre.

Héraud (Jean), contremaître, de Rochefort, mort à l'hôpital de Fort-Royal le 28 mars 1780.

Rault (Pierre), bosseman, de Vannes.

Mahé (Guillaume), bosseman, de l'Orient (probablement Lorient).

Meitterault (Jacques), quartier-maître, de la Rochelle.
Birgant (Pierre), quartier-maître, du Croisic, mort à l'hôpital de Fort-Royal le 25 mai 1779.
Auchouard (Thomas), quartier-maître, de Brest.
Chauvel (Michel), quartier-maître, des Sables (probablement Sables-d'Olonne), mort à Fort-Royal le 10 mars 1780.
Dubourg (Jean-Baptiste), quartier-maître, de Saint-Malo.
Dufort (Guillaume-Toussaint), quartier-maître, de Brest.
Boideau (Mathurin), quartier-maître, de l'Orient (Lorient).
Renard (Jean), quartier-maître, de Royan.
Renaud (Jean), quartier-maître, de Noirmoutiers.
La Joye (François), quartier-maître, de Bayonne.
Grosset (Ollivier), quartier-maître, de Brest.
Masson (Pierre), quartier-maître, de l'Isle-Dieu (Ile d'Yeu).
Cadou (Pierre), quartier-maître, de l'Isle-Dieu (Ile d'Yeu).
Huret (Joseph), quartier-maître, de Dinan.

Officiers-mariniers de pilotage.

Chabot (Jean-Luc), patron de chaloupe, de Nantes.
Juquel (Pierre), patron de grand canot, de L'Orient (Lorient).
Dousset (Pierre), patron de petit canot, de Paimbœuf, noyé à Port-au-Prince, le 9 août 1779.
Picot (Jean), premier pilote, de Rochefort.
Guégant (Yves-Marie), second pilote, de Lannion.
Boulaye (Laurent), second pilote, de Saint-Malo.
Jacques (Jean-Baptiste), aide-pilote, de Marennes.
Gachinard (François), aide-pilote, de Rochefort.
Besnied (Adrien), aide-pilote, des Sables (Sables-d'Olonne).
L'Eveque (Jean-Baptiste), aide-pilote, de l'Ile-de-Ré, mort à bord le 9 mars 1779 d'une fièvre putride.

Officiers-mariniers de canonnage.

Poitevin (Jacques), maître-canonnier, de Rochefort.
Guéry (Antoine), second canonnier, d'Oléron, mort à bord le 19 septembre 1780.
Roumage (Bernard), second canonnier, de Marmande.
Guillot (François), second canonnier, de Rochefort, mort à bord le 10 mars 1779, d'une fièvre putride.
Bouchard (François), aide-canonnier, de Rochefort, brûlé considérablement dans le combat du 6 juillet 1779.
Vinsoneau (Jean), aide-canonnier, de Bordeaux, brûlé au visage et au bras au combat du 17 avril 1780.
Nicole (Charles), aide-canonnier, de Rochefort, tué d'un coup de fusil par accident le 19 janvier 1780.
Ducot (Guillaume), aide-canonnier, de Bordeaux.
Gavary (Barthélémy), aide-canonnier, caporal de la brigade sup., mort à l'hôpital de Santiago, le 31 mars 1779.
Grasiot (Jean), aide-canonnier, de Saintes.
Guérin (Jacques), bombardier sup., blessé le 17 avril 1780 par plusieurs éclats aux mains et aux bras.
Tessier (Jean), bombardier sup., mort à bord le 9 septembre 1779.
Lazou (Jean-David), bombardier sup.
Nadeau (Pierre), bombardier sup.
Rouais (Etienne), aide-canonnier, de l'Ile-de-Ré.
Meunier (Jacques-Joachim), aide-canonnier, des Sables.
Sébirre (Jean), aide-canonnier.
Tellerieux (Jean), aide-canonnier, de Moissac.
Monnerau (Jacques), aide-canonnier, de Libourne, mort à bord le 28 octobre 1779.
Quillet (Jean-Pierre), aide-canonnier, de Noirmoutiers.
La Broue (Pierre), aide-canonnier, de Toulouse.
Le Gall (Jean-Charles), bombardier sup. (probablement Toulouse. Sans indication).
Maillard (Gilles), bombardier sup. (probablement Toulouse. Sans indication), mort à l'hôpital de Saint-Hiago (Santiago), le 18 mars 1779.
Bilbéau (Pierre), aide-canonnier, de Rochefort, mort à bord le 25 février 1779.
Perret (Jean), aide-canonnier, de Rochefort, mort à bord le 24 mars 1779.
Laphor (Pierre), aide-canonnier, de Bordeaux.
Pichon (Jean), aide-canonnier, de Bordeaux.
La Coste (Jean), aide-canonnier, de Marmande, mort à bord d'une fièvre putride le 15 février 1779.
François (Jean), aide-canonnier, de Marmande.
Auger (Antoine), aide-canonnier, de Marmande.
Bousquet (Jacques), bombardier, de Rochefort.
Valteau (Léonard), aide-canonnier, de Saintes.
Bausse (Jaques), aide-canonnier, de Bordeaux.
Angeard (Jean), aide-canonnier, des Sables (d'Olonne).
Morisseau (Julien), aide-canonnier, du Croisic.
Guymard (Guillaume), aide-canonnier, du Croisic, mort à bord le 10 octobre 1779.

Officiers-mariniers de charpentage.

Maingand (Robert), maître-charpentier, de Brest, mort à bord le 29 octobre 1780.
Trouvé (Pierre), second charpentier, de Rochefort.
Eoquel (François), aide-charpentier, de Recouvrance (Brest), mort le 10 juin 1779 à l'hôpital.
Boisnier (René), aide-charpentier, de Recouvrance (Brest).
Rodet (Pierre), aide-charpentier, de Rochefort, mort à l'hôpital le 26 avril 1779.
Berthelot (Jaques), aide-charpentier, de Honfleur.

Officiers-mariniers de calfatage.

Crugeon (François), maître-calfat, de Rochefort, blessé légèrement au bras droit et à la jambe gauche dans le combat du 6 juillet 1779. Mort à bord le 28 janvier 1780.
Delesert, maître-calfat, de Rochefort.
Bouchard (François), aide-calfat, de Rochefort.
Langevin (Louis), aide-calfat, de Rochefort.
Cadalen (René), aide-calfat, de Recouvrance, Brest.

Officiers-mariniers de voilerie.

Vrigneau (Léon), maître-voilier, de Rochefort.
Jousse (Pierre), second voilier, de Rochefort.

Excédent des officiers-mariniers.

Buffeteau (Jean), sergent des bombardiers, maître-canonnier.
Séhou (Jean), deuxième canonnier, du Faou (ou de Camaret).
Boileau (Jaques), aide-charpentier, de Rochefort.
Vitel (Ignace), aide-pilote, de Saint-Brieuc.
Goyineche (Joannis), aide-canonnier, de Bayonne, mort à bord le 13 octobre 1779.
Godin (Jean), bombardier, de Saint-Malo.
Jolly (Guillaume), aide-charpentier, du Havre.
Gouin (Alexandre), aide-pilote, des Sables (d'Olonne).
Martin (Estienne ou Pierre), second charpentier, de Rochefort, mort à l'hôpital de Fort-Royal le 21 mai 1779.
Luton (Pierre), aide-calfat, de Rochefort.
Moreau (Jean), patron de chaloupe, de la Rochelle.
Le Brun (Pierre), quartier-maître, de Nantes.
Deperiac (Pierre-Guillaume), quartier-maître, du Croisic, mort à bord le 11 février 1780.
Mahé (René), aide-canonnier, du Croisic.
Boisard (François), aide-canonnier, de Saint-Malo.
Mérau (Bernard), quartier-maître, de Cayenne.
Monnereau (Mathurin), aide-pilote, de Nantes.
Gaudry (Jacques), aide-pilote, de Nantes.
Le Borgne (Joseph), de Brest, blessé au combat du 17 avril 1780 à la tête par un cercle de fer et plusieurs contusions.
Le Mordant (François-Jean), aide-pilote, de Chateauneuf.
Roulleau (Jean), bosseman, de Rochefort, mort à bord le 20 décembre 1780.
Brillant (Laurent), second charpentier, de Saint-Brieuc.
Maillet (Stanislas), second pilote, des Sables (d'Olonne).
Boisset (Mathieu), bosseman, de Vannes.
La Burthe (Bernard), aide-pilote, de Bordeaux.
Gouës (François-Marie), aide-canonnier, de Brest.
Devaux (Jean), bosseman, de Saint-Valéry.
Lançon (Jean), aide-canonnier, de Cherbourg.
Le Neuveu (Nicolas), aide-canonnier, de Cherbourg.
Renouvelle (Jean), grenadier, de Cherbourg.
La Lande (Jacques), grenadier, de G^ille (Granville).
Havard (Clément), grenadier, de Cherbourg, mort à bord le 1er octobre 1780.
Savignac (Jean), de Libourne.
Trouin (Jean), tambour, aide-canonnier.
Griset (Louis), maître-d'équipage, de Lorient.
Gautier (Laurent), quartier-maître, de Saint-Brieuc.
Priou (Julien-François), quartier-maître, de Dinan.
Vaugout (Jean-Marie), aide-canonnier, de Lorient.
Le Glouédic (Jean), aide-canonnier, de Vannes.
Le Meur (Guillaume), aide-canonnier, de Vannes.
Le Gab (Jacques), aide-canonnier.
Blaisa (Salvador), aide-canonnier, de Malte.
Mailleres (Nicolas), aide-pilote, de Bordeaux.
Guillenieu (Félix-Joseph), quartier-maître, de Cherbourg.
Estrivier (M^el), deuxième canonnier, de Toulon.
Gab (Joseph-François), quartier-maître, de Toulon.

Gabiers.

Moiseau (Jean), des Sables (d'Olonne).
Mallet (Charles), des Sables (d'Olonne), mort à bord le 7 avril 1779.
Perrin (Pierre), de Noirmoutiers.
Bidard (Jean), de Saint-Jean-de-Luz.
Berthelé (Michel), d'Ouessant, mort à l'hôpital de Fort-Royal le 3 juin 1779.
Le Moine (Pierre), de Recouvrance (Brest).
Micheau (François), des Sables (d'Olonne), mort à bord le 18 mars 1779.
Moraillon (Nicolas), des Sables (d'Olonne).
Girard (René), de l'Isle-Dieu (Ile d'Yeu).
Pelletier (Jaques), de l'Isle-Dieu (Ile d'Yeu).
Couerau (Charles), de l'Isle-Dieu (Ile d'Yeu), mort à l'hôpital de Brest le 14 février 1781.
Pillet (Jean-Louis), de l'Isle-Dieu (Ile d'Yeu).
Bertrand (Jacques), de l'Isle-Dieu (Ile d'Yeu).
Fradel (Jaques), de l'Isle-Dieu (Ile d'Yeu).
Cauzan (François), de l'Isle-Dieu (Ile d'Yeu).
Huon (François), de Lannion.
Michaud (Jean), des Sables (d'Olonne).

Timoniers.

Core (Joseph), de Morlaix.
Le Coz (François-Marie), de Lannion, mort à bord le 20 février 1779 d'une fièvre putride.
Cézar (Charles), de Calais, a reçu une blessure à la jambe droite dans le combat du 6 juillet 1779.
Bilbéau (Mathieu), de Rochefort, mort à bord le 14 février 1779, d'une fièvre putride.
Roux (Jean), de Rochefort.
Merlet (Jaques), de Marennes.
Verdon (Louis), de l'Ile-de-Ré.
Guérineau (Paul-Magloire), des Sables (d'Olonne), mort à l'hôpital de Fort-Royal, le 5 avril 1780.
Genet (Julien), de Bordeaux.
Fournier (Bertrand), de Bordeaux.
Darigraud (Jean), de Bayonne, mort à l'hôpital de Fort-Royal le 16 février 1780.
Sauginnet (André), de Bayonne.
Rodonnet (Bertrand), de Bayonne, mort à bord le 6 octobre 1780.
Daribaut (Jean-Baptiste), de Bayonne.
Loudin (Pierre-Marie), de Brest.
Boulch (Christophe-René), de Brest, mort à bord le 28 novembre 1779.
Quilloy (Mathurin), de Saint-Brieuc.
Gauvin (Augustin), de Dinan.
Kyager (Vincent), de Lorient.

Matelots.

Dupuis (Louis), d'Angoulême.
Ménard (Jean), de Saintes.
Gautier (Louis), d'Oléron, mort à l'hôpital le 5 juin 1779.
Seudré (Jaques), d'Oléron.
Gaborit (Pierre), de Royan.
Dury (Jaques), de La Rochelle, mort à l'hôpital de Santiago le 30 mars 1779.
Omnet (Jean), de la Rochelle, mort à bord le 27 janvier 1780.
Grondin (François), de la Rochelle, mort à bord le 14 octobre 1779.
Epault (Louis), de l'Ile-de-Ré.
Mettier (François), de Noirmoutiers, mort à bord le 2 mars 1779, d'une fièvre putride.
Damour (Louis), de Noirmoutiers.
Noleau (Jean-Marie), de l'Isle-Dieu (Ile d'Yeu).
Dieu (Jean), de Bordeaux.
Richard (Bernard), de Bordeaux, brûlé considérablement dans le combat du 6 juillet 1779, débarqué à la Grenade le 8 juillet et y est mort le 11 dudit.
Chapeaublanc (François), de Blaye.
Sarreau (Pierre), de Blaye, mort à bord le 20 janvier 1779, d'une fièvre putride.
Moissès (Louis), de la Teste (Bordeaux), mort à bord le 12 mars 1779 d'une fièvre putride.
Pebrais (Jean), de Marmande, brûlé considérablement dans le combat du 6 juillet 1779, et débarqué à la Grenade le 8 dudit.
Regasse (Jean), de Toulouse, brûlé au visage et au bras droit dans le combat du 17 avril 1780; envoyé à l'hôpital, sorti le 13 août et mort à bord le 23 août 1780.
La Plagne (Pierre), de Toulouse.
Touret (Raymond), de Moissac.
Marc (Guillaume), de Moissac.
Detcheverry (Martin), de Saint-Jean-de-Luz.
Danio (Miguel), de Saint-Jean-de-Luz, brûlé considérablement au visage, aux bras et aux mains dans le combat du 17 avril 1780; a été envoyé le 20 avril suivant à l'hôpital de la Guadeloupe où il est resté.
Hasgarat ou **Ilasgarat** (Chabat), de Saint-Jean-de-Luz, mort à bord le 20 mars 1779.
Hiriatre (Dominique), de Saint-Jean-de-Luz, mort à bord le 16 février 1779, du scorbut.
Arismendy (Betry), de Saint-Jean-de-Luz, mort à bord le 29 décembre 1779.
Bortary (Pierre), de Saint-Jean-de-Luz, mort à bord le 17 février 1779.
Bergare (Joannis), de Saint-Jean-de-Luz.
Sabasquet (Joannis), de Saint-Jean-de-Luz.
Diron (Guillaume), de Saint-Jean-de-Luz, mort à bord le 7 mars 1779, d'une fièvre putride.
Etchebehore (Pierre), de Saint-Jean-de-Luz, mort à bord le 25 février 1779, d'une fièvre putride.
Ruscau (Martin), de Saint-Jean-de-Luz, mort à bord le 27 octobre 1779.
Harismendy (Martin), de Saint-Jean-de-Luz.
Hibarra (Baptiste), de Saint-Jean-de-Luz, mort à l'hôpital de Fort-Royal le 10 juin 1779.
Gosset (Jean-François), de Granville, mort à l'hôpital de Fort-Royal le 23 décembre 1783.
Benoit (Julien), de Granville.
Avril (Jean), d'Ouessant.
Guillou (Gabriel), de Recouvrance (Brest), mort le 2 février 1781.
Gouineaux (Jean-Baptiste), de Saintes, mort à bord le 6 décembre 1779.
Roy (Pierre), d'Angoulême.
Batard (Pierre), d'Angoulême.
Claveau (Augustin), de la Rochelle, mort à bord le 7 mars 1779, d'une fièvre putride.
Charrier (Antoine), de Bordeaux.
Castaing (Jean), de Marmande, mort à bord le 29 mars 1779, d'une fièvre putride.
Cardineau (François), de la Teste (Bordeaux), mort à l'hôpital de Fort-Royal le 9 mai 1779.
Bourges (Simon), de Saint-Brieuc.
Chaignon (François), de Dinan.
Roussel (Pierre), de Dinan.
La Forge (Joseph), de Dinan, mort à l'hôpital de Fort-Royal le 26 mars 1780.
Avenel (Michel-Antoine), de Dieppe, mort le 14 décembre 1779.
Feuillolay (Jean-Baptiste), de Fécamp, mort à bord le 7 mars 1779.
Le Cointre (Marin-Joseph), de Fécamp, mort à bord le 27 mars 1779.
Valain (Charles), de Fécamp, mort à bord le 2 novembre 1779.
Perché (Pierre-François), de Honfleur.
Le Cordier (Joachim), de Caen, mort à bord le 9 mars 1779.
Cherruyer (Louis), de Saint-Brieuc, mort à bord le 21 février 1779.
Pignorel (Jacques), de Saint-Brieuc, mort à bord le 27 février 1779.
Le Prévost (Jean), de Saint-Brieuc, mort à bord le 1er octobre 1779.
Jullot (Jean-Pierre), de Saint-Brieuc.
Colas (Alain), de Dinan.
Le Page (Michel), de Saint-Brieuc, mort à bord le 11 mars 1779, d'une fièvre putride.
Delot (Louis), de Saint-Malo.
Malenfant (Nicolas), de Saint-Brieuc.
Rebours (François), de Saint-Brieuc, mort à l'hôpital de Fort-Royal le 17 juin 1779.
Le Bras (Yves), de Saint-Brieuc, mort à bord le 28 février 1779, d'une fièvre putride.
Goueziou (Josias), de Saint-Brieuc.
Giquel (Yves), de Saint-Brieuc, brûlé aux deux bras, aux deux jambes et au visage dans le combat du 6 juillet 1779. Débarqué à la Grenade le 8 juillet suivant.
Rabel (Jean), de Saint-Brieuc, mort à l'hôpital de Fort-Royal le 1er juin 1780.
Le Provost (Michel), de Saint-Brieuc, mort à bord le 11 novembre 1780.
Duchêne (Yves), de Saint-Brieuc.
Senné (Etienne), de Vannes, mort à bord le 24 mars 1779.
Le Gonidec (François), de Saint-Brieuc.
Camino (Joannis), de Saint-Jean-de-Luz, mort à bord le 15 février 1780.
Rau (Arnaud), de Bordeaux, mort à l'hôpital de Fort-Royal le 20 juin 1779.
Destay (Jean), de Toulouse.
Borda (Pierre), de Saint-Jean-de-Luz, brûlé considérablement dans le combat du 6 juillet 1779 et débarqué à la Grenade le 8 juillet suivant.
Detcheparre (Martin), de Saint-Jean-de-Luz, mort à bord le 4 mars 1779, d'une fièvre putride.
Detchegoyen (Pierre), de Saint-Jean-de-Luz, mort à bord le 17 avril 1780.
Hiriat (Michel), de Saint-Jean-de-Luz.
De l'Isle (Nicolas-Claude), de Saint-Jean-de-Luz.
Detcheverry (Jaques), de Saint-Jean-de-Luz, mort à bord le 26 novembre 1779.
Gravier (Jean-Marie), de Vannes.
Guyomard (Philippe), de Brest, mort à bord le 12 février 1779, d'une fièvre putride.
Percheron (Jean), de Rochefort.
Nieudan (Michel), de Moissac, mort à l'hôpital de Fort-Royal le 16 mai 1779.
Andanson (François), boulanger, de Paris.
Le Moisan (Grégoire), de Quiberon (Lorient).
Le Corre (Christophe), de Vannes.
Colin (Dominique), de Saint-Brieuc.
Delrieux (Jérôme), de Moissac.
Chamberland (Antoine), de Rouen, mort à bord le 22 juin 1780.
Calvaro (Jean-Marie), matelot charpentier, de Nantes, mort à bord le 12 mars 1779.
Lehaudey (Adrien), de Granville, mort à bord le 23 décembre 1779.
Brisson (Mathurin), matelot charpentier, de Nantes.
Bergeron (André), aide-voilier, de Rochefort.
Guichard (Jean), de Marennes.
Castel (Pierre), de Marennes, mort à bord le 28 novembre 1779.
Garon ou **Gazon** (Gabriel), de Royan, mort à bord le 21 novembre 1779.
Morel (Luc), de la Rochelle.

Morcereau (François-Barthélémy), de l'Ile-de-Ré.

Semelin (Gilles), de Noirmoutiers, mort à bord le 15 mars 1779, d'une fièvre putride.

Augan (Pierre), de Noirmoutiers.

Rableau (Pierre), de l'Ile d'Yeu (Isle-Dieu).

Mallet (Jean), de Bordeaux, mort à bord le 18 avril 1779, d'une fièvre putride.

Ferrin (Jean), de Bordeaux.

Andreau (Barthélémy), de Libourne.

Monnereau (Jean), de Libourne.

Gourague (Guillaume), de Marmande, mort à bord le 26 février 1779, d'une fièvre putride.

Reaul (Jean), de Moissac, brûlé considérablement dans le combat du 6 juillet 1779 et débarqué à la Grenade le 8 juillet 1779.

Pergaut (François), de Moissac, brûlé considérablement dans le combat du 6 juillet 1779, et débarqué à la Grenade le 8 juillet 1779.

Carrere (Gabriel), de Marmande, mort à bord le 6 mars 1779, d'une fièvre putride.

Croc (Michel-François), de Granville, mort à bord le 17 février 1779.

Le Prévost (François), de Cherbourg, mort à bord le 10 mars 1779, d'une fièvre putride.

Mounier (Pierre), de l'Ile-de-Ré, mort à bord le 8 mars 1779, d'une fièvre putride.

Gazeau (Juques), des Sables (d'Olonne).

Renom (Louis), de Bordeaux, mort à bord le 11 mars 1779, d'une fièvre putride.

Le Page (Jean-Pierre), de Recouvrance (Brest), mort à bord le 10 avril 1779, d'une fièvre continue.

Castaing (Denis), de Moissac, brûlé considérablement dans le combat du 6 juillet 1779 et débarqué à la Grenade le 8 juillet 1779.

Biard (Joseph), de Dinan, mort à bord le 7 février 1779, d'une fièvre maligne.

David (Julien), de Dinan, mort à bord le 17 mars 1779, d'une fièvre putride.

Mazerico (Guillaume), de Fécamp, mort à bord le 24 octobre 1779.

Rebours (François-Antoine), fils d'Antoine, de Saint-Brieuc, mort à bord le 19 février 1779.

Loyer (Jean), de Saint-Brieuc, mort à bord le 31 octobre 1779.

Le Roux (Marc), de Saint-Brieuc.

Dorange (François), de Saint-Brieuc.

Julienne (Adrien), de Granville, mort à bord le 5 mars 1779, d'une fièvre putride.

Simoneau (Laurent-François), de Saint-Brieuc.

Le Pellé (Jean-François), de Granville, blessé légèrement dans le combat du 6 juillet 1779, mort à bord le 14 décembre 1779.

Menou (Yves), du Conquet, mort à l'hôpital de Fort-Royal le 31 mai 1779.

Soulâtre (Richard), de Granville, mort à bord le 14 décembre 1779.

Deschamps (Nicolas-Joseph), de Honfleur.

Broché (Jean-Georges), de Rfort (Rochefort).

Faillant (André), de Marennes.

Rabreau (Jean), de Marennes, mort à bord le 3 janvier 1780.

Girard (Daniel), de l'Ile-de-Ré, brûlé considérablement dans le combat du 6 juillet 1779 et débarqué à la Grenade le 8 juillet 1779.

La Videllerie (Pierre), de Libourne, brûlé légèrement dans le combat du 6 juillet 1779, et débarqué à la Grenade le 8 juillet suivant.

Belartois (Michel), de Libourne, mort à bord le 4 mars 1779, d'une fièvre putride.

Goudineau (Raymond), de Libourne, brûlé légèrement dans le combat du 6 juillet 1779, mort à bord le 17 septembre suivant.

Trémolière (Pierre), de Marmande, brûlé dans le combat du 6 juillet 1779; à l'hôpital de la Grenade le 8 juillet suivant; rentré à bord le 13 avril 1780 et mort à bord le 11 mai suivant.

Galliné (Jean), de Marmande.

Laurent (Louis), boucher, de Marmande.

Aubaret (Pierre), de Moissac, brûlé considérablement dans le combat du 6 juillet 1779 et débarqué à la Grenade le 8 juillet suivant.

Plantevigne (Pierre), de Moissac, brûlé légèrement dans le combat du 6 juillet 1779 et débarqué à la Grenade le 8 juillet suivant.

La Vallée (André), de Dunkerque.

Biorin (Yves), de Recouvrance (Brest).

Gourrier (Gabriel), d'Oléron.

Reignier (Pierre), d'Oléron, mort à bord le 13 mars 1779.

Rousseau (Jaques), d'Oléron, mort à bord le 13 mars 1779.

Richard (Antoine), de Libourne.

Jadouin (Mathieu), de Libourne.

Génieux (Louis), de l'Ile-de-Ré.

Le Tard ou **Le Lard** (Pierre), des Sables (d'Olonne).

Pottier (Nicolas), de Brest.

Eveillard (Joseph), de Saint-Brieuc.

Merland (Jean), de Marmande, mort à bord le 9 avril 1779, d'une fièvre continue.

Provost (Pierre), de la Teste.

Nourry (Pierre), de Dinan, mort à bord le 2 avril 1779.

Le Cam (Jean-Marie), de Brest, mort à bord le 20 décembre 1779.

Le Tourny (Nicolas-Charles), de Granville, mort à l'hôpital de Fort-Royal le 5 juin 1779.

Le Cerf (Guillaume), de Dinan.

Ollivier (François), de Vannes.

Landrin (Yves), de Saint-Malo.

Despergues (Michel), de Saint-Malo, mort à bord le 6 mars 1779, d'une fièvre putride.

Richeux (Pierre), de Dinan.

Villeneuve (Mathurin), de Dinan, mort à bord le 22 mars 1779.

Josset (François), de Saint-Brieuc.

Rebours (François), fils de Philippe, de Saint-Brieuc, blessé dans le combat du 6 février 1779, mort à l'hôpital de Fort-Royal en 1780.

Even (Laurent), de Saint-Brieuc, très grièvement brûlé au combat du 17 avril 1780; entré le 20 dudit à l'hôpital de la Guadeloupe où il est resté.

Tudo (Pierre), de Saint-Brieuc, mort à bord le 27 février 1779, d'une fièvre putride.

Le Lea (Germain), de Morlaix, mort à bord le 18 mars 1779, d'une fièvre putride.

Daniel (Louis), de Morlaix, mort à bord le 14 février 1779, d'une fièvre putride.

Lidoux (Louis), de Morlaix, mort à bord le 17 mars 1779, d'une fièvre putride.

Brindejonc (Pierre), de Dinan, mort à l'hôpital de Fort-Royal le 24 mai 1780.

Duportail (Jean-Charles), de Saint-Brieuc.

Mallet (Jean), de Granville, mort à bord le 18 avril 1779.

Toupet (Louis), de Granville, mort à bord le 9 mars 1779, d'une fièvre putride.

Jamet (François), de Saint-Malo.

Fichaut (Jean), de Morlaix.

Huguin (Goulven), de Plounéour (Morlaix), mort à bord le 12 avril 1779, d'une fièvre continue et scorbut.

Grillon (François), de Granville.

Le Bel (Charles-François), de Granville, mort à bord le 18 octobre 1779.

Chabadiron (Jean), de Saint-Jean-de-Luz, mort à bord le 7 mars 1779, d'une fièvre putride.

Belescabiette (Joannis), de Saint-Jean-de-Luz.

Le Fèvre (Jean-Guillaume), de Rouen.

Feuillolay (Robert-Augustin), de Fécamp.

Boisson (Jean-Baptiste-Philippe), du Havre, a eu trois doigts de la main gauche écrasés au combat du 6 juillet, mort à l'hôpital de Fort-Royal le 5 mars 1780.

Mahé (Guillaume), de Saint-Malo, mort à l'hôpital de Fort-Royal le 9 mai 1779.

Lefranc (Laurent), de Granville.

Merbiel (Louis), de Nantes.

Villa (Arnault), de Toulouse, mort à l'hôpital de Fort-Royal le 22 avril 1779.

Keirel (Jean), de Bordeaux.

Boaie (Joseph), de Bordeaux.

Morisset (Pierre), de Rochefort, mort à bord le 5 mai 1780.

Enard (Etienne), de Rochefort.

Rabaud (Jean), de Marennes.

Néron (Antoine), d'Oléron.

Foucher (Pierre), de la Rochelle, mort à bord le 10 février 1779, d'une fièvre putride.

Berger (Pierre), de Bordeaux, blessé considérablement dans le combat du 6 juillet 1779 et débarqué à la Grenade le 8 juillet suivant.

Balans (Jean), de Bordeaux.

Lafite (Jean), de Bordeaux, mort à bord le 31 mars 1779.

Seigneurian (André), de Libourne.

Guillemin (Jean), de Libourne.

La Chat (Jean), de La Teste, mort à bord le 2 février 1779, d'une phtisie pulmonaire.

La Barthe (François), de Marmande.

Sergeat (Jean), de Marmande.

Mourland (Paul), de Toulouse.

Bonnet (Arnaud), de Toulouse.

Siron (Jean), de Toulouse.

Journès (Jean), de Moissac.

Chambare (Guillaume), de Moissac.

Pujos (Jacques), de Moissac.

Ballet (Jean), de Moissac.

Loubet (Pierre), de Moissac.

Sabasquet (Betry), de Saint-Jean-de-Luz, blessé légèrement dans le combat du 6 juillet 1779; débarqué à la Grenade le 8 juillet suivant.

Moisan (Thomas), de Saint-Malo.

Thual (Jean), d'Ouessant.

Le Gall (Daniel), d'Ouessant, mort à bord le 1er mars 1779.

Cornier (Jean), des Sables (d'Olonne).

Potdevin (Jean), de Bordeaux, blessé considérablement dans le combat du 6 juillet 1779; débarqué le 8 juillet suivant à la Grenade où il est mort le 11 juillet 1779.

Tullière (Antoine), de Moissac.

Rigailland (François), de l'Ile-de-Ré, mort à l'hôpital de Fort-Royal le 20 février 1780.

Coudom (Jacques), de la Teste.

D'Espagne (Giron), de la Teste, mort à bord le 31 mars 1779.

Boulbes (Jean), de Moissac.

Hervé (Mathurin), de Dinan.

David (François), de Dinan.

Le Roux (Nicolas-François-Joseph), de Dieppe.

Le Bars (Gabriel), de Brest.

Le Fèvre (Jean), de Dinan.

Bodin (François), de Dinan, mort le 6 janvier 1779.

Husson (Louis), de Saint-Malo, mort à bord le 6 janvier 1780.

Cadiou (Philippe), de Saint-Brieuc, mort à bord le 6 mars 1779, d'une fièvre putride.

Deguieus (Louis), de Dinan, mort à bord le 17 mars 1779, d'une fièvre putride.

Pépin (François), de Dinan, blessé au visage dans le combat du 17 avril 1780.

Guignard (Jean), de Dinan, mort à bord le 13 février 1779.

Hélidu (Jean), de Saint-Brieuc.

Lucas (Joachim), de Saint-Brieuc, brûlé considérablement dans le combat du 17 avril 1780; entré à l'hôpital de la Guadeloupe le 20 dudit; sorti le 27 mai suivant pour rentrer en France. Arrivé à Brest le 3 janvier 1781; entré à l'hôpital le 4 dudit où il est mort le 14 janvier 1781.

Herry (Pierre), de Saint-Brieuc.

Herry (Noël), de Saint-Brieuc, mort à bord le 5 avril 1779, d'une fièvre putride.

Carret (Mathurin), de Saint-Brieuc, mort à bord le 30 novembre 1779.

Querré (François), de Saint-Brieuc.

Rebours (Jérôme), de Saint-Brieuc.

Taupin (René), de Granville, mort à bord le 4 mars 1779, d'une fièvre putride.

Saint-Jorre (Louis-Charles), de Granville, mort à l'hôpital de Fort-Royal le 23 juin 1779.

Le Meutre (Lucas), de l'Orient (Lorient).

Guillaume (Joseph), de Dinan, mort à bord le 4 septembre 1779.

Girouard (Alain), de Dinan.

Martin (Hervé), de Morlaix.

Favry (Thomas), de Granville.

Falaise (Jaques-Julien), de Granville, mort à l'hôpital de Fort-Royal le 7 mai 1779.

Hélène ou **Heleine** (Jean-Baptiste), de Granville, mort à bord le 20 mars 1779.

Bon (Michel), d'Ouessant.

Hamon (François), de Morlaix.

Detcheparre (Dominique), de Saint-Jean-de-Luz, mort à bord le 11 décembre 1779.

Haussiarts (Christoal), de Saint-Jean-de-Luz, mort à bord le 2 mars 1779, d'une fièvre putride.

Mitchelenna (Martin), de Saint-Jean-de-Luz, mort à bord le 14 mars 1779, d'une fièvre putride.

Charpentier (Jean), de Granville, mort à bord le 27 mars 1779, d'une fièvre putride.

Furic (Jean), de Quimper.

Hosmann (Léonard), de la Hougue.

Delache (Pierre), de Marmande, mort à bord le 14 mars 1779, d'une fièvre putride.

Pincédès (André), de Dunkerque.

Fontanier (Pierre), de Moissac.

Calvaro (Jean-Marie), de Nantes, mort à bord le 12 mars 1779.

Thomas (François), de Recouvrance, mort à bord le 9 janvier 1779.

Blondet (François), de Saint-Valéry, blessé dans le combat du 17 avril 1780.

Gérard (Pierre), de Noirmoutiers, mort à bord le 10 janvier 1779, d'une fièvre putride.

Olivier (Julien), de Nantes, mort à bord le 5 octobre 1780.

Houssemain (Hyacinthe-François), de la Hougue, mort à l'hôpital de Fort-Royal le 1er mars 1780.

Gérard (Joseph), de Lorient.

Rouire (Jean), de Marmande.

Bonneau (Pierre), de Marennes.

De Bience (Pierre), de la Rochelle.

Archambaut (Pierre), de Rochefort.

Jannot (Augustin), de Rochefort, mort à bord le 15 janvier 1780.

Museau (Louis-Antoine), des Sables (d'Olonne).

Damas (Jean), de Blaye, mort à bord le 8 mars 1779, d'une fièvre putride.

Brusson (Jean), de Toulouse.

Delbret (Jaques), de Moissac, blessé légèrement dans le combat du 6 juillet 1779.

Creu (Augustin), de Brest, tué au combat du 6 juillet 1779.

Le Tinévès (Yves), de Saint-Brieuc.

Le Gall (Antoine), de Brest.

Goulven (Maurice), de Recouvrance (Brest).

Bouirin (Jean), de la Teste (Bordeaux).

Bouilly (André), de Dinan.

Clouet (Jean), de Dinan, blessé légèrement dans le combat du 6 juillet 1779, mort à l'hôpital de Fort-Royal le 29 avril 1780.

La Tournelle (François), de Boulogne, mort à bord le 15 novembre 1779.

Pouher (Jean), de Saint-Brieuc.

Le Bras (Guillaume), de Saint-Brieuc, mort à l'hôpital de Fort-Royal le 10 juin 1779.

Kneis (Charles), de Brest.

Pateau (Pierre), de Rochefort, mort à bord le 25 décembre 1779.

Furet (Michel), de Saint-Malo, mort à bord le 6 mars 1779, d'une fièvre putride.

Le Gall (Jean-François-Nicolas), de Brest.

Darlan (Jean), de Bordeaux.

Quétel (Louis), de Rouen.

Le Mithois (François-Louis), de Granville.

Le Gent (Pierre), de Granville.

Feuillolay (Pierre-Philippe), de Fécamp.

Riquer (Jacques-Nicolas), de Fécamp.

Nicolas (Joseph), du Croisic, mort à l'hôpital de Fort-Royal le 21 février 1780.

Marosse (Joseph), de Marmande.

Guilloton (Pierre), de la Rochelle, mort à bord le 5 février 1779, d'une fièvre maligne.

Louvet (Laurent), de Saint-Valéry.

Touron (Jean-Claude), de Saint-Valéry.

Blanchard (Louis), de Lorient.

Ponsard (François-Guillaume), de Rouen, mort à l'hôpital de Fort-Royal le 23 mai 1779.

Bonnafoux (Jean), de Montauban, mort à l'hôpital le 19 février 1779, d'une fièvre putride.

Hamon (Joseph), de Morlaix.

Durel (Antoine), de Cherbourg, blessé considérablement dans le combat du 6 juillet 1779.

Querguitu (Etienne), de Rochefort.

Garnier (Guillaume), de Rochefort.

Landro (Louis), de Rochefort.

Poidevin (Pierre), de Marmande.

Fol (Jean-Pierre), de Montauban, mort à bord le 15 février 1780.

Berthomieux (Thomas), de Toulouse.

Moreau (André), de Rochefort.

Ménager (Charles), boulanger, d'Orléans.

Audireau (Pierre), de Marmande, brûlé considérablement dans le combat du 6 juillet 1779 et débarqué à la Grenade le 8 juillet suivant.

Desmarres (Claude), de Rouen.

Desrivières (François), de Rochefort.

Desjardins (Jean-Jaques-Ollivier), de Calais.

Galoudec (Jean), de Tréguier.

Hamon (Pierre), de Saint-Brieuc, blessé à la tête dans le combat du 6 juillet 1779.

Lefèvre (Claude), de Saint-Brieuc.

Baucher (Ollivier), de Saint-Brieuc, mort à l'hôpital de Fort-Royal le 9 mai 1779.

Boissard (Guillaume-François), de Morlaix.

Magne (Louis-Antoine), de Rouen.

Delanau (Pierre), de Rouen.

Martin (Félix), de Rouen.

Touller (Libera), de Quimper, mort à bord le 6 mars 1779, d'une fièvre putride.

Ollivier (Nicolas), de Quimper.

Mascaret (Pierre-Louis), de Dieppe.

Algrand (Pierre), du Croisic, mort à bord le 6 mars 1779, d'une fièvre putride.

Delcassé dit **Ferret** (Jean), de Moissac.

Marec (Jean-François), de Lorient.

Lemoine (François-Marie), de Brest, mort à bord le 26 septembre 1779.

Liost (Louis-Joseph), du Havre.

Pignol (Roch-Mathieu), du Havre.

Severry (François), de Granville, mort à bord le 29 novembre 1779.

Giraudeau (Louis), de Rochefort.

Valadon (Pierre), de Rochefort.

Renaud (Jean-François), de Rochefort.

Robejean (André), de Rochefort.

Pouriat (François), de Blaye, mort à l'hôpital de Fort-Royal le 7 juin 1779.

Rillaubet (Jean), de Marmande, mort à bord le 13 février 1779, d'une fièvre putride.

Hervé (Pierre), de Saint-Brieuc.

Brenelec (Louis-Marie), de Recouvrance (Brest).

Bougros (François-Jérôme), de Brest.

Renaud (Jean-François), de Brest.

Lesteven (Michel), de Brest, mort à bord le 13 octobre 1780.

Bozec (Gabriel), de Brest.

Bouvier (Pierre-Barthélémy), du Havre.

Dubois (Gilles), de Granville, blessé considérablement dans le combat du 6 juillet 1779.

Potel ou **Potet** (Nicolas), de Granville.

Le Plat (Charles), de Granville, mort à bord le 7 octobre 1779.

Geffroy (Georges), de Granville.

Dourdet (Bon-André), de la Hougue, mort à bord le 12 octobre 1779.

Robine (Louis-Nicolas), de la Hougue, blessé considérablement dans le combat du 6 juillet 1779; débarqué à la Grenade le 8 juillet suivant.

Le Sas (Nicolas), de la Hougue.

Doley (Jaques), de Granville.

Baudré (Jaques), de Granville.

Le Monnier (Jean), de Granville, blessé légèrement dans le combat du 6 juillet 1779.

Le Saunier (Mathurin), de Vannes, mort à bord le 7 mars 1779, d'une fièvre putride.

Masselin (Jean-Louis), de Rouen.

Vedier (Etienne-Charles), de Fécamp, mort au Fort-Saint-Louis le 20 février 1779, d'une fièvre putride.

Penven (Guillaume), de Quimper.

Guillaouec (Christophe), de Quimper, mort à bord le 16 mars 1779.

Dematte (Jean), de Quimper, mort à bord le 23 janvier 1780.

Le Beulz (Yves), de Quimper.

Adam (Jaques), de Granville.

Salomon (Yves), de Quimper, mort à bord le 10 février 1779, d'une fièvre putride.

Barbé (Julien-Philippe), de Granville.

Bataille (René), de Granville.

Le Loup (Jean), de Granville.

Liron (Jean), de Granville.

Fauvel (Louis), de Granville.

Lefèvre (Pierre-François), de la Hougue.

Corbel (Jean), de Granville.

Vassel (Louis), de Caen.

Duport (François), de Moissac, mort à bord le 1er janvier 1780.

Le Blond (Nicolas), de la Hougue.

Laurent (Jérôme), de Paris.

Deferiel (Antoine), de Marmande, mort à bord le 12 novembre 1780.

Isaute (Arnaud), de Moissac, tué dans le combat du 6 juillet 1779.

Lescure (Etienne), de Moissac.

Pérès (Antoine), de Moissac, mort à bord le 8 mars 1779, d'une fièvre putride.

Démas (Jacques), de Montauban.

Delrieux (Jean), de Moissac.

Ollivier (Pierre), de Moissac, blessé dans le combat du 17 avril 1780.

Canonniers servants.

Julia (Nicolas), de Marmande.

Poumette (Pierre), de Moissac, mort à bord le 9 décembre 1779.

Doucet (Nicolas), de Marmande.

Novices.

Hameau (Mathurin), de Fougères, près Rennes.

Massias (Raymond), de Toulouse.

Massias (Antoine), de Toulouse.

Lajonie (Jean), de Moissac, blessé considérablement dans le combat du 6 juillet 1779 et débarqué à la Grenade le 8 juillet suivant.

Basle (Guillaume), de Dinan.

La Corne (Joseph), de Quimper.

Dutertre (Guillaume), de Brest, mort à l'hôpital de Fort-Royal le 2 mars 1780.

Foquereau (Charles), de la Rochelle.

Lose (Jean-Marie), de Brest.

Collet (Louis), de Dinan, mort à bord le 22 avril 1779.

Salle (Jean-Baptiste-Julien), de Caen, mort à l'hôpital de Fort-Royal le 13 mai 1779.

Guillemette (Noël), de Granville.

Bazin (Pierre-André), de Rouen.

Barbaro (Jean-Antoine), de Rouen.

Le Gal (Jean-Louis), de Quimper, mort à bord le 20 janvier 1780.

Rainfroy (Louis-François), de Granville.

Brémaré (Nicolas-Benoît), de Calais.

Le Comte (Laurent), de Granville.

Soulat (Jean), de Dinan.

Bitton (Louis), de Marennes.

Malord (Jean), de Rochefort, mort à l'hôpital de Fort-Royal le 18 avril 1780.

Luzet (François), de la Rochelle.

Chaineau (Alexis), d'Oléron.

Le Boucher (Hervé), de Lesneven.

Penin (François), de Calais.

Longui (Yves), de Quimper, mort à Chéséapeach le 9 janvier 1780.

Ragot (Julien), de Nantes, mort à bord le 20 septembre 1779.

Gazetot (Julien), de Port-Louis, mort à bord le 8 novembre 1779.

De Riano (Marc), de Lorient.

Quelec (Jean-Baptiste), de Lorient, mort à bord le 14 avril 1779, d'une fièvre continue.

Glauanec (Guillaume), de Lorient, mort à bord le 12 décembre 1779.

Julot (Jean), de Lorient, mort à bord le 17 juin 1780.

Algrand (Louis-François), de l'Ile de France, domicilié à Lorient, mort à bord le 5 septembre 1779.

Le Gal (Jean), de Lorient.

Even (Louis), de Lorient.

Camenène (Jean), de Vannes.

La Boudie (Vincent), de Lorient, mort à bord le 15 décembre 1779.

Lucas (Pierre), de Belle-Isle.

Chevalier (Joseph), de Vannes.

Renaud (Michel), de Nantes, mort à Chesapeake.

Séguinaud (Jean), de Nantes.

Remplacement de matelots et novices.

Tébaud (Jean), du Croisic, blessé dans le combat du 17 avril 1780.

Montfort (Nazaire), du Croisic, mort à l'hôpital de Fort-Royal le 20 février 1780.

Gérard (Christophe), de Nantes.

Rondineau (Nicolas), de Nantes, mort à Chesapeake le 21 janv. 1780.

David (René), de Nantes.

Saupin (Julien), de Nantes, mort à bord le 2 septembre 1779.

Brunetière (Mathurin), de Nantes, mort à Chesapeake.

Papin (Noël), de Nantes, mort à bord le 6 février 1780.

Kmasson (Ollivier), de Vannes.

Martin (Nicolas), des Sables (d'Olonne).

Boucheau (Mathurin), de Nantes.

Boucher (Charles), de Vannes.

Lorean (Pierre), de Nantes, mort à Chesapeake le 22 novembre 1779.

Poitard (Julien-Jacques), de Bourgneuf (Nantes).

Audriette (Jean), de Nantes.

Pérucha (Jean), de Bourgneuf (Nantes).

Forêt (Julien), de Bourgneuf (Nantes).

Lucas (Jean), de Bourgneuf (Nantes), mort à Chesapeake le 11 janvier 1780.

Albert (Pierre), de Bourgneuf, mort à l'hôpital de Fort-Royal le 20 février 1780.

Boulard (Honoré), de Bourgneuf.

Guillette (Julien), de Bourgneuf, mort à Chesapeake le 3 janvier 1780.

Ribaud (François), de Saint-Brieuc, blessé considérablement dans le combat du 6 juillet 1779; débarqué à la Grenade le 8 juillet suivant.

Ménager (Augustin), de Bourgneuf (Nantes).

Feuillâtre (François), de Paimbœuf.

Talonneau (Jean), de Paimbœuf, mort à bord le 11 novembre 1779.

Lucaud (Jean), de Paimbœuf, blessé légèrement dans le combat du 6 juillet 1779.

Le Rey (Etienne), de Sainte-Marie de Bourgneuf.

Baholay (Guillaume), de Mesquer du Croisic.

Hommond (François), du Croisic.

Guilloux (Louis), de Sainte-Marie de Bourgneuf.

Tabary (François), d'Escoublan du Croisic, mort à Chesapeake le 8 décembre 1779.

André (Charles), de Guérande.

Foé (Julien), d'Escoublan du Croisic, brûlé considérablement dans le combat du 6 juillet 1779; débarqué à la Grenade le 8 juillet suivant.

Foé (Olivier), d'Escoublan du Croisic, mort à Chesapeake le 28 décembre 1779.

Métayer (Louis), de Renac du Croisic, mort à Chesapeake le 12 décembre 1779.

Moreau (Jean), de Tours, brûlé considérablement dans le combat du 6 juillet 1779; débarqué à la Grenade le 8 juillet suivant.

Le Gall (François), du Croisic, mort à bord le 8 février 1780.

Chelet (Guillaume), de Guérande du Croisic.

Roussel (Julien), de Guérande du Croisic, mort à l'hôpital de Chesapeake le 11 décembre 1779.

Berteau (Jean), du Croisic, mort à Chesapeake le 11 décembre 1779.

Hamelot (François), du Croisic, mort à l'hôpital de Fort-Royal en avril 1780.

Chardevel (François), de Rennes.

Brantôme (Jacques), de la Rochelle.

De Néchaud (Antoine), de la Rochelle, mort à Chesapeake le 21 décembre 1779. h

Janzon (Louis), de Brest, mort à l'hôpital de Fort-Royal le 15 avril 1780.

Cotard (Charles), de Granville, mort à bord le 5 novembre 1779.

Saint-Médard (Arnaud), de Bordeaux, mort à Chesapeake le 10 janvier 1780.

Vaillant (Jacques), de Rochefort.

Tribot (Jacques), de Sivrai (Civray) en Poitou.

Tastas (Pierre), de Bordeaux.

Guyomard (Bertrand), de Saint-Brieuc, mort à bord le 11 août 1779.

Serviget (Jacques), de Saint-Brieuc, mort à l'hôpital de Fort-Royal le 24 février 1780.

Bernard (Jacques), de Bordeaux.

Fabié (Toussaint), de Blaye, blessé légèrement dans le combat du 6 juillet 1779, mort à l'hôpital de Fort-Royal le 17 avril 1780.

Beaufort (Jacques), de Bordeaux.

Lamotte (Annet), du Quercy.

Comte (Jean), de Xaintes (probablement Saintes), mort à l'hôpital de Chesapeake le 1er décembre 1779.

Grosset (Jean), de Libourne.

Saintagne (Jean), de Bordeaux, mort à Chéséapeach le 15 janvier 1780.

Haaud (Antoine), de Saint-Jean-de-Luz.

Poncon (Bertrand), de Bordeaux, mort à Chesapeake le 21 décembre 1779.

Verger (Louis), de Libourne, mort à bord le 13 février 1780.

Cabillet (Jean), de Bordeaux.

Bonnefont (Bertrand), de Libourne, mort à l'hôpital de Fort-Royal le 29 février 1780.

Saveu (Pierre), de Bordeaux, mort à Chesapeake le 21 janvier 1780.

La Tournerie (Pierre), de Bordeaux.

David (Jean), de Bordeaux, mort à bord le 14 octobre 1779.

Bimeney (Jean), de Bordeaux, mort à bord le 12 octobre 1779.

Varbourg (Louis), de Bordeaux, mort à Chesapeake le 14 décembre 1779.

Desmard (Pierre), de Beaumont en Agonois.

Despras (Antoine), de Cahors, blessé considérablement dans le combat du 6 juillet 1779 et débarqué à la Grenade le 8 juillet suivant.

Clair (Jean), de Cahors, mort à Chesapeake le 7 janvier 1780.

Floux (Pierre), de Bordeaux, mort à Chesapeake le 2 janvier 1780.

Gaston (Pierre), de Puybrun en Quercy, mort à Chesapeake le 13 janvier 1780.

Sourbès (Joseph), de Condom.

Lemaire (Jacques), d'Auch.

Lafaye (Jean), de Quercy.

Pommier (Jean), de Toulouse.

Delpech (Antoine), de Sarlat, mort à bord le 24 septembre 1779.

Lafond (François), de Terrasson en Périgord, blessé légèrement dans le combat du 6 juillet 1779, mort à bord le 30 janvier 1780.

Lamarsalle (Jean), de Villeneuve-d'Agen.

D'Alement (René), du Croisic.

Thomer (Simon), du Croisic, mort à Chesapeake le 10 janvier 1780.

Prié (François), de Guérande.
Coué (Charles), du Croisic, mort à bord le 8 février 1780.
Garnier (Pierre), du Croisic, mort à Chesapeake le 19 janvier 1780.
Barreau (Louis), du Croisic, mort à l'hôpital de Fort-Royal le 18 février 1780.
Lefort (René), de Nantes.
Gérard (Louis), de Paimbœuf.
Padioleau (François), de Nantes.
Coupré (Julien), de Nantes.
Vilain (André), de Nantes, mort à Chesapeake le 7 janvier 1780.
Moreau (Michel), de Nantes, mort à l'hôpital de Fort-Royal en février 1780.
Billard (Jean), de Nantes.
Quiler (Thomas), d'Amboise.
Bossis (Jean), de Marennes, mort le 18 février 1780.
Trochu (Georges-François), de Saint-Malo.
Nouveau (André), de Bordeaux.
Courier (Guillaume), de Paris.
Saint-Jean (Laurent), de Caen, blessé dans le combat du 17 avril 1780.
Quatre Sols (Joseph), de Dinan, mort à Chesapeake le 16 janvier 1780.
Amel (Jean-Romain), du Havre.
Briard (Joseph-Guillaume), du Havre, mort à Chesapeake le 13 janvier 1780.
Fragneau (Jacques), du Havre.
Goinard (Bon), de Paris.
Barre dit **Langesin** (Charles), de Craon en Anjou, mort à Chesapeake le 13 décembre 1779.
Girard (Léonard), de Libourne.
Bassivet (Jacques-Guillaume), de Saint-Malo, mort à bord le 13 janvier 1780.
Duiné (Jean), de Saint-Malo.
Léveillé (Joseph), de Saint-Malo, mort à bord le 3 janvier 1780.
Cousin (Pierre), de Saint-Malo.
Bouvet (François), de Saint-Malo.
Croizet (Joseph), de Dinan.
Gaurant (Pierre), de Saint-Malo.
Duchêne (Mathurin), de Saint-Malo, mort à l'hôpital de Fort-Royal le 23 juin 1779.
Lafaye (Pierre), de Libourne.
Seignan Desère (Marie-Louis), d'Auch.
Dumont (Augustin), du Havre.
Dumont (Nicolas), du Havre.
Bertrand (Guillaume), de Saint-Malo.
Gibert (Jean), de Moissac.
Grése dit **Prince** (Arnaud), de Moissac, mort à bord le 27 janvier 1780.
Carousset ou **La Rousset** (Antoine), de Moissac, mort à bord le 1er décembre 1779.
Tourette dit **Chevalier** (Jean), de Moissac.
Coudat dit **Branle** (Jean), de Moissac, mort à bord le 3 décembre 1779.
Baraille dit **Lauere** (Pierre), de Moissac, mort à bord le 30 octobre 1779.
La Case (Antoine), de Moissac, mort à bord le 29 octobre 1779.
Casal (Jean), de Moissac, mort à bord le 27 octobre 1779.
Fiosal dit **Lamolle** (Antoine), de Moissac.
Guillette (Mathurin), de Saint-Jean-de-Luz, mort à bord le 2 février 1780.
Verdun (Guillaume), de Toulouse, mort à bord le 8 novembre 1779.
Olifan (François), de Brest, mort à bord le 29 octobre 1779.
Menier (Etienne), de Blaye, mort à bord le 26 novembre 1779.
Bœuf dit **Montamieux** (Jean), de Toulouse, mort à bord le 25 octobre 1779.
Espagnac dit **Barrique** (Jean), de Marmande, mort à l'hôpital de Fort-Royal le 21 février 1780.
Bonfils (Jean), de Toulouse, mort à bord le 15 novembre 1779.
Jouglas (Louis), de Martigues, mort à bord le 30 octobre 1779.
Revet (Jacques), de Marseille.
Armand (Jean-Baptiste), de Marseille.
Roland (Antoine), de Bordeaux.
Vial (Antoine), de Bordeaux.
Alis (Gabriel), de Toulouse.
Mondé (Jean-Louis), de Grenoble.
Gabillo (Armand), de Bordeaux.
Clersy (Pierre), de Marseille, blessé légèrement dans le combat du 17 avril 1780.
Terrain (Antoine-Baptiste), de Pau.
Labbé (Antoine), de Marennes.
Robin (Louis-François), d'Angers.
Turquet (Louis), de la Rochelle.
Boussereau (Etienne), de Clermont (en Bourgogne).
Veillon (François), de la Rochelle.
Betrouet (Betry), de Bayonne.
Miera (Jean), de Bordeaux.
Marchequel (Jean), de Saintes.
Lavoye (François), de Saintes.
Beaumartin (Jean), d'Agen.
Demarrie (Pierre), de Bordeaux.
Travers (François), de Tulle.
Bert (Jean-Jacques), de Paris.
Bertrand (Pierre), de Toulouse.
Verdier (Jacques), de Saintes.
Leclerc (Etienne), d'Auxerre.
Nicolas (Jean), de Bordeaux.
Bergeron (Jean), de Bordeaux.
La Fargue (Pierre), de Bordeaux.
Monnereau (Pierre), de Bordeaux.
La Pierre (Jean), de Bordeaux.
Suberville (Pierre), de Bordeaux.
Blancand (Jean), de Bordeaux.
Merland (Jean), de Libourne.
Joannet (Pierre), d'Ossun en Béarn.
Ménard (Pierre), de Bordeaux.
Cavallé (Pierre), de Bordeaux, blessé considérablement dans le combat du 17 avril 1780; hôpital de la Guadeloupe le 20 dudit.
Maguero (François), de Vannes.
Forestier (Jean), de Granville.
Biard (François), de Dinan.
Vermont (Pierre-Louis), de Dinan.
Lhermite (Nicolas), de Belle-Isle.
Bodin (Louis), de Honfleur.
Jean (Hervé), de la Hougue.
Sibille (Jacques-Simon), de Dieppe.
Le Guen (Silvestre), de Vannes.
Le Delliot (Julien), de Concarneau.
Noël (François), de Saint-Malo.
Cadet (Maurice), de Lorient.
Jouanet (Joseph), de Saint-Brieuc.
Glatin (Louis), de Saint-Brieuc, mort à bord le 27 mai 1780.
Anique (François), de Baud (département de Vannes).
Bilhaud (Joseph), d'Erquy (département de Saint-Brieuc).
Provost (Jacques-Marin), de Fécamp.
Gicquel (Jean), de Saint-Brieuc.
Plantard (Jean), de Vannes.
Ioublet (François), de Vannes.
Lemeurre (Jean), de Lorient.
Legal (Jacques), de Merdrignac.
Robinard (Jacques), de Vannes, mort à bord le 24 juillet 1780.
Convenant (François), de Saint-Malo.
Morel (Jean), de Rennes.
Desbordes (Jean-Pierre), de Paris.
Gaufleny (François), de Saint-Brieuc, mort à bord le 29 août 1780.
Vaillant (Jean-Baptiste), de Rochefort.
Le Broc (Jacques), de Saint-Malo.
Bertin (Jacques-Aimé), des Sables (d'Olonne).
Heurtel (Jean-François), de Saint-Valéry.
Hamon (Pierre), de Dinan.
Nicolas (François-Marie), de Brest.
Talmont (François), de Lorient.
Macquet (Jacques), de Saint-Valéry.
Du Hué (Charles-Noël), de Saint-Valéry.
Praut (René), de Rochefort.
Cojean (Clément), de Vannes.
Lieutet (Jean-Marie), de Nantes.
Landry (Bertrand), de Dinan.
Lemerle (François), de Lorient.
Quillieu (Mathurin), de Lorient.
Bonnet (Jean), de Saintes.
Bertrand (Jean), de Libourne.
Lemoine (Jean), de Bordeaux.
Lacanne (Pierre), de Bordeaux.
Piron (Goulven), de Brest.
Baconnet (Jean), de Nantes.
Foin (Jean-Pierre), de Dinan.
Laurent (François-Simon), du Havre.
Guillo (Sylvestre), de Quimper.
Le Cam (Yves), de Saint-Brieuc.
Amiot (Pierre), de Dinan.
Doudit (Jean), de Bayonne.
Le Séchot (François), de Dinan.
Lemoine (François), de Fécamp.
Douceret (Julien), de Dinan.
Desroches (Joachim), de Dinan.
Noël (François-Pierre), du Havre.
Bertrand (Baptiste-Louis-François), du Havre.
Golain (Pierre-Robert), du Havre.
Houlemares (Pierre-Jacques), du Havre.
Foucault (François-André), du Havre.
Royer (Jean), de Saumur.
Thibault (Hyacinthe), d'Hyères.
Estrailler (Jean-Jacques), de Saint-Tropez.
Brunet (Joseph), de Martigues.
Béraud (Mathieu), d'Arles.
Flou (Joseph), de Narbonne.
Pichery (Jacques), de Narbonne.
Evrard (Antoine), de Narbonne.
Combes (Pierre), de Saint-Tropez.
Crouzetit (Pierre), de Béziers.
Boulet (Joseph), d'Agde.
Combes (Clair), de Kariguam, probablement Cariguan (Gironde).
Voisin (Jean-Baptiste), d'Agde.
Roudier (Pierre), de Marseille.
Béranger (Jacques), de Toulon.
Best de Gemenos (Pierre), de Marseille.
Caussis (Jean), de Marseillan (Hérault).
Lorgnet (Jean-Joseph), de la Garde-Freinet (Var).
Bastide (Antoine), de Cette.
Bertois (Guillaume), de Frangey (Bourgogne).
Platey (Pierre), de Chalons.
Pougette (Antoine), de Cette.
Coquet (Jean), de Mirabeau (Bourgogne).
Vaillant (François), de Mâcon.
Golialade ou **Goliatz** (André), de Lyon.
De Guison (Joseph), de Lyon.
Grandchamp (Antoine), de Lyon.

Mousses.

Clainet (Jean), de Rochefort, blessé considérablement dans le combat du 6 juillet 1779 et mort à bord le 8 dudit, de sa blessure.
Levreau (Jean), de Rochefort.
Sandeau (Pierre), de Rochefort.
Moreau (Jean), de Rochefort, mort à l'hôpital de Fort-Royal le 23 février 1780.
Foucher (François), de Rochefort.
Gruvelier (Henry), de Marennes.
Abrard (François), de Rochefort, blessé légèrement dans le combat du 6 juillet 1779.
Gouin (Jean), de Saintes, mort à bord le 22 janvier 1780.
Girouin (Félix), de Rochefort, mort à l'hôpital de Fort-Royal le 2 mai 1780.
Thomas (Georges), de Rochefort.
Roy (Jaques), de Rochefort.
Avril (Michel), de Marennes.
Delage (Philippe), de Marennes, brûlé considérablement dans le combat du 6 juillet 1779 et débarqué à la Grenade le 8 juillet suivant.
Moreau (Fabien), de Marennes.
Coateval (Hervé), de Brest, blessé dans le combat du 17 avril 1780.
Belon (Félix), de Rochefort.
Le Bon (Pierre), de Rochefort.
Genevois (André-Marie), de Rochefort.
Roulet (Nicolas), de Rochefort.
Dumont (Jaques), de Rochefort.
Gentilhomme (Nicolas), de Rochefort, mort à bord le 2 avril 1779.
Dennépout (Pierre), de Rochefort.
Querforn (François), de Lombézellec, mort à Saint-Yago le 30 mars 1779, d'une fièvre putride.
Corvec (François), de Brest.
Grall (Mathurin), de Lannion, mort à l'hôpital de Fort-Royal le 5 juin 1779.
Nicol (François), de Saint-Brieuc.
Richard (François), de Rochefort.
Picard (Goulven), de Saint-Renan.
Le Roux (Alain), de Landivisiau.
Le Gac (Jean), de Landivisiau, blessé considérablement dans le combat du 6 juillet 1779 et débarqué à la Grenade le 8 juillet suivant.
Lagadou (Hervé), de Roscanvel.
Vigoureux (Sébastien), de Lanvaux (Morbihan).
Guillou (Jean), de Carhaix.
Huguen (Jean-François-Marie), de Lorient, mort à bord le 12 novembre 1779.
Bergot (Jean-Louis), de Brest, mort à bord le 8 février 1779, d'une fièvre putride.
Le Viader (Hervé), de Landivisiau, blessé considérablement dans le combat du 17 avril 1780, débarqué à l'hôpital de la Guadeloupe le 20 avril suivant.
Sevestre (Yves), de Quimper.
Job (Pierre-Marie), de Brest.
Mazurier (Charles-Théodore), de Rouen.
Quintin (Laurent), de Lambézellec blessé dans le combat du 6 juillet 1779.
Vigoureux (Joseph), de Crozon (Finistère), mort à bord le 8 décembre 1779.
Prigent (Jean-Marie), de Landivisiau, mort à bord le 25 décembre 1779.
Philipot (Jean), de Brest.
Helouet (Pierre), de Morlaix.
Laurent (Jaques), du Faou (Finistère).
Le Gall (François), de Landerneau.
Rottignac (François), de Vannes.
Maingand (Hyacinthe), de Recouvrance (Brest).
Quelenec (Claude), de Brest, mort à bord le 14 mars 1779.
Le Jeunne (Guillaume), de Landivisiau, blessé légèrement dans le combat du 6 juillet 1779.
Vachero (Louis-Corentin), de Quimper, mort à bord le 25 décembre 1779.
Trèsgros (Jean), de Saint-Brieuc, mort à l'hôpital de Fort-Royal le 11 mai 1779.
Briand (Mathurin), de Saint-Brieuc.
Simon (François), de Plouvien (Finistère).
Simon (Louis), de Plouvien (Finistère).
Castel (François), de Recouvrance (Brest).
Pogam (Jean-Marie), de Quimper.
Cornilla (René-Maurice), de Nantes, mort à bord le 23 février 1780.
Le Gay (Pierre-Papin), d'Angoulême.
Lusseau (Michel), de la Rochelle.
Rabion (Jean-François), de Bordeaux, mort à bord le 7 février 1780.
Coiffard (Jean), de Marennes.
Dupin (Joseph), de Nantes, blessé au combat du 6 juillet 1779.
Paumier (Jacques), de Nantes.
Lemaire (Jean-Baptiste), d'Auch, noyé le 16 septembre 1779.
Dolique (François), du Havre.
Mallezard (Charles), du Havre.
Honoré (François), de Saint-Malo.
Mévit (François), de Saint-Malo, tué dans le combat du 6 juillet 1779.
Marc (Antoine), de Marseille.
Beau (Bernard), de Blaye.
Guénard (Georges), de Saint-Malo.
Daniel (Pierre), de Saint-Malo.
Billy (Louis), de Vannes.
Gauthier (Jean), de Vannes.
Bellec (Jean-Marie), de Quimper.
Couillard (Jean), de Rennes, tombé à la mer et noyé le 11 juin 1780.
Richard (Louis), de Lonener.
Lorec (Jean), de Lorient.
Duhamel (Pierre), de Saint-Malo.
Imbert (Pierre), d'Avignon.
Bin (Jean-Georges), de Marseille.

L'ALERTE

(CUTTER)

(Du 1er janvier 1779 au 1er février 1780)

M. DE CAPELLIS, Lieutenant de vaisseau, Commandant.

ÉTAT-MAJOR

LIEUTENANT DE VAISSEAU

Le Chevalier de **CAPELLIS**, Commandant.

OFFICIERS AUXILIAIRES

AVICE.
L'ABBE.
LE BONNIEC de CREGOU.

CHIRURGIEN

BOISDELIAU.

Officiers-mariniers de manœuvre.

Ferry (Jean), premier maître, de Boulogne.
Lefèvre (Jean), contremaître, de Rouen.
Lamy (Pierre), bosseman, de Granville.
Fournier (Claude), quartier-maître, de Boulogne.
De Lohens (Adrien), quartier-maître, de Boulogne.
Rouault (Alexis), quartier-maître, de Dinan.

Officiers-mariniers de pilotage.

Dubois (Antoine), patron de chaloupe, de Boulogne.
Herpin (Philippe), premier pilote, de Granville.
Esnol (François), aide-pilote, de Granville.

Officiers-mariniers de canonnage.

Pinquet (Constentin), second canonnier, d'Honfleur.
Mulard (Jean), aide-canonnier, de Calais.
Houelse (Jacques), aide-canonnier, de Calais.
Bordel (Guillaume), aide-canonnier, de Granville.
Henin (Antoine), aide-canonnier, de Boulogne.
Cauchois (Jean), aide-canonnier, de Dieppe.

Officier-marinier de charpentage.

Roberteau (Louis), second charpentier, de Paimbœuf.

Officier-marinier de calfatage.

Antouard (Pierre), aide-calfat, de Granville.

Officier-marinier de voilerie.

Lolier (Jean), aide-voilier, de Cherbourg.

Matelots.

Granjean (Pierre), de Vannes.
Vasseur (Jacques), de Dieppe.
Serry (François), de Saint-Valéry.
Butel (Pierre), de Calais.
Calvar (Yves), de Vannes.
Camat (Jean), de Granville.
Lavie (Antoine), de Boulogne.
Renouf (Bon), de Cherbourg.
Delpierre (Jacques), de Boulogne.
Delpierre (Gabriel), de Boulogne.
Lartésien (Jean), de Calais.
Gin (Louis), de Boulogne.
Guillemet (Simon), de Cherbourg.
Gallien (Pierre), de Cherbourg.
Hamelin (Jean), de Cherbourg.
Heudes (Etienne), de Dieppe.
Parmentier (Jean), de Dieppe.
Norine (Louis), de Dieppe.
Perrot (Christophe), de la Hougue.
Gougeaux (Pierre), de Dieppe.
Le Garçon (Charles), de la Hougue.
Colin (Michel), de la Hougue.
Biet (Pierre), de Boulogne.
Prime (Antoine), de Saint-Malo.
Lalfague (Joannis), de Saint-Jean-de-Luz.
Dumans (Martin), de Saint-Jean-de-Luz.
Detcheverry (Joannis), de Saint-Jean-de-Luz.
Molleres (Joannis), de Saint-Jean-de-Luz.
Jouan (Joseph), de Saint-Malo.
Tautin (Jacques), de Granville.
Durocher (Jean), de Granville.
Demieure (Michel), de Saint-Valéry.
Delpierre (Nicolas), de Boulogne.
Brandel (Yves), du Conquet.
Mauviel (Julien), de Saint-Malo.

Surnuméraires.

Le Vasseur (François), de Paris.
Leyzour (Budoc), du Conquet.
Philipart (Gilles), de Caen.
Caro (Hervé), de Brest.
Miniac (Michel), de Saint-Malo.
Saffin (Louis), de Cherbourg.

Mousses.

Omnes (Vincent), de Quimper.
Abgral (Alain), de Brest.
Guevel (François), de Lorient.

Domestiques.

Robin (Laurent), de Tréguier.
Le Bon (Antoine), de Boulogne.

DE GRASSE.

ESCADRE DU COMTE DE GRASSE

François-Joseph-Paul, COMTE DE GRASSE, MARQUIS DE TILLY

Lieutenant général des armées navales, né à Valette (Provence) en 1723, mort à Paris le 11 janvier 1788. Fait prisonnier sur la « *Ville-de-Paris* » par les Anglais à la suite du combat du 12 avril 1782, remis en liberté peu de temps avant la paix.

LA VILLE-DE-PARIS

(1781-1782)

M. DE LATOUCHE-TRÉVILLE, Chef d'escadre, Commandant, sous les ordres de M. le Comte DE GRASSE, Lieutenant général.

ÉTAT-MAJOR

LIEUTENANT GÉNÉRAL

Le Comte de **GRASSE**.

CHEF D'ESCADRE

De **LATOUCHE-TREVILLE**.

CAPITAINES DE VAISSEAU

De **CIBON**.
Le Chevalier de **CARDAILLAC**.
VAUGIRAUD.
De **SAINT-CEZAIR**.

LIEUTENANTS DE VAISSEAU

Le Vicomte de **GRENIER**.
PIEDERN de **LEZEREC**, blessé au combat du 12 avril 1782.
Le Chevalier de **BRACH**.
De **MONTGUYOT**.
LEVASSOR de **VILLEBLANCHE**.
De **SAINT-JEAN**.
De la **VILLEON**.
FOURNIER de **SALINES**, mort de ses blessures le 15 mai 1781.
STIBBORD, Danois.
HAUCH, Danois, mort de ses blessures le 15 janvier 1782.
De **SAINT-MARC**.
De **GRASSE**.
De la **BOURDONNAYE**.
De **ROSENTEIN**.

ENSEIGNES DE VAISSEAU

De **VAINVILLIERS**.
D'ORVILLIERS.
Du **BOUEXIS** de la **BOTTELLERAIS**.
Le Chevalier du **BOUEXIS**.
LEVASSOR de la **TOUCHE**.
De la **LEZARDIERE**.
De **VILLENEUVE** de **FLAYOS**, tué au combat du 12 avril 1782.
Le Chevalier d'**ACHE**.
NEGRIER.

LIEUTENANT DE FRÉGATE

De **BUOR**, blessé au combat du 17 avril 1782.

OFFICIERS AUXILIAIRES

PINAULT.
FAUCONET.
Le **MESLE**.
LAMBERT, blessé au combat du 17 avril 1782.

CHIRURGIENS-MAJORS

CHAPOTEL.
BEAUJEAN.
DUVERGER.
De **SENGEN**.
CAROSIN.

AUMONIERS

FIRMIN (R. P.), Capucin, d'Amiens.
BENIGNE (R. P.), Carme.

GARDES DE LA MARINE ET DU PAVILLON

De **PERRIGNY**.
De **ROSSET**.
De **BONNETIERE**.
Le Chevalier de **BEAUNAY**.
De **TRETOT**.
Le Chevalier de **CAUMONT**.
De **GRENIER**.
De **MEAL**.
De **TANOUARN**.
De **RILLAY** de **CAROUGE**.
PINEL du **CHESNAY**.
Le Chevalier de **PERIGNY**.
De **MONTAMY**.
De **BEAUCOUZE**, mort le 24 avril 1782 de suite de ses blessures au combat du 17 du dit.
Le **ROUGE**.
Le Chevalier de **BLAYE**.
Du **COZOU**.

VOLONTAIRES

Bourgeois.
Lamort-Duvignier.
Borderies (Pierre).
Guy (René-Marie), mort le 17 août 1781.
Allasœur.
Blanchet (Jacques-François), de Rouen.
De **Bécheau** (Louis).
Papillon (Etienne), de Saumur.
Fasquette, de Lorient.
De **Volavré de Villerat**.
Berthelot du Gage.
De **Saint-Jean** (Julien), de Rennes, mort le 26 février 1782.
Carozin (Mathurin), de Saint-Malo.
Le Breton de Luxé.
Galland, de Versailles.

Officiers-mariniers de manœuvre.

Gourvelin (Yves), premier maître, de Recouvrance.
Dagorne (Jean), premier maître, de Saint-Brieuc.
Bergeon (Daniel), premier maître, de Royan.
Pryo (Jean), premier maître, de Bayonne.
Le Roux (Germain), premier maître, de Dunkerque.
Taradouar (Jean-Baptiste), premier maître, de Brest, blessé au combat du 12 avril 1782.
Bécard (François), second maître, de Nantes.
Julienne (Marc), second maître, de Saint-Malo, mort le 20 novembre 1782.
Pigeon (Jean-Denis), second, maître, de Saint-Malo.
Royer (Pierre-Jean), second maître, de Granville.
Chatel (Julien-Ollivier), second maître, de Granville.
David (Jean), second maître, de Libourne, a eu le poignet gauche emporté au combat du 12 avril 1782.
Brusquet (André), contremaître, de Saint-Valéry.
Maillard (Pierre), contremaître, de Nantes.
Martin (Henry), contremaître, de Saint-Malo.
Lemaître (Jean-Baptiste), contremaître, du Havre.
Le Roy (Julien), bosseman, de Dinan, mort à bord le 26 octobre 1781.
Perrot (Jean-François), bosseman, de Quimper, mort à Kingston le 31 novembre 1782.
Salaün (Romain), bosseman, de Brest.
Leonec (Jean-Michel), bosseman, de Brest.

Fourquet (Bertrand), bosseman, de Bayonne.

Solo (Jean-Louis), bosseman, de Saint-Brieuc, blessé au combat du 12 avril 1782.

Joly (Noël), bosseman, de Saint-Malo, blessé au combat du 12 avril 1782.

Le Méven (Philippe), quartier-maître, de Saint-Brieuc.

Baron (Pierre), quartier-maître, de Saint-Malo, mort à Kingston le 8 juin 1782.

Malenfant (Jean), du Croisic, blessé au combat du 12 avril 1782.

Le Boucard (Jean-Pierre), de Saint-Jean-de-Luz.

Le Tourneur (Nicolas), quartier-maître, de Granville.

Croisade (Jean), quartier-maître, de Bordeaux.

Joly (Jean-Baptiste-François), de Saint-Valéry, mort à Kingston le 18 novembre 1782.

Altazin (François), de Boulogne.

Duclos (Pierre-François), quartier-maître, de Granville.

Lalande (Jacques-Jean), quartier-maître, de Granville.

Lamort (Pierre-Louis), quartier-maître, de Granville.

Salot (Pierre-Ollivier), quartier-maître, de Granville.

Serron (Jean-Antoine), quartier-maître, de Dieppe, blessé au combat du 12 avril 1782.

Hervé (Marc), de Dinan, mort à Kingston le 17 septembre 1782.

Mathé (Jean), quartier-maître, des Sables.

Nicolas (Joseph), quartier-maître, de Lorient.

Gauthier (Jean), quartier-maître, de Lorient, tué au combat du 12 avril 1782.

Trudelle (Jean-Baptiste), quartier-maître, de Granville, blessé le 12 avril 1782; mort le 30 octobre 1782.

Henry (Sébastien), quartier-maître, de Morlaix, mort à Kingston le 9 novembre 1782.

Dufraiche (Julien), quartier-maître, de Saint-Brieuc.

Le Bisson (Vincent), quartier-maître, de Nantes.

Petit (Charles), quartier-maître, de Nantes.

Dupuche (Jean-Vincent), quartier-maître, de Vannes.

Lafosse (Nicolas-Michel), quartier-maître, de Granville, tué au combat du 12 avril 1782.

Guérin (Pierre-Alexandre), quartier-maître, du Havre.

Beaulieu (Mathurin), quartier-maître, de Saint-Malo.

Herpin (Jean), quartier-maître, de Saint-Jean-de-Luz.

Coronnel (Pierre), quartier-maître, de Bayonne.

Corradeau (François), quartier-maître, de Bordeaux.

Clipts (Michel), quartier-maître, de Dunkerque.

Vauvels (Jean-Baptiste), quartier-maître, de Dunkerque.

De Vinck (Louis), quartier-maître, de Dunkerque, bras emporté au combat du 9 avril 1782.

Horion (Jean-Baptiste), quartier-maître, de Calais.

Dugas (Antoine), quartier-maître, de Saint-Malo.

Officiers-mariniers de pilotage.

Hurot (François-Claude), premier pilote, de Brest.

Morvan (Louis-Marie), premier pilote, de Saint-Brieuc.

Le Sement (Jean), premier pilote, de Dieppe.

Blandin (Jean-Philippe), premier pilote, de Recouvrance.

Le Boyerès (Jean), premier pilote, de Camaret, mort à Kingston le 30 septembre 1782.

Hue (Charles), second pilote, de Honfleur.

Demigné (Jean), aide-pilote, des Sables.

Paris (Jean-Louis-Isaac), aide-pilote, de Brest.

Ferret (Robert-Prosper), aide-pilote, de Rouen.

Noury (Louis), aide-pilote, de Dieppe.

Boureau (Charles), aide-pilote, de Belle-Isle.

Lehot (Joseph), aide-pilote, de Lorient.

Lemesle (Guillaume), aide-pilote, de Saint-Malo, mort à Kingston le 29 mai 1782.

Lenard (Joachim), aide-pilote, de Saint-Brieuc, blessé au combat du 12 avril 1782.

Auvray (Augustin), aide-pilote, du Havre.

Quintin (Jérôme), aide-pilote, de Brest, blessé au combat du 12 avril 1782.

Officiers-mariniers de canonnage.

Duquesne (Nicolas), maître canonnier, de Dieppe.

Fournier (Henry), maître canonnier, de Toulon.

Lunevenne (Jérôme), maître canonnier, de Brest.

Halley (Pierre-Noël), maître canonnier, de Lorient.

Morel (Jacques), maître canonnier, de Lorient.

Lebas (Nicolas), maître canonnier, de Calais.

Mignard (Claude), second maître canonnier, de Boulogne.

Lamarche (Michel), second maître canonnier, de la Hougue.

Audouard (Louis-Joseph), second maître canonnier, de Brest.

Azan (Augustin-Henry), second maître canonnier, de Toulon.

Gimouvel (François), second maître canonnier, de Toulon.

Guérouard (Jean), second maître canonnier, de Toulon.

Delpierre (Nicolas), second maître canonnier, de Boulogne, blessé au combat du 12 avril 1782.

Hébert (Antoine), aide-canonnier, de Rouen.

Delpierre (Jean), aide-canonnier, de Boulogne.

Huret (Nicolas), aide-canonnier, de Boulogne.

Wattel (Nicolas), aide-canonnier, de Boulogne, mort à Kingston le 14 septembre 1782.

Dozol (Jacques), aide-canonnier, de Saint-Valéry.

Motorel (Jean), aide-canonnier, de Saint-Valéry.

Bourdon (Pierre-François), aide-canonnier, de Dieppe.

Méliot (Pierre-Luc), aide-canonnier, de Dieppe, a eu le poignet emporté au combat du 25 janvier 1782.

Gaudan (Charles-Joseph), aide-canonnier, de la Hougue.

Bachelier (Jacques), aide-canonnier, de Dieppe.

Marie (Jacques), aide-canonnier, de Dieppe.

Hamel (François), aide-canonnier, de Dieppe.

Cardon (François-Nicolas), aide-canonnier, de Dieppe.

Marie (Jean-Toussaint), aide-canonnier, de Dieppe.

Marie (Vincent), aide-canonnier, de Dieppe.

Clémence (Michel), aide-canonnier, de Dieppe, mort à Kingston le 26 octobre 1782.

Fromentin (Mathieu-Antoine), aide-canonnier, de Dieppe.

Gondrée (Antoine), aide-canonnier, de Dieppe, tué au combat du 12 avril 1782.

Billoquet (Nicolas), aide-canonnier, de Dieppe, tué au combat du 29 avril 1781.

Carpentier (Pierre), aide-canonnier, de Dieppe, blessé au combat du 12 avril 1782.

Hericher (Robert-Vincent), aide-canonnier, de Dieppe.

Damiens (Jean-Vincent), de Dieppe.

Magnan (Jean-Charles-François), aide-canonnier, de Dieppe, tué au combat du 25 janvier 1782.

Teste (Adrien), aide-canonnier, de Dieppe, mort à Kingston le 20 mai 1782.

Mauguin (Alexandre), aide-canonnier, de Quimper.

Chaperon (Etienne), aide-canonnier, de Honfleur.

Thomas (François), aide-canonnier, de la Hougue.

Tessier (François), aide-canonnier, des Sables, blessé au combat du 25 janvier 1782.

Germe (Antoine-Adrien), aide-canonnier, de Boulogne.

Godart (Joseph), aide-canonnier, d'Angoulême.

Micheau (Jean), aide-canonnier, d'Angoulême.

Berhinies (François), aide-canonnier, de Nantes.

Thomas (Jean-François), aide-canonnier, du Havre.

Guichausse (Mathurin), aide-canonnier, du Havre.

Radenne (Gilles), aide-canonnier, de Calais.

Hardy (Jean-Augustin), aide-canonnier, de Dieppe, tué au combat du 25 janvier 1782.

Fléchier (Martin), aide-canonnier, de Lorient.

Tanguy (Nicolas), aide-canonnier, de Brest.

Le Bon (Clair), aide-canonnier, de Granville.

Beaufils (Guillaume), aide-canonnier, de Granville.

Dupont (Gilles), aide-canonnier, de Granville, mort à Kingston le 16 octobre 1782.

Langlois (Joseph), aide-canonnier, de Saint-Malo.

Le Cœur (Jacques-Michel), aide-canonnier, de la Hougue.

Clémence (Jacques), aide-canonnier, de Dieppe, blessé au combat du 12 avril 1782.

Aubry (Jean-Yves), aide-canonnier, de la Hougue.

Ledun (Charles-Marin), aide-canonnier, de Fécamp.

Joutel (Guillaume), aide-canonnier, de Fécamp.

Jamet (François), aide-canonnier, de Caen.

Costil (François), aide-canonnier, de Caen, a eu un bras emporté au combat du 12 avril 1782.

Henry (Gabriel), aide-canonnier, de Morlaix.

Hardy (Jean-Michel-Antoine), aide-canonnier, de la Hougue.

Comptant (Joseph), aide-canonnier, de Saint-Brieuc.

Bidam (Jean), aide-canonnier, de Saint-Brieuc.

Le Rond (Pierre), aide-canonnier, de Granville.

Martin (Jean), aide-canonnier, du Croisic.

Marjolet (François), aide-canonnier, de Boulogne.

Framery (François), aide-canonnier, de Calais.

Radigue (Michel), aide-canonnier, de Calais.

Rivet (Louis), aide-canonnier, de Boulogne.

Gin (Jean-Pierre), aide-canonnier, de Boulogne, tué au combat du 12 avril 1782.

Officiers-mariniers de charpentage.

Quiniou (Jean-Baptiste), maître charpentier, de Brest.

Sire (Pierre), maître charpentier, de Saint-Malo.

Guillemin (Jean-Philippe), maître charpentier, de Granville.

Tinel (Jean-Baptiste), second maître charpentier, de Fécamp.

Gicquel (Louis-François), aide-charpentier, de Saint-Brieuc.

Coupard (Michel), aide-charpentier, de Granville.

Thélot (Pierre), aide-charpentier, de Granville.

Officiers-mariniers de calfatage.

Tanguy (Jacques), maître calfat, de Brest.

Le Vavasseur (Julien), maître calfat, de Granville.

Le Chaton (Louis), maître calfat, de Lorient.

Jézéquel (Nicolas), maître calfat, de Recouvrance.

Falaize (Jean-Baptiste), maître calfat, du Havre.

Vaugrand (Jean-François), second calfat, de Granville, tué au combat du 12 avril 1782.

Epillier (Jean-Baptiste-Laurent), second calfat, du Havre, blessé au combat du 12 avril 1782.

Boizeau (Noël-François), aide-calfat, de Granville.

Touquet (Dominique), aide-calfat, de Saint-Malo.

Melet (Jean-Charles), aide-calfat, du Havre.

Lemercier (Robert), aide-calfat, de Dinan, mort à la Jamaïque le 5 novembre 1782.

Officiers-mariniers de voilerie.

Vidal (Jean-François), maître voilier, de Brest.

Alleno (Jean), maître voilier, de Lorient.

Lavenant (Henry), second maître voilier, de Recouvrance.

Laurent (Daniel), second maître voilier, de Saint-Malo.

Hancel (Jean-Baptiste), aide-voilier, de Dieppe.

Calvarin (François), aide-voilier, du Conquet, tué au combat du 12 avril 1782.

Le Dantec (Augustin), aide-voilier, de Saint-Brieuc, blessé au combat du 12 avril 1782.

Gabiers.

Bouin (Jean-François), de la Hougue.

Bescond (Pierre), de Morlaix.

Cousin (Jacques), de Granville.

Agnès (Guillaume-François), de Granville.

Champion (Nicolas), de Vannes.

Requin (Jean), de Quimper, mort à Kingston le 11 novembre 1782.

Gauvin (Pierre), de Saint-Malo.

Béquin (Julien), de Saint-Malo.

Jacques (Louis-Malin), de Lorient.

Dubos (Jean-Louis), de Dieppe.

Durand (Jean), de Nantes.

Chauve (Joseph), du Croisic.

Lieugard (Gabriel), de Honfleur.

Buisson (Pierre), de Marmande.

Delcheteau (François), de Saint-Jean-de-Luz.

Dorcalas (Mel), de Saint-Jean-de-Luz.

Goupil (Jacques-Jean-Baptiste), de la Hougue.

Ricordel (René), du Croisic.

Jean (Joseph), de Bordeaux.

Gautier (Joseph), de Saint-Malo.

Hervé (Antoine), de Dinan.

Rousse (Pierre), de Paimbœuf.

Pechon (Jean-Louis), de Saint-Brieuc, mort à bord le 27 août 1781.

Bichon (Michel), de Nantes.

Le Prêtre (Jean), de Dieppe.

Le Prêtre (Charles-Marie), de Dieppe.

David (Jean-Jacques), de Dieppe.

Vasseur (Jacques), de Dieppe.

Tasset (Michel-Joseph), de Dieppe, mort à bord le 16 novembre 1781.

Rault (Nicolas-Stanislas), de la Hougue.

Le Cigne (François), de Granville.

Guetteville (François), de Rouen.

Longuet (Jean-Baptiste), de Rouen.

Bedesque (Vincent), de Belle-Isle.

Marion (Pierre), du Havre.

Tanguy (Clet), de Quimper.

Percherin (Jean), de Quimper, blessé au combat du 12 avril 1782.

Blevec (Louis), de Vannes, mort à Kingston le 18 octobre 1782.

Le Sot (Jacques-François), de Dieppe.

Fontaine (Guillaume), de Granville.

Perrin (Laurent), de Saint-Brieuc.

Piquené (Jean), de Saint-Brieuc.

Gautier (Mathurin), de Saint-Brieuc.

Courteille (François), de Saint-Malo.

Martin (François), de Lorient.

Baudry (Jacques), du Havre.

Huguet (Léger), du Havre.

Timoniers.

Blanchard (Mathurin), de Saint-Brieuc.

L'Ecuyer (André-Thomas), de Saint-Brieuc.

Le Breton (Joseph), de Saint-Brieuc, mort à Kingston le 9 octobre 1782.

Descloménil (Louis-Etienne), du Havre, tué au combat du 12 avril 1782.

Girard (Jacques-Vincent), de Dieppe.

Lancel (Jean-Victor), de Dieppe.

Heduit (Antoine), de Dieppe.

Lemesle (Joseph-Simon), de Dieppe, mort à Kingston le 9 juin 1782.

Vigot (Jacques-Aubin), de la Hougue.

Guillemin (Thomas), de Granville.

La Touche (Jacques-Guillot), des Sables.

Duval (Germain), du Havre.

Ancelin (Louis-Vincent), d'Honfleur.

Glayo (Jean-François), de Saint-Brieuc.

Brunet (Jean), de Saint-Brieuc, mort à Kingston le 4 juillet 1782.

Vallet (Charles-Jean-Louis), de la Hougue.

Levenu (Jean-Pierre), du Havre.

Cloquet (Jean-Baptiste), de Dieppe.

Drouaut (Jean-François), de Dieppe.

Bellanger (Pierre), de Honfleur.

Montfort (Louis-Constantin), de Honfleur, mort à Kingston le 16 octobre 1782.

Cœuret (Pierre-Paul), de Rouen, estropié au combat du 25 janvier 1782.

Mallet (Pierre-François), de Granville, mort à Kingston le 16 octobre 1782.

Montchaton (Antoine), de Granville.

Quinard (Pierre), de Saint-Malo.

Remigau (René), de Saint-Malo, mort à bord le 23 juillet 1781.

Matelots.

Marec (Yves), de Molène (Brest), tué au combat du 12 avril 1782.

Goupil (François), d'Alençon.

Perron (François), de Brest.

Vidal (Jean-Charles), de Brest.

Jézéquel (François-Guillaume), de Brest.

Jézéquel (François-Antonia), de Brest.

Boutard (François), de Recouvrance.

Priou (Gilles), de Rennes.

Trochon (Thomas), de Paris.

Le Roux (Charles), de Saint-Brieuc, mort de ses blessures le 1er février 1782.

Couvenaut (Guillaume), de Saint-Malo.

Jougaud (Joseph), de Saint-Malo.

Hallais (Jean), de Saint-Malo.

Bourseau (Jean), de Saint-Malo.

Bagnier (Jean), de Saint-Malo.

Goustain (Nicolas), de Saint-Malo.

Dugué (Joseph), de Saint-Malo, mort à bord le 26 septembre 1781.

Brunet (Me), de Saint-Malo.

Souquet (Alain), de Saint-Malo.

Chemino (Joseph), de Saint-Malo.

Reculon (Jean), de Saint-Malo.

Detcheverry (François), de Saint-Malo.

Detcheverry (Pierre), de Saint-Malo.

Dubois (Jacques), de Saint-Malo, mort de ses blessures le 17 février 1782.

Savoureux (François), de Saint-Malo, tué au combat du 12 avril 1782.

Vivier (Pierre), de Saint-Malo.

Hubert (Pierre), de Saint-Malo.

Gaillot (Pierre), de Saint-Malo.

Lacaze (Barthélémy), de Saint-Malo.

Martin (Dominique), de Saint-Malo.

Cheret (Joseph), de Rennes.

Laurant (Charles-François), de Saint-Malo.

Fayet (Julien), de Dinan.

Morvan (Jean), de Dinan.

Hervé (René), de Dinan.

Pillard (Jean), de Dinan.

Charles (Augustin), de Dinan.

Juin (Joseph), de Dinan.

Chaupied (François), de Dinan.

Robert (Michel), de Dinan, mort à la Jamaïque le 18 mai 1782.

Lenoir (François), de Dinan.

Pian (Julien), de Dinan.

Johan (Thomas-Mel), de Dinan.

Durand (Guillaume), de Dinan.

Chapelle (Jean), de Dinan, mort à bord le 25 avril 1781.

Dantzé (Henry), de Quimper.

Phily (Jacques), de Quimper.

Sauban (Jean-Louis), de Quimper.

Marchand (Joseph), de Quimper.

Boloré (Jacques-Marie), de Quimper.

Le Croq (Jean), de Quimper.

Phily (Henry), de Quimper.

Pierre (Christophe-Marie), de Quimper, mort à la Jamaïque le 18 novembre 1782.

Le Roy (Alain), de Quimper.

Marec (Mathieu), de Quimper.

Lolichon (Jean-Pierre), de Quimper.

Le Bihan (Emmanuel), de Quimper.

Querloche (André), de Quimper.

Chevert (Jean), de Quimper.

Yves (André), de Quimper, mort à bord le 30 septembre 1781.

Adam (Paul), de Quimper, mort à l'hôpital du Fort-Royal le 1er août 1781.

Le Plagne (Jacques), de Quimper.

Percave (Mel), de Quimper.

Goulven (Julien), de Quimper.

Mahé (Jean), de Quimper.

Chéraut (Thomas), de Quimper.
Le Mentec (Jean-René), de Quimper.
Billon (Joseph), de Quimper.
Boudigot (Guillaume), de Quimper.
Cormeur (Jacques), de Quimper.
Cottin (Yves), de Quimper.
Kéransel (Jean-Baptiste), de Quimper.
Tanguy (Clément), de Quimper.
Boloré (Jean), de Quimper.
Bodénès (Bernard), de Quimper, mort à bord le 10 octobre 1781.
L'Hermite (Bertrand), de Belle-Isle-en-mer.
Veiller (Pierre), de Belle-Isle-en-mer.
Dorif (Jacques), de Belle-Isle-en-mer.
L'Official (Joseph), de Vannes.
Lucco (Joachim), de Vannes.
Goujon (Julien), de Nantes.
Moricet (Jacques), de Nantes.
Mulon (Gildas), de Nantes.
Bouchaud (Pierre), de Nantes.
Tacouet (Claude), de Nantes.
L'Ecuyer (Pierre), de Nantes.
Billois (François), de Nantes.
Berthou (Jean), de Nantes.
Terrier (Pierre), de Nantes.
Robineau (Jacques), de Nantes.
Ollivier (Jean), de Nantes.
Dujon (Joseph), de Nantes.
Delisle (Charles-François), de Nantes.
Vermeil (Jean), de Nantes.
Rivière (Jean), de Paimbœuf.
Frou (Antoine-François), de Paimbœuf.
Averty (Pierre), de Paimbœuf.
Vince (Joseph), de Paimbœuf, mort à bord le 22 septembre 1781.
Moyon (Pierre), de Paimbœuf.
Chédantel (Jean), de Paimbœuf.
Blanchard (Joseph), de Paimbœuf.
Berthelot (Henry), de Paimbœuf.
Noques (Martin), de Paimbœuf.
Dugas (Jacques), de Paimbœuf.
Charbonnier (Pierre), de Paimbœuf.
Le Pitre (Charles), de Paimbœuf.
Portier (Mathurin), de Nantes.
Riou (Corentin), de Nantes.
Brochard (Pierre), de Nantes.
Robin (Jean), de Nantes.
Beureau (Jean), de Nantes, mort à bord le 15 novembre 1781.
Simon (Jacques), du Croisic.
Favré (Jean), de Saint-Brieuc.
Tircot (Ollivier), de Saint-Brieuc.
Le Guen (Guillaume), de Saint-Brieuc.
Le Meur (Antoine), de Saint-Brieuc.
Vitel (Antoine), de Saint-Brieuc.
Nicol (Julien), de Saint-Brieuc.
Morvan (Jean), de Saint-Brieuc.
Paris (Yves), de Saint-Brieuc, blessé au combat du 12 avril 1782.
Le Hégarat (Joseph), de Saint-Brieuc.
Salmon (Jean), de Saint-Brieuc.
Nicol (Claude), de Saint-Brieuc.
Gautier (Jérôme-Julien), de Saint-Brieuc.
Etienne (Marc), de Saint-Brieuc.
Heurtel (Pierre), de Saint-Brieuc.
Thémoin (Jean-Baptiste), de Saint-Brieuc.
Le Goff (Jean-Louis), de Saint-Brieuc.
Houard (Etienne), de Saint-Brieuc.
Salmon (Pierre-Marie), de Saint-Brieuc.
Rault (Charles), de Saint-Brieuc.
Cordier (Laurent), de Saint-Brieuc.
Michel (François), de Saint-Brieuc.
Hervé (Raoul), de Saint-Brieuc.
Nédélec (Sulpice), du Conquet.
Nicol (Julien), de Morlaix.
Le Bourdour (Joseph), de Morlaix.
Gourbrain (Etienne), de Morlaix, mort à bord le 4 avril 1781.
Bontemps (Théodore), de Lorient.
Diagon (François-Charles), de Lorient.
Rio (Louis), de Lorient.
Guenec (Louis), de Lorient.
Tromeur (Jean-Jacques), de Lorient.
Le Diot (Yves), de Lorient.
Tatibouet (Jean-Baptiste), de Lorient.
Collet (Jacques), de Lorient, mort à Kingston le 29 septembre 1782.
Le Roux (Louis-Mathurin), de Lorient.
Menec (Alain), de Lorient.
Le Bouédec (Louis-Pierre), de Lorient.
Turgeon (Mathurin), de Lorient.
Dupont (François), de Lorient, tué au combat du 12 avril 1782.
Lognonec (Louis-Charles), de Lorient, tué au combat du 12 avril 1782.
Le Tellier (Charles), du Havre.
Guillet (François-Joseph), du Havre.
Hacher (Pierre-Gaspard), du Havre.
Le Croq (Pierre-Augustin), du Havre.
Le Moine (Jean-François), du Havre.
Le Bailly (Jean-François), du Havre.
De la Rue (François), du Havre, blessé au combat du 12 avril 1782.
Quartier (Nicolas-Adrien), du Havre, blessé au combat du 12 avril 1782.
Vaquery (Jean-Baptiste-Guillaume), du Havre.
Paquet (Antoine-Guillaume), du Havre.
Marette (Jean-François), du Havre.
Langlois (Pierre-Maxime), du Havre.
Roger (Guillaume-Alexandre), du Havre.
La Vache (Nicolas), de Dieppe.
Hébert (Augustin), de Dieppe.
Joly (Jacques-Jean), de Dieppe.
Viard (Jean-Charles), de Dieppe.
Fréchon (Jacques-Augustin), de Dieppe.
Vasseur (Adrien-Jérôme), de Dieppe.
Fouchard (Jacques-Jean), de Dieppe, blessé au combat du 12 avril 1782.
Lomé (Jacques), de Dieppe.
Piquet (Guillaume), de Dieppe.
Carpentier (Vincent-Modeste), de Dieppe.
Brocard (Jean-Baptiste-Antoine), de Dieppe.
Caplain (François-Joseph), de Dieppe.
Girard (Louis), de Dieppe.
Dujardin (François-Noël), de Dieppe.
Robin (Joseph), de Dieppe, mort à bord le 28 février 1782.
Doutreliau (Adrien), de Dieppe.
Viard (Jean), de Dieppe.
Poulain (Jean-Baptiste), de Dieppe.
Nourry (Jean-Antoine), de Dieppe.
Berville (Jean-Antoine), de Dieppe.
Boucher (Antoine-Louis), de Dieppe.
Poisson (Pierre-Nicolas), de Dieppe.
Fromentin (Jacques-Guillaume), de Dieppe, tué au combat du 12 avril 1782.
Aubert (Nicolas-Jean), de la Hougue.
Poidevin (Jean-Adrien), de la Hougue.
Cuquemel (Jacques), de la Hougue.
Auger (Pierre-Germain), de la Hougue.
Renard (Jean-François), de la Hougue.
Hermisse (Jacques-Gabriel), de la Hougue.
Bouin (Pierre-Charles-Eustache), de la Hougue.
Martin (Charles-Adrien), de la Hougue.
Jean (Jean-François), de la Hougue.
Le Gendre (Eustache), de la Hougue.
Triquet (Germain-Eustache), de la Hougue.
Triquet (Jacques-Marie), de la Hougue.
Rillon (André), de la Hougue.
Cuquemel (Bon-Louis-Barnabé), de la Hougue.
Lefèvre (Jean-François), de la Hougue.
Lefèvre (Jean-Baptiste), de la Hougue.
Denis (Eustache), de la Hougue.
Alain (Nicolas-M^{el}), de la Hougue, mort à bord le 27 avril 1781.
Desroches (Georges), de Granville.
Valost (Julien), de Granville.
Le Breton (Charles), de Granville.
Aublin (Guillaume), de Granville.
Toupet (Louis), de Granville.
Pannier (Pierre), de Granville.
Desnottes (Pierre), de Granville.
Forcel (Guillaume), de Granville, mort à bord le 3 novembre 1781.
Le Norrais (Louis), de Granville.
Loreau (Jean-François), de Granville.
Bochet (Pierre), de Granville.
Quintin (Antoine), de Granville.
Le Cannut (Nicolas), de Granville.
Cardin (Charles-Hippolyte), de Granville.
Fillatre (Nicolas), de Granville.
Lemerle (Philippe), de Granville.
De la Place (André), de Granville.
Paris (Pierre), de Granville.
Le Raty (Gilles), de Granville.
Rebours (Louis), de Granville.
Gatebled (Jacques), de Granville, mort à bord le 21 mai 1781.
Uven (Pierre-Barthélemy), de Granville.
Dugué (Jacques), de Granville.
Le Breton (Pierre), de Granville, mort de ses blessures le 27 janvier 1782.
Huard (Jean), de Granville.
Ménard (François-René), de Granville.
Hersan (François), de Granville.
Le Mettay (Julien), de Granville.
Sébire (Charles), de Granville.
Le Marquis (Louis), de Granville.
James (Charles-François), de Granville.
Ménan (Louis), de Granville.
Cottard (Jacques), de Granville.
Hallay (Marc), de Granville.
Navet (Thomas), de Granville.
Nicole (Charles-Noël), de Granville.
Durand (Pierre), de Granville.
De la Rue (Jean-Baptiste), de Granville, blessé au combat du 12 avril 1782.
Le Seillier (Julien), de Granville.
Adde (Isaac-Jean), de Granville.
Danieau (Joseph), de Granville, mort à bord le 25 juin 1781.
Grognard (Jean), de Granville.
Le Roux (Pierre-Alexandre), de Granville.
Le Haut (François-Joseph), de Granville.
Le Roy (Jean-Pierre), de Granville.
Le Breton (Laurent), de Granville.
Grandin (François), de Granville.
Dujardin (Charles-M^{el}), de Granville, mort à Kingston le 28 octobre 1782.
Piquet (Pierre-Alexandre-Joseph), de Honfleur.
De la Rue (G^{me}-Charlemagne), de Honfleur.
Varin (Léonard), de Honfleur.

Hélié (Jean), de Caen, mort à l'hôpital du Fort-Royal le 7 décembre 1781.
Rouget (François), de Caen.
Paris (Jean-Baptiste), de Caen.
Sébire (Martin), de Caen.
Discret (Jean-François), de Caen.
Tétard (Jean-Louis), de Caen.
Desétables (Jean), de Caen, mort à bord le 27 juin 1781.
Jouanne (Jean-Baptiste), de Rouen.
Chevrier (Pierre-Bernard), de Rouen.
Aubert (Jean), de Rouen.
Le Coudre (Nicolas), de Rouen, tué au combat du 25 janvier 1782.
De la Lande (Jean-Louis), de Rouen.
Vierville (Étienne), de Rouen.
Jacques (Pierre-André), de Rouen.
Quené (Jacques-Guillaume), de Rouen.
Lundy (Jean-Baptiste-Marcel), de Rouen, tué au combat du 25 janvier 1781.
Bretel (Jean), de Fécamp.
Dambry (Simon-Pierre), de Fécamp.
Selle (Marcel), de Fécamp.
L'Appel (Jean-François), de Fécamp.
Chevalier (Benoît-Pierre), de Fécamp.
Lorieult (Jean-Baptiste), de Fécamp.
Monville (Jean-Baptiste-François), de Fécamp.
Verdier (Nicolas), de Fécamp.
Letellier (Pierre), de Fécamp.
Ferret (Louis-Pierre), de Fécamp, blessé au combat du 12 avril 1782.
Guerrard (Jean-Baptiste), de Fécamp, mort à bord le 10 mai 1781.
Durocher (Jean), de Cherbourg.
Tripey (Jean-Baptiste), de Cherbourg.
Gosselin (Charles-François), de Cherbourg.
Fontaine (Auguste), de Cherbourg.
Crépin (Jacques), de Cherbourg.
Caudron (Jean-Baptiste), de Saint-Valéry.
Heries (Jean-Louis), de Saint-Valéry.
Dutertre (Charles), de Saint-Valéry.
Louvel (Jean-François), de Saint-Valéry.
Morlaix (Pierre), de Saint-Valéry.
Troude (Nicolas), de Boulogne.
Ternizien (François), de Boulogne.
Laides (Louis), de Boulogne.
Altazin (Louis), de Boulogne.
Gaussin (Pierre), de Boulogne.
Lot (Jacques-Louis-Marie), de Boulogne.
Béaugrand (Jean-Baptiste), de Boulogne.
Beaugrand (Pierre), de Boulogne, mort à bord le 23 décembre 1781.
Beignon (Pierre), de la Rochelle.
Chauvin (Pierre), d'Angoulême.
Devier (Mathurin), de Marmande.
Dollet (Philippe), de l'Ile de Ré.
Porsin (Jean), de l'Ile de Ré.
Bessouet (Simon), de l'Ile d'Yeu.
Turbé (Jean), de l'Ile d'Yeu, mort à Kingston le 17 novembre 1782.
Arismendy (Joseph), de Saint-Jean-de-Luz.
Billoquet (Raymond), de Bordeaux.
Clavier (Jean), de Bordeaux.
Dosay (Jean), de Bordeaux.
Sceauton (Jean), de Blaye.
Arnou (Jean), des Sables.
Bertonnéaux (Pierre), des Sables.
Vincendo (François), des Sables.
Foucaud (Julien), des Sables, tué au combat du 12 avril 1782.
L'Estrade (Jean), de Toulouse.
Derieu (Jean), de Montauban.
Gourdet (Dominique), de Saintes.
Dufour (Dominique), de Bayonne, estropié au combat du 12 avril 1782.
Martin (François), de Marennes.
Pons (Antoine), de Marseille.
Cordrillier (Antoine), de Toulon.
Raillos (Pierre), de Toulon.
Tribouzic (Jacques), de Narbonne.
Lartigue (Pierre), de Bayonne.
Pecout (Joseph), d'Arles.
Bunot (Charles), de Nantes, mort de ses blessures le 26 janvier 1782.
Perrot (Jean), de Bordeaux.
Mérique (Pierre), de Bordeaux.
Labat (Julien), de Bordeaux.
Valentin (Joseph), de Troyes.
Corrège (Pierre), de Bigorre (Champagne).
Sturgeon (Mathurin), de Lorient.
Beaurepaire (René), de Saint-Brieuc.
Aubry (Louis), de Saint-Malo.
Héripé (Thomas), de Saint-Malo.
Valentin (Pierre), de Dieppe.
Dujardin (Jean), de Granville.
Cezerat (Jean), de Montauban.
Féraud (Jean), de Marseille.
Las (Étienne), de la Ciotat.
Brézot (Georges-Emmanuel), du Havre.
Moreau (Julien), de Royan.
Boyer (Pierre), de Tulle.
Julien (Hyacinthe), de Nice.
Bucquet (Pierre), de Rouen.
Hudot (Marcel), d'Angers.
Partol (Louis), de la Rochelle.
Résolier (Jean), de Narbonne.
Azivert (Julien), de Narbonne.
Liot (Louis), de Honfleur.
Thibaudot (Mel), de Marennes.
Le Déot (Jean-François), de Lorient.
Le Déot (Augustin), de Lorient.
Savadieu (Jean-Antoine), de Toulon.
Bergey (Jean), de Bordeaux, blessé au combat du 12 avril 1782.
Fort (Pierre), de Bordeaux.
Gopau (Jean), de Bordeaux.
Basquet (Jean), de Bordeaux.
Linguin (Jean), de Bordeaux, tué au combat du 12 avril 1782.
Lafleur (Léon), de Bayonne.
Lafargue (Jean), de Bayonne.
Boyer (Jacques), de Bayonne.
La Coste (Jean), de Libourne.
Dubois (Pierre), de Lorient, mort de ses blessures le 25 janvier 1782.
Andrieux (Jean-François), de l'Ile-de-Ré.
Jullien (Jean), de Marseille.
Espagnel (Pierre), de Dinan.
Le Bihan (Jean-Joseph), de Vannes.
Auffray (Louis), de Vannes.
Paillon (Pierre), d'Angoulême.
L'Estrigue (Jean), de Bordeaux.
Doillet (Bernard), de Bordeaux.
Villeginquet (Joseph), de Saint-Malo.
Tissot (François), de Nantes, mort de ses blessures le 15 avril 1782.
Albert (Jean), de Nantes.
Paludier (Guillaume), du Croisic.
Michaux (Charles), de la Rochelle.
Pierre (Jean), de Bordeaux.
Joyeuse (Michel), de Bordeaux.
Simon (Bastien), de Champagne.
Gilbert (Hilaire), de Saint-Malo.
Fichot (Yves), de Lorient.
Rondeau (Pierre), de Mayenne.
Doucet (Pierre), de Saint-Malo.
Crétien (François), de Saint-Malo.
Guilbert (Jean), de Saint-Malo.
Le Loup (Gabriel-Philippe), du Havre.
Senervieux (Jean), de Bordeaux.
Lagarde (Jean), de Bordeaux.
Martinot (André), de Bordeaux.
Bedat (Martin), de Bordeaux.
Dupont (Jean), de Bordeaux.
Malassis (Jean-François), de la Rochelle.
Hardelle (Guillaume), de Caen.
Deshayes (François-Jean), de Fécamp.
Martinot (Jean), de Bordeaux.
Dejean (Jean), de Bordeaux.
Murail (Jean), de Bordeaux.
Austin (Marc), de Bordeaux.
Belax (Bernard), de Saint-Jean-de-Luz.
Lissatatson (François), de Saint-Jean-de-Luz.
Berrouette (Jean), de Saint-Jean-de-Luz.
Vigne (Charles), de Bordeaux.
Berger (Antoine), de Bordeaux.
Chapoly (Martial), de Bordeaux.
Guariché (Jean), de Bordeaux.
Guillochon (Jean-Baptiste), de Bordeaux.
Clarque (Pierre), de Bordeaux.
Pesquier (Jean), de Bordeaux.
Bouzic (Antoine), de Bordeaux.
Mémentès (Pierre), de Bordeaux.
Angoc (Arnaud), de Bordeaux.
Maillard (Jean-Pierre), de Bordeaux.
Fourneau (Pierre), de Bordeaux.
Lubin (Jean), de Bordeaux.
Bannet (Jean-Baptiste), de Bordeaux.
Gasquet (François), de Marmande.
Cazal (Pierre), de Bayonne.
Castagnon (Jean), de Toulouse.
Touzan (Simon), de Mortagne.
Augeron (Jean), de Royan.
Lafaye (Pierre), de Saintes.
Gautier (Estienne), de Bordeaux.
Galopeau (Bertrand), de Bordeaux.
Aloze (Jean), de Toulouse.
Aubert (Jacques), de Caen, mort de ses blessures le 4 février 1782.
Gabon (Pierre), de Paimbœuf mort de ses blessures le 26 janvier 1782.
Masson (Sulpice-Henry), de Calais.
Bresson (Eugène), de Moissac.
Favre (Joseph), de Marseille.
Masse (Jean), de Cette.
Mouton (Antoine), de Martigues.
Mal (Jacob), de Dunkerque.
Bonnmelard, de Dunkerque.
Le Bruine (Jacques-Marin), de Dunkerque.
Vaquery (Gaspard-François), de Dunkerque.
Faure (Michel-Jean), de Dunkerque.
Le Serf (Jean-Joseph), de Dunkerque.
Vivier (Pierre), de Dunkerque.
Durin (Georges), de Dunkerque.
Carpentier (Martin-Dominique), de Dunkerque.
Labbé (Nicolas), de Dunkerque.
Goedenaer (François), de Dunkerque.
Boyard (Philippe), de Calais.
Pleuvré (Pierre), de Calais.
Durin (Guillaume), de Dunkerque.
Macaray (Jean), de Dunkerque.
De Cau (Jacques-Roch), de Dunkerque.

Le Claire (Joseph), de Dunkerque.
Pérennès (Gabriel), de Bordeaux.
Gandin (Etienne), de Saint-Valéry.
Lépingle (Nicolas), de Boulogne.
Maqueugneu (François), de Boulogne.

Novices.

Lasserre (Guillaume), de Marmande.
Bernais (Jean), de Marmande.
Louis (Jean), de Marmande.
Dupuis (François), de Marmande.
Martin (Jean), de Marmande.
Thomacet (Etienne), de Marmande.
Milan (Jean), de Marmande, mort à bord le 23 janvier 1781.
Bruno (Pierre), de Montauban.
Hamel (Jacques), de Dieppe.
Hériché (François-Nicolas), de la Hougue.
Aubray (Jean), de la Hougue, mort à Kingston le 4 septembre 1782.
Castel (Gabriel), de Morlaix.
Fontenay (Jean), de Morlaix.
Miller (Marc), de Strasbourg.
Austic (Florent), de Strasbourg.
Versin (Hyacinthe), du Croisic, blessé au combat du 12 avril 1782.
Versin (Félix), du Croisic.
Lainé (Jean), de Dinan.
Eplair (Georges), de Strasbourg.
Jonc (Jean), de Strasbourg.
Boulangoat (Philippe-Auguste), de Brest.
Henry (Jean-Louis), de Brest.
Perrine (Jean-François), de Caen.
Moreau (Martin), de Paimbœuf.
Romier (Jean), de Brest.
Balanec (Jacques), de Lesneven.
Minou (François), de Saint-Malo.
Grangé (Joseph), de Saint-Malo.
Magnan (Nicolas-Toussaint), de Dieppe.
Le Grand (Jacques), de Cherbourg.
Bréhaut (Jacques), de Saint-Brieuc.
Loquin (Julien), de Saint-Brieuc.
Dambourdet (Alain), de Saint-Brieuc.
Perrussot (Jacques), de Saint-Brieuc.
Le Guen (Louis), de Saint-Brieuc, mort à bord le 21 septembre 1781.
Verdun (André), de Lunéville.
Cador (François), de Cholet.
Saillant (Pierre), de Nantes.
Prévost (Jean), de Rennes.
Le Roux (Mathurin), de Dinan, mort à Kingston le 5 octobre 1782.
Chauvry (Charles-Antoine), de Caen.
Guermeur (François), de Recouvrance.
Gigon (Jean-François), de Brest, a eu les deux jambes emportées au combat du 12 avril 1782.
Gravan (Jacques), de Honfleur.
Richard (Yves), de Tréguier.
Le Men (François), de Tréguier.
Fardos (Pierre), de Vannes.
Trifau (Jean-Baptiste), de l'Ile de Ré, mort de ses blessures le 14 avril 1782.
Tennière (Jean-Baptiste), de Granville.
Guillaume (Jean-Baptiste), de Nantes.
Le Bihan (François), de Morlaix.
Chaton (Louis), de Rennes.
Gautier (Joseph), de Rennes.
Broché (Julien), de Château-Gontier.
Blondel (Pierre), de Fécamp, mort à bord le 20 août 1781.
Jarry (François), du Mans.
Chauveau (Noël), de Beaunay, tué au combat du 25 janvier 1782.
Pannier (Pierre), de Dinan.
Bidaman (Yves), de Tréguier.
Viratelle (René), de Brest.
De la Ville (Pierre), de Cognac.
Gicquel (Adrien), de Rennes.
Lochu (René), d'Angers.
Doniol (Pierre), de Nantes.
Le Roux (Pierre-Amant), de Paris.
Rouvray (Louis-Claude), de Paris.
Frigou (Joseph), de Pontivy, mort à bord le 17 juillet 1781.
Barré (Joseph), de Rouen.
Pannier (Gervais), de Blois.
Folas (Maurice), de Blois.
Beaudouin (Claude), de Blois.
Hubert (François), de Blois.
Blin (François), de Blois.
Bezard (Louis), de Blois.
Mario (Pierre), de Blois.
Rocher (Pierre), de Blois.
Alix (René), de Blois.
Petiteau (Guillaume), de Blois, mort à Kingston le 2 novembre 1782.
Léger (Guillaume), de Blois.
Joly (Jean-Marie), de Blois.
Boulon (Charles), de Blois.
Pannier (Clément), de Blois.
Huet (Robert), de Honfleur.
Person (Jacques), de Tréguier.
Mainguet (Jean), de Nantes.
Thomerel (Pierre), de Paris.
Rio (Louis-François), de Vannes.
Moricet (Mathurin), de Dinan.
Féger (François), de Saint-Brieuc.
Mondeville (Pierre), de Fécamp.
Le Bras (Jean), de Tréguier.
Lainé (Jean-Baptiste), du Havre.
Chavigneau (Jean), des Sables.
Riou (Jean), de Brest.
Hiria (Etienne), de Saint-Jean-de-Luz.
Collin (Ollivier-François), de Vannes.
Harley (M[el]), de Saint-Malo.
L'Hostic (François), du Conquet, blessé au combat du 12 avril 1782.
Aube (Jean-M[ie]-Désiré), de Rouen.
Jantant (Jean-Jérôme), de Rouen.
Praux (Honoré), de Noirmoutiers.
Vrigneau (Mathurin), de Noirmoutiers.
Gervier (Jean), de Noirmoutiers.
Périn (Mathurin), de Noirmoutiers.
Richard (Simon), de Noirmoutiers.
Masseteau (Guillaume), de Noirmoutiers, mort de ses blessures le 26 janvier 1782.
Carouer (Guillaume), de Lorient.
Labourier (Mathurin), de Lorient.
Albaron (Arnaud), de Brest.
Le Méven (Louis), de Saint-Brieuc.
Trudel (Louis), de Granville, mort à Kingston le 30 octobre 1782.
Inizan (Yves), de Quimper.
Carval (Jacques), de Quimper.
Cantin (Jean), de Granville.
Trochon (Thomas), de Granville.
Jaquinot (Etienne), de Châtillon-sur-Seine.
Giffart (Edme), de Tonnerre.
Maurice (Jean-Pierre), de Verdun.
Habert (Claude), de Commercy.
Dardo (Jacques), de Limoges.
Le Roux (Pierre), de Montreuil (Picardie).
Garmond (Pierre), de Provins.
Petit (Pierre), de Paris.
Diard (Jean), de Fontainebleau.
Beaufils (Thomas-Bienvenu), de Fécamp.
Foulon (Pierre), du Havre.
Philippes (Jean), de Bayeux.
Delvalet (Joseph), de Dunkerque.
Sauvager (Léger), de Limoges.
Tévenin (Pierre), de Nevers.
Paquet (Jean), du Mans.
Cotidiot (Jean-Louis), de Fécamp.
Duperré (Pierre), de Tours.
Héron (Gilles), d'Alençon.
Robas (Thomas), de Saint-Omer.
Dannois (Nicolas), de Bar-le-Duc.
Joignot (Charles), de Troyes.
Bergeac (Claude), de Mâcon.
Gouégenne (Christophe), de Lesneven, mort de ses blessures le 17 avril 1782.
Perron (Thomas), de Morlaix.
Le Lazou (Hervé), de Morlaix.
Cadiou (Paul), de Morlaix.
Marvillon (François), de Morlaix.
Jaffrey (Hervé), de Morlaix.
Le Bihan (Jean), de Morlaix.
Arzur (Yves), de Morlaix.
Quérouard (Hervé), de Morlaix.
Le Bihan (Claude), de Morlaix.
Le Gal (Augustin-François), de Morlaix, mort à bord le 19 février 1782.
Thomas (Nicolas), de Morlaix.
Le Hir (Prigent), de Morlaix.
Guillervé (Joseph), de Morlaix, mort à l'hôpital du Fort-Royal le 16 mars 1782.
Kroas (Ollivier), de Morlaix.
Nédélec (François), de Morlaix.
Kervran (Jacques), de Saint-Pol-de-Léon.
Quéméneur (François), de Brest.
Prigent (Jacques), de Châteaulin.
Guilmineau (Joseph), de Châlon-sur-Saône, mort à bord le 8 avril 1782.
Falaize (Jacques-François), du Havre.

Gardes-côtes.

Morvan (François), de Lannion.
Petit (Pierre), d'Angers.
Abraham (Gabriel), de Granville.
Combrun (Jean), de Granville.
Dubois (Marcel), de Granville.
Guiffard (Eloi), de Granville.
Seaucé (Jacques), de Granville, mort à bord le 24 septembre 1781.
Gloria (Nicolas), de Dieppe.
Louvet (Jean), de Dieppe.
Caperon (Charles), de Fécamp.
Duport (Isidore), de Fécamp.
Bonnette (M.), de Fécamp.
Papillon (Pierre), de Fécamp.
Artivel (Charles), de Fécamp.
De Latre (Robert), de Fécamp, mort à l'hôpital du Fort-Royal le 4 janvier 1782.
Magdelaine (Guillaume), de la Hougue.
Le Gagneur (François), de la Hougue.
Dubocq (François-Guillaume), de la Hougue.
Marthe (Jacques), de la Hougue.
L'Etoile (Jean-Baptiste), de Saint-Valéry.
Turgis (Gilles-Jean-Baptiste), de Cherbourg, mort à bord le 6 juillet 1781.
Pierre (Jacques), de Tréguier.
Le Bescond (Jean), de Tréguier.
Briand (Pierre), de Tréguier.

Gouriou (Guillaume), de Tréguier.
Raimond (Isaac), de Tréguier.
Le Bouvois (Joseph), de Tréguier.
Le Roy (Yves), de Tréguier.
Nicolas (Jean), de Tréguier.
Le Layer (Yves), de Tréguier, mort à bord le 28 septembre 1781.
Gélard (Noël), de Tréguier.
Maubruchon (Yves), de Saint-Brieuc.
Petra (Pierre), de Saint-Brieuc.
Mézéard (Louis), de Saint-Brieuc.
Cosson (Guillaume), de Saint-Brieuc.
Glaux (Guillaume), de Saint-Brieuc.
Hervillon (Ollivier), de Saint-Brieuc.
Paris (François), de Saint-Brieuc, blessé au combat du 12 avril 1782.
Le Cardinal (Jacques), de Saint-Brieuc.
Olfray (Pierre), de Saint-Brieuc.
Savouroux (François-Jean), de Saint-Brieuc.
Olfray (Jean), de Saint-Brieuc.
Charles (Lucas), de Saint-Brieuc.
Simon (Jean), de Saint-Brieuc.
Poche (Yves), de Saint-Brieuc, mort à bord le 2 mai 1781.
Cosson (François), de Saint-Brieuc.
Boizard (Louis), de Saint-Brieuc.
Milon (François), de Saint-Brieuc, mort à l'hôpital du Fort-Royal le 22 juillet 1781.
Delahaye (François), de Saint-Valéry.
Even (Jean), de Tréguier.
Moinet (Laurent), de Dinan.
Darman (Mathieu), de Dieppe.
Bouvière (Louis), de Honfleur.
Fromager (Pierre), de Dieppe.
Le Boller (Pierre), de Quimper.
Hervé (Guillaume), de Quimper.
Carval (Jacques), de Quimper.
Le Bihan (Jacques-Etienne), de Quimper.
Pichon (Jean), de Quimper.
Blaize (Mathieu), de Quimper.
Couic (Jacques), de Quimper.
Prévès (Louis), de Quimper.
Quéméner (Corentin), de Quimper.
Cuchaouas (Guillaume), de Quimper.
Le Bourhis (Tanguy), de Quimper, mort à bord le 7 mars 1782.
Marzin (Jacques), de Quimper.
Noallic (Yves), de Quimper.
Poulhan (Jacques), de Quimper.
Hay (François), de Quimper.
Lirent (Pierre), de Quimper, tué au combat du 25 janvier 1782.
Charbonnet (Julien), de Granville.
Corbin (François), de la Hougue, noyé à la Jamaïque le 9 mai 1782.
Dehaies (Jean), de Dieppe.
Gauvin (Nicolas), de Honfleur.
Brochard (Pierre), de Nantes.

Surnuméraires, etc.

Méjean (Jacques), pilote, de Saint-Brieuc.
Henry (Yves), pilote, de Saint-Brieuc.
Forget (Gabriel), pilote, de Quimperlé.
Deshayes (Jean-G^{me}), premier commis, de Brest.
Viré (Claude), deuxième commis, de Granville.
Louret (Jean-Louis), deuxième commis, de Dieppe.
Lefèvre (Louis), deuxième commis, de Bourbonnay (Flandre), mort des blessures reçues au combat du 9 avril 1782.

Loisel (Charles), boucher, de Paris.
Vallée (Pierre), boulanger, de Granville.
Stéphan (Claude), forgeron, de Brest.
Durieux (Benoît), armurier, de Besançon.
Hamond (Nicolas), armurier, de Brest.
Dieuville (Angot), imprimeur, de Dinan.
Lauron (Jean), imprimeur, de Toulon.
Collin (Hervé), imprimeur, de Brest.
Carré (Pierre-Gaspard), secrétaire, de Calais.
Puget (Pierre-Vincent), secrétaire, d'Aix.

Mousses.

La Touche (Jacques-Marie), de Rennes.
Peuche (Etienne), de Tréguier.
L'Huissier (Louis), de Brest.
Gourvelin (Yves-Marie), de Brest.
Liézour (Jean-Marie), de Brest.
Petton (Hervé), de Brest.
Launay (Pierre-Guillaume), de Brest.
Dézenner (François), de Brest.
Ropars (Toussaint), de Brest.
Corvès (Nicolas-Marie), de Brest, mort de ses blessures le 4 février 1782.
Kermeur (Alexis), de Vannes.
Déredec (François), de Landerneau.
Gestin (Yves), de Landerneau.
Balance (Bernard), de Lesneven.
Enault (Guillaume), de Fécamp.
Martin (Louis), de Saint-Brieuc.
Eouzan (Laurent), de Saint-Brieuc.
Cottard (Jean-Louis), de Saint-Brieuc.
Nicol (Pierre), de Saint-Brieuc.
Reboux (Jacques), de Saint-Brieuc.
Perceveau (Victor), de Saint-Brieuc.
Vaillance (Christophe), de Lambezellec.
Pichon (Yves), de Quimper.
Charpentier (Pierre), de Dinan.
Cocher (Yves-Marie), de Recouvrance.
Le Bourdon (Jean-Louis), de Pont-l'Abbé.
Nivard (Joseph), de Paris.
Le Gall (François-Marie), de Plouvien, grièvement blessé au combat du 12 avril 1782.
Le Corney (Jean-François), du Havre.
Pihnard (Marc), de Saint-Malo.
Neveaux (Noël), de Saint-Malo.
Bourloc (Jean-Marie), de Morlaix.
Loche (René), de Port-Louis.
Rocher (Paul), de Vannes.
Dulangard (Jean-François), de Lorient.
Fourny (Jean), de Brest.
Ropars (Jean), de Brest.
Carme (René), de Brest.
Hurot (Barthélémy), de Brest.
Damelon (Yves-Louis), de Brest.
Guérin (Vincent), de Brest.
Kervarec (Jean-Joseph), de Brest.
Sillard (Philippe), de Brest.
Alain (François), de Brest.
Rolland (Jean), de Brest.
Faveneo (Guillaume), de Brest, mort de ses blessures le 26 janvier 1782.
Thomas (Guillaume), de Vannes.
Cousin (Bertrand), de Granville.
Hénon (Mathias), de Lesneven.
Le Berre (Yves), de Saint-Brieuc.
Paranthouin (Yves), de Saint-Brieuc.
Le Sage (Yves), de Saint-Brieuc.
Le Conniat (Tugdval), de Saint-Brieuc.
Le Guen (Jean), de Landerneau.

Canivet (Charles), de Brest.
Lavenan (Jean), de Brest.
Dehaies (Jacques-Marie), de Brest.
Bornic (Laurent-Marie), de Brest.
Ségalin (Hervé), de Brest.
Kerjean (Hervé), de Brest.
Dagorne (François-Alain), de Brest.
Favé (Hervé), de Brest.
Coatéval (Hervé), de Brest.
Pucñot (François), de Brest.
Hosluc (Pierre), de Brest.
Le Reste (Michel), de Brest.
Stéphan (Thomas), de Brest, blessé au combat du 12 avril 1782.
Gourvin (Martin), de Saint-Malo.
Le Moine (Pierre), de Paris.
Palut (Louis), de Vannes, mort à bord le 21 décembre 1781.
Le Touer (Jean-René), de Lorient.
Furet (Joachim), de Lorient.
Le Pitre (Joseph), de Lorient.
Le Meur (François), de Saint-Brieuc.
Bunel (Ambroise), de Saint-Brieuc.
Le Bourhis (Jean), de Saint-Brieuc.
Le Tenon (Joseph), de Saint-Brieuc.
Halès (Antoine), de Saint-Brieuc.
Totivin (M.), de Saint-Brieuc.
Macé (Louis-Jacques), de Dieppe.
Boy (Jacques), de Briançon.
Souchet (Jean), de Paimbœuf.
Duvigot (Jérôme), de Quimper.
Le Goyat (Louis-Eustache), de Quimper.
Fabien (Augustin-François), du Havre.
Prigent (Jacques), de Lambézellec.
Le Jeune (Joseph), de Lannion, mort à bord le 14 septembre 1781.
Dangué (Thomas), de Saint-Malo.
Mounier (Joseph-Jean), de Saint-Malo.
Goyard (Etienne), de Saint-Malo.
Beaurieu (Marie-Joseph), de Saint-Malo, mort le 3 octobre 1780 à Kingston.
Pellerin (Nicolas), de Boston.
Manach (François), de Lannion.
Ribbotter (Mathieu), de Lannion.
Carrier (Christophe), d'Angoulême, tué au combat du 12 avril 1782.
Ouzon (Pierre), d'Auray.
Le Ray (Julien), de Rennes.
La Muche (Nicolas-Jean-François), de la Hougue.
Burban (Jacques), de Dinan.
Nédellec (Yves), de Lorient.
Bailly (Joseph-Nicolas), de Paris.
Rique (Jean-Baptiste), d'Arras.
Hosluc (Pierre), de Brest.
Perrot (Henry), de Morlaix.
Perrot (Pierre), de Morlaix, mort à l'hôpital le 27 juillet 1781.
Valentin (Pierre), de Paris.
Le Poder (Jean), de Gourin.
Cristin (Nicolas), de Belle-Isle-en-terre.
Desroches (Jean), de Paimbœuf.
Muraille (Jean), de Bordeaux.
Brun (Jacques), de Montpellier.
Brun (Henri), de Montpellier.
Puech (Victor), de Montpellier.
Baldouz (Jean-Marie), de Montpellier, blessé grièvement au combat du 12 avril 1782.
Guyot (Jean-Marie), de Lorient.
Peu (Joseph), de Lorient, mort de ses blessures le 26 janvier 1782.

Domestiques.

Lucas (Guillaume), de Lannion.
Gorec (Vincent), de Guingamp.
Drean (Joachim), de Guingamp.
Rivière (Jean), de Paris.
Gros (Jean), de Belle-Isle.
Polbeau (Pierre-François), de Vienne.
Le Clair (Charles), de Quimper.
Tromelin (Yves), de Landerneau.
Keravel (Jean), de Quimper.
Pépin (Charles-Nicolas), de Rouen.
Vitdecoq (Michel), de Rouen.
Bazin (Jacques), de Lorient.
Quériou (Julien), de Landerneau.
Vermout (Joseph), de Besançon.
Douard (Pierre), de Vitré.
Alleps (Denis), d'Arles.
Guitton (Louis-Guillaume) de Montauban.
Ségalin (Louis-Robert), de Recouvrance.
Castagnon (Jean), de Toulouse.

L'AIGRETTE

(Armée en Amérique. — Du 12 septembre 1781 au 31 mars 1782.)

M. le Chevalier DE CAMBIS, Lieutenant de vaisseau, Commandant.

ÉTAT-MAJOR

LIEUTENANTS DE VAISSEAU

Le Chevalier de **CAMBIS**, Commandant.
ISNARD de CANCELADE.

ENSEIGNES DE VAISSEAU

Le Chevalier **d'AURIBAU.**
De BEAUREGARD.
Le Chevalier de **GROING.**

OFFICIERS AUXILIAIRES

BONFILS de NIPOR.
DURUP.
RENAULD.
Du COZON.
PETIT.
De COURSON.

CHIRURGIENS

AIGRETTE de RAINVILLE.
PAIN.
LE GROS.

AUMONIER

MORIN (R. P.), Capucin.

GARDE DE LA MARINE

De SALIMBENI.

VOLONTAIRES

Rochet (Philippe), de Chaux.
Cornet (Marie), de Saint-Cyr.
Alleman (Joseph), de Toulon.

Officiers-mariniers de manœuvre.

Coquet (Guillaume), maître, d'Honfleur.
Le Danté (Louis), contremaître, de Recouvrance.
Silvestre (François), contremaître, de Marseille.
Coronet (Pierre), contremaître, de Bayonne.
Ombet (Pierre), quartier-maître, de Saint-Malo.
Mahé (Pierre), quartier-maître, du Croisic.
Joanno (Jean), quartier-maître, de Lorient.
Borie (Antoine), quartier-maître, de Marseille.
Peraux (François), quartier-maître, de Royan.

Officiers-mariniers de pilotage.

Guenon (Jean), premier pilote, de Rochefort.
Nicole (Jean), aide-pilote, de Granville.
Vigoureux (Louis), aide-pilote, de Granville.

Officiers-mariniers de canonnage.

Arnaud (Antoine), premier canonnier, de Toulon.
Fugairon (Joseph), second canonnier, d'Antibes.
Le Prêtre (Jean), aide-canonnier, de Dieppe.
Martin (Louis), aide-canonnier, de Honfleur.

Officiers-mariniers de charpentage.

Durand (Simon), aide-charpentier, de Granville.
Tartois (Pierre), aide-charpentier, du Croisic.
Brochet (Etienne), aide-charpentier, de Marennes.

Officiers-mariniers de calfatage

Boileau (Jean), maître calfat, de Granville.
Noël (Louis), aide-calfat, de Rochefort.

Officier-marinier de voilerie.

Bossec (Silvestre), second voilier, de Morlaix.

Matelots.

Durand (Jean), d'Agde.
Sivard (François), de Saint-Malo.
Boyé (François), de Marseille.
Souliers (Jean), de Cette.
Saniau (Henry), de Dinan.
Roussel (Joseph), de Saint-Brieuc.
Nogués (Pierre), de Marmande.
La Croix (Jean), Saint-Macaire.
Condé (Pierre), de Montauban.
Ardouin (Jacques), de Charité-sur-Loire.
Mauduit (Pierre), de Granville.
Préaut (Guillaume), de Rouen.
Le Coupet (Jean), de Granville.
Chaton (Jean), de Blaye.
Juin (Gérôme), de Dinan.
Paillon (Pierre), d'Angoulême.
Le Mévain (Philippe), de Saint-Brieuc.
Le Jeune (Thomas), de Saint-Malo.
Ancelot (François), de Port-Louis.
Bourse (Antoine), de Saint-Jean-de-Luz.
Langlois (Louis), de Dieppe.
Aimé (Jacques), de Martigues.
Martel (Joseph), de Saint-Tropez.
Dourdon (Joseph), de Toulon.
Quilien (Mathurin), de Lorient.
Michelon (Léonard), de Blaye.
Cambon (Louis), de Montauban.
Malenoux (Pierre), de Bordeaux.
Cauret (Barthélémy), de Bordeaux.
Boisseau (Pierre), de Nantes.
Le Sage (Nicolas), de Rouen.
Croiset (Jean), de Bordeaux.
Cabot (Nicolas), de Rouen.
Dossé (François), de Saint-Malo.
Thomé (Jean), de Nantes.
Gauttier (Michel), de Blois.
Monnier (Gérôme), de Saint-Valéry.
Guerlava (Joseph), de Saint-Malo.
Donat (Antoine), de Bordeaux.
Porsin (Etienne), de Rochefort.
Quinot (Pierre), de Blaye.
Menard (Pierré), de Granville.
Brosson (Pierre), de Rennes.
Denechot (Michel), de Blaye.
Langlois (Jacques), de Granville.
Augé (Louis), de Rochefort.
Coatelot (Guillaume), de Quimper.
Golan (Jean), de Dinan.
Dantos (Jean), de Bordeaux.
Ollivier (Guillaume), de Saint-Brieuc, noyé le 6 novembre 1781.
Denis (Charles), du Havre.
Gilbert (André), de Brest.
Nadeau (Pierre), d'Oléron.
Ménard (Julien), de Granville.
Chauvet (Julien), de Nantes, noyé le 10 février 1782.
Michel (Marc), de Vannes.
Barat (Antoine), de Toulouse.
Adenet (Charles), d'Antibes, mort le 19 janvier 1782.
Brown (Frédéric), de Charlestown.
Smith (César), de Philadelphie.
William (Thomas), de Philadelphie.
Michel (Joseph), de la Ciotat.
Isnard (Jean), de Marseille.

Lamandée (Jean), de Lorient.
Perron (Jacques), d'Oléron.
Le Mestrie (Jean), de Lorient.
Balan (Jean), de Bordeaux.
Grossia (Jean), de Bordeaux.
Chourourri (Jean), de Bayonne.
Alard (François), de Digne.
Pignol (Laurent), de Marseille.
Lorin (François), de Lyon.
Chevalon (André), de Bordeaux.
Blanc (Jean), de Marseille.
Raymond (François), d'Avignon.
La Neuville (Martin), de Honfleur.
Briand (Joseph), d'Avignon.
Castelin (Joseph), d'Aubagne.
Cottrie (Pierre), de Morlaix.
Coste (Joseph), de Marseille.
Gilbert (Jean), de Saint-Malo.
Barras (Jean), de Marseille.
Sandis (Neklis), Américain.
Jomphn (Williams), Américain.
Brieuc (Gilles), de Guérande.
Moret (Jean), de Marennes.
Mains (Jacques), de Nantes.
Girami (Jean), de Marseille.
Delarue (François), de Poitiers.
Ballan (Jean), de Bordeaux.
Rosaire (Denys), de Bayonne.
D'Espagne (Jacques), de Bordeaux.
La Coste (Pierre), de Bayonne.
Anselme (Pierre), du Havre.
Lamotte (Jean), de Bayonne.
Daniel (Joseph), de Montauban.
Borré (Bernard), de Bordeaux.
Vudebat (Jean), de Bordeaux.
Berjon (François), de Royan.
Furet (Alexandre), de Saint-Malo.
Bernard (Jérôme), de Bordeaux.
Miyonnet (Jacques), de Royan.
Guichard (Jean), de Saint-Malo.
Latour (Daniel), de Royan.
Bernon (Pierre), de Royan.
Champagne (Charles), de Rochefort.
Hostaing (Jean), de Bordeaux.
Birolo (André), de Royan.
Laveau (Jacques), de Libourne.
L'Ecaille (Jean), de Fécamp.
Perray (Pierre), de Rochefort.
Portel (Jean), de Rochefort.
Castel (Gilles), de Quimper.
Meguy (Jean), de Granville.

Surnuméraires.

Lieury, de Port-Louis.

Cantaud (Amand), de Bordeaux.
Douen (François), de Nantes.
Troedec (François), de Brest.
Poulin (Nicolas), de Dieppe.

Mousses.

Daniel (Guillaume), de Saint-Renan.
Fontaine (Jean), de Granville.
Giraud (Alexis), de la Rochelle.
Duhamel (Pierre), de Saint-Malo.
Coatetau (Jean), de Quimper.
Papaud (Augustin), d'Oléron.
Ducamp (Jean), de Dunkerque.
Dubail (Louis), de Dunkerque.
François (Jean), de Marseille.
Blanchon (François), de Marseille.
Romaigoux (Augustin), de Marseille.
Goder (François), de Marseille.
Durand (Pierre), de Granville.
Dublat (Jean), de Bordeaux.
Marie (Joseph), de la Ciotat.
Le Goff (Yves), de Brest.

Domestiques.

Travaillon (Joseph), d'Aubagne.
Bigneau (Jean), du Mans.
Perrier (Georges), de Honfleur.

LE DIADÈME

(De février 1779 à janvier 1781)

M. DAMPIERRE, Capitaine de vaisseau, Commandant.

ÉTAT-MAJOR

CAPITAINES DE VAISSEAU

DAMPIERRE.
De **KEROUAN MAHE.**

LIEUTENANTS DE VAISSEAU

DE SIMAR.
Le Chevalier de **JACQUELOT**, tué le 6 juillet 1779.
Le Chevalier **HUON** de **KERMADEC.**
De GOURSOLA.

ENSEIGNES DE VAISSEAU

DUPLESSIS MAUDUIT.
De SALHA.
De LUZEAUX.
DESEURES.

OFFICIERS AUXILIAIRES

LE MINIHI.
De **BOMPAR.**
SANGUINET.
LA MARTINIERE.
Le Chevalier **LILLE de la MOTTE.**

CHIRURGIEN-MAJOR

PICHON.

AUMONIERS

REMY (R. P.), Capucin, mort le 25 août 1779.
DURANDO (R. P. Picard), Carme.
AUMON (R. P. Augustin).

GARDES DE LA MARINE

BOURGEOIS du HAMBOURG.
Du PERRON DAUFREVILLE.

VOLONTAIRES

Thomas.
Dieudé de Saint-Lazarre.
De Péronne, mort le 5 novembre 1779.
Autret de Kerlégan, mort le 3 mars 1779.
Villon de Bellefont, mort le 14 juin 1779.
Emeriaud Bauverger.
Bécannière, mort le 15 mai 1781.
Bois-Hamon.
Dizier de Montliveau.
Le Chevalier de **Teremay**, blessé à Savannah le 9 octobre.
Cazotte, passé comme lieutenant à bord de la flûte « l'Aventure ».
Le Roux de Framerville.
Besson.
Demoyré.
Gouillard (Louis).
Dechemiac.

Officiers-mariniers de manœuvre.

Le Rumeur (Jean), premier maître, de Brest, tué le 6 juillet 1779.
Dauger (Adrien), second, de Lorient.
Toumelin (Marc), second, de Lorient.
Jeannou (François), second maître, de Recouvrance.
Goguin (François), contremaître, de Saint-Malo.
Robert (Louis), contremaître, de Saint-Brieuc.
Audren (Jean), contremaître, de Lorient, tué le 21 mars 1780.
Rochard (Jacques), contremaître, mort le 25 juin 1779.
Roussel (Claude), contremaître, de Saint-Valéry.
Villien (Jean), bosseman, de Brest.
Baucher (François), bosseman, de Lorient.
Rouleau (Jean), bosseman, de la Rochelle.
Le Brun (Charles), quartier-maître, de Rouen, mort le 4 mai 1780.
Le Blois (Yves), quartier-maître, de Recouvrance.
Hervé (Marie), quartier-maître, du Croisic.
Le Sault (Julien), quartier-maître, de Lorient, mort le 14 juin 1779.
Guerrier (Thomas), quartier-maître, de Rouen.
Foucher (Joseph), quartier-maître, de Toulon, mort le 27 mai 1779.

Le Venès (Jean), quartier-maître, de Quimper.

Le Clinche (François), quartier-maître, de Lorient.

Quermeur (Jean), quartier-maître, de Lorient.

Le Maitre (Charles), quartier-maître, de Rouen, mort le 4 mai 1780.

Gilard (Paul), quartier-maître, de Lorient, blessé au combat du 6 juillet 1779.

Riaud (Jean), quartier-maître, de Nantes, mort le 8 juillet 1779.

Bouchon (Christophe), quartier-maître, de Honfleur.

Alain (Joseph), quartier-maître, de Vannes, mort le 29 mars 1779 par suite de blessures.

Cadiou (François), quartier-maître, de Brest.

Landel (Jean), quartier-maître, de Vannes.

Canivet (Bernard), quartier-maître, de Camaret, mort le 12 juin 1779.

Merle, quartier-maître, de Bordeaux.

Tessier (Pierre), quartier-maître, de Vannes.

Pelton (Thomas), quartier-maître, de Quimper.

Soubilleau (Charles), quartier-maître, de Rochefort, mort le 8 août 1780.

Le Bretou (Thomas), quartier-maître, de Saint-Malo, mort le 25 juillet 1780.

Officiers-mariniers de pilotage.

Fury (Jacques), patron de chaloupe, de Quimper.

Devaux (Jean), patron de canot, de Saint-Valéry.

Pincemin (Noël), patron de canot, de Brest.

De la Salle Brune (Pierre), premier pilote, de Brest, tué le 6 juillet 1779.

Certain (Joseph), second pilote, de Dieppe.

Le Teinturier (François), second pilote, de Brest, blessé au combat du 6 juillet 1779.

Campan (André), aide-pilote, de la Guadeloupe, mort le 30 novembre 1780.

Duval (Nicolas), aide-pilote, de Fécamp.

Jourand (François), aide-pilote, de Saint-Brieuc.

Defuc (Jean-Marie), aide-pilote, de Quimper, tué le 6 juillet 1779.

Bion, aide-pilote, de Dieppe.

Soudril (Jean), aide-pilote, de Fécamp.

Officiers-mariniers de canonnage.

Deslandes (Guillaume), maître canonnier, de Recouvrance.

Bihan (Marc), maître canonnier, de Lorient, blessé au combat du 6 juillet 1779.

Salaun (Jean), second canonnier, de Brest.

Kerjean (Pierre), aide-canonnier, de Recouvrance.

Le Bert (Toussaint), aide-canonnier, de Brest.

Colin (Guillaume), aide-canonnier, de Saint-Malo.

Desroches (Vincent), aide-canonnier, de Granville.

Jully (Charles), aide-canonnier, du Havre, mort le 27 février 1781.

Dufour (Nicolas), aide-canonnier, de la Hougue, mort le 7 juin 1779.

Guilland (Jean), aide-canonnier, de Nantes.

Duyot (Jean), aide-canonnier, de Granville.

Le Tellier (Noël), aide-canonnier, de Fécamp.

Pamparé (Nicolas), aide-canonnier, de Fécamp.

Colas (Barthélémy), aide-canonnier, de Fécamp, mort le 27 juin 1780.

Rivoal (Guinolé), aide-canonnier, de Quimper.

Avenel (François), aide-canonnier, de la Hougue.

Martin (Jean), aide-canonnier, de la Hougue.

Goués (François), aide-canonnier, de Brest.

Furet (Jean), aide-canonnier, de Saint-Malo.

Moulin (Guillaume), aide-canonnier, de Cherbourg.

Boyard (Claude), aide-canonnier, de Saint-Valery.

Le Breton (Alain), aide-canonnier, de Quimper.

De la Cour (Jean-Luc), aide-canonnier, de Granville.

Onol (Louis), aide-canonnier, de Calais.

Le Borgne (Jacques), aide-canonnier, de Calais.

Ouarné (Salomon), aide-canonnier, de Brest.

Lemoing (François), aide-canonnier, de Brest.

Maignan (Vincent), aide-canonnier, de la Hougue.

L'Ecuyer (François), aide-canonnier, de la Hougue.

Langlais (Jean), aide-canonnier, de Saint-Malo.

Bepelièvres (Pierre), aide-canonnier, de Saint-Malo.

Etienne (Jean), aide-canonnier, de Marseille.

Officiers-mariniers de charpentage.

Thibert (François), second charpentier, de Cherbourg, blessé au combat du 20 mars 1779.

Vallendon (Jean), second charpentier de la Rochelle.

Guyot (Yves), aide-charpentier, de Recouvrance.

Le Pennec (Marc), aide-charpentier, de Lorient.

Larondé (Jean), aide-charpentier, de Bordeaux.

Mahé (Thomas), aide-charpentier, de Brest.

Officiers-mariniers de calfatage.

Léost (François), maître calfat, de Recouvrance.

Boulbare (François), second calfat, de Lorient, mort le 28 septembre 1779.

Kermarec (Jacques), aide-calfat, de Lorient.

Kerdraon (Yves), aide-calfat, de Brest.

Chottard (Ollivier), aide-calfat, de Brest.

Pérodeau, aide-calfat, de Paimbœuf.

Officiers-mariniers de voilerie.

Lenard (François), maître voilier, de Recouvrance.

Souviran (Michel), second voilier, de Brest.

Nizou (Pierre), aide-voilier, de Douarnenez.

Le Guesnier (Jean), aide-voilier, de Rouen.

Gabiers.

Jolly (Victor), de Fécamp.

Liétoul (Laurent), de Honfleur, mort le 17 mai 1779.

Maury (Philippe), de Lorient.

Piquefeu (Antoine), de Rouen, mort le 3 mai 1779.

Le Cam (Guillaume), de Brest.

Le Bras (Guillaume), de Brest.

Lemoal (Olivier), de Morlaix.

Icard (Antoine), de Boulogne.

Le Saunier (Louis), de la Hougue.

Inguet (Jean), de Libourne.

Grossin (Louis), de Granville.

Le Roy (François), de Brest.

Guynard (Joseph), de Saint-Brieuc.

Salomon (Vincent), de Dinan.

Morel (Pascal), de Saint-Valéry.

Charles (François), de Lorient.

Henry (Joseph-Petit), de Quimper.

Guérou (Alexandre), de Lesneven, tué le 6 juillet 1779.

Severre (Richard), de Morlaix, mort le 3 avril 1779.

Parement (Denis), de Granville.

Poupot (Joseph), de Brest.

Alain (René), du Croisic, mort le 18 avril 1779.

Timoniers.

Creté (Léonard), de Bordeaux.

Lemoeré (Joseph), de Quimper.

Maistral (Désiré), de Brest.

Gauffeny (Pierre), de Saint-Brieuc.

Joly (Mathurin), de Dinan.

Malhar (Jean), de Bordeaux.

Matelots.

Bellanger (Isaac), de Honfleur, mort le 15 octobre 1779.

Godel (Jacques), de la Hougue, mort le 6 août 1779.

Foliot (André), de la Hougue, mort le 9 mars 1779.

Filastre (Pierre), de Rouen, mort le 24 mars 1780 d'une blessure.

Briand (Pierre), de Lannion, mort le 11 juin 1780.

Kervegant (Jean), de Vannes, mort le 6 décembre 1779, d'une blessure au combat du 6 juillet 1779.

Le Cuzy (Jean), de Caen.

Lafosse (Jacques), de Saint-Valéry.

Guillou (Marie), de Brest.

Boissel (Charles), de la Hougue, mort le 18 août 1779 à l'hôpital de Fort-Royal.

Lambert (François), de Saint-Valéry, tué le 8 juillet 1779.

Blondel (Jacques), de Caen.

Philibert (René), de Recouvrance.

Faux (Pierre), de Bordeaux.

Le Pannetier (Thomas), de Granville, tué le 6 juillet 1779.

Pinsard (Pierre), de Saint-Malo.

Corvec (François), de Vannes.

Langevin (Charles), de Fécamp.

Langlois (Etienne), de Saint-Malo.

Fabre (Laurent), de Brest.

Le Guesne (Nicolas), de Caen, mort à l'hôpital de Fort-Royal le 18 juillet 1779.

Le Gonidec (Michel), de Saint-Brieuc.

Belloncle (Augustin), de Fécamp.

Cloarec (Jean), de Lorient.

Briezeau (François), de Rochefort.

Carcaille (Jean), de Saint-Brieuc, mort le 4 janvier 1781.

Tréhen (Jean), de Saint-Brieuc.

Desnoués (Louis), de Saint-Malo.

Hercouet (François), de Saint-Brieuc.

Revel (Hyacinthe), de Saint-Brieuc, mort le 6 décembre 1780.

Le Dantec (Célestin), de Saint-Brieuc, tué le 21 mars 1780.

Le Cocq (Laurent), de Saint-Valéry.

Cuissol (François), de Fécamp.

Thomas (Jean), de Lorient, mort le 1er août 1779.

Le Roux (Riagat), de Quimper.

Auger (Antoine), de Granville.

Le Molgat (Dominique), de Vannes.

Berthaut (Charles), de Saint-Malo.

Lelong (Nicolas), de la Hougue.
Lahaye (Guillaume), de la Hougue, mort le 13 juin 1779.
Le Breton (Charles), de Granville.
Barré (François), de Fécamp.
Racine (Barthélémy), de Rouen.
Gosse (François), de Granville.
Cottard (Pierre), de Granville, mort le 11 juin 1779.
Lescaut (Jean), de Brest, mort le 6 juin 1780.
Le Gouès (Jean), de Brest, mort le 3 juin 1779.
Tissier (Julien), de Granville.
Lefèvre (Jean), de Rouen.
Bœuf (Michel), de Saint-Valéry.
Robinot (François), de Vannes, mort le 24 octobre 1780.
Groult (Jean), de Cherbourg.
Le Dren (Pierre), de Quimper.
Coateval (Goulven), de Brest.
Kergoat (Vincent), de Port-Louis.
Robinot (Thomas), de Saint-Brieuc.
Desprez (François), de Rouen.
Berré (Lazarre), de Dinan.
Le Peley (Pierre), de Granville, mort le 9 septembre 1779.
Roso (Jean), de Vannes.
Léonard (Guillaume), de la Hougue.
Boulieaud (Joseph), de Vannes.
Pérodeau (Louis), de Vannes, mort le 24 juin 1779.
Bertaud (Pierre), de Lorient, mort le 9 janvier 1781.
Andrieu (Louis), de Caen.
Vincent (Robert), de Fécamp, mort le 12 décembre 1779 à l'hôpital de Fort-Royal.
Olichon (Louis), de Lorient, mort le 10 avril 1780.
Corbel (François), de la Hougue, mort le 21 avril 1780.
Pel (Louis), de Honfleur.
L'Ecuyer (François), de la Hougue.
Le Dun (Antoine), de Fécamp.
Michel (Jean), de Fécamp.
Robillard (Jean), du Havre.
Duhamel (Jean), de Fécamp, mort à l'hôpital de Fort-Royal le 22 juillet 1779.
Beuriec (Pierre), de Saint-Valéry.
Roquelin (Alexandre), de Rouen, mort le 27 juin 1780.
Guyamant (Nicolas), de Brest.
Valeau (André), de la Rochelle, mort le 11 juillet 1779 de blessure au combat du 6 juillet 1779.
Auriol (Pierre), de Toulouse.
Gailleau (Guillaume), de Nantes, mort le 30 mai 1779.
Lacaze (Guillaume), de Toulouse.
Massé (Guillaume), de Saint-Malo, blessé au combat du 6 juillet 1779.
Fotin (Jacques), du Havre.
Furdive (Thomas), de la Hougue, mort le 1er janvier 1780.
Fleuray (Joseph), de Vannes.
Le Comte (Julien), de Granville.
Lassus (Arnaud), de Bayonne.
Joubert (Pierre), de Libourne, mort le 25 mai 1779.
Morvan (Urbain), de Quimper.
Alaire (Alexandre), des Sables.
Desroches (Jean), de Granville.
Guillet (Joseph), du Havre, mort le 2 août 1779 à l'hôpital de Fort-Royal.
Grandais (Jacques), de Granville.
Le Breton (Jacques), de Vannes, mort le 27 juillet 1779 à l'hôpital de Fort-Royal.
Fatou (Michel), de la Hougue, mort le 17 juin 1779.
Roudot (Jacques), de Quimper.
Gicquel (René), de Saint-Brieuc.
Querniou (François), de Saint-Brieuc.
Disquelou (Jean), de Quimper.
Mautrel (Jean), de Brest.
Allier (Jean), de Vannes.
Formal (Julien), de Vannes.
Costavec (Joseph), de Vannes.
Limantour (Louis), de Lorient.
Josseau (Yves), de Nantes, mort le 13 juin 1779.
Le Clerc (Charles), de Cherbourg.
Sorel (François), de Cherbourg, mort à l'hôpital de Fort-Royal le 22 juillet 1779.
Lemauguen (Charles), de Cherbourg, mort le 3 avril 1779.
Barbedienne (Pierre), de Saint-Brieuc, mort le 8 juillet 1779.
Ribet (François), de Cherbourg.
Pilet (François), de la Hougue, blessé au combat du 20 mars 1780.
Tassin (Louis), de la Hougue, mort en novembre 1779.
Chevert (Noël), de Quimper.
Maillard (Jean), de Granville.
Tellier (Jean), de Dieppe.
Du Tertre (Alain), de Morlaix.
Le Pennec (Olivier), de Saint-Brieuc, mort le 16 août 1779 à l'hôpital de Fort-Royal.
Ribout (René), de Vannes.
Vallée (Jacques), de Saint-Brieuc.
Brun (Julien), de Marseille.
Saunier (Guillaume), de Lorient.
Brulé (Pierre), de Nantes.
Delaunay (Jacques), de Dieppe.
Allais (Dominique), de Nantes.
Mandier (Michel), de Granville.
Courré (Jean), de Bordeaux, mort le 23 juin 1779.
Billattre (Etienne), de la Teste.
Deguen (Jean), de Saint-Brieuc.
Mondin (Etienne), de Marmande.
Guérin (Adrien), de Fécamp.
Fontaine (Augustin), de Fécamp, tué le 6 juillet 1779.
Le Biham (Hamon), de Saint-Pol.
Trébaut (André), de Recouvrance.
Delange (Nicolas), de la Hougue, mort le 23 janvier 1780.
Rolland (François), de Vannes.
Chaperon (Pierre), de Nantes, mort le 4 juin 1779.
Eveno (Olivier), de Vannes.
Gicquel (François), de Saint-Brieuc.
Dupont (Isaac), de Boulogne.
La Roque (Jean), de Moissac.
Gahagnon (Tanguy), du Conquet, blessé au combat du 20 mars 1780.
Chauvin (Jean), de Rouen.
Dupuy (François), de Bordeaux.
Keriebitz (Louis), de Paris.
Maudan (Pierre), du Havre.
Charlon (Jean), de Nantes.
Paumerette (Julien), de Quimper.
Donnel (Antoine), de Honfleur.
Bailly (Jean), de Granville.
Le Gallic (Vincent), de Vannes.
Fleury (Jacques), de Vannes.
Prigent (Jean), de Morlaix, mort le 14 juin 1779.
Le Gal (Antoine), de Quimper, mort le 3 décembre 1779.
Broustard, de Quimper.
Rebuc (Jean), de Honfleur.
Chevert (Jacques), de Roscoff.
Langlois (Pierre), de Honfleur.
Couté (Jacques), de Rouen.
Gave (Philippe), de Rouen, mort le 30 novembre 1780.
Jolly (François), de la Hougue.
Renouf (Louis), de la Hougue, mort le 12 juin 1779.
Orange (Jacques), de la Hougue, mort à l'hôpital de Fort-Royal le 12 août 1779.
Lemirre (Jean), de la Hougue.
Alix (François), de la Hougue, mort le 9 septembre 1779.
Bernard (Jean), de Brest.
Rio (Joseph), de Lorient.
Le Bert (Joseph), de Lorient.
Pitel (Augustin), de Honfleur.
Ramé (Michel), de Boulogne.
Berthelé (Mathieu), de Morlaix.
Liot (Jacques), de la Hougue.
Rolland (Jean), de Brest.
Lullier (Jean), de Lambézellec mort le 16 novembre 1779.
Bristol (François), de Honfleur, mort le 28 août 1779.
Saureau (Louis), de Nantes.
Moguette (Louis), de Brest.
Duvigneau (Louis), de Bordeaux.
Cazeaux (Jean), de Bayonne.
Coupry (Sébastien), de Libourne, mort le 20 avril 1779.
Pinchon (Georges), de Granville.
Menou (Jacques), du Conquet.
Lhopital (Nicolas), de Lorient.
Feuilloncat (Jean), de Marmande.
Perdu (François), de Honfleur.
Bardelé (Jean), de Brest, mort le 9 décembre 1780.
La Peire (Jean), de Toulouse.
Le Vieux (Jean), de Dieppe.
Auffray (Julien), de Saint-Brieuc, mort à l'hôpital de Fort-Royal le 26 août 1779.
Maurieau (Prosper), de Rouen, blessé au combat du 6 juillet 1779.
Lidourne (Guillaume), de Quimper.
Le Masson (Gabriel), de Molène, mort le 27 juin 1779.
Poulain (Mathieu), de Lorient.
Bailly (Joseph), de Dieppe.
Nicole (Jean), de Granville, mort le 3 août 1779.
Léger (Jean), du Havre.
Boussard (Julien), de Nantes.
Roux (Pierre), de Blaye.
Bussiec (Jean), de Libourne, mort le 1er janvier 1780 à l'hôpital de Fort-Royal.
Le Blondel (Guillaume), de Granville.
Turpin (Etienne), de Nantes, mort le 25 mai 1779.
Bozec (Joseph), de Vannes.
Goguec (Jean), de Brest.
Poulain (Pierre), de Rouen.
Pansard (Mathurin), de Saint-Brieuc, mort le 16 février 1780; blessé au combat du 6 juillet 1779.
Gicquel (Jean), de Saint-Brieuc.
Michelot (Jean), de Vannes.
Le Bègue (Nicolas), de Vannes.
Chauvin (Nicolas), de Granville.

Couillard (Jacques), de Granville.
Longrais (François), de Granville.
Arondel (Guillaume), de Granville.
Bescond (Yves), de Quimper.
Le Maréchal (François), de Granville.
Le Roux (Philibert), de Vannes.
Rohais (Julien), du Havre.
Emery (Benoîts), de Honfleur.
Desbois (Charles), de Honfleur, mort le 1er novembre 1779.
Liard (Jean), de Honfleur.
Boistout (Jean), de Fécamp.
Billard (Michel), de Fécamp, mort le 2 septembre 1779 à l'hôpital de Fort-Royal.
Toutain (Jean), de Fécamp, mort le 17 novembre 1779 à l'hôpital de la Grenade.
Sevestre (Michel), de Fécamp.
Dozieu (Pierre), de Rouen, blessé au combat du 6 juillet 1779.
Lametterie (Pierre), de Rouen.
Berranger (Louis), de Rouen, mort le 11 novembre 1779 à l'hôpital de Fort-Royal.
De la Cour (Pierre), de la Hougue.
Valette (Jean), de la Hougue, mort le 23 avril 1779.
Jéhanne (Jean), de la Hougue.
De la Croix (Sébastien), de la Hougue.
Grosois (Nicolas), de la Hougue, mort le 10 octobre 1779.
Dutot (Marin), de la Hougue.
Le Réchebé (Guillaume), de la Hougue, mort le 4 septembre 1779.
Lemenant (Martin), de la Hougue, tué au combat du 6 juillet 1779.
Le Trêché (Louis), de la Hougue.
Sembal (Bon), de la Hougue.
Léonard (Jean), de la Hougue.
Thouaye (Jean), de la Hougue.
Fayard (Philippe), de Fécamp.
Robard (Antoine), de Fécamp.
Havard (Martin), de Fécamp.
Tardif (Hilaire), de Cherbourg.
Lemasson (Jean), de Cherbourg.
Simon (Jean), de Cherbourg.
Pesnel (Guillaume), de la Hougue.
Soubin (Louis), de Recouvrance.
Magdelene (Jacques), de Caen.
Jégo (Yves), de Lorient.
Pennelec (Joseph), de Lorient.
Evano (Julien), de Lorient, mort le 13 avril 1779.
Jégo (Pierre), de Lorient, tué au combat du 21 mars 1780.
Allios (Jean), de Lorient.
Toullec (Marc), de Lorient.
Castouëc (Jean), de Lorient, mort le 23 mai 1779.
Padellec (Jean), de Lorient, mort à l'hôpital de Fort-Royal le 9 septembre 1779.
Selavé (Marc), de Lorient.
Menière (Clément), de Rouen.
Pasquier (Jean), de Fécamp.
Guidou (Jacques), de Quimper.
Chere (Guillaume), de Saint-Malo.
Guichoux (Jean), de Morlaix, mort le 8 juillet 1779.
Bidault (Guillaume), de Morlaix.
Le Notte (Guillaume), de Saint-Brieuc, tué au combat du 6 juillet 1779.
Le Dain (Joseph), de Saint-Brieuc.
Benoîts (Jean), de Rouen.
Quével (Vincent), de Quimper.
Mercier (Humon), de Morlaix.
Profichel (Laurent), de Honfleur, mort le 22 juin 1779.
Truffert (Charles), de Cherbourg.
Brien (Jean), de Lorient.
Gadoré (Pierre), de Lorient.
Person (René), de Brest, mort le 20 avril 1779.
Branda (Pierre), de Libourne.
Turpin (François), de Nantes.
Clavieux (Jacques), de Marmande, mort le 2 avril 1779.
Dubreuil (Antoine), de Marmande, blessé au combat du 6 juillet 1779.
Besnard (Michel), de Dinan, blessé au combat du 20 mars 1780.
Rognant (Julien), de Saint-Brieuc.
Laurence (Jean), de Granville, mort le 5 mars 1780.
Le Bréchet (Robert), de Lorient.
Gateloup (Pierre), de la Hougue, mort le 24 avril 1779.
Pennamen (François), de Quimper, mort le 29 novembre 1780.
Graton (Pascal), des Sables.
Cullo (Jean), de Lorient.
Defer (Jean), de Dieppe, mort le 21 décembre 1779 à l'hôpital de Fort-Royal.
Le Coffe (Pierre), de Rouen.
Le Collen (Thomas), de Saint-Brieuc.
Castaouëc (Joseph), de Lorient.
Beaumont (Jean), de Granville, mort le 29 mars 1779.
Griffon (Jean), de Cherbourg.
Castagnac (Jacques), de Libourne, mort le 9 juillet 1779.
Paravaux (Jean), de Royan.
Monnic (Yves), de Lorient.
Lucas (Jean), de la Hougue.
Hervé (Pierre), de Lorient.
Le Chevalier (Claude), de Granville, mort le 21 juillet 1780.
Hervieux (Thomas), du Havre.
Le Sage (Jean), de Saint-Brieuc.
Le Guel (Jacques), de Vannes.
Radenne (Yves), de Morlaix.
Riou (Yves), de Morlaix.
Nozéacmeur (Jean), de Lorient.
Barré (Pierre), de Rouen.
François (Jean), de Brest, mort le 25 décembre 1780.
Alain (François), de Brest.
Rabel (Jean), de Honfleur.
Geslin (François), de Rennes.
Hélo (Louis), de Saint-Brieuc, mort le 4 avril 1779.
Gasquel (François), de Lorient.
Guédec (Pierre), de Brest.
Ségalen (Yves), de Brest.
Moulin (François), de Lorient.
Gervais (Louis), du Havre.
Bourdel (René), de Cherbourg.
Lanuzel (Ambroise), de Brest.
Martin (René), de Cherbourg.
Rouil (Charles), de Cherbourg.
Pitron (Jean), de Cherbourg.
Flibec (Jean), de Brest.
Moreau (Louis), de Versailles.
Dumoulin (Constant), de Brest.
Perrot (Eustache), de la Hougue.
Quarante (Michel), du Havre.
Querven (Philibert), de Recouvrance.
Donnou (Pierre), de Brest.
Martin (Hubert), de Dampierre.
Le Sueur (Mathieu), de Rouen.
Tanguy (Jean), de Brest, mort le 14 novembre 1779.
Floch (Pierre), de Brest, mort le 9 juillet 1779.
Témoing (Sébastien), de Lesneven.
Duval (Jean), de Honfleur.
Bourvéllec (Claude), de Lorient.
Le Billant (Guillaume), de Brest.
Kéromnés (Jean), de Brest.
Philippe (François), de Brest.
Michel (François), de Brest.
Le Guen (Goulven), de Brest.
Créacadec (Olivier), de Brest.
Léon (Jean), de Lannilis.
Legal (Paul), de Lesneven.
Coué (Guillaume), de Lambézellec.
Chapelain (Guillaume), de Landerneau.
Méttey (Benjamin), de Fécamp.
Roullé (François), de Granville.
Herveau (Mathurin), de Vannes.
Clément (Michel), de Vannes.
Brault (Thomas), de Dinan, mort le 9 janvier 1780.
Monnier (Joseph), de Dinan.
Huet (Laurent), de Lille, mort le 9 juin 1779.
Dérousseau (Henry), de Lille.
Nicolas (Pierre), de Brest.
Fremont (Jean), du Havre.
Langevin (Guillaume), de Saint-Malo.
Magnan (Jean), de Dieppe.
Poulain (Emmanuel), de Rouen.
Guillemette (Nicolas), de la Hougue, mort le 7 juillet 1779.
Le Quélec (François), de Vannes.
Malleville (Charles), du Havre.
Pinson (Marin), de la Hougue, mort le 17 octobre 1780.
Le Tellier (Valentin), de la Hougue, mort le 9 juillet 1779.
Talmon (Jean), de Vannes.
Crestey (Pierre), de la Hougue, mort le 18 juin 1779.
L'Ecuyer (François), de Rouen, blessé au combat du 20 mars 1780.
Morin (François), de Lorient.
Léonard (Augustin), de la Hougue, mort le 4 août 1780.
Le Neveu (François), de la Hougue.
Sambal (François), de la Hougue, blessé au combat du 20 mars 1780.
Choisy (Michel), de la Hougue.
Hernau (François), de la Hougue.
Maillard (François), de Nantes.
Lebalch (Jean), de Quimper.
Galeran (Julien), de Nantes.
Salomon (Jean), de Nantes.
Brossard (Jean), du Croisic.
Perrot (Joseph), du Croisic.
Gauvin (François), du Croisic.
Loiseau (Yves), du Croisic.
Fournier (François), du Croisic.
Chausse (Augustin), du Croisic.
Trémoureux (Guillaume), du Croisic, mort le 13 septembre 1779.
Torsec (François), du Croisic.
Rousseau (André), de Nantes.
Lucas (Pierre), du Croisic, mort le 29 octobre 1779.
Lesueur (Simon), de Paris.
Liébun (Jean), de Cahors.
Adère (Joseph), de Cahors.
Sagère (Paul), de Cahors, mort le 31 juillet 1779.
Fournier (Raimond), de Cahors.

Philippeau (Jean), de Brive.
Alexandre (Martin), du Havre, mort le 4 août 1780.
Ratin (Charles), de Bordeaux.
Roumois (Louis), de Rouen.
Noël (Jean), de Blaye.
Sœuniers (Charles), de Dieppe.
Blondel (Julien), de Granville.
Lelièvre (André), de la Hougue.
Gouach (Olivier), de Brest, mort le 12 octobre 1780.
Heustel (Jacques), de Saint-Brieuc.
Patard (François), de Saint-Servan.
Le Neveu (Toussaint), de Lorient.
Le Gal (François), de Saint-Brieuc.
Barthélémy (Guillaume), de Bordeaux.
Touzien (Raimon), de Bordeaux, mort le 27 septembre 1779.
Anglare (Jean), de Bordeaux.
Bazilleau (Jean), de Bordeaux.
Guilloux (Desnard), de Bordeaux.
Dupont (Pierre), d'Angers.
Peltier (Alexandre), de Nantes.
Dubreuil (François), de Saint-Malo.
Le Sée (Jean), de Nantes.
Landrin (Mathurin), de Nantes.
Melle (Joseph), de Saint-Malo.
Grellé (Pierre), de Nantes.
David (Jean), de Nantes.
Fourneau (Pierre), de Bordeaux.
Fassemas (Jean), de Bordeaux.
Lacanne (Etienne), de Bordeaux, mort le 20 août 1779.
Vaché (Yvon), de Bordeaux.
Roberteau (Pierre), de Nantes.
Gilet (Michel), de Bordeaux.
Jervet (Marie), de Nantes.
Thomas (Bernard), de Boulogne.
Lebris (Lucas), de Hennebont.
François (Louis), de Nantes.
Touzé (Jean), de Nantes, mort le 26 novembre 1780.
Jusset (Julien), de Nantes.
Dronneau (Jean), de Nantes.
Ponsard (Augustin), de Nantes.
Chaumieu (René), de Tours.
Le Pècre (Louis), de Nantes.
Delavau (Pierre), de Nantes.
Visset (Joseph), de Nantes.
Prelet (René), de Nantes.
Frineau (Bertrand), de Bordeaux.
Cayaud (Joseph), de Marseille.
Baudril (Louis), de Saintes.
Masurier (Marcel), de Bordeaux, mort le 16 décembre 1779.
Pichaud (Jean), de Saintes.
Angot (Jacques), de Honfleur.
Lequidel (Jean), de Honfleur.
Fouquet (François), de Cherbourg.
Landrin (Pierre), de Rouen.
Duhamel (Louis), de Honfleur.
Piquet (Pierre), de Dieppe.
Alleaume (Laurent), de Rouen.
Pigeon (Alexandre), de Lorient.
Rumain (Thomas), de Porspoder, mort le 23 décembre 1779.
Letellier (Jean), de Rouen, mort le 2 août 1780.
Liot (Louis), de Cherbourg.
Duvivier (Pierre), de Rouen, mort le 1er juillet 1780.
Gusson (Pierre), de Rouen.
Degreau (Jean), de Toulouse.
Castouel (Vincent), de Lorient.
Pauchieq (François), de Quimper, mort le 2 octobre 1779.
Garneaux (Jean), d'Angoulême.
Bossier (Pierre), de Bordeaux.
Bonhomme (Pierre), de Marseille.
Deslouves (Bertrand), de Marseille, mort le 14 décembre 1779.
Pluniaud (Jean), de Lorient.
Le Roy (Martin), de Cherbourg.
Derté (François), de Saint-Malo.
Pinabel (Jean), de Cherbourg.
Lepoux (André), de Blaye.
Talonneau (Jean), de Paimbœuf, mort le 23 février 1781.
Moulet (Pierre), de Montauban.
Bouteiller (Pierre), de l'Ile de Ré.
Galibert (Jean), de Cette.
Alerau (Julien), de Bourgneuf.
Jouquet (Pierre), de Rochefort.
Gerval (Louis), du Croisic.
Bertin (Jean), de Bordeaux.
Breton (Jean), de Saint-Malo.
Tourmeuve (Thomas), de Granville.
Le Boulenger (Jean), de Granville.
Capelet (Louis), de Rouen.
Grelié (Julien), de Nantes.
Laurent (Jérôme), de Paris.
Boule (Etienne), de Hennebont.
Tricot (Pierre), de Marseille.
Joffré (Pierre), de Libourne.
Lefèvre (Pierre), de la Hougue.
Macouvia (Raimond), de Toulouse.
Boursault (André), de Rochefort.
Renaud (Jean), de Dinan.
Tanan (Paul), de Quimper.
Saval (Jean),de Rouen.
Beque (François), de la Rochelle.
André (Michel), de Cherbourg.
Henry (Mathurin), de Dinan.
Le Gey (Honoré), de Paimbœuf, mort le 4 décembre 1780; avait été blessé au combat du 20 mars 1780.
Morin (François), de Saint-Brieuc.
Fernand (Jean), d'Aurillac.
Le Cigne (Louis), de Quimper.
De Roy (François), de Granville.
Hugouis (Pierre), de Moissac.
Blondot (Jean), du Mans.
Rondefort (Jacques), de la Rochelle.
Calvez (Pierre), de Bordeaux.
Fromagin (Louis), de Saint-Brieuc.
Le Long (François), de Granville.
Sublime (Pierre), de Granville.
Mitois (Jean), de Granville.
Boulenger (Pierre), de Calais.
Landol (René), de Saint-Brieuc.
Prieux (François), de Marennes.
Baronois (Martial), de Poitiers.
Faubert (Jean), de Rouen.
Cart (Vincent), d'Aix.
Grande (Jean), de Saint-Brieuc.
Lors (Charles), de Dinan.
Pillon (Jean), de Saint-Malo.
Coupet (Joseph), de Saint-Brieuc.
Grosvallet (Jacques), de Saint-Brieuc.
Lainé (Jean), de Saint-Malo.
Gervais (Jacques), de Cherbourg.
Blanc (Paul), de Toulouse, mort le 23 octobre 1780.
Dulot (François), de Bordeaux.
Robine (Pierre), de Granville.
Danio (François), de Rochefort.
Lamy (François), de Bordeaux.
Thonné (Jacques), de Marennes.
Calmez (Paul), de Bordeaux.
Jonnac (Dominique), de Toulouse, mort le 29 novembre 1780.
Thêchené (Barthélémy), de Bordeaux.
Brun (Jean), de Clermont.
Casta (Nicolas), de Bordeaux.
Mercier (Pierre), de Saintes.
Boursaut (Antoine), de Bordeaux.
La Motte (Jean), de Bordeaux, mort le 31 juillet 1780.
Desclos (Jean), de Bordeaux.
Denior (François), de Paris.
Bouës (François), de Bordeaux.
Bouton (Pierre), de Royan, mort le 29 juin 1780.
Sevignon (Louis), de Blaye.
Petereau (Dominique), de Bordeaux.
Simon (Pierre), de Dinan.
Aufré (Jean), de Brest.
Cadet (Jean), de Granville.
Raux (Jean), de Saintes.
Joubert (Pierre), d'Angers.
Auguste (Jacques), de Lorient.
Martin (Joseph), de Nantes.
Feret (François), des Sables.
Barat (Antoine), de Bordeaux.
Roussel (René), de Rochefort.
Bourdel (Jean), de Dinan, mort le 6 juillet 1780.
Laval (Pierre), de Bordeaux.
Vacher (André), de Bordeaux.
Michelot (Pierre), de Bordeaux.
Tren (Jean), de Bordeaux.
Lavergne (François), de Bordeaux.
Laudé (Jean), de Bordeaux.
Gervais (Léonard), de la Hougue.
Paillen (Joseph), de Marseille.
Mésans (Joseph), de Marseille.
Le Moine (Michel), de Granville.
Michel (Etienne), de la Rochelle.
Le Hourtaux (Jean), de Lorient.
Bourg (Jean), de Saint-Malo.
Delonne (Charles), de Rennes.
Hulot (Jean), de Saint-Brieuc.
Salpine (Laurent), de Saint-Brieuc.
Duguin (Jean), de Dinan.
Sensonnier (Adrien), de la Hougue.
Garderet (Pierre), de Saintes.
Beaux (François), de Brignolles.
Lepagnol (Pierre), de Rouen, mort le 18 décembre 1780.
Lolaine (Joseph), de Lannion.
Leny (Pierre), de Vannes.
Brulène (Jacques), de Bergerac.
Mallet (Louis), de Bordeaux.
Dox (Joseph), de Bordeaux.
Darlat (Pierre), de Bayonne.
Tourenne (Jean), de Bordeaux.
Ligourous (Guillaume), de Bordeaux.
Laurent (Honoré), des Sables.
Jinot (Michel), de Nantes.
Robert (Guillaume), du Croisic.
Potard (Pierre), de Nantes.
Blin (Luc), des Sables.
Coronel (Claude), de Nantes.
Renouf (François), de Nantes.
Dastreau (Jean), de Bordeaux.
Renaud (Louis), de Nantes.

Visset (Joseph), de Saint-Malo.
Labord (Jean), de Saint-Jean-de-Luz.
La Salle (Jean), de Bayonne.
Beauché (Antoine), de Martigues.
La Motte (Jean), de Bordeaux.
Morer (Joseph), de Toulon.
Le Roi (Julien), du Mans.
Maubec (Jean), de Bayonne.
Briant (Louis), de la Ciotat.
Gassisse (Pierre), de Bordeaux.
Destauguer, de Bordeaux.
Olivier (Toussaint), de Marseille.
Tiraud (Jean), de Marseille.
Dufrêne (Joseph), de Saint-Malo.
Du Cossé (Bertrand), de Langon.
Manchy (Joseph), de Bordeaux.
Salomon (Jacques), de Dinan.
Puetel (Etienne), de Granville.
Rigade (Joachim), de Dinan.
Serré (Pierre), de Toulouse.
Gauthier (Pierre), de Nantes.
Laurent (Jean), d'Angoulême.
Le Mêle (Julien), de Saint-Brieuc.
Hernaud (Jean), de la Corse.
Vaux (Jean), de Bordeaux.
La Bady (Etienne), de Bordeaux.
Lacombe (Joseph), de Bordeaux.
Gardaillac (Guillaume), de Montauban.
Renaud (Lazare), de Marseille.
Gauthier (Antoine), de Marseille.

Novices.

Guillemette (Jean), de Cherbourg, mort le 11 décembre 1780.
Lehoux (François), de Dieppe, mort le 8 mars 1779.
Costy (Jacques), de Cherbourg.
Guyadec (François), de Morlaix.
Piton (Jean), d'Avranche.
Bienvenu (Mathieu), de Saint-Brieuc.
Simon (Pierre), de Morlaix.
Gouësnan (Claude), de Saint-Pol.
Martin (François), de Morlaix.
Merlin (André), de Paris.
Langlois (Auguste), d'Angers.
Moreau (Gabriel), d'Angers.
Didilon (Charles), de Nancy.
Gravier (Henry), de Tréguier.
Beaudet (Jean), de Dinan.
Guevel (Alain), de Quimper.
Laneau (Jacques), de Nantes.
Guillard (Julien), de Saint-Malo, mort le 2 juin 1779.
Bougot (Julien), de Dinan.
Huel (André), de Lorient.
Février (Mathieu), de Brest.
Le Breton (Jean), de Dieppe.
Blanchard (Guillaume), de Tréguier.
Guevel (Jean), de Dinan.

Surnuméraires.

L'Escall (Jean), pilote côtier, de Porspoder.
Cheldieu (Paul), apothicaire, de Lisieux, mort à l'hôpital de Fort-Royal le 31 décembre 1779.
Le Bere (François), de Morlaix.
Renaud (François), de Rochefort.
Pinot (Pierre), de Marans.
Depersin (Louis), de Paris.
Chaumont (Antoine), de Dunkerque.
De Fonpré (Jean), de Paris.
Piton (Jean), d'Avranches.
Mouché (Jean), de Nantes.
Bouteille, de Brest.
Pérille (Pierre), de Bayonne.
Thébâut (Jacques), de Saint-Brieuc.
Bucaille (Pierre), de Honfleur.
Champy (Denis), de Paris.
Bouljaguete (Etienne), de Marmande.
Roger (Louis), d'Amiens.

Mousses.

Pigné (Jean), de Honfleur.
Samson (Pierre), de Lorient, mort à l'hôpital de Fort-Royal le 17 décembre 1779.
Guillaume (Jacques), de Fécamp, mort le 26 mai 1779.
Pelletier (Louis), du Havre.
Le Fol (Jacques), de Recouvrance.
Valatte (Pierre), de Landerneau.
Messager (René), de Fougère.
Chevalier (Jean), de Fougère.
Campion (Claude), de Morlaix.
Le Bihan (Nicolas), de Lorient.
Le Bert (Yves), de Recouvrance, mort le 6 novembre 1779.
Trébaol (Philippe), de Saint-Pierre, mort le 5 juin 1779.
Le Goff (Jean), de Recouvrance.
Erjean (Emile), de Camaret.
Le Pape (Goulven), de Lambezéllec.
Capitaine (Alain), de Crozon.
Morvan (Robert), de Lambézellec.
Bouriec (Jean), de Rochefort.
Le Roy (Joseph), du Mans.
Deslandes (Laurent), de Recouvrance.
Dubois (Julien), de Lannion, mort le 25 août 1779.
Bellec (Mathieu), de Recouvrance.
Jeaubriou (Jean), de Lorient.
Le Goic (François), de Brest.
Boudet (Michel), de Brest.
Truguet (Mathieu), de Saint-Brieuc, mort le 24 juin 1779.
Quercadec (Jean), de Saint-Marc.
Colas (François), de Saint-Malo.
Castel (Jacques), de Brest.
Le Sage (Julien), de Saint-Brieuc.
Quervau (Jean), de Brest.
Lelain (Marie), de Brest.
Cornec (François), du Faou.
Le Gal (Gilles), de Landerneau.
Carn (François), de Roscanvel.
Le Cerf (Joseph), de Portrieux.
Le Gars (Yves), de Portrieux.
Le Roy (Claude), de Paris.
Guénédal (Joseph), de Vannes.
Olivier (Alain), de Tréguier, mort le 27 janvier 1780.
Le Présec (Laurent), de Brest.
Gigou (Pierre), de Vannes.
Bijeau (Marc), de Pontevès.
Duménil (Joseph), de Guingamp.
Boulbard (Louis), de Lorient.
Moncher (Victor), de Redon.
Chaton (Jean), de Guingamp, blessé au combat du 20 mars 1780.
Duchin (Pierre), de Lorient.
Guilven (François), de Hennebont.
Le Judec (Louis), de la Roche-Derrien.
Moisan (Pierre), de Redon.
Le Maho (Jacques), de Quimper.
Guerhard (Marc), de Morlaix.
Le Sage (Gilles), de Saint-Brieuc, mort le 11 octobre 1779.
Danielou (Antoine), de Lorient.
Toubé (Jean), de Lorient.
Thomas (Jean), de Brest.
Philibert (Martin), de Brest.
Carcaillet (Jean), de Saint-Brieuc, mort le 26 septembre 1779.
Donnis (Pierre), de Saint-Brieuc.
Merlin (Julien), de Paris.
Auger (Louis), de Granville.
Fraval (Louis), de Pontevès.
Jusseaume (Jean), de Nantes.
Tachot (Julien), de Saint-Malo.
Hébert (Yves), de Cherbourg.
Valladon (François), de la Rochelle.
Varzou (Tual), de Lannion.
Le Bret (Pierre), de Saint-Malo.
Benoit (Mathurin), de Saint-Malo.
Ferin (Charles), de Nantes.
Le Clinche (Vincent), de Pontivy.
Pottier (Louis), de Paimbœuf.
Morier (Pierre), de Nantes.
Gagné (Jean), de Bordeaux.
Passard (Julien), de Morlaix.
Bléno (Julien), de Nantes.
Renaut (Jean), de Toulon.

Domestiques.

Ganache (Louis), de Quimperlé.
Jouen (Michel), de Saint-Renan.
Gatebled (Gabriel), de Quimper.
Barguille (Nicolas), de Quimperlé.
Sout (Jean), de Morlaix.
Hamel (Louis), de Lorient.
Gérot (Corentin), de Quimper.
Le Gof (Marc), de Vannes.
Rolland (Jean), de Quimper.
La Lauze (Jean), de Vannes.
Beauche (Jean), de Vannes, mort le 6 août 1780.

L'ENGAGEANTE

(De janvier 1781 à janvier 1782)

M. DE KERGARIOU, Capitaine de vaisseau, Commandant.

ÉTAT-MAJOR

CAPITAINE DE VAISSEAU

De **KERGARIOU**, Commandant.

LIEUTENANTS DE VAISSEAU

De **SECQUEVILLE.**
FEIFFE.
Le Chevalier **de la ROCHE-SAINT-ANDRE.**

ENSEIGNE DE VAISSEAU

De la **ROCHEFOUCAULT.**

LIEUTENANTS DE FRÉGATE

AMELIN.
LE BEL.
SAURES.
COUPRY.

OFFICIER AUXILIAIRE

KERAOUL.

CHIRURGIEN

LANGLADE.

AUMONIER

EYSSIERRE (R. P.).

GARDES DE LA MARINE

DE KERGRIST.
ROBION de TROGUINDY.
DELAGE de VOLUDE.

VOLONTAIRES

Le Chevalier **Absolut de la Gastine.**
De Kergadio, de Chateaulin.
De Montreuil.

Officiers-mariniers de manœuvre.

Pilven (Jean), premier maître, de Recouvrance.
Le Grand (Luc), second maître, de Dinan.
Danger (Adrien), second maître, de Lorient.
Henault (Joseph), contremaître, de Saint-Malo.
Augueraud (Jean), contremaître, de Honfleur.
Fero (Laurent), bosseman, de Paimbœuf.
Beaumont (Louis), bosseman, de Saint-Brieuc.
André (François), quartier-maître, de Dinan.
Richard (Alain), quartier-maître, de Dinan.
Lhostis (Mathurin), quartier-maître, de Saint-Malo.
Picard (Gabriel), quartier-maître, de Saint-Malo.
Le Gouail (Pierre), quartier-maître, de Vannes.

Officiers-mariniers de pilotage.

Le Bihan (Noël), second pilote, du Conquet.
Adelus (Pierre), aide-pilote, de Granville.
Polard (Pierre), aide-pilote, de Lannion.

Officiers-mariniers de canonnage.

Thomas (Louis), aide-canonnier, de Saint-Brieuc.
Duniaux (Jacques), aide-canonnier, de Saint-Malo.
Roussel (François), aide-canonnier, de Dinan.
Guérin (Richard), aide-canonnier, de Granville.
Fatton (Toussaint), aide-canonnier, de la Hougue.
Joulain (Julien), aide-canonnier, de Dinan.
Tanquerai (Jean), aide-canonnier, de Granville.
Le Vert (Joseph), aide-canonnier, de Saint-Brieuc.
Seigle (Jean), aide-canonnier, de Caen.

Officiers-mariniers de charpentage.

Bodenaud (Pierre), maître charpentier, de Recouvrance.
Coupard (François), aide-charpentier, de Granville.
Lainé (Jean), aide-charpentier, de Brest.

Officiers-mariniers de calfatage.

Le Roux (Jean), maître calfat, de Recouvrance.
Laurel (Jean), second calfat, de Dinan.

Officiers-mariniers de voilerie.

Verges (Pierre), second voilier, de la Rochelle.
Bernard (René), aide-voilier, de Saint-Malo.

Officiers-mariniers divers.

Duval (Jean), de Fécamp.
Gourenton (Mathurin), de Saint-Brieuc.
Bouquin (Pierre), de Saint-Brieuc.
Dévarennes (François), de Brest.
Audureau (Yvon), de Blaye.
Cheni (François), de Saint-Brieuc.

Gabiers.

Jeanneas (Mathurin), des Sables.
Marvain (Joseph), de Dinan.
Navigant (Claude), de Granville.
Surcouf (Jean), de Cherbourg.
Remy (François), de Cherbourg.
Renard (Michel), de Saint-Malo.
Le Père (Julien), de Saint-Brieuc.
Pinson (André), des Sables.
Dieu le Saint, de Cancale.
Trigot (Michel), de Saint-Malo.
Angot (Eustache), de Honfleur.
Boivin (Jean), de Granville.

Timoniers.

Courteil (François), de Saint-Brieuc.
Fouchard (Gilles), de Granville.
Le Chevalier (Pierre), de Granville.
Pileur (Jacques), de Fécamp.
Maurice (Mathieu), de Vannes.
Marais (Marcelin), du Havre.
Le Vavasseur (Louis), de Rouen.

Matelots.

Arnoux (Geneviève), de Belle-Ile-en-Terre.
Pelluet (Jean), de Rennes.
Livinec (Allain), de Recouvrance,
Le Normand (Yves), de Brest, mort le 28 septembre 1782.
Vigneau (Jean), de Bayonne.
Guerrin (Guillaume), de Dinan.
Guichard (Jean), du Cap.
Fustel (Pierre), de Saint-Servan.
Puiney (Jean), de Saint-Malo.
Noël (Félix), de Saint-Servan.
Crespel (Jean), de Saint-Servan.
Pamy (François), de Saint-Servan.
Laforge (Pierre), de Saint-Malo.
Fleury (Gilles), de Saint-Malo.
Le Moine (Jean), de Saint-Malo.
Le Marrié (François), de Saint-Malo, mort à bord le 25 décembre 1781.
Nic (Pierre), de Saint-Malo.
Ameline (Guillaume), de Saint-Malo.
Charrier (Louis), de Vannes.
Cloaret (Alain), de Lorient.
Ollivier (Toussaint), de Vannes.
Auger (Joseph), de Lorient.
Seveno (Louis), de Vannes.
Aillet (René), de Dinan.
Chevalier (Gilles), de Dinan.
Boissel (Mathurin), de Dinan.
Macé (Louis), de Dinan.
Deraudier (Jean), de Dinan.
Diez (Nicolas), de Dinan.
Rebillard (Gilles), de Dinan.
Le Mesle (François), de Dinan.
Du Guen (Louis), de Dinan.
Le Monnier (Thomas), de Dinan.
Monnier (Pierre), de Paimbœuf.
Camus (Pierre), de Saint-Brieuc.
Le Dantec (Yves), de Saint-Brieuc.
Guyot (Charles), de Saint-Brieuc.
May (François), de Saint-Brieuc.
Le Moing (Jean), de Quimper.
Le Teurnier (François), de Morlaix.
Philipe (François), de Morlaix.
Bernard (Jacques), de Granville.
Le Vigoureux (Jean), de Granville.
Jorey (Etienne) de Granville.
Le Bel (Jacques), de Granville.
L'Ecoulant (Jean), de Granville.
Monduit (Nicolas), de Granville.
Augé (Nicolas), de Granville.

Charles (Pierre), de Granville.
L'Ecluse (Pierre), de Granville.
Fourré (Guillaume), de Dieppe.
Quesneau (Augustin), de Honfleur.
Guillemette (Louis), de Caen.
Salen (Jacques), de Caen.
Le Bourgeois (Germain), de Caen.
Hurel (Jean), de Boulogne.
Le Tellier (Antoine), de Boulogne.
Roger (Michel), de Saintes.
Palanqué (Antoine), de Toulouse.
Chaine (Pierre), de la Rochelle.
Dubourg (Jean), de Marmande.
Launaud (Arnaud), de Bordeaux.
Faux (Jean), de Bordeaux.
Graumont (Jean), de Bordeaux.
Favier (Pierre), de Marennes.
Mouillac (Pierre), de Bayonne.
Fonteno (Pierre), de Libourne.
Papin (Jean), de Marennes.
Prousse (Antoine), de Bordeaux.
Badeau (François), de Bordeaux.
Binquel (Jean), de Bordeaux.
Garosse (Bernard), de Toulouse.
Auger (Jean), de la Rochelle.
Patureau (Jean), de l'Ile de Ré.
Brigeard (Pierre), de l'Ile de Ré.
Paris (Robert), de la Rochelle.
Lafontaine (Pierre), de Bordeaux.
Beaumin (Jérôme), de la Rochelle.
Fourniquer (Claude), de Marseille.
Estelle (Joseph), d'Aix.
Saumas (Honoré), de la Ciotat.
Fenouille (Louis), de Martigues.
Thomas (Georges), de Martigues.

Novices.

Gautray (Jacques), d'Angers.
Vincent (Charles), de Cancale.
Furet (François), de Saint-Servan.
Le Bail (Yves), de Tréguier.
Fauvel (Jean), de Caen.
Le Tourneur (Jean), de Caen.
Guillot (Charles), de Caen.
Sabatier (Arnaud), de Bayonne.
Guilbaud (Pierre), de Noirmoutiers.
Le Gueux (Jacques), de Tréguier.
Moitié (Jacques), de Granville.
Gigado (Pierre), de Lorient.
Rio (Yves), de Lorient.
Rio (Julien), de Lorient.
Le Gargan (Georges), de Lorient.
Mognot (Jean), de Dieppe.
Le Testu (Jean), de Granville.
Bellais (Joseph), de Rennes.
Le Vet (Joseph), de Rennes.
Déon (Charles), du Havre.
Picard (Etienne), de la Rochelle.
Meslin (Noël), d'Orléans.
Beaudouin (Louis), d'Orléans.
Meriel (Jean), d'Orléans.
Buisson (François), d'Orléans.
Bigot (Pierre), du Mans.
Flajolle (Michel), de Narbonne.
Asperge (Etienne), de Narbonne.

Surnuméraires.

Catelini (Laurent), de Marseille.
Créson (Yves), du Conquet.
Le Roux (Pierre), de Dinan.
Eon (Julien), de Morlaix.
Giraud (Antoine), de Nantes.
Perau (Jean), de Brest.

Mousses.

Biard (Charles), de Saint-Malo.
Saluden (Jacques), de Saint-Malo.
Dalibot (Thomas), de Saint-Malo.
Gaston (Jacques), de Saint-Servan.
Puel (Ollivier), de Saint-Malo.
Guérin (Pierre), de Saint-Malo.
Galande (Jean), de Saint-Servan.
Jacques (Pierre), de Brest.
Barasard (Frédéric), de Rochefort.
Brochard (François), d'Oléron.
Léon (Pierre), de Quimper.
Martinière (René), de Saint-Malo.
Lorrains (Jean), de Saint-Malo.
Carro (Charles), de Brest.
Rollet (Jean), de Dinan.
Vadet (Jean), de Brest.
Amelin (Jean), du Havre.
Henery (Mathurin), de Saint-Brieuc.
Coupet (Thomas), de Granville.
Bon Amy (Jean), de Royan.
Collobert (André), de Morlaix.
Gautier (Jean), de Blaye.
Boissonneau (Joseph), de Saumur.
Ardampoint (Augustin), de Caen.

Domestiques.

Beaumai (Louis), de Cambrai.
Bel Amy (Pierre), de la Martinique.
Rioux (Jouassin), de Tréguier.
Chevallier (François), de Paris.
Menan (François), de Nantes.
Mordanisan (Louis), d'Amiens.

LA CONCORDE

(De janvier 1781 à mai 1782)

M. le Chevalier DE LA TANOUARN, Capitaine de vaisseau, Commandant.

ÉTAT-MAJOR

CAPITAINE DE VAISSEAU

Le Chevalier de la **TANOUARN**, Commandant.

LIEUTENANTS DE VAISSEAU

Le Chevalier de **CAUX.**
D'ALPHERAN.

ENSEIGNES DE VAISSEAU

De CHEZAC.
HAUMONT du TERTRE.
KERMASSON.
MICHELOT.
De RUDEVAL.

CHIRURGIEN

MULER.

AUMONIER

BUREAU (R. P. Célestin).

GARDES DU PAVILLON

De BELLINGAUD.
De LOZ de COALGOURHANT.
Le Chevalier de **LIROS.**

VOLONTAIRE

De Grandchamps (Arnaud), de Nantes.

Officiers-mariniers de manœuvre

Fraval (Sébastien), premier maître, de Lorient.
Chalonny (Guillaume), second maître, de Lorient.
Dupuch (Joseph), contremaître, de Vannes.
Loquet (Jacques), contremaître, de Saint-Valéry.
Robinant (Gilles), contremaître, de Saint-Brieuc.
Eveillard (Jacques), bosseman de Saint-Brieuc.
Duchesne (Jacques), bosseman, de Granville.
Vérité (Jean), quartier-maître, de Honfleur.
Jouanne (Louis), quartier-maître, de Saint-Malo.
Peuzelin (Jean), quartier maître, du Havre.
Bosré (François), quartier-maître, de Brest.
Fanche (André), quartier-maître, de Nantes.
Doublet (Jean), quartier-maître, de Lorient.
Le Vaillant (Guillaume), quartier-maître, de Morlaix.

Officiers-mariniers de pilotage.

David (Jean), patron de chaloupe, de Rochefort.
Le Don (Pierre), patron de canot, de Vannes.
De France (Jean), patron de canot, de Dieppe.
Helan (Joseph), premier pilote, de Brest.

Gammain (Claude), second pilote, de Saint-Valéry.
Gervais (Jean), second pilote, de Saint-Valéry.

Officiers-mariniers de canonnage.

Penpeny (Jean), maître canonnier, de Morlaix.
Maurice (Laurent), second canonnier, de Saint-Brieuc.
Bois (Mathieu), second canonnier, de Brest.
Maho (Gabriel), aide-canonnier, de Brest.
Mauget (Modeste), aide-canonnier, de Dieppe.
Andigoux (Henry), aide-canonnier, de Morlaix.
Morvant (Jean), aide-canonnier, de Saint-Brieuc.
Charpantier (Jean), aide-canonnier, de Honfleur.
Bedesque (Jean), aide-canonnier, de Vannes.
Even (Louis), aide-canonnier, de Saint-Brieuc.
Néel (François), aide-canonnier, de la Hougue.
Godfroy (Pierre), aide-canonnier, de Granville.
Maury (Louis), aide-canonnier, de Calais.
Le Gros (Pierre), aide-canonnier, de Granville.

Officiers-mariniers de charpentage.

Guilloux (Guillaume), aide-charpentier, de Saint-Malo.
Raval (Joseph), aide-charpentier, de Dinan.

Officiers-mariniers de calfatage.

Lehir (Jean), maître calfat, de Brest.
Chamberland (Denis), second calfat, du Havre.
Lestideau (Jean), aide-calfat, de Brest.

Officiers-mariniers de voilerie.

Millour (Claude), maître voilier, de Brest.
Saliote (François), second voilier, de Saint-Malo.
Herjean (Jean), aide-voilier, de Recouvrance.
Lorfevre (Yves), aide-voilier, de Brest.
Beaugendre (Yves), aide-voilier, de Brest.

Gabiers.

Bouteillier (Jean), de Granville.
Le Gouis (François), du Croisic.
Philippe (André), de Honfleur.
Le Maître (Julien), de Saint-Brieuc.
Roger (Jean), de Granville.
Pilvesse (Pierre), de Granville.
Deschamps (Jean), du Havre.
Broussard (Étienne), de Rochefort.

Timoniers.

Néel (André), de Granville.
Bazeaux (Joseph), de Bourgneuf.
Siau (Pierre), d'Agde.
Barbé (Nicolas), de Quimper.

Matelots.

Allain (Honoré), de Brest.
Perot (Ollivier), de Brest.
Gral (Jean), de Brest, noyé le 30 juillet 1781.
Rozet (Charles), de Brest.
Labé (Barnabé), de Brest.
Flatto (Jonh), de Boston (Amérique).
Divelec (François), de Vannes.
Le Dantec (Yves), de Saint-Brieuc.
Le Clanche (Jean), de Saint-Brieuc.
Ruffay (Joseph), de Saint-Brieuc.
Pair (Joseph), de Morlaix, mort le 18 mai 1781.
Le Jeune (Pierre), de Tréguier.
Hubert (Pierre), de Saint-Malo.
Rouault (François), de Saint-Malo.
Le Monnier (Jean), de Saint-Brieuc.
Monnier (Louis), de Saint-Brieuc.
Rebillard (Yves), de Saint-Brieuc.
Chevalier (Jean), de Saint-Malo.
Noel (Nicolas), de Saint-Malo.
Mettrie (Malo), de Dinan.
Castel (Barthélémy), de Dinan.
Madigeux (Ollivier), de Dinan.
Ferret (Joseph), de Dinan.
Basset (François), de Dinan.
Chicouenne (Laurent), de Dinan.
Launay (François), de Dinan.
Le Tenoux (Jean), de Saint-Brieuc.
Gorgé (Pierre), de Dinan.
Dega (Guillaume), de Dinan.
Boissier (Pierre), de Saint-Malo.
Geolhier (Sébastien), de Belle-Ile.
Rio (Joseph), de Vannes.
Le Goff (Pierre), de Belle-Ile.
Josse (Julien), de Vannes.
Le Don (Louis), de Belle-Ile.
L'horho (Georges), de Quiberon.
Querel (Pierre), de Belle-Ile, mort à bord le 21 juillet 1781.
Brecheq (Robert), de Lorient.
Danielo (Nicolas), de Vannes.
Le Monnier (Jean), de Paimbœuf.
Guesdon (Jean), de Nantes.
Fresneaux (Julien), du Croisic.
Jean (Christophe), du Croisic.
Mabo (Denis), du Croisic.
Quebeau (Luc), de Noirmoutiers.
Thibeau (Joseph), de Noirmoutiers.
Joannis (Julien), du Croisic.
Becha (Étienne), de Nantes.
Gouzan (Julien), de Paimbœuf.
Bernic (Pierre), de Nantes.
Martin (Claude), de Nantes.
Chon (François), de Nantes.
Joffrié (Fleury), de Nantes.
Le Merle (Jean), de Nantes.
Tintrelle (Charles), de Nantes.
Vaillant (Ollivier), de Brest.
Bouin (Pierre), de Brest.
Jouan (Jean), de Nantes, mort le 14 décembre 1781.
Briouat (Louis), de Boulogne.
Paris (André), de Mortagne.
Provot (Jean), d'Angers.
Masson (Pierre), de Fouras.
Peltier (André), des Sables.
Bouju (Jacques), de Nantes, mort à bord le 19 janvier 1782.
Tarnier (Bernard), de Toulouse.
Seigneurie (Pierre), du Havre.
Provot (Victor), de Dieppe.
Thezard (Nicolas), de Granville.
Thiery (Pierre), de Dieppe.
Poulain (François), de Dieppe.
Boulan (Pierre), de Dieppe.
Mesnard (Pierre), de Granville.
Nonchaton (Jacques), de Granville.
Lefevre (Jean), de Dieppe.
Quintin (Pierre), de Granville.
Le Landais (Jean), de Granville.
Binet (Nicolas), de Granville.
Lion (Jean), de la Hougue.
Auvray (Jean), de Dieppe.
Magnan (Mathieu), de Dieppe.
Delettre (Pierre), de Dieppe.
Delettre (Jacques), de Dieppe.
Vauquelin (Jacques), de Dieppe.
Raimme (Nicolas), de Dieppe.
Clément (Louis), de Dieppe.
Samson (Pierre), de Rouen.
Coipel (Louis), du Havre.
Rossignol (René), de Calais.
Senécal (Louis), de Fécamp.
Lamort (François), de Granville.
Carpantier (Charles), de Dieppe.
Trepez (Jean), de Dieppe.
Duval (Pierre), de Cherbourg.
Blanchet (Pierre), de Granville.
Le Breun (Jacques), de la Hougue.
Guenont (Pierre), de Granville.
Pisan (François), du Havre.
De Rais (Arnaud), de Bordeaux.
Detchevery (Michel), de Saint-Jean-de-Luz.
Hourgaraye (Jean), de Saint-Jean-de-Luz.
Mauduit (Jean), de Saint-Jean-de-Luz, mort à bord le 18 janvier 1782.
Pelgris (Antoine), de Moissac.
Blanc (Augustin), de Marseille.
Colin (Jean), de Saint-Malo.
Tredaut (Augustin), de Saint-Malo.
Chauvinon (Jean), de Bordeaux.
Michineau (Louis), de la Rochelle.
Maréchal (Isidore), de Lille.
Ménard (Louis), de Noirmoutiers.
Thibaut (Simon), de Cognac.
Pellerin (Jean), de Paris.
Dugoîs (Jean), de Paris.
Poulet (Thomas), de Paris.
Brésille (François), de Saint-Brieuc.
Babin (Antoine), de Pons.
Barat (Antoine), de Toulouse.
Loctau (Jean), de Marennes.
Cazau (Antoine), de Cannes.
Hamon (Jacques), de Nantes.
Miniou (Jean), du Conquet.
Biron (Jean), de Lamballe.
Beigué (Antoine), de Nantes.
Gauthier (François), de Nantes.
Videau (François), de Royan.
Besot (André), de Toulon.
Le Roi (Julien), de Lorient.
Le Guiche (Jean), de Lorient.
Ferau (Louis), de Granville.
Le Maître (Jacques), de Montargis.
Robinson (Joseph), Américain.
Robinson (William), Américain.
Welson (Samuel), Américain.
Forester (Denis), Américain.
Piven (Jacques), Américain.
Orphelin (Jean), de Dieppe.
Guérin (François), de Dieppe.

Novices.

Malevre (Jacques), de Paris.
Rivier (Adrien), de Dieppe.
Sauve (Jean), de Granville.
Robert (Alexandre), de Paris.
Betton (Jacques), de Paimbœuf.
Coquin (Jean), de Honfleur.
Falgueroux (Guillaume), de Vannes.
Legrand (Nicolas), de Paris.
Bion (Jean), de Fécamp.
Bazeau (Jean), de Noirmoutiers.

Gondré (Louis), de Dieppe.
Galliot (François), de Dieppe.
Mouche (Michel), de Dinan.
Delarue (Pierre), de Niort.
Hervé (Jean), de Nantes.
Delaunay (Pierre), de Nantes.
Renault (Joseph), de Nantes, mort le 4 juillet 1781.
Ytier (François), d'Agde.
Chauvin (Marc), de Nantes.
Michel (Marc), de Vannes.
Dangelle (Pierre), de la Corse.
Minguel (Paul), de la Corse.

Surnuméraires.

Fardel (Vincent), de Vannes.
De Foix (Louis), de Vannes.
Lointier (Pierre), de Granville.
La Motte (Joachim), de Brest.
Douville (Jean), de Saint-Malo.
Pointel (Allain), de Saint-Malo.
Giraud (César), de Bourges.
Besson (Pierre), de Saintes.

Mousses.

Penpeny (Laurent), de Morlaix.
Boulanger (François), de Saint-Malo.
Godard (Jean), de Saint-Malo.
La Motte (Joachim), de Brest.
Ropert (Jean), de Nantes.
Bourhis (Hervé), de Brest.
Freoux (Thomas), de Lorient.
Lemessier (Jean), de Lorient.
Guyomar (Louis), de Quimper.
Bourdais (François), de Saint-Brieuc.
Le Moinne (Joseph), de Pleumeur.
Le Page (Jean), de Nantes.
Nicolas (Guillaume), de Brest.
Lefevre (Adrien), du Havre.
Tanguy (François), de Quimper.
Calvès (Jean), de Brest.
Le Blanc (Hyacinthe), de Nantes.
Corbé (Hector), de Lorient.
Kerjean (Hervé), de Brest.
Luc (Pierre), de Bayonne.
Huon (Joseph), de Nantes.
Oileur (Jean), de Port-Louis.
Latinier (Joseph), de Saint-Brieuc.

Domestiques.

Pigeon (Pierre), d'Avranches.
Verne (Jean), de Hennebont.
Michel dit **Michel**, de Morlaix.
Guillot (Thomas), de Vannes.

LE MAGNANIME

(De mars 1781 à septembre 1782)

M. le Comte DE BEGUE, Capitaine de vaisseau, Commandant.

ÉTAT-MAJOR

CAPITAINE DE VAISSEAU

Le Comte de **BEGUE**.

LIEUTENANTS DE VAISSEAU

De **CAREARADEC**.
De **PARCEVEAUX**.
Le Chevalier **DEBIZIEN LANGOAT**.

ENSEIGNES DE VAISSEAU

DEMONTIGNY.
De **COATAUDON**.
MERONNET de **SAINT-MARC**.
De **GUIQUERNAU**.

OFFICIERS AUXILIAIRES

DUFFOSSEY.
LE VILLAIN.
DUJARDIN.
BURGAIN.

CHIRURGIEN-MAJOR

SERUZIER.

AUMONIER

STANISLAS (R. P.).

GARDES DE LA MARINE

De **GILLARD** de **SURVILLE**.
De **ROSSEL**.

VOLONTAIRES

Le Begue (Joseph).
Perron (Jean), de Brest.
Langlois (Etienne), de Vernon.
Le Chevalier **de Kerusec de Tromeres**, de Saint-Brieuc.
Le Chevalier **de Kerguvelin**.
De Villeneuve, de Guingamp.
Desboullets (Frere).

Officiers-mariniers de manœuvre.

Berthaud (Gabriel), premier maître, de Saint-Malo.
Petit (Louis), premier maître, de Marseille.
Liorzon (Gabriel), second maître, de Recouvrance, tué au combat du 12 avril 1782.
Grait (Jean), second maître, de Recouvrance.
Guenec (Yves), second maître, de Brest, tué au combat du 12 avril 1782.
Duguay (Victor), contremaître, de Dinan.
Daux (Jean), contremaître, de Calais.
Lannuzel (Jean), contremaître, de Brest, tué au combat du 12 avril 1782.
Quivouron (Mathieu), bosseman, du Conquet.
Aleneau (Henry), bosseman, de Toulon.
Donet (Antoine), quartier-maître, de Honfleur.
Dubois (Julien), quartier-maître, de Saint-Malo.
Meunier (François), quartier-maître, du Croisic, mort le 6 juin 1782.
Lefèvre (Marc), quartier-maître, de Saint-Brieuc.
Hautot (Jean), quartier-maître, du Havre.
Trégon (Olivier), quartier-maître, du Havre.
Le Roy (Guillaume), quartier-maître, du Havre.
Baugard (Adrien), quartier-maître, du Havre.
Le Breton (Michel), quartier-maître, de Fécamp.
Biclet (Pierre), quartier-maître, de Nantes.
Chrétien (Jean), quartier-maître, de Cherbourg.
Desroches (Vincent), quartier-maître, de Granville.
Ripert (Jacques), quartier-maître, de Martigues.
Salaun (Guenolé), quartier-maître, du Conquet.
Boyer (Jean), quartier-maître, de Saint-Valéry.
Le Moine (Julien), quartier-maître, de Dinan.
Hardy (Jean), quartier-maître, de Saint-Malo.

Officiers-mariniers de pilotage.

Henry (Jean), premier pilote, de Brest.
Le Noble (Florent), premier pilote, de Granville.
Gautier (Augustin), second pilote, de Saint-Brieuc.
Dudouit (Gilles), second pilote, de Granville.
Méquet (Laurent), aide-pilote, de Granville.
Nicole (Jean), aide-pilote, de Granville.
Molé (Jean), aide-pilote, du Croisic.
Noël (Michel), aide-pilote, de Granville, mort le 20 juin 1781.
Tancré (Louis), aide-pilote, de Granville.

Officiers-mariniers de canonnage.

Tombaret (Joseph), maître canonnier, de Toulon.
Astier (Henry), maître canonnier, de Toulon.
Picard (Pierre), maître canonnier, de Toulon.
La Louard (Denis), maître canonnier, du Croisic.
Duchêne (Jean), second canonnier, de Granville.
Gaille (Pierre), second canonnier, de Toulon.
Besnard (Nicolas), aide-canonnier, de Dunkerque, mort le 27 mars 1782.
Le Qued (Jean), aide-canonnier, de Saint-Brieuc, tué au combat du 12 avril 1781.
Le Court (Louis), aide-canonnier, de Saint-Brieuc, mort à bord le 8 juillet 1782.
Pécherin (Etienne), aide-canonnier, de Vannes.
Emery (Jean), aide-canonnier, de Saint-Malo.

Batel (Jean), aide-canonnier, de Dieppe.
Louvel (Etienne), aide-canonnier, de Calais.
Le Doux (Pierre), aide-canonnier, de Boulogne.
Roger (Clément), aide-canonnier, de la Hougue.
Bargousse (Joseph), aide-canonnier, de Vannes, mort le 27 décembre 1781.
Roquet (Etienne), aide-canonnier, des Sables.
Prevost (Jean), aide-canonnier, de Boulogne.
Lavie (Charles), aide-canonnier, de Calais.
Soubitet (Jean), aide-canonnier, de Calais.
Fiergot (Jean), aide-canonnier, de Honfleur.
Vallée (Jean), aide-canonnier, de Dieppe.
Hautot (Jean), aide-canonnier, de Fécamp, mort le 12 février 1782.
Délépaule (Jean), aide-canonnier, de Granville.
Guiffart (Louis), aide-canonnier, de Granville.
Sauvage (Charles), aide-canonnier, de Granville.
Barras (Jacques), aide-canonnier, de Dunkerque.
Joncourt (Bazille), aide-canonnier, de Saint-Brieuc.
Lannel (Jean), aide-canonnier, de Boulogne.
Bodin (Pierre), aide-canonnier, de la Rochelle.
Gloaguen (Pierre), aide-canonnier, de Quimper.
Chapon (Michel), aide-canonnier, de Saint-Malo.
Raoul (Jean), aide-canonnier, de Brest.
Dolo (Jacques), aide-canonnier, de Saint-Brieuc.
Cannelier (Pierre), aide-canonnier, de Cherbourg, mort le 30 mai 1782.
Lepetit (Jean), aide-canonnier, de Granville.
Tassel (Pierre), aide-canonnier, de Morlaix, mort le 30 mai 1782.
Wacagne (Antoine), aide-canonnier, de Boulogne.
Carpentier (Jean), aide-canonnier, de Dieppe.
Lépine (Louis), aide-canonnier, de Cherbourg.

Officiers-mariniers de charpentage.

Olivier (Jacques), maître charpentier, de Recouvrance.
Le Berre (Jean), second charpentier, de Recouvrance.
Ygou (André), aide-charpentier, du Havre.
Malénec (Henry), aide-charpentier, de Brest, tué au combat du 12 avril 1782.

Officiers-mariniers de calfatage.

Larvor (Jean), maître calfat, de Recouvrance.
Léost (René), second calfat, de Brest.
Lainé (Nicolas), aide-calfat, de Dinan.
Magueur (Jacques), aide-calfat, de Recouvrance.
Le Breton (Louis), aide-calfat, de Dinan.
Le Treul (Yves), aide-calfat, de Brest, mort le 2 janvier 1782.

Officiers-mariniers de voilerie.

Lamarche (Pierre), maître voilier, de Port-Louis, tué au combat du 12 avril 1782.
Lepoisade (Pierre), second voilier, de Lorient.
Hartevan (Michel), aide-voilier, du Havre.
Loréal (Pierre), aide-voilier, de Vannes.

Gabiers.

Portier (Jean), de Saint-Malo.
Delarose (Jean), de Saint-Malo.
Gatebure (Honoré), de Nantes, mort le 3 mai 1782.
Sablonière (Jacques), de Saint-Malo.
Lefrançois (Jacques), de Cherbourg, mort le 23 octobre 1781.
Gégo (Henry), de Quimper.
Guédec (Jean), de Brest.
Blondel (Jean), de Granville.
Lorbehaye (Claude), de Granville.
Petet (Louis), de Honfleur.
Garnier (Noël), de Saint-Malo.
Perdriel (Jean), de Dinan.
Le Mignon (Jean), de Camaret, mort le 7 septembre 1781.
Léonard (Guillaume), de la Hougue, mort le 3 février 1782.
Mariette (Michel), de Honfleur.
Vrac (Philippe), du Havre.
Le Daux (Nicolas), de l'Ile de Ré.
Georges (Julien), de Dunkerque.
Michel (Jean), de Saint-Valéry, mort à bord le 21 juillet 1782.
Salha (Martin), de Saint-Jean-de-Luz.
Morduë (François), de Brest.
Poisson (Jean), du Havre.
Chevert (Jacques), de Morlaix.
Dumont (Guillaume), de Brest.
Jouvin (Caude), de Granville.

Timoniers.

Esnaud (André), de Dinan.
Bihan (Jean), de Quimper, mort le 24 décembre 1781.
Nogues (Jean), de Bordeaux.
Grossel (Charles), de Saint-Malo.
Le Brun (Pierre), de Granville.
Cochard (Jean), de Granville.
Bedesque (Vincent), de Belle-Ile, mort à bord le 2 octobre 1781.
Le Saux (Jean), de Morlaix, mort à bord le 25 janvier 1781.
Galbure (Jean), de Nantes, mort à bord le 29 septembre 1781.
Le Comte (Jean), de Granville, mort le 29 mai 1782.
Malhère (Etienne), de Brest.
Ollivier (René), de Recouvrance.
Evin (Michel), de Brest.
Gourhent (Jean), de Brest.
Le Borgne (François), de Brest.

Matelots.

Verveur (Pierre), de Brest.
Pilven (Tanguy), de Recouvrance.
Martin (Jean), de Rennes.
Le Gréan (Alain), de Brest.
Ulien (Vincent), de Brest.
Aubras (Louis), de Brest.
Henry (Jean), de Recouvrance.
Paillet (Vincent), du Conquet.
Lucas (Nicolas), du Conquet.
Renée (Jean), du Conquet.
Cosant (François), du Conquet.
Stual (Vincent), du Conquet.
Noret (Hilarion), du Conquet.
Tassel (Hervé), de Morlaix.
Le Mité (Jean), de Morlaix.
Lanois (François), de Morlaix.
Perin (Jacques), de Lannion.
André (Jacques),de Morlaix.
Bougant (Yves), de Morlaix.
Le Borgne (Jean), de Morlaix.
Barbel (Julien), de Saint-Malo.
Dossé (François), de Saint-Malo.
Poulin (Jean), de Saint-Malo.
Lahaye (Yves), de Saint-Malo, mort le 15 juin 1782.
Riou (Antoine), de Saint-Malo.
Goyard (Julien), de Saint-Malo, mort le 21 février 1782.
Ozanne (Joseph), de Saint-Malo.
Pigeon (Michel), de Dinan.
Heuzé (Nicolas), de Dinan.
Le Bret (Jean), de Dinan.
Mesliard (François), de Dinan, tué le 12 avril 1782.
Direux (Guillaume), de Dinan.
Cossu (Christophe), de Dinan.
Mitterie (Jean), de Dinan.
Hery (Julien), de Dinan.
Le Bihan (Joseph), de Saint-Malo.
Le Roy (Joseph), de Dinan.
Joibe (Julien), de Dinan, mort à bord le 24 octobre 1781.
Bequet (François), de Saint-Malo.
Fort (Julien), de Saint-Malo, tué au combat du 9 avril 1782.
Christophe (Jean), de Saint-Malo, mort le 30 juin 1781.
Cousin (Joseph), de Dinan.
Outrel (Guillaume), de Saint-Malo.
Plessis (Guillaume).
Delmas (Jean), de Dinan.
Mesnard (François), de Dinan, mort à bord le 27 juillet 1782.
Simon (Guillaume), de Saint-Malo.
Robert (Claude), de Saint-Malo.
Laur (Louis), de Dinan.
Bergé (Antoine), de Saint-Malo.
Caltanteau (Julien), de Saint-Malo.
Le Roux (Yves), du Croisic.
Guyodeau (Pierre), du Croisic.
Eveno (Louis), du Croisic.
Fisson (Louis), de Nantes.
Haigand (Julien), du Croisic.
Meahé (Julien), du Croisic, mort le 2 août 1781.
Outin (Pierre), du Croisic.
Orieux (François), du Croisic, mort le 19 octobre 1781.
Chauvelon (Sébastien), de Nantes.
Olive (Jérôme), de Nantes.
Arthaud (Aimé), de Nantes.
Maurisseau (François), de Nantes.
Olive (Jean), de Nantes, mort à bord le 12 avril 1781.
Guy (René), de Nantes, mort à bord le 12 novembre 1781.
Denos (Jean), de Nantes.
Le Breton (Yves), du Croisic, mort à bord le 27 novembre 1781.
Garal (Pierre), de Nantes.
Aucouin (Michel), de Nantes, mort le 6 mai 1782.
Abraham (Pierre), de Nantes.
Caillé (Joseph), de Nantes.
Mainguet (Jean), de Nantes.
Raguedeau (Julien), de Nantes.
Quenel (Mathurin), de Nantes.
Tual (François), de Lorient.
Costion (François), de Lorient.
Chatton (Jean), de Lorient.
Goiveau (Pierre), de Lorient.
Delong (Gabriel), de Narbonne.
Vergé (Julien), de Lorient.
Fabre (Jean), de Lorient.
Piron (Pierre), de Vannes.
Camaneu (Jean), de Vannes.

Boisela (René), de Vannes.
Brichard (Jacques), de Vannes.
Guillet (Guillaume), de Vannes.
Ruault (Marc), de Vannes.
Jarisse (Clair), de Vannes.
Le Campion (Joseph), de Vannes.
Marec (Guillaume), de Quimper.
Quervel (Julien), de Quimper, mort à bord le 17 juillet 1782.
Phohic (Yves), de Quimper.
Pitton (Laurent), de Quimper.
Guicher (Michel), de Quimper.
Choariel (Jean), de Quimper.
Le Laur (Vinoc), de Quimper, noyé le 25 mars 1781.
Yven (Hervé), de Quimper.
Kerlot (Jean), de Quimper.
Riou (Laurent), de Quimper, mort le 23 juillet 1781.
Compessé (Vincent), de Quimper.
Taniou (Allain), de Quimper.
Corlay (Jacques), de Quimper, mort à bord le 12 août 1782.
Chauvin (Philippe), de Saint-Brieuc.
Guillou (Guillaume), de Saint-Brieuc, mort à bord le 15 août 1782.
Pignorel (Mathurin), de Saint-Brieuc.
Trobé (Pierre), de Saint-Brieuc.
Pirian (Pierre), de Saint-Brieuc, mort le 18 juillet 1781.
Chasboulet (François), de Saint-Brieuc.
Heurtel (Jacques), de Saint-Brieuc.
Guillermo (Jacques), de Saint-Brieuc.
Blanchard (Jean), de Saint-Brieuc.
Robert (Jacques), de Saint-Brieuc, mort le 3 mars 1782.
Mainguy (Yves), de Saint-Brieuc.
Lefranc (Jean), de Granville.
Parmentier (Charles), de Honfleur.
Bouchard (Louis), de Honfleur.
Petit (Guillaume), de Honfleur.
Henry (Pierre), de Honfleur.
Vautier (Charles), de Honfleur.
Hébert (Jacques), de Honfleur.
Oriot (Claude), de Dieppe, mort à bord le 19 juillet 1782.
Bithalie (Noël), de Dieppe, tué au combat du 12 avril 1782.
Séron (Vincent), de Dieppe, mort le 16 juin 1782.
Bouteiller (Nicolas), de Dieppe.
Jumel (Louis), de Dieppe, mort le 18 février 1782.
Girard (Jean), de Dieppe, mort le 27 août 1782.
Defrance (François), de Dieppe.
Duplat (Jean), de Dieppe.
Cahors (Pierre), de Dieppe.
Ollivier (Jean), de Dieppe.
Asselin (Jean), de Dieppe.
Ouin (Jean), de Dieppe.
Neuville (Jean), de Dieppe, mort le 15 octobre 1781.
Grard (Jean), de Dieppe.
Dumont (Jacques), de Dieppe.
Allard (Nicolas), de Dieppe.
Hulin (Jean), de Cherbourg.
Le Courvels (Germain), de Cherbourg.
Grillon (Louis), de Cherbourg.
Jourdain (Thomas), de Cherbourg, mort le 24 juin 1781.
Marcquais (René), de Cherbourg, mort le 1er mai 1781.
Véziel (Jacques), de Cherbourg, mort le 2 mai 1781.
Bernard (Antoine), de Cherbourg.
Vincent (Pierre), de Cherbourg.
Houlin (Julien), de Granville.
Le Buff (Gilles), de Granville.
Chauvel (Jean), de Granville.
Le Sage (Pierre), de Granville, mort le 20 août 1781.
Tanqueray (Gilles), de Granville, mort le 28 avril 1782.
Le Cocq (René), de Granville.
Pain (Jean), de Granville.
Hervieux (François), de Granville.
Le Gentil (Philippe), de Granville, mort le 20 juillet 1781.
Alain (Georges), de Granville, mort à bord le 5 octobre 1781.
Delpierre (Antoine), de Granville, mort le 19 mai 1781.
Chauvin (Louis), de Granville, mort à bord le 23 novembre 1781.
Bernier (Robert), de Granville.
Sébire (Pierre), de Granville, tué au combat du 12 avril 1782.
Gautier (Nicolas), de Granville.
Le Roy (Jean), de Granville.
Vasse (Jean), du Havre.
Le Gras (Jean), du Havre.
Valé (Jean), du Havre.
Frémont (Jacques), du Havre.
Chandelier (Jean), du Havre.
Rosette (Jean), du Havre.
Côté (Jean), du Havre.
Cabot (Guillaume), de Rouen.
Michel (Pierre), de Rouen.
Dufy (Nicolas), de Rouen, mort à bord le 1er septembre 1782.
Murtel (Nicolas), de Rouen.
Liesse (Nicolas), de Rouen, mort le 9 aout 1782.
Boireau (Jean), de Rouen, mort le 29 avril 1782.
Trochet (Jacques), de Rouen, mort à bord le 20 août 1782.
Tellier (Robert), de Rouen.
Le Paumier (Marc), de la Hougue.
Desplanches (Luc), de la Hougue.
Pimor (Jean), de la Hougue.
Martin (Charles), de la Hougue, mort le 4 novembre 1781.
Lefevre (Thomas), de la Hougue.
Galiot (Louis), de la Hougue.
Vignon (Hervé), de la Hougue.
Barré (Guillaume), de Fécamp.
Rique (Etienne), de Fécamp.
Mazérié (Pierre), de Fécamp.
Legros (Nicolas), de Fécamp.
Folie (Jean), de Fécamp.
Lhumanissié (Jean), de Caen.
Aubert (Jean), de Caen.
Boullement (Jean), de Caen.
Brutier (François), de Boulogne.
Parmentier (Jean) de Saint-Valéry.
Dez (Michel), de Saint-Valéry.
Fournier (Jean), de Saint-Valéry.
Le Bœuf (Jacques), de Saint-Valéry, mort le 3 mai 1782.
Fleurand (André), de Calais.
Lozé (Pierre), de Marmande.
Robin (André), de Blaye.
Etcheverry (Bertrand), de Saint-Jean-de-Luz, mort à bord le 16 avril 1781.
Tournée (Elie), de Bordeaux.
Gassin (Louis), de Martigues.
Guérin (Jean), de Marmande.
Toureaux (Pierre), de Bordeaux.
Queston (Pierre), de Saintes, mort le 25 janvier 1782.
Bertrand (Mathieu), de Marmande.
Quentin (Pierre), de Marennes.
Durand (Jean), de la Rochelle.
Clémenceau (Raymond), de Bordeaux, tué au combat du 9 avril 1782.
Briolle (Jean), de Bordeaux.
Courreau (Jacques), de Bayonne.
Dupons (Jean), de Bayonne, tué au combat du 12 avril 1782.
Patinel (Jean), de Bordeaux.
Henry (Joseph), de Bordeaux, mort à bord le 3 juillet 1782.
Saillin (André), de Bordeaux.
Lesca (Etienne), de Bordeaux.
Rabouin (Jacques), de Bordeaux.
Lambert (Pierre), de Saintes.
Depeux (Jean), de Saintes.
Goudih (Jean), d'Angoulême.
La Cours (Sécard), de Bordeaux.
Sourbiers (Antoine), de Marmande.
Pellant (Pierre), de Marennes.
Ycart (Raimond), de Bordeaux.
Larquet (Jean), de Bordeaux.
Boissonneau (Pierre), de Marmande.
Gastras (François), de Bayonne.
Salat (Béatrix), de Saint-Jean-de-Luz.
Rivaud (Pierre), de Blaye.
Martin (Louis), de Marennes.
Lassans (Jean), de Toulouse.
Renard (Jacques), de Rochefort.
Paul (François), de Bordeaux, tué au combat du 12 avril 1782.
Duchène (Jacques), de Bordeaux.
Despouder (Martin), de Bayonne.
Lané (Pierre), de Bayonne.
Passerat (Pierre), de Libourne.
Marsillac (Pierre), de Bordeaux, mort à bord le 10 juillet 1782.
Broux (Jean), de Cette.
Lieutaud (Jean), de Marseille.
Velin (François), de la Seyne.
Brest (André), de Bandol.
Hardisson (Alexandre), de Cannes.
Laugier (Jean), de Martigues.
Brasson (Jean), de Martigues.
Guillon (Jean), d'Arles.
Godeferhobes (Robert), Américain.
Vidamour (René), de Saint-Martin, mort le 7 février 1782.
Pataud (Jean), de Trèves.
Simoine (Jean), de Trèves.
Gasseau (Jean), de Trèves.
Maupouing (Joseph), de Trèves.
Despugnes (Claudes), de Trèves.
Dufour (Jean), d'Angers.
Canard (Hilaire), d'Angers.
Péan (René), de Saint-Jacques, mort le 8 janvier 1782.
Robert (Jean), de Saint-Jacques.
Rode (Jean), de Chouzé.
Boisautin (André), de Varennes, mort à bord le 22 juin 1782.
Gambier (Jacques), de Saint-Maurice.
Meslaud (François), de Noyers.
Chedenne (François), de Noyers.
Guenaut (Pierre), de la Chapelle.
Machais (Claude), de la Chapelle, mort à bord le 24 septembre 1781.
Huau (Antoine), de la Chapelle.
Tolmé (Marin), de la Chapelle.
Blotin (Augustin), de la Chapelle.

Blotin (Martin), de la Chapelle.
Blotin (Louis), de la Chapelle.
Argent (Alain), de Roscanvel.
Guenau (Yves), de Bréhémont.
Machet (Etienne), de la Chapelle.
Ouvrard (Louis), de Saint-Jacques.
Marqués (Pierre), de Montsoreau.
Garnier (Paul), de Trèves.
Guiard (René), de Duffaut.
Dupin (Philippe), de Marennes.
Sohier (Pierre), de Saumur.
Clément (Jacques), de Saint-Clément.
Petiteau (Pierre), de Saumur.

Novices.

Duval (Félix), de Fécamp.
Letrançois (Michel), de Fécamp.
Boursier (Antoine), de Paris.
Jacob (François), de Lannion.
Martel (Louis), de Boulogne.
Javry (Clette), de Quimper.
Guéré (Pierre), de Quimper.
Pouchel (Alain), de Quimper.
Le Roy (Yves), de Quimper.
Quézennec (Mathieu), de Quimper, mort le 8 octobre 1781.
Lordic (Correntin), de Quimper.
Moulie (Alain), de Quimper.
Madec (Michel), de Quimper.
Guéguen (Joachim), de Quimper, mort à bord le 6 octobre 1781.
Bessard (Pierre), de Blois.
Menant (Claude), de Blois.
Moulineau (René), de Blois.
Mozuel (Jean), de Blois.
Lehay (Louis), de Blois.
Bessard (Julien), de Blois.
Guily (Michel), de Montauban.
Le Grossel (Yves), de Lannion.
Deslandes (Louis), du Havre.
Durand (Antoine), de Paris, tué au combat du 12 avril 1782.
Robin (Jean), de Cette.
Pradel (Jacques), de Toulouse, mort le 30 mai 1782.
Folleville (Jacques), de Vannes.
Gaudry (Martin), de Rouen.
Glasson (Pierre), de Rouen.
Nativel (Jean), de Paris.
Paindebled (Jean), de Paris.
Bellanger (Louis), de Fécamp.
Randoux (Jean), de Fécamp, mort le 24 mai 1782.
Mutel (Jean), de Fécamp.
Le Dué (Georges), de Fécamp.
Palfray (Noël), de Fécamp.
Delaunay (Etienne), d'Angers.
Renoux (Pierre), d'Angers.
Beziau (François), d'Angers, mort le 23 mai 1782.
Durand (Pierre), d'Angers.
Hamoneau (Pierre), d'Angers.
Roger (Michel), d'Angers, mort le 27 mars 1782.
Guitter Pierre), d'Angers.
Lorey (Julien), de Lorient, mort le 10 septembre 1782.
Faudrin (Jean), de Saint-Etienne.
Gigaud (Jean), d'Angers.
Bougron (Jacques), de Poitiers.
Gaumin (Sébastien), d'Orléans.
Dumond (Jean), de Dunkerque.
Martin (Claude), de Blois.
Blein (Jacques), de Blois.
Bessard (Claude), de Blois, mort le 9 octobre 1781.
Mourion (Etienne), de Blois, tué au combat du 12 avril 1782.
Henoux (Pierre), de Blois.
Gautier (Michel), de Blois.
Laurent (Pierre), de Brest.
Lefevre (Joseph), de Dijon.
Manière (Jean), de Caen.

Surnuméraires.

Roye (Jean), du Havre.
Michel (Jean), du Conquet.
Fournier (Pierre), de Brest.
Doublet (André), de Rennes.
Bernard (Sébastien), de Saint-Malo.
Donguy (Jean), d'Avranches.
Hulot (François), de Saint-Malo.
Adam (Pierre), de Tréguier.
Chevalier (François), de Brest.
Beurier (Georges), de Brest.
Chardon (Louis), de Paris.
Cany (Vital), de Lyon.

Mousses.

Thomas (Jean), de Quimper.
Laridon (Yves), de Faou.
Guermedic (Pierre), de Lorient.
Rome (Jacques), de Lorient.
Richard (Jean), de Lorient.
Samedy (Louis), de Lorient.
Duquay (Vincent), de Dinan.
Berthaud (Gabriel), de Saint-Servan.
Even (Louis), de Quimper.
Lefloch (Jacques), de Brest.
Morel (Jean), de Saint-Brieuc.
Rachinel (Jean), de Saint-Malo.
Boudrot (Joseph), de Saint-Malo.
La Rivière (Guillaume), de Saint-Malo.
Le Roy (Alain), de Saint-Malo.
Gaillard (Mathurin), de Saint-Brieuc.
Bazin (Jean), de Saint-Malo.
Ferron (Mathurin), de Saint-Brieuc, mort le 29 avril 1781.
Noël (Michel), de Saint-Malo.
Benoué (Jean), de Saint-Malo.
Quelen (François), de Saint-Malo.
Lucas (Julien), de Saint-Malo.
Morin (Jacques), de Saint-Malo.
Bourdé (Jean), de Saint-Malo.
Morel (Jacques), de Lorient.
Barbezieux (Pierre), de Saintes.
Simon (François), de Lambézellec.
Duval (Pierre), de Saint-Malo.
Duval (Jean), de Saint-Malo, mort le 1. mai 1782.
Douval (Jean), de Guipavas.
Le Sage (Louis), de Saint-Brieuc.
Paul (François), de Quimper.
Fron (Jean), du Havre.
Coussin (Bertrand), de Granville.
Desjardins (Jean), de Boulogne.
Robert (Gilles), de Dinan.
Cotonnet (Jean), de Quimper.
Liorzon (Vincent), de Recouvrance.
L'homme Dieu (Pierre), de Saint-Malo.
Marchand (Jacques), de Nantes.
Pasquier (René), d'Angers.
Amand (Germain), d'Angers, tué au combat du 12 avril 1782.
Huel (Georges), de Saint-Malo.
Boutry (Jean), de Saint-Malo.
Heulin (Gervais), de Saint-Malo.
Pichon (Jean), de Saint-Malo.
Pichard (Gilles), de Saint-Malo.
Paturel (Louis), de Saint-Malo.
Dezé (Jean), de Saint-Malo.
Bataille (Jacques), de Saint-Malo, mort à bord le 23 avril 1781.
Delaunay (Lucas), de Saint-Malo, mort à bord le 18 avril 1781.
Mazim (René), de Lesneven.
Géreux (Marin), de Saint-Malo.
Barré (Louis), de Châteaulin.
Daney (Amable), de Rouen.
Vateau (Ollivier), de Plouescat.
Pommeray (Jean), de Saint-Brieuc.

Domestiques.

Fontas (Pacifique), de Toulouse.
Simon (Jacques), de Lunéville.
Téssier (Louis), de Saint-Esprit.
Guillon (Jacques), de Vannes.
Girard (Martin), de Paris.
Le Roux (Hervé), de Morlaix.
Le Cun (Jean), de Guingamp.
Rolland (Pierre), de Lannion.
Le Guonidec (Yves), de Lannion.
Hamon (Jouan), de Tréguier.
Débouvand (Jean), de Arnay-le-Duc.
Cadet (François), de Gourin, mort à bord le 6 août 1782.
Gapillon (Jean), de Rochefort, mort à bord le 9 juillet 1782.

L'IVELLY

M. le Chevalier DURUMAIN, Lieutenant de vaisseau, Commandant.

ÉTAT-MAJOR

LIEUTENANTS DE VAISSEAU

Le Chevalier **DURUMAIN.**
Le Chevalier de **COETANDO.**

ENSEIGNES DE VAISSEAU

Le Sr de **BOULAINVILLIERS.**
Le Chevalier de **SAINT-PERN.**

OFFICIERS AUXILIAIRES

Le Sr **DESTOUCHES le BORGNE**, mort le 19 novembre 1778.
Le Sr **JOLLY.**

CHIRURGIENS-MAJORS

Le Sr **PAVE.**
Le Sr de **BOISBELOT.**

AUMONIER

OMAHONY (Abbé Bartholomé).

VOLONTAIRE

Le Sr **MAISONEUVE le MOINE.**

Officiers-mariniers de manœuvre.

Emery (Jacques-Louis), premier maître, de Recouvrance.
Quéfurus (Hervé), second maître, de Lambézellec.
Haumond (Pierre-Jean), second maître, de Lorient.
Marrec (Marcel), contremaître, de Saint-Brieuc, mort à bord le 13 mars 1780.
Bodenes (Jean-Marie), bosseman, de Brest.
Le Bars (Jean), bosseman, de Paimpol.
Quivouron (Mathieu), quartier-maître, du Conquet.
Daniel (Pierre), quartier-maître, de Nantes.
Desvaux (Jean), quartier-maître, de Saint-Valéry.
Poirier (François), quartier-maître, de Dinan.
Bernard (André), quartier-maître de Brest, mort à l'hôpital de Lorient le 23 mars 1780.
Poirier (Georges), quartier-maître, de Dinan.
Frelandin (Pierre), quartier-maître, de Saint-Brieuc.
Cadou (Pierre), quartier-maître, de l'Ile d'Yeu.
Quiniou (François), quartier-maître, de Vannes.
Stardier (René), quartier-maître, d'Agen.

Officiers-mariniers de pilotage.

Solo (Jean-Louis), patron de chaloupe, de Saint-Brieuc.
Bouteiller (Louis-Marcel), premier pilote, de Granville.
Le Saulx (Yves), second pilote, de Saint-Brieuc.
Le Huby (Philippe-Charles), aide-pilote, de Granville.

Officiers-mariniers de canonnage.

Pinnié (Pierre), maître canonnier, de Lorient.
Mignard (Jean-Nicolas), premier canonnier, de Brest.
Le Marchand (Jean), second canonnier, de Dinan.
Le Floch (François), aide-canonnier, du Conquet.
Aubrée (Pierre), aide-canonnier, de Honfleur.
Courbé (Louis), aide-canonnier, de Brest.
Touyer (Jean), aide-canonnier, de Saint-Brieuc.
Godin (Jean), aide-canonnier, de Saint-Malo.
Denis (Victor), aide-canonnier, de Saint-Brieuc.
Le Jay (Pierre), aide-canonnier, de Dinan.
Houard (Sébastien), aide-canonnier, de Saint-Brieuc.
Drouet (Georges), aide-canonnier, de Granville.
Bougie (Mathurin), aide-canonnier, de Dinan.
Bergeron (Jean), aide-canonnier de Rochefort.
Guillaner (Pierre), aide-canonnier, de Morlaix.
Petton (Richard), aide-canonnier, de Granville, mort à l'hôpital de Lorient le 8 mars 1780.
Grignard (Laurent), aide-canonnier, de Saint-Brieuc.
Blot (Louis-Jacques), aide-canonnier, du Havre.

Officiers-mariniers de charpentage.

Le Dantec (Philippe) maître charpentier, de Saint-Brieuc, mort à l'hôpital de Lorient le 8 mars 1780.
Kerno (Jacques), maître charpentier, de Lorient.
Le Manimier (François), second charpentier de Caen.

Officiers-mariniers de calfatage.

Le Roux (Jean), second calfat de Recouvrance.
Poiré (Jean-Baptiste), second calfat, du Havre.
Le Tessier (Mathieu), aide-calfat, de Saint-Malo.
Vaillant (Charles), aide-calfat, de Recouvrance, mort à bord le 22 février 1780.

Officiers-mariniers de voilerie.

Houradon (Jean), maître voilier, de Bordeaux.
Bois (Antoine), aide-voilier, de Granville.
Le Dûe (Joseph), aide-voilier, de Saint-Brieuc, mort à bord le 21 octobre 1779.
Gonneau (Claude), aide-voilier, de Saint-Brieuc.

Gabiers.

Thierry (Pierre-François), de Honfleur.
Vigneron (Jean), de Saint-Malo.
Guyot (Guillaume), de Vannes.
Quellec (Laurent), de Belle-Ile.
Rebours (Jean-Louis), de Saint-Brieuc.

Timoniers.

Taurin (Pierre-Julien), d'Ouessant.
Blanchard (Julien), de Saint-Brieuc.
Chapelain (Hervé-Marie), de Recouvrance.
Causan (Thomas-Marguerite), d'Ouessant.

Matelots.

Fondemer (Laurent), de Granville.
Doré (Mathurin), de Vannes.
Richard (Pierre), de Paimbœuf, mort à bord le 12 juillet 1779.
Gassel (Jean-Marie), de Recouvrance.
Allemart (Jean), de Saint-Brieuc.
Bertho (Jean-Louis), de Belle-Ile.
Martin (Louis), de Honfleur.
Guérin (Julien), de Granville, mort à l'hôpital de Lorient.
Besco (Jean-François), de Saint-Brieuc, mort à bord le 30 octobre 1779.
Le Brun (Nicolas), de Morlaix.
Le Blanc (Jacques), de Honfleur.
Frelaudin (Claude), de Saint-Brieuc.
Durier (Etienne), de Belle-Ile.
Moreau (Jean-François), de Saint-Brieuc.
Autin (Guillaume-François), de Fécamp.
Coupé (Laurent-Nicolas), de la Hougue, mort à l'hôpital de Lorient le 11 avril 1780.
Clos (Jean), de Cherbourg, mort à bord le 20 septembre 1779.
Guillou (Louis), de Nantes.
Le Goff (Jean), de Recouvrance.
Caradec (Gilles), d'Ouessant.
Laot (Joseph), du Conquet, mort à l'hôpital de Fort-Royal le 20 juin 1779.
Le Fort (Adrien-Robert), de Boulogne.
Le Fèvre (Jacques-Vallery), de Saint-Valéry.
Le Neveu (Etienne), de la Hougue, mort à l'hôpital de Charleston le 21 novembre 1779.
Chagnon (Jean-François), de Granville.
Geslin (Emanuel), de Brest.
Guillasser (Tangui), de Morlaix.
Blois (Jean-Marie), de Recouvrance.
Chevalier (Pierre), de Dinan.
Courtel (François-Jules), de Saint-Malo.
Themoin (Jean-François), de Saint-Brieuc.
Hulezon (François), de Vannes, mort à bord le 17 février 1780.
Nicolas (Pierre), de Dinan.
Troadec (Pierre), de Morlaix, mort à l'hôpital de Lorient le 7 avril 1780.
Le Gras (Jean-Marie), de Saint-Malo.
Le Gal (Yves), de Tréguier.
Picaud (Bonnaventure), de Vannes.
Heleine (Sébastien), de Granville, mort à l'hôpital de Lorient le 11 avril 1780.
Guilloret (Yves), de Lorient.
Marais (Jean-Henry), de Bordeaux.
Lihard (François), de Honfleur.
Nourry (Marcel-Noël), de Dieppe.
Gaillard (Sébastien), de Bordeaux.
Cordel (Pencrace), de Granville, mort à l'hôpital de Lorient le 4 avril 1780.
Tahé (François), de Nantes.
Le Lièvre (Charles-François), de Granville.
Ferret (Louis-Pierre), de Fécamp.
Dérou (Thomas), de Granville.
Malet (Jean), de Granville, mort à bord le 29 août 1779.

Le Vivier (François), de Granville.
Fauvel (Jacques-Suzanne), de Granville, mort à bord le 28 août 1779.
Hatey (Jean-Pierre), de Granville.
Tisseran (Jean), de Dinan, mort à bord le 20 décembre 1779.
Tifaigne (Etienne-Camille), de Dieppe.
Le Blanc (Jacques), de Dieppe.
Houard (Marc), de Dieppe.
Aubry (Yves), de la Hougue.
Heurtel (Pierre), de Saint-Brieuc.
Hardy (Antoine), de la Hougue.
Corbel (Jacques), de la Hougue, mort à l'hôpital de la Guadeloupe le 11 janvier 1779.
Galloudec (Vincent), de Vannes.
Rivière (Jacques), de Rouen.
Jernot (Guillaume), de Saint-Brieuc, mort à l'hôpital de Lorient le 29 mars 1780.
Le Goupil (Jacques), de la Hougue.
Marre (Charles), de Rouen.
Maurice (Pierre), de Rouen.
Crosmier (Pierre), de Rouen.
Bourdé (Nicolas), de Rouen.
Gilbert (Jacques), de Rouen.
Radiguois (Louis), de Nantes, mort à l'hôpital de Lorient le 21 mars 1780.
Travers (Louis), de Cherbourg.
Gam (François), du Conquet, mort à l'hôpital de Lorient le 22 mars 1780.
Quersebec (Vincent), du Conquet.
Le Trilly (François), de Granville.
Chatel (Guillaume), de Granville.
Le Chevalier (Luc), de Granville.
Malet (Jean), de Granville.
Coquet (Jacques), de Granville.
Le Goff (Joseph), de Recouvrance.
Girard (Jean-Marie), de Lorient, mort à bord le 16 février 1780.
Charon (Julien), de Nantes.
Navarre (Jean-Baptiste), de Brest.
Maho (Joseph), de Brest.
Le Genty (Joseph), de Granville.
Le Chevalier (Charles), de Granville.
Roussel (Nicolas), de Saint-Brieuc.
Tréhen (Nicolas), de Saint-Brieuc.
Lanuzel (Jean), de Porspoder.
Boubennec (Vincent), de Saint-Brieuc, mort à l'hôpital de Lorient le 5 mars 1780.
Renaud (Michel), de Saint-Brieuc.
Lecher (Jean-Louis), de Saint-Brieuc.
Quémard (Jean), de Saint-Brieuc.
Causan (Jean-Marie), d'Ouessant.
Le Coué (Jean-François), de Brest.
Gaultier (Jean-Marie), de Rennes.
Querré (Sébastien), de Saint-Brieuc.
Cavallon (Barthélemy), du Croisic.
La Haye (Jacques-Christophe), de la Hougue.
Deskans (Claude), de Honfleur.
Léost (René), de Recouvrance.
Provost (Marie-Nicolas), de Rouen.
Hilaire (Jean-François), de la Martinique.
Sieurin (Charles), du Havre.
Le Borgne (René), de Brest.
Hillo (Mathieu), de Saint-Brieuc.
Bacant (François), de Dinan.
Denis (François), de Caen.
Isaac (François), de Fécamp.
Crochet (Julien), de Saint-Brieuc.
Touroude (Raphaël), de Caen.
Marquer (Jean-François), de Honfleur.
Drieux (Antoine), de Fécamp, mort le 12 avril 1780 à l'hôpital de Lorient.
Moriot (Nicolas-Laurent), de Rouen.
Colomb (François), de Montauban.
Guillou (Marc), de Saint-Brieuc.
Fravalle (François), de Vannes.
Le Guillaud (Joseph), de Vannes.
Hery (Guillaume), de Saint-Malo.
Bonhomme (Pierre-Jean), de Dinan.
Morin (François), de Saint-Brieuc, mort à l'hôpital de Lorient le 22 mars 1780.
Puchon (Pierre), de Saint-Malo.
Forrat (Honoré), de l'Ile de Ré.
Bonjour (Guillaume), de Dinan.
Cortonne (André), de Mâcon, mort à bord le 27 février 1780.
Brillant (François), de Dinan.
La Victoire (Pierre), d'Angoulême.
Biton (Yves), de Vannes.
Croibaud (Jean), de Saint-Brieuc.
Maurice (François), de Vannes.
Hubert (Jean), de Bordeaux.
Guillard (Pierre), de Royan.
Lerot (Mathieu), de Libourne.
Girault (Jacques), de Marennes.
L'Emeric (Jean), de Dieppe.
Baudric (Pierre), de Saint-Michel.
Le Dentec (Pierre), de Saint-Malo.
Godichon (Jean), de Libourne.
Vironot (Jacques), de Marennes.
Nessance (Antoine), de Moissac.
Paquet (Pierre), de la Rochelle.
Boucheray (Jean), de Rochefort.
Bicot (Pierre), de Rochefort.

Surnuméraires.

Cauzan (Jean), pilote côtier, du Conquet, mort à l'hôpital de Fort-Royal le 17 avril 1779.
Ascouet (Charles), second chirurgien, de Brest.
Le Blanc (Menu), second chirurgien, de Rochefort.
Curveur (Julien), aide-chirurgien de Brest.

Commis du munitionnaire.

Cernon (Etienne), de Brest.
Boezard (Ollivier), de Plouer.
Vigor (Nicolas), de Granville, mort à bord le 8 octobre 1779.

Mousses.

Cernon (Vincent), de Brest.
Colin (Jean), de Brest.
Brard (Armel), de Brest.
Lazennec (Claude-Marie), de Lorient.
Hubert (Jean-Marie), de Tréguier.
Godin (Jean), de Saint-Malo.
Prigent (Jean-François), du Conquet.
Le Cosse (François-Rolland), de Brest, mort à l'hôpital de Lorient le 13 mars 1780.
Pigeon (Julien), de Saint-Malo.
Malgorn (Daniel), d'Ouessant.
Fozecheur (Guillaume), de Saint-Renan.
Calvé (Jean-Marie), de Vannes.
Causan (Paul), d'Ouessant, mort à bord le 3 août 1778.
Tanguy (Allain), de Plouarzel.
Floch (Laurent), du Conquet.
Le Terrien (Guillaume), de Tréguier.
Raoul (Joseph-Marie), de Châtelaudren.
Le Dantec (Jean), de Saint-Brieuc.
Arthur (Ollivier), de Brest.
Caro (Dominique), de Lorient.
Messager (Mathurin), de Lorient.
Le Crocq (Noël), de Lorient.
Botterel (Pierre), de Saint-Malo.

Domestiques.

Sauvé (Mathurin), de Vannes.
Carré (Louis), de Vannes.
Basin (Jacques), de Brest.
Serad (Mathurin), de Lamballe.
Ricard (Ernest), de Quimper.
Le Roux (Hervé), de Brest.
Le Pluard (Jean), de Saint-Brieuc.
Marchand (Jean), de Nantes.

LE NORTHUMBERLAND

MM. DE BRIQUEVILLE, le Chevalier DE MÉDINE, DE SAINT-CÉZAIRE, Capitaines de vaisseau, Commandants, sous les ordres de M. le Marquis DE VAUDREUIL, Lieutenant général.

ÉTAT-MAJOR

LIEUTENANT GÉNÉRAL

Le Marquis de **VAUDREUIL**.

CAPITAINES DE VAISSEAU

De **BRIQUEVILLE**.
De **SAINT-CEZAIRE**, mort de ses blessures le 21 avril 1782.
Le Chevalier de **MEDINE**.

LIEUTENANTS DE VAISSEAU

De la **METTERIE**, tué au combat du 12 avril 1782.
De **MONTBRUN**.
DYANVILLE.
De **MENOU**.
LEVENEUR de **BEAUVAIS**.
De **PARROIS**.
De **REPENTIGNY**.
Le Chevalier **DESSON**.
Le Chevalier de **L'AIGUILLE**.

ENSEIGNES DE VAISSEAU

De COMBAUD.
De CHAUVIGNY.
De GUIQUERNEAU.

LIEUTENANTS DE FRÉGATE

AUVRAY de la BLAISSIERE.
De BRUILLAC.

OFFICIERS AUXILIAIRES

THOREL de la TROUPLINIERE.
Le Chevalier de **BEDE.**
De CHARMAIL.
GRIFFET.
MARTINEAU.
De la BERQUERIE.
De FHOUMIRE (Victor).
BAUSSARD.
BREARD.

CHIRURGIEN-MAJOR

BARRE.

AUMONIER

BARATCIARD (Abbé).

GARDES DE LA MARINE

CUSSY de VOUILLY.
Le Chevalier de **BELLEFOND.**
Le Chevalier de **SAINT-PAIR.**
D'IMBERT de le BRET.
De VAULX.
De VASSELOT.
Le Chevalier de **BAUNAY.**

VOLONTAIRES

Maugé (François), de Granville.
Defontenelle.
Morandais Maillard.
Lhermitte.
Félix (Louis), de Marseille.
Berthelot du Gage, de Saint-Brieuc.
Judot, de Versailles.

Officiers-mariniers de manœuvre.

Jacquelot (Yves), premier maître, de Brest, mort le 23 août 1782.
Tobie (Guillaume), second maître, de Lorient.
Piriou (Jean), second maître, de Camaret.
Romain (Jacques), contremaître, de Granville, mort le 10 septembre 1781.
Le Roux (Malo), contremaître, de Saint-Malo.
Le Chevalier (Guillaume), contremaître, de Granville.
Igou (Louis), bosseman, de Honfleur.
Morne (Luc), bosseman, des Sables.
Grosnier (Jacques), quartier-maître, de Saint-Valéry, tué au combat du 5 septembre 1781.
Pocro (Guillaume), quartier-maître, de Vannes.
Perard (Charles), quartier-maître, de Boulogne.
Renaud (Jean), quartier-maître, de Lorient.
Couillard (Jacques), quartier-maître, de Granville.
Auffret (François), quartier-maître, de Dinan.
Gilles (Jean-Bernard), quartier-maître, de Fécamp.
Bourdon (Julien), quartier-maître, de Fécamp.

Officiers-mariniers de pilotage.

Longueville (Gilles), patron de chaloupe, de Granville.
Le Floch (Jean), patron de canot, de Saint-Brieuc.
Saget (Yves), patron de canot, de Dinan, mort le 13 juin 1782.
Mouton (Jérôme), premier pilote, de Brest.
Buret (François), second pilote, de Saint-Malo.
Lehuby (Nicolas), aide-pilote, de Granville.

Officiers-mariniers de canonnage.

Le Tellier (Pierre), maître canonnier, de Granville.
Bon (Michel), second canonnier, de Granville.
Vautier (Antoine), second canonnier, de Cherbourg.
Poussin (Vincent), second canonnier, de Dieppe.
Fossel (Augustin), aide-canonnier, de Granville.
Jouane (Gilles), aide-canonnier, de Granville.
Hauguais (Etienne), aide-canonnier, de Dieppe.
Groult (Jean), aide-canonnier, de Fécamp, mort à bord le 4 novembre 1781.
Chouquet (Louis), aide-canonnier, de Rouen.
Commandé (Jean), aide-canonnier, de Brest.
Pitton (Pierre), aide-canonnier, de Granville.
Chenel (Jacques), aide-canonnier, de Granville.
Lemarquis (Jean), aide-canonnier, de Granville.
Lemignon (Nicolas), aide-canonnier, de Fécamp.
Gilbert (Pierre), aide-canonnier, de Granville.
Neveu (Pierre), aide-canonnier, de la Rochelle.
Turenne (Pierre), aide-canonnier, de Bordeaux.
Pascault (Guillaume), aide-canonnier, de Vannes.
Crespinel (Pierre), aide-canonnier, de Granville, mort le 15 juin 1782.
Hornay (Pierre), aide-canonnier, de Boulogne.
Bouvet (Louis), aide-canonnier, de Saint-Malo.
L'Ecrivain (Ollivier), aide-canonnier, de Granville.
Huaux (Jean), aide-canonnier, de Granville.
Le Tellier (Jacques), aide-canonnier, de Granville.
Balaterre (Louis), aide-canonnier, de Rouen.
Chevalier (Pierre), aide-canonnier, de Dinan.
Viret (Nicolas), aide-canonnier, de Granville.
Boucher (Jean), aide-canonnier, de Caen.
Revel (Jean), aide-canonnier, de Saint-Brieuc.
Bonnefoy (Pierre), aide-canonnier, de Caen.
Mazéas (Mathurin), aide-canonnier, du Conquet, mort à bord le 25 février 1782.
Giffard (Charles), aide-canonnier, de Dieppe, mort à bord le 15 juillet 1782.

Officiers-mariniers de charpentage.

Helion (Etienne), maître charpentier, de Saint-Malo.
Bruet (Jean), second charpentier, de Saint-Malo.
Poilevé (Jean), aide-charpentier, de Saint-Malo.
Delorme (Marc), aide-charpentier, de Saint-Malo.
Hausanne (Pierre), aide-charpentier, de Saint-Malo, mort le 20 juin 1782.

Officiers-mariniers de calfatage.

Toullec (Yves), maître calfat, de Brest.
Lefrène (Jacques), second calfat, de Granville.
Roussel (Guillaume), aide-calfat, de Saint-Malo.
Brouard (Louis), aide-calfat, de Dinan.
Vincent (Pierre), aide-calfat, de Saint-Brieuc.

Officiers-mariniers de voilerie.

Guenadou (Rolland), maître voilier, de Camaret, mort à bord le 22 janvier 1783.
Bernard (Vincent), second voilier, de Lorient.
Lenaf (François), aide-voilier de Brest.

Officiers-mariniers divers.

Marais (Gilles), de Cherbourg, mort le 6 juillet 1782.
Bellec (Jean), de Brest.
Calvès (Henry), de Brest.
Beillan (Pierre), de Fécamp.
Binet (Léon), du Havre.
Irsoire (Jean), de Marseille.
Guillou (Guillaume), de Brest.
Jézéquel (Etienne), de Brest.
Fornelin (Louis), du Havre.
Hérou (Jean), de Granville.
Gourdan (Pierre), de Granville.
Réal (Etienne), de Marennes.
Le Bret (François), de Saint-Brieuc.
Gourdan (Jean), de Granville.
Avril (Jean), de Nantes.
Martineau (Jean), de Bordeaux.
Couché (Jacques), de Marennes.
La Cour (Jean), de Rochefort.
Adam (Isaac), de Rouen.
Derix (Pierre), de Dunkerque.
Baillache (Joseph), du Havre.
Panchoulle (Jean), de Fécamp.
Verne (Jean), de Quimper.
Millet (Nicolas), de Saint-Jean-d'Angély.
Quéméneur (Jean), de Brest.
Henry (Jean), de Rouen.
Claude (Louis), de Granville.
Gallon (Jean), de Saint-Malo, mort le 27 juillet 1782.
Orange (Charles), de Caen, mort le 5 janvier 1783.
Bonniau (Pierre), de Dinan.
Bouillard (Allain), de Dinan, mort le 11 février 1782.
Bordeaux (Pierre), de Saint-Malo.
Philippe (Gilles), de Granville.
Vavissier (Vincent), des Sables.
Vallier (Joseph), de Saint-Malo.
Thomas (André), de Granville.
Jouglas (Esprit), de Toulon.
Piquet (Jean), de Dieppe, mort à bord le 29 octobre 1781.
Audibert (Nazaire), de Marseille.
Imbert (Claude), de Toulon.
Caussey (Jean), de Granville.
Fouque (Louis), de Toulon.
Saulle (Jean), de Toulon.
Ripert (Jean), de Toulon, mort le 23 juin 1783.
Bernard (Jean), de Toulon, mort le 14 juin 1782.
Alix (Bon), de la Hougue.
Jolly (François), de Saint-Malo.
Creven (Guillaume), de Recouvrance.
Olivier (Nicolas), de Brest.
Lan (Michel), de Brest.
Farin (Charles), de Honfleur.
Campi (Pierre), de Saint-Brieuc.
Perret (Jean), de Granville.

Le Cerf (Charles), du Havre.
Hue (François), du Havre.
Le Caplain (Pierre), de Granville.
Barbier (Joachim), de Nantes.
Robert (Jean), de Fécamp.
Gilbert (Louis), de Cherbourg.
La Rue (Jean), de Saint-Malo.
Falaise (Alexis), de Rouen.
Baron (Pierre), de Dinan.
Lenormand (Jean), de Caen.
Duval (Jacques), de Granville.
Le Pan (François), de l'Ile-aux-Moines.
Causit (Benoît), de Vannes.
Galipet (François), de Granville.
Duval (Julien), de Cherbourg.
Chrétien (Guillaume), de Cherbourg, mort à bord le 26 août 1781.
Boulin (Jacques), de Saint-Malo.
Arsan (Charles), de Granville, mort le 4 décembre 1782.
Gonteau (Jean), de la Ciotat.
Houdain (François), du Havre.
Pinto (Joachim), de Vannes.
Duthuit (Jacques), de Rouen.
Le Broc (Jacques), de Saint-Servan.
Haller (Sébastien), de Nantes.
Minier (Jacques), de Nantes.
Bazire (Jean), de Granville.
Drouet (François), de Dieppe.
Perrier (André), de Nantes.
Du Genêts (André), de Nantes.
Faconay (Claude), de Paimbœuf.
Dupont (Michel), de Granville.
Menard (François), de Granville.
Gatblé (Grégoire), de Quimper.
Morier (Jacques), de Nantes.
Roger (Pierre), de Granville.
Dutertre (François), de Saint-Malo.
Le Gal (Michel), du Conquet.
Dattin (Jean), de Granville.
Lamort (François), de Granville.

Gabiers et timoniers.

Cren (Pierre), de Brest, mort le 15 juin 1782.
Laville (Pierre), de Blaye.
Decoville (Louis), de Honfleur.
Malheux (André), de Rouen.
Fardet (Bertrand), de Vannes.
Quetel (François), du Havre.
Paquier (Pierre), de Fécamp.
Bidault (Toussaint), de la Hougue.
Pommier (François), de Granville.
Dillay (Pierre), de Granville.
Delatre (Pierre), de Boulogne.
Delourmeau (Antoine), de Marennes.
Fantome (Joseph), de Cherbourg.
Huet (Robert), de Rouen.
Toullec (François), de Brest.
Foille (Barthélémy), de Grenoble.
Lange (René), de Rennes.
Ruzaouen (François), du Conquet.
Bodennec (Joseph), du Conquet.
Le Boucher, de Brest.
Derrien (Olivier), de Brest.
César (Joseph), de Metz.
Stéphany (Louis), de Brest.
Gilbert (André), de Rennes.
Fany (Hugues), de Dijon.
Février (Mathieu), de Brest.
Le Cerf (Yves), de Saint-Brieuc.
Denis (Noël), de Saint-Brieuc, mort le 8 août 1782.
Le Colenne (Pierre), de Saint-Brieuc.
Nicolas (Pierre), de Saint-Brieuc, mort le 22 septembre 1781.
Vitel (Raoul), de Saint-Brieuc.
Vérité (Yves), de Saint-Brieuc.
Maurice (Louis), de Saint-Brieuc, mort le 17 juin 1782.
Gamiot (Laurent), de Saint-Brieuc.
Joanne (René), de Saint-Brieuc.
Lyard (Yves), de Saint-Brieuc.
Duhamel (Yves), de Saint-Brieuc.
Le Gonidec (Guillaume), de Saint-Brieuc.
Gamiot (Jean), de Saint-Brieuc, mort à bord le 11 août 1782.
Allain (Louis), de Saint-Brieuc.
Mainguy (François), de Saint-Brieuc, tué au combat du 9 avril 1782.
Thomas (Jean), de Saint-Brieuc.
Le Masson (Jean), de Dinan.
François (Charles), de Saint-Brieuc.
Hervé (Mathurin), de Saint-Brieuc.
Houard (Mathurin), de Saint-Brieuc.
Le Gonidec (François), de Saint-Brieuc.
Herry (Olivier) de Saint-Brieuc.
Jagot (Jean), de Saint-Brieuc.
Housson (Jean), de Saint-Malo.
De l'Epine (Mathurin), de Saint-Malo.
Dogues (Guillaume), de Saint-Malo.
Bourdenois (Jean), de Saint-Malo.
Fontaine (Jean), de Saint-Malo, mort le 12 mars 1782.
Le Camus (François), de Saint-Malo, mort à bord le 26 août 1781.
Lourmac (Pierre), de Saint-Malo.
Nicolas (Pierre), de Dinan.
Brejeon (André), de Dinan.
Grabot (François), de Dinan.
Santiec (Yves), de Saint-Malo.
Cottard (Julien), de Dinan, mort le 11 février 1782.
Cretien (François), de Dinan, mort à bord le 6 novembre 1781.
Lefranc (Jacques), de Saint-Malo, mort à bord le 21 juillet 1781.
Sevestre (Joseph), de Dinan.
Montier (Mathurin), de Dinan.
Houchet (François), de Dinan.
Hubert (Félix), de Dinan.
Diés (Henry), de Dinan.
Priou (Alain), de Dinan.
Gilbert (Jean), de Saint-Malo.
Robert (Servan), de Saint-Malo.
Beaulieu (Jean), de Dinan, mort le 5 juin 1782.
Le Vent (Jean), de Dinan, mort à bord le 19 août 1781.

Matelots.

Conan (Louis), de Quimper.
Lemaitre (François), de Quimper, noyé le 24 mars 1782.
Larret (Jean), de Quimper, mort le 23 juillet 1781.
Laurent (Jean), de Quimper.
Le Roy (Pierre), de Quimper.
Aubin (François), de Vannes.
Le Cerf (Jean), de Vannes.
Le Floch (François), de Vannes, mort le 23 septembre 1781.
Cadoret (Marc), de Vannes.
Granger (François), de Belle-Ile, tué au combat du 12 avril 1782.
Corier (Jean), de Lorient.
Haussan (Nicolas), du Havre.
Vérel (Pierre), du Havre.
Chamberland (Jean), du Havre.
Durand (Jean), du Havre.
Bobé (Jean), du Havre.
Pelhac (Jean), du Havre.
Masquerier (Pierre), du Havre.
Gallet (Pierre), du Havre.
Vergé (François), du Havre.
Breton (Charles), de Dieppe.
Corrue (Louis), de Dieppe.
Landrin (François), de Dieppe.
Ménagé (Louis), du Havre.
Boucherot (Romualde), du Havre.
Viel (Louis), du Havre, mort le 23 août 1782.
Foreste (Jean), du Havre.
Pellerin (Jean), du Havre.
Baudry (Jean), du Havre.
Robion (Jean), de Fécamp.
Monnier (François), de Fécamp.
Saillot (Jean), de Fécamp, mort le 15 mars 1783.
Coruble (Simon), de Fécamp.
Gatine (Augustin), de Fécamp.
Duhamel (François), de Fécamp.
Cabol (Noël), de Rouen.
Maigret (Pierre), de Rouen.
Le Bon (Romain), de Rouen, mort le 15 novembre 1781.
Rique (Jean), de Rouen.
Fleury (Toussaint), de Rouen, blessé au combat du 12 avril 1782.
Bernard (Jean), de Rouen.
Masselin (Jean), de Rouen.
Hamelin (François), de Caen.
Huet (Jean), de Caen.
Gobet (Pierre), de Caen.
Cussy (Jean), de Caen.
Picot (Jean), de Caen.
Touzé (François), aîné, de Caen.
Touzé (Jacques), cadet, de Caen.
Le Normand (André), de Caen.
Durozel (Jean), de Caen, mort à bord le 25 avril 1783.
Marie (François), de Caen.
Le Tellier (Jean), de Caen.
Roussel (Pierre), de Caen, mort le 25 juin 1782.
Cussis (Charles), de Caen, mort le 8 juin 1782.
Biston (Louis), de Metz.
Tourouide (Pierre), de la Hougue.
Quetel (Louis), de Honfleur.
Giot (Pierre), de Cherbourg.
Dubois (Jean), de Bayonne.
Roger (Louis), de Cherbourg, mort de ses blessures le 20 avril 1782.
Petit (Jacques), de Cherbourg.
Eustache (Nicolas), de Cherbourg.
Caillot (Jean), de Cherbourg.
Bigard (Jean), de Cherbourg.
Alix (Jean), de Cherbourg, mort le 18 février 1782.
Le Jeune (François), de Granville, mort le 30 décembre 1781.
Gallien (Jacques), de Granville.
Gallien (Pierre), de Granville.
Lormier (Jean), de Granville.
Lainé (Jean), de Granville.
Costard (Jean), de Granville.
Duclos (Jacques), de Granville.
Geanne (Guillaume), de Granville.
Agneray (François), de Boulogne.

Flantel (Jean), de Boulogne.
Delpierre (François), de Boulogne.
Delpierre (Jacques), de Calais.
Beaudouin (André), de Calais, emporté d'un coup de mer de dessus l'ancre de tribord le 31 décembre 1782.
Germe (Nicolas), de Calais, mort le 17 mars 1782.
L'Edaix (Marie), de Calais, blessé au combat du 12 avril 1782.
L'Amirand (Jacques), de Calais, tué au combat
Guillaud (Pierre), de Nantes.
Minier (Julien), de Nantes.
Fouannon (Pierre), de Saint-Malo.
Caillaud (Joseph), de Bourgneuf.
du 12 avril 1782.
Richard (Louis), des Sables, mort le 14 juillet 1782.
Lorel (Jean), des Sables.
Neveu (Jean), de l'Ile de Ré.
Bernajou (Pierre), de Rochefort.
Blanchard (Pierre), de Rochefort.
Massé (Sébastien), de l'Ile de Ré, mort le 13 décembre 1781.
Fregnau (Paul), de la Rochelle.
Brunet (Pierre), de la Rochelle.
Gireau (Michel), de la Rochelle.
Lucas (Jean), de Bordeaux.
Larien (Bernard), de Bayonne.
Grezillon (Jean), de Blaye.
Simon (Barthélémy), de Libourne.
Cazelin (Jean), de Montauban.
Laserre (Joseph), de Bayonne.
La Porte (Pierre), de Marmande.
Durand (Pierre), de Bordeaux.
Camine (Jean), de Bordeaux.
Michel (Charles), de la Rochelle.
Laverant (Pierre), de Toulouse.
Doignon (Jean), d'Angoulême.
Chevallereau (François), de Saintes.
Billard (Jean), de Granville, blessé au combat du 12 avril 1782.
Maudier (Michel), de Granville.
Guérin (Jean), de Granville.
Grégoire (Raymond), de Blaye, mort le 31 décembre 1781.
Perrau (Jean), de Lyon.
Boujas (Pierre), de la Teste.
Chevalier (Jean), de Dieppe.
Duhornay (Louis), de Dieppe.
Croquerel (Jean), de Dieppe, mort le 11 décembre 1781.
Le Vasseur (Louis), du Havre.
Evrard (Jean), de Dunkerque.
Petit (Jean), de Saint-Valéry.
Gardin (Jean), de Rochefort.
Messant (Gilles), des Sables.
Dutil (Guillaume), du Cap Breton.
Duval (Guillaume), de Saint-Malo.
Nédellec (Louis), de Morlaix.
Le Bihan (Jean), de Saint-Brieuc.
Douin (François), de Saint-Brieuc, mort le 31 octobre 1781.
Maubert (Joseph), de la Hougue.
Benoit (Augustin), de Saint-Malo.
Pertuzel (Pierre), de Dinan.
Le Vinec (Joseph), de Morlaix.
Dormeur (Louis), de Dinan.
Bourgeois (Antoine), de Rouen.
Vilsonge (Jean), de Rochefort.
Lamezan (Pierre), de Bayonne.
Champoul (Arnoult), de Marmande.
Hain (Pierre), de Rouen, mort le 26 mars 1783.
Cousin (Charles), de Granville.
Fournier (Guillaume), de Libourne.
Signay (François), de Bordeaux.
Jollin (Jean), de Bordeaux.
Jolly (Félix), de Libourne.
Renol (Bernard), de Bordeaux.
Moireau (Pierre), de Bordeaux.
Salabery (Martin), de Saint-Jean-de-Luz.
Lops (Pierre), de Saint-Jean-de-Luz.
Mescot (Etienne), de Bayonne.
Tardit (Simon), de Bordeaux.
Coussin (Jean), de Bordeaux.
Gory (Jean), de Libourne.
Dubuge (Pierre), de Bordeaux.
Lafond (Louis), de Bayonne.
Grasot (Pierre), de Bordeaux.
Bidegage (Bertrand), de Bayonne, mort à bord le 22 août 1781.
Charly (Pierre), de Bordeaux.
Fouquet (Jean), de Bayonne.
Ferret (Pierre), de Bordeaux.
Hervez (Louis), de Vannes.
Reignier (Baptiste), de Martigues.
Tassis (Claude), de la Ciotat, mort à bord le 25 août 1781.
Sausier (François), de Bayonne.
Laurent (Jean), de Vannes.
Du Bernard (Jean), de Bordeaux.
Herou (Guillaume), de Granville.
Quelot (Pierre), de Cherbourg.
Mahault (Nicolas), de Cherbourg.
Renoux (Pierre), de Cherbourg.
Codet, de Nantes.
Thébault (Etienne), de Nantes, mort le 1er janvier 1782.
Cotineau (François), de Nantes.
Nadreau (Jean), de Rochefort.
Moreau (Thomas), de Bordeaux.
Morin (Thomas), de Richelieu, tué au combat du 12 avril 1782.
Breaux (Germain), de Saumur.
Bezier (Pierre), de Nantes.
Bauge (Mathurin), de Nantes.
Bal (Jean), de la Teste.
Guilliot (Jacques), de Nantes.
Clouet (Etienne), de Nantes.
Mordet (Jean), de Nantes.
Lucas (Jean), de Nantes, mort le 15 novembre 1782.
Provincher (Pierre), de Nantes.
Trahan (Laurent), de Nantes, mort le 6 janvier 1782.
Bineau (François), de Saumur.
Pontais (Léonard), de Libourne.
Eteve (Antoine), de Honfleur.
Toutain (Jean), du Havre, mort le 28 avril 1782.
Melenec (Pierre), de Vannes.
Dourmat (François), de Lorient.
Chapelain (Vincent), de Lorient.
Harnois (Jean), de Lorient.
Hervian (Honoré), de Lorient.
Le Scene (Jacques), de Granville.
Petit (Guillaume), de Granville.
Coupard (Jean), de Granville.
Boisson (Jean), de Rochefort.
Delmas (Jean), de Montpellier.
Lienard (Pierre), de Nantes.
Bouëzec (François), de Lorient.
Grenet (Etienne), de Rouen.
Langlais (Jean), de Saint-Brieuc.
Harel (Jacques), de Nantes, mort à bord le 19 février 1783.
Bucail (Pierre), de Honfleur.
Juliard (Joseph), de Vannes.
Durand (Guillaume), du Croisic.
De Grandmaison (Bernard), de Nantes.
Botaize (Pierre), de Bayonne.
Tasta (Jean), de Bordeaux.
Huzard (Guillaume), de Bordeaux, mort le 31 octobre 1782.
Ropert (Jean), de Nantes.
Cobet (François), de Nantes.
Hilineau (Pierre), des Sables.
Bihan (Jean), des Sables.
Briand (Jean), de Saint-Jean-de-Luz.
Deluy (Jérôme), de Marseille, mort à bord le 13 août 1782.
Adam (Jean), de Blaye.
Gouvard (Pierre), des Sables.
Thibaud (Pascal), de Marmande.
Chevritte (Jean), de Saint-Jean-de-Luz.
Jaunier (Antoine), de Saint-Jean-de-Luz.
Matelas (Martin), de Bayonne.
Miller (André), de Bayonne.
Coppock (Thomas), de Philadelphie.
Jacomet (Bernard), de Bayonne.
Picasaret (Jean), de Saint-Jean-de-Luz.
Arséneguet (Bernard), d'Arles.
Joulet (Pierre), de Bayonne.
Maurice (César), de la Plaine.
Bennetet (Jean), de Marennes.
David (Joseph), de Blaye.
Denis (François), de Toulouse, mort à bord le 20 juillet 1782.
Garochia (Louis), de Toulouse.
Maillet (Jean), de Bordeaux.
Padain (Julien), de Dinan.
Pommet (Louis), de Libourne.
Jacquet (François), de Libourne.
Grangien (René), de Saint-Malo.
Saillot (Jean), de Saint-Malo.
Coadou (Jean), de Saint-Brieuc.
Chique (Raimond), de Toulouse.
Bernard (Robert), d'Isigny.
Patouillé (Remy), de Rennes.
Raux (Jean), de Vannes.
Trigan (Bernard), de Toulouse.
Delorme (Jean), de Bordeaux.
Siou (Jean), du Faou.
Fleury (Jean), de Rochefort.
Ducasse (Alexis), de Condamine.
Drouin (François), de Nantes.
Ragody (Pierre), d'Oléron.
Noaille (Jean), de Bayonne.
La Caze (Jean), de Royan.
Remy (Jean), de Paris.
Comte (Michel), de Toulon.
Lafond (Bernard), de Bordeaux.
Flouet (Jacques), de Dieppe.
Philippe (Luc), de Nantes.
Chardonnais (Paul), de Saint-Brieuc, tué au combat du 12 avril 1782.
Tournevache (René), de Dinan.
Maneville (Jean), du Havre.
Chapelain (Jacques), de Quimper.
Lainé (Pierre), de Dieppe.
Adam (Jacques), de Granville.
Agé (Léon), de Jonzac.
Parenton (Yves), de Saint-Brieuc.
Robin (Jacques), de Saint-Malo.
L'Ecossais (Louis), de Fécamp.

Olivier (Jean), de Dieppe.
Heurtaut (François), de Dieppe.
Le Prêtre (Louis), du Havre.
Pelé (Antoine), d'Orléans.
Duchemin (Nicolas), de Rouen.
Gimer (Pierre), du Havre.
Le Puche (Étienne), de Tréguier.
Pierre (Jacques), de Saint-Brieuc.
Clida (Jean), de Royan.
Chantaux (Barthélémy), de Bergerac.
Montalieu (François), de Bordeaux.
Lefournier (Gabriel), de la Hougue.
Beaumont (François), de Honfleur.
Hullin (Julien), de Granville.
Pascal (Jean), du Havre.
Lorrin (Louis), de Dieppe.
Pouchin (Jean), de Cherbourg.
Godichon (Claude), de Rochefort.
Laidé (Jean), du Havre.
Pouchin (Louis-Jean) fils, de Cherbourg.
Harol (Jacques), de Toulouse.
Delâtre (Nicolas), de Rouen.
Gracœur (François), de Dinan.
Grimau (Joseph), de Saint-Malo.
Planche (Joseph), de Marseille.
Cantel (Gabriel), de Lisieux.
Thomas (Jean), de Belle-Ile.
Audu (Pierre), de Dieppe.
Pintel (Pierre), de Saint-Malo.
La Bonne (Jacques), de Nevers.
Petit (Charles), de Saint-Maixent.
Le Roux (Louis), de Lorient.
Poirier (Pierre), de Granville.
Charbonneau (Moïse), de la Rochelle.
Verdun (André), de Lunéville.
Bonnet (Martin), de Fécamp.
Dumont (Jean), de Paris.
Pian (Julien), de Dinan.
Coupit (Jean), de Nantes.
Asselin (Jean), de Dieppe.
Forgé (Jean), d'Alençon.
Charbonnet (Pierre), de Rennes.
Michan (François), d'Auxerre.
Nicole (Charles), de Granville.
Poder (Jean), de Quimper.
Mignan (Louis), de Vannes.
Marechal (Philippe), de Brissac.
Chérel (Joseph), de Rennes.
Blayeau (Jacques), de Lorient.
Bourvellec (Guillaume), de Lorient.
Mathurin (Pierre), de Saint-Malo.
Josse (Jean), du Havre.

Novices.

Le Sourd (François), de Vannes.
Deroux (Augustin), des Sables.
Deroux (Jacques), des Sables.
Charlot (Jean), de Honfleur.
Friscalenne (Jean), de Honfleur.
Pastey (Jacques), de Honfleur.
Baislin (Jean), de Honfleur, tué au combat du 12 avril 1782.
Guillou (Yves), de Saint-Brieuc.
Monjaret (Nicolas), mort le 21 juin 1781.
Le Galennec (François).
Grosampis (François), mort le 3 octobre 1782.
Le Pellec (Jean), de Tréguier, mort à bord le 6 avril 1781.
Camard (Mathurin), de Saint-Brieuc, mort le 12 juillet 1781.
Le Vaillant (Jacques), de Caen.
Le Quinquis (Hervé), de Saint-Renan, mort le 21 juin 1781.
Georgelin (Julien), de Saint-Brieuc.
Derval (François), des Sables, mort à bord le 16 avril 1781.
Tabarre (Jean), de Vannes, mort le 6 août 1781.
Magnere (Gilles), de Vannes.
Cabon (Yves), de Vannes, mort le 21 septembre 1781.
Charles (Yves), de Tréguier.
L'Ecuyer (Jacques), de Saint-Brieuc.
Tanguy (François), de Saint-Brieuc.
Couture (François), de Honfleur.
Guilbaudeau (François), de Nantes.
Varlet (Louis), de Calais.
Farjet (Armand), de Bordeaux, mort le 27 octobre 1781.
Delpet (Pierre), de Marmande.
Abac (Antoine), d'Orléans.
Dupuis (Antoine), de Marmande.
Touillot (Charles), de Nancy.
Champagne (Joseph), de Vannes, mort le 31 juillet 1781.
Hébert (Jean), de Cherbourg.
Le Sourd (Louis), d'Angers.
Goron (Vincent), de Pontivy.
Goron (Joseph), de Pontivy.
Guibert (Pierre), d'Orléans.
Chauffour (Laurent), d'Orléans.
Le Duc (Henry), de Châteauneuf, tué au combat du 9 avril 1782.
Ducloux (Pierre), de Châteauneuf.
Besnard (Mesmin), de Châteuneuf.
Relau (Grégoire), de la Charité.
Julien (Charles), de la Charité.
Guerente (Pierre), de Rouen.
Rousseau (Pierre), de Lorient.
Verdon (Casimir), des Sables.
Boutet (François), de Saint-Brieuc.
Trotin (François), de Lamballe.
Avenet (François), de Véretz, mort à bord le 19 juillet 1781.
Lor (Pierre), d'Orléans, mort le 16 mai 1782.
Thiron (Martin), d'Orléans.
Pineau (Jean), d'Orléans, tué au combat du 9 avril 1782.
Blachon (Pierre), d'Orléans.
Torte (Pierre), de Saint-Firmin.
Judon (François), de Saint-Firmin.
Doumeau (Jean), de Saint-Firmin.
Huret (François), de Dinan.
Le Duc (Jean), de Saint-Brieuc, mort le 31 août 1781.
Hugot (Jean), de Honfleur.
Le Bert (Claude), de Tréguier.
France (Ollivier), de Tréguier, mort à bord le 14 avril 1781.
Lehegarat (Vincent), de Saint-Brieuc.
Robert (François), de Sully, mort à bord le 5 novembre 1781.
Bardou (Jean), de Sully.
Bazin (Silvain), de Saint-Firmin, mort le 20 juin 1782.
Manach (François), de Châtillon, mort le 31 juillet 1781.
Boullier (Simon), de Sully.
Suplice (Jean), de Honfleur.
Quatre-Hommes (Jean), de Honfleur.
Le Merer (Tudual), de Tréguier.
Coedic (Jean), de Tréguier.
Le Manchet (François), de Tréguier.
Le Baugean (Yves), de Tréguier.
Le Breton (Louis), de Tréguier, mort le 23 juin 1781.
Crevisot (Vincent), de Sedan.
Richard (François), de Tréguier, mort le 26 juin 1781.
Le Paon (Jean), de Honfleur.
Lefevre (Pierre), de Dieppe.
Pasquier (Pierre), d'Angers, mort le 26 juillet 1782.
Gorrée (Augustin), de Rennes.
Brunet (Jean), de Nantes.
Vilain (Pierre), de Rennes.
Pinson (Julien), de Granville.
Mollet (Pierre), d'Avranches.
Laurent (Augustin), de Metz.
Perrimont (Henry), de Marseille.
Guerré (Augustin), de Dinan, mort le 25 decembre 1781.
Guillou (Joseph), de Quimper.
Le Normand (François), de Lorient.
De Lalande (Jacques), du Havre.
Lemoine (Nicolas), du Havre.
Breton (Adrien), de Dieppe.
Desjardins (Pierre), de Fécamp.

Surnuméraires.

Canet (Robert), de Honfleur.
Guillemot (Louis), de Recouvrance.
Traon (Claude), de Morlaix.
Gabriel (Etienne), de Saint-Malo.
Gallet (Joseph), de Saint-Brieuc.
Pillos (Hippolite), de Mauzé.
Guyomard (Pierre), de Dinan, mort le 1er juin 1782.
Soulbier (Pierre), de Lorient, mort le 29 juin 1783.
Drouest (François), de Paris.
Floch (Jacques), de Brest.
Avril (François), de Granville.

Mousses.

Le Roux (Jacques), de Plouerdern.
Guilbert (Louis), de Granville, mort à bord le 23 avril 1781.
Gaudin (Pierre), de Boulogne.
Picard (Jean), de Calais.
Calves (Jean), de Brest.
Gaspard (Jean), de Bordeaux.
Morvan (Jacques), de Lamballe.
Le Guen (Gabriel), de Brest.
Colin (Yves), de Brest.
Soreau (Jacques), des Sables, mort le 30 juin 1782.
Mossion (Corentin), de Quimper.
Lacombe (Philippe), de Brest.
Le Roux (Guillaume), de Brest.
Tezou (François), de Saint-Brieuc.
Rabot (Jean), de Dinan.
Damien (François), de Saint-Brieuc.
Mahé (Joseph), de Saint-Brieuc.
Lamoureux (Yves), de Saint-Brieuc.
Le Bert (Louis), de Granville.
Bourseuil (Jean), de Saint-Brieuc.
Le Page (Jean), de Roscanvel.
Le Sage (Julien), de Saint-Brieuc, tué au combat du 9 avril 1782.
Thual (Pierre), de Fougères, mort le 17 mars 1782.
Renaud (François), de Rennes.
Molière (Jean), de Lorient, mort le 24 mai 1781.
Le Touec (Louis), de Lorient.

Blayeau (Joseph), de Lorient.
Gautier (Jean), de Lorient.
Vincent (Louis), de Saint-Brieuc, tué au combat du 12 avril 1782.
Le Clerc (Guillaume), de Saint-Brieuc, noyé le 14 avril 1781.
L'Estrade (Jean), de Saint-Brieuc.
Géguiou (Jean), de Saint-Malo.
Hue (Louis), du Havre.
Gigou (Jean), de Brest.
Marchadour (Claude), de Saint-Renan.
Alleneau (Joseph), de Saint-Brieuc.
Brochet (Pierre), de Saint-Malo, mort le 29 janvier 1782.
Drauguet (Guillaume), de Rouen.
Guillou (Marc), de Guingamp.
Le Clerc (Paul), de Brest.
Simon (Jean), de Brest, tué au combat du 12 avril 1782.
Le Chat (Pierre), de Brest.
Capitaine (Jean), de Lambézellec.
Duhamel (Michel), de Saint-Malo.
Furet (Olivier), de Saint-Malo.
Mayer (Charles), de Saint-Malo.
Nicolas (Guillaume), de Lannion, mort à bord le 15 juillet 1782.
Brunet (Claude), de Marseille.
Guillou (Jean), de Brest.
Le Mé (Yves), de Saint-Brieuc.
Reché (Jean), de Fécamp.
Drouet (Jean), de Concarneau.
Pillet (Jean), de Rochefort.
Gallais (Benjamin), de Caen.
Boursicau (Jean), de la Rochelle, mort le 22 novembre 1781.
Lefol (Jacques), de Vannes.
Herry (Yves), de Brest.
Herry (Nicolas), de Landerneau.
Martin (Laurent), de Marseille.
Gournay (Jacques), de Rouen.
Daniellou (Antoine), du Conquet.
Galonde (Jean), de Saint-Malo.
Morin (Joseph), de Rennes.
Rillot (Louis), de Nîmes.
Rabany (Jacques), de Marseille.
Le Pelleteur (François), de Brest.
Laurent (Jean), de Quimper.
Cosse (Charles), d'Auray.
Thibaud (Pierre), de Bordeaux.
La Barre (Jean), de Bordeaux.
Le Ray (Michel), de Bordeaux.
Mallet (Louis), du Havre.
Perrot (Henry), de Morlaix.
Thomassin (Jean), de Brest.
Breton (Charles), de Granville.
Roussel (Vincent), de Saint-Brieuc.
Desraux (Jean), de Granville.
Houlmard (Pierre), du Havre.
Grevesac (Philippe), de Granville.
Asselin (Charles), de Honfleur.
Le Roy (Louis), de Honfleur.
Gallien (Thomas), de Granville.
Gourdan (Pierre), de Granville.
Escolan (Louis), de l'Ile de Batz.
Michel (Ange), de Guingamp.
Michel (Jean), de Guingamp.
Michel (Pierre), de Saint-Brieuc.
Sordet (Pierre), de Paris.
Corouge (Gilles), de Saint-Brieuc.
Geffroy (Jean), de Saint-Malo.
Paille (Guillaume), du Havre.
Alaise (Antoine), de Saint-Brieuc.
Roland (Jean), de Saint-Brieuc.

Domestiques.

Rabany (Jacques), de Marseille.
La Rivière, de Paris.
Duhamel (Michel), de Saint-Malo.
Sauvet (Louis), de Saint-Brieuc.
Hainault (Jean), de Rennes.
Lamarec (Etienne), de Tréguier.
Baudry (César), de Lamballe.
Nicole (Jacques), de Paris.
David (Joseph), de Lorient.
Rillot (Louis), de Nîmes.
Le Gac (Yves), de Saint-Brieuc.
Barbier (Etienne), d'Agen.

LE SCIPION

(De mars 1781 à octobre 1781)

M. DE CLAVEL, Capitaine de vaisseau, Commandant, puis M. GRIMOUARD, Capitaine de vaisseau, Commandant.

ÉTAT-MAJOR

CAPITAINES DE VAISSEAU

De CLAVEL, Commandant.
GRIMOUARD, blessé au combat du 17 octobre 1782, Commandant.

LIEUTENANTS DE VAISSEAU

Le Chevalier **d'ASSAS**, blessé aux combats des 12 avril et 17 octobre 1782.
DESPINASSY.
Le Chevalier de **FOUCAUT**, blessé au combat du 17 octobre 1782.

ENSEIGNES DE VAISSEAU

De CLAVEL.
LE ROY DELAGRANGE.
BOUQUIER.
DIAZ.

LIEUTENANTS DE FRÉGATE

GUBRIANT.
MISTRAL, blessé au combat du 17 octobre 1782.
OURSEL.
RAGOULT.
De BEJURY.

OFFICIER AUXILIAIRE

DIRON.

CHIRURGIEN

LA PEYRONIE.

AUMONIER

L'abbé **ROUX.**

GARDES DE LA MARINE

De TERRAS.
COLLAS de la BARONIE.
DUPATY.
COUTEVILLE, blessé au combat du 17 octobre 1782.

VOLONTAIRES

Desgenet, de Recouvrance.
Gabbé, de Rochefort, tué au combat du 12 avril 1782.
Paslon (Jacques), de Rochefort, blessé au combat du 17 octobre 1782.
Lenouvel (Joseph), de Saint-Aubin, tué au combat du 17 octobre 1782.
Lemaux (Pierre), de Vannes.
Le Chevalier **d'Aintreville.**

Officiers-mariniers de manœuvre.

Planchur (Joseph), premier maître, de Toulon, tué au combat du 17 octobre 1782.
Pinson (Louis), premier maître, de Saint-Malo, mort le 30 mai 1782.
Papin (André), second maître, de Marennes, blessé au combat du 17 octobre 1782, mort des suites le 30 octobre 1782.
Thobie (Guillaume), second maître, de Lorient.
Jouet (Jacques), contremaître, de l'Ile de Ré.
Dubois (Jacques), contremaître, du Havre.
Nicouleau (Jean), bosseman, de Libourne.
Laurent (Joseph), bosseman, des Sables, blessé au combat du 12 avril 1782.
Bonssy (Elie), patron de chaloupe, de Marennes.
Fenoan (Guillaume), quartier-maître, d'Oléron.
Chétif (Jean), quartier-maître, de Marennes.
Léveillé (Etienne), quartier-maître, de la Rochelle.
Reynaud (Dominique), quartier-maître, de Bayonne.
Pas (François), quartier-maître, de Blaye.

Baudet (Guillaume), quartier-maître, de Libourne.

André (François), quartier-maître, de l'Ile de Ré, blessé au combat du 17 octobre 1782.

Nadaud (Antoine), quartier-maître, de l'Ile de Ré.

Lavau, quartier-maître, des Sables.

Tharnaud (Jean), quartier-maître, de Fécamp.

Maurice (Jacques), quartier-maître, de Nantes.

Diron (Jean), quartier-maître, de Saint-Jean-de Luz.

Petit (Pierre), quartier-maître, du Havre.

Officiers-mariniers de pilotage.

Dusselle (Zacarie, aide-pilote, de Libourne.

Lacoste (Raymond), aide-pilote, de Bayonne, blessé au combat du 17 octobre 1782.

Officiers-mariniers de canonnage.

Beaudet (Jean), maître canonnier, de Libourne.

Pyarnier (Raymond), maître canonnier, de Rochefort.

Paulet (Jean), second canonnier, de Toulouse.

Maurin (Louis), second canonnier, de Marennes.

Gazelle (Raymond), second canonnier, de Marmande.

Bouillon (Jean), aide-canonnier, de Bordeaux.

Maureau (François), aide-canonnier, de Rochefort, blessé au combat du 17 octobre 1782.

Rabayre (Louis), aide-canonnier, de Blaye.

Fretier (Louis), aide-canonnier, de Bordeaux.

Deschamps (Jean), aide-canonnier, de Saintes.

Petit (Antoine), aide-canonnier, de l'Ile de Ré

Galois (Jean), aide-canonnier, des Sables.

Crulau (Jean), aide-canonnier, des Sables.

Orsonneau (Jacques), aide-canonnier, de l'Ile d'Yeu.

Barrousse (Jean), aide-canonnier, de Saintes.

Morgan (Jean), aide-canonnier, de Marmande, mort le 3 mai 1782.

Vincent (Charles), aide-canonnier, de Fécamp.

Penevel (Robert), aide-canonnier, de Fécamp.

Le Roy (Thomas), aide-canonnier, de la Hougue.

Morin (Jean), aide-canonnier, de Saint-Malo.

André (Gabriel), aide-canonnier, d'Angoulême.

Barreau (Pierre), aide-canonnier, d'Angoulême.

Terrien (Louis), aide-canonnier, de Royan, blessé au combat du 12 avril 1782.

Rulier (Jean), aide-canonnier, de l'Ile de Ré.

Magnan (Maurice), aide-canonnier des Sables.

Rousseau (Antoine), aide-canonnier, des Sables.

Borde (Jean), aide-canonnier, de Bordeaux.

Turin (Michel), aide-canonnier, de Fécamp.

Boucher (René), aide-canonnier, de Cherbourg.

Auger (Louis), aide-canonnier, de Granville.

Jolivet (Jean), aide-canonnier, de Granville.

Lacardouelle (Michel), aide-canonnier, de Granville, mort le 13 juin 1782.

Dulot (Jean), aide-canonnier, de Granville, mort le 10 février 1783.

Thenard (Joseph), aide-canonnier, de Saint-Malo.

Bertaud (Jean), aide-canonnier, d'Oléron, mort le 30 octobre 1782.

Officiers-mariniers de charpentage.

Teissier (Antoine), maître charpentier, de Rochefort, mort le 30 septembre 1781.

Charier (Pierre), second charpentier, de Rochefort.

Bergeron (Jacques), aide-charpentier, de Rochefort.

Maillet (François), aide-charpentier, de Rochefort.

Fournier (Pierre), aide-charpentier, de Rochefort.

Officiers-mariniers de calfatage.

Duqueaut (Gabriel), maître calfat, de Recouvrance.

Besselièvre (Jean, second calfat, de Granville.

Clémens (Jean), aide-calfat, de Saintes, mort le 9 octobre 1781.

Artus (Julien), aide-calfat, de Saint-Malo.

Berty (Vincent), aide-calfat, de Lorient, mort le 15 mars 1782.

Officiers-mariniers de voilerie.

Bouquier (Jean), maître voilier, de Bordeaux.

Albert (Jean), aide-voilier, de la Rochelle.

Allain (Antoine), aide-voilier, de Granville.

Officiers-mariniers divers.

Jousse (Jean), du Port-des-Barques.

Lépine (François), de Saint-Malo, blessé au combat du 29 avril 1781.

Bidel (François), de Granville.

Hodé (Michel), du Havre, tué au combat du 29 avril 1781.

Pezan (Jean), de Marseille.

Guiochet (Jean), des Sables, blessé au combat du 17 octobre 1782.

Mothy (Jacques), de Marennes.

Clérac (François), de Cherbourg, blessé au combat du 17 octobre 1782.

Lemirre (Gilles), de Granville, mort le 1er janvier 1782.

Jousse (Jacques), du Port-des-Barques.

Preminy (Alexandre), de Fécamp, mort le 21 novembre 1781.

Merien (Jean), de Caen.

Aigreteau (Jean), de Marennes.

Puentel (Guillaume), de Saint-Malo.

Gaillard (Adrien), du Havre.

Hust (Jean), de Saint-Malo.

Saliou (Jean), de Recouvrance.

Charier (Michel), de Rochefort.

Serville (Pierre), du Havre, mort le 14 mai 1781.

Simon (Jean), de Toulon.

Aigreteau (Pierre), de Marennes, blessé au combat du 12 avril 1782.

Monourry (Joseph), des Sables, blessé au combat du 17 octobre 1782.

Saux (Thomas), de Blaye.

Coulomb (Richard), de Bordeaux.

Brunetteau (Jean), des Sables, mort le 28 novembre 1781.

Dubernay (Jean), de l'Ile de Ré.

Ramigeau (Louis), de l'Ile de Ré.

Testard (Pierre), d'Oléron.

Boyer (Pierre), de Marennes.

Mallet (Michel), de Granville.

Pelusson (Jean), de Nantes.

Roberd (Pierre), de Nantes.

Chérot (Mathurin), de Granville, mort le 1er février 1782.

Paucard (Joseph), de Lorient.

Abraham (Michel), de Lorient.

Chevalier (Jacques), de Marennes, mort le 22 juin 1781.

Duport Pierre), de Blaye.

Modenne (Joseph), de Marseille.

Bienvenu (Jean), de la Ciotat.

Dutetre (François), de Nantes.

Pansard (Jean), de Saint-Brieuc.

Gabiers.

Vinet (Jacques), de Marennes.

Pinard (Antoine), d'Angoulême.

Seguin (Pierre), d'Angoulême, blessé au combat du 12 avril 1782.

Joubert (Jean), de Marennes.

Rousseau (Jacques), de Marennes.

Garnier (Michel), d'Oléron.

Chagneau (François), d'Oléron.

Hardouin (Izaac), de Royan.

Lavergne (Pierre), des Sables.

Prouteau (François), des Sables.

Gric (René), de l'Ile d'Yeu.

Chaviteau (Jean), de l'Ile d'Yeu.

Gillard (Pierre), de Blaye.

Faure (Jacques), de Libourne.

Roy (Jean), de Toulouse, blessé au combat du 17 octobre 1782.

Dure (Pierre), de Montauban.

Cazenove (Pierre), de Bayonne.

Guilcon (Jean), de Saint-Jean-de-Luz.

Thomas (Joseph), de Dinan, blessé au combat du 12 avril 1782.

Corvée (Pierre), de Lorient, mort le 23 février 1782.

Gigousou (Gabriel), de Lorient.

Alain (Olivier), de Lorient, mort le 6 février 1782.

Ramigeau (Jacques), de l'Ile de Ré.

Chapeau (Pierre), de l'Ile de Ré.

Clouteau (Jean), des Sables.

Laroque (François), de Granville.

Hervieux (Louis), de Granville.

Moquet (Nicolas), de Granville.

Lonnay (François), du Havre.

Colinet (François), de Paimbœuf.

Timoniers.

Normand (François), de Nantes.

Rolland (François), de Saint-Brieuc.

Fontaine (Jean), de Saint-Valéry.

Dubois (Antoine), du Havre.

Lefevre (Emanuel), de Cherbourg.

Hervieux (Jacques), de Cherbourg.

Reynaud (Nicolas), de Cherbourg, tué au combat du 17 octobre 1782.

Lepontois (Jean), de Granville.

Hust (Jean), de Granville.

Lelande (François), de Granville.

Lagaubin (Jean), de Granville.

Langlois (Vincent), de Saint-Malo, mort le 26 avril 1782.

Pontelle (Louis), de la Seyne.

Gadblé (Grégoire), de Quimper.

Ponty (Jean), de Nantes, mort le 11 décembre 1781.

Coste (Jean), de la Ciotat.

Matelots.

Delaunay (Louis), de Bayeux, mort le 29 août 1781.

Lesage (Jean), de Paris.

Plouguernaud (François), de Brest, mort le 14 juin 1782.

Gralle (Jean), de Brest.
Michel (Guillaume), de Rouen.
Le Bourris (Michel), de Camaret, tué au combat du 17 octobre 1782.
Escouarnet (Jacques), de Quimper, mort le 17 juillet 1781.
Guimard (Louis), de Quimper.
Balance (Yves), de Quimper, mort le 16 septembre 1781.
Le Crèx (Corentin), de Quimper, mort le 18 juillet 1781.
Bidaut (Jean), de Quimper, mort le 31 décembre 1781.
David (Jean), du Croisic.
Duparc (François), du Croisic, mort le 20 août 1781.
Thomas (Pierre), du Croisic.
Rozier (Julien), de Vannes.
Lemoine (Aubin), de Vannes, mort le 14 décembre 1781.
Juhet (Jean), de Vannes.
Boulbard (Martin), de Lorient, mort le 26 avril 1781.
La Chapelle (François), de Lorient.
Desrivière (Mathurin), de Lorient, mort le 16 février 1782.
Lescop (Guillaume), de Lorient.
Le Barron (Laurent), de Lorient.
Yvon (Pierre), de Lorient.
Maho (Julien), de Lorient.
Le Roy (Antoine), de Lorient.
Nézet (Yves), de Lorient.
Foucher (René), de Nantes, mort le 4 juillet 1781.
Minnier (Jacques), de Nantes.
Lebrun (Jean), de Nantes.
Farineau (Louis), de Nantes.
Olive (Jean), de Nantes.
Olive (Guillaume), de Nantes, mort le 13 octobre 1781.
Allais (Jean), de Nantes.
Labbé (François), de Nantes.
Dugenet (André), de Nantes.
Le Roy (Pierre), de Nantes.
Allais (Sébastien), de Nantes.
Potard (Pierre), de Nantes.
Guillou (Guillaume), de Nantes.
Thomas (Jacques), de Paimbœuf, mort le 23 septembre 1781.
Jagoret (Jacques), de Saint-Brieuc, mort le 23 mars 1782.
Gibau (Jacques), du Port-des-Barques.
Rambeau (François), de Rochefort.
Garnier (Guillaume), de Rochefort, noyé le 26 février 1782.
Deschaux (Jean), de Rochefort, mort le 12 juillet 1781.
Mauve (Louis), de Saintes.
Gouelan (Jean), de Saintes.
Léger (Pierre), d'Angoulême.
Papin (Jean), de Marennes.
Rulier (Elie), de Marennes.
Brochard (Claude), d'Oléron.
Véré (Jean), d'Oléron.
Delavoy (Louis), d'Oléron.
Trouvat (Jean), de Royan.
Branger (Jean), de la Rochelle.
Allard (René), de la Rochelle.
Duchesau (Isaac), de l'Ile de Ré.
Paturau (Jean), de l'Ile de Ré.
Boucher (Simon), de l'Ile de Ré.
Jeaunau (Pierre), de l'Ile de Ré.
Brigeard (Pierre), de l'Ile de Ré.
Heraud (Simon), de l'Ile de Ré, mort le 21 mars 1782.
Pajot (Jean), de l'Ile de Ré.
Pajot (Baptiste), de l'Ile de Ré.
Bonin (Nicolas), de l'Ile de Ré.
Martin (Jacques), des Sables, mort le 20 juillet 1781.
André (René), des Sables.
Grossain (Aimé), de Noirmoutiers.
Sivras (Etienne), de Bordeaux.
Gattrie (Pierre), de Blaye, blessé au combat du 17 octobre 1782.
Saugé (François), de Blaye.
Lapettrée (Pierre), de Libourne.
Chaujon (Pierre), de Libourne, mort le 13 janvier 1782.
Nougarede (Jean), de Libourne.
Bremon (Félix), de Libourne.
Saint-Aurin (Meno), de Marmande, blessé au combat du 12 avril 1782.
Labrone (Antoine), de Marmande, mort le 15 octobre 1781.
Castau (Antoine), de Marmande, mort le 14 juin 1781.
Moreau (François), de Marmande.
Alien (Jean), de Marmande.
Marattre (Pierre), de Toulouse.
Privat (Jean), de Toulouse, mort le 29 juin 1782.
Laccassat (Bernard), de Toulouse.
Dat (Jacques), de Toulouse.
Terme (Guillaume), de Montauban.
Cassagne (Bernard), de Montauban, mort le 10 décembre 1781.
Courière (André), de Montauban.
Maffre (Jean), de Montauban.
Gallat (Antoine), de Montauban.
Fiossal (Jean), de Montauban.
Trébuchet (Jean), de Montauban.
Dettelle (Antoine), de Montauban.
Demans (Jacques), de Bayonne, mort le 23 septembre 1781.
Peinnes (Bertrand), de Bayonne, mort le 11 avril 1781.
Paillette (Jean), de Saint-Jean-de-Luz.
Ramillau (Martin), de Saint-Jean-de-Luz.
Cayol (Mathieu), de Marseille.
Marie (Joseph), d'Agde.
Boyer (Etienne), d'Arles.
Girdonné (Jacques), de la Corse, mort le 23 février 1782.
Alleriny (Thomas), de la Corse, mort le 17 février 1782.
Marchavellon (Augustin), de la Corse.
Ferrugiane (Barthélemy), de la Corse.
Grégory (Pierre), de la Corse, mort le 18 février 1782.
Cassilogue (Joseph), de Narbonne.
Garcin (Jean), de Toulon.
Chapenel (Pierre), de la Ciotat, mort le 17 octobre 1782.
Rives (Zavier), de Saint-Tropez.
Coulet (Jacques), de Marseille.
Mingaud (Jacques), de Marseille.
Laguel (Vincent), d'Arles.
Abra (Jean), d'Arles.
Maffre (Jean), d'Agde.
Four (Paul), de Narbonne.
Morelly (François), de la Corse.
Tosto (Thomas), de la Corse.
Descroville (Louis), de Dieppe.
Pelvitain (François), de Dieppe.
Rayne (Michel), de Dieppe.
Dutornay (Antoine), de Dieppe.
Monnier (Joseph), de Dieppe.
Hervieux (François), de Dieppe.
Ferret (Guillaume), de Fécamp.
Barré (Pierre), de Fécamp.
Lasosse (Pierre), de Fécamp.
Soudry (Pierre), de Fécamp.
Loizel (Barthélémy), de Fécamp.
Massé (Nicolas), de Fécamp.
Vincent (Noël), du Havre.
Guischard (Joseph), du Havre.
Roscop (Pierre), du Havre.
Daubenec (Nicolas), du Havre.
Maray (Ambroise), du Havre.
Lepage (Louis), du Havre, blessé au combat du 29 vril 1781.
Emery (Joseph), du Havre.
Merien (Jacques), du Havre.
Magdelaine (Etienne), de Honfleur.
Delalay (Charles), de Cherbourg.
Loire (Adrien), de Cherbourg.
Etas (Charles), de Cherbourg.
Menel (Thomas), de Cherbourg, mort le 14 décembre 1781.
Gosselin (Joseph), de Cherbourg.
Reverre (Louis), de Cherbourg.
Bertrand (François), de Cherbourg.
Le Gaillard (Richard), de Cherbourg, tué le 27 mars 1781.
Alix (Denis), de la Hougue.
Broisse (Jean), de la Hougue.
Cuquemelle (Jean), de la Hougue.
Cousin (Gervais), de Rouen.
Langraine (Louis), de Rouen.
Turgis (Quantin), de Rouen.
Le Roy (René), de Granville, blessé au combat du 17 octobre 1782.
Néel (Gilles), de Granville.
Lubert (Joseph, de Granville.
Poirier (Pierre), de Granville.
Peré (René), de Granville.
Esnolle (Jean), de Granville, mort le 31 octobre 1781.
Mette (Jean), de Granville.
Eon (Jean), de Granville.
Hebert (Charles), de Granville.
Lelandois (Michel), de Granville.
Davenelle (Jean), de Granville, blessé au combat du 12 avril 1782.
Eon (Jacques), de Granville, blessé au combat du 17 octobre 1782.
Desroches (Michel), de Granville.
Couillard (Pierre), de Granville.
Bouton (Jean), de Saint-Malo.
Hervé (Pierre), de Saint-Malo.
Fouace (Isaac), de Saint-Malo, noyé le 24 août 1781.
Sallé (Henry), de Saint-Malo.
Huët (Mathurin), de Saint-Malo, tué au combat du 17 octobre 1782.
Pin (Jean), de Saint-Raphaël.
Liet (Claude), de Saint-Tropez.
Dejean (Gabriel), de Cette.
Thomas (Jacques), de Rennes.
Meolo (Noël), de Vitré.
Montreuil (Louis), de Vitré.
Bourgogno (Joseph), de Marseille.
Cadenet (Jean), de Marseille.
Lamare (Mathurin), d'Angers.
Brévart (Jean), de Paris.
Dufrenay (Jacques), de Paris.
Forge (Jean) de Nogent-le-Rotrou.
Barthelemy (Jean), de Metz.

Boucher (Cozard), de Marseille.
Millot (Jean), de Toulouse.
Durand (Jean), de Boulogne.
Lenormand (Vincent), de Vannes.
Montassier (Pierre), de Niort.
Rousset (François), de Saint-Malo.
Honoré (Lazard), de Marseille.
Guilbaud (Jean), de Bordeaux.
Thomasson (Jean), de Marseille.
Abline (Pierre), de Nantes.
Bernard (Jean), de Nantes.
Perreau (Ollivier), de Nantes, mort le 5 avril 1782.
Charon (Etienne), du Croisic, mort le 31 juillet 1782.
David (Joseph), de Nantes, blessé au combat du 17 octobre 1782.
Trouillard (Michel), de Nantes.
Codet (Joseph), de Nantes.
Delaunay (Julien), de Nantes, mort le 21 février 1782.
Hay (Toussaint), de Nantes.
Millet (Jacques), de Nantes.
Gautier (Jean), de Nantes.
Brochard (Pierre), de Nantes.
Morassiny (Jean), de la Corse.
Bertrand (Jean), de la Rochelle.
Delaunay (Pierre), de Coutance.
Richard (Jean), du Croisic.
Priou (Jean), du Croisic.
Barouet (Jean), de Bayonne.
Fournier (Barthelemy), de Bayonne, mort le 4 mai 1782.
Piconnet (Bernard), de Blaye.
Peneau (Pierre), de Bordeaux.
Barrouet (Dominique), de Bayonne.
Moche (Maffre), de Toulouse.
Durand (Thomas), du Havre.
Faure (Louis), de Nantes.
Hameau (François), de Saint-Malo, mort le 22 février 1782.
Dupé (François), de Nantes.
Casteneau (Pierre), de Bordeaux.
Jefretot (Joseph), de Saint-Brieuc.
Roussier (Joseph), de Versailles, tué au combat du 17 octobre 1782.
Boissier (Pierre), de Saint-Malo.
Hamon (François), de Saint-Brieuc.
Bouvier (Louis), de Lyon.
Combé (Jean), de Saint-Malo.
Gautier (François), de Dinan.
George (Jacques), de Lorient.
Lepenet (François), de Saint-Malo.
Laudain (François), de Granville.
Labbé (Jean), de Dinan.
Chauvin (Jean), de Chartres.
Berthomé (Adrien), de Nantes.
Godard (Guillaume), de Rennes.
Gauchard (René), de Nantes.
Roger (Mathurin), de Saint-Malo.
Lurron (François), de Libourne.
Lepinette (Louis), de la Rochelle.
Bonnefaune (Jean), de Boston (Amérique).
Neveux (Pierre), de Bayonne.
Nouvalette (Pierre), de Reims.
Chemin (Julien), de Honfleur.
Tesseigre (Michaud), de Honfleur.
Audibert (Jean), de Toulon.
Sauvage (Louis), du Havre.
Guinard (Pierre), de Saint-Malo.
Lépine (François), de Granville.
Laurent (Jean), de Saint-Martin-de-Ré.
Rozé (Gabriel), de Bergerac.
Astier (François), de Marseille.
Dateche (Jean), de Verdun.
Dupuis (Pierre), de Grenoble.
Rohan (Jacques), de Dinan.
Trouillet (Jacques), de Bordeaux.
Lefevre (Jean), de Caen.
Vatel (Nicolas), de Rouen, blessé au combat du 17 octobre 1782.
Rougeul (Jean), de Rennes.
Foison (Louis), de Noirmoutiers.
Duprat (Jean), de Cahors.
Pamson (Pierre), du Havre.
Richard (Antoine), de Caen.
Terteur (Benjamin), Américain.
Soulet (François), de Cette.
Magé (Jean), de Nantes.
Fabre (Denis), de Marseille.
Daniel (Pierre), de Paimbœuf.
Lignon (Jean), de Narbonne.
Le Goff (Louis), de Lorient.
Bernay (Jean), de Bordeaux.

Novices.

Rayé (Jean), de Saintes.
Paillou (Jacques), de Moissac.
Privat (François), de Saintes.
Guilcher (Pierre), de Quimper.
Bourdas (Mathurin), de Rennes.
Bourvelec (Guillaume), de Lorient.
Gaudin (François), de Rennes.
Guiffé (Jean), de Brest.
Monnier (Pierre), de Lorient.
Saunier (Thomas), de Fécamp, mort le 15 janvier 1782.
Toroyer (Charles), de Fécamp.
Maurau (Louis), de Fécamp, mort le 14 avril 1781.
Gloria (Jacques), de Fécamp, mort le 14 juin 1781.
Primo (Nicolas), de Fécamp.
Goupille (Pierre), de Fécamp.
Masson (Jean), de Fécamp.
Dessauroy (Pierre) de Fécamp.
Jouet (Jean), de Fécamp, mort le 1er avril 1781.
Grancher (Pierre), de Fécamp.
Saunier (Martin), de Dieppe, mort le 5 mars 1782.
Audue (Pierre), de Dieppe.
Le Mercier (René), de Dieppe, mort le 25 août 1781.
Lefevre (Nicolas), de Dieppe.
Maurien (François), de Dieppe, mort le 23 février 1782.
Roynard (Jean), de Dieppe, mort le 5 juillet 1781.
Tellier (Guillaume), de Dieppe.
Piton (Antoine), de Dieppe, mort le 23 juillet 1781.
Dumont (Adrien), de Dieppe.
Moquet (Jacques), de Dieppe.
Mauger (François), de Cherbourg.
Le Boulanger (Pierre), de Cherbourg.
Frégoure (Hustache), de Cherbourg.
Langlois (Toussaint), de Cherbourg.
Gamas (Jean), de Cherbourg.
Frigaud (Etienne), de Cherbourg.
Mizé (François), d'Angers, mort le 27 juin 1781.
Thibault (Maurice), de Paris, tué au combat du 12 avril 1782.
Benoist (Louis), de Rouen.
Piont (Nicolas), de Paris.
Piont (Nicolas), de Paris.
Chatard (Nicolas), de Paris, blessé au combat du 12 avril 1782.
Varin (Louis), de Honfleur, mort le 20 février 1782.
Guillemart (Jacques), de Honfleur.
Henoux (Gaspart), de Honfleur.
Serville (Jean), du Havre.
Le Meur (Yves), de Lorient.
Blaye (Jacques), de Lorient.
Chatard (Gervais), de Paris.
Tranchard (Guillaume), de Paris.
Tessau (Gabriel) de Paris.
Boucher (Jean), de Paris.
Demioust (Jean), d'Amiens, mort le 6 avril 1781.
Jean (Jacques), de Paris.
Lairoux (François), de Lamarche.
Louet (Gervais), d'Amiens, mort le 11 août 1781.
Loyer (Mathurin), de Saint-Brieuc.
Gégû (Yves), de Saint-Brieuc, mort le 1er décembre 1781.
Boissard (Jacques), de Saint-Brieuc, mort le 5 juin 1782.
Charbonneau (Nicolas), de la Rochelle.

Surnuméraires.

Negret (Antoine), d'Agde.
Le Gal (Michel), du Conquet.
Prévost (Pierre), du Conquet.
Beoud (René), d'Angers.
Rouzé (Jean), de Rennes.
Clavel (Honoré), de Toulon.
Collombel (Michel), de Toulouse.
Gondel (Jacques), de Reims.
Derrien (Jean), de Rennes.
Turge (Claude), de Rouanne.
Dousset (Joseph), de Blaye.
Grenouilleau (Charles), de Toulon.
Daugas (François), de Toulouse.

Mousses.

Aigreteau (Jacques), de Marennes.
Le Pot (Pierre), de la Rochelle.
Viaud (Pierre), de Marennes.
Blanchard (Jean), de Marennes.
Lagrange (Antoine), de Saintes.
Papelineau (Jean), de la Rochelle.
Joussaume (Jean), de Rochefort.
Daniere (Pierre), de Marennes.
Le Bras (Yves), de Pontrieux.
Marquiere (Louis), de Rennes.
Collin (Georges), de Lorient.
Robin (Guillaume), de Lorient.
Millon (Mathurin), de Lorient.
Roulleau (Ciprien), du Croisic.
Grissau (Jean), de Saint-Malo.
Le Moine (Louis), de Saint-Malo.
Langlois (Augustin), de Saint-Malo.
Rollet (Jean), de Saint-Malo.
Gourmelon (Guillaume), de Brest.
Lepage (Yves), de Pontrieux.
Lautaude (André), de Vannes.
Deslandes (Louis), de Rennes.
Puentel (Pierre), de Saint-Malo.
Laloy (Michel), de Saint-Malo, mort le 26 juillet 1781.
Charbonnet (Pierre), de Saint-Malo.
Cazou (Louis), de Lille.
Dianellou (Bernard), de Roscanvel.

Le Bonhomme (Jacques), de Saint-Malo.
Denis (Jean), de Caen, noyé le 16 mai 1781.
Labé (Jean), de Saint-Malo.
Loisel (Jean), de Caen.
Jambry (Jean), de Saint-Brieuc.
Jossé (Pierre), de Saint-Brieuc.
Cordron (Joseph), de Lorient.
Le Guen (René), de Morlaix.
Baillet (Jacques), de Dieppe.
Soubin (Hervé), de Brest.
Pichol (Hervé), de Morlaix, blessé au combat du 12 avril 1782.
Etienne (Jean), de Saint-Brieuc.
Coistien (Jean), de Brest.
Landrouet (René), de Dinan.
Jouano (Olivier), de Brest.
Loublié (Jean), de Brest.
Jégo (Pierre), de Tréguier.
Gautier (Jean), de Morlaix, mort le 2 août 1781.
Quiffetou (Guillaume), de Lannion.
Cotain (Yves), de Saint-Brieuc, mort le 5 juillet 1781.
Pedal (Yves), de Brest.
Prevost (Joseph), de Royan.
Guichard (Yves), de Saint-Malo.
Vigneau (Nicolas), de Nancy.

Domestiques.

Le Gal (Jean), de Quimper.
Renaud (Jean), de Toulouse.
Potin (Benoist), de Lyon.
Lahouce (Yves), de Lannion, mort le 1er juillet 1781.
Dommé (Gilbert), de Clermont.
Jestin (Mathurin), de Guipavas.
Garcin (Simon), de Saint-Malo.
Armelin (Michel), de Toulon.
Le Roux (Hervé), de Saint-Pol-de-Léon.
Guérin (Joseph), de Rennes.
Escardin (Joseph), de Saint-Malo.

LE SCEPTRE

(De janvier 1781 à avril 1783)

M. le Comte DE VAUDREUIL, Capitaine de vaisseau, Commandant, puis M. DE LAPÉROUSE, Capitaine de vaisseau, Commandant.

ÉTAT-MAJOR

CAPITAINES DE VAISSEAU

Le Comte de **VAUDREUIL**, Commandant.
De **LAPEROUZE**, Commandant.
Le Marquis de **LUZIGNAN**, mort le 21 juillet 1782.
THIERY.

LIEUTENANTS DE VAISSEAU

MALLET de PUIVALIUR.
De LIGNERIE.
DANTIN.

ENSEIGNES DE VAISSEAU

De MERVILLE.
DESMIVY DAURIBEAU.
De LAULANIC.
Le Chevalier **de PAROY.**
DASSOR de BEAUREGARD.
Le Chevalier **de BOIRON.**
De SAULMIER.
LEGROING.

LIEUTENANTS DE FRÉGATE

De SAINT-GERMAIN.
GALIOT DESPERIERES.

OFFICIERS AUXILIAIRES

LEFEBVRE.
De KERVES de BRUILLAC.
DUCHENE.
MAUBACHIER.
GERARD.
MOREL.

CHIRURGIENS

CHEMINEAU MITTON.
DUPONT.

AUMONIER

CLOUPET (Tibure).

GARDES DE LA MARINE

Le Chevalier de **VASSELOT.**
BEUFVRIE DESPALIGNY.
LASILVATRIE.
DUVAU.
De MOULIVAULT.
Le Chevalier **du PERROUX.**
Le Chevalier **de SAINT-SERAUD.**
De MONTAMAS.
De LABOURDONNAYE.
LE BAILLY.

VOLONTAIRES

Faures (Charles), de Saintes.
Saint-Germain fils.
De Grissac.
Dominger.
Combeau (André), de Ciré.
De Savignac (Bernard), de la Rochelle.
Durand, de Mortagne.
Duchenot, de Saint-Malo.

Officiers-mariniers de manœuvre.

Marquizeau (Charles), premier maître, de Rochefort.
Sinot (Pierre), premier maître, de Saint-Malo.
Sozeaù (Pierre), second maître, de la Rochelle.
Turbé (Charles), second maître, de l'Ile d'Yeu.
Loisy (Pierre), contremaître, de Rochefort.
Dupeux (Antoine), contremaître, de l'Ile de Ré.
Jubillard (Pierre), bosseman, d'Oléron, mort à bord le 16 septembre 1782.
Suire (Jacob), bosseman, de Marennes.
Boucheron (Urbain), quartier-maître, de Noirmoutiers.
Henry (François), quartier-maître, de l'Ile d'Yeu.
Orsonneau (Jean), quartier-maître, des Sables.
Chambert (Pierre), quartier-maître, de Saintes.
Brisard (François), quartier-maître, de l'Ile de Ré.
Foucher (Joseph), quartier-maître, des Sables, mort à bord le 30 août 1782.
Pascaud (Jean), quartier-maître, des Sables, tué au combat du 12 avril 1782.
Amiot (Jean), quartier-maître, de Saintes, mort à bord le 11 octobre 1782.
Le Cam (Guillaume), quartier-maître, de Brest, mort à bord le 13 octobre 1782.
Graves (Etienne), quartier-maître, de Marennes.
Bourdonneau (Jacques), quartier-maître, de Marennes.
Morizonneau (Jean), quartier-maître, de Royan.

Officiers-mariniers de pilotage.

Caillot (Pierre), patron de canot, de l'Ile de Ré.
Parenteau (Barthélémy), patron de canot d'Oléron.
Boisneau (Jean), premier pilote, de Rochefort.
Daniel (Jean), second pilote, des Sables.
Bussac (André), second pilote, de Rochefort.
Gaudineau (Pierre), second pilote, de la Rochelle, mort le 13 octobre 1782.

Officiers-mariniers de canonnage.

Macouin (André), maître canonnier, des Sables.
Jourdain (Jean), maître canonnier, de Marennes.
Portin (Jean), maître canonnier, de Rochefort.
Lafarge (François), second canonnier, de Saintes.
Garnier (André), second canonnier, de Royan.
Gaillard (Charles), second canonnier, de Granville.
Pinto (Thomas), aide-canonnier, de Vannes, mort à bord le 25 septembre 1782.
Paria (André), aide-canonnier, de Royan, mort le 25 juin 1783.

Bazeau (Thomas), aide-canonnier, de Saintes.
Guérin (Joachim), aide-canonnier, des Sables.
Octeau (Jean), aide-canonnier, de la Rochelle.
Chevalier (Pierre), aide-canonnier, de Lupin (Rochefort).
Renaudeau (Louis), aide-canonnier, de Marennes.
Baluteau (Denis), aide-canonnier, de Saintes.
Gendre (Jacques), aide-canonnier, de Toulouse.
Vinet (Jacques), aide-canonnier, de l'île d'Aix.
Savignac (Jean), aide-canonnier, de l'île de Ré.
Berdet (Louis), aide-canonnier, de Toulouse, mort le 18 octobre 1782.
Auger (Pierre), aide-canonnier, d'Oléron, mort à bord le 3 août 1782.
Gazin (Pierre), aide-canonnier, de Fouras, a eu un bras coupé au combat du 12 avril 1782, mort le 21 dudit.
Perret (Jean), aide-canonnier, de Fouras.
Mesnard (Pierre), aide-canonnier, de Saintes.
Binaud (Jean), aide-canonnier de Rochefort.
Guirau (Jean), aide-canonnier, de Blaye.
Pain (Pierre), aide-canonnier, de Marennes.
Moulineau (Etienne), aide-canonnier, de Marennes.
Fradet (Antoine), aide-canonnier, de Blaye.
Arnaud (Jacques), aide-canonnier, des Sables.
Talfin (René), aide-canonnier, de Rochefort.
Deschamps (Pierre), aide-canonnier, de Saintes.
Elie (André), aide-canonnier, d'Oléron.
Bitteau (Marc), aide-canonnier, des Sables.
Ducoudray (Guillaume), aide-canonnier, de Camaret, mort le 21 juin 1781.
Leveques (David), aide-canonnier, de Montauban.
Ducasse (Joseph), aide-canonnier, de Bayonne, mort le 16 octobre 1782.
Parisy (Jean), aide-canonnier, de Bayonne.
Barbançon (Jean), aide-canonnier, de Cherbourg, mort le 16 février 1783.
Dauger (Adrien), aide-canonnier, de Lorient.
Sidet (Jean), aide-canonnier, de Nantes.

Officiers-mariniers de charpentage.

Oitly (Henry), maître charpentier, de Rochefort, mort à bord le 9 juin 1782.
Roy (André), maître charpentier, de Rochefort.
Laglaine (Louis), second charpentier, de Rochefort.
Rostin (Pierre), second charpentier de Bordeaux.
Forestier (Jean), aide-charpentier, de Rochefort.

Officiers-mariniers de calfatage.

Fragneau (Jacques), maître calfat, de Rochefort, mort à bord le 5 septembre 1781.
Touin (Louis), aide-calfat, de Rochefort.
Chauvin (François), aide-calfat, de Rochefort.
Rousseau (François), aide-calfat, de Rochefort.

Officiers-mariniers de voilerie.

Bouquet (Jean), maître voilier, de Rochefort.
Bouet (François), maître voilier, de Rochefort.
Chevrier (Etienne), second voilier, de Port-des-Barques.

Officiers-mariniers divers.

Laurin (Jacques), de Saint-Brieuc.
Girard (Jean), de Dinan, mort à bord le 10 juillet 1782.
Gachet (Jean), de Royan.
Roger (Jean), de Royan, mort le 17 octobre 1782.
Mazouet (Pierre), de Rochefort.
Abrame (Michel), de Rochefort.
Taudin (Jean), de Bordeaux.
Brian (René), des Sables.
Surat (Michel), de Bordeaux, mort le 23 février 1782.
Paulet (Pierre), de Toulouse.
Fouquet (Pierre), de la Rochelle.
Brun (Arnaud), de Blaye, mort le 9 octobre 1782.
Guillaume (Guignolet), du Croisic.
Labat (François), de Marmande, tué au combat du 12 avril 1782.
Rousseau (François), de Marmande.
Siriac (François), de Libourne.
Robert (Louis), de Royan.
Mouchez (Jean), de Marmande, mort le 16 août 1781.
Maudret (Pierre), de l'Ile d'Yeu, mort à bord le 3 octobre 1782.
Dutil (Jean), de Marmande.
Redon (Julien), de Saint-Brieuc.
Flamand (Jean), de Brest.
Buteau (Thomas), de Granville.
Jaquette (Honoré), de la Ciotat.
Bequet (Jacques), de Granville.
Gracia (Pierre), de Marseille.
Legrand (Jean), de Dunkerque.
Malenfant (Jean), du Croisic, mort à bord le 6 septembre 1782.
Lesnevin (Pierre), de Saint-Brieuc, mort à bord le 3 octobre 1782.
Maubieu (Médard), de Brest.
Malenfant (Nicolas), de Saint-Brieuc.
Marsanne (Jean), de Noirmoutiers.
Juglais (Jean), de Martigues.
Megy (Victor), de Marseille.
Augier (Joseph), de Toulon.
Rouillé (Jean), des Sables.
Bon Ami (Jean), de Rouen.
Robinot (Alexis), de Saint-Brieuc.
Dorion (Simon), du Havre.
Guérin (Mathieu), de Nantes.
Ardouin (René), de Saint-Brieuc.
Barbedienne (François), de Saint-Brieuc.
Laumard (Joseph), de Toulon.
Huguen (François), de Brest.
Roux (Michel), de Libourne.
Fourcades (Joseph), de Brest.
Bresol (Pierre), de Montauban.

Gabiers.

Bernard (Pierre), de Blaye.
De Loyan (Michel), d'Oléron.
Maurin (François), de Saintes, mort le 16 mars 1782.
Filloux (Jacques), de Fouras.
Dibon (René), des Sables.
Gouffet (Pierre), de Saint-Malo.
Roturier (Pierre), de Blaye.
Varin (Pierre), de la Rochelle.
Bignon (Louis), de Blaye.
Gambin (Jean), de Marennes.
Fournier (Charles), de Marennes.

Timoniers.

Boisson (Jean), de Blaye.
Tabois (Pierre), de Saintes.
Torchon (Jean), de la Rochelle.
Andreau (Berthomieu), de Libourne.
Gally (François), de Cherbourg.
Drujon (Pierre), de Saintes.
Queron (Jean), de Bordeaux.
Le Breton (Charles), de l'île de Ré.
Allard (Jean), de Blaye.
Dupuis (Jean), de Bordeaux.

Matelots.

Martin (Pierre), de Rochefort.
Patron (Jean), de Rochefort.
Gautier (Michel), de Rochefort, mort le 23 janvier 1783.
Gibert (Pierre), de Rochefort, mort à bord le 31 août 1782.
Mallet (Mathieu), de Rochefort.
Agé (Pierre), de Rochefort, mort à bord le 9 août 1782.
Aury (Pierre), de Rochefort.
Thelon (Louis), de Rochefort.
Matron (Pierre), de Rochefort.
Perret (Pierre), de Fouras, mort en octobre 1782.
Texier (Pierre), de Rochefort.
Durand (Jean), de Rochefort.
Durand (Pierre), de Rochefort.
Balureau (Jean), de Rochefort.
La Chaume (Henry), de Rochefort.
Pineau (Jean), de Rochefort.
Fort (François), de Rochefort.
Moquet (Léon), de Rochefort.
Meschin (Pierre), de Rochefort.
Pachot (Pierre), de Rochefort.
Raymond (Jean), de Blaye, mort le 2 novembre 1782.
Renaud (Jean), de Blaye.
Desage (Pierre), de Blaye.
Grésil (Pierre), de Rochefort.
Doasand (Antoine), de Blaye.
Rabiot (Nicolas), de Saintes.
Begouin (Charles), de Saintes, mort le 13 mai 1782.
Pain (Simon), de Saintes.
Chabas (François), de Saintes, blessé au combat du 12 avril 1782.
David (Jean), de Saintes.
Roche (Jacques), de Saintes.
Laurent (Jean), de Saintes.
Guillot (Jean), de Saintes.
Poitevin (Jean), de Saintes, mort le 17 juillet 1781.
Trotet (Jean), de Saintes.
Brunet (Louis), de Saintes.
Gilet (Jean), de Saintes.
Garnier (Louis), de Saintes.
Philippot (Jean), de Saintes, mort le 9 février 1783.
Daud (Jacques), de Saintes, tué au combat du 12 avril 1782.
Mazureau (Jean), de Saintes.
Boisblaud (Pierre), de Saintes.
Drouillard (Jean), d'Angoulême.
Garlopeau (Pierre), d'Angoulême.
Savariau (Jean), de Marennes.
Barjeau (Jacques), de Marennes.
Jourdain (Jean), de Marennes.
Brun (Pierre), de Marennes.
Vallé (Nicolas), de Marennes.
Paluau (Pierre), de Marennes.
Bertin (François), de Marennes.
Seguen (Pierre), de Marennes.
Letard (Jean), de Marennes.

Blois (Etienne), de Marennes, tué au combat du 12 avril 1782.
Berger (Jean), de Marennes.
Boisseau (Pierre), de Marennes.
Paroche (André), de Marennes.
Constantin (Jean), de Marennes.
Gorreau (Pierre), de Marennes.
Tibaudau (Michel), de Marennes.
Moreau (Jean), d'Oléron, mort à bord le 17 août 1782.
Richard (Simon), d'Oléron.
Marot (Pierre), d'Oléron.
Dayan (Pierre), d'Oléron.
Godeau (Guillaume), d'Oléron.
Segain (Jean), d'Oléron.
Lièvre (Pierre), d'Oléron.
Dion (Luc), d'Oléron.
Joyeau (Simon), d'Oléron.
Dagan (André), d'Oléron.
Garnier (Etienne), d'Oléron, mort en octobre 1782.
Dumontel (Jean), d'Oléron.
Reteau (Jacques), d'Oléron.
Videau (Pierre), d'Oléron.
Papeau (Pierre), d'Oléron.
Deloumeau (Philippe), d'Oléron.
Privat (Pierre), d'Oléron.
Bon (François), d'Oléron.
Bouyer (Pierre), d'Oléron.
Plisson (Jean), d'Oléron, blessé au combat du 5 septembre 1781, mort de ses blessures le 14 septembre 1781.
Renaud (Jean), cadet, de Royan.
Berruchet (Michel), de Royan, mort à bord le 14 septembre 1782.
Lucazeau (Jean), de Royan.
Brilouin (Gabriel), de Royan.
Couille (Jean), de Royan, mort à bord le 10 octobre 1782.
Renaud (Jean), aîné, de Royan.
Godeau (Nicolas), de Royan, mort le 11 août 1781.
Lièvres (Jacques), de Royan.
Texier (Jean), de la Rochelle.
Garnier (Louis), aîné, de la Rochelle, mort à bord le 17 janvier 1782.
Morillac (Antoine), de la Rochelle.
Tard (Barthélémy), de la Rochelle.
Garnier (Louis), cadet, de la Rochelle.
Simonet (Jean), de la Rochelle.
Muzeau (Pierre), de la Rochelle, mort le 12 novembre 1782.
Tibault (Simon), de la Rochelle.
Coupeau (Jacques), de la Rochelle.
Rousseau (Noël), de la Rochelle, mort à bord le 20 novembre 1781.
Gautron (Thomas), de la Rochelle.
Monnier (Pierre), de la Rochelle.
Lucas (Alexandre), de la Rochelle.
Clion (André), de la Rochelle.
Monnier (Louis), de la Rochelle.
Texier (Louis), de la Rochelle.
Cochard (Jean), de la Rochelle.
Girard (André), de la Rochelle.
Faucheux (Jean), de Cherbourg.
Deguet (Jean), de Granville.
Rollet (Eutrope), de l'Ile de Ré.
Pescher (Etienne), de l'Ile de Ré.
Bernicard (François), de l'Ile de Ré.
Guillodeau (Alexandre), de l'Ile de Ré.
Dupeux (Jean), de l'Ile de Ré.
Ardouin (Adrien), de l'Ile de Ré.
Bourios (Joseph), de l'Ile de Ré.
Reneau (André), de l'Ile de Ré.
Mercereau (Pierre), de l'Ile de Ré.
Cailleau (Jean), de l'Ile de Ré.
Renaud (Pierre), de l'Ile de Ré.
Plaideau (François), de l'Ile de Ré, mort à bord le 26 septembre 1782.
Mignol (Joseph), de l'Ile de Ré.
Remigard (Jean), de l'Ile de Ré.
Raffin (Pierre), de l'Ile de Ré.
Chevalier (Pierre), de l'Ile de Ré.
Bourgneuf (Jacques), de l'Ile de Ré.
Ravan (Jean), des Sables, mort le 10 août 1781.
Papon (Louis), des Sables, mort à bord le 12 septembre 1781.
Prou (Pierre), des Sables.
Guerineau (Jacques), des Sables.
Fevres (Mathurin), des Sables, mort à bord le 17 novembre 1781.
Juteau (Pierre), des Sables.
David (Jean), de l'Ile d'Yeu.
Bonnot (Pierre), des Sables, mort à bord le 20 septembre 1782.
Le Roy (Joseph), de Noirmoutiers.
Gâlles (Jacques), de Bordeaux, mort le 17 octobre 1782.
Heyraud (Jacques), de Bordeaux.
Caudran (Jean), de Bordeaux.
Franc (Jean), de Bordeaux.
Foucassier (Joseph), de Bordeaux.
Maraudet (Pierre), de Bordeaux.
Carteau (Colin), de Bordeaux.
Luzeau (Pierre), de Bordeaux.
Dutreuil (Bernard), de Bordeaux.
Borde (Arnaud), de Bordeaux.
Bourdieu (Jean), de Bordeaux, mort le 25 novembre 1782.
Bereau (Philippe), de Bordeaux.
Lacombe (Jean), de Bordeaux.
Lacoste (Pierre), de Bordeaux.
Prosper (Jean), de Bordeaux.
Norteaux (Guillaume), de Bordeaux.
Officiat (Jacques), de Bordeaux.
Lafond (Antoine), de Bordeaux.
Betin (Michel), de Bordeaux, mort à bord le 26 septembre 1782.
Roset (Pierre), de Bordeaux.
Bouet (Antoine), de Bordeaux.
Dosard (Jean), de Bordeaux.
Raimond (Pierre), de Bordeaux.
Angaud (Arnaud), de Bordeaux.
Aristoix (Jacques), de Bordeaux.
Laliman (Jean), de Marmande.
Laruë (Pierre), de Libourne.
Baye (Bertrand), de Libourne, mort à bord le 21 avril 1782.
Montaugon (Jacques), de Libourne.
Chaigneau (Jean), de Libourne.
Caillibeau (Jean), de Libourne.
Guilbert (Louis), de Libourne.
Maurin (Pierre), de Libourne, tué au combat du 12 avril 1782.
Peruche (Etienne), de Libourne.
Simard (Jean), de Libourne.
Brun (Jean), de Libourne.
Pelletan (Jean), de Libourne, mort le 6 août 1781.
Ducasse (Raymond), de Libourne, mort le 2 novembre 1782.
Guignoux (Jean), de Toulouse, mort le 18 juillet 1781.
Arnaud (Pierre), de la Teste.
Morin (Blaise), de Marmande, mort à bord le 3 juin 1782.
Turé (Jean), de Marmande.
Coste (Jean), de Marmande.
Lamarque (Antoine), de Marmande, mort le 11 novembre 1782.
Guillon (Guillaume), de Marmande, mort à bord le 20 septembre 1782.
Duluc (Jean), de Marmande, mort le 2 juillet 1781.
Labeau (François), de Marmande, tué au combat du 12 avril 1782.
Bignon (Michel), de Marmande.
Bordenave (Nicolas), de Marmande.
Faucher (Jean), de Marmande.
Larquey (Simon), de Marmande.
Lagrave (Bertrand), de Marmande.
Lacoste (Louis), de Marmande, tué au combat du 12 avril 1782.
Filliot (Pierre), de Marmande.
Lasalle (Joseph), de Marmande.
Barelet (Louis), de Marmande.
Ricard (Pierre), de Marmande.
Chapouillé (Pierre), de Marmande.
Anseignan (Antoine), de Marmande.
Delpech (Bernard), de Marmande, mort à bord le 10 septembre 1782.
Guitard (Jean), de Marmande.
Duval (Charles), de Marmande, blessé au combat du 12 avril 1782, mort à bord le 12 octobre 1782.
Faisaubat (Pierre), de Marmande.
Bidot (Bernard), de Marmande.
Maladie (Jean), de Marmande.
Raingaud (Joseph), de Marmande.
Lange (Pierre), de Marmande.
Balaus (Jean), de Marmande.
Olivier (Guillaume), de Marmande, mort le 14 février 1782.
Magelonne (Bertrand), de Toulouse.
Cazevielle (Jean), de Toulouse.
Bizon (Antoine), de Toulouse.
Dambeau (Jean), de Toulouse.
Rivière (Antoine), de Toulouse.
Gaillaguet (François), de Toulouse, mort à bord le 11 octobre 1782.
Fournil (Jacques), de Toulouse.
Pourquier (François), de Toulouse.
Cazés (Jean), de Toulouse.
Lavigne (Jean), de Toulouse.
Lamoureux (Jean), de Toulouse, mort à bord le 7 octobre 1782.
Louberde (Jean), de Toulouse, mort à bord le 3 octobre 1782.
Delpon (Pierre), de Toulouse.
Baron (Jean), de Toulouse, mort le 15 octobre 1782.
Darbos (François), de Toulouse.
Cioutat (François), de Toulouse.
Cioutat (Bernard), de Toulouse.
Double (Jean), de Toulouse.
Caubet (Jean), de Toulouse.
Rouy (Guillaume), de Toulouse.
Massias (Gaspard), de Toulouse, mort à bord le 8 octobre 1782.
Cauzel (Pierre), de Toulouse.
Faugas (Antoine), de Toulouse.
Saux (Jean), de Toulouse.
Serrés (Jean), de Toulouse.
Garigues (Bernard), de Toulouse.
Giret (Etienne), de Toulouse.
Sauturin (Pierre), de Toulouse.
Delmasse (Jean), de la Rochelle, mort le 21 mai 1782.

Pareau (Pierre), de Toulouse.
Pobleu (Joseph), de Toulouse, tué au combat du 12 avril 1782.
Boyer (Jean), de Toulouse.
Dellac (Jean), de Toulouse.
Soutan (Antoine), de Toulouse.
Salba (Jean), de Toulouse.
Larive (Jean), de Toulouse.
Alexis (Pierre), de Toulouse.
Taillefer (Jean), de Montauban.
Charles (Hugues), de Montauban, mort à bord le 11 octobre 1782.
Bertrand (Pierre), de Montauban.
Debert (Jean), de Montauban.
Faures (Jean), de Montauban.
Delprat (Jean), de Montauban.
Boyer (Antoine), de Montauban.
Lamoulinery (François), de Montauban.
Angilbert (Jean), de Montauban.
Michelet (Pierre), de Montauban.
Dorel (Etienne), de Montauban.
Floquet (Guillaume), de Montauban.
Lacroix (Bernard), de Montauban.
Martin (Jean), de Montauban, tué au combat du 12 avril 1782.
Cluzel (Raimond), de Montauban, mort à bord le 25 juin 1782.
Dubois (Nicolas), de Montauban.
Bayle (Guillaume), de Montauban.
Cholet (Jean), de Montauban.
Lafon (François), de Montauban, mort à bord le 18 juin 1782.
Martin (Pierre), de Montauban.
Veissière (Jean), de Cahors.
Badinet (Antoine), de Cahors.
Galland (François), de Moissac.
Lamire (Robert), de Bayonne.
Labadie (Baptiste), de Bayonne, mort le 12 juillet 1781.
Lapouble (Pierre), de Bayonne.
Daribeau (Jean), de Bayonne.
Guyon (Jean), de Saint-Jean-de-Luz.
Garat (Pierre), de Saint-Jean-de-Luz.
Camino (Joannès), de Saint-Jean-de-Luz.
Duhalde (Martin), de Saint-Jean-de-Luz.
Dugua (Charles), de Saint-Jean-de-Luz.
Fouquet (Jean), de Saint-Jean-de-Luz.
Dussignac (Bertrand), de Saint-Jean-de-Luz, mort à bord le 22 août 1782.
Helissalde (Jean), de Saint-Jean-de-Luz.
Hiriard (Dominique), de Saint-Jean-de-Luz.
Dorcalard (Michel), de Saint-Jean-de-Luz.
Gagel (Charles), de Nantes.
Le Cherruyer (Yves), de Saint-Brieuc.
Mosset (Pierre), de Nantes.
Dupont (Ange), de Lorient.
Herbert (Pierre), de Saint-Malo.
Perret (François), de Saint-Malo.
Le Baillard (Guillaume), de Saint-Malo.
Bazile (Charles), de Pontrieux.
Thomas (Joseph), de Saint-Brieuc.
Renaud (Mathurin), de Nantes.
Poudere (Tanguy), de Morlaix.
Falange (Joseph), de Dinan.
Legoiffre (Louis), de Lorient.
Chapon (Guillaume), de Dinan.
Levêque (Yves), de Brest.
Simon (Michel), de Nantes.
Proly (Jean), de Lorient.
Savoureux (Jean), de Saint-Brieuc, mort à bord le 4 octobre 1782.
Faguet (Julien), de Dinan.
Gelard (Noël), de Saint-Brieuc.
Briant (Pierre), de Saint-Brieuc, mort à bord le 9 septembre 1782.
Raimond (Isaac), de Saint-Brieuc.
Person (Jacques), de Saint-Brieuc, mort le 11 novembre 1782.
Balaunet (Jacques), de Brest, mort à bord le 10 octobre 1782.
Le Billoux (Joseph), de Quimper.
Riant (Louis), de Lorient.
Belizart (Jacques), de Lorient.
Eloy (Louis), de Brest.
Lafond (Jean), de Rouen.
Augié (Michel), de Dieppe.
Potiers (Alexandre), de Honfleur, mort le 2 novembre 1782.
Bonfort (Jacques), de Granville.
Poulain (Baptiste), de Dieppe.
Renard (François), de la Hougue.
Madelaine (Guillaume), de Honfleur.
Foulon (Pierre), du Havre.
Morelle (Jean), de Granville, mort à bord le 26 août 1782.
Griffon (Jean), de Cherbourg, mort le 7 novembre 1782.
Piquet (Guillaume), de Dieppe, mort à bord le 3 octobre 1782.
Magnant (Nicolas), de Dieppe.
Legendre (Hustache), de la Hougue.
L'hotellier (Pierre), de Fécamp.
Sel (Michel), de Fécamp, noyé le 30 septembre 1782.
Legrand (François), de Cherbourg.
Laumay (Jacques), de Dieppe.
Baufils (Thomas), de Fécamp.
Legros (Jean), de Granville.
Roussel (Jean), de Honfleur.
Houard (Guillaume), de Honfleur.
Golin (Jean), de Rouen.
Ferret (Jean), de Cherbourg.
Brunet (Etienne), de Saumur.
Gigaut (François), d'Angers.
Lainé (Louis), de Granville.
Verissel (Jacques), de Dieppe.
Attenville (Pierre), du Havre.
Fiat (Antoine), du Havre.
Dubour (Michel), de Honfleur.
Pertusel (François), du Mans.
Le Roy (Pierre), de Caen.
Feuillet (Jacques), de Cherbourg.
Brunet (Jean), de Marseille.
Mouton (Jean), de la Ciotat.
Sapé (Jean), de Marseille.
Constant (Jacques), de la Ciotat.
Espignely (Henry), d'Avignon.
Dernisieu (François), de Boulogne.
Gossin (Pierre), de Boulogne, mort à bord le 29 septembre 1782.
Attazin (Louis), de Boulogne.
Pernay (Nicolas), de Paris.
Deschamps (Jacques), de Toulouse.
Lagardy (Jean), d'Aurillac.
Durand (Antoine), d'Aurillac.
Gabelin (Simon), d'Angers.
Prouvot (Louis), de Besançon.
Terrasse (Jean), de Lyon.
Hubert (Marin), de Granville.
Montauban (Favier), de Bordeaux.
Lafond (Joseph), de Montauban.
Mathias (Antoine), de Cambrai.
Billoux (Mathias), d'Angoulême.
Seguin (Philippe), de Dunkerque.
Langle (Antoine), de Cette.
Dupont (Oglas), d'Agde.
Le Bleds (Pierre), de la Flèche.
Gloux (Yves), de Saint-Brieuc.
L'huflier (Pierre), de Paris.
Méto (André), de Lyon.
Jarnet (Lazare), de Fougères.
Bouichon (Antoine), de Châtillon.
Simon (Jean), de Saint-Malo.
Barreau (André), des Sables.
Bertin (Marie), de Rennes.
Berlot (Jacques), de Saint-Brieuc.
Roch (Michel), de Paris.
Lachenay (Jean), de Fougères.
Henry (François), de Vannes.
Basset (Jean), de Granville.
Nievert (Jean), de Troye.
Saillard (Pierre), de Granville.
Le Clerc (François), de Vannes.
Denis (Guillaume), de Nevers.
Guillemette (Nicolas), de Briançon.
Hizoire (Pierre), de Briançon.
Saligaut (Mathurin), de Saint-Malo.
Pezenas (François), d'Agde.
Lopart (François), d'Orléans.
Bordier (Jacques), de Blois.
Nouveau (Pierre), de Paris.
Cauzannec (François), de Saint-Brieuc.
Chauventon (Philippe), de Quimper.
Bignon (Pierre), de Paris.
Dibon (Julien), de Rennes.
Robert (Godefroy), de Boston (Amérique).
Houêne (Louis), du Havre.

Novices.

Savin (Augustin), de Rochefort.
Gouineau (Pierre), de Saint-Nazaire près Rochefort.
Toussaint (Pierre), de Rochefort.
Tableau (Jean), de Saintes.
Vallon (Pierre), de Saintes.
Grassiot (Jean), de Saintes.
Gallie (Jean), de Saintes.
Thomasson (Simon), de Saintes, mort le 20 juillet 1781.
Lavavet (Jean), d'Angoulême.
La Rue (Pierre), de Marennes.
Prévôt (Vivien), de Marennes.
Villeneuve (Antoine), d'Oléron.
Peluchon (Pierre), d'Oléron.
Martin (Pierre), d'Oléron.
Bazeau (Pierre), d'Oléron.
Chevalier (Pierre), d'Oléron, mort à bord le 8 juin 1782.
Trouanne (Jean), de la Rochelle, mort à bord le 18 septembre 1781.
Godinau (Henri), de la Rochelle.
Riault (Jean), de la Rochelle.
Langlamé (Jean), de la Rochelle.
Maudet (Jean) de la Rochelle, mort le 30 octobre 1782.
Lhermitte (Mathurin), de la Rochelle, mort le 17 octobre 1782.
Ragaudy (Gabriel), de la Rochelle, mort le 2? octobre 1782.
Troquet (Jean), de la Rochelle.
Baradeau (Nicolas), de la Rochelle.
Marbœuf (Pierre), de la Rochelle.
Lefort (Gabriel), de l'Ile de Ré, mort le 9 mai 1782.
Raclet (Joseph), des Sables.
Prout (Julien), de Noirmoutiers.

Baron (Noël), de Noirmoutiers.
Abrar (Jean), de Bordeaux.
Estiou (Guillaume), de Toulouse.
Raimon (Jean), de Toulouse.
Latou (Jacques), de Toulouse.
Piech (Jean), de Toulouse, mort à bord le 1er juillet 1782.
Marceneau (Bernard), de Bayonne.
Pelerin (Louis), de la Rochelle.
Massible (Jean), de Marmande, mort à bord le 3 octobre 1782.
Rouch (Jean), de Toulouse, mort à bord le 22 septembre 1781.
Bregongeac (Bernard), de Moissac.
Monnier (Paul), de Toulouse.
Blanc (François), de Saintes.
Julien (Pierre), de Toulouse.
Catala (Antoine), de Montauban.
Daguin (Raimon), de Libourne.
Langera (Pierre), de Barbezieux.
Lalanne (François), de Bayonne.
Guillot (Etienne), de Marennes.
Leps (Jean), de Rochefort.
Garat (Pierre), de Marennes.
Ricolet (François), d'Avranches.
Dupuy (Louis), de la Charité, mort à bord le 18 juin 1781.
Vaillant (Clément), de la Rochelle.
Limoge (François), de Limoges.
Lestoré (François), de Châtillon.
Tavigné (Pierre), de Fougères.
Ménager (André), de Saintes, mort le 28 juillet 1781.
Bruitre (Yves), du Croisic.
Victoire (Pierre), de Montauban.
Trobié (Guillaume), du Croisic.
Augé (Julien), du Croisic.
Pelé (Pierre), de Saint-Malo.
Le Gars (Nicolas), de Nantes.
Thomas (Pierre), de Nantes.
Meriau (Vincent), de Nantes, mort le 6 août 1781.
Oré (Louis), de Nantes.
Chauvert (Julien), de Nantes.
Tellon (Jean), de Rochefort.
Poivreau (Louis), de Nantes.
Louerat (Honoré), de Nantes.
Diale (Jean), de Nantes, mort à bord le 17 août 1781.
Pascaud (Julien), de Nantes, mort le 21 février 1782.
Robin (Jean), de Nantes.
Dret (Louis), de Nantes.
Libourdais (Joseph), de Nantes.
Cruau (François), de Nantes.
Crenny (François), de Quimper.
Henry (Guillaume), de Tréguier.
Robert (Jacques), de Vannes.
Rivet (Pierre), de Rennes.
Touche (Jean), de Saint-Malo.
Authon (François), de Tréguier, amputé d'un membre au combat du 12 avril 1782.
Nivol (Mathurin), de Dinan, a eu une cuisse coupée au combat du 12 avril 1782.
Foisart (Louis), de Saint-Brieuc.
Cailleau (François), d'Angers.
Bouille (Jean), de Paris.
Hamel (Mathieu), d'Elbeuf.
Chef de Ville (Jean), d'Evreux.
Le Coadoit (Pierre), de Tréguier.
Galmar (Bastien), du Mans.
Tillon (Mathieu), de Dinan.
Martin (François), d'Elbeuf.
Salaun (Guillaume), de Quimper, tué au combat du 12 avril 1782.
Louete (André), de Granville.
Marmiguez (Louis), de Rennes.
Ludeux (Mathurin), de Nantes, mort à bord le 8 octobre 1782.
Rousseau (Pierre) d'Orléans.
Toudoux (Charles), de Saint-Malo.
Bouju (Claude), d'Alençon, mort le 26 avril 1782.
Boyer (Bernard), d'Orléans.
Berdechée (François), de Nantes.
Charles (Jean), de Dunkerque.
Dubrun (Pierre), de Rennes.
Maugé (Jacques), de Honfleur, mort à bord le 14 août 1782.
Guignant (Bernard), de Bordeaux.
Dias (Jean), de Paris.
Petit (Pierre), de Versailles.
Belatz (Bernard), de Saint-Jean-de-Luz.
Pafenton (Yves), de Tréguier.
Kervalet (Jean), de Brest.
Lerour (Jean), de Brest.
Galoupeau (Bertrand), de Bordeaux.
Deridee (François), de Landerneau, mort à bord le 11 octobre 1782.
Leguene (Jean), de Brest.
Feger (François), de Saint-Brieuc, mort à bord le 10 octobre 1782.
Marsin (Jacques), de Quimper.
Lavenant (Jean), de Morlaix.
Balanet (Bernard), de Brest.
Henauet (Mathias), de Brest.
Dauleday (Allain), de Saint-Brieuc.
Merveilloux (François), de Morlaix, mort à bord le 11 septembre 1782.
Thomas (Guillaume), de Vannes.
Geoffroy (Pierre), de Dinan.

Surnuméraires.

Cassassus (Charles), de Rochefort.
Cadou (Jean), de l'Ile d'Yeu.
Lescail (Jean), du Conquet.
Brivin (Jacques), de Rochefort.
Crestien (Pierre), de Périgueux.
Guey (Paul), de Cognac.
Chevalier (Pierre), de Saint-Malo.
Legal (Jean), de Vannes.
Pertuis (Dominique), de Rochefort.
Neveu (Jean), de Rouen.
Viaud (Pierre), de Jarnac, mort le 24 janvier 1782.
Dupon (François), de Jarnac.
Delion (Julien), de Nancy.
Butte (Clément), de Rochefort.
Lanoue (Jean), de Rochefort.
Merine (Jean), de Marennes.
Merie (Pierre), de Marmande.
Florens (Marie), d'Aix.
Parseau (François), de la Martinique.
Giquel (Jacques), de Saint-Brieuc.

Mousses.

Marquizeau (Pierre), de Rochefort.
Girard (François), de Rochefort, mort le 15 octobre 1782.
Bouchard (François), de Soubise.
Querré (François), de Soubise.
Lanoue (Jean), de Rochefort.
Aimond (Pierre), de Rochefort.
Chagné (Pierre), de Moise.
Roustet (Jean), de Rochefort.
Deloumeau (Jacques), de Marennes.
Chaleau (André), de Tonnay-Charente.
Templier (Jean), de Saintes.
Gouin (Jean), de Saintes.
Bouquet (Cristophe), de Saintes.
Thomas (Jean), de Toulon.
Foucher (Jean), de Saintes.
Torchut (Pierre), de Marennes.
Renaud (Antoine), de Rochefort.
Gibeau (François), de Rochefort.
Bouzaine (Joseph), de Rochefort.
Pateau (François), de Rochefort.
Prudhomme (François), de Rochefort.
Benoist (Pierre), de Saintes, mort le 11 janvier 1783.
Lemoine (Jean), de la Rochelle.
Ageard (Jean), de Rochefort.
Papeau (Jean), de Marennes.
Chilleau (René), de la Rochelle.
Barbotin (Jean), d'Angoulême.
Brun (Romain), de Saintes.
Hilaire (Louis), de Saintes.
Gayau (Jean), de Marennes.
Caillot (Jacques), de Marennes, blessé au combat du 12 avril 1782.
Sabourin (Claude), de Saintes.
Vollet (Pierre), de la Rochelle.
Saint-Jest (Pierre), de Rochefort, mort le 21 octobre 1782.
Mesnard (Nicolas), de Rochefort.
Tantin (Etienne), d'Oléron.
Bontemps (Pierre), de Saintes.
Rousselin (Jean), de Marennes.
Porte (Martin), de Saintes.
Bernard (Jean), de Saintes.
Ménagé (Jean), de Saintes.
Vinet (Pierre), de l'Ile d'Yeu.
Guedon (Jean), de Granville.
Thurin (Pierre), de Paris.
Lafon (Jacques), de Rochefort.
Le Leyeur (Laurent), de la Rochelle.
Laforge (Pierre), de Saintes.
Le Leyeur (François), de la Rochelle.
Durand (Mathieu), de Mortagne.
Lefort (Joseph), de Saint-Brieuc.
Nautré (Barthélémy), d'Angoulême.
Viau (Jean), de Barbezieux.
Philips (Jean-Fidel), de la Rochelle.
Rogron (Marin), de Marennes.
Templé (Mathieu), de Marennes.
Auradou (Gabriel), de la Rochelle.
Guérin (Jean), de Rochefort.
Bontemps (Auguste), de Saintes.
Papeau (Augustin), d'Oléron.
Lombard (Jean), de Marennes.
Savignan (Jean), de Royan.
Piaud (François), d'Angers.
Laurent (Jeorge), d'Oléron.
Brillard (André), de Rochefort.
Douguet (Louis), de Marennes.
Le Grous (Jean), de Rochefort.
Cheloux (Pierre), d'Angoulême.
Lescalet (François), de Paris.
Bouguain (Jean), de Brest.
Le Coguet (Thual), de Bréha.
Houjon (Pierre), d'Auray.
Bernard (Paulin), du Cap.
Couvert (Jean), de Toulon.
Couvert (Claude), de Toulon.
Pézenas (Bernard), de Pézenas.

Néel (Pierre), de Saint-Malo.
Lenormand (Jean), de Saint-Brieuc.
Le Rosec (Gilles), de Saint-Brieuc.
Barau (François), de Quimper.
Guillemin (Alexis), de Port-Louis.
Daniel (Jean), de Tréguier.
Le Drû (François), de Morlaix, mort le 9 mars 1783.
Legac (Pierre), de Morlaix.
Nicolas (Jean), de Morlaix.
Cotter (Mathieu), de Morlaix.
Livier (Philippe), de Morlaix.
Cadeau (François), d'Angers.
Parquion (Jean), de Lannion.
Robin (Joseph), de Saint-Brieuc.
Moreau (Mathieu), de la Rochelle.
Toucas (Henry), de Toulon.
Coquillau (Jacques), de Soubise.
Liard (Pierre), de Saint-Brieuc.
Seguin (Daniel), de Royan.
Robin (Guillaume), de Concarneau.
Bras (Julien), de Nantes.

Domestiques.

Chevalier (Maurice), de Rouen.
Boyer (Pierre), de Saintes.
Fillion (Jean), de Saintes.
Bazin (Pierre), de Royan.
Lafrance (Pierre), de la Rochelle.
Gallan (François), de Poitiers.
Yves (Jean), de Rennes.
Fromentin (Joseph), de Quimper, mort le 3 janvier 1782.
Le Goff (Louis), de Lamballe.
François (Pierre), de la Martinique.
Legraud, de Paris.
Piquet (Joseph), d'Artois.
Cézar, de Lamballe.
Joseph (Charles), de Cambrai.
Le Roux (Joseph), de Morlaix.
Chartier (Louis), de Morlaix.
Duval (François), de Poitiers.
Davaux (Jean), de Honfleur.
Lemaître (Jean), de Lorient.

LA COURONNE ET LE PLUTON

(D'octobre 1781 à juin 1783)

M. DE RIVIERRE, Capitaine de vaisseau, Commandant, et M. MITHON DE GENOUILLY, Capitaine de vaisseau, Commandant, sous les ordres de M. DE LA MOTTE PICQUET, Chef d'escadre.

ÉTAT-MAJOR

CHEF D'ESCADRE

De la **MOTTE PIQUET**.

CAPITAINES DE VAISSEAU

De **RIVIERRE**.
MITHON DE GENOUILLY.
Du **PARC DE COATRESCAR**.
PETIT.

LIEUTENANTS DE VAISSEAU

DULAC.
De **KERANNISANT**.
De la **VILLE VOLETTE**.
DULOUP.
De **KERALIO** (Arthur).
LE NORMANT DE VICTOR.
DELABINTINAY.
CHAMPAGNY.
De **FOUCAULT**.

ENSEIGNES DE VAISSEAU

De **SANTIVY**.
De **RIVIERRE**.
Du **ROI DE CHAUMAREIX**.
PIQUET de **MELESSE**.
De **VIELLA**.
DELUZEAU.
De **MARMERES**.
DUPETIT-THOUARS.
De **KERSABIEC**.

LIEUTENANTS DE FRÉGATE

Le chevalier de la **GRASSERIE**.
GOYON.
FREDOUX.
De **MEZANRAN**.
COSSONNOIS de la **MALIERE**.
De **KERGADARAN**.

OFFICIERS AUXILIAIRES

PAUMIER.
Le chevalier **d'AYMARD**.
REYDELET de **NERBIEC**.
CHAUVIN de la **CASSAGNE**.

CHIRURGIENS

HUGE.
JACOB.

AUMONIERS

MACABE (abbé).
BOUCHER (abbé).

GARDES DE LA MARINE

De **TROUJOLY**.
DUFOU.
Du **BOBERIL**.
De **VILLERS FRANSSURE**.
De **MAUPERTUIS**.
De **MATEISSYE**.
De **LUZEAU**.

VOLONTAIRES

Dureigne.
Prédour.
Burnel, de Rennes.
Pelletier, d'Angers.
Dourdan Le Roy, de Morlaix.
Pilot, de Morlaix.
Villeneuve de Jars, de Guingamp.
Fauchon de l'Aigle, de Paris.
Girard, de Quimper.
Labory, mort à bord le 18 mars 1782.
Fontenay (Claude-Paul).
De Bedeau.
Duval (Alexandre), de Rennes.
Marin, de Caen.
Dessils, de Vannes.
Dodville.

Officiers-mariniers de manœuvre.

Vivien (Marcel), premier maître, de Rochefort.
Lagarde (Jean), premier maître, de Rochefort.
Montruel (Jean), second maître, de Granville.
Coze (Louis), second maître, de Brest.
Allain (Guillaume), second maître, de Morlaix.
Jrondeau (Étienne), second maître, de Rochefort.
Sauzon (Pierre), second maître, de la Rochelle.
Longrais (Aimable), contremaître, de Granville.
Devaux (Jean), contremaître, de Saint-Valéry.
Troadec (Ollivier), de Morlaix, blessé dans le démâtage du vaisseau le 22 décembre 1781.
Le Maître (Barthelemy), contremaître, de Granville.
Breteau (René), contremaître, du Croisic.
Divannache (Joseph), contremaître, de Quimper.
Le Brun (Etienne), contremaître, de Granville.
Saudrai (François), contremaître, de Brest.
Nicolas (Louis), contremaître, de Recouvrance.
Bataille (Théodore), contremaître de la Hougue.
Brand (Michel), contremaître, de Rochefort.
Calvès (Maurice), bosseman, de Quimper.
Grossin (Louis), bosseman, de Granville.
Camard (Pierre), bosseman, de Saint-Brieuc.
Bertrand (Pierre), bosseman, de l'Ile d'Yeu.
Le Normand (Jacques), bosseman, de Granville.
Ladam (Jean), bosseman, de Quimper.
Cariou (Jean), bosseman, de Quimper.
Le Comte (Jean), quartier-maître, de Saint-Brieuc.

Charan (Pierre), quartier-maître, de Saint-Brieuc.
Henry (Joseph), quartier-maître, de Saint-Brieuc.
Colleter (Vincent), quartier-maître, de Morlaix.
Lemoal (Ollivier), quartier-maître, de Morlaix.
Lambert (Guillaume), quartier-maître, de Marseille.
Gilles (Marc), quartier-maître, d'Arles.
Le Bel (Louis), quartier-maître, de Granville.
Herry (Toussaint), quartier-maître, de Saint-Brieuc.
Brivat (Jean), quartier-maître, de l'Ile d'Yeu.
Favry (Hervé), quartier-maître, de Granville.
Fleury (Jean), quartier-maître, de la Hougue.
Lescarmeur (Jean), quartier-maître, de Saint-Malo.
Briant (Joseph), quartier-maître, de Dinan.
Podin (Joseph), quartier-maître, de Dinan.
Pommier (Charles), quartier-maître, du Havre.
Quesmart (Jean), quartier-maître, de Saint-Brieuc.
Allain (Jean), quartier-maître, de Brest.
Rivalin (René), quartier-maître, de Saint-Brieuc.
Corre (Yves), quartier-maître, de Brest.
Vignau (Elie), quartier-maître, de Rochefort.
Gardou (François), quartier-maître, de l'Ile d'Yeu.
Tabard (Jean), quartier-maître, de Dieppe.
Couillard (Nicolas), quartier-maître, de Granville.
Becam (Yves), quartier-maître, de Recouvrance.
Chevrier (Emmanuel), quartier-maître, du Havre.
Besmond (Jean), quartier-maître, de Blaye.
André (Claude), quartier-maître, de la Ciotat.

Officiers-mariniers de pilotage.

Thomarel (Jean), patron de chaloupe, de Granville.
Guérin (Jacques), patron de chaloupe, de Granville.
Le Bas (Jean), patron de canot, de Vannes.
Lefort (Médard), patron de canot, de Nantes.
Beven (Pierre), patron de canot, de Vannes.
Louineau (Pierre), pilote, des Sables-d'Olonnes.
Le Rouillé (Simon), second pilote, de Saint-Brieuc.
Quenel (Gabriel), second pilote, du Havre.
Dumas (André), aide-pilote, de Royan.
Giffard (Thomas), aide-pilote, de Dieppe.
Bruneau (Julien), aide-pilote, de Nantes.
Raymond (Pierre), aide-pilote, de Bordeaux.
Perrin (Jean), aide-pilote, de Bordeaux.
Bruneau (Jean), aide-pilote, de Nantes.
Mallet (Jean), aide-pilote, du Havre.
Charlet (Louis), aide-pilote, d'Oléron.
Brun (Gabriel), aide-pilote, d'Agde.
Tanquerai (Louis), aide-pilote, de Granville.
Léger (Louis), aide-pilote, de Nantes, tué au combat du 12 avril 1782.

Officiers-mariniers de canonnage.

Pincet (Antoine), maître canonnier, de Boulogne.
Puchot (Robert), maître canonnier, de Brest.
Clavier (Jean), maître canonnier, de Nantes.
Audemart (Alexandre), second canonnier, de Toulon.
De Lettre (Pierre), second canonnier, de Dieppe.
Marion (Hervé), second canonnier, de la Hougue.
Malenfant (Guillaume), second canonnier, de Saint-Brieuc.
Godebit (Jean), second canonnier de Dieppe.
Tifagne (Camille), second canonnier, de Dieppe.
Eouzan (Guillaume), aide-canonnier, de Saint-Brieuc.
Babin (Jacques), aide-canonnier, de Saint-Malo.
Le Blanc (Pierre), aide-canonnier, de Saint Brieuc.
Le Bert (Toussaint), aide-canonnier, de Granville.
Gosselin (Thomas), aide-canonnier, de la Hougue.
Le Lay (Yves), aide-canonnier, de Morlaix.
Loir (Jacques), aide-canonnier, de la Hougue, mort le 7 juin 1782.
Bredel (Allain), aide-canonnier, de Saint-Brieuc, mort à bord le 10 juillet 1782.
Durieux (René), aide-canonnier, du Havre.
Guirau (Jean), aide-canonnier, de Blaye.
Verdois (Pierre), aide-canonnier, de Blaye.
Madiou (Jean), aide-canonnier, de Morlaix.
Manière (Vincent), aide-canonnier, de Dieppe.
Le Tertre (François), aide-canonnier, de Saint-Brieuc.
Le Saint (Jean), aide-canonnier, de Saint-Brieuc.
Chevalier (François), aide-canonnier, de Vannes.
Theroude (Tranquille), aide-canonnier, de Dieppe, mort de blessures le 20 mai 1782.
Bibet (Henry), aide-canonnier, de Dieppe.
Miege (Pierre), aide-canonnier, de Dieppe.
Benoit (Julien), aide-canonnier, de Caen.
Le Sage (Louis), aide-canonnier, de la Hougue.
Depierre (Jean), aide-canonnier, de Granville.
Le Pretre (Jean), aide-canonnier, de Boulogne, blessé au combat du 12 avril 1782.
Fromentin (Noël), aide-canonnier, de Dieppe.
Hatey (Antoine), aide-canonnier, de Granville, mort le 30 avril 1782.
Dubuc (Jacques), aide-canonnier, de Dieppe.
L'Espagnol (Hervé), aide-canonnier, de Bordeaux.
Thomas (Jean), aide-canonnier, de Saint-Brieuc.
De la Place (Georges), aide-canonnier, de la Hougue.
Joly (Pierre), aide-canonnier, de la Hougue.
Gautier (Georges), aide-canonnier, de Granville.
Le Boubennec (Jean), aide-canonnier, de Saint-Brieuc.
Minier (Sébastien), aide-canonnier, de Saint-Brieuc.
Amelot (Jean), aide-canonnier, du Havre.
Lefort (Nicolas), aide-canonnier, de Dieppe.
Cayphas (Jean), aide-canonnier, de Quimper.
Kerloch (Jean), aide-canonnier, de Quimper.
Moizan (Daniel), aide-canonnier, de Quimper.
Fleury (Jean), aide-canonnier, de Granville.
Casterel (François), aide-canonnier, du Havre.
Courbé (Louis), aide-canonnier, de Brest.
Valtau (Eléonard), aide-canonnier, de Recouvrance.
Renaud (Jean), aide-canonnier, de Royan.
De la Loche (Charles), aide-canonnier, de Dieppe.
Bourseau (Pierre), aide-canonnier, de Libourne, mort le 28 mai 1782.

Officiers-mariniers de charpentage.

Berlivet (Pierre), maître charpentier, de Recouvrance.
Larcher (Louis), second charpentier, de Granville.
Jean (François), second charpentier, de Saint-Brieuc.
Lefevre (Jean), aide-charpentier, de Dieppe.
Bouillon (Nicolas), aide-charpentier, de Granville.
Grosse (Jean), aide-charpentier, de Granville.

Officiers-mariniers de calfatage.

Corre (Yves), maître calfat, de Brest.
Lossouard (Jean), maître calfat, de Brest.
Jeau (Joseph), maître calfat, de Dinan.
Gervis (Jean), second calfat, de Dinan.
Meliard (François), second calfat, de Dinan, mort le 14 juin 1782.
Mercerie (Victor), aide-calfat, de Dinan.
Carrouge (Allain), aide-calfat, de Saint-Malo.
Le Gal (Mathieu), aide-calfat, de Quimper.

Officiers-mariniers de voilerie.

Le Moal (Allain), maître voilier, de Lambézellec.
Querlin (François), maître voilier, de Brest.
Resprejet (Mathieu), maître voilier, de Brest, blessé mortellement dans le démâtage du vaisseau le 22 décembre 1781.
Richard (Séraphin), second voilier, de Saint-Brieuc.
Merdrignac (Marcel), aide-voilier, de Saint-Malo.
Nicolas (Yves), aide-voilier, de Saint-Malo.
Lafontage (Daniel), aide-voilier, de Bordeaux.
Tauzin (Jean), aide-voilier, de Bordeaux.

Gabiers.

Lappel (Louis), de Fécamp.
Cadoret (Ollivier), de Vannes.
Gaubert (François), de Saint-Brieuc.
Clément (Marcel), de Vannes.
Daligot (Thomas), de Granville.
Bouvier (Jean), de Saint-Malo.
Le Breton (Pierre), de Granville.
Gaudalle (Antoine, de Lorient.
Constance (Jean), du Havre.
Baldaquin (Joseph), de Cette.
Coudrais (Georges), de Dinan.
Balance (Pierre), de Quimper, tué au combat du 12 avril 1782.
Lamarre (Jacques), de Honfleur.
De Lamer (François), de Caen, mort le 12 avril 1783.
Chatel (Pierre), de Granville.
Betfer (Jean), de Dinan, mort le 5 mars 1782.
Malleville (Charles), du Havre.
Dumaine (Jean), de Dinan.
Lefevre (François), de la Hougue.
Drajon (Guillaume), de Granville.
Berniche (Martin), de Saint-Jean-de-Luz, mort le 12 janvier 1782.
Belharde (Dominique), de Saint-Jean-de-Luz.
Acostigny (Bernard), de Saint-Jean-de-Luz.
Geslin (Emanuel), de Brest.
Fontaine (Georges), de Granville.
Coindreau (Jean), de Nantes.
Colleville (Jacques), de Caen.
Chenu (Julien), de Saint-Malo.

Remot (Jacques), des Sables.
Bayon (François), de Vannes.
Enouf (Jean), de Granville.
Rour (Jean), de Recouvrance.
Hamin (François), de Dieppe.
Pelletier (Jean), de Rochefort.
Berthaud (Pierre), d'Oléron.
Briamant (Pierre), de Bordeaux.
Hardouin (Pierre), de Blaye.
Marchand (Allain), de Saint-Malo.
Le Comte (Jacques), de Saint-Brieuc.
Luçon (Jean), d'Angers.
Testale (Raimond), de Bordeaux.
Borderon (Pierre), de la Rochelle.
Heydou (Jean), de Dieppe.
Billoquet (Pierre), de Dieppe.
Hardouin (Honoré), de Noirmoutiers.
Mulot (Joseph), de Rouen.
Renable (François), de Fécamp.

Timoniers.

Blesne (Charles), de Quimper.
Duclos Mesnil (Urbain), du Havre.
Saulet (François), de Cette.
Aubepin (Pierre), de Marseille.
Loire (Adrien), de Cherbourg.
Denis (Robert), de Caen.
Baudoire (Jean), de Dinan.
Hamon (Patrice), de Brest.
Brochet (Bernard), de Brest.
Forestier (Augustin), de Marmande.
Grignard (Jean), de Bordeaux.
Tessel (Augustin), de Caen.
Lanco (Jean), de Belle-Ile.
Querret (Charles), de Belle-Ile.
Salaun (Noël), de Quimper.
Fily (Noël), de Quimper.
Prévost (Nicolas), de Fécamp.
Girette (Roger), du Havre.
Roubeau (Jacques), de Marseille.
Teyssier (François), de la Rochelle.

Matelots.

Verdy (Gabriel), de Recouvrance, mort le 2 juin 1782.
Derien (Jean), de Recouvrance.
Renaud (François), de Recouvrance.
Perrinet (Noël), de Recouvrance.
Boulet (Pierre), de Brest.
Severre (Pierre), de Brest.
Neam (Louis), de Brest.
Henry (Jean), de Brest.
Le Goff (Jean), de Brest.
Nicol (Denis), de Brest.
Néven (Claude), de Brest.
Troudec (Ollivier), de Brest.
Graverand (François), de Brest.
Tinturier (Louis), de Paris.
Concheron (Jean), de Brest.
Lainé (Bernard), du Conquet.
Avril (Jean), d'Ouessant.
Le Meur (Pierre), du Conquet.
Duval (Alexis), de Honfleur.
Seguin (Mathurin), de Brest.
Lastennec (Jean), de Brest.
Guillemain (Antoine), de Coutances.
Terrier (Jean), de Versailles.
Poulain (Augustin), de Saint-Brieuc.
Croguennec (Jean), de Morlaix.
Laour (François), de Morlaix.
Menguy (Gilles), de Saint-Brieuc.
Le Guevel (Jean), de Saint-Bieuc.
Riou (Yves), de Saint-Brieuc.
Yenry (Yves), de Saint-Brieuc.
Le Gal (Louis), de Saint-Brieuc, mort le 21 mars 1782.
Epiven (François), de Saint-Brieuc.
Le Brun (Jean), de Saint-Brieuc.
Chevalier (Jean), de Saint-Brieuc.
Taranus (Yves), de Saint-Brieuc.
Boitard (Jean), de Saint-Brieuc.
Gautier (Julien), de Saint-Brieuc.
Le Roux (Jacques), de Saint-Brieuc.
Tanguy (Mathurin), de Saint-Brieuc.
Vérité (Jean), de Saint-Brieuc.
Bourieux (Yves), de Saint-Brieuc.
Le Tallec (François), de Saint-Brieuc, mort le 10 septembre 1782.
Lehegarat (René), de Saint-Brieuc.
Le Villoux (Ollivier), de Saint-Brieuc.
Colas (Pierre), de Saint-Brieuc, mort le 17 juillet 1782.
Herry (Sébastien), de Saint-Brieuc.
Brée (François), de Saint-Brieuc, mort le 1er avril 1782.
Bouillie (Denis), de Saint-Brieuc.
Jaffray (Jean), de Saint-Brieuc.
Denis (Jean), de Saint-Brieuc, mort le 23 mai 1782.
Guyomard (Louis), de Saint-Brieuc.
Sauzay (Jean), de Saint-Malo.
Le Roy (Jacques), de Saint-Malo.
Baudin (Thomas), de Saint-Malo.
Hervé (Michel), de Dinan.
Robour (Pierre), de Dinan.
Gautier (Jean), de Dinan.
Ramard (Yves), de Dinan.
Dannet (Louis), de Rouen.
Coquille (Philippe), de Quimper.
Rieux (René), de Quimper.
Maho (Guillaume), de Quimper.
Caro (Jean), de Quimper, tué au combat du 12 avril 1782.
Calvès (Guillaume), de Quimper.
Duparc (Jean), de Quimper.
Riou (Daniel), de Quimper.
Bloch (Noël), de Quimper.
Elias (Guillaume), de Quimper.
Saligue (Pierre), de Quimperlé.
Peltier (Marie), de Quimper.
Leforestier (Jean), de Guingamp.
Mahé (Jacques), de Lorient.
Vergeo (Julien), de Lorient.
Thiboulie (Nicolas), de Saint-Malo.
Lefay (Claude), de Lorient.
David (Jacques), de Lorient.
Le Lan (Jean), de Lorient.
Barillac (Pierre), de Vannes, mort le 28 avril 1782.
Riou (Jean), de Vannes.
Bedesgue (Jean), de Vannes.
Portugal (François), de Belle-Ile.
Gallen (Eloy), de Belle-Ile.
Le Goff (Pierre), de Belle-Ile.
Caro (Julien), de Belle-Ile.
Lucas (Allain), de Vannes.
Gallen (Jean), de Belle-Ile.
Granger (Jean), de Vannes.
L'Hermite (Nicolas), de Belle-Ile.
Querel (Jean), de Belle-Ile.
Le Floch (Marcel), de Vannes, mort le 26 juin 1782.
Gallen (Marc), de Belle-Ile, mort le 5 juillet 1782.
Thomas (François), de Vannes.
Galcher (Maurice), de Vannes.
Thomas (Vincent), de Vannes.
Berthau (Augustin), de Belle-Ile.
Robert (François), de Vannes.
Godal (Joseph), de Vannes.
Helo (Jean), de Vannes, mort le 8 août 1782.
Mahé (Vincent), de Vannes.
Laboche (Etienne), de Marseille.
Acherau (Jean), de Nantes, noyé le 4 mai 1782.
Dejelu (François), de Nantes.
Severre (Jean), de Nantes.
Morel (Pierre), de Nantes.
Le Beaulieu (Hubert), de Rennes.
Le Ray (Claude), du Croisic.
Mahé (François), du Croisic.
Bernier (François), du Croisic, mort le 4 avril 1782.
Macé (Jean), de Vannes.
Lanevau (Mathieu), de Rennes.
Boutin (Jean), de Nantes, tué au combat du 9 avril 1782.
Filleul (Jacques), de Nantes.
L'Evêque (Jean), du Havre.
Menay (Jean), du Havre.
Bailleul (Richard), du Havre.
Lalouette (Antoine), du Havre.
Goupil (Jean), du Havre.
Le Tellier (Félix), de Honfleur.
Isabelle (Jean), de Honfleur.
Coipel (Louis), de Honfleur, mort le 21 juin 1782.
Maurice (Etienne), de Honfleur.
Martin (Georges), de Honfleur.
Decoville (Louis), de Honfleur.
Aubra (Louis), de Paris.
Rabelle (Jean), de Honfleur.
Baumont (Jacques), de Honfleur.
Chéroude (Antoine), de Dieppe.
Cressant (François), de Dieppe.
Du Tilloy (Charles), de Dieppe.
Denis (François), de Dieppe.
Foucambert (Louis), de Dieppe.
Cholet (Jean), de Dieppe.
Grange (Jean), de Dieppe.
Romain (Pierre), de Dieppe.
Saunois (Pierre), de Dieppe.
David (Jean), de Dieppe.
Thomas (Mathieu), de Fécamp.
Suber (Pierre), de Fécamp.
Pelletier (Pierre), de Fécamp.
Billiard (Jean), de Rouen.
Butel (Pierre), de Rouen.
Marc (Jean), de Rouen.
Henry (Pierre), de Lunéville.
Hébert (Jean), de Rouen.
Téphain (Pierre), de Rouen.
Le Quesne (Georges), de Rouen.
Artur (Pierre), de Caen.
Bellejambe (Jean), de Caen.
Bailleul (Guillaume), de Caen.
Guillouet (Jean), de Caen, mort le 27 mai 1782.
Dutheuil (Jean), de Caen.
Coutel (Jean), de Caen.
Pigeon (Louis), de Caen.
Marie (Germain), de Caen.
Rouland (Pierre), de Cherbourg.
Le Gendre (Vincent), de la Hougue.
Le Gros (Bon), de la Hougue.

Le Parc (Jean), de la Hougue, tué au combat du 12 avril 1782.
L'Eveillé (Louis), de Granville.
Prevost (Jean), de Granville.
La Chèvre (Marcel), de Granville.
Noblet (Jean), de Granville, mort à bord le 5 mars 1782.
Delouette (Jean), de Granville.
Le Charpentier (Jacques), de Granville.
Rocher (Jean), de Granville.
Gatebler (Jean), de Granville.
Gihaut (Nicolas), de Granville.
Croan (Gilles), de Granville.
Astruc (Marin), de Dunkerque.
Robiens (Georges), de Dunkerque.
Messeman (Baudouin), de Dunkerque, mort le 3 mai 1782.
Dellille (Marcel), de Dunkerque.
Bruyère (Marc), de Boulogne.
Lefevre (Jacques), de Saint-Valéry.
Blacard (Antoine), de Boulogne.
Fortin (Eustache), de Boulogne.
Menier (Feriol), de la Ciotat.
Roubeaud (André), de Marseille.
Nicolas (Mathurin), des Sables.
Lafitte (Jean), de Bayonne.
Gautier (Etienne), de Bordeaux.
Labat (Jean), de Bayonne.
Herit (Martin), de Blaye.
Le Breton (Marcel), de Saintes.
Bouron (Pierre), de Saintes.
Hubert (François), de Blaye.
Quellier (Pierre), de Saintes.
Babin (Jean), des Sables.
Hercandeau (Pierre), de l'Ile de Ré.
Reveillon (Pierre), de Libourne.
Suberville (Pierre), de Bordeaux.
Perroux (Louis), des Sables.
Donnat (Jean), de Saintes.
Cayer (Pierre), de Rochefort, mort le 5 juillet 1782.
Uray (Pierre), d'Oléron.
Gouillon (Pierre), de Noirmoutiers.
Chauviteau (Pierre), des Sables.
Grenier (Jean), de Bordeaux.
Durand (Luc), de l'Ile d'Yeu.
Dulac (Jean), de Saintes.
Mozilleau (Jacques), de Bayonne.
Harry (Jean), de l'Ile d'Yeu.
Chaviteau (Yves), des Sables.
Orsçonau (François), de l'Ile d'Yeu.
Le Conforgues (Jean), de Bordeaux.
Lestril (Jean), de Bordeaux.
Poirrier (Jacques), de Marennes.
Boileau (Thomas), de Libourne.
Bigné (Bernard), de Bordeaux.
Cazot (Pierre), de Bordeaux.
Pissonneau (Louis), de Montauban.
Devigneau (Jean), de la Teste.
Derieux (Jean), de Montauban.
Blanc (Jean), de Montauban, mort le 1er avril 1782.
Loiseau (Jean), de Bordeaux.
Ducourneau (François), de Bordeaux.
Laveau (Pierre), de Marmande.
Baudeux (Jean), de Bordeaux.
Boids (François), de Moulins.
Fournier (Jacques), de Marseille.
Caouenne (Jacques), de Marseille.
Fleury (François), de Marseille.
Brisson (Dominique), de Marseille.
Cazeau (Jean), de Toulouse.
Dupieux (François), de Moulins, mort le 24 septembre 1782.
Baillif (Pierre), d'Angers, mort le 20 avril 1782.
Geffroy (Louis), de Marseille.
Oliveau (Louis), de Marseille.
Bouriac (Armand), de Marseille.
Bonnelle (Pierre), de Marseille, mort à bord le 10 mars 1782.
Fournier (Georges), de Marseille.
Romain (Nicolas), de Dieppe.
Le Roux (Laurent), de Dieppe.
Clement (Jean), de Dieppe.
Boucher (Jean), de Dieppe.
Mortier (François), de Saint-Valéry, mort le 1er juin 1782.
Coipet (Louis), de la Hougue.
Boutrouille (Charles), de Granville, tué au combat du 12 avril 1782.
Perfiond (Charles), d'Angers, mort le 10 mai 1782.
Launay (Jean), d'Angers.
Riveron (Jean), d'Angers.
Guittonneau (Jean), de Vannes.
Giquel (Amateur), de Saint-Brieuc.
Bruneau (Jean), du Croisic.
Le Pape (Bernard), de Landerneau.
Almange (Guillaume), de Dinan.
Denoguet (Joseph), de Bayonne.
Esperron (François), de Tours, mort à bord le 22 février 1782.
Bauville (Charles), de la Hougue.
Lefrere (Pierre), d'Angers.
Perrineau (Marcel), d'Angers, mort le 21 mars 1782.
Le Menager (Jean), de Fécamp.
Bourgaud (Louis), d'Angers.
Goubard (Louis), de Dieppe.
André (Jean), de la Hougue, mort le 23 mai 1782.
Demoty (François), de la Hougue.
Olivier (Jean), de Caen.
Guyomard (Yves), de Saint-Brieuc.
Le Deau (Jean), de Tréguier.
Langlois (Gilles), de Dinan.
Chevauchery (Pierre), de Dinan.
Louvel (Pierre), du Havre.
Linnemer (Jean), de Dieppe.
Matheriou (René), d'Angers, mort à bord le 13 mars 1782.
Moreau (Jacques), d'Angers.
Grevery (Sébastien), de Fécamp, mort le 24 mai 1782.
Farge (François), de Lyon.
Caurolzier (Cézar), de Versailles.
Auger (Pierre), de Paris.
Raime (Jean), du Havre.
Hilliou (Jean), de Saint-Brieuc.
Le Bris (François), de Tréguier.
Gautier (François), de Tréguier.
Corlay (François), de Morlaix, mort le 22 septembre 1782.
Corlay (Guillaume), de Morlaix.
Yvenot (François), de Vannes.
Le Bris (Paul), du Conquet, mort le 17 août 1782.
Decré (Jean), de Toulon.
Perherin (Guillaume), de Quimper.
Mossion (Allain), de Quimper.
Redon (Louis), de Paris, mort le 9 mars 1782.
Portie (Allain), de Camaret, mort le 22 février 1782.
Jannoux (Noël), de Camaret.
Abiant (Yves), de Quimper.
Bernard (François), de Saint-Brieuc.
Le Duff (François), de Morlaix, tué au combat du 12 avril 1782.
Duchene (Edme), d'Auxerre.
Enaud (Jean), de Saumur, mort le 22 novembre 1782.
Prieur (Joseph), de Paris.
Terrard (Joseph), de Toulon.
Le Goff (Mathurin), de Vannes, mort le 18 juillet 1782.
Le Cadre (Mathurin), de Vannes.
Codu (Noël), de Quimper.
Le Bars (Jacques), de Quimper.
Le Pape (Mandé), de Quimper.
Le Brun (Jacques), de Quimper, mort à bord le 17 mars 1782.
Cariou (Daniel), de Quimper.
Savina (Hervé), de Quimper.
Le Corre (Guillaume), de Morlaix.
Primot (Philippe), de Morlaix.
André (Pierre), de Lambézellec.
Lavenant (Gabriel), de Brest.
Buchon (Jean), de Saint-Brieuc.
Beaulieu (Hervé), de Rennes.
Corre (Allain), de Morlaix.
Le Querer (Jean), de Morlaix, mort à bord le 22 avril 1782.
Guillou (Jean), de Morlaix.
Guiziou (Marcel), du Conquet.
Lazennec (Yves), du Conquet.
Le Roy (Jean), de Guipavas.
Renaud (François), de Saint-Brieuc.
Hervé (Joachim), de Saint-Brieuc.
Quintin (Marc), de Saint-Brieuc, mort le 29 mars 1782.
Dupré (Philippe), de Nancy.
Bouilly (Jean), d'Amiens.
Lefeve (Pierre), de Saumur.
Pelé (Jacques), de Saint-Brieuc.
Le Cocq (Jean), de Paris.
Davoine (Jean), de Saint-Malo.
Prot (Antoine), de Nancy.
Péan (Claude), d'Angers, tué au combat du 12 avril 1782.
Raymond (Louis), du Havre.
Boraime (François), de Soissons, mort le 25 mars 1782.
Videcocq (Michel), de Rouen.
Vaugeois (Jean), de Granville.
Gondoing (Michel), de Saint-Malo.
Guitton (Jean), de Saint-Malo.
Huet (Louis), d'Orléans.
Adam (Victor), du Havre.
Perret (Joachim), de Dinan.
Boulet (Jean), de Fécamp.
Gauchois (Nicolas), de Dieppe, mort le 2 février 1783.
Moulard (Antoine), de Valery.
Gadiou (Antoine), de Royan.
Berthomé (François), d'Angoulême.
Touzé (Jacques), de Granville.
Damage (François), de Saint-Malo.
Gaillard (Guillaume), de Périgueux.
François (Jacques), de Nevers.
Marie (Charles), de Granville.
Gipoulet (Pierre), de Toulouse.
Catel (Jean), de Paris.
Potel (Oudart), de Calais.
Praut (André), de Noirmoutiers, mort le 5 mai 1782.
Richer (Alexis), d'Orléans.
Geoffroy (Joseph), de Marseille.
Nicole (Gilles), de Nantes.

Carpentes (Pierre), de Bordeaux.
Daumard (Baptiste), de Bordeaux.
Guimbertau (Pierre), de Libourne.
Clabeau (Jean), de Rochefort.
Framier (Jacques), de Nevers.
Caillaud (Thomas), de Dieppe.
Querrier (Joseph), de Marseille.
Geffroy (Clérel), de Marseille.
Couillé (Marc), de Marseille.
Dravet (Jacques), de Marseille.
Lahitte (Parré), de Bordeaux.
Rombat (Dominique), de Marseille.
Brisard (Pierre), de l'Ile de Ré.
Lefort (Jean), de Bordeaux.
Renom (Pierre), de Honfleur.
Drû (Jean), de Nevers.
Garnier (Jean), de Nevers.
Louvernay (Jean), de Nevers.
Briant (Arnaud), de Tréguier, mort le 7 mai 1783.
Conam (Jean), de Saint-Brieuc.
Conart (Jean), d'Angers.
Faves (Guillaume), de Morlaix.
Thetier (Jean), de Nantes.
Joly (Pierre), de l'Ile d'Yeu.
Queribel (Jean), de Saint-Pol-de-Léon, mort le 14 juillet 1782.
Falhou (Goulven), de Saint-Pol-de-Léon, mort le 2 août 1782.
Huguen (Yves), de Saint-Pol-de-Léon.
Dourmal (Jean), de Saint-Pol-de-Léon.
Provotz (Guillaume), de Morlaix.
Lescop (Yves), de Saint-Pol-de-Léon.
Beaulieu (Hubert), d'Angers.
Rohon (Jacques), de Morlaix, mort le 20 décembre 1782.
Jaut (Guillaume), de Morlaix, mort le 17 juin 1783.
Le Sourd (Sébastien), de Morlaix.
Seramiec (Claude), de Nevers.
Trophanet (Henry), de Marseille.
Ferry (Joseph), de Libourne.
Martin (Pierre), de Grasse.
Lazay (François), de Marseille.
Frey (Jean), de Bordeaux.
Norey (Charles), de Saint-Brieuc.
Ollivier (Francier), de Marseille.
Prou (Jacques), de l'Ile de Ré.
Firmin (Pierre), de Caen.
Général (Jacques), de Boulogne.
Moulin (Marin), de Rouen.
Devoty (Antoine), de Rouen.
Ray (Jean), de Bordeaux.
Jouannès (Jacques), de Brest.
Corbier (Charles), de Fécamp.
Lavache (François), de Dieppe.
Cousin (Pierre), de Saint-Malo.
Loustrie (Jean), de Montauban.
Méchineau (Jacques), de la Tremblade.
Crepin (Félix), de Dunkerque.
Fretier (Louis), de Libourne.
Cavalier (Claude), de Nancy.
Caria (Jean), de Riom.
Raimond (François), de Nevers.
Liotel (Jean), de Nantes.
Rouis (Jean), de Fécamp.
Lamaison (Jean), de Marmande.
Moulin (Pierre), de Cherbourg.
Le Clerc (Didier), de Toul.
Tord (Jean), de Riom.
Besson (Martin), de Riom.
Le Caze (Joseph), de Riom.
Blaize (Philippe), de la Hougue.
Legal (Joseph), de Lorient.
Steek (Laurent), de Strasbourg.
Parmentier (Noël), de Dieppe.
Colin (Jean), de Bordeaux.
Perrut (Jean), de Bordeaux.
Duranteau (Jean), de Bordeaux.
Cazeau (Jean), de Bordeaux.
Gourandeau (Jean), de Bordeaux.
Andreau (Bernard), de Bordeaux.
Duhec (Armand), de Bordeaux.
Sintoux (Pierre), de Bordeaux.
Deluzin (Jean), de Bordeaux.
Favien (François), de Bordeaux.
Noulin (Pierre), de Chartres.
Beaulieu (Joseph), de Dinan.
Beaulieu (Jean), de Dinan.
Plantard (Jean), de Vannes.
Robert (Guillaume), de Saint-Brieuc.
David (Etienne), de Nantes.
Le Boucher (Joseph), de Dinan.
Letaut (Jean), de Lannion.
Oussiere (Jean), de Rennes.
Fressan (André), d'Angers.
Jenaud (Julien), de Nantes.
L'Espassagne (Gaspard), de Strasbourg.
Jean (Pierre), de Bordeaux.
Crochard (Jacques), de Rouen.
Gillet (Henry), de Paris.
Renard (Jean), de Rennes.
Doré (Maurice), d'Angers.
Peronnaux (Julien), de Vannes.
Pillon (Georges), de Camaret.
Tréguier (Louis), de Lorient.
Couillaut (Charles), de Brest.
Langlais (Yves), de Tréguier.
Bœrzin (Jean), de Rennes.
Chagnet (Jean), de Paris.
Thibault (Maurice), de Saumur.
Perrioux (Joseph), de Paris.
Gobin (Pierre), de Nantes.
Caplan (Pierre), de Libourne.
Gardereau (François), de Saintes.
Charrière (Antoine), de Rochefort.
Desplays (Jacques), d'Angers.
Boinard (Pierre), de Marennes.
Thomas (Pierre), de Rochefort.
Moléon (Jean), de Bayonne.
Chebran (Antoine), de Paris.
Mercier (Pierre), de Marennes.
Lannic (Jean), de Brest.
Malenfant (François), de Caen.
Moreau (Jacques), de Nantes.
De la Barrière (François), de Saint-Malo.
Metivier (Jean), de Marennes.

Novices.

Goupille (François), d'Angers, mort à bord le 22 février 1782.
Bouard (Sébastien), d'Orléans.
Cavara (Goulven), de Morlaix.
Vaillant (François), du Conquet, mort le 14 mai 1782.
Heleux (Denis), de Rennes.
Capron (Modeste), de Fécamp.
Ollivier (Jean-Joseph), de Saint-Tropez.
Vidal (Barthélémy), de Montauban.
Péroux (Jacques), de Lyon.
Lecocq (François), de Saint-Brieuc.
Villiers (François), de Paris.
Philibert (Etienne), de Rouen.
Léger (Etienne), de Paris.
Lormet (Jacques), de Paris.
Dufaye (Honoré), de Paris.
Laudry (Louis), de Paris.
Pelletier (Victor), de Paris.
Molard (Marcel), de Versailles.
Rolland (Claude), de Groix, mort le 31 mars 1782.
Noël (Jacques), de Paris.
Cholard (Jean), de Strasbourg.
Desroches (François), de Versailles.
Caffin (Louis), de Paris.
Jullard (André), de Charon, mort à bord le 10 février 1782.
Chardon (César), de Paris.
Deschamps (Jean), de Fécamp.
Gognet (Nicolas), de Honfleur.
Duval (François), de Caen.
Lefranc (Jean), de Honfleur.
Lefort (Nicolas), de Metz.
Lefort (Jean), de Metz, mort le 24 avril 1782.
Gombert (Louis), d'Abbeville, mort à bord le 8 mai 1782.
Gervais (Nicolas), de Tours.
Bernard (Marcel), de Clermont, mort à bord le 21 avril 1782.
Corbier (Marcel), de Nevers.
Rouaux (Joseph), de Rennes.
Carron (Romain), de Rouen.
Masson (Jean), de Lamballe.

Surnuméraires.

Mazé (Nicolas), de Molène, mort le 3 mars 1782.
Robichon (Jacques), de Recouvrance, mort le 5 juin 1782.
Coeffé (Yves), du Croisic.
Le Grand (François), de Mortagne.
Tournier (Pierre), de la Rochelle.
Duval (Joachim), de Rennes.
Fouchet (Jean), de Pons.
Planche (Jean), de Toulon.
Marchand (Jean), de Brest.
Brunel (Joseph), de Brest.
Baraguay (Pierre), de Paris.
Veillard (Charles), de Rennes.
Dupré (André), de Rennes.
Michel (Louis), de Dunkerque.
Hulot (François), de Saint-Malo.

Mousses.

Allain (Joseph), de Vannes.
Moisan (Mathurin), de Saint-Brieuc.
Drezen (Yves), de Quimper.
Lauden (Jacques), de Saint-Brieuc.
Deredec (Jean), de Saint-Brieuc.
Moulin (Germain), de Saint-Brieuc.
Ansquer (Jean), de Saint-Brieuc.
Janvier (Jean), de Saint-Brieuc.
Quellec (Daniel), de Quimper, mort le 3 septembre 1782.
Riou (Allain), de Quimper.
Michel (François), de Lannion.
Bouler (Jean), de Saint-Brieuc.
Tudo (Gilles), de Saint-Brieuc.
Ladoyer (François), de Saint-Brieuc.
Le Comte (Julien), de Saint-Brieuc.
Malpot (Philippe), de Saint-Brieuc.
Le Rousseau (Yves), de Saint-Brieuc.
Millegan (Yves), de Saint-Brieuc.
Landen (Jean), de Quimper.
Crisméas (Jean), de Morlaix.

Herveau (Yves), de Morlaix.
Farus (Claude), de Morlaix.
Le Masson (Vincent), de Saint-Brieuc.
Metrallin (Joseph), de Saint-Brieuc.
Houlier (Charles), de Saint-Brieuc.
Oizel (Jean), de Saint-Brieuc.
Le Roux (Marc), de Saint-Brieuc.
Guégan (Joseph), de Lannion.
Chevalier (Louis), de Saint-Brieuc.
Foulon (Constant), de Vannes.
Bolozé (François), de Vannes.
Grossin (Jean), de Granville.
Simon (Jean), de Rennes.
Simon (Jean), de Quimper.
Arzel (Jean), de Quimper.
Chenevart (Jean), de Vannes.
Marie (François), de Granville.
Gausse (Pierre), de Granville, tué au combat du 12 avril 1782.
Le Galle (Joseph), de Quimper.
Le Roux (Henry), de Quimper.
Rebut (Pierre), de Nantes.
Maron (Laurent), de Marseille.
Le Baron (Jean), de Brest.
Argouarch (François), de Landivisiau.
Tanguy (François), de Saint-Brieuc.
Rebourg (Jean), de Saint-Brieuc.
Liard (Julien), de Saint-Brieuc.
Le Bert (Nicolas), de Granville.
Corlay (Jean-Clément), de Saint-Brieuc.
Argouarch (Hervé), de Landivisiau.
Robert (Allain), du Faou.
Richard (Séraphin), de Saint-Brieuc.
Bescon (Sébastien), de Pont-l'Abbé, mort le 19 mars 1782.
Le Cochec (Marcel), de Quimper.
Pichon (Jean), de Quimper.
Ferret (Jacques), du Havre, mort le 15 juin 1782.
Guideau (Pierre), de Quimper.
Boissard (Jean), de Quimper.
Bernard (Jean), de Quimper.
Herry (François), de Saint-Brieuc, mort le 28 juin 1782.
Raimond (Jacques), de Saint-Brieuc.
Raimond (Guillaume), de Saint-Brieuc.
Le Terry (Michel), de Lannion.
Jacquin (Louis), de Quimper.
Le Roux (Jean), de Brest.
Lavigne (Nicolas), de Saint-Malo.
L'Empereur (René), de Landerneau.
Le Gall (Jacques), de Quimper.
Repriget (Jean), de Brest.
Queslin (Jean), de Brest.
Merle (Antoine), de la Rochelle.
Morin (Jean), de Brest.
Poisson (Guillaume), de Saint-Pol-de-Léon.
Planche (Vincent), de Toulon.
Cognac (Jean), de Montauban, mort en avril 1782.
Le Guen (François), de Recouvrance.
Mauchillon (Pierre), de Royan.
Macé (Joseph), de Rennes.
Gloarec (Antoine), de Quimper.
Pigeon (Jean), de Saumur.
Rousselet (Pierre), de Brest.
Robert (Roland), de Rouen.
Le Dohers (Yves), de Morlaix.
Morel (Louis), de Rennes.
Raimond (Philippe), de Saint-Brieuc.
Giroux (Jean), de Marseille.
Cailleau (François), de Nantes.
Baron (Claude), de Brest.
Braud (Thomas), d'Oléron.
Barron (Tanguy), de Brest.
Kernizoret (Louis), de Landivisiau.
Bronce (Joseph), de Lorient.
Petit (Yves), de Quimper.
La Brousse (Pierre), de Bordeaux.
Gallud (Jean), de Bordeaux.

Domestiques.

Oudel (Jacques), de Hennebon, mort le 9 juin 1782.
Therobe (Joseph), de Nîmes, mort à bord le 29 juillet 1782.
Bayon (Pierre), de Marseille.
Le Coidou (Pierre), de Tréguier.
Le Goyat (Nicolas), de Quimper.
Hamon (Yves), de Saint-Pol-de-Léon.
Geaime (Pierre), de Querville.
Saint-Louis, de Morlaix.
Le Gosquer (Yves), de Lannion.
Giroux (Jean), de Marseille.

LA BOURGOGNE

(De 1781 à 1783. La « *Bourgogne* » fit naufrage le 4 février 1783.)

M. le Chevalier DE CHARRITTE, Capitaine de vaisseau, Commandant.

ÉTAT-MAJOR

CAPITAINES DE VAISSEAU

Le Chevalier **de CHARRITTE**, Commandant.
De CHAMPMARTIN, Commandant.

LIEUTENANTS DE VAISSEAU

De MENOU.
De PENANDREFF, noyé le 4 février 1783.

ENSEIGNES DE VAISSEAU

De MEISSENE.
De MENC.
De PINSUM.
De ROQUELAURE.
De MONBADOU.

LIEUTENANT DE FRÉGATE

VAULTIER.

OFFICIERS AUXILIAIRES

SERRES (Pierre), aîné.
SERRES (Jean), cadet.
Le HARDY.
GUICHET.
MURRAULD ou **MARRAULD**, noyé dans le naufrage du 4 février 1783.

CHIRURGIENS-MAJORS

PINTEAUD (Louis).
PERRON.

AUMONIER

ONESIME (R. P.), Capucin, noyé dans le naufrage du 4 février 1783.

GARDES DE LA MARINE

Des FORGES de FAROUILLE.
FOURRAY de SALIMBENY.
BAHUNO de KEROLIN, blessé dangereusement au combat du 12 avril 1782; fait enseigne de vaisseau le 14 juillet et mort de ses blessures le lendemain 15 avril.

VOLONTAIRES

De Crécholin, de Quintin.
Poirier de Bellin.
Pignot, de Toulon.
Fontaine (Marie-François), de Troyes.
Le Lay de Kervésiau, de Lannion, noyé le 4 février 1783.

Officiers-mariniers de manœuvre.

Joly (Maurice), premier maître, du Havre.
Huby (Guillaume), premier maître, de Lambézellec.
Le Broc (Jacques), premier maître de Saint-Malo.
Emerie (Pierre), deuxième maître, de Toulon.
Beaussier (Louis), deuxième maître, de la Seyne, noyé le 4 février 1783.
Funel (Antoine), contremaître, de Toulon.
Barreau (François), contremaître, de Royan.
Magnan (Jean), contremaître, de Saint-Malo.
Saumarais (César), contremaître, d'Arles.
Avril (Honoré), bosseman, de Martigues.
Siffard (Jean), bosseman, de la Seyne.
Houchois (Thomas), bosseman, de Brest.
Gait (Jean), bosseman, de Toulon.
Rolland (Charles-Marie), bosseman, de Plougastel-Daoulas.
Barbier (Jacques), quartier-maître, de Noirmoutiers.
Malthé (Jacques), quartier-maître, de Toulon.
Bureau (Antoine), quartier-maître, de Martigues.

Jeansomme (Pierre), quartier-maître, de la Ciotat.
Moulinary (André), quartier-maître, de la Ciotat.
Gaiée (Bastien), quartier-maître, d'Ajaccio.
Jammonau (Jean), quartier-maître, de Nantes.
Pinteau (Joseph), quartier-maître, de Vannes.
Aiguier (André), quartier-maître, de Marseille.
Hugues (André), quartier-maître, de la Seyne.
Leydet (Germain), quartier-maître, de Martigues, mort des blessures reçues au combat du 12 avril 1782.
Malaterre (François), quartier-maître, de Narbonne.
Corbière (Louis), quartier-maître, de Fécamp.
Pierre (Thomas), quartier-maître, de Dieppe.
Fourré (François-Marie), quartier-maître, de Boulogne.
Eliès (Claude), quartier-maître, de Marseille, blessé au combat du 29 avril 1781.
Le Gal (Antoine), quartier-maître, de Brest.
Lefranc (André), quartier-maître, de Saint-Malo.
Duelfe (Léonard), quartier-maître, de Dunkerque.

Officiers-mariniers de pilotage.

Denant (Laurent), patron de canot, de la Seyne.
Jean (Joseph), patron de canot, de Marseille.
Crespot (François), patron de canot, de Cannes, mort le 6 septembre 1781, des blessures reçues le jour précédent au combat.
Douarin (Pierre), premier pilote, de Vannes.
Le Mordant (François), deuxième pilote, de Saint-Malo, noyé le 4 février 1783.
Icard (Mathias), deuxième pilote, de Martigues.
Pineau (Charles), aide-pilote, de Noirmoutiers.
Maingand (Jean-Baptiste), aide-pilote, de Marseille, tué au combat du 12 avril 1782.

Officiers-mariniers de canonnage.

Monau (Pierre), maître canonnier, de Saint-Tropez.
Etienne (Jean), maître canonnier, de la Seyne.
Giblin (Honoré), deuxième canonnier, de Toulon.
Gantaud (Toussaint), deuxième canonnier, de la Ciotat.
Rougier (Balthazard), aide-canonnier, de Toulon.
Fournier (Jean-François), aide-canonnier, de Toulon.
Beaujean (Honoré), aide-canonnier, de Martigues.
Martinenq (Antoine), aide-canonnier, de la Seyne.
Bois (Esprit), aide-canonnier, de Marseille.
Jullian (Thomas), aide-canonnier, de Cette.
Robiche (Gervais), aide-canonnier, de Saint-Tropez.
Las (Etienne), aide-canonnier, de la Ciotat.
Buchery (Pierre), aide-canonnier, de Royan.
Courant (Nicolas-André), aide-canonnier, de la Seyne.
Henry (Jean-Joseph), aide-canonnier, de la Seyne.
Aycard (Jean), aide-canonnier, de la Seyne.
Eyraud (André-Barthélémy), aide-canonnier, de la Seyne, noyé le 4 février 1783.
Doche (Louis-François), aide-canonnier, de Marseille.
Valentin (Jean), aide-canonnier, de Martigues, tué au combat du 12 avril 1782.
Vial (Joseph), aide-canonnier, de la Ciotat.
Gagnès (Louis), aide-canonnier, de Granville.
Rotenecq (François), aide-canonnier, de Vannes.
Duchesne (Alexandre), aide-canonnier, de Saint-Valéry.
Hérel (François), aide-canonnier, de Saint-Brieuc.
Maillard (François), aide-canonnier, de Rouen.
Ville (Nicolas-François), aide-canonnier, de Dieppe.
Parmentier (Noël), aide-canonnier, de Dieppe.
Pollet (Denis), aide-canonnier, de Dieppe, mort à bord, de maladie, le 25 août 1781.
Angomard (Jean-Baptiste), aide-canonnier, du Havre.
Delamarre (Claude), aide-canonnier, d'Agde.
Pourquier (Antoine), aide-canonnier, de Toulon.
Pallier (Jérôme), aide-canonnier, de Brest.
Talmon (François), aide-canonnier, de Lorient.
Le Vasseur (Jean-Baptiste), aide-canonnier, de Honfleur.
Barthé (François), aide-canonnier, de la Seyne.

Officiers-mariniers de charpentage.

Le Corné (Nicolas), maître charpentier, de Brest.
Hiard (François), second charpentier, de Dinan.
Bréard (Pierre), second charpentier, de Rochefort, noyé le 4 février 1783.
Doyère (Jacques), aide-charpentier, de Dieppe.
Le Bars (Gabriel), aide-charpentier, de Brest.
Olleneur (Guillaume), aide-charpentier, de Brest.

Officiers-mariniers de calfatage.

Jouannès (Jacques), maître calfat, de Brest.
Denant (Benoît), second calfat, de la Seyne.
Noël (Louis), aide-calfat, de Rochefort.
Demus (Yves-Marie), aide-calfat, de Dinan, noyé le 4 février 1783.

Officiers-mariniers de voilerie.

Monnier (Jean-François), maître voilier, du Havre, noyé le 4 février 1783.
Houdin (François), second voilier, du Havre.
Neveu (Julien), aide-voilier, de Saint-Malo.
Dutruit (Jacques), aide-voilier, de Rouen.

Gabiers.

Arenne (François), de Toulon.
Bertrand (Jérôme), de Toulon.
Figuière (Antoine), de Grasse.
Jourdan (Joseph-Marie), de Villefranche-sur-mer, tué au combat du 12 avril 1782.
Rebuffet (Honoré), de Toulon.
Giraud (Jean-Joseph), de Toulon.
Figuière (François), de Toulon.
Pelabon (Auguste), de Toulon.
Serin (Jean-Baptiste), de Toulon.
Sicard (Jean), de la Ciotat.
Bouffié (Jean), de la Ciotat.
Mallet (Toussaint-Michel), de la Ciotat, mort des blessures reçues au combat du 9 avril 1782.
Silvestre (Jean-Baptiste), de Marseille.
Gautier (Claude), de Marseille.
Croge (Lange), d'Arles.
Villet (Pierre), d'Agde.
Dureaud (Etienne), de Narbonne.
Hébert (Nicolas), de Granville.
Adam (Michel), de Granville.
Boulot (Jacques), de Granville, noyé dans le naufrage du 4 février 1783.
Beaudouin (Robert), de Rouen.
Bellegarde (François), de Marseille.
Arnaud (Antoine), de Marseille.
Merbiel (Louis), de Nantes.
Deschamps (Nicolas), de Honfleur.

Timoniers.

Langlade (Jacques), de Martigues, noyé le 4 février 1783.
Moustier (Jean-François), de Marseille.
Pin (Joseph), de Marseille.
Cambon (Jean-Pierre), d'Agde.
La Vache (Louis-François), de Dieppe.
Moguot (Jacques), de Dieppe.
Dantu (Etienne), du Havre.
Verne (Jean-Marie), de Quimper.
Costiou (Louis), de Quimper.
Méraud (François), de Vannes.
Le Tallec (Antoine), de Vannes.
Trossard (Pierre-Marie), de Vannes, noyé dans le naufrage du 4 février 1783.
Le Prêtre (Jean-Baptiste), de Boulogne.
Ramé (Charles), de Boulogne.
Padioleau (Jean), de Nantes.
Girard (Louis), de Nantes.
Caillot (Ollivier-Vincent), de Lorient.
De la Bye (Pierre), de Saint-Valéry.
Desvaux (Antoine-Clément), de Saint-Valéry, noyé le 31 décembre 1782.
Charrier (Jacques), des Sables.
Hucabouriche (Jean), de Saint-Jean-de-Luz.
Potel (Martin), de Bayonne.

Matelots.

Chapelle (Pierre-Etienne), de Toulon.
Caternel (Etienne-François), de Toulon.
Joubert (Antoine), de Toulon.
Bernard (Louis), de Toulon.
Bouquillon (Jean-Baptiste), de Toulon.
Ségaud (Jean-François), de Toulon.
Bérenger (Jacques), de Toulon.
Galeny (Jean-Joseph), de Toulon.
Brunet (Joseph), de Toulon.
Pujet (Jean-Honoré), de Toulon, mort à bord le 21 novembre 1781.
Fayet (Jean-Pierre), de la Seyne.
Bouisson (Maury), de la Seyne.
Aycard (Charles-Joseph), de la Seyne.
Riquier (Joseph), de la Ciotat.
Ardinou (Antoine), de la Ciotat.
Baye (Joseph-Antoine), de la Ciotat.
Morel (Bernard), d'Aix.
Carence (Etienne), de Menton.
Tambon (Jean-Louis), de Mazargues.
Gaudin (Jean-Baptiste), de Mazargues.
Durbec (Bruno), de Marseille.
Grimaud (Jacques), de Marseille.
Turcon (Lazare), de Marseille.
Cabasson (Honoré), de Marseille.
Seignon (François-Toussaint), de Marseille.
Martin (Angelin), de Cogolin.
Roudier (Pierre), de Marseille, noyé au naufrage du 4 février 1783.
Vial (Charles), d'Antibes.
Laure (Antoine), d'Antibes.
Combes (Pierre), de Saint-Tropez.
Jourdan (Laurent), de Martigues.

Reboul (Joseph), de Martigues.
Lautier (Joseph), de Cannes.
Daumas (Pierre), de Cannes.
Carles (Charles), de Cannes.
Guirard (Honoré), de Cannes.
Masseboeuf (Pierre-Joseph), de Cannes.
Vanayre (Pierre), de Cannes.
Gio (Jean-Pierre), d'Arles.
Beraud (Mathieu), d'Arles.
Voisin (Jean-Baptiste), d'Agde.
Souffret (Pierre), d'Agde.
Debret (François), de Cette.
Poitevin (Pierre), de Nîmes.
Cadory (François), de Narbonne.
Le Gros (Pierre-Robert), du Havre.
Pignol (Roch-Mathieu), du Havre.
Golin (François-Robert), du Havre.
Foucauld (François-André), du Havre, mort à bord le 14 avril 1781.
Maurin (Charles-Modeste), de Honfleur.
Magdelaine (François), de Honfleur, mort à bord le 13 août 1782.
Madiou (Pierre), de Saint-Malo.
Juliot (François), de Saint-Malo.
Peltier (Mathurin), de Saint-Malo, blessé au combat du 12 avril 1782; mort le 19 avril 1783.
Clouard (Michel), de Saint-Malo.
Bazile (Pierre), de Saint-Malo.
Melé (Jean), de Saint-Malo.
Brenjeon (François), de Saint-Malo.
Jamet (François), de Saint-Malo.
Bouvet (François), de Saint-Malo.
Labé (Antoine), de Saint-Malo.
Guénard (Georges), de Saint-Malo.
Cousin (Pierre), de Saint-Malo.
Le Got (Pierre), de Saint-Malo, mort à bord le 20 novembre 1781.
Jouquenet (Pierre), de Dinan.
Ribourdouille (Jean), de Dinan.
Amiraud (Philippe), de Dinan.
Surget (Alexis), de Dinan.
Bézard (Jean-Pierre), de Dinan, noyé au naufrage du 4 février 1783.
Pinceron (François), de Dinan.
Veillon (Georges), de Dinan.
Hamon (Pierre), de Dinan.
Douaret (Julien), de Dinan.
Le Noir (Pierre), de Dinan, noyé dans le naufrage du 4 février 1783.
Luzel (François), de la Rochelle.
Veillon (François), de la Rochelle.
Coste (Betry-Bertrand), de la Rochelle.
Maurau (Pierre), d'Oléron.
Tessier (Pierre), de Saintes.
Bonnet (Jean-François), de Saintes, noyé dans le naufrage du 4 février 1783
Guiheurden (Pierre), de la Rochelle.
Quérouas (Pierre), de Brest.
La Corneille (Jean-François), de Brest.
Léon (Jean), de Brest.
Lagadoux (Hervé), de Roscanvel.
Collet (Robert), de Brest, mort à bord le 16 juillet 1781.
Robain (Louis-François), d'Angers.
Terrein (Antoine), de Paris.
Senty (Géraud), de Clermont.
Mandé (Jean-Louis), de Grenoble.
Guilousy (Bertrand), de Rennes.
Coiffard (Pierre), de Nantes.
Lieutel (Jean-Marie), de Nantes.
Combot (Bernard), de Morlaix.
Ravache (Jacques), d'Angers, noyé dans le naufrage du 4 février 1783.
Dufort (Louis), de Cherbourg.
Faudemer (François), de Cherbourg, noyé dans le naufrage du 4 février 1783.
Sevestre (Yves), de Quimper.
Guillot (Jean), de Carhaix.
Dorfaut (Jean-Marie), de Vannes.
Diot (Louis), de Vannes.
Lessard (Jean-Marie), de Lorient.
Le Meur (Jean), de Lorient.
Chevalier (Joseph), de Lorient.
Henvétel (Jean-François), de Saint-Valéry.
Duché (Charles-Noël), de Saint-Valéry, mort à Porstmouth (Amérique), le 19 septembre 1782.
Camonte (Joseph), de la Teste.
Cassagnard (Antoine), de Toulouse.
Serbeau (Jean), de Bordeaux.
Gautier (Mathurin), de Bordeaux.
Rolland (Antoine), de Bordeaux.
Bergeron (Jean), de Bordeaux, mort à bord le 16 mars 1782.
Poidevin (Pierre), de Marmande.
Coefard (Jean), de Marennes.
Beaumartin (Jean), d'Agen, mort à bord le 17 août 1781.
Bertrand (Pierre), de Toulouse.
Cavalle (Pierre), de Bordeaux.
Doudit (Jean), de Bayonne.
Receveur (Guillaume), de Tréguier.
Houard (Laurent), de Saint-Brieuc.
Cottard (Jean), de Saint-Brieuc.
L'Eguillon (Louis), de Saint-Brieuc.
Le Fur (Jacques), de Saint-Brieuc.
Guillard (Guillaume), de Saint-Brieuc, mort à bord le 4 juillet 1781.
Hamon (Julien), de Saint-Brieuc.
Le Cam (Yves), de Saint-Brieuc.
Landrié (Marin), de Granville.
Gacoin (Jean-François), de Granville.
Dujardin (Michel-François), de Granville.
Dubois (Gilles), de Granville.
Adam (Jacques), de Granville.
Corbé (Jean), de Granville.
Guillemette (Noël), de Granville.
Oussain (Louis), de Granville.
Adam (Guillaume-Charles), de Granville, mort à bord le 23 novembre 1781.
Le Villain (Augustin), de Rouen.
Aubert (Jean-Etienne), de Rouen.
Niel (Antoine), d'Issigny.
Guillot (Jean), de Bayonne.
Renaud (Louis), de Saintes.
Gourmaud (Bertrand), de Dax.
Mauduis (André), de Niort.
Delacroue (Jacques-François), d'Oléron.
Le Comte (René), de Nantes.
Gallaud (Jean), de Chinon.
Gaudichau (Claude), de Rochefort.
Martin (Antoine-François), de Toulouse.
Tarnelle (Pierre), de Montauban.
Bâtiment (Jean), de Montauban.
Delbreuit (Jacques), de Montauban.
Bastide (Pierre), de Montauban.
Golse (Isaac), de Montauban.
Chobard (Guillaume), de Montauban.
Guerrier (Jean), de Montauban.
Comd (Jean), de Montauban.
Oustry (Jean), de Montauban.
Gilbert (Benoît), de Montauban.
Laguès (François), de Montauban.
Aubert (Antoine), de Montauban, mort à bord le 26 février 1782.
Caffe (Jean), de Montauban.
Serrière (Arnaud), de Montauban.
Bederine (Jean), de Montauban.
Ollivier (Antoine), de Montauban.
Gourdon (Benoît), de Montauban.
Pertet (Arnaud), de Montauban.
Baudet (Jean), de Montauban.
Marty (Jean-François), de Montauban, mort à bord le 15 janvier 1782.
Sazy (Jean), de Montauban.
Pateau (Pierre), de Montauban.
Delsol (Jean-Baptiste), de Montauban.
Chavit (Dominique), de Montauban.
Laroque (Antoine), de Montauban.
Garigues (Mathieu), de Montauban.
Marre (Guillaume), de Montauban.
Merle (Jean), de Montauban, mort à l'hôpital du Fort-Royal le 20 décembre 1781.
Guirat (Jean), de Montauban.
Samaria (Bernard), de Montauban.
Pons (Bernard), de Montauban.
Courrière (Grégoire), de Montauban.
Mesplet (Bertrand), de Montauban.
Garigues (Barthélémy), de Montauban.
Cousteau (Jean), de Montauban.
Bourgade (Etienne), de Montauban, mort à bord le 2 février 1783.
Deseleau (Louis), de Montauban.
Colomb (Jean-Pierre), de Toulouse.
Beffière (Jean), de Toulouse.
Fiouzal (Louis), de Toulouse.
Delponts (Hilaire), de Toulouse.
Martin (Guillaume), de Toulouse.
Cruzel (François), de Toulouse.
Moutardy (Antoine), de Toulouse.
Roque (Baptiste), de Toulouse.
Canouet (Jean), de Toulouse, tué au combat du 12 avril 1782.
Lafond (Marc), de Toulouse.
Julia (Arnaud), de Toulouse.
Boubée (Jean), de Toulouse.
Cloirac (Pierre), de Toulouse.
Brobat (Jean), de Toulouse, mort à bord le 21 décembre 1781.
Delas (Jean), de Marmande.
Merin (Jean), de Marmande.
Bourdon (Jean), de Marmande.
Moron (Jean), de Marmande.
Barnajeau (François), de Libourne.
Estève (Pierre), de Libourne.
Gaffier (Jean), de Libourne.
Bouyer (Pierre), de Libourne.
Soupre (Gilles), de Libourne.
Croisy (Pierre), de Libourne.
Guignard (Bertrand), de Libourne, mort à bord le 31 mai 1781.
Cru (Pierre), de Libourne.
Hervé (Guillaume), de Libourne.
Delbos (André), de Libourne.
Fretier (Louis), de Libourne.
Baronnet (Jean), de Libourne.
Douin (Arnaud), de Libourne, noyé dans le naufrage le 4 février 1783.
Biger (Vincent), de Libourne.
Durand (Jean), de Libourne.
Rivière (Pierre), de Libourne.
Séguin (Pierre), de Libourne.
Faure (Jean), de Libourne.
Bousquet (Pierre), de Libourne.
Jambon (Pierre), de Libourne.

Bouchet (Jacques), de Libourne.
Caillé (Jean), de Libourne, noyé dans le naufrage le 4 février 1783.
Méchineau (Jacques), de Royan.
Gros (François), de Royan.
Deruaud (Jacques), de Saint-Jean-de-Luz.
Hirribaren (Martin), de Saint-Jean-de-Luz.
Héguy (Joannis), de Saint-Jean-de-Luz.
Cazenave (Pierre), de Saint-Jean-de-Luz.
Bours (Antoine), de Saint-Jean-de-Luz.
Luet (Bertrand), de Saint-Jean-de-Luz.
Lainé (Augustin), de la Rochelle.
Coquereau (Louis), de la Rochelle.
Combaud (Toussaint), de la Rochelle.
Fleury (Jacques), de la Rochelle.
Gillet (François), de la Rochelle.
Girard (Mathieu), de l'Ile de Ré.
Faucon (Pierre), de l'Ile de Ré.
Audirat (François), de Bayonne.
Darbon (Bertrand), de Bayonne.
Lestage (Jean), de Bayonne.
Roquillon (Jean), de Bayonne.
Fourcade (Jean), de Bayonne.
Morad (Jean), de Bayonne.
Massy (Jean), de Bayonne.
Boulac (Marc), de Bayonne.
Cailleau (Pierre), de Bordeaux.
Mougudon (François), de Bordeaux.
Auger (Léon), de Bordeaux.
Libeau (Guillaume), de Blaye.
Blanchard (Bernard), de Blaye.
De Romad (Antoine), de Blaye.
Moreau (Louis), de Blaye.
Aubret (Louis), de Blaye.
Dannis (Antoine), de Blaye, mort à bord le 1er novembre 1781.
Bioude (Antoine), de Libourne.
Ponsioux (Jacques), d'Aix.
Aunis (Jacques), de l'Ile de Ré.
Maingraud (François), de la Rochelle.
Savoye (Etienne), de la Rochelle.
Gélin (Pierre-Georges), de Saint-Brieuc, noyé le 4 février 1783.
Raimond (Jean-François), de Nevers.
Larrivé (Jean-François), d'Orléans.
Busson (Martin), d'Orléans.
Frémont (Etienne), d'Orléans.
Gentil (Jean-Gustave), d'Orléans, mort à bord le 7 janvier 1783.
Le Gasse (Joseph), de Saumur.
Collin (Louis), de Nevers.
Cavalier (Claude), de Nancy.
Paris (Jean), de Paris, noyé dans le naufrage du 4 février 1783.
Legall (François), de Quimper.
Moulin (Pierre), de Cherbourg.
Le Gall (Joseph), de Lorient.
Le Couffre (Augustin), de Dieppe.
Le Clerc (Didier), de Dieppe.
Le Port (Jacques), du Havre.

Novices.

Deschamps (Jean-Baptiste), de Fécamp.
Saunier (Joseph), de Fécamp.
Olivier (Jean), de Fécamp.
Aubourg (Charles), de Fécamp.
Toutin (Jean), de Fécamp.
Hotor (Antoine), de Fécamp.
Daniel (Jean-Louis), de Fécamp.
Couillard (Jacques), de Cherbourg.
Riquier (Philibert), de Cherbourg, mort à bord le 17 avril 1781.
Coquille (Alexis), de Saint-Hubert.
Rosoul (Joseph), de Bizannet, mort des blessures reçues les 25 et 26 janvier 1782.
Dovice (Crespin), de Marseille.
Loupian (Jean), de Cette.
Chevalier (Charles-François), de Cherbourg.
Moquet (Jean), de Cherbourg.
Adrieux (Louis), de Dieppe.
Barnabé (Charles-Adrien), de Dieppe.
Langlois (Louis), de Dieppe.
Le Tellier (Joachim), d'Isigny.
Le Fournier (Gabriel), d'Isigny.
Lamarre (Gabriel), d'Isigny.
Blaise (Philippe), d'Isigny.
Le Laizan (Joseph), d'Isigny.
Le Marquand (Jean-François), d'Isigny.
Véricet (Louis-Augustin), d'Isigny.
Marin (Gabriel), d'Isigny, mort à l'hôpital du Fort-Royal le 23 février 1782.
Ledin (Jean), de Noirmoutiers.
Guilloneau (Jean), de Noirmoutiers.
Povreau (Jean-François), de Noirmoutiers.
Echardoux (Jean-François), de Noirmoutiers, noyé dans le naufrage du 4 février 1783.
Sicot (Jacques), de Fécamp.
Rouis (Jean-Bathiste), de Fécamp.
Cabague (Jacques), de Caen.
Le Lan (Yves), de Morlaix, noyé dans le naufrage du 4 février 1783.
Allègre (Jean-Jacques), de la Seyne.
Claret (Jean-Baptiste), de Mortagne.
Blanc (Fortuné), de la Seyne.
Julien (Alexandre), de Dijon.
Montel (Jean-Paul), de Toulon.
Brémond (Victor), de Toulon.
Gouin (François), de Sens.
Chapelan (François), de Rochefort.
Bureau (Alexandre), de Chantilly.
Bottier (Guillaume), d'Aurillac, noyé dans le naufrage du 4 février 1783.
Plébert (Sébastien), de Brest.
Le Nay (Jean-François), de Vannes.
Bonnet (Jacques), de Tarascon.
Etienne (François), de Marciac (Clermont).

Surnuméraires.

Savary (Joseph), pilote côtier, de Vannes.
Dertot (Jean), pilote côtier, de Saint-Brieuc.
Dorange (Denis-Eloi), second chirurgien, de Fécamp.
Dupuis (François-Bancel), second chirurgien, d'Arras.
Joyeux (François), aide-chirurgien, de Paris.
Lamaury (Amable), aide-chirurgien, de Rouen
Pinteaud (François), apothicaire, d'Angoulême.
Godefroy (Claude), commis, de Dieppe.
Benoit (Thomas), commis, de Nantes.
Julliard (Pierre), tonnelier, de Rochefort.
Le Marquis (Joachim), maître valet, de Quintin.
Segnard (Noël), second valet de Vannes.
Pot (Louis), boucher de Saint-Brieuc.
Le Baille (Joachim), boulanger, de l'Ile d'Oléron.
Sourbier (Pierre), armurier, de Lorient.

Mousses.

Hugues (Prosper-Antoine), de Toulon.
Dauphin (Dominique), de Toulon.
Martin (Etienne), de Toulon, noyé dans le naufrage du 4 février 1783.
Olivier (Antoine), de Toulon.
Mourier (François), de Toulon.
Fadat (Claude), de Toulon.
Stournel (Marin), de Toulon.
Pons (Jean), de Toulon.
Puments (Dominique), de Toulon.
Perrin (Pierre-François), de Toulon.
Ventre (Jacques), de Toulon.
Buisson (Jean-François), de Toulon.
Aumeur (Joseph), de Toulon.
Antoine (Bernard), de Toulon.
Bins (Jean-Georges), de Marseille.
Castau (Pierre), de Marseille.
De Plante (Hippolyte), de Marseille.
Viau (Pierre), de la Seyne.
Broutin (Jacques-Antoine), de la Seyne.
Robin (Julien-Louis), de Lorient.
Elouët (Pierre), de Quimper.
Tanguy (François), de Morlaix.
Moquet (Laurent), de Caen.
Joubin (Louis), de Saint-Brieuc.
Sornet (Jean-Baptiste), de Saint-Malo.
Deslandes (Joseph), de Saint-Malo, noyé dans le naufrage du 4 février 1783.
Troux (Jean-Joseph), du Havre.
Le Corné (Nicolas), du Havre.
Le Beau (Jean-Marie), de Quimper.
Deschamps (Gildas), de Quimper.
Bourin (Lambert), de Quimper.
Bourin (Corentin), de Quimper, noyé dans le naufrage du 4 février 1783.
Paugan (Jean-Marie), de Quimper.
Thomassé (Jean-Marie), de Brest.
Joannès (Jean-Marie), de Brest.
Henry (Didier), de Brest.
Laurent (Jacques), du Faou.
Le Jeune (Guillaume), de Landivisiau.
Daniel (Pierre), de Saint-Malo.
Imbert (Pierre), d'Avignon.
Dolic (François), du Havre.
Perrot (Louis), de Granville.
Perrot (Denis), de Granville, noyé dans le naufrage du 4 février 1783.
Coetval (Hervé), de Recouvrance.
Poulain (Gabriel), du Havre.
Le Duc (Yves), de Tréguier.
Thomassé (Jean-François), de Brest.
Duvicaire (Nicolas), de Clamecy.

Domestiques.

Maunier (Jean), de Bordeaux.
Margant (Guillaume), de Lesneven.
Gourioux (François), de Landerneau.
Hebert (Louis), de Dinan.
Perrin (Louis), de Romans.

LE GLORIEUX

(1781-1782)

Au combat du 12 avril 1782, le « *Glorieux* » fut fait prisonnier par les Anglais: le Commandant D'ESCARS y fut tué.

M. le Vicomte D'ESCARS, Capitaine de vaisseau, Commandant.

ÉTAT-MAJOR

—

CAPITAINE DE VAISSEAU

Le Vicomte **d'ESCARS**, Commandant, tué au combat du 12 avril 1782.

LIEUTENANTS DE VAISSEAU

De KERHUE.
De CLONARD.
De TROGOFF.
REHBERIMDER, Suédois, tué au combat du 12 avril 1782.
De SAINT-VILLIERS.

ENSEIGNES DE VAISSEAU

De BOULAINVILLIERS de CROI.
De PORTZEN-PARC.
De SPADAFORA.
De MONTIGNY.
De BOIRON.
D'AIGREMONT.
De LAHAYE de SILZ.

OFFICIERS AUXILIAIRES

PETIT.
QUINARD.
MARTINEAU.
GLATTE, blessé au combat du 12 avril 1782.

CHIRURGIEN-MAJOR

BERGERAT.

AUMONIER

ZEPHIRIN (R. P.), Capucin.

GARDES DE LA MARINE

GAYET de VILLENEUVE.
D'UNIENVILLE (Marie).
TREGUEL (Rouault), blessé au combat du 12 avril 1782.

VOLONTAIRE

DEJARS, de Guingamp.

Officiers-mariniers de manœuvre.

Lefèvre (Pierre), premier maître, de Brest.
Donnars (Joseph), premier maître, de Brest, blessé au combat du 12 avril 1782.
Périer (Romain), deuxième maître, du Havre.
Priou (Bernard), deuxième maître, de Nantes, tué au combat du 12 avril 1782.
Caroller (Jean), contremaître, de Lorient.
Moussiau (Nicolas), contremaître, d'Oléron.
Auvray (Denis), contremaître, de Lorient, blessé au combat du 12 avril 1782.
Lefèvre (Pierre), bosseman, des Sables.
Blain (Melchior), bosseman, de Granville, blessé au combat du 12 avril 1782.
Le May (Joseph), quartier-maître, du Croisic, blessé au combat du 12 avril 1782.
Duchemin (Charles), quartier-maître, de Granville.
La Barre (Jean), quartier-maître, de Granville, blessé au combat du 12 avril 1782.
Le Gris (Gabriel), quartier-maître, de Honfleur.
Buffet (Mathurin), quartier-maître, des Sables, tué au combat du 25 janvier 1782.
Elouin (Elie), quartier-maître, de Honfleur.
Arguenel (Jean), quartier-maître, de Saint-Malo.
Bienvenu (Julien), quartier-maître, de Lorient.
Dimet (Jean), quartier-maître, de Lorient.
Rumain (Jean), quartier-maître, de Brest.
Escolle (Bernard), quartier-maître, de Marseille, blessé au combat du 12 avril 1782.
Jullien (Claude), quartier-maître, de Granville, blessé au combat du 12 avril 1782.

Officiers-mariniers de pilotage.

Legros (Philippe), patron de canot, de Fécamp.
Durbec (Jean-Marie), patron de canot, de Marseille, blessé au combat du 12 avril 1782.
Pincemin (Henry), premier pilote, de Brest, mort de ses blessures le 13 juin 1782.
Bourgeot (Jean-Louis), second pilote, du Havre, blessé au combat du 12 avril 1782.
Copos (Etienne), aide-pilote, de la Teste.
Cadville (Bernard), aide-pilote, de Granville.

Officiers-mariniers de canonnage.

Bruchon (Bernard), maître canonnier, de Brest, tué au combat du 12 avril 1782.
Loudon (Louis), second canonnier, de Lorient, blessé au combat du 12 avril 1782 et mort de ses blessures.
Cabon (René), second canonnier, de Nantes, blessé au combat du 12 avril 1782.
Calvard (Clément), second canonnier, de Vannes.
Autin (Julien), second canonnier, de Granville.
Perrier (Jean-André), aide-canonnier, de Nantes, blessé au combat du 25 janvier 1782.
Cheval (Charles), aide-canonnier, de Fécamp.
Nauquetil (Jean), aide-canonnier, de Fécamp, blessé dans le combat le 25 janvier 1782.
Lyonnais (Jean-Louis), aide-canonnier, de Saint-Brieuc, blessé au combat du 12 avril 1782.
Dosseville (Guillaume), aide-canonnier, de Boulogne, mort à l'hôpital le 23 avril 1782.
Tarreaux (Joseph), aide-canonnier, de Noirmoutiers.
Bouvier (Michel), aide-canonnier, de Dieppe.
Roussel (Jean-Baptiste), aide-canonnier, de Cherbourg.
Le Marchand (Jean-Baptiste), aide-canonnier, de Caen.
Le Gendre (Robert), aide-canonnier, de Honfleur.
Billard (Jean-Baptiste), aide-canonnier, de Saint-Valéry.
Beaugendre (Charles), aide-canonnier, de Granville.
Rachimel (Michel), aide-canonnier, de Granville.
Le Tourneur (Pierre), aide-canonnier, de Granville.
Blezeau (François), aide-canonnier, de Granville.
Hébert (Jean-Baptiste), aide-canonnier, de Granville.
Requet (Richard), aide-canonnier, de Granville.
Querebel (Louis), aide-canonnier, du Conquet, blessé au combat du 12 avril 1782.
Le Mercier (Alexandre), aide-canonnier, de Rouen.
Lormier (Eustache), aide-canonnier, de Rouen
Le Gallet (Vincent), aide-canonnier, de Saint-Brieuc, tué dans le combat du 12 avril 1782.
Recule (Georges), aide-canonnier, de Granville, blessé dans les combats des 26 janvier et 12 avril 1782.
Guéhéneux (Louis), aide-canonnier, de Recouvrance (Brest).
Guilloux (Bonaventure), aide-canonnier, de Quimper.
Normandin (Nicolas), aide-canonnier, de Dieppe.
Adam (Pierre-Michel), aide-canonnier, de Dieppe.
Vigoureux (Antoine), aide-canonnier, de Dieppe, tué dans le combat du 12 avril 1782.
Beaumont (Jean-François), aide-canonnier, de Granville.
Cauvin (Jean-Baptiste), aide-canonnier, de Granville.
Le Vicaire (Georges), aide-canonnier, de Granville.
Rouaux (Joseph), aide-canonnier, de Saint-Malo.
Souquet (Guillaume), aide-canonnier, de Saint-Malo.
Labous (Charles), aide-canonnier, de Brest.
Pluet (Alain), aide-canonnier, de Dinan.
Castel (Joseph), aide-canonnier, du Croisic, mort à l'hôpital le 23 mai 1782.
Asquiès (Tropès), aide-canonnier, de Toulon.
Ciron (Adrien), aide-canonnier, de Granville, mort de ses blessures le 18 avril 1782.
Simon (Nicolas), aide-canonnier, de Dinan.
Roussel (Antoine), aide-canonnier, de Dinan, mort à bord le 17 novembre 1781.
Longin (Yves), aide-canonnier, de Recouvrance, mort à bord le 17 novembre 1781.
Laujoie (Martin), aide-canonnier, des Sables, blessé dans les combats du 25 janvier et du 12 avril 1782.

Danniau (Louis), aide-canonnier, des Sables, blessé dans les combats du 25 janvier et du 12 avril 1782.

Dairaux (Alexandre), aide-canonnier, de Granville, blessé dans les combats du 25 janvier et du 12 avril 1782.

Roseau (Pierre-Jacques), aide-canonnier, de Dieppe, blessé dans les combats du 25 janvier et du 12 avril 1782.

Le Goff (Nicolas), aide-canonnier, de Belle-Isle.

Coédec (Joseph), aide-canonnier, de Vannes.

Lesquivit (Noël), aide-canonnier, de Brest, mort à Kingston (Jamaïque), le 11 juin 1782.

Meillard (François-Marie), aide-canonnier, de Brest.

Bellille (Julien), aide-canonnier, de Granville.

Le Sens (Charles), aide-canonnier, du Havre.

Bourdaze (Jacques), aide-canonnier, de Dinan, tué au combat du 25 janvier 1782.

Officiers-mariniers de charpentage.

Noël (Jean), maître charpentier, de Granville.

Piquet (François), second charpentier, de Honfleur.

Roparzic (Pierre), second charpentier, de Brest, mort à bord le 31 mars 1782.

Godfroy (Jean-Joseph), aide-charpentier, du Havre.

Labaye (Louis), aide-charpentier, de Brest.

Macé (François), aide-charpentier, de Dinan.

Officiers-mariniers de calfatage.

Gesser (Jean-François), maître calfat, de Brest.

Picard (Pierre-Louis), second calfat, de Saint-Brieuc, tué au combat du 25 janvier 1782.

Le Monnier (Jean), aide-calfat, de Honfleur.

Frontin (François), aide-calfat, de Dinan, blessé au combat du 12 avril 1782.

Officiers-mariniers de voilerie.

Conan (René), maître voilier, de Brest.

Donfroy (Jean-Pierre), second voilier, de Granville.

Quérouanton (Guillaume), aide-voilier, de Brest, mort à Kingston (Jamaïque), le 23 juin 1782.

Malenfant (Pierre), aide-voilier, de Granville.

Lescanvet (Guillaume), aide-voilier, de Lorient, tué au combat du 25 janvier 1782.

Gabiers.

Raphalin (Jean), de Quimper.

Pluet (Joseph), de Quimper.

Dubois (Jean), de Saint-Brieuc.

Goffeny (Louis), de Saint-Brieuc.

Raoult (Julien), de Lorient.

Guellec (Jean-Marie), de Lorient.

Olliveau (Jean), du Croisic.

Hardy (Nicolas), de Dinan.

Garel (Julien), de Dinan, mort à l'hôpital du Fort-Royal le 30 mai 1782.

Chaumet (François), de Libourne.

Lafond (Joseph), de Libourne, tué dans le combat du 12 avril 1782.

Guiffard (Pierre), de Granville.

Gourdan (Pierre-Jean), de Granville.

Boulanger (Charles-Nicolas), de Cherbourg.

Pérouze (Hyacinthe), de Nantes.

Le Peinds (Jérôme), de Vannes.

Pérennès (Alain), de Vannes.

Jollain (Julien), de Saint-Malo.

David (Marc), des Sables.

Le Vavasseur (Jean-François), du Havre.

Le Breton (Julien), de Dinan.

Tessier (Jean), de Dinan.

Hamon (Pierre), de Dinan, blessé aux combats des 25 janvier et 12 avril 1782.

Mallet (Jacques), de Granville.

Besson (Jacques), de Caen.

Cavas (Jacques), de Boulogne.

Pichond (Louis), de Saintes.

Rousseau (Nicolas), de l'Ile de Ré, tué dans le combat du 12 avril 1782.

Timoniers.

Jean (Jacques-François), de Granville.

Le Roux (Jacques), de Granville.

Godard (Guillaume), de Honfleur.

Le Blanc (Jean-Baptiste), de Paris, blessé au combat du 12 avril 1782.

Le Bourg (Marc), du Conquet, tué au combat du 25 janvier 1782.

Tréguier (Joseph), de Lorient.

Bouveler (Joseph), de Lorient.

Andoux (Jean), de Lorient.

Matelots.

Gahagnon (Jean-Marie), de Brest.

Donnard (Claude), de Brest.

Le Dain (Ollivier), de Brest.

Le Lay (Thomas), de Brest.

Boucharin (François), de Brest.

Moulu (Christophe), de Brest.

Richer (Noël-Marie), de Brest.

Le Stum (Jean-Guillaume), de Brest, tué au combat du 12 avril 1782.

Cazenauve (Guillaume), de Tarbes.

Pellein (Vincent), du Conquet.

Guilchoud (Ambroise-Hamon), du Conquet, mort à bord le 19 octobre 1781.

Briec (Jean), de Quimper.

Maleot (Sébastien), de Quimper.

Ansquer (Jean), de Quimper.

Quintel (Gabriel), de Quimper.

Herledeau (Joseph), de Quimper.

Nenès (Pierre), de Quimper.

Poller (François), de Saint-Brieuc.

Nogues (Louis), de Saint-Brieuc.

Huard (Jérôme), de Saint-Brieuc.

Bredel (René), de Saint-Brieuc.

Le Nautre (François), de Saint-Brieuc.

Eouzan (Jean-Marie), de Saint-Brieuc.

Ladoyer (Pierre), de Saint-Brieuc.

Henry (Augustin), de Saint-Brieuc.

Thebeau (François), de Saint-Brieuc

Robert (Christophe), de Saint-Brieuc.

Cardinal (Florimond), de Saint-Brieuc, mort à l'hôpital le 7 janvier 1782.

Houard (Jean-François), de Saint-Brieuc.

Jacob (Jacques), de Saint-Brieuc.

Conan (François), de Saint-Brieuc.

Jouan (Maurice), de Saint-Brieuc.

Hervaux (Mathieu), de Saint-Brieuc, mort à l'hôpital du Fort-Royal le 27 avril 1782.

Savouroux (Charles), de Saint-Brieuc.

Tannic (Jean), de Saint-Brieuc.

Martin (Jean-François), de Saint-Brieuc.

Henry (François), de Saint-Brieuc.

Massé (Jean), de Saint-Brieuc.

Roussel (Louis), de Saint-Brieuc.

Mévelle (François), de Saint-Brieuc.

Savoureux (Charles), de Saint-Brieuc.

Quintin (François), de Saint-Brieuc, blessé au combat du 12 avril 1782.

Eouzan (Ollivier), de Saint-Brieuc, tué au combat du 25 janvier 1782.

Le Guerne (Simon), de Tréguier, blessé au combat du 12 avril 1782.

Le Bian (Jean), de Morlaix.

Loigne (Louis-Jean), de Lorient.

Guillet (Ollivier), de Lorient.

Rolland (Dominique), de Lorient.

Lot (Louis), de Lorient.

Gargant (François), de Lorient.

Bouler (Jean-Marie), de Lorient.

Durcœur (Jean), de Lorient, tué au combat du 12 avril 1782.

Denis (Pierre), de Lorient, tué au combat du 25 janvier 1782.

Auffret (Joseph), de Vannes.

Cadiou (Guillaume), de Vannes.

Le Bian (Jean), de Vannes.

Frénay (Mathurin), de Vannes.

Chicheleau (Jean), de Belle-Isle, mort à bord le 19 octobre 1781.

Bojec (Jacques), du Croisic.

Barbant (Jean), du Croisic.

Penaut (Joseph), du Croisic.

Moquet (Julien), du Croisic.

La Soude (Jean-Baptiste), du Croisic.

Allain (Yves), du Croisic, blessé au combat du 12 avril 1782.

Benat (Sébastien), du Croisic, blessé au combat du 12 avril 1782.

Gagneux (Jean), du Croisic.

Boursier (Jean), du Croisic.

Prével (Louis), du Croisic.

Vincent (Jean), du Croisic, dangereusement blessé au combat du 25 janvier 1782.

Cavalin (Pierre), de Paimbœuf.

Doulin (Charles), de Paimbœuf.

Gendron (Jean), de Paimbœuf, blessé au combat du 12 avril 1782.

Guyo (Jean), de Nantes.

Martin (Jean), de Nantes.

Barthélémy (Pierre), de Nantes.

Boutter (Nicolas), de Nantes.

Berneuf (Jean), de Nantes.

Rousseau (Julien), de Nantes.

Arlau (Simon), de Nantes.

Blot (Jean), de Saint-Malo.

Jamet (François), de Saint-Malo.

Fessard (René-Paul), de Saint-Malo.

Pelet (Gabriel), de Saint-Malo, blessé le 12 avril 1782; mort le 25 décembre suivant.

Campion (Christophe), de Saint-Malo.

Hervey (Jean), de Saint-Malo.

Beziel (Guillaume), de Saint-Malo.

Perturel (Joseph), de Saint-Malo, mort à bord le 24 juillet 1781.

Aubin (Jean), de Saint-Malo.

Aubin (Jacques), de Saint-Malo.

Gausselin (Rosalie), de Saint-Malo.

Damon (Samson), de Dinan.

Duval (Jean), de Dinan.

Hautier (René), de Dinan.

Gembre (Guillaume), de Dinan.

Raymond (Joseph), de Dinan.

Sevestre (Pierre), de Dinan.

Denneau (Guillaume), de Dinan.

Villory (Mathurin), de Dinan, mort à bord le 13 novembre 1781.

Brilland (Joseph), de Dinan.

Courcelles (Alain), de Dinan.

Algan (Pierre), de Dinan.

Percevaux (François), de Dinan.
Rendu (Joseph), de Dinan, tué au combat du 25 janvier 1782.
Boden (Germain), de Dinan.
Tranchemeur (Jean), de Dinan.
Pelluard (Joseph), de Dinan.
Le Mercier (François), de Dinan.
Belbon (Julien), de Dinan, tué au combat du 12 avril 1782.
Le Chat (Joseph), de Dinan.
Gauchard (Ollivier), de Dinan.
Robert (François), de Dinan.
Boulin (Julien), de Dinan.
Anchoix (Jean), de Dinan, dangereusement blessé au combat du 25 janvier 1782.
Le Claire (François), de Vignac.
Plessis (Marc), de Vignac.
Lejeune (François), de Dinan.
Launay (Mathurin), de Dinan.
Grisson (Jean), de Dinan.
Coupeau (Joseph), de Dinan.
Coulier (François), de Dinan.
Langlais (Pierre), de Dinan.
Leclere (Louis), de Dinan, tué au combat du 25 janvier 1782.
La Bigne (Jean), de Granville.
Gautier (Jean), de Granville.
Potet (Jacques), de Granville.
Honfroy (Philippe), de Granville, mort à bord le 19 octobre 1781.
Mallet (Jean), de Granville.
Allain (François), de Granville.
Dupont (Simon), de Granville, tué au combat du 12 avril 1782.
Duclos (Jean-Baptiste), de Granville, tué au combat du 25 janvier 1782.
Le Gallet (Thomas), de Granville, mort à bord le 9 février 1782.
Burnouf (René), de Granville.
Gaillard (Gabriel), de Granville.
La Beigne (Louis-Georges), de Granville.
Brie (Luc), de Granville.
Cautro (François), de Granville.
Banset (Ambroise), de Granville, mort à l'hôpital le 4 janvier 1782.
Baillif (Robert), de Granville.
Desrous (Thomas), de Granville.
Maillard (François), de Granville.
Bibet (Etienne), de Granville.
Chevalier (Laurent), de Granville.
Ancquetil (Thomas-Pierre), de Granville, tué au combat du 12 avril 1782.
Martin (Jean-Baptiste), de Granville, tué au combat du 25 janvier 1782.
Dufrêne (Olivier), de Granville, mort du scorbut le 24 octobre 1781.
Malet (Jean-Louis), du Havre.
Letournin (Ambroise), du Havre.
De Launay (Jean-Baptiste), du Havre.
Poupet (Adrien-François), du Havre, tué dans le combat du 12 avril 1782.
Paris (Michel-André), de la Hougue.
La Jeunesse (Joseph), de la Hougue.
Lamoureux (François), de Caen.
Perdrieuc (Toussaint), de Caen.
Marie (Jean-Baptiste), de Caen.
Falier (Jean-Louis), de Caen.
Mallet (Etienne), de Caen, blessé dans les combats des 25 janvier et 12 avril 1782.
Le Foulon (Jean), de Caen.
Audierne (Michel), de Caen, mort du scorbut le 25 novembre 1781.
Vasseling (Jean), de Dieppe.
Le Fèvre (Guillaume), de Dieppe.
Chevalier (Nicolas), de Dieppe.
Grange (Jean-Noël), de Dieppe.
Fortin (Alexandre), de Dieppe.
Edouard (Jean-Louis), de Dieppe.
Dubot (Joseph-Nicolas), de Dieppe, tué au combat du 12 avril 1782.
Cavelier (Louis), de Dieppe.
Léger (Jean), de Dieppe.
Gouvin (Antoine), de Dieppe.
Vallois (François), de Dieppe.
Coniam (Guillaume), de Dieppe.
Reveraud (Antoine), de Dieppe.
Leho (Jean-Hervé), de Dieppe.
Mesnières (Clément), de Rouen.
Tamezic (Laurent-Innocent), de Rouen.
Bataillet (Jacques), de Fécamp.
Coudray (Jean-Baptiste), de Fécamp.
Coruble (Aimable), de Fécamp.
Laporte (Mathieu), de Fécamp.
Tiercelain (Jean-Pierre), de Fécamp.
Depinet (Pierre), de Fécamp.
Danois (Antoine), de Fécamp.
Dufio (Nicolas), de Fécamp.
Piet (Jean-Jacques), de Fécamp.
Vasselin (Jacques), de Fécamp.
Bénard (Jean-Baptiste), de Fécamp.
Tayetavely, de Boulogne.
Catrain (Jacques), de Dunkerque.
Vélin (Jean-Pierre), de Dunkerque, tué au combat du 12 avril 1782.
Le Crue (Jean), de Rochefort.
Deffroux (Louis), de Rochefort.
Bouille (Pierre), de Rochefort.
Baron (Charles), de Rochefort, tué dans le combat du 12 avril 1782.
Harvoy (Lucien), de Rochefort.
La Branche (François), d'Oléron.
Thénou (Jean-Baptiste), de la Rochelle.
Proux (Jean), de la Rochelle.
Vénard (Louis), de la Rochelle.
Troguet (Nicolas), de la Rochelle.
Bodouin (Mathurin), de la Rochelle.
Michel (Etienne), de la Rochelle.
Deliveau (Pierre), de la Rochelle.
Georget (Pierre), de la Rochelle.
Savé (André), de la Rochelle, mort à l'hôpital du Fort-Royal le 7 mai 1782.
Valeau (Jean), de l'Ile de Ré.
Bruand (Pierre), de Royan.
Piavard (Jean), des Sables.
Peau (Louis), des Sables.
Rabrueau (Jacques), des Sables.
Renaud (Isaac), des Sables, blessé dans le combat du 12 avril 1782.
Delaux (Pierre), de Villeneuve d'Agenois.
Guisteau (Jean), de l'Ile d'Yeu.
Cadou (Joseph), de l'Ile d'Yeu.
Gendron (Louis-André), de Noirmoutiers.
Erseaud (André), de Noirmoutiers, mort à bord le 9 janvier 1782.
Deriès (Jean), de Bordeaux.
Lacoste (Jean), de Bordeaux.
Lagrais (Joseph), de Bordeaux.
Pignac (Jean), de Bordeaux.
Frémeau (Bertrand), de Bordeaux.
Monnereau (Jacques), de Bordeaux.
Lafargue (Raymond), de Bordeaux, blessé au combat du 12 avril 1782.
Duraux (Jean), de Bordeaux.
Plantel (Jean), de Bordeaux.
Le Bosquet (Joseph), de Bordeaux.
De L'Homme (Antoine), de Blaye.
Rondeau (Barthélémy), de Blaye.
Lavigne (Simon-Coltin), de Blaye.
Bené (Guillaume), de Blaye, blessé au combat du 12 avril 1782.
Brat (Pierre), de Blaye.
Roux (Pierre), de Blaye.
Redoit (Jean), de Blaye.
Bernardel (Pierre), de Blaye.
Adelprat (Guillaume), de Marmande.
Salacroux (Antoine), de Moissac.
Landoyer (Marc-Antoine), de Toulouse.
Douglan (Jean), de Toulouse.
Latour (Lucien), de Toulouse.
Guet (Honoré-Grégoire), de la Seyne.
Allègre (J.-B.), de la Seyne, blessé dans le combat du 12 avril 1782.
André (Jean), d'Antibes, blessé dans le combat du 26 janvier 1782.
Germain (Joseph), de Marseille.
Guichard (Henry), de Marseille.
Laure (Lange), de Marseille.
Aillant (Joseph), de Marseille.
Robert (Pierre), de Marseille.
Bonnet (Balthazard), de Marseille.
Alexis (André), de Marseille, tué au combat du 12 avril 1782.
Guignard (François), de Marseille, tué au combat du 12 avril 1782.
Fayone (Honoré), de Marseille.
Marchand (Jean-Baptiste), de Marseille.
Guélard (François), de Marseille, tué au combat du 12 avril 1782.
Simon (Joseph), de Saint-Valéry.
Buchet (Julien), du Mans, tué au combat du 12 avril 1782.
Launay (Pierre), d'Angers.
Dubouard (Jean-Baptiste), de Vendôme.
Buigne (Pierre), de Cahors.
Lariou (Charles), d'Avignon.

Novices.

Le Guennec (Louis), de Lorient.
Julot (Colomban), de Lorient.
Restonnet (François), de Lorient.
Renard (François), de Saint-Malo.
Robert (Adolphe), de Saint-Brieuc.
Le Moine (Jacques), de Saint-Brieuc.
Moulin (François), de Saint-Brieuc.
Gérard (François), d'Angers.
Réolliers (François), de Rennes.
Canivet (Pierre), de Granville.
Cornier (Charles), de Granville.
Condy (Pierre), de Mâcon.
Dufour (Louis), d'Orléans.
Gasty (Vincent), du Conquet, mort à l'hôpital le 1er juillet 1781.
Le Bouvier (Pierre), de Dinan.
Guincheux (Charles), de Dinan, blessé dans le combat du 12 avril 1782.
Férard (Charles), de Fécamp.
Firmin (Etienne), de Fécamp.
Boutet (Jean), de Fécamp.
Aubet (Louis), de Fécamp.
Julien (Joseph), de Fécamp.
Gouet (Mathurin), de Fécamp.
De Launay (Jacques), de Fécamp, mort à l'hôpital du Fort-Royal le 4 mai 1782.
Etausetin (Philippe), de Fécamp.
Grudin (Martin), de Fécamp.
Hébert (Nicolas), de Fécamp.
Campion (Etienne), de Fécamp.

Le Roux (Guillaume), de Fécamp.
Belin (Charles), de Fécamp.
Lheureux (Pierre), de Fécamp, tué dans le combat du 25 janvier 1782.
Biville (François), de Fécamp.
Brion (Jacques), de Fécamp.
Batel (Pierre), de Fécamp.
Clot (Jean-François), de la Hougue.
Fontaine (Jean-François), de la Hougue.
Le Quesne (Jean), d'Isigny.
Durand (François), d'Isigny.
Madras (Pierre), de Nantes.
Chauvet (François), de Nantes, mort à l'hôpital du Fort-Royal le 19 mai 1782.
Fablet (Mathurin), de Vannes.
Lanty (Gérard), de Toul.
Desserin (Claude), d'Auxerre.
Brevet (Claude), de Paris.
Bernard (Casimir), de Paris.
Le Leux (Victor), de Paris.
Murat (Gaspard), de Paris.
Levé (Jacques-André). de Paris, dangereusement blessé au combat du 25 janvier 1782.
Ollivier (Pierre), de Rennes.
Couget (Joseph), de Laval.
Séjour (François), de Laval.
Annotin (Louis), de Boulogne.
Guillomin (Alexandre), de Vitré.
La Guèvre (Pierre-Philippe), du Havre.
Le Ménager (Augustin), du Havre, tué au combat du 25 janvier 1782.
Pillard (Jacques-Bon), de la Hougue.
Auger (Joseph), de la Hougue.
Chevillard (Pierre), de Lyon.
Robert (Louis), de Lorient.
Guillard (Claude), de Lorient.
Le Bruchet (Jacques), de Lorient.
Mestrié (Yves), de Lorient.
Lio (Joseph), de Lorient.
Quervasta (François), de Lorient.
Le Roux (Gabriel), de Lorient, mort à bord le 19 octobre 1781.
Buret (Augustin), de Quimper.
Kerdrenne (Jean-Marie), de Quimper.
Rolland (Jean-Baptiste), de Quimper.
Poulenard (Michel), de Quimper.
Le Monnier (Jean), de Saint-Brieuc.
Avé (Guillaume), de Saint-Brieuc, tué dans le combat du 25 janvier 1782.
Coron (Julien), de Vannes.
Corolas (Joseph), de Vannes.
Carlobé (Philippe), de Vannes.
Le Fèvre (Pierre), de Vannes, blessé dans le combat du 12 avril 1782.
Morice (Jean), du Croisic.
Geoffroy (Allain), du Croisic.
Cario (Jean-Marie), du Croisic.
Carrio (François), du Croisic.
Prigent (Joseph), de Roscoff.
Le Corre (François), de Brest, blessé dans le combat du 26 janvier 1782.
Nédellec (Olivier), de Morlaix.
Maletats (Gilles), de Fougères.
Le Fèvre (Jean-Baptiste), de Vitré, blessé dans le combat du 12 avril 1782.
Laugier (Raymond), de Marseille.
De Villecourt (Jean), de Paris.
Chartier (Jean), de Mayenne.
Robillard (Jean), de Saint-Quentin.
Guillot (Jean-André), de la Hougue.
Hue (Jean), de la Hougue.
Le Guett (Jean), de Tréguier.
Gentilhomme (Julien), d'Angers.
Loquet (Adrien-François), de Dieppe, tué au combat du 12 avril 1782.
Foucault (Jean), du Havre.
Le Caër (François), de Guingamp.
Laurent (Joseph), de Vitré, mort à l'hôpital du Fort-Royal le 5 septembre 1781.
Cousin (Jérôme), de Saint-Malo.
Flamand (Pierre), de Saint-Malo, tué dans le combat du 25 janvier 1782.
Millou (Mathieu), de Brest, mort de ses blessures le 30 janvier 1782.
De la Croix (Antoine), de Dieppe.
Brado (Jean), de Bordeaux.

Surnuméraires, etc.

Bucher, secrétaire, de Paris.
Cormen (François), pilote côtier, du Conquet.
Gallic (Jean-François), pilote côtier, du Conquet, mort à Chesapeake le 1er novembre 1781.
Perrier (Joseph-Charles), second chirurgien d'Auxerre.
Bernardin (Edme), second chirurgien, d'Auxerre.
Pineau (François), aide-chirurgien, de Granville.
Le Merle (Louis), aide-chirurgien, de Granville.
La Chesnay (Bertrand), apothicaire, de Saint-Georges-sur-Loire (Anjou).
Riams (Pierre-Marie), commis, de Lannion.
Gicquel (Bertrand), commis, de Lorient.
Fontaine (Simon), maître valet, de la Rochelle.
Goudelin (Michel), maître valet, de Saint-Malo.
Fouliers (Julien), tonnelier, de Nevers.
Blot (Pierre), tonnelier, de Nevers.
Morand (Jacques), armurier, de Paimbœuf.

Mousses.

Perennes (Jean-Marie), de Brest.
Coulogne (Jean), de Brest.
Bréniel (Maurice), de Brest, tué au combat du 12 avril 1782.
Videment (Michel-Louis), de Paris, tué au combat du 25 janvier 1782.
Antin (Jacques), de Granville.
Abraham (Jean-Baptiste), de Granville, blessé au combat du 25 janvier 1782.
Turfort (Jean-Honoré), de Saint-Malo.
Le Bars (Joseph), de Morlaix, blessé au combat du 12 avril 1782.
Ollivard (Joseph), de Vannes.
Le Guénégo (Jean), de Vannes.
Chevalier (Joseph), de Vannes.
Le Sens (Hilaire), de Vannes.
Robert (Jean), de Saint-Brieuc.
Michel (Guillaume), de Saint-Brieuc.
Gouanennec (Tugdual), de Saint-Brieuc.
Robert (Laurent), de Saint-Brieuc.
Périchou (Simon), de Saint-Brieuc.
Gicquel (René), de Saint-Brieuc.
De May (Joseph), de Saint-Brieuc.
Moquet (François), de Saint-Brieuc.
Perron (Mathieu), de Lorient.
Squéncer (Jean-Louis), de Lorient.
Coido (Jacques), de Lorient, blessé le 12 avril 1782.
Huchon (Jacques), de Lorient.
Plumette (Paul), de Lorient.
Guilloux (Julien), de Lorient.
Allain (Jean), de Lorient.
Toumelin (Louis), de Lorient.
Quellec (François), de Lorient.
Caravelle (Jean), de Lorient.
Pourquier (Jean-Claude), de Marseille, blessé au combat du 12 avril 1782.
Devès (François), de Marmande.
Colasset (Symphorien), de Saint-Malo.
Jouvencelle (Philippe), de Château-Thierry.
Guillou (Pierre), de Tréguier.
Gilbert (Antoine), de Tréguier.
Le Gueut (Yves), de Tréguier.
Gilbert (Jean-Louis), de Tréguier.
Derran (René), de Tréguier.
Desforges (François), de Tréguier.
Avé (Bernard), de Tréguier.
Vallon (Augustin), de Toulon.
Denis (Julien), du Croisic.
Hingant (Yves), de Morlaix.
Pincemin (Hyacinthe), de Brest.
Morel (Jacques-Philippe), de Fécamp, mort à bord le 1er avril 1782.
Querlidou (Hervé), de Plouguerneau.
Dromendy (Jean), de Morlaix, mort à bord le 13 octobre 1781.
Bernard (Mathurin), de Dinan.
Arnoux (Claude), de Dinan.
Boëtté (Guillaume), de Dinan.
Bucaille (Georges), de Dinan.
Desmaux (Jean), de Dinan, blessé au combat du 25 janvier 1782.
Guiché (Jean-Baptiste), de Calais.
Le Gallic (Gilles), de Quimper, mort de ses blessures le 22 mai 1782.
Pendu (Jean), de Morlaix.
Cauvin (Barthélémy), de Granville.
Cointreau (Laurent), d'Angers.
Cointreau (Charles), d'Angers.
Le Breton (Jean-François), de Brest.
Calcater (Joseph), de Brest.
Hubert (Pierre), de Saint-Malo.
Moquet (François), de Rochefort.
Fournière (François), de Rochefort.
Houssel (Jacques), de Dieppe, tué au combat du 12 avril 1782.
Michel (Augustin), de Guingamp.
Kerboul (Joseph), de Lambézellec.
Detcheverry (Pascal), de Bayonne.
Figuète (Jean), de Bayonne.

Domestiques.

Bequé (François), de Passy.
Constantin (Jean-Louis), de Brest.
Alain (Julien), de Fougères.
Gouézou (Jean), de Morlaix.
Connet (Yves), de Tréguier.
Pouaste (Antoine), de Tréguier.
Robert (Etienne), d'Avignon.
Boyer (Jean), de Brive-la-Gaillarde.
Poncelet (Grégoire), de Vitry.
Tiraud (Jean-Baptiste), de Rethel.
Le Grand (Jean), d'Orléans.
Marquis (Jean-Marie), de Quimper.
Lézimont (Antoine), de Brest.

LE CATON

(De 1779 à fin 1782)

M. le Comte DE FRAMOND, Capitaine de vaisseau, Commandant.

ÉTAT-MAJOR

CAPITAINE DE VAISSEAU

Le comte de **FRAMONT**, Commandant.

LIEUTENANTS DE VAISSEAU

De GOYON de VAUROUAULT.
De SANTO-DOMINGO.
Le chevalier de **FERRIERE.**

ENSEIGNES DE VAISSEAU

De MONNY.
De SAINTE-MARIE.
De MAGON.
De MASTILLONY, Napolitain.
De RAAB, mort le 6 septembre 1781, à la suite d'une blessure reçue au combat du 5 du même mois.

LIEUTENANT DE FRÉGATE

CORDIER, fait capitaine de brûlot à la suite du combat du 5 septembre 1781.

OFFICIERS AUXILIAIRES

LEFEBVRE ou **LE FEBVRE.**
TRIGANT.
MESSONNIER, de Toulon.
BOISSON, de Toulon.
LABBAN.
COURANT.
GALLET, de Saint-Orens (Gers).
De LALLY, de Nantes.
De GOYON de SAINT-LOYAL, tué au combat du 9 avril 1782.

CHIRURGIEN-MAJOR

Le Sr **GOIRAN.**

AUMONIER

Le Sr **RENEDY** (abbé).

GARDES DU PAVILLON ET DE LA MARINE

SAMBUCY, Garde du Pavillon.
Du ROUX de VARENNES, Garde de la Marine.
De BLOIS, Garde de la Marine.
De LANTIVY, Garde de la Marine.

Officiers-mariniers de manœuvre.

Grimaldy (Joseph), premier maître, de Saint-Malo, mort à bord le 18 avril 1781.
Morand (Claude), premier maître, de Brest.
Boulanger (René), second maître, de Dinan.
Réal (François), second maître, du Havre.
Daumas (Pierre-Antoine), second maître, de Toulon.
Méhu (Jullien), second maître, de Saint-Malo.
Philipe (Gilles), second maître, de Granville.
Gardon (Nicolas), contremaître, de Toulon.
Aubour (Joseph), contremaître, de Toulon.
Guillot (Antoine), contremaître de Toulon.
Duval (Pierre-Joseph), contremaître, de Honfleur.
Pernuit (Jean-François), bosseman, de Honfleur.
Brohan (Jean-Thomas), bosseman, de Granville.
Gay (Jean), bosseman, de Toulon.
Pascal (Laurens), quartier-maître, de la Ciotat, mort à Kingston (Jamaïque), le 3 septembre 1782.
Rougier (Alexandre), quartier-maître, de la Ciotat.
Fouque (Antoine), quartier-maître, de Martigues.
Barnouit (David-Trophin), quartier-maître, de Marseille.
Durand (Cléophan), quartier-maître, de Marseille.
Mouton (Joseph), quartier-maître, de la Seyne.
Arnoux (Pierre), quartier-maître, de Martigues.
Volaire (Jean-Pierre), quartier-maître, de Martigues.
François (Joseph), quartier-maître, de Toulon.
Pignatel (Etienne), quartier-maître, de la Ciotat.
Denan (Laurent), quartier-maître, de la Seyne.
Marquet (Jean), quartier-maître, d'Agde.

Officiers-mariniers de pilotage.

Noël (Pierre), patron de canot, de Dinan.
Pellegrin (Joseph), patron de canot, de Marseille.
Aubert (Joseph), patron de canot, d'Antibes, mort à Kingston (Jamaïque), le 30 septembre 1780.
Ergo (Jean), premier pilote, du Croisic.
Le Roux (Jean), premier pilote, du Croisic.
Jusant (Gayetan), premier pilote, Napolitain.
Guinement (Louis-René), second pilote, des Sables (d'Olonne).
Théroude (Pierre-Antoine), second pilote, de Dieppe.
Martineng (Louis-Antoine), aide-pilote, de la Seyne.
Flary (Antoine-Florentin), aide-pilote, de la Ciotat, mort en mer le 10 mars 1780.
Rémigereau (Pierre), pilote surnuméraire.
Latemair, pilote côtier, Américain.

Officiers-mariniers de canonnage.

Jouglas (Esprit), maître canonnier, de la Seyne.
Cadière (Vincent-Louis), maître canonnier, de Toulon.
Gauvin (Joseph), maître canonnier, de Toulon.
Imbert (Jacques), second canonnier, de Toulon.
Artigues (Joseph), second canonnier, de Toulon.
Benet (Pierre-Jacques), second canonnier de Toulon.
Maurice (Jacques), second canonnier, de Granville.
Jaquin (Jean), aide-canonnier, de Toulon.
Joannin (Jean), aide-canonnier, de Toulon, mort en mer le 19 avril 1780.
Segond (Jacques-Laurens), aide-canonnier, de Marseille, mort à bord le 3 septembre 1781.
Lodo (Pierre), aide-canonnier, de la Ciotat.
Rabatu (Jean-Baptiste), aide-canonnier, tué au combat du 9 avril 1782.
Ozière (Jean), aide-canonnier, de Saint-Tropez.
Cava (Jean-Louis), aide-canonnier, de Saint-Valéry.
Coste (Jean-Antoine), aide-canonnier, d'Agde, tué au combat du 9 avril 1782.
Aubert (Dominique-Félix), aide-canonnier, de Toulon.
Marcel (Marc-Antoine), aide-canonnier, de Toulon, mort à Kingston, le 10 octobre 1782.
Lafond (Jean-Louis-Barthélémy), aide-canonnier, de Marseille.
Gondrand (François), aide-canonnier, de Marseille.
Girard (Guillaume), aide-canonnier, de Marseille.
Jauffret (Joseph-Nicolas), aide-canonnier, de Marseille, mort à l'hôpital du Cap le 31 août 1780.
Ganivet (Joseph), aide-canonnier, de la Seyne.
Grisolle (Jean-Jacques), aide-canonnier de Saint-Tropez, mort à Kingston le 19 octobre 1780.
Ripert (Joseph), aide-canonnier, de Toulon.
Liautaud (Jean-Louis), aide-canonnier, de Toulon.
Audibert (Antoine), aide-canonnier, de Marseille.
Guérin (Louis-Simon), aide-canonnier, de Marseille.
Gay (Joseph), aide-canonnier, de la Ciotat.
Cabasson (Michel), aide-canonnier, de la Ciotat, mort à Kingston le 28 octobre 1782.
Lafite (Claude), aide-canonnier, de Marseille.
Gibert (Alexis), aide-canonnier, de Narbonne.
Bouflet (Marc-Antoine), aide-canonnier de Bandol.
Héran (Jean), aide-canonnier, de Rochefort.
Méchineau (Louis), aide-canonnier, de la Rochelle.
Escorsaire (Jean), aide-canonnier, de Bône (Algérie).
Fraudemer (Jean-François), aide-canonnier, de Honfleur.
Devau (Michel), aide-canonnier, de Saint-Valéry.
Guillevoute (Denis), aide-canonnier, de Port-Louis (Morbihan), mort à l'hôpital de Kingston le 28 septembre 1782.

Officiers-mariniers de charpentage.

Gouzian (Jean-Joseph-François), maître charpentier, de Toulon.
Reynaud (Augustin-Laurens), second charpentier, de Toulon.
Latty (Joseph), second charpentier, de la Seyne.
Baille (Charles), aide-charpentier, de la Seyne.
Turin (Jean-Antoine), aide-charpentier, de la Seyne, mort à l'hôpital du Fort-Royal le 11 mars 1781.

Officiers-mariniers de calfatage.

Gassin (Joseph-Marie), maître calfat, de Toulon.
Giraud (Pierre), second calfat, de Toulon.
Laugier (François), aide-calfat, de la Seyne.
Delery (François), aide-calfat, de la Seyne.
Donne (Joseph), aide-calfat, de Toulon.

Officiers-mariniers de voilerie.

Fouque (Nicolas-Anselme), premier maître voilier, de Toulon.
Gros (Etienne), second voilier, de la Seyne.
Consauve (Joseph), second voilier de Toulon.
Sabatier (Joseph-Nicolas), aide-voilier, de Martigues.
Gardon (Jacques), aide-voilier, de Toulon.

Gabiers.

Marcel (Jean), de Toulon.
Restoulier (Jean-François), de Toulon.
Doudou (Barthélémy), de Toulon.
Burel (Antoine), de la Seyne.
Beaulieu (Ignace-Tropé), de Saint-Tropez.
Malet (Mathieu), de Cannes.
Jeauffret (Jean-Etienne), de Marseille.
Marseille (Joseph-Félix), de Toulon.
Girard (Jean), d'Antibes.
Michel (Joseph), de Martigues.
Vinet (Joseph), de Rochefort.
Duhargous (Pierre), de Bayonne.
Gezéron (François), de Rochefort.
Le Marchand (Denis), de Rouen, mort au Fort-Royal le 7 avril 1780.

Timoniers.

Hermitte (Jean), de la Ciotat.
Guillommier (Jean-Joseph), de la Ciotat.
Blanc (Antoine-Marie), de la Ciotat.
Dubuard (Antoine), de Saint-Tropez.
Guirard (Honnoré), d'Antibes.
Dominicy (Jean-Toussaint), de la Corse.
Antonnelly (Antoine), de la Corse.
Gasquet (Honoré), de la Ciotat.
Collin (Joseph), de Toulon.
Casteau (Honoré), de La Barre.
Testu (François-Henry), de Saint-Valéry.
Grégory (Dominique), de Corse.
La Roque (Hyacinthe-Victor), de Quimper.

Matelots.

De Toulon et ses environs.

Marin (Jean-Barnabé).
Barbier (Barthélémy).
Roux (Barthélémy).
Toulon (Jean-Joseph), d'Hyères.
Revel (Jean-Gaspard), tué au combat du 5 septembre 1781.
Seraude (Jean-Baptiste).
Garnier (Joseph).
Mauprivé (Claude-Michel), de Ville-Cotry.
Gelate (Pierre-Barbe).
Lambert (Joseph).
Lombard (Jean-Baptiste).
Giraud (François).
Arnaud (Louis).
Brun (Antoine).
Sceal (Antoine), d'Embrun.
Bontuy (Jean-Baptiste), de Toulon.
Georges (Jean-Louis).
Icard (Louis), mort à l'hôpital du Fort-Royal le 26 avril 1780.

La Ciotat.

Roux (Louis-François-Bonaventure).
Jeansaume (Jean-Baptiste).
Lamy (Jean-Barthélémy).
Batifort (Joseph).
Audry (Pierre).
Reynaud (Louis-Antoine).
Morin (Jean-Joseph).
Perrin (Lazare).
Toche (Pierre), mort à bord le 20 février 1782.

Narbonne.

Gobert (Marc), mort à bord le 15 février 1782.
Gassin (Pierre-Joseph-Marie), de Toulon.

—

L'Hermitte (Louis), de la Seyne.
Moras (Jean-Louis), de la Seyne.
Gazielles (Honnoré), de Cannes.
Bon (Jacques), de Cannes.
Reymond (Pierre-François), de Cannes.
Broujet (Joseph), de Cannes, mort à l'hôpital du Fort-Royal en avril 1780.
Nicolas (Louis), d'Antibes.
Carles (Pierre), d'Antibes.
Donnet (Jean-Gaspard), d'Antibes.
Roux (Pierre), d'Antibes.
Hugues (Pierre), de Saint-Tropez.
Vérand (François), de Saint-Tropez.
Azanare (Jacques-Antoine), de Saint-Tropez.
Condrier (Thomas), de Saint-Tropez, mort à Kingston (Jamaïque) le 20 juin 1782.

Marseille.

Reynier (Simon-Jacques).
L'Hermitte (Louis).
Cosse (Jacques-Antoine).
Rangis (Cyprien).
Maganiose (Honnoré).
Peret (Antoine), mort à Kingston le 2 octobre 1782.
Arnaud (Etienne).
Carloc (Honnoré).
Clément (Pierre).
Aubert (Antoine-Louis).
Vassor (Antoine).
Blanc (Antoine-Victor).
Seravan (Joseph).
Benedy (Joseph-Jérôme).
Brémond (Jean-Baptiste).
Dalles (Michel-Esprit).
Saumeyre (Guillaume).
Simon (Jean-Joseph), mort à Kingston le 8 octobre 1782.
Ermieu (Joseph).
De Beaumont (Lazare), mort à Kingston le 1er octobre 1782.
Bonnefois (Esprit-Mathieu).
Sapet (Jean-Vincent).
Bœuf (Jacques).
Pascaroit (François).
Bernard (Jacques).
Silvestre (Jacques).
Gauthier (Antoine).
Garcia (Pierre), de Caillery (Sardaigne).

Martigues.

Honnorat (Louis-Joseph).
Sigaud (Cléré).
Terrier (Jean-Louis-Lazare).
Laugier (Claude).
Beaumond (Jean).
Cheiland (Joseph).
Artaud (Michel).
Leydet (Victor).
Deveau (Jean-Joseph), de Saint-Chamas
Combes (André), d'Arles.
Martin (Joseph), d'Arles.
Combes (André), d'Agde.
Borelly (Etienne), d'Agde.
Mollière (Antoine), de Montpellier, mort le 7 septembre 1781, à la suite d'une blessure reçue au combat du 5 septembre 1781.
Gabelle (Antoine), de Cette.

Corse.

Musseau (Jean).
Robaglia (Antoine), mort le 30 octobre 1780 au Fort-Royal.
Reco (Jean-Baptiste).
Tarria (Augustin).
Antonny (Dominique-Marie-Marc).
Matey (Charles-Antoine).

—

Piloton (Isaac), de Rochefort.
Sauvaget (Pierre), de Rochefort.
Pain (Anne-Mathieu), de Saint-Germain (Charente-Inférieure).
Gendron (Charles), d'Angoulême.
Picard (Louis), de Rochefort.
Bailly (Henry), de Rochefort.
Gaudin (Jean), d'Angoulême.
Millasseau (Jullien), d'Angoulême.
Robert (Jean), d'Angoulême.
Audereau (Pierre), de Marennes.
Moreau (Daniel), de Marennes.
Deliquet (Abraham), de Royan.
Feuillade (Joseph), de Royan, tué au combat du 9 avril 1782.
Henry (Nicolas), de Bordeaux.
Agnès (Guillaume), de Montauban.
Coatuite (Louis), des Sables-d'Olonne.
Lucet (Joseph), des Sables-d'Olonne, mort à bord le 16 novembre 1781.
La Sale (Jean-Baptiste), de Bordeaux.
Moisan (Jean-Baptiste), de Dieppe.
Boisard (Jean-Louis-Michel), de Dieppe.
Giron (Louis), de Granville.
Bisson (Louis-Pierre), du Havre.
Baussiet (Henry), de Rouen.
Le Guay (Nicolas-Louis), de Honfleur.
Loizel (Jean-Baptiste), de Honfleur.
Le Roy (Pierre-Jean-Baptiste), de Honfleur.
Humbert (Pierre-Jean-Henry), de Honfleur.
Damour (Jean-Baptiste-Alexandre), de Honfleur.
Truand (Jean-Baptiste-Charles), de Honfleur.
Fréchon (Jean-Simon), de Dieppe.
Beck (Thomas-Isaac), de Calais.
Alix (Jacques), de Granville.
Vagnon (Jean-Baptiste), de Rouen.
Vagnon (Antoine-Polycarpe), de Rouen.

Hochard (Etienne), de Honfleur.
Liard (Jacques-François), de Honfleur.
Avenel (Taurin-Pierre), de Granville.
Renoux (Guillaume-Augustin), de Granville.
Sauvage (François-Joseph), de Paris.
Doge (Jean-Pierre), de Paris.
Mehu (Julien), de Saint-Malo.
Mondel (Adrien-Pierre), de Rouen.
Quilien (Laurent), de Camaret.
Audie (Mathurin), de Dinan.
Briant (Pierre), de Dinan.
Diveu (Jean), de Dinan.
Dorléans (Jacques), de Dinan, mort à l'hôpital du Fort-Royal le 26 octobre 1780.
Hamon (Patrice), de Brest.
Gourmelon (André), de Brest.
Gauthier (Mathurin), de Dinan.
Sechot (Julien), de Dinan.
Couronné (Charles), de Nantes, tué au combat du 15 mai 1780.
Philipeau (René), de Nantes.
Taconnet (Gilles), de Nantes.
Chauvelon (Julien), de Nantes.
Bertel (Robert), de Nantes.
Lageat (Joseph), de Morlaix.
Mellé (Thomas), de Saint-Malo.
Berthelot (Pierre), de Saint-Malo, mort à l'hôpital de Fort-Royal le 27 mars 1782.
Nicol (Louis), de Saint-Malo, mort à Kingston (Jamaïque) le 2 novembre 1782.
Gavet (Ollivier), de Saint-Malo, mort à Kingston le 27 octobre 1782.
Gallais (Jean), de Saint-Malo.
Quantin (Joseph), de Saint-Malo.
Galenne (Julien), de Saint-Malo.
Bertrand (Pierre), de Saint-Malo.
Le Main (Joseph), de Saint-Malo, mort à Kingston le 20 septembre 1782.
Mallet (Jacques), de Saint-Malo, mort à bord le 20 février 1782.
Le Gentil (Jean), de Saint-Malo, mort à l'hôpital du Fort-Royal le 20 février 1782.
Dedde (Guillaume), de Dinan.
Guillard (François), de Dinan.
Chaignon (Jacques), de Dinan.
Colin (Mathurin), de Dinan.
Dubois (Samson), de Dinan.
Juhel (Jean), de Dinan, tué au combat du 17 avril 1780.
Giguel (Adrien), de Rennes.
Durand (Pierre), de Nantes.
David (Joseph), de Brest.
Chaton (Marc) de Lorient.
Montanier (François), de Lorient.
Tardivel (René), de Lorient.
Herviaux (Pierre), de Lorient, mort à l'hôpital du Fort-Royal le 17 mars 1781.
Corniard (François), de Saint-Brieuc.
Le Breton (Jean), de Saint-Brieuc.
Bousquet (François), de Saint-Brieuc, mort à l'hôpital du Fort-Royal le 12 février 1781.
Blein (Gabriel), de Saint-Brieuc, mort à l'hôpital du Fort-Royal le 9 avril 1781.
Massarey (Antoine), de la Corse.
Grégory (François), de la Corse.
Franchechy (Mathieu-Paul), de la Corse.
Paul (Paul), de la Corse.
Piétry (Ange-Simon), de la Corse.
Dominicy (Dominique), de la Corse.
Sanctiny (Antoine), de la Corse.
Duperrier (Jean), de Bayonne.
Brun (Laurent), de Toulon.

Artus (Victor-Augustin), de Toulon.
Coreille (Nicolas), de Toulon.
Marin (Jean-Charles), de Saint-Tropez.
Roux (Jean), de Saint-Tropez.
Ollivier (Benoît-Antoine), de Saint-Tropez.
Coreil ou **Coreille** (François-Xavier), de la Ciotat.
Mouraton (Jacques), de la Ciotat.
Prat (Antoine), de la Seyne.
Gasparit (Pierre), de Rochefort.
Barrière (Guillaume-Benoît), de Marseille.
Illiard (Joseph-Barthélémy), de Marseille.
Rempeau (Julien), de Marseille.
Durand (Philipe), de Marseille.
Musea (Pascal), de Marseille.
Guérouard (Pierre), de Marseille.
Marcé (René), de Blaye.
Peirol (Gaspard), d'Arles.
Blandeau (Jean), d'Agde.
Zevaco (Joseph), de la Corse.
Pons (Jean-Antoine), de Narbonne.
Rouquet (Jean-Jacques), de Narbonne.
Vergne (Jean-Baptiste), de Cette.
Boudet (Pierre), de Dinan.
Chauvellon (Pierre), de Nantes.
Bijoin (Julien), de Quimper.
Bellouard (Giles), de l'Ile de Ré.
Mequer (Henry), de l'Ile de Ré, mort à Kingston le 16 octobre 1782.
Le Prince (Pierre-Marie), de Morlaix.
Labbé (Jean-Jacques), de Quimper.
Cordon (Pierre), de Granville.
Villedieu (Jean-Baptiste), de Granville, tué au combat du 5 septembre 1781.
Kiériou (Vincent), de Vannes.
L'Escurier (François), de Vannes.
Billeboux (Ollivier), de Vannes, mort en mer le 12 juillet 1781.
Quérel (Sébastien), de Saint-Brieuc.
Nogès (Augustin), de Toulouse.
Driou (Jean), de Nantes mort à l'hôpital de Fort-Royal le 11 juillet 1780.
Boisset (Jean-Louis), de Dieppe.
Simon (Allain), de Brest.
Morel (Noël), de Quimper.
Mesnard (François), de Dol.
Porlodu (Jaques), de Concarneau.
Le Roy (Jean), de Tréguier, mort à l'hôpital du Fort-Royal le 8 juin 1781.
Tournelle (Simon), de Honfleur.
Le Roy (Guillaume), de Dinan.
Le Monnier (Jean-Baptiste), de Rouen.
Rouiland (Jean-François), de Cherbourg.
Chitel (Pierre), de Granville, mort à l'hôpital du Fort-Royal le 20 janvier 1782.
Roux ou **Raux** (Noël), de Saint-Brieuc, mort à Kingston le 15 octobre 1782.
Ponty (Pierre), de Nantes.
Bridant (Guillaume), de Dinan.
Le Cler (Joseph), de Dinan.
Raux (François), de Tréguier, mort à la Guadeloupe le 7 juin 1780.
Le Gagneur (Pierre-Charles), de Granville.
Pelt (Pierre), de Saint-Brieuc.
Floch (Jean-Charles), de Saint-Brieuc.
Denis (Jacques), du Havre.
Chagneau (Pierre), de Saintes.
Guichon (Yves), de Brest.
Riou (François), de Saint-Brieuc.
Villalon (Yves), de Dinan.
Bureau (Pierre), de Honfleur, tué au combat le 17 avril 1780.

Ballé (Pierre), de Saint-Malo.
Prévot (Pierre), de Rouen.
Guénard (Pierre-François), de Saint-Valéry.
La Faute (Pierre), de Bordeaux.
Cazoz (Jean), de Bordeaux.
Le Cadet (Jean), de Bayonne.
Pujol (Jean-Baptiste), de Bayonne, mort à l'hôpital du Fort-Royal le 6 janvier 1781.
Maripous (Pierre), de Bayonne.
Tottin (Alexis), de Bordeaux.
Lesta (Etienne), de Bordeaux, grièvement blessé et laissé pour mort au combat du 9 avril 1782.
Michel (Jean-Pierre), de Toulon.
Martin (Barthélémy), de Narbonne.
Ferrier (Antoine), de Narbonne, mort à bord le 14 janvier 1782.
Béran (Pierre), d'Agde.
Meistre (Noël), de la Ciotat.
Meijeur (Barthélémy), de Marseille.
Tambou (Joseph), de Marseille.
D'Epine (François), de Libourne.
Gourrier (Joseph), de Toulon.
Fabre (Jacques), de la Ciotat.
Rouquette (Jean-Baptiste), de Narbonne.
Gilbert (Alexis), de Narbonne.
Revel (Louis), de Narbonne.
Beausseul (Etienne), de Libourne.
Picon (Vidal), de Libourne.
Brun (Jean), de Bordeaux.
Gaillard (Pierre), de Bordeaux.
Bourdain (Jean), de Blaye.
Reynaud (Joseph), de Marseille.
Carles (Joseph), de Marseille, tué au combat du 9 avril 1782.
Berardier (Georges), de Marseille, tué au combat du 9 avril 1782.
Ferrier (Joseph), de Toulon.
Anot (Jean-Joseph), de Toulon.
Garnier (François), de Toulon.
Clavier (Jean-Laurent), de Toulon.
Grimaud (François), de Toulon.
Le Mot (Yves), de Quimper.
Martin (Antoine), de Narbonne.
Benet (Juste), de Lyon.
Bazin (Joseph), de Rennes.
Bedot (Pierre), de Martignes.
Purget (François), de Marseille.
Campech (Joseph), d'Antibes.
Cazes (Jacques), de Toulouse.
Fabre (Jean-Baptiste), de Toulon.
David (Joseph), de Marseille.
Toulas (Laurent) de Marseille.
Boufin (Jean-Baptiste), de Marseille.
Guillo (Jean), de Bayonne.
Rouillère (Antoine), de Bordeaux.
Distrac (Bernard), de Bordeaux.
Hervé (Pierre), de Tours.
D'Aunis (Etienne), d'Agen.
Catat (Henry), de Marennes.
Bonneau (Michel), de la Rochelle.
Papot (Pierre), de la Rochelle.
Demason (Hilaire), de la Rochelle.
Gagnet (Mathieu), de Rochefort.
Guillo (Pierre-Marie), de Quimper.
Garno (Jean), d'Angoulême.
Boidec (Jacques), de Lorient.
Durand (Jean), d'Angers.
François (Jacques), du Croisic.
Saillo (Julien), de Guérande.
Boissard (Julien), de Dinan.
Gateau (Jean-Reste), de Honfleur.

Goord (Pierre) de Marseille.
Criedblanc (Madec-Félix), de Niort.
Hamon (Claude), de Paris.

Novices.

Le Gal (Laurent), de Saint-Brieuc, mort en mer le 11 février 1780.
Œillet (Mathurin), de Dinan.
Périgné (Jean-Baptiste), de Rennes.
Blanc (Jean-Joseph), de Marseille.
Tanguy (André), de Lorient.
Martinenq (Joseph-Antoine), de Toulon, mort à l'hôpital du Fort-Royal le 23 janvier 1781.
Noël (Joseph), de Metz.
Marchand (François), d'Oléron.
Blanc (Jean-François), d'Agde.
Bonneau (Jean-Baptiste), de Montpellier, tué au combat du 9 avril 1782.
Martin (Louis-François), de la Hougue, mort à bord le 28 janvier 1782.
Malary (Boniface), de Toulon.
Prince (Jullien), de Granville.
Bourgonot (François), de Granville.
Baudin (Nicolas), de Granville.
Testu (Jean), de Granville.
Dardannes (Joseph), de Granville.
Datin (Jacques), de Granville, mort en mer le 13 octobre 1782.
Bregain (François), de Granville, tué au combat du 5 septembre 1781.
Le Gué (Gilles), de Dinan.
Chollet (Alexandre), de Dinan.
Baquelin (Jean), de Mayenne.
Labeau (Jean), de Saint-Brieuc.
Garalle (Etienne-Bernard), de Marseille.
Watré (Pierre), de Saint-Valéry.
Ducourois (Etienne), de Saint-Valéry, mort à l'hôpital du Fort-Royal le 2 juin 1780.
George (Jean-Louis), de Clermont (Auvergne).
Poirrier (Jean), de Bonneval.
Le Thuillet (Pierre), de Granville, mort le 9 juillet 1780, à l'hôpital du Fort-Royal.
Brument (Jean-Pierre), du Havre.
Courché (Louis-François), du Havre.
Mahu (Alexandre), du Havre.
Durécu (Jacques), du Havre.
Piste (Jean-Philippe), du Havre.
Godard (Charles-Baptiste), tué au combat du 9 avril 1782.
Le Mire (Jean-Baptiste-Antoine), de Rouen.
Mercier (Guillaume), de Rouen.
Coumare (Michel-Alexis), de Rouen, tué au combat du 9 avril 1782.
Hardel (Jean-Guillaume), du Havre.
Vallé (Jean-Baptiste), du Havre, mort le 1er juillet 1780, à bord.
La Guerre (Pierre), de Marseille, mort à l'hôpital de Fort-Royal le 4 avril 1781.
Adam (François), de Brest.
Bunault (Joseph), de Dinan.
Thessier (Mathurin), de Rennes.
Loiseau (Pierre), du Mans.
Galenes (Louis), de Meaux.
Mauger (Louis), de Granville.
Duhil (Guillaume), de Saint-Malo.
Dubray (Pierre), de la Tremblaye.
Moisan (Mathurin), de Saint-Brieuc.
Dubois (François), du Travers.

Mousses.

Neveu (François), de Paris.
Blanc (Benoît-François), de Toulon.
Rimbeau (Marie), de Toulon.
Blanc (Ignace-François), de Toulon.
Rimbaud (Antoine), de Toulon.
Rimbaud (Joseph-François), de Toulon.
Terrien (Jean-François), de Fréjus.
Mouton (Joseph), de la Seyne, mort à Kingston le 21 septembre 1782.
Court (Antoine), de Grasse.
Perronnet (Antoine), de Marseille.
Rasclo (Antoine), de Marseille.
Crestin (Joseph), de Marseille, mort à bord le 29 janvier 1780.
Fabre (Jean-Joseph), de Toulon.
Trabu (Pierre-Joseph), de Toulon.
Cournier (Jacques), de Toulon.
Barry (Victor), de Toulon.
Gassin (Jean-Pierre), de Toulon.
Gauthier (Jean-Baptiste-Eustache), de Toulon.
Gauthier (Jean-Baptiste), de Toulon, mort à bord le 30 septembre 1781.
Mazelly (Antoine), de la Valette.
Constant (Jacques), de la Ciotat.
Rimbaud (Jean-Baptiste), de la Ciotat.
Duval (Antoine), de Saint-Malo, mort à Kingston le 19 septembre 1782.
Vuideau (Laurent), de Charente.
Oger (Louis), d'Oléron.
Renaud (François), de Cognac.
Buisson (Jean), de La Rochelle.
Buisson (Louis), de la Rochelle.
Faucher (Joseph), de l'Ile de Ré.
Roullet (François), de l'Ile d'Yeu.
Dupleix (Henry), de Saintes.
Bontems (Simon), de Saintes.
Deau (Pierre), de l'Ile de Ré, mort à bord le 4 mai 1780.
Loret (Pierre), de Rochefort.
Toulon (Honnoré), d'Hyères.
Brémond (Jean-Baptiste), de Marseille.
Coste (François), de la Seyne.
Lombardon (Joseph), de la Seyne.
Sigaud (Jean-Baptiste), de la Seyne.
L'Anglois (Jacques), de Granville.
Dauloct (Stéphan), de Plouguerneau.
Chapon (Guillaume), de Dinan.
Blanc (Etienne-Ambroise), de Marseille.
Maurin (Antoine), de Marseille.
Duhamel (Ange), de Lamballe.
Consauve (Dominique), de Toulon.
L'Orange (Jean-Baptiste), de Bordeaux.
Conin (André), de la Rochelle.
Demasson (Pierre), de Rochefort.
Corre (Jean-Marie), de Roscoff.
Senès (Jean-Jacques), de Toulon.
Bertradon (Antoine-Benoît), de Toulon.

Surnuméraires.

Volontaires.

Le Sr **de Laudin**, de Recouvrance.
Le Sr **de Brassac**, de Marvéjols.
Le Sr **du Laurent**, de Concarneau.
Maurière (Gériaud), deuxième chirurgien, de Castel-Sarrazin.
Tréhoret (Jean-Joseph), pilote côtier, du Conquet.
Satignac (Etienne), aide-chirurgien, de Cherbourg.
Domblimont (Vincent), aide-chirurgien, de Cherbourg.
Dubois (Pierre), aide-chirurgien, de Cherbourg.
Martin (François-Henry), apothicaire, de Toulon.

Munitionnaires.

Vergos (Alain), commis, de Plougastel.
Dubain (Robert), maître valet, de Blois.
Levrard (Julien-Jean-Mie), second valet, d'Hennebont.
L'Hostis (François), coq, de Morlaix.
Baur (Joseph), boucher, d'Huningue.
Nicolas (Joseph), boulanger, de Nice.
Agnès (Paul-Louis), premier maître armurier, de Brest.
Claveau (Pierre), aide-armurier, de Duveau (Poitou).
Delaire (Antoine), second chirurgien.
Dumail (Pierre), second chirurgien, d'Antichamps.
Raillon (Martial), aide-chirurgien, de Bordeaux.
Le Sr **Gauvin de la Jousselinière**, volontaire, de Nantes.
Le Sr **Bosse** (Dominique), volontaire, de Nantes.
Le Sr **Pecherin**, volontaire, de Nantes.
Manuel (Jean), pilote, de Cassis.
Cottin (Jean), pilote, de Bordeaux.

Domestiques.

Beauchamp (Jean-Baptiste), de Monaco.
Marlanet (Michel), de Meaux.
Dubois (Mathurin), de Mayenne.
Le Mercier (Pierre), de Guingamp.
Delamarre (Jean), de Tréguier.
Mellon (Louis), de la Rochelle.
Diastrenec (Jean), de Belle-Isle-en-Terre.
Cochon (François), de Fougères.

L'AUGUSTE

(1781 à 1783)

M. DE BARRAS-SAINT-LAURENT, puis M. DE BOUGAINVILLE, Chefs d'escadre, Commandants.

ÉTAT-MAJOR

CHEFS D'ESCADRE

De BARRAS-SAINT-LAURENT.
De BOUGAINVILLE.
Le Comte de **VAUDREUIL.**

CAPITAINES DE VAISSEAU

De CLAVIERE.
De CASTELLAU.
De BOTDERU.

LIEUTENANTS DE VAISSEAU

Le Chevalier de **BIRE.**
De MINE.
De THIERY.
ALFERAUD de MOMEJAN.
Le Chevalier de **CAUX.**
De la VILLELOYAI.
De TRUGUET.
De SAINT-JUILIEN.
DORVAUT, tué au combat du 5 septembre 1781.
Des LIGNERIS.
De CARCARADEC.
MERVILLE de CAIRON.

ENSEIGNES DE VAISSEAU

De SUFFREN.
SARRETTE de COUSEIGUE.
De LESTRANGE.
De FABRY.
De HOGUENHOUSEN.
Le Baron de **SÈDESTROM.**
De MENC.
De VAVINCOURT.
De MONTRUN.
De la FOURCHAIS.

OFFICIERS AUXILIAIRES

De VIENNE.
D'AUJARD.
DAFFOSSEY.
RAINAU.
SEGOUIN.
Le BRUN.
BEDE.
LAPLANCHE.
BLONDELLAS.
LABRETEICHE.

CHIRURGIENS-MAJORS

Le TENDRE.
REGNIER.

AUMONIERS

DOROTHE (R. P.), Capucin.
MOREL (R. P.), Prémontré.
PROSPERE (Charles-Joseph), Chanoine séculier, de Roubaix.

GARDES DE LA MARINE

De LAUREAL.
CHARETTE de la COUTERIE.
LEFORT de CARNEVILLE.
SARETTE de MONTMARIN.
De BRUICE.
De BEUFVIES-DESPALIGNY.
De SAINT-MAURICE.
De MAUDAT.

VOLONTAIRES

Lallemand (Joseph-Noël).
Moisan, de Dinan.
Daubrot de Vilneuve, de Saint-Pol.
Baron (Yves-Alexis), de Saint-Pol.
Desplus (Charles-François), de Bitry.
L'Escouffier (Antoine), de Saint-Victor.
Lamotte-Bertrand, de Vannes.
Foujerol (Jean), de Dijon.
Hubon (Etienne), de Toulon.
Pignol, de Toulon.

Officiers-mariniers de manœuvre.

Le Cocq (Maurice), premier maître, de Brest.
Bodénès (Jean-Marie), premier maître, de Brest.
Lefort (René), premier maître, du Croisic.
Blin (François), premier maître, de Rochefort.
Guillet (Ollivier), second maître, du Croisic.
Lemerle (Pierre), second maître, de Vannes.
Rouzé (Laurent), second maître, de Granville.
Barreau (François), second maître, de Royan.
Lemerle (Louis), contremaître, de Vannes.
Daniel (Jean-Marie), contremaître, de Brest.
Desrieu (Jean-Louis), contremaître, de Brest, tué au combat du 5 septembre 1781.
Clauzel (Jean-Pierre), bosseman, de Granville.
La Perdrix (Jean-Baptiste), bosseman, de Fécamp.
Cazeauce (Mathurin), bosseman, de Brest.
Goizec (Jean-François), bosseman, de Recouvrance, tué par le tonnerre le 8 novembre 1782.
Lougais (Louis-Claude), quartier-maître, de Rouen.
Boulh (Jean), quartier-maître, du Conquet.
Collecteur (Jean-Marie), quartier-maître, de Brest.
Joannès (Michel-Guillaume), quartier-maître, de Fécamp.
Piquelin (Pierre-Jacques), quartier-maître, de Granville.
Loyer (Mathurin), quartier-maître, de Saint-Brieuc, mort à bord le 25 mars 1782.
Delandes (Louis), quartier-maître, de Paimbœuf.
Le Roux (Jean-François), quartier-maître, de Fécamp.
Carpentier (Nicolas), quartier-maître, de Dieppe.
Bitaly (Jacques-Noël), quartier-maître, de Dieppe.
Delamarre (Antoine), quartier-maître, de Dieppe.
Brouard (Adrien), quartier-maître, de Honfleur.
Labretèche (Guillaume), quartier-maître, de Brest.
Agasse (Jean-Baptiste), quartier-maître, de Brest.
David (Pierre-Vincent), quartier-maître, de l'Ile d'Yeu, mort à bord le 24 octobre 1781.
Auguel (Jean-Pierre), quartier-maître, du Havre.
Le Bert (Thomas), quartier-maître, de Lorient.
Berthelot (Jean-François), quartier-maître, de Saint-Malo.
Le Baron (Christophe), quartier-maître, de Morlaix.
Caignard (Pierre), quartier-maître, de Blaye.
Burette (Jean-Adrien), quartier-maître, de Fécamp.
Marie (François), quartier-maître, de Granville.
Quédec (Jean), quartier-maître, de Lambézellec.
Guingamp (Julien), quartier-maître, de Nantes.
Fadié (Julien), quartier-maître, de Saint-Malo.
Rigotet (François), quartier-maître, de Dinan.
Turbey (Jean), quartier-maître, de Dinan.
Fouasse (Joseph), quartier-maître, de Dinan.
Raux (François), quartier-maître, de Dinan.
Lefrançois (Guillaume), qurtier-maître, de Rouen.
Vasseur (Jacques), quartier-maître, de Dieppe.
Maquignan (Nicolas), quartier-maître, de Dieppe.
Tierce (Thomas), quartier-maître, du Havre.
De L'Homme (Antoine-Bazile), quartier-maître, du Havre, mort de ses blessures le 15 avril 1782.
Duhamel (Vincent), quartier-maître, de la Hougue.
Plotot (Jean), quartier-maître, de Nantes.
Cochard (Thomas), quartier-maître, de Nantes.
Guérin (Hilaire), quartier-maître, de Fécamp.
Le Teurtre (Jean-Baptiste), quartier-maître, de Fécamp, mort à bord le 27 janvier 1782.

Officiers-mariniers de pilotage.

Mariol (Pierre), premier pilote, de Recouvrance.
Cochois (Jean-Marie), premier pilote, de Saint-Valéry.
Le Roux (Pierre-Frédéric), second pilote, de Dieppe.
Hoyer (Jean), second pilote, de Saint-Malo.

Jouet (Jean-Théodore), aide-pilote, de Fécamp.

Laneau (Pierre), aide-pilote, de Blaye.

Besnard (François), aide-pilote, de Fécamp.

Le Moine (Joseph), aide-pilote, de Brest.

Officiers-mariniers de canonnage.

Têtu (Constantin), maître canonnier, de Saint-Valéry.

Valmy (Vincent), maître canonnier, de Dieppe.

Fougues (André), second canonnier, de Toulon.

Barlatier (Joseph), second canonnier, de Toulon.

Dumont (Jean), second canonnier, de Saint-Valéry.

Lheureux (Simon), second canonnier, de Saint-Valéry.

Puget (Joseph), second canonnier, de Toulon.

Léonnard (François), second canonnier, de la Hougue.

Sadée (Jean-Baptiste), aide-canonnier, de Dieppe.

Ledun (Rolland), aide-canonnier, de Morlaix.

Plachot (Jean-François), aide-canonnier, de Saint-Valéry.

Poyer (Jean), aide-canonnier, de Caen.

Préminy (Alexandre), aide-canonnier, de Fécamp.

Bras (Antoine), aide-canonnier, de Dunkerque.

Peltier (Pierre), aide-canonnier de l'Ile d'Yeu.

Marie (Joseph), aide-canonnier, de Dieppe.

Théroul (Jean), aide-canonnier, de Dieppe.

Loréal (Marc), aide-canonnier, de Belle-Isle.

Duchêne (François-Marie), aide-canonnier, de Brest.

Daniel (Jean), aide-canonnier, de Saint-Malo.

Le Moine (Pierre-François), aide-canonnier, de Granville.

Guillard (Julien), aide-canonnier, de Granville.

Le Fèbre (Jacques), aide-canonnier, de Caen.

Le Fot (Pierre), aide-canonnier, de Dieppe.

Canellec (Jean), aide-canonnier, de Dieppe.

Piquet (Michel), aide-canonnier, de Dieppe.

Ollivier (Guillaume), aide-canonnier, de Dieppe.

Lefèvre (Jean), aide-canonnier, de Dieppe.

Manière (Jean-Thomas), aide-canonnier, de Dieppe.

Bourdon (Nicolas), aide-canonnier, de Dieppe.

Biloquet (Jacques), aide-canonnier, de Dieppe.

Lenoir (Pierre-Thomas), aide-canonnier, de Dieppe.

Drouaux (Vincent-François), aide-canonnier, de Dieppe.

Pinouard (François), aide-canonnier, de Fécamp.

Langevin (François), aide-canonnier, de Fécamp.

Mieux (Guillaume-Charles), aide-canonnier, de Fécamp.

Bachelet (Philippe), aide-canonnier, de Fécamp.

Roux (Jean-Baptiste), aide-canonnier, de Fécamp.

Monnier (Nicolas), aide-canonnier, de Fécamp, mort à bord le 16 août 1781.

Guilbert (Nicolas), aide-canonnier, du Havre.

Devee (Jean-François), aide-canonnier, de Fécamp.

Paris (Joseph-Pierre), aide-canonnier, de Dieppe, tué au combat du 12 avril 1782.

Le Duc (Luc-Abraham), aide-canonnier, de Dieppe.

Baumois (Louis-Vincent), aide-canonnier, de Dieppe.

Dupin (Charles-Claude), aide-canonnier, de Honfleur.

Le Breton (Nicolas), aide-canonnier, de Fécamp.

La Carrière (Pierre), aide-canonnier, de Boulogne.

Pour (Louis), aide-canonnier, de Boulogne.

Pour (Antoine), aide-canonnier, de Boulogne, mort à bord le 3 mai 1781.

Poache (Jacques), aide-canonnier, de Vannes.

Boucher (Antoine), aide-canonnier, de la Hougue.

Le Meur (Jean), aide-canonnier, de Saint-Brieuc.

Le Vacon (Pierre), aide-canonnier, de Saint-Brieuc.

Le Bonhomme (Jean), aide-canonnier, de Saint-Malo.

Bruhel (Nicolas), aide-canonnier, de Saint-Valéry.

Bensaminville (Jean), aide-canonnier, de Dieppe.

Houzé (Jacques), aide-canonnier, de Saint-Malo.

Caillard (Pierre), aide-canonnier, de Brest.

Guérin (Guillaume), aide-canonnier, de Granville.

Daniel (Michel), aide-canonnier, du Croisic, mort à bord le 6 octobre 1782.

Lavigne (Pierre), aide-canonnier, de Royan.

Edou (Nicolas), aide-canonnier, de Dieppe.

Goudré (Pierre-Jean), aide-canonnier, de Dieppe.

Périgau (Augustin), aide-canonnier, de Dieppe.

Officiers-mariniers de charpentage.

Berlivet (Yves), maître charpentier, de Brest.

Caillibaux (Jean), maître charpentier, de Libourne.

Le Bars (Gabriel), maître charpentier, de Recouvrance.

Quiniou (Jean-Louis), second maître charpentier, de Brest.

Vulain (Jean), second maître charpentier, de Nantes.

Racicot (Paul), second maître charpentier, de Granville, mort à bord le 20 juillet 1781.

Goulaouic (Michel-Marie), aide-charpentier, de Recouvrance.

Guerrier (Julien), aide-charpentier, de Nantes.

Agasse (Robert-François), aide-charpentier, de Rouen.

Officiers-mariniers de calfatage.

Bozenès (Jean-Marie), maître calfat, de Brest.

Quérivel (Armes), second maître calfat, de Lorient.

Besnard (François), second maître calfat, de Dinan, mort à bord le 9 avril 1783.

Le Fraiche (François), aide-calfat, de Dinan.

Bessard (Noël), aide-calfat, de Dinan.

Pierre (Julien), aide-calfat, de Dinan.

Boisec (Jean), aide-calfat, de Lorient.

Chauve (Dominique), aide-calfat, de Nantes.

Officiers-mariniers de voilerie.

Le Hir (Tanguy), maître voilier, de Brest, mort à bord le 11 juillet 1782.

Duchène (Vincent), second maître voilier, de Saint-Brieuc.

Deschamps (Nicolas), second maître voilier, de Honfleur.

Girard (Louis), second maître voilier, de Nantes.

Moreau (Jean-René), aide-voilier, de Saint-Brieuc.

Briant (Joseph), aide-voilier, de Nantes.

Martin (François), aide-voilier, de Granville.

Duchène (Laurent), aide-voilier, de Saint-Brieuc.

Gabiers.

Padiolau (François), de Nantes.

Grand de Grange (Henry), de Quimper.

Gargan (François), de Quimper.

Marchand (Laurent), de Quimper, mort à bord le 5 août 1782.

Blanchet (François), de Granville.

Bucaille (Robert), de Granville.

Thélot (Denis), de Granville.

Le Gal (Jean-Louis), de Brest.

Sautreuil (Nicolas), de Fécamp.

Laurend (Jean), de Fécamp.

Démertot (Jean-François), de Fécamp.

Robert (Noël), de Fécamp.

Bodo (Jean-François), de Saint-Malo.

Guillet (Pierre), de Saint-Malo.

Marchand (Alain), de Saint-Malo.

Lefranc (Pierre-Guillaume), de Honfleur.

Piat (Julien), de Dinan.

Roger (Joseph), de Dinan.

Nobis (Jacques), de Dinan.

Rouaux (François), de Dinan.

Carpentier (Louis-François), du Havre.

Brassard (Jean-Baptiste), du Havre.

Le Coat (Noël), du Conquet.

Kerlaouésau (Denis), de Saint-Brieuc.

Briant (Brieuc), de Saint-Brieuc.

Villard (Laurent), de Toulon.

Huc (Julien-Nicolas), de Dieppe, mort à bord le 1er mai 1781.

Timoniers.

Boutard (David-François), du Havre.

Masson (Pierre), du Havre.

Auffray (Noël-Jacques), du Havre.

Resser (François), du Havre.

Pignol (Roch-Mathieu), du Havre.

Ollivier (Jean-François), du Havre.

Jean (Louis), de Vannes.

Henry (Yves), du Conquet.

Forcel (Jean-François), de Granville.

Le Comte (Charles-François), de Granville.

Quéner (Jean), de Granville.

Salmon (Jean-Thomas), de Granville, tué au combat du 12 avril 1782.

Boquet (Jacques), de Honfleur.

Le Guéru (Jean), de Saint-Brieuc.

Véguard (Jean-Henry), de Cherbourg.

Bourgeois (François), de Cherbourg.

De Vinne (Charles), de Boulogne.

Schet (Pierre), de Rouen, mort à bord le 14 décembre 1781.

Beguenaud (Jean-Michel), de Nantes.

La Tour (Pierre), de Sainte-Foix, mort à bord le 12 avril 1782.

Dunel (Nicolas-Alexandre), de Honfleur.

Guilloton (Pierre), de la Rochelle.

Combret (François), de Libourne.

Kersandy (Benoit), de Quimper.

Labatte (Pierre), de Recouvrance.

Matelots.

Monnier (Jean-Martin), de Brest.

Bozénès (Etienne), de Brest.

Boterel (Jean-Marie), de Brest.

Mansfield (Jean), de Brest.

Morvan (Claude), de Brest.

Théolier (Jean-Pierre), de Brest.

Cariou (Bastien), de Brest.

Quescavin (François), de Brest, mort le 6 février 1782 de ses blessures.

Drenne (Pierre), de Nantes.

Banon (Baky), de Toulon.

Villard (Pierre), de Toulon.

Dubois (Pierre), de Toulon.

Guerrot (André), de Toulon.

Barberou (Joseph), de Toulon.

Martin (Jacques), de Toulon.

Millière (Joseph), de Toulon.

Rudeau (Jean), de Rochefort.

Perrot (Antoine), de Rochefort.

Berthelet (Barthélémy), du Conquet.

Chouan (Guénolé), du Conquet.

Michel (Jean), du Conquet.

Le Duf (Guillaume), de Morlaix.

Vasse (Pierre-Ambroise) du Havre.

Baugard (Alain-Joseph), de Quimper.

Poiriel (Guillaume), de Quimper.

Dagorne (Jean), de Quimper.

Groult (Louis), de Quimper.

Le Gal (René), de Quimper.

Castel (Yves), de Quimper.

Donné (Jean), de Saint-Brieuc.

Feutren (Yves), de Saint-Brieuc.

Le Pellé (Julien), de Saint-Brieuc, tué au combat du 5 septembre 1781.

Reboul (Mathurin), de Saint-Brieuc, mort à bord le 30 janvier 1782.

Raul (Julien), de Saint-Brieuc.

Cailler (Yves), de Saint-Brieuc.

Le Terrien (Guillaume), de Saint-Brieuc.

Le Men (Pierre), de Saint-Brieuc, mort à bord le 8 novembre 1782.

Anezon (Jean), de Lorient.

Niobé (Jean), de Lorient.

Stéphan (Guillaume), de Lorient.

Gaignet (François), de Lorient.

Le Bail (Laurent), de Lorient.

Raux (Alexis), de Lorient.

Gauthier (Mathurin), de Lorient, mort à bord le 3 février 1781.

Le Neveu (Jean), de Vannes.

Rioual (Jean), de Vannes.

Lorec (Yves-Thomas), de Vannes, tué au combat du 26 janvier 1782.

Le Cors (René), de Belle-Isle-en-mer.

Chalaux (Antoine), de Belle-Isle-en-mer.

Belhot (Jean), de Saint-Malo.

Lamort (François), de Saint-Malo.

Jouet (François), de Saint-Malo.

Brebel (Jean), de Saint-Malo.

Nicolas (Mathurin), de Saint-Malo.

Durand (François), de Saint-Malo.

Tranchemer (Pierre), de Saint-Malo.

Grautré (François), de Saint-Malo.

Julou (Jean), de Saint-Malo.

Louvigné (Marc), de Saint-Malo.

Pallas (Augustin), de Saint-Malo, mort à bord le 15 octobre 1782.

Le Marchand (Laurent), de Saint-Malo.

Guérin (Jean), de Saint-Malo.

Poitrel (Jean), de Saint-Malo.

Loisel (Benoît-Marie), de Saint-Malo.

Savoureux (François), de Saint-Malo.

Etienne (Pierre), de Saint-Malo.

Vincent (Charles), de Saint-Malo.

Saint-Léger (Joseph), de Saint-Malo.

Gillet (Pierre), de Nancy.

Laure (Gilles), de Dinan.

Briginal (Jean), de Dinan.

Barré (Guillaume), de Dinan.

Ruellan (André), de Dinan.

Tranchemer (Joseph), de Dinan.

Balan (Pierre), de Dinan.

Agan (François), de Dinan.

Gravy (Jean), de Dinan.

Le Fol (Henry), de Dinan.

Bethuel (Jean), de Dinan, mort à bord le 15 avril 1782.

Le Bret (Noël), de Dinan.

Roger (Pierre), de Dinan.

Vauthier (François), de Dinan.

Roussel (Mathurin), de Dinan.

Durozel (Louis), de Dinan.

Hervichon (Pierre), de Dinan.

Aubré (Augustin), de Dinan, mort à bord le 4 septembre 1783.

Vingtans (Mathurin), de Dinan.

Agenais (Joseph), de Dinan.

Daigne (Jean), de Dinan.

Bourge (Antoine), de Dinan, mort de ses blessures le 14 avril 1782.

Le Clerq (Toussaint), de Dinan.

Lemaître (Bertrand), de Dinan.

Hisope (Guillaume), de Dinan.

Bucaille (Pierre), de Dinan.

Fleury (Jean), de Dinan.

Coché (François), de Dinan, mort à bord le 21 mars 1782.

Chenion (Joseph), de Dinan.

Boursolle (Jean), de Dinan.

Lefèvre (César), de Dinan.

Frenau (Noël), de Nantes.

Bessac (Julien), de Nantes.

Labaye (Pierre), de Nantes.

Egron (Guillaume), de Nantes.

Chenio (Philippe), de Nantes.

Lefèvre (François), de Nantes.

Artau (André), de Nantes, mort à bord le 12 août 1781.

Le Potvin (Joseph), de Nantes.

Favereau (Augustin), de Nantes.

Thibaudau (Louis), de Nantes.

Maucler (Pierre), de Nantes.

Prioux (Sébastien), de Nantes.

Cochard (Thomas), de Nantes.

Dosse (René), de Nantes, mort à bord le 15 octobre 1782.

Le Gars (Guénolé) du Croisic.

Guitton (Joseph), du Croisic, mort à bord le 31 mars 1782.

Richard (Charles), de Paimbœuf.

Masson (Jean-Marie), du Havre.

Dercy (Jacques-Emmanuel), du Havre.

Costy (Jacques), du Havre.

Delaunay (Pierre-Jean), du Havre.

Carpentier (Pierre-Nicolas), du Havre.

Authou (Jean-Baptiste), du Havre, mort à bord le 15 octobre 1782.

Aubry (François), du Havre.

Isambart (Charles), du Havre.

Bernard (Georges-François), du Havre.

Le Vaché (Pierre-Marie), du Havre.

Santo (Jean-Pierre), du Havre, tué dans le combat du 5 septembre 1781.

Bonnimare (Jacques), du Havre.

Perron (François-Maurice), du Havre.

Fernon (Pierre-Noël), du Havre.

Duchemin (Charles), du Havre.

Campion (Charles), du Havre.

Lefrançois (Simon), du Havre.

Fabry (Jean-Jacques), du Havre.

Daudé (Nicolas-Henry), du Havre.

Liésé (François-Henri), du Havre.

Masson (Jean), du Havre.

Augnel (Antoine-François), de Fécamp.

Ruellan (François-Philippe), de Fécamp.

Roussel (François), de Fécamp.

Robert (Jean-Baptiste), de Fécamp, mort à bord le 12 mars 1782.

Quervel (Jean-Antoine), de Fécamp.

Riques (Jacques-Nicolas), de Fécamp.

Derhais (Jean-Baptiste), de Fécamp.

Le Vasseur (Jean-Baptiste), de Fécamp.

Le Tuiller (Jean-François), de Fécamp.

Monnier (Jean-Jacques), de Fécamp.

La Chèvre (Jacques-Martin), de Fécamp, mort à l'hôpital le 30 janvier 1782.

Robert (Nicolas-Marin), de Fécamp.

Greveris (Nicolas-Augustin), de Fécamp.

Dubois (Jean-Antoine), de Fécamp.

Démertot (Pierre), de Fécamp.

Delaunay (Claude), de Fécamp.

Le Cann (Michel), de Fécamp.

Caudebec (Jean-Baptiste), de Fécamp.

La Caille (Jean-Baptiste), de Fécamp, mort à bord le 30 janvier 1782.

Blondel (Guillaume), de Rouen.

Jacquet (Romain), de Rouen.

Le Quesne (Jacques), de Caen.

Lefèvre (Jean-François), de Caen.

Le Prêtre (Pierre), de Caen.

Déchamps (Pierre), de Caen.

Serrel (Pierre-Nicolas), de Dieppe.

Lucas (Jean-Félix), de Dieppe.

Fromentin (Jean-Thomas), de Dieppe.

Le Clerq (Antoine-Louis), de Dieppe.

Grange (Jean-Jacques), de Dieppe.

Mori (Vincent), de Dieppe.

Chevalier (David-Jacques), de Dieppe.

Roussel (Jean-Baptiste), de Dieppe.

Le Gagneur (Jacques), de Dieppe.

Bonnet (Nicolas), de Dieppe.

Simon (Nicolas), de Dieppe.

Hardel (Jacques-Michel), de Cherbourg.

De la Coste (François), de Cherbourg.

Ménagé (Jacques), de Cherbourg.

Mauger (Pierre), de Cherbourg, mort à bord le 16 octobre 1781.

Isabelle (Marin), de Honfleur.

Gervais (Victor), de Honfleur.

Heuse (Pierre-Gabriel), de Honfleur.

Emante (Joseph-Emmanuel), de Honfleur, mort à bord le 28 mars 1782.

Lamarre (Victor), de la Hougue.

Bideau (Jacques), de la Hougue.

Le Poulard (Michel), de Fécamp.

Chardin (Léon), de Brest.

Maurice (Julien-François), de Granville.

Desroches (Pierre), de Granville.

Gautier (Louis), de Granville.

Videcoq (Jean-Baptiste), de Granville.

Le Tellier (Louis), de Granville.

Le Noble (François), de Granville.

Jacques (Jean), de Granville, tué au combat du 12 avril 1782.

Higie (Richard), de Granville.

Lefèvre (Pierre), de Granville.

Letellier (Jacques-François), de Granville.
Chevalier (Joseph), de Granville.
Danjou (Jean), de Granville, tué au combat du 12 avril 1782.
Agnès (Jean-Baptiste), de Granville.
Elie (Louis), de Granville.
Savary (Pierre-Charles), de Granville.
Guérard (René-François), de Granville.
Tanqueray (Jean-Baptiste), de Granville.
Le Chevalier (Jean), de Granville.
Le Touzé (Louis), de Granville.
Girard (François), de Granville.
Huguet (Louis), de Granville.
De la Roque (Jean-Baptiste), tué au combat du 12 avril 1782.
Duménil (Jean-François), de Calais.
Ternézien (Jean-Marie), de Boulogne.
Raine (Nicolas), de Boulogne.
Lelong (Nicolas), de Boulogne.
Lame (Guillaume), de Boulogne.
Dumont (Jean), de Boulogne.
Pour (Philippe-Pierre), de Boulogne, mort à bord le 6 septembre 1782.
Hurtel (Louis-Constantin), de Saint-Valéry.
Devaux (Gabriel), de Saint-Valéry.
Robineau (Charles), de l'Ile d'Yeu.
Prévôt (Joseph), d'Oléron.
Renaudin (Joseph), de la Rochelle.
Balet (André), de la Rochelle.
Courtin (Jean), de la Rochelle.
Templot (François), de Saintes.
Faget (Jean), de Montauban.
Turnier (Jean-Bernard), de Toulon.
Dutel (Jean), de Bordeaux.
Perron (Etienne), de Rochefort.
Cazeau (Jean), de Toulouse.
Labatte (Guillaume), de Bordeaux.
Mérillo (Baptiste), de Bordeaux.
Le Moine (Louis), de Royan.
Doat (Jean), de Blaye.
Boulanger (Jean), de Blaye.
Jamel (Raymond), de Blaye.
Merceron (Jean), de Saintes.
Berthomé (Pierre), de Saintes.
Giraud (Jacques), de Saintes.
Rigardy (Augustin), de Marseille.
Delage (Jean-Pierre), de Marennes.
Meunier (Pierre), de Marennes.
Ballet (François), de Marennes.
Petit (Jacques), de Marennes.
Lhot (Jacques), de Marennes, mort à bord le 9 décembre 1782.
Surin (Etienne), d'Oléron.
Don (Pierre), de Royan.
Nauger (Pierre), de Royan.
Gérard (Mathieu), de Royan.
Amblard (Augustin), de Royan.
Ralier (Théodore), de Royan.
Jouet (Jacques), de Royan.
Maudé (François), de la Rochelle.
Martial (Jean), de Bordeaux.
Lambadie (Joseph), de Bordeaux.
Guillot (Jean), de Bordeaux.
Lemau (Jean), de Bordeaux.
Bierre (Elie), de Bordeaux.
Delisle (Dominique), de Bordeaux.
Barboure (Jean), de Bordeaux.
Berdat (Jean), de Bordeaux.
Séguin (Elie), de Blaye.
Couillandeau (Jean), de Blaye.
Sauvage (Pierre), de Blaye.
Bourgeau (Antoine), de Blaye.
Alardisicart (Jean), de Blaye.
Auduteau (Jacques), de Blaye, tué au combat du 5 septembre 1781.
Château (Jean), de Libourne.
Gauthier (Jean), de Libourne.
Forton (Jean), de Libourne.
Bois (François), de Libourne.
Boileau (Thomas), de Libourne.
Balame (François), de Libourne.
Malard (Jacques), de Libourne.
Priolau (Barthélemy), de Libourne.
Gaudichon (Etienne), de Libourne.
Hervé (François), de Libourne.
Baudry (Jean), de Libourne.
Buisson (Bernard), de Libourne.
Deveux (Jean), de Marmande.
Cossimou (Guillaume), de Marmande.
Mithau (Jean), de Marmande.
Moche (Joseph), de Marmande.
Mouchis (Raymond), de Marmande.
Cossimou (Jean), de Marmande, mort à bord le 10 juillet 1782.
Cabirol (Jean), de Toulon.
Téchenel (Bertrand), de Toulon.
La Moulinière (Jean), de Montauban.
La Treille (Bertrand), de Montauban.
Galès (Etienne), de Montauban.
Misseus (Etienne), de Montauban.
Souiller (Jean), de Montauban, mort à l'hôpital le 13 décembre 1781.
Jay (Pierre), de Libourne.
Dorda (Soubat), de Bayonne.
Corbeau (Louis), de Bayonne.
Serouet (Jean), de Bayonne.
Amestoy (Pierre), de Bayonne.
Chatel (Claude), de Bayonne.
Lubet (Jean), de Bayonne.
Bachet (Bernard), de Bayonne.
Durieux (Vidal), de Bayonne.
Lombard (François), de Bayonne.
Bramariq (Jean), de Bayonne.
Demarest (Jean), de Bayonne.
Richard (Léonard), de Bayonne.
Baudoin (Jean), de Marennes.
Rivière (Alexis-Jean), de Marmande.
Richard (Pierre), de Nantes.
Ségura (Pierre), de Saint-Jean-de-Luz.
Elchepy (Nicolas), de Saint-Jean-de-Luz, mort à bord le 23 mars 1781.
Martin (Joseph-Honoré), de Saint-Tropez.
Blé (Jean), de Saint-Tropez.
Bonhomme (Elie), de Périgueux.
Niquet (Marcel), de Cette.
Le Roy (François), de Saint-Jean-d'Angély.
Clavaux (Jean), de Bordeaux.
Gaillardon (Jean), de la Teste.
Naux (Jean), de la Teste.
Courette (Jean), de la Teste.
Camin (François), de la Teste, mort à bord le 21 mai 1782.

Novices.

Bordier (Jean), de Dinan.
Rénier (Michel), de Sedan.
Lallemand (Claude), de Paris.
Le Gros (François), de Paris.
Billet (Christophe), de Paris.
Lahuc (Jacques), de Paris.
Marin (Jacques), de Paris.
Gauthier (Jean-Charles), de Paris.
Hervin (Louis-Marie), de Paris.
Pédron (Mathurin), de Pontivy, tué au combat du 12 avril 1782.
Collet (François), de Château-Gontier.
Labbé (Nicolas-André), de Dieppe.
Le Mercier (François), de Dieppe.
Talus (Jean-Baptiste), de Dieppe.
Taupin (Jean-François), de Dieppe.
Fromentin (Jacques-Joseph), de Dieppe.
Conseil (Laurent), de Dieppe.
Denis (Louis), de Dieppe, mort à bord le 2 août 1782.
Le Sage (Louis), de Saint-Brieuc.
Le Doré (Pierre), de Saint-Brieuc.
Méheux (Yves), de Saint-Brieuc.
Lorzet (François), de Saint-Brieuc.
Delandes (Jean), de Saint-Brieuc.
Lefèvre (Jean), de Saint-Brieuc.
Hamon (François), de Saint-Brieuc.
Hamon (Yves), de Saint-Brieuc.
Roussel (Mathurin), de Saint-Brieuc.
Prévôt (Jean-Baptiste), de Fécamp.
Bourrienne (Noël), de Fécamp.
Lalouette (Louis-Charles), de Fécamp.
Beaudoin (Jean-Baptiste), de Fécamp, mort à bord le 26 avril 1782.
Périgaux (Michel), de Rennes.
Le Port (Jean), de Vannes.
Le Gradic (Louis), de Vannes.
Bodevin (Guillaume), de Vannes, mort à bord le 3 janvier 1782.
Nicolas (Jean), de Vannes.
Raoul (Toussaint), de Vannes.
Bourhis (Grégoire), de Vannes.
Querqueret (Joseph), de Vannes.
Le Floch (Joseph), de Vannes.
Mignau (Louis), de Vannes.
Mahé (Pierre), de Vannes.
Hodo (François), de Vannes.
Rieux (Pierre), de Vannes.
Le Garrec (Armel), de Vannes.
Le Vigoureux (Philippe), de Vannes.
Clouarec (François), de Vannes.
Le Goff (Georges), de Vannes.
Le Floch (Jean), de Vannes.
Le Boulho (Pierre), de Vannes.
Orgevin (Guillaume), de Vannes, mort à l'hôpital le 13 janvier 1782.
Brohant (Michel), de Vannes.
Le Gouinec (Guillaume), de Vannes.
Le Guénan (Yves), de Vannes.
Josso (Yves), de Vannes.
Perrotin (Julien), de Vannes.
Guichon (Pierre), de Vannes, mort à bord le 23 juillet 1782.
Volet (Pierre), de Dieppe.
Briant (François), de Dinan.
Bouteille (François), de Toulouse.
Gouard (Laurent), de Fécamp, mort à bord le 13 septembre 1782.
La Paire (Pierre), de Fécamp.
Fougasse (Jean), de Fécamp.
Laguerre (François), de Fécamp.
Pelard (Etienne), de Marmande.
Castagne (Jean), de Marmande.
Brussac (Michel), de Marmande.
Paugan (Jean-Marie), de Morlaix.
Pellé (Jean-Louis), d'Orléans.
Metéreau (Martin), d'Orléans.
Frétay (Barthélémy), d'Orléans.
Bottereau (François), d'Orléans.
Bigau (Jacques), d'Orléans.

Chevalier (Noël), d'Orléans, mort à bord le 13 juillet 1781.
Legrand (Charles-François), de Nevers.
Guillot (Jean-Marie), de Nevers.
Quillet (Bernard), de Nevers.
David (Léonard), de Nevers.
Cervau (Jacques-Marie), de Nevers.
Peroy (Louis), de Nevers, mort à bord le 11 septembre 1781.
Simon (Jean), de Fécamp.
Gilet (Joseph), de Paris.
Chanier (Jean-Baptiste), de Paris.
Bazin (Jean-Baptiste), de Paris.
Gorce (Joseph), de Nantes.
Gentel (Yves), de Saint-Malo.
Barbier (Jean-François), de Saint-Malo.
Rollandau (Jean), de Noirmoutiers.
Fadié (Julien-Guillaume), de Saint-Servan.
Valau (Louis), de Saintes.
Cholet (Jean), de Saintes.
Eyon (Jean), de Saintes.
Saint-Orein (Guillaume), de Marmande.
Labardin (Jacques), de Marmande.
Gervau (Jean), d'Oléron.
Roux (Pierre), de Royan.
Danseuville (Pierre), de Royan.
Tauzière (Barthélémy), de Bordeaux.
La Fontaine (Pierre), de Bordeaux.
Vallade (François), de Blaye.
L'Héritier (Pierre), de Libourne.
Pateau (Pierre), de Libourne.
Dumont (Jean), de Libourne.
Trigan (Jean), de Libourne.
Aubain (Elie), de Libourne, mort à bord le 15 avril 1782.
Castagne (Pierre), de Marmande.
Dulac (Jean), de la Teste.
Perroy (Marc), de la Teste.
Buisson (Bertrand), de Toulouse.
Sonpeaut (Jean), de Toulouse.
Marie (Jean), de Toulouse.
Plantade (Pierre), de Toulouse.
Cointeau (Jacques), de Toulouse.
Gotereau (Jean), de Toulouse.
Courte (Jean-Louis), de Toulouse.
Daumince (Pierre), de Toulouse.
Bois (Pierre), de Toulouse.
Dulas (René), de Toulouse.
Delaveau (Honoré), de Toulouse.
Roux (Marcel), de Toulouse.
Guillard (Claude), de Toulouse.
Pilet (Antoine), de Toulouse, mort à bord le 24 février 1781.
Mahé (Pierre), de Saint-Brieuc.
Le Roux (Ambroise), de Laval.
Jannon (Louis), de Lorient, mort à l'hôpital le 26 juin 1782.
Le Gratiel (Julien), de Tréguier.
Sarazin (Pierre), de Saint-Malo.
Duflos (Antoine), de Moulins.
Bocage (Georges-André), de Rouen.
Guérin (Urbain), de Noirmoutiers.
Lauthemau (Laurent), de Brest.
Le Cler (Jacques), de Tours, mort à bord le 29 décembre 1781.
Chadesses (Jacques), de Bordeaux.
Dutemple (Jean), de Bordeaux.
Fougo (Jean), de Bordeaux.
Albert (Bernard), de Bordeaux.
Deschamp (Jacques), de Bordeaux.
La Tourna (Antoine), de Bordeaux.
Lescou (Henry), de Bordeaux.
Thibaut (Pierre), de Bordeaux.
Salliem (Pierre), de Bordeaux.
Voisin (Michel), de Bordeaux.
Hardouin (Michel), de Bordeaux.
Forget (Michel), de Bordeaux.
Lafargue (François), de Bordeaux.
Duprat (Pierre), de Bordeaux.
Batardier (Vincent), de Bordeaux.
Magnois (François), de Bordeaux.
Castaing (Pierre), de Bordeaux.
Boucart (Martin), de Bordeaux.
Daubet (Xavier), de Bordeaux.
Pénicau (Jean-Baptiste), de Bordeaux.
Grand (Jacques), de Bordeaux.
Reignac (Etienne), de Bordeaux.
Dugust (Mathieu), de Bordeaux.
La Coste (Bernard), de Bordeaux.
Perrio (Claude), de Bordeaux.
Hainaud (Pierre), de Bordeaux.
Bois (Jean), de Bordeaux.
Cavalles (Pierre), de Bordeaux.
Lahore (Laurent), de Bayonne.
Jacobin (Jean-Claude), de Saint-Malo.
Lefèvre (Guillaume), de Saint-Malo.
Fareit (Julien), de Saint-Malo.
Chevalier (Jean), de Saint-Malo.
Madiou (Pierre), de Saint-Malo.
Clouard (Michel), de Saint-Malo.
Prieur (Louis), de Paimbœuf.
Quépars (Marsant), de Bayonne.
Fouqueray (Pierre), de Marmande.
Betteau (Jacques), de la Rochelle, tué au combat du 12 avril 1782.
Mou (Jean), de Narbonne.
Fromage (Gilles), de Granville.
Dupon (Michel), de Granville.
Portier (Joseph), de Quimper.
Besnard (Jean-François), de Nantes.
Richard (Jérémie), de Royan.
Camus (Thomas), de Royan.
Maillet (Jean), de Royan.
Tréodat (Julien), de Vannes.
Delahaye (Etienne), de Lorient.
Tremeur (Jean-Marie), de Lorient.
Hustin (Pierre), de Saumur.
Lefèvre (Robert), de Rouen.
Billaut (Pierre), de Nantes.
Bégnier (Claude), de Mâcon.
Momante (Antoine), de Châlons-sur-Saône.
Croisel (Jean), de Soissons.
Roussel (François), de Tours.
Lomé (Jacques), de Dieppe.
Magnan (Nicolas), de Dieppe.
Dion (Luc), d'Oléron.
Turin (Pierre), de Lorient.
Le Moal (Jean), de Lorient.
Dugain (Louis), de Dinan.
Guillaumard (Jean), de Saint-Brieuc.
Le Bars (Yves), de Vannes.
Bouillan (Pierre), de Nantes.
Ruello (Guillaume), du Croisic.
Vernoux (Mathurin), de Paimbœuf.
Avis (Thomas), de Honfleur.
Boudraux (Jean), de Nantes.
Bouyer (Antoine), de Toulouse.
Guérin (Jean), de Granville.
Poulain (Nicolas), de Granville.
Fousard (Nicolas), de Granville.
Lemonnier (Louis-Jacques), de Granville, mort à bord le 5 octobre 1782.
Royer (Etienne), de Lyon.
Lagadoux (Hervé), de Brest.
Seveste (Yves), de Quimper.
Receveur (Guillaume), de Saint-Brieuc.
Le Cam (Yves), de Saint-Brieuc.
Doyau (Jean-Marie), de Vannes.
Surget (Alexis), du Mans.
Jouguenet (Pierre), de Dinan.
Dufort (Louis), de Nantes.
Toutain (Jean), de Fécamp.
Deschamp (Jean-Baptiste), du Havre.
Cahagne (Jacques), de Caen.
De la Barre (Charles-Barnabé), de Dieppe.
Dujardin (Michel), de Granville.
Laborde (François), de Libourne.
Vial (Charles), d'Antibes.
Texier (Pierre), de Saintes.
Poitvin (Pierre), de Marmande.
Morin (Jean), de Marmande.
Guillonau (Jean), de Noirmoutiers.
Guillot (Jacques), de Bayonne.
Delanoul (Jean-François), d'Oléron.
Moreau (Jean), de Marmande.
Estève (Pierre), de Libourne.
Bouyer (Pierre), de Libourne.
Durand (Jean), de Libourne.
Rivierre (Pierre), de Libourne.
Biger (Vincent), de Libourne.
Gilet (François), de la Rochelle.
Renaud (Thomas), de Marennes.
Labé (Antoine), de Marennes.
Mouché (Louis), de Rochefort.
Rougé (Jacques), de Saint-Malo.
Jausse (Louis), de Saint-Malo.
Canel (Adrien-Jean), de Dieppe.
Frémond (Etienne), d'Orléans.

Surnuméraires.

Berthaut (Augustin), secrétaire, de Brest.
Féquant (Jean), secrétaire, de Reims.
Noël (Jean), second chirurgien, de Dinan.
Quintin (Nicolas), second chirurgien, de Saint-Brieuc.
Quinstebec (Ollivier), second chirurgien, de Vannes.
Danger (Nicolas), second chirurgien, de Rouen.
Périot (Charles), second chirurgien, de Cosne.
Queremet (Joseph), commis, de Granville.
Ezonnau (Jérôme), commis, de Sarrelouis.
Décamp (Charles), commis, de Saint-Valéry.
Perret (Joseph), commis, d'Amiens.
Savoureux (Nicolas), maître valet, de Saint-Malo.
Durand (Jean), maître valet, de Dinan.
Laurent (Jean-Marie), maître valet, de Brest.
Nicolas (Mathurin), maître valet, de Dinan.
Le Roux (Ambroise), maître valet, de Laval.
Jouanno (Pierre), maître valet, de Pontivy.
Le Sage (Louis), maître valet, de Saint-Brieuc.
Ruffel (Mathurin), maître valet, de Redon.
Renal (Denis), maître tonnelier, de Brest.
Letellier (Yves), maître tonnelier, du Faou.
Derlot (Jean-René), pilote-côtier, de Saint-Brieuc.
Feuillet (Jean), pilote côtier, de Dinan.
Dousset (Joseph), pilote côtier, de Blois.

Mousses.

Berlivet (Yves), de Brest.
Guénou (Jean-Marie), de Brest.

Laberteiche (Jacques), de Brest.
Colin (Guillaume), de Brest.
Colin (François), de Brest.
Boursau (Jean-Marie), de Brest.
Quérézéon (François), de Brest.
Cléach (Jean-François), de Brest, tué au combat du 5 septembre 1781.
Col (Charles), de Landerneau.
Madec (Bernard), de Landerneau.
Guyader (Bastien), de Saint-Renan.
Petit (Aimable), du Croisic.
Pallas (Michel), de Saint-Malo.
Moiré (Louis), de Paris.
Le Duc (Julien), de Vannes.
Josselin (Mathurin), de Vannes.
Clelaux (Antoine), de Vannes.
Bouin (Louis), d'Irvillac, tué au combat du 12 avril 1782.
Baugar (Guillaume), de Quimper.
Pépin (Michel), de Granville.
Brau (Pierre), de Dinan.
Rabauté (Jacques), de Dinan.
Morvan (Jacques), de Dinan.
Poupard (Aimable), de Cherbourg.
Poupard (Victor), de Cherbourg.
Fontaine (Jean-François), de Lannion.
Lacroix (Jean), de Bayonne.
Pommeray (Jean-Marie), de Saint-Brieuc.
Rochefort (Jean), de Saint-Brieuc, tué au combat du 5 septembre 1781.
Le Retz (François), de Brest.
Lemaitre (Pierre), de Brest.
Guéguen (Jacques), de Brest.
Rollet (Gilles), de Dinan, mort à bord le 22 juillet 1782.
Dixer (Alexis-René), de Saint-Malo.
Detrais (Joseph), de Morlaix.
Gautier (André), de Noirmoutiers.
Kerlire (Julien), de Lorient.
Mouillec (Joseph), de Lorient.
Olitrot (Louis), de Lorient.
Guichard (Jean), de Lorient.
Olard (Louis), de Lorient.
Bobinec (Jacques), de Lorient, mort à bord le 5 octobre 1781.
Rouaux (Michel), de Morlaix.
Noblier (Josselin), de Saint-Malo.
Rouenel (Pierre), de Saint-Malo.
Crublier (Jean), de Saint-Malo.
Chalopin (Pierre), de Saint-Malo.
Philippe (Laurent), de Saint-Brieuc.
Pédron (Alexis), de Saint-Brieuc.
Hautier (Sévère), de Saint-Brieuc.
Colin (Jacques), de Paimpol, tué au combat du 12 avril 1782.
Schevin (François), de Honfleur.
Poulmare (Jean-Baptiste), de Saint-Brieuc.
Rault-Botrin (Yves), de Saint-Brieuc.
Rault (Ollivier), de Saint-Brieuc.
Dilasser (Hervé), de Morlaix.
Bourvec (Alain), de Morlaix.
Jouannès (Jean-Marie), de Brest.
Durocher (Julien), de Brest.
Guérin (Urbain), de Noirmoutiers.
Duval (Pierre), du Havre.
Sausse (Florentin), du Havre.
Le Clair (Richard), du Havre.
Giraud (Joseph), du Havre.
Falaise (Hyacinthe), du Havre, mort à bord le 15 juin 1781.
Michel (Pierre-Louis), de Kerhuon.
Vigoureux (Jean), de Lorient.
Queinec (Michel), de Morlaix.
Cornec (Joseph), de Crozon.
Houlaire (Pierre), de Saint-Pol-de-Léon.
Hubert (Gilles), de Vannes.
Auger (Jean-Nicolas), du Havre.
Limouzin (Henry), d'Angoulême.
Alpart (Félix-Marie), de Quimperlé.
Duquène (Guillaume), de Brest.
Millet (Louis), de Brest.
Le Cocq (Louis), de Brest.
Tanguy (Jean-François), de Landerneau.
Cossé (Charles), de Lamballe.
Boulon (François), de Saint-Brieuc, tué au combat du 5 septembre 1781.
Le Gal (Laurent), de Saint-Brieuc.
Le Comte (Jean), de Granville.
Fournier (Louis-Etienne), de Paris.
Huby (Joseph), de Saint-Omer.
Pontigny (Jean), de Hennebont.
Guillou (Marc), de Guingamp.
Suin (Jean), du Havre.
Berthaut (Louis), de Granville.
Pateau (François), de Rochefort.
Renaud (Antoine), de Rochefort.
Bontems (Pierre), de Saintes.
Dulangard (Jean), de Lorient.
Robin (Louis-Julien), de Lorient.
Elouette (Pierre), de Quimper.
Thomas (Jean), de Quimper.
Viaud (Pierre), de la Seyne.
Le Duc (Yves), de Tréguier.
Millet (Jean), de la Rochelle.
Leduc (François), d'Angers.
Bergé (René), de Guingamp.
Bartre (Louis), de Vannes.
Pedat (Yves), de Brest.
Le Corné (Jean), de Brest.

Domestiques.

Lahoude (Jean-Louis), d'Avignon.
Buidec (Pierre), de Morlaix.
Hotel (Paul), de Saintes.
Le Page (Hervé), de Brest.
Ago (Laurent), de Rennes.
Le Mercier (Jean), de Mortagne.
Le Lay (Louis), de Quimper.
Michau (Jean), de Quimper.
Duroché (Jean), de Nantes.
Laugier (Antoine), de Toulon.
Charles (Joseph), de Brest.
Daniel (Pierre), de Tréguier.
Gautier (Louis), de Lyon.
Crublier (Jean), de Saint-Malo.
Chapouil (Antoine), de Brive-la-Gaillarde.
Flem (Charles), de Lannion.
Laugier (Antoine), de Toulon.

L'HECTOR

(1781-1782)

L'« *Hector* » a aussi fait la campagne d'Amérique sous les ordres du Comte d'Estaing (1778-1779), à un armement antérieur.

MM. DE MONTECLER, D'ALEINS, DESTOUCHES et DE LA VICOMTÉ, Capitaines de vaisseau, tour à tour Commandants.

ÉTAT-MAJOR

CAPITAINES DE VAISSEAU

De **MONTECLER**, Commandant.
RENAUD D'ALEINS, Commandant.
DESTOUCHES, Commandant.
De la **VICOMTE**, Commandant, tué au combat du 12 avril 1782.

LIEUTENANTS DE VAISSEAU

De **CLAIREMBERT.**
THIBAULT.
De **BANVILLE.**
De **BEAUMANOIR.**
De **l'ISLE-SAINT-MARTIN.**
Le chevalier de **BIZIEN.**
De **CHABOT.**
DESMOULINS.
De la **HAYRIE.**
BILLE, officier danois.

ENSEIGNES DE VAISSEAU

Le chevalier de **ROQUEFEUIL.**
De **BOISEON.**
Du **BOURQUET.**

D'ALBERT DES ESSARTS.
De **LORT de SERIGNAN.**
D'AIGREMONT.
De **LIGNY.**

LIEUTENANTS DE FRÉGATE

GASPARD (Morel).
MALGRA.
De **KERMORIAL.**
De **BASSIERE.**
BERTHELOT.
LEMOINE.
De la **GARDE.**

OFFICIERS AUXILIAIRES

De la **VILLEON.**
DUTAILLES.
De **PUISFERE.**
De **BROCHEREUILLE.**
BONAVIE.
NICOLAY.

CHIRURGIENS-MAJORS

SCIPION.
LAFOND.
BONNIN.

AUMONIERS

De **VILLARS** (R. P. Bernardin), capucin.
POTTERIE (abbé), séculier.
MORNAY (abbé), séculier.

GARDES DE LA MARINE

Chevalier **GUESNY de BEAUREGARD.**
De **TREDERN.**
D'ANDREE de RENOARD.
LE COMTE.
DERVAL.
De **PIGNERES.**
De la **VILLEBRUNE.**

VOLONTAIRES

Duval (Jean-Benjamin).
Despéroux (Joseph).
Torquat de la Couillerie.
Le Gricq.
Testard (Paul).
De Trobriand.
Duplessis de Kergaumar.
Trépied (Charles), de Lorient.
Lubet, de Brest.
Béchard.
Varlet (Julien-Paul).

Officiers-mariniers de manœuvre.

Simon (René-Louis), premier maître, de Brest.
Jean (Guillaume), premier maître, de Lorient
Lamarche (Louis), premier maître, de Lorient.
Ferraut (André), second maître, de Toulon.
Laurec (Joseph), second maître, de Lorient, tué au combat du 12 avril 1782.
Guérandel (Guillaume), contremaître, de Granville.
Le Roux (Julien), contremaître, de Lorient, tué au combat du 12 avril 1782.
Roulois (Joseph), contremaître, de Lorient, tué au combat du 12 avril 1782.
Tournelec (Christophe), bosseman, de Brest.
Le Gallais (Louis), bosseman, de Nantes.
Le Guen (Jean), bosseman, de Riantec.
Langrenay (Pierre), bosseman, du Havre.
Puget (Pierre), bosseman, de Brest.
Fourré (Jean), quartier-maître, de Saint-Malo.
Le May (Yves), quartier-maître, de Saint-Malo.
Robert (René), quartier-maître, de Saint-Malo.
Thépot (Jean), quartier-maître, de Camaret, tué au combat du 12 avril 1782.
Stéphan (Jean-Baptiste), quartier-maître, de Lorient.
Padellec (Jean), quartier-maître, de Lorient.
Le Roy (Joseph), quartier-maître, de Lorient.
Pelardy (Jacques), quartier-maître, de Lorient.
Belin (Etienne), quartier-maître, de Lorient, tué au combat du 12 avril 1782.
Massac (Hervé), quartier-maître, de Nantes.
De la Forge (Jean), quartier-maître, de Dinan.
Martin (François), quartier-maître, de Dinan.
Lorec (Jean), quartier-maître, de Belle-Isle.
Choux (Jacques-Jean), quartier-maître, de Granville.
De France (Jacques), quartier-maître, de Dieppe.
Michel (Honoré), quartier-maître, de la Ciotat.
Le Goff (Jean), quartier-maître, de Brest.
Le Blois (Jean-Marie), quartier-maître, de Brest.
Tizon (Jean-Baptiste), quartier-maître, de Honfleur.
Gueit (André), quartier-maître, de Toulon.
Meslou (Jean), quartier-maître, de Royan.
Gouarne (Guillaume), quartier-maître, de Saint-Malo.

Officiers-mariniers de pilotage.

Rolland (Yves), premier pilote, de Recouvrance.
Dubuisson (Robert), second pilote, de Rouen
Le Pontois (Louis), second pilote, de Granville.
Poitier (Jean-Baptiste), aide-pilote, de Granville.
Thurminger (Mathias), aide-pilote, de Nantes.
Elie (Charles), aide-pilote, de Granville.

Officiers-mariniers de canonnage.

Nicolas (Jean-René), maître canonnier, de Lorient, tué au combat du 12 avril 1782.
Gratelou (Pierre), maître canonnier, de Port-Louis, mort à bord le 9 octobre 1781.
Bonnegras (Jean-Pierre), second canonnier, de Toulon.
Imbert (Jacques), second canonnier, de Toulon.
Audibert (Louis), second canonnier, de Toulon.
Pony (Jean-Marie), second canonnier, de Lorient.
Certain (Pierre), aide-canonnier, de la Hougue.
Vigor (André), aide-canonnier, de la Hougue.
Simon (Jean), aide-canonnier, de Saint-Valéry.
Pédron (Raoul), aide-canonnier, de Saint-Brieuc.
Criquet (Thomas), aide-canonnier, de Saint-Malo.
Bouvet (François), aide-canonnier, de Saint-Malo, blessé au combat du 12 avril 1782.
Danet (Guillaume), aide-canonnier, de Lorient
Blanc (Louis-Charles), aide-canonnier, de Marseille.
Durand (Louis), aide-canonnier, de Toulon.
La Vergne (Jean-Louis), aide-canonnier, de Toulon.
Charot (Antoine), aide-canonnier, de Toulon.
Turcant (Pierre), aide-canonnier, de Toulon.
Bougie (Mathurin), aide-canonnier, de Dinan.
Germe (Pierre), aide-canonnier, de Boulogne.
Le Fort (Jean), aide-canonnier, de Dieppe.
Dujardin (Nicolas), aide-canonnier, de Dieppe.
Troquet (François), aide-canonnier, de Dieppe, blessé au combat du 12 avril 1782
Gressin (Victor), aide-canonnier, de Caen.
Aubray (Jacques), aide-canonnier, de Caen.
Tubeuf (Jean-Baptiste), aide-canonnier, de Caen.
Bigeard (Joseph), aide-canonnier, de Nantes.
Savoureux (Jean), aide-canonnier, de Nantes.
Baligant (Gilles), aide-canonnier, de Recouvrance.
Jaouen (Jean-Marie), aide-canonnier, de Brest.
Coateval (Goulven), aide-canonnier, de Brest.
Marais (Gilles), aide-canonnier, de Rouen.
Le Fay (Bernard), aide-canonnier, de Belle-Isle.
Pellegrin (Joseph), aide-canonnier, de Toulon.
Bataille (Augustin), aide-canonnier, de Dieppe.
Gondrée (Alexis), aide-canonnier, de Dieppe.
Desbois (François), aide-canonnier, de Saint-Malo.
Burel (François), aide-canonnier, de Saint-Brieuc.
Saunier (Jean-Pierre), aide-canonnier, de Dunkerque.
Bonnier (Julien), aide-canonnier, de Saint-Malo.
Duvergé (Louis), aide-canonnier, de Cherbourg.

Officiers-mariniers de charpentage.

Georget (Jean), premier maître charpentier, de Lorient.
Lafosse (Pierre), second charpentier, de Granville.
Barthélémy (Thomas), second charpentier, du Havre.
Albo (Mathurin), aide-charpentier, de Lorient.
Bonder (Louis), aide-charpentier, de Brest.
Meudec (Yves), aide-charpentier, de Brest.
Voisin (Paterne), aide-charpentier, de Lorient.
Danet (Jean-Louis), aide-charpentier, de Lorient.

Officiers-mariniers de calfatage.

Boulaire (Jean), premier maître calfat, de Lorient.
Jagoury (Louis), second maître calfat, de Saint-Servan.
Nicolas (Joseph), aide-calfat, de Lorient.
Le Thiec (Louis), aide-calfat, de Lorient.
Gourmelon (Nicolas), aide-calfat, de Roscoff

Officiers-mariniers de voilerie.

Kerjean (Hervé), premier maître voilier, de Lorient, mort à bord le 20 septembre 1781.
Jantel (Céleste), second maître voilier, de Lorient, blessé au combat du 12 avril 1782.
Jigouzeau (Mathurin), aide-voilier, de Lorient.
Fortvieux (Pierre), aide-voilier, de Saint-Malo, mort à l'hôpital du Fort-Royal le 6 avril 1782.

Gabiers et Timoniers.

Querré (Mathieu), de Quimper.
Poulain (Laurent), de Saint-Brieuc.
Dionis (Jacques), de Honfleur, blessé au combat du 12 avril 1782.
Marchand (Pierre), de Fécamp, mort à bord le 12 octobre 1781.
Grennelec (Pierre), de Nantes.
Pavin (Georges), du Croisic.

Cuvelaire (Jean-François), de Saint-Valéry.

Hervé (Pierre), de Saint-Malo.

Dupuis (Joseph), de Saint-Malo, mort à bord le 12 octobre 1781.

Moreau (Michel), de Marseille.

Goujon (Augustin), de Marseille.

Audoui (Simon), de Nantes.

Rossignol (Joseph), de Nantes.

Lincens (Charles), de Nantes.

Le Vavasseur (Jean), de Nantes.

Besnier (François), de Nantes.

Graoua (Vincent), de Brest.

Jégard (Julien), de Lorient.

Calvart (Joseph), de Lorient.

Sciou (Joseph), de Lorient.

Feulaffé (Joseph), de Lorient.

Querneau (Michel), de Lorient, mort à bord le 3 août 1781.

Revel (François), de Saint-Brieuc.

Boulaire (Michel), de Saint-Brieuc.

Chatté (Pierre), de Saint-Brieuc.

Calvé (François), de Saint-Malo.

Le Butel (Pierre), de Fécamp, mort à bord le 17 novembre 1781.

Moisan (Mathurin), de Dinan.

Fouasse (François), de Dinan.

Garnier (François), de Dinan, mort à bord le 23 février 1782.

Juvet (Barthélémy), de Dinan, mort à bord le 26 septembre 1781.

Avril (Pierre), de Dinan, blessé au combat du 12 avril 1782.

Mignot (Antoine), de Rouen.

Matelots.

Tabourner (Joseph), de Lorient.

Desfrémon (Julien), de Lorient.

Jaffray (Yves), de Lorient.

Rolland (André), de Lorient.

Sévignan (Yves), de Lorient.

Le Breton (Nicolas), de Lorient, a eu les deux jambes emportées au combat du 12 avril 1782.

Bain (Vincent), de Lorient.

Métayer (Julien), de Lorient.

Audrain (Joseph), de Lorient.

Gourgeau (Jean), de Lorient.

Dulescoët (Jean-Baptiste), de Lorient.

Grenier (Pierre), de Lorient.

La Cour (Jacques), de Lorient, tué au combat du 12 avril 1782.

Le Moller (Louis), de Lorient.

Le Quellec (Julien), de Lorient.

Le Doux (Julien), de Lorient.

Rome (Félix), de Lorient.

Moillic (Germain), de Lorient.

Le Roux (Charles), de Lorient.

Le Nain (Louis), de Lorient.

Corail (Pierre), de Lorient.

Le Coz (Noël), de Lorient.

Coroller (Jean), de Lorient.

Joannès (Martin), de Lorient.

Clément (Pierre), de Lorient.

Matelot (François), de Lorient, mort au Fort-Royal le 25 janvier 1782.

Tréhan (Jean-Charles), de Belle-Isle.

Dibreder (Charles), de Belle-Isle.

Le Port (Maurice), de Belle-Isle.

Gallen (François), de Belle-Isle.

Loréal (Louis), de Belle-Isle.

Bedesque (Jean), de Belle-Isle.

Samson (Laurent), de Belle-Isle.

Aliguen (Guillaume), de Belle-Isle.

Samson (Maurice), de Belle-Isle.

Olliero (Jean-Marie), de Belle-Isle.

Guégan (Albin), de Belle-Isle.

Dolanec (Nicolas), de Belle-Isle.

Le Sergent (Gabriel), de Belle-Isle.

Vallet (Charles), de Belle-Isle.

Illiaquer (Nicolas), de Belle-Isle.

Salarun (Guillaume), de Belle-Isle.

Senestre (François), de Belle-Isle.

Quervero (Pierre), de Vannes.

Le Vavasseur (Joseph), de Vannes.

Le Roux (Arnaud), de Vannes.

Verdier (Jacques), de Vannes.

Le Nayl (Jean-François), de Vannes.

Cadoret (Claude), de Vannes.

Courigues (Joachim), de Vannes.

Mesnard (Julien), de Dinan.

Auffret (Jean), de Dinan.

Gaudin (Pierre), de Dinan, mort au combat du 12 avril 1782.

Croniard (François), de Saint-Brieuc.

Simon (Pierre), de Saint-Brieuc.

Furret (Jean), de Saint-Brieuc.

Le Goff (Pierre), de Saint-Brieuc.

Lorguen (Yves), de Saint-Brieuc, tué au combat du 12 avril 1782.

Terlet (François), de Saint-Brieuc.

Touzé (François), de Saint-Brieuc.

Thomas (Pierre-François), de Saint-Brieuc, tué au combat du 12 avril 1782.

Bellaye (Jean), de Saint-Brieuc.

Beaujéard (François), de Saint-Brieuc.

Corlais (Jean-Louis), de Saint-Brieuc.

Kerhic (François), de Saint-Brieuc.

Auffret (Jean), de Saint-Brieuc.

Olivier (Marc), de Saint-Brieuc.

Moquaire (Jacques), de Saint-Brieuc.

Salaun (Jean), de Saint-Brieuc.

Hervé (Jean), de Saint-Malo.

Mesnard (Pierre), de Saint-Malo.

Bézielle (Joseph), de Saint-Malo, tué au combat du 12 avril 1782.

Boursault (Louis), de Saint-Malo.

Rogny (François), de Saint-Malo.

Belin (Malo), de Saint-Malo.

Percevault (Jean), de Saint-Malo.

Guérinot (Jean), de Saint-Malo, tué au combat du 12 avril 1782.

Hervy (François), de Saint-Malo.

Lainé (Ambroise), de Saint-Malo.

Vissonneau (Simon), de Saint-Malo.

Le Blanc (Simon), de Saint-Malo, tué au combat du 12 avril 1782.

Gouerne (Antoine), de Saint-Malo.

Le Page (Jean-Baptiste), de Saint-Malo.

Chauvin (Jacques), de Saint-Malo, tué au combat du 12 avril 1782.

Hénault (Vincent), de Saint-Malo.

Bouvier (Joseph), de Saint-Malo.

Maillard (David), de Saint-Malo.

Couriou (Claude), de Saint-Malo.

Berré (François), de Saint-Malo.

La Porte (Jacques), de Saint-Malo, tué au combat du 12 avril 1782.

Chedeville (Jean), de Saint-Malo.

Robidou (Jean), de Saint-Malo.

Paillet (René), de Saint-Malo, mort à bord le 27 octobre 1781.

Rouillé (Louis), de Saint-Malo.

Godard (Laurent), de Saint-Malo.

Le Bret (François), de Saint-Malo.

Gillet (Louis), de Dinan.

Thomas (Mathurin), de Dinan.

Botrel (Mathurin), de Dinan.

Ferrant (Jean), de Dinan.

Burget (Maurice), de Dinan.

Briand (Jean), de Dinan.

Thomas (Julien), de Dinan.

Amiot (Gilles), de Dinan.

Le Bret (Louis), de Dinan.

Le May (Jacques), de Dinan.

Récollé (Augustin), de Dinan.

Rama (Yves), de Dinan.

Bénard (Pierre), de Dinan.

Le Bret (Pierre), de Dinan.

Thomas (Pierre), de Dinan.

Gourneuf (François), de Dinan, mort à bord le 30 octobre 1781.

Lesquin (Julien), de Dinan.

Cerissier (Pierre), de Dinan.

Jégu (Mathurin), de Dinan.

Paris (Charles), de Dinan.

Lefondré (Louis), de Dinan.

Bamet (Guillaume), de Dinan.

Goupil (Simon), de Dinan.

Gourgan (Louis), de Dinan, tué au combat du 12 avril 1782.

Morin (Paul), de la Rochelle.

Dumonceau (Jean), de la Rochelle.

Brousteau (Jean), de Marmande.

Fauconneau (Jean), de Marmande.

Poujade (Jean), de Moissac.

Charrier (Jacques), de Marennes.

Vironneau (Jacques), de Marennes.

Jastennet (Jean), de Bordeaux.

Juin (Pierre), de Bordeaux.

Renard (Jean), de Bordeaux.

Conseil (André), de Bordeaux.

Le Roy (Jacques), de Saintes.

Verjeau (Jean), de Saintes.

Moreau (Pierre), de Royan.

Auger (Antoine), de Montauban.

Grelou (Jean), de Montauban.

Cholet (Antoine), de Montauban.

Cholet (Vidal), de Montauban.

Aristot (Louis), de Bayonne.

Bordelane (Pierre), de Bayonne.

Saint-Marc (Arnaud), de Bayonne.

Jussint (Pierre), de Bayonne.

Darjella (François), de Bayonne.

Sabatier (François), de Bayonne.

Cazade (Pierre), de Bayonne.

Larieux (Pierre), de Bayonne.

Vigneau (Antoine), de Bayonne.

Marsan (Jean-François), de Bayonne, mort à bord le 21 avril 1781.

Faissantieux (Jean), de Bayonne.

Laroque (Jean), de Bayonne.

Jussent (Jean), de Bayonne.

Savatté (Jean), de Bayonne.

Mitton (Pierre), de Niort.

Dauphin (Louis), de Niort, tué au combat du 12 avril 1782.

Bouchet (Pierre), de Saintes.

Robert (Louis), de Marennes.

Gaillard (Pierre), d'Oléron.

Ablan (François), de Marmande.

Babin (Louis), de Libourne.

Aimés (Jean-Joseph), de Cette.

Berthaud (François), de Nantes.

Robiqué (Jean-Baptiste), de Nantes.

Le Ray (Yves), de Nantes.

Pouvreaud (Jacques), de Nantes.
Martin (Laurent), de Nantes.
Chiron (François), de Nantes.
Riou (Côme), de Nantes.
Dugast (Jean-Pierre), de Nantes, blessé au combat du 12 avril 1782. — Amputé des deux jambes.
Charon (Pierre), de Nantes.
Damon (Jean), de Nantes.
Jégu (Joseph), de Nantes.
Dugast (Ambroise), de Nantes.
Boudrot (Louis), de Nantes.
Blanchard (Jean), de Nantes.
Loiran (François), de Nantes, tué au combat du 12 avril 1782.
Chevalier (Jean), de Nantes.
Landrin (Honoré), de Nantes.
Fourisse (Similien), de Nantes.
Moisdon (Jean), de Nantes.
Brohan (Charles), de Nantes.
Daudun (Pierre), de Nantes.
Prou (Pierre), de Nantes.
Moisdon (François), de Nantes.
Landrin (Jean), de Nantes.
David (Jean), de Nantes.
Bruneau (Pierre), de Nantes, tué au combat du 12 avril 1782.
Calleau (Pierre), du Croisic.
Tabary (Jean), du Croisic.
Berthau (François), du Croisic.
Valé (Joseph), de Paimbœuf.
Angély (Louis), de Saint-Nazaire.
Le Rouzic (François), de Vannes.
Julien (François), de Granville.
Roussel (Louis), de Granville.
Le Granvillay (Louis), de Granville.
Ruaut (Toussaint), de Granville.
Roussel (Vincent), de Granville, mort à bord le 8 septembre 1781.
Langevin (Julien-François), de Caen.
Langevin (Pierre), de Caen.
Langlois (Augustin), de Caen.
Dupuis (Jacques), de Caen.
La Hupe (Pierre), de Caen.
Certain (Jean), de Caen.
Le Gris (Philippe), de Rouen.
Allais (Alexandre), de Rouen.
Auzou (Pierre), de Rouen.
Le Petit (Boniface), de Rouen.
Roussel (Louis), de Rouen.
Agnès (Jean), de Rouen.
Duménil (Jean), de Rouen.
Praut (François), de Rouen.
Chauniet (Guillaume), de Rouen, mort à bord le 21 octobre 1781.
Aduel (Guillaume), du Havre.
Le Perquier (Jacques), du Havre.
Dieu (Jean-Baptiste), de Honfleur.
De Launay (Nicolas), de Honfleur.
De Launay (Romain), de Honfleur.
Le Clerc (Thomas), de la Hougue.
Olive (Jean), de la Hougue.
Aubert (Philippe), de Dieppe.
Léger (Etienne), de Fécamp.
Isaac (François), de Fécamp.
Henry (Jean-Baptiste), de Fécamp.
Combes (Henry), d'Agde.
Gomard (Antoine), de Saint-Valéry.
Orville (Jean-Baptiste), de Saint-Valéry.
Serry (François), de Saint-Valéry.
Barielle (Jean), de Marseille.
Colombert (Yves), de Quimper.
Le Mab (Jean), de Qnimper.
Clech (Jean), de Quimper.
Le Hir (Pierre), de Brest.
Dutertre (Charles), de Brest.
Guérin (Noël), de Brest, blessé au combat du 12 avril 1782.
Quimper (François), de Lannion.
Bélizaire (Urbain), de Brest.
Boulin (Julien), du Mans.
Corseron (Sulpice), de Pré-en-Pail, tué au combat du 12 avril 1782.
Dumazet (François), de Grenoble.
Collet (Barthélémy), de Lyon.
Le Rey (Gabriel), de Rennes.
Coulon (Jean), de Toulon.
Froux (Antoine), de Nantes.
Olivier (Pierre), de Saumur.
Brun (Jean), de Libourne.
Valous (Jean-Baptiste), de Marseille.
Durand (Jean), de Bordeaux.
Lafontaine (Pierre), de Bordeaux.
Legrand (Julien), de Nantes.
Tessier (Pierre), de Saint-Nazaire.
Bourbis (Louis), de Saint-Brieuc, tué au combat du 12 avril 1782.
Jourand (Augustin), de Saint-Brieuc.
Alliet (Pierre), de Saint-Malo.
Jaffray (Félix), de Saint-Malo.
Bouvelle (Claude), de Lorient.
Rouxel (François), de Dinan.
Redo (Jean-Baptiste), de Marseille.
Claude (Jacques), de Boulogne.
Morel (Laurent), de Brest.
Ropars (Joseph), de Calais.
Fournier (François), de Saint-Valéry.
Duvonte (Pierre), de Bayonne.
Lamire (Robert), de Bayonne.
Lebreton (François), de Nantes.
Le Roux (Pierre), de Nantes.
Romain (Jean), de Rouen.
Simonau (Jean-Louis), de Rouen.
Vermeil (Nicolas), de Rouen.
Jean (François-Pierre), de Viersac, tué au combat du 12 avril 1782.
Giroux (Jean-Baptiste), de Nanterre.
Pagnaux (François), du Mans.
Marichaud (Claude), de Pontivy.
Jeaudey (Jean-Baptiste), de Moulins.

Novices.

Sommé (Jean-Baptiste), de Paris.
Banse (Claude-Jean), de Paris, blessé au combat du 12 avril 1782.
Drean (Claude-Marie), de Quimper.
Branchu (Léon), de Saint-Malo.
Chevalier (Jean), de Fougères.
Fantant (Louis), de Pontivy.
Tessier (Guillaumé), de la Roche-Bernard.
Simian (Jacques), de Montauban.
Jègo (Julien), de Saint-Brieuc.
Pichon (Pierre), de Rennes.
Rolland (Yves-Jean), de Vannes, blessé au combat du 12 avril 1782.
Frémont (Claude-François), de Briençon, blessé au combat du 12 avril 1782.
Martin (Claude), de Paris, tué au combat du 12 avril 1782.
Dalibau (Augustin), d'Angers.
Viguer (François), d'Angers, tué au combat du 12 avril 1782.
Moreau (Jacques), de Rennes.
Marais (Joseph), de Rennes.
Dubreuil (Julien), de Rennes.
Le Fèvre (Modeste), du Havre.
Tourtiau (Jean), du Mans.
Démon (Joseph), de Poitiers.
Le Bas (Michel), de Caen.
Noël (Pierre-François), de Caen.
Santerolle (Emmanuel), de Caen, blessé au combat du 12 avril 1782.
La Coude (Nicolas), de Caen.
Dilès (Guillaume), de Caen.
Baudouin (Guillaume), de Caen.
Alain (Gilles), de Caen.
Mesnil (Thomas-Henry), de Caen.
Angot (Elézard), de Caen.
Allain (Germain), de Caen.
Bordelais (Joseph), de Fougères.
Lamy (Pierre-François), de Cherbourg.
Gayreau (Pierre), de Cherbourg.
Selles (François), de Cherbourg.
Perrin (Henry-Joseph), de Rouen.
Huet (Jean-Baptiste), de Rouen.
Huet (André-Adrien), de Rouen, mort à bord le 23 février 1782.
Petit (Pierre), de Paris, tué au combat du 12 avril 1782.
Quéval (Jean), du Havre.
Le Lohan (Gilles), de Saint-Brieuc.
Augé (Jacques), de Nantes.
Caillé (Louis), de Briare.
Boisson (Laurent), de Briare.
Coullois (Henry), de Briare.
Jousselin (Jean), de Briare.
Le Riche (Jean-Baptiste), de Briare.
Carré (René), de Briare.
Bréhau (Pierre), de Briare.
Cagnat (Etienne), de Briare.
Vassau (Etienne), de Briare.
Guiry (Jean), de Briare.
Pillon (François), de Briare.
Henry (François), de Briare.
Laval (Pierre), de Briare.
Gaumé (Martin), de Saint-Georges (Tours).
Chartier (Silvain), de Saint-Georges (Tours).
Le Bert (Pierre), de Saint-Georges (Tours).
Besnard (Jean), de Saint-Georges (Tours).
Richard (Pierre), de Saint-Georges (Tours), blessé au combat du 12 avril 1782.
Lair (François), de Saint-Georges (Tours).
Gaudion (Pierre), de Saint-Georges (Tours)
Archambeau (Louis), de St.-Georges (Tours).
Guignache (François), de St.-Georges (Tours).
Bénard (Pierre), de Saint-Georges (Tours).
Béranger (François), de St.-Georges (Tours), blessé au combat du 12 avril 1782.
Archambaud (Jérôme), de St-Georges (Tours).
Archambaud (Pierre), de St.-Georges (Tours).
Biot (François), de Saint-Georges (Tours).
Bénard (Antoine), de Saint-Georges (Tours).
Cornier (Gilles), de Saint-Georges (Tours).
Alléaume (Silvain), de Saint-Georges (Tours), blessé au combat du 12 avril 1782, a eu les deux bras emportés.
Beauzou (André), de Saint-Georges (Tours).
Courteau (Charles), de Saint-Georges (Tours).
L'Echelon (Alexis), de Cosne.
Cervau (Louis), de Cosne.
Le Blanc (Jacques), de Cosne.
Le Duc (Edme), de Cosne.
Dugesne (Pierre), de Cosne.
Groslier (Michel), de Cosne.
Villacrou (Jean), de Cosne.
Petit (Etienne), de Cosne.

Bouin (François), de Cosne.
Dugesne (Louis), de Cosne, mort à bord le 6 décembre 1781.
Dessigny (Jean-Baptiste), de Paris.
Cresson (Louis-Marie), de Paris.
Ouazel (Joseph), de Dinan, mort à bord le 7 octobre 1781.
Carré (Yves), de Lorient.
Le Brech (Joseph), de Lorient.
Versin (Pierre), de Rouen.

Surnuméraires.

Le Fay (Pierre), pilote côtier, de Port-Louis.
Bariou (Guillaume), pilote côtier, de Quimper.
Louvrier (Jean), apothicaire, de Laval.
Gicquet (Jean-Baptiste), commis, de Lorient.
Le Goff (Jean-Jacques), commis, de Pont-Scorff.
Bougar (François), tonnelier, de Saint-Brieuc.
Couteau (Joseph), tonnelier, de Tulle.
Le Lec (Jean-René), premier maître valet, de Vannes.
Mallery (Alexis), second maître valet, de Vannes.
Divet (Henry), boulanger, de Saint-Martin-de-Janzé (Rennes).
Michel (Jacques), armurier, de Toulon.
Huchet (Pierre), armurier, de Nantes.
Mercier (Gilles), boucher, de Lorient.

Mousses.

Noury (Mathurin), de Dinan.
Nivel (Pierre), de Dinan.
Le Grain (François), de Dinan.
Fro (Pierre), de Lorient.
Gouëlo (Michel), de Lorient.
Pontré (Louis-Antoine), de Lorient.
Georget (Jean-Corentin), de Lorient.
Cadoré (Pierre), de Lorient.
Le Goff (Julien), de Lorient.
Michel (François), de Lorient.
Denis (Hervé), de Lorient.
Guyas (Paul), de Lorient, blessé au combat du 12 avril 1782.
Gilbert (Jacques), de Lorient, blessé au combat du 12 avril 1782.
Boger (Yves), de Lorient, blessé au combat du 12 avril 1782.
Florieux (Michel), de Lorient.
Moullec (Pierre), de Lorient.
Mettrie (Pierre), de Lorient.
Carrouer (François), de Lorient.
Bourhis (François), de Lorient, noyé le 19 août 1781.
Jacob (Jean-Pierre), de Lorient.
Le Bars (Mathieu), de Lorient.
Juquello (Joseph), de Lorient.
Stéphant (Joseph), de Lorient, tué au combat du 12 avril 1782.
Bertin (Claude-Henry), de Nantes.
Gautier (Julien), de Vannes.
Nicol (Marc), de Vannes.
Fondé (Jean-Jacques), d'Hennebont.
Marchand (François), de Groix.
Richard (Pierre), de Saint-Malo.
Le Blanc (Pierre), de Saint-Malo.
Pallec (Pierre-Marie), d'Auray, blessé au combat du 12 avril 1782.
Gratelou (Pierre-Louis), de Port-Louis.
Simon (Pierre), de Fougères.
Le Ny (Joseph), de Languidic.
Mancel (Gilles), de Granville.
Daniel (Ollivier), de Port-Louis.
Le Valider (Jean), de Rostrenen.
Le Cuniff (Joseph), de Guémené.
L'estrade (Louis), de Lomalo (Lorient), tué au combat du 12 avril 1782.
Rolland (Louis), de Recouvrance (Brest).
Rolland (Noël), de Saint-Brieuc.
Maron (Laurent), de Marseille.
Tertouin (Louis), de Quimper.
Le Cœur (Jean-René), de Quimper, mort le 15 octobre 1781.
Le Blanc (Yves), de Pleudaniel.
Jagory (Louis), de Saint-Malo.
Daniel (Pierre), de Lorient.
Gaudal (Julien), de Lorient.
Le Bail (Guillaume), de Lorient, mort à bord le 1er août 1781.
Broussais (Jean), de Dinan.
Harouard (Julien), de Dinan.
Prédou (Louis), de Dinan.
Hasard (Anne), de Dinan.
Enodo (Jean), de Dinan.
Le Goff (François), de Pontivy.
Modeste (François-Louis), de Brest.
Gion (Jean-Baptiste), de Brest.
Blouin (Yves), de Tréguier.
Pédron (Hilaire), de Saint-Brieuc.
Hamon (Charles), de Lorient.
Prou (Jean), de Luçon.
Lamarche (Pierre), de Port-Louis.
Thépot (Joseph-Ollivier), de Quimper, mort à bord le 26 janvier 1782.
Paule (Mathieu), de Quimper, tué au combat du 12 avril 1782.

Domestiques.

Mével (Pierre), de Quimper.
Le Guella (François), de Loperhet.
Raspail (Gabriel), de Valence.
Causie (François), de Morlaix.
Mallard (Pierre), de Rochefort.
Marc (Jean-Baptiste), de Saint-Germain-en-Laye.
Bernier (Jean), de Gourin.
Chatay (Antoine), de Morlaix.
Carel (Jean), de Quimper.

LE SAGITTAIRE

(De janvier 1781 à septembre 1782)

M. DE CASTELANNE MAJASTRE, Capitaine de vaisseau, Commandant; — M. DE MONTLUC DE LA BOURDONNAYE, Lieutenant de vaisseau, Commandant.

ÉTAT-MAJOR

CAPITAINE DE VAISSEAU

De CASTELANNE MAJASTRE, Commandant.

LIEUTENANTS DE VAISSEAU

De MONTLUC de la BOURDONNAYE.
De BEAUREPAIRE.
Des PORCELLETS.

ENSEIGNES DE VAISSEAU

Des COLBERT de TURGIS.
De BIARGES.
GAUTHIER de BADASSET.
De CAFARELLY.
De FERANT.
LAVILLERAUET.
LA BARRE DULORENT.
DUVERGIER.

LIEUTENANTS DE FRÉGATE

DENAUS (André).
DELMAS (Jean).
BERNARD (Antoine).
RAINGUENOIR.
TREVELO.

OFFICIERS AUXILIAIRES

THUROT.
TOURNEUR.

CHIRURGIENS

CLEMENT.
Du CAILLEE.

AUMONIERS

DAMASE BERNARDY (R. P.), Récollet.
BARNABE (R. P.), Capucin, mort le 9 juillet 1781.
FREDERIC (R. P.), Capucin, de Bourges.

GARDE DE LA MARINE

DEYROUX de PONTEVES.

VOLONTAIRES

Le Requier (Ollivier), de Rennes.
Rainguenoir.

Audibert (Lange), de Toulon.
Faucon (Pierre), de Cuges.
Maubrille (Charles), de Besançon.

Officiers-mariniers de manœuvre.

Méric (Jean), premier maître, de Toulon.
Estier (Jean), second maître, de Toulon.
Roux (Jacques), second maître, de Toulon.
Gueillet (Benoist), contremaître, de Toulon.
Barille (Louis), contremaître, de Toulon.
Carles (Jean), contremaître de Toulon.
Pomet (François), bosseman, de Toulon.
Ganivet (Jean), bosseman, de Toulon.
Maury (Louis), bosseman, de Toulon.
Rimbaud (Jean), bosseman, de Marseille.
Cadière (Donat), bosseman, de Toulon, mort à bord le 7 juin 1781.
Castellan (Etienne), quartier-maître, de Toulon.
Brisenary (Michel), quartier-maître, de Toulon.
Probace (Antoine), quartier-maître, de Marseille.
Guigou (Pierre), quartier-maître, de Toulon.
Lavagne (Jean), quartier-maître, de Marseille, mort à bord le 14 juin 1781.
Bichon (Jean), quartier-maître, de Marseille.
Blanc (Jean), quartier-maître, de Marseille.
Jourdan (Jean), quartier-maître d'Aubagne.
Betfer (Joan), quartier-maître, de Dinan.
Guyot (Laurent), quartier-maître, du Conquet, mort à bord le 7 avril 1781.
Langrené (Pierre), quartier-maître, du Havre, mort le 15 mai 1782.
Lemenant (Jean), quartier-maître, du Havre.
Kerodrin (François), quartier-maître, de Camaret.
Delorme (Jacques), quartier-maître, de Saint-Valéry.
Bonifay (Fabien), quartier-maître, de la Ciotat.
Jeanseaume (Augustin), quartier-maître, de la Ciotat.
Lefrançois (Jean), quartier-maître, de Granville.
Fontaine (Jacques), quartier-maître, de Saint-Valéry.
Cogram (Michel), quartier-maître, de Dinan.

Officiers-mariniers de pilotage.

Dibon (Pierre), second pilote, des Sables.
Guigoux (Lazard), aide-pilote, de la Seyne.
Espitalier (Antoine), aide-pilote, de Toulon.
Bousquet (Gabriel), aide-pilote, d'Agde.

Officiers-mariniers de canonnage.

Simon (Zacharie), maître canonnier, de Toulon.
Vidal (Honoré), second canonnier, de la Seyne.
Jaubert (Dominique), second canonnier, de Toulon.
Pomet (Jean), aide-canonnier, de Marseille.
Aubert (Jean), aide-canonnier, de Toulon.
Lugas (Charles), aide-canonnier, de Six-Fours.
Piston (Antoine), aide-canonnier, de Toulon.
Tampon (Jean), aide-canonnier, de Toulon.
Martinenq (Joseph), aide-canonnier, de Toulon.
Paulet (Paul), aide-canonnier, de Toulon.
Musse (Benoist), aide-canonnier, de Cannes.
Basilly (Joseph), aide-canonnier, de Marseille.
Marbec (Nicolas), aide-canonnier, de Martigues.
Reinaud (Louis), aide-canonnier, de Toulon.
Vidal (Blaize), aide-canonnier, de Six-Fours.
Roux (Pierre), aide-canonnier, de Marseille, mort le 10 juillet 1781.
Quey (Toussaint), aide-canonnier, de Marseille.
Jourdan (Nicolas) aide-canonnier, de Marseille.
Bony (Jean), aide-canonnier, de Toulon.
Gazan (François), aide-canonnier, de Cannes
Laurent (Joseph), aide-canonnier, d'Arles.
Fabre (Jean), aide-canonnier, d'Agde.
Garcin (Jean), aide-canonnier, de Marseille.
Berrin (Grégoire), aide-canonnier, de Marseille.
Salle (Thomas), aide-canonnier, de Caen.
Buteau (François), aide-canonnier, de Rochefort.
Brunet (Jean), aide-canonnier, de Saint-Valéry.

Officiers-mariniers de charpentage.

Vendre (Joseph), second charpentier, de Toulon.
Bouges (Philippe), second charpentier, de Toulon.
Jasse (Dominique), second charpentier, de Dieppe.
Pichot (Joseph), aide-charpentier, de la Valette.
Morel (Claude), aide-charpentier, de Dunkerque.
Pottier (Nicolas), aide-charpentier, de Brest.
Michel (Jean), aide-charpentier, de Toulon, mort le 10 juillet 1781.

Officiers-mariniers de calfatage.

Rimbaud (Jean), second calfat, de Toulon.
Brouquier (Jean), aide-calfat, de Toulon.
Simon (Pierre), aide-calfat, de Six-Fours.
Le Moal (Maurice), aide-calfat, de Brest.

Officiers-mariniers de voilerie.

Blanc (Jean), maître voilier, de Marseille.
Bizien (Pierre), maître voilier, de Brest.
Ripert (Jean), aide-voilier, de Martigues.
Garnier (Jean), aide-voilier, de Marseille.
Garnier (Jacques), aide-voilier, de Marseille, mort le 16 juin 1781.

Gabiers.

Curnier (Jean), de Marseille.
Tarabot (Pierre), de Marseille.
Mourian (Nicolas), de Marseille.
Libon (Denis), de Marseille.
Laugier (Boniface), de Marseille.
Olive (Jean), de Marseille.
Nivès (François), de Quimper.
Sauvage (Charles), du Havre.
Chaussy (Gilles), de Saint-Brieuc.
Thiffond (Jean), de Bordeaux.
Lefoux (André), de Quimper.

Timoniers.

Duzien (Ange), de Marseille.
Rouvier (Simon), de Marseille.
Castagnole (Jacques), de Marseille.
Marin (Jean), de la Seyne.
Roubier (Joseph), de Saint-Raphael, mort le 30 juin 1781.
Pessenegre (François), de la Ciotat.
Gasquet (Jean), de la Ciotat.
Gerbaud (Michel), de Martigues.
Deveaux (Pierre), de Marseille.
Doumet (Jean), de Toulon.
Regnault (Louis), de Marseille.

Matelots.

Guiol (Jean), de Toulon.
Michel (Albert), de Toulon.
Benoist (Cézard), de Toulon.
Berton (Barthelemy), de Toulon, noyé le 28 décembre 1781.
Passac (Joseph), de Toulon.
Lardieu (Jean), de Bordeaux.
Jourdan (Joseph), de Toulon.
Georgi (Joseph), de Toulon.
Martin (Louis), de Toulon.
Aubert (André), de Toulon.
Martinenq (Sauveur), de la Seyne.
Gauthier (Jean), de la Seyne.
Fabre (Louis), de la Seyne.
Martinenq (Philippe), de la Seyne.
Trotobas (Jean), de la Ciotat.
Durbec (Jean), de la Ciotat.
Suquet (Joseph), de la Ciotat.
Brest (François), de la Ciotat.
Pairache (Joseph), de Saint-Raphael.
Cay (Augustin), de Saint-Raphael.
Fouque (Jean), de Saint-Tropez.
Fouque (Claude), de Saint-Tropez, mort le 10 avril 1781.
Boise (Jean), de Marseille.
Guérin (Jean), de Marseille.
Robert (Honoré), de Marseille.
Jeauffret (Etienne), de Marseille.
Jeanseaume (Joseph), de Marseille.
Bienvenu (Jean), de Marseille.
Mouren (Louis), de Marseille.
Corsy (Ange), de Marseille.
Berne (Jacques), de Marseille.
Sibille (André), de Marseille.
Lupy (Dominique), de Marseille.
Chouquet (Louis), de Marseille.
Voulaire (Louis), de Marseille.
Gras (Jérôme), de Marseille, mort le 26 mai 1782.
Chapeau (Jean), de Marseille.
Vincent (Charles), de Marseille.
Bérangier (Jean), de Marseille.
Icard (Jean), de Marseille.
Vialy (Michel), de Marseille.
Risse (Jean), de Marseille.
Brack (Paul), de Marseille.
Jourdan (Jérôme), de Marseille.
Grasset (Jean), de Marseille, mort le 14 juin 1781.
Jambon (Antoine), de Marseille.
Guillemet (Honoré), de Marseille.
Mauras (Antoine), de Marseille.
Blanc (Louis), de Marseille.
Tavaud (Jacques), de Marseille.
Barthalais (Bonaventure), de Martigues.
Varse (Pierre), de Martigues.
Antoine (Vincent), de Martigues.
Cazau (Claude), de Cannes.
Manent (Raphael), de Cannes.
Balanchy (Etienne), de Cannes.
Maroüin (Pierre), de Cannes.
Mazet (Henri), d'Arles.
Amiel (Louis), d'Agde.
Faret (Antoine), d'Agde.
Lourdat (Jean), de Narbonne.

Feruchy (Michel), de Bastia.
Legier (Charles), de Marseille.
Charles (Jean), de Bayonne.
Lafargue (Jean), de Bordeaux.
Beausse (Jean), de Bordeaux.
Boucinet (Étienne), de Bordeaux.
Garnier (François), de Bordeaux.
Marassier (Louis), de Bordeaux, mort le 27 juillet 1781.
Stéphant (Guillaume), de Brest.
Cison (Jean), d'Arles.
Agadies (Jean), de Cette.
Marteille (Barthelemy), de Cette.
Gasquet (Dominique), de Toulon.
Cabonnet (Joseph), de Toulon.
Boudillon (Joseph), de Marseille.
Guay (Louis), de Toulon.
Pignauteau (Jacques), de Marseille.
Berthelot (Pierre), de Marseille.
Gras (François), de Marseille, mort le 28 mars 1781.
Thoureau (Jacques), de Marseille.
Theris (Pierre), de Marseille.
Clement (Joseph), de Toulon.
Jurré (Louis), de Toulon.
Guillot (Louis), de Toulon.
Senès (Jean), d'Hyères.
Blanquet (Jean), de Toulon.
Grosset (Jean), de Dieppe.
Boileau (François), de Granville.
Le Sage (Jean), du Havre.
Hurteau (Barnabé), de Vannes, mort le 16 juin 1781.
Saunier (Mathurin), des Sables.
Le Galle (François), de Vannes.
L'Huissier (Alexandre), de Vannes.
Masson (Jacques) de Quimper.
Evin (Joseph), de Quimper, mort le 22 juin 1781.
Trélu (Pierre), de Quimper.
Léon (Guillaume), de Quimper.
Bussières (François), de Nantes.
Piout (André), de Nantes.
Huet (Jean), de Nantes.
Petron (Ollivier), du Croisic.
Dufour (Pierre), de Limoges.
Boisse (Joseph), de Toulouse.
Gautier (Jean), de Saint-Brieuc.
Aubert (François), de Fécamp.
Blondel (Nicolas), de Dieppe.
Aubert (Jean), de Fécamp.
Le Gros (Jean), de Dinan, mort le 10 juillet 1781.
Guillaume (Julien), de Dinan.
Godiche (Jean), de Vitré.
Le Lièvre (Julien), de Vitré.
Guyen (Louis), de Quimper.
Boilet (Jean), de Saint-Brieuc.
Le Treu (Pierre), de Limoges.
Court (Honoré), de Cannes.
Cloquet (Jean), de Dieppe.
Coupeau (Pierre), de Dinan.
Cheval (Louis), de Rouen.
Gabonnel (Antoine), de Lyon.
Poisson (Joseph), de Nantes.
Lothellier (Mathieu), de Saint-Brieuc.
Valence (Joseph), de Marseille.
Guiol (Jean), des Sables.
Renard (Pierre), de Saumur.
Gaudreuil (François), de Saint-Malo.
Mesnard (Pierre), de Granville.
Pedneau (André), de l'Ile de Ré.
Michard (Louis), de Lorient.
Kerleou (François), de Vannes.
Guyot (Nicolas), du Conquet.
Rajol (Guillaume), de Lamballe.
Le Corre (Louis), de Vannes.
Cochard (Pierre), de Nantes.
Augustin (Léonard), de Mousse.
Lami (Étienne), de Nîmes.
Braine (Guillaume), Américain.
Paul (Antoine), de Marseille.
Hurly (Pierre), de Saint-Valéry.
Miny (Jean), d'Audierne.
Galot (Guillaume), d'Audierne.
Claquet (Yves), d'Audierne.
Pivers (René), de Brest.
Théros (André), de Bordeaux.
Juvin (Louis), de Toulon.
Girardeau (François), de Marennes.
Cruwellier (Joseph), de la Ciotat.
Bareille (Pierre), de Bordeaux.
Dupuis (Jean), de Bordeaux.
Fichon (Vincent), de Nantes.
Devos (Philippe), d'Arcachon.
Fory (Jacques), de Bordeaux.
Keler (John), Américain.
Cassan (Jean), de Libourne.
Rovel (Antoine), de Nice, mort le 9 septembre 1782.
Colardot (Jean), de Blaye.
Labadin (Pierre), de Lamballe.
Valsin (Pierre), de Fécamp.
Delaune (Jean), de Fécamp.
Aumond (Jean), de Fécamp.
Tougard (Jacques), de Fécamp.
Dragon (Jean), de Fécamp.
Lami (Charles), de Caen.
Mousset (Jean), de Caen.
Desvaux (Gilles), de Caen.
Pedron (Yves), du Croisic.
Ducas (Jean), de Bayonne.
Quiellet (Pierre), de Nantes.
Furey (Raimond), de Bordeaux.
Jeannot (Jean), de Vannes.
Caze (Paul), de Toulouse.
Moulado (Pierre), de Boulogne.
Elie (André), de Granville.
Daudrey (Étienne), de Marseille, mort le 11 octobre 1781.
Cavey (Joseph), du Havre.
Picardin (Charles), de Dinan.
Lalande (Jacques), de Bayonne.
Bonifay (Antoine), de Marseille.
Roulant (Charles), de Granville.
Fleury (Michel), de Nantes.
Marsant (Jean), de Bordeaux.
Personne (Manuel), de Saint-Valéry.
Lézenard (Léonard), de Bordeaux.
Fague (Alexandre), de Saint-Valéry.
Charon (Marc), de Marseille.
Letellier (Jean), de Saint-Valéry, mort le 29 septembre 1781.
Rodin (Jean), de la Ciotat.
Cayolle (Jacques), de Marseille.
Darquin (Antoine), de Saint-Malo.
Noblet (Jean), de Bordeaux.
Gilard (Alexis), de Nantes.
Laugier (Claude), de Martigues, mort le 22 mai 1782.
Miny (Pascal), d'Audierne.

Novice.

Barbaroux (Jean), de Toulon.

Surnuméraires.

Legal (Pierre), du Conquet.
Fleury (Pierre), de Dijon.
Roubier (Augustin), de Marseille.
Barbaroux (Antoine), de Toulon.
Pare (Pierre), de Saint-Étienne.
Delinot (Jean), de Vannes.

Mousses.

Vendre (Augustin), de Toulon.
Jourdan (Dominique), de Toulon.
Verse (Joseph), de Toulon.
Faucon (Jean), de Toulon.
Michel (Jean), de Toulon.
Andrieu (Jean), de Toulon.
Convers (Pierre), de Nîmes.
Beauchamps (Léonard), de Toulon.
Prunet (Joseph), de Paris.
Guienne (Michel), de Chambéry.
Guillard (Joseph), de Lyon, mort le 11 septembre 1781.
Lourdat (Thomas), de Narbonne.
Ganivet (Gaspart), de Toulon.
Musses (François), de Cannes.
Mury (Jean), de Toulon.
Chevrolat (Claude), de Mâcon.
Debois (Étienne), de Toulon.
Pertuis (François), de Toulon.
Roux (Jean), de Saint-Raphael.
Verse (François), de Toulon.
Rey (Étienne), de Marseille.
Arnaux (Antoine), de la Ciotat.
Ganivet (François), de Toulon.
Guérard (Antoine), de Toulon.
Duret (Pierre), de Marennes.
Bérard (Pierre), de Toulon.
Gaudin (Jean), de Vitré.
Le Cam (Jean), de Saint-Brieuc.
Le Corme (Claude), de Saint-Brieuc, mort le 2 août 1781.
Roulin (Pierre), de Rochefort.
Coulon (Jean), de la Seyne.

Domestiques.

Cordonnier (Denis), de Lyon.
Enaud (René), du Mans.
Grenard (Guillaume), de Morlaix.
Ollivier (Vincent), de Lamballe.
Remi (Pierre), de Chalon, mort le 29 mai 1782.

LE SERPENT

(CUTTER)

(De juin 1780 à juin 1782)

M. AME DE LA LAUNE, Lieutenant de vaisseau, Commandant.

ÉTAT-MAJOR

LIEUTENANTS DE VAISSEAU

AME de la LAUNE, blessé au combat du 25 septembre 1780.
Le Chevalier **de SERGEY**.
Le Chevalier **de MAULEVRIER**.

LIEUTENANTS DE FRÉGATE

VANSTABEL.
Le COMTE.
POURRE, mort le 17 août 1780.
VANNOT, blessé au combat du 25 septembre 1780.
TOSTAIN, blessé au combat du 25 septembre 1780.
DUBOURG AFFROY, blessé au combat du 3 septembre 1780.

ENSEIGNES DE VAISSEAU

Le Chevalier **de SAINT-MARC**.
De TRINQUALLEON.

OFFICIERS AUXILIAIRES

BELLIER.
DUPLESSIX.

CHIRURGIENS

LE PRINCE.
MAUCLERC.
VANNOT de SAINT-FARGEAU.

GARDE DE LA MARINE

CHAPOTIN.

Officiers-mariniers de manœuvre.

Richel (Jean), premier maître, de Dunkerque.
Benaudet (Simon), second maître, de Dunkerque.
Jambon (Pierre), contremaître, de Dunkerque.
Barth (Jean), bosseman, de Bordeaux.
Libert (Jean), quartier-maître, de Boulogne.
Desvrés (Gabriel), quartier-maître, de Boulogne.
Belleville (Robert), quartier-maître, de Boulogne.
Dupont (Louis), quartier-maître, de la Rochelle.
Lautonne (Pierre), quartier-maître, de Boulogne.
Palette (Jean), quartier-maître, de Boulogne.
Auger (Jean), quartier-maître, de Fécamp.

Officiers-mariniers de canonnage.

Caffiers (Antoine), second canonnier, de Boulogne.
Libert (Antoine), aide-canonnier, de Boulogne.
Gournay (Jacques), aide-canonnier, de Boulogne, blessé au combat du 3 septembre 1780.
Mercier (Pierre), aide-canonnier, de Calais.
Bourgain (Jean), aide-canonnier, de Boulogne.
Libert (Pierre), aide-canonnier, de Boulogne.
Lavie (Jacques), aide-canonnier, de Calais.
Libert (Pierre), aide-canonnier, de Boulogne.
Gin (Nicolas), aide-canonnier, de Boulogne, blessé au combat du 3 septembre 1780.
Plachot (Gabriel), aide-canonnier, de Saint-Valéry, mort à bord le 3 avril 1782.
Carue (Pierre), aide-canonnier, de Dunkerque.
Petit (Jacques), aide-canonnier, de Calais.

Officiers-mariniers de charpentage.

Coillot (Achille), maître charpentier, de Boulogne.
Quéré (Hervé), maître charpentier, de Brest.

Officier-marinier de calfatage.

Deligny (Jean), maître calfat, de Brest.

Officier-marinier de voilerie.

Caron (Jean), maître voilier, de Paimbœuf.

Matelots.

Delliau (Jean), de Boulogne.
Gaussin (Martin), de Boulogne.
Testard (Charles), de Boulogne, mort à bord le 31 septembre 1781.
Barreau (Pierre), de la Rochelle.
La Borde (Jean), de Bayonne.
La Court (Simon), de Bordeaux.
Bondry (Jean), de la Rochelle.
Quitrebert (Pierre), de Vannes.
Le Doux (Joseph), de Boulogne.
Brunet (Nicolas), de Saint-Valéry, mort à bord le 24 octobre 1781.
Boyard (Pierre), de Saint-Valéry.
Bourgain (Louis), de Boulogne.
Freschon (Gabriel), de Saint-Valéry.
Partier (Gilles), de Saint-Malo.
Maugendre (Louis), de Saint-Malo.
Le Quien (Jean), de Dieppe.
Jutiet (Nicolas), de Boulogne.
Houste (Philippe), de Calais.
Le Sage (Théodore), de Dunkerque.
Pettin (Pierre), de Saint-Valéry.
Ambard (Joseph), de Marseille.
Asseport (Joseph), du Croisic.
Druet (André), de la Rochelle.
Floch (Louis), de Morlaix.
Haunot (Jean), de Cherbourg.
Dubois (Bernard), de Bordeaux.
Fouzy (Pierre), de Lyon.
Le Prêtre (Jean), de Bayonne.
Vésinah (Augustin), de la Rochelle.
Guillot (Isaac), de Bordeaux.
Marbœuf (Pierre), de Nantes.
Blondin (Jean), de Saint-Valéry.
Gotreau (Charles), de l'île de Ré.
Ades (Louis), du Havre.
La Chaud (Pierre), de Bordeaux.
La Fourcade (Jean), de Bayonne.
Marcadie (Jean), de Bordeaux.
Linquin (Pierre), de Vannes.
Siron (Jean), de Bordeaux.
Dendien (Laurent), de Bordeaux.
Eymonet (Jean), de Saintes.
Le Blond (Charles), de la Hougue.
Vatripon (Remy), de Saint-Valéry.
La Borde (Pierre), de Bordeaux.
Fin (Raymond), de Saint-Jean-de-Luz.
Bergere (Barthélemy), de Lormont.
Belusard (Pierre), de Bayonne.
Martin (Jean), de l'Aiguille.
Goujon (Eléonore), de Lannion.
La Borde (Bernard), de Bayonne.
Sanguiné (Joseph), de Bayonne.
Liotaud (François), de Marseille.
Boyard (Charles), de Calais.
Le Fevre (André), de Versailles.
Dufot (Ambroise), de Nantes.
Desjardin (Jacques), de Calais.
Du Bois (Mathieu), de Boulogne.
Salde (Jean-François), de Marseille.
Ligny (Bastien), de Dunkerque.
Pelnas (Jean), de Marseille.
Bonez (Jean), de Marennes.
Billaut (Jean), de Lormont.
Le Seine (Nicolas), de Honfleur.
David (Mathieu), de l'île de Ré.
Olivier (Eléazard), de Fréjus.
Balais (Julien), de Nantes, mort le 4 mai 1782.
Bauvais (Jean), de Reims.
Taussier (Jean), de Bayonne.
Grégan (Julien), de Vannes.
Landrieux (Pierre), de Bayonne.
De Guise (Élie), de Lormont.
La Natte (Jean), de Bordeaux.
La Martony (Pierre), de Bordeaux.
Rouys (Joseph), d'Arles.
Frechon (Jean), de Boulogne.
Bruguet (Georges), de Toulouse.
Pavré (Germain), de Paris.

Surnuméraires.

Caen (Jacques), d'Ouessant.
De la Touche (François), de Fougères.
Bertin (Simon), de Bordeaux.
Geoffroy (Michel), de Saintes.
Anquetil (Guillaume), de la Hougue.

Mousses.

Declercq (Cornil), de Dunkerque.
Flahaut (Louis), de Dunkerque.
Claud (Nicolas), de Vienne, tué dans le combat du 3 septembre 1780.
Jacques (Louis), de Calais.
Paveré (Germain), de Paris.
Mahé (René), de Lorient.
D'Aigremont (Jean), de Caen.
Jouanne (Etienne), de Caen.
Moudrar (Marin), de Caen.
Plessis (Joseph), de Saint-Malo.
Tossier (Jean-Baptiste), de Marseille.
Bois (Jean-Baptiste), de Rennes.

Domestiques.

Devin (Jean-Baptiste), de Paris.
Robert (Silvain), de Chartres.
Rivierre (Charles), de Gravelines.
De la Bie (Philippe), de Calais.
Colsenet (Pierre), de Châlons-sur-Marne.
Prieur (Julien), de Lamballe.

LA DILIGENTE

(1781 à 1782)

Fit naufrage le 3 février 1782 au cap Henry, en Virginie.

Le Chevalier DE CLOUARD, Lieutenant de vaisseau, Commandant.

ÉTAT-MAJOR

LIEUTENANT DE VAISSEAU

Le Chevalier de **CLOUARD**, Commandant.

ENSEIGNES DE VAISSEAU

Le Chevalier de **SAINT-VINCENT**.
De **PENFENTENYO**.

LIEUTENANTS DE FRÉGATE

GLATTE.
BLANCHARD.
BONCHEROT.
DESAGENOT.

CHIRURGIEN-MAJOR

ARNOUX.

GARDE DE LA MARINE

Du **NIEUVILLE**.

Officiers-mariniers de manœuvre.

Coroller (Jean), second maître, de Lorient, noyé dans le naufrage du 3 février 1782.
Brosseau (Louis), second maître, de Paimbœuf, noyé dans le naufrage du 3 février 1782.
Hamonneau (Jean), contremaître, de Saint-Brieuc.
Gurrigoud (Pierre), contremaître, de Lorient.
Daniel (François), contremaître, de Saint-Malo.
Gallocheau (Charles), bosseman, des Sables.
Kérézéon (Jean-Marie), bosseman, de Brest.
L'Evèque (Jean), quartier-maître, de Saint-Malo.
Pelavoine (Jean), quartier-maître, de Saint-Malo.
Donnard (Claude), quartier-maître, de Brest.

Officiers-mariniers de pilotage.

Lauget (Jean), second pilote, de Cherbourg.
Auliac (Louis), aide-pilote, de Bayonne.

Officiers-mariniers de canonnage.

Savignac (Jean), maître canonnier, de Saint-Malo.
Chabert (Jacques), second canonnier, de Mâcon.
Langlois (François), aide-canonnier, de Saint-Malo.
Grard (Thomas), aide-canonnier, de Dunkerque.
Raserry (François), aide-canonnier, de Mâcon.
Cazimir (Louis), aide-canonnier, de Toulon.
Rapin (Antoine), aide-canonnier, de Bordeaux, noyé au naufrage du 3 février 1782.

Officier-marinier de charpentage.

Bonnier (René), maître charpentier, de Brest.

Officier-marinier de calfatage.

Neau (René), second calfat, de la Rochelle.

Officiers-mariniers de voilerie.

Meilloc (François), maître voilier, de Brest.
Hüe (Guillaume), second voilier, du Havre.

Gabiers et Timoniers.

Girard (Joseph), de Vannes.
Orceneaux (Jean-Baptiste), de Vannes.
Martin (François), des Sables.
Thomas (Jean), de Quimper.
Varin (Pierre), de la Rochelle.
Bernard (Jacques), du Croisic.
Dugast (Pierre), de Saint-Malo.
Mancer (Laurent), de Blaye, noyé dans le naufrage du 3 février 1782.
Châtel (Guillaume), de Granville.
Henry (Jean), de Granville.
Rousse (Pierre), de Marseille.
Adoul (Joseph), de Martigues.
Bernard (Martin), de Honfleur.
Noël (Bernard), de Bordeaux.

Matelots.

Carrière (Guillaume), de Marseille.
L'Engagé (Louis), de Vannes.
Henriot (Louis), de Vannes.
Frenaye (Martin), de Vannes, noyé dans le naufrage du 3 février 1782.
Giraudin (Louis), de Saint-Etienne.
Viger (Pierre), de Bordeaux.
Coste (Pierre), de Bordeaux.
Desson (Jean), de Bordeaux.
Moreau (François), de Saint-Brieuc.
Simonnet (Jean), de Saint-Brieuc.
Bellec (Jean), de Saint-Brieuc.
Lalande (Jean), de Saint-Brieuc.
Mellin (Louis), de Quimper.
Bellec (Jean-Marie), de Quimper.
Rivollin (Alain), de Morlaix.
Hurel (Emmanuel), de Rouen, noyé dans le naufrage du 3 février 1782.
Hache (Jean-Baptiste), de Nantes.
Baudat (Charles), de Nantes.
Mevière (René), de Nantes.
Quéras (Julien), de Nantes.
Liénard (Jacques), de Nantes.
Mainiad (Jacques), de Rouen.
Bernard (Jean-Baptiste), de Rouen.
Le Clerc (Jean), de Saint-Malo.
Le Blanc (Julien), de Saint-Malo.
Blanche (Léon), de Saint-Malo.
Mellin (Louis), de Granville.
Coffard (Gilles), de Granville.
Blanchet (Michel), de Dieppe.
Le Roy (François), de Brest.
Lazeme (Claude), de Brest.
Kerboul (Joseph), de Brest, noyé dans le naufrage du 3 février 1782.
Couvreau (Pierre), de Blaye.
Reinier (Jacques), de Toulouse.
Verdun (Bertrand), de Toulouse.
Prout (Pierre), de Paris.
Caubet (Pierre), de Paris.
Vaillant (Pierre), de Paris.
Huriot (Jean-Baptiste), de Lunéville.
Thomas (Jacques), de Châteaubourg.
Duguel (Joseph), de Laval.
Léger (Pierre), d'Angoulême.
Drieux (Jean), de Dinan.
Huret (François), de Dinan.
Harrot (Ollivier), de Dinan.
Hery (François), de Dinan, mort à l'hôpital le 15 décembre 1781.
Pincard (François), de Dinan, noyé dans le naufrage du 3 février 1782.
La Paire (Pierre), de Bordeaux.

Bouchardot (Pierre), de Bordeaux.
Gaudebert (Jean), de Noirmoutiers.
Quélot (Pierre), de Cherbourg.
Bordelais (Joseph), de Fougères.
Dauguin (Pierre), de Saint-Valéry.
Haimond (Jacques), de Rochefort.
Rousse (Jean-Pierre), de Marseille, mort à bord le 16 décembre 1781.
Rivet (Pierre), de Rennes.
Maréchal (Joseph), de Lorient.
Hüe (Louis), du Havre.
Le Caër (François), de Guingamp.
Laforêt (Léonard), de Guérande.

Surnuméraires.

Duchenay (Julien), de Fougères.
Le Pile (Laurent), de Dinan.
Counan (François), de Jarnac.
Lainé (Jacques), de Jarnac.
Basset (René), de Limoges, mort à l'hôpital d'York le 23 octobre 1781.
Monché (Jacques), de Nantes.
Fleury (Lesieur), de Cherbourg.
Gérard (Pierre), de Rochefort.
Ténevin (François), de Rochefort.
Mongenot (Jean-Baptiste), de Rochefort.

Novices.

Lambert (Maurice), des Sables.
Labarre (Augustin), de Paris, mort à Hampton le 1er janvier 1782.
Dupont (Pierre), de l'Ile d'Yeu, noyé dans le naufrage du 3 février 1782.
Querrichard (Ollivier), de Saint-Brieuc.
Le Meur (Martin), de Saint-Brieuc.
Garsin (Joseph), de Toulon.
Brunet (Michel), de Toulon.
Boyer (Pierre), de Toulon.
Lohors (Laurent), de Toulon.
Reinqueley (Pierre), de Laval, noyé dans le naufrage du 3 février 1782.
Le Belle (Guillaume), de Marseille.
Garouse (Etienne), de Marseille.
Collet (François), de Nantes, noyé dans le naufrage du 4 février 1782.
Godard (François), de Rochefort.
Gratien (Jacques), de Rochefort.
Doutto (Jean), de Rochefort.
Bardin (François), de Blaye, noyé dans le naufrage du 3 février 1782.
Roustaut (Guillaume), de Pauillac, noyé dans le naufrage du 3 février 1782.
Voisin (Jean-Baptiste), de Dunkerque.
Moreau (Joseph), de Nantes.
Géraud (Joseph), de Nantes.
Radelatte (Louis), de Lorient.
Guay (Louis), du Havre.
Normand (Louis), de Paris.
Rhumier (Jacques), de Saint-Malo.
Guillebert (Louis), de Saint-Malo.
Le Roy (Gilles), de Saint-Malo.
Le Thuillier (Pierre), de Fécamp.
Michel (Laurent), de Cassis.
Le Gall (Jacques), de Lorient.
Bellet (Jean), de Bordeaux.
Moreau (Louis), d'Oléron.
Durand (Jean), de Rochefort.
Laplace (Antoine), de Bouzigues.
Le Pain (Jean), de Honfleur.
Loques (Louis), de Marennes.

Mousses.

Gouélo (Michel), de Lorient.
Dardelle (Pierre), de Lorient, mort à bord le 12 novembre 1781.
Livinec (Nicolas), de Landerneau.
Prudhomme (René), de Marennes, noyé dans le naufrage du 3 février 1782.
Bardet (François), de Nantes.
Raguedeaux, de Nantes.
Sukel (Martin), de Dinan.
Marobouquet (Pierre), de Rouen.
Campion (Thomas), de Honfleur.
Duchesne (François), de Saint-Brieuc.
Vallée (Louis), de Granville.
Jardins (Louis), de Fécamp.
Bénard (Nicolas), de Fécamp.
Le Gendre (Philippe), de Cherbourg.
Artur (Eustache), de Cherbourg.
Hive (Jean), du Havre.
Driot (André), de Rochefort.
Hudelet (Jean-Baptiste), de Paris.
Michel (Christophe), de Paris.
Rivy (Guillaume), de Rennes.
Kerrichard (Yves), de Saint-Brieuc.
Bazin (Nicolas), de Lorient.
Kerjean (Yves), de Brest.

Domestiques.

Mathieu (Félix), de Troyes.
Sauvage (Pierre), de Saint-Malo.
Le Gall (Pierre), de Lannion.
Calcataire (Joseph), de Brest.
Cavillé (Pierre), de Paris.

LE SAINT-ESPRIT

(1781 à 1782)

M. le Marquis DE CHABERT, Chef d'escadre, Commandant.

ÉTAT-MAJOR

CHEF D'ESCADRE

Le Marquis de **CHABERT**, Commandant.

CAPITAINE DE VAISSEAU

De **CHAUSSEGROS**.

LIEUTENANTS DE VAISSEAU

Le Chevalier de **GAMBIS**.
Le Baron de **SAINT-REMY de VALOIS**.
Des **TOURS**.
De **BROVES**.
Le Chevalier de **FAYARD**.
De **ROQUEFEUIL**.
De **SCHUZSLEIRANS**, Suédois.
De **ROSINSTAING**, Suédois.
De **ROYALIN**, Suédois.
De **KRIEGER**, Danois.

ENSEIGNES DE VAISSEAU

De **PAUMIER**.
KEREL de KERAVEL.

LIEUTENANTS DE FRÉGATE

NEZET.
MOLINY.
Le **GRAND**.
Le **LAMER**, très grièvement blessé aux jambes, aux mains et au visage, au combat du 29 avril 1781.

OFFICIER AUXILIAIRE

Du **CROQUET du CANDA**.

CHIRURGIEN-MAJOR

MUS.

AUMONIERS

BERTIMINIEUX (R. P.).
MOREL (R. P.), Prémontré.
THOMAS (R. P. Boniec), Récollet

GARDES DE LA MARINE

CONAN d'ANCOURS.
De **FOUCAULT**.
Le **GROUIN**.
De **SAINT-CAPRAIS**, Napolitain.

VOLONTAIRES

De Chalus de Saint-Hilaire (Charles).
De Fontevieux (Charles).
Desbordes de Landrièves.
Le Clerc (Yves).
Boyer (Robert).
Rochet (Philippe).
Doré (Xavier).
Mus (Barthélémy).
Acher (Jean).
Bérurey.
Houet (François), de Paris.
Baron (Scouard).
De Brouillac.

Officiers-mariniers de manœuvre.

L'Estrade (Jérôme), premier maître, de Lorient.
Le Gal (Thomas), premier maître, de Lorient.
Quentric (Mathurin), premier maître, de Recouvrance.
Pomerel (François), second maître, de Dinan.
Chapel (Jean), second maître, de Granville.
Coquet (Guillaume), second maître, de Granville.
Noël (Hamon), contremaître, de Brest.
Laparat (Jean), contremaître, de Brest.
Arnaud (François), contremaître, de Toulon.
Ollivier (Antoine), contremaître, de Toulon.
Le Boucher (Jacques), contremaître, de Caen.
Courché (Simon), contremaître, du Havre.
Le Dieu (François), contremaître, de Lorient.
Alard (Julien), contremaître, de Saint-Malo.
Perros (Marc), contremaître, de Saint-Malo.
Desselier (Charles), contremaître, de Honfleur.
Dossen (Jean-Baptiste), contremaître, de Honfleur.
Joré (Jean-Adrien), contremaître, de Granville.
Cherilour (Jean), bosseman, de Bordeaux.
Thébaud (Jean), bosseman, de Saint-Brieuc.
Giliou (Pierre), bosseman, de Nantes.
Aubry (Guillaume), bosseman, de Caen.
Sales (Pierre), bosseman, de Caen, mort à bord le 4 mars 1781.
Joannis (Pierre), bosseman, de Lorient.
Laurent (Maurice), bosseman, des Sables.
Tricard (François), bosseman, de Granville.
Guégan (François), bosseman, de Vannes, mort à Hampton le 27 octobre 1781.
Pannier (Pierre), quartier-maître, de Granville.
Le Gravéran (Nicolas), quartier-maître, de Granville.
Banville (Pierre), quartier-maître, de Granville.
Guillaume (Jacques), quartier-maître, de Granville.
Gréance (Julien), quartier-maître, de Granville.
Avril (Louis-Jean), quartier-maître, de Granville, mort à l'hôpital du Fort-Royal le 20 mai 1782.
Cotard (François), quartier-maître, de Granville.
Durand (Pierre), quartier-maître, de Granville, blessé au combat du 5 septembre 1781; mort le 10 septembre suivant.
Massé (Jean), quartier-maître, de Honfleur.
Corel (Guillaume), quartier-maître, de Saint-Malo.
Brillaut (Thomas), quartier-maître, de Saint-Malo.
Chopin (Jean-Baptiste), quartier-maître, du Havre.
Anty (Pierre), quartier-maître, du Havre.
Mesnel (Louis), quartier-maître, de l'île d'Yeu.
Masson (Théodore), quartier-maître, de l'île d'Yeu.
Gugny (Jean), quartier-maître, de Boulogne-sur-mer.
Fougue (Pierre), quartier-maître, de la Hougue.
Tolmer (Christophe), quartier-maître, de la Hougue.
Rouaut (François), quartier-maître, de Saint-Brieuc.
Robinot (Jean), quartier-maître, de Saint-Brieuc.
Roussel (Jean), quartier-maître, de Saint-Brieuc.
Quémar (Mathurin), quartier-maître, de Saint-Brieuc, mort à bord de fièvre le 21 octobre 1781.
Hamon (René), quartier-maître, de Saint-Brieuc, mort à bord le 13 mai 1782.
Le Landais (Pierre), quartier-maître, de Dinan.
Le Diot (Grégoire), quartier-maître, de Lorient.
Brejon (Jean), quartier-maître, de Royan.
Régnier (Guillaume), quartier-maître, de Dinan.
Le Breton (Louis), quartier-maître, de Noirmoutiers.
Even (René), quartier-maître, du Croisic.
Robin (Pierre), quartier-maître, de Brest.
Raillard (Jean-Marie), quartier-maître, de Brest.
Guénon (Jean), quartier-maître, de Rochefort.

Officiers-mariniers de pilotage.

Berthomé (Maurice), premier pilote, des Sables.
Colet (Charles), second pilote, de Recouvrance.
Robin (Louis), aide-pilote, de Recouvrance.
Daniel (François), aide-pilote, des Sables.
Héron (Aubin), aide-pilote, de Cherbourg.
Cocagne (André), aide-pilote, de Rouen.
Philippe (Pierre), aide-pilote, de Saint-Brieuc, mort à bord le 15 août 1781.

Officiers-mariniers de canonnage.

Caillé (Honoré), maître canonnier, de Brest.
Mocard (Julien), maître canonnier, de Lorient.
Le Minec (Jean), maître canonnier, de Lorient, mort à bord le 17 juillet 1782.
Arnaud (Antoine), second canonnier, de Toulon.
Gédran (Laurent), second canonnier, de Toulon.
Joseph (Théodore), second canonnier, de Toulon.
David (Antoine), second canonnier, de Toulon.
Pléquier (Pierre), second canonnier, de Granville.
Auffray (Pierre), second canonnier, de Boulogne.
Giraud (Jean), second canonnier, de la Rochelle.
Tréanton (Jean), second canonnier, de Brest.
Bizien (Vincent), second canonnier, de Brest.
Nicole (Pierre), second canonnier, de Dieppe, mort à l'hôpital du Fort-Royal le 22 février 1782.
Nicolas (Guillaume), aide-canonnier, de Dinan.
Desdevises (Pierre), aide-canonnier, de Granville.
Pouletel (Jean-François), aide-canonnier, de Granville.
Le Hobey (Jean), aide-canonnier, de Granville.
Le Réquier (André), aide-canonnier, de Granville.
Bedel (Jean-Baptiste), aide-canonnier, de Granville, tué au combat du 5 septembre 1781.
Sens (Guillaume), aide-canonnier, du Havre.
Derenty (Pierre), aide-canonnier, de Dieppe.
Fromentin (Antoine), aide-canonnier, de Dieppe.
Méliot (François), aide-canonnier, de Dieppe.
Elie (Pierre), aide-canonnier, de Dieppe.
Fromentin (Etienne), aide-canonnier, de Dieppe.
Marie (François), aide-canonnier, de Dieppe.
Duriez (Marc-Antoine), aide-canonnier, de Calais, mort au Fort-Royal le 9 octobre 1781.
Blanchet (François), aide-canonnier, de Saint-Malo.
Durand (Pierre), aide-canonnier, de Saint-Malo.
Durand (Joseph), aide-canonnier, de Saint-Malo.
Chauvin (Jacques), aide-canonnier, de Granville.
Boit (Pierre), aide-canonnier, de Granville.
Huault (Jacques), aide-canonnier, de Granville.
Basset (Jacques), aide-canonnier, de Granville, tué au combat du 5 septembre 1781.
Le Monnier (Noël), aide-canonnier, de la Hougue.
Fauché (Antoine), aide-canonnier, de la Hougue.
Fréchon (Gabriel), aide-canonnier, de Saint-Valéry.
Le Roux (Jacques), aide-canonnier, de Saint-Valéry.
Rou (Antoine), aide-canonnier, de Saint-Valéry.
Milan (Michel), aide-canonnier, de Saint-Valéry, mort à l'hôpital du Fort-Royal le 16 juin 1782.
Jeansaume (Jacques), aide-canonnier, de la Ciotat.
Le Doux (Antoine), aide-canonnier, de Boulogne.
Naguery (François), aide-canonnier, de Boulogne.
Gournay (Pierre), aide-canonnier, de Boulogne.
Ollivier (Michel), aide-canonnier, de Saint-Brieuc.
Bourgeois (Gilles), aide-canonnier, de Caen.
Chaime (Jean), aide-canonnier, de Quimper.
Bescond (Jean), aide-canonnier, de Saint-Brieuc, mort à bord le 18 octobre 1781.

Officiers-mariniers de charpentage.

Perrot (Joseph), maître charpentier, de Brest.
Bouvier (Jean-Baptiste), second charpentier, de Dinan.
Grosleau (Jacques), second charpentier, de Nantes.
Videment (Jean-François), aide-charpentier, de Saint-Brieuc.
Gral (Jean), aide-charpentier, de Brest.
Le Gobien (André), aide-charpentier, de Dinan.
Paon (Jean-Baptiste), aide-charpentier, du Havre.
Désormeaux (Charles), aide-charpentier, de Nantes, mort à bord le 22 janvier 1781.

Officiers-mariniers de calfatage.

Alain (Guillaume), maître calfat, de Brest.
Jaslin (Julien), second calfat, de Granville.
Le Brun (Nicolas), second calfat, de Granville, mort à bord le 17 août 1781.
Vidaliot (Jean), aide-calfat, du Havre.
Drouet (Barthélémy), aide-calfat, de Saint-Malo.
La Rivière (Jean), aide-calfat, de Saint-Malo.
Jagou (François), aide-calfat, de Dinan, noyé dans la baie de Chesapeach le 16 septembre 1781.
Heurteven (Pierre), aide-calfat, de Granville.
Gimay (Pierre), aide-calfat, du Havre.

Officiers-mariniers de voilerie.

Hervé (Jean-Louis), second voilier, de Saint-Malo.

Le Gal (Jean-Marie), aide-voilier, de Brest.

Auray (Pierre), aide-voilier, de Nantes.

Vermont (Paul), aide-voilier, de Caen.

Gabiers.

Le Neveu (Pierre), de la Hougue.

Arselin (Olivier), de Dinan.

Mousset (Julien), de Dinan, mort à la mer le 15 juillet 1781.

Mousset (Amaury), de Dinan.

Le Maître (Jean), de Granville.

Mariou (Joseph), de Granville.

Dechamp (Jean), de Granville.

Banville (François), de Granville.

Le Buff (Thomas), de Granville.

Julien (Thomas), de Granville.

Marie (François), de Granville.

Benoît (Pierre), de Granville.

Larbehaye (Charles), de Granville.

Pomier (Julien), de Granville.

Jacquet (Thomas), de Granville.

Le Hérissé (Jean), de Granville.

Le Tellier (Étienne), de Granville.

Gosse (Nicolas), de Granville.

Bouchard (Jean-Baptiste), de Granville.

Bry (François), de Granville.

Hersan (Pierre), de Granville.

Deguen (Alain), de Saint-Brieuc.

Pâturel (François), de Saint-Brieuc.

Roussel (Nicolas), de Saint-Brieuc.

Bayé (Jean), de Saint-Malo.

Valée (Louis), de Saint-Malo.

Durand (Nicolas), de Saint-Malo, mort à l'hôpital du Fort-Royal le 24 février 1782.

Hamoniau (Jean), de Saint-Malo.

Segneurie (Robert), de Saint-Malo.

Burgot (Jean), de Saint-Malo, tué au combat du 5 septembre 1781.

Le Goff (Jean), de Saint-Malo, mort à bord le 10 août 1781.

Barthélémy (Louis), de Fécamp, tué au combat du 5 septembre 1781.

Pimont (Georges), de Fécamp.

La Personne (Roland), de Brest.

Dupin (Georges), de Nantes.

Vaisseau (Pierre), de Paimbœuf.

Terrier (Jacques), de Honfleur, mort à bord le 27 juin 1781.

Grosset (Laurent), de Dieppe, mort à l'hôpital du Cap le 23 juillet 1781.

Ouin (Pierre-Nicolas), de Dieppe, mort de ses blessures le 6 septembre 1781.

Caisy (Antoine), de Marseille.

Deloy (Jean-Baptiste), de Marseille.

Timoniers.

Dupré (Léonard), de Dunkerque.

Michaud (Pierre), des Sables.

Boyer (Laurent), des Sables.

Vigreux (Simon), des Sables.

Thierry (Hubert), de Granville.

Rabasse (Antoine), de Granville.

Duchêne (Jean), de Granville, mort à l'hôpital du Cap le 5 septembre 1781.

Créance (Guillaume), de Granville, tué au combat du 5 septembre 1781.

Boiseux (Laurent), du Havre, mort à l'hôpital du Cap le 30 juillet 1781.

Grosset (Jacques), de Dieppe.

Philis (Jean-François), de Dieppe, mort à bord le 15 juin 1782.

Thébaud (Alexis), de Saint-Brieuc.

Laviel (Gabriel), de la Hougue.

Semilly (François), de la Hougue.

Dufresne (Pierre), de Dinan.

Duparc (Guy), de Saint-Malo.

Gaucher (Jean), de Saint-Malo.

Loizet (Jean), de Saint-Malo, mort à bord le 17 février 1782.

Le Bon (Alexandre), d'Ouessant.

Diamand (Nicolas), de Brest.

Matelots.

Perrot (Gilles), de Tréguier.

Chevillard (Jean), de Rennes.

Gledel (Blaise), de Rennes.

Gestin (Jean), de Brest.

Le Cann (Jean), de Brest.

Rebours (Étienne), de Brest.

Carron (Jean-François), de Brest.

Le Cann (Yves), de Brest.

L'Ecuyer (Jean), de Mayenne.

Autret (Yves), du Conquet.

Pochar (Yves), du Conquet, mort à l'hôpital du Fort-Royal le 16 mars 1782.

Masse (Louis), de Paris.

Quinec (Louis), de Paris.

Le Ny (Jean), de Morlaix.

Le Ny (Jacques), de Morlaix.

Robin (Jean), de Morlaix.

Castel (René), de Morlaix.

Even (Julien), de Morlaix.

Mariadec (Pierre), de Morlaix.

Marec (François), de Morlaix.

Margelly (Pierre), de Saint-Brieuc.

Querniou (François), de Saint-Brieuc.

Lognon (Tugdual), de Saint-Brieuc.

Morin (Louis), de Saint-Brieuc.

Plétan (François), de Saint-Brieuc.

Richard (François), de Saint-Brieuc, mort à bord le 18 août 1781.

Gautier (Pierre), de Saint-Brieuc, mort à l'hôpital de Hampton le 26 octobre 1781.

Chartier (François), de Saint-Brieuc, mort à l'hôpital du Fort-Royal le 8 juin 1781.

Le Mognar (Louis), de Saint-Brieuc.

Prigent (Guillaume), de Saint-Brieuc.

Roussel (Louis), de Saint-Brieuc.

Le Grand (François), de Saint-Brieuc.

Tourniol (André), de Saint-Brieuc.

Taillandier (Henry), de Saint-Brieuc.

Fautreul (Tugdual), de Saint-Brieuc, mort à bord de fièvre le 8 juin 1781.

Dénès (Thomas), de Saint-Brieuc.

Nédélec (Laurent), de Saint-Brieuc.

Henry (Guillaume), de Saint-Brieuc.

Minio (Antoine), de Saint-Brieuc, mort de fièvre à bord le 27 août 1781.

Demoy (Jean), de Saint-Brieuc, mort à bord le 29 avril 1781.

Amicel (Mathurin), de Saint-Brieuc, mort à l'hôpital du Cap le 30 mai 1782.

Savary (Pierre), de Saint-Malo.

Vitel (Joseph), de Saint-Malo.

Mousson (Julien), de Saint-Malo, mort à l'hôpital du Fort-Royal le 29 janvier 1782.

Guyot (Olivier), de Saint-Malo, mort à bord le 9 juillet 1781.

Saillans (Michel), de Saint-Malo, mort à bord le 16 septembre 1781.

Toutin (Eustache), de Saint-Malo, mort à l'hôpital du Cap le 9 septembre 1781.

Sicot (Guillaume), de Saint-Malo.

Ménage (Eutrope), de Saint-Malo.

Herlan (Pierre), de Saint-Malo.

Huet (Joseph), de Saint-Malo.

Monier (Pierre), de Saint-Malo.

Diès (Jean), de Saint-Malo.

Lefrançois (Jacques), de Saint-Malo.

Burnel (Barthélémy), de Saint-Malo.

Gilbert (Thomas), de Saint-Malo.

Martin (Charles), de Saint-Malo.

Briand (Guillaume), de Saint-Malo, mort à l'hôpital du Fort-Royal le 27 janvier 1781.

Huet (Jérôme), de Saint-Malo, mort à l'hôpital du Fort-Royal le 11 janvier 1782.

Rivière (François), de Saint-Malo, mort à bord de fièvre le 19 août 1781.

Bourican (Ollivier), de Saint-Malo, mort au Fort-Royal le 6 février 1781.

Salaün (Marc), de Saint-Malo.

Baron (Jean), de Saint-Malo.

Bréjon (Augustin), de Saint-Malo.

Hamon (Guillaume), de Saint-Malo.

De Lanno (Godefroy), de Saint-Malo.

Cochard (Joseph), de Saint-Malo.

Lanselin (Thomas), de Saint-Malo.

Quarri (Thimothée), de Saint-Malo.

Girouard (Julien), de Saint-Malo.

Cloche (Jean), de Saint-Malo, mort à l'hôpital du Fort-Royal le 19 octobre 1782.

Janvier (Mathurin), de Dinan.

Helbert (Jean), de Dinan.

Briginal (François), de Dinan.

Godu (Gilles), de Dinan.

Brugalet (Joseph), de Dinan.

Joube (Pierre), de Dinan.

Sévignac (Julien), de Dinan.

Even (Jean), de Dinan.

Le Chat (Yves), de Dinan.

Laure (Louis), de Dinan.

Gervy (Guillaume), de Dinan.

Deniot (Louis), de Dinan.

Le Roy (Julien), de Dinan.

Le Meuffe (Joseph), de Dinan.

Noël (Claude), de Dinan.

Le Dantec (Vincent), de Dinan.

Nicolin (Alain), de Dinan.

Pelan (Mathieu), de Dinan.

Folange (François), de Dinan.

Le Grand (Charles), de Dinan.

Bertin (Joseph), de Dinan.

Colin (Yves), de Quimper.

Chérot (Jean), de Quimper, mort à l'hôpital de Hampton le 18 octobre 1781.

Belbéoch (Hervé), de Quimper, mort à bord le 27 octobre 1781.

Outin (Pierre), de Nantes.

Tusseau (Louis), de Nantes.

Foubert (François), de Nantes.

Hamon (Joseph), de Nantes, mort à bord de fièvre le 17 février 1782.

Fanton (Louis), de Nantes.

L'Évêque (Laurent), de Nantes.

Beaugu (Pierre), de Nantes.

Boursier (Jacques), de Nantes.

Raimbaud (François), de Nantes.

Janneau (Claude), de Nantes, mort à bord le 30 mai 1781.

Mauriceau (Jean), de Nantes, mort au Fort-Royal le 16 juillet 1781.

Huchet (François), de Nantes.

Saurin (Pierre), de Nantes, mort à l'hôpital du Fort-Royal le 13 février 1781.

Moyon (Julien), fils de Jean, du Croisic.
Moyon (Julien), fils de Jacques, du Croisic.
Mahé (Denis), du Croisic.
Le Bourdiel (Pierre), du Croisic.
Lambert (Pierre), du Croisic.
Fraval (François), de Lorient.
Dréano (Marc), de Lorient.
Le Diol (Louis), de Lorient.
Guillot (Louis), de Lorient.
Ridoubler (Jean), de Vannes.
Madec (François), de Vannes.
Rival (Denis), de Vannes.
Le Clerc (Etienne), de Belle-Isle.
Bécaille (Augustin), du Havre.
Jean (Antoine), du Havre.
Milet (Jacques), du Havre.
Marie (Jacques), du Havre.
Le Brun (Antoine), du Havre.
Trochau (Thomas), du Havre.
Candon (Jean-Baptiste), du Havre.
Benatre (Pierre), du Havre.
L'Huriers (Jean), du Havre.
Hamon (Etienne), du Havre.
Le Cœur (Jean), du Havre.
Taifarel (Auguste), du Havre.
Cordier (Jean), de Honfleur.
Duhaut (Baptiste), de Honfleur.
Güesdon (Jean-Baptiste), de Dieppe.
Bénard (Marcel), de Dieppe.
Masson (Nicolas), de Dieppe.
Fromentin (Jean), de Dieppe.
Vasseur (François), de Dieppe.
Bonhomme (Claude), de Dieppe.
Cloquet (Etienne), de Dieppe.
Decorde (Louis), de Dieppe.
Planage (Jean), de Rouen.
Semelaine (Jean), de Rouen.
Béranger (Antoine), de Rouen.
Guilbert (Jean), de Rouen.
La Flamme (Jean), de Cherbourg.
Auvray (Guillaume), de la Hougue.
Talvar (Michel), de la Hougue, mort à l'hôpital du Fort-Royal le 14 septembre 1781.
Hubert (Jean-François), de la Hougue, mort à bord le 10 août 1781.
Coffey (Jean-François), de la Hougue, mort à l'hôpital du Fort-Royal le 13 septembre 1781.
De la Cime (Pierre), de Fécamp.
Roger (Isaac), de Fécamp.
Mayeux (Pierre), de Fécamp.
Gouard (Jacques), de Fécamp.
Loisel (Pierre), de Fécamp.
L'Orieul (Jean), de Fécamp.
Le Page (Pierre), de Fécamp.
Cordet (Jean-Baptiste), de Granville.
Campion (Pierre), de Granville.
Quenel (André), de Granville.
Huc (Jean), de Granville.
Fouché (Jacques), de Granville.
Talva (Charles-Michel), de Granville, mort à bord le 17 février 1782.
Billard (François), de Granville, mort à bord le 9 mai 1782.
Bourgeois (François), de Granville, mort à l'hôpital du Fort-Royal le 19 juillet 1781.
Harel (Pierre), de Granville.
Bédouin (Christophe), de Granville.
Héon (Jean), de Granville.
L'Aîné (Nicolas), de Granville.
Le Brun (Jean), de Granville.
Blondel (Jacques), de Granville.
Le Maître (Michel), de Granville.
Briant (Louis), de Granville.
Le Landais (Pierre), de Granville.
Lavandier (Julien), de Granville.
Réquier (François), de Granville.
Pélerin (Pierre), de Granville.
Picot (Jacques), de Granville.
Gosse (Jean), de Granville.
Le Neveu (Julien), de Granville.
Ermange (Nicolas), de Granville.
Millier (François) de Granville, tué au combat du 5 septembre 1781.
Le Réel (Louis), de Granville.
Avril (Nicolas), de Granville.
Théra (Pierre), de Granville.
Colombel (Jacques), de Granville.
Le Fresne (Pierre), de Granville.
Bourré (François), de Granville, noyé à Chesapeack le 16 février 1781.
Amiot (Jacques), de Granville, mort à l'hôpital du Fort-Royal le 29 juin 1782.
Menidré (René), de Granville, mort à l'hôpital du Fort-Royal le 3 avril 1782.
Menidré (Jacques), de Granville, tué au combat du 5 septembre 1781.
Canivet (Jacques), de Granville, mort à l'hôpital du Fort-Royal le 26 janvier 1782.
Tellier (Julien), de Granville.
Potdevin (Jean), de Granville.
Deroches (Georges), de Granville.
De la Lande (Jean), de Granville.
Capé (Louis), de Granville.
Le Huc (Jean), de Granville.
Girard (Richard), de Granville.
Thébaud (Jean), de Granville.
Varin (Pierre), de Granville.
Mainguy (Jean), de Granville.
Le Vicaire (Gilles), de Granville.
Gudebois (Jean), de Granville.
Le Mars (Jean), de Granville.
Olivier (Julien), de Granville.
Blanchet (André), de Granville.
Le Caradeu (Jean), de Granville.
Godefroy (Jean), de Granville, mort à l'hôpital du Fort-Royal le 22 décembre 1781.
Le Crosnier (Julien), de Granville.
Le Viviers (Jean), de Granville.
Montagne (Gilles), de Granville.
Lefèvre (Jean), de Granville.
Le Hule (Jean), de Granville.
Lehodé (Jacques), de Granville.
Melin (Thomas), de Granville.
Izabelle (Pierre), de Granville.
Duchène (Jean), de Granville.
Le Monnier (Pierre), de Granville, mort à l'hôpital de Hampton le 21 mars 1781.
Maloray (Simon), de Granville, mort à l'hôpital de Hampton le 21 janvier 1781.
La Rose (Jean-François), de Granville, mort à bord le 20 septembre 1781.
Prinpin (Eugène), de Caen.
Lareth (Marin), de Caen.
Dufour (Robert), de Caen, mort à bord le 9 juillet 1781.
Roux (Jean-Baptiste), de Saint-Valéry-sur-Somme.
Buseau (Louis), de Saint-Valéry-sur-Somme.
Ducastel (Antoine), de Saint-Valéry-sur-Somme.
Heurtel (Jean-Baptiste), de Saint-Valéry-sur-Somme.
Leclerc (Charles), de Saint-Valéry-sur-Somme.
Buseau (Nicolas), de Saint-Valéry-sur-Somme.
Douane (Jean-Baptiste), de Saint-Valéry-sur-Somme.
Perceval (Baptiste), de Saint-Valéry-sur-Somme, mort à bord le 16 novembre 1781.
Copin (Marc), de Boulogne.
Gourchan (Pierre), de Rochefort.
Delavau (Etienne), de Rochefort.
Darnaud (Jacques), de Rochefort.
Bruneau (Jean), de Marennes.
Chaviteau (Jacques), de l'Ile d'Yeu.
Lucas (Charles), de l'Ile d'Yeu.
Turbé (Pierre), de l'Ile d'Yeu.
Delmé (Jean), de Bordeaux.
Vidal (Pierre), de Toulouse.
Pougeol (Bernard), de Montauban.
La Fourcade (Baptiste), de Bayonne.

Novices.

Hochar (Thomas) de Granville.
Duverger (Barthélémy), de Granville.
Le Marchand (Joseph), de Fécamp.
Picot (Thomas), de Fécamp.
Fournier (Jean), de Fougères.
Gentil (Guillaume), de Saint-Brieuc.
Berroche (Yves), de Saint-Brieuc.
Riou (Yves), de Saint-Brieuc.
Saint-Gast (Olivier), de Saint-Brieuc.
Le Gau (Lucas), de Saint-Brieuc.
Adam (Yves), de Saint-Brieuc.
Nicolas (Sébastien), de Saint-Brieuc.
Horeth (Thomas), de Saint-Brieuc.
Kermorvan (Mathurin), de Saint-Brieuc.
Hamon (Guénolé), de Saint-Brieuc, mort à bord le 29 septembre 1781.
Quershero (Jean-Pierre), de Saint-Brieuc, mort à l'hôpital du Fort-Royal le 14 mars 1782.
Bayon (Jacques), de Saint-Brieuc, mort à l'hôpital du Fort-Royal le 5 juillet 1781.
Riau (Joseph), de Vannes, mort à bord le 27 septembre 1781.
Colette (Jean), de Caen.
Blanchet (Jean), de Dinan.
Le Bon (René), de Lorient.
Ricaut (Jean), de Nantes.
Féru (Pierre), de Versailles.
Souliers (Benoît), de Laon.
Guillou (François), de Tréguier.
Rano (Guillaume), de Tréguier.
Le Parc (Jean), de Tréguier.
Michel (Pierre), de Tréguier.
Le Jeune (Jean), de Tréguier.
Le Néron (Yves), de Tréguier.
Le Bonniec (François), de Tréguier.
Hamon (Guillou), de Tréguier, mort à l'hôpital du Fort-Royal le 27 novembre 1781.
Le Bail (Jacques), de Tréguier, mort à l'hôpital du Fort-Royal le 15 février 1782.
Philippe (Jean), de Tréguier, mort à l'hôpital du Fort-Royal le 28 août 1781.
Le Bail (Antoine), de Tréguier.
Briand (Modeste), de Tréguier.
Le Bihan (Jean), de Tréguier.
Le Gallou (Yves), de Tréguier.
Nicolas (Laurent), de Tréguier.
Malo (Yves), de Tréguier.
Le Louarn (Jean), de Tréguier.
Monjarret (Vincent), de Tréguier.
Marec (Jean), de Vannes.
Le Goff (Etienne), de Vannes.
Le Toux (Yves), de Vannes.
Le Toux (Clément), de Vannes, mort à bord le 27 septembre 1781.

Hervé (Guillaume), de Vannes, mort à Hampton le 14 octobre 1781.
Gouhic (Dominique), de Vannes.
Guillemot (Julien), de Vannes.
Colet (Jérôme), de Vannes.
Jégo (Bertrand), de Vannes.
Bornic (Louis), de Vannes.
Forval (François), de Vannes.
Hazevis (Pierre), de Vannes.
Garec (Guillaume), de Vannes.
Chapelain (Grégoire), de Vannes.
Cointo (Jean), de Vannes.
Plemer (Pierre), de Vannes.
Corvec (Louis), de Vannes, mort à l'hôpital du Cap le 21 juillet 1781.
Kérique (Julien), de Vannes, mort à bord le 1er février 1782.
Péré (Julien), de Vannes, mort à l'hôpital du Fort-Royal le 28 juillet 1781.
Danik (Pierre), de Vannes, mort à bord le 9 octobre 1781.
Quélec (Gilles), de Vannes.
Cordeven (François), de Vannes.
Le Vigouroux (Olivier), de Vannes, mort à bord le 11 juin 1782.
Bagous (Michel), de Vannes, mort à l'hôpital du Fort-Royal le 3 août 1781.
Chrétien (Gabriel), de Saint-Malo.
Risbec (Dominique), de Cherbourg.
Le Loup (François), de Granville.
Le Bolen (Jean-Baptiste), de Morlaix.
Blin (François), de Dinan.
Lamarre (Jean), de Dinan.
Mainguy (Pierre), de Dinan, mort à bord de fièvre le 20 juin 1782.
Touyer (Yves), de Saint-Brieuc.
Jégou (Pierre), de Saint-Brieuc.
La Merloch (Jacques), de Saint-Brieuc.
Le Gras (Vincent), de Saint-Brieuc.
Le Méguat (Jean), de Saint-Brieuc.
Mercier (Jacques), de Marmande.
Dufour (Joseph), de Marmande.
Bonneville (Bernard), de Marmande.
Tatoy (Salir), de Marmande.
Perse (Pierre), de Marmande.
Seudre (Louis), de Marmande.
Fanguette (Guillaume), de Marmande, mort à l'hôpital du Fort-Royal le 6 juin 1782.
Arnaud (Pierre), de Grenoble, mort à l'hôpital du Fort-Royal le 7 décembre 1781.
Louhau (Pierre), de Dinan.
Bourgouin (François), de Saumur.
Eynaud (Casimir), de Montdidier.
Rossignol Jean), de Rennes.
Frangel (Jacques), de Nantes.
Le Charpentier (Jacques), de Granville.
Causan (Michel), d'Ouessant.
Duvel (Charles), de Cherbourg.
Fournery (Nicolas), de Fougères.
Butter (Charles), de Montrichaud.
Le Noir (Jean), de Montrichaud.
Le Moine (André), de Montrichaud.
Méry (François), de Montrichaud.
Vion (Emmanuel), de Rouen.
Degoix (Gabriel), de Rouen.
Barbanson (Pierre), de Honfleur.
Arnoux (Benjamin), des Sables.
Perrot (Maurice), de Lorient.
Brion (Jean), de Granville.
Dubreuil (Julien), de Fougères.
Cozien (Jean-Louis), de Saint-Renan.
Gossonnet (Yves), de Saint-Malo.
Crevelier (François), de Saint-Malo.
Le Clerc (Jean), de Saint-Malo.
Pélerin (Laurent), de Saint-Malo.
Savane (Nicolas), du Havre.
Le Bas (Jacques), du Havre.
Robert (Pierre), de Marennes.
Daniel (Sébastien), de Tréguier, mort à bord le 24 octobre 1781.
Le Maître (Pierre), de Lorient.
Pichon (Jean), de Vannes.
Bayard (Jacques), de Vannes.

Surnuméraires.

Le Sens (Vincent), de Lorient.
Vilmain (Pierre), de Lorient.
Le Granvillais (Louis), de Granville.
Fortin (Jacques), de Granville.
Des Clos (Michel), de Saint-Malo.
Husson (Michel), de Saint-Malo.
Grégy (Augustin), de Vitré.
Doucet (Joseph), de Blois.
Castelan (François), de Cassis.
Reault (Pierre), de Vannes.
Glédel (Blaise), de Rennes.
Piedevache (Jean), de Caen.
Perraut (Gilles), de Tréguier.

Mousses.

Durand (Pierre), de Granville.
Pibouin (Guillaume), de Granville.
Pigeon (Nicolas), de Granville.
Darrou (Antoine), de Granville.
Darrou (Antoine), de Granville.
Le Noble (Jacques), de Granville.
Eméric (Corentin), de Quimper.
Delahaye (Nicolas), de Pontivy.
Joso (Louis), de l'Ile de Ré.
Le Hir (Yves), de Tréguier.
Le Roy (Guillaume), de Tréguier.
Kervellec (Yves), de Roscoff, mort à l'hôpital du Fort-Royal le 22 février 1782.
Le Boudec (Pierre), de Saint-Brieuc.
Le Picard (François), de Saint-Brieuc.
Martin (Noël), de Saint-Brieuc.
Le Pennec (Jean), de Saint-Brieuc.
Le Cornec (Pierre), de Saint-Brieuc.
Gatifot (Jean), de Saint-Brieuc.
Richard (Guillou), de Saint-Brieuc.
Taillandier (Pierre), de Saint-Brieuc.
Le Moine (Marc), de Saint-Brieuc.
Bâtard (Etienne), de Saint-Brieuc.
Gentil (Charles), de Saint-Brieuc.
Lesquivit (Yves), de Brest.
Alain (Louis), de Brest.
Capitaine (Alain), de Brest.
Le Mène (François), de Brest.
Quéméneur (Louis), de Brest.
André (Hervé), de Brest.
Le Gann (Jean), de Brest.
Faucon (Etienne), de Brest.
Coat (Laurent), de Brest, mort à l'hôpital de Hampton le 14 août 1781.
Rohou (Jean), de Morlaix.
Tudieu (Jean), de Saint-Renan.
Le Baleur (Charles), de Dinan.
Ameline (Jean), de Dinan.
Dugué (Victor), de Dinan.
Le Grand (Gilles), de Dinan, mort à l'hôpital du Fort-Royal le 28 mars 1781.
Saliou (Claude), de Saint-Malo.
Gatel (Michel), de Saint-Malo.
Gagnerot (Julien), de Saint-Malo.
Capel (Pierre), de Saint-Malo.
Guilbeau (Jean), de Saint-Malo.
Boisivon (Pierre), de Saint-Malo.
Renaut (Jean), de Saint-Malo.
Cahout (Jacques), de Saint-Malo.
Balenne (Mathurin), de Saint-Malo.
Durand (Servan), de Saint-Malo.
Lefèvre (Jean-François), de Saint-Malo, mort à bord le 14 juillet 1781.
Marlette (Pierre), de Lamballe.
Daniel (Pierre), de Vannes.
Coëdic (Pierre), de Vannes.
Mével (Jean), de Lorient.
Fichau (Mathurin), de Lorient.
Normand (Jean-Baptiste), de Lorient.
Gujousse (Mathurin), de Lorient.
Chevrier (Michel), de Fougères.
Fatiguan (Mathurin), de Rennes.
Maillard (François), de Rennes.
Guiziou (Jean-Marie), du Conquet.
Touvilai (François), de Tréguier.
Anty (Pierre), du Havre.
Guerre (Julien), de Redon.
Rouvier (Joseph), de Toulon.
Le Cann (Hervé), de Landerneau.
Bescon (René), de Landerneau.
Bric (Charles), de Granville.
Ménès (Dominique), de Quimper.
Goulnaud (Mathurin), de Marennes.
Thomassin (Jean), de Toulon.
Buisson (François), de Toulon.
Fabre (Michel), de Toulon.
Grisolle (Joseph), de Toulon.
Christian (Antoine), de Toulon.
Bertrand (Louis), de Martigues.
Sabattier (Jean-Baptiste), d'Hyères.
Sabattier (Jacques), d'Hyères.
Arnaud (Paul), d'Hyères.
Arnaud (Joseph), d'Hyères.

Domestiques.

Cordouan (Jean-Baptiste), de Toulon.
Martin (Félix), de Toulon.
Pezet (Barthélémy), d'Albi.
Morel (Jean), de Rennes.
Tavayon (Joseph), d'Aubagne.
Peyre (François), d'Avranches.
Michel (Joseph), de la Ciotat.
Perron (Louis), de Guéméné.
Guillot (Jean), de Guéméné.
Le Nestic (François), de Guéméné.
Germain (Nicolas), de Hennebont.
Cariou (Corentin), de Quimper.
Maurice (Nicolas), de Chartres.
Bouvier (François), de Paris.
Gavaudan (Jean-Baptiste), de Paris.
Cornec (Pierre), de Saint-Brieuc.
André (Guillaume), de Brest.

L'AMAZONE

(Du 1er janvier 1781 au 29 juillet 1782, date à laquelle elle a été prise par les Anglais, et du 30 juillet 1782, où elle a été reprise, jusqu'au 3 août 1783.)

M. le Chevalier DE VILLAGES, Capitaine de vaisseau, Commandant; — M. DE MONGUIOT, Lieutenant de vaisseau, Commandant; M. DE GASTON, Lieutenant de vaisseau, Commandant.

ÉTAT-MAJOR

CAPITAINE DE VAISSEAU

Le Chevalier **de VILLAGES**, Commandant.

LIEUTENANTS DE VAISSEAU

De MONGUIOT, Commandant, tué au combat du 29 juillet 1782.
De GASTON, Commandant.
De CAMUS.

ENSEIGNES DE VAISSEAU

Le chevalier **de ROSPIEC**.
Le chevalier **DUPETITHOUARD**.
De la GUIGNERAY.
De L'EPINE, mort le 31 octobre 1782.

LIEUTENANT DE FRÉGATE

GAZAN, tué au combat du 29 juillet 1782.

OFFICIERS AUXILIAIRES

OILLIC, tué au combat du 29 juillet 1782.
MAISSONNIER.
RUELLAND de la VILLE-BERNO.
THOMIZE (Victor).
LE HUBY.
De MIRIT.
De MONTBLANC.
NOURRY.

CHIRURGIENS

COMPAIN.
LHERMITE (Jean).

AUMONIER

MACHUNQ (John).

GARDES DE LA MARINE

LA MOTTE GUYOMARAIS.
De MARTIGNAN.
De BOUBERT.
LE CHAT.
D'ENTRECHAUX.

VOLONTAIRES

Huet (François), du Havre.
Borde, du Fort-Royal.

Officiers-mariniers de manœuvre.

Philippe (Laurent), premier maître, de Toulon.
Andreau (Paul), premier maître, de Toulon.
Poulain (Laurent), second maître, de Saint-Brieuc.
Jaunet (Pierre), second maître, des Sables.
Massié (Louis), second maître, de Granville.
Poirier (Pierre), contremaître, des Sables.
Souache (Jean), contremaître du Havre.
Maugé (Barthélemy), contremaître, de Belle-Ile.
Le Teurtre (Jacques), bosseman, de Fécamp.
Sicle (Jean), bosseman, de Saint-Brieuc.
Ollivier (Mathurin), bosseman, de Nantes.
Massé (Joseph), bosseman, de Paimbœuf.
Houart (François), quartier-maître, de Saint-Brieuc.
Duterire (François), quartier-maître, de Lannion.
Le Hegarade (Jacques), quartier-maître, de Saint-Brieuc, blessé au combat du 29 juillet 1782.
Caillo (Augustin, quartier-maître, du Havre.
Thomis (Romain), quartier-maître, du Havre.
Le Goubin (Gédéon), quartier-maître, de Granville.
Soleil (Alexis-Beau), quartier-maître, de Nantes, tué au combat du 29 juillet 1782.
Lavergne (Louis), quartier-maître, des Sables.
Pépin (André), quartier-maître, de Saint-Malo.
Poisson (Pierre), quartier-maître, de Fécamp.
Chopin (Jean), quartier-maître, du Havre.
Fournier (Jean), quartier-maître, de Nantes.
Manchin (Jean), quartier-maître, de Bordeaux.
Pilez (Jean), quartier-maître, de Fécamp.
Sorre (Marc), quartier-maître, de Dieppe.

Officiers-mariniers de pilotage.

Le Saux (Louis), patron de canot, de l'Ile-aux-Moines.
Le Ray (Augustin), premier pilote, de Nantes.
Baladier (Pierre), premier pilote, de Calais.
Robert (Jean), second pilote, de Granville.
Carbonel (Jean), aide-pilote, de Marseille.
Viaud (Dominique), aide-pilote, de Bordeaux.
Willaumez (Jean), aide-pilote, de Belle-Ile.
Auzel (Antoine), aide-pilote, de Marseille.
Allaire (Julien), aide-pilote, du Croisic.

Officiers-mariniers de canonnage.

Casteingue (Jean), premier canonnier, de Nantes.
Denis (Victor), second canonnier, de Saint-Brieuc.
Coindreaux (Jacques), aide-canonnier, de Nantes, blessé au combat du 29 juillet 1782.
Bertheau (Robert), aide-canonnier, de Fécamp.
Robert (Jean), aide-canonnier, de Fécamp.
Le Mittord (Philipe), aide-canonnier, de Granville, tué au combat du 29 juillet 1782.
Guillarer (Pierre), aide-canonnier, de Morlaix.
Pinçon (Adrien), aide-canonnier, de Granville.
Buchet (Jean), aide-canonnier, de Granville.
Deranton (Jean), aide-canonnier, de Moissac.
Aspot (Jean), aide-canonnier, du Croisic.
Daniel (Michel), aide-canonnier, du Croisic, blessé au combat du 29 juillet 1782.
Violtot (Claude), aide-canonnier, des Sables.
Raymond (Bernard), aide-canonnier, de Blaye.
Patin (Bernard), aide-canonnier, de Saint-Jean-de-Luz, tué au combat du 29 juillet 1782.
Perigord (Gilles), aide-canonnier, de Saint-Malo.

Officiers-mariniers de charpentage.

Hostein (Jean), second charpentier, de Bordeaux.
Chaux (Ollivier), aide-charpentier, de Dinan.

Officiers-mariniers de calfatage.

Gaillard (Joseph), maître calfat, de Dinan.
Huguen (Jacques), second calfat, de Brest.
Le Cocq (Georges), aide-calfat, du Havre, mort le 12 août 1782.
Le Roux (Joseph), aide-calfat, de Dinan.
Le Moine (François), aide-calfat, de Brest.

Officiers-mariniers de voilerie.

Guillouar (Jean), maître voilier, de Vannes.
Guérin (Jean), second voilier, de Honfleur.
Bernard (Vincent), aide-voilier, de Lorient.

Gabiers et Timoniers.

Liard (Jean), de Saint-Malo.
Chambré (Thomas), de Dieppe, tué au combat du 29 juillet 1782.
Fatoux (Denis), de Granville.
Le Breton (Philipe), de Fécamp.
La Mer (Yves), de Morlaix.
L'Espant (Gilles), de Granville, tué au combat du 29 juillet 1782.
Picard (Julien), de Vannes.
Jean (Yves), de Nantes.
Jarry (Louis), du Havre.
Burel (François), de Saint-Brieuc.
Mignier (Laurent), de Saint-Brieuc, mort à bord le 3 avril 1783.
Rosmois (Pierre), de Rouen.
Roual (Jean), de Cherbourg, mort le 26 octobre 1781.
Corby (Pierre), du Havre.
Guenet (Denis), du Havre.
Quimper (Toussaint), de Saint-Malo.

Matelots.

Perrès (Jean), de Brest.
Thomas (Jean), du Havre.
Morel (René), de Rennes.
Prévost (Jean), du Conquet.
Le Coat (Claude), du Conquet.
Pen (Bernard), du Conquet.
Poullaouec (Jean), du Conquet.
Lafarque (François), de Castres.
Dhonin (Antoine), d'Arras.
Quiniou (Jean), de Brest.
Deniers (Jean), de Rennes.
Martin (Joseph), de Nantes.
Chomet (Jean), de Nantes.
Guérit (Charles), de Nantes.
Ardouin (Jean), du Croisic.

Bonnet (Jacques), du Croisic.
Bernard (Julien), de Nantes.
Desplanches (Jean), du Croisic.
De la Motte (Jacques), de Nantes.
Berteaux (François), du Croisic.
Chalioux (Pierre), de Nantes.
Fontenay (Laurent), d'Angers.
Le Luc (Nicolas), de Vannes.
Potremat (Guillaume), de Vannes, tué au combat du 29 juillet 1782.
Gouzer (Jean), de Vannes.
Guymard (Julien), de Lorient.
Hosvale (Dominique), de Vannes.
Le Monnier (Jean), de Dinan.
Mérial (Jean), de Dinan.
Belfer (Mathurin), de Dinan.
Adam (François), de Saint-Malo.
Langlais (Pierre), de Saint-Malo.
Auger (Guillaume), de Saint-Malo.
Pian (Pierre), de Saint-Malo.
Huet (Jean), de Saint-Malo.
Clément (François), de Dinan.
Béchec (Charles), de Saint-Malo.
Robin (René), de Saint-Malo.
Martin (Barnabé), de Saint-Malo.
Chevalier (Yves), de Dinan.
Jégu (Pierre), de Saint-Malo, tué au combat du 29 juillet 1782.
Dulceret (Julien), de Dinan.
Bienvenu (Jacques), de Saint-Malo.
Grignard (André), de Dinan.
Colombelle (Jean), de Dinan.
Roltet (Jean), de Saint-Malo.
Vidament (Yves), de Saint-Brieuc.
Beaucher (Ollivier), de Saint-Brieuc.
Jaunard (Yves), de Saint-Brieuc.
Guillou (Marc), de Saint-Brieuc.
Gauthier (Joseph), de Saint-Brieuc, mort le 1 octobre 1782.
Le Bleize (Antoine), de Saint-Brieuc.
Duchesne (Jean), de Saint-Brieuc.
Le Roux (Gabriel), de Saint-Brieuc.
Poulmar (Guillaume), de Saint-Brieuc.
Duchesne (Yves), de Saint-Brieuc.
Jagu (Mathurin), de Saint-Brieuc.
Poulain (Guillaume), de Saint-Brieuc.
Carre (Jean), de Saint-Brieuc.
Bigot (Vincent), de Saint-Brieuc.
Seguillon (Louis), de Saint-Brieuc.
Le Protesse (Pierre), de Saint-Brieuc.
Corre (Pierre), de Saint-Brieuc.
Morel (François), de Saint-Brieuc.
Tremeur (Jean), de Lorient, tué au combat du 29 juillet 1782.
Bicherot (François), de Lorient.
Guiader (Jacques), de Lorient.
Calvez (François), de Morlaix.
Lanno (Jean), de Morlaix.
Philipe (Laurent), de Morlaix.
Labé (Jean), de Lannion.
Cayeux (Louis), de Dieppe, mort à bord le 26 octobre 1781.
Michaux (Samuel), de Dieppe.
Beillet (Jean), de Dieppe.
Beaudry (Alexandre), de Rouen.
Grenet (Etienne), de Rouen.
Quertier (Jacques), du Havre.
Mounier (Edouard), de Rouen.
Jorre (Cézard), de Rouen.
Le Clerc (Pierre), de Rouen.
Chouquet (Joseph), de Rouen.
Allain (François), de Granville.
Paturel (François), de Granville.
Le Gallais (Adrien), de Granville.
Lorée (François), de Granville.
Duhoux (Jean), de Granville.
Le Trony (Julien), de Granville.
Dupré (Jean), de Granville.
Burnouf (François), de Granville.
Forget (Pierre), de Granville.
Campion (François), de Granville.
Grenier (Pierre), de Caen.
Guyot (Jean), de Caen.
Benoit (Jean), de Caen.
Picot (Charles), de Caen.
Augé (Jacques), de Caen.
Housmeur (Jacques), du Havre.
Argentin (Jean), du Havre, tué au combat du 29 juillet 1782.
Ingrout (Jean), du Havre.
Le Comte (Jean), du Havre.
Denne (Augustin), du Havre.
Cobert (Jean), du Havre.
Le Ger (Michel), du Havre.
Benné (Jacques), du Havre.
Penne (Thomas), du Havre.
Quantin (René), de Honfleur.
Hauchais (Michel), de Fécamp.
Miossan (Jean), de Marmande, mort à bord le 2 décembre 1781.
Savin (Jean), des Sables.
Deschamps (André), des Sables, tué au combat du 29 juillet 1782.
Payement (Jean), de Bordeaux.
Rondot (Martin), de Bordeaux.
Redoullet (Guillaume), de Marennes.
Feuillade (Jean), de Moissac.
Blanchard (François), de Marennes.
Nouvel (Jean), de Toulouse.
Perré (Pierre), de la Teste.
Castaigne (Arnaud), de Moissac.
Planta (Guillaume), de Moissac.
Quartal (Gabriel), de Moissac.
Duranton (Pierre), de Moissac.
Faure (Jean), de Saintes.
Paris (Etienne), de Moissac.
Boissonneaux (Jean), de Saintes.
Taillefer (Antoine), de Montauban.
L'Eglise (Jean), de Bordeaux.
Lafayette (André), de Vannes.
Larrien (Bernard), de Bayonne.
Piton (Pierre), des Sables.
Ecarlate (Jacques), de Rochefort.
Fabre (André), de la Seyne.
Drouscard (Jean), de Marseille.
Tufelix (Jean), de Montpellier.
Allain (Jean), de la Valette.
Charpentier (Jacques), de Toulon.
Mesques (Jacques), de Saint-Tropez.
Richard (Jean), Américain, de Philadelphie.
Bristol (Jos), Américain, de Savannah.
Wouillam (Jean), Américain.
Wouillam (Thomas), Américain.
Mécanel (James), Américain.

Novices.

Le Tertre (Yves), de Saint-Brieuc.
Joubin (Claude), de Saint-Brieuc.
Trouillet (François), de la Rochelle.
Girardeau (Jacques), de Noirmoutiers.
Tessier (Etienne), de Noirmoutiers.
Renaudin (Pierre), de Noirmoutiers.
Robard (Pierre), de Noirmoutiers.
Noleau (Pierre), de Noirmoutiers.
Besseau (Jean), de Noirmoutiers.
Ropert (Yves), de Tréguier.
Pinaud (Thomas), de Noirmoutiers.
Moron (Barnabé), d'Orléans.
Rolland (Jean), de Nevers.
Aubey (Nicolas), de Caen.
Daniel (Mathieu), de Saint-Brieuc.
Pied Plat (Louis), de Noirmoutiers.
Billet (Jacques), de Noirmoutiers.
Le Moine (René), d'Angers.
Quercy (Guillaume), de Cahors.
Laurent (Jean), de Rennes.
Duflot (François), de Paris.
Braham (François), de Vannes.
Mirond (Jean), de Toulon.
Drouillard (Etienne), de l'île de Ré.
Anneaux (Joseph), de Saint-Brieuc.

Surnuméraires.

Grenet (Etienne), de Rouen.
Phily (Joseph), de Saint-Malo.
Buffeteau (Pierre), de Saintes.
Ebert (Vincent), de Chartres.
Ebert (Pierre), de Chartres.
Kescart (Jean), de Brest.
Lanne (Jean), du Havre.
Gauthier (Jean), de Rennes.
Thomas (Laurent), de Saint-Brieuc.
Rechain (Louis), d'Angoulême.
Maillet (François), de Saintes.

Mousses.

Denis (Joseph), de Saint-Brieuc.
Polignac (Michel), de Recouvrance.
Arnès (Yves), de Brest.
Le Lay (Corentin), de Brest.
Le Moine (Corentin), de Lorient.
Lastenec (Pierre), de Brest.
Hidriot (Laurent), de Saint-Brieuc.
Le Gouisse (François), de Dinan.
Davril (Louis), de Paris.
Fiand (Simon), de Caen.
Criez (Julien), du Mans.
Le Rigouleux (Louis), de Saint-Brieuc.
Barron (Claude), de Brest.
Minier (Pierre), de Saint-Brieuc.
Cato (Jean), de Saint-Brieuc.
Arnaud (Antoine), de Saint-Brieuc.
Ruys (Joseph), de Toulon.
Le Teurtre (Jean), de Fécamp.
Campion (Jean), de Granville.
Le Gleudic (Guillaume), de Saint-Brieuc.
Roueland (Vincent), de Saint-Brieuc.
Requier (André), de Granville.
Le Rumeur (Jean), de Morlaix.
Le Maigre (René), de Saint-Brieuc.
Carrié (Yves), de Morlaix.
Rioux (Julien), de Pontivy.
Cardinet (Bertrand), de Vannes.
Goilean (Jean), de Saint-Brieuc.
Agnès (Jean), de Granville.
Raymond (Guillaume), de Saint-Brieuc.
Fradin (François), de la Rochelle.
Soulard (Louis), de Marennes.
Guilloux (Jean), de Lannion.

Domestiques.

Carret (Louis), de Vannes.
Poulmar (Guillaume), de Saint-Brieuc.
Le Roux (Jean), de Morlaix.
Quiniou (Jean), de Brest.
Le Guet (Jacques), de Tréguier.

L'EXPÉRIMENT

(D'avril 1780 à août 1783)

M. DE MARTELLY CHAUTARD, Capitaine de vaisseau, Commandant; M. le Chevalier DE MÉDINE, Capitaine de vaisseau, Commandant; M. DE LANGLE, Lieutenant de vaisseau, Commandant; M. le Chevalier DE COATLÈS, Lieutenant de vaisseau, Commandant.

ÉTAT-MAJOR

CAPITAINES DE VAISSEAU

De MARTELLY CHAUTARD, Commandant.
Le Chevalier **de MEDINE**, Commandant.

LIEUTENANTS DE VAISSEAU

De LANGLE, Commandant.
Le Chevalier **de COATLES**, Commandant.
DESPRES.
De SAINT-JULIEN de CHAMBON.
De CREQUI.
Le Chevalier **de RUAT.**

ENSEIGNES DE VAISSEAU

Le Chevalier **de CHARBONNEAU.**
Le GAC.
Le Chevalier **de la MONNERAYE.**
Le Chevalier **de KARCARADEC.**
De MONTBADON.
Le Chevalier **de FORBIN.**
BEAUSSIER de LISLE.
D'HEUREUX.

LIEUTENANTS DE FRÉGATE

MARTIN (Dominique).
DESCOREIS.
ROYER.
De VILLIERS.
La BAT.
Le BOUCHER.

OFFICIERS AUXILIAIRES

REGNIER.
De WASTRE.
Le BRETON TENNIC, de Saint-Malo.

CHIRURGIENS

TESTORIS.
GERBE.
CAMBON, mort le 20 mai 1782.
D'AUGER.

AUMONIER

TANCAS (R. P. Bonice).

GARDES DE LA MARINE

De la MAISON BLANCHE.
De CARBONNEAU.

VOLONTAIRES

Trogoff.
La Ruelle.
Messein (Jean).
Diesol d'Espinasse.
Gauché (Louis), de Blois.
Rolland (Fidel), de Tréguier.
Descoreil (Charles), d'Ollioules.
Bouaneau (Antoine), d'Ollioules.
Revertegat (Jean), de Toulon, mort le 3 mars 1781.
Hodoyer (Charles), de Calais.
Raphanel (Antoine), d'Agde.

Officiers-mariniers de manœuvre.

Gouirau (Jean), premier maître, de Toulon.
David (Jean), second maître, de Toulon.
Valentin (Blaize), contremaître, de la Ciotat.
André (Claude), quartier-maître, de Bandol.
Meynier (Pierre), quartier-maître, de Toulon.
Achard (Pierre), quartier-maître, de Martigues.
Costau (Joseph), quartier-maître, de Toulon.
Boyer (Pierre), quartier-maître, de Toulon.
Jauffret (Jean), quartier-maître, de Marseille.
Figuières (Antoine), quartier-maître, de Marseille.
Guérin (Antoine), quartier-maître, de Martigues, mort le 17 septembre 1780.
Olivier (Etienne), quartier-maître, de Cassis, mort le 13 décembre 1780.
Nicolas (Honoré), quartier-maître, d'Agde, mort le 14 septembre 1782.
Boyer (Jean), quartier-maître, de Toulon.
Goutard (Jérôme), quartier-maître, de Marseille, mort le 4 mai 1782.

Officiers-mariniers de pilotage.

Catelin (François), premier pilote, de Toulon.
Riboulet (Pierre), second pilote, de la Ciotat.
Tolozan (Louis), aide-pilote, d'Ollioules, mort le 16 avril 1781.
Lardèyrol (Joseph), aide-pilote, de Saint-Chamas, mort le 1er février 1781.
Laget (Antoine), aide-pilote, de Martigues.

Officiers-mariniers de canonnage.

David (Pierre), maître canonnier, de Toulon.
Fleurant (Jean), second canonnier, de Toulon.
Imbert (Joseph), second canonnier, de Toulon.
La Chapelle (Etienne), aide-canonnier, de Toulon.
Girard (Jean), aide-canonnier, de Toulon.
Morel (Honoré), aide-canonnier, de Toulon.
Vial (Joseph), aide-canonnier, de Six-Fours.
Violet (Jean), aide-canonnier, de Martigues.
Riche (François), aide-canonnier, de Toulon.
Canvy (Antoine), aide-canonnier, d'Antibes.
Pourquier (Jean), aide-canonnier, de Six-Fours.
Modenne (Bernard), aide-canonnier, de Toulon.
Gueyt (Laurent), aide-canonnier, de Toulon.
Poumeau (Joseph), aide-canonnier, de Marseille.
Mère (Joseph), aide-canonnier, de Marseille.
Barbe (Antoine), aide-canonnier, de Marmande.
Cambon (Pierre), aide-canonnier, de Martigues.
Blacas (Honoré), aide-canonnier, de Marseille.
Liautaud (Jean), aide-canonnier, de Toulon.
Liautaud (Baptiste), aide-canonnier, de Toulon.
Ventre (Jean), aide-canonnier, de la Ciotat.
Eyriès (Simon), aide-canonnier, de la Ciotat.
Juglas (Joseph), aide-canonnier, de la Seyne.
Pinou (Nicolas), aide-canonnier, de la Seyne.
Jacomasse (Mathieu), aide-canonnier, de Marseille.
Barthe (Blaize), aide-canonnier, de Narbonne.
Blaquière (Pierre), aide-canonnier, d'Agde, mort le 7 février 1781.

Officiers-mariniers de charpentage.

Pignol (Gabriel), maître charpentier, de Toulon.
Augier (Joseph), second charpentier, de Toulon, mort le 14 juin 1781.
Pignol (André), aide-charpentier, d'Agde.
Pichaud (Jean), aide-charpentier, de la Valette.

Officiers-mariniers de calfatage.

Eynaud (Jean), maître calfat, de Toulon.
Arnoux (François), second calfat, de Toulon.
Bonisson (Pierre), aide-calfat, d'Agde.
Joly (Louis), aide-calfat, d'Agde.

Officiers-mariniers de voilerie.

Guiraud (François), maître voilier, de Toulon.
Martinenq (Joseph), second voilier, de Six-Fours.
Cretian (Jean), aide-voilier, d'Agde.

Officiers-mariniers divers.

Audibert (Jean), de la Seyne, mort le 1er janvier 1781.
Jouven (Louis), de Toulon, mort le 10 février 1781.
Valierre (Augustin), de Marseille.
Barin (Joseph), de la Seyne.
Raynaud (Jacques), du Havre.
Ardouin (Antoine), de Brest.
Denis (Jean), de Saint-Brieuc.
De la Rue (Jean), de Granville.
Senès (Charles), du Havre.
Gilbert (Louis), de Saint-Malo.
Grezel (Louis), de Granville.
Liberge (Jean), du Havre, mort à bord le 17 juin 1783.
Devaux (Joseph), de Saint-Chamas.
Vaugrau (Charles), de Granville.
Trojet (René), des Sables.

Berjonneau (André), des Sables.
Silvy (François), de Cassis.
Villy (Derint), de Toulon.
Pedron (Augustin), de Saint-Brieuc.
Quibel (Charles), de Rouen.
De Wastre (Dominique), de Calais.
L'Estrein (Michel), de Toulon.
Gardin (François), de Brest.
Dufour (Guillaume), de Toulon.
Porquier (Pierre), de la Seyne.
Moulard (Léger), de Toulon.
Diet (André), de Toulon.
Henry (Guyou), de Morlaix, mort le 13 novembre 1782.
Roubieck (Jean), de Brest.
Batharel (François), de Toulon.
Gauthier (Laurent), de Dinan.

Gabiers.

Fragony (Pierre), de Marseille.
Allemand (François), de Marseille.
Taurel (Joseph), de la Ciotat.
Ripert (Antoine), de Toulon.
Giraud (François), de la Seyne.
Geoffroy (Lazare), de la Seyne.
Mazières (François), de Saint-Tropez.
Valarin (Pierre), de Marseille.
Ventre (Honoré), de la Ciotat.
Carles (Joseph), d'Antibes.
Lambert (Jean), de Marseille.
Leydet (Jean), de Marseille.
Bareste (Jean), de Saint-Tropez.
Manuel (Simon), de la Corse.
Vernier (Jean), de Marseille, mort le 10 décembre 1782.
Emeric (Jean), de Honfleur.
Noël (Julien), de Dinan, mort le 24 août 1781.
Mucret (Louis), du Havre.
Benoist (Julien), de Vannes.
Chalopin (Mathurin), de Dinan.
Amelin (François), de la Martinique.

Timoniers.

Mage (Jean), de la Ciotat.
Rougier (Antoine), de la Ciotat.
Audibert (Antoine), de Martigues.
Catagne (Antoine), de la Ciotat.
Barbaroux (André), de Bandol, mort le 30 mars 1782.
Donnat (Augustin), de la Ciotat.
Fournier (Jean), de Toulon.
Augier (Jean), de Toulon.
Salva (Louis), de Marseille.

Matelots.

Guiraud (Antoine), d'Ollioules, mort le 22 mai 1781.
Joly (Honoré), de Toulon.
Crotte (Jean), d'Hyères.
David (Jean), de Toulon.
Tessières (Louis), de Toulon, mort le 5 octobre 1781.
Daumas (Joseph), de Toulon.
Reboul (Joseph), de Toulon.
Garrat (Lazaire), de la Seyne.
Roubin (Antoine), d'Ollioules, mort le 22 décembre 1781.
Bouvet (Jean), de la Seyne.
Audibert (Laurent), de Six-Fours, mort le 4 février 1783.
Baye (Jean), de Bandol.
Mery (Antoine), de Bandol.
Beaudouin (François), de Bandol.
Gauthier (François), de Bandol.
Raveau (Jean), de la Ciotat, mort le 24 octobre 1782.
Brun (Jean), de Bandol.
Cliquet (Jacques), de la Ciotat.
Gandolph (François), de la Ciotat.
Toche (François), de la Ciotat.
Eynoud (Jean), de la Ciotat.
Bonifay (Antoine), de la Ciotat.
Arnaud (François), de Bandol.
Descugis (Claude), de la Ciotat.
Dol (Jacques), de la Cadière, mort le 7 juillet 1781.
Eycard (Joseph), de Bandol.
Benet (Toussaint), de la Cadière.
Jourdan (Louis), de la Ciotat.
Blanc (Jean), de la Ciotat, mort le 4 octobre 1780.
Saurin (Pierre), de la Ciotat, mort le 9 octobre 1780.
Abeille (Jean), de la Ciotat.
Guérouard (Joseph), de la Cadière, mort le 1er mai 1781.
Chiquet (Lange), de Bandol.
Sauteron (Tropès), de Saint-Tropez.
Gimbert (François), de Saint-Maxime.
Gauthier (Pierre), de Cogolin.
Rivet (Joseph), de Saint-Maxime.
Hermieux (Thomas), de Cogolin.
Framont (Joseph), de Fréjus.
Touze (François), de Cogolin.
Touze (Jean), de Cogolin.
Jean (Jean), de Fréjus.
Cauvin (Jean), de Cogolin.
Jubelin (François), de Saint-Tropez.
Agnezy (Antoine), de Fréjus.
Saquier (Constantin), de Fréjus.
Berlet (Honoré), de Cogolin.
Pin (Pierre), de Raphael, mort à bord le 7 août 1781.
George (Honoré), de Raphael.
Clériau (Joseph), de Saint-Tropez.
Agarat (François), de Saint-Maxime.
Hugues (Nicolas), de Saint-Tropez.
Isnard (Jean), de Marseille.
Isnard (Joseph), de Marseille.
Piria (David), de Marseille.
Rampal (Laurent), de Marseille, mort le 15 juin 1781.
Cambart (Michel), de Marseille.
Rounion (Jacques), de Marseille.
Blanc (Louis), de Marseille.
Amatouche (Philippe), de Marseille, mort le 6 décembre 1780.
Amphoux (Antoine), de Marseille, mort le 6 juillet 1780.
Senés (Jean), de Marseille.
Audibert (Sauveur), de Marseille.
Gilly (Louis), de Marseille.
Dominge (Jean), de Marseille.
Ziglio (Joseph), de Marseille.
Vérandy (Jérôme), de Marseille.
Bourges (Claude), de Marseille.
Durand (François), de Marseille.
Gueste (Nicolas), de Marseille, mort le 23 novembre 1780.
Lambert (Maurice), de Marseille, mort le 29 novembre 1780.
Magnand (Jean), de Marseille.
Teissières (François), de Marseille.
Delny (Antoine), de Marseille.
Richaud (Etienne), de Marseille.
Gauthier (Sébastien), de Marseille, mort le 30 novembre 1782.
Icardent (Louis), de Marseille.
Giraud (Laurent), de Marseille.
Terey (François), de Marseille.
Gilly (Jean), de Marseille.
Azans (Jean), de Cassis.
Tardieu (Jean), de Marseille.
Pascal (Etienne), de Marseille.
Groffy (Jérôme), de Marseille.
Bucille (Antoine), de Marseille.
Colpès (Guillaume), de Marseille.
Sasna (Pierre), de Marseille.
Sasna (Jean), de Marseille.
Josseran (Joseph), de Marseille.
Soubra (Jean), de Martigues, mort le 17 avril 1781.
Achard (Jean), de Martigues.
Olivier (Jean), de Martigues.
Simiot (Jean), de Martigues.
Chabanas (Jean), de Martigues.
Auberge (Jean), de Saint-Chamas.
Gouiran (Pierre), de Martigues.
Gouiran (Barthélémy), de Martigues.
Rougier (Jean), de Martigues, mort à bord le 7 décembre 1782.
Vidal (Joseph), de Martigues, mort le 5 mars 1781.
Buscaille (Jean), d'Antibes, mort le 18 décembre 1782.
Goulet (Claude), d'Antibes, mort le 21 janvier 1781.
Raimbert (Jean), de Grasse.
Cauvy (Jean), de Cannes.
Blacas (Donat), de Cannes.
Dany (Joseph), de Cannes, mort à bord le 20 septembre 1782.
Michel (Blaize), d'Arles.
Raymont (Noël), d'Arles.
Laqueterie (Jean), d'Arles.
Colivar (Jean), d'Arles.
Vigue (Philippe), de Cette.
Roux (Jacques), de Cette.
Fernet (Jean), de Cette.
Richard (Jean), de Cette.
Couronne (Pierre), d'Agde.
Coulomb (Joseph), de Narbonne.
Piétry (Joseph), de la Corse.
Rebora (Joseph), de la Corse.
Botto (Jean), de la Corse.
Polidory (Noël), de la Corse.
Aimella (Ange), de la Corse.
Polidori (Jean), de la Corse.
Bernardiny (Ange), de la Corse.
Olivery (Bastien), de la Corse.
Carpentier (François), de la Corse, mort le 17 février 1781.
Anciany (Charles), de la Corse, mort le 9 janvier 1782.
Franciany (Pierre), de la Corse.
Modeste (Jean), de Brest.
Bernard (Jacques), de Quimper.
L'Espinasse (Antoine), de Chalons.
Créach (Jean), de Morlaix.
Guérin (Yves), de Dinan.
Balet (Jean), de Dinan.
Faisant (François), de Dinan.
Fourcaut (Jean), de Vitré.
Philippes (Claude), de Saint-Brieuc.
Brivaux (Jean), de Saint-Brieuc.

Chauvin (Louis), de Nantes.
Boudry (François), de Nantes.
Chauvel (Louis), de Nantes.
Le Saint (François), de Nantes.
Le Roux (Louis), de Dieppe.
Buteaud (Jean), de Granville, mort le 11 janvier 1783.
La Tour (Pierre), de Fécamp.
Mourillon (Pierre), de Fécamp.
Vigot (Adrien), de Granville.
Dagory (Louis), de Granville.
Martin (Louis), du Havre.
Méchent (Jean), de Saint-Jean-d'Angély.
Billard (Gabriel), d'Oléron, mort le 26 octobre 1782.
Foureau (Pierre), de Saint-Jean-d'Angély.
Tesson (Jacques), de Saintes.
Montauzier (Charles), d'Oléron.
Guillot (André), d'Angoulême.
Coignet (Michel), de la Rochelle.
Bourget (Mathurin), des Sables.
De Labre (Hyacinthe), de la Rochelle.
Picard (Joseph), de la Rochelle, mort à bord le 29 octobre 1781.
Meunier (François), de Bordeaux.
Giraud (Jean), de la Teste.
La Couture (Jean), de Bordeaux.
Therondel (David), de Bordeaux.
Losquier (Jean), de Bordeaux.
Coste (Jean), de Bordeaux.
Caza Major (Jean), de Bordeaux.
Favouira (Augustin), de Bordeaux.
Cabassou (Jean), de Bordeaux.
Elie (Joseph), de Bordeaux.
Alexis (Jean), de Bordeaux.
Castagnet (Pierre), de la Teste.
Nouvelet (Pierre), de Bordeaux.
Perret (Pierre), de Bordeaux.
Lafitte (Jacques), de Bordeaux.
Parado (Pierre), de Périgueux, mort le 20 janvier 1782.
Malarin (Jean), de Bordeaux.
Blanc (Michel), de Moissac.
Palas (Joseph), de Moissac.
Balatte (Louis), de Moissac.
Bonard (Jean), de Moissac.
Guerby (Edmond), de Lyon.
Colette (Jacques), de Bordeaux.
Charpentier (Jacques), de Blaye.
Bordoquet (Gabriel), de Saint-Jean-de-Luz.
Azemar (Hubert), de Castres.
Gazot (Arnaud), de Bayonne.
Idiard (Jean), de Bayonne, mort le 12 février 1781.
Guiran (Jean), de Bayonne.
David (Michel), de Carcassonne.
La Romange (Jacques), de Montauban.
Brechon (Antoine), de Montauban.
Boët (René), de Boulogne.
Jacob (Pierre), de Dunkerque.
Clinchard (Jacques), de Toulon.
Daranda (Jean), d'Ollioules.
Perron (Jean), d'Ollioules.
Raou (Martin), d'Aubagne.
Long (Antoine), d'Aubagne, mort le 27 janvier 1781.
Pey (Jean), de Marseille.
Pignon (Jacques), de Martigues.
Bremont (Eustache), de Martigues, mort le 13 janvier 1782.
Gouiran (Jacques), de Martigues, mort le 1er juin 1782.
Mintenc (Augustin), de Lunel, mort le 3 mai 1781.
Gardelle (Joseph), de Lunel.
Pojugue (Etienne), de Lunel.
Maine (Jacques), de Lunel.
Gibert (Jean), de Lunel.
Gaubert (Antoine), d'Aiguemortes.
Du Masse (Augustin), de Carpentras.
Rigaud (François), d'Aiguemortes.

Novices.

Bonneau (Gaetan), de Lagarde.
Massot (Jean), de Toulon.
Jouan (Joseph), de Toulon.
Peletier (Jean), de Paris.
Gauthier (Jean), d'Angers.
Bourgeois (Jacques), d'Orléans.
Le Normand (Honoré), d'Amiens.
Goudet (Antoine), de Clermont.
Morin (René), de Tours.
Rousselet (Pierre), de Paris.
Paumier (André), de Cluny.
Du Chateau (Michel), de Lyon.
Rebussé (Allain), de Saint-Malo.
Barthélémy (Joseph), de Montélimar.
Rochet (François), de Clermont.
Ridel (Louis), de Versailles.
Boisrobert (Jean), de Nantes.
Parmentier (François), de Paris.
Le Breton (Jean), de Dieppe.
Guillement (François), de Reims.
Michel (Pierre), de Marseille.
La Chapelle (Jean), de Nancy.
Lannion (Jacques), de Rennes.
Clément (Pierre), d'Angers.
Magadour (Julien), de Lorient.
Lorielle (Jean), de Chartres.
Messager (Joseph), de Marseille.
Meunier (Louis), de Dijon.
Duchemin (Louis), de Paris.

Surnuméraires.

Ricaud (Gaspard), de Toulon.
Constantin (François), d'Avignon.
Guérin (François), de Toulon.
Lombart (Laurent), de Six-Fours.
Cauvin (Joseph), de Marseille.
Lemoigne (Charles), d'Orléans.
Bareigne (François), de Paris.
Gérard (Alexis), de Toulon.
Rimbault (Louis), de Toulon.
Lafond (Pierre), de Toulon, mort à bord le 22 juillet 1782.
Tardieu (Etienne), de Toulon.
Giraud (Thomas), de Rochefort.
Massot (Joseph), de Toulon.
Cadou (Jacques), de l'Ile d'Yeu.

Mousses.

Biscaye (Jean), de Toulon, mort à bord le 16 février 1781.
Biscaye (André), de Toulon.
La Place (Pierre), de Toulon.
Massot (Henry), de Toulon.
Senès (Jean), de Toulon.
Boyer (Tropès), de Toulon.
Sage (Hyacinthe), de Toulon.
Fabre (Denis), d'Ollioules.
Augier (Jean), de Toulon.
Rey (Barthélémy), de Toulon.
Laugier (Joseph), de Toulon.
Tassy (Joseph), d'Ollioules.
Boutier (Jacques), de Limoges.
Vialaren (Jean), de Toulon.
Dauphin (Jean), de Toulon.
Liautaud (Laurent), de la Martinique.
Chenier (Pierre), de Nantes.
La Treille (Jean), de Bordeaux.
Biscard (Joseph), de Marseille.
David (Jean), d'Aix.
Rivière (Alexandre), de Rochefort.
Poitier (Nicolas), du Mans.
Jouvin (Honoré), de Toulon.
Gauthier (Jean), de Marseille.
Arnaud (Etienne), de Marseille.
Etourneau (Gabriel), de Saintes.
Robin (Jean), de Lorient.
Nicolas (Jean), d'Antibes.
Ferrier (Jean), de Marseille.

Domestiques.

Hamelin (Louis), d'Avranches.
Gentiron (Antoine), de Vienne.
Baudouin (Paul), de Toulon.
Ritter (Daniel), de la Seyne.
Liret (Joseph), de Nantes.
Giraud (Louis), de Toulon.
Cheval (Pierre), de Paris.
Tudoret (Olivier), de Belle-Ile-en-Terre.
Thomas (Louis), de Paris.
Poitier (Nicolas), du Mans.
Cheval (Philippe), de Paris.
Lemer (François), de Boulogne.
Le Grand (Jacques), de Saint-Brieuc.
Tardos (Laurent), de Bayonne.
Menage (Joseph), de Ploermel.
Menesgouin (Germain), de Brest.

Lieutenant Général des Armées Navales de France

ESCADRES DES COMTES DE GUICHEN ET DE GRASSE*

L'INDIEN DEVENU LE RÉFLÉCHY

LE 10 AOUT 1780

(De janvier 1780 à août 1782)

MM. DE BALLEROY, DE BOADES, BERNARD DE MARIGNY, le Chevalier DE MÉDINE et CLAVEL, Capitaines de vaisseau, Commandants.

ÉTAT-MAJOR

CAPITAINES DE VAISSEAU

De **BALLEROY.**
De **BOADES**, tué au combat du 5 septembre 1781.
De **MARIGNY** (Bernard).
Le Chevalier de **MEDINE.**

LIEUTENANTS DE VAISSEAU

DUCHILLAU.
DESPIEZ.
De **GOUZILLON.**
Le Chevalier de **ROQUEFEUILLE.**
DE CHARNIERE, mort le 11 février 1780 à bord.
DURAND de la **PENNE.**

CAPITAINE DE BRULOT

DUDEZERSEUL.

LIEUTENANTS DE FRÉGATE

De **la MOTTE.**
De **FORESTIER.**
BROSSARD.
De **FORESTIER** de **QUILLIEN.**
TERRIEN.
Le **FEBURE.**
LUCADOU.
De **CHIFFOLIAU.**
Des **FOSSES** (Hubert).

ENSEIGNES DE VAISSEAU

De **LAULAINE.**
De **BOISQUEHENNEUC.**
Le Chevalier de **la HAYRIE.**
Du **GREZ.**

OFFICIERS AUXILIAIRES

De **BARRAS.**
MARTIN.

CHIRURGIEN-MAJOR

DAVID.

AUMONIERS

DIEUDONNE (R. P.), Capucin.
DUPONT (R. P.), Capucin.
De **ROSEY** (R. P. Sébastien), Capucin.
PANOUS (R. P.), Capucin.

GARDES DE LA MARINE

LE MENEUST.
TROMELIN.
De **CHATEAUFIER.**
De **VILLERMONT.**

VOLONTAIRES

Deniel.
De Champreux.
Maistral.

Officiers-mariniers.

Carriot (Maurice), premier maître, de Brest.
Cariou (Jean), premier maître, de Brest, mort à bord le 13 septembre 1781.
Gral (Jean), second maître, de Recouvrance.
Tartu (François), second maître, de Recouvrance, tué dans le combat du 17 avril 1780.
Martin (Joseph), second maître, de Brest, mort à l'hôpital de Fort-Royal le 11 janvier 1782.
Gourvelin (Jacques), contremaître, de Recouvrance.
Paris (Guillaume), contremaître, de Brest.
Le Blanc (François), bosseman, de Recouvrance.
Feuregard (Olivier), bosseman, de Saint-Malo.
Guéchet (François), bosseman, de Dieppe, mort le 22 août 1781 à l'hôpital de Fort-Royal.
Léliès (Pierre), quartier-maître, de Recouvrance.
Boutin (Pierre), quartier-maître, d'Oléron.
Juliard (Joseph), quartier-maître, de l'Ile de Ré.
Prillaud (Louis), quartier-maître, de l'Ile de Ré.
Trajet (René), quartier-maître, des Sables.
Eloy (Gabriel), quartier-maître, de l'Ile de Ré.
Dupeux (Jacques), quartier-maître, de l'Ile de Ré.
De Nœux (Philippe), quartier-maître, de Blaye.
Séveledec (Jean), quartier-maître, de Recouvrance.
Mercier (Pierre), quartier-maître, de l'Ile de Ré, mort le 3 septembre 1780.
Trochon (Servan), patron de chaloupe, de Dinan.
Robert (Michel), patron de canot, de Dinan.
Brouard (Isaac), patron de canot, de Dinan.
Guillou (Gilles), premier pilote, de Bourgneuf.
Remonté (Louis), second pilote, de Saint-Valéry.
Bigot (Olivier), second pilote, de Honfleur, mort à l'hôpital de Fort-Royal le 6 mars 1782.
Le Breton (Silvestre), second pilote, de Saint-Brieuc, mort le 26 juin 1782.
Blanchet (Michel), aide-pilote, de Noirmoutiers.
Thomasy (Jean), aide-pilote, du Croisic.
Tartue (François), maître canonnier, de Brest.
Guilbert (Marcel), maître canonnier, de Granville.
Quilien (Jean), second canonnier, de Brest.
Ficher (Guillaume), second canonnier, de Brest.
Lemoing (Nicolas), second canonnier, de Recouvrance.
Dano (Michel), aide-canonnier, de Vannes.
Gariot (Guillaume), aide-canonnier, de Recouvrance.
Radouit (Paul), aide-canonnier, de l'Ile de Ré.
Catala (Louis), aide-canonnier, de Montauban.
Gaillard (Jean), aide-canonnier, de Saintes.
Gardera (Thomas), aide-canonnier, de Royan.
Besse (Louis), aide-canonnier, de Bordeaux.
Vigneau (Jacques), aide-canonnier, de Bordeaux.
Jacques (Martin), aide-canonnier, de Rochefort.
Papin (Pierre), aide-canonnier, de Royan.
Papin (Elie), aide-canonnier, du Port-des-Barques (Rochefort).
Poireau (François), aide-canonnier, de l'Ile de Ré.

* Les seuls navires de l'escadre du comte de Guichen, dont il soit fait mention ici, sont ceux que cet officier général laissa dans les eaux des Antilles lorsqu'il revint en Europe, et qui furent incorporés à l'escadre du comte de Grasse.

Saboureau (Jean), aide-canonnier, de Rochefort.
Gaudremot (Mathurin), aide-canonnier, des Sables.
Guimberteau (Paul), aide-canonnier, de Bayonne.
Rivaud (Jean), aide-canonnier, de Royan.
Bonnet (Antoine), aide-canonnier, de Bordeaux.
Toupet (Antoine), aide-canonnier, de Granville.
Boissier (François), aide-canonnier, de Saintes.
Poulain (Jacques), aide-canonnier, de Saint-Valéry.
Crapoulet (Etienne), aide-canonnier, de Saint-Valéry, mort à l'hôpital de Fort-Royal le 15 avril 1782.
Eliès (Jérôme), maître charpentier, de Recouvrance, mort le 25 octobre 1781.
De Lalande (Pierre), second charpentier, du Havre, mort le 26 septembre 1781.
Beaulieu (Pierre), aide-charpentier, de la Rochelle.
Dumoulin (Pierre), aide-charpentier, de Rochefort.
Sivinian (Jean), maître calfat, de Recouvrance.
Langevin (Jean), second calfat, de Recouvrance.
Raoul (Tanguy), aide-calfat, de Recouvrance, mort le 14 juillet 1781.
Rangé (Silvain), aide-calfat, de Rochefort.
Guillard (François), maître voilier, de Saint-Malo.
Princhard (Louis), second voilier, de la Rochelle.
La Guette (Martial), aide-voilier, de Bordeaux.
Bonissant (Jean), de Cherbourg.
Le Mesle (Jean), de Saint-Malo.
Bertrand (Jean), de Honfleur.
Le Breton (Georges), de Saint-Malo.
Le Corps (Jacques), de Morlaix.
Viralette (Jean), de Brest.
Giraud (Jean), de Nantes.
Le Mord (Maurice), de Granville.
Salaun (Auguste), de Brest.
Guichet (Louis), de Dieppe.
Pignorel (Louis), de Saint-Brieuc, blessé au combat du 5 septembre 1781.
Gasconay (Dominique), de Marseille.
Semanié (Pierre), de Marseille.
Viollet (Antoine), d'Agde.
Jelié (Jean), de Narbonne.
Fabron (Benoist), de Marseille.
Dupuy (Joseph), de Toulon.
Tallau (Dominique), de Toulon.
Riel (François), de Cette.
Bernard (Jean), de Marseille.
Pourquer (Joseph), de la Seyne.
Mazet (Joseph), de Saint-Tropez, mort le 17 février 1781.
Arnaud (Jean), de Marseille.
Broissard (Pierre), de Saint-Malo.
Rideau (François), de Lorient.
Dufour (Guillaume), de la Hougue.
Jouet (Adrien), de Fécamp, mort le 18 juillet 1781.
Olivier (Thomas), de Nantes, mort à l'hôpital de Fort-Royal le 27 mars 1782.
Prefontaine (Nicolas), de Cherbourg.
Gauchet (Pierre), de Saint-Malo.
Le Roy (Louis), de Dinan.
Gouez (Jean), de Brest.
Jehan (Marc), de Saint-Malo.
Piriou (Gabriel), de Brest, tué au combat du 5 septembre 1781.
Ruche (Cézard), de Saint-Malo.
Renaudin (Jean), de Nantes.
Baugran (Louis), de Dunkerque.
Le Bon (Etienne), de Granville.
Monnier (Martin), de Fécamp.
Charpentier (Jean), de Granville.
Grêlé (Louis), de Granville.
Le Blond (Louis), de Dieppe.
Poddevin (Jacques), de Saint-Valéry.
Lemeur (Guillaume), de Vannes.
Desseau (Nicolas), de Caen.
Constantin (Pierre), de Dieppe.
Couraye (Thomas), de Granville.
Percepied (René), de Granville.
Roger (Marie), de Caen, mort le 1er juillet 1782.
Pegneau (Barthelemy), de Rochefort.
Bourgeot (Jean), de Bordeaux.
Manbrare (Mathieu), de Rochefort.
Auguel (Nicolas), de Dieppe.
Raynaud (Jacques), du Havre.
Destouche (Pierre), de Granville.
Charneau (Joseph), de Fécamp.
Charles (Pierre), d'Antibes.
Martin (Barthélémy), de Narbonne.
Batarel (Laurent), de Marseille.
David (Jean), de Marseille.
Payan (Jacques), de Toulon.
Isouar (Jean), de Marseille.

Gabiers.

Méchenot (Etienne), de Marennes.
André (Jacques), de l'Ile de Ré.
Ragaudy (Jacques), de l'Ile de Ré.
Guilbeau (Pierre), des Sables.
L'Essieu (Jacques), de l'Ile de Ré.
Arnoud (Jacques), des Sables.
Nicole (Jean), de Dieppe.
Lamort (Jacques), de Granville.
Raffin (Jean), des Sables.
Laidez (Nicolas), de Boulogne.
Le Dormeur (Pierre), de Dinan.

Timoniers.

Angibaud (Jacques), des Sables.
Moreau (Louis), de Royan.
Boscas (Jean), de la Rochelle.
Fochard (François), de Blaye, mort le 12 août 1781.
Quérel (Raymond), de Bordeaux.
Dussoy (Joannis), de Bayonne.
Marais (Joseph), de Honfleur.
Buéven (Pierre), de Quimper.
Isnard (Laurent), de Toulon.
Etienne (Michel), de Toulon.
Fernest (Jean), de Libourne.
Combret (Jean), de Bordeaux.

Matelots.

Le Gal (Gaspard), de Brest.
Pignoret (Louis), de Saint-Brieuc.
Gautier (Louis), de Brest.
Pouligain (Jean), de Brest.
Simon (Antoine), de Brest.
Bertin (Guillaume), d'Angoulême.
Le Coz (Jacques), de Brest.
Albert (Jean), de Vitré.
Poineuf (Vincent), de Vannes.
Gilbert (André), de Rennes.
Lamy (George), de Rochefort.
Le Gal (Yves), de Morlaix.
Le Seaux (Claude), de Morlaix.
Danniès (Etienne), de Morlaix, mort le 30 mai 1782.
Mendal (Olivier), de Saint-Brieuc.
Rivalan (Pierre), de Saint-Brieuc.
Bœucher (Pierre), de Saint-Brieuc.
Bourin (Jean), de Quimper.
Aubouin (Jean), de Rochefort.
Chiron (Jean), de Rochefort, mort le 17 août 1781.
Berthureau (Pierre), de Rochefort, blessé au combat du 5 septembre 1781, et mort des suites de ses blessures le 16 du dit.
Charon (Jean), de Rochefort.
Robin (Pierre), de Rochefort, tué au combat du 5 septembre 1781.
Renard (Jacques), de Rochefort.
Bural (Jean), de Rochefort.
Rousseau (Louis), de Rochefort.
Forestier (Raimond), de Rochefort.
Nézencais (Antoine), de Vannes.
Jacob (Jean), de Vannes.
Brouillard (Marc), de Vannes.
Nadreau (Jean), de Saintes.
Michaud (Jacques), de Saintes, mort le 2 février 1780.
Manès (Jean), de Saintes.
Le Gouet (Pierre), de Saintes.
Fremont (Jean), de Granville, mort le 17 octobre 1781.
Lamy (Charles-Michel), de Granville.
Beaufils (Jacques), de Granville, mort le 21 juillet 1781.
Lamy (Jacques), de Granville.
Barbaret (François), de Saint-Malo.
La Pierre (François), de Dinan, mort le 28 janvier 1781.
Salomon (François), de Dinan, mort le 14 octobre 1781.
Paturel (Marc), de Saint-Malo.
Portrœt (Pierre), de Saint-Malo.
Avril (Jean), de Dinan, mort à l'hôpital de Fort-Royal le 27 juillet 1782.
Poulouin (Nicolas), de Dinan, mort à bord le 16 janvier 1782.
Durel (Gilles), de Dinan, mort le 3 octobre 1781.
Ferret (Thomas), de Dinan.
Clément (Gabriel), de Dinan.
Gautier (Guillaume), de Dinan.
Carré (Jacques), de Dinan, noyé à Brest le 8 août 1782.
Hursin (Julien), de Dinan, mort à bord le 14 juin 1781.
Le Bouvier (René), de Dinan.
Fajet (Thomas), de Dinan, mort le 1er mai 1782.
Enault (Antoine), de Dinan, mort le 7 septembre 1780.
Denis (Jean), de Saint-Malo.
Morin (Jean), de Dinan.
Gilbert (Auguste), de Dinan.
Langlois (Yves), de Saint-Malo.
Beaulieu (Jean), de Dinan.
Carré (Jean), de Dinan.
Bodin (François), de Dinan.
Paden (Pierre), de Dinan.
Boudron (Joseph), de Dinan, mort à l'hôpital de Fort-Royal le 22 juillet 1781.
Lainé (Pierre), d'Angoulême.
Roy (Louis), d'Angoulême.
Gabloteau (Nicolas), d'Angoulême.
Beauchette (Louis), de Saint-Malo.

Mahé (Pierre), de Quimper.
Michel (Jean), de Quimper.
Peillot (Mathurin), de Quimper, mort à l'hôpital de Fort-Royal le 18 mai 1782.
Jamet (Pierre), de Quimper.
Joyet (Daniel), de Marennes.
Sureau (François), de Marennes.
Mourouzeau (Jean), de Marennes.
Relleau (Etienne), de Marennes.
Godeau (François), de Marennes.
Jadeau (Jean), de Marennes.
Soulard (Pierre), de Marennes.
Alusson (Jean), de Marennes.
Droit (Pierre), de Marennes.
Neuville (André), de l'Ile d'Oléron.
Nadeau (Pierre), de l'Ile d'Oléron.
Couilleau (Jean), de l'Ile d'Oléron.
Massé (Pierre), de l'Ile d'Oléron.
Caillot (Jacques), de Bordeaux.
Perinet (Pierre), de Royan.
Bonfils (André), de Royan.
Giraud (Pierre), de Royan.
Boucherie (Jean), de Royan.
Le Bon (Jean), de Royan.
Coutan (Daniel), de Royan, mort à l'hôpital de Fort-Royal le 6 septembre 1781.
Moreau (Jacques), de Royan.
Robert (Jean), de Royan.
Bagereau (Charles), de la Rochelle.
Guigné (Louis), de la Rochelle.
Coudraen (Charles), de la Rochelle.
Charier (Pierre), de la Rochelle.
Talon (Pierre), de la Rochelle.
Martin (Valantin), de la Rochelle.
Cadeau (Pierre), de l'Ile de Ré, mort le 14 septembre 1781.
Monneau (Etienne), de l'Ile de Ré.
Viaud (Jacques), de l'Ile de Ré.
Chavaneau (Luc), de l'Ile de Ré.
Bouteiller (François), de l'Ile de Ré.
Martin (Pierre), de l'Ile de Ré.
Rolureau (Denis), de l'Ile de Ré.
Boucard (Pierre), de l'Ile de Ré.
Rozet (André), de l'Ile de Ré.
Bureau (Henry), de l'Ile de Ré.
Bonin (François), de l'Ile de Ré.
Le Fort (Jean), de l'Ile de Ré, mort à l'hôpital de Fort-Royal le 21 janvier 1781.
Dollet (Philippe), de l'Ile de Ré.
Grelé (Michel), des Sables.
Pelletier (Augustin), des Sables.
Proux (Jean), des Sables.
Guérin (Honoré), des Sables.
Fortineau (Augustin), des Sables.
Pierroux (Michel), des Sables.
Manescot (Laurent), des Sables, mort le 14 juin 1782.
Julard (René), des Sables.
Guérin (François), de Noirmoutiers.
Souzeau (Pierre), de Noirmoutiers.
Lambert (Claude), de Noirmoutiers.
Nau (Louis), de Noirmoutiers.
Péau (René), de Noirmoutiers.
Le Gaye (Julien), de Noirmoutiers.
Gauchet (Joseph), de Noirmoutiers.
Davoine (François), de l'Ile d'Yeu.
Ragony (Jean), de l'Ile d'Yeu.
Turbe (Antoine), de l'Ile d'Yeu.
Roy (Denis), de l'Ile d'Yeu.
Guillot (Paul), de Bordeaux.
Millet (Bernard), de Bordeaux, mort le 24 août 1781.
Mayon (Louis), de Bordeaux.
Lamenardie (Jean), de Bordeaux.
Vigno (Dominique), de Bordeaux.
Pin (François), de Bordeaux.
La Taste (Jean), de Bordeaux.
Le Roy (Bernard), de Bordeaux.
Ferrieres (Pierre), de Bordeaux, mort le 20 décembre 1781.
Robert (Pierre), de Libourne.
Larp (Henri), de Libourne, mort à l'hôpital de Fort-Royal le 30 mai 1782.
Bessers (Bernard), de Libourne.
Rouchon (Jean), de Libourne.
Menville (Jean), de Libourne.
Blanc (Raymond), de Libourne.
Gaury (Jean), de Libourne.
Bernanjon (Jean), de Libourne.
Gourence (Léonard), de Libourne.
Imbere (Pierre), de Libourne.
Gastonnet (Jean), de Libourne.
Mangon (Jacques), de Libourne.
Decard (Jean), de la Teste.
Geron (Jean), de la Teste.
La Porte (Pierre), de la Teste.
Beronne (Jean), de Marmande.
Mitteau (Pierre), de Marmande.
Décours (Charles), de Marmande, mort le 23 mars 1782.
Brechon (Antoine), de Montauban, tué au combat du 9 avril 1782.
Bouisseau (Bernard), de Marmande.
Estete (François), de Toulouse.
Siadoux (Bernard), de Toulouse.
Querol (Jean), de Toulouse.
La Breau (Antoine), de Toulouse.
Rustand (Pierre), de Toulouse.
Angerie (Pierre), de Toulouse.
Merle (Jacques), de Montauban.
Ozelie (Jean), de Montauban.
Delpuche (Raymond), de Montauban, mort le 15 juillet 1781.
Riberol (Jean), de Montauban, mort le 26 juin 1782.
Noël (Pierre), de Montauban.
Delmas (Gaspard), de Montauban.
Salès (Antoine), de Montauban.
Fort (Claude), de Montauban.
Paunet (Jean), de Montauban.
Oger (Videau), de Montauban.
Bezial (Joseph), de Montauban.
Sales (Guillaume), de Montauban, mort le 9 septembre 1781.
Moulinier (Joseph), de Montauban.
Boué (Pierre), de Montauban.
Lassaire (Guillaume), de Toulouse.
De Chartes (Michel), de Saint-Jean-de-Luz.
Detchevery (Joannis), de Saint-Jean-de-Luz, mort le 11 février 1782.
Tourbillé (Simoni), de Saint-Jean-de-Luz.
Diturbide (Pierre), de Saint-Jean-de-Luz.
La Bouriere (Jean), de Bayonne.
De Baroissant (Jean), de Bayonne.
Castra (Antoine), de Bayonne.
Chatellier (Dominique), de Bayonne.
Bosse (Guillaume), de Marmande.
Petit (Jean), de Bordeaux.
Bigot (Jean), de Honfleur.
Valois (Jean), de Honfleur, mort le 17 juillet 1781.
Fouenard (Jacques), de Honfleur.
Aubré (Jean), de Honfleur.
Houssaye (Pierre), de Honfleur, mort le 21 août 1781.
Gachet (Charles), de Dieppe.
Orien (Michel), de Dieppe.
Poulain (Jean), de Dieppe, mort le 5 juillet 1782.
Clémence (Augustin), de Dieppe.
Danois (Jean), de Dieppe.
Salloy (Jean), de Dieppe.
Menil (Jacques), de la Hougue.
Mignot (Bon), de la Hougue.
Rosse (Joseph), de Dieppe.
D'Aubert (Louis), de Rouen, noyé le 15 novembre 1780.
Chevalier (Jacques), de Boulogne.
Leydé (Gabriel), de Boulogne.
Chevalier (Jean), de Boulogne.
Crapoulet (Jean), de Saint-Valéry, mort le 21 janvier 1782.
Vacogne (Jacques), de Saint-Valéry.
Palette (Noël), de Saint-Valéry, tué au combat du 5 septembre 1781.
Vacogne (Michel), de Saint-Valéry, a eu une jambe emportée par un boulet au combat du 25 janvier 1782.
Guilbert (Jean-Baptiste), de Saint-Valéry, mort le 3 mars 1781.
Norel (Jean), de Saint-Valéry.
Guilbert (Pierre), de Saint-Valéry.
Silvestre (Julien), de Bourgneuf.
Cimuy (Jean), de Nantes.
Arsendor (François), de Nantes.
Guerneque (Etienne), de Nantes.
Le Duc (Jean), du Croisic.
Giraud (Pierre), de Lorient.
Laurent (Antoine), de Lorient.
Le Baillif (Audrien), de Granville, mort le 10 août 1781.
Molley (Jacques), de Granville.
Dupont (Jean), de Granville.
Fleury (Pierre), de Granville.
Réfait (Charles), de Granville.
Rouault (Nicolas), de Granville.
Dauleau (André), de Granville.
Le Petit (Jean), de Cherbourg.
Cizeaux (Valentin), de Bordeaux.
Sarazin (Pierre), de Bordeaux.
Bonnet (Jean), de Bordeaux, mort le 20 octobre 1781.
Missie (Martin), de Bordeaux.
Sarazin (Louis), d'Argenton.
Boireau (Jean), de Bordeaux.
La Maison (Antoine), de Bordeaux.
Françon (Julien), de Coze.
Chateau (Vincent), de Bordeaux, mort le 13 septembre 1781.
Guiraut (Pierre), de Bordeaux.
L'Allemagne (Pierre), de Bordeaux.
Roux (Jean), de Bordeaux.
Fromant (Pierre), de Bordeaux.
Bonnat (Forti), de Bordeaux.
Grasque (Joseph), de Marseille.
Gaillard (Crepin), de la Ciotat.
Sicard (Jean), de la Seyne.
Gaillard (Paul), de Marseille.
Vidal (Augustin), de Martigue.
Lozet (Jacques), de la Seyne.
Garon (François), de Marseille.
Eylié (Pierre), de Marseille.
Azibert (Joseph), de Narbonne, blessé au combat du 25 janvier 1782, mort à la suite de ses blessures le 2 février 1782.
Gauzin (François), de Toulon.
Guimier (Jean), de Narbonne.
Coste (Joseph), de Toulon.

Premet (Antoine), de Marseille.
Coigneau (François), de Bayonne.
Delasse (Antoine), de Cardillac.
Costre (Etienne), d'Aurillac.
Medine (François), de la Tremblade.
Fleury (Augustin), de Marseille.
Serafin (Pierre), de Marseille.
Limouzin (Antoine), de Bordeaux.
Lubet (Jean), de Marmande.
Roubaut (François), de Bordeaux.
Testaud (Christophe), de Bordeaux.
Martin (Antoine), de Toulouse.
Robin (François), de Toulouse.
Labat (Pierre), de Bordeaux.
Larieux (Pierre), de Bordeaux.
Perrot (Jean), de Bordeaux.
Dieu (Bertrand), de Bordeaux.
Plejat (Pierre), de Cette.
Querro (Jean), de Saint-Brieuc, tué au combat du 5 septembre 1781.
Larieux (Joseph), de Caen.
Durand (François), d'Arles.
Ballat (Louis), de Bordeaux.
Galleren (Mathurin), de Nantes.
Carpentier (Arnaud), de Bordeaux.
Dogaud (Jean), de Libourne.
Clavery (François), de Bordeaux.
Menon (Jean), de Bordeaux.
Roux (Jacques), de Rochefort.
Morin (François), de Royan.
Pascal (Jean), de Royan.
Genost (Paul), de Marennes.
Baudry (Jean), de Marennes.
De Lorival (Guillaume), de Bordeaux.
Laporte (Baptiste), de Bordeaux.
Guillet (André), de Bordeaux.
Hardouin (Pierre), de Bordeaux.
Mauguay (François), de Bayonne.
Marzelé (Jean), de Bayonne.
Pujot (Etienne), de Bayonne.
Chardel (Jacques), de Bayonne.
Roux (Jean), de Bayonne.
Souef (Etienne), de Marseille.
Méchen (Alexis), de Rochefort.
Vincent (Joseph), de Marseille.
Fujol (Paul), de Bordeaux.
Mariol (Jean), de Marmande.
Jaïde (Joseph), de Toulon, mort à l'hôpital de Fort-Royal le 7 février 1782.
Enault (Jean), de Saint-Brieuc.
Lorin (Jacques), de Honfleur.
Dupré (Pierre), de Bordeaux.
Michel (François), de Bordeaux.
Sitoura (Pierre), de Saint-Jean-de-Luz.
Casso (Jean), de Saint-Jean-de-Luz.
Bertenaud (Jean), de Bordeaux.
Lespinasse (Antoine), de Châlons.
Bernard (Jacques), de Caen.
Savay (Maurice), de Morlaix.
Julien (Jean), de Marseille.
Costa (Antoine), de Marmande.
Goguet (Jacques), de Bordeaux.
Dupuy (Jean), de Bordeaux.
Bignereau (Antoine), de Bordeaux.
Robert (Jean), de Bordeaux, mort des suites de blessures le 16 avril 1782.
Jacob (Pierre), de Dunkerque.
Martin (Grégoire), de Lorient.
Lautrel (Antoine), de Dijon.
Lelièvre (Bernard), du Mans.
Vautron (Louis), de Dijon.
Fierville (François), de Caen.
Reque (Jean), de la Corse.
Prevost (Jean), de Fécamp.
Huguet (Louis), de Toulon.
Derin (René), de la Rochelle.
Mamain (Charles), de Bordeaux.
Anneau (Toussaint), de Toulon.
Janau (Jean), de Lorient.
Marel (Pierre), de Paris.
Cocherie (Pierre), de Dinan.

Novices.

Le Cacheur (Charles), de Caen.
Greffine (Charles), de Caen.
Fouché (Martin), de Caen.
Le Glinec (Robert), de Caen.
Gournay (Jean), de Caen, mort le 5 septembre 1780.
Le Breton (Jean), de Caen.
Le Cointe (Joachim), de Caen.
Dewès (Pierre), de Caen.
Hamon (François), de Caen.
Littard (Etienne), de Caen.
Pesqueret (François), de Caen.
Lamarre (Louis), de Caen.
Marquant (Louis), de Caen.
Toulon (Pierre), de Calais.
Camps (François), de Bayonne, mort le 20 janvier 1782.
Lavergne (Jacques), de Bordeaux.
Jugleau (Guillaume), de Lorient.
Fromentin (François), de Rochefort, mort le 10 mars 1781.
Bertin (Michel), de Saintes.
Tesson (Jacques), de Saintes.
Clochard (Pierre), de Saintes.
Gaillard (François), de Saintes.
Bourdigal (Pierre), d'Oléron, mort le 9 septembre 1780.
Grelet (Pierre), de l'île de Ré.
Massé (Sébastien), de l'Ile de Ré.
Rault (Etienne), de l'Ile de Ré, mort le 16 février 1781.
Jamon (Nicolas), de l'Ile de Ré.
Genusson (Etienne), de l'Ile de Ré.
Bernard (Jacques), de l'Ile de Ré.
Papon (Louis), de l'Ile de Ré.
Martineau (Jean), de l'Ile de Ré, mort le 1er mars 1781.
Bernard (Nicolas), de l'Ile de Ré.
Portin (Jean), de l'Ile de Ré.
Bergeron (Louis), de l'Ile de Ré.
Péché (Pierre), de l'Ile de Ré.
Chaigne (Etienne), de l'Ile de Ré.
Bernard (Pierre), de l'Ile de Ré.
Dirat (François), de Blaye.
Alain (Jean), de Blaye.
Rossignol (Jacques), de Blaye.
Faure (Antoine), de Libourne.
Commerle (Joseph), de Marmande, mort le 29 août 1781.
Castagnol (Giraud), de Marmande.
Laserre (Jean), de Toulouse.
Boyer (Alexandre), de Toulouse.
Marat (Baptiste), de Bayonne.
Barbazan (Jean), de Bayonne.
Frot (Louis), de la Rochelle.
Maitre (Joseph), d'Oléron.
Nadeau (Louis), d'Oléron.
Seguin (Jacques), de Marennes.
Geros (Marie), de Paris.
Thomas (Philippe), de Morlaix.
Le Cam (Guillaume), de Morlaix.
Garet (Alexis), de Nantes.
Tesserre (Pierre), de Marseille.
Letreille (Jean), de Bordeaux.
Lenay (Jean), de Vannes.
Marenville (Jean), de Rouen.
Hanguel (Guillaume), du Havre, mort le 3 mars 1781.
Denis (Charlot), du Havre.
Nard (Thomas), du Havre.
Vimont (Pierre), du Havre.
Beaumont (Marin), de Granville.
Jeanno (Marc), de Vannes.
Conort (Jean), de Saint-Brieuc.
Bihel (Jean), de Cherbourg.
Paris (Charles), de Cherbourg.
Paris (Bon), de Cherbourg.
Ganu (Pierre), de Cherbourg.
Lautour (Louis), de Cherbourg.
Durand (Guillaume), de Morlaix.
Le Prêtre (Guillaume), de Lorient.
Le Gal (Jacques), de Saint-Brieuc.
Jean (Bazille), de Saint-Brieuc.
Le Clerc (Guillaume), de Saint-Malo.
Lehellec (Julien), de Morlaix.
Delaunay (Jérôme), de Paris.
Sellier (Jean), de Montauban, tué au combat du 5 septembre 1781.
Nicolas (Julien), de Hennebont.
Alain (Pierre), de Lorient.
Renoux (Jean), de Vitré.
Sousestre (Jean), de Vitré.
Hervé (François), de Morlaix.
Roulouard (Jean), de Dinan.
Le Carré (Mathurin), de Saint-Brieuc.
Le Roy (Mathurin), de Lorient.
Herveau (Félix), de Ploermel.
Portra (Pierre), de Tours.
Cougrard (Michel), de Morlaix.
Gueraud (Thibeaud), de Saint-Brieuc.
Rolland (Jean), de Saint-Brieuc.
Richard (Rolland), de Saint-Brieuc.
Picard (Mathurin), de Granville.

Surnuméraires.

Jannot (Joseph), de Besançon.
Bondier (Pierre), de Portrieux.
Talarmin (Yves), du Conquet.
Dufourneau (François), de Bourges.
Boqvier (Clément), d'Aliés.
Blanchard (Gilles), de Nantes.
Etelin (Jean), de Brest.
Philippeau (Pierre), de Nantes.
Castel (Alain), de Brest.
Lucas (Gabriel), de Brest.
Lostis (Claude), de Brest, mort à bord le 18 septembre 1781.
Troadec (Guillaume), de Brest.
Chardonneau (Louis), de Tours.
Riantec (Pierre), de Saintes.
Dirat (Joseph), de Bordeaux.
Boisjean (Gabriel), de Rochefort.
Pinjou (François), de Marseille.
Paslon (Jean), de Rochefort.
Racapat (Jean), de Rochefort.
Durand (Guillaume), de Rochefort.
Durand (Guillaume), de Morlaix.
Ferrant (Jean), de Toulon.
Perunet (Antoine,) de Toulon.
Bonhomme (Jean), de Toulon.
Mouquet (Jean), de Dieppe.

Mousses.

Lucas (Gabriel), de Brest.
Thomas (Pierre), de Royan.
Bonin (François), de Saintes.
Chevillon (Maurice), de Rochefort.
Dumas (François), de Saintes.
Manbard (Charles), de l'Ile de Ré.
Bernard (François), de Royan.
Chauvin (Isaac), de Royan.
Jean (Pierre), de Royan, mort le 30 mai 1781.
Lanou (Charles), de Royan.
Nadeau (Pierre), d'Oléron, tué au combat du 12 avril 17 .
Rousseau (Pierre), de Saintes.
Martin (Jean), de Royan.
Brognon (Antoine), de la Rochelle, mort à bord le 7 février 1782.
Thebeine (Mathurin), de Brest.
Ardouin (Etienne), de Tours, mort à bord le 13 mars 1781.
Babœuf (Jean), de Marennes.
Mousseau (Augustin), d'Oléron.
Frain (Pierre), de Saint-Savinien.
Albert (Jacques), d'Oléron.
Dableau (Pierre), de la Rochelle.
Bernard (François), de la Croix (Toulouse).
Moine (Jean), de Saintes.
Bignole (Joseph), de Marmande.
Emond (Louis), de la Rochelle.
Hasard (Louis), du Port-des-Barques (Rochefort).
Rambert (Joseph), de Saintes.
Vidal (Jacques), de Saintes.
Pelletier (Jacques), de Charente.
Tourtelot (Pierre), de Saintes.
Keranvel (René), de Quimper.
Bailly (Jean), de Brest.
De Jean (Jean), de Royan.
Ruteau (Julien), de Rennes.
Toupel (Antoine), de Granville.
Nedellec (Jean), de Brest, mort le 16 décembre 1781.
Minel (Jacques), de Brest.
Le Bechec (Pierre), de Morlaix.
Jamet (Pierre), de Saint-Malo.
Bigot (Jacques), de Honfleur.
Le Caille (Jean), de Plouzané.
Guillard (François), de Saint-Malo.
Guillard (Pierre), de Saint-Malo.
Rostagnard (Jean), de Brest.
Lucas (Nicolas), de Brest.
Aufred (Maurice), de Quimper.
Migot (Jean), de Brest.
Payen (Marc), de Rennes.
Marchand (Jacques), de Brest.
Mathnol (Jean), de Toulon.
Savin (Jacques), de Lorient.
Goessin (Jean), de Bordeaux.
Pain (Jean), de Lorient.
Marc (René), de Brest.
Laurent (Jean), de Quimper.
Brognon (Pierre), de la Rochelle.
Rochateau (Bastien), de Saintes.
Richebau (Jean), de Marseille.
Etourneau (Gabriel), de Saintes.
Marquet (Louis), de Rennes.

Domestiques.

Le Pate (Joseph), de Morlaix.
Maurice (Antoine), de Bordeaux.
Boursoul (Jean), de Saint-Brieuc.
Chiron (Jean), de Tréguier, mort le 17 août 1781.
Vasse (Jean), d'Arras.
Merdy (Pierre), de Brest.
Allain (Yves), de Tréguier.
Pouliquen (Joseph), de Morlaix.
Allanec (Yves), de Tréguier.
Théron (François), de Paris.
Cahet (Jacques), de Bayonne.
Rivière (Charles), de Gravelines.
Arronard (Louis), de Paris.
Giraud (Louis), de Toulon.

LE MARSEILLAIS

(1781-1782)

M. le Marquis DE CASTELLANE-MAJASTRE, Capitaine de vaisseau, Commandant.

ÉTAT-MAJOR

CAPITAINES DE VAISSEAU

Le Marquis **de CASTELLANE-MAJASTRE**, Commandant.
Le Marquis **de CHAMPMARTIN**, Second.

LIEUTENANTS DE VAISSEAU

De BEAUREPAIRE.
De PORCELETS.

ENSEIGNES DE VAISSEAU

COLBERT-TURGIS.
De BIARGES-SAINT-HIPPOLYTE.
De BADASSET.
De CAFFARELLY.
De VILLENEUVE.

OFFICIERS AUXILIAIRES

DELMAS.
BERNARD.
VANUSQUY.
MARTIN de la MARTINIERE.
CASELIN.
VILLIERS.

CHIRURGIEN-MAJOR

CLEMENT.

AUMONIER

DAMAS (R. P.), Récollet.

GARDES DE LA MARINE

De CUERS.
De VASSON.
BERNARDIN-GRENIER.

Officiers-mariniers de manœuvre.

Méric (Jean-Baptiste), premier maître, de Toulon.
Roux (Jacques), premier maître, de Toulon.
Soliman (Guillaume), second maître, de Brest.
Dorette (Martin), second maître, de Bayonne.
Dagaut (Louis), second maître, du Croisic.
Bazille (Louis), contremaître, de Toulon.
Maury (Louis), contremaître, de Toulon.
Castellan (Etienne), contremaître, de Toulon.
Barnet (Pierre), bosseman, de Toulon.
Benoit (Jacques), bosseman, du Croisic.
Michelon (Jean-Joseph), bosseman, de la Seyne, a eu la jambe gauche emportée; blessé très grièvement à la tête et à la jambe droite au combat du 25 janvier 1782; mort de ses blessures.
Charbonnier (Joseph), quartier-maître, de la Ciotat.
Bichon (Jean-Jacques), quartier-maître, de Cassis.
Jourdan (Jean-Baptiste), quartier-maître, de Marseille.
Jeanselme (Charles), quartier-maître, de Marseille.
Gercy (Jean-Baptiste), quartier-maître, de Marseille.
Esteling (Louis), quartier-maître, de Saint-Tropez.
Flambart (Etienne), quartier-maître, du Havre.
Dupré (Pierre), quartier-maître, de l'Ile de Ré.
Bodet (Pierre), quartier-maître, de l'Ile de Ré.
Gendron (Germain), quartier-maître, de Noirmoutiers, mort à bord le 13 mai 1781.
Potiron (Charles), quartier-maître, de Nantes.
Auger (Louis), quartier-maître, de Marennes.
Despin (Henry), quartier-maître, de Cherbourg.
Adam (Jacques), quartier-maître, d'Antibes.
Rimbaud (Jean-Antoine), quartier-maître, de Marseille.
Serin (Gabriel), quartier-maître, de Marseille.
Michel (Jean), quartier-maître, de Marseille.
Germain (Antoine), quartier-maître, de Marseille.
Dupuis (Jacques), quartier-maître, de Dieppe.

Officiers-mariniers de pilotage.

Quibelle (Charles), premier pilote, de Rouen.

Reboul (Etienne), second pilote, d'Agde.

Larose (Jean-Joseph), second pilote, de Marseille, grièvement blessé au combat du 25 janvier 1782.

Catelin (François), second pilote, de Toulon.

Percheron (Jean), second pilote, de Saintes, blessé au combat du 25 janvier 1782.

Anselme (Jean-François), aide-pilote, de Marseille, tué au combat du 12 avril 1782.

Officiers-mariniers de canonnage.

Simon (Gaëtan), maître canonnier, de Toulon.

Poitevin (Jacques), maître canonnier, de Rochefort.

Le Marquis (Pierre), maître canonnier, de Lorient.

Décugis (Louis), second canonnier, de Toulon.

Bertrand (Jean-Louis), second canonnier, de Toulon.

Gazan (Jean), second canonnier, de Marseille.

Aruix (Etienne), second canonnier, de l'Ile de Ré.

Lefond (Augustin), aide-canonnier, de Toulon.

Marin (Jean-Jacques), aide-canonnier, de Marseille.

Brancassy (Jean-André), aide-canonnier, de Toulon.

Isnard (Jean-Baptiste), aide-canonnier, de Toulon.

Garnier (Guillaume), aide-canonnier, de Toulon.

Maunier (Barthélémy), aide-canonnier, de Toulon.

Le Roux (Philippe), aide-canonnier, de Toulon.

Eizouard (Mathieu), aide-canonnier, de Toulon.

Pourtaut (Gaspard), aide-canonnier, de Toulon.

Léonard (François), aide-canonnier, d'Arles.

Lion (Philibert), aide-canonnier, d'Arles.

Giles (Antoine), aide-canonnier, de Toulon.

David (Jean-Pierre), aide-canonnier, de Toulon.

Courent (Nicolas), aide-canonnier, de Toulon.

Pigeaut (Gaspard), aide-canonnier, de Toulon.

Etienne (Pierre), aide-canonnier, de Six-Fours.

Ganinon (Barnabé), aide-canonnier, de Saint-Tropez.

Blanc (Jacques), aide-canonnier, de Fréjus.

Pujol (Pierre), aide-canonnier, de Marseille.

Camoin (Jean), aide-canonnier, de Marseille.

Baudin (Jean-Pierre), aide-canonnier, de Marseille.

Boniface (Jean-Baptiste), aide-canonnier, de Marseille.

Loyal (François), aide-canonnier, de Dinan.

Ludic (Jean), aide-canonnier, de Vannes.

Forestier (Jean), aide-canonnier, de Granville.

Vermond (Pierre), aide-canonnier, de Caen.

Cheillan (Jean-Antoine), aide-canonnier, de Saint-Tropez.

Chaumerond (Pierre), aide-canonnier, d'Arles.

Morel (Louis), aide-canonnier, de Toulon.

Cambaud (Guillaume), aide-canonnier, de Toulon.

Eiguier (Jean-Louis), aide-canonnier, de Toulon.

Duault (Jean), aide-canonnier, de Granville, mort de ses blessures le 6 mai 1782.

Officiers-mariniers de charpentage.

Gasquet (Hyacinthe), maître charpentier, de Toulon.

Mathou (Antoine), second charpentier, de la Seyne.

Gautier (Jean), aide-charpentier, de la Seyne.

Lesourd (François), aide-charpentier, de Honfleur.

Brison (Mathurin), aide-charpentier, de Nantes.

Officiers-mariniers de calfatage.

Nouveau (Jean-Marie), maître calfat, de Toulon.

Nouveau (Joseph), second calfat, de Toulon.

Peruchot (Jean), aide-calfat, de Bourgneuf.

Guyot (Augustin), aide-calfat, de Toulon.

Trabot (François), aide-calfat, de Toulon.

Officiers-mariniers de voilerie.

Icard (Laurent), maître voilier, de Toulon.

Violette (Jean-François), second voilier, de Martigues, tué au combat du 26 janvier 1782.

Périgaut (Claude), aide-voilier, de Saint-Brieuc, tué au combat du 26 janvier 1782.

Gabiers et Timoniers.

Brouquier (Barthélémy), de Toulon.

Gasquet (Jean-Baptiste), de Toulon, blessé au combat du 27 janvier 1782.

Caymard (Louis-Antoine), de la Ciotat.

Guilbaud (René), de l'Ile de Ré.

Adam (Gilles), de Granville, mort de ses blessures le 11 février 1782.

Du Guilly (Alexis), de Dinan.

Fouret (Jacques), de Nantes.

Minutty (Jean), de la Seyne.

Lamelle (Etienne), de Cherbourg, tué au combat du 5 octobre 1781.

Péric (Gabriel), du Conquet, tué au combat du 26 janvier 1782.

Benet (Jean), de Bordeaux.

Glémaud (Pierre), de Saint-Brieuc, blessé au combat du 26 janvier 1782.

Lefranc (Laurent), de Granville.

Lantouin (Honoré), de la Ciotat.

Boneaud (Pierre), de Marennes.

Debien (Pierre), de la Rochelle.

Lefort (René), de Nantes.

Magerau (François), de Vannes.

Nicolas (François-Marie), de Brest.

Lattier (Jean-Baptiste), de Honfleur.

Denis (Jean), de Marseille.

Labadie (André), de Bordeaux.

Duffront (Jacques), de Bordeaux.

Desgosnet (Jean-Baptiste), de Nantes.

Levœux (Yves), de Vannes.

Simion (Guillaume), de Rouen.

Alliès (Pierre), de Saint-Maxime.

Audinet (Louis), de Marennes.

Bonifay (Barthélémy), de la Ciotat.

Pourcelly (Jean-Joseph), de la Ciotat.

Icard (Joseph), de Marseille.

Jeanson (Jacques-Etienne), de la Ciotat.

Décugis (Antoine-Claire), de la Ciotat.

Jaubert (Joseph), de la Ciotat.

Blanc (Jean-Louis), de la Ciotat.

Janseaume (François), de la Ciotat, mort de ses blessures le 13 février 1782.

Arnaud (Jacques), de la Ciotat.

Bertin (Jacques), des Sables.

Legall (Jean), de Brest.

Bouvier (Pierre-Barthélémy), du Havre.

Legendre (Louis), de Saint-Malo.

Querseraud (Jean), de Vannes.

Dujon (Jean), des Sables.

Marcelle (Joseph), de Toulon.

Matelots.

Martin (Barthélémy), de Toulon.

Périès (François), de Toulon.

Toucas (Joseph), de Toulon.

Sénès (Fleury), de Toulon.

Sarus (Jean), de Toulon.

Mériel (Jean-Baptiste), de Toulon.

Martin (Jean-Joseph), de Toulon.

Bourdon (Joseph), de Toulon.

Pelin (Joseph), de Toulon.

Faury (Joseph), de la Cadière.

Bertrand (François), de Cannes.

Fabre (Jean-François), de Six-Fours.

Peyre (François), de la Seyne.

Deluy (Louis), de la Seyne.

Raphaël (Tropez), de Saint-Maxime.

Cocorel (Jean-Louis), de Saint-Tropez.

Bertrand (Roch-Blaise), de Saint-Tropez.

Grasson (Joseph), de Saint-Tropez.

Girard (Innocent), de Saint-Tropez.

Paul (Jean-Joseph), de la Ciotat.

Icard (Jean-Joseph), de la Ciotat.

Icard (Louis), de la Ciotat.

Foulon (Etienne), de la Ciotat.

Caussemille (Augustin), de la Ciotat.

Allègre (Pierre-Dominique), de la Ciotat.

Arnaud (Jean-Pierre), de la Ciotat.

Bernardin (Michel), de la Ciotat.

Blanc (Jean-Pierre), de Ceireste.

Brest (François-Ange), de Bandol.

Vellier (Joseph), de Marseille.

Rey (Gaspard), de Marseille.

Robinet (Claude-Thomas), de Marseille.

Meiffren (Jean-François), de Marseille.

Giraud (Joseph-Lazare), de Marseille.

Coutel (Jean-Antoine), de Marseille.

Vachier (Louis), de Marseille.

Anisot (Antoine), de Marseille.

Souche (Jean-Pierre), de Marseille.

Autran (Jean-Baptiste), de Marseille.

Chaudel (Jean-Claude), de Marseille, tué au combat du 12 avril 1782.

Boniface (Louis), de Marseille.

Pos (Jean), de Marseille.

Fraisinet (Paul), de Marseille.

Raffel (Pierre-Suffren), de Marseille.

Soulegy (Pierre), de Marseille.

Cauvy (Charles), de Marseille.

Astoud (Clément), de Marseille.

François (Jean-Marie), de Marseille.

Viany (Pierre), de Marseille.

Blayon (Joseph-Marie), de Marseille.

Thouvenain (Pierre), de Marseille.

Martin (Antoine), de Marseille.

Jourdan (Jean-Baptiste), de Marseille.

Amphoux (Philippe), de Marseille.

Humbert (Barnabé), de Marseille.

Ginouard (Joseph), de Marseille.

Revert (Jean-Baptiste), de Marseille.

Eidoux (Jacques-Etienne), de Marseille.

Danis (Joseph), de Marseille.

Alméric (Louis), de Marseille.

Julien (Louis), de Marseille.

Renaud (Jean-Louis), de Marseille.

Audry (Bernard), de Marseille.

Audry (François), de Marseille.

Carrière (Antoine), de Marseille.

Figuière (Nicolas), de Marseille, tué au combat du 12 avril 1782.
Martin (Jean-Joseph), de Marseille.
Oreille (Joseph), de Marseille.
Henry (Dominique), de Marseille.
Olive (Jean-Baptiste), de Marseille.
Bizot (Jean-Baptiste), de Marseille.
Reibonet (Jean-Baptiste), de Marseille.
Teissère (Martin), de Marseille.
Clergue (Jacques-Noël), de Marseille.
Beauchier (Jacques-Pascal), de Marseille.
Bonfils (Jean), de Marseille.
Pierre (François), de Marseille.
Fabre (Jean-Baptiste), de Marseille.
Scara (Michel), de Marseille, mort à bord le 9 octobre 1781.
Durand (Jacques), de Marseille.
Vibert (André), de Marseille.
Sibilly (Joseph), de Marseille.
Carbonel (Joseph-Antoine), de Marseille.
Revel (Jacques), de Marseille.
Béranger (François), de Marseille.
Frélen (Louis-Michel), de Marseille.
Baille (Joseph-Antoine), de Marseille.
Olive (Joseph), de Marseille.
Gilouse (Joseph), de Martigues.
Brunet (Joseph), de Martigues.
Piston (Guillaume), de Martigues.
Fouque (Michel), de Martigues.
Dasplan (Claude), de Martigues.
Audibert (Jean-Louis), de Martigues.
Véran (Jacques-Joseph), de Martigues.
Laugier (Jean-Jacques), de Martigues.
Le Blanc (Augustin), de Martigues.
Robert (Jean), de Martigues.
Ripert (Martin), de Martigues, tué au combat du 9 avril 1782.
Gras (Jacques), d'Antibes.
Mille (Jean), d'Arles.
Lauthier (Anathase), d'Arles.
Dausane (Antoine), d'Arles.
Aubrespin (Jean-Joseph), d'Arles.
Bresson (Baptiste), d'Arles.
Tourte (Louis), d'Arles, blessé deux fois au combat du 12 avril 1782.
Malaudran (Antoine), d'Arles.
Malaudran (Joseph), d'Arles.
Mauriès (Jacques), d'Arles.
Blanchard (Étienne), d'Arles.
Pignard (Honoré), d'Arles.
Fournier (Jacques), d'Arles.
Mouillas (Louis), d'Arles.
Martin (Alexis-Toussaint), d'Arles.
Magnan (Antoine), d'Arles.
Rahousse (Claude), de Tarascon.
Chabardès (Jean-Baptiste), d'Agde.
Chaussy (Jacques), d'Agde.
Richard (Jean-François), d'Agde.
Malhet (Claude), d'Agde.
Pauluel (Jean), d'Agde.
Briol (Pierre), d'Agde.
Lamotte (Antoine), d'Agde.
Auribat (Jean), d'Agde.
Boulet (Joseph), d'Agde.
Descor (Joseph), d'Agde, mort à l'hôpital le 30 mars 1782.
Plion (Pierre), de Cette.
Moulinat (Antoine), de Cette.
Ribe (Jean-Baptiste), de Cette.
Bousquet (Étienne), de Cette.
Bastide (Antoine), de Cette.
Pougel (Antoine), de Cette.
Augé (André), de Narbonne.
Lescure (Louis), de Narbonne.
Bosq (Jean-François), de Narbonne.
Claude (Raymond), de Narbonne.
D'Auterible (Pierre), de Bayonne.
Lespare (Jean), de Bayonne.
La Cave (Pierre), de Bayonne.
Dérien (Noël-Marc), de Brest.
Kéraudrin (Jean-Louis), de Brest.
Louvois (Yves-Marie), de Brest.
Le Roux (Alain), de Brest.
Le Boucher (Hervé), de Brest.
Renaud (Jean-François), de Brest.
Dupaty (Jean-Marie), de Brest.
Léger (Pierre-Papin), d'Angoulême.
Le Picard (Goulven), de Saint-Renan.
Morel (Jean), de Rennes.
Bedex (François), de Belle-Isle.
Raoul (Pierre), de Tréguier.
Marelé (Pierre), de Tréguier.
Migno (Louis), de Saint-Brieuc.
Guyomard (Pierre), de Saint-Brieuc.
Redon (Pierre), de Saint-Brieuc.
Joanet (Joseph), de Saint-Brieuc.
Juquet (Jean), de Saint-Brieuc.
Hamon (Yves), de Saint-Brieuc.
Léran (Jean-Marie), de Morlaix.
Féas (Claude), de Morlaix.
Le Gallic (Rolland), de Morlaix.
Le Guilloux (René), de Morlaix.
Guillot (Sylvestre), de Morlaix.
Guillard (Marc), de Saint-Malo.
Richard (Jean), de Saint-Malo.
Ruault (Jean), de Saint-Malo.
Enon (François), de Saint-Malo.
Doré (Jean), de Saint-Malo.
Godeau (Louis), de Saint-Malo.
Bonet (Guillaume), de Saint-Malo, mort de ses blessures le 14 septembre 1781.
Croisel (Joseph), de Dinan.
Le Séchot (François), de Dinan.
Desroches (Joachim), de Dinan.
Pèlerin (Guillaume), de Rouen.
Rémois (Pierre), de Rouen.
Huguès (François), de Caen.
Joly (Christophe), de la Hougue.
Duffrène (Jean), de la Hougue.
Yvray (Jacques), de la Hougue.
Pontlaus (Gabriel), de la Hougue.
Briard (Barthélémy), de la Hougue.
Paysan (David), de la Hougue.
Maquet (Jacques), de Saint-Valéry.
Le Page (Pierre), de Honfleur.
Grain (Louis), du Havre.
Le Breton (Pierre-Martin), du Havre.
Bertrand (Baptiste), du Havre.
Oulmard (Pierre), du Havre.
Fragneau (Jacques), du Havre.
Ferron (Pierre), de Fécamp.
Porel (Jean-Pierre), de Fécamp.
Cavalier (Jean-Baptiste), de Fécamp, tué au combat du 9 avril 1782.
Cadorel (Jean), de Vannes.
Noblanc (Marc), de Vannes.
Linguet (Julien), de Vannes.
Pérottin (Jean), de Vannes.
Rostiguère (François), de Vannes.
Nic (François), de Vannes.
Caujan (Clément), de Vannes.
Lamelle (François), de Vannes.
Quilien (Mathurin), de Vannes.
Fichon (Jean-Patel), de Vannes, mort à bord le 23 avril 1782.
Marec (Jean-François), de Lorient.
Tourtel (Jean), de Dieppe.
Caperon (Pierre), de Dieppe.
Allais (Antoine), de Dieppe.
Baunin (Jean), d'Angers.
Blouin (Louis), d'Angers.
Benoiste (Pierre), du Croisic.
Lauraux (Jean), du Croisic.
Devins (Pierre), du Croisic.
Chardevel (François), du Croisic.
Coupry (Julien), du Croisic.
Fontaine (François), du Croisic.
Bacanet (Jean), du Croisic.
Baolet (Guillaume), du Croisic.
Ménager (Augustin), du Croisic, mort à bord le 12 janvier 1782.
Gihine (Christophe), de Quimper.
Urvois (Michel), de Quimper.
Campion (Mathieu), de Quimper.
Coquet (Yves), de Quimper.
Beausicard (Louis), de Quimper.
Legal (Pierre-Marie), de Quimper.
Renaud (Jacques), de Quimper.
Cotard (Thomas), de Granville.
Le Breton (Michel), de Granville.
Le Brillant (Thomas), de Granville.
Hatté (André), de Granville.
Nicole (Jacques), de Granville.
Kervel (Louis-Yves), de Granville.
Fauvel (Louis), de Granville.
Cordel (Pierre), de Granville.
Le Loup (Jean), de Granville, mort de ses blessures le 5 mai 1782.
Prévost (Barthélémy), d'Oléron.
Garnier (Louis), de la Rochelle.
Gelle (Pierre), de Royan.
Lorgan (François), de la Teste.
Penot (Thomas), de Saintes.
Verdier (Jacques), de Saintes, mort à bord le 19 septembre 1781.
Bertrand (Jean), de Libourne.
Grassel (Jean), de Libourne.
Bernard (Pierre), de Bordeaux.
Renoux (Vincent), de Bordeaux.
Vignol (Barthélémy), de Bordeaux.
Magne (Jean), de Bordeaux.
Mounerot (Pierre), de Bordeaux.
Fleury (Joseph), de Bordeaux.
Nicolas (Jean), de Bordeaux, tué au combat du 12 avril 1782.
Saillant (Jacques), de Rochefort.
Coupée (Claude), de Montauban.
Crouzetay (Pierre), de Béziers.
Diare (Joseph), de Saintes.
Bourdaix (Louis), des Sables.
Aubert (Jean), de Blaye.
Berthelé (Jean), de Lyon.
Petit (Pierre), d'Hyères.
Guipal (Jacques), de Béziers.
Brocard (Vincent), de la Corse.
Long (Alexis), de La Garde (Toulon).
Chalion (Léonard), de Lyon.
Bazin (François), de Lyon.
Lorgues (Jean-Joseph), de Saint-Tropez.
Fayan (François), de Mâcon.
Simonet (Claude), de Mâcon.
Bariteau (Jean), de Nevers.
Arbin (Gilbert), de Nevers.
Coquart (Pierre), de Nevers.

Novices.

Blanc (François), de Cireste.
Bayle (Guillaume), de Cireste.
Lallemand (Joseph), de Beaucaire.
Maquet (Joseph), de Perpignan.
Mahaut (Simon), de Cherbourg.
Rimbaud (Toussaint), de Toulon.
Rimbaud (Jean-Baptiste), de Toulon.
Perret (Guillaume), de Toulon.
Tambon (Jacques), de Toulon.
Roussel (Raymond), d'Agde.
Nauce (Jean-Baptiste), de Marseille.
Sargue (Charles), de Marseille.
Rey (Joseph), d'Aubagne.
Coinde (Claude), de Lyon.
Sol (Gaspard), de Lyon.
Augé (Thomas), de Lyon.
Martin (Jean-Baptiste), de Marseille.
Durbec (Jean-Joseph), de Marseille.
Colomban (Jean-Baptiste), de Marseille, tué au combat du 26 janvier 1782.
Mélier (Charles), de Saint-Malo.
Pigneau (Jacques), de Saint-Malo.
Mangin (Robert-Simon), de Honfleur, tué au combat du 17 avril 1782.
Ropteau (Jean-Pierre), de Bonneval.
Blanchard (François), de Tournay.
Hinque (Jules-Marie), de Cambrai.
Hinque (Joseph), de Cambrai, tué le 26 janvier 1782.
Lacroix (Antoine), de Paris.
Villien (Bernard), de Paris.
Renoir (Thomas), de Paris.
Joly (Pierre), de Rennes.
Delfère (Charles), de Beauvais.
Dardière (René), de Vitré.
Tardivet (Jean), de Saint-Brieuc.
Méria (Pierre), de Rennes.
Rivel (Julien), de Rennes.
Corbès (François), de Brest.
Reverdy (Pierre), de Marseille.
Barbe (Joseph), de la Ciotat.
Kervren (Joseph), de Quimper.
Martin (Honoré), de Cannes.
Gay (Alexis), de Toulon.
Preire (Antoine), de Toulon.
Espanet (Joseph), de Toulon.
Bonifay (Marcel), de la Cadière.
Taverneau (Toussaint), de Saint-Valéry.
Hanot (Jean), de Fécamp.
Lainé (Jean-Simon), de Fécamp.
Duval (Nicolas), de Fécamp.
Avenel (Jean-François), de Fécamp.
Philippe (David-Louis), de Fécamp.
Tanay (Jean-Charles), de Saint-Valéry.
Frère (Joseph), de Dinan, tué au combat du 12 avril 1782.
Lahaye (Pierre), de Saint-Brieuc.
Héry (Charles), de Saint-Brieuc.
Cabaret (François), de Saint-Brieuc.
Benoît (Ollivier), de Saint-Brieuc.
Hamon (Guillaume), de Vannes.
Lelorec (Jean), de Vannes.
Le Quelec (Jean), de Vannes.
Dorso (Philippe), de Vannes.
Laudren (Pierre), de Vannes.
Chaix (Eustache), de Vannes.
Gouzer (Jean), de Vannes.
Lamée (Jean), de Saint-Brieuc.
Laurent (Casimir), des Sables.
Dinel (Jean), de Paris.
Descamps (Jean-Baptiste), de Honfleur.
Pujos (Jean-Baptiste), de Marmande.
Mazère (Bernard), de Marmande.
Potel (Louis), de Poissy.
Duparc (Etienne), de Rouen.
Monville (Emmanuel), de Fécamp.
Scudier (René), de Dinan.
Tabourel (Louis), de Honfleur.
Floch (Thomas), de Quimper.
Lefèvre (Romain), de Dieppe.
Chastier (Pierre-Marie), du Havre, mort à bord le 23 août 1782.
Guyot (François), de Vannes.
Cason (Pierre), de Montpellier.
Pialot (Louis), de Montpellier.
Laroche (André), d'Angers.
Gardane (Joseph), de Marseille.
Capot (Jean), de Bordeaux.
Arnaud (Joseph), de la Ciotat, tué au combat du 12 avril 1782.

Surnuméraires.

Renaudin (Jean-Antoine), secrétaire, de Metz.
Floch (Claude), pilote côtier, de Morlaix.
Ruiteaud (Claude), apothicaire, de Paris.
Guillabert (Joseph), second chirurgien, de Saint-Tropez.
Blache (Antoine), commis, de Toulon.
Roux (Jean), maître valet, de Toulon.
Barjetton (Laurent), maître valet, de Toulon.
Degrossy (Dominique), tonnelier, de Toulon.
Le Noir (Philibert), tonnelier, de Toulon.
Denaus (Pierre), boulanger, d'Aix, mort à bord le 8 avril 1781.
Mougès (Balthazard), boucher, de Toulon.
Hosteint (Pierre), armurier, de Bordeaux.

Mousses.

Lauvan (Cyprien), de Toulon.
Lauvan (Jean), de Toulon.
Thomas (Jean-Joseph), de Toulon.
Garnier (Joseph), de Toulon.
Gaymard (Augustin), de Pignan (Toulon).
Garnier (Louis), du Broussan.
Bertrand (Jean-Joseph), de Marseille.
Venel (Louis), de la Seyne.
Boyer (Jean-Joseph), d'Ollioules.
Boyer (Augustin), d'Ollioules.
Arnaud (Pierre), de Toulon.
Féraud (Jean), de Toulon.
Lacroix (Louis), de Toulon.
Paul (Jean-André), de Six-Fours.
Paul (Pierre-François), de Six-Fours.
Gleize (Augustin), de Montpellier.
Arnaud (Jean-Baptiste), de la Ciotat.
Alexis (Jean-Laurent), de Marseille.
Arnaud (Jean-Joseph), de Digne.
Benoît (Toussaint), de Roquevaire.
Passard (Jacques), de Quimper.
Bedel (René), de Lorient.
Dagorn (Bertrand), de Lorient.
Alain (Pierre), de Brest.
Leroy (Jean-Marie), de Brest.
Laurent (Jean), de Morlaix.
Vigoureux (Sébastien), de Morlaix.
Elouel (Pierre), de Morlaix.
Legal (François), de Landerneau.
Malzach (Charles), du Havre.
Beaud (Bernard), de Blaye.
Richard (Louis), de Vannes.
Duhamel (Pierre), de Saint-Malo.
Simon (François), de Toulon.
Martin (Pierre), d'Angers.
Guibert (Nicolas), d'Angers.
Trotier (Jacques), d'Angers.
Cornus (Michel), d'Angers.
Patris (Etienne), d'Angers.
Rouault (François), d'Angers.
Gauter (Pierre), d'Hennebont.
Baillard (René), de Vannes.
Conan (Vincent), de Vannes.
Sauvaire (Pierre), de Toulon.
Roux (Jean-Pierre), de Toulon.
Estève (Jean), de Toulon.
Fabre (René), de Rochefort.
Touchard (Joseph), de Dinan.
Touchard (Mathieu), de Dinan, mort à bord le 21 février 1782.
Le Normand (Etienne), de Lorient.
Le Masson (Germain), de Lorient.
Le Métayau (Guillaume), de Lorient.
Tudot (Gilles), de Saint-Brieuc.
Perron (Jean), de la Hougue.
Lecorre (Jean), de Gouesnou.
Larzur (Yves), de Lannion.
Capitaine (Samson), de Tréguier.
Colombel (Nicolas), de Dieppe.
Hartaud (Louis), d'Angers.
Fripier (Jacques), d'Angers.

Domestiques.

Bahut (Pierre), de Castres.
Perrein (Louis), de Grenoble.
Vidal (Bastien), de Barcelonette.
Prigent (Jean-Marie), de Vannes.
Prigent (François), de Vannes.
Prigent (Joseph), de Vannes.
Crétée (Pierre-Etienne), de Rouen.
Laffond (Joseph), de Marseille.
Peyron (Louis), d'Aix.
Grammouse (Nicolas), de Nantes.
Ollivier (François), de la Ciotat.
Roy (Pierre), de Bourges.
Rollet (Jean), de Gastine.
Carel (Louis), de Loudéac.
Tudoret (Ollivier), de Belle-Isle-en-Terre.
Le Maistre (André), de Saint-Etienne.

LE CITOYEN

(1781 à 1783)

M. D'ETHY, Capitaine de vaisseau, Commandant.

ÉTAT-MAJOR

CAPITAINE DE VAISSEAU

D'ETHY, Commandant.

LIEUTENANTS DE VAISSEAU

Des MINES.
MERRONET de SAINT-MARC.
KEROEFOED (Georges), Suédois.
Le VENEUR de BEAUVAIS.
Le Chevalier de **L'ESCURE de SAINT-DENIS.**
De TRUGUET.
De MESSEMET.
De FOUDRAS.

ENSEIGNES DE VAISSEAU

De COLBERT-TURGIS.
De BOIRAN de SAINT-LEGER.
De MARTELLENY.

LIEUTENANTS DE FRÉGATE

MOREL.
De COURSON.

OFFICIERS AUXILIAIRES

DUFILIOL.
DENAUS.
NINON.
GAY.

AUMONIERS

DIEUDONNE (R. P.), Capucin.
DAMAS (R. P.), Capucin.

CHIRURGIENS-MAJORS

LEGROS.
PAIN (Jean).

GARDES DE LA MARINE

D'IMBERT LE BRET.
De BILLIOTTY.
D'OZOUVILLE de BEUZEVAL.
Le Chevalier **de CUSSY de VOUILLY.**
DESSUS-LEPONT.
De la BARONNAY (Colas).

VOLONTAIRES

Huchec (Jean-Bernard), de Honfleur.
Gay (Jacques-François), de Toulon.
Berthelot du Gage, de Moncontour.
Perrot (Pierre), de Besançon.
Palou (Jacques), de Rochefort.

Officiers-mariniers de manœuvre.

Péron (Joseph), premier maître, de Toulon.
Perrot (Pierre), de Besançon.
Palou (Jacques), de Rochefort.
Péron (Joseph), premier maître, de Toulon.
Tanguy (René), premier maître, de Brest.
Perliou (René), premier maître, de Brest.
Herel (Guillaume), premier maître, de Lannion.
Tessier (Louis), second maître, des Sables.
Bâtonnier (Jean), second maître de Brest.
Desseliers (Charles), second maître, de Honfleur.
Fromentin (Nicolas), second maître, de Boulogne.
Valence (Jérôme), contremaître, de Bayonne.
Duguin (Jean), contremaître, du Croisic.
Baudry (Pierre), contremaître, de la Rochelle.
Pilu (Charles), contremaître, de Fécamp.
Gervaux (Jean-François), contremaître, de Morlaix.
Lieutaud (Jean), contremaître, de Saint-Brieuc.
Huet (René), bosseman, de Nantes.
Lirot (Etienne), bosseman, de Brest.
Minguet (Paul), bosseman, de Nantes.
Liard (Guillaume), bosseman, de Saint-Brieuc.
Belisle (Mathieu), patron de canot, de Saint-Valéry.
Arlet (Philippe), patron de canot, de Saint-Valéry.
Guerné (Louis), patron de canot, de Nantes.
Gaspard (Louis), quartier-maître, de Bordeaux.
Le Roux (Pierre), quartier-maître, de Brest.
Le Men (Guillaume), quartier-maître, de Brest.
Le Fèvre (Germain), quartier-maître, de Saint-Malo.
Du Rignon (Mathurin), quartier-maître, de Saint-Malo.
Le Nevet (Claude), quartier-maître, de Saint-Malo.
Duchaunoir (François), quartier-maître, de Dunkerque.
Rouget (Melchior), quartier-maître, de Martigues.
Le Vicaire (Pierre), quartier-maître, de Granville.
Lhermitte (Nicolas), quartier-maître, de Fécamp.
Guéral (Emmanuel), quartier-maître, du Havre.
Bastel (Pierre), quartier-maître, de la Rochelle.
Potelle (Pierre), quartier-maître, de Honfleur.
Allouet (Pierre), quartier-maître, de Dinan.
Dagorne (Jean), quartier-maître, de Dinan, mort à l'hôpital du Fort-Royal le 8 avril 1782.
Corbiller (Pierre), quartier-maître, de Nantes.
Coufoulin (Jean), quartier-maître, de Bordeaux.
Deshays (Jean-Antoine), quartier-maître, de Rouen.
Chassis (Jean-Antoine), quartier-maître, de Saint-Tropez.
Bonvalet (Nicolas), quartier-maître, de la Hougue.
Dérenty (Louis), quartier-maître, de Dieppe.
Armavise (Antoine), quartier-maître, de Saint-Valéry, tué au combat du 12 avril 1782.
Caillard (Pierre), quartier-maître, de Granville.
Le Roux (Yves), quartier-maître, de Lambézellec.
La Combe (Jean), quartier-maître, de Bordeaux.
Le Gay (Guillaume), quartier-maître, de Dinan.
Antoine (François), quartier-maître, de Fécamp.
Austin (Pierre), quartier-maître, de Bordeaux.
Verrousse (Isaac), quartier-maître, d'Oléron.
Jaouen (Yves), quartier-maître, de Brest.
Lidier (Ignace), quartier-maître, de Martigues.
Lelgo (René-Jean), quartier-maître, du Croisic.
Amice (René), quartier-maître, du Croisic.
Navret (Jean), quartier-maître, de Saint-Brieuc.
Maudret (Jacques), quartier-maître, des Sables.
Le Tard (Pierre), quartier-maître, des Sables.
Gougy (André), quartier-maître, de Honfleur.
Chauvelon (Jean), quartier-maître, de Nantes.
Baron (Mathieu), quartier-maître, de Groix.
Du Maine (André), quartier-maître, de Dieppe.
Melin (Barthélémy), quartier-maître, de Dinan.
Rouelle (Charles), quartier-maître, du Havre.
Chaisie (Casimir), quartier-maître, du Havre.
Alais (Aubert-Victor), quartier-maître, de Honfleur.
Poignan (Jean), quartier-maître, de Saint-Malo.
Cugny (Jean-Joseph), quartier-maître, de Boulogne.
Galet (Jean), quartier-maître, de Boulogne.
Moulin (Joseph), quartier-maître, de Morlaix.
Gigou (Jean-François), quartier-maître, de Brest.

Officiers-mariniers de pilotage.

Gay (Antoine), premier pilote, de Toulon.
Lathuile (Julien), second pilote, de Paris.
Fabre (Louis), second pilote, de Toulon.
Perron (Antoine), second pilote, de Toulon.
Keraudrin (Pierre-Marie), aide-pilote, de Pontivy.
Lahorie (Henry), aide-pilote, du Havre.
Durand (Gilles), aide-pilote, de Granville.

Officiers-mariniers de canonnage.

Boyer (Jean-Joseph), maître canonnier, de Toulon.
Julien (Laurent), maître canonnier, de Toulon.
Gasteau (Michel), maître canonnier, de Toulon.

Azan (Jacques), maître canonnier, de Toulon.
Riotteau (Augustin), maître canonnier, de Toulon.
Roustan (Dominique), maître canonnier, de Toulon.
Pondaven (Corentin), second canonnier, de Brest.
Moinner (Pierre), second canonnier, de Lorient.
Maillou (Maurice), second canonnier, des Sables.
Le Canelier (Jacques), aide-canonnier, de Cherbourg.
Le Sage (Charles), aide-canonnier, de la Hougue.
L'Épine (Louis), aide-canonnier, de la Hougue.
Fréchon (Jean-Baptiste), aide-canonnier, de Saint-Valéry.
Duménil (Louis-Malo), aide-canonnier, de Granville.
Héroux (Louis), aide-canonnier, de Granville.
Le Doux (Pierre), aide-canonnier, de Granville.
Lemierre (François), aide-canonnier, de Granville.
Couvert (Julien), aide-canonnier, de Granville, tué au combat du 12 avril 1782.
Launoir (Jean), aide-canonnier, de Saint-Brieuc.
Ruffien (François), aide-canonnier, de Saint-Malo.
Raffrai (Jean), aide-canonnier, de Saint-Malo.
Eloy (Laurent), aide-canonnier, de Rouen.
Boizel (Pierre-Félix), aide-canonnier, de Dieppe.
Millaud (Louis), aide-canonnier, de Rochefort.
Le Vaillant (Thomas), aide-canonnier, du Croisic.
Petel (Gilles), aide-canonnier, de Dinan.
Ducheur (Jean), aide-canonnier, de Dinan.
Pervé (François), aide-canonnier, de Brest.
Salaun (François), aide-canonnier, de Brest, mort à bord le 6 octobre 1781.
Coulon (Pierre-Claude), aide-canonnier, de Saint-Valéry.
Vermont (Jacques)) aide-canonnier, de Caen.
Aubert (François), aide-canonnier, de Caen.
Vatel (Nicolas), aide-canonnier, de Rouen.

Officiers-mariniers de charpentage.

Morvan (Jean-Pierre), maître charpentier, de Brest.
Rihouet (Simon), second charpentier, de Granville.
Brindejonc (François), second charpentier, de Saint-Malo.
Collet (Jacques), aide-charpentier, de Granville.
Daniellou (Pierre), aide-charpentier, de Brest.
Chevalier (Charles), aide-charpentier, du Havre.
Vilain (Bernard), aide-charpentier, du Havre.

Officiers-mariniers de calfatage.

Tréguier (Jean), maître calfat, de Brest.
Chaignon (Yves), second calfat, de Dinan.
Teyssier (François), aide-calfat, de Dinan.
Yven (François), aide-calfat, de Brest.
Cleret (Jean), aide-calfat, de Paimbœuf.

Officiers-mariniers de voilerie.

Laporte (Jean), maître voilier, de Brest, mort à bord le 26 novembre 1782.
Ménard (Joseph), second voilier, de Saint-Brieuc.
Glemot (Laurent), aide-voilier, de Saint-Brieuc.
Hasard (Guillaume), aide-voilier, de Brest, mort à bord le 17 mars 1783.

Gabiers.

Merlen (Antoine), de l'Ile de Ré.
Lescaff (Michel), du Conquet.
Rolland (Pierre), de Martigues.
Percevaux (François), de Dinan.
Coanoux (Jacques), de Dinan.
Hué (Malo), de Dinan.
Allain (Georges), de Granville.
Guénon (François), de Granville, tué au combat du 12 avril 1782.
Malenfant (Jean), de Saint-Brieuc.
Josse (Joseph), de Saint-Brieuc.
Kernavalouat (Sylvestre), de Saint-Brieuc.
Le Quec (François), de Saint-Brieuc.
Allain (Louis), de Saint-Brieuc.
Bevel (Abel), de Vannes, mort de maladie à bord le 20 octobre 1781.
Jeuvresse (Pierre), de Granville.
Jouvin (Claude), de Granville.
Daulin (Charles), de Granville.
Dutertre (Alexandre), de Saint-Valéry.
Le Vieux (Joseph), de Saint-Malo.
Jarnot (Jean), de Saint-Malo.
Cassolle (Pierre), de Marseille.
Greaune (Pierre), de Dinan.
Paulet (Joseph), de Dinan.
Plessis (Augustin), de Dinan.
Pépin (François), de Dinan.
Gruchet (Marc), de Dinan.
Petit (Pierre), de Marennes.
Laborde (Arnaud), de Bayonne.
Branu (Benjamin), de Honfleur.
Le Blanc (Jean), de Honfleur.
Jean (Pierre-Marie), de Rochefort.
Bilbot (Jean), de Rochefort.
Filieul (François), de Libourne.
Laumier (Pierre), de Saint-Valéry.
Masselin (Jean-Baptiste), de Rouen.
Hébert (Michel), de Rouen.
Pontif (Étienne), de Rouen.
Le Vapeur (Louis), du Havre.
Houlmard (Joseph), du Havre.
Pépin (Pierre), de Saint-Malo.

Timoniers.

Terrien (Augustin), de Nantes.
David (Antoine), de Dieppe.
Midrier (Jean-Jacques), de Rouen.
Hébert (Nicolas), de Rouen.
Le Vavasseur (Noël), de Rouen.
Guyenné (André), de Granville.
Le Lièvre (Jean-François), de Granville.
Le Gentil (Michel), de Granville.
Le Cannelier (Jean-François), de Cherbourg, tué au combat du 12 avril 1782.
Girard (Joseph-Marie), de Dunkerque, noyé en rade de Chesapeake le 31 août 1781.
Mazurier (Jean), de Dinan.
Cocherie (Mathurin), de Dinan.
Chaignon (Yves), de Dinan, tué au combat du 12 avril 1782.
Menoury (Jean), des Sables.
Marijot (Baptiste), de la Rochelle.
Martin (Charles), de la Rochelle, mort à bord le 26 octobre 1781.
Artaud (François), de Marennes.
Mercier (Pierre), de Marennes.
Langlenné (Jean-Baptiste), de Bordeaux.
Le Duc (Pierre), de Saint-Malo.
Le Gagnoux (Pierre), de Saint-Malo.
Briant (Claude), de Bréhat (Saint-Brieuc).
Perrin (François), de Saint-Brieuc.
Levey (Marc), de Tréguier.
Passavant (François-Joseph), du Havre.
Noirrejean (Jean-Louis), du Havre.
Le Paumier (Pierre-Jacques), de la Hougue.
Billau (Jean-Marie), de Brest.
Bodénès (Jacques), de Brest.
Léonnec (Étienne), de Brest.
Surciron (François), de Brest.

Matelots.

Nicolas (Pierre), de Roscanvel.
Bain (Jean-Baptiste), de Rennes.
Bourniche (François), de Vitré.
Husson (François), de Paris.
Thiblié (Jean-Marie), de Quimper.
Thépot (Hervé), de Camaret.
Gibout (Michel), de Montauban-de-Bretagne.
Le Gault (Louis), de Rennes.
Talin (Jean), d'Hennebont.
Fleury (Jean-Elie), de Brest.
Le Moal (Jérôme), de Brest.
Le Moal (René), de Brest.
Faudille (Jean), de Brest.
Carret (Georges), de Morlaix.
Le Moan (Yves-Marie), de Morlaix.
Stéphan (Jean), de Morlaix.
Toux (Yves), de Morlaix.
Dormel (Gilles), de Morlaix, mort à l'hôpital du Fort-Royal le 22 février 1782.
Le Gras (Pierre), de Lannion.
Perrot (Mathurin-François), de Quimper.
Perennès (Jean), de Quimper.
Pennauc'h (Louis), de Quimper.
Uzelac (Jean-Louis), de Quimper.
Dufresne (Mathurin-Elie), de Quimper.
Pichon (Noël), de Quimper, mort à bord de maladie le 24 août 1781.
Louarne (Pierre), de Saint-Malo.
Thébaut (Julien), de Saint-Malo.
Pillard (Pierre-Gabriel), de Saint-Malo.
Bougeaux (Jean), de Saint-Malo.
Bourret (Jean), de Saint-Malo.
Briançon (Nicolas), de Saint-Malo.
Nivot (Jean), de Saint-Malo.
Josse (Louis), de Saint-Malo.
Coutard (Jacques), de Cancale.
Ely (Joseph), de Saint-Malo.
Gautier (Guillaume), de Saint-Malo.
Le Comte (François), de Saint-Malo.
Thébaud (Jean), de Saint-Malo.
Henry (Pierre), de Saint-Malo.
Gagnier (Jean-Baptiste), de Saint-Malo.
Cerisier (Marc), de Saint-Malo.
Goélau (François), de Saint-Malo.
Pelletier (Joseph), de Saint-Malo, mort à bord de maladie le 16 octobre 1781.
Gautier (Pierre), de Saint-Malo.
Guilbert (François), de Saint-Malo.
Aubry (Michel), de Saint-Malo.
Bordelais (Jean), de Saint-Malo.
Mayerès (Charles), de Tréguier.
Saillot (Jean), de Tréguier.
Lourmas (Pierre), de Tréguier.
Le Hélidu (René), de Saint-Brieuc.
Le Bigot (François), de Dinan.
Doublard (Louis), de Dinan.

Le Gand (François), de Dinan.
Guérin (Mathurin), de Dinan.
Touzé (Jean), de Dinan.
Pivert (Mathurin), de Dinan.
Dingué (Pierre), de Dinan.
Nogués (Joseph), de Dinan.
Roussel (Guillaume), de Dinan, tué au combat du 12 avril 1782.
Poudard (Joseph), de Dinan.
Le Grand (Pierre), de Dinan.
Blin (Julien), de Dinan.
Housset (Joseph), de Dinan.
Julliot (Nicolas), de Dinan.
Desroches (Jean), de Dinan.
Lainé (Mathieu), de Dinan.
Le Roy (Etienne), de Dinan.
Brillant (Pierre), de Dinan.
Balland (Pierre), de Dinan.
Renaud (Christophe), de Dinan.
Barré (François), de Dinan.
Guilhon (François), de Dinan.
Le Chatton (Charles), de Dinan.
Le Forestier (Pierre), de Dinan.
Roussel (Pierre), de Dinan.
Gauthier (René), de Dinan.
Burget (Maurice), de Dinan.
Faverou (Julien), de Dinan.
Genrin (Mathurin), de Dinan.
Billaire (Jean), de Saint-Brieuc.
Le Gallou (Philippe), de Saint-Brieuc.
Le Bihan (Yves), de Saint-Brieuc.
Henou (Allain), de Saint-Brieuc.
Rebourg (Mathurin), de Saint-Brieuc.
Allain (Jean), de Saint-Brieuc.
Le Galuche (Pierre), de Saint-Brieuc.
Cotillard (Guillaume), de Saint-Brieuc.
Le Fèvre (Laurent), de Saint-Brieuc.
Guével (Gilles), de Saint-Brieuc.
Le Dû (Louis), de Saint-Brieuc, mort noyé le 25 octobre 1781.
Duchêne (Pierre), de Saint-Brieuc.
Rédon (Jean), de Saint-Brieuc.
Savené (Maurice), de Saint-Brieuc.
Gaillard (Jean), de Saint-Brieuc.
Mével (Jean), de Saint-Brieuc.
Guémar (Pierre), de Saint-Brieuc.
Rolland (Yves), de Saint-Brieuc.
Paudain (Julien), de Saint-Brieuc.
Tesson (François), de Saint-Brieuc.
Bouchard (Jacques), de Saint-Brieuc.
Treyot (Pierre), de Saint-Brieuc.
Dayaut (Esprit), de Saint-Brieuc.
Le Bay (Guillaume), du Croisic.
Le Roux (Jacques), du Croisic.
Monard (Ambroise), du Croisic.
Lauret (Georges), du Croisic.
Formon (Pierre), du Croisic.
Huet (Pierre-Jean), du Croisic.
Guillery (Louis), de Nantes.
Le Roy (François), de Nantes.
David (Jean), de Nantes.
Cézer (Louis), de Nantes.
Azan (Pierre), de Nantes.
Formon (Pierre), de Nantes.
Mordel (Jean), de Nantes.
Bureau (Antoine), de Nantes.
Régent (Thomas), de Nantes.
Aury (Louis-François), de Nantes, mort à bord le 10 avril 1783.
Gautier (Pierre), de Paimbœuf.
Derent (Pierre), de Paimbœuf.

Fessard (Pierre), d'Orléans.
Massé (Jacques), de Lorient.
Le Guay (Maurice), de Lorient.
Beauchet (Jean-Jacques), de Lorient.
Lieucontour (Guillaume), de Lorient.
Le Lertre (Marc), de Lorient.
Brien (Charles), de Lorient.
Raud (Jean-Mathurin), de Vannes.
Haymond (Laurent), de Vannes.
Le Grand (Jean), de Vannes.
Bevel (Vincent), de Vannes.
Le Rebours (Denis), de Vannes.
Thomas (Mathurin), de Vannes.
Guillaume (Yves), de Vannes.
Brejean (Charles), de Vannes, mort de maladie à bord le 13 novembre 1781.
Gouzer (Albin), de Belle-Isle.
Lestorey (Michel), du Havre.
Croteau (Nicolas-Martin), du Havre.
Chevalier (Emmanuel), du Havre.
Baudry (Jean-Marie), du Havre.
Michaud (Charles), de Fécamp.
Arnaud (Charles-César), de Honfleur.
Le Bourg (Joseph), de Honfleur.
Charpentier (Louis-Simon), de Honfleur.
Lefranc (Jean-Baptiste), de Honfleur.
Tranchevant (Joseph-Maurice), de Honfleur.
Frescaline (Jean), de Honfleur.
Couture (François), de Honfleur.
Rogue (Thomas), de Fécamp.
Chancerel (Pierre), de Fécamp.
L'Hudier (Jean), de Fécamp.
Le Jeune (Etienne), de Fécamp, mort à l'hôpital du Fort-Royal le 6 février 1782.
Frocourt (Pierre-Jacques), de Rouen.
Roger (Jacques), de Rouen.
Le Court (François), de Rouen.
Ronné (Nicolas), de Rouen.
Ghouquet (Pierre-Charles), de Rouen.
Gosse (Prosper), de Rouen.
Saunier (Elie), de Rouen.
Jacques (Edme), de Rouen, tué au combat du 12 avril 1782.
Barbier (Pierre), de Rouen.
La Coste (Jean-Nicolas), de Rouen.
Gentil (Jean-Baptiste), de Rouen.
Badaire (Jean-Louis), de Rouen.
Fleury (Jean-François), de Rouen.
De la Lande (Ignace), de Rouen.
Tesser (François), de Caen.
Breton (Adrien), de Dieppe.
Tellier (Guillaume), de Dieppe.
Bernard (Sylvestre-Laurent), de Dieppe.
Allard (Nicolas), de Dieppe.
Legras (Mathieu), de Dieppe.
Canac (Pierre-François), de Cherbourg.
Catherine (Pierre), de Cherbourg.
Doucet (Pierre), de Cherbourg.
Le Rossignol (François), de Cherbourg.
Le Canelier (Jacques), de Cherbourg.
Petit (Jacques), de Cherbourg.
Lucas (Jean), de Cherbourg.
Henry (Jean-René), de Cherbourg.
Capel (Guillaume), de Cherbourg.
Maugis (Christophe-Joseph), de la Hougue.
Roblot (Marin), de la Hougue.
Ferrand (Antoine), de la Hougue.
Poly (Mathieu), de la Hougue.
Pommier (Pierre-François), de la Hougue.
Bernard (Jacques), de Quetteville.
Daubray (Gilles), de Granville.

Robine (Claude), de Granville.
Le Cannelier (Nicolas), de Granville.
Baucet (Antoine), de Granville.
Cambernou (Jacques-Antoine), de Granville, mort à bord le 2 août 1781.
De Laune (François), de Granville.
Le Goupil (Louis), de Granville.
Tanqueray (Pierre), de Granville.
Renaud (Jacques), de Granville.
Doutaut (Jacques), de Granville.
Louistel (Jacques-Antoine), de Granville, tué au combat du 12 avril 1782.
Moal (François), de Granville.
Morel (François), de Granville.
Le Marquis (Pierre), de Granville.
Le Tellier (Louis), de Granville.
Coupan (Jean-François), de Granville.
Néel (Charles), de Granville.
Gaillard (Julien), de Granville, mort à bord le 30 juillet 1782.
Barreau (Elie), de Rochefort.
Maccaud (Charles), de Rochefort.
Quimper (Charles), de Rochefort.
Charles (Broizé), de Rochefort.
Doucet (François), de Rochefort, mort à bord le 16 avril 1782.
Drouillard (Etienne), de Royan.
Cheneau (Jacques), de Royan.
Hardouin (Gabriel), de Royan.
Martineau (Gabriel), de Royan.
Boisnard (Jean), de Royan, mort à l'hôpital du Fort-Royal le 24 décembre 1781.
Gabaury (Etienne), de la Rochelle.
Simonnet (Pierre), de la Rochelle.
Bouron (René), de la Rochelle.
Rollet (Jean), de la Rochelle.
Parançou (Marc), de Montauban.
Philibert (Louis), de l'Ile de Ré.
Papin (Symphorien), de l'Ile de Ré.
Nicolas (Guillaume), de Blaye, mort à l'hôpital du Fort-Royal le 29 juin 1781.
Deloumeau (Pierre), de Marennes.
Delidau (Jean), de Marennes.
Raine (Pierre), de Marennes.
Cerclé (André), de Marennes.
Haussaut (Louis), d'Oléron.
Lenormand (Jean), d'Oléron.
Griffon (Isaac), de Rochefort.
Jolibois (François), de Rochefort.
Colineau (François), de Rochefort.
Jourdain (François), de Rochefort, mort à bord le 10 mai 1781.
Raby (Jean), d'Angoulême.
Chauvin (Jean), de Libourne.
Dubois (Jean), de Rochefort.
Beaumont (Pierre), de Rochefort.
Chapelin (Jean), de Rochefort.
Mars (Jean), de Rochefort.
Boisson (Jean), de Rochefort.
Passera (Pierre), de Libourne.
Chapelin (Etienne), de Royan.
Artaud (Jean), de Royan.
Bedard (Pierre), de Royan.
Bourneau (Théodore), de Royan, mort à bord de maladie le 15 juin 1781.
Sabatier (Antoine), de Lyon.
Conoix (Jean), de Saintes.
Courron (Philippe), de Saintes.
Garnier (Louis), de Saintes.
Bernard (Barthélémy), de Lorimont, fait prisonnier.
Carbonnas (François), de Libourne.

Garbireau (Elie), de Libourne.
Gombaud (Jean), de Libourne, mort à bord de maladie le 18 novembre 1781.
Allard (Simon), de Blaye.
Clout (Jean), de Blaye.
Auduleau (Jean), de Blaye.
Calsaque (Guillaume), de la Teste.
Dessaux (Nicolas), de la Teste.
Lande (Jean), de la Teste.
Souffleteau (André), de la Teste.
Valade (Jean), de Bordeaux.
Moulinier (Pierre), de Bordeaux.
Briscaussole (Arnaud), de Moissac.
Billier (Thomas), de Toulouse, tué au combat du 12 avril 1782.
Chapoulis (Marie), de Bordeaux.
Maudille (Jacques), de Bordeaux.
Fradin (Jean), de Bordeaux.
Ruffier (Jean-Léonard), de Bordeaux.
Barthélémy (Pierre), de Bordeaux.
Naulet (Jean), de Bordeaux.
Bher (Pierre), de Bordeaux.
Marandel (Pierre), de Bordeaux.
Gaspard (Jean), de Bordeaux.
Charly (Pierre), de Bordeaux.
Aussarois (Denis), de Bordeaux.
Cassagne (Jean), de Montauban.
Coulommier (Pierre-Amaud), de Toulouse.
Caperau (Jean), de Toulouse, mort à bord le 29 janvier 1782.
Double (Giraud), de Marmande.
Duhald (Jean), de Bayonne.
Laffond (Louis), de Bayonne.
Brun (Jean), de Libourne.
Peruche (Etienne), de Libourne.
Fournier (Guillaume), de Libourne.
Brillant (Jean-Baptiste), de Saint-Jean-de-Luz
Isoire (Claude), de la Ciotat.
Ricard (Jean-Baptiste), de Marseille.
Bernard (François), de Marseille.
François (Jean-Paul), de Marseille.
Rose (Antoine), de Marseille.
Biscaye (Antoine), de Marseille.
Marie (Pierre), de Marseille.
Bois (Louis), de Saint-Tropez.
Martin (Jean), de Carcassonne.
Servant (Augustin), de Narbonne.
Germain (Joseph), d'Aix.
Arsenéguet (Bernard), d'Arles.
Lefeuillant-Vito (Jacques), de Saint-Valéry.
Mercier (Jean), de Saint-Valéry.
Dupont (Hubert), de Calais.
Langagne (André), de Boulogne.
Bizot (Pierre), de Dunkerque.
Nacart (Bertin-Joseph), de Dunkerque.
Général (Elays), Américain.
Maxfield (Jean), Américain.
Truble (Joseph), Américain.
Johnson (Ismaël), Américain.

Novices.

Aufray (Louis), de Vitré.
Lizé (Louis-François), de Vitré, mort à bord de maladie le 16 novembre 1781.
Poulottier (Jean-Trémeur), de Rennes.
Bournas (Jean-Marie), de Rennes.
Guimbert (Julien), de Rennes.
Jugon (Pierre), de Rennes.
Floch (Jean), de Rennes.
Périlla (Pierre), de Bayonne.
Tremblay (François), de Paris.
Moreau (Louis), de la Rochelle.
Bouloch (Jean), de Saint-Malo.
Le Roy (Laurent), de Saint-Malo.
Le Toadec (François), de Quimperlé.
Le Moine (Guillaume), de Quimper.
Roussel (Jean), de Dinan.
Le Mercier (Claude), de Metz.
Le Toutin (Jean), de Saint-Brieuc.
Aufray (Louis), de Vitré.
Lizé (Louis-François), de Vitré.
Le Noireau (René), de Vitré.
Lavadec (Pierre), de Lorient.
Cannelle (Joseph), de Granville.
Huet (François), de Granville.
Céleste (Clément), de Nantes.
Colin (Yves), de Tréguier.
Goirin (Guillaume), de Vannes.
Huguen (Charles), de Morlaix.
Gauvin (François), de Saint-Brieuc.
Collet (René), de Saint-Brieuc.
André (Félix), de Saint-Brieuc.
Goasdoué (Jean), de Saint-Brieuc.
Le Vasseur (Pierre-Martin), du Havre.
Saudrel (Michel-Allain), du Havre, noyé le 25 octobre 1781.
Le Tailleur (Jean-Baptiste), du Havre.
Samson (Louis), de Cherbourg.
Guiéne (François-Pierre), de Cherbourg.
Henry (Antoine), de Cherbourg.
Le Carpentier (Philippe), de Cherbourg.
Chanteloup (Thomas), de Cherbourg.
Comfroy (Jean-Jacques), de Cherbourg, mort à bord le 9 août 1782.
Jeannet (Charles), de Cherbourg.
Le Roy (Yves), de Dinan.
Pobet (Guillaume), d'Audierne.
Cornic (François), d'Hennebont.
Landais (Julien), de Rennes.
Puisau (Laurent), de Saint-Méen.
Mouasdiau (Toussaint), de Paris.
Madin (Louis), de Paris.
Micault (François), d'Angers.
Sarpade (Jean-Baptiste), de Rethel.
Rustuel (François), de Lorient.
Coroler (Louis), de Lorient.
Daniel (Ollivier), de Lorient.
Quérit (Jean), de Lorient.
Raoul (Yves), de Lorient.
Giquelet (André), de Lorient, mort à bord de maladie le 13 septembre 1781.
Martiné (Pierre), de Reims.
Maunin (François), de Dijon.
Dirondelles (François), de Paris.
Toussaint (Jean-Marie), de Paris.
Le Lièvre (Jacques), d'Alençon.
Le Loarer (Etienne), de Saint-Brieuc.
Gégou (Yves), de Saint-Brieuc.
Boyner (François), de Saint-Malo.
Bulger (Barthélémy), de Saint-Malo.
Brisset (Jean), d'Angers.
Bourigad (Mathurin), d'Angers.
Perrin de Keraudrin (Vincent), de Pontivy.
Huguen (Gabriel), de Morlaix.
Triton (Hervé), de Quimper.
Blanche (Honoré), de Marseille.
Talarvin (Claude), de Brest.
Marcello (François), de Rennes.
Mallet (Jacques), de Dinan, mort à l'hôpital du Fort-Royal le 8 avril 1782.
Querré (François) de Saint-Brieuc.
Guillosson (Pierre), de Saint-Brieuc.
Le Belec (Yves), de Saint-Brieuc.
Gouin (Joseph), des Sables.
Quernieux (Benoît), de Quimper.
Guéran (Pierre-Marie), de Fécamp.
Vimbert (Nicolas), de Fécamp.
Le Houx (Jean), de Dieppe.
Pavu (Vincent), de Dieppe.
Samson (Thomas), de Dieppe.
Michel (Nicolas), de Dieppe.
Ducatel (Jean), de Dieppe.
Aubé (Louis), de Dieppe.
Poulain (Jean), de Dieppe.
Battel (Jean-Baptiste), de Dieppe.
Gille (Jean), de Dieppe.
Crével (André), de Dieppe.
Le Roux (Louis), de Dieppe, mort à bord de maladie le 25 octobre 1781.
Vaillant (Jacques), de Fécamp.
Lavigne (François), de Dinan.
Lorrain (Pierre), de Fougères.
Bertrand (Pierre), de l'Ile de Ré.
Santerre (François), de Fécamp.
Aubert (Charles), de Fécamp.
Monier (François), de Fécamp.
Horlaville (Alexandre), de Fécamp.
Gilbert (Charles), de Dinan.
Gautier (François), de Dinan.
Pipin (Laurent), de Dinan.
Delorme (Jean), de Dinan.
Josse (Ollivier), de Dinan, mort à bord le 4 septembre 1781.
Godet (Jean-Henri), de Caen.
Maréal (Jean-Baptiste), de Caen.
Dejardin (Louis), de Calais.
Le Saux (Etienne), de Saint-Brieuc.
Colin (François), de Saint-Brieuc.
Raymond (Louis), de Saint-Brieuc.
Pénisson (Etienne), des Sables.
D'Autot (Pierre), de Saintes.
Timbal (Bernard), de Bayeux.
Benoist (Pierre), de Blaye.
Beresse (Jean), de Montpellier.
Baquet (Pierre), de Montpellier.
Bussières (David), de Rodez.
Hénard (Philippe), d'Angoulême.
Filiard (Claude), de Mâcon.
Morel (Pierre-Désiré), de Besançon, mort à bord le 21 juillet 1782.
Pocquet (Jean-Baptiste), de Dunkerque.
Sténard (Louis), de Dunkerque.
Comtois (Martin), de Dunkerque, mort à bord le 14 juin 1783.
Bertrand (Jean), de Marseille.
Laury (Pierre), de Nantes.
Lauge (Michel), d'Avignon.
Rousseau (François), de Nantes.
Bazin (Gabriel), de Nantes.
Chevalier (François), de Clermont.
Billard (Pierre), de Brest.
Bouleur (Pierre), de Lorient.
Lucas (Charles), de Saint-Malo.
Courtil (Martin), du Mans.
Maréchal (Verbin), de Sully.
Terrin (Antoine-Baptiste), de Pau.
Savergis (Léger), de Limoges.
Le Baud (Jean-Marie), de Quimper.
Dupuis (Jean-Louis), de Caen.
Harlay (François), de Saint-Valéry.
Debaud (Simon), de Lyon.
Clémence (Jean-Baptiste), de Dieppe.
Adam (Bernard), de Granville.
Hérissé (Luc-Julien), de Granville.

Jézéquel (Armel), de Brest.
Moudenès (Jean-Baptiste), de Brest.
Le Coffre (Symphorien), de Quimper.

Surnuméraires.

Trémenteur (François), pilote côtier, de Roscoff.
Bescond (Jean), pilote côtier, de Morlaix.
Duval (Jean), commis, de Saint-Malo.
Kermel (Jean), commis, de Brest.
Le Pape (Hervé), tonnelier, de Brest.
Delorme (Jean-Baptiste), armurier, de Lyon.
Maubuchon (Jean-Marie), boulanger, de Guingamp.

Mousses.

Garabie (Jean), de Granville.
Garabie (Julien), de Granville.
Blain (Jean), de Granville.
Allain (Jacques), de Granville.
Heildé (Pierre), de Quimper, mort à bord de maladie le 13 octobre 1782.
Coriol (Jacques), de Rennes.
Méheu (Jacques), de Lamballe.
Grison (François), de Dinan.
Perron (Bernard), de Morlaix.
Bouloc (Frédéric), de Saint-Brieuc.
Potin (Charles), de Landéda, mort à bord de maladie le 13 novembre 1781.
Maurice (Charles), de Redon.
François (Pierre), de Saint-Cloud.
Chenault (René), d'Angers.
Porta (Charles-François), de Versailles.
Jouanne (Barthélémy), de Pontivy.
Colen (François), de Tréguier.
Raout (Auguste), de Laval.
De Toux (Aufray), de Morlaix.
Mailloche (Noël), de Landerneau.
Revereau (Charles), de Lorient.
Amon (Guillaume), de Brest.
Quéré (François), de Brest.
Le Gouez (Jacques), de Brest.
Kervarec (Jean), de Brest.
Ferrey (Jean-Marie), de Brest.
Du Quin (Jean-Louis), de Brest.
Berthou (Joseph), de Marseille.
Le Troadec (François), de Tréguier.
Kergras (Jean-François), de Tréguier.
Le Moing (Blaise), de Tréguier.
Le Bert (Yves), de Tréguier.
Trémenten (Charles), de Morlaix.
Gay (Joseph-Paul), de Toulon.
Dervès (Jean), de Quimper, mort à bord de maladie le 12 novembre 1781.
Pouher (Jean-Pierre), de Lorient.
Jouhannis (Joseph), de Lorient.
Baugard (Alexis), de Lorient.
Le Moing (Jean-René), de Lorient.
Duplessis (Pierre), de Calais.
Fournier (Jean-Baptiste), de Toulon.
Valée (Vincent), de Vannes.
Le Vavasseur (Jean-Pierre), de Vannes.
Gigoux (Yves), de Morlaix.
Monnier (Jean-Vincent), de Dieppe.
Besnier (Jean), de Dinan.
Alouette (Gille), de Dinan.
Boyères (Louis), de Dinan.
Raymond (Pierre), de Calais.
Le Parc (Jean-Marie), de Morlaix.
Goyard (Etienne), de Saint-Malo.
Chevrelotte (Claude), de Mâcon.
Léon (Michel), de Fougères.
Garaud (René), de Fougères.
Destourné (Mathurin-Isaac), de Caen.
Bailly (Pierre-François), de Saint-Valéry.
Moy (Isidore), de Dinan.
Fauché (Alain), de Dinan.
Moy (Charles-François), de Dinan, tué au combat du 12 avril 1782.
Grézel (Julien), de Granville.
Brussot (Yves), de Dinan.
Marsillac (Pierre), de Bordeaux.

Domestiques.

Cézard (Jean-Baptiste), de Rennes.
Frossard (Nicolas), de Lyon.
Lefèvre (Ignace), de Lyon.
Capillou (Jean), de Rochefort.
Le Grand (Jean), d'Orléans.
Guével (Tanguy), du Conquet.
Cadiou (Paul), de Saint-Servan.
Pennoit (Pierre), de Lamballe, mort à l'hôpital le 13 juin 1782.
Sordel (Jean), de Marseille.
Saint-Yves, de Brest.
Bailly (Pierre), de Nantes.
La Gatte (Pierre), de Six-Fours.

L'ACTIONNAIRE

(1779 à 1781)

M. DE L'ARCHANTEL, puis M. le Chevalier DE BOTDERU, Capitaines de vaisseau, Commandants.

ÉTAT-MAJOR

CAPITAINES DE VAISSEAU

De **L'ARCHANTEL**, Commandant, mort le 23 janvier 1781.
Le Chevalier **du BOTDERU**, Commandant.
Le Chevalier **de COHARS**, Second.

LIEUTENANTS DE VAISSEAU

De **L'ARCHANTEL**, Lieutenant de vaisseau, Capitaine en second, puis Commandant, mort le 15 juillet 1781.
De GOESBRIANT, Lieutenant de vaisseau, puis Commandant.
De TROMELIN.

ENSEIGNES DE VAISSEAU

D'ABADIE, mort à bord le 19 décembre 1780.
L'ERONDEL.
De MONS.
De la FERTE.
De MORTEAU.
De la HOUSSAYE.

OFFICIERS AUXILIAIRES

Le Chevalier **GILARD de L'ARCHANTEL.**
De MAYRAL.
De KERGADARAN.
AVICE.
Le Chevalier **de CORIOLIS.**
LEON.

LIEUTENANT DE FRÉGATE

Le Sr **BROSSARD**, de Carhaix.

CHIRURGIENS-MAJORS

Le Sr **JANOU**, mort à Port-au-Prince le 9 août 1781.
Le Sr **CELLIER.**
Le Sr **REJOU.**
Le Sr **AUFFRET.**

AUMONIER

De VILLEFRANCHE (R. P. Jean-François).

GARDES DE LA MARINE

BOURRY de VAYRES, Garde de la Marine, puis Enseigne de vaisseau.
KERVEN de KERSULEN, Garde de la Marine.
DUBOT, Garde de la Marine.

Officiers-mariniers de manœuvre.

Le Greneur (Louis), premier maître, de Brest, noyé en mer le 15 novembre 1781.
Le Moing (François-Louis), premier maître, de Brest.
Yvon (Gilles), second maître, de Brest.
Le Borgne (François), second maître, de Recouvrance (Brest).
Amis (Julien) contremaître, de Saint-Malo.
Coulommière (Simon-Pierre), contremaître, de Brest.
Riélan (Charles), contremaître, de Brest, mort à bord le 11 juin 1781.
Picquet (René), contremaître, de Paimbœuf.
Simon (Louis-Marie), bosseman, de Brest.
Thomain (Guillaume), bosseman, de Brest.
Vatel (Jean), bosseman, de Granville.
Goascos (Jean-Marie), bosseman, de Camaret.

Enau (Charles), patron de canot, de Dinan.

Le Guen (Hervé), quartier-maître, de Brest, mort à bord le 15 juin 1781.

Cariou (Jacques), quartier-maître, de Brest.

Cupel (Charles), quartier-maître, de Brest, mort le 26 juin 1781, à bord.

Le Roy (Jean-Marie), quartier-maître, de Brest.

Cloarec (Jean-Marie), quartier-maître, de Brest, mort à bord le 7 juillet 1781.

La Plante (Jean-Baptiste), quartier-maître, de Recouvrance (Brest).

Floch (François), quartier-maître, du Conquet.

Duplessis (Sébastien), quartier-maître, de Nantes.

Charuau (François), quartier-maître, de Marennes, mort en mer le 16 mars 1780.

Dupuis (Alexis), quartier-maître de l'Ile de Ré.

Garlantesec (Joseph-Marie), quartier-maître, de Brest.

Morvan (Louis), quartier-maître, de Brest.

Le Maître (Thomas-François), quartier-maître, de Granville, noyé en mer le 21 novembre 1781.

Corbé (Goulven), quartier-maître, de Brest.

Averti (André), quartier-maître, de Nantes.

Gauthier (Jean), quartier-maître, de Saint-Brieuc.

Zion (Jérôme), quartier-maître, de Saint-Brieuc.

Rolland (Barthélémy), quartier-maître, de Boston.

Solec ou **Soler** (Pierre), quartier-maître, de Vannes.

Le Maître (Vincent), quartier-maître, de Lorient.

Bois (Jean-Baptiste), quartier-maître, de Granville.

Clément (François), quartier-maître, de Dieppe.

Rollando (Vincent), quartier-maître, de Vannes.

Ropars (Gabriel), quartier-maître, de Lorient.

La Motte (Auger), quartier-maître, de Marennes.

Louet (Jean-Jacques), quartier-maître, de Saint-Malo.

Tanon ou **Tanou** (Claude), quartier-maître, de Marseille.

Le Breton (Louis), quartier-maître, de Noirmoutiers.

Fougue (Pierre), quartier-maître, de la Hougue.

Dufour (Louis), quartier-maître, de Lorient.

Bizien (Yves), quartier-maître, du Conquet.

Guindey (Daniel), quartier-maître, de Royan.

Polet (Pierre), quartier-maître, de Bordeaux.

L'Evêque (Augustin), quartier-maître, de Paimbœuf.

Oudot (Laurent), quartier-maître, de Nantes.

Officiers-mariniers de pilotage.

Coupard (Jacques), premier pilote, de Brest.

Desvarennes (Pierre), premier pilote, de Brest.

Pichot (Sébastien-Louis-Marie), second pilote, de Brest.

Hérault (Jacques), second pilote, de la Rochelle.

Delitré (Antoine), second pilote, de Nantes.

Le Nud (Jacques), second pilote, du Havre.

Cailleau (Jean-Marie), aide-pilote, des Sables.

Basset (Marie-Philippe), aide-pilote, de Dunkerque.

Lathus (Julien), aide-pilote, de Marennes.

Officiers-mariniers de canonnage.

Bosquet (Gabriel), second canonnier, de Brest.

Brûlé (Jean-Jacques), second canonnier, de Dieppe.

Payen (Pierre), second canonnier, de Marennes.

Morvan (Jean-François), second canonnier, de Brest.

Robert (Jacques), second canonnier, de Dinan.

Gautier (Christophe), aide-canonnier, de Marennes.

Mercier (Eustache), aide-canonnier, de l'Ile de Ré.

Boulut (Jean), aide-canonnier, de Bordeaux.

Chaniau (Louis), aide-canonnier, des Sables.

Bon (Pierre), aide-canonnier, de Royan.

Pluchon (Etienne), aide-canonnier, de Rochefort, mort à bord le 30 avril 1780.

Grossen (Pierre), aide-canonnier, de Noirmoutiers, mort à l'hôpital du Fort-Royal le 17 octobre 1781.

Veillon (François), aide-canonnier, de Saintes.

Gaymaut (Jacques), aide-canonnier, de Saintes.

Simon (Jacques), aide-canonnier, des Sables d'Olonne.

Renom (Louis), aide-canonnier, de Bordeaux.

Fontenau (Nicolas), aide-canonnier, de Rochefort.

Rivet (Jean), aide-canonnier, de Rochefort, mort à l'hôpital le 29 mai 1780.

Rousseau (Pierre), aide-canonnier, de l'Ile de Ré.

Mercier (Etienne), aide-canonnier, de Rochefort.

Gourdin (Barthélémy), aide-canonnier, de Rochefort.

Deniau (François), aide-canonnier, de Rochefort.

Le Breton (Alain), aide-canonnier, de Quimper, mort à l'hôpital le 20 novembre 1780.

Meslins (Nicolas), aide-canonnier, de Granville.

Beyot (Laurent), aide-canonnier, de Saint-Brieuc.

Raux (Jacques), aide-canonnier, de Saint-Brieuc.

Lefort (François), aide-canonnier, de Dinan.

Barré (Jacques), aide-canonnier, de Saint-Malo.

Le Saint (Valentin), aide-canonnier, du Conquet.

André (Etienne), aide-canonnier, de Recouvrance (Brest).

Pansard (Jean), aide-canonnier, de Saint-Brieuc.

Desclaux (Pierre), aide-canonnier, de Toulouse.

Courrois (Charles), aide-canonnier, d'Angoulême, mort à bord le 5 février 1780.

Le Roux (Jacques), aide-canonnier, de Granville.

Viot (François), aide-canonnier, de Saint-Malo.

Mahé (Pierre), aide-canonnier, de Saint-Brieuc.

Le Correur (Durand), aide-canonnier, de Saint-Brieuc.

Saint-Denis (Charles), aide-canonnier, de Rochefort.

Calvès (Bertrand), aide-canonnier, de Rochefort.

Molet (Jacques), aide-canonnier, des Sables d'Olonne.

Maffoy (Pierre), aide-canonnier, de Boulogne.

Daux (Jacques), aide-canonnier, de Rochefort.

Désétables (Jean), aide-canonnier, de Caen.

Bataille (Jean-Louis), aide-canonnier, de Saint-Valéry.

Le Portz (Yves), aide-canonnier, de Lorient.

Poulain (Jean), aide-canonnier, du Havre.

Paric (Jean), aide-canonnier, de la Hougue.

Officiers-mariniers de charpentage.

Le Moing (Jean), second charpentier, de Recouvrance (Brest).

Symon (François), second charpentier, de Nantes.

Puelle (Joseph), second charpentier, de Saint-Malo.

Poissaden (Adrien), aide-charpentier, de Brest.

Bouillon (Jean-François), aide-charpentier, de Granville.

Lefèvre (Jacques), aide-charpentier, de Saint-Malo.

Foliard (Joseph), aide-charpentier, de Saint-Malo.

Officiers-mariniers de calfatage.

Chapelain (François), maître calfat, de Recouvrance (Brest), mort à bord le 19 juin 1780.

Lostic (Guillaume), maître calfat, de Brest.

Le Breton (François), second calfat, de Dinan.

Salaün (Tanguy-François), second calfat, de Brest.

Geoffroy (Pierre), aide-calfat, de Rochefort.

Le Breton (Tanguy), aide-calfat, de Recouvrance (Brest).

Le Doux (François), aide-calfat, de Recouvrance (Brest).

Officiers-mariniers de voilerie.

Quiniou (François), maître voilier, de Brest.

L'Escot (René-Nicolas), maître voilier, de Brest.

Thépot (Jean-Marie), second voilier, de Recouvrance (Brest).

Silvestre (Pierre), aide-voilier, de Saint-Malo.

Jondreau (Denis), aide-voilier, de la Rochelle.

Gabiers.

Bazin (Jacques), de Royan.

Guindet (Daniel), de Royan.

Masson (Pierre), de Royan.

Pelletier (Jean), des Sables d'Olonne.

Borre (Louis), de l'Ile de Ré.

Renom (Jean), de la Rochelle.

Guézo (Guillaume), du Croisic.

Lavenant (Tanguy), du Conquet.

Ollivier (Jean-André), de Granville, mort à bord le 18 juin 1781.

Timoniers.

Isacard (Joseph), de Noirmoutiers.

Corre (Pierre-Augustin), de Roscoff, mort à l'hôpital le 20 avril 1780.

Le Mée (Jean), de Saint-Brieuc, mort à l'hôpital le 20 octobre 1781.

Ruilier (Jacques), de l'Ile de Ré, mort à bord le 14 octobre 1780.

L'Evêque (Nicolas), du Havre.

Severre (Mathieu), de Morlaix.

Matelots.

La Porte (Martin), de Brest.

Pincé (Yves), de Brest.

Piriou (Jean-Marie), de Brest, mort à l'hôpital du Fort-Royal le 24 mai 1780.

Guillermou (Jean-Marie), de Recouvrance (Brest).

Perrot (Etienne), de Recouvrance (Brest).

Perrot (Yves), de Saint-Renan.

Léost (Gabriel), de Saint-Renan.

Donnard (Jacques), de Saint-Renan, mort à l'hôpital du Fort-Royal le 27 juillet 1780.
Martin (Pierre), de Brest.
Rioual (Yves), de Brest.
Poulain (Jean-Marie), de Brest.
Creven (Hugues), de Brest.
Pleibert (Jean-René), de Brest, mort à bord le 18 juin 1781.
Gleo (Guillaume), de Recouvrance (Brest).
Belcourt (Joseph-Noël), de Brest, mort à l'hôpital du Fort-Royal le 23 juin 1780.
Antoniou (Yves-Marie), de Brest.
Le Moine (Louis-Jacques), de Châteaulin, mort à bord le 20 mars 1780.
Maubien (Julien), de Brest, mort à bord le le 8 juillet 1781.
Guillasser (Jean), de Morlaix.
Laudier (Laurent), de Saint-Malo.
Colas (Jean), de Dinan.
Colas (Ollivier), de Dinan, mort en mer le 17 février 1780.
Guillot (François), de Dinan, mort à l'hôpital du Fort-Royal le 6 août 1780.
Goindey (Jacques), de Dinan.
Rivierre (Casimir), de Dinan.
Frin (Jean), de Dinan, mort à l'hôpital du Fort-Royal le 7 juin 1780.
Louvel (René), de Dinan.
Chauvin (Pierre), de Dinan, mort à bord le 5 août 1781.
Samson (Dominique), de Dinan.
Bernard (Jean), de Dinan.
Harel (Jean), de Dinan, mort à bord le 9 février 1780.
Loisel (Antoine), de Dinan.
Balavoine (Guillaume), de Dinan, mort à l'hôpital du Fort-Royal le 13 août 1781.
Roussel (Gilles), de Dinan, mort le 15 janvier 1781, à l'hôpital du Fort-Royal.
Rosel (Jean), de Dinan, mort à l'hôpital du Fort-Royal le 12 août 1780.
Carillet (Ollivier), de Dinan.
Arondel (Guillaume), de Dinan, mort à bord le 7 avril 1780.
Richard (Germain), de Dinan.
Chartier (Pierre), de Dinan.
Agenet (Joseph), de Dinan.
Colin (Mathurin), de Dinan.
Mauclerc (Gabriel), de Dinan.
Trochon (Pierre), de Dinan.
Toutain (Louis), de Dinan.
Guignard (Claude), de Dinan, mort à l'hôpital du Fort-Royal le 20 août 1780.
Macé (Joseph), de Dinan, mort à bord le 7 juillet 1781.
Thomas (Julien), de Dinan.
Samson (François), de Dinan.
Betuel (Samson), de Dinan, mort à bord le 17 mai 1780.
Gérard (Jean), de Saint-Malo.
Langeron (Jean), de Saint-Malo, mort à bord le 27 janvier 1781.
Heurtru (Gilles), de Saint-Malo.
Furet (Pierre-Julien), de Saint-Malo, mort à l'hôpital du Fort-Royal le 23 décembre 1780.
Le Breton (Thomas), de Saint-Malo, mort à l'hôpital du Fort-Royal le 3 avril 1780.
Daré (François-Jean), de Saint-Malo.
Dufrèche (Pierre), de Dinan.
Hubert (Guillaume), de Dinan.
Le Moine (Pierre), de Dinan.
Lucas (Jacques), de Dinan.
Douet (Mathurin), de Dinan.
Brandilly (Pierre), de Dinan, mort à bord le 17 octobre 1781.
Marchand (François), de Pleurtuit, mort à bord le 28 juillet 1780.
Eon (Joseph), de Dinan.
Hamon (Vincent), de Dinan.
Letendre (Hippolyte), de Dinan.
Le Roux (Etienne), de Dinan.
Bertau (Julien), de Dinan.
Robert (Joseph), de Dinan, mort à l'hôpital du Cap le 26 décembre 1780.
Desaise (Gilles), de Dinan.
Laffiché (Michel), de Dinan, tué au combat du 15 mai 1780.
Querré (Jean), de Quimper.
Marzin (François), de Quimper.
Menès (Jean), de Quimper, mort à bord le 27 février 1781.
Ollivier (Michel), du Croisic.
Fouché (Michel), de Paimbœuf.
Chevalier (Claude-Marie), de Paimbœuf.
Robard (Etienne), de Paimbœuf.
Loezat (Charles), de Paimbœuf.
Delay (Julien), de Paimbœuf.
Corrouge (Pierre), de Saint-Brieuc.
Le Borgne (Guillaume), de Saint-Brieuc.
Le Dû (Laurent), de Saint-Brieuc.
Tanguy (Jean), de Saint-Brieuc.
Fleury (Vincent), de Saint-Brieuc, mort à bord le 25 février 1781.
Le Gonidec (Guillaume), de Saint-Brieuc, mort à l'hôpital du Fort-Royal le 4 novembre 1780.
Le Maine (Philippe), de Saint-Brieuc, mort à bord le 3 septembre 1780.
Clément (Joseph), de Saint-Brieuc, mort à l'hôpital du Fort-Royal le 25 novembre 1781.
Beauchet (Pierre), de Saint-Brieuc.
Tardivel (Marc), de Saint-Brieuc.
Quémard (François), de Saint-Brieuc.
Le Fèvre (François), de Saint-Brieuc.
Séguillon (Yves), de Saint-Brieuc, mort à bord le 7 juillet 1781.
Le Blay (François), de Saint-Brieuc, mort à bord le 4 juillet 1781.
Nicolle (Joseph), de Saint-Brieuc.
Yvon (Julien), de Saint-Brieuc.
Gennevé (André), du Havre.
De la Ris (Thomas-Robert), du Havre.
Sellier (Charles), de Granville.
Hermange (Michel-François), de Granville, mort à l'hôpital du Fort-Royal le 4 décembre 1780.
Le Gentil (Jean), de Granville, tué au combat du 17 avril 1780.
Moisson (Jean), de Granville.
Iger (François), de Granville.
Caillard (Charles), de Granville.
Robine (Gaud), de Granville, mort en mer le 19 février 1780.
La Motte (Jean-Baptiste), de Granville, mort à bord le 27 mars 1781.
Caillard (Charles), de Granville.
Aublin (Jean-François), de Granville.
Toupet (Jean-Nicolas), de Granville.
Esnée (Gilles-François), de Granville, mort à l'hôpital du Fort-Royal le 16 avril 1780.
Jacquet (Guillaume), de Granville, mort à bord le 19 juin 1781.
Ménildré (Jacques-François), de Granville, mort à l'hôpital du Fort-Royal le 31 décembre 1780.
Joret (Thomas), de Granville, mort à l'hôpital du Fort-Royal le 24 août 1780.
Alix (Thomas), de Granville, mort à bord le 8 juin 1781.
Dubois (François), de Granville, mort à l'hôpital du Fort-Royal le 31 mars 1780.
Anquetil (Jean-Philippe), de Fécamp.
Haubert (Nicolas), de Fécamp.
Gillard (François), de la Hougue.
Mahé (Pierre), de la Hougue.
Lombard (Thomas), de Honfleur, mort à bord le 22 avril 1781.
Rolland (Jean-François), de Honfleur.
Tanier (Jacques), de Honfleur.
Fay (Michel), de Rouen.
His (Louis), de Rouen.
Clairet (Valentin), de Rouen, mort à bord le 22 septembre 1781.
Mercier (Jacques-Philippe), de Rouen, mort à bord le 15 juillet 1781.
Dragniau (Jean), de Rochefort, mort à l'hôpital du Fort-Royal le 13 août 1780.
Charon (Jacques), de Rochefort.
Pellé (Antoine), de Rochefort.
Renom (Jean), de Rochefort.
Le Goa (Jean-Philippe), de Rochefort.
Prou (Pierre), de Rochefort.
Loiseau (Jacques), de Rochefort, mort à l'hôpital du Fort-Royal le 12 mai 1780.
Gerneau (François), de Rochefort, mort à l'hôpital du Fort-Royal le 12 août 1780.
Bourguignon, dit **Brassauvent** (Louis), de Rochefort.
Leps (André), de la Rochelle.
Ravasseau (Pierre), de Saintes.
Aloel (Jean), de Saintes.
Vigneau (Pierre), de Saintes.
Gourdon (Joseph), de Saintes, mort à bord le 16 juillet 1781.
Pichot (Pierre), de Rochefort.
Brossais (Jacques), de Rochefort, mort à l'hôpital du Fort-Royal le 25 mai 1780.
Guignard (Pierre), d'Angoulême.
Ordonneau (Philippe), d'Angoulême.
Prévauteau (Pierre), d'Angoulême.
Massoneau (Pierre), d'Angoulême.
La Coste (Jacques), d'Angoulême.
Vatteau (Jacques), d'Angoulême.
Babin (Jean), d'Angoulême.
Berthomet (François), d'Angoulême.
Tabeau (Jean), d'Angoulême.
Guérin (Louis), de Marennes.
Chardavoine (Pierre), de Marennes, mort à l'hôpital du Fort-Royal le 28 avril 1780.
Prou (Jean), de Marennes.
Moreau (Jean), de Marennes, mort à l'hôpital du Fort-Royal le 3 juin 1780.
Drouillard (Jean), de Marennes, mort à bord le 2 mai 1780.
Borré (Nicolas), de Marennes, mort à l'hôpital du Fort-Royal le 13 avril 1780.
Chevalier (François), de Marennes, mort à l'hôpital du Fort-Royal le 4 avril 1780.
Dupuis (Pierre), d'Oléron.
Régnier (Jean), d'Oléron.
Rousseau (André), d'Oléron.
Morceau (Jean), d'Oléron, mort à l'hôpital du Fort-Royal le 4 avril 1780.
Blanchet (Etienne), d'Oléron.
Denoué (Charles), d'Oléron.
Mettre (Joseph), d'Oléron.
Régnier (Charles), d'Oléron, mort à l'hôpital du Fort-Royal le 4 juin 1780.
Guibert (Elie), d'Oléron, mort à l'hôpital de Saint-Pierre (Martinique), le 26 juin 1780.
Gadiou (Antoine), de Royan.
Main (Isaac), de Royan.
Le Roy (Pierre), de Royan.
Guérin (Jacques), de Royan.
Goron (Daniel), de Royan.

Bureau (Alexandre), de Royan.
Le Clerq (Jean), de Royan, mort à bord le 5 février 1781.
Viaud (Louis), de Royan, mort à l'hôpital du Fort-Royal le 9 avril 1780.
Ayraud (Mathurin), de la Rochelle.
Brussier (Louis), de la Rochelle.
Emard (François), de la Rochelle.
Gabrieau (François), de la Rochelle.
Nadeau (Pierre), de la Rochelle.
Corre (François), de la Rochelle.
Papin (Jean-Baptiste), de la Rochelle.
Gabout (Pierre), de la Rochelle.
Durand (Pierre), de la Rochelle.
Jagou (Louis), de la Rochelle.
Morin (Jacques), de la Rochelle.
Magnier (Charles), de la Rochelle, mort à bord le 23 janvier 1781.
Le Roy (Jean), de la Rochelle.
Renaud (André), de l'Ile de Ré.
Télot (Joseph), de l'Ile de Ré.
Génjeux (Antoine), de l'Ile de Ré.
Palot (Etienne), de l'Ile de Ré.
Grenier (Pierre), de l'Ile de Ré.
Rigault (Louis), de l'Ile de Ré.
Touzeau (Louis), de l'Ile de Ré.
Ravon (André-Pascal), des Sables d'Olonne.
Lavergne (André), des Sables d'Olonne.
Molet (Jacques), des Sables d'Olonne.
Mathé (Jean), des Sables d'Olonne.
Bruneteau (Jean-Jacques), des Sables d'Olonne, mort à bord le 25 mai 1780.
Jouannau (Charles), des Sables d'Olonne.
Rousseau (Jacques), des Sables d'Olonne, mort à l'hôpital du Fort-Royal le 20 avril 1780.
Gazon (Gilles), de Noirmoutiers.
Violeau (Jacques), de Noirmoutiers.
Taillay (Alexis), de Noirmoutiers.
Le Roy (Joachim), de Noirmoutiers.
Massonnet (Mathieu), de Noirmoutiers.
Dumontel (Jean), de l'Ile d'Yeu.
Violet (Jean), de Bordeaux.
Lalanne (Jean), de Bordeaux.
Beaume (Pierre), de Bordeaux.
Laurent (Jean), de Bordeaux.
Casse (Jean), de Bordeaux.
Chaffort (Pierre), de Bordeaux.
Fort (Jean), de Bordeaux.
Pérès (Jean), de Bordeaux.
Négraud (Joseph), de Bordeaux.
Cornet (Pierre), de Bordeaux.
Massingaud (Maurillon), de Bordeaux.
Sabrand (Pierre), de Bordeaux.
Bernard (Pierre), de Blaye.
Masson (Etienne), de Blaye.
Séguineau (Jean), de Blaye.
Morrangeau (Pierre), de Blaye.
Bernard (Laurent), de Blaye.
Maigre (Pierre), de Libourne.
Joubert (Pierre), de Libourne.
Ségu (Jean), de Libourne.
Buchaud (Simon), de Libourne.
La Marque (Pierre), de Libourne, mort à bord le 18 mai 1781.
Fraiche (Jean), de Libourne, mort à l'hôpital de Saint-Pierre le 26 juillet 1780.
Bossuet (François), de Libourne, mort à l'hôpital du Fort-Royal le 11 avril 1780.
Martin (Elie), de Libourne, mort à l'hôpital du Fort-Royal le 10 avril 1780.
Surin (Bertrand), de Libourne.
Marin (Pierre-François), de Libourne, mort à bord le 21 mai 1780.
Arnaud (Charles), de la Teste.
Morceau (Thomas), de Marmande.
Ragou (Raymond), de Toulouse.
Trégan (Georges), de Toulouse.
Lartigue (Jean), de Toulouse.
Ducros (Jean), de Toulouse, mort à bord le 13 octobre 1781.
Bentebolle (Antoine), de Toulouse, mort à l'hôpital du Fort-Royal le 29 avril 1780.
Cointe (Pierre), de Toulouse.
Toulza (Antoine), de Toulouse, mort à l'hôpital du Fort-Royal le 23 avril 1780.
Bouquet (Antoine), de Toulouse, mort à l'hôpital du Fort-Royal le 24 mars 1780.
Claverie (Antoine), de Montauban.
Aubaré (Guillaume), de Montauban.
Bonnesoux (Pierre), de Montauban.
Trabarel (Jean), de Montauban.
Marti (Jean), de Montauban, mort à l'hôpital du Fort-Royal le 8 avril 1780.
Sazi (Jean), de Montauban, mort en mer le 16 février 1780.
Boslé (Bernard), de Montauban, mort à l'hôpital du Fort-Royal le 24 avril 1780.
Salles (Jean), de Montauban, mort à bord le 1er juin 1781.
Bourdelles (Louis), de Montauban.
Malbert (Hilaire), de Montauban.
Combe (François), de Montauban.
Detcheverry (Jean), de Saint-Jean-de-Luz.
Cheneau (Charles), de Royan.
Mercadec (François), de Saint-Brieuc.
Le Breton (Antoine-Marie), de Brest.
Postel (Joseph), de Dinan.
Bonny (Philippe), de Lannion.
Nicolas (Jean), de Lannion.
Bahic (Jean), de Lannion.
Bihannic (Ollivier), de Lannion
Le Gozic (Nicolas), de Lannion.
Gerveau (François), de Rochefort.
Leps (André), de Rochefort.
Gazin (Pierre), de Rochefort.
Fouché (Jean), de Saintes.
Jousseaume (Jean), d'Angoulême.
Cochard (Pierre), de la Rochelle.
Dinan (Jean), de Royan.
Riclet (François), de l'Ile de Ré.
Sourisseau (Michel), de l'Ile de Ré.
Jutard (Etienne), de Noirmoutiers.
Preché (Joseph), de Noirmoutiers.
Deromas (Jean), de Blaye.
Saugeon (Pierre), de Libourne.
Ornière (Pierre), de Toulouse.
Riquaille (Jean), de Montauban.
Bonnesoux (François), de Montauban.
Ferrières (Bernard), de Montauban.
La Bruyère (Pierre), de Montauban.
Taride (Jean), de Montauban.
Sabatier (Jean), de Montauban.
Jouel (Jean), de Montauban.
Prié (Antoine), de Montauban.
Auger (Jean), de Montauban.
Augerie (Jean), de Montauban.
Pargant (François), de Montauban.
Goquel (Nicolas-Romain), de Dieppe.
Hinet (Julien-Antoine), de Granville.
Hervé (Julien-Marie), de Vannes.
Gautrin (Joseph), de Saint-Brieuc.
Herveau (Jean), de Saint-Brieuc.
Perdrigeat (Louis), de Rochefort.
Breau (Simon), de Saintes.
Roy (Jean), de l'Ile de Ré.
Auduit (François), de Marmande.
Gaillard (Guillaume), de Périgueux.
Gérard (Jean), de Royan.
Bertin (François), de Royan.
Michelet (Jacques), de Royan.
Ladou (Pierre), de Royan.
Jolin (Antoine), de Marennes.
Alger (Henry), de Paris.
Grenier (Pierre), de Sainte-Menehould.
Desgroces (Charles), d'Angers.
Vasselin (Jean), de Saint-Malo.
Beaudouin (Jean), de Saint-Malo.
Cadiou (Gilles), de Saint-Malo.
Portier (Gilles), de Saint-Malo.
Bouan (Claude), de Saint-Malo, mort à bord le 25 février 1781.
Fouquault (Marc), de Saint-Malo, mort au Cap le 13 octobre 1780.
Marchand (Jean), de Saint-Malo.
Thébeault (Pierre), de Saint-Malo.
Duval (Guillaume), de Dinan.
Brouard (Laurent), de Dinan.
Padins (Pierre), de Toulouse.
Brot (Guillaume), de Fougères.
Sabattier (André), de Martigues.
Michel (Pierre), de Saint-Brieuc.
Camard (Toussaint), de Saint-Brieuc, mort à bord le 6 juillet 1781.
Clairin (Jean), de Saint-Brieuc, mort à bord le 1er juillet 1781.
Le Mauchette (Louis), de Tréguier.
Journet (Pierre), de Paris.
Le Blin (Grégoire), de Nantes.
Quérard (Jean), de Nantes.
Bulot (François), de Nantes.
Picquet (Mathurin), de Nantes.
Rousseau (Pierre), de Nantes.
Belard (Jean), de Nantes.
Berte (François), de Bordeaux.
Ducas (Jean), de Bordeaux.
Cordet (Jean), de Bordeaux.
La Borde (Mathias), de Bordeaux.
Menadieu (François), de Bordeaux.
Signoret (Jean), de Bordeaux.
La Bail (Etienne), de Bordeaux.
Demaux (Pierre), de Bordeaux.
Anot (Jean-Baptiste), de Cherbourg.
Morin (Thomas), de Cherbourg.
Blin (Jean), de Saint-Malo.
Fréchon (Jean-Simon), de Dieppe.
Landé (Jean), de Brest.
Morier (Etienne), de Cette.
Bernier (Nicolas), de Dunkerque.
Tanique (Jean), de Toulouse.
Tilly (Noël), du Croisic.
Guillou (Gilles), de Tréguier.
Lausier (Jean), d'Arles.
Ouvré (Etienne), d'Angers, mort à bord le 22 septembre 1781.
Béziers (Jean), de Montoir (Nantes).
Marguin (Jean), de Paimbœuf.
Matelot (Joachim), de Lorient.
Lévêque (Augustin), du Havre.
Caudal (Joseph), de Vannes.
Quidellec (Yves), de Vannes, mort à bord le 17 mai 1781.
Le Mogne (Jean), de Nantes.
La Raison (Martin), de Nantes.
Chenet (Pierre), de Nantes.
Filiâtre (Jean), de Nantes.
Toublanc (Jean), de Nantes.
Le Ray (Joseph), de Nantes.

Cailleau (Toussaint), de Nantes.
Fortineau (Eloi), de Nantes.
Horvan (Jean), de Nantes.
Denis (Pierre), de Nantes.
Portiron (François), de Nantes.
David (Julien), de Nantes.
Goret (Julien), de Nantes.
Gouvard (Julien), de Nantes, mort à bord le 24 juin 1781.
Abraham (Charles), de Nantes.
Rochet (Jean), de Nantes.
Evrard (Jacques), de Fougères.
Gaudrion (Pierre), de Caen.
Renard (Joseph), de Saint-Malo, mort à bord le 17 janvier 1781.
Pelletier (François-Marie), de Quimper.
Lamy (Jean), de Bayonne.
Dubos (Julien), de Bayonne.
Georget (Isaac), de Tarascon.
Delorme (François), de Marseille.
Philippe (Louis), de Bayonne.
Paret (Pierre), de Bayonne.
Jendreau (François), de Marennes.
Saguin (Joseph), de Marennes.
Rivière (François), de Marennes.
Baucher (Jean), de Bayonne.
Le Peley (Joseph), de Montauban.
Vincent (Joseph), de Marseille.
De Launay (René-François), de Marseille.
Aubertin (Joseph), de Marseille.
Lormier (François), de Marseille.
Aguistre (Georges), de Marseille.
Taillay (Jean), de Marseille, mort à l'hôpital du Fort-Royal le 6 décembre 1780.
Boré (Georges), de Marseille.
Hutrel (Gilles), de Dieppe.
Roger (Joseph), du Havre, mort à bord le 13 avril 1781.
Huby (Pierre), de Granville.
Fauvet (Pierre), de Granville, mort à l'hôpital du Fort-Royal le 30 novembre 1780.
Pansero (Joseph), de Bordeaux.
Fayet (Pierre), de Bayonne.
Fontenay (Michel), de Lyon.
Riou (Jean-Pierre), de Lorient.
Brisson (Pierre), de Quimper.
Le Sœur (Pierre-Cyprien), de Rouen.
Nael (Joseph), de Vannes.
Desbois (Georges), de Bourges.
Antoine (Jean), de Marseille.
Biston (François), de Lyon.
Fenousse (Nicolas), de Lyon.
Pirogue (Jean), de Narbonne.
Laty (François), de Tarascon.
La Vigne (Pierre), de Tarascon.
Cayenne (Pierre), de Tarascon.
Poisson (Pierre), de Nantes.
Schmitz (David), Américain.
Cristian (Benedic), Américain.
Silvain (Jean), Américain.
Renel (Jeims), Américain, mort à bord le 3 janvier 1781.
Rivière (Luc), de Saint-Malo.
Pandel (Joseph), de Bordeaux.
Rozier (Jean), de Marseille.
Antoine (Jean), de Marseille.
Capequi (Jean-Baptiste), de Bayonne.
Gigadin (François), de Bordeaux.
Lenormand (Alexis-Nicolas), de Fécamp.
Piet (Nicolas), de Rouen.
Canon (Jean), Américain.
Talin (Robert), Américain.
Nobles (Jean), Américain.
Williams (Jeims), Américain.
Ouest (Naten), Américain.
Pain (Servinès), Américain.
Loutès (Jean), Américain.
Reidems (Alexandre), Américain, mort à bord le 31 mars 1781.
Perrin (Pierre), de Noirmoutiers.
Richard (Jean), de la Hougue.
Taniou (Bastien), de Brest.
Visco (François), de Saint-Malo.
Le Fay (Edouard), de Rouen.
Gournay (Jacques), de Boulogne.
Arnaud (Pierre), de Blaye.
Dalbarade (Guillaume), de Saint-Jean-de-Luz.
Gauthier (Guillaume), de Bordeaux.
Bertrand (Guillaume), de Bordeaux.
Ferru (André), de Marseille.
La Lame (Jean), de Bordeaux.
La Tour (Pierre), de Nantes.
Blondeau (René), de Poitiers.
Even (Augustin), de Marseille.
Ricou (Yves-Louis), d'Angers.
Perrot (Julien), de Nantes.
Bertrand (Pierre), de Nantes.
Saillaud (Raymond), de Bordeaux.
Chaumet (Pierre), de Bordeaux.
Mounier (Antoine), de Lorient.
Raby (Jean), de Royan.
Launay (Georges), de Honfleur.
Fleury (Christophe-Barthélemy), de Nancy.
Valcourt (Jean-François), de Rouen.
Lavardin (Jean), de Bordeaux.
Rigodaine (Marcel), de Toulouse.
Abgrall (Julien), de Morlaix.
Fiacre (Pierre), de la Rochelle.
Moutard (Jean), de Rochefort.
Postic (Julien), de Saint-Malo.
Doret (Jean), de Saint-Malo.
Sicot (Guillaume), de Dinan.
Vidal (Pierre), de Toulouse.
Aubra (Louis), de Paris.
Brussac (Marcel), de Marmande.
Jetleau (Jean), de Rennes.
Malard (Jacques), de Libourne.
La Louet (Jacques), de Bordeaux.
L'Hermitte (Pascal), de Belle-Isle.
Gracel (Bernard), de Bordeaux.

Volontaires.

Le Sr **de Kerlivio**, de Saint-Pol-de-Léon.
Périou, de Saint-Pol-de-Léon.
Mins, de Saint-Pol-de-Léon.
Boussac, de Toulouse.

Novices.

Chemin (Pierre), d'Oléron.
Janvier (Pierre), de la Rochelle.
Vergereau (Pierre), de la Rochelle.
Soreil (Ambroise-Louis), de la Rochelle.
Cailleau (Pierre), de l'Ile de Ré.
Bourgeois (Jacques), de l'Ile de Ré.
Séjourné (Jean), de l'Ile de Ré, mort à l'hôpital de Saint-Pierre le 7 juillet 1780.
Michaud (Vincent), de l'Ile de Ré, mort au Cap le 18 octobre 1780.
Monnier (Etienne), de l'Ile de Ré.
Texier (Jean), de l'Ile de Ré.
Henry (Michel), de l'Ile de Ré.
Héraudière (Jean), de l'Ile de Ré.
Guillou (André), de l'Ile de Ré.
L'Estrade (Philippe), de l'Ile de Ré.
Thibault (Jacques), de l'Ile de Ré, mort à l'hôpital du Fort-Royal le 20 mai 1780.
Furchet (André), de l'Ile de Ré, mort à l'hôpital du Fort-Royal le 5 avril 1780.
Jousseaume (Mathieu), de l'Ile de Ré, mort à l'hôpital de Saint-Pierre le 15 juin 1780.
Picard (Fabien), de l'Ile de Ré, mort à bord le 7 avril 1780.
Boyer (Jean), de l'Ile de Ré, mort à l'hôpital du Fort-Royal le 30 avril 1780.
Guillochel (Pierre), de l'Ile de Ré.
Patureau (Jacques), de l'Ile de Ré.
Valet (Michel), de l'Ile de Ré.
Regreny (Augustin), de l'Ile de Ré.
Dupeux (Daniel), de l'Ile de Ré.
Neveu (Etienne), de l'Ile de Ré.
Vrigneau (Louis), de l'Ile de Ré.
Rault (Jacques), de l'Ile de Ré.
Laurent (Etienne), de l'Ile de Ré.
Regreny (Mathieu), de l'Ile de Ré.
Goulan (Alexandre), de l'Ile de Ré.
Bariteau (André), de l'Ile de Ré, mort à bord le 1er mai 1780.
Marès (Jacques), de Marmande, mort à bord le 2 janvier 1780.
Chateignier (Pierre), de Marmande, mort à l'hôpital de Saint-Pierre, le 6 juillet 1780.
Lartigue (Arnaud), de Bayonne, mort à bord le 20 juin 1780.
Garandel (Yves-Louis), de Brest.
L'Etourneau (Pierre), de Fougères.
Nicole (Guillaume), de Granville.
Le Comte (Guillaume), de Granville.
Leher (Jean-Rolland), de Fécamp.
Jouannes (Pierre), de Granville, mort en mer le 28 mars 1780.
Roquet (Louis), de Granville.
Roquet (Jean), de Granville.
Pinçon (Louis), de Granville.
Fauvel (Michel), de Granville.
Garabie (Louis), de Granville.
Dubois (Jean), de Granville.
Butord (Pierre), de Granville, mort à l'hôpital du Fort-Royal le 4 décembre 1780.
Tolve (Jean), de Granville, mort à l'hôpital du Fort-Royal le 26 juin 1780.
Tellon (Pierre), de la Rochelle.
Annis (Jacques), de l'Ile de Ré.
Vittel (Jacques), de Dieppe, mort le 24 mai 1780 à bord.
Alain (Jean-Baptiste), du Havre.
Godfroy (François), de Honfleur.
Alain (François), de Honfleur.
Le Pec (Ollivier), de Honfleur, mort à bord le 4 février 1781.
Peltier (Noël-François), de Fécamp.
Vasseur (Pierre), de Fécamp.
Renouf (Pierre), de la Hougue.
Frémy (François), de la Hougue.
Le Fèvre (Jean), de la Hougue, mort en mer le 8 mars 1780.
Le Forestier (Jean), de Guingamp.
Kerdilès (Hervé), de Dinan, mort à bord le 23 juillet 1780.
Sacremann (Baptiste), de Strasbourg.
Le Peton (François), de Lannion.
Doublé (François), de Morlaix.
Garnier (Joseph), de Marennes.
Vignieux (Louis), de la Rochelle.
Bouteillier (Pierre), de la Rochelle.
Dubois (Pierre), de l'Ile de Ré.
Annis (Dominique), de l'Ile de Ré.
Rousseau (Michel), de l'Ile de Ré.

Conaux (Jacques), de l'Ile de Ré.
Daniel (Damas-Eutrope), de Vannes.
Pierre (Jean), de Narbonne.
Coulon (Jean-François), de Narbonne.
L'Antoine (Jean), de Toulouse.
Marée (François), de Toulouse.

Surnuméraires et Divers.

Leysour (Michel), de Porspoder.
Meloc (Claude), de Porspoder.
Le Roux (Hyacinthe), de Brest.
Josse (Joseph), de Rennes.
Descamps (Jean-Baptiste), de Quimper.
Renal (André), apothicaire, du Berry.
Guillaume (Nicolas-François), commis, mort à bord le 1er juin 1781.
Davodo (François), premier valet, de Nantes.
Bois (Jacques), second valet, de Brest, mort à bord le 30 avril 1781.
Le Mercier (Patrice), coq, de Guingamp.
Le Roy (Louis), boucher, de Dinan.
Fournier (Claude), boulanger, de Clermont.
Rivot (André), maître armurier, de Poitiers.
Drié (Benjamin), aide-armurier, de Rochefort.
Jourjon (François), aide-armurier, de Saint-Etienne.

Mousses.

Diarat (Joseph), de Saintes.
Borion (Guillaume), de Saintes, tué au combat du 17 avril 1780.
Carro (Joseph), de Brest, mort au Cap le 16 octobre 1780.
Payen (Joseph), de Marennes.
Baron (Jean), de Marennes.
Couperou (Pierre), de Marennes.
Fauvel (Joseph), de Saint-Malo.
Querlan (Louis-Marie), de Recouvrance (Brest).
Beaudel (Jacques), de Royan.
Elie (François), de Rochefort.
Bompain (Jean), de Rochefort.
La Volée (Jacques), de Landivisiau.
Mondeuille (Jean), de Saintes, mort à l'hôpital du Fort-Royal le 19 avril 1780.
Dinay (Guillaume), de Saint-Malo.
Boiteau (Alexandre), de la Rochelle.
Renaud (François), de la Rochelle, mort à bord le 9 septembre 1780.
Sortin (Pierre), de Rochefort.
Lappetou (Antoine), de Marennes.
Moreau (Pierre), de Saintes.
Pourceau (Jean-Baptiste), d'Oléron.
Aubry (Jean-Marie), de Tréguier.
Floch (Yves), de Brest.
Le Roy (Louis-Marie), de Brest.
Rehel (Germain), de Dinan, mort à bord le 17 juin 1781.
Grenier (Philippe), de Lorient.
Sallamoux (Thomas), de Dinan.
Le Bouder (Joseph-Marie), de Brest.
Dutertre (Guillaume), de Saint-Brieuc.
Héliès (Louis-Augustin), de Landerneau.
Le Moal (Jacques), de Landerneau.
Guillermic (Guillaume), de Lesneven, mort à bord le 27 août 1781.
Noël (Henry), de la Rochelle.
Bouet (Jean), de la Rochelle.
Thraé (Jean), de l'Ile de Ré.
Guilbeau (Louis), de l'Ile de Ré.
Sorain (Hippolyte), de Saint-Brieuc.
Soulard (Jean), de Royan.
Robin (Jean), de Saintes.
Guerrier (André), de Paris.
Prince (Yves), de Brest.
Le Lande (Jean-Marie), de Brest.
Daynet (Louis), de Marennes.
Serignet (Jean), de Marennes.
Pontigny (Jean-François), d'Hennebont.
Chalopin (Pierre), de Dinan.
Lauche (René), de Lorient.
Lanion (Louis), de Brest.
Le Bras (Julien), de Nantes.
Bissan (Antoine), de Saint-Malo.
Roussillon (Pierre), de Bordeaux.
Le Masson (Jean), de Morlaix.
Boulet (Jean-Baptiste), de Fécamp.
Giboulet (Pierre), de Toulouse.
Batard (Julien), de Saint-Malo.
Taubie (Guillaume), du Croisic.
Le Tellier (Jean-Baptiste), de Granville.
Alvate (Yves), de Saint-Brieuc.
Bertin (Marcel), de Saintes.
Henry (Charles), de Dinan.
Hache (Jacques), de Caen.
Résolier (Jean), de Narbonne.
Ricard (Jean-Mel), de Marseille.
Boudaris (Jean), de Tarascon.
Genel (Pierre), de Bordeaux.
Lartigue (Jean), de Bordeaux.
Dihois (Jacques), de Bordeaux.
Biguet (Bernard), de Bordeaux.
Le Brasse (Gilles), de Brest.
Lavoué (Jacques), de Granville.
Cailleau (Antoine), des Sables-d'Olonne.
Charpier (Honoré), de Narbonne.
Mercier (Pierre), de Saintes.
Janeau (Baptiste), de Libourne.
Bieuquel (Pierre), de Nantes.
Trélo (François), de Nantes.
Quartier (René), d'Angers.
Coiffier (René), d'Angers.
Vaughan (James), Américain.
Daniel (Louis), du Croisic.
Pesquer (Charles), de Toulouse.
Héry (Jacques), de Dinan.
Laffond (Bertrand), de Bayonne.
Berton (Jacques), de Toulouse.
Mauriso (Jacques), de Cette.
Discret (Jean-François), de Caen.

Domestiques.

Shire (Jean), de Caen.
Martin (François), de Bouillon.
Ruellan (Pierre), de Saint-Brieuc.
Le Goff (Yves), de Plestin.
Huet (Pierre), de Lisieux.
La Valette (Pierre), de Vannes.
Guéguen (Jean), de Morlaix.

LE VAILLANT

(1781-1782)

M. le Chevalier DE CANY, Capitaine de vaisseau, Commandant.

ÉTAT-MAJOR

CAPITAINES DE VAISSEAU

De CANY, Commandant.
De MARIGNY, Commandant.

LIEUTENANTS DE VAISSEAU

De BROVES.
De QUEREBARS.

ENSEIGNES DE VAISSEAU

D'ARS.
De SAINTE-MARGUERITHE.
De REIGNES.
Du TREVOUX.
De VALOIS.
De TORNQUIST, Suédois.

LIEUTENANTS DE FRÉGATE

ASTEUGUE.
MALIN.

OFFICIERS AUXILIAIRES

D'OZOUVILLE.
ROUDIER.
LE ROY.
BURGAIN.

CHIRURGIENS-MAJORS

JACOB.
CHAVANNE.

AUMONIER

MARC (R. P.), Capucin.

GARDES DE LA MARINE

De CHARY.
LA SOUALLAY.

VOLONTAIRES

Bachelot (Joseph), de Villeneuve-de-Vennes.
Lescuyer (Louis), du Croisic.

Officiers-mariniers de manœuvre.

Andréau (Paul), premier maître, de Toulon.
Hamon (Charles), premier maître, de Brest.
Boétard (Jacques), second maître, de Granville.
Quequet (Louis), second maître, d'Hennebont.
Guichet (Louis), contremaître, de Dieppe.
Piston (Jean), contremaître, de Toulon.
Fol (Michel), bosseman, d'Hennebont.
Chalony (Jean), bosseman, d'Hennebont.
Masson (Jacques), bosseman, de l'Ile d'Yeu.
Salaün (Augustin), bosseman, de Brest.
La Cloche (Jean), quartier-maître, de Lorient.
Robert (François), quartier-maître, de Lorient.
Bihan (François), quartier-maître, de Brest.
Cœur (Mathieu), quartier-maître, de Quimper.
Le Lièvre (Jean), quartier-maître, de Granville.
Dubois (Charles), quartier-maître, de Granville.
Boureget (Charles), quartier-maître, de Granville.
Montigny (Hyacinthe), quartier-maître, de Granville.
Marie (Nicolas), quartier-maître, de Granville.
Julien (Thomas), quartier-maître, de Saint-Malo.
Coépel (Julien), quartier-maître, de Saint-Malo.
Travers (Jean), quartier-maître, de Saint-Malo.
Hervy (Ollivier), quartier-maître, de Saint-Malo.
Thierry (François), quartier-maître, de Saint-Malo.
Larvor (François), quartier-maître, de Brest.

Officiers-mariniers de pilotage.

Lizeul (Pierre), premier pilote, de Paimbœuf.
Paresy (Pierre), second pilote, de Dieppe.
Tancray (Jean), second pilote, d'Agon.
De Mennes (Étienne), aide-pilote, du Port-Louis.
Le Caplain (Jean), aide-pilote, de Granville.
Le Blanc (Ambroise), aide-pilote, de Dieppe.

Officiers-mariniers de canonnage.

Javelet (Nicolas), maître canonnier, de Lorient.
Huguen (François), maître canonnier, de Recouvrance.
Querelle (Pierre), second canonnier, de Port-Louis.
Dano (Joseph), second canonnier, de Lorient.
Offret (Toussaint), second canonnier, d'Hennebont.
Le Ralle (Gilles), second canonnier, de Saint-Malo.
Duponchel (François), aide-canonnier, de Dieppe.
Le Merle (Jean), aide-canonnier, de Saint-Malo.
Garnier (François), aide-canonnier, de Saint-Malo.
Guermot (Julien), aide-canonnier, de Saint-Malo.
Fleury (Cosme), aide-canonnier, de Cherbourg.
Auchamps (Jean), aide-canonnier, de Saint-Brieuc.
Guilbert (Michel), aide-canonnier, de Granville.
Constantin (Nicolas), aide-canonnier, de Granville.
Corlobet (Nicolas), aide-canonnier, de Vannes.
Scouarnec (René), aide-canonnier, de Quimper.
Ferrel (Robert), aide-canonnier, du Havre.
Le Clerq (Jean), aide-canonnier, de Dinan.
Le Breton (Georges), aide-canonnier, de Cancale.
Caiffas (Jean), aide-canonnier, d'Audierne.
Evrard (Marc), aide-canonnier, de Calais.
Le Prêtre (Pierre), aide-canonnier, de Calais.
Bertrand (Jean-Baptiste), aide-canonnier, de Honfleur.
Beuzelin (Pierre), aide-canonnier, de Honfleur.
Gin (Alexis), aide-canonnier, de Boulogne.
Le Roux (Joseph), aide-canonnier, de Saint-Valéry.
Tartu (François), aide-canonnier, de Brest.
Quilien (Jean) aide-canonnier, de Brest.

Officiers-mariniers de charpentage.

Le Grand (Etienne) maître charpentier, de Nantes.
Maurice (François), maître charpentier, de Lorient, mort à l'hôpital de Hampton le 19 janvier 1782.
Lesquer (Valentin), aide-charpentier, de Lorient.
Dupré (Mathurin), aide-charpentier, de Lorient.
Thierry (François), aide-charpentier, de Saint-Malo.
Alligot (Marc), aide-charpentier, de Camaret.
Bonnisseau (Jean), aide-charpentier, de Cherbourg.

Officiers-mariniers de calfatage.

Bergot (Alain), maître calfat, de Brest.
Ponée (Julien), second calfat, de Granville.
Mesnard (Pierre), aide-calfat, de Granville.
Brulé (François), aide-calfat, de Granville.
Le Corre (Jacques), aide-calfat, de Morlaix.

Officiers-mariniers de voilerie.

Gaudremont (Nicolas), maître voilier, de Lorient.
Lamour (Denis), second voilier, de Lorient.
Jarré (Jean), aide-voilier, de Lorient.
Le Duc (Nicolas), aide-voilier, de Saint-Servan.

Gabiers et Timoniers.

Blavet (Bertrand), de Lorient.
Dano (Jacques), de Lorient.
Le Manissier (Pierre), de Caen.
Prunie (Guillaume), du Havre.
Picot (Michel), de Saint-Malo.
Dubois (Julien), de Saint-Malo.
Rioux (Laurent), de Quimper.
Furée (François), de Quimper.
Grater (Louis), de Quimper.
Aubert (Etienne), de Paimbœuf.
Le Mazurier (Julien), de Granville.
Le Capelain (Nicolas), de Granville.
Gourné (Gilles), de Granville.
Pelé (Charles), de Granville.
Viratelle (Jean), de Brest.
Rassine (Pierre), de Cherbourg.
Breton (Pierre), de Saint-Valéry.

Matelots.

Morel (Esprit), du Havre.
Querric (François), de Lorient.
Ribaru (Pierre), de Bayonne.
Baquer (Guillaume), de Libourne.
Le Clerq (Pierre), de Dieppe.
Cabon (Martin), de Guérande.
Bernard (Pierre), de Nantes.
Giraud (Jean), de Nantes.
Doucet (Mathurin), de Nantes.
Couro (Joseph), de Nantes.
Dufort (Vincent), de Nantes.
Lion (Guillaume), de Saint-Servan.
Dingé (Jacques), de Saint-Servan.
Pouliguenne (Yves), de Quimper.
Garrey (Joseph), de Quimper.
Nourry (Jean), de Dinan.
Moignon (Jean), de Dinan.
Trehen (Malo), de Dinan.
Bazile (Gilles), de Dinan.
Guiomard (Etienne), de Lorient.
Salo (Pierre), de Lorient.
Duguyot (Augustin), de Lorient.
Richard (Guillaume), de Lorient.
Prunard (Jean), de Lorient.
Tavec (Pierre), de Lorient.
Gabriel (Julien), de Lorient.
La Grenade (Jean), de Lorient.
Perron (Jean), de Saint-Malo.
Acher (Louis), de Saint-Malo.
Milan (Sébastien), de Saint-Malo.
Houedin (Mathurin), de Saint-Malo.
Dudouits (Alain), de Saint-Malo.
Marie (Louis), de Saint-Malo.
Tallec (Jacques), de Pont-Scorff.
Pezette (Jean), de la Ciotat.
Bernier (Jean), de Nantes.
Bronois (Pierre), de Nantes.
Rousseau (Jean), de Nantes.
Avard (Mathurin), de Nantes.
Merlan (Jean), de Nantes.
Ricordeau (François), de Nantes.
Riau (Michel), du Croisic.
Le Marquant (Jean), de la Hougue.
Le Bert (Nicolas), de Granville.
Moreau (Alexandre), de Paimbœuf.
Granger (Mathurin), de l'Ile de Ré.
Porel (François), de Saint-Servan.
Labbé (Louis), de Saint-Servan.
Toscas (Pierre), de la Ciotat.
Pérès (Jean), de Brest.
Derlieux (Jean-Marie), de Brest, mort à bord le 24 octobre 1781.
Bonnet (Bertrand), de Bordeaux.
Mignard (Pierre), de Rouen.
Wilhomme (Louis), de Belle-Isle.
Quiquet (Henri), d'Hennebont.
Allain (Pierre), d'Hennebont.
Goha (Jean), de Pontivy.
Regnier (Jean), de Pontivy.
La Payer (Bernard), de Marennes.
Barré (Etienne), de Mont-de-Marsan.
Doudonne (Pierre), de Mont-de-Marsan.
Darmagnac (Jean), de Mont-de-Marsan.
Pierre (Luc), de Saint-Enogat.
Préau (André), de Noirmoutiers.
Quernisgant (Yvon), de Quimper.
Batard (Pierre), de Paimbœuf.
Bizet (Pierre), de Paimbœuf.
Ravily (Pierre), de Montluc.
Simon (Louis), de Saint-Brieuc.
Breton (Yves), de Saint-Brieuc.
Lheureux (Maurice), de Brest.
Robert (Esprit), d'Arles.

Gosselin (Pierre), de Honfleur.
Belhomme (Jacques), de Cherbourg.
Henry (Thomas), de Cherbourg.
Guilbaud (Guillaume), de Saintes.
Potiers (Julien), d'Avranches.
Pellerin (Jean), de Nantes.
Durand (Jean), de Nantes.
Plancheur (Pierre), de Nantes.
Huno (Julien), de Nantes.
Poissons (Pierre), de Chalon-sur-Saône.
Pescaud (Charles), de Toulouse.
Pommiés (Jean), de Toulouse.
Laborde (Jean), de Saint-Servan.
Lacombe (Barthélémy), de Bayonne.
La Fourcade (Jean), de Bayonne.
Quereste (Jean), de Quimper.
Pregeau (Julien), de Quimper.
Choquet (Guillaume), de Quimper.
De Keraurun (Jean-Toussaint), de Quimper.
Le Guyon (Louis), de Quimper.
Rousse (Jacques), de Marseille.
Le Rué (Jean), du Croisic.
Arnoux (Jean), de Dinan.
Boubrean (Jean), de Dinan.
Bucaille (Guillaume), de Dinan.
Debon (Pierre), de Dinan.
Ancelain (Pierre), de Honfleur.
Le Say (Pierre), de Rouen.
Lissillour (Philippe), de Lannion.
Poulou (François), de Granville.
Le Loup (François), de Granville.
Dulin (Jean), de Granville.
Bonard (Gilles), d'Isigny.
Rondel (François), de Pleurtuit.
Jouan (Pierre), de Saint-Malo.
Milon (Thomas), de Saint-Malo.
Gautier (Pierre), de Saint-Malo.
Belfey (François), de Saint-Malo.
Bazin (Jean), de Lorient.
Beneto (Paul), de Lorient.
Morin (Pierre), de Saint-Brieuc.
Druaud (Honoré), de Saint-Brieuc.
Faucon (Jean), de Saint-Brieuc.
Réguidel (Vincent), de Vannes.
Borre (Noel), de Saint-Malo.
Bonheur (François), de Montauban.
Lota (François), de Montauban.
La Capel (Jean), de Montauban.
Dubourg (Jean), de Montauban.
Capel (Pierre), de Toulouse.
Cazan (François), de Bayonne.
Le Dain (Thomas), de Rennes.
Passeley (Léonore), de Granville.
Soucié (Jacques), de Granville.
Jeoffroi (Jean), de Granville.

Novices.

Merdio (Martin), d'Angers.
Joly (Pierre), d'Angers.
Sevestre (Agnaut), d'Angers.
Poupin (Etienne), de Rennes.
Simon (Pierre), de Rennes.
Le Pré (Pierre), de Vannes.
Vis-de-Loup (Jacques), de Pontivy.
Pellerin (Jean), de Dol.
De Lambray (Jacques), de Saint-Brieuc.
Blévert (Michel), de Quintin.
Mouville (Jean), de Rouen.
Loustin (Julien), de Rennes.
Bonnère (Pierre), de Rennes.
Tarel (Joseph), de Rennes.
Toulaud (Jean), de Rennes.
Richard (Pierre), de Rennes.
La Touche (Jacques), de Rennes.
Rousseau (Joseph), d'Erné.
Poutin (Rolland), de Tréguier.
Meunier (François), de Toul.
Gaillard (Germain), de Laval, mort à l'hôpital du Fort-Royal le 8 juillet 1781.
Rochard (Pierre), de Saint-Brieuc.
Bury (Pierre), du Mans.
Marcadec (Jean), du Mans.
Guérin (Bertrand), de Saint-Malo.
Destraud (Bernard), de Paris.
Chapelier (Georges), d'Orléans.
Le Doux (Noël), de Rouen.
Garnier (Pierre), du Puy-en-Velay.
Bazier (Barthélemy), de Paris.
Boutigny (Roch), de Paris.
Guenec (Ferdinand), de Paris.
Lainé (Jean-Louis), de Paris, mort à l'hôpital du Fort-Royal le 8 août 1781.
Croc (Mathieu), de Quimper.
Pichavan (Jean), de Quimper.
Querré (Corentin), de Quimper.
Querré (Corentin), de Quimper, mort à l'hôpital du Fort-Royal le 30 juillet 1781.
Pichavan (Mathieu), de Quimper, mort à bord le 17 octobre 1781.
Thomas (André), de Limeray.
Blain (Simon), de Limeray.
Lussau (Jean), de Limeray.
Lucassau (Charles), de Limeray.
Thierry (Louis), de Limeray.
Gaucher (Nicolas), de Limeray.
Marchand (Jean), de Limeray.
Petit (Louis), de Châteauneuf.
Samson (Jean), de Châteauneuf.
Pertuis (Martial), de Châteauneuf.
Picanon (Louis), de Châteauneuf.
Robert (Etienne), de Châteauneuf.
Baudin (Pierre), de Châteauneuf.
David (Pierre), de Châteauneuf.
Breton (Lazare), de Châteauneuf.
Laroche (François), de Châteauneuf.
Puisonneau (Jean), de Châteauneuf.
Amenon (Jean), de Châteauneuf.
Salmon (Clément), de Châteauneuf.
La Garoche (François), de Montauban.
Louazel (Louis), de Dinan.
Le Roy (François), de Dinan.
Caillan (Pierre), d'Angers.
Cosson (François), de Saint-Brieuc.
Langro (Julien), de Vannes.
Baltel (Nicolas), de Dieppe.
Vachard (Jean), de Dieppe.
Rose (Jean), de Honfleur.
Rioult (Louis), de Honfleur.
Coignard (Antoine), de Honfleur.
Ferret (Jean-Baptiste), de Honfleur.
Le Tailleur (Jacques), de Honfleur.
Liagin (Jean), de Honfleur.

Surnuméraires.

Ribeaud (Jacques), de Dieppe.
La Boude (Sébastien), de Saint-Malo.
Dréan (Georges), d'Auray.
Piriou (Yves), de Lannion.
Grenier (Guillaume), de Brioude.
Paugera (Julien), d'Hennebont.
Ribouchon (Jean), de Vannes.
Berger (Jacques), de Valence.

Mousses.

Pogame (Gabriel), de Brest.
Guillaume (Malo), de Saint-Malo.
Kerguenteuil (Christophe), de Landivisiau.
Jaglot (Guillaume), du Faouët.
Bauminy (Mathurin), du Faouët.
Baunin (Joseph), du Faouët.
Bogrand (Louis), de Dinan.
Paris (François), de Dinan.
Lineou (Georges), d'Hennebont.
Le Fraye (Yvon), d'Hennebont.
Crujon (Joseph), d'Hennebont.
Mion (Arnaud), d'Hennebont.
Boulbard (Charles), d'Hennebont.
Audrin (Julien), du Port-Louis.
Jaffré (Jean), de Lorient.
Le Bert (Jean), de Lorient.
Javelet (François), de Lorient.
Lognonet (Julien), de Lorient.
Lagadec (Jean-François), de Lorient.
Barbe (Jean-François), d'Auray.
Bodet (Julien), d'Auray.
Guillat (Alexis), d'Auray.
Guillat (Thomas), d'Auray.
Baunin (Pierre), du Faouët.
Le Faillé (Julien), du Faouët.
Revelot (Denis), de Josselin.
Barbé (Joseph), de Vannes.
Querenneur (Charles), de Guingamp.
Blaquier (Pierre), de Gudec.
Le Guyader (Augustin), de Gudec.
Le Port (Jean), d'Erdeven.
Corvec (Jean-Marie), de Lorient.
Pago (Jean-François), de Lorient.
Bourdon (Louis), de Lorient.
Bennetot (Jean), de Lorient.
Daniel (Jean-Louis), de Recouvrance.
Guéguen (Guillaume), de Brest.
Renaut (Amentry), de Dinan.
Dutertre (Malo), de Dinan.
Gautier (François), de Dinan.
Colas (Julien), de Dinan.
Bourval (Joseph), de Saint-Brieuc.

Domestiques.

Melins (Jacques), de Pontivy.
Mauguen (Jean-Louis), de Pontivy.
Le Fèvre (Marc), de Quimper.
Haouis (Julien), de Rennes.
Le Gal (Julien), d'Hennebont.
Gaugris (Pierre), de Paris.
Dubouveur (Jean), d'Arnay-le-Duc.
Le Premier (Pierre), d'Arnay-le-Duc.
Tallec (Vincent), de Paimpol.

LE SOUVERAIN

(De septembre 1779 à janvier 1781)

M. le Chevalier DE GLANDEVÈS, Capitaine de vaisseau, Commandant.

ÉTAT-MAJOR

CAPITAINE DE VAISSEAU

Le Chevalier de **GLANDEVES**.

LIEUTENANTS DE VAISSEAU

Le Sr de **PATHY**.
Le Sr de **MOLLIERE**.
Le Chevalier de **FRAMONT**.
Le Sr de **MANDOLX LA PALU**.

ENSEIGNE DE VAISSEAU

Le Sr **LOMENIE**.

LIEUTENANTS DE FRÉGATE

Le Sr **REY** (Gaspard).
Le Sr **DALEST**.
Le Sr **ROUSTAN** (Pierre).
Le Sr **L'EGUILLON** (Charles).
Le Sr **DUVAL**.
Le Sr **AGUEL**.

CHIRURGIENS-MAJORS

Le Sr **COQUEREL**.
Le Sr **VIZIGNEUX**.

CHIRURGIEN ENTRETENU

Le Sr **MONT-BLANC**.

AUMONIER

Le Sr **MOULLET**.

GARDES DU PAVILLON ET DE LA MARINE

D'AMPEHOUX.
D'OMBRET.
De FLAMENG, mort à bord le 3 octobre 1780.
De la GRANGE.

Officiers-mariniers de manœuvre.

Allègre (Jacques), premier maître, de Toulon.
Gailet (Michel), premier maître, de Toulon.
Feraud (Yacinthe), premier maître, de la Seyne.
Gaillard (Jean), second maître, de la Seyne, mort à bord le 8 septembre 1780.
Mouttet (Charles), second maître, de Marseille.
Chabert (François), second maître d'Antibes.
Bousquet (Cyprien), contremaître, de la Seyne.
Sabatier (Honoré), contremaître, de Toulon.
Pommé (Honoré), bosseman, de Toulon.
Cadière (Doucet), bosseman, de Toulon.
Brun (Vincent), bosseman, de Toulon.
Pignon (Louis-Etienne), bosseman, de Toulon.
Gannau (Augustin), quartier-maître, de la Ciotat.
Vialles (Jacques), quartier-maître, d'Agde.
Beaussier (Esprit), quartier-maître, de la Seyne.
Richard (Joseph), quartier-maître, de la Ciotat.
Rougier (François), quartier-maître, de la Ciotat.
Toche (Antoine), quartier-maître, de la Ciotat.
Gaffareau (Antoine), quartier-maître, de la Ciotat, mort à l'hôpital de Fort-Royal le 15 mai 1780.
Denans (Pierre), quartier-maître, de Six-Fours.
Mamet (Pierre), quartier-maître, d'Agde.
Chauvet (Baptiste), quartier-maître, de Marseille.
Vidal (Michel), quartier-maître, de la Seyne.
Pellabon (Dominique), quartier-maître, de Marseille.
Blanc (Michel), quartier-maître, de Marseille, mort à bord le 18 juin 1780.
Foucard (Charles), quartier-maître, d'Antibes.
Plancheur (François), quartier-maître, d'Antibes.
Pellegrin (Toussaint), quartier-maître, de Toulon.
Pillen (Charles), quartier-maître, de Fécamp.
Herveaux (François), quartier-maître, de Morlaix.

Officiers-mariniers de pilotage.

Portier (Pierre), premier pilote, de Quimper.
Berthelus (Romain), second pilote, de Toulon.
Rimbaud (François), second pilote, de Toulon.
Guitton (Jacques), aide-pilote, des Sables-d'Olonne.
Rouvière (Antoine), aide-pilote, d'Agde.
Rouvière (Marc), aide-pilote, d'Agde.

Officiers-mariniers de canonnage.

Hugues (Louis), maître canonnier, de Toulon.
Roudairon (François), maître canonnier, de Toulon.
Lescuer (Nicolas), second canonnier, de Toulon.
Fouque (Antoine), second canonnier, de Toulon.
Daniel (Joseph), aide-canonnier, de Toulon.
Jouglas (Baptiste), aide-canonnier, de Six-Fours.
Célery (Pierre), aide-canonnier, de Saint-Jean-de-Luz.
Langlacé (Claude), aide-canonnier, de Saint-Valery.
Seive (Joseph), aide-canonnier, de Toulon, mort à l'hôpital de Fort-Royal le 6 octobre 1780.
Fuguiron (François), aide-canonnier, d'Antibes.
Barthélémy (Antoine), aide-canonnier, de la Ciotat, mort à l'hôpital de Fort-Royal le 30 mai 1780.
Roux (Michel), aide-canonnier, de Libourne.
Canadesdy (André), aide-canonnier, de Marseille.
Charder (Jean), aide-canonnier, de Honfleur.
Néel (Jean), aide-canonnier, de Granville, mort à l'hôpital de Fort-Royal le 11 mai 1780.
Godefroy (Michel), aide-canonnier, de la Hougue, mort le 19 mars 1780.
Lefèvre (Jacques), aide-canonnier, de Dieppe.
Mazurié (Nicolas), aide-canonnier, de Fécamp.
Raffin (Pierre), aide-canonnier, de Lorient.
Marchand (Pierre), aide-canonnier, de Fécamp.
Bigot (Charles), aide-canonnier, d'Antibes.
La Roque (Germain), aide-canonnier, de la Hougue.

Officiers-mariniers de charpentage.

Sibon (Etienne), maître charpentier, de Toulon.
Pichaud (Nicolas), second charpentier, de Toulon, mort à l'hôpital de Fort-Royal le 29 mars 1780.
Goré (Baptiste), second charpentier, de Saint-Valéry.
Jaume (Cyprien), aide-charpentier, de la Seyne.

Officiers-mariniers de calfatage.

Martinenq (Antoine), second calfat, de Six-Fours.
Pourquier (Laurent), aide-calfat, de la Seyne.
Rouge (Laurent), aide-calfat, de Toulon.

Officiers-mariniers de voilerie.

Durbec (Jacques), maître voilier, de Toulon.
Fabre (Antoine), second voilier, de Six-Fours.
Blain (Jean), aide-voilier, d'Arles.

Gabiers.

Gaby (Gabriel), de Martigues.
Brun (Philippe), de Bayonne.
Lambert (Guillaume), de Marseille.
Lombard (Jacques), de la Ciotat.
Beaujeu (Jean), des Sables-d'Olonne.
Croze (Honoré), d'Arles.
Tamisier (Antoine), de Toulon.

Timoniers.

Villeneuve (Pierre), de Bayonne.
Cassau (Jean), de Narbonne.
Vigneux (Pierre), de Nantes.
Hugues (Joseph), de Marseille.
Degaye (Pascal), de Marseille.
Pellé (Pascal), de Bastia.
Pavés (Pierre), de Toulon.

Matelots.

Ferrus (Joseph), de Toulon.
Michel (Jacques), de Toulon.
Garité (Pierre), de Libourne.

La Roche (Bertrand), de Bordeaux.
Romieu (Louis), de Toulon.
Viau (Nicolas), d'Hyères.
Aurezy (François), de Toulon.
Picard (Jacques), de Toulon.
Vassot (Raphaël), de Toulon.
Bonnifay (Pierre), de Toulon.
Roustan (Honoré), de Toulon.
Rolland (Joseph), de Gap.
Gazau (Antoine), d'Hyères.
Blachon (Louis), de Tournon.
Chardon (Jean), de Lyon.
Moutet (Mathieu), de Toulon.
Bertrand (Pierre), de la Garde.
Laugier (Laurent), de la Seyne.
Jourdan (Laurent), de la Seyne.
Toucas (Laurent), de la Seyne.
Estienne (Antoine), de la Seyne.
Ventre (Dominique), de la Seyne.
Moustier (Louis), de la Seyne.
Gueit (Fortuné), de la Seyne.
Coulet (Louis), de la Seyne.
Bouvet (André), de la Seyne.
Ventre (Joseph), de la Seyne, mort à l'hôpital de Fort-Royal le 12 avril 1780.
Goeze (Laurent), de la Seyne.
Cayol (Thomas), de la Seyne.
Daniel (Charles), de la Seyne.
Valentin (Jean), de la Seyne.
Bousquet (Jacques), de la Seyne.
Sabatier (Joseph), de la Seyne.
Daniel (Pierre), de la Seyne.
Roubaud (Jean), de la Seyne.
Cay (Laurent), de la Seyne.
Picard (Pierre), de la Seyne.
Reverdy (Jean), de la Seyne.
Andrac (Barthélémy), de la Seyne.
Corell (François), de la Seyne.
Sabattier (Grégoire), de la Seyne.
Daniel (Jean), de la Seyne.
Bertrand (Joseph), de la Seyne.
Jambon (Jean), de la Ciotat, mort le 12 mars 1780.
Bonnaud (Jean), de la Ciotat.
Daumas (Charles), de la Ciotat.
Bonfils (Louis), de la Ciotat.
Caussemille (Louis), de la Ciotat, mort à l'hôpital de Fort-Royal le 3 mai 1780.
Garcin (Joseph), de la Ciotat.
Figet (Baptiste), de Bandol.
Gambou (Honoré), de la Ciotat.
Martin (Louis), de la Ciotat.
Boyer (Pierre), de la Ciotat.
Coste (Antoine), de la Ciotat.
Caboufique (Jacques), de la Ciotat.
Ricaud (André), de la Ciotat.
Castelast (Pierre), de Marseille.
Cayol (Antoine), de Marseille.
Hudier (Louis), de Fécamp.
George (Jean), de Nantes, mort à bord le 2 décembre 1780.
Gardanne (Antoine), de Saint-Tropez.
Arnoux (Honoré), de Nice.
Coste (Joseph), de Saint-Tropez.
Maurin (Charles), de Saint-Tropez.
Brest (Ignace), de Saint-Tropez.
Jauvat (Ignace), de Saint-Tropez.
Clavier (Baptiste), de Marseille.
Héraud (François), de Marseille.
Fabre (Hyacinthe), de Marseille.
Besson (François), de Marseille.
Caplou (Guillaume), de Marseille.
Brun (Noël), de Marseille.
Jauffret (Pierre), de Marseille.
Coste (Augustin), de Marseille.
Geriou (Mathieu), de Marseille, mort le 20 octobre 1779.
David (Joseph), de Marseille.
Mayol (Arnaud), de Marseille.
Jauffroy (Louis), de Marseille.
Vachier (Joseph), de Marseille.
Borgnes (Pierre), de Marseille.
Champion (Joseph), de Marseille.
Brunel (François), de Marseille.
Julien (Baptiste), de Marseille.
Joanny (André), de Nice.
Revest (Séraphin), de Saint-Tropez.
Toucas (Louis), de Marseille.
Latil (Baptiste), de Marseille, mort à l'hôpital de Fort-Royal le 27 avril 1780.
Richon (Nicolas), d'Antibes.
Fort (François), de Marseille.
Dalard (Jean), de Marseille.
Breton (Pierre), de Marseille.
Gousnau (Victor), de Marseille, mort à l'hôpital de Fort-Royal le 9 avril 1780.
Audibert (Antoine), de Martigues.
Rouve (Dominique), de Marseille.
Maure (Baptiste), de Marseille.
Buer (Paul), de Marseille.
Arnaud (Martin), de Marseille.
Richaud (Joseph), de Marseille, mort le 14 mars 1780 à bord.
Thournière (Jean), de Marseille.
Valon (Jean), de Marseille.
Besson (Jean), de Marseille.
Julien (Joseph), de Marseille.
Bagarre (Joseph), de Marseille.
Constant (Marcel), de Marseille, mort à l'hôpital de Fort-Royal le 14 mai 1780.
Gontier (François), de Marseille.
Renaud (Gérôme), de Marseille.
Mabily (Louis), de Marseille.
Moustié (Jacques), de Marseille, mort à l'hôpital de Fort-Royal le 23 avril 1780.
Rabisot (Jean), de Marseille.
Millet (René), de Marseille.
Denicant (Charles), de Fécamp.
Bresset (Toussaint), de Saint-Brieuc.
Perrein (Gille), de Saint-Brieuc.
Bordelais (Jean), de Saint-Malo.
Jutté (René), de Lorient.
Fratter (Ollivier), de Tréguier.
Grenier (Gilles), de Paris.
Guiader (Alain), de Brest, mort à l'hôpital de Fort-Royal le 30 mars 1780.
Vallières (François), de Lorient.
Chapus (André), de Martigues.
Chapus (Amant), de Saint-Chamas.
Castillon (Pascal), de Berre.
Dauphin (Gaëtan), de Berre.
Leydet (Joseph), de Saint-Chamas.
Pellegrin (Paul), de Berre.
Simon (Jean), de Saint-Chamas.
Reimondon (Barthélémy), de la Couronne.
Adoult (Antoine), de Martigues, mort à bord le 12 octobre 1780.
Degrany (Joseph), d'Antibes, mort à bord le 7 février 1780.
Flory (Pierre), de Cannes.
Ravaison (Pierre), de Cannes.
Cavalier (François), de Grasse.
Chaumeras (César), d'Arles.
Bernard (Baptiste), d'Arles.
Chabert (Joseph), d'Arles.
Barrielon (Joseph), d'Arles.
Barrielon (Antoine), d'Arles.
Arnaud (Jean), d'Arles.
Laffont (Antoine), d'Aramon, mort le 26 avril 1780 à l'hôpital de Fort-Royal.
Gardon (Gaspard), d'Aramon.
Gillepintes (Pierre), de Villeneuve.
Bart (Baptiste), d'Arles.
Clément (Jacques), d'Arles.
Boyer (Etienne), de Tarascon.
Moizen (Claude), d'Arles.
Court (Antoine), d'Arles.
Vinely (Louis), d'Arles.
Roux de Balthasar, d'Arles.
Bigot (Jean), d'Arles.
Lieutaud (Joseph), de Roquemaure.
Machard (Jacques), de Roquemaure.
Roumière (Jean), de Roquemaure.
Gaubert (Claude), de Roquemaure.
Roulet (Jacques), de Roquemaure.
Isnard (Antoine), de Tarascon, mort le 5 mars 1780.
Baude (Joseph), d'Arles.
Baisset (Barthélémy), d'Agde.
Mascon (Jean), d'Agde.
Jambert (Jacques), d'Agde.
Bose (Jean), d'Agde, mort à bord le 3 décembre 1780.
Bayles (Jean), d'Agde.
Rech (Dominique), d'Agde, mort à bord le 10 février 1780.
Combès (Jean), de Vias.
Daudé (Jean), de Vias, mort à bord le 1er septembre 1780.
Rey (Jean), de Vias.
Poujol (Guillaume), de Marseille, mort à l'hôpital de Fort-Royal le 30 mai 1780.
Guiraud (Jean), de Biars.
Martin (Etienne), d'Agde.
Reynier (François), d'Agde, mort à bord le 29 août 1780.
Caumet (Jacques), de Marseille.
Routier (Jean), de Mont-Blanc.
Portugal (Pierre), de Biars.
Marié (Joseph), d'Agde.
De Barbazau (Sever), de Cette.
Tourrou (François), de Cette.
Mourrut (Gabriel), de Narbonne.
Ferrier (Etienne), de Narbonne, mort le 16 octobre 1779.
Lavoyrie (Guillaume), de Narbonne.
Caman (François), de Narbonne.
Sirven (Antoine), de Narbonne.
Delprat (Alexis), de Castelnaudary.
Saunier (Jean), de Narbonne.
Cauquil (Raymond), de Narbonne.
Dupon (Pierre), de Narbonne.
Cairat (Guillaume), de Coursan.
Amiel (Jean), de Cuzac.
Durand (Joseph), du Canet, mort à l'hôpital de Fort-Royal le 18 mai 1780.
Pons (Joseph), de Narbonne.
Mélanis (Antoine), de Bastia.
Pellé (Ignace), de Bastia, mort à bord le 11 février 1780.
Puje (Jean), de Saint-Jean-de-Luz.
Biron (Jean), de Bayonne.
Pelly (Jacques), de Martigues.
Girouard (Pierre), de Marseille.
Leroux (Ambroise), de Laval.
Dupon (Jean), de Saint-Malo.
Legouard (Louis), de Brest.

Cauval (Joichin), de Vannes.
Gab (Pierre), de Marseille.
Audibert (Louis), de Cannes, mort à l'hôpital de Fort-Royal le 12 avril 1780.
Cazagnol (Joseph), de Fitou.
Limousin (Pierre), de Portel.
Alary (Jérôme), de Sijean.
Alary (Philippe), de Sijean.
Lièvre (Thomas), de Lyon.
Nogaret (Antoine), de Montauban.
Bossenet (Guillaume), de Quimper.
Billard (Jean), du Havre.
Forestier (Pierre), de Dinan.
Gigaiz (Jean), d'Isigny, mort le 28 mai 1780 à l'hôpital de Fort-Royal.
Lautier (Noël), de Saint-Brieuc.
Gérard (Toussaint), de Paris.
Mathurin (Jacques), de Saint-Malo.
Lollier (Louis), du Croisic.
Guinard (Mathurin), du Croisic.
Praval (Pierre), de Lorient, mort le 13 septembre 1780.
Colineau (Marc), de Vannes.
Charlot (Jean), de Nantes.
Hamon (Michel), de Saint-Malo.
Gerineau (Jean), de Nantes.
Revel (Antoine), de Lorient.
Gaspard (Noël), de Paris.
Lagroux (Jacques), de Paris.
La Croix (Etienne), de Bordeaux.
Pinot (Nicolas), de Libourne.
Durand (Pierre), de Libourne.
Laval (Pierre), de Bordeaux.
Dubois (Antoine), de Bordeaux.
Védrinel (Jean), de Moissac.
Biarné dit **Cazalet** (Jean), de Bordeaux.
Labat (Bernard), de Bordeaux.
Plasan (Raimond), de Bordeaux.
Gagère (Jean), de Bordeaux.
Luc (Michel), de Marmande.
Labat (Pierre), de Bordeaux.
Villatte (Arnaud), de Bordeaux.
Delarge (Pierre), de Bordeaux.
Baissié (Joseph), de Bordeaux.
Ferus (André), de Toulon.
Benneté (Jean), de Bordeaux.
Marchand (André), des Sables-d'Olonne.
Chapeau (François), de Blaye.
Le Flocq (Charles), de Vannes.
Durand (Ollivier), de Saint-Malo.
Le Roy (Gabriel), de Lesneven.
Le Bret (Yves), de Saint-Brieuc.
Chapon (Jacques), du Croisic.
Berthau (François), du Croisic.
Capitaine (Augustin), de Lorient.
Queré (Noël), de Brest.
Le Maître (Vincent), de Lorient.
Tallec (Joichin), de Vannes.
Gabriel (François), de Lorient.
Brivoil (Jean), de Lorient.
Mahé (Jean), de Saint-Malo.
Hamon (Hallin), de Ponscorff.
Guyomard (Pierre), de Morlaix.
Lorhan (Vincent), de Port-Louis.
Gardien (Joseph), de Lorient.
Quellec (Yves), de Lorient.
Cloaret (Claude), de Lorient.
Leguellec (Jean), de Lorient.
Le Gallan (Jacques), de Lorient.
Pontanguer (Joseph), de Lorient.
Alliot (Jean), de Lorient.
Legal (Jacques), de Lorient.
Moello (Bertrand), de Lorient, mort à bord le 9 octobre 1780.
Castavec (Julien), de Lorient.
Priol (Jean), de Lorient.
Pellerin (Joseph), de Lorient.
Corvoisier (Michel), de Saint-Malo.
Dubrux (Gabriel), de Bordeaux.
Drezenné (Dominique), de Saint-Brieuc, mort à bord le 19 avril 1780.
Lemonier (Louis), de Lorient.
Tanqueré (Jacques), de Granville.
Pommier (Pierre), de Granville.
Chatenay (Joseph), de Paris.
Foret (François), de Vannes.
Nüe (Jean), de Lorient.
Leluc (Pierre), de Lorient.
Ringard (Pierre), du Croisic.
Quellec (Louis), de Vannes, mort à bord le 11 novembre 1780.
Langlois (François), de Dieppe.
Gloria (Jean), de Brest.
Levert (Pierre), de Rochefort.
Ruffé (Toussaint), de Dinan.
Lemars (Pierre), de Granville.
Belmor (Joseph), de Saint-Malo.
Dartenay (Gille), de la Hougue.
Legras (Allin), de Saint-Brieuc.
Mallet (Jean), du Croisic.
Perrier (André), de Granville.
Gihaus (Jean), de Granville.
Delacour (Guillaume), de Cherbourg.
Cornillet (Guillaume), de Saint-Brieuc, mort le 20 mai 1780.
Massiette (Augustin), de Dieppe.
Jauffret (Léon), de Saint-Tropez.
Troquet (Jean), de Dieppe.
Simon (Charles), de Dieppe.
Soyer (Jacques), de Rouen.
Caiyeux (Yves), de Brest.
Hubert (Malo), de Saint-Malo.
Duflot (Augustin), de Dieppe.
Grenier (Jean), de Libourne, mort à bord le 7 octobre 1780.
Audut (François), de Rouen.
Lieuron (Henry), de Martigues.
Laurent (Horace), de Nice.
Rossi (Jacques), de la Corse.
Duret (Louis), de la Corse.
Moudielly (Antoine), de la Corse.
Jacquinard (Jean), de la Corse.
Léandry (Toussaint), de la Corse.
Distria (Jacques), de la Corse.
Alleriny (Thomas), de la Corse.
Luc (Marquety), de la Corse.
Xanty (François), de la Corse.
Lacaspoulie (François), de la Corse.
Albertiny (Simon), de la Corse.
Masse (Jean), de la Corse.
Marchevelon (Augustin), de la Corse.
Ferrugiano (Barthélémy), de la Corse.
Gregory (Pierre), de la Corse.
Bomardy dit **Malafedé** (Dominique), de la Corse.
Daliguer (Melchior), de Toulon.
Baldaquin (Joseph), de Cette.
Bigot (Julien), de Saint-Malo.
Fluriot (René), de Tréguier.

Novices.

Artigues (Pons), de Toulon.
Possel (Jacques), de Toulon.
Broly (Pierre), de Lyon.
Forget (François), de Lyon.
Duchène (Pierre), de Beaumont.
Richard (Claude), de Saint-André.
Jobert (Philippe), de Lyon, mort le 7 février 1780.
Premonet (Antoine), de Pont-de-Vaux.
Danet (Claude), de Lyon, mort le 12 avril 1780 à l'hôpital de Fort-Royal.
Laget (Julien) de Lyon.
Javelle (André), de Saint-Etienne.
Pauze (Jacques), de Roannes.
Mathevou (Jacques), de Lyon.
Ravier (Claude), de Lyon, mort à bord le 13 octobre 1780.
Mauca (Joseph), de Grenoble.
Achard (Joseph), de Romans.
Millan (Barthélémy), de Lyon.
L'Arrivée (Jacques), de Lyon.
Passepoint (Pierre), de Saint-Flour, mort le 16 avril 1780 à l'hôpital de Fort-Royal.
Jury (Thimothée), de Roanne.
Gandossier (Claude), de Villefranche.
Thibaudier (Jacques), de Lyon, mort le 5 avril 1780 à l'hôpital de Fort-Royal.
Aubaneau (Antoine), de Cannes.
Guttin (Etienne), de Lyon.
Pignard (Jean), de Lyon.
Garcin (Laurent), de Draguignan.
De Jean (Etienne), de Montpellier.
Gueré (Bernard), de Rennes.
Coulas (Pierre), de Bordeaux.
Tessonneaux (Pierre), de Saintes.
Huideau (Jacques), de Vannes.
Luet (Daniel), de l'Ile de Ré.

Surnuméraires.

Duret (Jean), pilote côtier, de l'Ile de Ré.
Moutet (Mathieu), secrétaire, de Tourves.
Bouteiller (Charles), secrétaire, de Brest.
Fargeau (Pierre), pilote pratique, de Fort-Royal.
Beauchière (André), second chirurgien, de Briançon.
Verney (François), second chirurgien, de Briançon.
Maillard (Charles), second chirurgien, de Briançon.
Beraud (Pierre), aide-chirurgien, de Toulouse.
Ferret (Baptiste), aide-chirurgien, d'Aix.
Cadelan (Michel), aide-chirurgien, d'Aix.

Volontaires.

Agnet (Alexandre).
Pavin (Jacques).
Bonnefoy (Louis), a eu une jambe emportée dans un combat.
Marrouin (Adrien).
Beqc (Jacques).

Commis du munitionnaire.

Roustan (François), de Toulon.
Giraud (Gaspard), de la Valette.
Ginoux (Honoré), de Toulon.
Pagaut (André), de Marseille.
Demore (Joseph), de Toulon, mort à bord le 4 octobre 1780.
Poupon (Gaspard), de Souliers.
Castel (Jacques), de Souliers.
Chaperon (François), d'Aix.

Mousses.

Michel (Nicolas), de Pontevès.
Michel (Modeste), de Pontevès, mort à bord le 28 juillet 1780.

Allemand (Joseph), de Revest.
Lebeau (Jean), d'Aix.
Louvay (Jean), de Paris.
Ventre (Honoré), d'Evenos.
Lyon (François), de Toulon.
Sabbatier (Thomas), de Toulon.
Paret (Honoré), de Toulon.
Giraud (Jean), de Craux.
Depeille (Jean), de Cuers.
Borel (Blaize), de la Ciotat.
Camoin (Pierre), de Marseille.
Fournier (Lazare), de la Seyne.
Garot (Laurent), de la Seyne.
Ventre (Jean), de la Seyne, mort à l'hôpital de Fort-Royal le 10 avril 1780.
Grenat (Joseph), de Grenoble.
Bernard (François), de la Seyne.
Fabre (André), de la Seyne.
Negret (Joseph), de la Seyne.
Arnaud (Joseph), de Riez.
Feren (Estienne), de la Seyne.
Michel (Alexis), de Toulon.
Roustan (Vincent), de Toulon.
Mathieu (Bernard), de Toulon.
Chabert (Montel), de la Valette.
Bremond (Antoine), de Marseille.
Alliet (Jean), de Narbonne.
Thomas (André), d'Avignon.
Cornibes (Joseph), d'Hyères.
Troicin (François), de Marseille.
Barthou (Joseph), de la Ciotat.
Simon (Bernard), de Marseille.
Bonifay (Michel), de Cuges.
Brun (Jean), de la Cadière.
Buissavi (Jacques), de Lyon.
Pagot (Joseph), de la Seyne.
Achard (Pierre), de la Seyne.
Ambard (Joseph), de Souliers.
Depeille (François), de Nice.
Tréffey (Corentin), de Quimper.
Ménard (Louis), de Nantes.

Valets.

Sarlat (Joseph), de Seaux.
Bayou (Pierre), de Marseille.
Rastin (Pierre), de Souliers.
Lano (Jean), de Saint-Malo.

L'HERCULE

(De mars 1781 à juin 1783)

MM. le Vicomte DE TURPIN, DE LA CLOCHETTERIE, le Chevalier DE PUGET BRAS, Capitaines de vaisseau, Commandants.

ÉTAT-MAJOR

—

CAPITAINES DE VAISSEAU

Le vicomte **de TURPIN**, Commandant.
De la CLOCHETTERIE, Commandant, tué au combat du 12 avril 1782.
Le Chevalier **de PUGET BRAS**, Commandant.
De la TOURNERIE, mort le 6 septembre 1781.

LIEUTENANTS DE VAISSEAU

Le Chevalier **de COATLES**.
De L'ETENDUCRE.
Le Chevalier **de FAYARD**.

ENSEIGNES DE VAISSEAU

RUAT.
POTIER.
CHARBONNEAU.
De FRESIER.
De BASTEROT.
De la ROCHE KERANDRAON.
De BOUQUIER.

LIEUTENANTS DE FRÉGATE

BONHOMME.
GRENIER-PEZENAS.
BROUCHEREUIL.
De COETNEMPREN.
DUBOSQ.
THENOUIC.

CHIRURGIEN-MAJOR

BENOIT.

AUMONIERS

CALVET (R. P. Severin).
POTIER (R. P. René).

GARDES DE LA MARINE

DUQUESNE de LAMBRUN.
DELAHAYE, mort le 29 mars 1782.
LE GAC DE L'ARMORIQUE.
LE ROUX de la CORBINIERE.
DODART.
CHARET.
BOBERIL.

VOLONTAIRES

De Grenier de Pezenas, de Bordeaux.
Dupré (Gabriel), de Marennes.
Cassaigne (Jacques), de Bordeaux.
Renaud (Augustin), de Versailles.
Raimond (Alexandre), de Paris.

Officiers-mariniers de manœuvre.

Griffon (Simon), premier maître, de Rochefort
Martin (Pierre), premier maître, d'Oléron.
Kerneaut (Jean), second maître, de Lorient.
Jean (Pierre), second maître de Nantes.
Cormier (Jean), second maître, de Royan, mort le 1er mai 1781.
Boril (Pierre), contremaître, de l'île de Ré.
Duguin (Pierre), contremaître, du Croisic.
Maurisset (François), bosseman, de la Rochelle.
Garcin (Dominique), bosseman, de Saint-Malo.
Le Vilain (François), quartier-maître, du Havre.
Nourry (Julien), quartier-maître, de Saint-Malo.
Maillet (Pierre), quartier-maître, de Marennes.
Berjonneau (André), quartier-maître, des Sables.
Bardel (Pierre), quartier-maître, de Blaye, noyé le 14 avril 1781.
Barrière (Etienne), quartier-maître, de la Rochelle.
Despeaux (Guillaume), quartier-maître, de Bordeaux.
Bouchonneau (Joseph), quartier-maître, de l'île de Ré.
Hauvet (Pierre), quartier-maître, de Cherbourg.
Macé (Yves), quartier-maître, de Quimper.
Boursy (Etienne), quartier-maître, de Rouen.
Mege (Daniel), quartier-maître, de Royan.
Tizon (Jean), quartier-maître, de Honfleur.
Guilloux (Vincent), quartier-maître, de Morlaix.
Cahot (Jacques), quartier-maître, de Dieppe.
Kervellec (Pierre), quartier-maître, de Camaret.
Berginal (Jean), quartier-maître, de Granville.
Questel (Julien), quartier-maître, de Vannes.
Bies (Pierre), quartier-maître, de Blaye.

Officiers-mariniers de pilotage.

Daugaud (Jean), patron de chaloupe, de Blaye.
Emery (Charles), patron de chaloupe, de Honfleur.
Pellegrin (François), patron de chaloupe, de Honfleur.
Dewattre (Dominique), premier pilote, de Calais.
Bly (Vincent), second pilote, de Rouen.
Lautour (Nicolas), second pilote, de Lorient, tué au combat du 12 avril 1782.
Ratuit (François), aide-pilote, de l'île de Ré.
Michel (Jean), aide-pilote, de Fécamp.
Houssoir (Pierre), aide-pilote, de Dieppe.
Lefloch (Jean), aide-pilote, de Rochefort.

Officiers-mariniers de canonnage

Rouault (Raimond), maître canonnier, de Rochefort.
Lautier (Antoine), maître canonnier, de Toulon.
Néron (Joseph), second canonnier, de l'île de Ré.
Massif (Louis), second canonnier, de Fécamp.
Girard (Daniel), second canonnier, de l'île de Ré.

Gassis (Bernard), aide-canonnier, de Bordeaux.

Couillebeau (André), aide-canonnier, de l'Ile de Ré.

Cazenove (Jean), aide-canonnier, de Moissac.

Grippon (Louis), aide-canonnier, de Marennes.

Boré (Joseph), aide-canonnier, des Sables.

Béranger (François), aide-canonnier, de la Rochelle.

Sourisseau (Jacques), aide-canonnier, de l'Ile de Ré.

Genieux (Pierre), aide-canonnier, de l'Ile de Ré.

Laperelle (Jacques), aide-canonnier, de Honfleur.

Vasseur (Jean), aide-canonnier, de Dieppe.

Saunier (François), aide-canonnier, de Caen.

Blanchard (Pierre), aide-canonnier, d'Angoulême.

Rigault (Jean), aide-canonnier, de l'Ile de Ré.

Belanger (Louis), aide-canonnier, de l'Ile de Ré.

Chuzeau (Jean), aide-canonnier, des Sables.

Graverau (Arnaud), aide-canonnier, de Blaye.

Servant (Pierre), aide-canonnier, de Libourne.

Quenaudry (Jean), aide-canonnier, de Libourne.

Guibal (Bernard), aide-canonnier, de Montauban.

Cazenove (Antoine), aide-canonnier, de Montauban.

Raoul (Pierre), aide-canonnier, de Quimper, blessé au combat du 12 avril 1782, mort le 8 mai 1782.

Minoux (Michel), aide-canonnier, de Saint-Malo, mort le 11 novembre 1781.

Chevrier (Jacques), aide-canonnier, des Sables, mort le 9 février 1782.

Monnier (Charles), aide-canonnier, de Cherbourg, mort le 20 septembre 1782.

Desbrieux (Mathurin), aide-canonnier, de Montauban.

Huguen (Alain), aide-canonnier, de Brest.

Vallet (Pierre), aide-canonnier, de Dieppe.

Moncomble (Toussaint), aide-canonnier, de Saint-Valéry.

Callouin (Jean), aide-canonnier, de Boulogne.

Varin (Charles), aide-canonnier, de Rouen.

Carpentier (Nicolas), aide-canonnier, de Dieppe.

Butel (Jean), aide-canonnier, de Saintes.

Laurent (François), aide-canonnier, de Lorient.

Bourgain (Jean), aide-canonnier, de Boulogne, mort le 12 octobre 1781.

Fournier (Jean), aide-canonnier, de Saint-Valéry, noyé le 11 juin 1783.

Officiers-mariniers de charpentage.

Le Goa (Jean), maître charpentier, de Rochefort.

Piveteau (Antoine), maître charpentier, de Rochefort, mort le 26 juillet 1781.

Retailleau (Jacques), second charpentier, de Rochefort.

Lucet (Louis), second charpentier, de Rochefort.

Aury (Etienne), aide-charpentier, de Rochefort.

Officiers-mariniers de calfatage.

Normand (Gabriel), maître calfat, de Brest.

Moquet (Jean), second calfat, de Rochefort.

Piriou (Goulven), second calfat, de Brest.

Bazouin (Jean), aide-calfat, de Rochefort.

Gabagnon (Tanguy), aide-calfat, du Conquet.

Jézéquel (Jean), aide-calfat, de Brest.

Officiers-mariniers de voilerie.

Perchet (Julien), maître voilier, de Nantes.

Nezereau (Jean), second voilier, de Marennes.

Pinot (Jean), second voilier, de Nantes.

Angibaud (Julien), aide-voilier, de Nantes.

Quermel (Jean), aide-voilier, de Camaret.

Ricard (André), aide-voilier, de Bordeaux.

Gachet (Jean), aide-voilier, de Bordeaux.

Officiers-mariniers divers.

Chiron (Jean), d'Oléron.

Maillard (Jean), de Nantes.

Dubois (François), de Saint-Malo, mort le 15 septembre 1781.

Le Rey (Pierre), de Vannes, mort le 28 janvier 1782.

Priou (Julien), de Vannes.

Buzelin (Georges), du Havre.

Champion (Robert), de Rouen.

Fraval (François), de Vannes.

Rotenec (François), de Vannes, mort le 6 octobre 1782.

Garrut (Jean), de Toulon.

Creneveur (Pierre), de Morlaix.

Petit (Pierre), de Dieppe.

Grossiam (Jean), de Boulogne, blessé aux combats des 26 janvier et 12 avril 1782.

Blanchet (Michel), de Granville.

Sir (Jean), de Rochefort.

Le Bailly (Antoine), de Granville.

Denis (Jean), de Saint-Brieuc.

Imbert (Jean), de Bayonne.

Bertin (Jean), de Fécamp, mort le 3 octobre 1781.

Brun (Jean), de Granville, mort le 1er octobre 1781.

Joannés (Olivier), de Saint-Brieuc.

Salvetat (Simon), de Honfleur.

Bernard (Thomas), de Dieppe.

Marion (Pierre), du Havre.

Croisié (Charles), du Croisic.

Hebert (Nicolas), de Dieppe.

Henen (Nicolas), de Dieppe.

Laurieu (François), de Fécamp.

Clauzier (François), de Dinan.

Hiard (François), de Dinan.

Gabiers.

Le Chais (Pierre), de Saint-Brieuc.

Bonnet (André), de Marennes.

Trouillard (Guillaume), d'Oléron.

Gaboril (Jacques), de Royan.

Chardavoine (Antoine), de Royan.

Lambert (Jacques), de la Rochelle.

Barré (Pierre), de la Rochelle.

Radouit (Pierre), de l'Ile de Ré, mort le 25 janvier 1782.

Delage (Laurent), de l'Ile de Ré.

Dubernay (Jacques), de l'Ile de Ré.

Perrier (Pierre), de l'Ile de Ré.

Landais (Jean), de l'Ile de Ré.

Texier (Pierre), des Sables.

Fromentin (Jean), de l'Ile de Ré.

Poulmar (Guillaume), de Bordeaux.

Latapy (François), de Toulouse, tué au combat du 29 avril 1781.

Correl (Jean), de Bayonne.

Dumenil (Jean), de Saint-Malo.

Dufresne (François), de Granville.

Cheminot (Jean), de Saint-Malo, mort le 15 mars 1782.

Galenne (Jean), de Belle-Ile, mort le 7 janvier 1782.

Froux (François), de Nantes.

Chastré (Louis), de Nantes.

Saureau (Maurice), de Nantes.

Boisilier (Jean), de Honfleur.

Lafond (Bernard), de Bordeaux.

Arnaudeau (Pierre), de Blaye.

Boulineau (Pierre), de Blaye.

Gasse (François), de Blaye.

Audebert (Jean), de Bordeaux.

Harel (Pierre), de Dinan.

Chaloupin (Mathurin), de Dinan.

Lossoy (François), de Dinan.

Dubois (Pierre), des Sables.

Timoniers.

Domé (Jean), de Bordeaux.

Chapeau (Pierre), de l'Ile de Ré, blessé au combat du 23 janvier 1782, mort le 6 avril 1782.

David (Charles), de l'Ile d'Yeu.

Rédel (Jean), de l'Ile de Ré.

Lucas (Paul), de Saint-Malo, mort le 18 avril 1782.

Dumont (Gaspard), de Saint-Malo.

Carriou (François), de Morlaix.

Heraut (François), de Brest.

Rousse (Jean), de Marseille.

Poret (Jean), de Fécamp.

Le Clerc (Marie), de Paris.

Matelots.

Le Borgne (Pierre), du Conquet, mort le 27 juillet 1782.

Quemeneur (Jacques), de Brest.

Thilly (François), du Croisic.

Laurent (Pierre), de Nantes.

Boisadan (Pierre), de Nantes.

Rié (François), de Nantes.

Jonetiere (Jean), de Nantes.

Rousse (Antoine), de Marseille, mort le 14 octobre 1781.

Moncel (Gabriel), de Nantes.

Ripoche (Antoine), de Paimbœuf.

Patron (Pierre), de Nantes.

Le Breton (Jacques), du Croisic, mort le 12 mars 1782.

Cosset (Jean), du Croisic, mort à bord le 24 juillet 1782.

Maurice (Marc), de Saint-Brieuc.

Touin (Antoine), de Saint-Brieuc.

Berthelo (Jacques), de Saint-Brieuc.

Leveque (Yves), de Saint-Brieuc.

Le Clercq (François), de Saint-Brieuc.

Durand (Gilles), de Saint-Brieuc.

Le Moindre (Mathieu), de Saint-Brieuc.

Le Roy (Jacques), de Saint-Brieuc.

Paturel (Marc), de Saint-Brieuc.

Le Chandelec (Yves), de Vannes.

Le Menier (Joseph), de Vannes.

Riaud (Jean), de Vannes.

Prau (Louis), de Vannes.

Layec (Mathieu), de Vannes.

Le Dant (Pierre), de Vannes, mort le 21 février 1782.

Jouannot (Mathurin), de Vannes, mort le 7 octobre 1781.

Mahé (Bertrand), de Vannes.

Henric (Louis), de Vannes.

Thomelin (Jean), de Vannes.

Le Cointre (Jean), de Dinan.

Fin (François), de Dinan.

Roussel (François), de Dinan.

Audouart (Jacques), de Saint-Malo.
Lancelin (Mathieu), de Saint-Malo.
Roussel (Pierre), de Dinan.
Roussin (Nicolas), de Dinan.
Hautiere (Jean), de Dinan.
Le Sage (Olivier), de Dinan.
Hilaire (Pierre), de Saint-Malo.
Hervé (François), de Quimper, mort le 30 octobre 1781.
Friel (Mathurin), de Tréguier.
Le Pillet (Yves), de Tréguier, mort le 12 juin 1782.
Branelec (Jean), de Morlaix.
Thoux (Yves), de Morlaix.
Besnet (Pierre), du Havre.
Tellier (Pierre), du Havre.
Marpeley (Louis), du Havre.
Daniel (Charles), du Havre.
Jamel (Jean), de Honfleur, mort à bord le 8 septembre 1781.
Merieul (Jean), de Honfleur.
Merieul (Louis), de Honfleur.
Prieur (André), de Honfleur.
La Neuville (André), de Honfleur.
Robé (Jacques), de Honfleur, mort le 23 février 1782.
Sivat (Jean), de Honfleur.
Jager (Jean), de Honfleur.
Mathieu (François), de Honfleur.
Bouré (Jean), de Granville.
L'Huillier (Denis), de Granville.
Piton (Gilles), de Granville.
Launay (Charles), de Granville, mort le 24 novembre 1781.
Datin (Pierre), de Granville.
Tourson (Louis), de Granville.
Troude (Aimable), de Cherbourg.
Gamas (Charles), de Cherbourg.
Garçon (Jacques), de Cherbourg, mort le 18 mars 1783.
Durand (Jean), de Granville.
Champion (Jean), de Granville.
Brayer (Jean), de Granville.
Quilbœuf (Jean), de Rouen.
Bosquier (Pierre), de Rouen.
Bien (Charles), de Rouen.
Moriol (Jean), de Rouen.
Le Gendre (Charles), de Rouen, mort le 17 novembre 1781.
Le Rais (Louis), de Rouen.
Maubert (Antoine), de Rouen.
Noel (Pierre), de Caen.
Lefranc (François), d'Avranches.
Dudebout (Pierre), de Rouen.
Bouvier (Pierre), de Rouen.
Gremont (Guillaume), de Rouen.
Samson (Nicolas), de Dieppe.
Quetteville (Jean), de Dieppe.
Bazile (Jean), de Dieppe.
Fontenier (Michel), de Dieppe.
Bellet (Jean), de la Hougue.
Pauchet (Charles), de Saint-Valéry, mort le 27 janvier 1782.
Lamy (Jean), de Calais.
Dupuis (Grégoire), de Montauban.
Gor (Antoine), de Marseille.
Richard (Jean), de Marseille.
Malaubert (Jean), de Marseille.
Jaureguibery (Dominique), de Bayonne.
Marticona (Jean), de Bayonne.
Aniosbéré (Joannès), de Bayonne.
Haresmendy (Martin), de Bayonne.
Marmorea (Martin), de Bayonne.
Pradore (Michel), de Bayonne, mort le 28 février 1782.
Michoura (Joannès), de Bayonne.
Anisibero (Joannès), de Saint-Jean-de-Luz, mort le 5 janvier 1782.
Lascana (Antoine), de Saint-Jean-de-Luz.
Bernis (Joannès), de Saint-Jean-de-Luz, mort le 16 septembre 1782.
Larca (Joannès), de Saint-Jean-de-Luz.
Delatre (Marc), de Bayonne.
Robidard (Pierre), de Saint-Jean-de-Luz.
Aspaja (Jean), de Bayonne, mort le 1er juin 1781.
Laregui (François), de Bayonne, mort le 6 avril 1781.
Cassoti (Pierre), de Saint-Jean-de-Luz.
Diturbit (Simon), de Saint-Jean-de-Luz.
Delisague (Joseph), de Saint-Jean-de-Luz.
Duhalde (Louis), de Saint-Jean-de-Luz.
Lagarde (Jean), de Saint-Jean-de-Luz.
Jantel (Arnaud), de Blaye.
Rona (François), de Bordeaux.
Broc (Bernard), de Bordeaux.
Calat (Guillaume), de Bordeaux.
De l'Isle (André), de Bordeaux.
Detchepart (Pierre), de Saint-Jean-de-Luz.
Salé (Bertrand), de Saint-Jean-de-Luz, mort le 3 novembre 1781.
Capahody (Pierre), de Saint-Jean-de-Luz.
Bistenoby (Jean), de Saint-Jean-de-Luz.
Bromp (Joannès), de Bayonne.
Latoux (Jean), de Toulouse.
Calaquet (Pierre), de Toulouse.
Sarding (Jean), de Toulouse.
Millot (Jean), de Toulouse.
Guy (Pierre), de Toulouse.
Rosier (Louis), de Toulouse, mort le 3 décembre 1781.
Gouly (Pierre), de Toulouse.
Labreau (Antoine), de Montauban.
Le Ral (Pierre), de Montauban.
Rouca (Jean), de Montauban.
Delpeche (Raymond), de Montauban.
Jariat (Jean), de Montauban.
Grousson (Jean), de Montauban.
Lacroix (Jean), de Montauban.
Orniere (Pierre), de Toulouse.
Juliard (Raymond), de Toulouse.
Verdun (Bertrand), de Toulouse.
Guillard (Jean), de Lorient.
Rolland (Michel), de Quimper.
Giraud (Pierre), de la Rochelle.
Combourt (Henry), de la Rochelle.
Fetis (Michel), de la Rochelle.
Renou (Thomas), de la Rochelle.
Martineau (François), de la Rochelle.
Chabry (Jacques), de Rochefort.
Roux (Jean), de Rochefort.
Fremont (Louis), de Rochefort.
Tente (Joseph), de Rochefort.
Pierron (Louis), des Sables.
Payron (Jean), de Rochefort.
Siccard (Jean), de Rochefort.
Le Boule (Pierre), de Rochefort.
Garlopeau (Jean), d'Angoulême.
Sellier (Jean), de Marennes.
Tessier (Jacques), de Marennes.
Joffreau (François), d'Oléron.
Tessard (André), d'Oléron.
Paranteau (Jean), d'Oléron.
Morin (Jean), d'Oléron.
Morin (Alexis), d'Oléron.
Rullier (Pierre), de Royan.
Godeau (Pierre), de Royan.
Dion (Pierre), de Royan.
Moiron (Jacques), de Royan.
Touseau (Daniel), de Royan.
L'Epine (Jean), de Royan, mort le 8 mars 1782.
Boiteau (Pierre), de Royan.
Turbé (Nicolas), de l'Ile de Ré.
Baudel (Jean), de l'Ile de Ré.
Bourgel (Pierre), de l'Ile de Ré, mort le 14 janvier 1783.
Meunier (André), de l'Ile de Ré.
Besson (Antoine), de l'Ile de Ré.
Cognac (Jacques), de l'Ile de Ré.
Beaudel (Jacques), de l'Ile de Ré.
Papon (Jean), de l'Ile de Ré.
Renaud (Mathieu), de l'Ile de Ré.
Rimbert (François), des Sables.
Michaud (Louis), des Sables.
Brossard (Victor), des Sables.
Guilbeau (Joseph), des Sables.
Million (Jacques), de l'Ile d'Yeu.
Groissard (Jean), de Noirmoutiers.
Bernardin (Claude), de l'Ile d'Yeu.
Audouin (Louis), de Blaye, mort le 19 juin 1782.
Goffe (Bernard), de Blaye, mort le 28 juin 1782.
Moncel (Jean), de Blaye.
Gélinot (Gervais), de Blaye.
Verdeau (Jean), de Blaye.
Dartigaules (Jean), de Bordeaux.
Carere (André), de Bordeaux, mort le 31 mars 1782.
Pidous (Gabriel), de Bordeaux.
Lesca (Etienne), de Bordeaux.
Brignolle (Bernard), de Bordeaux.
Reynard (Jacques), de Bordeaux.
Marchand (Pierre), de Bordeaux.
Massais (Jacques), de Bordeaux.
Buil (Bernard), de Bordeaux.
Delorme (Jean), de Blaye.
Bal (Dominique), de Bordeaux.
Dupuy (Jean), de Bordeaux.
Barde (Jean), de Bordeaux, mort le 2 mai 1782.
Chateau (Barthelemy), de Bordeaux.
Marange (Jean), de Bordeaux.
Corsillean (Pierre), de Bordeaux.
Gaudin (Pierre), de Bordeaux.
Bouchardeau (Pierre), de Bordeaux.
Mallet (Pierre), de Bordeaux.
Gonbeau (Joseph), de Saintes.
Castelle (Pierre), de Bordeaux.
Dupuy (Thomas), de Libourne.
Chataignier (Simon), de Libourne, mort le 17 mars 1782.
La Cour (Joseph), de Libourne.
Delaye (Etienne), de Libourne.
Rocher (Jean), de Libourne.
Dumasse (Jean), de Marmande.
Dubourdieu (Jean), de Marmande.
Rabier (Thomas), de Marmande.
Després (Jean), d'Arles.
Gautier (Joseph), de Marseille.
Lautier (Pierre), de Toulon.
Clausier (François), de Saintes, mort le 5 avril 1781.
Querré (Yves), de Morlaix.
Josse (Jean), de Saint-Brieuc, mort le 10 août 1781.
Convenant (François), de Saint-Malo.
Deliou (Julien), de Concarneau.

Bournigœl (Pierre), de Nantes, tué au combat du 29 avril 1781.
Pinguet (Pierre), de Honfleur.
Pinel (Jean), de Cherbourg.
Barbet (Julien), de Granville.
Marquet (Pierre), de la Rochelle, mort le 20 août 1781.
Semery (Jean), de Marseille.
Renaud (Guillaume), de Narbonne.
Regnier (Jacques), de Marseille, noyé le 12 mai 1781.
Carmellé (Joachim), de Marseille, mort le 10 novembre 1781.
Le Goff (Hervé), de Brest, tué au combat du 26 janvier 1782.
Boinenau (François), de Vannes, mort le 23 novembre 1781.
Sauvage (Jean), d'Isigny, mort le 21 février 1782.
Ballot (Jean), de Dinan.
Pichet (François), d'Angers.
Le Roux (Noël), de Dieppe, mort le 10 mars 1783.
Hubert (Pierre), de Saint-Malo.
Le Foulon (François), de Caen.
Bruno (Jean), de Libourne.
Maillet (Pierre), de Saintes.
Bourdon (Jean), de Caen.
Fagou (Martin), de Saint-Jean-de-Luz.
Espier (Jean), de Paris, mort le 21 octobre 1782.
Lombia (Pierre), de Montauban.
Maurice (Jean), de Paimbœuf.
Kerloch (Jean), de Quimper.
Gautier (Pierre), de Paimbœuf.
Lary (Dominique), de Bordeaux.
Bousquet (Léonard), de Bordeaux.
Cécile (Jean), de Rouen.
Degouere (Jean), de Bordeaux.
Martin (Jean), de Saint-Malo.
Cantin (Pierre), de Reims.
Noury (Jean), de Rennes.
Chapin (Jean), de Saint-Malo.
Allé (Louis), de Rennes.
Nigaud (Nicolas), de Vendôme, mort le 16 juillet 1782.
Letellier (Jean), de Caen.
Arrivet (Jean), d'Oléron.
Bourriom (Etienne), de Toulon.
Quarriou (Laurent), de Brest.
Pitra (Joseph), de Lyon.
Manoche (Noël), de Libourne.
Langevin (Jean), de Fécamp.
Gallot (Augustin), de Paris.
Hurtin (André), de Nantes.
Husson (Jean), de Charleville.
Figuier (Honoré), de Grasse.
Desclaud (Louis), de Montauban.
Garçon (Jacques), de Marennes.
Suzet (François), de la Rochelle.
Jullia (Arnaud), de Toulouse.
Coeffart (Pierre), de Nantes.
Hamon (Julien), de Saint-Brieuc.
Gassier (Jean), de Libourne.
Lainé (Augustin), de la Rochelle.
Claret (Jean), de Martigues.
Lecoufle (Augustin), de Dieppe.
Denis (Laurent), de Saint-Brieuc.
Rouget (François), de Caen.
Cotillon (Jean), de Brest.
Gourmellon (Guillaume), de Brest.
Jaffrai (Ervé), de Morlaix.
Roussé (Augustin), de Saint-Malo.
Fichoux (Guillaume), de Quimper.
Goron (François), de Saint-Malo.
Liard (François), de Saint-Brieuc.
Robert (Christophe), de Saint-Brieuc.
Giquel (René), de Saint-Brieuc.
Lesca (Jean), de Bordeaux.
Le Monier (Louis), de Lorient.
Chaillard (Augustin), de Paimbœuf.
Rata (Etienne), de Paimbœuf.
Lejenne (Guillaume), de Saint-Brieuc.
Legarrés (Pierre), de Saint-Brieuc.
Amiot (Pierre), de Dinan.
Massuré (Pierre), du Havre.
Petit (Jean), de Dieppe.
Bonnet (Charles), de Boulogne.
Guichard (Jean), de Marseille.
Thomas (André), d'Avignon.
Thomas (François), de Tours.
Lorgand (Guillaume), de Dinan.
Eveno (René), de Lorient.
Carro (Gilles), de Saint-Brieuc.
Philipot (Joseph), de Saint-Malo.
Auvray (Louis), de Saint-Malo, mort le 9 octobre 1781.
Papail (Elie), de Saint-Malo.
Floch (Pierre), de Saint-Malo.
Langevin (Jean), de Saumur.
Rollin (Louis), de Granville.
Chapelle (Charles), de Fécamp.
Jugelé (Jean), de Granville.
Renault (Jean), d'Orléans.
Guadomp (Martin), de Tours.
Greffier (René), de Tours.
Peruchot (Pierre), de Tours.
Ferré (François), de Lille.
Ozou (Jean), de Paris, mort le 20 août 1781.
Gillot (Etienne), de Paris.
Dos (Toussaint), de Dinan, mort le 6 juillet 1781.

Novices.

Moreau (Jean), de l'Ile de Ré.
Renouard (Jean), de l'Ile de Ré, mort le 4 octobre 1781.
Roulet (Noel), de Fécamp.
Leleu (Jacques), de Fécamp.
Houlbregue (Jacques), de Fécamp.
Godefroy (François), de Granville, mort le 25 juillet 1781.
Lefrançois (Laurent), de Granville.
Mabié (Jean), de Cherbourg, tué au combat du 25 janvier 1782.
Fromentin (François), de Dieppe.
Grenel (Juste), de Dieppe.
Marchand (Guillaume), de l'Anjou, mort le 23 janvier 1782.
Boudrainville (Jean), de la Hougue.
Pabé (Jean), de Dieppe, noyé le 24 septembre 1781.
Buteaux (Laurent), de Dunkerque.
Labé (François), de Dinan.
Magnan (Jean), de Marmande, mort le 20 octobre 1782.
Caquet (Félix), de Marmande, noyé le 9 mai 1782.
La Vieuville (Jean), de Dieppe.
Cocq (Pierre), de la Rochelle.
Bonneau (Pierre), de Royan.
Saleau (Etienne), de Royan, mort le 13 novembre 1782.
Auger (François), d'Oléron.
Belanger (Jean), de l'Ile de Ré.
Raynard (Pierre), de Rochefort.
Prou (Pierre), de la Rochelle.
Racaud (François), de l'Ile de Ré.
Glaux (Philippe), de Saint-Brieuc.
Geldever (François), de Morlaix.
Bourdé (Germain), de Quimper.
Nédelec (Gabriel), de Plouguerneau.
Ruolleau (Jacques), de Noirmoutiers.
Perucheau (Jacques), de Noirmoutiers.
Gagneux (Julien), de Noirmoutiers.
Rusteau (Jean), de Noirmoutiers.
Angaud (Noël), de Noirmoutiers.
Pecot (Augustin), de Nantes.
Huchet (Michel), de Paris.
Latouche (Nicolas), de Paris.
Raỳ (Louis), de Saint-Malo.
Aché (Guillaume), du Havre.
Le Pichon (Jean), de Vannes.
Nicol (Jean), de Morlaix.
Berthaut (Julien), de Saint-Malo, mort à bord le 12 juillet 1782.
Vallé (Jean), du Croisic, mort le 8 octobre 1781.
Lenoir (Jacques), de Lorient.
Blain (Etienne), de Saint-Malo.
Le Moing (Jean), de Lorient, mort à bord le 16 août 1781.
Guyader (Dominique), de Lorient.
Lequay (Marc), de Lorient, mort le 6 janvier 1782.
Kerblat (Laurent), de Lorient.
Morvant (Julien), de Lorient.
Pavie (Jean), de Lorient, mort le 25 juillet 1782.
Le Roy (Julien), de Lorient, mort à bord le 15 juillet 1781.
Parivara (Jean), de Lorient.
Le Moine (Jean), de Lorient.
Ferraud (Yves), de Lorient.
Tesseron (Mathurin), de Nantes.
Rabuty (Joseph), de Passy.
Taudouin (Louis), de Châteauneuf.
Dambreville (Charles), de Paris.
Cailleau (Pierre), de Saint-Pol-de-Léon.
Créach (Jean), de Saint-Pol-de-Léon.
Ouvenant (René), de Lorient.

Surnuméraires.

Arsonneau (Antoine), de l'Ile d'Yeu.
Grosset (Michel), de Lannion.
Deschamps (Pierre), de Belle-Ile.
Thomas (Mathurin), de Saint-Brieuc.
Thebert (Louis), de Lamballe.
Mangin (Jacques), de Saintes.
Faitou (Guillaume), de Bergerac.
Fouron (Mathieu), de Montauban.
Giraud (Thomas), de Mauzé.
Garnon (Nicolas), de Rennes.
Mercier (Abraham), de Saumur.
Guppy (Jacques), d'Amérique.
Dufrenne (Noel), de Saint-Malo.
Le Pot (Louis), de Saint-Brieuc.
Vidal (Mamert), de Toulon.

Mousses.

Moinot (Pierre), de Rochefort.
Dugot (Jean), de Saintes.
Bertrand (Jean), de Marennes.
Bidet (Antoine), de Saintes.
Robin (Bernard), de Rochefort.
Giraud (Alexandre), de Rochefort.
Dronnet (Jean), de Saintes.

Dubois (Pierre), de l'Ile de Ré.
Denne (Pierre), de Royan.
Feguré (Louis), de la Rochelle.
Meschain (Jacques), d'Oléron.
Faucan (André), de Rochefort.
Moinais (Mathurin), de Rochefort.
Riveau (Jean), de Rochefort.
Robert (Joseph), de Lamballe.
Hamon (Guillaume), de Quimper.
Daniel (Laurent), de Saint-Brieuc.
Vadencourt (André), d'Oléron.
Hamon (Joseph), de Concarneau.
Benneteau (Jacques), de Rochefort.
Hervé (Pierre), de Vannes.
Lereste (Ollivier), de Roscoff.
Page (Yves), de Morlaix.
Belleville (Etienne), de Paris.
Galteau (François), de Saintes.
Audeau (Mathurin), de Vannes.
Neuillé (Blaise), de la Rochelle.
Salomon (Barthélémy), de Saint-Brieuc.
Salomon (Gabriel), de Saint-Brieuc.
Viavent (Jacques), de la Rochelle.
Briant (Pierre), de Lorient.
Bertin (Jean), de Rochefort.
Le Guen (Guillaume), de Saint-Pol-de-Léon, mort le 1er août 1781.
Croquennec (Yves), de Morlaix.
Vérité (Mathurin), de Saint-Brieuc.
Le Dal (Etienne), de Plouguerneau.
Nédelec (Corentin), de Plougarneau.
Nédelec (Corentin), de Plouguerneau.
Dupré (Charles), de Marennes.
Brosset (Gaspard), de Paris.
Torqueraud (Jean), de Morlaix.
Calvés (Michel), de Brest.
Bruger (François), de Quimper.
Lemen (Gilles), de Morlaix.
Lenoir (Claude), de Quimper.
Perron (Yves), de Dinan.
Gerbieux (Jean), de Royan, mort le 24 juillet 1781.
Chapeau (Pierre), de Saint-Brieuc, mort le 10 juin 1782.
Kerintrec (Pierre), de Kervily.
Malcot (Jacques), de Lorient.
Affourdeau (Julien), de Lorient.
Salvelat (Simon), de Honfleur.
La Rumeur (Jean), de Recouvrance.
Moileux (François), de Plouguerneau.
Hurtel (Félix).
Gousseaux (Jean).

Domestiques.

Adnet (Charles), d'Antibes, mort le 19 janvier 1782.
Le Galle (Michel), de Lannion.
Menesguen (Antoine), de Brest.
Ménage (François), de Ploermel.
Robert (Nicolas), de Tréguier.
Neri (Philippe), de Lyon.
Le Gonidec (Yves), de Lannion.
Pichon (Jacques), de Vannes.
Frégimont (Gabriel), de Bordeaux.

C.F. COMTE DE ROCHAMBEAU.
Lieutenant Général des Armées du Roy
Commandant l'Armée Françoise en Amérique.

ESCADRE DU COMTE DE TERNAY

(ARMÉE DE ROCHAMBEAU)

CHARLES-HENRI D'ARSAC, dit le Chevalier DE TERNAY

Mort en Amérique le 15 décembre 1780, Chef d'escadre.

LE DUC-DE-BOURGOGNE

(1780 à 1783)

M. le Chevalier DE TERNAY, Chef d'escadre, Commandant; — M. DESTOUCHES, Brigadier des armées navales, Commandant; M. le Comte DE BARRAS, Chef d'escadre, Commandant.

ÉTAT-MAJOR

CHEFS D'ESCADRE

Le Chevalier de **TERNAY**, Commandant, mort le 15 décembre 1780.
DESTOUCHES, brigadier des armées navales, Commandant.
Le Comte de **BARRAS**, Commandant.
D'ESPINOUSE, Commandant.

CAPITAINES DE PAVILLON

De **MEDINE**.
De **CHAMPMARTIN**.

CAPITAINES EN SECOND

De la **VICOMTE**.
De **CHARRITTE**.

LIEUTENANTS DE VAISSEAU

DELERONDEL.
De **GRANCHAIN**.
Le Comte de **CAPELLIS**.
De **FERRIERES**.
De **CHABOT**.
De **KERMORIAL**.
DUMOULIN.
De **CAUX**.
D'ALPHERAN.
De **MESNARD**.
De **MENOU**.
DOUVILLE, Américain.
FISKER, Danois.
BILL, Danois.

CAPITAINES DE BRULOT

Des **LOGES**.
CARRO.
De **BERTHELOT**.
De **MAISONEUVE**.

ENSEIGNES DE VAISSEAU

SAULNIER.
BAUDRAN, mort à bord le 5 août 1780.
De **SAINT-VINCENT** (Robert).
SCOT.
VIS-DE-LOUP, mort à l'hôpital du Fort-Royal le 30 avril 1782.
De **GOESBRIANT**.
DAIGREMONT.
De **BELLEGARDE**.
De **MONTBADON**.
D'IMBERT.
De **PINSUM**.

LIEUTENANTS DE FRÉGATE

BUSSON.
VILLEGRIS.
SALAMBIER.
Du **PINQUERRE-PANOL**, de Guingamp.
BUSSIERE.
LEMOINE.
De la **GARDE**.
DARTON de **MONTBAS**.
DELMOTHE.
OUVELY.

CHIRURGIENS-MAJORS

LARAT.
BONNIN.
LEGER.

AUMONIERS

QUERUESLE (R. P.).
MEURNAY (abbé).

GARDES DE LA MARINE

De **CHABOT**, mort à bord le 16 janvier 1781.
LAROCHE SAINT-ANDRE-DE-GANUCHERE.
De la **ROCHEFOUCAULD**.
De **VILLEBRUNE**.
De la **HOUSSAYE**.
De **LIGNY**.
De la **GUERIVIERRE**.
PIGNIERRE.
MORELLE de la **CARBONNIERE**.
DEFAROUIL-DES-FORGES.

PILOTES AMÉRICAINS

Bernich (Samuel), de Boston.
Sillingaste (William), de Boston.
Daggeth (William), de Boston.
Delano (Calvin), de Boston.
Vincent, de Boston.

VOLONTAIRES D'HONNEUR

Lochouarn.
Montrille.
Pignol (Alexandre).
La Neuville.
Charpentier.
Desloges de Kerouvel.

Officiers-mariniers de manœuvre.

Robic (Louis), premier maître, de Lorient.
L'Official (Paul), premier maître, de Brest.
Romieux (Antoine), premier maître, de Toulon.
Blin (Marc), second maître, de Saint-Malo.
Mahé (Jean), second maître, de Nantes.
Moulinary (André), second maître, de la Ciotat.
Le Coat (Hamon), second maître, de Brest.
Collin (Jean-Marie), contremaître, de Brest.
Cottin (Joseph), contremaître, de Lorient.
Maheu (Adrien), contremaître, de Fécamp.
Siffard (Jean), contremaître, de la Seyne.
Perchepied (Emmanuel), contremaître, du Havre, mort à bord le 13 avril 1782.
Valteau (Louis), bosseman, de Saint-Malo.
Brigand (Jacques), bosseman, de Dunkerque, mort au Fort-Royal le 19 juin 1782.
Robine (Ollivier), bosseman, de Granville.
Lecomte (Jean-Baptiste), bosseman, du Havre.
Gail (Jean), bosseman, de Toulon.
Mulotin (Victor), bosseman, de Fécamp.
Guilehet (Michel), bosseman, de Quimper.
Pannier (Gilles), bosseman, de Granville, mort à la mer le 10 avril 1782.
Chaouenne (Buduc), quartier-maître, du Conquet.
Mercier (Jean-François), quartier-maître, de Morlaix.
Le Roux (Pierre), quartier-maître, de Morlaix.

Perron (Michel), quartier-maître, de Saint-Brieuc, mort à bord le 10 novembre 1782.

Gauchy (Jean-Jacques), quartier-maître, de Rouen.

David (Julien), quartier-maître, de Nantes.

Outré (Jacques), quartier-maître, de Saint-Malo.

Bauchai (Jean), quartier-maître, de Saint-Malo.

Vians (Claude), quartier-maître, de Toulon.

Malejac (André), quartier-maître, de Brest.

Kérézéon (Jean-Marie), quartier-maître, de Brest.

Ledec (Guillaume), quartier-maître, de Brest.

Henri (André), quartier-maître, de Brest, tué au combat du 9 avril 1782.

Pierre (Jean-François), quartier-maître, de Dieppe.

Potel (Martin), quartier-maître, de Bayonne.

Marquebouquet (Pierre), quartier-maître, de Rouen.

Vilette (Pierre), quartier-maître, d'Agde.

Cambon (Jean), quartier-maître, d'Agde.

Durand (Etienne), quartier-maître, de Narbonne.

Barbier (Jacques), quartier-maître, des Sables-d'Olonne.

Jamonneau (Jean), quartier-maître, de Nantes.

Mouillé (Mathurin), quartier-maître, de Nantes.

Lefranc (André), quartier-maître, de Saint-Malo.

Roua (Jean), quartier-maître, de Dieppe.

Mahou (Julien), quartier-maître, de Lorient.

Deraison (Michel), quartier-maître, de Morlaix.

Le Landais (Pierre), quartier-maître, de Dinan.

Officiers-mariniers de pilotage.

Delmothe (Jean), premier pilote, de Brest.

Alliès (Charles), premier pilote, de Brest.

Dréanon (Yves), premier pilote, de Nantes.

Leclerc (Louis), second pilote, de Paris.

Le Poultais (Jacques), second pilote, de Granville.

Froment (Jean-Baptiste), second pilote de Rouen.

Yven (Jean), aide-pilote, de Brest.

Mamineau (Pierre), aide-pilote, de Brest.

Gardin (Jean), aide-pilote, de Honfleur.

Raguideau (Pierre), aide-pilote, de Nantes.

Desagenaux (Joseph), aide-pilote, de Nantes.

Proustaud (Raimond), aide-pilote, de Nantes.

Officiers-mariniers de canonnage.

Duval (Servan), maître canonnier, de Saint-Malo.

Darré (Pierre), maître canonnier, de Rouen.

Guéroux (Noël), maître canonnier, du Havre.

Malherbe (Jean), maître canonnier, du Havre.

Thomas (Jean), maître canonnier, de Lorient.

Lemoing (Guillaume), second canonnier, de Brest.

Hamelin (Pierre), second canonnier, de Granville.

Riche (François), second canonnier, de Toulon.

Duchesne (Alexandre), second canonnier, de Saint-Valéry-en-Saône.

Raffin (Pierre), second canonnier, de Lorient.

Lebègue (Yves), aide-canonnier, de Brest.

Kerouel (Yves), aide-canonnier, de Brest.

Lemoine (Pierre), aide-canonnier, de Brest.

Fossey (Casimir), aide-canonnier, de la Hougue.

Boccage (Pierre), aide-canonnier, de la Hougue.

Fleury (Jean), aide-canonnier, de la Hougue, mort à l'hôpital de Fort-Royal le 22 mai 1782.

Vacescarpe (Nicolas), aide-canonnier, de Lorient.

Duvivier (Quintin), aide-canonnier, de Lorient.

Bernard (Anselme), aide-canonnier, de Dieppe.

Lavache (Guillaume), aide-canonnier, de Dieppe.

Auguet (Etienne), aide-canonnier, de Dieppe.

Guérin (Jean-Baptiste), aide-canonnier, de Dieppe.

Cordier (Jacques), aide-canonnier, de Dieppe, mort à la mer le 6 septembre 1780.

Quintin (Thomas), aide-canonnier, de Saint-Malo.

Coutté (Marc), aide-canonnier, de Saint-Malo, mort au Fort-Royal le 8 juin 1781.

Leport (Thomas), aide-canonnier, de Saint-Malo.

Largouet (Jean), aide-canonnier, de Vannes.

Collas (Jean), aide-canonnier, de Granville.

Larchon (Pierre), aide-canonnier, de Granville.

Desroches (Georges), aide-canonnier, de Granville.

Lecoupé (Jean-François), aide-canonnier, de Granville, mort à bord le 24 juin 1782.

Mallet (Julien), aide-canonnier, de Granville, mort à la mer le 14 juin 1780.

Gibon (Philippe), aide-canonnier, de Fécamp.

Cypierre (François), aide-canonnier, de Fécamp, mort à la mer le 14 juillet 1780.

Raimond (Jean), aide-canonnier, de Cherbourg.

Rault (François), aide-canonnier, de Cherbourg.

Latour-Cariou (Guy), aide-canonnier, de Quimper.

Elouet (Bertrand), aide-canonnier, de Quimper, mort à l'hôpital le 9 avril 1781.

Perron (Pierre), aide-canonnier, de Belle-Isle.

Pacot (Nicolas), aide-canonnier, de Dinan.

Chouquet (Louis), aide-canonnier, de Rouen.

Delmothe (François), aide-canonnier, de Brest.

Schmitz (Joseph), aide-canonnier, de Brest.

Jain (Jean-Baptiste), aide-canonnier, de Dunkerque.

Leprestre (François), aide-canonnier, de Dunkerque.

Le Doux (Antoine), aide-canonnier, de Boulogne, mort à l'hôpital le 11 octobre 1782.

Hautemanière (Etienne), aide-canonnier, de Dieppe.

Saumelas (Pierre-Suzard), aide-canonnier, d'Arles.

Angoumar (André), aide-canonnier, du Havre.

Bucheris (Pierre), aide-canonnier, de Royan.

Garrigue (Barthélemy), aide-canonnier, de Bordeaux.

Valteau (François), aide-canonnier, de Saint-Malo.

Tallemond (François), aide-canonnier, de Lorient, mort à bord le 6 octobre 1781.

Officiers-mariniers de charpentage.

Sarsiron (Charles), maître charpentier, de Brest.

Graffard (Joseph), second charpentier, de Saint-Malo.

Lesteven (Jean-Louis), aide-charpentier, de Brest.

Lemaux (Guillaume), aide-charpentier, de Lorient.

Languy (Barthélemy), aide-charpentier, de Bordeaux.

Deliesne (Félix), aide-charpentier, du Havre, mort à bord le 28 février 1783.

Officiers-mariniers de calfatage.

Morvan (François), maître calfat, de Brest.

Modeste (Hamon), second calfat, de Brest.

Tourneur (Julien), second calfat, de Granville.

Loy (François), second calfat, de Saint-Brieuc.

Rohan (Marc), second calfat, de Brest, mort à la mer le 11 août 1782.

Yvon (Jacques), aide-calfat, de Granville.

Lestiédau (Jean), aide-calfat, de Brest.

Peton (Jacques), aide-calfat, de Brest.

Tanguy (Allain), aide-calfat, de Brest.

Legal (Antoine), aide-calfat, de Brest.

Ro (François), aide-calfat, de Saint-Brieuc.

Gabillard (Louis), aide-calfat, de Dinan.

Officiers-mariniers de voilerie.

Fiolet (Aubin), maître voilier, de Lorient.

Niel (Emmanuel), second voilier, du Havre.

Boudan (Jean-Joseph), aide-voilier, de Saint-Malo.

Poupinet (Jean), aide-voilier, de Brest.

Gabiers et Timoniers.

Bougeart (Etienne), de Saint-Brieuc.

Thomas (François), de Saint-Brieuc.

Gauthier (Joseph), de Saint-Brieuc.

Roussel (Pierre), de Saint-Brieuc, mort à l'hôpital du Fort-Royal le 15 juin 1782.

Savari (Etienne), de Granville.

Rabasse (Antoine), de Granville.

Fougeray (Ollivier), de Granville.

Severne (François), de Granville.

Lemonnier (Jean-Baptiste), de Honfleur.

Lemonnier (Louis), de Dinan.

Deschamps (Adrien-Saint), de Fécamp.

Le Dué (Nicolas), du Havre.

Pasturelle (Noël), de Saint-Malo.

Huet (Allain), de Saint-Malo.

Gravé (Jean-François), de Belle-Isle, tué au combat du 12 avril 1782.

Labate (Jean-Baptiste), de Dunkerque.

Herpeu (Jean-Baptiste), de Quimper.

Audren (Joseph), de Quimper.

Ergo (Jean-Marie), du Croisic.

Hurtelle (Nicolas), de Saint-Valéry-sur-Somme.

Leblond (Jean-Baptiste), de Rouen.

Girard (François), de Muzilac.

Leroy (Gabriel), de Brest.

Goubaud (Michel), de Brest.

Barillet (Pierre), de Vannes.

Boucher (Jacques), de Dieppe, mort à l'hôpital du Fort-Royal le 29 juin 1782.

Norret (Jacques), de Dieppe.

Levallois (Isaac), de Cherbourg.

Lebrun (Nicolas), de Morlaix.

Matelots.

Froust (Joseph), de Brest.

Daniélou (Jean), de Brest.

Quérouas (Michel), de Brest.

Rollin (Jean), de Brest.

Chopin (François), de Brest.

Morin (François), de Brest.

Mezaire (Joachim), de Brest, mort à l'hôpital du Fort-Royal le 18 juin 1782.
Licorsset (Jean), de Brest.
Guilheurdin (Pierre), de Rennes.
Albert (Jean), de Rennes.
Nicole (Gilles), de Rennes, mort à la mer le 4 octobre 1781.
Lebras (Hervé), de Brésalle (près Landerneau), mort à bord le 27 octobre 1782.
Morelle (Laurent), d'Embrun.
Etienne (Julien), de Vannes.
Calonec (Guillaume), de Vannes.
Lemagnan (Guimelle), de Vannes.
Morvan (Julien), de Vannes.
Dérian (Henri), de Vannes.
Marzin (François), de Morlaix.
Lebrun (Yves), de Morlaix.
Quémeneur (Jacques), de Morlaix.
Lauger (Nicolas), de Morlaix.
Tanguy (Guy), de Morlaix.
Masson (François), de Morlaix.
Jégoux (Guillaume), de Morlaix.
Mériadec (Guillaume), de Morlaix.
Olivier (Noël), de Morlaix.
Primot (Jean), de Morlaix.
Goulen (François), de Morlaix.
Cambrai (Bernard), de Morlaix, mort à l'hôpital du Fort-Royal le 13 juin 1782.
Leroux (Yves), de Lambézellec.
Lafonte (Paul), de Quimper.
Le Guluche (Guillaume), de Saint-Brieuc.
Malcava (François), de Saint-Brieuc.
Querro (Jean), de Saint-Brieuc.
Barras (Julien), de Saint-Brieuc.
Lefol (Louis), de Saint-Brieuc.
Rehel (Jean), de Saint-Brieuc.
Carla (Eugène), de Saint-Brieuc.
Pansart (Pierre), de Saint-Brieuc.
Chapelain (Jean), de Saint-Brieuc.
Darlot (René), de Saint-Brieuc.
Régnier (Jacques), de Saint-Brieuc.
Caurouge (Olivier), de Saint-Brieuc.
Robert (Louis), de Saint-Brieuc, mort à l'hôpital du Fort-Royal le 31 décembre 1781.
Hamond (Yves), de Saint-Brieuc, mort à la mer le 2 avril 1783.
Videment (François), de Saint-Brieuc, mort à la mer le 21 juin 1780, à la suite de ses blessures.
Daniel (François), de Saint-Brieuc.
Poussain (Jacques), de Saint-Brieuc.
Rebour (Lucas), de Saint-Brieuc.
Guilhermon (Jean), de Saint-Brieuc.
Lebas (Alexis), de Saint-Brieuc, mort à la mer le 12 juillet 1782.
Viausan (Jean-François), de Saint-Malo.
Jouan (Augustin), de Saint-Malo.
Dubreuil (Julien), de Saint-Malo.
Gilbert (Louis), de Saint-Malo.
Latruite (Guy), de Saint-Malo.
Lebreton (Guillaume), de Saint-Malo.
Martin (Pierre), de Saint-Malo.
Mesnard (Guillaume), de Saint-Malo.
Duval (Louis), de Saint-Malo.
Lainé (Gilles), de Saint-Malo.
Hesnaut (Pierre), de Saint-Malo.
Mabille (Thomas), de Saint-Malo.
Leboiteux (Ollivier), de Saint-Malo.
Auger (François), de Saint-Malo, mort au Fort-Royal le 17 avril 1781.
Leredde (Pierre), de Saint-Malo, mort à bord le 1er juillet 1782.
Buisson (Malo), de Saint-Malo, tué au combat du 12 avril 1782.

Bédouin (Guillaume), de Saint-Malo.
Quintin (René), de Saint-Malo.
Lefrançois (Joseph), de Saint-Malo.
Coursier (René), de Saint-Malo.
Labbé (Julien), de Saint-Malo.
Turpin (Michel), de Saint-Malo.
Corbinec (Julien), de Saint-Malo.
Mousson (Julien), de Saint-Malo.
Loiseau (Charles), de Saint-Malo.
Blin (Jean), de Saint-Malo.
Duval (Josselin), de Saint-Malo.
Guillauto (François), de Saint-Malo.
Girard (Marc), de Saint-Malo.
Morgan (Gonloin), de Saint-Malo.
Folignier (Antoine), de Saint-Malo.
Le Grout (Jean), de Saint-Malo.
Bouvet (François), de Saint-Malo.
Henry (Michel), de Saint-Malo.
Pinceraux (Charles), de Dinan.
Bodin (Guillaume), de Dinan.
Perrès (Jean), de Dinan.
Richard (Jean), de Dinan.
Laurent (Jean), de Dinan.
Gauthier (Jean), de Dinan.
Nourri (Jean), de Dinan.
Lemoine (Louis), de Dinan, mort à l'hôpital du Fort-Royal le 18 octobre 1782.
Hervé (Jacques), de Dinan, mort à la mer le 16 juillet 1782.
Duguen (Pierre), de Dinan, mort à l'hôpital du Fort-Royal le 16 juin 1782.
Pépin (Jean), de Dinan.
Romy (Jacques), de Dinan.
Crigniard (André), de Dinan.
Hamond (Pierre), de Dinan.
Dallet (Jean), de Saint-Malo.
Lemesle (René), de Quimper.
Poilot (Noël), de Quimper.
Furie (Marc), de Quimper.
Capitel (Guillaume), de Quimper.
Lemarec (Louis), de Quimper.
Costiou (Louis), de Quimper.
Capitel (Corentin), de Quimper.
Leroux (Jacques), de Quimper.
Compez (Vincent), de Quimper.
Guiziou (Riaga), de Quimper, mort à l'hôpital le 6 août 1781.
Scouarnec (Jacques), de Quimper.
Boloré (Jean), de Quimper.
Sauban (Marc), de Quimper.
Olivier (Etienne), de Quimper.
Furie (Nicolas), de Quimper.
Bidan (Jean), de Quimper.
Robigoux (Pierre), de Quimper.
Tanguy (Jean), de Quimper.
Guillemme (Mathieu), de Quimper, mort à l'hôpital du Fort-Royal le 7 septembre 1782.
Quintin (Louis), de Quimper.
Lebail (Antoine), de Quimper.
Tréguyer (Mathieu), de Quimper.
Berrou (Yves-François), de Quimper, mort à l'hôpital du Fort-Royal le 22 mai 1782.
Taniou (Nicolas), de Quimper, mort à bord le 23 juin 1782.
Bouller (Noël), de Quimper.
Férellec (Pierre), de Quimper.
Ninon (François), de Quimper.
Baisecon (Maurice), de Quimper.
Leseiguillon (Louis), de Quimper.
Omnès (Jean-Marie), de Quimper.
Cotonec (Guillaume), de Quimper.
Boitelle (Blaise), de Belle-Isle-en-Mer.

L'Huissier (Jacques), de Belle-Isle-en-Mer.
Tonnerre (Bruno), de Lorient.
Robinec (Joseph), de Lorient.
Legal (Joseph), de Lorient.
Ricousse (Gilles), de Lorient.
Tallonedec (Pierre), de Vannes.
Painbeni (Louis), de Lochrist (Hennebont), mort au Fort-Royal le 12 avril 1782.
Juhel (Mathieu), de Port-Louis.
Lessar (Jean), de Port-Louis.
Carré (Jean), de Nantes, mort à la mer le 12 avril 1782.
Robin (François), de Nantes, mort à l'hôpital le 1er février 1782.
Bunelle (Jean), de Caen, mort à bord le 1er mai 1782.
Bourgeois (Louis), de Nantes.
Canard (Jacques), de Nantes.
Mesnil (Julien), de Redon.
Olive (Jacques), de Nantes.
Cormico (Jean), de Nantes.
Thibaudeau (Pierre), de Nantes.
Haché (Jean-Baptiste), de Nantes.
Geoffret (Pierre), de Nantes.
Guillaume (René), de Nantes, mort à la mer le 16 avril 1782.
Bâtard (Christophe), de Nantes.
Etienne (Pierre), de Nantes.
Gérault (Renaud), de Nantes.
Mahé (Joseph), de Nantes.
Joyeux (Philibert), de Nantes.
Teissier (Pierre), de Nantes.
Picho (Jean), de Nantes.
Moyon (Joachim), de Nantes.
Durouvois (Aimable), du Havre.
Toutain (Joseph), du Havre.
Estève (Antoine), du Havre.
Auger (David), du Havre.
Rohais (Nicolas), du Havre.
Lepetitpas (Jacques), du Havre.
Boissel (Charles), de Honfleur.
Gouyer (François), de Honfleur.
Pilaste (Laurent), de Honfleur.
Alix (Augustin), de Honfleur.
Hermé (Modeste), de Honfleur, mort à la mer le 14 avril 1782.
Prestaud (Charles), de Dieppe.
Idemer (Denis), de Dieppe.
Vallé (Nicolas), de Dieppe.
Hennin (François), de Dieppe, mort à l'hôpital le 26 décembre 1781.
Fromentin (Nicolas), de Dieppe, mort à l'hôpital le 17 août 1780.
Clémence (Vincent), de Dieppe.
Duharnois (Jacques), de Dieppe, mort au Fort-Royal le 23 février 1781.
David (Adrien), de Dieppe.
Giffard (Nicolas), de Dieppe.
Clémence (Charles), de Dieppe.
Ancelle (Nicolas), de Dieppe.
Agué (Jean-Baptiste), de Dieppe.
Laumé (Pierre), de Dieppe.
Leblond (Nicolas), de Dieppe.
Dubois (Jean), de Dieppe.
Vasselin (Antoine), de Dieppe, mort à l'hôpital du Fort-Royal le 30 octobre 1782.
Joly (Louis), de Dieppe.
Billoquet (Augustin), de Dieppe.
Bruneval (Michel), de Dieppe.
Compiègne (Antoine), de Dieppe, tué au combat du 12 avril 1782.
Langevin (Gabriel), de Dieppe.
Picot (François), de Dieppe.

Lecoufle (Augustin), de Dieppe.
Roussel (Dominique), de Dieppe.
Roussel (Pierre), de Dieppe.
Gavard (Denis), de Dieppe.
Fily (Nicolas), de Dieppe.
Catelin (Jacques), de Dieppe.
Lavache (Guillaume), de Dieppe.
Desroués (Charles), de Dieppe.
Hérissé (Hubert), de Dieppe.
Leblond (Michel), de Dieppe.
Mogno (Louis), de Dieppe.
Planque (Augustin), de Dieppe.
Thuillier (Jean-Charles), de Fécamp, mort à la mer le 6 juillet 1782.
Richard (Michel), de Fécamp.
Calbrix (Jean), de Fécamp.
Auzou (Simon), de Fécamp.
Normand (Emmanuel), de Fécamp, mort à la mer le 2 juillet 1780.
Besnard (Nicolas), de Fécamp.
Lecœur (Adrien), de Fécamp.
Tiercelin (Jacques), de Fécamp, tué au combat du 12 avril 1782.
Thierry (Jean), de Fécamp, mort à l'hôpital du Fort-Royal le 29 janvier 1782.
Noix (Jean-Baptiste), de Fécamp.
Barré (Louis), de Fécamp.
Lefèvre (Barnabé), de Fécamp.
Etienne (Nicolas), de Fécamp.
Cyprien (Adrien), de Fécamp, mort au Fort-Royal le 8 septembre 1782.
Legros (Philippe), de Fécamp, mort à l'hôpital du Fort-Royal le 29 mars 1782.
Gaillardon (Guillaume), de Fécamp, mort à la mer le 14 avril 1782.
Imbaud (Louis), de Fécamp, mort à la mer le 27 juillet 1780.
Bocquet (Jean-Baptiste), de Fécamp.
Pupin (Nicolas), de Fécamp.
Martin (Charles), de Fécamp.
Renaud (Louis), de Rouen.
Grout (Charles), de Rouen.
Marette (Louis), de Rouen.
Tougeart (Félix), de Rouen.
Huart (Théodore), de Rouen, mort à la mer le 12 avril 1782.
Lefort (Pierre), de Rouen.
Frémond (Pierre), de Rouen.
Frémond (Hyacinthe), de Rouen, mort à la mer le 16 mars 1781.
Coulon (Guillaume), de Rouen, blessé à la jambe au combat du 12 avril 1782.
Quémin (Jean-Baptiste), de Rouen.
Gancelle (Adrien), de Rouen.
Armand (Joseph), de Rouen.
Chauvin (François), de Rouen.
Rabardie (Thomas), de Rouen.
Delavigne (Noël), de Rouen.
Allais (Gabriel), de Rouen.
Levreux (François), de Rouen, mort à bord le 5 octobre 1780.
Moulin (Pierre), de Cherbourg.
Potel (Jacques), de Cherbourg.
De la Lée (Nicolas), de Cherbourg.
Lecomte (Thomas), de Cherbourg.
Anquetil (Alexandre), de Cherbourg.
Letellier (Daniel), de Cherbourg.
Lemierre (Jean-Baptiste), de Cherbourg.
Lejeune (François-Germain), de Cherbourg, mort à bord le 25 juin 1782.
Mesnil (Charles), de Cherbourg.
Colin (Pierre), de Cherbourg.
Gervais (Bon), de la Hougue.
Gosselin (Jean-François), de la Hougue.
Gosselin (Jacques), de la Hougue.
Hébert (Jean), de la Hougue.
Corbec (Nicolas-Jean), de la Hougue, mort à la mer le 9 août 1782.
Sanbal (Jean), de la Hougue.
Valette (Jean-Baptiste), de la Hougue, mort à l'hôpital du Fort-Royal le 22 avril 1782.
Malenfant (Georges), de Granville.
Dupont (Jean), de Granville.
Hamelin (Pierre), de Granville.
Elie (Barthélemy), de Granville.
L'Hermite (Jean), de Granville.
Lebas (Charles-François), de Granville, mort à l'hôpital le 29 mai 1781.
Esnol (Jean), de Granville, mort à la mer le 31 août 1780.
Daniel (Vincent), de Granville, mort à la mer le 13 avril 1783.
Simon (Denis), de Granville, mort à la mer le 13 juillet 1782.
Henri (Jean), de Granville.
Brière (François), de Granville.
Langrome (Nicolas), de Granville.
Fautrel (François), de Granville.
Hades (Julien), de Granville.
Gaverand (François), de Granville.
Dufresne (Georges), de Granville.
Bouteloup (Julien), de Granville.
Follin (Luc), de Granville.
Hervieux (Jean), de Granville.
Duchesne (Georges), de Granville.
Lenormand (Jean), de Granville.
Lebasle (Jean-Marie), de Granville.
Bauchet (Jacques), de Granville.
Brière (Nicolas), de Granville.
Néelle (Louis), de Granville.
Desbois (Georges), de Granville.
Couillard (Gilles), de Granville.
La Louet (François), de Granville.
Lecourt (Jean-Pierre), de Granville, mort à la mer le 14 janvier 1782.
Chales (François), de Granville.
Faudemer (Louis), de Granville.
Galliot (Jean), de Granville, mort à l'hôpital du Fort-Royal le 5 mai 1782.
Lerendû (Charles-François), de Granville, mort au Fort-Royal le 4 avril 1782.
Le Songeur (Pierre), de Granville, mort à la mer le 16 avril 1782.
Levicaire (Jean), de Granville, mort à l'hôpital le 23 septembre 1780.
Thomas (Georges), de Granville.
La Loy (Michel), de Granville.
Coquet (Jean), de Granville.
Norrais (Jacques), de Granville.
Durelle (Jacques), de Granville.
Esnol (Jacques), de Granville, mort au Fort-Royal le 4 avril 1781.
Debreuil (Nicolas), de Granville.
Thomas (Julien), de Granville.
Duval (Nicolas), de Granville.
Duval (Jean-Baptiste), de Granville.
Lemassû (Alexis), de Granville.
Le Gentil (François), de Granville.
Erard (Jacques), de Granville.
Hervieux (Jean-Baptiste), de Granville, mort à l'hôpital le 22 juin 1781.
Gire (François), de Granville, mort à l'hôpital le 26 avril 1781.
Roussel (François), de Granville.
Nouvel (Pierre), de Granville.
Potel (Nicolas), de Granville.
Goubin (Pierre), de Granville.
Richard (Joseph), de Granville.
Pillet (Michel), de Granville.
Le François (Lo), de Granville.
Lecuir (Guillaume), de Granville.
Petel (Joseph), de Granville.
Petel (Jean-Baptiste), de Granville.
Gosselin (Germain), de Granville.
Gosselin (Louis), de Granville.
Elie (François-Pierre), de Granville, mort à bord le 13 mai 1781.
Daubré (Nicolas), de Granville, mort au Fort-Royal le 20 août 1783.
Raisin (Louis), de Granville.
Lannois (Antoine), de Granville.
Daubré (Claude), de Granville.
Prieur (Guillaume), de Granville.
Groult (Jean-Baptiste), de Granville.
Piton (Pierre), de Granville.
Guilbert (Jean-Pierre), de Granville.
Le Boutellier (Jacques), de Granville, mort à bord le 6 juillet 1781.
Jeanne (Paul), de Granville.
Lenoir (Guillaume), de Granville.
Lebreton (Philippe), de Granville.
Lelièvre (Jacques), de Granville.
Chapedelanne (Gilles), de Granville.
Laplanche (Jean), de Lanvellec, tué au combat du 12 avril 1782.
Damonneville (Théodore), de Dunkerque.
Vadoux (Bernard), de Dunkerque.
Lavallée (Pierre), de Dunkerque.
Lefèvre (Marin), de Dunkerque.
Dehuelfe (Léonard), de Dunkerque.
Vadoux (Antoine), de Dunkerque, tué au combat du 12 avril 1782.
Haudouart (Jean), de Calais.
Brucher (Antoine), de Boulogne-sur-Mer.
Juclet (Nicolas), de Boulogne-sur-Mer.
Prévost (Nicolas), de Boulogne-sur-Mer.
Bruneau (Antoine), de Boulogne-sur-Mer.
Lemaire (François), de Boulogne-sur-Mer.
Moreau (Jean), de Marmande.
Poirier (Henri), de Marmande, mort à l'hôpital du Fort-Royal le 2 juin 1782.
Delbret (François), de Cette.
Hucabouris (Jean), de Saint-Jean-de-Luz.
Hélivarenne (Martin), de Saint-Jean-de-Luz.
Héguy (Jean), de Saint-Jean-de-Luz.
Cassenauve (Pierre), de Saint-Jean-de-Luz.
Luette (Bernard), de Saint-Jean-de-Luz.
Josselin (Jean-Baptiste), de la Rochelle.
Brandais (Jean), de la Rochelle.
Chauvin (Pierre), de la Rochelle.
Bréaux (Augustin), de la Rochelle.
Dumenne (Jean), de la Rochelle.
Gibouin (Guillaume), de l'Ile de Ré.
Malherbe (Guillaume), d'Oléron.
Arrivé (Jean), d'Oléron.
Larrives (Jean), d'Orléans.
Gras (Jean-Jacques), de Toulon.
Becq (François), de Toulon.
Tournière (Bernard), de Toulon.
Gerry (Etienne), de Toulon.
Aubaille (Pierre), de Marseille.
Rousse (André), de Marseille.
Flotte (Louis), de Marseille.
Signon (Toussaint), de Marseille.
Riquier (Joseph), de la Ciotat.
Pain (Louis), de la Ciotat.
Bourilon (Etienne), d'Arles.
Bonnet (Jacques), d'Arles.
Laure (Antoine), d'Antibes.
Domasse (Pierre), de Cannes.

Vanerre (Pierre), de Cannes.
Pascal (Pierre), de Bordeaux.
Dillet (Jean), de Bordeaux.
Lespinasse (Jacques), de Bordeaux.
Clairsial (Antoine), de Bordeaux.
Dabre (Antoine), de Bordeaux.
Fabre (Michel), de Bordeaux.
Tichenay (Jean), de Bordeaux.
Voisin (Jean-Baptiste), de Bordeaux.
Serveau (Jean), de Bordeaux.
Flajolet (François), de Libourne.
Denesse (Jean), de Libourne.
Gaupil (François), de Libourne.
Jussione (Louis), de Libourne.

Novices.

Bouvier (Richard), de Dieppe.
Arcanville (Jacques), de Dieppe.
De L'Epine (François), de Dieppe.
David (Nicolas), de Dieppe, mort à la mer le 5 août 1781.
Montaigu (Jean), de Caen.
Vautier (Louis), de Caen.
Legal (François), de Quimperlé.
Delaune (Jacques), de Granville.
Chenay (Gilles), de Granville, mort à bord le 30 mars 1781.
Hartelle (Jean-Louis), de Cherbourg, mort à bord le 18 septembre 1782.
Prat (Jean), de Montauban.
Audrin (Marc), de Quimper.
Jacob (Guillaume), de Quimper, mort à l'hôpital du Fort-Royal le 28 juillet 1782.
Rayé (Martin), de la Hougue.
Langlois (Christophe), de Paris.
Rousseau (Denis), de Paris.
Tubœuf (Jean), de Paris.
Beaupré (Pierre), de Paris.
Aubré (Jean), de Paris.
Paris (Jean), de Paris.
Coquille (Henri), d'Auxerre.
Sautier (François), de Dinan.
Nourry (Jean), de Dinan.
Chicouane (Jean), de Dinan.
Marchais (François), de Dinan.
Racinet (Jean), de Dinan.
Mesnier (Mathurin), de Dinan, mort à bord le 15 août 1782.
Tourte (Pierre), du Havre.
Toutain (Martin), du Havre.
Fidélin (Nicolas), du Havre, mort à la mer le 24 juillet 1780.
Guérard (Pierre), du Havre.
Chandellier (Pierre), de Fécamp.
Gilles (Nicolas), de Fécamp.
La Chèvre (Jacques), de Fécamp.
Chicot (Jean), de Fécamp.
Delamarre (François), de Fécamp, mort à la mer le 29 juin 1780.
Acard (Louis), de Fécamp.
Prévost (Jean), de Fécamp, mort à bord le 3 septembre 1780.
Boivin (Georges), de Fécamp.
Désautés (Claude), de Fécamp, mort à la mer le 5 juillet 1780.
Lange (Charles), de Fécamp.
Blondel (Nicolas), de Fécamp.
Rose (Pierre), de Fécamp.
Jugand (Nicolas), de Fécamp, mort à la mer le 31 août 1781.
Perrès (François), de Dinan.
Giot (Jacques), de Cherbourg.
Leseine (Pierre), de Cherbourg.
Amelin (Michel), de Cherbourg, mort à l'hôpital du Fort-Royal le 16 décembre 1782.
Courbaron (Etienne), de Cherbourg.
Martin (Jean), de Cherbourg.
Ney (Jean-Baptiste), de Cherbourg, mort à la mer le 20 juin 1780.
Gervais (René-Léonard), de Cherbourg, mort à la mer le 26 juillet 1780.
Olivier (Jean), de Cherbourg.
Olivier (Pierre), de Cherbourg.
Cosnefroid (Charles), de Cherbourg.
Surcouf (Dominique), de Cherbourg.
Bihel (Antoine), de Cherbourg.
Letellier (Thomas), de Cherbourg.
Lecointre (Jean-Baptiste), de Cherbourg.
Le Bastard (Félix), de Cherbourg, mort à la mer le 6 décembre 1780.
Lecroiset (Jean), de Cherbourg.
Duval (François), de Cherbourg, mort à bord le 5 janvier 1782.
Leroux (François), de Cherbourg.
Marguery (Jacques), de Cherbourg, mort à bord le 30 janvier 1783.
Blaise (Pierre), de la Hougue.
Leroy (Gabriel), de la Hougue.
De Launay (Nicolas), de la Hougue.
Blondel (Joseph), de la Hougue, mort à la mer le 19 mai 1780.
Billiard (Romain), de la Hougue, mort à l'hôpital le 31 décembre 1781.
Lejeune (François), de Dieppe.
Langlois (Nicolas), de Dieppe.
Laboullaye (Jean-Baptiste), de Dieppe.
Gribouval (François), de Dieppe.
Lombard (Pierre), de Dieppe, mort à la mer le 1er juillet 1780.
Lasnelle (François), de Dieppe.
Leroux (Laurent), de Dieppe.
Lefèvre (Joseph), de Dieppe, mort au Fort-Royal le 17 octobre 1780.
Morin (Claude), de Caen.
Lemierre (François), de Caen.
Girard (Charles), de Caen.
Ledain (André), de Caen.
Le Jeune (François), de Caen.
Certain (André), de Caen.
Niard (Pierre), de Caen.
Lecointre (Pierre), de Caen.
Allain (François-Louis), de Caen, mort de ses blessures le 19 avril 1782.
Grot (Pierre), de Cherbourg.
Bochard (Charles), de Cherbourg.
Hamond (Philippe), de Cherbourg.
Hérout (Jean-François), de Cherbourg.
Vasselin (Jacques), de Cherbourg, mort à la mer le 26 septembre 1780.
Mûlon (Pierre), de Saintes.
Boucher (Jean), de Fécamp.
Lefèvre (Hilaire), de Fécamp.
Asselin (Michel), de Granville.
Loyer (Noël), de Granville.
Guérin (Jean), du Havre.
Mathieu (Louis), d'Orléans.
Terrier (Jacques), d'Orléans.
Duvicaire (Nicolas), de Clamecy.

Surnuméraires.

Monnier (Paul), de Recouvrance.
Lefèvre (Jules), de Nantes.
Prodel (Gabriel), de Saint-Marcelin (Dauphiné).
Laurent (François), de Thionville.
Lebras (Gilles), de Quimper.
Thomassé (Jean), de Brest.
Cauchois (Louis), de Dieppe.
Halaire (François), de Saint-Malo, mort à bord le 12 novembre 1782.
Ropart (François), de Perros-Guirrec, mort à bord le 3 mars 1781.
Lebail (Joachim), de Lorient.
Michelot (Jacques), de Brest.
Loyer (Jean-Baptiste), de Brest.
Kerouason (Guillaume), de Brest.
Juliard (Pierre), de Rochefort.

Mousses.

Giraut (Noël), de Lorient.
Rio (Claude), de Lorient.
Vion (Etienne), de Lorient.
Bello (Jean-Marie), de Lorient, mort à bord le 23 août 1780.
Ringuet (Joseph), de Morlaix.
Augis (François), de Morlaix.
Quémeneur (Yves), de Morlaix, mort à la mer le 20 janvier 1783.
Morvan (Guillaume), de Saint-Brieuc.
Dromendi (Jean), de Saint-Brieuc.
Costiou (Jean), de Saint-Brieuc.
Martin (Pierre), de Saint-Brieuc.
Maujaret (Jean), de Saint-Brieuc.
Letourneur (Claude), de Saint-Brieuc, tué au combat du 12 avril 1782.
Dupont (Jacques), de Granville.
Noël (François), de Saint-Malo.
Furet (Guillaume), de Saint-Malo.
Lainé (Jean), de Saint-Malo.
Bauchel (Alexis), de Saint-Malo.
Leclerc (Guillaume), de Saint-Malo.
Leclerc (Joseph), de Saint-Malo.
Esnou (François), de Saint-Malo.
Leblanc (Julien), de Saint-Malo.
Nicolais (Antoine), de Brest.
Hervé (Gabriel), de Brest.
Colonec (Jean-Baptiste), de Brest.
Lorriquet (Hervé), de Brest.
Lepape (François), de Brest.
Moulec (Jean-Marie), de Brest.
Elliou (Jean), de Brest.
Tromenec (Charles), de Quimper.
Tromenec (André), de Quimper.
Lepage (Jean-Louis), de Quimper.
Dièvre (Charles), de Quimper, mort à l'hôpital le 12 août 1780.
Dufour (Mathurin), de Morlaix.
Bauga (François), de Morlaix.
Genay (Louis), de Lorient.
Bricé (Joachim), de Lorient.
Vrignaut (Gilles), de Lorient.
Dutertre (Jean), de Brest.
Perrin (Pierre), de Brest.
Juffret (Joseph), de Brest.
Signiard (Jérôme), de Brest.
Botorel (Hervé), de Brest.
Audis (Julien), de Brest.
Droult (Maurice), de Caen.
Aze (Louis), de Caen.
Deterville (Julien), de Caen.
Basset (Nicolas), de Caen.
Asmand (François), de Caen.
Robillard (Charles), de Caen.
Etienne (Jean-Baptiste), de Caen.
Lemarchand (Jacques), de Caen.
Robillard (Pierre), de Caen, mort à bord le 26 octobre 1780.
Haliet (Charles), de Saint-Malo.
Brice (Armand), de Saint-Malo.

Vallon (Pierre), de Saint-Malo.
Fontennier (Louis), de Saint-Malo, tué au combat du 9 avril 1782.
Boucher (Pierre), de Rennes.
Lemaire (Joachim), de Landivisiau.
Poulain (Gabriel), du Havre.
Jeannot (Jean), de Saintes.
Savignon (Pierre), de Saintes.
Mario (Jean), de Saintes.
François (Pierre), de Saint-Cloud.

Domestiques.

Leroux (Hervé), de Rouen.
Le Goulet (Jean), de Guingamp.
Chalmy (François), de Laval.
Piquet (Joseph), d'Arras.
Le Tanaf (Claude), de Tréguier.
Sauvage (Pierre), de Saint-Malo.
Martin (Louis), de Valognes.
Gottin (Jean-Louis), de Nantes.
Prieur (Julien), de Lamballe.
Surelle (François), de Loudéac, mort à bord le 11 octobre 1782.
Bouder (Jean-Baptiste), de Marseille.
Gourdan (Jean), de Coutances, mort à bord le 29 juin 1782.
Boinau (Joseph), de la Rochelle.
Bahurde (Pierre), de Toulon.
Rillon (Louis), de Nîmes.
Broutin (André), de la Seyne.

LE JASON

(De mai 1779 à janvier 1781)

M. DE LA MARTHONIE, Capitaine de vaisseau, Commandant.

ÉTAT-MAJOR

CAPITAINES DE VAISSEAU

De la **MARTHONIE**, Commandant.
Le Chevalier **de la LORANCY**.

LIEUTENANTS DE VAISSEAU

De MARTEL-LAINE.
De LORENCY.

ENSEIGNES DE VAISSEAU

De TRUGUET-CADET.
Le Chevalier **de LYLE-CALIAN.**
De CALAMAN.

LIEUTENANTS DE FRÉGATE

BOERY.
GAZAN.
AURELY.
TOLON.
BOUET.
MELCHIOR-VIDAU.
MEOLAN, de Saint-Malo.
RAMARD, de Saint-Malo.
LACAM, de Saint-Malo.
GUILLEMET, de Saint-Malo.

CHIRURGIEN

SALOME.

AUMONIERS

DIDIER (R. P.).
AUDIBERT (Jérôme).

GARDES DE LA MARINE

Le Chevalier **DUQUESNOI.**
LE COMTE.
De MONTMEYAN.
De GUERS.

Officiers-mariniers de manœuvre.

Augias (François), premier maître, de Toulon.
Artigues (Augustin), premier maître, de Toulon, mort le 17 août 1780.
Diaque (Michel), second maître, de Toulon.
Imbert (François), contremaître, de Toulon.
Rose (Jean), quartier-maître, de Marseille.
Janselme (Charles), quartier-maître, de la Ciotat.
Ferraudin (Gaspard), quartier-maître, de Marseille.
Boyer (Joseph), quartier-maître, de la Ciotat.
Sallanau (Henry), quartier-maître, de Toulon.
Dorette (Martin), quartier-maître, de Bayonne.
Vallier (Augustin), quartier-maître, de Marseille.
Ferrat (Jacques), quartier-maître, de Toulon.
Boulet (Joseph), quartier-maître, de Toulon.
Laugier (Alexandre), quartier-maître, de Toulon.
De Terroir (Jourdan-Jean), quartier-maître, de Marseille.
Issautier (Joseph), quartier-maître, de Marseille.
Durand (Jean), quartier-maître, de Marseille.
Figaniere (Antoine), quartier-maître, de Toulon.
Mémier (Pierre), quartier-maître, de Toulon.
Farret (Pierre), quartier-maître, de Marseille.
Brest (Gabriel), quartier-maître, de Marseille.
Lagreou (Onufré), quartier-maître, de Marseille.
Gercy (Jean-Pascal), quartier-maître, de Marseille.
Austry (Bernard), quartier-maître, d'Agde.
Michel (Jean-Antoine), quartier-maître, de Toulon.
Alexis (Jean), quartier-maître, de Marseille.
Beraud (Gaspard), quartier-maître, de Marseille.
Anet (Jean), quartier-maître, de Marseille.
Esteleng (Louis), quartier-maître, de Saint-Tropez.
Barnel (Pierre), quartier-maître, de Toulon.

Officiers-mariniers de pilotage.

Arnaud (Laurent), premier pilote, de Toulon.
Jaumel (Jean), second pilote, de Cette.
Tetu (Jean), aide-pilote, de Saint-Valéry.
Larose (Jean), aide-pilote, de Marseille.
Rivière (Joseph), aide-pilote, de Marseille.
Michelon (Jean), aide-pilote, de la Seyne.
Baudart (Guillaume), aide-pilote, de Rouen.

Officiers-mariniers de canonnage.

Mouraille (Jean), maître canonnier, de Toulon.
Pelletier (Etienne), maître canonnier, de Toulon.
Pelletier (Jean), second canonnier, de Toulon.
Romain (Joseph), second canonnier, de Toulon.
Trouin (Jacques), second canonnier, de Six-Fours.
Decagis (Louis), second canonnier, de Toulon.
Pellabon (Jean), aide-canonnier, de Toulon.
Brancassy (Joseph), aide-canonnier, de Toulon.
Maurel (Louis), aide-canonnier, de Toulon.
Cambaud (Jérôme), aide-canonnier, de Toulon.
Gazan (Jean), aide-canonnier, de Marseille.
Blanc (Joseph-Elie), aide-canonnier, de Marseille.
Lafont (Joseph), aide-canonnier, de Marseille.
Isnard (Jean), aide-canonnier, de Marseille.
Chautard (Thomas), aide-canonnier, de Marseille.
Long (Laurent), aide-canonnier, de Marseille.
Granier (Guillaume), aide-canonnier, de Marseille.
Maunier (Barthélémy), aide-canonnier, de Marseille.
Roux (Jean), aide-canonnier, de Cannes.
Izouard (Mathieu), aide-canonnier, de Marseille.
Chaylan (Jean), aide-canonnier, de Saint-Tropez.
Imbert (Jean), aide-canonnier, de Marseille.
Janselme (Antoine), aide-canonnier, de Cassis.
Marin (Joseph), aide-canonnier, de Marseille.
Pourtaud (Jean-Gaspard), aide-canonnier, de Marseille.
Rabillac (Louis), aide-canonnier, de Cassis.
Bonfort (Jean), aide-canonnier, de Cassis.
Béjardin (Guillaume), aide-canonnier, de Châlons.
Léonard (François), aide-canonnier, d'Arles.
Lion (Philibert), aide-canonnier, d'Arles.

Gir (Antoine), aide-canonnier, de Toulon.
Aunix (Etienne), aide-canonnier, de l'Ile de Ré.
Guignard (André), aide-canonnier, de l'Ile de Ré.
Thual (Jean), aide-canonnier, d'Ouessant.
Ardouin (Pierre), aide-canonnier, de Noirmoutiers, mort le 22 novembre 1779.

Officiers-mariniers de charpentage.

Ollivier (Antoine), maître charpentier, de Toulon.
Marin (Jean), second charpentier, de Toulon.
Thorel (Jacques), aide-charpentier, de Dieppe.
Morel (Jacques), aide-charpentier, de Toulon.
Curet (Laurent), aide-charpentier, de la Seyne.
Charon (Jean), aide-charpentier, de Rochefort.

Officiers-mariniers de calfatage.

Reynoard (Jean), maître calfat, de Toulon.
Gautier (Louis), second calfat, de Toulon.
Rouviere (Barthélémy), second calfat, de Toulon.
Nouveau (Joseph), second calfat, de Toulon.
Bertrand (Joseph), aide-calfat, de Marseille.
Sabot (Louis), aide-calfat, de Granville.

Officiers-mariniers de voilerie.

Durbec (Joseph), maître voilier, de Toulon.
Boissac (François), maître voilier, de Toulon.
Autran (Etienne), aide-voilier, de Martigues.
Violet (Jean), aide-voilier, de Martigues.
Bouet (François), aide-voilier, de Rochefort.

Gabiers.

Flambard (Etienne), du Havre.
David (Jean), de Toulon.
Guiran (Jean), de Toulon, mort le 16 octobre 1780.
Beraud (Gaspard), de Cassis.
Bigonné (Joseph), de Marseille.
Cordeviole (André), de Marseille.
Fabre (Guillaume), d'Agde.
Richard (Marc), de Saint-Tropez.
Courrent (Nicolas), de Grasse.
Guyoneau (Jacques), de Marennes.
Dupré (Pierre), de l'Ile de Ré.
Beaudet (Pierre), de l'Ile de Ré.
Gendron (Germain), de Noirmoutiers.
Guingamp (Jacques), de Nantes.
Potiron (Charles), de Nantes.
Drouillard (Antoine), de Bordeaux.
Ricq (Jacques), de l'Ile de Ré.
Jodet (Etienne), de l'Ile de Ré.
Billou (Jacques), des Sables.
Auger (Louis), de Marennes.
Cantin (François), de Marennes.

Timoniers.

Savoriau (Joachim), de l'Ile de Ré.
Delaurier (Jean), de Blaye.
Lallier (Jean), de Honfleur.
Cottard (Thomas), de Granville.
Boudon (Jacques), de Saint-Tropez.
Blanc (François), de Marseille.

Matelots.

Reboul (Joseph), de Toulon.
Icard (Pierre), d'Hyères.
Martin (Barthélémy), de Toulon.
Bremond (Antoine), d'Hyères.
Brouquier (Jean), de Toulon.
Gasquet (Jean), de Toulon.
Peries (François), de Nice.
Escouffier (François), de Toulon.
Pigeaud (Gaspard), de Toulon.
Toucas (Joseph), de Toulon.
Roussen (Simon), de Toulon.
Sarrazin (Jean), de Rochefort.
Etienne (Pierre), de Six-Fours.
Roch (Jean), de Briançon.
Fabre (Jean), de Six-Fours.
Peyre (François), de la Seyne.
Delui (Louis), de la Seyne.
Castinel (Jacques), de Saint-Tropez.
Olivier (Joseph), de la Garde.
Ricard (Joseph), de la Tour.
Raphard (Tropes), de Saint-Maxime.
Ribbe (Barthélémy), de Saint-Maxime.
Hermieu (Joseph), de Cogolin, mort le 20 avril 1780.
Alliez (Pierre), de Saint-Maxime.
Gocorel (Jean), de Saint-Tropez.
Bertrand (Roch), de Saint-Tropez.
Caninon (Barnabé), de Saint-Tropez.
Toulon (Etienne), de la Cadière.
Gaymard (Louis), de la Ciotat.
Chiquet (Ange), de Bandol.
David (Louis), de Bandol, mort le 30 septembre 1780.
Brest (François), de Bandol.
Coulomb (Joseph), de Bandol.
Lattit (Antoine), de Marseille.
Papy (Félix), de Marseille.
Lombard (Jean), de Marseille.
Brouchet (Mathieu), de Marseille.
Vellier (Joseph), de Marseille.
Rey (Gaspard), d'Aubagne.
Pontier (Etienne), de Marseille.
Audibert (François), de Martigues.
Champin (Pierre), de Marseille.
Robinet (Claude), de Marseille.
Vivaldo (André), de Marseille, mort le 28 septembre 1779.
Belestrier (Jacques), de Marseille.
Laurent (Marcellin), de Marseille.
Poujol (Pierre), de Marseille.
Camoin (Jean), de Cassis.
Blanc (Jacques), de Fréjus.
Pelicot (Jean), de Saint-Tropez.
Giraud (Joseph), de Marseille.
Vachier (Louis), de Marseille, blessé au combat du 17 avril 1780.
Beaudin (Jean), de Marseille.
Coutet (Jean), de Marseille.
Bourrillon (Jean), de Marseille.
Bouscarle (Joseph), de Marseille, tué au combat du 17 avril 1780.
Mauras (Jean), de Martigues.
Marseille (François), de Marseille.
Lombard (Honoré), de Marseille, mort le 13 octobre 1779.
Anisot (Antoine), de Marseille.
Dominique (Jean), de Marseille, mort le 24 août 1780.
Fabre (Alexandre), de Marseille.
Reboul (Jean), de Marseille.
Gaffarel (Jean), de Marseille.
Blanqui (Jean), de Marseille.
Souche (Jean), de Marseille.
Bertrand (Joseph), de Marseille.
Colombet (Jean), de Marseille.
Bregade (Jean), de Marseille.
Autran (Jean), de Marseille.
Mille (Jean), de Marseille.
Gazin (Antoine), de Marseille.
Grain (Louis), de Marseille.
Chaudet (Jean), de Marseille.
Cazal (Michel), de Marseille.
Beilon (Charles), de Marseille.
Boniface (Louis), de Cassis.
Blanc (Antoine), de Marseille.
Fraissinet (François), de Marseille.
Gardanne (Joseph), de Marseille.
Raffel (Pierre), de Marseille.
Rabet (Pierre), de Marseille, mort le 10 juillet 1779.
Puech (Jean), de Marseille.
Maurel (François), de Marseille.
Garcin (Honoré), de Saint-Tropez.
Jauffret (Louis), de Saint-Tropez.
Cauvy (Charles), de Saint-Tropez.
Surle (Jean), de Saint-Tropez.
Grasson (Joseph), de Saint-Tropez.
Roger (André), de Marseille.
François (Jean-Marie), de Morlaix.
Mongin (Alexandre), de Martigues.
Latty (Joseph), de Marseille.
Manzolin (Michel), de Marseille.
Blayon (Joseph), de Marseille.
Vitry (Nicolas), de Marseille.
Touvenin (François), de Marseille.
Tapoul (Jean), de Marseille.
Patot (François), de Martigues.
Besson (Jean), de Marseille.
Giraud (Claude), de Martigues.
Martin (Antoine), de Mazargue.
Jourdan (Jean), de Mazargue.
Amphoux (Philippe), de Marseille.
Amphoux (Jean), de Marseille.
René (Jean), de Marseille.
Humbert (Barnabé), de Marseille.
Revest (Jean), de Marseille.
Eidoux (Jean), de Marseille.
Fabre (Antoine), de Marseille, mort le 15 septembre 1780.
Tardieu (Jean), de Marseille.
Dani (Joseph), de Marseille.
Bonifai (Jean), de Marseille.
Almaric (Louis), de Marseille.
Marin (Alexis), de Marseille, mort le 27 décembre 1780.
Long (François), de Marseille.
Ripert (Antoine), de Marseille, mort le 28 mars 1780.
Julien (Louis), de Marseille.
Augier (Antoine), de Marseille.
Piston (Guillaume), de Martigues.
Fouque (Michel), de Martigues.
Camouin (Jean), de la Couronne.
Veran (Jean), de la Couronne.
Dasplan (Claude), de la Couronne.
Laugier (Jean), de Martigues.
Fabre (Henry), de Saint-Chamas.
Fabre (Joseph), de Saint-Chamas.
Darbec (Antoine), de Saint-Chamas.
Silvestre (Jacques), de Saint-Chamas.
Julien (Cosme), de Martigues.
Ardisson (Honoré), de Saint-Chamas, tué au combat du 17 avril 1780.
Guillaume (Jean), de Saint-Chamas.
Audibert (Jean-Louis), de Martigues.
Vidal (Joseph), de Martigues, blessé au combat du 17 avril 1780.
Ripert (Martin), de Martigues.
Pilly (Jean), de Vallauris.

Gras (Jacques), d'Antibes.
Mille (Jean), d'Arles.
Lautier (Anathaze), d'Arles.
Daussanne dit le **Blondin** (Antoine), de Maussanne.
Daussanne (Antoine), de Maussanne.
Lautier (Athanase), d'Arles.
Aubrespin (Jean), de Villeneuve.
Bresson (Baptiste), de Villeneuve.
Malaudran (Antoine), de Villeneuve.
David (Jacques), de Villeneuve.
Tourte (Louis), de Villeneuve.
Malaudran (Joseph), de Villeneuve.
Mouret (Jacques), d'Arles.
Demoute (Laurent), de Villeneuve.
Rode (Joseph), de Villeneuve.
Datuy (André), de Villeneuve.
Capeau (Vincent), de Tarascon.
Pascal (Pierre), de Villeneuve.
Massot (Pons), de Villeneuve.
Massot (Louis), de Villeneuve.
Gras (Claude), de Tarascon.
Begard (Lange), d'Arles.
Bonnaud (Honoré), d'Arles.
Blancard (Etienne), d'Arles.
Dupré (Jean), d'Arles.
Bayle (Jean), d'Arles.
Pignard (Honoré), d'Arles.
Fournier (Jacques), d'Arles.
Mouillas (Louis), de Beaucaire.
Martin (François), de Beaucaire, blessé au combat du 17 avril 1780.
Chabardès (Jean), de Villeneuve.
Decor (Jean), de Béziers.
Gay (Etienne), de Marseillan.
Chaussy (Jacques), de Marseillan.
Valensac (François), de Béziers, blessé au combat du 17 avril 1780.
Beuse (Joseph), d'Agde.
Bailat (Jean), d'Agde, tué au combat du 17 avril 1780.
Richard (Jean), d'Agde.
Mallet (Claude), d'Agde, blessé au combat du 17 avril 1780.
Pliou (Pierre), de Cette.
Gardon (Jean), de Lyon.
Benezet (Pierre), de Cette.
Molina (Antoine), de Cette.
Ribe (Jean), de Cette, blessé au combat du 17 avril 1780.
Bouquet (Etienne), de Cette.
Peslin (Joseph), de Narbonne.
Augé (André), de Narbonne.
L'Escure (Louis), de Narbonne.
Bosq (Jean), de Narbonne.
Hutton (François), de Boston.
Gothorp (Guillaume), de Boston.
Trask (Jacques), de Boston.
Pietri (Pierre), de la Corse.
Durand (Jean), de la Ciotat, tué au combat du 17 avril 1780.
Bosq (Joseph), de la Cadière.
Bernardin (Michel), de la Cadière.
Giraud (Joseph), de la Cadière.
Banou (Lazare), de la Cadière.
Materou (Joseph), de Saint-Seriès, mort le 10 septembre 1780.
Renaud (Jean), de Saint-Zacharie.
Boude (Pierre), de Canet.
Audry (Bernard), de Saint-Joseph.
Carriere (Antoine), de Canet.
Moustier (François), de Notre-Dame de la Garde.
Puget (Henry), de Marseille.
Audry (François), de Marseille.
Martin (Jean), de Marseille.
Constantin (Pierre), de Marseille.
Henry (Dominique), d'Aubagne.
Olive (Jean), d'Aubagne.
Feraud (Jean), d'Aubagne.
Bisot (Jean), d'Aubagne.
Poumel (Jean), d'Agde.
Briol (Pierre), de Pouzolles.
Guien (Jacques), de Toulon, mort le 8 mars 1780.
Denis (Jean), de Marennes.
Sellier (Jacques), de Marennes.
Gresseau (Pierre), d'Oléron.
Audinet (Louis), de Marennes.
Prévôt (Barthélémy), d'Oléron.
Chardavoine (Pierre), d'Oléron.
Méchin (Jacques), de l'Ile de Ré.
Bernard (Etienne), de l'Ile de Ré, mort au combat du 17 avril 1780.
Guilbeau (René), de l'Ile de Ré.
Roccard (Jean), de l'Ile de Ré.
Querault (Louis), des Sables.
Monségu (Jean), de Bayonne.
Rossière (Guillaume), de Dinan.
Le Gal (Vincent), de Quimper.
Chabot (Jacques), de Honfleur.
Ferval (François), de Honfleur.
Daguenay (Jean), de Granville.
Soleil (Nicolas), de Granville.
Cotart (Thomas), de Granville.
Douvelle (Paul), de Granville.
Crevedac (Jean), de Granville.
Adam (Gilles), de Granville.
Rabot (Ollivier), de Granville.
Philipe (Gilles), de Granville.
Mahé (Jean), de Granville.
Le Roux (Guillaume), de Granville.
Boisvin (François), du Havre.
Fayet (Pierre), du Havre.
Le Breton (Pierre), du Havre.
Moulet (Jean), de Limoges.
Barbier (François), de Vannes.
Codoret (Jean), de Vannes.
Guiard (Marc), de Saint-Malo.
Laine (Louis), de Pontorson.
Le Bœuf (Yves), de Vannes, blessé au combat du 17 avril 1780.
Melin (Yves), de Quimper, mort le 13 janvier 1780.
Blin (Simon), de Rennes.
Boulck (Jacques), de Brest.
Plassard (Jacques), de Quimper.
Meslier (Charles), de Saint-Malo.
Barbe (Michel), de Marmande.
Renaud (Jacques), de Quimper.
Pagelet (François), de Granville.
Herlin (Corentin), de Quimper.
Bordelai (Pierre), de Montauban.
Le Maître (Nicolas), de Strasbourg.
Mangin (Robert), de Honfleur.
Lefran (Joseph), de Cherbourg.
Floury (Pierre), de Saint-Brieuc.
Bougrand (Louis), de Paris.
Le Brest (Corentin), de Paris.
Brian (Bertrand), de Saint-Brieuc.
Simon (Gabriel), de Saint-Brieuc, mort le 21 mars 1780.
Guillemet (Jacques), de Cherbourg.
Trinquier (Mathieu), de Beaucaire.
Martin (Jean), de Marseille.
Martin (Pierre), de Cannes.
Durbec (Jean), de Marseille.
Lorgan (François), de la Teste.
Brissonné (Louis), de la Teste.
Brissonné (Joseph), de la Teste.
Félixé (Félix), de la Corse.
Metiou (Louis), de l'Ile de Ré.
Gelle (Pierre), de Royan.
Garnier (Louis), de la Rochelle.
Keriero (Jean), de Vannes.
Mallet (Etienne), de Caen.
Brillant (Thomas), de Granville.
Fourrée (Jacques), de Nantes.
Le Blanc (Augustin), de Martigues
Pelerin (Guillaume), de Rouen.
Fautrier (Etienne), de Fécamp.
Giraud (Michel), de Nantes.
Porel (Jean), de Fécamp.
Minutty (Joseph), de la Seyne.
Ruaut (Jean), de Saint-Malo.
Enou (François), de Saint-Malo.
Arribat (Jean), d'Agde.
Guiraud (Gabriel), d'Agde.
Menée (François), de Vannes.
Bournigal (Pierre), de Nantes.
Taconneau (Mathurin), de Nantes.
Cigalou (André), de Marseille.
Laville (Jean), de Bordeaux.
Le Marelée (Pierre), de Tréguier
Lattau (Honoré), de Martigues.
Lerau (Jean-Marie), de Morlaix.
Bonnet (Guillaume), de Saint-Malo.
Migno (Louis), de Saint-Brieuc.
Dufresne (Jean), de la Hougue.
Yvray (Jacques), de la Hougue.
Chilgny (Guillaume), de Brest.
Doré (Jean), de Saint-Malo.
Feas (Claude), de Morlaix.
Le Gallée (Rolland), de Lannion.
Pont-Louis (Gabriel), de la Hougue.
Le Pellier (Pierre), de la Hougue, mort le 4 novembre 1780.
Mahoux (Simon), de Cherbourg.
Baunin (Jean), d'Angers.
Le Gal (Claude), de Brest.
Breard (Barthelemy), de la Hougue.
Robert (Jean), de Martigues.
Brun (Pierre), de Lunel.
Nicolle (Jacques), de Granville.
Bertrand (François), de Cannes.
Auger (Thomas), de Lyon.
Guillé (Alexis), de Toulon.
Reibouet (Pierre), de Marseille.
Dauterrible (Pierre), de Bayonne.
Paysan (David), de la Hougue.
Guilloux (René), de Morlaix.

Novices.

Doumas (Joseph), de Digne.
Lallemand (Joseph), de Beaucaire.
Camouin (André), de Toulon.
Boulot (Bertrand), de Clermont-Ferrand, mort le 12 octobre 1780.
Valentin (Jean), de Nantes.
Mallet (Jean), de Saint-Flour.
Marquet (Joseph), de Perpignan.
Lasalle (Jean-Pierre), de Berthoux (Lot).
De Valencolle (Joseph), de Toulon.
Condroyer (Joseph), de Toulon.
Rimbaud (Jean), de Toulon.
Rimbaud (Toussaint), de Toulon.

Raymond (Paul), de Miscon.
Fasse (Jean), d'Embrun.
Auton (Jean), de Menton.
Antoine (André), de Châteauroux.
Roussel (Raymond), d'Agde.
Nance (Jean), de Marseille.
Jourdan (Jean), de Saint-Maxime.
Julien (Pascal), de Toulon, blessé au combat du 17 avril 1780.
Roubies (Augustin), de Marseille.
Farges (Charles), de Lyon.
Perret (Guillaume), de Toulon.
Néro (Barthelemi), de Lyon.
Martin (Joseph), de Fréjus.
Couinde (Claude), de Lyon.
Sol (Gaspard), de Lyon.
Rei (Joseph), d'Aubagne.

Surnuméraires.

Bernard (Pierre), de Six-Fours.
Laigre (René), de l'Ile de Ré.
Brucq (Joseph), de l'Ile de Ré.
L'Eperon (Nicolas), de Toulon.
Richard (Dominique), de Tarascon.
Reimond (Jean), d'Agde.
Labonne (Guillaume), d'Angoulême.
Gastaud (Roch), de Puget.
Camoin (Jean), de Marseille.
Maurel (Louis), de Toulon.
Macarri (Louis), de Toulon.
Thomas (Ambroise), de Toulon.
Guichard (Jean), de Saint-Etienne.

Volontaires.

Rigordy (Honoré), de Barjols.
Arnaud (Louis), d'Entrecasteaux.
Gautier (François), de Toulon.

Mousses

Barbe (Joseph), de la Ciotat.
Thomas (Jean-Joseph), de Toulon.
Tambon (Jacques), de Lorgues.
Andriou (Jean), de Toulon, mort le 15 juillet 1780.
Romain (Joseph), de Toulon.
Colombon (Jean), de Marseille.
Pomet (Joseph), de Toulon.
Pascal (François), de Martigues.
Malortigue (Louis), d'Arles.
Bertrand (Jean), de Marseille.
Venel (Louis), de la Seyne.
Boyer (Jean), d'Ollioules.
Boyer (Augustin), d'Ollioules.
Arnaud (Pierre), de Toulon.
Gleize (Augustin), de Montpellier.
Gastaud (Pierre), de Toulon.
Trouillet (François), de Rives.
Rouvier (Joseph), de Toulon.
La Croix (Louis), de Toulon.
Feraud (Jean), de Toulon.
Paul (Pierre), de Six-Fours.
Paul (Jean-André), de Six-Fours.
Sicard (Alexis), d'Avignon.
Defraise (François), de Toulon.
Renoird (Toussaint), de Toulon.
Arnaud (Antoine), de la Ciotat.
Arnaud (Jean-Gaspard), de la Ciotat.
Alexis (Jean), de Marseille.
Arnaud (Joseph), de Digne.
Benoît (Toussaint), de Roquevaire.
Ouarne (François), de Saint-Pol-de-Léon.
François (Jean), de Morlaix.
Garcin (Joseph), de Marseille.

Gardes-côtes.

Lambert (Pierre), de Fécamp.
Cavaillier (Jean), de Fécamp.
Ferrond (Pierre), de Fécamp.
Catelin (Guillaume), de Fécamp, mort le 29 août 1780.
Jouet (Charles), de Fécamp.
Coleau (Pierre), de Fécamp.
Le Brun (François), de Fécamp.
Gouès (Jean), de Fécamp.
Vannier (Jean), de Honfleur.
Lombard (Jean), de Dieppe, mort le 8 mai 1780.
Mazurier (Jean), de Dieppe.
Tortil (Jean), de Dieppe.
Burel (Guillaume), de Dieppe.
Caperon (Pierre), de Dieppe.
Bidel (Jacques), de Fécamp.
Larcheveque (Jean), de Fécamp.
Cocatrix (Charles), de Fécamp, mort le 16 juillet 1780.
Masson (Jacques), de Fécamp.
Gavel (Jacques), de Fécamp, mort le 7 juillet 1780.
Samson (Pierre), de Fécamp, mort le 27 avril 1780.
Petit (Pierre), de Fécamp.
Monnier (Pierre), de Fécamp.
Robert (Dominique), de Fécamp, mort le 19 août 1780.
Goujard (Michel), de Fécamp, mort le 14 mars 1780.
Dubrix (Nicolas), de Fécamp.
Deschamps (Jacques), de Fécamp, mort le 6 mai 1780.
Hache (Joseph), de Fécamp.
Boissart (Jean), de Fécamp.
Cordier (Modeste), de Fécamp.
Mastrier (Jean), de Fécamp, mort le 10 décembre 1780.
Alianne (Pierre), de Fécamp.
Pépin (Nicolas), de Fécamp.
Le Canu (Jean), de Fécamp.
Le Vasseur (Michel), de Fécamp.
Demelierre (Pierre), de Fécamp.
Lisbonne (Nicolas), de Fécamp.
Tournel (Louis), de Fécamp.
Le Maître (Noël), de Fécamp.
L'Evêque (Marin), de Fécamp.
Le Page (Pierre), de Honfleur.
Le Sauvage de Signy (Jean), de Granville.
Le Breton (Michel), de Granville.
Aulere (Jacques), de Honfleur.
Rougemard (Jacques), de Granville.
Senécal (Pierre), de Granville.
Dumagny (Jean), de Granville.
Bordiniere (Denis), de Granville.
Pemont (Jacques), de Granville, mort le 10 avril 1780.
Thery (Hilaire), de Dieppe.
Allais (Jean), de Dieppe.
Trochet (Pierre), de Dieppe.

Domestiques.

Barnel (Etienne), de Briançon.
Lombard (Pierre), de Digne.
Lacroix (Louis), de Saint-Denis.
Bonet (Jacques), de Digne.
Lachat (Claude), de Rouen.
Dory (Pierre), de Carpentras.
Ginier (Pierre), de Cuers.

LE JASON

(1780 à 1782)

Le « *Jason* » fut pris par les Anglais après la défaite du comte DE GRASSE, le 19 avril 1782, et son équipage conduit à la Jamaïque.

M. DE LA CLOCHETTERIE, puis M. le Chevalier DE VILLAGES, Capitaines de vaisseau, Commandants.

ÉTAT-MAJOR

CAPITAINES DE VAISSEAU

De la **CLOCHETERIE**, Commandant.
Chevalier de **VILLAGES**, Commandant.

LIEUTENANTS DE VAISSEAU

De **PERREAU**.
DOUVILLE.

ENSEIGNES DE VAISSEAU

LE ROUX DE LA CORBINIERE.
De la **GUIGUERAY**.
Du **TREVOUX**.
De **BOISCHATEAU**.
De **BARNAVE**.
De **LA ROCHE-KERANDRAON**.
BASTELOT DE LA BARRIERE.

LIEUTENANTS DE FRÉGATE

HENIN, du Havre.
PIGNOT.
GOHIER.
PASSART.

CHIRURGIEN-MAJOR

PILLOT.

AUMONIERS

DOWD (Abbé), Irlandais.
FREDERIC (R. P.), Capucin, de Bourges.
MAURICE (R. P.), Capucin.

GARDES DE LA MARINE

DUVERN DE PRAIL.
De la **VILLEGOUAN.**

VOLONTAIRES

Defaussé (Hubert), de Saint-Brieuc.
Ribier, du Folgoët, mort à l'hôpital de Kingston (Jamaïque), le 10 juillet 1782.

Officiers-mariniers de manœuvre.

Blons (Julien), premier maître, de Brest.
Turquet (Yves), premier maître, de Brest.
Sens (Thomas), second maître, de Paimbœuf.
Violette (Jacques), second maître, de Saint-Valéry.
Joannes (Joseph), contremaître, de Brest.
Ménard (Jean), contremaître, de Saint-Brieuc.
Lequay (Guillaume), bosseman, d'Hennebont.
Daniel (Etienne), bosseman, de Brest.
Carpentier (Louis), quartier-maître, de La Hougue.
Hertault (Denis), quartier-maître, de Dieppe.
Gouesmel (François), quartier-maître, de Honfleur.
Le Mentec (Dominique), quartier-maître, de Quimper.
Nivès (Jean), quartier-maître, de Quimper, mort à l'hôpital de la Jamaïque le 10 octobre 1782.
Rebours (Louis), quartier-maître, de Saint-Brieuc.
Butau (Thomas), quartier-maître, de Granville.
Fouchard (Etienne), quartier-maître, de Granville.
De La Planche (Gilles), quartier-maître, de Granville.
Mahé (Pierre), quartier-maître, de Nantes.
Querré (Nicolas), quartier-maître, de Brest.
Geffroy (Jean-Marie), quartier-maître, de Morlaix.
Boissonneau (Jean), quartier-maître, de Marmande.
Vertuga (Joseph), quartier-maître, de Marmande.

Officiers-mariniers de pilotage.

Caffiery (Guillaume), premier pilote, de Brest.
Deschamps (Jean-Baptiste), second pilote, de Honfleur.
Mesnier (Catherine), second pilote, de Caen.
Boissée (Guillaume), aide-pilote, de Honfleur.
Deschamps (François), aide-pilote, de Honfleur, mort à Kingston le 25 juillet 1782.

Officiers-mariniers de canonnage.

Hardouin (Jean-Baptiste), maître canonnier, de Toulon.
Ignard (Jean-Louis), maître canonnier, de Toulon, tué au combat du 9 avril 1782.
Riban (Antoine), second canonnier, de Brest.
Nivès (Guillaume), second canonnier, de Quimper.
Boloré (Dominique), second canonnier, de Quimper.
Mouillon (Jean), second canonnier, de Quimper, mort à la Jamaïque le 22 juillet 1782.
Santy (Edme), aide-canonnier, de Marseille.
Dumouchel (Robert), aide-canonnier, du Havre.
Clément (Claude), aide-canonnier, de Granville.
Guérin (Gilles), aide-canonnier, de Granville.
Clément (Louis), aide-canonnier, de Granville.
Fleury (Cosme), aide-canonnier, de Cherbourg.
Normand (Jean), aide-canonnier, de Rouen.
Dupuis (Charles), aide-canonnier, de Fécamp.
Préminy (André), aide-canonnier, de Fécamp.
Damiens (Vincent), aide-canonnier, de Dieppe.
Morée (Guillaume), aide-canonnier, de Dieppe.
Chaplain (Henry), aide-canonnier, de Vannes.
Beaupied (Bertrand), aide-canonnier, de Saint-Malo.
Contin (Joseph), aide-canonnier, de Saint-Malo.
Le Marchand (Guillaume), aide-canonnier, de Saint-Malo.
Le Moquaire (Jean), aide-canonnier, de la Rochelle.
Blondin (Jacques), aide-canonnier, de Saint-Valéry.
Demieure (Antoine), aide-canonnier, de Saint-Valéry, mort à la Jamaïque, le 17 novembre 1782.

Officiers-mariniers de charpentage.

Jamin (Julien), maître charpentier, de Brest.
Labour (Jean), second charpentier, de Nantes.
Lafoy (François), aide-charpentier, de Rochefort.
Joret (François), aide-charpentier, de Granville.

Officiers-mariniers de calfatage.

Canu (Jean-François), maître calfat, de Brest.
Le Chevalier (Jacques), second calfat, de Granville.
Le Vicaire (Jean-François), aide-calfat, de Granville.
Homon (François), aide-calfat, de Granville.

Officiers-mariniers de voilerie.

Francheteau (Jacques), maître voilier, de l'Ile de Ré.
Le Goas (Jean-Louis), second voilier, de Brest.
Bitel (Pierre), aide-voilier, de Saint-Malo.

Gabiers.

Mequin (André), de Granville.
Larcher (Jean-Baptiste), de Granville.
Bequet (Jacques), de Granville.
Julienne (Pierre), de Granville.
Destouches (Pierre), de Granville.
Lamuse (Julien), de Granville.
Tesson (Jacques), de Granville, mort à la Jamaïque le 30 octobre 1782.
Thuilais (Louis), de Granville.
Etorse (Guillaume), de Granville.
Debray (Yves), de Vannes.
Le Roy (Vincent), de Quimper.
Ségalou (Pierre), de Quimper.
Guincheux (Jean), de Saint-Malo.
Cadoret (François), de Saint-Brieuc.
Boulard (Claude), de Saint-Brieuc, mort à l'hôpital de Newport le 2 décembre 1781.
Timon (Jacques), de Marseille.
Roussel (Pierre), de Dinan.
Bréhus (Jean), de Roscoff.
Le Mercier (Jean), du Havre, mort à bord le 17 mars 1781.

Timoniers.

Le Meur (François), de Saint-Brieuc, mort à la Jamaïque le 3 novembre 1782.
Godebin (Vincent), de Rouen.
Le Moine (Joseph), de Brest.
Danneville (Jean), de Dieppe.
Timon (Joseph), du Croisic.
Liard (Etienne), de Honfleur.
Roulé (Gaud), de Granville, mort à la Jamaïque le 23 octobre 1782.
Quergrohen (Ambroise), de Vannes, mort à la Jamaïque le 4 novembre 1782.
Artur (Jean), de Saint-Malo.

Matelots.

Abaléa (Dominique), de Brest.
Pallier (François), de Brest.
Oleneur (Yves), de Brest.
Dumoulin (Constant), de Brest.
Kervoal (René), de Brest.
Laziou (Thomas), de Brest, mort à la Jamaïque le 30 septembre 1782.
Fourré (Jean), du Croisic.
Naud (Jean), de Nantes.
Hequet (Alexis), de Nantes.
Deslauriers (Jean), de Nantes.
Hériot (Louis), de Nantes.
Gaudet (Jean), de Nantes, noyé à Newport le 21 mars 1781.
Ravalet (Michel), de Lorient.
Hesry (Bertrand), de Lorient, mort à la Jamaïque le 21 juillet 1782.
Séveno (Joseph), de Vannes.
Mahé (Pierre), de Vannes.
Jédo (Yves), de Vannes.
Le Roux (François), de Vannes, mort à la Jamaïque le 25 novembre 1782.
Lhuissier (Louis), de Belle-Isle.
Coatelot (Guillaume), de Quimper.
Tanguy (Jean), de Quimper.
Lampoignard (Jean), de Quimper.
Lozivic (Corentin), de Quimper.
Schidic (Charles), de Quimper.
Marec (Fidèle), de Quimper.
Le Guen (Jean), de Quimper.
Guillou (Mathurin), de Quimper.
Penhoat (Jean), de Quimper.
Marziou (François), de Quimper, mort prisonnier des Anglais en juillet 1782.
Tiberge (Christophe), de Quimper.
Lénergique (Claude), de Quimper.
Fleur (Maurice), de Quimper.
Brisson (Joseph), de Quimper.
Sauban (Jean), de Quimper.
Rose (Maurice), de Quimper.
Riou (Joseph), de Quimper.
Bény (Martin-François), de Quimper, mort à l'hôpital le 16 mars 1781.
Cloarec (Michel), de Quimper.
Kérivel (Mathieu), de Quimper.
Didailler (Jean), de Quimper.
Beneat (François), de Quimper.
Couic (Guillaume), de Quimper, mort à l'hôpital de Newport le 24 avril 1781.
Morvan (Corentin), de Quimper, mort à la Jamaïque le 29 octobre 1782.
Le Berre (Allain), de Quimper.
Boudigot (Guillaume), de Quimper.
Robiou (Jean), de Quimper.
Dagorn (Corentin), de Quimper.
Jaffrézy (Yves), de Quimper.
Lescop (Yves), de Quimper.
Piriou (François), de Quimper.
Simon (André), de Quimper.
Le Roux (Noël), de Quimper.
Quéinec (Yves), de Quimper.

Croson (Jean), de Quimper.
Picolet (Pierre), de Quimper.
Poder (Tanguy), de Morlaix.
Hervé (Alexis), de Saint-Brieuc.
Le Maitre (Jacques), de Saint-Brieuc.
Cornu (Ollivier), de Saint-Brieuc, mort à la Jamaïque le 21 juillet 1782.
Faucon (Jean), de Saint-Brieuc.
Corret (Yves), de Saint-Brieuc.
Lancien (Jean), de Saint-Brieuc.
Thomas (Antoine), de Saint-Brieuc.
Gautier (Jean), de Saint-Malo.
Bannet (Joseph), de Saint-Malo.
Clausier (Jean), de Saint-Malo.
Le Drû (Michel), de Saint-Malo.
Rouault (François), de Saint-Malo.
Busson (Julien), de Saint-Malo.
Simon (Jean), de Saint-Malo.
Simon (Félix), de Saint-Malo.
Robillard (Ollivier), de Saint-Malo, mort à la Jamaïque le 21 novembre 1782.
Boulan (François), de Saint-Malo.
Belliot (Louis), de Saint-Malo.
Langevin (Guillaume), de Saint-Malo.
Moisan (Thomas), de Saint-Malo.
Perrée (Thomas), de Saint-Malo.
Langevin (Allain), de Saint-Malo.
Paris (Jean), de Saint-Malo.
Recule (Louis), de Saint-Malo.
Delalande (Louis), de Saint-Malo, mort à l'hôpital le 3 janvier 1781.
Couélan (Jean), de Dinan.
Folange (Joseph), de Dinan.
Nicolas (Jean), de Dinan.
Nicolas (Noël), de Dinan.
Le Roux (Mathurin), de Dinan.
Hyly (Jean-François), de Dinan, tué au combat du 26 janvier 1782.
Brindejonc (Jean), de Dinan, mort à la Jamaïque le 21 septembre 1782.
Labbé (Jean), de Dinan, mort à l'hôpital de la Jamaïque le 5 novembre 1782.
Frontin (Jean), de Dinan.
Tumbret (Pierre), de Dinan.
Pihan (Pierre), de Dinan.
Gaumin (Malo), de Dinan.
Coacord (François), de Dinan.
Grimbaux (Henry), de Granville.
Piton (Charles), de Granville.
Maignac (Antoine), de Granville.
Léveillé (Etienne), de Granville.
Le Gagneur (François), de Granville.
Le Gagneur (Pierre), de Granville.
Morel (Jacques), de Granville, mort à l'hôpital du Fort-Royal le 15 juin 1782.
Catrin (Noël), de Granville, tué au combat du 16 mars 1781.
Philippe (Pierre), de Granville, tué au combat du 16 mars 1781.
Liron (Patrice), de Granville, mort à la Jamaïque le 18 octobre 1782.
Bequet (François), de Granville, noyé à la mer le 30 juillet 1780.
Le Cigne (Pierre), de Granville.
Launay (Louis), de Granville.
Launay (François), de Granville.
Hamelin (Clément), de Granville.
Fateau (Louis), de Granville.
Le Paire (Jean), de Granville.
Yvon (Michel), de Granville.
Jugan (Julien), de Granville.
Gassot (Abraham), de Granville.
Le Norais (Louis), de Granville.
Allain (Jacques), de Granville.
Jugan (François), de Granville.
Boivin (Jean-Baptiste), de Granville.
Le Catelier (Jean), de Granville.
Frémont (Jacques), de Granville, mort à l'hôpital de la Jamaïque le 20 juin 1782.
Trilly (Thomas), de Granville, mort à l'hôpital de la Jamaïque le 10 novembre 1782.
Lamort (François), de Granville.
Bonfort (Jacques), de Granville.
Le Gendre (Georges), de Granville.
Guérin (Pierre), de Granville, mort à l'hôpital de la Jamaïque le 17 juillet 1782.
De la Planche (Jean-Baptiste), de Granville.
Le Buff (Gilles), de Granville.
Le Caplain (Gilles), de Granville.
Lerondel (Christophe), de Granville.
Tuliet (Julien), de Granville, mort à l'hôpital de la Jamaïque le 19 octobre 1782.
Butot (Julien), de Granville.
Le Breck (Julien), de Granville.
Delisle (Nicolas), de Granville.
Le Sage (Pascal), de Granville.
Quinette (Robert), de Granville.
Besnier (Julien), de Granville.
Blaiseau (Charles), de Granville, mort à l'hôpital de Newport le 15 avril 1781.
Simon (Jean-Jacques), de Granville, mort à l'hôpital de Newport le 7 novembre 1780.
Saillard (Barthélémy), de Granville, mort à l'hôpital de Newport le 10 juillet 1781.
Geffroy (Jean-Baptiste), de Granville.
Daniel (François), de Granville.
Girard (Michel), de Granville.
Adam (Jacques), de Granville.
Louitel (Jean-Baptiste), de Granville.
Miolle (Toupain), de Granville.
Touquerande (Louis), de Granville.
Coualard (François), de Granville.
Lefèvre (Pierre), de Granville, mort à l'hôpital de la Jamaïque le 17 octobre 1782.
Beaugendre (Jacques), de Granville, mort à l'hôpital de la Jamaïque le 7 novembre 1782.
Gauchet (Gilles), de Granville, noyé dans la rade de Newport le 26 décembre 1780.
Loritte (Gilles), de Granville.
Robine (Nicolas), de Granville.
Enouf (Jacques), de Granville.
Enouf (Gilles), de Granville.
Turgis (Michel), de Granville.
Le Honivet (Jacques), de Granville.
Dupont (Gilles), de Granville, mort à l'hôpital de la Jamaïque le 10 octobre 1782.
Potier (Alexandre), de Honfleur.
Cottin (Jean-Baptiste), de Honfleur.
Oserais (Augustin), de Honfleur.
Morin (François), de Honfleur.
Philisor (Philippe), de Honfleur.
Gaudel (Pierre), de Caen.
Delamarre (Pierre), de Caen.
Bunel (Germain), de Caen.
Beaulieu (Pierre), de Caen.
Landrin (Pierre), de Dieppe.
Duponchel (Vincent), de Dieppe.
Rambure (Claude), de Dieppe.
Belhomme (Paul), de Dieppe.
Fromentin (François), de Dieppe.
Rimbert (Charles), de Dieppe.
Poreau (Charles), de Dieppe.
Périgaud (Augustin), de Dieppe.
Serrée (Augustin), de Dieppe.
Langlois (Jean), de Dieppe.
Granche (Philippe), de Dieppe.
Phily (Jacques),de Dieppe.
Hermeré (Jean-Baptiste), de Dieppe.
Lansel (Jean-Baptiste), de Dieppe.
David (Nicolas), de Dieppe.
Clémence (Jean-Baptiste), de Dieppe.
Clémence (Charles), de Dieppe.
Aubry (Pierre), de Dieppe.
Miège (Jean-Baptiste), de Dieppe.
Fréchon (Thomas), de Dieppe, mutilé par un boulet le 26 janvier 1782 au combat ; mort le 6 février 1782.
Mauger (Adrien), de Dieppe.
Clémence (Michel), de Dieppe.
Sadé (Pierre), de Dieppe.
Fromentin (Pierre), de Dieppe.
Desmelliers (Jean-Louis), de Rouen, mort à l'hôpital de Newport le 21 avril 1781.
Duval (Nicolas), de Rouen.
Gaumont (Irénée), de Rouen.
Rault (François), de Cherbourg.
Le Petit (Jean-Baptiste), de Cherbourg.
Trubert (Jean-François), de Cherbourg.
Tanqueray (François), de Cherbourg.
Hébert (Louis-Joseph), de Cherbourg, mort à l'hôpital de Newport le 8 juin 1781.
Capron (Jacques), de Fécamp.
Depinay (Jean), de Fécamp.
Boux (François), de Fécamp.
Mulotin (Adrien), de Fécamp.
Le Tondu (Michel), de la Hougue.
Mallard (Louis), de la Hougue.
Bacon (Jean-Louis), de la Hougue, mort à l'hôpital de Newport le 18 juin 1781.
Huet (Jean), de la Hougue.
Lépine (Christophe), de la Hougue.
Le Fèvre (Joseph), de la Hougue.
Laurent (Michel), de la Hougue.
Aubert (Jacques), du Havre.
Delahaye (Pierre), du Havre.
Pollet (Pierre), du Havre.
Cotty (Fabien), du Havre.
Mainel (Jean-Joseph), du Havre.
Delpierre (François), de Boulogne.
Bailly (Adrien), de Saint-Valéry-sur-Somme.
Bras (Michel), de Saint-Valéry-sur-Somme.
Rouve (Dominique), de Marseille.
Argène (Jacques), de Marseille.
Bouteille (Jean), de Marseille, mort à bord le 1er juillet 1781.
Féraud (Benoit), de Saint-Tropez.
Blanquy (Jean), de Saint-Tropez.
Baouée (Balthazard), de Saint-Tropez.
Vigé (Jean), de Bordeaux.
Taras (François), de Bordeaux.
Bruno (Pierre), de Bordeaux.
Dantot (Jean), de Bordeaux.
Emerry (Pierre), de Bordeaux.
Cassaigne (Antoine), de Bordeaux.
Desage (Pierre), de Blaye.
Desmatieux (Jean), de Bayonne.
Dubois (Pierre), des Sables-d'Olonne.
Croguennec (Guy), de Morlaix.

Novices.

Le Gout (Gabriel), de Saint Malo.
Fenon (Jean-Baptiste), de Marseille.
Papin (Antoine), du Havre.
Aubareth (Henry), de Frontignan.
Aimard (Ange), d'Arles.
Lacour (Christophe), de Quimper, blessé au combat du 26 janvier 1782 ; mort à la Jamaïque en septembre 1782.

Cloarec (François), de Quimper.
Goascos (Barthélemy), de Quimper.
Fournel (Jacques), de Cherbourg.
Paris (Nicolas), de Cherbourg.
Roblin (Raoul), de Vannes.
Le Goff (Nicolas), de Lorient.
Boutter (Jean), de Lorient.
Bérot (Julien), de Granville.
Besnard (Jean), de Granville.
Follin (Pierre), de Granville.
Jouvingille (Simon), de Granville.
Désétables (Louis), de Caen.
Avisse (Jean), de Caen.
Chastel (Charles), de Caen.
Hunot (Jean), de Fécamp.
Poisson (Jacques), de Fécamp.
Duchâtel (Adrien), de Fécamp.
Masurier (Jacques), de Fécamp, mort à bord le 22 novembre 1781.
Morel (Guillaume), de Dieppe.
Crevert (André), de Dieppe.
Ribaucourt (Claude), de Dieppe.
La Closerie (Emmanuel), de Dieppe.
Auger (Emmanuel), de Dieppe.
Dupuis (Robert), de Dieppe.
Goguet (Augustin), de Dieppe.
Bouvier (Pierre), de Dieppe.
Lange (Louis), de Dieppe.
Bouvet (Pierre-Vincent), de Dieppe, mort à l'hôpital de Newport le 5 août 1781.
Fortin (François-Philippe), de Dieppe, mort à l'hôpital de la Jamaïque le 21 juillet 1782.
Galenne (Etienne), de Saint-Malo.
Mallet (Jean), de Saint-Malo.
Fougeray (Victor), de Saint-Malo, mort à l'hôpital de la Jamaïque le 21 juin 1782.
Rochard (Mathurin), de Saint-Brieuc, mort à l'hôpital de la Jamaïque le 18 novembre 1782.
Prigent (Guillaume), de Saint-Brieuc.
Coret (Jacques), de Saint-Brieuc.
Le Bellec (Yves), de Saint-Brieuc.
Gendron (Louis), de Nantes.
Mauricet (Louis), de Nantes.
Rocher (René), de Nantes.
Girard (François), de Nantes, mort à l'hôpital de la Jamaïque le 14 juin 1782.
Gouzin (Pierre), de Fougères.
Sausay (Jean), de Fougères.
Sausay (François), de Fougères.
Larcher (Yves), de Fougères, mort à bord le 20 mai 1780.
Laurent (Guillaume), de Lannion.
Prigent (François), de Tréguier, mort à l'hôpital de Newport le 23 avril 1781.
Ach (Vincent), de Lannilis.
Pouget (Jacques), de Morlaix.
Le Saulx (Guillaume), de Morlaix, mort dans les prisons de la Jamaïque le 17 octobre 1782.
Mancon (Jacques), de Rochefort.
Couélan (Mathurin), de Dinan.
Renaud (Julien), de Dinan.
Ancel (Robert), de Vaux, près Caen.
Coulougne (Jacques), de Vias, près Agde.
Beauchet (Jean), du Croisic.
Valliot (Joseph), du Croisic.
Valliot (Julien), du Croisic.
Daunay (Charles), du Croisic.
Valliot (Simon), du Croisic, mort à l'hôpital de Newport le 16 mai 1781.
Rinquet (René), du Croisic, mort à l'hôpital de Newport le 16 mars 1781.
Cabaret (Guillaume), de Vannes.
Janno (Jean), de Vannes.
Aubert (Jean-Baptiste), de Caen.
Le Brun (Nicolas), de Rouen.
Le Gars (Jean-Louis), de Morlaix.
Emeraud (Joseph), de Josselin.
Le Moing (Jacques), de Quimper.
Baron (Jean), de Quimper.
Sergent (Victor), de Boulogne.
Mauger (Antoine), de Moissac.
Beaumont (Jean-Baptiste), de Cambrai.
Fuiray (Antoine), de Toulouse.
Excoubes (François), de Toulouse.
La Roche (Jean-François), de Toulouse.
Dubreuil (François), de Tarbes.
Parvador (Clément), de Noirmoutiers.
Compau (Jean), de Castelsarrasin.
Le Lüe (Pierre), de Castelsarrasin.
Dabrue (Martin), de Bordeaux.
Legal (Jean-Marie), de Brest.
Jacquin (François), de Vincennes, mort à bord le 12 juillet 1781.
Lesquel (Henry), de Carhaix.

Surnuméraires.

Le Métais (Jean), de Cherbourg.
Le Dos (Jacques), de Cherbourg.
Castaing (Etienne), de Rochefort.
Boursier (Henry), de Saint-Brieuc.
Gabellec (Pierre), d'Hennebont.
Castel (Fidèle), d'Hennebont.
Riou (Charles), de Tréguier, mort à l'hôpital de Rhode-Island le 7 août 1780.
Gigat (Julien), de Lorient.
Cotté (Jean-Marie), de Brest.
Flamand (Esprit), de Brest, mort à l'hôpital de la Jamaïque le 23 octobre 1782.
Métias (Paul), de Bordeaux.
Le Duf (Jean), du Conquet.
Quéméneur (François), du Conquet.

Mousses.

Guerlava (Mathurin), de Dinan.
Rétif (Jean), de Dinan.
Répinel (Louis), de Dinan.
Perrot (Yves), de Dinan.
Coatelot (Jean), de Quimper.
Nicolas (Joseph), de Quimper.
Ropars (Toussaint), de Brest.
Ferret (Jean-Baptiste), de Brest.
Pichard (Jean), de Brest.
Bochard (Jean), de Brest.
Thépot (Guillaume), de Brest.
Le Moine (Pierre), de Brest, mort à l'hôpital de la Jamaïque le 11 septembre 1782.
Tanguy (François), de Morlaix.
Pirioux (Jean), de Morlaix.
Malegolle (François), de Morlaix.
Le Rumeur (Jean-Marie), de Morlaix.
Boisset (Jean-Baptiste), de Honfleur.
Nogues (Joachim), de Josselin.
Prigent (Maurice), de Tréguier.
Roverch (Nicolas), de Tréguier.
Le Gall (Guillaume), de Tréguier.
Le Blouch (Guillaume), de Tréguier.
Bodeveur (Louis), de Tréguier.
Scolou (François), de Tréguier, mort à l'hôpital de Newport le 11 mai 1781.
Le Borgne (René), de Saint-Brieuc.
Le Mével (Jean), de Saint-Brieuc.
Olivry (Guillaume), de Saint-Brieuc.
Chauvet (Michel), de Fougères.
Bouget (Hyacinthe), de Lannion.
Ignard (Laurent), de Brest.
Thuel (François) de Redon.
Coquet (Joseph), de Toulon.
Lafond (Jean), de Toulon.
Osias (Antoine), de Marseille.
Nais (Joseph), de Vannes.
Lucas (Jean), de Vannes.
Devigne (Louis), de Saintes.
Joussan (Pierre), de Cognac.
Guibault (Jean), de Rochefort.
Germain (Pierre), de la Ciotat.
Langlois (Abraham), d'Abbeville.
Grandprey (François), d'Argenton.
Rousseau (Jean-Marie), de Rennes.
Henry (Joseph), de Rennes, mort à l'hôpital de la Jamaïque le 18 octobre 1782.
Vianson (Etienne), de Saint-Malo.
Mounier (Alexandre), du Havre.
Morel (Bernard), de Paris.
Davril (Jean-Louis), de Paris.
Charles (Jean), de Dunkerque.
Hélo (Henry), de Carhaix, mort à l'hôpital de Rhode-Island le 1er septembre 1780.

Domestiques.

Frégimont (Gabriel), de Bordeaux.
La Fourcade (Baptiste), de Bayonne.
Chaulet (Antoine), de Meaux.
Gouget (Jacques), de Dijon.
Milon (René), de Morlaix.
Louvrier (Joseph), de Morlaix.
Le Vacon (Pierre), de Guingamp.
Radenec (Guillaume), de Guingamp.
Gomès (René), de Saint-Brieuc.
Boutoleau (Jean), de Luçon.
Périn (Thurian), de Quintin.
Lambert (Jacques), de Fougères.
Le Roux (Hervé), de Saint-Pol-de-Léon.
Clereau (Jean), de Rennes.
Charlemagne (François), de Laon.
Gauguery (Pierre), de Paris.

LA PROVENCE

(1780 à 1782)

M. DE LOMBARD, Capitaine de vaisseau, Commandant.

ÉTAT-MAJOR

CAPITAINE DE VAISSEAU

De **LOMBARD**, Commandant.

LIEUTENANTS DE VAISSEAU

De **MESNARD.**
MAYANNE-L'HERMITE.
Le Chevalier **DE BUOR.**
PUKE.
D'ARS.

ENSEIGNES DE VAISSEAU

De **GARAT.**
De **BREMOY.**
WATROUVILLE.

LIEUTENANTS DE FRÉGATE

PERRAULT.
LE VACHEDES.
CONTREPONT.
QUESNEL.
MASSOT (fils).

CHIRURGIEN-MAJOR

BELLOT.

AUMONIER

LE ROY (R. P.) Récollet.

GARDES DE LA MARINE

PENFENTENYO DE KERVEREGUEN.
DE SOL DE GRISOLLES.

VOLONTAIRES

De la Maudardière (Joseph-Even), de Nantes.
Franquette d'Ancremelle (Alexandre), de Châtelaudren.
Le Corre (Jean-François), de Vannes.
Bryard (Thomas-Jean-Baptiste), de Vannes.

Officiers-mariniers de manœuvre.

Elie (François), premier maître, de Brest.
Jaquelot (Yves), premier maître, de Brest.
Dixneuf (Jean), second maître, de Nantes.
Elouet (Pierre), second maître, de Brest.
Lafosse (Jean), contremaître, de Granville.
Vasselin (G.), contremaître, de Boulogne.
Desveaux (Martin), contremaître, de Vannes.
Le Dantec (Jean), contremaître, de Brest.
Le Pellay (Charles), quartier-maître, de Granville.
Panier (Jean), quartier-maître, de Granville.
Ermange (Michel), quartier-maître, de Granville.
Rozey (Pierre), quartier-maître, de Granville.
Champion (Julien), quartier-maître, de Granville.
Hamel (Jacques), quartier-maître, de Honfleur.
Guéhaut (Jean), quartier-maître, de Saint-Brieuc.
Hernio (Marc), quartier-maître, de Saint-Brieuc.
Duchesne (Guillaume), quartier-maître, de Saint-Brieuc.
Denian (Jean), quartier-maître, de Nantes.
Le Moine (Pierre), quartier-maître, de Nantes.
Cheneau (Charles), quartier-maître, de Nantes.
Beuvist (Pierre), quartier-maître, de Nantes.
Le Bourg (Pierre), quartier-maître, de Brest.
Morvant (François), quartier-maître, de Brest.
Betuel (Jean), quartier-maître, de Saint-Malo.
David (Pierre), quartier-maître, de Saint-Malo.
Lainé (François), quartier-maître, de Saint-Malo.
Deniau (Gilles), quartier-maître, de Montauban.
Maréchal (Pierre), quartier-maître, de Rouen.
Fuveleau (André), quartier-maître, des Sables.
Boyer (Etienne), quartier-maître, des Sables.
Gautreau (Pascal), quartier-maître, des Sables.

Officiers-mariniers de pilotage.

Le Traou (Augustin), premier pilote, de Quimper.
Thomas (Jacques), second pilote, de Honfleur.
Le Gallais (Jean-Baptiste), second pilote, de Granville.
Harang (Victor), aide-pilote, de Honfleur.
Champalone (Alexis), aide-pilote, de Nantes.
Mancel (Alexis), aide-pilote, de Saint-Malo.

Officiers-mariniers de canonnage.

L'Alliment (Louis), maître canonnier, de Rochefort.
Brisson (François), maître canonnier, de Rochefort.
Lefèvre (François), second canonnier, de Granville.
Le Moine (Pierre), second canonnier, de Granville, mort à bord le 8 novembre 1780.
Grégoire (Jean), aide-canonnier, de Libourne.
Duchêne (Thomas), aide-canonnier, de Granville.
Loison (Pierre), aide-canonnier, de Granville.
Daimoville (Pierre), aide-canonnier, de Granville.
Le Chevalier (Charles), aide-canonnier, de Granville.
Cirou (Jean-Baptiste), aide-canonnier, de Granville.
Dutot (Pierre), aide-canonnier, de Granville.
Noblet (François), aide-canonnier, de Granville.
Barnabé (Georges), aide-canonnier, de Vannes.
Malneau (Jean), aide-canonnier, de Rochefort.
Deslieus (Robert), aide-canonnier, de Dieppe.
Joly (Pierre), aide-canonnier, de Dieppe.
Sainseur (François), aide-canonn. de Dieppe.
Duplessis (Pierre), aide-canonnier, de Dieppe.
Guérin (Pierre), aide-canonnier, de Dieppe.
Lafraise (André), aide-canonnier, de Libourne, mort à l'hôpital du Cap le 15 décembre 1781.
Le Quesne (Quentin), aide-canonnier, de Caen.

Officiers-mariniers de charpentage.

Gons (Thomas), maître charpentier, de Granville.
Le Coupé (Jean), second charpentier, de Granville.
Dangers (Jean), aide-charpentier, de Granville.
Le Tourneur (François), aide-charpentier, de Granville.

Officiers-mariniers de calfatage.

Paul (François), maître calfat, de Brest.
Liron (Thomas), second calfat, de Granville.
Vincent (Pierre), aide-calfat, de Saint-Brieuc.
Guibert (Laurent), aide-calfat, de Saint-Brieuc.

Officiers-mariniers de voilerie.

Meudec (Jean), maître voilier, de Brest.
Floch (Jean-François), second voilier, de Brest.
Mazé (Joseph), aide-voilier, de Brest.
Bervas (Joseph), aide-voilier, de Brest.

Gabiers et Timoniers.

Halgand (Jean), de Nantes.
Mahé (Jean), de Nantes.
Rousseau (Louis), de Nantes.
Kervarec (Guillaume), de Quimper.
Le Manissier (Pierre), de Caen.
Sainseur (Nicolas), de Dieppe.
Duhornay (Antoine), de Dieppe.
Dujardin (Moïse), de Dieppe.
Meslé (Gilles), de Saint-Malo.
Dordelin (Julien), de Granville.
Bouillon (Pierre), de Granville.
Avril (Jacques), de Granville.
Allard (Jean), d'Oléron.
Maquière (Jean-Baptiste), de Honfleur.
Bellot (Guillaume), de Dinan.
Hinguant (François), de Saint-Brieuc.
Rossard (Jacques), d'Orléans.

Matelots.

Dréano (François), de Vannes.
Meudic (Yves), de Brest.
Le Moine (Jean), de Brest.
Collet (Jacques), de Brest.
Chinquelin (Magloire), de Morlaix.
Laurent (Michel), de Saint-Brieuc.
Moreau (Thibaud), de Saint-Brieuc.

Le Friec (Vincent), de Saint-Brieuc.
Le Tertre (Jean), de Saint-Brieuc.
Le Basque (François), de Saint-Brieuc.
Perrin (Jean), de Saint-Brieuc.
Glaud (Marc), de Saint-Brieuc.
Romain (Jacques), de Saint-Brieuc.
Hervé (Guillaume), de Saint-Brieuc.
Purien (Claude), de Saint-Brieuc.
Carpier (Jean-Louis), de Saint-Brieuc.
Floury (Guillaume), de Saint-Brieuc.
Troinon (Joseph), de Saint-Brieuc.
Henri (Yves), de Saint-Brieuc.
L'Epargné (Jean), de Saint-Brieuc.
Le Dos (Alain), de Saint-Brieuc.
Ferchal (Claude), de Saint-Brieuc, mort à l'hôpital de Newport le 28 mars 1781.
Robert (François), de Saint-Malo.
Poulain (Jacques), de Saint-Malo.
Blanchet (Laurent), de Saint-Malo.
Briant (Jean), de Saint-Malo.
Brebel (Guy), de Saint-Malo.
Buet (Julien), de Saint-Malo.
Renaut (Jean), de Saint-Malo.
Renaut (Michel), de Saint-Malo.
Lucas (Jean), de Saint-Malo.
Billy (Gabriel), de Saint-Malo.
Samson (Jean), de Saint-Malo, mort à bord le 23 décembre 1781.
Tory (Gabriel), de Saint-Malo.
Hamon (Michel), de Dinan.
Girouard (Rault), de Dinan.
Massé (Pierre), de Dinan.
Bougre (François), de Dinan.
Trussard (Charles), de Dinan.
Hamon (André), de Dinan.
Cadet (Nicolas), de Dinan.
Silvestre (Augustin), de Dinan.
Pertouzel (François), de Dinan.
Guinard (Guillaume), de Dinan.
Le Roy (François), de Dinan.
Gourdel (Mathurin), de Dinan.
Abraham (Jacques), de Dinan.
Le Bihan (Jean), de Quimper.
Gloaguen (Louis), de Quimper.
Boursicorn (Guillaume), de Quimper.
Nouvel (Alain), de Quimper.
Madezeau (Guillaume), de Quimper.
Ollivier (Yves), de Quimper, mort à bord le 2 avril 1780.
Guével (Vincent), de Quimper.
Brun (Jean), de Quimper.
Manuel (Yves), de Quimper.
Montfort (Pierre), de Quimper.
Donval (Noël-François), de Quimper, mort à bord le 18 février 1782.
Albert (Thomas), de Nantes.
Roux (Jacques), de Nantes.
Dousset (Guillaume), de Nantes.
Arsenot (Étienne), de Nantes.
Galond (Laurent), de Nantes.
Gellin (Jean), de Nantes.
Guénelin (Augustin), de Nantes.
Le Breton (Yves), de Nantes, tombé à la mer et noyé le 5 mai 1781.
Noyer (Jean), de Nantes.
Foucaut (Pierre), de Nantes.
Méa (François), de Nantes.
Moyen (Étienne), de Nantes.
Halgande (François), de Nantes.
Vince (Guillaume), de Nantes.
Outin (Pierre), de Nantes.
Outin (Guillaume), de Nantes.
Guillard (Guillaume), de Nantes.
Capurane (Olivier), de Nantes.
Drouin (Jean), de Vannes.
Bozec (Nicolas), de Vannes.
Cravic (Guillaume), de Vannes.
Yvel (Joseph), de Vannes.
Saunier (Jean), de Vannes, mort à bord le 7 juillet 1780.
Rioult (Pierre), de Honfleur.
Champagne (Pierre), de Honfleur.
Portel (Marin), de Honfleur.
Roussel (Jean), de Dieppe.
Robin (Joseph), de Dieppe.
Saunier (Charles), de Dieppe.
Robin (Augustin), de Dieppe.
Carou (Jacques), de Dieppe.
Huguet (François), de Dieppe.
Carlu (Jean-Louis), de Dieppe.
Turbet (Jean-Baptiste), de Dieppe.
Vincent (Gabriel), de Dieppe.
Cucu (François), de Dieppe.
Heu (Michel), de Dieppe.
Le Vasseur (Jean), de Dieppe.
Bouy (Nicolas), de Dieppe.
Blondel (Laurent), de Dieppe.
Merlier (Jacques), de Dieppe, mort à l'hôpital de Newport le 26 mars 1781.
Le Tendre (Thomas), de Fécamp.
Monnier (Nicolas), de Fécamp.
Sevestre (Modeste), de Fécamp, mort à bord le 20 septembre 1781.
Le Goupy (Nicolas), de la Hougue.
Grosos (Guillaume), de la Hougue.
Fleury (Jacques), de la Hougue.
Bouquet (Martial), de Rouen.
Marage (Denis), de Rouen.
Delamarre (André), de Rouen.
Flavigny (Eustache), de Rouen.
Mabire (Pierre), de Cherbourg.
Noël (Jean), de Cherbourg.
Martin (Raymond), de Cherbourg.
Le Roy (Pierre), de Caen.
Cardine (Richard), de Caen.
Tardif (Jean), de Caen.
Clairet (Charles), de Caen.
Guyot (Jacques), de Caen.
Auvray (François), de Caen.
Salaün (Louis), de Caen.
Desmarres (Pierre), de Caen, noyé le 25 décembre 1781.
Vadet (Jean), de Granville.
Baucel (Julien), de Granville.
Lehode (François), de Granville.
Jeanne (Thomas), de Granville.
Laurence (Denis), de Granville, mort à bord le 6 décembre 1781.
Vigot (Jean), de Granville.
Dubois (Jean), de Granville.
Barbey (Louis), de Granville.
Le Capelain (Jean), de Granville.
Compart (François), de Granville.
Hédouin (Pierre), de Granville.
Jehanne (Jean-Baptiste), de Granville.
Le Marchand (René), de Granville, mort à Newport le 6 mai 1781.
Cochard (Noël), de Granville.
Guérin (Noël), de Granville.
Baldevesque (Jacques), de Granville.
Duperron (Germain), de Granville.
Champion (Gilles), de Granville.
Gaudon (Jacques), de Granville.
Richard (François), de Granville.
Le Cornu (Charles), de Granville.
Helley (Clément), de Saint-Valéry-sur-Somme.
Trouil (Antoine), de Saint-Valéry-sur-Somme.
Sauvage (Laurent), de Saint-Valéry-sur-Somme.
Morel (Louis), de Saint-Valéry-sur-Somme.
Morel (Jacques), de Saint-Valéry-sur-Somme.
Poulain (Simon), de Saint-Valéry-sur-Somme.
Darras (Jacques), de Saint-Valéry-sur-Somme.
Groisy (Nicolas), de Rochefort.
Denechau (Michel), de Blaye.
Rigard (Jean), de Bordeaux.
Charon (André), de Bordeaux.
Brunel (Jean), de Bordeaux.
Bonnefoux (François), de Moissac.
Davach (Antoine), de Moissac.
Ruaul (Jean), de Libourne.
Guichard (Jean), de Libourne.
Tournier (Jean), de Libourne.
Chalonet (Jean), de Libourne.
Blanchard (Pierre), de la Rochelle.
Aurel (Antoine), de Montauban.
Coutaut (Joseph), de Toulon.
Canord (Jean), de la Ciotat.
Rangeard (Jean), de la Teste.
Guillotau (André), de Paris.
Dinan (Jean-François), de Royan, mort à l'hôpital de Newport le 8 décembre 1780.
Mordrelle (Pierre), de Dinan.
Prat (Pierre), de Bordeaux.
Rabé (Pierre), de Granville.
Samson (Augustin), de Marseille.
Querelle (Jean-Baptiste), de Toulon.

Novices.

Vasseur (Pierre), de Fécamp, mort à bord le 22 février 1782.
Le Brun (Jean), de Fécamp, mort à bord le 18 juin 1780.
Angot (Pierre), de Caen.
Doublé (Jean-Baptiste), de la Hougue.
Gérard (Jean), de la Hougue.
Le Petit (Jean), de la Hougue.
Lormelet (Gabriel), de Caen.
Duval (Dubois), de Caen.
Chrétien (Pierre), de Caen.
Marin (Marin), de Caen.
Baugnon (Alexis), de Saumur.
Rouault (Louis), de Dinan.
Journé (Jean), d'Étampes.
Brin (Pierre), de Tréguier.
Bareau (Jacques), de Noirmoutiers, mort à bord le 1er septembre 1780.
Gontier (Sébastien), de Noirmoutiers, mort d'une blessure reçue au combat du 16 mars 1781.
Ratel (Charles), de Saint-Brieuc, mort à l'hôpital de Newport le 20 mars 1781.
La Caille (Nicolas), de Fécamp.
Modart (Nicolas), de Fécamp.
Guesdon (Augustin), de Fécamp.
Féret (Guillaume), de Dieppe.
Goupillon (Pierre), de Dieppe.
Parmentier (Michel), de Dieppe.
Le Vigoureux (François), de Dieppe.
Delaune (François), de Dieppe.
Planque (Jean), de Dieppe.
L'Aîné (Gilles), de Dieppe.
Le Gagneur (Jacques), de Dieppe.
Soin (Jean-François), de Dieppe, mort à bord le 18 décembre 1781.
Tonnelier (Pierre), de Saint-Valéry-sur-Somme.

Vasseur (Jean-Baptiste), de Saint-Valéry-sur-Somme.
Branlant (Pierre), de Saint-Valéry-sur-Somme.
Le Gendre (Jean-François), de Saint-Valéry-sur-Somme.
Nédélec (Grégoire), de Quimper.
Jardin (Toussaint), de Dunkerque.
Court (Marin), du Mans.
Bougarain (Geffroy), du Mans.
Goupy (Joseph), de Rennes.
Brosson (Pierre), de Rennes.
Grandmoulin (Jean), de Rennes.
Querjy (François), de Saint-Brieuc.
Bernard (Michel), de Saint-Brieuc.
Drouet (Jean), d'Angers.
Pannau (Pierre), d'Angers.
Giraud (Ollivier), d'Angers.
Bedon (François), de Rouen.
Le Leu (Adrien), de Rouen.
Cignon (Joseph), de Marseille.
Deschamps (Jean), de Bayeux.
Le Berzic (Louis), de Lannion.
Lefort (François), de Vannes.
Dupont (Mathurin), de la Rochelle.
Le Ray (Jean), de Paimbœuf.
Mesnard (Pierre), d'Avranches.
Clément (Vincent), de Dinan.
Plagne (Guillaume), de Montauban.
Gariat (Jean), de Montauban.

Surnuméraires.

Châtelain (Daniel), de Quimper.
Baldevec (Louis), de Granville.
Le Sieux (Thomas), de Granville.
Le Gras (Guillaume), de Granville.
Laugeron (Jean), de Granville.
L'Aîné (Julien), de Dinan.
Maraboeuf (Jean), de Dinan.
Carel (Guillaume), de Vannes.
Sausset (René), de Rennes.

Mousses.

La Combe (Jean-Baptiste), de Belle-Isle.
Friec (Claude), de Saint-Brieuc.
Chauvin (Louis), de Saint-Brieuc.
Kereneur (Charles), de Saint-Brieuc.
Kereneur (Yves), de Saint-Brieuc.
Dos (Jean-Louis), de Saint-Brieuc.
Brigand (Joseph), de Saint-Brieuc, tombé à la mer et noyé le 22 juillet 1781.
Le Coupé (Jean), de Granville.
Dutot (Jean-Baptiste), de Granville.
Daugers (Charles), de Granville.
Fretel (Louis), de Granville.
Le Traon (Louis), de Châteaulin.
Demeuré (François), de Châteaulin.
Le Pape (Jean-François), de Quimper.
Le Masson (Hervé), de Quimper.
Jaunard (Antoine), de Saintes.
Henry (Antoine), de Marseille.
Moinard (Yves), de Saint-Malo.
Samson (Jean), de Saint-Malo.
Morderet (Thomas), de Saint-Malo, mort à l'hôpital de Newport le 31 octobre 1780.
Nicolie (Joseph), de Vannes.
Pagot (Joseph), de Lyon.
Risque (Jean-Baptiste), d'Arras.
Ragotin (Pierre), de Brest.
Deser (Michel), de Brest.
Le Borgne (Sébastien), de Brest.
Le Gac (Didier), de Brest.
Chapuis (Pierre), de Paris.
Le Souder (Jean-Jacques), de Lannion.
Héliet (Jean-Marie), de Lannion, mort à bord le 5 octobre 1780.
Reignand (Joseph), de Nice.
Delahaye (Michel), de Rouen.
David (Augustin), de Rouen.
Lefèvre (Charles), de Rouen.
Le Roux (Jean-Baptiste), de Caen.
Auvray (Thomas), de Caen.
Rohan (Michel), de Caen.
Vapée (Antoine), de Honfleur.
Lerminier (Paul), de Dieppe.
Penoët (Yves), de Guingamp.
Morel (Noël), de Saint-Méen.
Quelleu (Jean), de Saint-Méen.
Bouiller (Pierre), de Saint-Méen.
Piedevache (Jean), de Saint-Méen.
Courteille (Pierre), de Dinan.
Salmon (Amateur), de Dinan.
Glochon (Joseph), de Dinan.

Domestiques.

Fournier (François), de Rocroy.
Hervé (Jean), de Lamballe.
Bertrand (Henry), de Toul.
Brosset (Joseph), de Rennes.
Dreuillette (Charles), de Quimper.
Clech (Jean), de Plouguerneau.
Silbert (Samuel), de Poullaouen.

L'ÉVEILLÉ

(De mars 1780 à septembre 1782)

M. LE GARDEUR DE TILLY, Capitaine de vaisseau, Commandant.

ÉTAT-MAJOR

CAPITAINE DE VAISSEAU

LE GARDEUR DE TILLY, Commandant, blessé au combat du 12 avril 1782.

LIEUTENANTS DE VAISSEAU

De **BEAUVOIR**, blessé au combat du 12 avril 1782.
De **FONDELIN**, mort à bord le 29 novembre 1780.
Le Chevalier **MASLYS LE GRAND**, mort à bord le 14 mai 1781.

ENSEIGNES DE VAISSEAU

DU COUEDIC.
SAULNIER.
LUNVEN DE KERBIGUET, blessé le 12 avril 1782.
De **CAMUS.**
DUPONT.

LIEUTENANTS DE FRÉGATE

PARFAIT, mort le 25 juin 1780.
COSTE (Armand).
FUSTEL DE LA VILLE LE HOUX.
POTTIER, blessé le 12 avril 1782.
SEGRETIER.

CHIRURGIEN

CAILLAUD.

AUMONIER

MORRISSON (Roger).

GARDES DE LA MARINE

De **TILLY.**
DESMURES (Valantin).

PILOTES PRATIQUES AMÉRICAINS

Dillingham (Edward), de Newport.
Gardinere (Joseph), de Newport.
Leger (James), du Cap Henry.
Barnich (Lemuel).
Ballard (William).
Champlain (Lemuel), de Nonlondone.
Geffres (Samuel), de Newport.
West (Georges), de Marthas Wmeyard.

VOLONTAIRES

Le Nourry de Momirel (Vincent).
De Perrot.

Officiers-mariniers de manœuvre.

Férandeau (Charles), premier maître, de Rochefort, blessé au combat du 12 avril 1782.
Louis (Jean), premier maître, de la Rochelle.
Revault (François), second maître, du Havre.
Audubert (Pierre), second maître, du Croisic.
Le Baron (Jean), contremaître, de Honfleur, blessé au combat du 26 janvier 1782.
Andouart (André), contremaître, de Saint-Malo.
Fleury (Pierre), bosseman, de Granville, mort le 20 juillet 1780.

Boyard (Jean), quartier-maître, de Dieppe.
Halley (Yves), quartier-maître, de Dinan.
Doussin (Thomas), quartier-maître, de Saint-Malo.
Godefroy (Michel), quartier-maître, de Saint-Malo, blessé au combat du 12 avril 1782, mort le 28 mai 1782.
Sublin (Alexis), quartier-maître, de Granville.
Radoub (Antoine), quartier-maître, de Dieppe, blessé au combat du 12 avril 1782, mort le 7 mai 1782.
Le Maitre (Jacques), quartier-maître, de Granville.
Chaton (Jacques), quartier-maître, de Lorient.
Goason (Michel), quartier-maître, de Dinan.
Duval (Alexandre), quartier-maître, du Havre.
Le Febvre (Denis), quartier-maître, de Fécamp.
Mesnard (Pierre), quartier-maître, de Marennes, blessé au combat du 12 avril 1782.
De la Planche (François), quartier-maître, de Granville.

Officiers-mariniers de pilotage.

Deliot (Pierre), premier pilote, de Caen.
Giraux (Gildat), second pilote, de Nantes.

Officiers-mariniers de canonnage.

Julien (Jacques), maître canonnier, de Rochefort.
Gaubin (Louis), maître canonnier, du Havre, tué au combat du 12 avril 1782.
Guillaume (Jean), second canonnier, de Granville, mort le 5 juillet 1780.
Delisles (Julien), second canonnier, de Saint-Malo.
Fortin (Pierre), aide-canonnier, de Boulogne.
Fauconnier (Jean), aide-canonnier, de Dieppe, tué dans le combat du 12 avril 1782.
Le Tellier (Jacques), aide-canonnier, de Caen.
Drouet (Georges), aide-canonnier, de Granville, blessé au combat du 12 avril 1782.
Stéphan (Jean), aide-canonnier, d'Ouessant, blessé au combat du 12 avril 1782.
Richard (Jean), aide-canonnier, de Saint-Brieuc, blessé au combat du 12 avril 1782.
Lefort (Benoît), aide-canonnier, de Saint-Valéry.
Cava (Louis), aide-canonnier, de Saint-Valéry, blessé au combat du 12 avril 1782.
Redon (Jean), aide-canonnier, de Saint-Brieuc, mort à bord le 11 juillet 1782.
Tanguy (Philippe), aide-canonnier, de Saint-Brieuc.
Colas (Yves), aide-canonnier, de Saint-Malo.
Limier (Mathieu), aide-canonnier, de Brest.
Pau (Charles), aide-canonnier, de Dieppe.
Le Gras (Jean-Nicolas), aide-canonnier, de Dieppe, blessé au combat du 12 avril 1782.
Reine (Louis), aide-canonnier, de Dieppe.
Boulogne (Aubin), aide-canonnier, de Dieppe.
Richard (Augustin), aide-canonnier, de Dinan.
Le Mauff (Claude), aide-canonnier, du Croisic.
Grossain (Gilles), aide-canonnier, de Saint-Malo.
Petit (Severe), aide-canonnier, de Rouen, blessé au combat du 26 janvier 1782.
Pairer (Dominique), aide-canonn., de Rouen.
Delisle (Nicolas), aide-canonnier, de Rouen, mort le 5 juillet 1782.
Harrel (René), aide-canonnier, de la Hougue.
Bon (Pierre), aide-canonnier, de Royan.

Officiers-mariniers de charpentage.

Drouineau (Crépin), maître charpentier, de Rochefort.
Petelle (Jean), second charpentier, de Granville.
Le Monnier (Joseph), aide-charpentier, de Saint-Malo, mort le 4 juin 1782.
Lhotelier (Nicolas), aide-charpentier, de Dinan.

Officiers-mariniers de calfatage.

Armet (Michel), maître calfat, de Rochefort, blessé au combat du 12 avril 1782.
Le François (Jean), second calfat, de Saint-Malo, blessé au combat du 12 avril 1782.
Le Comte (Guillaume), aide-calfat, de Granville.

Officiers-mariniers de voilerie.

Catot (François), maître voilier, de Lambézellec.
Cloarec (Yves), second voilier, de Lorient, blessé le 12 avril 1782, mort le 2 mai 1782.

Officiers-mariniers divers.

Guillou (Pierre), de Brest.
Le Guillou (René), de Brest, blessé au combat du 12 avril 1782, mort le 11 du dit.
Hervé (Yves), de Quimper.
Coupart (Jacques), de Brest, blessé au combat du 12 avril 1782.
Le Cert (Pierre), de Cherbourg.
Montagne (Julien), de Granville, mort le 20 juin 1782.
Jadé (Julien), de Quimper, blessé au combat du 12 avril 1782.
Cahaignon (Michel), de Brest.
Le Marié (Michel), de Rouen.
Tinevesse (François), de Brest, blessé au combat du 12 avril 1782.
Brossaud (Pierre), de Paimbœuf.
Buron (René), de Nantes.
Duperrier (Guillaume), du Croisic.
Aboutin (Guillaume), de Rochefort.

Gabiers.

Michel (François), de Toulon.
Cochon (Louis), du Havre.
Le Floch (Jean), de Vannes, mort le 16 mars 1781.
Cuyot (Allain), de Morlaix.
Morisset (Thomas), de Rochefort.
Chalot (Gabriel), de Saint-Malo, mort le 2 mai 1781.
Babin (Jean), de Saint-Malo, mort le 19 juin 1782.
Langevin (Joseph), de Saint-Malo.
Even (Augustin), de Saint-Brieuc, mort à bord le 9 août 1782.
Bien Assis (Jean), de Saint-Malo.
Guérard (André), de Dinan, mort le 24 juillet 1780.

Timoniers.

Bouvet (Jean), de Saint-Malo.
Dubois (Philipe), de Saint-Malo.
Tournelle (Guillaume), de Saint-Malo.
Lefebvre (Roux), du Havre.
Gosse (Jean), de Granville.
Le Marchand (Pierre), de Dieppe.
Rivierre (Pierre), de Libourne.
Lauvy (Thomas), de Saint-Brieuc.
Le Moal (Jean), de Saint-Brieuc.
Grosset (Guillaume), de Dieppe.
Mecquet (Pierre), de Granville.
Clavaux (François), de la Rochelle.
Courtin (Jean), de Dieppe.
Lagrée (Jacques), du Croisic.
Lagrée (Julien), du Croisic.
Devaux (Jean), de Morlaix.
Masson (Charles), de Dieppe.

Matelots.

Monach (Claude), de Brest.
Cheron (Joseph), de Vannes.
Miniou (Yves), d'Ouessant, mort le 29 mai 1781.
Toulan (Hervé), d'Ouessant.
Tual (Thomas), d'Ouessant, mort à bord le 8 août 1782.
Créach (André), d'Ouessant, mort à bord le 2 juillet 1782.
Bernard (Jean), d'Ouessant, mort le 9 janvier 1781.
Brillant (René), de Lannion.
Castel (François), de Morlaix.
Nicole (Jean), de Saint-Brieuc.
Hery (Vincent), de Saint-Brieuc.
Massés (Jacques), de Saint-Brieuc.
Blanchard (Jean), de Saint-Brieuc.
Richard (Jean), de Saint-Brieuc.
Poilpot (Jean), de Saint-Brieuc.
Guillou (Jean), de Saint-Brieuc, mort le 22 mars 1780.
Lescanfre (Isaac), de Saint-Brieuc, mort le 28 juin 1782.
Camard (Yves), de Saint-Brieuc.
Burel (Alain), de Saint-Brieuc.
Juhel (René), de Saint-Brieuc.
Michel (Louis), de Saint-Brieuc.
Goquen (Jacques), de Saint-Brieuc.
Kerlavaloir (Jacques), de Saint-Brieuc.
Denis (Louis), de Saint-Brieuc.
Mendal (François), de Saint-Brieuc.
Perigault (Philipe), de Saint-Brieuc.
Morvans (François), de Saint-Brieuc.
Le Fur (Jacques), de Saint-Brieuc.
Le Monnier (Joseph), de Saint-Malo, mort le 27 juillet 1780.
Gégu (Julien), de Saint-Malo.
Guérinot (Pierre), de Saint-Malo.
Le Boucher (Pierre), de Saint-Malo, mort le 3 juin 1782.
Jouquemard (Guillaume), de Saint-Malo.
Mousson (Jean), de Saint-Malo, mort le 15 mai 1781.
Dugué (Pierre), de Saint-Malo.
Chapelain (Louis), de Saint-Malo.
Le Noir (Louis), de Rennes, blessé au combat du 12 avril 1782.
Bazir (Pierre), de Saint-Malo.
Simon (Marc), de Dinan.
Riché (Julien), de Dinan.
Grascœur (Jean), de Dinan.
Avril (François), de Dinan.
Morin (Joseph), de Dinan.
Pihau (Pierre), de Dinan, mort à bord le 6 décembre 1781.
Robert (Pierre), de Dinan.
Houit (Jean), de Dinan, blessé au combat du 12 avril 1782.
Robert (Vincent), de Dinan.
Chaignon (Michel), de Dinan.
Rabin (Allain), de Dinan.
Briand (François), de Dinan.
Le Dars (Pierre), de Quimper.
Carriou (Guillaume), de Quimper, mort à bord le 3 juillet 1782.
Dailliau (Jean), de Quimper.
Goualou (Louis), de Quimper, mort le 19 avril 1782.

Flohic (Jean), de Quimper.
Le Thorel (Vincent), de Quimper.
Le Blas (Corantin), de Quimper.
Le Bris (Joseph), de Quimper.
Rivoalin (Gabriel), de Quimper.
Le Fol (Antoine), de Quimper, mort le 3 février 1781.
Noluchon (François), de Quimper.
Philipon (Clérain), de Quimper.
Le Scavener (Noël), de Quimper.
Le Theo (Jean), de Quimper.
Le Bris (Alain), de Quimper.
Guégant (Jacques), de Lorient.
Even (Colombain), de Lorient.
Le Pesquer (Louis), de Lorient.
Monnier (Julien), de Lorient.
Perruchaux (Ollivier), de Lorient, mort le 26 avril 1781.
Tristan (Simon), de Lorient.
Nérot (Vincent), de Lorient.
Herviau (Jacques), de Lorient.
Phily (Jean), d'Audierne.
Le Guillaud (Joseph), de Vannes.
Bataille (Guillaume), de Nantes.
Gendron (Louis), de Nantes.
Birgant (Pierre), du Croisic.
Dubuisson (René), de Nantes.
Bertho (François), de Nantes, mort à bord le 17 novembre 1781.
Le Heudé (Nicolas), de Nantes, blessé au combat du 12 avril 1782.
Fournel (Julien), du Havre, mort à bord le 31 juillet 1782.
Le Page (Georges), du Havre.
Jean (Louis), de la Hougue.
Momelet (Simon), de Honfleur.
Le Prêtre (Michel), de Dieppe.
Petit (Jean), de Dieppe.
Fréchon (Romain), de Dieppe.
Clémence (Pierre), de Dieppe.
Blanchet (Michel), de Dieppe.
Carpentier (Charles), de Dieppe, mort le 8 octobre 1780.
Duhornay (Charles), de Dieppe.
Duhornay (Louis), de Dieppe.
Le Prêtre (Pierre), de Dieppe, mort le 28 avril 1781.
Fermant (Jean), de Dieppe.
Drouaux (Jean), de Dieppe.
Drouaux (Félix), de Dieppe.
Potel (Charles), de Dieppe.
Lefort (Jean), de Dieppe.
Buseboc (Louis), de Dieppe, blessé au combat du 26 janvier 1782.
Robert (Nicolas), de Dieppe.
Cloquette (Etienne), de Dieppe.
Poulin (Guillaume), de Dieppe.
Litté (Jean), de Dieppe.
Ferrand (Pierre), de Dieppe.
Richard (Laurent), de Fécamp.
Bunel (François), de Fécamp, tué au combat du 12 avril 1782.
Gentit (Jean), de Fécamp.
Blondelle (Guillaume), de Fécamp.
Pizias (Jean), de Fécamp, mort le 10 avril 1781.
Morel (Louis), de Rouen.
Lefrançois (François), de Rouen.
Daniel (Pierre), de Rouen, mort le 2 septembre 1780.
Bérenger (André), de Rouen.
Le Vaillant (Alexandre), de Rouen.
Dray (François), d'Orléans.
Tessel (Jean), de Caen.
Tessel (Jacques), de Caen.
Nicole (Jean), de Caen.
Toulorge (Paul), de Cherbourg.
Bihel (Guillaume), de Cherbourg.
Ferron (Nicolas), de la Hougue.
Le Tanneur (Jean), de la Hougue.
Godel (Etienne), de la Hougue.
Herache (Luc), de la Hougue, mort le 19 février 1781.
Hédouin (Jean), de Granville.
Esnault (Julien), de Granville.
Le Pault (Gilles), de Granville, mort le 12 février 1782.
Salmon (Gabriel), de Granville.
Goublin (Jacques), de Granville.
La Mort (Antoine), de Granville, blessé au combat du 12 avril 1782.
Le Buff (Joseph), de Granville, blessé au combat du 12 avril 1782.
La Mort (Jacques), de Granville.
Le Buf (Nicolas), de Granville, mort le 24 avril 1781.
Lagronne (Michel), de Granville.
Delisle (Pierre), de Granville.
Biron (Jean), de Granville.
Rousselle (François), de Granville, mort le 22 juin 1781.
Tostin (Nicolas), de Granville.
Gacquevelle (Pierre), de Granville, blessé au combat du 12 avril 1782.
Le Touzès (Julien), de Granville.
Huault (Adrien), de Granville.
Le Gros (Louis), de Granville.
Le Tourneur (Jacques), de Granville.
Cloquete (Jacques), de Saint-Valéry.
Vincent (François), de Saint-Valéry.
Berthe (Nicolas), de Saint-Valéry.
Danée (Noël), de Saint-Valéry.
Robycq (Nicolas), de Saint-Valéry.
Demieurre (Pierre), de Saint-Valéry.
De Grecque (Antoine), de Saint-Valéry.
Desbordes (André), de Boulogne.
Bataille (Jean-Baptiste), de Saint-Valéry.
Dubois (Louis), de Bordeaux.
Chantereau (Martin), de Libourne.
Douasse (Jean), de Libourne.
Pommier (Jean), de Bayonne.
Gazin (Jean), de Bayonne.
Alluson (Jean), de Marennes, mort le 13 avril 1782.
Bechon (Etienne), de Bordeaux.
Chaignau (Etienne), de Libourne.
Barrere (Jean), de Bayonne.
Bordery (Martial), de Bordeaux.
Collonges (Luc), de Bordeaux.
Desclos (Jean), de Bordeaux, blessé au combat du 26 janvier 1782.
Salot (Pierre), de Royan.
Guitonneau (Pierre), de Noirmoutiers.
Dublex (Etienne), de Libourne.
Isart (Jean), de Libourne, tué au combat du 26 janvier 1782.
Gautier (Jean), de Bordeaux, mort le 23 juillet 1780.
Frustier (Michel), de Bordeaux.
Riés (Michel), de Bordeaux.
Turbez (Antoine), de l'Ile d'Yeu.
Marcé (Arnault), de Blaye, mort le 16 juillet 1780.
Menué (Jacques), de Saintes.
Giraudot (Pierre), de l'Ile de Ré.
Pledeau (Pierre), de l'Ile de Ré.
Deschamps (Guillaume), des Sables-d'Olonne.
Yon (Mathurin), des Sables-d'Olonne.
Reynaud (André), de la Seyne.
Le Grand (Pierre), de Saint-Malo.
Esplau (Jean), de Cette.
Dervieux (Médart), de Saint-Etienne.
Brimaud (Pierre), d'Angoulême.
Olives (Julien), de Nantes, mort le 16 septembre 1780.
Le Blanc (Joseph), de Nantes.
Morau (Jean), de Nantes.
Bonin (Julien), de Nantes.
Colignan (Pierre), de Rennes.
Hervé (Joseph), de Vannes.
Guesnel (Pierre), de Nantes.
Le Gal (Jacques), de Nantes, tué au combat du 12 avril 1782.
Le Heudé (René), de Nantes.
Marion (Joseph), de Dinan.
Renaud (Jean), de Nantes.
Chailliot (François), de la Rochelle.
Du Roucette (Louis), de Nîmes.
La Roche (Charles), de Menton.
Chevalier (Jean), de Caen.
Adam (Jean), de Sarlat.
Bouvard (Jean), de Dijon, blessé au combat du 12 avril 1782.
Pelletier (Jean), des Sables-d'Olonne.
Hubeau (Louis), de Lorient.
Michaud (Julien), de Nantes.
Pon (Joseph), de Dinan.
Thomas (Laurent), de Vannes.
Le Vivier (François), de Granville.
Ozon (François), de Granville.
Auger (Louis), de Granville.
Chalmet (Guillaume), de Granville.
Le Brissois (Michel), de Cherbourg.
Loire (Jacques), de Cherbourg.
Trebel (Georges), de Fécamp.
Eu (Michel), de Honfleur.
Havard (François), de Granville.
Le Tourneur (Pierre), de Granville.
Alain (Pierre), de Granville.
Echaud (Julien), de Lorient.
Brune (Arnaud), de Toulouse, mort à bord le 2 juin 1782.
Balles (Bernard), de Toulouse.
Vatte (Maurice), de Lorient.
Le Boulanger (Michel), de Cherbourg.
Le Gal (Jean), de Morlaix.
Dunet (Jean), de Saint-Valéry.
Mathelin (Pierre), du Croisic.
Balavoine (Guillaume), de Lamballe.
Gégot (Louis), de Saint-Brieuc.

Novices.

Dufour (Jean), de Paris.
Drieux (Jean), de Dinan.
Clouet (Jean), de Fougères.
Letournel (Jean), de Fougères.
Le Coq (François), de Fougères.
Baunier (Olivier), de Saint-Brieuc.
Crevons (Pierre), de Caen.
Le Freté (Louis), de Caen.
Auger (Jacques), de Caen.
Quérinault (Julien), de Fougères.
Rolland (Julien), de Dinan.
Monnint (Jean), de Paris.
Lamy (Julien), de Granville, mort le 13 avril 1781.
Bocquet (Thomas), de Fécamp.
Plusquellec (Olivier), de Saint-Brieuc.

Sarrazin (René), de la Rochelle, mort le 3 janvier 1781.
Brillart (Charles), de Boulogne.
Hérault (Marie), de Paris.
Caclos (François), de Saint-Valéry.
Loiseau (Julien), du Croisic.
Mariete (François), du Croisic.
Huriot (Jean), de Lunéville.
Lefrançois (Henry), de Caen.
Larivin (François), de Saint-Brieuc, mort le 16 mars 1782.
Richard (François), de Saint-Brieuc.
Bouvais (Julien), de Dinan.
Fourier (François), de Calais.
Danguin (Pierre), de Saint-Valéry.
Dumaniel (Nicolas), de Dieppe.
Mariete (François), de Dieppe, mort le 28 juillet 1780.
Troude (François), de la Hougue.
Renaud (Charles), de Rennes.
Le Lièvre (Thomas), de Paris.
Billard (Jean), de la Hougue.
Lesfrais (Jean), de Saint-Brieuc, mort le 22 décembre 1780.
Paulet (Nicolas), de Fécamp.
Peltier (André), de Versailles.
Bisson (Jean), du Havre.
Trahais (Jean), de l'Ile de Ré.
Divanac (René), de Quimper, blessé au combat du 12 avril 1782.
Le Marchand (François), de Nantes, mort le 19 septembre 1780.
Martin (Guillaume), de Nantes, mort le 26 septembre 1780.
Tourtier (Eustache), de Fougères.
Trotain (Pierre), de Nantes.
Conseille (Jacques), de Royan, blessé au combat du 12 avril 1782.

Surnuméraires.

Caille (Augustin), de Saint-Malo.
Fournier (Louis), de Vitré, mort le 13 juillet 1780.
Tual (Marc), de Vitré, mort à bord le 12 novembre 1781.
Keromnès (Augustin), d'Hennebont.
Chaouen (Jean), du Conquet.
Prat (Budoc), de Porspoder, mort le 18 juillet 1780.
Bouchaud (Julien), de Nantes.

Mousses.

Goason (Michel), de Dinan.
Format (Pierre), de Lorient, tué au combat du 12 avril 1782.
Hallex (Yves), de Dinan.
Le Gac (Jean), de Morlaix, blessé au combat 12 avril 1782.
Riou (Yves), de Morlaix.
Douard (Pierre), de Dinan.
Le Dentec (Thomas), de Saint-Brieuc.
Amiot (Guyou), de Cherbourg.
Seven (Etienne), de Rennes.
Rolland (Guillaume), de Quimper.
Breton (Jean), de la Hougue, mort le 10 octobre 1780.
Enault (Jean), de Granville.
Monnier (Vincent), de Saint-Brieuc.
Burbau (Julien), de Dinan.
Le Berre (Jean), de Saint-Brieuc.
Bertot (Jacques), de Vannes.
Colas (Jean), de Saint-Malo.
Perresse (Simon), de Landerneau, mort à bord le 6 septembre 1782.
Cottard (Jean), de Saint-Brieuc.
Le Duf (Marie), de Morlaix.

Evanot (Jean), de Vannes.
Guillouand (Joseph), de Dinan.
Soubenne (Jean), de Brest.
Coëdic (Jean), de Guingamp.
Le Berre (François), de Saint-Brieuc.
Le Floch (François), de Saint-Brieuc.
Corbin (Jacques), de Lambézellec.
Cloarec (Gérôme), de Brest.
Voisin (Jean), de Cherbourg.
Laurent (Etienne), de Rouen.
Clément (Jean), de Granville, blessé au combat du 12 avril 1782.
Denis (Pierre), de Saint-Valéry.
Modelonde (Jacques), de Honfleur.
Heuzé (Jean), de Caen.
Le Jarre (Julien), de Rennes.
Deshayes (Adrien), de Rouen.
Brossand (Jacques), de Paimbœuf.
Guillemote (Jean), de Vannes.

Domestiques.

Le Baron (Yves), d'Avranches.
Lainé (Yves), de Morlaix.
Gaudichon (François), d'Angoulême.
Perrin (François), de Tréguier.
Corbel (Mathurin), de Lamballe.
Marquer (Jean), de Périgueux.
Cotée (François), de Nantes.

Hevresen (Tom), matelot américain.
Jephets (Georges), matelot américain.
Seves (Pierre), matelot américain, mort le 20 avril 1781.
Manero (Lingeman), matelot américain.
Hall (Georges), matelot américain, mort le 20 avril 1781.

LE CONQUÉRANT

(De janvier 1780 à août 1782)

M. DE LA GRANDIÈRE, Capitaine de vaisseau, Commandant.

ÉTAT-MAJOR

CAPITAINES DE VAISSEAU

De la **GRANDIERE**, Commandant.
De **CHEFFONTAINE**, tué au combat du 16 mars 1781.
De **CATELAN.**

LIEUTENANTS DE VAISSEAU

DUPUY.
NANCOF.
BLESSINGS.

ENSEIGNES DE VAISSEAU

De **KERGUS**, mort le 20 mars 1781.
BUSSY.
DUPAC DE BELLEGARDE.
MACARTY.
Le Chevalier de la **JONQUIERE.**
ROBERT DE SAINT-VINCENT.
Le Chevalier **de MAULEVRIER.**
De la ROCHE-KERANDRAON.

LIEUTENANTS DE FRÉGATE

COUPRY.
MAURACIN.
Le CORDIER.
DESHAYER.
GUEZENNEC, tué au combat du 16 mars 1781.
Le Chevalier **DABOUVILLE LE PAGE.**
VAUTIER.

CHIRURGIEN

PARFAIT.

AUMONIER

ROUTEL, abbé.

GARDES DE LA MARINE

Le Chevalier **DERVAT.**
De LIVEC.
TOURMEL (Charles).
De LEYRITZ.
Le Chevalier **de la GRANDIERE.**

VOLONTAIRES

Girard (Maurice), de Quimper.
Pitot (Pierre), de Morlaix.
Pitot (François), de Morlaix.
Cartel (Jean), de Saint-Brieuc.

Officiers-mariniers de manœuvre.

Tretout (Jean), premier maître, de Recouvrance, tué au combat du 16 mars 1781.
Juttard (Léger), second maître, du Croisic, mort le 12 juillet 1780.
Guénec (Mathurin), second maître, de Port-Louis.

Moussabant (Joseph), second maître, de Calais.
Le Moing (Gilles), contremaître, de Lorient.
Longueville (Luc), bosseman, de Granville.
Jouan (Yves), bosseman, de Brest.
Ermange (Thomas), quartier-maître, de Granville.
Durieux (Joseph), quartier-maître, de Granville.
Gourio (Toussaint), quartier-maître, de Saint-Brieuc, tué au combat du 12 avril 1782.
Ruel (Nicolas), quartier-maître, de Granville.
Urvois (Antoine), quartier-maître, de Lorient.
Beyo (Laurent), quartier-maître, de Saint-Brieuc.
Garo (Guillaume), quartier-maître, de Lorient.
Grassin (Jacques), quartier-maître, de Lorient.
Lefèvre (François), quartier-maître, de Lorient.

Officiers-mariniers de pilotage.

Bléas (Joseph), patron de canot, de Morlaix.
Desvarennes (François), premier pilote, de Brest.
Augard (François), second pilote, de Calais.
Floch (Jean), second pilote, de Morlaix.
Ludeline (François), aide-pilote, de Honfleur.
Le Poetre (Victor), aide-pilote, de Honfleur.

Officiers-mariniers de canonnage.

Grossard (François), maître canonnier, de Brest.
Moutret (Jean), maître canonnier, de Saint-Valéry.
Goujet (Nicolas), second canonnier, de Lorient.
Magnan (Pierre), second canonnier, de Brest.
Clémence (Nicolas), aide-canonnier, de Dieppe.
Julien (Jacques), aide-canonnier, de Granville.
Daras (François), aide-canonnier, de Saint-Valéry.
Thébaut (Joseph), aide-canonnier, de Dinan.
Boucher (Thomas), aide-canonnier, de Dieppe.
Noirtiers (Georges), aide-canonnier, de Saint-Valéry.
Perigo (Gilles), aide-canonnier, de Cancale.
Hurtel (Nicolas), aide-canonnier, de Dieppe.
Menage (Prosper), aide-canonnier, de Granville, mort à bord le 18 juillet 1782.
Calvès (Julien), aide-canonnier, de Saint-Malo, tué au combat du 12 avril 1782.
Anquetille (Pierre), aide-canonnier, de Granville, mort le 18 octobre 1780.
Le Gendre (Jean), aide-canonnier, de Granville, tué au combat du 16 mars 1781.
Lamour (Jean), aide-canonnier, de Calais.
Devimes (Jacques), aide-canonnier, de Dunkerque.
Demay (Jacques), aide-canonnier, de Boulogne.
Coquet (Jean), aide-canonnier, de Dieppe.
Jouet (Pierre), aide-canonnier, de Boulogne.
Duvivier (Quintin), aide-canonnier, de Lorient.
Goudé (Jean), aide-canonnier, de Saint-Malo.
Baudo (Ollivier), aide-canonnier, de Vannes.
Le François (Lambert), aide-canonnier, de la Hougue.

Officiers-mariniers de charpentage.

Yvard (Jean), second charpentier, de Boulogne.
Bunet (Juliac), second charpentier, de Saint-Malo.
Cordon (Thomas), aide-charpentier, de Saint-Malo.
Kermorvant (Charles), aide-charpentier, de Lorient, tué au combat du 16 mars 1781.

Officiers-mariniers de calfatage.

Quédec (Jean), maître calfat, de Recouvrance.
Guernevés (Barthélemy), second calfat, de Lorient.
L'Hotellier (Louis), aide-calfat, de Saint-Malo.
Quatre Sols (Pierre), aide-calfat, de Dinan.
Bagousse (Michel), aide-calfat, de Vannes.

Officiers-mariniers de voilerie.

Bazile (André), maître voilier, de Brest.
Calvarin (Yves), second voilier, du Conquet.
Le Colin (Joachim), aide-voilier, de Saint-Brieuc.
Mayan (Charles), aide-voilier, de Saint-Valéry, mort le 18 octobre 1780.

Officiers-mariniers divers.

Richardais (Pierre), de Saint-Malo.
Boulet (Alexis), de Nantes.
Lionnais (François, de Saint-Brieuc.
Le Baupin (Blaise), de Nantes.
Riollan (Claude), de Nantes.
La Satte (François), de Nantes.
Thomas (Jean), du Croisic.
Saulny (Julien), de Nantes.
Cuer (Gaspard), de Martigues.
Berny (Jacques), du Croisic.
Le Duc (Marie), de Belle-Isle.
Le Bas (Jacques), de la Hougue.
Paris (Pierre), de la Hougue, mort le 22 juillet 1780.
Alix (Denis), de la Hougue, mort de blessures le 14 avril 1782.
Dumais (Etienne), de Dieppe.
Le Pantonnier (Toussaint), de Cherbourg.
Marion (Benoit), de Brest.
Vilair (Jean), de Saint-Valéry.
Manteau (Jérôme), de Paimbœuf.
Debecq (Joseph), de Nantes.
Garigon (Pierre), de Lorient.
Le Bihan (Yves), de Saint-Brieuc.
Rivière (Pierre), d'Hennebont, tué au combat du 16 mars 1781.
Badier (Gabriel), d'Angers.
Delaunay (Urbain), d'Angers, mort le 19 juillet 1782.
Le Zaine (Laurent), de Nantes.
Guénot (Joseph), de Nantes.
Tison (Charles), du Havre, tué au combat du 16 mars 1781.
Devaux (Jean), de Calais.
Billet (Pierre), de Noirmoutiers.
Haté (Jean), de Granville.
Richard (Louis), de Saint-Brieuc.
Couloc (Jean), de Quimper.
Brillant (Mathurin), de Nantes.
Gral (Guillaume), de Morlaix.
Arismendy (Joseph), de Toulon.
Têtu (Jean), de Saint-Valéry.
Chevalier (Mathurin), de Saint-Brieuc.
Serotte (Pierre), de Granville.
Coquet (Jacques), de Granville.
Boyer (Nicolas), de Saint-Valéry, mort à bord le 19 juin 1782.
Pilliard (Guillaume), de la Hougue.
Raimond (Jean), de Saint-Valéry.
Guedon (Pierre), de Dieppe.
Fromentin (François), de Dieppe, mort à bord le 12 juillet 1782.
Le Breton (Gilles), de Granville.
Lagarde (Bertrand), de Bordeaux.
Le Monnier (Adrien), de Fécamp.
Duquincourt (Charles), de Saint-Valéry.
Bittel (Pierre), de Saint-Malo.
Arlo (Louis), de Dieppe.
Girond (Louis), de Granville, mort en mer le 23 juillet 1782.
Le Guen (Julien), de Quiberon.
Fourny (Marc), de Boulogne.
Faucheur (Henry), de Saint-Malo.
Quimper (Jean), de Saint-Brieuc.
Bourgeois (Jean), de Dieppe.

Gabiers.

Quinio (Denis), de Vannes, mort le 15 juillet 1780.
Quimper (Jean), de Saint-Brieuc.
Bourgeois (Jean), de Dieppe.
Portier (Joseph), de Saint-Malo, mort le 21 juillet 1780.
Bachelot (Jean), du Croisic.
Emery (Pierre), de Saint-Malo.
La Musse (Guillaume), de Granville, mort le 12 mai 1782.
Fouquet (Laurent), de Saint-Malo, tué au combat du 9 avril 1782.
Péan (Hilarion), de Rennes.
Follain (René), de Granville.
Le Bas (Jean), de Granville.
Dugué (François), de Lorient.
Lapie (Jean), de Dinan.
Le Brach (Louis), de Port-Louis.

Timoniers.

Rault (Noël), de Saint-Malo.
Evin (Jean), de Saint-Brieuc.
Letellier (Jacques), de Granville, mort le 26 mars 1782.
André (Jean), de Saint-Malo.
Guille (Pierre), de Granville.
Banville (Jean), de Granville.
Jego (Joachim), de Saint-Malo, mort à bord le 13 juillet 1782.
Rio (Guillaume), de Vannes.
Fauchard (Jean), de Bordeaux, tué au combat du 16 mars 1781.
Morel (François), de Honfleur.
Rio (Laurent), de Vannes, mort le 3 septembre 1780.
Liron (Barthélemy), de Dinan.
Durand (Georges), de Granville.
Rebours (Guillaume), de Granville.
Vaslin (Louis), de Fécamp.
Asselin (Jean), de Saint-Valéry.
Baron (Laurent), de Saint-Malo.
André (Jacques), de Saint-Malo.
Bizien (Ollivier), de Morlaix.
Hardy (Joseph), de Lorient.
Bourgeoise (Benoit), de Cherbourg, mort le 16 juillet 1780.

Matelots.

Kros (Yves), du Conquet.
Thomas (Jean), de Rennes.
Le Mézec (Vincent), de Vannes.
Langlois (François), de Versailles.
Chaussaux (Pierre), de Paris.
Lescuré (Louis), de Paris, tué au combat du 16 mars 1781.
Rio (Colombeau), de Vannes.
Jaillard (Jean), de Paris.
Lagadou (Charles), de Recouvrance.
De la Haye (Jean), de Brest, mort le 27 juin 1780.

Galiot (François), de Vannes.
Boitel (Vincent), de Belle-Isle.
Tridivic (Sébastien), de Vannes, mort le 26 juillet 1780.
Quervarec (Philippe), de Vannes.
Corvec (Pierre), de Vannes, mort le 5 juillet 1780.
Le Bozec (Pierre), de Vannes.
Bellego (Julien), de Vannes.
Michel (Marc), de Vannes.
Rousic (Guillaume), de Vannes.
Loréal (Simon), de Belle-Isle.
Rivalin (Jean), de Vannes, mort le 23 juillet 1780.
Querlo (Christophe), de Vannes.
Bedesqué (François), de Belle-Isle.
Thomas (Vincent), de Belle-Isle.
Guberit (Jean), de Belle-Isle, mort le 7 janvier 1782.
Auchois (André), de Belle-Isle.
Lhermitte (François), de Belle-Isle.
Dreau (Félix), de Vannes.
Quinio (Jean), de Vannes, tué au combat du 16 mars 1781.
Rouzine (Jean), d'Hennebont.
Burel (Jean), de Saint-Brieuc.
Le Horgne (François), de Saint-Brieuc.
Morice (Yves), de Saint-Brieuc.
Le Blanc (Julien), de Saint-Brieuc.
Le Gal (Ollivier), de Tréguier.
Gonidec (Yves), de Saint-Brieuc.
Guilloux (Jean), de Saint-Brieuc.
Gourmelon (Jean), de Saint-Brieuc.
Le Flesme (Ollivier), de Saint-Brieuc, mort le 15 juillet 1780.
Richard (Tuduard), de Tréguier, mort le 29 avril 1781.
Duportail (Jean), de Saint-Brieuc.
Gauthier (Ollivier), de Saint-Brieuc.
Le Goah (Etienne), de Saint-Brieuc.
Fleury (François), de Saint-Malo.
Boissard (Jean), de Saint-Malo, mort le 13 juillet 1780.
Chartier (Pierre), de Saint-Malo.
Auger (Jean), de Dinan, mort le 25 avril 1782.
Carré (Laurent), de Dinan.
Blanchard (François), de Saint-Malo.
Gouteux (Jean), de Saint-Malo, mort le 17 août 1780.
Queromnès (Louis), de Saint-Malo.
Le Bal (Pierre), de Saint-Malo.
Guilbert (Charles), de Saint-Malo.
De Lisle (Louis), de Saint-Malo.
Houchet (François), de Saint-Malo.
Plessis (Gilles), de Saint-Malo.
Simon (Joseph), de Saint-Malo, mort le 20 mai 1780.
Berré (Mathurin), de Dinan, mort le 3 juillet 1780.
Pommier (François), de Saint-Malo.
Mahé (Pierre), de Saint-Malo.
Orange (Yves), de Dinan.
Miete (Jean), de Saint-Malo.
Le Loup (Louis), de Saint-Malo.
Gezeau (Yves), de Dinan.
Auffray (Gabriel), de Saint-Malo.
Le Boussec (Jean), de Fougères.
Berhier (Jacques), de Nantes.
Brahuant (Pierre), de Paimbœuf.
Gérard (Jacques), de Paimbœuf.
Brahuant (Jean), de Paimbœuf.
Riaud (Gilles), de Paimbœuf.
Yonnet (Pierre), de Granville, mort le 19 juin 1780.
Lamort (Charles), de Granville.
Yvon (Joseph), de Granville, mort le 22 juin 1782.
Roussel (Jean), de Granville.
Manet (Grégoire), de Granville.
Potdevin (Louis), de Granville, mort le 17 mai 1782, de blessures.
Alix (Julien), de Granville.
Le Verrant (Jean), de Granville.
Foucard (Jean), de Granville.
Le Bel (Guillaume), de Granville.
Liron (Pierre), de Granville.
Le Vey (Nicolas), de Granville.
Mahé (Pierre), de Granville, mort le 27 juin 1780.
Guillard (Jean), de Granville, tué au combat du 16 mars 1781.
Crepinet (Nicolas), de Granville, mort le 27 avril 1781.
Saint-Lo (Jean), de Granville, tué au combat du 16 mars 1781.
Burel (Nicolas), de Fécamp.
Douville (Nicolas), de Fécamp.
Duhamel (François), de Fécamp.
Fortunat (Pierre), de Fécamp.
Caniel (Charles), de Fécamp.
Buquet (Jacques), de Fécamp.
Caron (Jacques), de Dieppe.
Senechal (Antoine), de Dieppe.
Parquet (Jean), de Dieppe.
Morée (Jean), de Dieppe.
Hollinque (Julien), de Dieppe.
Forget (Charles), de Dieppe.
Creton (Nicolas), de Dieppe, tué au combat du 16 mars 1781.
Poisson (David), de Dieppe.
Poidevin (Martin), de la Hougue.
Le Hot (Michel), de la Hougue, tué au combat du 12 avril 1782.
Le Hot (Louis), de la Hougue.
Haley (Georges), de la Hougue.
Le Blond (Nicolas), de la Hougue.
Nordet (Thomas), de la Hougue.
Pérot (Jean), de la Hougue.
Angot (Jacques), de Rouen.
Poyer (André), de Rouen.
Beaufils (Jean), de Saint-Valéry.
Froid (Jacques), de Saint-Valéry.
Marchand (Louis), d'Alençon, mort à bord le 19 juin 1782.
Dez (Charles), de Saint-Valéry, tué au combat du 16 mars 1781.
Dasquet (Jean), de Moissac.
De Lézec (François), de Bordeaux.
Coste (Pierre), de Lorient.
Quéramby (Pierre), de Lorient, mort le 11 juillet 1780.
Hamon (Marie), de Lorient, mort le 30 juillet 1780.
Le Sol (Simon), de Port-Louis.
Perot (Louis), de Riantec, mort le 22 juillet 1780.
Le Guen (Julien), de Quiberon.
Thomé (Toussaint), de Riantec.
Evin (Vincent), de Lorient.
Lescouet (Jean), de Riantec, mort le 3 janvier 1782.
Le Borgne (François), de Riantec, mort le 18 juillet 1780.
Rolland (Yves), de Lorient.
Le Quellec (Jean), de Riantec.
Thomas (Nicolas), de Lorient.
Le Morquier (Joseph), de Lorient.
Even (Pierre), de Lorient.
Querlo (Joseph), de Lorient.
Naour (Henry), de Quimper.
Huguen (André), de Morlaix, mort le 2 octobre 1780.
Derien (Etienne), de Morlaix, mort le 15 juillet 1780.
Marchand (Pierre), du Havre.
Le Floch (Julien), de Locmariaquer, mort le 10 août 1780.
Portier (Mathurin), de Cancale, noyé le 12 mars 1781.
Salo (Michel), de Lorient.
Le Cerf (Vincent), de Lorient.
Ollivier (François), de Lorient.
Le Cerf (Mathurin), de Lorient, mort le 9 février 1781.
Rouxel (Jacques), de Saint-Brieuc, mort à bord le 8 juillet 1782.
Bessé (Louis), de Sens.
Cabon (Guillaume), de Lorient.
Bourdon (Hubert), de Sedan, mort le 14 janvier 1781.
Le Bourder (Pierre), de Plœmeur, mort le 7 août 1780.
Golza (Pierre), de Toul.
Patrice (Roger), de Coutances, mort le 9 juin 1780.
Bloche (Jean), du Havre, tué au combat du 12 avril 1782.
Lartille (Jean), de Bayonne.
Darrispitte (Pierre), de Bayonne, mort le 2 avril 1782.
Huguet (Charles), de Bayonne, mort le 29 mars 1781.
Demaux (Jean), de Bordeaux.
Boisson (André), de la Rochelle.
Auriol (Pierre), de Toulouse.
Duhieux (Etienne), de Bayonne.
Touron (André), de Cette, mort le 23 avril 1781.
Saussié (Antoine), de Paris.
Baudet (Pierre), de Rochefort.
Gris (Jean), de Rochefort, mort le 22 octobre 1780.
Prillau (Etienne), de l'Ile de Ré, mort le 15 juillet 1780.
Gaumar (Jean), de l'Ile de Ré.
Richard (Pierre), de l'Ile de Ré.
Lauza (Nicolas), de l'Ile de Ré.
Bernard (Jérôme), de l'Ile de Ré, mort le 3 juillet 1780.
Joly (Etienne), de la Rochelle, mort le 16 mars 1781.
Hayet (Pierre), de Dinan.
Joutet (Jean), de Fécamp.
Barril (Pierre), de Dieppe, mort le 14 juillet 1780.
Chaignon (Nicolas), de Dinan.
Legendre (Jean), de Rouen.
Lizay (Jean), de Nantes.
Azau (Joseph), de Moissac.
Le Coaze (Pierre), de Lorient.
Very (François), de Saint-Brieuc.
Guerrier (Noël), de Quimper, mort le 7 juillet 1780.
Rabassin (Jean), de Marseille.
Lacombe (Pierre), de Marseille.
Dupuis (Jean), de Fécamp.
Toré (Jean), de Fécamp.
Ravary (Pierre), de Bordeaux.
Le Cop (Pierre), de Bayonne.
Portay (Guillaume), de Granville.
Devé (Louis), de Fécamp.
Lézenec (Claude), de Brest.
Valais (Jacques), de Granville.

Capitaine (Allain), de Brest.
Grenet (Louis), de Paimbœuf.
Aubucq (François), de Granville.
Chatellier (François), de Saint-Brieuc.
Picart (Charles), de Saint-Brieuc.
Davenel (Louis), de Granville, mort à bord le 16 juin 1782.
Blanchard (Guillaume), de Saint-Malo.
Allain (Ollivier), de Saint-Brieuc.
Stéphan (René), de Brest.
Alleaume (Louis), de Rouen.
Kerrien (Hervé), de Morlaix.
Le Bail (Nicolas), de Brest.
Lenoir (Toussaint), de Saint-Brieuc.
Le Trop (Jean), de Saint-Brieuc.
Guéguen (Joseph), de Saint-Brieuc.
Martin (Jacques), de Saint-Malo.
Boulvert (Julien), de Saint-Malo.
Cayer (Allain), de Quimper.
Moulin (Louis), de Quimper.
Costiou (François), de Quimper.
Herledau (Allain), de Quimper.
Le Fay (Jean), de Quimper.
Le Port (Louis), de Quimper.
Colimbert (Pierre), de Quimper, mort le 16 mars 1782.
Carel (Pierre), du Havre.
Levieux (Pierre), de Dieppe.
Guérard (Michel), de Dieppe.
Le Bourgs (Charles), de Dieppe.
Galopin (Denis), de Rouen, mort le 23 janvier 1782.
Paquet (Jean), de la Hougue.
Le Gluet (Jacques), de Granville, mort le 9 avril 1782.
Bouteloup (Laurent), de Granville.
Herviaux (Guillaume), de Granville.
Chenet (Jacques), de Granville.
Coquet (Joseph), de Granville.
Aubry (François), de Saint-Malo.
Calcaterre (Marie), de Dunkerque.
Creton (Nicolas), de Saint-Valéry.
Renaud (André), de Royan.
Tessier (André), de Noirmoutiers.
Gaudet (Jean), de Bordeaux, mort le 26 mai 1782.
Gadieux (André), de l'Ile de Ré.
Joly (Jean), de Bordeaux.
Placide (Pierre), de Bordeaux.
Toulouse (Joseph), de Toulouse.
Pousselet (Jean), de Sedan.
Coulomb (Jacques), de Toulouse.
Gouy (Pierre), de Paimbœuf, mort le 25 avril 1782.
Merley (Honoré), de Paimbœuf.
Quibel (Louis), de Dieppe.
Rotte (Julien), de Lorient.
Godemur (André), de Quimper.
Michel (Noël), de Saint-Brieuc.
Trebailler (Louis), de Vannes.
Lefevre (Jean), de Saint-Malo.
Le Breton (Jean), de Granville.
Yon (Olivier), de Saint-Malo.
Richard (Yves), de Saint-Brieuc.
Baillemon (Jacques), de Rouen.
Ravenet (Pierre), de Honfleur.
Audinot (Joseph), de Nantes.
Maingand (Nicolas), de Quimper.
Pommelet (Joseph), de Camaret.
Blanchet (Guillaume), de Lyon.
Adair (Julien), d'Amiens.
Le Bret (François), de Granville.
Valais (François), de Rennes.
Dannery (Modeste), d'Angers.
Guyomard (Isidore), de Lorient.
Faron (André), de Dunkerque.
Rolland (Vincent), d'Hennebont.
Quentin (Jean), de Caen.
Vernier (François), de Besançon.
Delaunay (Nicolas), de Nantes.
Tumbray (Pierre), de Dinan.
Derrien (Yves), de Morlaix.
Le Breton (Alexis), de Brest.
Herman (Pierre), de Dunkerque.
Buquet (Pierre), de Fécamp.
Hervé (François), de Morlaix.
Gland (Pierre), de Saint-Brieuc, mort le 1er avril 1781.
Chariot (Claude), de Rouen.
Cottard (Thomas), de Granville, tué au combat du 16 mars 1781.
Mainguenaud (Jean), d'Oléron.
Cottard (François), de Granville.
La Vallée (Jacques), du Havre, mort le 17 juillet 1780.
Gavet (Jean), de Saint-Malo.
Revest (Jean), de Dinan.
Cherault (François), de Nantes.
Brianceau (André), de Pellerin.
Auffray (François), de Saint-Etienne, mort le 20 juillet 1780.
Prin (Jean), de Pellerin.
Guepain (Nicolas), de Blois.
Julien (Pierre), de Nantes.
André (Pierre), de Saint-Nazaire.
Chumiaux (Julien), de Nantes.
Beniguet (Claude), de Vannes.
Le Rouellec (Julien), de Vannes.
Rebourt (Antoine), de Martigues, tué au combat du 16 mars 1781.
Maillot (Joseph), d'Auch.
Boizart (Pierre), de Fécamp.
Priès (Antoine), de Montauban, mort le 7 juillet 1780.
Bondu (Joseph), de Nantes.
Renard (Jean), de la Seyne, mort le 7 juin 1780.
Hicard (Antoine), de la Ciotat.
Bonaudet (Louis), de l'Ile de Ré, mort le 11 juillet 1780.
Hude (Jean), de l'Ile de Ré.
Giquel (Zacharie), du Croisic.
Cornichet (François), du Croisic.
Richard (Louis), d'Angers.
Salladin (Pierre), du Pellerin.
Roland (Simon), du Pellerin.
Magouet (Joseph), d'Angers.
Lehuédé (Michel), du Croisic.
Brunet (Jean), de Paimbœuf.
Poilvet (Georges), de Paimbœuf.
Rivet (Pierre), de Paimbœuf.
Monnereau (Jean), de Libourne.
Barrere (Jean), de Bayonne.
Bezard (Jean), de Dinan.
Baille (Jean), de Saint-Tropez, mort le 18 juillet 1780.
Arnaud (Jean), de la Ciotat.
Perotte (Louis), de Brest, mort le 20 août 1780.
Guimard (Pierre), du Croisic.
Meunier (Etienne), de Martigues.
Lemans (Jean), de Libourne, mort le 26 avril 1781.
Chartier (Pierre), de Saint-Brieuc, tué au combat du 12 avril 1782.
Le Loup (Pierre), du Havre.
Dolu (Jacques), de Paimbœuf, tué au combat du 16 mars 1781.
Allain (Jacques), de Saint-Nazaire.
Calvès (Yves), de Saint-Brieuc.
Bouée (Jean), de Nantes.
Catteau (François), de Nantes, tué au combat du 16 mars 1781.
Baron (Jacques), de Toulouse.
Journel (Thomas), de Nantes.
Beaulieu (Laurent), de Saint-Malo.
Beuvant (Jean), de Lannion.
Frottin (Pierre), de Morlaix.
Payen (Joseph), de la Hougue.
Combaud (Charles), de la Rochelle.
Gossin (Laurent), de Libourne.
Sambin (Joseph), de Marseille.
Dumont (Jean), de Saint-Brieuc, tué le 16 mars 1781.
Le Fort (Louis), de Bordeaux.
Roux (Joseph), de Nantes.
Melo (Jacques), de Lorient.
Nicolas (Mathurin), des Sables.
Clavery (François), de Dunkerque.
Gaillard (Joseph), de Dunkerque.
Chevalier (Thomas), du Havre.
Sabot (Honoré), de Dieppe.
Chateau (François), de Dieppe.
Hebert (Charles), de Dieppe.
Le Roux (Jean), de Dieppe.
Poyen (Louis), de Dieppe.
Uroumel (Gilles), de Saint-Malo, tué au combat du 16 mars 1781.
Risasse (Jean), des Sables.
Jouan (Jean), de Saint-Brieuc.
Pinard (Jean), d'Oléron.
Le Guay (Charles), de la Hougue, tué au combat du 16 mars 1781.
Godard (Antoine), de Dieppe.
Marmion (Joseph), de Granville.
Perré (Charles), de Granville, mort le 16 avril 1781.
Pelard (Pierre), de Nantes, mort à bord le 11 juillet 1782.
Pineau (Pierre), de Nantes.
Farotet (Nicolas), de Nantes.
Godet (François), de Nantes.
Durelle (Isidore), de la Hougue.
Rio (René), du Croisic.
Huet (Jacques), de Nantes.
Godet (Jean), de Caen.
Le Bas (Jean), de la Hougue.
Vigneux (Michel), de Nantes.
Prunier (Jean), de Boulogne.

Novices.

Le Brun (Jean), de Nantes.
Ollivier (Joseph), de Granville.
Le Seine (Louis), de Granville.
Benoit (Georges), de Granville.
Salo (Jacques), de Saint-Brieuc.
Audibert (Jean), de Port-Louis, mort le 18 juillet 1781.
Boc (Martin), de Lorient.
Allain (Julien), d'Auray, mort le 31 mars 1781.
Herbert (Félix), de Lorient.
Verdier (Louis), de Calais, mort le 8 février 1780.
Singerie (Pierre), de Charleville.
Le Riche (Jean), de Paris.
Macé (Corentin), de Quimper, mort le 28 juillet 1780.
Blanchet (Jean), d'Alençon.
Jaunet (Jean), de Paris.

Selo (Joseph), de Vannes.
Gouvy (Pierre), de Saint-Brieuc.
Corlais (Louis), de Saint-Brieuc.
Rolland (Jean), de Saint-Brieuc.
Lapie (Jean), de Granville.
Alix (Jacques), de Granville.
Vérité (Jean), de Saint-Brieuc.
Paulard (Jean), de Lannion.
Hervé (Yves), de Brest.
Rouillard (Pierre), d'Angers.
Valais (Pierre), de Saint-Malo, mort le 22 juillet 1780.
Guillou (Jean), de Morlaix, mort le 16 juillet 1780.
Madec (Guillaume), de Morlaix.
Le Rousseau (François), de Saint-Brieuc, mort le 21 juillet 1780.
Coty (François), de Morlaix.
Quaril (Toussaint), de Morlaix.
Dalmard (Jean), de Saint-Brieuc.
Halbot (Nicolas), de Granville.
Gayard (Claude), de Choisy-le-Roi.
Hellouis (Julien), de Saint-Malo, tué au combat du 16 mars 1781.
Charrier (Joseph), de Saintes.
Bourse (Jacques), de Saint-Valéry, tué au combat du 16 mars 1781.
Dupont (Louis), de Saint-Valéry, tué au combat du 12 avril 1782.
Le Blond (Charles), de Saint-Valéry, mort le 25 mai 1781.
Coquerel (André), de Saint-Valéry.
Le Masson (Pierre), de Morlaix.
Gilles (Germain), d'Angers.
Le Pautonnier (Jean), de Granville.
Riou (Simon), de Tréguier.
Buot (Fidelle), de Morlaix.
Fournier (Pierre), du Havre.
Le Loire (Pierre), de Dunkerque.
Painchon (François), de Dunkerque.
Frottevaille (Jacques), de Calais, mort le 11 octobre 1780.
Le Roux (Mathurin), de Morlaix.
Fauchoir (Charles), de Boulogne.
Le Corre (Antoine), de Morlaix.

Surnuméraires.

Le Roux (Pierre), de Roscoff.
Forest (Guillaume), de Morlaix, mort le 4 avril 1782.
Fagant (François), de Quimper.
Gislard (Jean), du Croisic.
Fredel (Pierre), de Rennes.
Goret (François), de Bordeaux.
Chauvin (Jean), de Saintes, tué au combat du 16 mars 1781.
Melot (René), de Brest.
Hardy (Jacques), de Paris.
Cottée (Jean), de Brest.

Mousses.

Garo (Paul), de Vitré.
Alquenec (Louis), de Lorient.
Guiot (Joseph), de Vannes.
Plumagloire (Jean), de Saint-Brieuc, mort le 22 juin 1780.
Thébaut (Mathurin), de Saint-Malo.
Verde (Jean), de Saint-Malo.
Marc (Jean), de Quimper.
Thérien (Jean), de Tréguier.
Quédec (Jean), de Recouvrance.
Le Cosse (Vincent), de Recouvrance.
Robin (Yves), de Recouvrance.
Calvarin (François), du Conquet.
Ollivier (Louis), de Tonnay-Charente.
Hily (Jacques), de Saint-Malo.
Trétout (Charles), de Brest.
Mordellec (Guillaume), de Lannion.
Ménard (Pierre), du Croisic.
Aribar (Bertrand), de Dinan.
Floch (Jean), de Landerneau.
Plaix (Julien), de Rennes.
Hervé (Jean), de Dinan.
Gigouret (Jean), de Lannion.
Lacoste (Guillaume), de Lorient.
Garnier (Cristophe), de Rennes.
Samson (Jean), de Lorient.
Chevalier (Jean), de Lorient.
Le Gouvy (Jean), de Vannes.
Perigo (Gilles), de Cancale.
Le Moyne (Pierre), de Lorient.
Dreulin (Joseph), de Dinan.
Le Dantec (Louis), de Saint-Brieuc, tué au combat du 16 mars 1781.
Mehu (Louis), de Lamballe.
Giquet (Jacques), de Saint-Brieuc.
Le Mouet (Ollivier), de Saint-Brieuc, tué au combat du 12 avril 1782.
Coudret (Jean), de Saint-Malo.
Laurent (Joseph), du Conquet.
Louzeot (Jérôme), de Morlaix.
Fretel (René), de Granville.
Bauchet (Georges), de Granville, mort le 2 novembre 1780.
Masseau (Charles), de Mayenne, tué au combat du 16 mars 1781.
Barreau (Noël), de Paimbœuf.
Desmoliers (Pierre), de Paimbœuf.
Massier (Joseph), de Nantes.
Mathieu (Guillaume), de Quimper.
Peltier (Julien), de Nantes.
Richard (Pierre), de Morlaix.
Arimondy (Joseph), de Toulon.

Domestiques.

Richebourg (Guillaume), de Troyes.
Mouillard (Louis), d'Hennebont.
Le Roux (Louis), de Quimper.
Lamarre (Yves), de Landivisiau.
Jean (Yves), de Tréguier.
Mahé (Pierre), de Tréguier.
Le Tehion (Pierre), de Morlaix.

L'ARDENT

(D'avril 1780 à avril 1782)

M. le Chevalier BERNARD DE MARIGNY, puis M. DE GOUZILLON, Capitaines de vaisseau, Commandants.

ÉTAT-MAJOR

CHEF D'ESCADRE

Le Chevalier de **MOUTEIL**.

CAPITAINES DE VAISSEAU

Le Chevalier de **MARIGNY** (Bernard).
De **GOUZILLON**.

LIEUTENANTS DE VAISSEAU

ISNARD de CAUCELADE.
De LAUNAY TROMELIN.
De MANGLES LE GRAND.

ENSEIGNES DE VAISSEAU

Le Chevalier de **SAINT-PERN.**
Le GROING DE LA ROMAGERE.
Le VENEUR DE SIEURNE.
De TOURVILLE.
De PIGNIERES.
De MONTAIGNE.
De la TRANCHADE.

LIEUTENANTS DE FRÉGATE

DUPUIS.
MAUGON.
La MOISSE.
BOURGEOIS.

AUMONIERS

GERMAIN (R. P.).
SURIGNEAU (R. P. Athanase).

CHIRURGIEN-MAJOR

PROBY.

GARDES DE LA MARINE

De CHEUX.
Le SEIGE DE LA VILLESBRUNE.
De DIENNE.

VOLONTAIRES

Touchard de Granvoal (René), du Havre.
Deniel (Louis), de Nantes.

Fleury (Joseph), de Saint-Brieuc.
Le Gallic de Gourin.
Cornet de Saint-Are.

Officiers-mariniers de manœuvre.

Desplanches (Patrice), premier maître, de Brest.
Desvarennes (Jacques), premier maître, de Brest.
Lesteven (Yves), second maître, de Lambézellec.
Le Hir (Guillaume), second maître, de Recouvrance.
Batard (Pierre), contremaître, de Granville, mort le 15 octobre 1782.
Corre (François), contremaître, de Brest.
Ropars (Pierre), bosseman, de Morlaix.
Flamand (Joseph), bosseman, de Brest.
Piouff (Michel), bosseman, de Quimper.
La Plante (Jean), quartier-maître, de Recouvrance, tué au combat du 12 avril 1782.
Deslandes (Charles), quartier-maître, de Dinan, mort le 7 octobre 1782.
Gervais (Jacques), quartier-maître, de l'Ile de Ré.
Joyet (Antoine), quartier-maître, des Sables, blessé au combat du 16 mars 1781, mort des suites le 20 dudit.
Nicolas (Jean), quartier-maître, de l'Ile de Ré.
Arnoux (Antoine), quartier-maître, de l'Ile de Ré.
Guillouai (Bernard), quartier-maître, de Saint-Malo.
Prévot (Julien), quartier-maître, de Saint-Brieuc.
Vizé (Jean), quartier-maître, de Saint-Malo, mort le 13 avril 1781.
Fouché (Gabriel), quartier-maître, de Saint-Malo.
Tribalet (Jean), quartier-maître, de Dinan.
Gicquel (René), quartier-maître, de Saint-Malo.
Ragot (Jean), quartier-maître, de Saint-Brieuc.
Rolline (Pierre), quartier-maître, de Granville, mort à bord le 5 juin 1780.
Lefrançois (Thomas), quartier-maître, de Rouen.
Prigent (Jean), quartier-maître, de Brest, mort le 20 septembre 1782.

Officiers-mariniers de pilotage.

Godard (Guillaume), patron de canot, de Granville.
Cousin (Michel), patron de canot, de Granville.
De Bonnevault (Vincent), patron de canot, de Brest.
Goulay (Jean), second pilote, de Honfleur.
Perrier (Jacques), second pilote, de Granville.
Témoin (François), aide-pilote, de Saint-Brieuc, mort le 10 février 1782.
Frechon (Jean), aide-pilote, de Dieppe.

Officiers-mariniers de canonnage.

Dupuis (Jean), maître canonnier, de Recouvrance, mort le 22 juin 1782.
Delisle (Louis), maître canonnier, de Saint-Malo.
Léon (Pierre), second canonnier, de Brest, blessé au combat du 16 mars 1781, mort des suites le 3 mai 1781.
Hervieux (Jacques), aide-canonnier, de Cherbourg, mort le 11 octobre 1782.
Lemieux (Jean), aide-canonnier, de la Hougue, mort le 19 octobre 1782.
Gouarnigou (Laurent), aide-canonnier, de Morlaix.
Cordon (Jean), aide-canonnier, de Saint-Brieuc, mort le 18 mai 1780.
Le Rendu (Guy), aide-canonnier, de Granville, mort le 24 avril 1781.
Roger (François), aide-canonnier, de Granville, mort le 11 novembre 1781.
Mallet (Pierre), aide-canonnier, de l'Ile d'Yeu.
Foucard (Pierre), aide-canonnier, de Granville, mort à bord le 19 février 1782.
Thomas (Jean), aide-canonnier, de Granville.
Langené (Louis), aide-canonnier, de Granville, mort le 16 mars 1782.
Billan (Julien), aide-canonnier, de Brest.
Coupeaux (François), aide-canonnier, de Dinan.
Hébert (Vincent), aide-canonnier, de Granville.
Minaut (Jacques), aide-canonnier, de Granville.
Charbonnet (Jean), aide-canonnier, de Saint-Brieuc, mort le 19 mars 1782.
Grimaux (Thomas), aide-canonnier, de Granville, mort le 15 juillet 1782.
Berginal (Jean), aide-canonnier, de Granville.
Burnouf (Guillaume), aide-canonnier, de la Hougue.
Gautier (Michel), aide-canonnier, de la Hougue, mort le 15 mars 1782.
Léost (Jean), aide-canonnier, de Quimper.
Livinec (Jean), aide-canonnier, de Quimper.
Grard (François), aide-canonnier, de Dunkerque.
Prigent (Jean), aide-canonnier, de Recouvrance, mort à bord le 9 novembre 1781.
Pascouet (Claude), aide-canonnier, de Lambézellec, mort à l'hôpital de Newport le 6 avril 1781.

Officiers-mariniers de charpentage.

Jotra (Adrien), aide-charpentier, du Havre.
Saudraye (Pierre), aide-charpentier, de Dinan.

Officiers-mariniers de calfatage.

Gouasdoué (Jean), maître calfat, de Recouvrance.
Cottin (Etienne), second calfat, du Havre, mort le 9 octobre 1782.
Pizeaux (Louis), aide-calfat, du Havre.
Jourdain (Joseph), aide-calfat, de Recouvrance.

Officiers-mariniers de voilerie.

Conniat (Pierre), maître voilier, de Recouvrance.
Le Blanc (Guillaume), second voilier, de Brest.
Briand (Alexis), aide-voilier, de Saint-Brieuc.
Laumornier (Simon), cordier, de Versailles, tué au combat du 12 avril 1782.

Gabiers.

Boitard (Thomas), de Granville.
Gire (Charles), de la Rochelle.
Longueville (Charles), de Granville.
Jeanne (Nicolas), de Granville.
Louineau (Thomas), des Sables.
Cousinard (Charles), de Saint-Malo, mort à bord le 21 juin 1780.
Berthelot (Jean), de Dunkerque.
Le Gamby (Jean), de la Hougue.
Quintin (Mathurin), de Saint-Malo.
Raimond (François), de Dinan.
Noël (Jean), de Saint-Malo.
Travers (Jean), de Saint-Malo.
Andrieux (François), de Morlaix.
Fenouiller (François), de Fécamp, mort le 14 mai 1782.
Doron (François), de Granville.
Landreau (Jean), de Rochefort.
Cabiot (Pierre), de Morlaix.
Mimac (Ollivier), de Saint-Malo.
Magné (Charles), de Rennes.
Daulau (André), de Granville.

Timoniers.

Mathé (Jacques), des Sables.
Marais (Louis), de Honfleur.
Joubin (François), de Saint-Brieuc.
Aleaume (André), de Dinan.
Rebours (Lucas), de Saint-Brieuc.

Matelots.

Quelennec (Yves), de Brest.
Le Borgne (René), de Lambézellec.
Reguer (Jean), de Morlaix.
Hamon (Laurent), de Morlaix.
Coussin (Toussaint), de Morlaix, tué au combat du 12 avril 1782.
Millet (François), de Saint-Brieuc.
L'Ecuyer (Louis), de Saint-Brieuc.
Moreau (Jean), de Saint-Brieuc.
Bertaud (Etienne), de Saint-Brieuc.
Courtel (François), de Saint-Brieuc.
Bagot (François), de Saint-Brieuc.
Tresgros (Jean), de Saint-Brieuc.
Vizien (Georges), de Guingamp.
Moro (François), de Saint-Brieuc.
Poupon (Louis), de Saint-Brieuc, mort le 22 mars 1782.
Corlai (Michel), de Saint-Brieuc.
Thomas (Guillaume), de Saint-Brieuc.
Le Bret (François), de Saint-Brieuc.
Guénanen (Charles), de Saint-Brieuc.
Couppé (Pierre), de Saint-Brieuc.
Toussard (Jean), de Saint-Malo.
Odé (Louis), de Saint-Malo.
Le François (Mathurin), de Saint-Malo.
Bernard (Augustin), de Saint-Malo.
Duchesne (Mathurin), de Saint-Malo.
Parnel (Ollivier), de Saint-Malo.
Dumouches (Thomas), de Saint-Malo.
Droguet (Marc), de Saint-Malo, tué au combat du 16 mars 1781.
Gilbert (Jean), de Saint-Malo.
Manoury (Michel), de Saint-Malo.
Aumont (Pierre), de Saint-Malo, mort à bord le 7 novembre 1781.
Jalé (Jean), de Saint-Malo, mort à bord le 21 décembre 1781.
Jagorel (Jean), de Saint-Malo, tué au combat du 16 mars 1781.
Mathias (François), de Saint-Malo, mort le 29 mars 1782.
Cauzic (Laurent), de Saint-Malo.
Secardin (Pierre), de Dinan, mort le 1er août 1781.
Durand (Guillaume), de Dinan.

Herry (François), de Dinan.
Leclerc (Jean), de Dinan.
Beaumont (Pierre), de Dinan.
Le Moine (Evrard), de Dinan.
Sauvage (Jacques), de Dinan, mort le 18 avril 1782.
Fouché (Jean), de Dinan.
Leclerc (Raphael), de Dinan.
Salaun (Jacques), de Dinan.
Tréguier (Mathieu), de Quimper.
Referret (Jean), de Quimper.
Ninon (François), de Quimper.
Boulier (Noël), de Quimper.
Léost (François), de Quimper.
Legal (Jean), de Quimper.
Lemoal (Jean), de Quimper.
Bourhis (Mathurin), de Lorient.
Pranly (Jean), de Lorient.
Piron (Joseph), de Vannes.
Moreau (Joseph), de Belle-Isle.
Le Bert (Yves), de Vannes.
Le Maitre (René), de Vannes, mort le 20 décembre 1781.
Maheu (Etienne), de Vannes, tué au combat du 16 mars 1781.
Le Barbier (Jean), de Vannes.
Guilbaut (Jean), de Nantes.
Bonnet (Jacques), de Nantes.
Le Bot (Pierre), de Nantes.
Pinçon (Joseph), de Nantes, mort le 7 mars 1782.
Auget (René), de Nantes.
Mérique (Martial), de Nantes.
Le Duc (Jean), de Nantes.
Lespert (Allain), du Croisic.
Simon (Michel), du Croisic.
Mathieu (Pierre), de Nantes.
Hevin (Gilles).
Moyon (Joachim).
Boudreau (Jean).
Betou (Mathurin).
Thomas (Augustin), du Havre, mort le 19 avril 1781.
Le Croc (Joseph), du Havre.
Letaix (Jean), de Honfleur.
Liégeard (Jacques), de Honfleur.
Avisse (Thomas), de Honfleur.
Rocque (Pierre), de Honfleur.
Germain (Jean), de Honfleur.
Goulay (Jean), aîné, de Honfleur.
Croix (Jean), de Honfleur.
Germain (Léon), de Honfleur.
De Kans (Victor), de Honfleur.
Goulay (Jean), cadet, de Honfleur.
Desmarres (Richard), de Honfleur.
Lefèvre (Jean), de Honfleur, mort le 19 février 1782.
Vauselin (Hubert), de Honfleur.
Alix (Augustin), de Honfleur.
Grosset (Jean), de Dieppe, mort le 11 mai 1782.
Mauger (Jean), de Dieppe.
Quetteville (François), de Dieppe.
Picard (Joseph), de Dieppe.
Legras (François), de Dieppe.
Drouet (Louis), de Dieppe.
Heu (Jean), de Dieppe.
Canu (Charles), de Dieppe.
De la Rue (Guillaume-Jean), de Dieppe.
Breton (Jacques), de Dieppe.
Gribouval (Jean), de Dieppe, mort le 29 août 1780.
Perrée (Guillaume), de Dieppe.
Defrance (Pierre-Richard), de Dieppe.
Lefèvre (Nicolas), de Dieppe.
Toutain (Nicolas), de Dieppe.
Massif (Jean), de Fécamp.
Thomas (Nicolas), de Fécamp, mort le 9 juin 1782.
Dufour (François), de Fécamp, mort le 6 juin 1782.
Poirier (Nicolas), de Fécamp.
Biot (Jean), de Fécamp.
Morin (Etienne), de Fécamp, mort le 12 janvier 1782.
Duchemin (Martin), de Fécamp.
Duchemin (Jean), de Fécamp.
Maillard (Pierre), de Fécamp, mort le 6 septembre 1782.
Le Comte (Nicolas), de Fécamp, mort le 11 janvier 1782.
Hosmond (Jean), de Fécamp.
Bachelet (Nicolas), de Fécamp, mort le 15 janvier 1782.
La Roche (François), de Fécamp.
Taillebot (Pierre), de Fécamp.
Allais (Nicolas), de Fécamp.
Hosmont (François), de Fécamp, mort le 28 décembre 1780.
Dulibert (Joseph), de Fécamp.
Perrier (Jean), de Fécamp.
Vaslin (Clément), jeune, de Fécamp, mort le 3 octobre 1782.
Leferre (Jacques), de Fécamp, mort à bord le 2 juillet 1780.
Le Comte (Nicolas), de Fécamp, mort à bord le 21 décembre 1781.
Vaslin (Clément), aîné, de Fécamp, mort le 3 octobre 1782.
Maillard (Pierre), de Fécamp, mort le 15 septembre 1782.
Le Merle (Jean), de Fécamp.
Houlbreque (Jean), de Fécamp, tué au combat du 12 avril 1782.
Herard (Donard), de Fécamp.
Herard (Nicolas), de Fécamp, noyé le 17 octobre 1781.
Auger (François), de Fécamp, mort le 31 janvier 1782.
Prieur (Valery), de Fécamp.
Corbier (Jacques), de Fécamp, blessé au combat du 16 mars 1781, mort des suites le 19 juin 1781.
Recher (Jean), de Fécamp.
Picard (Louis), de Fécamp, mort le 5 mars 1782.
Hubert (Pierre), de Fécamp, mort le 23 avril 1781.
Thomas (Noël), de Fécamp.
Thomas (Jacques), de Fécamp.
Le Maitre (Antoine), de Rouen.
Joly (Etienne).
Poulain (Pierre).
Dufournay (François), tué au combat du 16 mars 1781.
Hervieux (Jean), de Caen.
De Lange (Jean), de Caen, mort le 12 avril 1782.
Pacquet (Jean), de Caen, tué au combat du 12 avril 1782.
Loire (Etienne), de Caen.
Giot (François), de Cherbourg.
Le Tellier (Pierre), de Cherbourg, mort à bord le 8 février 1782.
Lefournier (David), de Cherbourg.
Le Rossignol (Jean), de Cherbourg.
Le Cannelier (Jean), de Cherbourg.
Flambart (Guillaume), de Cherbourg.
Le Marchand (Nicolas), de Cherbourg, mort le 6 mai 1781.
Gauvin (François), de Cherbourg.
Le Lerre (François), de Cherbourg.
Le Rossignol (Simon), de Cherbourg.
Le Vigot (Marc), de la Hougue, mort le 26 septembre 1782.
Auger (Noël), de la Hougue, mort le 1er novembre 1782.
Dessaux (Jean), de la Hougue.
De Pierrepont (Guillaume), de la Hougue, blessé au combat du 12 avril 1782.
Laurence (Jacques), de Granville.
Guerin (Jean), de Granville.
Crepinel (Nicolas), de Granville.
Girard (Noël), de Granville.
Cruchon (Louis), de Granville.
Leloup (Louis), de Granville.
Meslin (Jacques), de Granville.
Meslin (Louis), de Granville.
Le Monnier (Louis), de Granville.
Le Dolé (Jacques), de Granville, mort le 2 avril 1782.
Le Noir (Guillaume), de Granville.
Mahé (Philippe), de Granville.
Mohé (Nicolas), de Granville.
Morel (Jean), de Granville.
Bouchard (Michel), de Granville.
Le Catelier (Jacques), de Granville, mort le 10 mars 1782.
Le Catelier (Jean), de Granville, mort le 10 mars 1782.
Angot (Jean), de Granville.
André (Vigor), de Granville.
Robine (Jean), de Granville.
Menard (Jean), de Granville.
Potel (François), de Granville.
Bancel (Gilles), de Granville.
Langenest (François), de Granville, tué au combat du 16 mars 1781.
Faussant (Nicolas), de Granville.
Lainé (Jean), de Granville.
Poulain (Nicolas), de Granville.
Drieux (Gilles), de Granville.
Pebouin (Thomas), de Granville, mort le 7 octobre 1782.
Lativel (Henry), de Granville.
Jeanne (Paul), de Granville.
Le Bouvier (Jean), de Granville.
Le Moine (Pierre), de Granville, mort le 22 janvier 1782.
Besnoit (Ollivier), de Granville.
Paintonnet (Pierre), de Granville.
Le Bonhomme (Yves), de Morlaix.
Alliés (Joseph), d'Agde.
Jardillié (Laurent), de Moulins.
Coquin (François), de Rouen.
Rivière (Pierre), de Rouen, mort le 6 avril 1782.
Devillers (Louis), de Cherbourg.
André (Mathieu), de Brest.
Ghily (Jacques), de Dieppe.
Brianet (Antoine), de Paris.

Novices.

Duval (Jacques), de Honfleur, mort le 21 décembre 1781.
Caheux (Michel), de Saint-Malo, mort le 14 février 1782.
Pichot (Jean), de Paimbœuf.
Lehour (René), de Paimbœuf, mort le 5 janvier 1782.
Boismain (Augustin), de Paimbœuf.

Chesneau (Jean), de Paimbœuf, mort le 9 juin 1781.
Deslandes (Pierre), de Caen.
Guilbert (Jean), de Caen.
Bauda (Pierre), de Rennes, mort le 16 juillet 1780.
Bahic (François), de Honfleur.
Clech (François), de Plougasnou.
Dubos (Jean), de Saint-Valéry.
Vignols (Nicolas), de Saint-Valéry, mort le 24 décembre 1781.
Caillec (Louis), de Saint-Valéry.
Desfosses (Pierre), de Saint-Valéry.
Guillet (Jacques), de Laval.
Foligné (Antoine), de Saint-Malo.
Bazire (Jacques), de Caen.
Le Barsic (Pierre), de Guingamp, mort le 3 mai 1782.
Christophe (Louis), de Quimperlé.

Surnuméraires.

Minet (Jacques), de Brest.
Henry (Jacques), du Conquet, blessé au combat du 16 mars 1781, mort des suites le 29 mars 1781.
Lesnard (Yves), de Bréha, tué au combat du 12 avril 1782.
Buffeteau (Henry), de Saintes.
Huguelin (Jean), de Rochefort.
Thomas (Jean), de Paimpol.
Le Pouillier (Marc), de Lorient.
Dalteau (Guillaume), de Honfleur, mort le 19 mars 1782.

Mousses.

Launay (Jean), de Rennes, tué au combat du 16 mars 1781.
Girard (Jean), de Granville.
Aublon (Philippe), de Paris.
Tresgros (Jean), de Saint-Brieuc.
Pelleteur (François), de Recouvrance.
Grout (Jean), de Saint-Malo.
Raimon (François), de Dinan.
Augeron (Pierre), de Granville.
Poullaouec (Yves), de Recouvrance.
Cotty (Charles), du Havre.
Le Beyer (Pierre), de Brest.
Marec (René), de Plouguerneau.
Prinjaux (Denis), de Saint-Malo.
Le Cocq (Jean), de Lorient.
Hubert (Paul), de Fougères.
Rebours (Michel), de Recouvrance.
Yvinec (Nicolas), de Landerneau.
Le Blanc (François), de Toulon.
Interné (Joseph), de Toulon, mort à bord le 13 janvier 1782.
Bervas (Guillaume), de Brest.
Madiou (Alexandre), de Morlaix.
Guyomard (Jean), de Saint-Brieuc.
Paul (Mathieu), de Quimper.
Ruello (Guillaume), de Nantes.
Bouillaud (Pierre), de Nantes.
Bouillaud (Jean), de Nantes.
Duclos Bougon (Pierre), de Caen.
Trotel (Gabriel), de Recouvrance.
Fichet (Joseph), de Saint-Malo, mort le 26 avril 1782.
Lehot (Allain), de Rennes.
Monnier (Jacques), de Brest.
Le Brice (Gilles), de Tréguier.
Baroche (Jacques), de Honfleur, mort le 30 décembre 1780.
Piquet (François), de Honfleur.
Cordonner (Yves), de Morlaix.
Gabiot (Jean), de Morlaix.
Mennier (Georges), de Rouen.
Lecaille (Jean), de Brest.
Hervé (François), de Lorient.
Kerenbrun (Joseph), de Brest.

Domestiques.

Le Theau (Yves), de Rennes, mort à bord le 22 mai 1781.
Monnier (Jean), de Brest.
Martin (Germain), de Castelnaudary.
Cloarec (Yves), de Morlaix, mort à bord le 11 février 1782.
Echelard (Michel), de Saint-Malo.
Martin (Jean), de Fécamp.
La Bruyère (David), de Brest.
Villejean (Mathurin), de Saint-Brieuc, noyé le 19 décembre 1781.
Jago (Julien), de Rennes.
Le Gal (Jean), de Brest.
Gouacoulou (Pierre), de Morlaix.

LE NEPTUNE

(De février 1780 à juin 1783)

MM. DESTOUCHES, le Chevalier DE MÉDINE, DE RENAUD D'ALEINS, Capitaines de vaisseau, Commandants.

ÉTAT-MAJOR

CAPITAINES DE VAISSEAU

DESTOUCHES, Commandant.
Le Chevalier de **MEDINE**, Commandant.
De **RENAUD D'ALEINS**, Commandant.
De la **VICOMTE**.

LIEUTENANTS DE VAISSEAU

BEAUPOIL de **SAINT-AULAIRE**.
De **CHABOT**.
De **KERMORIAL**.
De **MOULINS**.
De **BILLE**.
De **GRANCHAIN**.
Le Chevalier de **ROQUEFEUIL**.
De **FERRIERE**.
DOUVILLE, Américain.
De **LYLE SAINT-MARTIN**.
D'ALBERT des **ESSARTS**.
De **LORT PERIGNAN**.

ENSEIGNES DE VAISSEAU

DUPARC.
D'ANDRE de **RENOARD**, mort le 27 avril 1782.
Du **BOURGUET**.
Le **COMTE**.
VIS de **LOUP** du **LISCOUET**.
SCOT.
SAUNIER.
De **SAINT-VINCENT** (Robert).
De la **CROIX**.
De **GABRIANT**.
D'AIGREMONT.

LIEUTENANTS DE FRÉGATE

BERTHELOT.
BASSIERE.
Le **MOINE**.
La **GARDE**.
BUSSON.
VILLEGRIS.
BOSC.

OFFICIERS AUXILIAIRES

TAYEAU.
BONNAVIE.
MALGRAS.
NICOLAY.
DUTAILLAY.
PINQUERE.

CAPITAINE DE BRULOT

DESLOGES de **KEROPART**.

CHIRURGIENS

BONNIN.

La FON.

LARRAT.

AUMONIERS

MEURNAI (Abbé).

QUERUCHE (R. P.).

WANTON (Jean), prêtre américain.

HOBDAI (François), prêtre américain.

POTTERIE (Abbé), prêtre séculier.

GARDES DE LA MARINE

LIGNI.

La GUERIVIERRE.

PIGNIERE.

La ROCHE GANACHER.

Le Chevalier **La ROCHEFOUCAUT.**

La HOUSSAYE.

De MOREL.

De MOUCHERON.

VOLONTAIRES

Perrin (Bernard), de Rochefort.

Le Minihi (Emmanuel), de Rennes.

Grignard (Charles), de Dinan, blessé au combat du 16 mars 1781, mort le 20 dudit.

Cazenave (Philipe), de Saint-Jean-de-Luz, mort le 3 juillet 1780.

Officiers-mariniers de manœuvre.

Barré (Jean), premier maître, de la Rochelle.

Martin (Pierre), premier maître, du Havre.

Rozé (Joseph), second maître, de la Rochelle.

Augros (Jacques), second maître, de Marennes.

Allaire (Julien), contremaître, de Saint-Malo.

Chauvin (Pierre), contremaître, de Marennes, tué au combat du 16 mars 1781.

Alix (Pierre), contremaître, de Granville.

Le Gouet (Louis), bosseman, de Lorient.

Coulineau (Simon), bosseman, de l'Ile de Ré.

Ferranan (Nicolas), quartier-maître, de Dieppe, blessé au combat du 16 mars 1781.

Gentet (Joachim), quartier-maître, des Sables.

Ridel (Philipe), quartier-maître, de Honfleur.

Thuillier (Joseph), quartier-maître, de la Rochelle.

Gibeau (Jean), quartier-maître, de la Rochelle.

André (Pierre), quartier-maître, de l'Ile de Ré.

Doullé (Alexandre), quartier-maître, du Havre.

Jagot (Jean), quartier-maître, de Saint-Malo.

Le Monnier (Jean), quartier-maître, de Dinan.

Coquet (Jacques), quartier-maître, de Dieppe.

Dubosq (Nicolas), quartier-maître, de Fécamp.

Boissy (Henry), quartier-maître, de Marennes.

Officiers-mariniers de pilotage.

Bigot (Jacques), patron de chaloupe, de l'Ile de Ré.

Goal (Hamant), patron de canot, de la Rochelle.

Canel (Pierre), patron de canot, de Dieppe.

Ferrand (Jacques), premier pilote, des Sables.

Lauger (Jean), second pilote, de Cherbourg.

Bouillonné (Jean), second pilote, de Dinan.

Monnier (Joseph), aide-pilote, de Vannes.

Prévôt (Jacques), aide-pilote, d'Oléron.

Officiers-mariniers de canonnage.

Claironin (Jacques), maître canonnier, de Rochefort.

Le Noret (Jean), second canonnier, d'Ouessant.

Godart (Jean), second canonnier, de Saint-Valéry.

Danneville (Jacques), aide-canonnier, de Dieppe.

Aubré (Réné-Vigor), aide-canonnier, de Honfleur.

Le Roux (Nicolas), aide-canonnier, de Dieppe.

Lachelier (Barthélemy), aide-canonnier, de Dieppe.

Mariette (Jacques), aide-canonnier, de Dieppe.

Roger (Michel), aide-canonnier, de Dieppe.

Roger (Jean-Charles), aide-canonnier, de Dieppe.

Le Mêle (Pierre), aide-canonnier, de Rochefort.

Kergoulias (François), aide-canonnier, de Vannes.

Peltier (Richard), aide-canonnier, de la Hougue.

Langlois (Guillaume), aide-canonnier, de Cherbourg.

Le Breton (François), aide-canonnier, de Dieppe, mort le 2 novembre 1782.

Lachelier (Michel), aide-canonnier, de Dieppe, mort le 9 août 1780.

Duponchel (Alexandre), aide-canonnier, de Saint-Valéry.

Le Gal (Mathieu), aide-canonnier, d'Ouessant.

Ropart (Valentin), aide-canonnier, de Recouvrance.

Bertaux (Paul), aide-canonnier, de Royan.

Trochon (Servan), aide-canonnier, de Dinan, mort le 18 décembre 1780.

Piston (Jacques), aide-canonnier, de Toulon.

Thomas (Jean), aide-canonnier, de Caen.

Le Blanc (Julien), aide-canonnier, de Granville, mort le 16 janvier 1781.

Boutelier (Joseph), aide-canonnier, de Saint-Malo.

Viaux (François), aide-canonnier, de l'Ile de Ré.

Guilbeaux (François), aide-canonnier, de l'Ile de Ré.

Gadiou (Nicolas), aide-canonnier, de l'Ile de Ré.

Faveraux (Jacques), aide-canonnier, des Sables.

Officiers-mariniers de charpentage.

Garnier (Jean), second charpentier, de Rochefort.

Le Thomé (Joseph), aide-charpentier, de Brest.

La Vigne (Jean), aide-charpentier, de Rochefort.

Maténec (Henri), aide-charpentier, de Brest.

Officiers-mariniers de calfatage.

La Haye (Jean), maître calfat, de Rochefort.

Aubert (Nicolas), second calfat, de Granville.

Marterre (Jacques), aide-calfat, de Rochefort.

Fosse (Joseph), aide-calfat, de Saint-Malo.

Lefevre (Nicolas), aide-calfat, du Havre.

Officiers-mariniers de voilerie.

Bernard (Raimond), maître voilier, de Royan.

Menaux (Pierre), second voilier, de la Rochelle.

Catelain (Alexandre), aide-voilier, de Martigues.

Tarhaux (Pierre), aide-voilier, de Honfleur, tué au combat du 16 mars 1781.

Officiers-mariniers divers.

Vanier (Jean), de Honfleur.

Guillou (Joseph), de Vannes.

Beaugendre (Joseph), de Brest.

Marion (Vincent), de Recouvrance.

Rigal (Bertrand), de Bordeaux.

Le Moine (Denis), de Granville.

Coureau (Jacques), de Bayonne.

Duverger (Joseph), de Saint-Malo.

Le Vasseur (Jean), de Honfleur.

Milliere (Joseph), du Havre.

Rambeaud (Hincinte), de Lorient.

Pillet (Louis), de l'Ile d'Yeu.

Briand (Pierre), des Sables.

Gabiers.

Berthelé (Jean), d'Ouessant.

Danneau (Jean), de Vannes.

Quéran (Pascal), de Morlaix.

Vérité (Samson), de Saint-Jean-de-Luz.

Heurtaux (Jean), de Dieppe, mort le 28 août 1782.

Quentin (François), de Marennes.

Le Huée (Joseph), de Vannes.

Mahé (Martin), de Granville.

Fourré (François), de Saint-Brieuc.

Dupré (Joseph), du Havre.

Divélée (Joseph), de Vannes.

Le Pescaire (François), de Dinan.

Mellard (François), de Camaret.

Godel (Guillaume), de la Hougue.

Le Rat (François), de Honfleur.

Corsaint (Pierre), de Libourne.

Thomas (Jean), de Quimper.

Petel (Michel), de Granville.

Timoniers.

Coz (Jean), de Quimper.

Machefaux (Jean), de Vannes.

Boisard (Jean), des Sables.

Boyer (Jacques), des Sables.

Martin (François), des Sables.

Anquetil (Pierre), de Granville.

Coquet (Jean), de Fécamp, blessé au combat du 16 mars 1781, mort le 11 avril 1781.

Robin (Jean), de Dieppe.

Le Roy (Budoc), du Conquet.

Beaudet (Joseph), de Nantes.

Avoine (Jacques), de Cherbourg.

Matelots.

Faurés (Noël), de Brest.

Piriou (Jacques), de Brest, mort le 9 août 1782.

Evrard (Mathurin), de Brest.

Evrard (Nicolas), de Brest.

Pellé (Julien), de Recouvrance.

Le Roy (Marc), de Brest.

Charles (Jean), de Recouvrance.

Sevélec (Joseph), de Camaret.

Stéphan (Remi), de Camaret.

Le Pendu (Jean), de Camaret.

Mahœut (François), de Camaret, mort le 31 janvier 1782.

Audrain (Jean), de Tréguier.

Goulias (Joseph), de Vannes.
Rezeau (Joseph), de Vannes.
Mauffe (François), de Vannes.
Martelot (Jean), de Vannes.
Le Corvée (Joseph), de Vannes.
Ricau (Michel), de Locmariaquer, tué au combat du 20 juin 1780.
Bourdiec (Pierre), de Vannes, mort le 26 août 1782.
Gouguée (Laurent), de Vannes.
Rediguel (Nicolas), de Vannes.
Giquel (Jean), de Vannes, mort le 23 février 1782.
Crouillon (Joseph), de Vannes.
Thomas (Joseph), de Vannes.
Le Briac (Yves), de Vannes.
Corvée (Mathieu), de Vannes.
Cloérec (Nicolas), de Vannes.
Le Corvec (Jean), de Vannes.
Le Sause (François), de Vannes, mort le 15 mars 1782.
Malenpert (François), de Vannes.
Le Luc (Cristophe), de Vannes.
Le Gouars (Mathieu), de Vannes.
Le Quélec (Pierre), de Vannes.
Guégan (Pierre), de Vannes.
Le Moal (Joseph), de Quimper.
Mabil (Mathieu), de Quimper.
Couillandre (Yves), de Quimper.
Mahé (Jean), de Quimper.
Le Fey (Vincent), de Quimper.
Hugaud (Jean), de Quimper.
Le Posquer (François), de Quimper.
Archan (Urbain), de Quimper.
Berric (Jean), de Quimper.
Castel (Gabriel), de Morlaix.
Loudoux (Sébastien), de Morlaix.
Quiqueur (François), de Morlaix.
Roudot (Laurent), de Morlaix.
Le Bert (Charles), de Morlaix.
Rognian (Pierre), de Morlaix, tué au combat du 25 janvier 1782.
Bienvenu (Jacques), de Saint-Malo.
L'Oisel (Charles), de Saint-Malo, mort le 2 avril 1781.
Mongendre (Paul), de Dinan.
Auger (Etienne), de Saint-Malo.
Cambourg (François), de Saint-Malo.
Launay (Thomas), de Saint-Malo, mort le 31 juillet 1782.
Chemin (Pierre), de Saint-Malo.
Le Gentil (Julien), de Saint-Malo.
Delorme (Etienne), de Saint-Malo.
Auger (François), de Dinan, mort le 25 juin 1782.
Géraux (Mathurin), de Dinan.
Briant (Vincent), de Dinan.
Dubois (Samson), de Dinan.
Hubert (François), de Dinan.
Beaudoir (Jacques), de Dinan.
André (Jean), de Dinan.
Duchemin (Julien), de Dinan.
Bordat (Louis), de Dinan.
Langlois (Jacques), de Dinan, mort le 6 septembre 1782.
Longeard (Louis), de Saint-Brieuc.
Le Garat (Pierre), de Saint-Brieuc.
Jouran (Guillaume), de Saint-Brieuc.
Coeffard (Julien), de Saint-Brieuc.
Fromentin (Guillaume), de Saint-Brieuc.
Duchêne (Jean), de Saint-Brieuc.
Daniel (Jean), de Saint-Brieuc.
Rault (Jacques), de Saint-Brieuc.
Le Breton (Pierre), de Saint-Brieuc.
Rousel (Joseph), de Saint-Brieuc.
Le Breton (François), de Saint-Brieuc.
Rabel (Jean), de Saint-Brieuc.
Le Breton (Joseph), de Saint-Brieuc.
Le Kerhic (Guillaume), de Saint-Brieuc.
Le Coutelée (Pierre), de Saint-Brieuc.
Le Gal (Thomas), de Saint-Brieuc.
Beaudet (François), de Saint-Brieuc.
Philipe (Sébastien), de Saint-Brieuc.
Legal (Jean), de Saint-Brieuc.
Carcaliet (François), de Saint-Brieuc.
Morisseau (Joseph), de Nantes.
Le May (Joseph), de Nantes.
Halgan (Jean), de Nantes.
Jouaud (Etienne), de Nantes.
Macé (Etienne), de Nantes.
Varin (Jean), de Rouen.
Tellier (Michel), de Rouen.
Adam (Augustin), de Rouen.
Dupain (Guillaume), de Rouen.
Le Maître (François), de Rouen.
Doutreleau (Jean), de Fécamp, tué au combat du 12 avril 1782.
Prieur (Joseph), de Fécamp.
Le Vanneur (Jean), de Fécamp.
Joutet (Adrien), de Fécamp.
Rolland (Florent), de Fécamp.
Hochet (Michel), de Fécamp.
Guérard (Jean), de Fécamp.
Le François (Philipe), du Havre.
Coutelier (Louis), du Havre.
Martel (François), du Havre.
Vacquery (Aimable), du Havre.
Perron (Guillaume), du Havre, mort le 1er juillet 1782.
Colete (Guillaume), de Honfleur.
Le Breton (Henri), de Honfleur.
Le François (Michel), de Honfleur.
Hellouin (Pierre), de Honfleur.
Le Coq (Jean), de Granville.
Le Gallais (Pierre), de Granville.
Juliene (Jean), de Granville.
L'Ecaudé (Jean), de Granville.
Vimont (Louis), de Granville.
Tanqueray (Jean), de Granville.
Quesnel (Jacques), de Granville.
La Vieille (Michel), de Granville.
Néel (Michel), de Granville.
Le Ballais (Nicolas), de Granville.
Sorel (Nicolas), de Granville.
Planquier (Charles), de Granville.
Le Gallais (Noël), de Granville.
Le Carpentier (Pierre), de Granville.
Rosey (Jean), de Granville.
Girard (Jean), de Granville.
Gasseau (Simon), de Granville.
Bourget (Jean), de Granville.
Ollivier (Jean-Michel), de Dieppe.
Languerre (Jean), de Dieppe.
Flochet (Jacques), de Dieppe.
Roger (Michel), de Dieppe.
La Vache (Joseph), de Dieppe.
Du Jardin (Louis), de Dieppe.
Cloquette (Michel), de Dieppe.
Pottevin (Pierre), de Dieppe, mort le 20 novembre 1782.
La Vache (Jean), de Dieppe.
Ras (Jean), de Dieppe.
Boutelier (Charles), de Dieppe.
Compiègne (Louis), de Dieppe, mort le 22 septembre 1780.
Girard (Louis), de Dieppe, tué au combat du 12 avril 1782.
Saval (Charles), de Dieppe, mort le 23 septembre 1782.
Le Sueur (Thomas), de Dieppe.
Mauger (Adrien), de Dieppe.
Carle (Jean), de Dieppe.
Barbet (Jean), d'Isigny.
Picault (Louis), de la Hougue.
Alley (Hervé), de la Hougue.
Fontaine (François), de la Hougue, mort le 12 avril 1781.
Quilbec (Jacques), de la Hougue.
Gilles (Pierre), de la Hougue.
Vigot (Guillaume), de la Hougue, mort le 10 avril 1781.
Paris (Pierre), de la Hougue, mort le 21 juin 1782.
De Launay (Bon), de Cherbourg.
Le Laidier (Bernard), de Cherbourg.
Miesses (Jacques), de Cherbourg, mort le 23 septembre 1782.
Bunel (Jacques), de Cherbourg.
Hamel (Thomas), de Cherbourg.
Le Boucher (Pierre), de Cherbourg.
Huret (Nicolas), de Boulogne.
De Long (Michel), de Saint-Valéry.
Raimond (Louis), de Saint-Valéry.
Pottevin (Crépin), de Saint-Valéry.
Pottevin (Louis), de Saint-Valéry.
Candat (Louis), de Saint-Valéry.
Perucher (Pierre), de Calais.
Fonteneau (Jacques), de Rochefort.
Breau (Augustin), des Sables.
Gendreneau (Jean), des Sables.
Barreau (Jacques), des Sables, mort le 20 juillet 1780.
Renaud (Louis), de la Rochelle, mort le 5 juillet 1780.
Gaborit (Mathieu), de Royan.
Bouchereau (André), de Rochefort, mort le 1er juin 1782.
Bonnet (Jean), de Bordeaux.
Cochard (Pierre), de la Rochelle, mort le 24 octobre 1780.
Le Bon (Jean), de la Rochelle.
Blanchard (Jean), d'Angoulême, mort le 11 mai 1783.
Talon (Pierre), de la Rochelle.
Gresiller (Paul), de Royan.
Roturaux (François), de l'Ile de Ré.
Monnet (Pierre), de Moissac.
Deschams (Pierre), de Bordeaux.
Perrot (François), dé Bordeaux.
Grelot (Pierre), de Bordeaux.
Michaud (Pierre), de Bordeaux.
Barateau (Jean), de Blaye.
Fraîche (André), de Bordeaux.
Latreille (Joannis), de Saint-Jean-de-Luz.
Signoret (Jacques), de Blaye, mort le 18 juin 1780.
Bouillat (Pierre), de l'Ile de Ré.
Bourgeois (Etienne), de l'Ile de Ré.
Gaumard (Etienne), de l'Ile de Ré, mort le 4 juillet 1780.
Prou (Jean), de Marennes.
Prunet (François), de Marennes.
Borré (Alexis), de Royan, mort le 12 août 1782.
Trouvat (Pierre), de Marennes, mort le 12 juillet 1780.
Du Mât (Jacques), de Marennes.

Roussel (Raimond), de Montauban.
Romieux (Guillaume), de Toulouse.
Gauchet (Joseph), de Noirmoutiers, mort le 9 juillet 1780.
Juttard (Etienne), de Noirmoutiers.
Lambert (Claude), de Noirmoutiers, mort le 17 septembre 1780.
Garbaillon (Martin), de Saint-Jean-de-Luz, mort le 22 octobre 1782.
Brun (Jean), de Saint-Jean-de-Luz, mort le 23 juin 1782.
Pradel (Guillaume), de Toulouse.
Bressol (Guillaume), de Moissac.
Breuil (Pierre), d'Angoulême.
Barges (Jacques), d'Angoulême.
Deschams (Pierre), de Rochefort.
Bonaudet (Laurent), de l'Ile de Ré.
Desroux (Marie), des Sables.
Laroset (Etienne), de Bayonne.
Beudin (Claude), de Dijon, tué au combat du 12 avril 1782.
Bicq (Guillaume), de Narbonne.
Pollet (Pierre), de Marseille.
Guézénec (Yves), de Saint-Brieuc, mort le 15 septembre 1782.
Poussard (Jean), d'Angoulême.
Henry (Joseph), de Dinan, mort le 10 janvier 1782.
Mabil (Jean), de Dinan.
Aucoin (Jean), de Dinan.
Desbois (François), de Dinan.
Méhu (Jean), de Saint-Malo.
Raffrai (Joseph), de Saint-Malo.
Colas (Laurent), de Saint-Brieuc, mort le 2 novembre 1782.
Daniel (Mathurin), de Saint-Brieuc.
Flohic (Corentin), de Quimper.
Le Bris (André), de Quimper.
Capitaine (Jacques), de Quimper.
Le Rat (Adrien), de Granville.
Le Mouchoir (Olivier), de Granville, mort le 12 août 1782.
Dapilly (Louis), de Granville.
Faval (Jean), de Granville.
Bâton (Bernard), de Granville.
Le Chevalier (Jean), de Granville.
Le Marchand (Jean), de Granville.
Gommé (Antoine), de Dieppe.
Vautier (Jean), de Honfleur, tué au combat du 20 juin 1780.
Martot (Pierre), de Fécamp.
Hervé (Julien), de Vannes.
Trufert (Jacques), de Cherbourg.
Le Vallois (Michel), de Cherbourg.
Gens (Louis), de Boulogne.
Le Prêtre (François), de Boulogne.
Clin (Mathurin), de Dinan.
Carrière (Antoine), de Vannes.
Jeanne (Jean), de Fécamp.
Guyomard (Jean), de Morlaix.
Le Gendre (Vincent), de la Hougue.
Didier (Louis), de Honfleur.
Nicole (Gilles), de Rennes.
Le Gal (Jacques), de Lorient.
Le Gal (François), de Quimperlé.
Mariadec (Guillaume), de Morlaix.
Prévôt (Joseph), de la Rochelle.
Babin (Louis), de Libourne.
Aimes (Jean), de Cette.
Juel (Jacques), de Granville.
Duffaut (Jacques), de Bordeaux.
Le Page (Pierre), de Honfleur.
Ponthon (Jean), de Bayonne.
Valentin (Nicolas), de Saint-Valéry.
Le Roux (François), de Saint-Malo.
Vitel (Pierre), de Saint-Brieuc.
Ruffé (Toussaint), de Dinan.
Bigot (Julien), de Dinan.

Novices.

Rocard (Pierre), de l'Ile de Ré, mort le 9 juillet 1780.
Laurent (Yves), de Lesneven.
Paquier (Jean), de Paris.
Jourdan (Jacques), de Granville.
Le Court (François), de Mayenne.
Guéguen (Olivier), de Morlaix.
Gourdelier (Olivier), de Rennes.
Huet (Jean), de Granville.
Cotté (François), de Bordeaux, mort le 9 novembre 1781.
Porret (Charles), de Fécamp, blessé au combat du 12 avril 1782, mort le 21 dudit.
Porret (François), de Fécamp.
Piedfort (Jean), de Fécamp.
Hue (Antoine), de Granville.
Fausset (Jean), de Granville.
Fremin (Thomas), de Granville.
Ouen (Jean), de Granville.
Simon (Martin), de Dieppe, mort le 20 avril 1780.
Martin (Jean), de Dieppe.
Aubert (Antoine), de Dieppe.
Colombelle (Jean), de Dinan.
Ccubelle (Pierre), de Calais.
Pannetier (Charles), de Granville, mort le 1er octobre 1780.
Beuron (François), de Caen.
Royer (Louis), de Caen, mort le 24 août 1780.
Frémont (Antoine), de Caen.
Baron (Jean), de Caen.
Mauger (Pierre), de Caen.
Le Brasseur (Nicolas), de Dieppe.
Beluteau (Antoine), de Dieppe.
Ridel (Jean), de Honfleur.
Mazier (Nicolas), de Honfleur.
Boutin (Augustin), de Saint-Valéry.
Turc (Jean), de Saint-Valéry, mort le 18 octobre 1780.
Fournier (François), de Saint-Valéry.
Pineau (Charles), de Dinan.
Gousiam (Tangui), de Brest.
Jolie (François), de Dieppe.
Jussal (Etienne), d'Agde.
Aunis (Dominique), de l'Ile de Ré.
Grandjon (Jean), de Marseille.
De Sausse (Charles), de Marseille.
Toutain (Mathurin), de Brest.
Michel (Pierre), de Saint-Brieuc, mort le 14 avril 1783.
Cornelier (Pierre), de Saint-Brieuc, mort le 17 novembre 1782.
Oisel (Jean), de Saint-Brieuc.
Ricaux (André), de Saint-Malo, mort le 13 juillet 1782.
Fanchoux (Julien), de Saint-Malo, mort le 24 juin 1782.
Furet (Etienne), de Saint-Malo.
Ropart (Joseph), de Calais.
Dubin (Jean), de Noirmoutiers, tué au combat du 12 avril 1782.
Gaumar (Léon), de Noirmoutiers.
Lantienne (André), de Paris.
Jouan (Jean), de Saint-Brieuc.
Blanchard (Pierre), d'Oléron.
Rabin (Jean), de Paris.
Vaillant (Pierre), de Paris.
Perrot (René), de Brest.
Baye (Jean), de Saint-Malo.
Houdart (Victor), de Paris.
Tanion (Jean), de Crozon.
Beaumaine (Olivier), de Morlaix.
Dubuisson (René), de Rennes.
Le Gars (Jean), de Tréguier, mort le 22 mai 1782.
Bienfait (Pierre), de Paris.
Henrion (François), de Nancy.
Perrer (André), de Lyon.
Laforge (Jean), de Nancy.
Godin (François), de Paris.
Lesage (Léonard), de Limoges.
Cochois (Louis), de Lorient.
Paillenfer (Dominique), de Caen.
Renard (Jean), d'Angers.
Thomas (Pierre), de Paris.
Verger (Jean), de Dinan, mort le 28 juin 1783.
Le Roux (Charles), tué au combat du 12 avril 1782.
Brunet (François), de Grenoble.
Donjean (Antoine), d'Autun.
Coquart (Laurent), de Lyon.

Surnuméraires.

Fourneau (Joseph), de Noirmoutiers.
Cuq (Bernard), de l'Ile de Ré.
Le Roux (Jean), de Brest.
Rivierre (Jean), de Granville.
Poupard (Jean), de Rochefort.
Guillaser (Hervé), de Morlaix.
Troude (Victor), de Rochefort.
Bastard (François), de Bordeaux.
Loyer (Jean), de Coutances.
Lefèvre (Jules), de Quimper.
Larrat (André), de Bordeaux.
Sourbier (Pierre), de Lorient.
Bouguet (Louis), de Saint-Brieuc.

Mousses.

Legal (Pierre), de Saint-Brieuc.
David (Charles), de Rochefort.
Marouil (Pierre), d'Auray.
Favaix (Yves), de Morlaix.
Favet (Pierre), de Morlaix.
Hubert (Alain), de Brest.
Tangui (Nédelec), de Faou.
Guilbeaux (François), de l'Ile de Ré.
Augros (Jacques), de Marennes.
Prou (Jean), de Luçon.
Lépine (Jean), de la Tremblade.
Jeannot (Jean), de Saintes.
Rabasse (Louis), de Dinan.
Perron (Pierre), de Rennes.
Gautier (Henri), de Calais.
Barré (Jean), de la Rochelle.
Poirier (Jean), de la Rochelle.
Chosse (Charles), de Saint-Brieuc.
André (Bertrand), de Bayonne.
Lestuine (Laurent), de Lorient.
Herault (Pierre), de la Rochelle.
Soulards (Jean), de Royan.
Moissac (Louis), de Rennes.
Rouaux (Jacques), de Saint-Brieuc.
Favet (Jacques), de Lesneven.
Renard (Cristophe), de la Rochelle.

Gendron (Antoine), de Nantes.
Eparvier (Jean), de Clermont.
Février (Jean), de Rochefort.
Billet (Simon), de Rochefort.
Blondel (Daniel), de Nantes.
Laristu (Bernard), de Bayonne.
Nombrard (Louis), de Royan, mort le 26 août 1782.
Savignon (Jean), de la Rochelle.
Thépot (Joseph), de Quimper.
Le Cam (Louis), de Tréguier, mort le 11 juin 1782.
Le Roux (François), de Tréguier.
Houdart (Noël), de Rouen.
Julien (Jacques), de Morlaix.
Guérardic (Jean), de Morlaix.
Daniel (Jean), de Saint-Brieuc.
Lestume (Pierre), de Brest.
Calorneau (Jean), de Brest.
Le Vénard (Jean), de Saint-Malo.
Turpin (André), de Rennes.
Auzaime (Henri), de Saint-Malo, tué au combat du 12 avril 1782.
Boucher (Pierre), de Rennes.
Gautier (Jean), de Dinan.
Duguilly (Simon), de Dinan.
Jacques (Louis), de Morlaix, mort le 8 février 1781.
Le Cler (Gabriel), de Brest.
Jourdain (Jean), de Saint-Renan.
Le Chevalier (Jacques), de Saint-Brieuc.
Perrot (François), de Quimper.
Le Roux (Julien), de Rennes.
Audi (Julien), de Brest.
Digmady (Joseph), de la Rochelle.
Geezel (Hercule), américain, de Boston.

Domestiques.

Robin (Jean), de Saintes.
Le Bars (Claude), de Quimper.
Evain (Philippe), de Quimperlé.
Marquis (Jean), de Quimper.
Lamoureux (François), de Marennes.
Bijou (David), de Thouars.
Houley (Pierre), de Verdun.
Le Meur (Jean), de Lorient, mort le 4 juin 1782.
Le Roux (Jean), de Morlaix.
Causic (François), de Morlaix, mort le 26 janvier 1782.

ARMÉE DE TERRE

LE COMTE DE ROCHAMBEAU

(d'après Trumbull)

dans le Tableau de la "Reddition d'York-Town", au Musée de New-Haven.

Dessin agrandi par Armand Dumaresq.

RÉGIMENT DE BOURBONNAIS

Le premier colonel de ce régiment fut PHILIBERT marquis de MÉRESTANG, le 6 mars 1597. Les drapeaux d'ordonnance de ce corps étaient composés de deux quartiers violets et de deux quartiers bleu d'azur. Le drapeau colonel était entièrement blanc.

Ce régiment porta, durant les premières années, successivement les noms de ses colonels. Il prit le nom de Bourbonnais, le 1er février 1673. Sa longue histoire offre une série des plus hauts et des plus vaillants faits d'armes.

Le marquis de LAVAL (Anne-Alexandre-Marie-Sulpice de Montmorency) prit le commandement de ce régiment le 18 avril 1776, comme mestre de camp ou colonel.

Ses successeurs furent :

Le prince de BROGLIE (Charles-Louis-Victor) le 1er juillet 1783;

Le baron de POUTET (François-Henri) le 23 novembre 1791;

Le chevalier d'ARLANDE DE SALTON (Louis-François-Pierre) le 8 mai 1792.

Le Bourbonnais était en Corse en l'année de la déclaration de l'indépendance américaine. En cette même année, 1776, il quitta cette île. En 1779, après que la guerre eût été déclarée à la France par l'Angleterre, à cause du traité d'amitié avec les États-Unis et la reconnaissance de leur indépendance par le gouvernement français, il fut dirigé sur la Bretagne, occupa quelque temps Rennes, passa, au mois de juin, à Brest où il s'embarqua enfin le 7 avril 1780. Il était le plus ancien des quatre régiments que le comte de Rochambeau conduisait aux États-Unis.

Cette petite armée arriva au mois de juillet à Newport et les Américains lui remirent immédiatement la garde de tous les retranchements élevés sur la côte du Rhode-Island contre lesquels le général anglais, Clinton, qui avait dû abandonner ces retranchements l'année précédente, préparait une redoutable expédition. L'arrivée de l'armée française la fit abandonner.

Le Bourbonnais passa l'hiver dans ces quartiers et ce ne fut qu'en juin 1781 que l'armée de Rochambeau fut concentrée et réunie à l'armée américaine. Les deux armées ensemble firent route pour York-Town, dans le sud et sur la baie de la Chesapeak.

Le 21 juillet, 2,500 hommes de l'armée de Rochambeau, les régiments de Bourbonnais et Royal-Deux-Ponts, ainsi qu'un bataillon formé des compagnies d'élite de Soissonnais, commandés par le chevalier de Chastellux, poussèrent une reconnaissance sur Kingsbridge et forcèrent les Anglais à replier tous leurs postes. Les troupes françaises, après une marche remarquable, par une chaleur excessive qui ne put abattre leur ardeur et leur gaîté, arrivèrent le 15 août aux portes de Philadelphie. L'affluence des habitants, quand elles entrèrent dans cette ville après avoir fait une halte pour se parer, fut immense sur leur passage. Les maisons étaient pavoisées aux couleurs des deux nations, et quand les guerriers français défilèrent sous les yeux du Congrès, cette assemblée les honora de son salut fraternel et de ses acclamations. La population entière leur fit fête.

Les troupes françaises ne s'arrêtèrent qu'un jour à Philadelphie. On apprit que la flotte du comte de Grasse venait d'entrer dans la Chesapeak. Elles se rendirent alors vers le fond de la baie où quelques compagnies s'embarquèrent. Le reste des troupes se dirigea sur Baltimore et de là sur Annapolis, où l'on trouva des bâtiments de transport. Les deux flottilles ayant parcouru la baie entrèrent dans la rivière de James, et les régiments qu'elles avaient à bord se joignirent à ceux que le comte de Grasse avait amenés des Antilles et que le marquis de Saint-Simon commandait. Ce général était à la tête des régiments d'Agénois, de Gatinais (bientôt nommé Royal-Auvergne) et de Touraine. Le comte de Rochambeau avait avec lui ceux de Bourbonnais, Soissonnais, Saintonge et Royal-Deux-Ponts.

Ces troupes formant un effectif d'environ 7.500 hommes, réunis à autant d'Américains, vinrent le 28 septembre former l'investissement d'York-Town. Les Français furent chargés de l'attaque de gauche, et ce fut le Bourbonnais qui ouvrit la tranchée le 7 octobre 1781. Le 15 du même mois, il repoussa vigoureusement une sortie, et, le 19, Cornwallis se résigna à capituler. Le régiment occupa aussitôt tous les postes de son attaque et inscrivit sur ses drapeaux une nouvelle victoire.

Les régiments qui étaient venus des Antilles se rembarquèrent le 4 novembre; et, le 14, les quatre régiments de Rochambeau entrèrent en quartiers à Williamsbourg. Ils demeurèrent là pendant la campagne de 1782; au mois de mars 1783, ils se rendirent à

Rhode-Island où les attendait la flotte de M. de Vandreuil qui devait les ramener en France. Un des vaisseaux de M. de Vaudreuil ayant péri dans une tempête, les États-Unis donnèrent un exemple touchant de reconnaissance à la France en faisant cadeau à cette nation du *premier* vaisseau de guerre qu'ils avaient construit, le seul qu'ils possédassent à cette époque, l'*America* de 74 canons.

A son arrivée en France, le Bourbonnais fut envoyé à Metz. Ce régiment perdit son ancien nom, en 1791. Il devint alors le 13e régiment d'infanterie; et le 13e régiment d'infanterie actuel, stationné à Nevers, lui fait suite.

ANNE-ALEXANDRE-MARIE-SULPICE-JOSEPH, Marquis DE LAVAL, né à Paris le 22 janvier 1747, Colonel.

ÉTAT-MAJOR

COLONEL

Le marquis de **LAVAL** (Anne-Alexandre-Marie-Sulpice-Joseph). A reçu, le 5 déc. 1781 le grade de brigadier pour sa conduite à York-Town.

COLONEL EN SECOND

Le vicomte de **ROCHAMBEAU** (Donatien-Marie-Joseph de Vimeur), né à Paris, le 7 avril 1755. Le 5 déc. 1781, reçut l'espérance d'un régiment sans être assujetti à l'ancienneté de six ans de commission de colonel, pour sa bonne conduite à York-Town.

LIEUTENANT-COLONEL

De **BRESSOLLES** (Gilbert), né le 3 déc. 1739, à La Planche [Bourbonnais]. Le 5 déc. 1781, pensionné dans l'ordre de Saint-Louis, pour sa bonne conduite à York-Town.

MAJOR

De **GAMBS** (Jean-Daniel), né à Strasbourg en 1741. Le 5 déc. 1781, pensionné pour sa bonne conduite à York-Town.

QUARTIER-MAITRE TRÉSORIER

BESUCHET (Antoine-Joseph), né à Salins, le 31 déc. 1733. Retiré le 25 avril 1786.

CAPITAINES COMMANDANTS ET EN SECOND

PETIT de **MONTFORT** (François-Ferdinand-Gilbert), né à Amiens, le 2 janv. 1740. Chevalier de Saint-Louis, du 9 août 1781.

De **LOSSE** de **BAYAC** (Charles-Joseph), né à Finerni [Périgord], le 11 mars 1742. Reçut le rang de major en 1782.

De **LANET** (François-Claude), né à La Garde [Berry], le 11 nov. 1738. Capitaine commandant des grenadiers, du 6 oct. 1780 ; le 5 déc. 1781, a reçu la croix de Saint-Louis et l'espérance d'un commandement de bataillon pour sa bonne conduite à York-Town.

De **CAZALS** (Pierre-Reymond-Marie), né à Toulouse, le 24 juin 1739. Capitaine commandant les grenadiers, le 15 avril 1780 ; d'une autre compagnie, le 1er juin 1782.

Le **SEIGNEUR** du **CHEVALIER** (René-Adrien), né à Notre-Dame-de-la-Chapelle [diocèse de Rouen], le 1er août 1743. Capitaine commandant, le 19 mars 1780 ; major du Soissonnais en 1784.

LASSUDERIE de **CAMPANES** (Pierre), né 1739, à... Capitaine commandant des chasseurs, le 19 mars 1870 ; aux grenadiers en 1784 : pensionné le 2 avril 1782 pour sa conduite à York-Town.

DESONDES (Jean-Antoine-François), né à Aurillac en 1743. Capitaine commandant, le 19 mars 1780 ; nommé en 1787 à la lieutenance de Roy de Longwy.

De **LA BRUE** (Jacques-Joseph-Augustin-Marie), né à Bordeaux, le 1er nov. 1743. Capitaine commandant, le 19 mars 1780; de la compagnie des grenadiers en 1785.

RIFFAULT DUPLEXY (Marie-Athanase), né à Saint-Martin-de-Sablé, le 28 juin 1744. Capitaine commandant, le 6 mars 1780. Retiré en 1787.

Le chevalier de **CHALVET** de **ROCHEMONTEIX** (Henry-Marie-Philippe), né à Toulouse, le 4 juill. 1747. Capitaine commandant, le 6 avril 1780. Retiré en 1782.

De **CORN** de **PEYROUX** (Guillaume-Joseph-Blaise-Marie), né à Brives, le 4 janv. 1751. Capitaine commandant, le 15 avril 1780 ; des grenadiers, le 3 juill. 1787.

Le chevalier du **FAURE** de **PROUILHAC** (Marie-Joseph), né à Figeac, le 20 févr. 1750. Capitaine commandant, le 1er juin 1782.

De **MAUNY** (Louis-François-Philippe), né à..., le 3 oct. 1749. Capitaine commandant, le 3 déc. 1782 : était capitaine en second, du 19 mars 1780.

CHENNEVIERES (Guillaume), né à la paroisse de l'Hermitage [Normandie]. Capitaine en second, des grenadiers, le 6 juin 1780; capitaine commandant en 1784.

DANCEAU de **MORAND** (Jean-Louis-Antoine-François-Gaiton), né à Toulouse, le 7 avril 1751. Capitaine en second, du 19 mars 1780.

De la **CHASSAIGNE** (Michel), né à Saint-Laurent [Guyenne], le 4 mai 1749. Capitaine en second, du 19 mars 1780.

De **SAINT-AUBIN** (Joseph), né à Rocquebrune [Armagnac], le 8 sept. 1724. Capitaine commandant en 1784 ; était capitaine en second, du 19 mars 1780.

De **HITTON** (Jean), né à Pau, le... 1751. Capitaine commandant, le 19 mai 1785; était capitaine en second, du 6 avril 1780.

Le **ROUX** de **KERNINON** (Marie-Pierre-Hubert-Ange-Joseph), né à Plouleck [diocèse de Tréguier]. Capitaine commandant, le 24 juin 1785 ; était capitaine en second, du 6 avril 1780.

Le chevalier **D'ARLANDE** (Jean-Charles), né à Tournon, le 29 oct. 1749. Capitaine en second, du 17 avril 1780. Retiré en 1787.

LIEUTENANTS *

Le chevalier de **LAMEZAN** (Thomas-Nouaillan), né à..., le 3 mai 1754.

Le chevalier **D'ARLANDE** de **SALTON** (Louis-François-Pierre), né à Tournon, le 10 mars 1752. Capitaine en second en 1781; capitaine commandant en 1787.

De **CHAZELLES** de **BARGUES** (Antoine), né à Salers [Auvergne], le 23 nov. 1752. Capitaine en second, du 1er juin 1782.

De **CAMPENNE DESCHAUX** (Pierre), né à Bégori [Diocèse de Bayonne], le 3 sept. 1753. Lieutenant en premier, du 19 mars 1780 ; capitaine en second en déc. 1782 ; mort en 1783.

De **RODOREL** de **SEILHAC** (Jean-Martial), né à Tulle [Limousin]. Lieutenant en premier, du 19 mars 1780 ; capitaine en 1783.

De **SIEURAC** (Pierre), né à Gaillac [Languedoc], le 15 févr. 1739. Lieutenant en premier, du 19 mars 1780, honoré d'une gratification en 1782.

Le chevalier de **CORIOLIS** (Jean-Baptiste-Etienne), né à Aix [Provence], le 18 mai 1754. Lieutenant en premier, du 19 mars 1780; capitaine en 1784; honoré d'une gratification pour sa bonne conduite à York-Town.

D'ARTIGUE (Simon), né à Grenade [Gascogne], le 2 mars 1756. Lieutenant en premier, du 6 avril 1780; capitaine en 1784.

EYCHENNE (Jean-Pierre), né à.... le 28 mars 1731. Lieutenant en premier, du 6 avril 1780. Chevalier de Saint-Louis en 1783.

LAMI de **BOISCOUTEAU** (Joseph), né à Saint Pourçain, le 1er sept. 1755. Lieutenant en premier, du 15 avril 1780, a abandonné en 1785.

De **ROCHEFERMOY** (Mathieu), né à la Martinique, le 30 août 1755. Lieutenant en premier, du 6 mars 1780, a abandonné en 1782.

De **CASTERAS** (Léonard), né le 2 mars 1756, à... Lieutenant en premier, le 8 oct. 1781.

CARRA de **SAINT-CYR** (Jean-François)...... Lieutenant en second, du 19 mars 1780.

De **JOUSSERAND** (Antoine-Alexis), né à Biron [diocèse d'Angoulême], le 14 sept. 1757. Lieutenant en second, du 19 mars 1780; capitaine en 1787.

AUBERT du **BAYET** (Jean-Baptiste-Annibal), né à Mobile [Louisiane], le 19 août 1757. Lieutenant en second, le 1er mars 1780 ; lieutenant en premier en 1783.

* Au moment du départ pour l'Amérique.

VERGUES de COMEIRAS (Jean-Henry-François), né à Nara [Généralité de Montauban], le 3 nov. 1756. Sous-lieutenant, le 19 mars 1780 ; mort en 1781.

NABONNE (André), né à Ladreze [Gascogne], le 21 sept. 1736. Lieutenant en second, le 6 avril 1780 ; en premier en 1782.

CROURAT (Jacques), né à Conque [Languedoc], le 15 févr. 1732. Lieutenant en second, le 6 avril 1780. Retiré en 1787.

BAUDINET de COURCEL (Pierre-Charles), né à Metz, le 11 août 1758. Lieutenant en second, en 1780.

De SILLY (Hyacinthe), né à..., le 24 janv. 1769. Sous-lieutenant en 1780 ; lieutenant en second en 1785.

Du FAURE de PROUILHAC (Raymond-Denis-Aimé), né à Granat, le 23 janv. 1759. Sous-lieutenant en 1780.

CARDON de VIDAMPIERRE (Charles-Joseph) né à Nancy, le 12 sept. 1760. Sous-lieutenant, le 6 avril 1780.

De BERNE de LAVEAU (Jean-Baptiste-Antoine), né à......, le 27 août 1761.

FOURIER de POCHARD (Sébastien), né à Mirecourt le 2 janv. 1760. Sous-lieutenant en 1779; lieutenant en 1782.

De TUGNOT (Claude-Paul). Sous-lieutenant en 1779; lieutenant en 1782.

GAUDIN (Claude), né à Paris, le 3 oct. 1740. Sous-lieutenant en 1779 ; lieutenant en 1782.

De MELLET (Jean), né à... Sous-lieutenant en 1779.

De BUSSELOT (Nicolas-François-Chrétien-Henry). Sous-lieutenant en 1781.

De CATEY (François-César). Sous-lieutenant en 1780; s'est trouvé à trois combats pendant la guerre d'Amérique et a essuyé un naufrage.

GIEMARD ou **GYEMARE** (Dominique-César-Gabriel-Augustin), né à Saint-Hilaire-de-Soysay, le 4 nov. 1758.

De HAUSSEN (François-Hyacinthe). Sous-lieutenant, du 6 avril 1780.

De la GARDE de MAURE (François). Sous-lieutenant, du 19 mars 1870.

GRAMMONT de VILLEMONTEIX (Joseph). Sous-lieutenant, du 19 mars 1780.

De HITTON (Anne-Pierre), né le 31 oct. 1762 à [Pau ?].

De GINESTE (Dominique), né le 30 avril 1736. Sous-lieutenant, du 6 mars 1780.

De MONMONNIER (Gilles-Charles-Félix-Angélique). Sous-lieutenant du 19 mars 1780.

BINET de MARCOGNET (Pierre-Louis), né à..., le 14 nov. 1763. Sous-lieutenant en juill. 1782.

ÉLÈVES DE L'ÉCOLE MILITAIRE*

D'ESPIARD (Julien), né à Liermois [diocèse d'Autun], le 9 janvier 1766.

De LAVAU de BEAUMONT (François-Irland).

De la SAIGE (Pierre-Marie).

De GRISOLS de CHASSAN (Antoine-Ponsonnailles).

DAMAS de FARIAUX (Louis-Alexandre-Joseph).

* Envoyés de France rejoindre le Bourbonnais en octobre 1781 sur *la Pauline*.

De DREUX de NANCRE (Pierre-Guislain-Joseph-François).

Le VASSEUR (Hyacinthe), né le 5 juillet 1765.

Compagnie de grenadiers*.

DE LANET, capitaine.

Duron (Antoine), né à Tulle (1744), S. 1er avril 1762, R. pour 8 ans le 1er oct. 1777.

Despis (Mathieu), né à Bourges (1717), S. 18 oct. 1755, R. pour 8 ans le 5 sept. 1773.

Jamson (François), né à Longueville (1738), S. 17 mars 1758, R. pour 8 ans le 3 déc. 1778.

Grisard (Jean-Baptiste), né à Paris (1744), S. 14 avril 1761, R. pour 4 ans le 28 avril 1779.

Charron (Félix-François), né à Lille (1751), S. 16 oct. 1767, R. pour 8 ans le 16 oct. 1776.

Dussart (Fidel-Amand-Joseph), né à Lille (1748), S. 28 déc. 1764, R. pour 8 ans le 25 sept. 1778.

Vidal (Arnaut), né à Castel-Franc [Quercy] (1743), S. 17 déc. 1761, R. pour 8 ans le 8 sept. 1774.

Boisdin (Jérôme), né à Vaux [Picardie] (1741), S. 3 déc. 1765, R. pour 8 ans le 27 sep. 1778.

Gatien (Etienne), dit **Labatie**, né à Mélan [Dauphiné] (1748), S. 21 avril 1765, R. pour 8 ans le 19 avril 1773.

Brion (Jérôme), né à Verneuil-sur-Seine (1747), S. 18 mars 1767, R. pour 8 ans le 4 janv. 1774.

Arnetiaux (Marc-François-Joseph), né à Lille (1747), S. 20 déc. 1768, R. pour 8 ans le 4 janv. 1774.

Veissier (François), né à Cathus [Quercy] (1748), S. le 6 mai 1769, R. pour 8 ans le 4 janv. 1774.

Racine (Romain-Joseph), né à Lille (1751), S. le 18 sept. 1767, R. pour 8 ans le 1er sept. 1773.

Dujonquoy (Charles-Joseph), né à Lille (1748), S. 29 janv. 1766, tué au combat de Chesapeak, le 16 mars 1781.

Veymet (François-Ferdinand), né à Lille (1753), S. 10 mai 1770, R. pour 8 ans le 12 sept. 1774.

Allart (François), né à Paris (1750), S. 20 avril 1767, R. pour 8 ans le 4 janv. 1774.

Bagle (Louis), né à Armentières [Flandre] (1744), S. 1er mai 1764, R. pour 8 ans le 2 fév. 1779.

Gagneux (François), né à Saint-Michel [Thiérache] (1752), S. 21 nov. 1768, R. pour 8 ans le 18 août 1774.

Dumetz (Antoine), né à Albias [Quercy] (1754), S. 3 janv. 1770, R. pour 8 ans le 29 déc. 1774.

Feuillerat (Paul), né à Rimont [comté de Foix] (1753), S. 19 sept. 1770, R. pour 8 ans le 12 sept. 1774.

Bleuzet, né à Valenciennes (1752), S. 9 nov. 1768, R. pour 8 ans le 6 sept. 1773 et le 14 juill. 1783.

Hussière (Etienne), dit **Heussier**, né à Saint-Hippolyte [Languedoc] (1754), S. 21 sept. 1770, R. pour 8 ans le 21 sept. 1774.

Benitrier (Jean-Baptiste), dit **Beniltier**, né à Bordeaux (1754), S. 2 fév. 1771, R. pour 8 ans le 8 janv. 1775.

Adam (Pierre), né à Toulouse (1755), S. 28 juill. 1772, congédié le 30 juin 1783.

Bonamy (Pierre), né à Mène [Bourgogne] (1754), S. 22 fév. 1772, congédié le 30 juin 1783.

* Pour ne pas surcharger le texte nous avons cru devoir employer pour toutes les Listes concernant l'armée de terre les abréviations suivantes :
S. = Entré au service.
R. = Rengagé.

Félix (Jacques), né à Mianges [Dauphiné] (1752), S. 21 fév. 1773, R. pour 8 ans le 17 fév. 1779.

Sauvy (Alexis), né à Bidcren [Languedoc] (1753), S. 22 nov. 1770, R. pour 8 ans le 22 nov. 1777, mort à l'hôpital de Metz le 2 janv. 1784.

Combe (Jacques), né à Narbonne [Languedoc] (1754), S. 9 oct. 1770, R. pour 8 ans le 17 sept. 1774.

Blanquetière (Adrien), dit **Bellefin**, né à Rozières (1743), S. 15 avril 1760, R. pour 8 ans le 6 janv. 1773 et pour 4 ans le 26 nov. 1783.

Nicolas (Pierre), né à Simpen [Champagne] (1752), S. 20 oct. 1768, mort à l'hôpital d'Angoud le 27 mars 1782.

Lecques (Jacques), dit **Lèque**, né à Montpellier (1752), S. 19 oct. 1773, congédié le 30 juin 1783.

Lagrave (Alexandre), né à Mont-de-Marsan [Guyenne] (1755), S. 25 avril 1774, congédié le 30 juin 1783.

Guibert (Armand), dit **Guilbert**, né à Rodez, (1749), S. 1er mai 1774, congédié le 30 juin 1783.

Paniolet (Jean), dit **Panolet**, né à Cannes [Languedoc] (1753), S. 22 déc. 1772, mort à l'hôpital de Williamsburg le 19 mai 1782.

Gouffran, né à Nantes (1756), S. 17 août 1772, congédié le 30 juin 1783.

Liénard (Jean), né à Naillon-Courcherer (1752), S. 18 nov. 1773, congédié le 30 juin 1783.

Lecques (Antoine), dit **Antoine**, né à Montpellier (1754), S. 19 oct. 1773, congédié le 30 juin 1783.

Verrier (Joseph), né à Villefranche (1747), S. 23 avril 1775, mort à l'hôpital de Williamsburg le 2 mars 1782.

Billion (Michel), né à Aramon [Languedoc] (1747), S. 7 juin 1775, R. pour 8 ans le 25 avril 1779.

Bridant (François), né à Sous-sur-Saône [Franche-Comté] (1740), S. 1er mai 1759, R. pour 8 ans le 30 avril 1775.

Le Roy (Jean-François), né à Cuffies [Soissonnais] (1747), S. 3 oct. 1764, R. pour 8 ans le 26 sept. 1778.

Barait (Jean-Baptiste), né à Maillères [Languedoc] (1750), S. 25 sept. 1775, congédié le 21 octobre 1783.

D'Avrit (Antoine-François), né à Annœullin [Flandre] (1740), S. 24 janv. 1766, R. pour 8 ans le 24 sept. 1778.

Cedre (Claude), né à Charnoy [Comte] (1753), S. 22 févr. 1775, R. pour 8 ans le 1er mars 1779.

Ponce (Claude), né à Aix (1756), S. 15 juill. 1775, congédié le 15 juillet 1783.

Bonnet (Sâly), né à Aix (1750), S. 1er janv. 1776, congédié le 30 nov. 1783.

D'Ayan (Joachim), né à Avignon (1756), S. 28 août 1773, congédié le 30 juin 1783.

Begny (Antoine), dit **Requi**, né à Lyon (1757), S. 16 mars 1773, congédié le 30 juin 1783.

Alliaud (Laurent), né à Grenoble (1758), S. 3 janv. 1776, R. pour 8 ans le 3 déc. 1783.

Chicon (Jean), né à Duc [Beaune] (1737), S. 29 nov. 1755, mort à l'hôpital d'Hennebon le 18 mars 1782.

Clermont (Pierre), né à Saint-Donat [Dauphiné] (1736), S. 17 juin 1773, congédié le 30 juin 1783.

Palliet (Jean), né à Momat [Lyonnais] (1747), S. 6 juill. 1766, R. pour 8 ans le 24 sept. 1778.

Naut (Jacques), né à Chaunay [Poitou] (1736), S. 1er nov. 1761, R. pour 8 ans le 1er nov. 1779.

Dumerval (Jacques-Théodore), dit **Scipion**, né à Monthiers [Picardie] (1749), S. 19 mars 1777.

Eloy de Lastre, dit **Lieurque**, né à Anneur [Picardie] (1751), S. 23 févr. 1777.

Boudon (Pierre), né à Reims (1751), S. 28 oct. 1768, congédié par grâce le 12 sept. 1783.

Alingry (Antoine), né à Maraussan [Languedoc] (1757), S. 30 mars 1775, congédié le 30 juin 1783.

Gobert (Antoine), né à Valmagne [Languedoc] (1756), S. 22 févr. 1776, congédié le 30 nov. 1783.

Piot (Edme), né à Confracourt [Franche-Comté] (1757), S. 27 sept. 1775, congédié le 21 oct. 1783.

Soulier (Alexandre), né à Sauves [Languedoc] (1759), S. 21 avril 1775, congédié le 30 juin 1783.

Dandrumet (François-Joseph), né à Sentré [Flandre] (1743), S. 1er oct. 1769, R. pour 8 ans le 9 juill. 1774.

Verdier (Timothée-Lecusan), né à Auch [Gascogne (1756), S. 13 janv. 1776, congédié le 30 nov. 1783.

Stibal (François), né à Montpellier (1757), S. 24 avril 1775, mort à l'hôpital de Newport le 27 août 1780.

Issalix (Joseph), né à Parigue [Rouergue] (1757), S. 1er janv. 1776, mort à l'hôpital de Beauvais le 14 sept. 1783.

Sabatier (Jean), né à Lastaverne [La Ribaude] (1754), S. 9 nov. 1772, mort à l'hôpital de Newport le 3 août 1780.

Mitridate (Etienne-Vergne), né à Villefranche (1757), S. 2 avril 1775, R. pour 8 ans le 2 avril 1779.

Domergues (Laurent), né à Espalion [Rouergue] (1756), S. 18 déc. 1774, congédié par ancienneté le 30 juin 1783.

Leclair (Louis), né à Neuville-Saint-Vaast [Artois] (1760), S. 16 févr. 1776.

Molinier (Joseph), dit **Montesquieu**, né à Lorgues [Provence] (1752), S. 1er juill. 1779, mort à l'hôpital de Metz le 17 nov. 1783.

Burosse (Jean), dit **Aba**, né à Saint-André-de-Cubzac (1758), S. 6 mars 1778, R. pour 8 ans le 5 sept. 1783.

Falgérer (François), né à Aurillac (1757), S. 21 févr. 1773, R. pour 8 ans le 29 déc. 1778.

Sire (François-Noël-Joseph), né à Lille (1747), S. 5 sept. 1765, congédié par ancienneté le 20 oct. 1783.

Bomilcar (Jean-Régal), né à Tulle (1759), S. 1er sept. 1776.

Flet (Claude), né à Fromont [Picardie] (1740), S. 15 avril 1760, R. pour 8 ans le 26 sept. 1778.

Faure (Jean), né à Lavaur [Languedoc] (1756), S. 16 mai 1773, R. pour 8 ans le 21 févr. 1779.

Boichet (Claude-Aimé), dit **Chambéry**, né à Beaufort [Savoie] (1753), S. 28 nov. 1779, congédié par grâce le 24 oct. 1783.

Chabrefils (François), né à Flenrac [Périgord] (1756), S. 4 nov. 1772, mort à l'hôpital de Newport le 13 sept. 1780.

Rottin (Pierre-Nicolas), né à Bidé [Evêchés] (1761), S. 12 avril 1777.

Compagnie Desondes, capitaine.

La Lande (Pierre), né à Notre-Dame-d'Orbec [Normandie] (1735), S. 23 nov. 1753, parti pour la pension le 1er avril 1784.

Chabannier (Claude), né à Tarascon (1741), S. 2 déc. 1761, R. pour 8 ans le 28 sept. 1778, sergent-major du 3 déc. 1782.

Tonmeret (François), né à Meuçon (1731), S. 14 mars 1757, R. pour 4 ans le 22 sept. 1778.

Fabre (Etienne), dit **La Liberté**, né à Tarascon (1739), S. 1er avril 1761, R. pour 8 ans le 25 avril 1779.

Bouvier (Antoine), né à Villeneuve [Dauphiné] (1735), S. 1er avril 1760, R. pour 8 ans le 25 avril 1779.

Aubriot (Jean-Amade), né à Saint-Agnan [Lorraine] (1737), S. 12 nov. 1767, R. pour 8 ans le 27 janv. 1774 et 4 ans le 26 déc. 1783.

Lotard (Jean-Baptiste), né à Castel-Viel (1751), S. 13 sept. 1770, R. pour 8 ans le 13 sept. 1778.

Richard (Jacques), né à Bruxelles (1747), S. 8 sept. 1765, R. pour 8 ans le 25 avril 1779.

Bary (Etienne), dit **Tonnère**, né à Tonnerre [Bourgogne] (1732), S. 23 févr. 1756, R. pour 4 ans le 25 avril 1779.

Trappe (Antoine), dit **Montpellier**, né à Montpellier (1742), S. 7 avril 1761, R. pour 8 ans le 22 sept. 1778.

Goudourman (Jean), dit **Sainte-Foix**, né à Agen (1745), S. 19 janv. 1762, R. pour 8 ans le 22 déc. 1778.

Bonnet (Louis), né à l'Echelle [Picardie] (1737), S. 15 avril 1760, R. pour 8 ans le 15 avril 1777.

Anguin (Jean-Hubert), né à Paris (1750), S. 26 févr. 1766, R. pour 8 ans le 23 déc. 1778.

Schrapl (Louis), né à Schaeffersheim [Alsace] (1749), S. 2 mars 1767, R. pour 8 ans le 25 avril 1779.

Bruny (Bernard), dit **La Bruny**, né à Cornin [Quercy] (1749), S. 26 déc. 1767, congédié le 13 sept. 1783.

Jacquinet (Etienne-Joseph), né à Joigny [Champagne] (1751), S. 13 avril 1768, congédié le 12 déc. 1783.

Samnon (Pierre), né à Angoulême (1751), S. 4 janv. 1769, R. pour 8 ans le 14 oct. 1774.

Rigault (Pierre), né à Renssac [Rouergue] (1752), S. 1er sept. 1772, parti pour la pension le 11 juill. 1782.

Rimbeau (Pierre), né à Thésoille [Poitou] (1754), S. 24 déc. 1772, congédié le 30 juin 1783.

Bourgeois (Louis), né à Péronne [Picardie] (1756), S. 14 févr. 1773, congédié le 30 juin 1783.

Rimbeau (René), né à Thésoille [Poitou] (1754), S. 21 mai 1773, congédié le 30 juin 1783.

Beaulieu (Franç.), né à Sauveterre [Guyenne] (1756), S. 27 mars 1773, congédié le 30 juin 1783.

Lacoste (François), né à La Barque [Quercy] (1757), S. 14 nov. 1773, R. pour 8 ans le 9 déc. 1778.

Cotte (Pierre), né à Saint-Etienne (1754), S. 20 déc. 1773, congédié le 30 juin 1783.

Vauvriaux (Jean), né à Mortier [Bresse] (1754), S. 1er févr. 1774, R. pour 8 ans le 25 sept. 1778.

Dreol (Laurent), dit **Driot**, né à Toulouse (1758), S. 1er avril 1774, R. pour 8 ans le 14 févr. 1779.

Bonavre (Antoine), né à Roquevieille [Auvergne] (1745), S. 1er janv. 1774, congédié le 30 juin 1783.

Guilbert (François), dit **Acraste**, né à Comines [Flandre] (1754), S. 27 mars 1774, congédié le 30 juin 1783.

Grandel (Jacques), né à Montpellier (1754), S. 26 juin 1774, congédié le 30 juin 1783.

Gervais (Pierre), né à Montpellier (1754), S. 26 juin 1774, congédié le 30 juin 1783.

Collet (Antoine), né à Lonyras [Languedoc] (1753), S. 26 juin 1774, congédié le 30 juin 1783.

Jacqmet (Jean), dit **Jacmet**, né à La Buisse [Dauphiné] (1757), S. 11 oct. 1774, R. pour 8 ans le 23 déc. 1778.

Videaux (Pierre), né à Grenoble (1753), S. 13 oct. 1774, congédié le 30 juin 1783.

Carquet (Louis), dit **Quarqué**, né à Saint-Georges [Rouergue] (1755), S. 3 janv. 1775, congédié le 30 juin 1783.

Lyon (François), dit **Lion**, né à Solon (1756), S. 11 janv. 1775, R. pour 8 ans le 11 janv. 1779.

Rigault (Jean), né à Tarascon (1757), S. 27 sept. 1775, congédié le 21 oct. 1783.

Cornetet (Germain), né à Dhuin [Champagne] (1751), S. 23 avril 1775, congédié le 30 juin 1783.

Ressier (Jean), né à Lodève [Languedoc] (1757), S. 23 sept. 1775, congédié le 21 oct. 1783.

Fabre (Antoine), né à Montpellier (1758), S. 2 mars 1776, congédié le 10 déc. 1783.

Villaret (Joseph), dit **Achille**, né à Toulouse, (1760), S. 24 nov. 1776, mort à l'hôpital de Williamsburg le 14 févr. 1782.

Tournier (Jean-Noël), dit **Achmet**, né à Sevignac [Gascogne] (1760), S. 24 nov. 1776.

Dehan (Claude), né à Agoncourt [Lorraine] (1747), S. 19 nov. 1776.

Didier (François), né à Avricourt [Lorraine] (1758), S. 8 déc. 1776.

La Mar (Furey), dit **Adolphe**, né à Péronne [Picardie] (1758), S. 8 déc. 1776, mort en mer le 17 juill. 1780.

Buquet (Thomas), dit **Abel**, né à Rouen (1746), S. 1er janv. 1777, mort à l'hôpital de Newport le 14 mars 1781.

Florent (Sébastien), dit **Abraham**, né à Vézelise [Lorraine] (1760), S. 19 janv. 1777.

Bernard (Jean-Baptiste-Augustin), dit **Acosta**, né à Nonancourt [près Saint-Germain-le-Confesseur] (1761), S. 15 janv. 1777.

Gonfald (Pierre), dit **Justinien**, né à Aurillac (1760), S. 1er févr. 1777.

Queury (Jean-François), dit **Perdicas**, né à Chaigues [Lorraine] (1759), S. 17 fév. 1777.

Bazelaire (Pierre), dit **Mahomet**, né à Gircourt [Lorraine] (1761), S. 11 mars 1777.

Sers (Jean-Pierre), dit **Veymard**, né à Montpellier (1761), S. 19 mars 1777, R. pour 8 ans le 25 août 1784.

Baroué (Florent-Antoine), dit **Térence**, né à Epinal (1761), S. 19 mars 1777, congédié le 12 oct. 1783.

Doétaux (André-Etienne), dit **Thésée**, né à Saint-Pierre-de-Bellême (1751), S. 19 mars 1777, R. pour 8 ans le 2 déc. 1783.

Maréchal (Nicolas), dit **Eack**, né à Chenicourt [Lorraine] (1750), S. 27 mars 1777, mort à l'hôpital de Saint-Jean-d'Angély le 13 sept. 1782.

Canton (Antoine), né à Saint-Martin [Picardie] (1748), S. 25 mai 1765, R. pour 8 ans le 25 sept. 1778, mort à York le 7 déc. 1781.

Maréchal (François), dit **Abner**, né à Chenicourt [Lorraine] (1752), S. 4 avril 1777.

Jenseur (Jean), dit **Mansfeld**, né à Epeletourge [Lorraine allemande] (1754), S. 4 avril 1777, congédié le 10 déc. 1783.

Quanet (François), dit **Rotharic**, né à Nancy (1760), S. 17 juin 1777, R. pour 8 ans le 2 janv. 1784.

Guilly (Augustin-Joseph), dit **Nicéphore**, né à Lille (1758), S. 17 août 1777.

Charon (Dominique), dit **Pausanias**, né à Essey [Lorraine] (1761), S. 25 août 1777, mort à Newport le 20 juill. 1780.

Pottier (Jean), dit **Horace**, né à Rosières-aux-Salines [Lorraine] (1750), S. 4 oct. 1777.

Binjamin (Joseph-Goubère), dit **Storide**, né à Hadingen [Flandre] (1759), S. 4 oct. 1777, R. pour 8 ans le 5 sept. 1783.

Chabannier (François), dit **Désiré**, né à Tarascon (1759), S. 26 juin 1775.

Jean (Claude-Jolle), dit **Ragotzy**, né à Kerprisch [Lorraine] (1761), S. 26 nov. 1777, R. pour 8 ans le 5 sept. 1783.

Maréchal (François), dit **Claudius**, né à Malancourt [Lorraine] (1759), S. 6 déc. 1777, mort en mer le 14 juill. 1780.

Berthe (Jean-Baptiste), dit **Pontoise**, né à Pontoise [près Paris] (1747), S. 4 avril 1765, R. pour 8 ans le 28 sept. 1778.

Priam (Louis-Julien), né à Paris (1755), S. 18 févr. 1778, R. pour 8 ans le 2 janv. 1784.

Breuyer (Jean-Michel), dit **Probus**, né à Comines [Flandre] (1759), S. 25 févr. 1778.

Gilbert (Pierre), dit **Lyncée**, né à Arches-et-Champs [Lorraine] (1759), S. 30 avril 1778.

Lamy (Jean), dit **Hérode**, né à Salins [Franche-Comté] (1758), S. 22 mars 1778.

Desjardins (Jean), dit **Nicias**, né à Vic-en-Lorraine (1761), S. 24 juin 1778, R. pour 8 ans le 20 nov. 1783.

Laurent (Joseph), dit **Théophile**, né à Lehaye [Lorraine] (1754), S. 24 juin 1778, mort à Rochefort en 1781.

Liévin (Joseph), dit **Poligone**, né à Fretin [Flandre] (1757), S. 24 oct. 1778.

Franc (René), dit **Fritzjamer**, né à Baugé [Maine] (1755), S. 26 nov. 1778.

Colomiès (Louis-Joseph), dit **Calignon**, né à Aire [Artois] (1753), S. 1er nov. 1778, mort à l'hôpital de Beauvais le 10 nov. 1783.

Cornat (Come-Denis), dit **Cléante**, né à Germigny [Bourgogne] (1756), S. 18 déc. 1778, R. pour 8 ans le 16 oct. 1783.

D'Aleth (Detten), dit **Daleth**, né à Weislingen [Alsace] (1757), S. 1er janv. 1779.

Roty (Louis), né à Baisieux [Flandre] (1757), S. 1er janv. 1779.

Giloteau (François-Antoine), né à Vervins [Picardie] (1751), S. 22 févr. 1779.

Mézières (Sébastien), né à Bazincourt [province de Brillon en Barrois] (1756), S. 15 mars 1779.

Gourel (Jean-Baptiste), né à Brillon-en-Barrois (1757), S. 15 mars 1779, mort à l'hôpital de Baltimore le 30 sept. 1782.

Toulouse (Pierre-André), né à Pressy [Picardie] (1760), S. 10 mars 1779.

Rivière (Louis-Auguste-Joseph), né à Lille (1759), S. 1er mai 1779, mort à l'hôpital de Baltimore le 30 sept. 1782.

Desclaux (François), né à Toulouse (1756), S. 1er juill. 1772, R. pour 8 ans le 1er oct. 1778.

Ybord (Joseph-Michel), né à Aix [Provence] (1747), S. 21 déc. 1775, mort à Newport en 1781.

Morin (Etienne-Antoine), dit **Tibère**, né à Versailles (1759), S. 1er nov. 1779, réformé le 10 juill. 1781.

Huard (Pierre), dit **D'Ars**, né à Aix [Lorraine] (1759), S. 1er juill. 1779.

L'Œuillet (Antoine), né à Aubonnières [Picardie] (1752), S. 8 juin 1768, congédié le 5 juill. 1783.

Anselin (Jean-Pierre), dit **Elpénor**, né à Bazincourt [Artois] (1760), S. 1er janv. 1780.

Ranaud (Thomas), dit **Curieux**, né à Argenteuil [près Paris] (1759), S. 1er janv. 1780.

Landrau (Jean), né à Serve [Saintonge] (1752), S. 15 mars 1770, R. pour 8 ans le 6 mars 1776.

Vita (Pierre), né à Reims (1750), S. 13 sept. 1766, R. pour 8 ans le 31 déc. 1774.

Vautrin (Pierre), né à Issy [Champagne] (1756), S. 28 janv. 1780.

Théron (Jean), dit **Thellyas**, né à Vérac [Quercy] (1761), S. 30 mars 1780.

Buisson (Jean-Joseph), né à Le Quesnoy [Hainault] (1758), S. 30 avril 1780, R. pour 8 ans le 31 déc. 1774.

Microt (Jean), né à Auge [Champagne] (1751), S. 17 avril 1780.

Lami (Jean), dit **Hérode**, né à Salins [Franche-Comté] (1758), S. 22 mars 1778.

Mourin (Charles-Joseph), né à Avignon (1760), S. 27 avril 1776, congédié le 10 déc. 1783.

Bertrand (Etienne), dit **Camille**, né à Tonnoy [Lorraine] (1760), S. 1er févr. 1778.

Jaulois (Simon), né à Dijon (1756), S. 30 sept. 1776, R. pour 8 ans le 1er oct. 1780.

Balme (Laurent), né à Paris (1752), S. 6 avril 1780.

Jolivet (François), né à Marble [Blésois] (1758), S. 20 nov. 1778, mort à Williamsburg le 23 avril 1782.

Lemaire (Jean), né à Chevreuse [près Paris] (1747), S. 3 avril 1765, R. pour 8 ans le 16 mai 1779.

Cramé (Jean-Baptiste), né à Arras (1760), S. 15 mars 1776.

Farguer (Jean-Nicolas), dit **Magellan**, né à Paris (1760), S. 20 sept. 1778.

Bernard (François), dit **Absalon**, né à Guérigny [Nivernois] (1746), S. 6 juill. 1775, congédié le 6 juill. 1783.

Bérard (Pierre-François), dit **Sévé**, né à Versailles (1756), S. 8 sept. 1776.

Goy (Jean-Pierre), né à Quingey [Franche-Comté] (1752), S. 6 sept 1775, R. pour 8 ans le 9 nov. 1779.

Touvenin (Louis), né à Vaucouleurs [Champagne] (1750), S. 15 sept. 1778, R. pour 8 ans le 2 janv. 1784.

Colignac (Jacques), né à Saint-Hippolyte [Languedoc] (1751), S. 21 nov. 1778, R. pour 8 ans le 4 sept. 1783.

Bertin (Jean), né à Bervac [Guyenne] (1748), S. 3 avril 1777.

Boilon (Jean-Baptiste), né à Anjou [Franche-Comté] (1750), S. 2 févr. 1778.

Py (Nicolas), né à Ornans [Franche-Comté] (1744), S. 16 mars 1761, R. pour 8 ans le 3 mai 1779.

Charvais (Valentin), dit **Charvet**, né à Saint-Jean-sur-Reyssouze (1752), S. 8 avril 1777, R. pour 8 ans le 7 sept. 1783.

Vinette (René), né à Montsakey [Poitou] (1754), S. 19 juin 1778.

Razoir (Jean), né à Senlis (1759), S. 1er mai 1778.

Compagnie du Plessis.

Goursault (Jean-Baptiste), né à Bourg-de-Beuvanne [Champagne] (1730), S. 1er mai 1753, mort à l'hôpital de Lamballe le 3 juin 1780.

Thommeret (Etienne), dit **Alençon**, né à Paris (1747), S. 13 avril 1766, R. pour 8 ans le 31 déc. 1778.

Martel (Bernard), né à Toulouse (1753), S. 22 avril 1773, R. pour 8 ans le 7 mars 1779.

Guillemain (Jean-Louis), né à Montauban (1754), S. 10 janv. 1772, R. pour 4 ans le 26 sept. 1778.

Senestre (Jean), né à Marennes [Saintonge] (1749), S. 11 juin 1765, R. pour 4 ans le 31 oct. 1777.

Louis (Etienne), né à Boussy [Franche-Comté] (1750), S. 4 oct. 1766, R. pour 8 ans le 25 avril 1779.

Pichault (Etienne), né à Courbevoie [près Paris] (1742), S. 1er janv. 1761, R. pour 8 ans le 1er janv. 1778.

Terville (André-Philippe), né à Vaubranche [près de Thionville] (1742), S. 12 avril 1761, mort à l'hôpital de Williamsburg le 11 nov. 1781.

Barbeau (François), né à Causy [Gascogne] (1749), S. 14 avril 1769, R. pour 8 ans le 10 oct. 1777.

Voisin (Blaise), né à Plantey [Beauce] (1750), S. 9 avril 1769, R. pour 8 ans le 8 sept. 1774.

Henry (Pierre), né à Pontcharra [Dauphiné] (1744), S. 17 mars 1762, mort à l'hôpital d'Angers le 20 nov. 1782.

Silvestre (Jacques), né à Courseon [Provence] (1744), S. 1er avril 1762, R. pour 8 ans le 2 janv. 1778.

Blondel (Joseph), né à La Madeleine [Picardie] (1744), S. 16 sept. 1764, R. pour 8 ans le 6 janv. 1779.

Raclaux (Louis), né à Joigny [Bourgogne] (1741), S. 6 déc. 1764, mort à l'hôpital de Brest le 21 juin 1783.

Roussel (Jean-Baptiste), né à Versailles (1747), S. 4 avril 1763, R. pour 8 ans le 25 sept. 1778, tué au siège d'York le 14 oct. 1781.

Soladier (Jean), né à Casques [Agenais] (1747), S. 21 mars 1765, R. pour 8 ans le 25 sept. 1778.

Dedaux (Pierre), né à Le Blanc [Berry] (1746), S. 18 avril 1766, congédié le 30 juin 1783.

Carière (Jacques-Philippe), né à Antibes [Provence] (1748), S. 1er mars 1768, R. pour 8 ans le 6 sept. 1783.

Messin (Guillaume), né à La Bazoche [Normandie] (1746), S. 14 févr. 1769, R. pour 8 ans le 27 déc. 1783.

Pantière (Pierre), né à Nonette-sur-Passavant [Poitou] (1752), S. 1er avril 1770, R. pour 8 ans le 3 sept. 1777.

Evrault (Boulanger), né à Guincourt-en-Beauvoisis (1745), S. 3 oct. 1764.

Groe (Augustin), né à Sahucher [Albigeois] (1755), S. 4 mai 1772.

Basset (Joseph), né à Lyon (1755), S. 15 nov. 1772.

Lubrault (Pierre), né à Bruique [Quercy] (1754), S. 27 déc. 1772, R. pour 8 ans le 25 sept. 1778.

Danis (Joseph), né à Toulouse (1757), S. 21 févr. 1773.

Parquets (Iran), né à Nizas [Languedoc] (1756), S. 17 mai 1773, congédié le 30 juin 1783.

Moreau (Joseph), né à Enevi [Anjou] (1752), S. 17 juin 1773, R. pour 8 ans le 19 nov. 1779.

Gentil (Joseph), né à Toulouse (1756), S. 21 août 1773, mort à l'hôpital de la Providence le 26 sept. 1780.

Pitel (Jean-Baptiste), né à Vannes [Bretagne] (1755), S. 2 déc. 1773, congédié le 8 déc. 1781.

Benezet (Jean-Baptiste), né à Bonigigne [Languedoc] (1750), S. 2 févr. 1774, congédié le 30 juin 1783.

Fabre (Jean), dit **Aturie**, né à Bougigne [Languedoc] (1756), S. 1er févr. 1774, congédié le 30 juin 1783.

Cancanas (Bertrand), né à Montpellier (1758), S. 4 mars 1774, congédié le 30 juin 1783.

D'Arbeau Cazaubon (Dominique), né à Sorède [Languedoc] (1752), S. 2 avril 1774, congédié le 30 juin 1783.

Lagreze (Jean-Etienne), dit **La Graize**, né à Toulouse (1750), S. 1er déc. 1774, R. pour 8 ans le 1er déc. 1782.

Bernard (Jean), né à Saint-Etienne [Dauphiné] (1751), S. 16 janv. 1773, congédié le 30 juin 1783.

Remy (Claude-François), né à Cambergeon [Franche-Comté] (1758), S. 1er déc. 1774, R. pour 8 ans le 25 avril 1779.

Remy (Jacques), dit **Saint-Jacques**, né à Cambergeon [Franche-Comté] (1758), S. 1er déc. 1774, R. pour 8 ans le 17 févr. 1779.

Desnommés (Jean-François), né à Colombier [Franche-Comté] (1758), S. 21 févr. 1775, congédié le 30 juin 1783.

Boutary (Hugues), né à Figeac (1758), S. 26 nov. 1775, congédié le 5 déc. 1783.

Gin (Henry), né à Plombières (1759), S. 2 mars 1776, R. pour 8 ans le 7 sept. 1783.

Gaudius (Mathieu), né à Pouyre [Provence] (1751), S. 1er mai 1776, congédié le 30 nov. 1783.

Fadenit (Mathieu), dit **Agrippa**, né à Brueau [Gascogne] (1759), S. 24 nov. 1776, congédié le 30 nov. 1783.

Chenu (Jean), dit **Ajax**, né à Toulouse (1759), S. 24 nov. 1776, mort à l'hôpital de la Providence le 10 août 1780.

Bedel (Etienne), dit **Alamio**, né à Toulouse (1760), S. 24 nov. 1776, mort à l'hôpital de Williamsburg le 16 janvier 1782.

Marcebat (Nicolas), dit **Albert**, né à Nancy (1744), S. 9 déc. 1776, congédié le 30 nov. 1783.

Roland (Jean), dit **Agricola**, né à Paris (1761), S. 1er janv. 1777.

Pochet (Jean-Baptiste), dit **Afev**, né à Tulle (1755), S. 19 janv. 1777, réformé le 5 sept. 1783.

Husson (Barthélémy), dit **Agapé**, né à Sedan (1760), S. 19 janv. 1777.

Feltain (Jean), dit **Asfeld**, né à Londrefing [Lorraine] (1759), S. 2 févr. 1777, R. pour 4 ans le 20 déc. 1783.

Lafilet (Pierre), dit **Diomède**, né à Lisieux [Normandie] (1755), S. 23 févr. 1777.

Gendarme (Nicolas), dit **Dumois**, né à Metz (1759), S. 23 févr. 1777, R. pour 8 ans le 20 déc. 1783.

Michel (Etienne), dit **Tacite**, né à Saint-Nicolas [Lorraine] (1761), S. 23 févr. 1777.

Sauzé (Antoine), dit **Adonis**, né à Nancy (1761). S. 23 févr. 1777.

Desnatte (André), dit **Thyeste**, né à Toulouse (1759), S. 3 mars 1777.

Ravaille (Olivier), dit **Sertorius**, né à Toulouse (1757), S. 3 mars 1777, mort à l'hôpital de Newport le 9 oct. 1780.

Morin (François), dit **Vespasien**, né à Bacourt [Lorraine] (1761), S. 3 mars 1777, congédié le 15 déc. 1783.

Lesourd (Jean-Pierre), dit **Mayenne**, né à Cerny (1760), S. 19 mars 1777, passé caporal le 20 févr. 1781.

L'Aimé (Pierre), dit **Chamillard**, né à Montpellier (1759), S. 9 déc. 1776, mort à l'hôpital de Boston le 20 sept. 1780.

Henry (Ondrick), dit **Conrad**, né à Mauge (1758), S. 27 mars 1777.

Rougier (Pierre), dit **Rogier**, né à Gramat [Quercy] (1760), S. 22 mars (1778), R. pour 8 ans le 31 déc. 1778.

Goret (François), né à Arbonnière [Picardie] (1752), S. 14 oct. 1768, R. pour 8 ans le 1er août 1774.

Pomerac (Louis-Augustin), né à La Feuillade [Languedoc] (1750), S. 11 janv. 1771, mort à Lamballe le 1er mai 1780.

Rotin (Pierre-Nicolas), dit **Nerva**, né à Biclé (1761), S. 12 avril 1777, R. pour 8 ans le 25 déc. 1783.

Bondidier (François), dit **Marsan**, né à Arnay [Lorraine] (1753), S. 12 avril 1777.

Carroy (Christophe), dit **Majorien**, né à Toul (1761), S. 21 avril 1777, R. pour 8 ans le 25 déc. 1783.

Damois (Jean-Louis), dit **Theodebert**, né à Beaumont-sur-Oise (1759), S. 22 mai 1777.

David (Jean-Pierre), dit **Ananias**, né à Paris (1761), S. 13 mai 1777.

Chevain (Paul-Martin), dit **Micipsa**, né à Méricourt [Picardie] (1761), S. 17 août 1777.

Piquet (Nicolas-Hilaire), dit **Frontin**, né à Villot-Varmois [Lorraine] (1761), S. 17 août 1777.

Depere (Jean-Baptiste-Joseph), dit **Flavien**, né à Lille (1761), S. 4 oct. 1777, R. pour 8 ans le 9 sept. 1783.

Lambert (Jean-Baptiste), dit **Epicure**, né à Lille (1761), S. 4 oct. 1777, R. pour 8 ans le 16 nov. 1777.

Loup (François), dit **Mercator**, né à Dieppe (1759), S. 17 oct. 1777.

Boirard (Claude), dit **Albert**, né à Moyenvic [Lorraine] (1759), S. 17 oct. 1777, mort à l'hôpital de la Providence le 26 sept. 1780.

Stuga (Adam), dit **Sigismond**, né à Reinéringen [Lorraine] (1761), S. 26 nov. 1777.

Dehûs (Dominique), dit **Danaûs**, né à Fontaine [Champagne] (1761), S. 5 janv. 1778.

Cordier (Jean-Baptiste), dit **Scaurus**, né à Nancy (1760), S. 30 janv. 1778.

Derobespierre (Etienne), dit **Dhorbas**, né à Carvin [Flandre] (1760), S. 30 janv. 1778, R. pour 8 ans le 6 sept. 1783.

Paris (Jean-Nicolas), dit **Paria**, né à Caen (1744). S. 19 nov. 1761, R. pour 8 ans le 31 déc. 1778.

Riaux (Pierre), dit **Crédi**, né à Saint-Gerest [Quercy] (1760), S. 22 mars 1778.

Laustroux (Antoine), dit **Dédal**, né à Fourmerle [Limousin] (1752), S. 22 mars 1778, R. pour 8 ans le 31 déc. 1778.

Michel (Sébastien), dit **Lothaire**, né à Nancy (1762), S. 1er mai 1778.

Malle (Jean-Louis), dit **Arnould**, né à Lihons-en-Santerre [Picardie] (1756), S. 16 mai 1778, mort à l'hôpital de la Providence le 21 oct. 1780.

Petit (Pierre-Joseph), né à Aire [Artois] (1754), S. 11 sept. 1775, congédié le 22 oct. 1783.

Pillot (Nicolas), dit **Polibe**, né à Toul (1760), S. 23 juin 1778, R. le 31 déc. 1783.

Dufour (Sébastien), dit **Lusignan**, né à Pont-à-Mousson (1762), S. 23 juin 1778.

Boret (Gabriel), dit **Alcibiade**, né à Villerupt [Lorraine] (1760), S. 23 juin 1778.

Dubois (Charles), dit **Numa**, né à Rambervilliers [Lorraine] (1761), S. 23 juin 1778, R. pour 8 ans le 30 nov. 1783.

Fontaine (Jean), dit **Laforce**, né à Haroué [Lorraine] (1750), S. 23 oct. 1778, R. pour 8 ans le 29 nov. 1783.

Léonard (François), dit **Léonidas**, né à Lapijane [Périgord] (1760), S. 24 oct. 1778, réformé le 30 nov. 1783.

Gramont (Jean), dit **Grécourt**, né à Brivede [Limousin] (1760), S. 24 oct. 1778.

Carète (Lanis-François), dit **Claude**, né à Amiens (1748), S. 24 oct. 1778, mort à Boston le 15 sept. 1780.

Heuriot (Jean-Baptiste), dit **Hermogène**, né à Bellan-du-Hautoy [Lorraine] (1758), S. 26 oct. 1778. R. pour 8 ans le 6 sept. 1783.

Didelot (Florentin), dit **Damon**, né à Haroué [Lorraine] (1758), S. 18 déc. 1778, R. pour 8 ans le 6 oct. 1783.

Buisson (Pierre-Paul), né à Lisieux (1763), S. 1er janv. 1779, R. pour 8 ans le 22 déc. 1783.

Prévôt (Jean-Baptiste-Joseph), né à Lille (1760), S. 11 mars 1779.

Guérin (Jean), dit **Argenton**, né à Argenton [Berri] (1762), S. 2 juin 1779.

Pichon (Pierre), né à Malétroit [Bretagne]. (1756), S. 28 juin 1779, R. pour 8 ans le 1er nov. 1783.

Marguère (Claude-Joseph), dit **Malbranche**, né à Viry [Franche-Comté] (1761), R. pour 8 ans le 15 sept. 1783.

Leroy (Pierre), dit **Soissons**, né à Lefaux [Picardie] (1753), S. 1er juill. 1779, R. pour 8 ans le 1er nov. 1783.

Nant (Pierre), dit **Numérien**, né à Voued [près de Montreuil] (1760), S. 1er nov. 1779, R. pour 8 ans le 1er nov. 1783.

Prévôt (Jean-Baptiste), dit **Jonas**, né à Frières [Picardie] (1746), 1er janv. 1780.

Kell (Michel), dit **Schulembourg**, né à Haguenau [Alsace] (1763), S. 1er janv. 1780, mort à l'hôpital de Williamsburg le 12 déc. 1781.

Lacaille (Pierre), né à Auxonne [Bourgogne] (1758), S. 1er janv. 1780, congédié pour infirmité le 20 sept. 1780.

Prain (Jean), né à Nevers (1753), S. 4 avril 1776.

Catron (Michel), dit **Châtron**, né à Marinoure [Limousin] (1751), S. 3 mai 1776, congédié le 30 nov. 1783.

Poisson (Claude), né à Paris (1735), S. 18 juin 1765, R. le 1er avril 1778.

Gendre (Cyprien-François), né à Douai (1756), S. 13 août 1776, congédié le 30 nov. 1783.

Chédebac (Louis), né à Givors [Lyonnais] (1752), S. 25 déc. 1776, congédié le 30 nov. 1783.

Blanpain (Jean-Baptiste), dit **Sedan**, né à Sedan (1756), S. 2 janv. 1777, réformé le 30 nov. 1783.

Le Leu (Jean-Pierre), né à Marlouy [Picardie], (1757), S. 19 févr. 1777.

Charles (François), dit **Charleroy**, né à Montmorillon [Poitou] (1752), S. 1er avril 1777.

Berthelot (Guillaume), né à Bourg [Bresse], (1752), S. 12 oct. 1777.

Minette (Joseph), né à Saint-Laurent [Forez] (1756), S. 29 avril 1777, réformé le 5 sept. 1783.

Marvy (Denis), né à Compiègne (1757), S. 24 juin 1777, R. pour 8 ans le 20 déc. 1783.

Guédron (Robert), né à Issoudun [Berry], (1759), S. 7 avril 1778.

Boulet (Jean-Baptiste-François), né à Seclin [Flandre] (1761), S. 9 juill. 1779.

Ossepez (Louis), né à Le Puy (1762), S. 11 mai 1780, réformé le 30 nov. 1783.

L'Eguillier (Jean-Claude), né à Paris (1752), S. 27 déc. 1776, mort à l'hôpital de Metz le 13 janv. 1784.

Rouaret (Charles), né à Grenoble (1756), S. 13 mai 1776, congédié le 30 nov. 1784.

Bourlan (Pierre), né à Paris (1751), S. 2 sept. 1778.

Hillac (Vital), né à Toulouse (1756), S. 2 déc. 1774.

Cavé (Pierre), né à Ry [Normandie] (1749), S. 15 déc. 1768, R. pour 8 ans le 15 déc. 1776.

Gathiot (Joseph), né à Troyes (1748), S. 21 oct. 1766, R. pour 8 ans le 25 sept. 1778.

Jourdain (Jean), né à Gauville [Picardie] (1747), S. 16 juin 1766, congédié le 30 juin 1783.

Roger (Louis-François), dit **Zoroastre**, né à Seclin [Flandre] (1758), S. 24 mars 1780, mort à Newport le 16 sept. 1780.

L'Aîné (Louis), né à Bourges (1749), S. 5 avril 1766 R. pour 8 ans le 28 sept. 1778.

Proux (Pierre), né à Notre-Dame-de-la-Tressonaille [Poitou] (1758), S. 4 sept. 1778, mort à Williamsburg le 10 janv. 1782.

Thierry (Jean-Antoine), né à Inchy [Artois] (1747), S. 4 nov. 1765, R. pour 8 ans le 4 nov. 1773.

Ravaille (Olivier), né à Toulouse (1757), S. 3 mars 1777, mort à Newport le 9 oct. 1780.

Roger (Louis-François-Joseph), dit **Zoroastre**, né à Seclin [Flandre] (1758), S. 1er mars 1780, mort à Newport le 1er juill. 1780.

Compagnie de Montfort.

Dauniac (Bernard), dit **Latour**, né à Fleuret-la-Tour [Périgord] (1736), S. 1er avril 1756, R. pour 8 ans le 15 sept. 1778, passé sergent-major le 13 oct. 1783.

Segala (Antoine), né à Cahors (1731), S. 2 oct. 1756, mort à Baltimore le 11 nov. 1782.

Borne (Louis), né à La Chaussée [Languedoc] (1732), S. 24 août 1762, R. pour 4 ans le 17 sept. 1779.

Alabernarde (Antoine), né à Salernay-sur-Guy (1747), S. 3 févr. 1769, congédié le 30 nov. 1783.

Barbary (Jean), né à Gresse [Quercy] (1722), S. 11 avril 1754, parti pour les Invalides le 11 juill. 1782.

Morgue (Jean), né à Dalbos [Quercy] (1740), S. 18 déc. 1761, R. pour 8 ans le 28 sept. 1778.

Grémont (Jacques-François), né à Paris (1747), S. 4 avril 1765, mort en mer le 8 févr. 1783.

Huguet (Louis), né à Paris (1725), S. 19 janv. 1754, mort à Willismsburg le 14 déc. 1781.

Desroches (Jacques), né à Villefranche (1755), S. 1er juill. 1772, congédié le 30 juin 1783.

La Carrière (Jean), dit **Cristiern**, né à Danglard (1741), S. 4 janv. 1761, R. pour 8 ans le 3 avril 1778.

Oudinet (Henry), né à Halles [Champagne] (1741), S. 28 sept. 1764, R. pour 8 ans le 26 août 1774.

Gagnepain (André), né à Nizy [Bourgogne] (1741), S. 15 juin 1761, R. pour 8 ans le 15 juin 1778.

Lagarigue (François), né à Saint-Céret [Quercy] (1729), S. 26 mars 1755, R. pour 4 ans le 28 sept. 1778.

Carrière (François), dit **Cincinatus**, né à Berquille (1738), S. 15 avril 1760, R. pour 8 ans le 30 avril 1777.

Julien (Claude), né à Vatuly [Franche-Comté] (1744), S. 2 mai 1762, congédié le 30 nov. 1783.

Viance (Antoine), né à Martel [Quercy] (1743), S. 24 févr. 1761, R. pour 4 ans le 5 oct. 1778.

Menet (Jean), né à Chamarans [près de Tulle] (1748), S. 16 avril 1766, R. pour 8 ans le 25 avril 1779, mort chez lui le 1er avril 1784.

Gras (Claude), né à Severoux [Clermontois] (1735), S. 15 juin 1761, R. pour 8 ans le 15 juin 1778.

Le Roy (Nicolas), dit **Clarendon**, né à Poissy [Tirrache] (1748), S. 3 oct. 1764, R. pour 8 ans le 25 sept. 1778.

Bagle (Joseph), dit **Cléomède**, né à Lille (1744), S. 16 sept. 1765, R. pour 8 ans le 25 sept. 1778.

Garnier (Laurent), dit **Colbert**, né à Bagneux [près Paris] (1737), S. 1er oct. 1766, mort en mer le 13 juill. 1780.

Rivat (Jean), né à Saint-Perdon [Languedoc] (1752), S. 26 sept. 1770, R. pour 8 ans le 10 oct. 1777.

Forest (Simon), né à Concots [Quercy] (1753), S. 28 oct. 1771, R. pour 8 ans le 28 janv. 1778.

Boyer (Ambroisi), dit **Coligny**, né à Montagne [près Libourne] (1749), S. 4 mai 1772, R. pour 8 ans le 23 nov. 1778.

Montguillain (Nicolas), né à Roquefort [Guienne] (1741), S. 23 août 1772, R. pour 8 ans le 25 sept. 1778.

Desmouillés (Augustin), né à Cevé [Gascogne] (1752), S. 13 févr. 1773, parti pour la pension le 1er avril 1774.

Vrimaud (Antoine), dit **Grimaud**, né à Marnigue [Auvergne] (1756), S. 12 mars 1773, R. le 25 sept. 1778.

Flottard (Jean-François), né à Toulouse (1753), S. 21 févr. 1773, congédié le 21 févr. 1781.

Darrac (Pierre), né à Moustrons [Béarn] (1755), S. 20 mai 1773, congédié le 20 mai 1781.

Perrot (Louis), dit Colomb, né à Saint-Jean-de-Fosse [Languedoc] (1752), S. 20 avril 1774, mort à l'hôpital de Newport.

Lapart (Pierre), dit **Colomb**, né à Fleurat, [Périgord] (1758), S. 21 mars 1774, R. pour 8 ans le 17 fév. 1779.

Gallot (Pierre), né à Montpellier (1756), S. 23 févr. 1774, congédié le 30 juin 1783.

Fournier (Antoine), né à Vibelaye [Rouergue] (1752), S. 14 nov. 1773, mort ou noyé le 7 févr. 1783.

Beauveaux (François), né à Saudrais [Franche-Comté] (1755), S. 21 mars 1774, mort ou noyé le 7 févr. 1783.

Chignon (Louis), né à Brugnot [Provence] (1757), S. 25 sept. 1774, congédié le 30 juin 1783.

Remy (André), dit **Clotaire**, né à Pierrefitte [Lorraine] (1756), S. 20 sept. 1774, R. pour 8 ans le 2 mars 1779.

Descors (Jean), né à Montfort [Gascogne] (1757), S. 2 oct. 1774, congédié le 30 juin 1783.

Rodier (Antoine), né à Castelnaud [Rouergue] (1758), S. 12 sept. 1774, R. pour 8 ans le 25 sept. 1778.

Riola (François), né à Grenoble (1757), S. 26 oct. 1774, congédié le 30 juin 1783.

Castagnier (François), né à Segua [Rouergue] (1756), S. 27 oct. 1774, R. pour 8 ans le 20 nov. 1778.

Mesplet (Jean), né à Toulouse (1756), S. 22 déc. 1774, congédié le 30 juin 1783.

Ferry (François), né à Flagey [Franche-Comté (1756), S. 13 oct. 1775, mort à Newport le 13 nov. 1780.

Le Maire (Jean), dit **Dardanus**, né à Langres (1741), S. 22 févr. 1775, congédié le 30 juin 1783.

La Barthe (Jean), dit **Darius**, né à Maurs [Auvergne] (1757), S. 7 juin 1775, noyé le 7 févr. 1783.

Fevre (Claude), dit **Demetrius**, né à Mont-le-Vernois [Franche-Comté] (1756), S. 27 sept. 1775, mort à Hennebont le 9 mai 1780.

Bergougnoux (Jean), né à Gramat [Quercy] (1756), S. 2 oct. 1775, congédié le 21 oct. 1783.

Charvet (Edmond), né à Grenoble (1758), S. 22 déc. 1775, congédié le 30 nov. 1783.

Oursat (Jean), né à Aurillac (1759), S. 17 févr. 1776, congédié le 30 nov. 1783.

Le Roy (Charles), dit **Conins**, né à Prœn [Picardie] (1759), S. 8 mars 1776, congédié le 30 nov. 1783.

Martin (Jean), dit **Commode**, né à Montpellier (1759), S. 22 avril 1776.

Mery (Antoine), né à Vauvert [Languedoc] (1758), S. 12 mai 1776, mort à Williamsburg le 14 févr. 1782.

Roulet (Barthelemy), né à Beauvoisin [Dauphiné] (1754), S. 6 août 1776, mort à Newport le 16 oct. 1780.

Secarnardy (Sébastien), dit **Constance**, né à Gray (1759), S. 13 nov. 1776, R. pour 8 ans le 8 sept. 1783.

Alain (Jean), dit **Constantin**, né à Toulouse (1759), S. 27 nov. 1776, R. pour 8 ans le 3 avril 1784.

Bonnat (Guillaume), dit **Coriolan**, né à Toulouse (1758), S. 27 nov. 1776.

Morat (Pierre), dit **Corbulon, né** à La Chatre [Berry] (1751), S. 30 nov. 1776, R. pour 8 ans le 13 sept. 1783.

Rataboux (Jean), dit **Cortez**, né à Rhodez [Rouergue] (1758), S. 2 déc. 1776, congédié le 30 nov. 1783.

Clavelot (Claude), dit **Corneille**, né à Chagny [Bourgogne] (1761), S. 5 janv. 1777.

Bonnet (Pierre), dit **Courtenay**, né à Pierreville [Normandie] (1727), S. 1er avril 1762, R. pour 8 ans le 18 janv. 1779.

Guillard (Antoine), né à Le Preux [Auvergne] (1742), S. 25 févr. 1767, R. pour 8 ans le 8 mars 1779.

Gulot (Philippe), dit **Créon**, né à Lieucourt [Franche-Comté] (1759), S. 17 févr. 1777.

Nouaux (Charles), dit **Aristide**, né à Lieucourt [Franche-Comté] (1761), S. 17 févr. 1777, R. pour 8 ans le 7 sept. 1783.

Millier (Jean), dit **Vulcain**, né à Flastrof [Lorraine] (1759), S. 3 mars 1777.

Antonie (François), dit **Vauban**, né à Nancy (1761), S. 3 mars 1777, noyé le 7 févr. 1783.

Maillard (Claude), dit **Rubens**, né à Vinceil [Lorraine] (1761), S. 3 mars 1777.

Collignon (François), dit **Vegès**, né à Nancy (1761), S. 11 mars 1777.

Masson (Nicolas), dit **Tolède**, né à Nancy (1758), S. 11 mars 1777.

Maussat (Pierre), dit **Asot**, né à Brives [Limousin] (1760), S. 27 mars 1777, réformé le 25 sept. 1780.

Cerrière (Pierre), dit **Ganymède**, né à Marguiville [Lorraine] (1759), S. 4 avril 1777.

Valdues (Joseph), dit **Phèdre**, né à Saint-Maurice [Lorraine] (1755), S. 14 mai 1777, R. pour 8 ans le 2 nov. 1783.

Souchay (Jean), dit **Lysippe**, né à Paris (1759), S. 22 mai 1777.

Renaud (Jean-François), dit **Archélaüs**, né à Nancy (1757), S. 25 juin 1777.

Liberal (Pierre), dit **Laberius**, né à Amplepuis [Beaujolais] (1760), S. 3 juill. 1777.

Bouchard (Jean-Pierre), dit **Recaret**, né à Dieuville [Lorraine] (1756), S. 4 oct. 1777.

Desmouillès (Jean-Martin), dit **Admète**, né à Saint-Omer (1753), S. 10 sept. 1773, congédié le 5 juillet 1783.

Allard (Pierre), dit **Boniface**, né à Lans [Dauphiné] (1753), S. 21 déc. 1772, congédié le 30 juin 1783.

Gouchenot (Jean), dit **Othon**, né à Mirecourt [Lorraine] (1761), S. 17 oct. 1777, R. pour 8 ans le 6 sept. 1783.

Le Clerc (Jean-Baptiste), dit **Nabat**, né à Rosières [Lorraine] (1756), S. 17 oct. 1777, noyé le 7 févr. 1783.

Bogillot (Jean-Baptiste), dit **Bezançon**, né à Besançon (1759), S. 1er mars 1778, congédié le 8 janv. 1784.

Toussaint (Joseph), dit **Crassus**, né à Gérardmer [Lorraine] (1758), S. 5 mars 1778, R. pour 8 ans le 20 sept. 1783.

Lacroix (Antoine), dit **Léandre**, né à Maurde [Auvergne] (1761), S. 22 mars 1778.

Henrique (Etienne), dit **Doria**, **né à** Nauviane [Auvergne] (1760), S. 15 avril 1778, mort à l'hôpital le 20 avril 1780.

Colin (Pierre-Henry), dit **Nicomède**, né à Crolles [Dauphiné] (1761), S. 30 avril 1778.

Voiriot (François), dit **Absalon**, **né à** Mirecourt [Lorraine] (1762), S. 1er mai 1778.

Vautry (Nicolas), dit **Cinna**, né à Dommartin-les-Vallois [Lorraine] (1759), S. 23 juin 1778, mort à Newport le 3 août 1780.

Lefèvre (Dominique), dit **Lazare**, **né à** Igney [Lorraine] (1761), S. 23 oct. 1778.

Chassillard (Pierre), dit **Catulus**, né à Brives [Limousin] (1760), S. 24 oct. 1778.

Bausmont (Charles), dit **Custine**, né à Custines [Lorraine] (1760), S. 26 oct. 1778, R. pour 8 ans le 7 sept. 1783.

Carré (Bernard-Etienne), dit **Breton**, né à Custines [Lorraine] (1762), S. 22 févr. 1779, R. pour 8 ans le 14 sept. 1783.

Burlon (André), né à Beaucroissant [Dauphiné] (1760), S. 24 avril 1779, mort à Newport le 14 janv. 1781.

Delporte (Pierre-Joseph), né à Lille (1762), S. 1er juill. 1779.

Harmain (Pierre), dit **Armain**, né à Cahors (1745), S. 1er mai 1762, R. pour 8 ans le 13 juill. 1774.

Husson (Michel), dit **Descartes**, **né à** Malancourt [Lorraine] (1758), S. 2 nov. 1777, mort à Portocabello le 28 mars 1783.

Benier (Jean), dit **Cicéron**, né à Laval (1758), S. 1er déc. 1779, noyé le 7 févr. 1783.

Delahaye (Pierre-Charles), dit **Côme**, né à Rouen (1754), S. 1er déc. 1779, R. pour 8 ans le 23 févr. 1784.

Boitel (François), né à Morgny [Picardie] (1751), S. 6 sept. 1769, R. pour 8 ans le 6 sept. 1777.

Tribouillet (Louis), né à Bonne [Provence] (1754), S. 1er août 1770, R. pour 8 ans le 26 sept. 1774, mort à Newcastle le 4 juill. 1782.

Delplang (François), dit **Enée**, né à Estinnes [Hainaut] (1754), S. 4 oct. 1777, noyé au naufrage de « la Bourgogne » le 7 févr. 1783.

Carmailloux (René), né à Marsüe [Bretagne] (1754), S. 23 nov. 1777, mort à Porto-Cabello le 7 avril 1783.

Denape (Guillaume), né à Jasuin [Lorraine allemande] (1740), S. 12 mai 1761, R. pour 8 ans le 16 mai 1779.

Dumas (Jean), né à Sommières [Languedoc] (1738), S. 20 mars 1767, R. pour 8 ans le 6 mars 1780.

L'Image (Charles-Antoine), né à Morcourt, [Picardie] (1733), S. 22 nov. 1767, R. pour 8 ans le 29 novembre 1779.

Labonté (Arnoult), né à Triplate [Lorraine] (1751), S. 25 nov. 1768, R. pour 8 ans le 7 septembre 1783.

Deriquem (François), né à La Vacquerie [Picardie] (1748), S. 18 juin 1772, R. pour 8 ans le 9 déc. 1777.

Richard (Charles), dit **Richardin**, né à Autun [Bourgogne] (1759), S. 3 juin 1777, R. pour 8 ans le 15 avril 1784.

Colomb (Michel), dit **Colombe**, né à Paris (1760), S. 4 août 1777, mort à l'hôpital de Metz le 5 nov. 1783.

Lebian (Laurent), né à Landerneau [Bretagne] (1749), S. 5 nov. 1777, R. pour 8 ans le 6 sept. 1783.

Pouget (Pierre), né à Seilhe [Limousin] (1757), S. 3 févr. 1778, R. pour 8 ans le 7 sept. 1783.

Bonet (Jean-Claude), dit **Bonnetier**, né à Saint-Acques [Velay] (1759), S. 18 mai 1778, R. pour 8 ans le 5 oct. 1783.

Retour (François), né à Houdan [Beauce] (1733), S. 12 juillet 1778.

Horain (Jean-Baptiste), né à Valenciennes (1754), S. 21 déc. 1772, R. pour 8 ans le 8 mars 1779, mort à l'hôpital de Beauvais le 25 août 1783.

Compagnie de Losse.

Dhermigny (Louis-Alexandre), né à Kel [Picardie] (1741), S. 15 avril 1760, R. pour 8 ans le 14 oct. 1778, adjudant le 3 déc. 1782.

Gellière (Gaspard), né à Cahors (1739), S. 22 mars 1761, R. pour 8 ans le 14 juill. 1783.

La Calmette (Pierre), né à Belliac [Limousin] (1744), S. 21 avril 1766. Congédié le 30 juin 1783.

La Cour (Simon), né à Liancourt [Picardie] (1722), S. 24 juin 1754, parti pour les Invalides le 1er mai 1783.

Le Rouge (Pierre), dit **Le Pirus**, né à Roubaix (1742), S. 11 mai 1765, R. pour 8 ans le 25 sept. 1778.

Pontus (Cyprien), né à Cambrai (1745), S. 4 avril 1765, R. pour 8 ans le 13 sept. 1778.

Culeron (Jean-Baptiste), né à Chulat [près Saint-Etienne] (1747), S. 6 juill. 1766, R. pour 8 ans le 6 juill. 1778, mort en mer le 21 fév. 1783.

Michel (Jean), né à Laraque [Quercy] (1740), S. 18 avril 1761, R. pour 8 ans le 15 oct. 1778.

Marc (Pierre), né à Maule [Beauce] (1737), S. 13 avril 1757, R. pour 4 ans le 22 sept. 1778, et 4 ans le 4 juill. 1783.

Gradel (Albert-Joseph), né à Saint-Amand (1736), S. 8 mars 1759, R. pour 4 ans le 8 mars 1779.

Gudol (Nicolas-Jph.), né à Morède [Gascogne] (1735), S. 24 mars 1759, R. pour 4 ans le 25 sept. 1778.

Barasse (François), né à Camps [Languedoc] (1740), S. 23 sept. 1761, R. pour 8 ans le 8 mars 1779.

Jarriot (Nicolas), né à Paris (1747), S. 11 fév. 1765, R. pour 8 ans le 13 déc. 1778.

Gourmand (Pierre), né à Reims (1747), S. 5 oct. 1766, R. pour 8 ans le 14 déc. 1778.

Jacquet (Louis), né à Tournus [Bourgogne] (1752), S. 15 nov. 1768, R. pour 8 ans le 30 juin 1783.

Coupey (Jean-Baptiste), dit **Britannicus**, né à Armentières [Flandre] (1741), S. 20 févr. 1769, R. pour 8 ans le 31 août 1774.

Tournillac (François), né à Birac [Normandie] (1753), S. 11 janv. 1771, R. pour 8 ans le 24 mai 1784.

Montbrun (Pierre), né à Canmour [Gascogne] (1752), S. 19 mai 1771, R. pour 8 ans le 14 mai 1780.

Horrin (Jean-Baptiste), dit **Horain**, né à Valenciennes (1754), S. 21 déc. 1772, R. pour 8 ans le 8 mars 1779.

Bérard (Paul-Serge), né à Narbonne [Languedoc] (1757), S. 26 mars 1773, mort à Baltimore le 10 août 1782.

Chatillon (François), né à Riom [Auvergne] (1752), S. 31 mars 1773, mort à Brest le 13 mai 1782.

Domergues (Jacques), dit **Amory**, né à Saint-Gely [Languedoc] (1757), S. 21 août 1773, congédié le 30 juin 1783.

Colin (George), né à Bougey [Franche-Comté] (1748), S. 18 nov. 1773, congédié le 30 juin 1783.

Michain (André), né à Lyon (1756), S. 20 nov. 1773.

Petit (Désiré), dit **Amurat**, né à Ry [Franche-Comté] (1758), 1er janv. 1774, R. pour 8 ans le 25 sept. 1778.

Huot (Jean), né à Simonde [Bourgogne] (1753), S. 28 janv. 1774, Congédié le 30 juin 1783.

Moneau (Nicolas), dit **Monot**, né à Moitier [Bresse] (1752), S. 1er févr. 1774, congédié le 30 juin 1783.

Perrier (Laurent), dit **Anacréon**, né à Douzit [Gascogne] (1756), S. 18 mars 1774, R. pour 8 ans le 25 sept. 1778.

Mignot (Etienne), né à Dôle (1757), S. 27 févr. 1774, R. pour 8 ans le 21 sept. 1778.

Vinas (Pierre), dit **Vinasse**, né à Florensac [Languedoc] (1757), S. 1er nov. 1774, R. pour 8 ans le 2 janv. 1779.

Martin (Benoît), dit **Anténor**, né à Saint-Jean-de-Bedus (1752), S. 13 nov. 1774, congédié le 13 nov. 1782.

Duburnet (François), né à Mâcon (1758), S. 1er févr. 1775, mort le 24 sept. 1782.

Cornu (Joseph), né à Albi (1755), S. 1er janv. 1775, R. pour 8 ans le 7 janv. 1779.

Beauky (Joseph), dit **Beauqui**, né à Colombier [Franche-Comté] (1756), S. 25 fév. 1775, R. pour 8 ans le 25 avril 1779.

Serriès (Jacques), dit **Ceyriès**, né à Aurillac (1756), S. 13 janv. 1775, congédié le 30 juin 1783.

Muradet (Jean), né à Aurillac (1758), S. 25 mars 1775, congédié le 5 juill. 1783.

Jucla (Louis), dit **Gicla**, né à Lombey [Dauphiné] (1759), S. 7 juin 1775.

Grimal (Pierre), né à Aurillac (1753), S. 2 juin 1775, congédié le 30 juin 1783.

Guimenel (Jean-Baptiste), né à Saint-Gir [Dauphiné] (1757), S. 2 juin 1775, congédié le 30 juin 1783.

Durieux de Madron (Jean), dit **Madron**, né à Saint-Verden [Comté de Foix] (1759), S. 27 août 1775, congédié le 27 déc. 1782.

Camat (Jacques), dit **Camal**, né à Montpellier (1756), S. 21 déc. 1775, congédié le 30 nov. 1783.

Gaille (Louis), dit **Gail**, né à Le Vigan [Languedoc] (1759), S. 2 fév. 1776, congédié le 30 nov. 1783.

L'Erade (Antoine), né à Saint-Michel [Quercy] (1759), S. 22 fév. 1776, congédié le 30 nov. 1783.

Datfin (Claude), né à Dijon (1758), S. 2 juin 1776, congédié le 30 nov. 1783.

Bord (André), dit **Agis**, né à Alais [Languedoc] (1760), S. 18 oct. 1776, R. pour 8 ans le 5 sept. 1783.

Robert (Claude), dit **Alberoni**, né à Gibomnel [Lorraine] (1757), S. 14 déc. 1776. R. pour 8 ans le 5 sept. 1783.

Charier (Jacques), dit **Charrier**, né à Machecoul [Bretagne] (1734), S. 2 janv. 1754, R. pour 1 an le 2 janv. 1779.

Béché (Louis-Charles), dit **Amasius**, né à Paris (1759), S. 26 déc. 1776, congédié le 30 nov. 1783.

Terrei (Pierre-Antoine), dit **Anastase**, né à Blamont [Evêchés] (1747), S. 24 déc. 1776.

Gaye (Claude), dit **Ancre**, né à Saint-Saturnin [Vivarais] (1760), S. 1er janv. 1777, R. pour 8 ans le 15 nov. 1783.

Terminaux (Nicolas), dit **Nathan**, né à Cappe [Lorraine allemande] (1761), S. 23 fév. 1777, R. pour 8 ans le 22 mars 1784.

Adam (François), dit **Zacarie**, né à Rambervillers [Lorraine] (1761), S. 3 mars 1777.

Riffle (Jacques), dit **Théodore**, né à Rosières-aux-Salines [Lorraine] (1760), S. 11 mars 1777, mort en mer le 7 févr. 1783.

François (Pierre-Michel), dit **Beaufort**, né à Versailles (1759), S. 27 mars 1777, R. pour 8 ans le 30 sept. 1783.

Girard (Claude-François), dit **Erechtée**, né à Dombasle [Lorraine] (1750), S. 27 mars 1777, réformé le 30 nov. 1783.

Pierrot (François), dit **Tatard**, né à Nancy (1759), S. 4 avril 1777, congédié le 30 nov. 1783.

Mourtier (Jean-Louis), dit **Nabis**, né à Vergy [Picardie] (1758), S. 12 avril 1777, mort à Boston le 21 août 1780.

Cuisinier (Sébastien), dit **Narsès**, né à Nancy (1758), S. 12 avril 1777, parti pour les Invalides le 24 janvier 1784.

Crepin (Louis), dit **Stuart**, né à Clermont (1760), S. 22 mars 1777.

Lenoir (Jean-Baptiste), dit **Sapor**, né à Dieuze [Lorraine] (1761), S. 30 mai 1777.

Vivarès (Antoine), dit **Antigène**, né aux Bougiges [Languedoc] (1761), S. 25 juin 1777, mort à Brest le 16 mai 1782.

Ivon (Alexis), dit **Procope**, né à Gany (1739), S. 4 août 1777, R. pour 4 ans le 9 sept. 1783.

Nauclair (Maximilien), dit **Ninus**, né à Bourbourg [près de Cambrai] (1760), S. 17 août 1777.

Aubertin (Bernard), dit **Diodore**, né à Rosières-aux-Salines [Lorraine] (1759), S. 10 sept. 1777.

Cocard (Jean-Baptiste), dit **Timothée**, né à Ville-sur-Terre [Champagne] (1757), S. 18 sept. 1777, mort à Lamballe le 14 juill. 1783.

Delpierre (Liévin), dit **Ebroni**, né à Roubaix (1759), S. 4 oct. 1777.

Dupuy (Magloire), dit **Dredeguerre**, né à Lille (1759), S. 4 oct. 1777, R. pour 8 ans le 28 mars 1784.

Pierron (Gérard), dit **Storce**, né à Cheillas [Lorraine] (1759), S. 25 oct. 1777.

Lorimay (François), dit **Magon**, né à Gondrecourt [Franche-Comté] (1757), S. 20 déc. 1777.

Lorimay (Claude), dit **Maherbat**, né à Gondrecourt [Franche-Comté] (1760), S. 20 déc. 1777.

Tricot (Antoine), dit **Perronne**, né à Brenouille [Picardie] (1753), S. 23 déc. 1777.

Chalet (Etienne), dit **Thon**, né à Champenoux [Lorraine] (1744), S. 23 déc. 1777.

Despas (Gabriel), dit **Abagao**, né à Lauraët [Guienne] (1751), S. 25 févr. 1778, mort à la Providence le 13 sept. 1780.

Flamand (Antoine-Joseph), dit **Daniel**, né à Lille (1749), S. 28 mars 1778.

Legrand (François-Stanislas), dit **Blamont**, né à Blamont [Lorraine] (1760), S. 30 mars 1778, R. pour 8 ans le 5 sept. 1783.

Mathis (Jacques), dit **Tatuis**, né à Epinal (1751), S. 1er mai 1778.

David (Pierre), dit **Stanislas**, né à Rennes (1762), S. 22 juin 1778.

Leroy (Léopold), dit **Florent**, né à Lunéville (1762), S. 23 juin 1778.

Dufour (Isidore), né à Gaudens (1754), S. 21 nov. 1772, congédié le 30 juin 1783.

Laumont (Joseph), dit **Locke**, né à Oubinat (1760), S. 24 oct. 1778, mort à Newport le 13 oct. 1780.

Georges (Joseph), dit **Georgius**, né à Malancourt [Lorraine] (1759), S. 26 oct. 1778, R. pour 8 ans le 1er janv. 1784.

Charaux (Nicolas), dit **Cadmus**, né à Viéville-en-Haye [Lorraine] (1761). S. 18 déc. 1778.

Noël (Louis-Joseph), dit **Nâas**, né à Saint-Omer (1761), S. 1er janvier 1779.

Espinat (Léonard), né à Tulle (1757), S. 13 mars 1773, R. pour 8 ans le 14 oct. 1778.

Guérin (François), né à Le Vigan (1763), S. 22 févr. 1779.

Baratoux (Louis), né à Lamballe (1757), S. 28 juin 1779, mort à d'Angera le 23 août 1781.

Levran de la Chauffetière (Alexandre), né à Condé [Hainaut] (1759), S. 8 mars 1766, R. pour 8 ans le 11 mars 1779.

Denis (Jean-François), né à Paris (1759), S. 1er février 1777, R. pour 8 ans le 22 avril 1784.

Leborgne (Charles-Joseph), dit **Borée**, né à Lanoy [Flandre] (1763), S. 1er sept. 1779, R. pour 8 ans le 9 sept. 1783.

Samin (Adrien-François), dit **Spartien**, né à Seling [Flandre] (1759), S. 28 oct. 1779, congédié le 31 mars 1784.

Charette (Michel), dit **Pamphile**, né à Carpentras (1760), S. 1er nov. 1779.

Besard (Jean-Marie), dit **Apollon**, né à Rennes (1761), S. 1er déc. 1779, mort à Williamsburg le 6 janv. 1782.

Grenier (Charles), dit **Vlisse**, né à Brie-Comte-Robert (1756), S. 26 déc. 1779, mort à Boston le 30 août 1780.

Chauvin (Pierre-Antoine), dit **Cirus**, né à Paris (1762), S. 26 déc. 1779.

Nicolas (Jean), né à Binecourt [Lorraine] (1721), S. 20 mai 1758, noyé au naufrage de « la Diligente » le 16 févr. 1782.

Brasseur (Pierre), dit **Bacon**, né à Brives (1760), S. 24 oct. 1778, R. pour 8 ans le 28 mars 1784.

Danet (Marie-Joseph), né à Seve [près Paris] (1757), S. 4 juin 1777.

Cramé (Jean-Baptiste), né à Arras (1760), S. 15 mars 1776.

Devandegle (Gilbert), né à Montergat [Bourbonnais] (1758), S. 16 févr. 1777.

Desjen (Désiré), né à Saint-Germain [Gatinais] (1758), S. 8 avril 1766, R. pour 8 ans le 20 oct. 1778.

Déprez (Louis-Joseph), né à Pont-Evandin [Flandre] (1751), S. 1er mai 1777.

Hériot (Claude), né à Buće [Comté] (1754), S. 26 oct. 1776, réformé le 30 nov. 1783.

Tomot (Benoit), né à Saint-Jean-sur-Ressource [Bresse] (1754), S. 21 nov. 1776, R. pour 8 ans le 5 sept. 1783.

Clairet (André), né à Bussière [en Comté] (1754), S. 30 nov. 1776, R. pour 8 ans le 11 déc. 1781.

Daumont (Jean), né à Chancilly [Bourgogne] (1756), S. 7 janv. 1777.

Martin (Augustin-Joseph), né à Arras (1757), S. 8 févr. 1777, R. pour 8 ans le 15 nov. 1783.

Lemoile (Jean-Claude), né à Ploirac [Bretagne] (1755), S. 16 mars 1777, R. pour 8 ans le 16 nov. 1783.

Loup (François), né à Dieppe (1759), S. 17 oct. 1777, mort à Rouen le 24 sept. 1783.

Cloirèque (Jean-Marie), né à Quimper (1760), S. 14 mai 1778.

Bondonnot (Armand), né à Saumur (1750), S. 19 mai 1778, réformé le 30 nov. 1783.

Deroy (Simon), né à Saint-Lubin-de-Villebaron (1751), S. 24 août 1778, mort à Newport le 22 déc. 1782.

David (Louis), né à Menou-le-Château (1752), S. 19 déc. 1779.

Bénault (Louis), né à Saint-Aubin [Maine] (1752), S. 14 sept. 1780, réformé le 5 sept. 1783.

Guyard (René), dit **René**, né à Conflans [Anjou] (1763), S. 11 nov. 1780, réformé le 30 déc. 1783.

Compagnie de Cazals.

Claudot (Nicolas), né à Vezon [Lorraine] (1742), S. 18 févr. 1761, R. le 26 nov. 1783 pour 4 ans.

La Fosse (Jean-Baptiste), né à Versailles (1757), S. 3 juill. 1774, mort à Brest le 12 juill. 1783.

Vasseur (Pierre), né à Cocheuel [Brie] (1748), S. 4 avril 1759, mort en mer le 16 janv. 1783.

Inard (Etienne), dit **Saint-Maurice**, né à Saint-Maurice [Quercy] (1741), S. 1er juin 1761, R. pour 8 ans le 24 sept. 1778.

Pottier (Jean-Pierre), né à Cartienville [Normandie] (1737), S. 25 oct. 1756, parti pour la pension le 1er avril 1784.

L'Orge (Jean-François-Gardan), né à Milly [Gâtinais] (1746), S. 1er sept. 1762, R. pour 8 ans le 26 déc. 1778.

Courbei (Raymond), né à Aurillac (1747), S. 17 oct. 1766, congédié le 9 août 1783.

Faucon (Pierre-François), né à Choisy (1740), S. 21 juin 1762, congédié le 30 juin 1783.

Lignac (Pierre), né à Coulonge (1731), S. 14 avril 1756, parti pour la pension le 5 juill. 1783.

Molet (Nicolas), né à Metz (1741), S. 18 févr. 1761, R. pour 8 ans le 18 févr. 1779.

Rhode (Louis), né à Damezele [Auvergne] (1740), S. 15 juin 1761, R. pour 8 ans le 24 sept. 1778.

Maréchal (Jean), né à Metz (1737), S. 10 oct. 1763, R. pour 8 ans le 8 mars 1779.

Dussard (Joseph-François), dit **Annibal**, né à Lille (1747), S. 4 oct. 1764, R. pour 8 ans le 23 sept. 1778.

Vanac (Joseph), né à Lille (1746), S. 4 mars 1765, R. pour 8 ans le 25 sept. 1778.

Thierry (Antoine), né à Incly [Artois] (1747), S. 4 nov. 1765, R. pour 8 ans le 4 oct. 1783.

Bellière (Jean), né à Oriel [Languedoc] (1741), S. 30 nov. 1765, congédié le 30 juin 1783.

Bouteiller (Jean-Baptiste), né à Villers-Marmery [Champagne] (1735), S. 19 févr. 1766, parti pour les Invalides le 1er avril 1784.

Hurtault (René), né à Chinon [Touraine] (1748), S. 23 août 1766.

Belliard (Jean), dit **Beliard**, né à Vezin [Anjou] (1741), S. 23 août 1766.

Noël (Jean), né à Pierrevillers (1749), S. 25 avril 1767, mort à Williamsburg le 7 juin 1782.

Le Bey (François), né à Chevannes [Picardie] (1738), S. 21 oct. 1766, congédié le 21 oct. 1782.

Bertrand (Jean-Ignace), dit **Amintas**, né à Edin [Artois] (1751), S. 28 janv. 1767, mort à La Rochelle le 25 juill. 1783.

Deboute (Jean-Louis), né à Besançon (1748), S. 22 nov. 1769, R. pour 8 ans le 1er oct. 1778.

Duroch (Joseph), né à Plombières [Lorraine] (1749), S. 1er févr. 1771, R. pour 8 ans le 1er févr. 1778.

Souffren (Léonard), né à Fleurat [Perrigord] (1754), S. 18 févr. 1771, R. pour 8 ans le 3 oct. 1778.

Pelletier (Jean), né à Cuzan [près de Montbrison] (1753), S. 14 avril 1771, R. pour 8 ans le 12 sept. 1783.

Carrière (Etienne), né à Nîmes (1754), S. 27 sept. 1771, R. pour 8 ans le 17 févr. 1784.

Manadet (Bernard), né à Saint-Gnon [Gascogne] (1753), S. 23 déc. 1772, R. pour 8 ans le 4 janv. 1779 ; mort au siège d'York le 17 oct. 1781.

Renault (Pierre), dit **Archimède**, né à Champanier [Dauphiné] (1753), S. 23 déc. 1772, congédié le 30 juin 1783.

Serriès (Joseph), dit **Arioste**, né à Aurillac (1748), S. 22 févr. 1773, congédié le 22 févr. 1781.

Laporte (Pierre), né à Montpellier (1756), S. 3 juill. 1773, R. pour 8 ans le 25 sept. 1778.

Pessy (Jean), né à Clapière [Languedoc] (1755), S. 3 juill. 1773, mort à Boston le 3 août 1780.

Arniev (Joseph), né à Nîmes (1757), S. 27 août 1773, congédié le 30 juin 1783.

Tessier (Jean), né à Bordeaux (1735), S. 20 oct. 1773, mort à Boston le 22 juill. 1780.

David (Joseph), né à Monjustin (1745), S. 1er nov. 1773, congédié le 30 juin 1783.

Bailly (Etienne), né à Moitier [Bresse] (1758), S. 10 févr. 1774, R. pour 8 ans le 25 sept. 1778.

Bonov (Antoine), né à Vic [Auvergne] (1754), S. 1er avril 1774, mort à Lamballe le 17 juin 1780.

Mayeur (Pierre), né à Toulouse (1754), S. 1er nov. 1774, congédié le 30 juin 1783.

Decour (Jacques), né à Toulouse (1757), S. 28 déc. 1774, R. pour 8 ans le 4 janv. 1779.

Maréchal (Joseph), dit **Aristot**, né à Vesoul (1759), S. 16 janv. 1775, R. pour 8 ans le 27 avril 1779.

Meingeville (Jean), né à Toulouse (1757), S. 8 juin 1775, R. pour 8 ans le 28 juin 1779.

Roubichon (Jean-Baptiste), né à Mallan [Languedoc] (1756), S. 1er avril 1775, congédié le 25 août 1783.

Normandet (Etienne), né à Plagne [Perrigord] (1758), S. 1er avril 1776, congédié le 10 déc. 1782.

Chateau (Louis), dit **Artaban**, né à Milly [Gâtinais] (1758), S. 13 nov. 1776.

Sparbès (François), dit **Asdrubat**, né à Lille [Jourdain] (1759), S. 27 nov. 1776, réformé le 30 nov. 1783.

Hyon (Dominique), dit **Asop**, né à Toulouse, (1760), S. 27 nov. 1776.

Birkell (Nicolas), dit **Atrée**, né à Arguemines [Lorraine allemande] (1759), S. 10 déc. 1776.

Vignot (Jean), dit **Atat**, né à Saint-Foix-d'Aigrefeuille [Languedoc] (1757), S. 9 déc. 1776, mort à Brest le 21 juin 1782.

Royer (Jean-Baptiste), dit **Attila**, né à Frolois [Lorraine] (1757), S. 9 déc. 1776, réformé le 5 sept. 1783.

Le Gendre (Nicolas), dit **Noé**, né à Daumenil [Normandie] (1760), S. 15 janv. 1777, mort à Lamballe le 14 mai 1780.

Duffort (Antoine), dit **Maradin**, né à Foussac [Gascogne] (1753), S. 1er janv. 1777.

Rives (Dominique), dit **Néron**, né à Bertrain [Languedoc] (1740), S. 15 déc. 1776.

Acreman (Jean), dit **Parfait**, né à Longeville [Lorraine allemande] (1760), S. 19 janv. 1777.

Jolivet (Michel), dit **Diogène**, né à Vesoul (1761), S. 17 févr. 1777.

Petit (Florentin), dit **Silla**, né à Nancy (1755), S. 3 mars 1777.

Thouvenot (Jean), dit **Ptolémée**, né à Nancy (1761), S. 11 mars 1777.

Nogent (Jean), dit **Emanuel**, né à Hemicourt [Lorraine] (1757), S. 27 mars 1777, R. pour 8 ans le 29 déc. 1783.

Geitzler (Casimir), dit **Phatzbourg**, né à Phalsbourg [Alsace] (1752), S. 27 mars 1777.

Lindem (Nicolas), dit **Furstemberg**, né à Welsem [Alsace] (1758), S. 14 mai 1777.

Grillot (Louis), dit **Sevère**, né à Plombières [Lorraine] (1761), S. 30 mai 1777, congédié le 20 oct. 1783.

Nantier (François), dit **Servilius**, né à Amiens (1759), S. 17 juin 1777.

Kierfer (Martin), dit **Keith**, né à Marquesélem [Alsace] (1759), S. 3 juill. 1777, mort à Boston le 5 août 1780.

Chenetter (Félix), dit **Alsace**, né à Kaispissechen [Alsace] (1759), S. 11 juill. 1777.

Hur (Portien), dit **Patamène**, né à Laigle [Normandie] (1756), S. 2 sept. 1777, R. pour 8 ans le 17 févr. 1784.

Charrier (Pierre), dit **Théodose**, né à Saint-Nicolas [Lorraine] (1758), S. 12 sept. 1777.

De Poix (Pierre-Victor), dit **Montagne**, né à Amiens [Picardie] (1755), S. 16 oct. 1777, R. pour 8 ans le 17 oct. 1783.

Courtois (Etienne), dit **Soliman**, né à Vannecourt [Lorraine] (1757), S. 25 oct. 1777, tué au siège d'York le 12 oct. 1781.

Guillaume (Alexis), dit **Polidore**, né à Liendrésin [Lorraine] (1759), S. 10 nov. 1777, passé caporal le 11 nov. 1781.

Kling (Jacob), dit **Arbogaste**, né à Kervil [Lorraine allemande] (1759), S. 12 déc. 1777.

Dalvin (Louis-Joseph), dit **Salomon**, né à Bousebek [Flandre] (1762), S. 25 févr. 1778.

Julien (Pierre), dit **Barberousse**, né à Mezin [Guienne] (1755), S. 22 mars 1778, mort à Boston le 23 juill. 1780.

Filrain (Pierre), dit **Cumberland**, né à Saint-Leu [près Paris] (1752), S. 26 avril 1778.

Cadenave (Joseph), dit **Sergins**, né à Hachan [Gascogne] (1758), S. 22 avril 1778.

Faune (Jean-Baptiste), dit **Dourlans**, né à Ancoche [Picardie] (1750), S. 24 déc. 1776, congédié le 30 sept. 1783.

Perron (Jean), dit **Anezé**, né à Poitiers [Poitou] (1740), S. 24 juin 1778.

Destribair (Jean), dit **Molock**, né à Pont-à-Mousson [Lorraine] (1762), S. 24 juin 1778, passé caporal le 16 juin 1782.

Evrard (Joseph), dit **Melon**, né à Roville [devant Bayon] (1761), S. 24 juin 1778.

Nolez (Auguste-Désiré), dit **Montluc**, né à Gand [Flandre] (1760), S. 16 sept. 1778.

Saget (André), dit **Sophocle**, né à Villaneuve-Megrignu [Champagne] (1758), S. 23 oct. 1778, mort à la Providence le 7 oct. 1780.

Pégoriès (Thomas), dit **Petronius**, né à Lodève [Languedoc] (1759), S. 24 oct. 1778.

Henard (Jean), dit **Homère**, né à Vandeleville [Lorraine] (1758), S. 26 oct. 1778.

Luner (Adrien), né à Strasbourg [Alsace] (1762), S. 26 oct. 1778.

Vanessan (Claude), né à Mitry [Lorraine] (1757), S. 1er janv. 1779.

Genty (Pierre), né à Bussan [Lorraine] (1763), S. 1er janv. 1779, mort à la Providence le 20 sept. 1780.

Bassecourt (Jean-Baptiste-Joseph), né à Lille (1750), S. 1er janv. 1779, R. pour 8 ans le 4 oct. 1783.

Duval (Eomejan), né à Paris (1762), S. 10 mars 1779.

Lebeau (Louis), né à Paris (1757), S. 26 mars 1779, congédié le 10 juill. 1781.

Vilboir (Jean), né à Bitche-Viller [Lorraine allemande] (1757), S. 10 mars 1779.

D'Altombe (Pierre-François), dit **Wervich**, né à Warvichen [Flandre] (1760), S. 1er mai 1779, R. pour 8 ans le 1er mars 1784.

Lugné (André), dit **Lisio**, né à Saint-Martin-en-Forêt (1762), S. 1er juill. 1779.

Bleuchot (Jean), né à Vesoul [Franche-Comté] (1759), S. 2 mars 1775, R. pour 8 ans le 8 mars 1779.

Boilard (Joseph), dit **Batna**, né à Plederan [Bretagne] (1761), S. 18 sept. 1779, mort à la Providence le 13 sept. 1780.

Leroy (Jean-Baptiste), dit **Phaëton**, né à Nancy (1760), S. 1er nov. 1779.

Labigne (Jean), dit **Réaumur**, né à Vert [Bretagne] (1758), S. 1er nov. 1779.

Vincent (Charles), dit **Marcellus**, né à Paris (1758), S. 17 mars 1780.

Dubois (François-Joseph), dit **Abailard**, né à Lille (1757), S. 24 mars 1780, R. pour 8 ans le 17 févr. 1784.

Husson (Toussaint), né à Vendôme (1756), S. 25 juill. 1779, R. pour 8 ans le 21 févr. 1784.

Lautrete (Maurice), né à Montbron [Angoumois] (1749), S. 4 mai 1772, R. pour 8 ans le 26 févr. 1779.

Vita (Pierre), né à Reims (1737), S. 13 sept. 1766, R. pour 8 ans le 31 déc. 1774.

Galtier (Alexis), né à Montpellier (1757), S. 16 août 1774, R. pour 8 ans le 2 oct. 1778.

Stophel (Philippe-Denis), dit **Hophel**, né à Arbois [Franche-Comté] (1749), S. 30 avril 1775, R. pour 8 ans le 6 nov. 1779.

Gruyer (Jacques), né à Vaivre [Franche-Comté] (1738), S. 30 mai 1765, R. pour 8 ans le 25 nov. 1778.

Chevreuse (François), né à Metz (1751), S. 1er avril 1770, R. pour 8 ans le 3 janv. 1776.

Meunier (Jean), né à Balleroy (1755), S. 27 déc. 1776.

Auvrez (Pierre), né à Villepreux [près Paris] (1754), S. 9 sept. 1778.

Buhaux (Louis), né à Glaux [Normandie] (1746), S. 13 nov. 1772, R. pour 8 ans le 13 mai 1778.

Paris (Pierre), dit **Beaudoin**, né à Chailly [Franche-Comté] (1757), S. 4 avril 1777, réformé le 30 nov. 1783.

Lucas (Gilles), né à Pont-Château [Bretagne] (1754), S. 31 mars 1777.

La Rousse (Jean), né à Paris (1750), S. 28 oct. 1777.

Laporte (Jean-Baptiste), dit **Sophocle**, né à Peligneul [Forez] (1748), S. 14 févr. 1777, congédié le 30 nov. 1783.

Lasalle (Jacques), né à Remilly [Champagne] (1757), S. 16 févr. 1777.

Laporte (Léonard), dit **Nevers**, né à Besançon (1755), S. 13 mars 1776.

Régis (Jean), dit **Bomilcar**, né à Tulle (1759), S. 1er sept. 1776.

Brulé (Pierre-Louis), né à Paris (1740), S. 12 nov. 1764, R. pour 8 ans le 1er avril 1776 ; réformé le 30 nov. 1783.

Legros (Jacques), né à Seguin [Angoumois] (1755), S. 4 mars 1754, R. pour 8 ans le 27 mars 1780.

Vergnol (Louis), né à Favart [Limousin] (1758), S. 1er sept. 1776.

Millier (Jean), dit **Millière**, né à Châteauvillain [Champagne] (1749), S. 7 mars 1767, R. pour 8 ans le 17 févr. 1779.

Compagnie de La Brue.

Perrot (Silvain), né à Bourg-de-Guson [Marche] (1740), S. 1er avril 1758, R. pour 8 ans le 26 sept. 1778.

Ducrotois (André), né à Vignacourt [Picardie] (1747), S. 20 oct. 1765, parti pour les Invalides le 1er mars 1783.

Dutartre (Pierre), né à Paris (1750), S. 18 mars 1754, parti pour la pension le 1er avril 1784.

Barret (Nicolas), né à Sussy [Bourgogne] (1746), S. 13 déc. 1766, mort à Porto-Cabello le 22 mars 1783.

D'Azema (Jean-Louis-Joseph-Edme), né à Toulouse (1747), S. 1er janv. 1775, mort le 7 févr. 1783.

Darras (André-François), né à Bapaume [Artois] (1753), S. 27 févr. 1769, mort à Metz le 13 déc. 1783.

Maréchal (Joseph), dit **Brutus**, né à Bonna [Bugey] (1756), S. 14 mars 1760, R. pour 8 ans le 27 janv. 1774.

Fargue (Michel), né à Montauban [Quercy] (1736), S. 3 déc. 1760, R. pour 8 ans le 3 avril 1778.

Bonnal (Jean), né à Gynal [Rouergue] (1735), S. 1er déc. 1759, R. pour 8 ans le 8 mars 1775.

Froux (André), né à Provins (1746), S. 5 oct. 1766, congédié le 6 juill. 1783.

Grisel (Toussaint), né à Versailles (1744), S. 16 févr. 1769, R. pour 8 ans le 20 oct. 1783.

Jaspar (Nicolas), né à Epernay (1749), S. 4 mars 1767, R. pour 8 ans le 17 mai 1779.

Boucher (Louis), dit **Chalcas**, né à Montfort-l'Amoury (1736), S. 27 sept. 1759, R. pour 8 ans le 30 oct. 1772; congédié le 9 juin 1782.

Deltort (Augustin), né à Negrepelisse [Quercy] (1727), S. 11 déc. 1760, R. pour 8 ans le 26 févr. 1771, et 4 ans le 21 déc. 1782.

Boutry (Augustin), né à Lille (1738), S. 8 avril 1764, R. pour 8 ans le 26 févr. 1778.

Audiger (Germain), né à La Madeleine-Nonancourt [Normandie] (1738), S. 1er mars 1767, R. pour 8 ans le 1er oct. 1778.

Artuy (Jean), né à Saint-Clément [Anjou] (1747), S. 7 févr. 1766, R. pour 8 ans le 1er oct. 1778.

Bernizet (Jean-Marie), né à Beaujeux [Beaujolais] (1744), S. 10 janv. 1767, R. pour 8 ans le 25 avril 1779.

Malvaux (Pierre-Charles), né à Annêtu [Beauce] (1742), S. 18 avril 1767, R. pour 8 ans le 5 mai 1779.

Ganeval (Désiré), né à Lons-le-Saunier [Franche-Comté] (1744), S. 4 juin 1767, R. pour 8 ans le 4 juin 1773.

George (Joseph), né à Agnière [Bourgogne] (1747), S. 7 déc. 1767, R. pour 8 ans le 26 juin 1783.

Le Riche (Louis-Jean), né à Lille (1749), S. 7 déc. 1767, R. pour 8 ans le 29 nov. 1783.

Logeois (Fidel-Amand-Constant) né à Arras (1752), S. 28 août 1768, R. pour 8 ans le 26 août 1774, et 8 ans le 15 nov. 1783.

Martin (Paul), dit **Catigula**, né à Vian [Enjoue] (1744), S. 6 mars 1769, R. pour 8 ans le 5 mars 1777.

Rossignol (François-Joseph), né à Lille (1751), S. 20 mars 1770, mort à Villiamsburg le 5 juin 1782.

Le Sire (Pierre), dit **Capet**, né à Montbard [Bourgogne] (1751), S. 6 janv. 1771, R. pour 8 ans le 12 sept. 1783.

Chabrefitz, né à Périgueux (1756), S. 4 mai 1772.

Le Gendre (François), né à Ham [Picardie] (1738), S. 6 déc. 1759, R. pour 8 ans le 26 sept. 1778.

Agier (Jean), né à Montpellier (1756), S. 23 oct. 1772.

Bussière (Vincent), né à Tulle (1756), S. 2 janv. 1778, congédié le 2 janv. 1781.

Fraichoux (Blaise), né à Toulouse (1758), S. 1er janv. 1774, congédié le 6 juill. 1783.

Raphael (Albert), dit **Salembier**, né à Lille (1746), S. 10 févr. 1774, R. pour 8 ans le 25 sept. 1778.

Paudelay (Pierre), né à Mauregcan [Gascogne] (1756), S. 2 mai 1774.

Boutry (Nicolas), né à Lille (1732), S. 10 févr. 1758, R. pour 8 ans le 27 sept. 1778.

Ribaux (Claude), né à Boissy-la-Belle (1734), S. 14 mars 1757, congédié le 22 oct. 1783.

Guyot (Joseph), né à Toulon (1758), S. 26 juin 1775, congédié le 20 juill. 1783.

Pages (Jean), né à Montpellier (1755), S. 7 juill. 1775, congédié le 14 févr. 1784.

Ponciaux (François), né à Figeac (1758), S. 23 févr. 1776.

Rouillard (Jacques), dit **Childebert**, né à Paris (1758), S. 15 janv. 1777.

Daussin (Jean-Pierre), dit **Childebrand**, né à Cluirbet [Normandie] (1760), S. 15 janv. 1777.

Vettetin (François), né à Mailly [Picardie] (1759), S. 24 déc. 1776.

Barte (François), dit **Sully**, né à Nancy (1761), S. 11 mars 1777, R. pour 8 ans le 10 sept. 1783.

Le Feu (Louis), né à Vignacourt [Picardie] (1758), S. 19 mars 1777, R. pour 8 ans le 28 mars 1774.

Cronier (François), dit **Saturne**, né à Vignacourt [Picardie] (1751), S. 19 mars 1777.

Le Maire (Pierre), dit **Saladin**, né à Clesset [Picardie] (1747), S. 19 mars 1777.

Lefèvre (Jean-Baptiste), dit **Epaminondas**, né à Vignacourt [Picardie] (1759), S. 27 mars 1777.

Daniel (Jacques), dit **Malezieux**, né à Guignen [Bretagne] (1752), S. 12 avril 1777.

Le Sueur (Jean-Baptiste), dit Maxence, né à Amiens (1758), S. 12 avril 1777.

Rondot (Jean), dit **Montpensier**, né à Rosières-aux-Salines [Lorraine] (1751), S. 21 avril 1777.

Gousselain (André), dit **Méduse**, né à Rubempré [Picardie] (1760), S. 6 mai 1777, R. pour 8 ans le 8 janv. 1784.

Le Roux (Firmin), dit **Pétrarque**, né à Amiens (1759), S. 22 mai 1777.

Acloque (Jean-Baptiste), dit **Tite-Live**, né à Amiens (1761), S. 7 juin 1777.

Grandjean (Joseph), dit Essex, né à Nancy (1761), S. 27 juill. 1777.

Pelletier (Thomas), dit **Castor**, né à Paris (1761), S. 11 sept. 1777.

Edouard (Jean-Baptiste), dit **Childéric**, né à Amiens (1759), S. 18 sept. 1777.

Chantrieux (Louis-François), dit **Hiéron**, né à Amiens (1759), S. 18 sept. 1777.

Dubois (Jean-Baptiste), dit **Ladislas**, né à Amiens (1760), S. 4 oct. 1777.

Eide (César-Auguste), dit **Pline**, né à Hauterive [Languedoc] (1755), S. 25 oct. 1777.

Gergeon (Nicolas), dit **Antipater**, né à Amiens (1759), S. 2 nov. 1777.

Chaborel (Jean-Baptiste), dit **Tydée**, né à Beauzée [Lorraine] (1760), S. 10 nov. 1777.

Flan (Charles), dit **Therme**, né à Passy [près Paris] (1760), S. 10 nov. 1777, R. pour 8 ans le 16 oct. 1783.

Sucinthe (Honoré), dit **Quintilien**, né à Amiens (1761), S. 26 nov. 1777.

Magné (Pierre), dit **Radamanthe**, né à Amiens (1759), S. 26 nov. 1777.

Cremence (Jean-Baptiste), né à Strasbourg (1753), S. 7 sept. 1777.

Duret (François), né à Châlon-sur-Saône (1753), S. 2 mars 1769, R. pour 8 ans le 30 sept. 1774.

Lacroix (Jean-Claude-Curé), dit **Germanicus**, né à Rambervillers [Lorraine] (1749), S. 25 févr. 1778.

Bertrand (Etienne), dit **Camille**, né à Tonnoy [Lorraine] (1762), S. 25 févr. 1778.

Détal (Jean-Baptiste), dit **Cassiodore**, né à Bayonvillers [Picardie] (1761), S. 21 avril 1778.

Gamard (Jean-Baptiste), dit **Cujas**, né à Amiens (1762), S. 21 avril 1778.

Benac (Jean-Marie), né à Escanecrabe [Gascogne] (1753), S. 18 juin 1773.

Desaubri (Nicolas), dit **Guillaume**, né à Pont-à-Mousson [Lorraine] (1761), S. 21 juin 1778.

Ackev (Ignace), né à Strasbourg (1761), S. 21 juin 1778, mort à Newport le 13 oct. 1780.

Rouaret (Jacques), né à Nîmes (1759), S. 23 avril 1775, congédié le 30 juin 1783.

Lafin (Jeangeri), dit **Lysandre**, né à Paris (1740), S. 16 sept. 1778, mort à Williamsburg le 30 nov. 1781.

Bertrand (Etienne), dit **Baladan**, né à Nomeny [Lorraine] (1752), S. 16 sept. 1778.

Canteré (Pierre-Joseph), dit **Condé**, né à Lille (1761), S. 24 oct. 1778.

Maire (Lazare-Minos), né à Crazé-le-Chatel [Bourgogne] (1759), S. 24 oct. 1778, R. pour 8 ans le 5 sept. 1783.

Philbert (Nicolas), dit **Plainei**, né à Arches et Champs [Lorraine] (1755), S. 24 oct. 1778 mort à Metz le 2 sept. 1783.

Vincent (Jean-Baptiste), dit **Vérus**, né à Aurillac (1762), S. 24 oct. 1778, passé caporal le 26 déc. 1783.

Buttin (Pierre), dit **Boivin**, né à Neuvy [Touraine] (1760), S. 26 oct. 1778.

Picot (François-Jean), dit **Pic**, né à Mandres [Lorraine] (1760), S. 1er nov. 1778.

Clément (Jean-Pierre), dit **Cignus**, né à Saint-Jean [Rouergue] (1759), S. 18 déc. 1778, mort à d'Angers le 7 avril 1783.

Pradal (Jean-Baptiste), dit **Prusias**, né à Sainte-Emilie [Gévaudan] (1760), S. 18 déc. 1778.

Levêque (Charles-André), né à Douai (1762), S. 1er janv. 1779, congédié le 31 mars 1784.

Derouave (François-Joseph), né à Lille (1763), S. 1er janv. 1779.

Debonnaire (Aimé-Joseph), né à Lille (1762), S. 1er janv. 1779, mort à Newport le 17 mars 1781.

Pinot (Jérôme), né à Brives (1762), S. 11 mars 1779.

Noël (Etienne-Thomas), dit **Troyes**, né à Troyes (1762), S. 25 avril 1779.

Tilleux (Jean-François), dit **Tempête**, né à Werwicq [Flandre] (1761), S. 1er mai 1779.

Bossard (Jean-Baptiste), dit **Bergues**, né à Lonnoy [Flandre] (1760), S. 1er mai 1779.

Lucas (Joseph), dit **Lucullus**, né à Pierré [Bretagne] (1759), S. 1er mai 1779.

Coursier (Antoine-Joseph), dit **Courcier**, né à Lille (1752), S. 20 juillet 1768, R. pour 8 ans le 1er janv. 1774.

Pay (Michel), dit **Pandore**, né à Hernet-au-Maine (1762), S. 28 juin 1779, réformé le 30 nov. 1783.

Bernard (Marc-André), dit **Pylade**, né à Gondecourt [Flandre] (1749), S. 28 oct. 1779.

Orbain (Ferdinand), dit **Pan**, né à Anzin [Hainaut] (1761), S. 1er déc. 1779.

Fernay (Jean-Baptiste), dit **Charlemagne**, né à Contalmaison [Picardie] (1741), S. 1er déc. 1779.

Devillers (Gabriel), dit **Pompée**, né à Joinville [Haute-Marne] (1760), S. 1er janv. 1780, mort à Williamsburg le 26 déc. 1781.

Deconcan (Pierre), dit **Riom**, né à Condéré [Auvergne] (1759), S. 1er janv. 1780.

Porzat (Gabriel), dit **Décius**, né à Massiac [Auvergne] (1761), S. 1er janv. 1780, mort à Nord-Castle le 19 août 1781.

Simonet (Pierre), né à Sevan [Poitou] (1756), S. 1er avril 1777.

Rose (Laurent), né à Bordeaux (1755), S. 14 avril 1771, R. pour 8 ans le 14 avril 1778, mort à Lunéville le 25 févr. 1784.

Grégoire (Charles), dit **Périclès**, né à Paris (1761), S. 1er mars 1780, réformé le 14 sept. 1782.

Genty (Jacques), né à Versailles (1731), S. 11 août 1768, mort à Baltimore le 23 mars 1783.

Le Fèvre (Jean-François), né à Mouveaux [Flandre] (1756), S. 1er mars 1780, mort à Baltimore le 17 mars 1783.

Derocher (Jean-Marie), dit **Dagobert**, né à Marquette [Flandre] (1760), S. 3 avril 1780.

Lamotte (François), né à Marquette [Flandre] (1760), S. 3 avril 1780.

Combe (Louis-Jean), né à Paris (1750), S. 6 mai 1778.

Sibolle (Henry-Alexandre), né à Dunkerque (1760), S. 4 juin 1780, R. pour 8 ans le 17 févr. 1784.

Claverau (Mathurin), né à Bouchemaine [près d'Angers] (1749), S. 24 nov. 1777.

Brochet (Jean), né à Montaigu [Poitou] (1755), S. 28 mai 1778, R. pour 8 ans le 17 fév. 1784.

Nansau (Joseph), né à Paris (1759), S. 27 août 1779, R. pour 8 ans le 7 sept. 1783.

Pataux (Philippe), né à Bonnétable [Maine] (1736), S. 1er mars 1762, R. pour 8 ans le 19 oct. 1778.

Lognier (Léonard), né à Traversay [Limousin] (1756), S. 2 déc. 1777, R. pour 8 ans le 5 sept. 1783.

Daignot (René), né à Blois (1758), S. 9 juill. 1778.

Thibaut (Jérôme), dit **Nemours**, né à Milly [Gatinais] (1759), S. 13 nov. 1776, réformé le 30 nov. 1783.

Leclerc (Louis), né à Neuville-Saint-Vaast [Artois] (1760), S. 16 févr. 1776, congédié le 30 nov. 1783.

Duhaut (Philippe-Joseph), né à Lille (1747), S. 1er mai 1764, R. pour 8 ans le 24 oct. 1780.

Bouvier (Antoine), né à Villeneuve [Dauphiné] (1735), S. 1er avril 1760, R. pour 8 ans le 25 avril 1779.

Castelanne (Pierre-Antoine), dit **Rambuze**, né à Tourcoing (1764), S. 26 févr. 1780, congédié le 1er mars 1784.

Gobert (Jean), dit **Télémaque**, né à Nîmes (1757), S. 20 juillet 1773, R. pour 8 ans le 12 févr. 1779

Baudin (Claude), dit **Belidor**, né à Fontaine-Française (1755), S. 19 oct. 1773, R. pour 8 ans le 1er oct. 1778.

Landrave (Jean-Pierre), dit **Géta**, né à Coutances [Normandie] (1762), S. 26 févr. 1780.

Crétal (François-Séraphin), dit **Ramond**, né à Lille (1759), S. 26 févr. 1780.

Voisin (Blaise), né à Plantey [Beauce] (1750), S. 9 avril 1769, R. pour 8 ans le 8 sept. 1774.

Baratout (François-Mathurit), dit **Blainville**, né à Andale [Bretagne] (1759), S. 18 sept. 1779, R. pour 8 ans le 14 janv. 1784.

Krip (Jean), dit **Puffendorf**, né à Krainvillers [Lorraine allemande] (1761), S. 22 mai 1777, R. pour 8 ans le 2 janv. 1784.

Taconet (Jacques), né à Paris (1739), S. 19 juill. 1777, R. pour 8 ans le 9 mars 1784.

Rasoir (Jean), né à Senlis [Picardie] (1759), S. 1er mai 1778, R. pour 8 ans le 8 avril 1784.

Compagnie du Chevallier.

Razet (Jean), né à Auch (1737), S. 5 mai 1758, parti pour la pension le 1er avril 1784.

Cochard (Louis-Nicolas), né à La Ferté-sous-Jouarre [Brie] (1744), S. 17 mars 1764, R. pour 4 ans le 15 janv. 1780.

Legros (Jacques), né à Seguin [Angoumois] (1727), S. 4 mars 1754, R. pour 4 ans le 27 mars 1780.

Lafrance (Antoine-François), né à Néron [Dauphiné] (1726), S. 22 avril 1759, R. pour 8 ans le 12 nov. 1773.

Coupey (Louis-Joseph), né à Armentières [Flandre] (1743), S. 31 mai 1766, mort le 7 févr. 1783.

Gache (Claude), dit **Dauphiné**, né à Montagne [Dauphiné] (1744), S. 1er janv. 1762, parti pour les Invalides le 9 avril 1784.

Bezieux (Jean-Joseph), né à Valenciennes (1737), S. 6 déc. 1759, R. pour 8 ans le 25 sept. 1778.

Artus (Nicolas), né à Arron [Beauce] (1737), S. 18 mai 1759, R. pour 8 ans le 25 sept. 1778.

Fauchard (Jean), né à Mirecourt (1736), S. 21 mai 1762, parti pour les Invalides le 11 juill. 1782.

Baus (Philippe-Iph.), né à Bombert [Artois] (1750), S. 5 oct. 1767, R. pour 8 ans le 26 sept. 1783.

Graviche (Jean-Baptiste), né à Tulle (1751), S. 21 févr. 1773, congédié le 21 février 1781.

Droulet (Charles-Louis), né à Lille (1749), S. 9 sept. 1765, mort le 7 févr. 1783.

Steve (Antoine), né à La Chapelle [Languedoc] (1731), S. 13 oct. 1751, mort le 19 juin 1782.

Le Roy (Jean), dit **Clovis**, né à Maurs [Auvergne] (1733), S. 29 avril 1753, R. pour 8 ans le 20 sept. 1779.

Singlaude (Jean), né à Limagne [Quercy] (1736), S. 1er avril 1756, parti pour la pension le 5 juill. 1783.

Henon (Adrien), né à Covanvillère [Picardie] (1737), S. 15 avril 1760, R. pour 8 ans le 20 juin 1774.

Fleuriot (Jean), né à Venizi [Bourgogne] (1735), S. 11 déc. 1760, R. pour 4 ans le 10 janv. 1779.

Vidal (Guillaume), dit **Bachus**, né à Aurillac (1738), S. 4 mai 1762, R. pour 8 ans le 28 sept. 1778.

Mazure (Charles), né à Gournay [Picardie] (1742), S. 21 juin 1762, congédié le 20 déc. 1783.

Detté (Ignace-Iph.), né à Etaples [Flandre] (1736), S. 16 sept. 1764, R. pour 8 ans le 28 sept. 1778.

Berthes (Jean-François), né à Offin [Artois] (1749), S. 21 févr. 1766, R. pour 4 ans le 13 oct. 1778.

Boucher (Germain), dit **Bagoas**, né à Le Lude (1746), S. 20 févr. 1766, R. pour 8 ans le 25 sept. 1778.

Gerard (Marin), dit **Bajazet**, né à Dogent-Fouy [Beauce] (1741), S. 8 déc. 1766, R. pour 8 ans le 7 janv. 1779.

Loret (François), né à Montlhéry (1749), S. 5 oct. 1767, R. pour 8 ans le 3 juill. 1783.

Charles (Antoine), dit **Bazile**, né à Henon [Champagne] (1749), S. 13 avril 1769, R. pour 8 ans le 2 mars 1774.

Sens (Adrien), né à Douai (1737), S. 23 juill. 1769, R. pour 8 ans le 8 févr. 1777.

Bringuier (Jean), né à Montpellier (1746), S. 18 oct. 1772, congédié le 17 oct. 1780.

Dennet (Jean-Antoine), né à Montpellier (1754), S. 18 oct. 1772, R. pour 4 ans le 24 août 1784.

Conget (Alexis), né à Toulon (1755), S. 18 oct. 1772, R. pour 8 ans le 13 janv. 1779.

Bataille (Mathias), né à Tournay [Flandre] (1750), S. 22 févr. 1773, congédié le 22 févr. 1781.

Couret (Gabriel), né à Perpignan (1755), S. 11 mars 1773, R. pour 8 ans le 14 oct. 1778.

Beaudin (Claude), dit **Belidor**, né à Fontaine-Française [Bourgogne] (1755), S. 19 oct. 1773, R. pour 8 ans le 1er oct. 1778.

Chauvert (Pierre), né à Tulle (1757), S. 16 nov. 1773, cong. le 8 déc. 1781.

Spech (Pierre), né à Bonsière [Languedoc] (1753), S. 21 déc. 1773, mort le 7 févr. 1783.

Mazué (Claude-Pierre), né à Moitié [près Dôle] (1755), S. 9 janv. 1774, R. pour 8 ans le 2 oct. 1778, mort à Brest le 3 juill. 1783.

Travaillot (Jean), né à Terrasson [Périgord] (1752), S. 12 mars 1774, mort le 7 févr. 1783.

Gonnor (François), né à Tulle (1758), S. 1er mai 1774, R. pour 8 ans le 7 févr. 1779.

Cayla (Jean-Pierre), dit **Burdane**, né à Saint-Céré [Quercy] (1746), S. 1er sept. 1774, congédié le 26 juin 1783.

Cluzan (Bernard), né à Tulle (1746), S. 1er déc. 1774, congédié le 11 juill. 1783.

Soubagnier (Jean), né à Saint-Coc-Chalas [Gascogne] (1748), S. 22 févr. 1775, R. pour 8 ans le 28 févr. 1779.

La Combe (Etienne), né à Gluse [Quercy] (1758), S. 22 févr. 1775, congédié le 22 oct. 1783.

Buluze (Pierre), né à Tulle (1758), S. 1er sept. 1776.

Minot (Jean), dit **Boileau**, né à Melle [Poitou] (1759), S. 1er sept. 1776.

Vergnole (Louis), dit **Bonaventure**, né à Favart [près de Tulle] (1758), S. 1er sept. 1776.

Le Roy (Pierre), dit **Balthazar**, né à Corté [Corse] (1758), S. 1er sept. 1776.

Noël (Pierre), dit **Brienne**, né à Nancy (1757), S. 24 déc. 1776.

Messin (Joseph), dit **Lorrhus**, né à Dieurbois [près de Verdun] (1760), S. 15 janv. 1777.

Warcher (Jacques), dit **Vertu**, né à Chamagne [Lorraine] (1760), S. 11 mars 1777.

Garète (Nicolas), dit **Tantale**, né à Nancy (1759), S. 11 mars 1777.

L'hermitte (Claude), dit **Stillicon**, né à Nancy (1759), S. 19 mars 1777.

Eyrolle (Blaise), dit **Aurélien**, né à Tulle (1760), S. 27 mars 1777, congédié le 22 oct. 1783.

Pérotte (Pierre), dit **Arétas**, né à Tulle (1760), S. 27 mars 1777, congédié le 22 oct. 1783.

Chocrunx (Grégoire-Iph.), dit **Pelopidas**, né à Equerme [Flandre] (1750), S. 17 août 1777, mort à Brest le 4 oct. 1780.

Frémaux (Alexandre-Iph.), dit **Octavien**, né à Roubaix (1760), S. 17 août 1777, mort le 7 févr. 1783.

Mongy (Raimond), dit **Beziers**, né à Béziers [Languedoc] (1740), S. 17 août 1777, mort à Newport le 4 déc. 1780.

Louis (Jean-Marie), dit **Bocace**, né à Villenoix [Brie] (1759), S. 18 sept. 1777.

Perimond (Nicolas), dit **Bellerophon**, né à Abbeville (1759), S. 26 sept. 1777, mort à Metz le 9 nov. 1783.

Roussel (Pascal-Iph.), né à Roubaix (1757), S. 16 oct. 1777.

Berthe (Joseph), dit **Gratien**, né à Saint-Pol [Artois] (1760), S. 16 oct. 1777, R. pour 8 ans le 31 déc. 1783.

Danse (Louis-Iph.), né à Lille (1759), S. 26 nov. 1777.

Vanson (Nicolas-Charles), dit **Clinias**, né à Epernay (1758), S. 19 déc. 1777, mort à Brest le 25 mai 1782.

Renaudin (François), dit **Vigilence**, né à Clermont [Clermontois] (1759), S. 20 déc. 1777, réformé le 30 nov. 1783.

Perce (Jean), dit **Saluste**, né à Serre [Auvergne] (1760), S. 22 juin 1778.

Picoux (Jacques), né à Montaillier [Auvergne] (1756), S. 1er janv. 1775, mort à Newport le 10 août 1780.

Devaux (Jean), dit **Belus**, né à Anze [Gascogne] (1760), S. 6 mars 1778, mort à Lambelle le 10 mai 1780.

Lavachère (Jean), dit **Bellegarde**, né à Saint-Céret [Quercy] (1760), S. 22 mars 1778.

Salindre (François), dit **Aceste**, né à Alais (1760), S. 16 avril 1778.

Camelot (Léopold), dit **Vitellius**, né à Nancy (1760), S. 1er mai 1778, réformé le 30 nov. 1783.

Gillot (François), dit **Gallien**, né à Bar-le-Duc (1761), S. 1er mai 1778.

Joindy (Louis), dit **Jule**, né à Paris (1762), S. 16 sept. 1778.

Remacle (Dominique), dit **Romain**, né à Mirecourt [Lorraine] (1762), S. 23 oct. 1778.

Michel (Jean-Joseph), dit **Mircourt**, né à Amblimont [Lorraine] (1761), S. 24 oct. 1778.

Delhaye (Jacques), dit **Aht**, né à Ath-en-Hainaut (1761), S. 24 oct. 1778.

Vergne (Jean-Baptiste), dit **Aristophâne**, né à Tulle (1760), S. 27 mars 1777.

De Vial (François), dit **Aubusson**, né à Tulle (1761), S. 27 mars 1777, mort chez lui le 29 sept. 1781.

Chopin (Nicolas), né à Brittant (1739), S. 15 juin 1761, R. pour 4 ans le 26 sept. 1783.

Guérin (Nicolas), dit **Grimaldy**, né à Nancy (1761), S. 4 avril 1777.

Terrier (Dominique), dit **Lesdiguière**, né à Grenoble (1755), S. 28 avril 1777, R. pour 8 ans le 3 janv. 1784.

Jacquin (Louis), dit **L'Aurore**, né à Aulray [Lorraine] (1757), S. 22 mai 1777.

Dufour (Joseph), dit **Stenon**, né à Amiens (1761), S. 17 juin 1777.

André (Jean), dit **Bonneval**, né à Remiremont (1761), S. 17 août 1777.

Diénel (François-Iph.), dit **Pelaps**, né à Equerme [Flandre] (1759), S. 17 août 1777.

Letoquard (Stanislas), dit **Liebnitz**, né à Lille (1761), S. 24 oct. 1778.

Petry (Joseph), dit **Pélican**, né à Dieuse [Lorraine] (1761), S. 24 oct. 1778.

D'Arras (Charlemagne), dit **Dacier**, né à Amiens (1762), S. 26 oct. 1778.

L'Hermite (Christophe), dit **Lange**, né à Nancy (1760), S. 26 oct. 1778.

Guidez (François), dit **Gordius**, né à Valenciennes (1759), S. 1er nov. 1778.

Laurent (Joseph), dit **Lisiare**, né à Aguenville [Lorraine] (1761), S. 1er nov. 1778, mort à Newport le 13 nov. 1780.

Guillet (Louis), dit **Galba**, né à Saint-Clément [Anjou] (1762), S. 1er nov. 1778, R. pour 8 ans le 7 sept. 1783.

Trial (Jean), dit **Tristan**, né à Aubair [Languedoc] (1757), S. 1er janv. 1779, réformé le 5 sept. 1783.

Vivien (Jean-Baptiste), dit **Vérité**, né à Lisieux [Normandie] (1761), S. 1er janv. 1779.

Féron (Etienne), dit **La Ferté**, né à Brinon-l'Archevêque [Bourgogne] (1761), S. 22 févr. 1779.

Legendre (Louis), dit **Azon**, né à Chanzat [Bretagne] (1750), S. 1er juill. 1779.

Lebrelon (Pierre), dit **Brama**, né à Cadilhac [Bretagne] (1761), S. 19 sept. 1779, mort le 7 févr. 1783.

Plumeren (Pierre), dit **Cantemio**, né à Saint-Jean-en-Bonneval [Poitou] (1761), S. 1er nov. 1779.

Latouche (René-Laurent), dit **Bayle**, né à Longuet [Anjou] (1763), S. 1er nov. 1779, réformé le 15 mars 1784.

Boucard (Jean-Baptiste), dit **Tournon**, né à Cussey [Franche-Comté] (1758), S. 1er nov. 1779, mort le 7 février 1783.

Manèque (Constant), dit **Dioclétien**, né à Valenciennes (1761), S. 1er nov. 1779.

Testelin (Louis-Joseph), dit **Brennus**, né à Lille (1761), S. 1er déc. 1779, tué au combat de Chesapeak le 16 mars 1781.

Guillaume (Joseph), dit **Barbazan**, né à Vauchamps [Champagne] (1754), S. 1er janv. 1780, mort à Williamsburg le 7 juin 1782.

Gaudin (Étienne-Joseph), dit **Barnabé**, né à Roubaix (1762), S. 1er janv. 1780, mort le 7 févr. 1783.

Luminaux (Jean-Antoine), dit **Gallion**, né à Nantes (1764), S. 1er janv. 1780, congédié le 22 oct. 1783.

Caladon (Louis), dit **Adelphe**, né à Le Vigan (1764), S. 1er janv. 1780.

Desguirard (Géraud), né à Cassaniouze [Auvergne] (1753), S. 22 avril 1771, R. pour 8 ans le 7 sept. 1783.

Blondel (François), dit **Guéret**, né à Magnac-Laval (1753), S. 1er mars 1780.

Bourat (Claude), dit **Paulin**, né à Sainte-Cécile [Bourgogne] (1761), S. 1er mars 1780.

Chaffart (Louis-Casimir-Joseph), dit **Orphée**, né à Lille (1758), S. 1er mars 1780.

Vaucorbeil (Louis), né à Paris (1749), S. 3 déc. 1768, caporal du 9 mai 1782.

Lapis (Dominique), dit **Corse**, né à Bastia [Corse] (1760), S. 11 mars 1777.

Gremont (Jacques-François), né à Paris (1734), S. 17 nov. 1764, mort en mer le 7 févr. 1783.

Simon (Joseph), né à Rennes (1760), S. 23 oct. 1780, mort à Metz le 1er avril 1784.

Roché (Pierre), dit **Rouché**, né à Mazamet (1751), S. 9 déc. 1770, R. pour 8 ans le 25 sept. 1778.

Roussel (Louis), dit **Noyon**, né à Noyon [Picardie] (1749), S. 5 déc. 1775, congédié le 30 nov. 1783.

Mathon (Charles), né à Digne (1755), S. 22 févr. 1777.

Gaudet (François), né à Arbois [Franche-Comté] (1757), S. 2 févr. 1778.

Serret (Charles), né à Villejuif [près de Paris] (1758), S. 4 avril 1778.

Pinaut (Pierre), né à Bussière [Poitou] (1753), S. 19 juin 1778, R. pour 8 ans le 24 août 1784.

Gaulois (Pierre-François), né à Villecresnes [Brie] (1763), S. 14 janv. 1780, R. pour 8 ans le 26 mars 1784.

Tumelin (Nicolas), né à Montplonne [Barrois] (1756), S. 1er avril 1777, mort à Williamsburg le 9 mars 1782.

Bardet (Jean), né à Paris (1730), S. 5 juin 1775, R. pour 8 ans le 4 nov. 1779.

Perrin (Denis), né à Virial [Bresse] (1750), S. 7 janv. 1777, réformé le 30 nov. 1783.

Guillot (Jean), né à Saint-Dyé-sur-Loire (1756), S. 12 juill. 1778.

Fabre (Joseph), dit **Vivarais**, né à Blezinert en-Vivarais (1758), S. 31 mars 1776, congédié le 30 nov. 1783.

Turmaux (Honoré), né à Villerbon [Beauce] (1758), S. 20 févr. 1778.

Menestrier (Nicolas), né à Châlon [Bourgogne] (1759), S. 5 mars 1778.

Tarlé (Jean), né à Lamballe [Bretagne] (1760), S. 21 juill. 1780, réformé le 30 nov. 1783.

Compagnie de Chalvet.

Feyolard (Jacques), né à Cormaranche [Bresse] (1737), S. 23 oct. 1755, parti pour la pension le 5 juill. 1783.

Guyon (Jean-Baptiste), né à Châlon [Bourgogne] (1748), S. 30 avril 1767, R. pour 8 ans le 22 sept. 1788.

Dupuy (Joseph), né à Saint-Gervais [Dauphiné] (1734), S. 6 mai 1750, parti pour la pension le 1er mai 1783.

Bernier (Jean), né à Agen (1737), S. 30 déc. 1755, R. pour 1 an le 7 oct. 1779.

Bourrot (Nicolas), né à Moujaux [Lorraine] (1742), S. 15 juin 1761, mort en mer le 25 déc. 1782.

Frenaux (Jean), né à Loches [Touraine] (1733), S. 16 mars 1757, mort à Porto-Cabello le 17 mars 1783.

Blampain (Nicolas), né à Noyelles-en-Hainaut (1739), S. 21 févr. 1769, R. pour 8 ans le 20 nov. 1774.

Ponton (Jean-Pierre), né à Vernon (1726), S. 9 mai 1754, R. pour 8 ans le 4 juin 1777.

Moras (Jean), né à Montclar [Languedoc] (1743), S. 1er mai 1762, R. pour 8 ans le 20 nov. 1774.

Le Roux (Philippe), né à Arras (1760), S. 1er mars 1776, R. pour 8 ans le 2 févr. 1784.

Wartel (Jean-Baptiste), né à Lille (1740), S. 16 août 1755, R. pour 4 ans le 24 sept. 1778.

Pajot (Guillaume), né à Bordeaux (1737), S. 5 nov. 1755, R. pour 8 ans le 5 nov. 1777.

Warchon (Pierre-Joseph), né à Tompeau [Franche-Comté] (1737), S. 20 févr. 1762, R. pour 8 ans le 17 oct. 1779.

Bétille (Jean), né à Ecreste [Quercy] (1733), S. 16 mars 1765, mort à Metz le 3 nov. 1783.

Piquelin (Alexandre-Iph.), né à Lille (1749), S. 6 sept. 1765, congédié le 6 sept. 1781.

Siry (Jean-Baptiste), dit **Seyrie**, né à Autry [Champagne] (1744), S. 4 avril 1765, R. pour 8 ans le 8 févr. 1780.

Pennequin (Alexis), né à Lille (1749), S. 12 nov. 1765, R. pour 8 ans le 27 déc. 1778.

Martin (Nicolas), dit **Aguesseau**, né au Quesnoy [Picardie] (1744), S. 16 juin 1766, R. pour 8 ans le 2 oct. 1778.

Signaux (Mathurin), né à Saint-Sébastien (1741), S. 23 août 1766, R. pour 4 ans le 29 janv. 1779.

Millier (Jean), né à Chateauvillain [Champagne] (1749), S. 7 mars 1767, R. pour 8 ans le 17 févr. 1779.

La Fosse (Antoine), dit **Chilpéric**, né à Fontaine-le-Bourg (1737), S. 23 févr. 1769, mort à Williamsburg le 12 févr. 1782.

La Rose (Nicolas), dit **Nadasty**, né à Mirecourt (1755), S. 16 févr. 1771, R. pour 8 ans le 16 févr. 1779.

Droüen (Pierre), né à Angers (1755), S. 1er mars 1771, R. pour 8 ans le 25 sept. 1778.

Repeyroux (Jean), né Trigonand [Périgord] (1755), S. 1er mars 1771, R. pour 8 ans le 27 sept. 1778.

L'Ecaillet (Pontus), né à Lille (1753), S. 2 mars 1771, R. pour 8 ans le 9 oct. 1783.

Lainé (Pierre), né à Courbieu (1748), S. 21 févr. 1773, congédié le 30 nov. 1783.

Boissy (Etienne), né à Caylus [Quercy] (1738), S. 16 avril 1758, mort à l'hôpital d'Angers le 23 août 1782.

Grasset (Charles), né à Anilhac [Auvergne] (1749), S. 10 mai 1773, congédié le 10 mai 1781.

Bessel (François), né à Dôle (1757), S. 24 sept. 1773, congédié le 30 juin 1783.

Fort (Thomas), né à Limoges (1756), S. 14 nov. 1773, congédié le 9 févr. 1784.

Morel (Louis), né à Desseret [Normandie] (1753), S. 2 déc. 1773, R. pour 8 ans le 25 sept. 1778.

Le Court (Henry), né à Marseille (1738), S. 7 avril 1765, R. pour 8 ans le 13 janv. 1779.

La Barthe (Antoine), né à Aix (1758), S. 7 mars 1774, congédié le 19 nov. 1780.

Le Clerc (Charles), dit **Amittié**, né à Magney [Franche-Comté] (1756), S. 17 mars 1774.

Baudion (Joseph), né à Aix (1758), S. 15 avril 1774, congédié le 21 oct. 1783.

Hugues (Barthélemy), né à Cannes (1756), S. 16 avril 1774, congédié le 30 juin 1783.

Haignière (Gaëtan), né à Toulon (1758), S. 11 janv. 1775.

Péricot (Jacques), né à Seyssins [Dauphiné] (1756), S. 21 déc. 1774, R. pour 8 ans le 1er mars 1779.

Carrié (Joseph), né à Montpellier (1756), S. 21 déc. 1774.

Rigaud (Julien), dit **Amour**, né à Guignes [Provence] (1756), S. 11 janv. 1775, congédié le 30 juin 1783.

Maranda (Pierre), né à Villefranche (1759), S. 22 avril 1775, R. pour 8 ans le 23 avril 1779.

Vergne (Jean-François), dit **Cassandre**, né à Toulouse (1757), S. 5 juin 1775, congédié le 30 juin 1783.

Maurvy (Jean-Pierre), dit **Mauroy**, né à Flavy-le-Martel [Picardie] (1757), S. 1er janv. 1776, congédié le 30 nov. 1783.

Fabre (Hipolyte), dit **Amphion**, né à Aix (1760), S. 18 juin 1776, congédié le 30 nov. 1783.

Cubrespine (Pierre-Joseph), dit **Aly**, né à Aurillac (1760), S. 24 nov. 1776.

Pognan (Curien), dit **Zamaure**, né à Guigné-sous-Vaudemont [Lorraine] (1760), S. 21 déc. 1776.

Phigniel (Théophile), dit **Amand**, né à Ganges [Languedoc] (1758), S. 24 déc. 1776, mort à Newport le 6 août 1780.

Boudon (Guillaume), dit **Amasis**, né à Ganges [Languedoc] (1758), S. 24 déc. 1776.

Ouy (Joseph), né à Saint-Omer (1754), S. 1er janv. 1777.

Donet (Joseph), dit **Amphitryon**, né à Sedan (1760), S. 15 janv. 1777.

Maréchal (Toussaint), dit **Egiste**, né à Nomeny [Lorraine] (1761), S. 1er janv. 1777.

Roussy (Jean), dit **Armagnac**, né à Lunel-Viel [Languedoc] (1761), S. 1er févr. 1777, R. pour 8 ans le 6 sept. 1783.

Forget (Joseph), dit **Tertullien**, né à Rambervillers [près de Toul] (1761), S. 17 févr. 1777.

Fortere (Joseph), dit **Montezuma**, né à Mirecourt (1759), S. 23 févr. 1777, mort à l'hôpital du Cap Français le 1er mai 1783.

Mathieury (Nicolas), dit **Neptune**, né à Napes [Lorraine] (1759), S. 23 févr. 1777.

Dubussy (Jean-Louis), dit **Mérovée**, né à Paris (1751), S. 23 févr. 1777.

Dubussy (Denis-Nicolas), dit **Clodion**, né à Paris (1750), S. 23 févr. 1777.

Boulet (Pierre-Noël), dit **Catulle**, né à Paris (1759), S. 23 févr. 1777, R. pour 8 ans le 11 sept. 1783.

Husson (Benoit), dit **Maximien**, né à Bitche [Lorraine allemande] (1760), S. 23 févr. 1777.

Pierre (Jean-Baptiste), dit **Créqui**, né à Larrain [Lorraine] (1760), S. 3 mars 1777.

Roussel (Mansuy), dit **Valois**, né à Nancy (1760), S. 3 mars 1777, mort au camp de Philipsburg le 1er août 1781.

Pitton (François), dit **Jovien**, né à Lisieux [Normandie] (1761), S. 19 mars 1777.

Julliard (Jean-Baptiste), dit **Isaïe**, né à Toulon (1761). S. 19 mars 1777.

Barié (Jacques), dit **Bocchoris**, né à Béziers (1758), S. 27 mars 1777.

Collet (Georges), dit **Cléomène**, né à Jaudicourt [Lorraine] (1754), S. 4 avril 1777, mort à Newport le 16 juill. 1780.

Charoyer (Joseph), dit **Socrate**, né à Gagné-aux-Eaux [Lorraine] (1753), S. 30 mai 1777, R. pour 8 ans le 29 déc. 1783.

Bessière (Renault), dit **Malais**, né à Carcassonne (1757), S. 20 juin 1777.

Charoyer (François), dit **Assuérus**, né à Cugné-aux-Eaux [Lorraine] (1759), S. 25 juin 1777.

Amable (Constant-Jean-Baptiste), dit **Artois**, né à Arras (1760), S. 27 juill. 1777, mort à Baltimore le 26 janv. 1783.

L'Ecaillé (Hippolyte-Iph.), dit **Pellegrin**, né à Lille (1761), S. 17 août 1777.

Champenois (Jean), dit **Amboise**, né à Paris (1758), S. 18 sept. 1777.

Bourget (Charles-Antoine), dit **Amilcar**, né à Paris (1757), S. 18 sept. 1777, R. pour 8 ans le 8 nov. 1783.

Vasseur (François-Iph.), dit **Fulgeur**, né à Beucamp [Flandre] (1761), S. 4 oct. 1777, R. pour 8 ans le 16 nov. 1783.

Tuo (Pierre), né à Nîmes (1756), S. 23 juin 1773, R. pour 8 ans le 23 févr. 1779.

Duclos (Jean), dit **Molière**, né à Lisieux [Normandie] (1760), S. 17 oct. 1777.

Roussel (Antoine), dit **Numérius**, né à Ville-sur-Illian [Lorraine] (1760), S. 18 oct. 1777, R. pour 8 ans le 17 oct. 1783.

Aquart (Nabor), dit **Pygmalion**, né à Saint-Nabor [Lorraine] (1757), S. 6 nov. 1777.

Hodoux (Alexis-Iph.), dit **Andronic**, né à Lille (1759), S. 26 nov. 1777, R. pour 8 ans le 8 oct. 1783.

Crabouillet (Claude), dit **Pope**, né à Nancy (1762), S. 15 févr. 1778.

Husson (Dominique), dit **Guttenberg**, né à Bitche [Lorraine Allemande] (1762), S. 14 févr. 1778.

Sestré (Pierre), dit **Fénélon**, né à Saint-Céret [Quercy] (1760), S. 22 mars 1778, R. pour 8 ans le 6 sept. 1783.

Lahaye (François-Girard), dit **Beausoleil**, né à Briey-aux-Trois-Evêchés [près de Metz] (1762), S. 23 juin 1778, R. pour 8 ans le 8 oct. 1783.

Gasser (Joseph), dit **Andromaque**, né à la verrerie royale de Saint-Quirin (1760), S. 1er mai 1778.

Renaud (Jean), né à Belleville [Champagne] (1741), S. 20 mai 1767, mort à Newport le 8 sept. 1780.

Breugnière (Jacques), dit **Fontenoy**, né à Fontenoy-le-Château [Lorraine] (1759), S. 1er nov. 1778, mort à Baltimore le 7 mars 1783.

Bailly (Antoine), dit **Brissac**, né à Pont-à-Mousson (1762), S. 20 déc. 1778.

Mahouet (François), né à Saint-Mas-au-Maine (1763), S. 6 avril 1779, mort à Saint-Jean-d'Angely le 15 nov. 1782.

Denis (Jean-Baltasar), dit **Démonax**, né à Versailles (1760), S. 28 juin 1779.

Desgeraux (Joseph), dit **Lamballe**, né à Maroué [Bretagne] (1755), S. 28 juin 1779.

Daussac (Jean), né à Toulouse (1752), S. 1er mai 1771, R. pour 8 ans le 23 sept. 1778.

Clausier (Joseph), dit **Moréri**, né à Avignon (1762), S. 1er nov. 1779.

Lefevre (Pierre-François-Joseph), dit **Alfred**, né à Armentières [Flandre] (1761), S. 28 oct. 1779, R. pour 8 ans le 6 avril 1784.

Delmare (Louis-François), dit **Saint-Sauveur**, né à Lille (1761), S. 28 oct. 1779, parti pour les Invalides le 24 janv. 1784.

Bridoux (Jean-Baptiste), dit **Gassion**, né à Elzenne [Flandre] (1761), S. 1er janv. 1780, passé aux volontaires pour l'Amérique le 12 sept. 1781.

Francru (Henri-Antoine), dit **Raphaël**, né à Lille (1764), S. 1er janv. 1780.

Boulmier (Louis), dit **Montargis**, né à Montargis [Gatinais] (1762), S. 1er janv. 1780.

Le Grand (Dominique-François), né à Bruyères [Lorraine] (1760), S. 12 avril 1780.

Mourin (Charles-Joseph), né à Avignon (1760), S. 27 avril 1776.

Cabaillot (Nicolas-Albert), né à Momeny (1745), S. 25 févr. 1778, réformé le 30 nov. 1783.

Bregnet (Pierre), né à Sainte-Croix-en-Bresse (1759), S. 25 mai 1779, réformé le 30 nov. 1783.

Torcat (Félix-Joseph), né à Mollans [Dauphiné] (1759), S. 29 avril 1780, congédié le 31 mars 1784.

Saffroy (Jean-Louis), né à Joigny [Bourgogne] (1754), S. 30 juill. 1778, tué au siège d'York le 7 oct. 1781.

Martin (Pierre-Aspin), né à Melun [Brie] (1752), S. 31 août 1775, congédié le 31 août 1783.

Bellier (Pierre), né à Vineuil [près de Blois] (1747), S. 8 mars 1776.

Siaux (Claude), né à Autun [Bourgogne] (1750), S. 26 avril 1776, congédié le 30 nov. 1783.

Robert (Charles), né à Frelte [Franche-Comté] (1756), S. 26 oct. 1776.

Gaillard (Jean-Pierre), né à Saint-Victor-l'Abbaye [Normandie] (1743), S. 1er nov. 1773, réformé le 30 nov. 1783.

Roussel (Pierre-Nicolas), dit **Cléomène**, né à Campane-Vardier [Artois] (1750), S. 1er nov. 1774, R. pour 8 ans le 8 nov. 1778.

Brulé (Louis), né à Paris (1728), S. 29 nov. 1764, R. pour 8 ans le 1er avril 1779.

La Croix (Joseph), né à Lyon (1759), S. 20 avril 1778.

Claudel (Martin), dit **Colonne**, né à Cortieux [Lorraine] (1761), S. 16 sept. 1778, R. pour 8 ans le 22 sept. 1783.

Vaucorbelle (Louis), né à Paris (1752), S. 13 déc. 1768, R. pour 8 ans le 30 juin 1783.

Martin (Charles), dit **Montécuculli**, né à Grenoble (1755), S. 27 sept. 1775, congédié le 24 déc. 1783.

Dougnac (Bernard), dit **Latour**, né à Périgueux (1736), S. 1er avril 1756, R. pour 4 ans le 15 sept. 1778.

Compagnie de chasseurs.

DE LASSUDERIE, capitaine.

Kelbet (François-Xavier), né à Benfeld [Alsace] (1742), S. 13 nov. 1761, R. pour 4 ans le 16 janv. 1784.

Brunet (Claude-Marie), né à Paris (1741), S. 18 nov. 1760, mort en mer le 2 juin 1780.

Lenoir (André), né à Grenoble (1742), S. 3 déc. 1761, R. pour 8 ans le 25 sept. 1779.

Inard (Claude), né à Lyon (1745), S. 8 oct. 1761, R. pour 8 ans le 11 déc. 1779.

Blanquet (Jean), né à Rosières [Picardie] (1739), S. 13 avril 1760, R. pour 4 ans le 15 mai 1783.

Boitel (Charles), dit **Eugène**, né à Onavillers [Picardie] (1748), S. 17 juin 1766, R. pour 8 ans le 16 déc. 1778.

Vicard (Jean-Baptiste), né à Lille (1750), S. 7 mars 1768, R. pour 8 ans le 22 août 1775.

Chevrier (Jean-Baptiste), né à Grenoble (1752), S. 2 mai 1768, R. pour 4 ans le 4 sept. 1776.

Dussol (Antoine), né à Courmond [Auvergne] (1751), S. 1er oct. 1772, congédié le 30 juin 1783.

Wagon (Louis-Joseph), né à Ladre-Saint-Quentin (1751), S. 27 août 1767, congédié le 21 août 1783.

Douchet (Jean), né à Douai (1750), S. 27 oct. 1766, mort le 8 févr. 1783.

Ivain (Pierre), né à Aire [Artois] (1762), S. 1er nov. 1768, R. pour 4 ans le 25 août 1784.

Robinot (Nicolas), né à Vagney [Lorraine] (1760), S. 11 avril 1768, congédié le 30 nov. 1783.

Thierry (Charles), dit **Fabius**, né à Tonnerre [Bourgogne] (1737), S. 27 mars 1757, R. pour 4 ans le 20 sept. 1778.

La Caze (Jean), né à Reylière [Quercy] (1741), S. 15 févr. 1761, mort en mer le 3 juin 1780.

Imbaux (Etienne), né à Malherbe [Bourgogne] (1740), S. 1er août 1762, R. pour 8 ans le 26 sept. 1778.

Verrier (Nicolas), né à Bellefontaine [Picardie] (1748), S. 6 déc. 1764, mort en mer le 15 juin 1780.

Julien (Jean-Baptiste), dit **Ferdinand**, né à Suresnes [près Paris] (1747), S. 6 déc. 1764, mort à Boston le 20 juill. 1780.

Hector (Denis-Léonard), né à Archers [Berry] (1742), S. 6 déc. 1764, R. pour 8 ans le 27 sept. 1778.

Seliquet (Jean), né à Bourg-de-la-Mure [Dauphiné] (1740), S. 10 mars 1765, mort à l'hôpital de Williamsburg le 14 mars 1782.

Dussard (Joachim-Joseph), dit **Frédérick**, né à Lille (1748), S. 21 oct. 1765, R. pour 8 ans le 17 déc. 1778.

Joubert (Pierre), né à La Pouzade [Quercy] (1744), S. 25 nov. 1765, R. pour 8 ans le 26 sept. 1778.

Carière (Jean), dit **Gaston**, né à Messigny [Bourgogne] (1746), S. 13 avril 1766, R. pour 8 ans le 15 janv. 1779.

Saligny (Pierre), né à Védié [près Rhodes] (1745), S. 18 avril 1766, congédié le 31 mai 1782.

Neveux (Louis), né à Chitray [Berry] (1746), S. 18 avril 1766, mort en mer le 14 juin 1780.

Delforge (Sébastien), né à Lille (1747), S. 29 sept. 1766, mort à l'hôpital de Sedan le 30 déc. 1783.

Santrey (Charles-Ignace), né à Armentières [Flandre] (1749), S. 28 janv. 1767, R. pour 8 ans le 9 juill. 1779.

Le Gros (Jean-Joseph), dit **Godefroy**, né à Saint-Claude [Franche-Comté] (1750), S. 14 oct. 1768, R. pour 8 ans le 8 janv. 1775.

Vigand (Jean), né à Pierrefort [Auvergne] (1745), S. 25 janv. 1769, R. pour 8 ans le 3 août 1774.

Morlot (Charles-Jean-Baptiste), né à Lille (1751), S. 18 avril 1769, R. pour 8 ans le 16 juill. 1774.

Chevalier (Jean-Pierre), dit **Hercule**, né à Pierreville (1753), S. 18 sept. 1770, R. pour 8 ans le 6 oct. 1783.

Frémaux (Louis), né à Lille (1754), S. 2 mars 1771, mort à Newport le 4 sept. 1780.

Valentin (Etienne), né à Villeneuve-Magdelon [Languedoc] (1755), S. 11 mars 1773, R. pour 8 ans le 13 janv. 1779.

Le Maitre (Louis), né à Moulin-la-Marche (1754), S. 20 avril 1773, R. pour 8 ans le 26 sept. 1778.

Albady (Théodore), dit **Tancrède**, né à Tillac [Gascogne] (1755), S. 1er mai 1773, congédié le 6 juill. 1783.

Gobert (Jean), dit **Télémaque**, né à Nîmes (1757), S. 20 juill. 1773, R. pour 8 ans le 12 févr. 1779.

Guidon (François), né à Marseille (1754), S. 20 sept. 1773, congédié le 30 juin 1783.

Bergerac (Claude), né à Vannes (1754), S. 1er oct. 1773, R. pour 8 ans le 8 janv. 1779.

Valadier (Martin), né à Tulle (1753), S. 23 févr. 1774, R. pour 8 ans le 30 sept. 1778.

Oudot (François), né à Vesoul (1751), S. 6 août 1774, congédié le 6 août 1782.

Caupenne (Jean), né à Mont-de-Marsan (1757), S. 1er mars 1775, parti pour les Invalides le 1er avril 1784.

Bernadac (François), né à Ossatte [Comté de Foix] (1753), S. 3 sept. 1775, congédié le 30 nov. 1783.

Thibault (Jérôme), dit **Nemours**, né à Milly [près de Melun] (1759), S. 18 nov. 1776.

La Vergne (Louis), dit **Oreste**, né à Toulouse (1759), S. 27 nov. 1776, congédié le 30 nov. 1783.

Godet (Jean-Baptiste), dit **Ovide**, né à Milly [près de Melun] (1757), S. 1er janv. 1777, congédié le 30 nov. 1783.

Aimé (François), dit **Trajean**, né à Toulouse (1760), S. 1er févr. 1777, mort le 8 févr. 1783.

Wagron (Florentin), dit **Clisson**, né à Lattre-Saint-Quentin [Artois] (1757), S. 23 févr. 1777.

Le Zérat (Jean-Antoine), dit **Luxembourg**, né à Prelfel (1751), S. 3 mars 1777.

Couteron (Pierre), dit **Azov**, né à Saint-Jean-Désosse (1758), S. 3 mars 1777, R. pour 8 ans le 13 oct. 1783.

Nolibois (Jean), né à Mont-de-Marsan (1754), S. 10 janv. 1772, R. pour 8 ans le 7 janv. 1779.

Dupuis (Antoine), dit **Villars**, né à Toulouse (1754), S. 4 avril 1777.

Caffin (Jean-Baptiste-Honoré), dit **Mentor**, né à Amiens (1751), S. 21 avril 1777, R. pour 8 ans le 9 janv. 1784.

Pinçon (Jacques-Adrien), dit **Platon**, né à Ours [Picardie] (1747), S. 6 mai 1777, mort à Boston le 4 août 1780.

Caffin (Nicolas), dit **Pharamond**, né à Amiens (1759), 22 mai 1777.

Caugnard (Jacques-Firmain), dit **Romulus**, né à Amiens (1760), S. 18 juin 1777, R. pour 8 ans le 10 oct. 1783.

Boutfroy (Antoine), dit **Domitien**, né à Certaux [Picardie] (1750), S. 25 juin 1777, mort à Baltimore le 9 janv. 1783.

Gadier (Pierre), dit **Persée**, né à Louvencourt [Picardie] (1756), S. 19 juill. 1777.

Martin (Nicolas), dit **Salins**, né à Badonviller (1761), S. 19 juill. 1777, mort à Newport le 20 août 1780.

Racine (Louis-Joseph), dit **Mercy**, né à Lille (1761), S. 17 août 1777.

Beckellt (George), né à Midercthe [Lorraine allemande] (1759), S. 13 oct. 1777.

Boyer le Dieu (Jean-Baptiste), dit **Virgile**, né à Amiens (1757), S. 17 oct. 1777, mort le 8 févr. 1783.

Maréchal (Nicolas), dit **Phénix**, né à Vaudeville [Lorraine] (1760), S. 25 oct. 1777, R. pour 8 ans le 7 sept. 1783.

Lécronard (Jean-Baptiste), dit **Cronivet**, né à Esquermes [près de Lille] (1750), S. 26 nov. 1777.

Brahy (Jacques), né à Alais [Languedoc] (1756), S. 4 août 1773, congédié le 11 juill. 1782.

Lamblin (Jacques), dit **Porphire**, né à Faches [Flandre] (1758), S. 30 janv. 1778, mort à Metz le 4 mars 1784.

Penequin (Louis), dit **Pharnace**, né à Lille (1753), S. 30 janv. 1778.

Devaux (Jacques), né à Uzerche [près de Limoges] (1758), S. 9 janv. 1776, R. pour 8 ans le 8 sept. 1783.

Guiron (Jean-Marc), dit **Cohorn**, né à Saint-Pierreville [Vivarais] (1757), S. 30 mars 1778.

Pellegry (Jean), dit **Léopold**, né à Tulle (1759), S. 20 avril 1778.

Chenu (Jean-Baptiste), dit **Newton**, né à Chalon-sur-Saône (1760), S. 1er mai 1778, mort à Boston le 28 juill. 1780.

Léonard (Joseph), dit **Guise**, né à Noncourt [Lorraine] (1761), S. 24 juin 1778.

Desfossés (Claude), dit **Gilbert**, né à Neuilly-sur-Seine (1759), S. 24 juin 1778, mort à Boston le 8 sept. 1780.

Devage (Jean), dit **Actéon**, né à Pagny-la-Blanche-Côte [Lorraine] (1760), S. 22 juin 1778.

Boulanger (Jean), dit **Duguéclin**, né à Dieppe (1742), S. 27 août 1778, mort en mer le 25 juin 1780.

Guinez (Jean-Baptiste), dit **Giscon**, né à Orchies [Flandre] (1760), S. 16 sept. 1778, parti pour les Invalides le 1er avril 1784.

Fremoux (André), dit **Fréjus**, né à Lannoy [Flandre] (1760), S. 24 oct. 1778.

Geniez (Fulerand), dit **Gordien**, né au Cayla [Languedoc] (1760), S. 24 oct. 1778.

Caron (Jean-René), né à Saint-Waast [Picardie] (1762), S. 1er janv. 1779.

Vogt (Michel), né à Uhrviller [Alsace] (1761), S. 2 janv. 1779.

Gatraux (Jean-Jacques), né à Pressy [Picardie] (1761), S. 11 mars 1779, mort en mer le 7 juin 1780.

Dumont (Etienne), né à Brives (1762), S. 11 mars 1779.

Bernard (Martial), né à La Panouse [Rouergue] (1760), S. 22 févr. 1779.

Sproit (Donat), dit **Lannoy**, né à Lannoy [Flandre] (1763), S. 1er mai 1779, mort à Lamballe le 12 août 1780.

Olivier (François-Eyon-Filon), dit **Eyon**, né à Hédé [Bretagne] (1762), S. 1er mai [illegible]

Legrand (Alexandre), né à Rennes (1758), S. 1er mai 1779, congédié le 11 juill. 1782.

Batifol (Nicolas), dit **Brie**, né à Paris (1759), S. 1er mai 1779.

Brébot (Joseph), dit **Basta**, né à Paris (1740), S. 16 sept. 1778, mort à Boston le 7 juill. 1780.

Varmote (Florent), né à Arras (1761), S. 28 juin 1779.

Debaque (Pierre-François), dit **Armentières**, né à Armentières [Flandre] (1761), S. 1er juill. 1779.

Ragage (Jean-Baptiste), né à Mandres [près Pont-à-Mousson] (1761), S. 1er juill. 1779.

Vigreux (Georges), né à Létanne [Champagne] (1758), S. 1er juill. 1779.

Duturban (Pierre-Joseph), dit **Triton**, né à Lille (1758), S. 1er sept. 1779, R. pour 8 ans le 10 oct. 1783.

Fortin (François-Marie), né à Rennes (1754), S. 19 sept. 1779.

Delaberlerie (Victor-Leclair), dit **Gustave**, né à Perret [Bretagne] (1755), S. 28 oct. 1779, congédié le 30 nov. 1783.

Desmont (Antoine-François-Joseph), dit **Solard**, né à Seclin [Flandre] (1759), S. 28 oct. 1779, tué au siège d'York le 15 oct. 1781.

Barberousse (Julien), dit **Bourbon**, né à Valette [Bretagne] (1753), S. 1er nov. 1779, R. pour 8 ans le 10 oct. 1783.

Ledroit (Jacques), dit **Bartolle**, né à Mayenne [Maine] (1756), S. 1er janv. 1780.

Spesollas (Robert), dit **Jupiter**, né à Lirnan [Auvergne] (1762), S. 1er janv. 1780.

Chabrier (Fleury), dit **Maxime**, né à Tourcoing (1760), S. 23 mars 1780, tué au siège d'York-Town le 15 oct. 1781.

Colardet (Nicolas), dit **Acaste**, né à Frocourt-la Marche [Lorraine] (1760), S. 1er mars 1780.

Dupuis (François), dit **Pépin**, né à Tulle (1762), S. 1er mars 1780.

Fiot (René), dit **Athis**, né à La Baraque [Normandie] (1762), S. 1er mars 1780.

Desjardins (Jean), dit **Josué**, né à Rubelles [Brie] (1758), S. 1er mars 1780.

Gruyez (Nicolas), né à Bitche [Lorraine Allemande] (1747), S. 28 nov. 1775, mort le 8 févr. 1783.

Carie (Joseph), né à Montpellier (1756), S. 21 déc. 1774, congédié le 6 juill. 1783.

Falgères (François), né à Aurillac (1757), S. 21 févr. 1773, R. pour 8 ans le 29 déc. 1778.

Fouquère (René), né à Rennes (1754), S. 1er mars 1780, mort en mer le 3 juill. 1780.

Quincieux (Antoine), né à Bourgoin [Dauphiné] (1752), S. 18 mars 1772, mort le 8 févr. 1783.

Riffle (Jacques), dit **Théodore**, né à Rosières-aux-Salines [Lorraine] (1760), S. 11 mars 1777, mort le 8 févr. 1783.

Basset (Joseph), né à Lyon (1755), S. 15 nov. 1772, congédié le 6 juill. 1783.

Bastide (Louis), né à Taillade [Limousin] (1756), S. 15 mai 1773, congédié le 6 juill. 1783.

Tapiaux (Gaudin), né à Cazères [Gascogne] (1759), S. 1er févr. 1776, congédié le 30 nov. 1783.

Fritz (Jean-Joseph), né à Bruxelles (1748), S. 5 oct. 1766, R. pour 8 ans le 25 sept. 1778.

Stibal (Pierre), né à Carnache [Languedoc] (1756), S. 6 janv. 1773, R. pour 8 ans le 20 janv. 1779.

Guittet (Joseph), dit **Bélisaire**, né à Grenoble (1756), S. 20 nov. 1773, R. pour 8 ans le 12 janv. 1779.

Péricot (Jacques), né à Seyssins [Dauphiné] (1756), S. 21 déc. 1774, R. pour 8 ans le 1er mars 1779.

RÉGIMENT DE SOISSONNAIS

Le premier mestre de camp ou colonel de ce régiment fut le comte de GRANCY (Jacques-Raoul de Médavy), le 3 février 1630;

Le douzième, le comte de SAINT-MAISME (Jean-Baptiste-Louis-Philippe de Félix d'Ollières), le 29 juin 1775;

Le treizième, le comte de LA TOUR-MAUBOURG (Marie-Charles-César-Florimond de Fay), le 10 mars 1788;

Le quatorzième, d'ESPEYRON (Pierre), le 25 juillet 1791;

Le dernier, DUPORTAL (Félix-Antoine), le 8 mars 1793.

Le 6 avril 1780, les deux bataillons du régiment s'embarquèrent à Brest avec le comte de Rochambeau pour aller porter secours aux États-Unis d'Amérique. Débarqué au mois de juillet à Newport avec le Bourbonnais, il fut, comme lui, d'abord employé à la garde des forts du Rhode-Island, et participa à toutes les opérations principales de l'armée de Rochambeau jusqu'au siège d'York-Town. Le 21 juillet 1781, les compagnies d'élite du Soissonnais prirent part à l'expédition du chevalier de Chastellux sur Kingsbridge. Le 15 août, après que l'armée eut contraint les Anglais à replier tous leurs postes, le Soissonnais vint, avec les autres régiments qui la composaient, à Philadelphie rendre les honneurs au Congrès. Il fut avec les autres vivement acclamé. Enfin le 28 septembre il se trouvait devant York-Town. Il y ouvrit la tranchée à gauche avec le Bourbonnais, dans la nuit du 6 au 7 octobre. Cornwallis se rendit le 19 et le Soissonnais prit alors ses quartiers d'hiver à Hampton. Il y demeura jusqu'au mois de mars 1783, époque à laquelle il s'embarqua pour revenir en France.

En 1791, ce régiment perdit son nom de Soissonnais, qu'il remplaça par la désignation de 40e régiment d'infanterie. Le 40e d'infanterie actuel, en garnison à Nîmes, lui fait suite.

JEAN-BAPTISTE-LOUIS-PHILIPPE DE FÉLIX D'OLIÈRES, Comte DE SAINT-MAISME, né à Olières (diocèse d'Aix) le 25 décembre 1751, Colonel.

ÉTAT-MAJOR

—

COLONEL

Le comte de **FELIX d'OLIERES de SAINT-MAISME** (Jean-Baptiste-Louis-Philippe), né à Olières [diocèse d'Aix], le 25 déc. 1751. Colonel du 29 juin 1775; brigadier en 1784. Le 5 déc. 1781, a reçu une lettre de satisfaction pour sa bonne conduite à York-Town.

COLONELS EN SECOND

Le vicomte de **NOAILLES** (Louis-Marie), né à Paris, le 17 avril 1756, second fils du maréchal de Mouchy. Colonel en second du 8 mars 1780; nommé colonel des dragons en 1782 pour sa bonne conduite à York-Town.

Le comte de **SEGUR** (Louis-Philippe), né à Paris, le 10 sept. 1753. Colonel en second, du 27 janv. 1782, en remplacement du vicomte de Noailles. Les comtes de Ségur et de Noailles avaient voulu partir comme volontaires avec Lafayette. La résistance de leur famille les en empêcha. Ils partirent avec leur régiment.

LIEUTENANT-COLONEL

D'ANSELME (Bernard-Joseph), né à Apt [Provence], le 26 août 1737. Lieutenant-colonel, du 22 avril 1762. Le 5 déc. 1781, a obtenu une pension dans l'ordre de Saint-Louis, pour sa bonne conduite à York-Town. Colonel en 1789.

MAJOR

D'ESPEYROUS (Pierre), né à Barthélemy [Perche], le 11 oct. 1734. Major en 1780; lieutenant-colonel en 1784. Le 5 déc. 1781, pensionné pour sa bonne conduite à York-Town.

QUARTIER-MAITRE TRÉSORIER

L'ESTRIQUIER (Jean), né à Metz, le 6 sept. 1735.

CAPITAINES COMMANDANTS

DIDIER (Pierre), né à Dijon, le 20 sept. 1729. Le 7 avril, a obtenu une pension de retraite; le 9 mars 1782, augmentation de cette pension pour avoir fait la campagne d'York-Town, quoique en retraite.

De **BIEN de CHEVIGNY** (Frédéric-François-Louis), né à Avalon, le 13 avril 1737. Le 4 avril 1781, a obtenu une pension de retraite; le 8 mars 1782, augmentation de cette pension pour avoir fait la campagne d'York-Town, quoique en retraite.

De **BAUDRE** (Olivier-Victor), né à Bayeux, le 21 mars 1736. Le 5 déc. 1781, reçut l'espérance d'une lieutenance-colonelle pour sa bonne conduite à York-Town.

De **MARIN** (Jean-Baptiste), né à Tarascon, le 13 sept. 1737. Blessé dangereusement au siège d'York-Town; obtint, le 5 déc. 1781, la croix de Saint-Louis et une pension de retraite; mort bientôt après de sa blessure.

De **GILBERT** (Melchior-Joseph), né à Die [Dauphiné], le 4 oct. 1737. Le 5 déc. 1781, chevalier de Saint-Louis pour sa bonne conduite à York-Town.

De la **GARDETTE** (Joseph-Bernard-Modeste-Anselme), né à Apt [Provence], le 24 juill. 1740. Chevalier de Saint-Louis, le 5 déc. 1781, pour sa bonne conduite à York-Town.

De la **BOYERE** (Jean-Pierre-Bérage), né à Aix [Provence], le 26 février 1736. Chevalier de Saint-Louis, le 5 déc. 1781, pour sa bonne conduite à York-Town.

De SAINT-LEGER (Charles-Louis-Boel), né à Paris, le 26 mars 1736. Capitaine de chasseurs le 19 mars 1780.

Du PALAIS (Pierre-Alexandre de Guémar), né le 1er mars 1741, à Die [Dauphiné]. Chevalier de Saint-Louis en août 1781.

CAPITAINES EN SECOND

Le BRET (Jean-François), né le 25 nov. 1742, à Bélusson [Normandie].

De SINETY (François-Armand), né à Apt [Provence], le 23 juill. 1743. Capitaine commandant du 15 avril 1780.

De BAZIN (Guillaume), né à Marmande [Gascogne], le 24 mai 1740. Capitaine en second du 8 oct. 1780.

JAYET de BAUDET (Jean-Baptiste-Antoine), né à Charlemont, le 15 fév. 1739. Capitaine commandant le 18 nov. 1781; a obtenu gratification le 5 déc. 1781, pour sa bonne conduite à York-Town.

De MENOU (Louis-Armand-François), né à Montségur, le 19 nov. 1744. Le 5 déc. 1781, reçut l'espérance d'une majorité pour sa bonne conduite à York-Town.

De MOYRIA (Joseph-Marie-Anne), né à Bourg [Bresse], le 10 févr. 1781, pour sa bonne conduite à York-Town.

De SAINT-VICTOR (François-Anselme), né à Bonnieux [Comtat Venaisin]. Capitaine commandant, le 8 févr. 1782 ; major en 1784.

DUBOIS de SAINT GEMME de la GRANGE (Jean-Michel), né à Montségur [Guyenne], le 25 avril 1741. Capitaine commandant en 1782.

Du GATS de VAREILLES (Alexis), né à Lyon le 16 août 1744. Capitaine en second du 9 mars 1780 ; chevalier de Saint-Louis, le 2 avril 1782.

De la CATERIE (Justin), né le 1er août 1742, à Vire [Normandie]. Capitaine en second, le 19 mars 1780.

LIEUTENANTS EN PREMIER

BOISDELLE de SUGEROLLES (Jean-Pierre), né le 1er sept. 1743. Capitaine en second, du 15 avril 1780 ; capitaine commandant en 1782.

WENDLING (André), né à Strasbourg, le 15 févr. 1730. Capitaine en second, du 8 oct. 1780.

BAROIS (Jérôme-Nicolas), né à Reims, le 28 août 1728. Capitaine en second, du 18 juin 1780.

D'ECOUSSIN DUVALES (Jean-Grégoire), né à Montmore [Languedoc].

De CALDAGUES (Pierre-Raymond), né à Aurillac, le 3 août 1747. Du 5 déc. 1781, une pension pour sa bonne conduite à York-Town.

De la BURTHE (Jacques-Antoine), né à Port-sur-Saône [diocèse de Besançon], le 22 sept. 1749. Capitaine en second en déc. 1781.

De GIOU (Jean-Antoine), né à Aurillac, le 22 sept. 1752, Capitaine en second, du 16 déc. 1782.

De CROUZET de RAISSAC (Marie-Auguste-Dominique), né à Revel [Languedoc], le 27 sept. 1750. Capitaine en second, du 16 déc. 1781.

BESSONIES de SAINT-HILAIRE (Charles-Marie-Martial), né à Figeac, le 30 juin 1752. Premier lieutenant, du 19 mars 1780, capitaine en second en 1782.

Le chevalier **de MUKY de CAUMONT** (Nicolas-Louis-Antoine-Camille-Alphonse), né à Valenciennes, le 24 nov. 1753. Premier lieutenant, du 19 mars 1780.

LIEUTENANTS EN SECOND

MAQUOY (Robert-Joseph), né à Namur, le 28 mai 1722. Capitaine en 1782.

De MAUVIS de VILLARS (Antoine-Alexandre), né à Poitiers, le 22 août 1752. Premier lieutenant en 1780 ; mort en 1782.

Le chevalier **de MENOU** (Pierre-Armand), né à Montségur, le 5 avril 1755. Premier lieutenant, du 15 avril 1780; capitaine en 1787.

Le chevalier **de GUERPEL** (Charles-Antoine), né à Monnant [généralité d'Alençon], le 4 févr. 1755.

De GOTHO (Jean-Lurane-Marie), né à Marseille, le 3 août 1749. Lieutenant en second en 1779.

Le ROUX de KNINON (Louis-Jacques-Anne-Désiré), né à Rennes, le 27 juill. 1752. Lieutenant en premier, du 16 déc. 1781.

De BOUILLONNAIS (Antoine-François-Joseph), né à Champ-Aubert [diocèse de Sées], le 9 janv. 1758. Lieutenant en second, du 16 déc. 1781.

HUE de SULLY (Armand-Hervé-Victor), né à Sully [diocèse de Bayeux], le 27 avril 1757. Lieutenant en second, du 19 mars 1780.

De MONTEPIN (Pierre-François-Raymond), né à Bagé-le-Châtel [Bresse]. Lieutenant en second, du 19 mars 1780.

DURSUE (Jacques-Philippe-Auguste), né à Mondeville [généralité de Caen]. Lieutenant en second du 19 mars 1780.

Le chevalier **de BONNE** (Joseph Lolivier), né à Nibles [sénéchaussée de Sisteron], le 11 juill. 1757. Lieutenant en second, du 15 avril 1780.

De GAILLARD (Louis), né à Aix, le 11 mars 1757. Lieutenant en second, du 15 avril 1780.

PONTEVES D'EYROUX (Marie-Jean-Balthazar), né le 5 déc. 1781, gratification pour sa bonne conduite à York-Town.

D'AVALLON (Jean-Victor-Edouard-Gauthier). Lieutenant en second en 1781.

De BONNEFOUS (Joseph). Lieutenant en second en 1781.

De LOUBAT (Joseph-Louis-Régis).

De MARIN (Antoine-Dominique).

De GIRARD (Pierre-Michel-Auguste).

De ROBERNIER (Louis-Jean-Baptiste-Silvestre), né à Montfort [diocèse de Fréjus], le 30 déc. 1762.

De MIOLLIS (Sextus-Alexandre-François), né à Aix [Provence], le 28 sept. 1759, blessé au siège d'York-Town; obtint pension à cette occasion.

De BARRAS (Pierre-François-Xavier), né à Thouard [diocèse de Digne], le 21 janv. 1760.

De VILLENEUVE DE FLAGOSC (Jean-Baptiste-Léonce-Ours). A touché en 1784 une pension gagnée à York-Town.

De POTHONIER (Jean-Paul), né à Catignac [diocèse de Fréjus], le 26 janv. 1750.

De PROYER (Joseph-Henri-Jean-Baptiste), né à Avignon, le 8 oct. 1761.

D'ARANDEL (Louis), né le 30 janv. 1764.

De la MOUE D'ANNEBAULT (Jean-Antoine Henri).

BERTHIER de BERTHUIS (Charles-Louis-Jean-Alexandre), né à Versailles, le 17 mars 1759. Mort en Amérique.

D'ARTHUS (Jean-Baptiste-Joseph-Louis). Sous-lieutenant en 1780.

D'ALPHERAN (Félix), né le 6 avril 1744.

GUICHARD (Pierre), né à Thionville, le 8 déc. 1730. Blessé le 16 mars 1781 devant New-York.

MAGUSIS. Entré au service comme simple soldat en 1742 ; officier au Soissonnais en 1763; fut présent à Yorktown malgré les nombreuses blessures qu'il avait reçues durant les guerres précédentes.

Compagnie de grenadiers *.

MENEAU, capitaine.

Rochard (François), dit **Dauphiné**, né à Villars (1735), S. 13 févr. 1756, sergent-major du 14 nov. 1782.

Bonnin (Joseph), dit **La Réjouissance**, né à Lons-le-Saunier (1739), S. 28 déc. 1757, adjudant le 14 nov. 1782.

Labouroux (Jacques), dit **La Branche**, né à Marsilly (1735), S. 3 févr. 1754, R. pour 8 ans le 18 sept. 1775.

Jacob (Nicolas), dit **Berreaux**, né à Frettes (1733), S. 3 févr. 1754, R. pour 8 ans le 18 sept. 1775.

Puard (Etienne), dit **Vadeboncœur**, né aux Nobles (1737), S. 22 déc. 1755, R. pour 8 ans, le 14 oct. 1775.

Chambin (Milau), dit **La Joye**, né à Maligny, (1736), S. 1er mars 1755, R. pour 8 ans le 18 sept. 1775.

Bet Bèze (Martin), dit **La Couture**, né à Moreux (1737), S. 15 mars 1758, R. pour 8 ans du 1er janv. 1775.

Bouldin (Joseph), dit **La Générale**, né à Bollène [Comtat Venaissin] (1732), S. 31 oct. 1766, R. pour 8 ans, du 1er nov. 1770.

Estran (Antoine), dit **La Tendresse**, né à Saint-Restitut [Dauphiné] (1741), S. 27 juin 1765, R. pour 8 ans du 27 juin 1773.

Mariot (Jean-Pierre), né à Villasavary [Languedoc] (1737), S. 6 déc. 1766, R. pour 8 ans du 6 déc. 1774. Sergent en 1783.

Barillaud (Pierre-Jacques), dit **Boisgingand**, né à Mirambeau [Saintonge] (1741), S. 12 avril 1766, R. pour 8 ans du 12 avril 1774.

Valandier (Alexandre-Joseph), dit **Bellisle**, né à Lille [Flandre] (1741), S. 12 sept. 1760, R. pour 8 ans du 30 nov. 1774.

Baron (Jean-Louis), né à Versailles (1741), S. 12 oct. 1761, R. pour 8 ans, du 12 oct. 1775, sergent le 6 avril 1780.

Saint-Romain (Claude), né à Tournus [Bourgogne] (1742), S. 13 nov. 1766, R. pour 8 ans du 13 nov. 1774.

Maillot (Clément), né à Cambrai (1742), S. 20 août 1760, R. pour 8 ans du 5 mars 1775.

Simon (Antoine), né à Anglard [Quercy] (1742), S. 13 mars 1765, R. pour 8 ans du 13 mars 1773.

Long (Antoine), dit **L'Eveillé**, né à Saint-Paul-Trois-Châteaux [Dauphiné] (1751), S. 10 nov. 1766, R. pour 8 ans du 10 nov. 1774.

Osum (Pierre), dit **La Lime**, né à Montbrison (1751), S. 23 janv. 1767, R. pour 8 ans du 23 janv. 1775.

Rigolème (Dominique), né à Lyon (1751), S. 22 janv. 1770, R. pour 8 ans, du 22 janv. 1778.

Bonnefoy (Jean), né à Sault [Avignon] (1753), S. 20 mars 1770, R. pour 8 ans du 20 mars 1778.

Campion (Jacques), dit **Sans Peur**, né à Chambéry (1752), S. 1er avril 1770, R. pour 8 ans du 1er avril 1778.

Girard (Benoit), né à Lyon (1754), S. 30 avril 1770, R. pour 8 ans du 30 avril 1778.

Chervet (Antoine), né à Chambéry (1754), S. 10 nov. 1770, mort le 25 août à l'hôpital de Newport (Amérique).

Bergé (Joseph), dit **La Fleur**, né à Monségur [Guyenne] (1754), S. 16 nov. 1770 ; congédié le 31 sept. 1783.

* Abréviations : S. = Entré au service ; R. = Rengagé.

Rondel (Louis), né à Carentan (1741), S. 3 avril 1774, congédié le 16 oct. 1784.

Crespin (Jean), dit **Beausoleil**, né à Mâcon (1757), S. 8 juin 1774.

Debrie (Louis), dit **Bellepointe**, né à Mâcon, (1753). S. 8 juin 1774, mort le 30 avril 1781, à l'hôpital de Newport (Amérique).

Ollivier (Vidal), né à Varin [Rouergue] (1754), S. 1er avril 1773, congédié le 8 sept. 1783.

Luras (Humbert), dit **Saint-Cyr**, né à Saint-Cyr [Lyonnais] (1751), S. 23 mars 1769, R. pour 8 ans le 23 mars 1777.

Beauce (Lazare), dit **Jasmin**, né à Marseille (1747), S. 17 avril 1766, passé sergent le 26 juin 1781.

Brenier (Claude), né à Chevroux [Bourgogne] (1757), S. 18 sept. 1773, congédié le 8 sept. 1789.

Vidal (Armand), né à Carcassonne (1757). S. 27 mars 1773, congédié le 15 sept. 1783.

Chevalier (François), né à Saint-Lô (1741), S. 2 avril 1775.

Bissot (Antoine), dit **L'Orange**, né à Orange [Dauphiné] (1745), S. 30 avril 1775, congédié le 8 sept. 1783.

Cézardroy (François), dit **Cézard**, né à Claus [Franche-Comté] (1755), S. 12 nov. 1772.

Rosier (François), né à Mornas [Comtat Venaissin] (1751), S. 14 mars 1773.

Etienne (Claude), né à Apt [Provence] (1753), S. 1er avril 1773.

Picard (Denis), né à Adam [Franche-Comté] (1755), S. 1er avril 1773, congédié le 8 sept. 1783.

Berruyer (Claude), né à Lyon (1756), S. 14 juill. 1773, congédié le 8 sept. 1783.

Brenier (Louis), né à Saint-Lô (1752), S. 18 sept. 1773, congédié le 8 sept. 1783.

Poulain (Jacques), né à Saint-Lô (1757), S. 19 juill. 1774, mort le 21 sept. 1780, à l'hôpital de Newport en Amérique.

Large (Augustin), dit **Dombes**, né à Chalamont (1755), S. 4 janv. 1773, congédié le 1er mai 1783.

Garigues (Jean), né à Puginier [Languedoc] (1749), S. 26 oct. 1767, R. pour 8 ans le 26 oct. 1775.

Barthès (Jean), né à Castelnaudary (1752), S. 12 nov. 1770, congédié le 14 sept. 1786.

Giard (Guillaume), né à Thorigny [Normandie] (1760), S. 19 déc. 1775, passé caporal le 1er mars 1782.

Defrand (Joseph), né à Mâcon (1758), S. 11 févr. 1774, congédié le 8 sept. 1783.

Vignon (François), né à Die [Dauphiné] (1755), S. 29 avril 1776, caporal le 21 janv. 1781.

Bouviac (Pierre), dit **Pompée**, né à Monségur [Guyenne] (1757), S. 20 janv. 1775.

Girard (Louis), dit **La Grandeur**, né à Die [Dauphiné] (1757), S. 29 avril 1776, congédié le 29 avril 1784.

Gourdin (Etienne), né à Neuville [Picardie] (1756), S. 25 juin 1776, congédié le 25 juin 1784.

Teinland (Louis), né à Sunière [Vivarais] (1753), S. 26 sept. 1774, congédié le 8 sept. 1783.

Poulain (Charles), dit **Desnoyers**, né à Saint-Lô (1758), S. 13 oct. 1774, mort le 16 mars 1781, au combat naval près la baie de Chesapeak.

Paget (Antoine), dit **Mornas**, né à Mornas [Comtat Venaissin] (1758), S. 14 mars 1773, R. pour 8 ans le 14 mars 1781.

Frontieu (Jean), dit **Auguste**, né à Tournon (1759), S. 9 déc. 1774, R. pour 4 ans le 9 déc. 1782.

Adore (Louis), né à Besançon (1758), S. 3 sept. 1773, mort le 19 mars 1781, à la suite du combat naval du 16, sur le vaisseau « Le Conquérant ».

Roy (Gabriel), dit **La Plante**, né à Tours (1757), S. 22 déc. 1774, congédié le 8 sept. 1783.

Sénécal (Jean), né à Allemagne [Normandie] (1753), S. 18 déc. 1775, congédié le 8 sept. 1783.

Gilles (Sanson-Enouf), né à Pirou [Normandie] (1755), S. 25 mars 1776, congédié le 25 mars 1784.

Le Doux (Jean-Louis), né à Bollène [Comtat Venaissin] (1751), S. 26 févr. 1768, congédié le 26 févr. 1784.

Milon (André), né à Lyon (1751), S. 14 mars 1777.

Lequeux (Joseph), dit **Duchâteau**, né à Cateau-Cambrésis (1760), S. 3 sept. 1776, congédié le 3 sept. 1784.

Farrey (Jean-Nicolas), né à Muy [Franche-Comté] (1759), S. 25 juill. 1777, caporal le 26 juill. 1780.

Bessonnet (Jean-Baptiste), dit **Cœur de Roy**, né à Poitiers (1757), S. 28 déc. 1776, congédié le 30 juill. 1785.

Bry (Jean), né à Laval (1757), S. 21 oct. 1773, congédié le 8 sept. 1783.

Régnier (Simon), né à Saint-Vivien [Guyenne] (1760), S. 27 avril 1775, congédié le 1er mai 1784.

Roche (Antoine), dit **Aulérac**, né à La Chapelle [Auvergne] (1760), S. 24 mars 1777, congédié le 30 juill. 1785.

Gausse (Philippe), dit **Valenciennes**, né à Valenciennes (1759), S. 6 mars 1777, mort le 26 sept. 1781, à Williambourg en Amérique.

Sercy (Georges), né à Bey [Bourgogne] (1757), S. 13 oct. 1776.

Boutreux (Pierre-Charles), né à Paris (1756), S. 10 février 1776, congédié le 10 févr. 1784.

Elba (Louis-Joseph), dit **La Bonté**, né à Sombrin [Artois] (1760), S. 16 janv. 1776.

Martin (Edme), dit **Auxerre**, né à Auxerre (1757), S. 7 mars 1777.

Lafarge (François), dit **Rivierre**, né à Mâcon (1758), S. 11 août 1774, R. pour 4 ans du 11 août 1782.

Dangé Massu (Pierre), né à La Caine [Normandie] (1758), S. 20 sept. 1774, congédié du 8 sept. 1783.

Lainé (Jacques), dit **Jolicœur**, né à Poitiers (1756), S. 10 nov. 1773, passé caporal en 1783.

Boutarée (Jean), né à Figeac (1758), S. 21 déc. 1774, passé aux chasseurs en 1783.

Chevron (Charles), né à Château-Gontier [Anjou] (1743), S. 3 août 1779, congédié le 5 avril 1784.

Roya (François), né à Argentan (1753), S. 14 déc. 1776, congédié le 14 sept. 1784.

Decoudu (Joseph), né à Arras (1754), S. 1er avril 1776, congédié le 1er avril 1784.

Royaux (Claude), né à Flacey (1754), S. 6 nov. 1779, mort le 26 août 1780, à Newport, en Amérique.

Borelly (Pierre), dit **Perriès**, né à Castelnaudary (1757), S. 19 nov. 1779.

Dubois (Jean), né à Alençon (1760), S. 1er janv. 1780, mort le 22 mars 1781, à Newport, en Amérique.

Ambry (Jean), né à Villepinte (1759), S. 9 avril 1778.

Lacaze (Le Beau), né à Marseille (1746), S. 17 avril 1766, congédié en 1785.

Desclaux (Etienne), né à Figeac (1760), S. 9 sept. 1776, congédié en 1786.

Chambin (Milan), né à Maligny [Bourgogne] (1734), S. 1er mars 1755, passé dans les fusiliers en 1781.

Moreau (Etienne), né à Loison [Artois] (1760), S. 1er mars 1777, passé aux chasseurs le 31 août 1784.

Donis (Pierre-Denis), né à Miramont [Agenois] (1756), S. 1er mai 1776, passé caporal en 1784.

Cibus (Simon), dit **Saint-Esprit**, né à Marseille (1758), S. 8 sept. 1773, congédié en 1784.

Béraud (Jean-Pierre), dit **Fleur d'Amour**, né à Bollène (1762), S. 23 mars 1778, passé caporal aux chasseurs le 16 avril 1785.

Tadier (Yves), né à Lannion [Bretagne] (1760), S. 24 mars 1778.

Gros (Etienne), né à Farges [Bourgogne] (1758), S. 23 mars 1777, congédié le 30 juill. 1785.

Amblard (Louis), né à Lussac (1759), S. 19 févr. 1778, mort le 9 août 1785, à l'hôpital de Tarascon.

Giroud (Pierre), né à Bayeux (1750), S. 11 sept. 1777, mort le 18 sept. 1780, à l'hôpital de Newport.

Pourraz (Honoré), né à Tain [Dauphiné] (1750), S. 26 sept. 1774, congédié le 8 sept. 1783.

Joubert (Mathieu), né à Die [Dauphiné] (1756), S. 29 avril 1776, congédié le 29 avril 1784.

De Bray (Jean-François), né à Corneville [Picardie] (1761), S. 20 avril 1779, R. pour 4 ans le 20 avril 1787.

Buxerolles (Guillaume), né à Nugion [Guyenne] (1746), S. 14 avril 1770, passé sergent-major aux chasseurs, le 16 sept. 1784.

Tarascon (Etienne), né à Tarascon (1756), S. 17 avril 1776, congédié le 7 avril 1784.

Tilquaz (Nicolas), dit **Condé**, né à Bien de Condé (1758) S. 18 oct. 1776, mort le 4 mars 1782 à l'hôpital d'York.

Petit (Jean-Baptiste), né à Deuil (1758), S. 18 oct. 1776, grenadier du 6 avril 1780.

Lainé (Gabriel), né à Argentan (1762), S. 9 janv. 1778, R. pour 4 ans le 9 janv. 1786.

Farnaud (Jean-Baptiste), né à Saint-Saturnin (1762), S. 9 avril 1779, congédié du 9 avril 1787.

Pinet (Jean), dit **Languedoc**, né à Villepinte (1739), S. 11 déc. 1757, caporal du 6 avril 1780.

Compagnie Didier.

Bonnot (François), né à Bollène [Comtat Venaissin] (1740), S. 24 mars 1762, sergent-major du 7 juin 1776, décédé le 1er févr. 1781.

Bernier (Jean), dit **L'Espérance**, né à Palornay [Franche-Comté] (1738), S. 28 déc. 1757, sergent du 8 févr. 1763. Mort le 12 oct. à l'hôpital de Baltimore.

Gouvreur (Laurent), dit **La Volonté**, né à Deune [Franche-Comté] (1731), S. 21 déc. 1755, sergent, parti pour la solde le 6 août 1783.

Monet (Jean-Louis), né à Bollène [Comtat Venaissin] (1741), S. 1er janv. 1762, sergent, mort le 6 mars 1782 à l'hôpital d'York.

Gayë (Joseph), dit **L'Aimable**, né à Marseille [Provence] (1745), S. 29 avril 1767, R. pour 8 ans du 29 avril 1775.

Le Sieur (Louis-François), né à Paris (1740), S. 27 avril 1758, parti pour la solde le 31 mars 1784.

Roy (Michel), né à Bécède [Languedoc] (1751), S. 18 janv. 1767, congédié le 8 sept. 1783.

Malauvan (Jacques), dit **Béthune**, né à Béthune [Artois] (1741), S. 14 févr. 1767, congédié le 17 janv. 1784.

Maillefau (Jean), dit **Dauphiné**, né à Chamelot [Dauphiné] (1749), S. 14 févr. 1767, congédié le 31 déc. 1783.

La Croix (Jean-Baptiste), né à Marines [Brie] (1745), S. 1er mars 1762, R. pour 8 ans du 1er mars 1776.

Monts (Augustin), dit **La Douceur**, né à Rey 1, [Languedoc] (1747), S. 24 oct. 1766, congédié le 8 sept. 1783.

Loup (Jean), dit **Lafontaine**, né à Saint-Maurice [Bourgogne] (1728), S. 1er oct. 1752, parti pour la solde le 1er mars 1782.

Magna (Jean), dit **Bellefin**, né à Saint-Marcellin [Dauphiné] (1729), S. 13 mars 1756, mort le 14 août 1780, à l'hôpital de Newport.

Galimard (François), dit **Béarnois**, né à Ger [Béarn] (1732), S. 10 déc. 1757, parti le 1er mars 1782.

Germignac (Jacques), dit **Saintonge**, né à Germignac [Saintonge] (1740), S. 12 mars 1759, congédié le 15 sept. 1783.

Juillet (Claude), né à Sainte-Agnès [Franche-Comté] (1742), S. 3 avril 1767, R. pour 8 ans le 3 avril 1775.

Esardy (Jean-Baptiste), dit **Jolibois**, né à Blussoy [Province] (1743), S. 1er mars 1762, congédié le 29 févr. 1784.

Talomier (André), dit **Avignon**, né à Avignon [Comtat Venaissin] (1742), S. 1er juin 1762, R. pour 8 ans du 1er juin 1776.

Nicolas (Michel), dit **Montargis**, né à Moulinet [Gâtinais] (1740), S. 1er juin 1762, congédié le 1er juin 1784.

Cussac (Jean), dit **La Bonté**, né à Foix (1740), S. 13 déc. 1764.

Benivady (Laurent), né à Piolenc [Comtat Venaissin] (1754), S. 28 déc. 1770.

Couvie (Barthélemy), dit **La Violette**, né à Pierrelatte [Dauphiné] (1754), S. 28 déc. 1770, R. pour 8 ans le 28 déc. 1778.

Chaussée (Laurent), né à Poitiers (1760), S. 3 janv. 1773, R. pour 4 ans du 3 janv. 1781.

Nivers (Jacques), né à Châtellerault (1748), S. 3 janv. 1773.

Lagonnie (Pierre), né à Verteuil [province d'Agenois] (1750), S. 7 févr. 1773, mort le 20 nov. 1784 à l'hôpital de Montpellier.

Declerc (Claude), né à Vence [Provence] (1749), S. 1er avril 1773, congédié le 8 sept. 1783.

Côme (Jean), né à Gigondas [Dauphiné] (1745), S. 2 avril 1773, R. pour 8 ans du 2 avril 1781.

Coutureau (François), dit **La Terreur**, né à Duras [Guyenne] (1749), S. 5 avril 1773, congédié le 8 sept. 1783.

Gavaudant (Michel), né à Vienne [Dauphiné] (1754), S. 14 juillet 1773, mort le 27 sept. 1781 sur le « Richmond » dans la baie de Chesapeak.

Brousseau (René), dit **Francœur**, né à Poitiers [Poitou] (1752), S. 10 nov. 1773, congédié le 12 sept. 1783.

Bonhaire (Jean), né à Noirétable [Forez] (1747), S. 4 déc. 1773, R. pour 4 ans le 4 déc. 1781.

Larsonneur (Louis), dit **Dubourg**, né à Pont-farcy [Normandie] (1752), S. 7 déc. 1773, congédié le 7 déc. 1781.

Champellier (Claude), dit **Vive l'Amour**, né à Neuville [Lyonnais] (1747), S. 31 déc. 1773, congédié le 31 déc. 1785.

Fio (Jean), dit **Berry**, né à Châteauroux (1753), S. 15 mars 1774, R. pour 4 ans du 16 mars 1781.

Payard (François), dit **Devers**, né à Saint-Igny [Beaujolais] (1748), S. 20 déc. 1774, congédié le 8 sept. 1783.

Terrier (Antoine), dit **Tournus**, né à Tournus [Bourgogne] (1754), S. 20 déc. 1774, R. pour 4 ans du 20 déc. 1782.

Le Brun (Antoine), né à Coutances [Normandie] (1754), S. 16 janv. 1775, congédié le 8 sept. 1783.

Le Tellier (Pierre), dit **La Couture**, né à Saint-Lô [Normandie] (1750), S. 31 juill. 1775, congédié le 8 sept 1783.

Le Grand (Louis), né à Saint-Lô [Normandie] (1757), S. 31 juill. 1775, congédié le 8 sept. 1783.

Petit (Nicolas), dit **Du Château**, né à Doussy-Château [Picardie] (1758), S. 19 oct. 1775, congédié le 19 oct. 1783.

Savary (Augustin), né à Mareuil [Artois] (1757), S. 5 nov. 1775, congédié le 5 nov. 1783.

Tiroy (Joseph), né à Saint-Paul [Artois] (1754), S. 29 nov. 1775, congédié le 27 janv. 1784.

Houlet (Jacques), né à Paris (1755), S. 5 déc. 1775.

Hoelle (Pierre), dit **Artois**, né à Arras (1757), S. 14 déc. 1775.

Mathé (Alexandre), né à Paris (1760), S. 10 mars 1776.

Calmet (Jean), né à Rouffiac [Auvergne] (1759), S. 23 mars 1776.

Chéno (Jacques), né à Alençon (1760), S. 3 avril 1776.

Marais (Louis), né à Argenton (1758), S. 11 avril 1776.

Lancel (Joseph), né à Saint-Paul [Artois] (1760), S. 17 avril 1776.

Becq (François), né à Romey [Dauphiné] (1757), S. 29 avril 1776.

Monteauset (Jean-Claude), né à Mardore [Beaujolais] (1755), S. 5 nov. 1776, congédié le 5 nov. 1784.

Despons (Pierre), né à Cadaillac [Quercy] (1758), S. 9 déc. 1776, congédié le 5 déc. 1784.

Boisset (Pierre-François), né à Figeac [Quercy] (1760), S. 9 déc. 1776, mort le 5 mars 1783 à Porto-Cabello

La Fabrée (Joan), né à Vermot [Quercy] (1758), S. 9 déc. 1776, congédié le 9 déc. 1784.

Riousse (Jean-Baptiste), né à Saint-Vallier [Dauphiné] (1756), S. 11 déc. 1776, congédié le 11 déc. 1784.

Roque (Antoine), né à Boinon [Quercy] (1755), S. 6 janv. 1777.

Colin (Nicolas), né à Saint-Dizier [Champagne] (1759), S. 31 déc. 1777.

Carré (Arnaud), né à Verdouin [près Arras] (1758), S. 1er févr. 1777.

Gris (Claude), né à Tournû [Bourgogne] (1761), S. 13 mars 1777.

Mariel (Jacques), né à Thorigny [Normandie] (1758), S. 26 mars 1777.

Dupont (Antoine), né à Terray-en-Bugey (1759), S. 28 mars 1777.

Bontoux (Jacques), né à Pont-Saint-Esprit [Languedoc] (1758), S. 6 mai 1777, congédié le 17 août 1783.

Dourne (Jean), dit **La Pierre**, né à Figeac [Quercy] (1757), S. 9 mai 1777, congédié le 9 mai 1785.

Sourry (Robert), né à Cambrai (1761), S. 10 mai 1777.

Toulotte (Henri-François), né à Villers-Cotterets (1761), S. 27 mai 1777.

Carré (François-Joseph), né à Verdouin [près Arras] (1761), S. 4 août 1777, congédié le 4 août 1785.

Derache (Pierre-François), né à Fourmies [Flandre] (1743), S. 21 août 1777, mort le 6 avril 1782, à l'hôpital d'York.

Bouillon (René), né à Tournû [Bourgogne] (1760), S. 6 oct. 1777.

Sénécal (Michel), né à Montabot [Normandie] (1760), S. 14 oct. 1777, congédié le 14 oct. 1785.

Joly (Jean), né à Lyon (1762), S. 22 oct. 1777.

Auvray (Louis), né à Sainteny [Normandie] (1758), S. 29 nov. 1777.

Belamy (Louis), né à Sainteny [Normandie] (1752), S. 21 déc. 1777, congédié le 29 nov. 1785.

Ducret (Jean), né à Jugy [près Tournû, Bourgogne] (1762), S. 1er mars 1778.

Morand (Jean), né à Verdun [Lorraine] (1758), S. 10 mars 1778.

Geoffroy (Guillaume), S. 1er mars 1778, passé sergent-major le 1er mai 1786.

La Porte (Antoine), né à Castelnaudary [Languedoc] (1759), S. 9 avril 1778, congédié le 9 avril 1786.

Rouyre (Jean), né à Montréal [Languedoc] (1760), S. 9 avril 1778, congédié le 9 avril 1786.

Gourgonieu (François-Laurent), né à Bolane [Comtat d'Avignon] (1761), S. 12 avril 1778.

Poirier (Nicolas), né à Clermont (1760), S. 12 avril 1778, congédié le 12 avril 1786.

Grobon (Claude), né à Pont-de-Beauvoisin [Dauphiné] (1763), S. 18 avril 1778, mort le 13 avril 1782, à l'hôpital d'York.

Mangin (Alexandre), né à Saint-Lô [Normandie] (1761), S. 5 sept. 1778, congédié le 1er mai 1784.

Brives (Pierre), né à Bouinon [Comtat Venaissin] (1758), S. 20 oct. 1778, congédié le 28 oct. 1786.

Lejeune (Nicolas), né à Fomoncourt [Picardie] (1759), S. 21 oct. 1778.

Journet (Antoine), né à Suze [Dauphiné] (1761), S. 28 déc. 1778.

Aubertin (Jean), né à Varennes [Champagne] (1762), S. 17 mars 1779.

Hutaut (François), dit **Langevin**, né à Saint-Martin-de-Beauprost [Anjou] (1757), S. 17 mars 1779.

Soulier (Barthélemy), né à Ampierre [Champagne] (1757), S. 15 avril 1779, mort le 4 sept. 1780, à l'hôpital de Newport.

De Bray (Jean-François), né à Bonneville [Picardie] (1761), S. 20 avril 1779.

Vadel (Louis), S. 1er juin 1779, parti pour les Invalides le 25 mars 1785.

Morel (Jean-François), S. 1er juill. 1779, congédié le 24 sept. 1783.

Florentin (Jean-François), né à Rembat [Lorraine] (1758), S. 29 sept. 1779.

Florentin (Jean-Louis), né à Rembat [Lorraine] (1758). S. 29 sept. 1779.

Guidon (Jacques), dit **La Porte**, S. 25 sept. 1779, R. pour 8 ans du 14 déc. 1773.

Deschets (Jean-Louis), né à Paris (1762), S. 16 nov. 1779.

Née (François), né à Saint-Martin-d'Aubigny [Normandie] (1757), S. 20 nov. 1779.

Mamon (Jean-Marie), né à Tournus [Bourgogne] (1764), S. 15 déc. 1779, congédié le 10 janv. 1785.

Bregevin (Antoine), né à Saint-Denis [Isle de France] (1758), S. 16 févr. 1780, congédié le 7 août 1783.

Courtier (Pierre), né à Charmentray [Brie] (1762), S. 18 févr. 1780, congédié le 31 déc. 1783.

Mariage (Gratien-Joseph), né à Beaucamps [Flandre] (1751), S. 9 juill. 1776.

Boudé (Julien), né à Fontaines [Normandie] (1761), S. 18 mars 1780, congédié le 15 avril 1783.

Defranc (Joseph), S. 11 févr. 1774.

Félix (Louis), S. 30 nov. 1772.

Picard (Antoine), S. 2 avril 1776.

Zamore (Angustine), dit **Fortuné**, S. 17 févr. 1777, mort en juin 1783, sur le « Neptune ».

Poix (Pierre-Louis), S. 13 juill. 1779.

Fabrigue (Raymond), S. 18 janv. 1767, congédié le 8 sept. 1783.

Bouvier (Claude), S. 23 déc. 1776.

Simart (Gilbert), né à Clermont (1737), S. 8 oct. 1763, mort le 11 juin 1786 à l'hôpital d'Uzès.

Provot (Charles), né à Rozières [Lorraine] (1751), S. 1er nov. 1777, mort le 18 janv. 1782 à Williamburg en Amérique.

Pignol (Jean-Joseph), né à Saint-Jérôme [Provence] (1740), S. 21 sept. 1766, mort le 31 juill. 1781 à Boston.

Vincent (Augustin), né à Nogent-sur-Marne (1740), S. 8 févr. 1773, mort le 30 sept. 1782 à Baltimore.

Hunout (Augustin), dit **Argentan**, né à Argentan [Normandie] (1757), S. 1er déc. 1775, R. pour 4 ans le 1er déc. 1783.

Behoule (Raymond), dit **Prêt à Boire**, né à Châteauneuf [Dauphiné] (1753), S. 28 avril 1776, incorporé du régiment d'Auvergne le 18 juin 1781.

Pothier (Urbain), né à Angers (1760), S. 11 sept. 1779, incorporé du régiment d'Auvergne le 18 juin 1781.

Grelay (Jean), né à Enseuil [Berry] (1758), S. 13 mars, 1779, incorporé du régiment d'Auvergne le 18 juin 1781.

Ducost (Jean), né à Foix [Guyenne] (1749), S. 8 mai 1779, incorporé du régiment d'Auvergne le 18 juin 1781.

Pépinot (Charles-Etienne), né à Anet-en-Brie (1764), S. 11 juill. 1780, incorporé du régiment d'Auvergne le 18 juin 1781.

Chenaux (André), né à Mailly (1761), S. 3 juill. 1780, incorporé du régiment d'Auvergne le 18 juin 1781.

Bernay (Jean-Baptiste), dit **La Tulipe**, né à Rigny (1762), S. 1er mars 1786.

Rantier (Jacques), dit **Saint-Esprit**, S. 15 sept. 1765, caporal passé aux chasseurs le 9 sept. 1783.

Pugibet (Antoine), S. 21 mai 1770, mort à York le 8 mars 1782.

Compagnie de Bien de Chevigny.

Silvestre (Firmin), né à Gordes [Provence] (1737), S. 11 avril 1757, sergent-major du 7 juin 1776, parti pour la solde le 3 mars 1784.

De Fleurans (Pierre), né à Lissac [Quercy] (1746), S. 15 avril 1765, passé sergent-major aux chasseurs le 1er févr. 1782.

Detruchet (Jean-Baptiste), né à Piolenc [Comtat Venaissin] (1749), S. 16 nov. 1766, passé sergent aux grenadiers le 17 nov. 1781.

Le Blanc (Pierre), né à Laval [Maine] (1736), S. 24 janv. 1756, parti pour la solde le 25 mars 1785.

Coutureau (Jean), dit **Saintonge**, né à Ledouec [Saintonge] (1738), S. 4 janv. 1759, R. du 23 nov. 1774.

Geoffroy (Laurent), dit **Fleur d'Epine**, né à Rennes [Bretagne] (1738), S. 19 mars 1759, R. du 27 nov. 1774.

Bonnot (Jean-Baptiste), né à Bollène [Comtat Venaissin] (1748), S. 1er janv. 1770, R. pour 8 ans le 1er janv. 1778, sergent du 17 janv. 1778.

Borelly (Jean-Barthélemy), né à Marseille (1746), S. 3 nov. 1766, R. pour 8 ans du 24 oct. 1782, sergent du 8 mai 1782.

Jonnard (Jacques), né à Chabeuil [Dauphiné] (1746), S. 5 mars 1767, R. pour 4 ans du 5 mars 1783, caporal du 7 juin 1776.

Jougan (François), dit **La Violette**, né à Saint-Jean-sur-Vilaine [Bretagne] (1736), S. 29 mars 1759, passé tambour le 16 sept. 1784.

Chandelier (Jean-Baptiste), dit **Bas Rocher**, né à Yvetot [Normandie] (1759), S. 1er mai 1775.

Eudes (François), dit **L'Etoile**, né à Avranches (1736), S. 3 avril 1753, passé aux grenadiers le 21 janv. 1781.

Mériotte (Sébastien), dit **Divertissant**, né à Jouy-sur-les-Côtes [Lorraine] (1735), S. 26 déc. 1755, mort le 27 sept. 1782 à Baltimore.

Prérot (Edme), dit **Sans Chagrin**, né à Châtillon-sur-Seine (1738), S. 3 avril 1757, congédié le 1er sept. 1783.

Moreau (Edme), dit **Bourguignon**, né à Lentilly [Bourgogne] (1735), S. 23 avril 1758, parti pour la solde le 25 mars 1785.

Sauvage (Jean), né au Quernet [Bourgogne] (1735), S. 23 avril 1758, congédié le 31 août 1784.

Crost (Jacques), dit **Belair**, né à Issel [Languedoc] (1746), S. 26 mars 1767, congédié le 8 sept. 1783.

Domerque (Jean), né à Saint-Jacques [Languedoc] (1739), S. 29 avril 1767, R. pour 4 ans du 29 avril 1783.

Escarguel (Pierre), dit **Sans Quartier**, né à Faucille [près Castelnaudary] (1751), S. 26 févr. 1768, congédié le 26 févr. 1784.

Henry (Pierre), dit **Tranquille**, né à Castelnaudary [Languedoc] (1754), S. 11 oct. 1770, R. pour 8 ans le 11 oct. 1778.

Lux (Etienne), dit **Montfort**, né à Montfort [Gascogne] (1754), S. 21 nov. 1772, passé caporal en 1784.

Géant (Julien), dit **Prestaboire**, né à Barenton [Normandie] (1742), S. 15 mars 1773, congédié le 22 juill. 1785.

Cayrol (Jacques), dit **Carcassonne**, né à Carcassonne (1750), S. 29 mars 1773, congédié le 8 sept. 1783.

Allemand (Ozias), dit **Roussillon**, né à Roussillon [Provence] (1750), S. 1er avril 1773, congédié le 8 sept. 1783.

Gernissen (Jean), dit **Sans Souci**, né à Saint-Symphorien [Beaujolais] (1739), S. 1er avril 1773, congédié le 8 sept. 1783.

Fourinot (Jean), dit **Sans Peur**, né à Pontacq [Béarn] (1753), S. 16 avril 1773, congédié le 8 sept. 1783.

Conrade (Joseph), dit **La Valeur**, né à Bigone (1753), S. 16 avril 1773, congédié le 8 sept. 1783.

Crozet (Benoit), né à Vaubrenard [Beaujolais] (1752), S. 14 juill. 1773, caporal le 1er janv. 1781.

Esperon (Gabriel), dit **La Grenade**, né à Arbigny [Bourgogne] (1746), S. 3 sept. 1773, congédié le 4 sept. 1785.

Favier (Jean-Baptiste), né à Barroux [Comtat Venaissin] (1749), S. 29 mars 1774, congédié le 30 mars 1776.

Barnier (Jean-Pierre), dit **Monmignon**, né à Pouey Sala [Dauphiné] (1750), S. 9 mai 1774, congédié le 9 mai 1782.

Connétable (Nicolas), né à Briquebosq [Normandie] (1746), S. 3 mars 1774, congédié le 16 sept. 1783.

Lucpoullet, dit **Durocher**, né à Saint-Lô (1753), S. 19 juill. 1774.

Fert (Mathurin), dit **Montplaisir**, né à Alençon (1756), S. 5 nov. 1774, R. du 5 déc. 1782.

Pradier (Simon), né à Figeac (1755), S. 21 déc. 1774, R. du 21 déc. 1782.

Issaly (Jean), dit **Branched'or**, né à Figeac (1755), S. 21 déc. 1774, R. le 8 sept. 1783.

Guérin (Augustin), né à Flerville [Normandie] (1757), S. 29 janv. 1775.

Clément (Joseph), dit **Francœur**, né à Saint-Rozier [Dauphiné] (1752), S. 23 mars 1775.

Martin (Félix), dit **Fangeaux**, né à Fangeaux [Languedoc] (1756), S. 30 avril 1775, R. pour 4 ans du 30 avril 1783.

Valet (Jean-Gros), dit **Saint-Brieux**, né à Saint-Brieux (1756), S. 30 avril 1775, R. pour 4 ans du 30 avril 1783.

Requrs (Michel), né à Saint-Lô [Normandie] (1757), S. 29 sept. 1775, passé aux chasseurs le 1er févr. 1782.

Le Jard (Jean), né à Lauréla [Bretagne] (1753), S. 29 sept. 1775, congédié le 29 sept. 1783.

Le Gouz (Louis), né à Becherel [Bretagne] (1756), S. 2 oct. 1775, congédié le 1er oct. 1783.

Blanché (François), né à Alençon [Normandie] (1758), S. 6 oct. 1775.

Dufour (Pierre), né à Raphy [Picardie] (1748), S. 7 nov. 1775, mort le 10 mars 1781 à l'hôpital de la Providence en Amérique.

Turquet (Jean), né à Bray [Picardie] (1762), S. 9 nov. 1775, congédié le 9 nov. 1783.

Boyer (François), né à Dissay [Languedoc] (1757), S. 25 mars 1776, congédié le 25 mars 1784.

Lainé (Louis), né à Argentan (1760), S. 14 avril 1776, mort le 31 août 1780 à Brest.

Fournier (François), né à Ambronay [Bourgogne] (1758), S. 29 avril 1776.

Lorrain (Pierre), né à Metz (1754), S. 11 août 1776, mort le 17 janv. 1783 à Baltimore.

Lourdelet (Augustin), né à Gerniguy [Brie] (1748), S. 5 sept. 1776, congédié le 5 sept. 1784.

Jacoby (Nicolas), né à Herguguey [Lorraine] (1759), S. 8 oct. 1776, tué à la tranchée le 19 oct. 1781.

Viole (Jean), né à René [Maine] (1757), S. 17 oct. 1776, congédié le 17 oct. 1784.

Garnier (Jean-Pierre), né à Paris (1757), S. 7 déc. 1776, congédié le 7 déc. 1784.

Cassaire (Pierre), dit **L'Eveillé**, né à Playioles [Quercy] (1760), S. 9 déc. 1776, congédié le 9 déc. 1784.

Gay (Jean-Baptiste), né à Bouillac [Quercy] (1757), S. 9 déc. 1776, congédié le 9 déc. 1784.

Bessonnet (Charles), né à Poitiers (1755), S. 28 déc. 1776.

Mariel (Simon), dit **La Bussière**, né à Buxières [Champagne] (1759), S. 31 janv. 1777.

Bulle (Antoine), né à Besançon (1752), S. 6 févr. 1777, congédié le 2 mai 1783.

Mathieu (Jacques), né à Chantemerle [Provence] (1757), S. 1er mars 1777, congédié le 1er mars 1785.

Guérin (Jean-Claude), né à Tournus [Bourgogne] (1759), S. 30 mars 1777, congédié le 30 mars 1785.

Gachor (Jean), né à Pierrelaye [Bourgogne] (1752), S. 21 mars 1777, congédié le 21 mai 1785.

Gontenoire (Maurice), né à Givors (1752), S. 7 juin 1777, congédié le 3 déc. 1783.

Beaurain (Pierre-Antoine), né à Paris (1751), S. 6 oct. 1772, caporal, congédié le 8 sept. 1783.

Paquay (Jean-Joseph), né à Guise [Picardie] (1757), S. 11 août 1777, mort le 2 sept. 1781 à l'hôpital de Prokill en Amérique.

Vincent (Pierre-Bernard), né à Condieux [Rennes] (1758), S. 7 sept. 1777, congédié le 7 sept. 1785.

Gonard (Etienne), né à Saint-Etienne (1759), S. 24 nov. 1777.

Parrey (François), né à Isigny (1761), S. 2 déc. 1777.

Dupart (Antoine), né à Piolenc [Comtat Venaissin] (1759), S. 4 déc. 1777, congédié le 4 déc. 1785.

Buchillor (Denis), né à Paris (1760), S. 7 déc. 1777, congédié le 16 janv. 1784.

Bouton (Daniel-Joseph), né à Valenciennes (1761), S. 12 déc. 1777.

Aché (Pierre), né à Paris (1757), S. 19 déc. 1777.

Cadillan (Louis), né à Paris (1755), S. 9 janv. 1778, congédié le 9 janv. 1786.

Moisson (Pierre), né à Villefranche [Champagne] (1759), S. 21 févr. 1778, congédié le 21 févr. 1786.

Geoffroy (Jean), dit **Amant**, né à Houdan [Beauce] (1756), S. 21 févr. 1778, mort le 2 avril 1782 à l'hôpital d'York.

Sevenier (Symphorien), né à Vauvignan (1762), S. 23 mars 1778, réformé le 17 janv. 1784.

Ducros (Jean-Baptiste), né à Châlon-sur-Saône (1761), S. 23 mars 1778.

Embry (Jean), né à Villepinte [Languedoc] (1760), S. 9 avril 1778, passé grenadiers le 15 avril 1780.

Raurès (Théodore), né à Lissac [Quercy] (1760) S. 21 avril 1778, congédié du 20 avril 1778.

Moncroy (Charles), né à Saint-Samson [Normandie] (1760), S. 19 mai 1778, mort le 18 sept. 1780 à l'hôpital de Newport.

Péraut (Eloy), né à Avignon (1760). S. 21 mai 1778.

Ninsonna (Alexandre), né à Quincy [Bourgogne] (1759), S. 24 juill. 1778.

Brissollier (Joseph), né à Argentan [Normandie] (1760), S. 2 août 1778.

Armand (Jean), né à Paris (1760), S. 6 sept. 1778, parti pour les Invalides le 25 mars 1785.

Dufour (Nicolas), né à Tarascon (1759), S. 26 sept. 1778, congédié le 31 mai 1786.

Dugalier (Paul), né à Rollet (1750), S. 25 déc. 1778, congédié le 25 déc. 1786.

Montessuit (Jacques), dit **La Valeur**, S. 31 déc. 1778, mort le 11 août 1780 à Newport.

Luguier (Pierre-Nicolas), né à Paris (1755), S. 26 févr. 1779.

Hormès (Pierre), né à Hérouville [Lorraine] (1759), S. 26 févr. 1779, passé aux grenadiers le 13 juill. 1784.

Girardin (Jean-Baptiste), né à Hauteville [Champagne] (1758), S. 17 mars 1779, congédié le 16 sept. 1784.

Le Blanc (Jean), dit **Tournû**, né à Tournus [Bourgogne] (1760), S. 21 mars 1779.

Padé (Jean-Baptiste), dit **Acheux**, né à Acheux [Picardie] (1760), S. 27 mars 1779, passé caporal à la compagnie Cazin.

Cochet (Louis), né à Servigny [Bourgogne] (1760), S. 23 avril 1779.

Bastouille (Girard), né à Bécède [Languedoc] (1761), S. 17 mai 1779.

Embry (Pierre), né à Issel [Languedoc] (1762), S. 17 mai 1779.

La Tauppe (Gilbert), dit **Jolicœur**, né à Tournus [Bourgogne] (1751), S. 12 mars 1779, mort le 21 mars 1782 à l'hôpital d'York.

Desormaux (Mathieu), né à Versailles (1762), S. 11 juin 1779, passé aux grenadiers le 5 sept. 1785.

Grisot (Jean-Baptiste), né à Aigny [Champagne] (1755), S. 7 sept. 1779.

Guérin (Pierre), né à Saint-Julien [Bourgogne] (1757), S. 9 nov. 1779.

Neman (Bastien), né à Dosnay [Bourgogne] (1761), S. 3 déc. 1779, passé aux grenadiers le 8 août 1783.

Nègre (Honoré), né à Paris (1766), S. 14 févr. 1780.

Ernoud (Jacques-Edouard), S. 21 juill. 1779.

Carrey (Jean-Nicole), né à Maz [Franche-Comté] (1759), S. 25 juill. 1777.

Beaupoil (Antoine), né à Pleure [Franche-Comté] (1740), S. 3 avril 1755, congédié en 1786.

Guillet (Etienne), né à Versailles (1762), S. 21 févr. 1780.

Saulnier (Michel), dit **Sans Façon**, né à Paris (1764), S. 11 mars 1780.

Boidereau (Louis), dit **Brind'Amour**, né à La Bécède [Languedoc] (1761), S. 6 mars 1779.

Dumoulin (Gaspard), né à Gouzon [Maine] (1760), S. 21 févr. 1779.

Milsot (Nicolas), dit **Saint-Eloy**, né à Saint-Georges [Beauce] (1757), S. 17 juin 1777.

Dutiot (Joseph), dit **Dartois**, né à Bapaume [Languedoc] (1750), S. 5 avril 1772.

Villemarre (Jacques), dit **Mazarin**, né à Rethel [Champagne] (1756), S. 19 mars 1775.

Fringant (Bastien), né à Liorme [Chaumont] (1758), S. 1er avril 1776.

Gauthier (Bernard), né à Bozal [Bretagne] (1761), S. 26 août 1779, mort à l'hôpital de Newport le 5 juill. 1781.

Cauve (Barthélemy), dit **La Violette**, S. 28 sept. 1778, congédié le 15 sept. 1786.

Rozières (François), S. 14 mars 1775.

Rambert (Joseph), S. 27 sept. 1760, R. pour 8 ans le 21 nov. 1774.

Meaugeard (Antoine), né à Yerres [Brie] (1750), S. 25 mars 1776.

Desjardins (François), dit **La Forme**, né à Falaise [Normandie] (1760), S. 3 févr. 1779.

Louvard, dit **Gosselin**, né à Falaise [Normandie] (1761), S. 3 févr. 1779.

Perraud (Joseph), dit **Fleur d'Epine**, né à Macon (1746), S. 8 juin 1774.

Dounier (François), né à Gordes [Provence] (1760), S. 18 janv. 1779, mort le 19 oct. 1781 à York.

Padé (Jean-Louis), dit **Isidore**, né à Chépy [Picardie] (1761), S. 15 avril 1779.

Compagnie de chasseurs.

DE BAUDRÉ, capitaine.

Plantade (Louis), né à Saint-Jean-d'Angély [Saintonge] (1735), S. 25 juin 1759, sergent-major, congédié le 8 sept. 1783.

Gènes (François), né à Rosières-aux-Salines [Lorraine] (1738), S. 17 mars 1756, sergent, R. le 3 mars 1780.

Dolphin (Joseph), né à Landrecies [Hainault] (1740), S. 17 avril 1758, sergent, R. du 16 avril 1776 pour 8 ans.

Le Comte (Pierre), né à Lyon (1738), S. 20 févr. 1759, sergent, mort le 15 oct. 1781 à York.

Louvet (François), né à Thiaucourt [Lorraine] (1738), S. 19 mars 1759, sergent, congédié le 8 sept. 1783.

Jansom (François), dit **Belarbre**, né à Saint-Marcel [Dauphiné] (1734), S. 29 févr. 1756, sergent du 10 oct. 1780.

Rondel (Jacques), né à Saint-Pois [Normandie] (1732), S. 17 févr. 1756, R. pour 8 ans le 30 nov. 1774.

Moligny (Joseph), dit **Piédmont**, né à Verceil [Piémont] (1752), S. 22 avril 1769, passé sergent le 9 sept. 1783.

Durand (François), né à Piolenc [Comtat Venaissin] (1747), S. 26 juin 1765, passé sergent le 9 sept. 1783.

Jéandon (Etienne), né à Saint-Germain [Bresse] (1740), S. 3 mai 1765, parti pour la solde le 6 avril 1784.

Ribes (Alexandre), dit **Vive l'Amour**, né à Saint-Ferréol [Dauphiné] (1740), S. 11 avril 1761, congédié le 8 sept. 1783.

Menétrier (Jean-Baptiste), dit **Vainqueur**, né à Dôle [Franche-Comté] (1742), S. 28 févr. 1762, congédié le 1er juin 1784.

Jeannot (Nicolas), né à La Réole [Guyenne] (1740), S. 13 avril 1762, congédié le 13 avril 1784.

Galderick (Parent), dit **La Verdure**, né à Perpignan (1740), S. 1er nov. 1764, R. pour 4 ans du 1er nov. 1780.

Lafont (François), né à Perpignan (1740), S. 8 déc. 1764, congédié le 4 déc. 1784.

Miot (Hilaire), dit **Sans Chagrin**, né à Grandchamp [Champagne] (1740), S. 7 mars 1765, R. pour 8 ans du 7 mars 1773.

Bonnet (Isidore), né à Langres [Champagne] (1744), S. 7 mai 1765, congédié le 23 août 1785.

Marillat (Laurent), dit **Blondin**, né à Montaud [Dauphiné] (1746), S. 10 avril 1766, mort le 13 août 1780 à Newport.

Andriou (Pierre), dit **Bienvenu**, né à Thor [Comtat Venaissin] (1745), S. 5 nov. 1766, congédié le 8 sept. 1783.

Philippes (Antoine), né à Marseille [Provence] (1744), S. 12 nov. 1766, congédié le 15 nov. 1786.

Querol (Pierre), dit **La Serre**, né à **La** Serre [Languedoc] (1746), S. 6 déc. 1766, congédié le 9 sept. 1783.

Grotte (Jean-Antoine), dit **Vivarais**, né à Vesseaux [Vivarais] (1745), S. 24 déc. 1766, R. pour 8 ans du 24 déc. 1774.

Delfaut (François), né à Cavialo [Quercy] (1747), S. 4 mars 1767, congédié le 8 sept. 1783.

Cazebat (François), dit **Louis**, né à Vignonet [Languedoc] (1747), S. 18 janv. 1767.

Cayol (Jacques), dit **Marseille**, né à Ausan [Provence] (1750), S. 6 mars 1767.

Bretin (Guillaume), dit **L'Air**, né à Seilnard [Bourgogne] (1758), S. 12 avril 1767.

Boy (Jean), dit **Fleur d'Amour**, né à La Réole [Guyenne] (1747), S. 12 avril 1767, congédié le 8 sept. 1783.

Laganne (Claude), dit **La Brisée**, né à Lissac [Quercy] (1746), S. 29 mai 1767, passé aux chasseurs le 31 août 1784.

Quaire (Marie-Joseph), né à Dreuilhe [Languedoc] (1751), S. 26 févr. 1768, congédié le 26 févr. 1784.

La Chaise (Jean), dit **Jolicœur**, né à Saint-Hilaire [Guyenne] (1751), S. 10 mars 1768, congédié le 10 mars 1784.

Clavaux (François), né à Raoteau [Comtat Venaissin] (1752), S. 18 févr. 1769, congédié le 22 juill. 1785.

Otferge (François), dit **Cléry**, né à Ruaud [Languedoc] (1751), S. 8 févr. 1769, congédié le 9 sept. 1783.

Archimbaux (François), dit **Tourbelle**, né à Bédarieux [Languedoc] (1751), S. 3 mars 1769, R. pour 8 ans du 3 mars 1777.

Rey (Pierre), dit **César**, né à Bonsagnes [Languedoc] (1744), S. 3 mars 1769, R. pour 8 ans du 3 mars 1777.

Routès (Jean), dit **La Force**, né à La Force [Languedoc] (1743), S. 2 oct. 1769, congédié le 2 oct. 1785.

Bichet (Antoine), dit **Comtois**, né à Chambornay [Franche-Comté] (1754), S. 20 avril 1770, passé caporal le 11 juin 1784.

Monnet (Philippe), dit **Fanfare**, né à Ambérieux [près Dombes] (1754), S. 1er févr. 1771, passé caporal le 16 avril 1786.

Gombaut (Joseph), dit **Montauciel**, né à Beignon [Bretagne] (1754), S. 20 mars 1772, R. pour 8 ans le 20 mars 1780.

Bouchery (Bertrand), né à Saint-Vincent-d'Excideuil [Périgord] (1742), S. 27 sept. 1772, congédié le 8 sept. 1783.

Breisse (François), dit **La Réjouissance**, né à Saint-Aulais [Vivarais] (1754), S. 15 déc. 1772, R. pour 8 ans du 15 déc. 1780.

La Croix (Jean), né à Belvèze [Périgord] (1749) S. 16 févr. 1773, mort le 25 oct. 1781 à l'hôpital d'York.

Devèze (Pierre), dit **La Vigueur**, né à Castelnau [Guyenne] (1754), S. 20 févr. 1773, R. pour 8 ans le 20 févr. 1781.

Ganivet (Michel), né à Notre-Dame-d'Elle [Normandie] (1752), S. 15 mars 1773, R. le 15 mars 1781.

Milon (Pierre), né à Vorn [Angoumois] (1759), S. 9 mai 1773, R. pour 8 ans le 9 mai 1781.

Robert (Jean), né à Saillant [Auvergne] (1752), S. 19 mai 1773, R. pour 8 ans le 19 mai 1781.

Paria (François), dit **Branche d'Or**, né à Tournus [Bourgogne] (1753), S. 19 mai 1773, R. pour 8 ans le 19 mai 1781.

Lebrun (Jean), né à Saint-Lô [Normandie] (1753), S. 31 mai 1773, R. pour 8 ans le 31 mai 1781.

Grandjon (Claude), né à Chazellet [pr. Forez] (1751), S. 18 juin 1773, R. du 22 juill. 1785.

Morillon (François), dit **Prestaboire**, né à Epercieux [pr. Forez] (1752), S. 18 juin 1773, mort le 28 sept. 1780 à Newport.

Monaut (Michel), dit **Belletin**, né à Saint-Lô (1753), S. 19 sept. 1773, congédié le 28 sept. 1783.

Hérous (Michel), dit **Vadeboncœur**, né à Angleville [Normandie] (1753), S. 12 nov. 1773, R. du 12 nov. 1781, pour 8 ans.

Bouglé (Eustache), dit **Dumaine**, né à Bourg [Maine] (1748), S. 1er mai 1774, congédié le 8 sept. 1783.

Dutour (Pierre), né à Encausse [Comminges] (1755), S. 23 mars 1775, passé caporal le 16 sept. 1780.

Sourson (Jean), dit **Figeac**, né à Camboulit [Quercy] (1755), S. 31 mars 1783, mort le 15 oct. 1781 au siège d'York.

Gausselin (Nicolas), dit **Tempête**, né à Saint-Lô [Normandie] (1753), S. 31 juill. 1775, passé aux grenadiers le 1er sept. 1780.

Rivoire (Jean-Baptiste), né à Lyon (1749), S. 24 oct. 1775, congédié le 28 oct. 1783.

Rollet (Jean), né à Saint-Remy [Provence] (1752), S. 27 janv. 1776, congédié le 27 janv. 1784.

Gagneur (François), né à Châtillon [Berry] (1744), S. 27 mars 1776.

Decot (Jacques), né à Argentan [Normandie] (1748), S. 27 mars 1776.

Brunet (Jean-Louis), né à Bormes [Provence] (1755), S. 29 oct. 1776.

Beaugat (Jean-Baptiste), dit **Beauregard**, né à Lyon (1758), S. 6 nov. 1776, parti pour les Invalides le 16 avril 1784.

Guillermet (Silvestre), né à Chapareillan [Dauphiné] (1755), S. 4 déc. 1776, congédié le 4 déc. 1784.

Caritau (Jean), né à Gréolon [Quercy] (1756), S. 9 déc. 1776, congédié le 9 déc. 1784.

Rivière (Jacques), né à Poitiers (1755), S. 28 déc. 1776, congédié le 22 juill. 1785.

Quentin (Pierre), né à Saint-Gobain [Picardie] (1756), S. 17 févr. 1777, congédié le 27 févr. 1784.

Dallier (Pierre), né à Grayssens [Languedoc] (1759), S. 27 mars 1777, congédié le 22 juill. 1785.

Ballat (Pierre), né à Neuf-Eglise [Auvergne] (1750), S. 5 avril 1777, passé caporal en 1782.

Guénon (François), né à Coutances [Normandie] (1750), S. 9 oct. 1777.

Gaudon (Jean), né à Saint-Lô [Normandie] (1758), S. 9 oct. 1777.

Godin (Pierre), né à Valenciennes (1757), S. 27 déc. 1777, congédié le 27 déc. 1785.

Delaunay (Jean-Louis), né à Argentan [Normandie] (1759), S. 9 janv. 1778.

Daniel (Antoine), né à Bayeux [Normandie] (1746), S. 22 janv. 1778, congédié le 22 janv. 1786.

Le François (François), né à Bayeux [Normandie] (1750), S. 22 janv. 1778.

La Porte (Joseph), né à Castelnaudary [Languedoc] (1760), S. 11 févr. 1778.

Maillot (Clément), né à Cambrai (1741), S. 20 août 1760, R. pour 8 ans du 5 mai 1775.

Mellet (Michel), né à Argentan [Normandie] (1743), S. 2 avril 1760, congédié le 8 sept. 1783.

Lefevre (Célestin), né à Monchy-aux-Bois [près Arras] (1758), S. 16 avril 1778, passé aux grenadiers le 13 juill. 1784.

Roulland (Jean-Louis), né à Torigni [Normandie] (1759), S. 5 mai 1778, congédié le 5 mai 1786.

Barrey (Hyacinthe), né à Crennes [près Argentan, Normandie] (1761), S. 24 mai 1778, mort le 6 mai 1783 sur le « Triomphant ».

Devilleron (Honoré), né à Villers Cotterêts (1755), S. 30 mai 1778, passé caporal le 7 sept. 1780.

Josset (Nicolas), né à Dieue [près Verdun] (1758), S. 11 nov. 1778, congédié le 11 nov. 1786.

Coye (Michel), né à Saint-Jacques [Provence] (1759), S. 12 nov. 1778, congédié le 31 déc. 1783.

Bonnaventure (Louis-François), né à Doullens [Picardie] (1758), S. 25 févr. 1779, congédié le 20 juill. 1780.

Lépégoix (François), né à Soulogne [Normandie] (1758), S. 16 mars 1780.

Lesage (Jacques), né à Abbeville [Picardie] (1760), S. 15 mars 1779.

Darbonne (Pierre), né à Milly [Fontainebleau] (1757), S. 15 juill. 1779, congédié le 11 mars 1784.

Querse (Nicolas), dit **Nancy**, né à Neuville [Lorraine] (1727), S. 1er juin 1779, mort le 25 déc. 1784.

Rouillon (Louis), né à Saint-Quentin (1744), S. 6 mars 1778, mort le 15 sept. 1784.

Dubois (Jean), né à Olivet [Normandie] (1760), S. 17 oct. 1779.

De Boussoir (Claude), né à Corbeil [Isle de France] (1762), S. 27 oct. 1779, passé sergent en 1783.

Cavalier (Jean), né aux Pajols [Languedoc] (1748), S. 25 juin 1775, congédié le 8 sept. 1783.

Desmarais (François), né à Argentan [Normandie] (1756), S. 30 avril 1776.

Bonnefoy (Jean), né à Sault [Provence] (1752), S. 20 mars 1770, R. pour 8 ans du 20 mars 1778.

Seriès (Pierre), dit **Crozit**, né à Aurillac [Amérique] (1755), S. 28 mars 1774.

Gonzel (Alexandre), né à Saint-Arnoult [Normandie] (1758), S. 19 sept. 1779.

Gauthier (Jean-Joseph), né à Mézières (1758), S. 30 mars 1778, congédié le 31 déc. 1783.

Sauvage (François), dit **Laramée**, né à Tenay [Bourgogne] (1753), S. 30 nov. 1772, congédié le 8 sept. 1783.

Sauvage (François), né à Vervins [Picardie] (1757), S. 11 déc. 1778.

Bonnet (Joseph), dit **Fleur d'Epine**, né à Bram [Languedoc] (1747), S. 14 nov. 1766, congédié le 14 nov. 1786.

Pingué (Jean), dit **Blondin**, né à Figeac [Quercy] (1762), S. 16 août 1777.

Belin (Claude), dit **Bel Amour**, S. 19 mai 1773, R. pour 8 ans du 19 mai 1781.

Connot (Thomas), né à Sées [Normandie] (1756), S. 2 déc. 1773, mort le 4 oct. 1781 à Newport.

Henri (Pierre), dit **Tranquille**, S. 18 oct. 1770, congédié le 18 oct. 1786.

Cellier (Thomas), dit **Divertissant**, S. 10 avril 1776, caporal du 9 sept. 1783.

Campion (Jacques), dit **Carignan**, S. 1er avril 1770, R. pour 8 ans du 1er avril 1778.

Girard (Benoit), S. 30 avril 1770, R. pour 8 ans le 30 avril 1778.

Serre (François), né à Roussillon [Provence] (1762), S. 9 avril 1779.

De Launay (Pierre), dit **La Prudence**, S. 15 févr. 1779.

Michelet (Jean-Pierre), né à Poitiers (1760), S. 31 mars 1777, mort le 23 sept. 1781 à Chesapeak.

Leblond (Jean), dit **Blondin**, né à Saint-Lô [Normandie] (1752), S. 13 mai 1770, mort à Montpellier le 8 oct. 1786.

Cousin (Jean), né à Notre-Dame-de-la-Rouvière (1760), S. 29 nov. 1777, R. pour 4 ans du 29 oct. 1785.

Cazajoux (Jean), dit **La Grenade**, né à Agos [près Bigorre], S. 16 avril 1773, congédié le 31 déc. 1785.

Huault (Jacques), S. 11 avril 1778, congédié le 11 avril 1786.

Motice (Jean-Marie), S. 29 nov. 1774, congédié le 8 sept. 1783.

Barberot (Pierre), S. 8 avril 1778, R. pour 4 ans le 8 avril 1786.

Barillot (Pierre-Jacques), S. 12 avril 1766, congédié le 8 sept. 1783.

De Fleurans (Pierre), né à Lissac [Quercy] (1743), S. 15 avril 1765, fait porte-drapeau le 31 mars 1784.

Requrs (Michel), S. 29 sept. 1775, R. pour 4 ans du 29 sept. 1783.

Delanche (Jean), né à Saint-Maurice [Vivarais] (1760), S. 11 janv. 1778, congédié le 11 janv. 1786.

Labat (Jean), dit **La Franchise**, né à Bazas [Guyenne] (1746), S. 29 avril 1770, congédié le 8 sept. 1783.

Compagnie de Marin.

Monnet (Jacques), né à Albenc [Dauphiné] (1732), S. 24 nov. 1755, sergent-major, parti pour la solde le 26 mai 1783.

Le Loutre (Alexandre), né à Vire [Normandie] (1734), S. 17 févr. 1756, sergent, congédié le 16 août 1785.

Rispal (Joseph), né à Figeac [Quercy] (1743), S. 1er déc. 1760, sergent, R. pour 8 ans du 15 mars 1775.

Le Beau (Jean), dit **Vive l'Amour**, né à Nuits [Bourgogne] (1741), S. 20 nov. 1760, congédié le 20 nov. 1786.

Siméon (Vincent), dit **Dauphiné**, né à Montynard [Dauphiné] (1730), S. 15 sept. 1767, parti pour la solde le 25 mars 1785.

Fouquier (Etienne), dit **Bel Amour**, né à Pierrelatte [Dauphiné] (1734), S. 13 déc. 1756, congédié le 15 nov. 1783.

Sourcillat (Joseph), dit **Beauséjour**, né à Grignan [Provence] (1745), S. 10 avril 1766, congédié le 8 sept. 1783.

Busserolle (Michel), dit **La Déroute**, né à Rugeon [Guyenne] (1740), S. 14 avril 1770, R. pour 4 ans du 11 avril 1778.

Michaud (Paul), né à Pannessières [Franche-Comté] (1740), S. 15 févr. 1776, congédié le 15 mars 1784.

Noël (**Louis**), dit **Saint-Louis**, né à Corneilla [Roussillon] (1739), S. 21 oct. 1763, R. pour 8 ans du 21 oct. 1785.

Eyfret (Pierre), dit **La Rencontre**, né à Méailles [Provence] (1737), S. 30 mars 1758, parti pour la solde le 21 avril 1786.

Jullien (Joseph), né à Noyarly [Dauphiné] (1734), S. 10 févr. 1759, R. pour 8 ans du 23 nov. 1774.

Jannot (Jean), né à Puybarban [Guyenne] (1738), S. 4 avril 1759, congédié le 8 sept. 1783.

Coleran (Jean-Baptiste), dit **La Tendresse**, né à Chaumont (1735), S. 7 févr. 1760, mort le 16 mars 1782 à York.

Roart (Charles-Joseph), dit **Saint-Martin**, né à Fives [Flandre] (1729), S. 5 sept. 1760, parti pour les Invalides le 31 mai 1786.

Dupin (Jean-Baptiste), dit **La Confiture**, né à Jussey [Franche-Comté] (1747), S. 16 janv. 1762, R. pour 8 ans du 16 janv. 1776.

Cazémir (Jean), dit **Figeac**, né à Figeac [Quercy] (1743), S. 15 mars 1762, congédié le 15 mars 1784.

Péraudet (Jean-Baptiste), dit **Ambérieux**, né à Chaleins [Bugey] (1727), S. 7 avril 1765, parti pour la solde le 21 avril 1785.

Gauchey (Joseph), né à Bordes [Languedoc] (1737), S. 6 nov. 1765, R. pour 4 ans du 6 nov. 1781.

Lafitte (Jean), dit **La Grenade**, né à Carcassonne (1747), S. 24 oct. 1766, mort le 18 juin 1784 à Uzès.

Germain (Pierre), né à Castellane [Provence] (1746), S. 10 févr. 1767, congédié le 8 sept. 1783.

Faure (Pierre), dit **La Couture**, né à Pontaix [Dauphiné] (1738), S. 14 févr. 1767, congédié le 19 sept. 1783.

Riol (Jean), dit **Saint-Canard**, né à Noire d'Aire [Quercy] (1747), S. 4 mars 1767, R. pour 8 ans du 4 mars 1775.

Grossard (Charles), dit **La Joye**, né à Saint-Genis [Saintonge] (1747), S. 11 mars 1767, congédié le 8 sept. 1783.

Ribat (Pierre), né à Rives [Rouergue] (1747), S. 26 mars 1767, congédié le 31 janv. 1784.

Barrière (Jean), dit **La Violette**, né à Magalas [Languedoc] (1751), S. 20 janv. 1769, congédié le 22 juill. 1782.

Lafond (Elie), né à Brantôme [Périgord] (1753), S. 27 mars 1773, congédié le 16 août 1785.

Boyer (Martial), né à Saint-Germain [Guyenne] (1747), S. 1er avril 1783, congédié le 8 sept. 1783.

Génitier (Antoine), dit **Printemps**, né à Chiroubles [Beaujolais] (1752), S. 24 juin 1774, congédié le 24 juin 1786.

Surget (Jacques), né à Boussy-Saint-Nicolas [Bretagne] (1756), S. 13 août 1774, mort le 31 janv. 1781 à Newport.

Lerbourg (Philippe), dit **Duay**, né à Saint-Lô [Normandie] (1756), S. 13 oct. 1774, congédié le 13 janv. 1784.

Cabaza (Antoine), dit **La Tulipe**, né à Belvès [Périgord] (1752), S. 22 déc. 1774, congédié le 8 sept. 1783.

Mallessard (Bonnaventure), né à Saint-Lô (1756), S. 31 mars 1775, R. pour 4 ans le 31 mars 1783.

Détans (Jean), dit **Cadet**, né à Bayeux (1753), S. 31 juill. 1775, congédié le 8 sept. 1783.

Bazire (Jean), né à Coutances (1742), S. 26 août 1775, congédié le 26 août 1783.

Thomas (Pierre), né à Lorges [Bretagne] (1750), S. 28 sept. 1775, mort le 18 oct. 1780.

Douchin (Georges-Victor), né à Saint-Lô [Normandie] (1756), S. 29 sept. 1775, congédié le 29 sept. 1783.

Huby (François), né à Carantilly [Normandie] (1756), S. 29 sept. 1775, congédié le 20 sept. 1783.

Gallois (François) né à Peray [Normandie] (1758), S. 5 nov. 1775, congédié le 5 nov. 1783.

Tournay (Jean), né à Paris (1757), S. 7 nov. 1775.

Bagnères (Jean), né à Souprosse [Gascogne] (1750), S. 8 févr. 1776, congédié le 20 janv. 1784.

Trésor (Jacques), né à Saint-Lô [Normandie] (1747), S. 28 mars 1776, congédié le 31 déc. 1783.

Léveillé (Jacques), né à Saint-Lô (1759), S. 28 mars 1776, congédié le 28 mars 1784.

Antonnau (Georges), né à Derbamont [Lorraine] (1759), S. 11 avril 1776, mort le 12 oct. 1780 à l'hôpital de la Providence (Amérique).

Le Verrier (Augustin-Amédé), dit **Longpré**, né à Arras (1759), S. 17 avril 1776, congédié le 17 avril 1784.

Gauvey (Étienne), né à Saint-Lô (1759), S. 30 juin 1776.

Corbe (Maurice-Pierre), né à Lesif [Bretagne] (1758), S. 24 juill. 1776, congédié le 24 juill. 1784.

Chaumion (François), dit **La Fontaine**, né à Arthon [Berry] (1741), S. 16 août 1776, congédié le 16 août 1784.

Queutelot (Charles), né à Rethel [Champagne] (1759), S. 29 août 1776, congédié le 29 août 1784.

Tremant (Antoine), né à Chazelles [Bourgogne] (1759), S. 18 oct. 1776.

Berger (Philibert), né à Crémieux [Dauphiné] (1760), S. 26 oct. 1776.

Boussac (Louis), né à Figeac [Quercy] (1759), S. 9 déc. 1776.

Donte (Pierre-Joseph), né à Comines [Flandre] (1759), S. 19 déc. 1776.

Allet (Louis-François), dit **La Liberté**, né à Pontoise (1759), S. 7 févr. 1777, mort le 27 août 1784 à Uzès.

Gattier (Jean), né à La Chapelle [Quercy] (1761), S. 11 mars 1777, mort le 3 janv. 1783 à York.

Chalibert (Louis-René), né à Savigné [Angers] (1751), S. 14 mars 1777, congédié le 21 juill. 1785.

Prou (Jean), né à Thiers [Auvergne] (1758), S. 18 mars 1777.

Lafond (Jean), dit **Julien**, né à Brioude [Auvergne] (1759), S. 24 mars 1777.

Caillon (Joseph), né à Faramans [Bresse] (1756), S. 28 mars 1777.

Flinoy (André), né à Arras (1762), S. 9 avril 1777.

Momoro (Nicolas), né à Besançon [Franche-Comté] (1759), S. 15 juill. 1777.

Bidault (Ferdinand), dit **Gardinville**, né à Roye [Picardie] (1760), S. 8 août 1777.

Lanneau (Pierre), né à Tours (1761), S. 5 oct. 1777.

Langlois (Philippe-René), né à Beaugency (1759), S. 7 oct. 1777.

La Cour (Nicolas-Joseph), né à Vervins [Picardie] (1761), S. 12 oct. 1777.

Hallet (Pierre), né à Saint-Lô [Normandie] (1761), S. 17 nov. 1777, mort le 12 janv. 1782 à York.

Loya (Nicolas), né à Saint-Lô [Normandie] (1761), S. 17 nov. 1777.

Vital (Antoine), né à Piolenc [Comtat Venaissin] (1759), S. 4 déc. 1777.

Antré (René-Julien), né à Morlaix [Normandie] (1756), S. 7 déc. 1777.

Paquet (Maximin), dit **Sens**, né à Sens [Bourgogne] (1758), S. 7 déc. 1777.

Puypagnot (Jean), né au Bois [Forez] (1758), S. 17 déc. 1777.

Delanche (Jean), né à Saint-Maurice-de-Berg [Vivarais] (1760), S. 11 janv. 1778.

Villemann (Étienne), né à Orange [Dauphiné] (1762), S. 11 janv. 1778.

Clair (Michel), né à Lyon (1740), S. 11 févr. 1758.

Rosay (Nicolas), né à Perrières [Normandie] (1752), S. 16 févr. 1778.

Bourdet (Joseph), né à Saint-Lô [Normandie] (1759), S. 16 févr. 1778.

Mouton (Joseph), né au Sablon [Dauphiné] (1759), S. 23 mars 1778.

Barbet (Jean), né aux Pérouses [Bresse] (1744), S. 3 mai 1775, congédié le 8 sept. 1783.

Gurbs (Étienne), né à Caen (1760), S. 1er avril 1778.

La Maillardière (Charles), né à Sainteny [Normandie] (1761), S. 1er avril 1778.

Huant (Jacques), dit **Desjardins**, né à Saint-Lô [Normandie] (1756), S. 1er avril 1778.

Jouanne (Jean), né à Saint-Lô [Normandie] (1761), S. 3 sept. 1778.

Le Brun (Joseph), né à Saint-Lô [Normandie] (1762), S. 6 sept. 1778.

Guirat (Pierre), dit **La Vigueur**, né à Dissac [Rouergue] (1737), S. 18 mai 1758, R. pour 4 ans du 4 juill. 1780.

Besse (Martin), né à La Roche (1756), S. 21 nov. 1778.

La Plume (Jacques), né à Allamont [Lorraine] (1759), S. 21 nov. 1778.

Le Grès (André), né à Néron [Champagne] (1760), S. 11 déc. 1778.

Giguet (Pierre), dit **Cœur de Roy**, né à Rohan [Bretagne] (1756), S. 13 nov. 1778.

Le Sage (Charles), né à Aumont [Picardie] (1758), S. 8 févr. 1779.

Mathé (Alexis), né à Tournus [Bourgogne] (1762), S. 17 mars 1779.

Gillet (Jean-Jacques), né à Tournus [Bourgogne] (1760), S. 17 mars 1779.

Le Rebourg (Philippe), né à Gourfaleur [Normandie] (1754), S. 13 avril 1779, mort le 27 oct. 1780 à Newport.

Rayssac (Pierre), né à Figeac [Quercy] (1763), S. 13 avril 1779.

Seignel (Durand), né à Saint-Urcize [Auvergne] (1757), S. 13 avril 1779.

Rigaud (Etienne), né à Varennes (1759), S. 15 juill. 1779.

Guerard (Joseph), né à Héricy [près Fontainebleau] (1762), S. 19 août 1779.

La Croix (Jean), né à Marnay [Châlon] (1758), S. 25 oct. 1779.

Charmé (Mathieu), né à Farges [Bourgogne] (1762), S. 25 oct. 1779.

Gugié (Antoine), né à Montmartre (1757), S. 16 nov. 1779.

Glace (François), né à Angoulême (1753), S. 4 déc. 1779.

Richard (Georges), né à Bar-le-Duc (1763), S. 26 nov. 1779.

Guérin (François), né à Tournus [Bourgogne] (1762), S. 19 déc. 1779, passé caporal le 6 oct. 1784.

Jouanin (Charles), né à Champigny [Bourgogne] (1761), S. 3 janv. 1780, passé caporal le 26 déc. 1784.

Masselin (Michel), né à Chinon (1761), S. 9 janv. 1780, congédié le 21 juill. 1783.

Mareau (Michel), né à Saint-Germain (1761), S. 13 janv. 1780.

Flamand (Jean), né à Saint-Lô (1763), S. 23 janv. 1780, mort le 29 juill. 1781 à Newport en Amérique.

Vaumerel (Joseph), né à Mercey [Bourgogne] (1755), S. 18 déc. 1755, congédié le 18 déc. 1783.

Henousse (Jacques), né à Lille [Flandre] (1757), S. 25 févr. 1780, mort le 3 févr. 1781 à Newport.

Jot (Jean-Charles), né à Habarcq [Artois] (1758), S. 6 juin 1778.

Portail (Joseph), né à Cordès [Languedoc] (1760), S. 28 mai 1778.

Goland (Jean), né à Simandre [Bourgogne] (1755), S. 20 juin 1779.

La Roche (Étienne), né à Roche d'Isère [Dauphiné] (1762), S. 19 mars 1779, mort à l'hôpital d'York, le 11 oct. 1782.

Baron (Jean-Louis), né à Versailles (1740), S. 12 oct. 1761, congédié le 31 déc. 1783.

Labat (Jean), dit **La Franchise**, né à Bazas [Guyenne] (1749), S. 29 avril 1773, passé aux chasseurs le 29 juill. 1782.

Audinat (Jean), dit **Bourbon**, né à Castelnaudary (1740), S. 12 oct. 1761, congédié le 31 déc. 1783.

Roussel (Jean-Antoine), né à Paris (1754), S. 13 avril 1774.

Dordé (Jean), né à Figeac (1759), S. 11 mars 1777.

Montarnal (François), né à Cassagnouse (1752), S. 7 mai 1776.

Malide (Jacques), né à Vitry [Champagne] (1748), S. 20 avril 1780.

Curé (François), né à Choisy [Brie] (1750), S. 22 avril 1780.

Masselin (Raymond), né à Thèse [Sisteron] (1747), S. 25 nov. 1771, R. pour 4 ans du 25 nov. 1783.

Lavigne (Claude), né à Saint-Brieux [Bretagne] (1750), S. 1er avril 1775.

Bernard (Antoine), né à Samseraux [Bourgogne] (1758), S. 21 févr. 1780.

Lebrun (Guillaume), dit **La Volonté**, né à La Chapelle [Normandie] (1754), S. 25 avril 1776.

Loix (Marcel), né à Montreuil (1756), S. 21 oct. 1777.

Compris (Pierre), né à Nantes (1759), S. 10 mars 1779.

Gorgé (François), dit **Sans Quartier**, né à Chamery [Bourgogne] (1762), S. 7 mai 1779.

Dutertre (René), né à Montfort [Lamaury] (1758), S. 9 sept. 1779.

Leproux (François), né à Montfranc [Limousin] (1758), S. 1er juin 1780.

Gouzy, dit **La Rose**, né à Gubriac [Rouergue] (1762), S. 1er oct. 1780, mort à l'hôpital de Baltimore, le 4 oct. 1782.

Compagnie de Gilbert.

Touvré (Alexandre), né à Grandvan [Franche-Comté] (1740), S. 28 janv. 1759, sergent du 21 janv. 1775, R. du 6 déc. 1774 pour 8 ans.

Pugibet (Antoine), né à Aleth [Languedoc] (1743), S. 21 mai 1770, sergent, R. du 21 mai 1778 pour 8 ans.

Guégy (Charles), dit **La Victoire**, né à La Chapelle-Saint-Guillin [Franche-Comté] (1740), S. 6 mars 1767, caporal, R. du 6 mars 1775 pour 8 ans.

Charbonnier (Claude), dit **L'Amoureux**, né à Josiac [Vivarais] (1746), S. 27 juin 1765, caporal, congédié le 8 sept. 1783.

Sépèdre (Antoine), né à Saint-Cir [Quercy] (1748), S. 21 déc. 1765, sergent du 1er mars 1778, R. pour 8 ans du 1er mars 1778.

Minoux (Claude), dit **Nancy**, né à Abbainville [Lorraine] (1738), S. 16 avril 1762, caporal. R. du 16 avril 1776.

Douzel (Pierre), dit **La Réolle**, né à La Réolle [Guyenne] (1754), S. 13 avril 1762, caporal, R. du 13 avril 1776.

Lambergé (Gaspard), dit **Bienvenu**, né à Seilnard [Bourgogne] (1739), S. 17 mai 1750, tambour, R. du 21 nov. 1778.

Houquette (Claude), dit **Beauséjour**, né à Lons-le-Saunier [Franche-Comté] (1736), S. 21 déc. 1755, R. pour 8 ans du 6 oct. 1776.

Bretin (Jean-Baptiste), dit **De Laurier**, né à Sain-Aubin [Anjou] (1734), S. 18 déc. 1760, R. pour 8 ans du 2 janv. 1776.

Lacan (Bernard), dit **Prestaboire**, né à Terroux [Quercy] (1754), S. 11 mars 1761, R. pour 8 ans du 28 mars 1775.

Marié (Charles), né à Alençon [Normandie] (1756), S. 28 mars 1761, R. pour 8 ans du 28 mars 1775.

Villard (Claude), dit **Francœur**, né à Moirent [Franche-Comté] (1740), S. 27 janv. 1762, R. pour 8 ans le 27 janv. 1776.

Paul (Pierre), dit **Saint-Paul**, né à Marseille (1748), S. 14 mars 1765, congédié par ancienneté le 16 sept. 1783.

Guitter (Joseph), dit **La Plaine**, né à Ciatra [Roussillon] (1748), S. 9 sept. 1765, congédié par ancienneté le 9 sept. 1785.

Bourdajoux (Pierre), dit **Bienaimé**, né à Saintes (1748), S. 12 avril 1766, congédié le 8 sept. 1783.

Gauthier (Honoré), dit **La Violette**, né à Sérignan [Comtat Venaissin] (1746), S. 26 déc. 1766, congédié le 26 déc. 1786.

Guillon (François), dit **La Douceur**, né à Oussine [Bresse] (1748), S. 9 janv. 1767, mort le 28 mai 1782 à York en Virginie.

Bonseigneur (Joseph), né à Septême [Provence] (1750), S. 1er avril 1767, congédié par ancienneté le 8 sept. 1783.

Bernard (Jacques), né à Andeville [Bourgogne] (1750), S. 18 févr. 1774, congédié par ancienneté le 8 sept. 1783.

Perrin (François), dit **La Lime**, né à Mâcon [Bourgogne] (1756), S. 14 mars 1774, décédé au service le 8 sept. 1785.

Mazilly (François), dit **La Saône**, né à Moublet [Bourgogne] (1756), S. 11 août 1774, congédié le 8 sept. 1783.

Haye (Michel), dit **Desjardins**, né à Saint-Martin-des-Landes [Normandie] (1754), S. 29 déc. 1774, congédié le 8 sept. 1783.

Guérinot (Jean), dit **La Grandeur**, né à Loches [Touraine] (1756), S. 9 févr. 1775, congédié le 8 sept. 1783.

Vergniotte (Pierre), dit **Monségur**, né à Monségur [Guyenne] (1758), S. 27 avril 1775, congédié le 8 sept. 1783.

Perrotte (Denis), né à Gavray [Normandie] (1758), S. 31 juill. 1775, congédié le 8 sept. 1783.

Leglatain (Marc), dit **Saint-Brieux**, né à Saint-Brieux (1754), S. 25 sept. 1775, congédié le 8 sept. 1783.

Béhain (Jacques), né à Gavray [Normandie] (1756), S. 3 oct. 1775, congédié le 8 sept. 1783.

Chanteloup (Jean), dit **La Durandière**, né à Laval [Normandie] (1758), S. 8 oct. 1775, congédié le 8 sept. 1783.

Flamand (Joseph), né à Avesnes [Hainault] (1757), S. 1er janv. 1776, passé aux grenadiers le 5 juill. 1784.

Parisot (Pierre), né à Port-sur-Saône (1760), S. 8 mars 1780.

Brun (Pierre), né à Cyr [près Vesoul] (1762), S. 1er avril 1780.

Gauvin (Léonard), dit **Divertissant**, né à Saint-Fignan-de-la-Corne [Languedoc] (1749), S. 9 nov. 1767, sergent aux grenadiers le 16 nov. 1783.

Guillard (Pierre), dit **Saint-Amand**, né à Saint-Amand [Hainault] (1743), S. 18 janv. 1762, congédié le 18 janv. 1784.

Perron (Antoine), né à Ruz [Provence] (1743), S. 14 mars 1765, R. pour 8 ans le 14 mars 1781.

Nicolet (Benoist), né à Lyon (1755), S. 21 oct. 1773, congédié le 8 sept. 1783.

Le Coq, né à Sées [Normandie] (1755), S. 7 oct. 1775, congédié le 8 sept. 1783.

Goy (Joseph), né à Loyette [Bourgogne] (1752), S. 26 juin 1778, passé aux chasseurs le 30 août 1784.

Corbin (Pierre), né à Quélongroy [Beauce] (1757), S. 5 févr. 1779.

Guichard (Antoine-Pierre), né à Congeniès [Languedoc] (1763), S. 1er mars 1771, sergent-major le 1er févr. 1778, fait porte-drapeau en 1782.

Tessandier (Pierre), né à Denas [Guyenne] (1736), S. 17 mars 1756, sergent, parti pour la solde le 31 mars 1784.

Large (Benoit), dit **Belhumeur**, né à Regnès [Beaujolais] (1732), S. 6 mars 1757, sergent, parti pour la solde le 31 mars 1784.

Perpillat (Antoine), né à Publy [Franche-Comté] (1738), S. 21 déc. 1755, parti pour la solde le 25 mars 1785.

Claude (Nicolas), dit **Beauséjour**, né à Lons-le-Saunier [Franche-Comté] (1726), S. 21 déc. 1755, parti pour la solde le 25 mars 1785.

Belard (Jean), né à Saint-Aignan [Guyenne] (1750), S. 4 avril 1773.

Praud (Quentin), né à Lyon (1754), S. 30 nov. 1772, congédié par ancienneté le 8 oct. 1783.

Marie (Etienne), dit **Beaujolais**, né en Beaujolais (1754), S. 1er janv. 1773, congédié par ancienneté le 8 sept. 1783.

Amblard (André), dit **Sans Soucy**, né à Lussac [Vivarais] (1756), S. 1er avril 1773, passé caporal le 9 nov. 1780.

Monin (François), né à Ambérieux (1756), S. 18 juin 1773, congédié le 8 sept. 1783.

Chapuy (Jacques), dit **L'Espérance**, né à Bourg-de-Bon (1754), S. 21 oct. 1773, caporal le 14 sept. 1780.

Rouzy (Jacques), dit **L'Embarras**, né à Boissières [Vivarais] (1756), S. 8 janv. 1774.

Flinois (Antoine), né à Arras (1759), S. 24 janv. 1776.

Le Pillet (Jean), né à Verquigneuil [Artois] (1759), S. 1er mars 1776.

Habaut (Jacques), né à Conlandon [Normandie] (1759), S. 11 avril 1776.

Girard (Jean), dit **Lorrain**, né à Poucheux [Lorraine] (1756), S. 11 avril 1776.

Dauphin (François), né à Valenciennes [Hainault] (1756), S. 15 avril 1776.

Guilles (Charles), né à Lyon (1759), S. 22 avril 1776, congédié par ancienneté de service le 22 avril 1784.

Marbau (François), né à Ambronay [Bourgogne] (1758), S. 29 avril 1776.

Larquay (Bernard), né à Monségur [Guyenne] (1751), S. 1er mai 1776.

Liancourt (Jean-Pierre), né à Emery [Picardie] (1755), S. 15 mai 1776, congédié le 5 mai 1784 par ancienneté.

Perrot (Claude), dit **François**, né à Dôle (1759), S. 24 juin 1776, congédié le 24 juin 1784 par ancienneté.

D'Artois (Charles), né à Creingny [Champagne] (1759), S. 12 août 1776.

Le Gey (François), né à Verdun-sur-Saône [Bourgogne] (1758), S. 28 sept. 1776, congédié le 30 janv. 1784.

Germet (Louis), né à Maubec [Dauphiné] (1749), S. 13 oct. 1776, mort à Porto-Cabello le 31 mars 1783.

David (Pierre), né à Tournû [Bourgogne] (1756), S. 29 oct. 1776.

Hubert (Antoine), né à Romano [Dauphiné] (1746), S. 22 nov. 1776.

Decaisne, né à Guise [Picardie] (1756), S. 24 sept. 1776.

Barillet (Pierre), né à Châteauroux [Berry] (1754), S. 7 déc. 1776, passé caporal en 1783.

Combaux (Jean), né à Châteauroux (1759), S. 7 déc. 1776, congédié le 7 déc. 1784 par ancienneté.

Masbou (Pierre), né à Saint-Busson [Quercy] (1759), S. 9 déc. 1776.

Martin (Pierre), né à Saint-Busson [Quercy] (1759), S. 9 déc. 1776.

Plagnol (Jean-Pierre), né à Corn [Quercy] (1758), S. 9 déc. 1776, mort à l'hôpital d'York le 1er mars 1782.

Dufour (Antoine), né à Arras (1759), S. 25 déc. 1776.

Comte (Antoine), né à Saint-Sercy [Quercy] (1755), S. 6 janv. 1777, R. le 6 janv. 1785 pour 4 ans.

La Chainée (Jean), né à Grey (1756), S. 23 mars 1777, R. pour 4 ans le 23 mars 1785.

Terrieu (Jean-Baptiste), né à Tournus [Bourgogne] (1748), S. 18 janv. 1767.

Martin (Jean), dit **Blondin**, né à Courtenay [Bourgogne] (1758), S. 15 juill. 1777, passé aux grenadiers le 1er oct. 1780.

Gogue (François), dit **Vaton**, né à Souillan [Dauphiné] (1757), S. 13 août 1777, tambour.

Veintrou (Pierre), né à Sedan [Champagne] (1750), S. 7 sept. 1777.

Petit (Aimable-Joseph), né à Arras (1761), S. 25 nov. 1777, passé aux grenadiers le 1er avril 1781.

Falin (André-Marie), dit **Saturnin**, né à Lyon (1761), S. 26 déc. 1777, mort à l'hôpital de l'armée de Rochambeau le 24 oct. 1782.

Ginieys (François), dit **Dauphiné**, né à Châteaux [Dauphiné] (1760), S. 7 févr. 1778, R. pour 4 ans du 7 févr. 1786.

Boyeu (Jean), né à Lussac [Vivarais] (1758), S. 19 févr. 1778, passé aux grenadiers en nov. 1783.

Grandpierre (Antoine), dit **Richard**, né à Lussac [Vivarais] (1761), S. 19 févr. 1778.

Fosse (Félix), né à Valenciennes (1761), S. 25 févr. 1778, décédé en 1782.

Paquère (Jean), né à Guemicourt [Artois] (1759), S. 12 mars 1778.

Bruno Moro, dit **Lalancette** né à Gigondas [près Orange, Dauphiné] (1761), S. 23 mars 1778, R. pour 4 ans du 23 mars 1786.

Isnard (André), né à Gigoudas [près Orange, Dauphiné] (1757), S. 23 mars 1778.

Jannin (Louis), né à Lons-le-Saunier (1758), S. 10 mars 1778.

Roques (Barthélemy), dit **Lajeunesse**, né à Saint-Jean-de-Morlane [Savoie] (1751), S. 19 mai 1778.

Stinoy (Pierre-Joseph), né à Arras (1761), S. 1er avril 1778.

Temporal (Joseph), né à Pont-de-Vaux (1761), S. 26 juin 1778.

Grenieu (Michel), né à Sainte-Cécile [Comtat Venaissin] (1760), S. 20 oct. 1778.

Puglbet (Antoine), né à Lith [Languedoc] (1749), S. 21 mars 1770, R. pour 8 ans du 21 mai 1778.

Gassin (Joseph), né à Apt [Provence] (1749), S. 30 janv. 1769, passé sergent le 11 juin 1784.

Delaunay (François), né à Sées (1756), S. 21 déc 1778, mort le 28 févr. 1784 à Orgon.

Pauplin (Jean), né à Beaune [Gatinois] (1757), S. 21 déc. 1778, congédié le 21 déc. 1786 par ancienneté.

Garon (Julien), né à Reims (1757), S. 28 déc. 1775, congédié le 21 mars 1782.

Devismes (François), né à Notre-Dame-de-la-Chapelle [Picardie] (1759), S. 12 mars 1779, R. du 12 mars 1787.

Marchand (Toussaint), né à Souzoirs [Hainault] (1759), S. 13 mars 1779.

Clément (Antoine), né à Beaucamp [Picardie] (1762), S. 19 avril 1779, passé aux grenadiers le 1er nov. 1783.

Combe (Joseph), né à Amiens (1762), S. 3 avril 1779.

Lhiopole (François), né à Châteauneuf [Bourgogne] (1761), S. 23 avril 1779.

Royer (Etienne), né à Argentan [Normandie] (1760), S. 16 juin 1779.

Collin (Claude), dit **Monplaisir**, né à Reims (1740), S. 23 avril 1758, mort le 10 sept. 1780 à l'hôpital de Newport.

Begache (Charles-Joseph), né à Saucourt [Picardie] (1761), S. 13 août 1779.

Lionnec (Martin), né à Ambon [Bretagne] (1754), S. 13 août 1779.

Amelan (Jean-François), né à Nénuphile [Normandie] (1755), S. 16 août 1779.

Crob (Jean), né à Trèves [Allemagne] (1764), S. 26 août 1779, passé musicien à l'état-major.

Crob (Charles), né à Trèves [Allemagne] (1763), S. 26 août 1779, passé musicien à l'état-major.

Collon (François), dit **Fleur d'Amour**, né à Gigondas [Dauphiné] (1758), S. 19 févr. 1779.

Mavie (Pierre), né à Baune [Bourgogne] (1760), S. 15 oct. 1779.

Trémoulet (Claude), né à Saint-Pierre [Vienne] (1763), S. 9 janv. 1780.

Million (Antoine), né Port-Saône [Franche-Comté] (1760), S. 8 mars 1780.

Compagnie Anselme de la Gardette.

Bruchet (Charles), né à Chaguy (1734), S. 26 mars 1754, R. pour 4 ans du 6 oct. 1775,

Garagnel (François), dit **Lalancette**, né à Revel [Languedoc] (1740), S. 24 oct. 1766, sergent-major du 15 avril 1780.

Barbier (Pierre), né à Chatelainne (1722), S. 30 déc. 1766, parti pour la solde le 21 avril 1786.

Ribat (Antoine), né à Saint-Andiol [Vivarais] (1726), S. 16 janv. 1746, parti pour la solde le 6 août 1783.

Duneau (Julien), dit **La Plaine**, né à Saint-Barthélemy [Maine] (1729), S. 2 févr. 1756, parti pour les Invalides le 31 mars 1784.

Goinet (Jean), dit **Vaillant**, né à Ramasse [Bresse] (1733), S. 8 oct. 1758, R. pour 8 ans du 23 nov. 1774.

Rose (Jean-Baptiste), dit **La Violette**, né à Conserneux [Picardie] (1740), S. 20 sept. 1760, congédié le 8 sept. 1783.

Gourand (Georges), dit **Santigny**, né à Santigny (1733), S. 21 avril 1775, R. pour 8 ans du 18 sept. 1775.

Pratel (Claude), dit **La Jeunesse**, né à Saint-Agnès [Franche-Comté] (1732), S. 21 déc. 1755, R. pour 8 ans du 16 nov. 1772.

Clapès (Jean), dit **Belair**, né à Perpignan [Roussillon] (1748), S. 8 janv. 1765, R. pour 8 ans du 8 janv. 1773.

Robin (Pierre), dit **Bazas**, né à Bazas [Guyenne] (1735), S. 19 nov. 1770, R. du 19 nov. 1778.

Roijon (Laurent), dit **Francœur**, né à Vileuneuf [Champagne] (1727), S. 15 mars 1757, parti pour les Invalides le 31 mars 1784.

Mabric (Raymond), dit **L'Hardy**, né à Saint-Papoul [Languedoc] (1749), S. 28 juill. 1767, congédié le 8 sept. 1783.

Bouin (Julien), dit **Saint-Brieux**, né à Saint-Brieuc [Bretagne] (1731), S. 21 févr. 1756, parti pour les Invalides le 31 mai 1786.

Jumeaux (Antoine), dit **Brind'amour**, né à Troyes [Champagne] (1731), S. 3 avril 1757, mort le 23 août 1783 à Toulon.

Chatel (Jacques), dit **Joly**, né à Beaupierre [Dauphiné] (1730), S. 29 avril 1758, R. pour 8 ans du 3 janv. 1775.

Jossard (François-Christophe), né à Paris [Saint-Paul] (1738), S. 17 avril 1758, mort le 7 avril 1782 à York.

Cressent (Jean), dit **La Couture**, né à Bourgneuf (1738), S. 26 janv. 1760, R. du 30 nov. 1782 pour 4 ans.

Fessard (Jean-François), dit **Dumesnil**, né à Alençon [Normandie] (1743), S. 25 févr. 1762, congédié le 25 févr. 1784.

D'Andec (Guillaume), dit **Beausoleil**, né à Fougeroles [Maine] (1735), S. 1er avril 1762, R. pour 8 ans du 1er avril 1776.

Carrière (Bernard), né à Panniers [Foix] (1741), S. 4 avril 1765, congédié le 4 avril 1760.

Bénivady (Pierre), dit **Mornas**, né à Mornas [Comtat Venaissin] (1743), S. 7 avril 1765, R. pour 4 ans du 7 avril 1781.

Turc (Claude), dit **Rousset**, né à Rousset [Comtat Venaissin] (1745), S. 21 févr. 1766, congédié le 21 févr. 1786.

Guiraud (Pierre), dit **Bienaimé**, né à Dreuil [Languedoc] (1742), S. 10 avril 1766, R. le 10 avril 1774.

Riche (Pierre) dit **La Fleur**, né à Limoux [Languedoc] (1742), S. 10 avril 1766, R. le 10 avril 1774.

Riche (Pierre), dit **La Fleur**, né à Limoux [Languedoc] (1747), S. 22 oct. 1766, congédié le 8 sept. 1783.

Faure (Pierre), dit **Aurillac**, né à Aurillac [Auvergne] (1747), S. 18 déc. 1766, mort le 18 sept. 1783 à Cuers.

Fonserville (Pierre), né à Cardaillac [Quercy] (1744), S. 18 déc. 1766, congédié le 8 sept. 1783.

Bonques (François), né à Caraman [Languedoc] (1746), S. 9 févr. 1767, R. pour 8 ans du 9 févr. 1775.

Montgerard (Philippe), dit **Rivière**, né à Bisseuil [Champagne] (1743), S. 14 avril 1767, R. pour 8 ans du 14 avril 1775.

Fournier (Henri), dit **Tranquille**, né à Gardanne [Provence] (1740), S. 1er mars 1768, congédié le 1er mars 1784.

Boujon (Claude), dit **Dauphiné**, né à Ninay (1753), S. 25 févr. 1769, R. pour 8 ans du 25 févr. 1777.

Cambournat (Jean), dit **Belhumeur**, né à Cantonam [Rouergue] (1745), S. 12 nov. 1770, R. pour 8 ans le 12 nov. 1778.

Terrier (Jean-François), né à Lanienne [Franche-Comté] (1747) S. 1er févr. 1771, R. pour 8 ans du 1er févr. 1779.

Elbret (Antoine), dit **La Douceur**, né à Saint-Libra [Agenois] (1749), S. 11 oct. 1771, R. pour 8 ans le 11 oct. 1779.

Blancho (Jean-Marie), dit **La Lime**, né à Vannes [Bretagne] (1751), S. 1er janv. 1773, congédié le 8 sept. 1783.

Thuilière (Jean-Pierre), dit **La Liberté**, né à Saint-Céré [Quercy] (1752), S. 11 févr. 1773, mort le 11 oct. 1782 à Baltimore.

Lugan (Antoine), dit **L'Eveillé**, né à Figeac [Quercy] (1748), S. 11 févr. 1773, congédié le 8 sept. 1783.

Lafite (Jean), né à Marpats [Gascogne] (1744), S. 21 avril 1773, congédié le 8 sept. 1783.

Veyrières (Antoine), né à Capile Biron [Agenois] (1750), S. 6 mai 1773, congédié le 8 sept. 1783.

Mcrreux (Jean), dit **Sans Chagrin**, né à Saint-Lô [Normandie] (1751), S. 19 sept. 1773, congédié le 8 sept. 1783.

Biard (Robert), dit **Bonvivant**, né à Saint-Lô [Normandie] (1750), S. 8 févr. 1774, congédié le 8 sept. 1783.

Martrier (Bertrand), dit **Sans Soucy**, né à Vire [Normandie] (1754), S. 4 avril 1774, congédié le 8 sept. 1783.

Hazé (Jacques), né à Signerolle [Perche] (1754), S. 1er mai 1774, congédié le 8 sept. 1783.

Perotte (Jean-François), dit **Bel Amour**, né à Gavray [Normandie] (1750), S. 3 juill. 1774, congédié le 8 sept. 1783.

Valin (Claude), dit **La Guerre**, né à Lyon (1753), S. 11 oct. 1774, congédié le 8 sept. 1783.

Balard (Guillaume), dit **La Saône**, né à Lyon (1754), S. 12 oct. 1774, congédié le 8 sept. 1783.

Jourdan (Pierre-François), né à Gavray [Normandie] (1751), S. 6 oct. 1775, congédié le 10 oct. 1783.

Roch (François), dit **Maillebois**, né à Maillebois [Perche] (1747), S. 11 oct. 1775, congédié le 11 oct. 1783.

Veroul (Jean-Pierre), né à Laussac [Rouergue] (1769), S. 8 févr. 1776, congédié le 8 févr. 1784.

Benard (Gabriel), né à Soissons (1735), S. 24 févr. 1776, congédié le 24 févr. 1784.

Tardieu (Gabriel), dit **L'Orange**, né à Tarascon (1752), S. 7 avril 1776, congédié le 7 avril 1784.

Robert (Jean), né à Tarascon (1760), S. 7 avril 1776, congédié le 7 avril 1784.

Belledent (Pierre), dit **Fleur d'Amour**, né à Tarascon [Provence] (1757), S. 7 avril 1776, mort le 25 févr. 1781 à York.

Barassin (Pierre), dit **La Victoire**, né à Tarascon (1756), S. 7 avril 1776.

Cellier (Thomas), né à Nesle [Champagne] (1760), S. 10 avril 1776.

Lainé (Jacques), né à Argentan (1757), S. 11 avril 1776.

Mineau (Jean), né à Auxerre [Bourgogne] (1752), S. 22 avril 1776.

Pacotte (Charles), né à Tournus [Bourgogne] (1760), S. 13 oct. 1776.

Tracheit (Louis-Joseph), né à Autricourt [Artois] (1758), S. 18 oct. 1776.

Bertrand (Nicolas), né à Givors [Forest] (1757), S. 24 oct. 1776.

Deneubourg (Dominique), né à Arras (1749), S. 2 nov. 1776.

Prudhomeu (Jean-François), né à Mont-sur-Seroise [Picardie] (1759), S. 7 nov. 1776.

Sollier (Guillaume), né à Aurillac (1757), S. 9 déc. 1776.

Massier (Pierre), né à Aurillac (1760), S. 9 déc. 1776.

Hangeard (Philibert), né à Tournus [Bourgogne] (1756), S. 11 déc. 1776.

Fernet (Jean), né à Figeac [Querey] (1759), S. 6 janv. 1777.

Bonnet (Joseph-Mathieu), S. 7 févr. 1777, congédié le 8 sept. 1783.

Le Rossignol (Huguet), dit **Clermont**, né à La Chapelle [Auvergne] (1752), S. 24 mars 1777, congédié le 22 juill. 1785.

Boudon (Joseph), né à Grignan [Dauphiné] (1759), S. 23 avril 1777.

Bonnot (Joseph), né à Cambray (1766), S. 16 août 1777.

Reboul (François), né à Digne [Provence] (1758), S. 10 sept. 1777, mort le 30 mars 1781 à Newport.

Cousin (Jean), né à Bayeux [Normandie] (1760), S. 29 nov. 1777.

Guignard (Pierre), né à Vienne [Dauphiné] (1759), S. 26 déc. 1777, congédié le 17 janv. 1785.

Laforest (Thomas), né à Argentan (1757), S. 9 janv. 1778, congédié le 17 janv. 1785.

Picout (Denis), né à Barsy [près Meaux] (1760), S. 24 janv. 1778, congédié le 24 janv. 1785.

Grange (Denis), né à Saint-Jean [Hainault] (1761), S. 23 mars 1778.

Saint-Sulpice (Denis-Joseph), né à Saint-Julien [Bresse] (1761), S. 23 mars 1778, mort le 9 juill. 1783 à la rade de Toulon.

Ganivet (Jean-Baptiste), né à Dijon [Bourgogne] (1761), S. 23 mars 1778.

Augros (Pierre), dit **Le Maçonnois**, né à Flagy [Bourgogne] (1756), S. 29 mars 1778, congédié le 30 mars 1786.

Sépèdre (Antoine), S. 1er mars 1778, mort le 16 oct. 1781 à York.

Maurice (Joseph), né à Doinac [Périgord] (1761), S. 11 avril 1778.

Meunier (Louis), né à Lille (1764), S. 1er mai 1778, congédié le 30 avril 1786.

Gros (Pierre), dit **Tournus**, né à Saint-Jean [Bourgogne] (1761), S. 2 mai 1778, passé caporal en 1785.

Grasse (Jean-Joseph), né à Avignon [Comtat Venaissin] (1761), S. 22 mai 1778.

Goisy (Louis), né à Brie (1762), S. 20 oct. 1778.

Genet (Nicolas), né à Damminville [près Chartres] (1758), S. 4 nov. 1778, congédié le 4 nov. 1786.

Séguier (François), né à Thoncy [Gatinois] (1752), S. 21 nov. 1778.

Daumay (Joseph), né à Goût [Provence] (1761), S. 28 déc. 1778.

David (Jean), S. 1er déc. 1778, passé sergent en 1782.

Levées (Charles-François), né à Abbeville [Picardie] (1761), S. 25 janv. 1779, réformé le 7 oct. 1785.

Le Chardeur (Louis), né à Saint-Germain [Normandie] (1762), S. 26 févr. 1779.

Deher (Louis-François), né à Abbeville [Picardie] (1763), S. 8 mars 1779.

Pacotte (François), dit **Jolicœur**, né à Tournus [Bourgogne] (1762), S. 17 mars 1779.

Guy (Edme), né à Montuche [Champagne] (1761), S. 15 avril 1779.

Devot (Louis-Théodore), né à Abbeville [Picardie] (1760), S. 1er mai 1779.

Fontaine (Jean-Baptiste), né à Paris (1760), S. 4 mai 1779.

Haret (René), né à Conzy [Normandie] (1759), S. 11 juin 1779.

Le Tambre, né à Vatteville [Normandie] (1759), S. 5 juill. 1779.

Renard (Claude), né à Delhivan [Beauce] (1760), S. 13 juill. 1779.

Cunier (Claude), né à Villefaux [Franche-Comté] (1761), S. 15 juill. 1779.

Mauvessan (Mathurin), dit **Saint-Brieuc**, S. 1er juin 1779.

Gausselin (André), né à Paris (1761), S. 29 août 1779.

Pelletier (François), né à Tournus [Bourgogne] (1761), S. 9 déc. 1779.

Lièvre (Joseph), né à Foucherant [Bourgogne] (1762), S. 27 déc. 1779.

Durand (Jean), né à Paris (1760), S. 27 déc. 1779.

Dupin (Arnoud), né à Paris (1763), S. 26 janv. 1780, congédié le 30 nov. 1783.

Agein (Jean), né à Argentan [Normandie] (1762), S. 17 févr. 1780.

Boisselot (Denis), né à Mâcon [Bourgogne] (1760), S. 7 avril 1780.

Begingette (Jean), dit **Saint-Médard**, né à Roquebrune [Guyenne] (1754), S. 30 avril 1770, sergent, R. pour 8 ans le 30 avril 1784.

Barennes (Pierre), dit **L'Espérance**, né à Valenciennes [Hainault] (1748), S. 1er mai 1761, sergent-major en 1783.

Rolandin (Joseph), S. 5 mars 1770, R. le 5 mars 1778.

Roland (Jean-Nicolas), S. 14 sept. 1768, R. le 14 sept. 1776.

Colomb (François), S. 18 févr. 1769, congédié en 1785.

Ducrouzet (Benoît), S. 14 juill. 1773, R. pour 4 ans en 1781.

Adam (Louis), dit **La Volonté**, né à Paris (1742), S. 3 déc. 1765, passé caporal en 1783.

Beaume (Etienne), dit **Crespin**, né à Compaire [Rouergue] (1745), S. 24 avril 1771, passé appointé en sept. 1784.

Joannic (Jean), né à Vannes [Bretagne] (1749), S. 2 mars 1774, passé aux chasseurs le 31 août 1784.

Thierry (Jacques), né à Rouen (1748), S. 5 févr. 1776.

Barthon (Joseph), né à Pagny (1746), S. 1er avril 1777, resté en 1783 à l'hôpital de Boston.

Hervé (Julien), né à Moncontour [Bretagne] (1751), S. 8 nov. 1778.

Philippart (Dominique), né à Roubaix [Flandre] (1759), S. 17 nov. 1778, congédié le 18 déc. 1783.

Gendron (Pierre), dit **Colombier**, né à Colombier [Mayenne] (1750), S. 2 avril 1779.

Petmivaz (Pierre), dit **Saint-Pierre**, né à Tronguerry [Bretagne] (1763), S. 1er août 1779.

Compagnie La Boyère.

Melchiord (Lions-Joseph), né à Fayence [Provence] (1740), S. 21 janv. 1765, fait adjoint le 15 avril 1780.

Martin (Jean-Pierre), né à Motte [Guyenne] (1734), S. 10 avril 1758, passé sergent en 1783.

Fourmaud (Antoine), né à Congenies [Languedoc] (1738), S. 11 mars 1767, sergent du 16 août 1773.

Denis (Louis), dit **Desjardins**, né à Serre [Normandie] (1732), S. 2 mars 1759, R. pour 8 ans le 25 nov. 1774.

Le Doux (Jean), né à Bolenne [Comtat Venaissin] (1750), S. 26 févr. 1768, R. pour 8 ans le 26 févr. 1776.

Caldéroux (Joackim), né à Castelnaudary [Languedoc] (1754), S. 1er avril 1770, R. pour 8 ans le 1er avril 1778.

Fretin (Pierre-Joseph), dit **La Fontaine**, né à Lons-le-Saunier [Franche-Comté] (1738), S. 7 avril 1757, R. pour 8 ans du 18 sept. 1775.

Rateau (Laurent), dit **La Violette**, né à Villevesque [Anjou] (1735), S. 17 févr. 1756, mort le 18 mars 1783 à Baltimore.

Fachat (Jean), dit **Montpensier**, né à Rozières [Lorraine] (1740), S. 17 avril 1761, R. pour 8 ans en 1775.

Armand (Antoine), né à Castelnaudary [Languedoc] (1731), S. 23 déc. 1767, R. pour 8 ans en 1775.

Gassin (Joseph), dit **Jardinier**, né à Apt [Provence] (1750), S. 30 janv. 1769, R. pour 8 ans en 1777.

Vadel (Louis), né à Saint-Genêt [Lorraine] (1737), S. 21 nov. 1756, caporal pour 8 ans le 12 nov. 1775.

Demazières (Joackim), dit **Fleur d'Epine**, né à Lille (1744), S. 18 janv. 1762, R. pour 8 ans du 18 janv. 1783.

Constant (Henri), dit **La Lancette**, né à Lille (1745), S. 18 janv. 1762, R. pour 8 ans du 18 janv. 1783.

Monger (François), dit **Villeneuve**, né à Villeneuve [Bourgogne] (1729), S. 4 mars 1752, R. pour 8 ans le 4 mars 1776.

Hizard (Pierre), dit **Sans Soucy**, né à Athis [Champagne] (1726), S. 24 mars 1752, R. pour 8 ans le 24 mars 1776.

Denis (Louis), dit **Desjardins**, né à Serre [Normandie] (1732), S. 2 mars 1759, R. pour 8 ans le 25 nov. 1774.

Cremel (Joseph), dit **Villacourt**, né à Villacourt [Lorraine] (1730), S. 5 mars 1755, parti pour la solde le 22 avril 1782.

Anserey (Jean-Baptiste), dit **La Prairie**, né à Pont-de-Larche [Normandie] (1745), S. 1er juin 1762, parti pour les Invalides le 31 mars 1786.

Magnan (Jacques), dit **La Croix**, né à Anthot [Normandie] (1744), S. 1er juin 1762, R. pour 8 ans le 1er juin 1776.

Lunel (Joseph), dit **Bienaimé**, né à Bolenne [Comtat Venaissin] (1738), S. 27 janv. 1765, congédié le 4 sept. 1782.

Germain (Louis), né à Pernes [Comtat Venaissin] (1723), S. 7 mars 1765, parti pour les Invalides le 31 mai 1786.

Criton (Pierre), dit **Vadeboncœur**, né à Veniez [Poitou] (1735), S. 12 sept. 1765, R. pour 8 ans du 12 sept. 1773.

Michaud (Pierre), dit **Cadet**, né à Roussel [Comtat Venaissin] (1740), S. 8 déc. 1765, R. le 8 déc. 1773.

Lamotte (Arnaud), dit **Bellefleur**, né à Saint-Sauvy [Armagnac] (1741), S. 9 oct. 1766, congédié le 8 sept. 1783.

Petit (François), né à Lyon (1749), S. 14 mars 1767, mort le 6 août 1782 à Westpoint en Amérique.

Maittet (François), dit **La Déroute**, né à Bourg [Forez] (1749), S. 21 juill. 1767, congédié le 8 sept. 1783.

Blanchard (Etienne), né à Lebelles [Dauphiné] (1737), S. 12 mars 1769, congédié le 12 mars 1777.

Picard (Antoine), né à Pouilly [Bourgogne] (1746), S. 1er mars 1770, congédié le 1er mars 1778.

Bergeon (Jean), dit **Fleury**, né à Neuville [Lyonnois] (1747), S. 6 déc. 1772, R. du 6 déc. 1780.

Pernaut (Nicolas), dit **Rivière**, né à Tournus [Bourgogne] (1746), S. 6 déc. 1772, congédié le 8 sept. 1783.

Bourril (Vincent), né à Poitiers (1751), S. 11 févr. 1773.

Belin (Claude), dit **Belamour**, né à Lyon (1749), S. 19 mai 1773.

Creuzel (Pierre), dit **Saint-Louis**, né à Lyon (1752), S. 21 oct. 1773, passé caporal le 9 sept. 1783.

Gavaillon (Antoine), dit **Tonnerre**, né à Lyon (1753), S. 3 nov. 1773, passé caporal le 26 juill. 1781.

Elliot (Thomas), dit **La Liberté**, né à Saint-Lô [Normandie] (1754), S. 20 sept. 1774.

Barrot (Charles), dit **Francœur**, né à Cruzille [Bourgogne] (1747), S. 12 oct. 1774, R. le 12 oct. 1782.

Palan (Charles), né à Jars (1748), S. 2 nov. 1774, mort le 15 oct. 1782 à l'hôpital d'Alais.

Beauja (Charles), dit **La Rose**, né à Saint-Germain-Laval [Forez] (1744), S. 7 févr. 1775.

Bonnefoy (Bernard), né à Saint-Étienne (1754), S. 23 mars 1775, congédié le 8 sept. 1783.

Vidal (Pierre), né à Saint-Étienne (1756), S. 23 mars 1775, congédié le 8 sept. 1783.

Fauchet (Gabriel), né à La Chapelle [Normandie] (1756), S. 29 nov. 1775.

Gagnès (Simon), né à Alençon (1757), S. 7 oct. 1775, congédié le 8 sept. 1783.

Elba (Louis-Joseph), né à Sombrin [Artois] (1759), S. 16 janv. 1776.

Roz (Jean-François), né à Vertamboz [Franche-Comté] (1756), S. 21 janv. 1776.

Guyo (Jean-Louis), né à Arras (1758), S. 25 fév. 1776.

Roussel (Jean-Baptiste), né à Monchy-au-Bois [Artois] (1758), S. 25 mars 1776.

Desmarais (François), né à Argentan [Normandie] (1756), S. 30 avril 1776, congédié le 3 mai 1784.

Griffon (Jean), né à Roquebrune [Guyenne] (1758), S. 1er mai 1784.

Henry (Paul), né à Paris (1758), S. 26 mai 1776.

Bourdon (Antoine), né à Bousseuil [Picardie] (1754), S. 5 juill. 1776, congédié le 5 juill. 1784.

Masse (Louis-Joseph), né à Lille (1758), S. 7 juill. 1776, congédié le 5 juill. 1784.

Divry (André), né à Versailles (1758), S. 16 août 1776, congédié le 15 août 1784.

Rose (Joachim), né à Paris (1760), S. 23 août 1776.

Méquignon (Antoine), né à Saint-Liévin (1753), S. 6 sept. 1776.

Labaye (Mathieu-Joseph), né à Lille (1754), S. 8 sept. 1776.

Chevalier (Charles), né à Paris (1760), S. 18 sept. 1776.

Thiolat (Henri), né à Paris (1759), S. 28 sept. 1776.

Sion (Jean), né à Monguenat (1754), S. 20 oct. 1776.

David (Claude), né à Tournus [Bourgogne] (1759), S. 29 oct. 1776.

Gay (Jean), né à Bouillac [Quercy] (1755), S. 9 déc. 1776, mort le 14 sept. 1780 à Newport en Amérique.

Béziers (Jacques), né à Bennes [Quercy] (1758), S. 9 déc. 1776.

Hinard (François), né à Tours (1757), S. 28 déc. 1776, mort le 21 oct. 1780 à Newport en Amérique.

Bibal (François), né à Figeac [Quercy] (1761), S. 6 janv. 1777.

Meunier (Pierre), né à Châlons (1758), S. 14 févr. 1777.

Barthélemy (François), né à Cosne [Nivernois] (1758), S. 11 mars 1777.

Bailly (Vincent), né à Poitiers (1751), S. 20 mars 1777.

Fremant (Louis), né à Bayeux [Normandie] (1750), S. 20 mars 1777.

Chanignon (Pierre), né à Barrière [Auvergne] (1757), S. 20 mars 1777.

Carrey (Jean-Nicolas), né à Muy [Franche-Comté] (1757), S. 25 juill. 1777.

Jocourt (Jean-Baptiste), né à Sens [Bourgogne] (1760), S. 6 nov. 1777.

Vaslin (Michel), né à Mortagne (1754), S. 29 nov. 1777.

Chatellier (Jacques), né à Saint-Anne [Normandie] (1757), S. 7 déc. 1777.

Groud (Pierre), né à Bayeux [Normandie] (1750), S. 11 déc. 1777.

Foucault (André), né à Paris (1750), S. 10 déc. 1777.

Valos (Vincent), né à Villeneuve-de-Berg [Vivarais] (1759), S. 11 janv. 1778.

Dubois (Pierre), né à Saint-Amand [Hainaut] (1757), S. 1er févr. 1778.

Dauliez (Pierre), né à Châlons (1754), S. 1er févr. 1778.

Puissant (Étienne), né à Norroy [Lorraine] (1762), S. 14 mars 1778, mort le 26 mars 1782 à l'hôpital d'York.

Perche (Louis), né à Saint-Mihiel [Lorraine] (1760), S. 14 mars 1778, mort le 3 août 1781, à l'hôpital d'York.

Barron (Louis), S. 1er mars 1778.

Parrot (Étienne), S. 26 mars 1778.

Bernard (Louis), né à Poitiers (1759), S. 18 avril 1778.

Page (Jean-François), né à Villotte [Franche-Comté] (1740), S. 29 déc. 1775.

Morincy (Jean), dit **Crespy**, né à Dunkerque (1757), S. 18 juill. 1778.

Chambard (Denis), S. 22 mars 1762.

Touvré (Alexandre), S. 26 sept. 1778.

Sadé (Antoine), né à Saint-Omer (1762), S. 11 déc. 1778.

Senevé (Nicolas), né à Saint-Julien-du-Sault [Champagne] (1757), S. 13 janv. 1779.

Dauvergne (Jacques), né à Beaubray [Normandie] (1759), S. 4 mars 1779, mort le 6 juill. à l'hôpital d'York.

Blondel (Nicolas), né à Tours [Picardie] (1762), S. 17 avril 1777, mort le 31 mars 1782 à l'hôpital d'York.

Fournier (Joseph), né à Ambronay [Bourgogne] (1760), S. 12 avril 1779.

Gatel (François), né à Argentan [Normandie] (1760), S. 15 avril 1779, mort le 18 août 1784 à l'hôpital d'Uzès.

Riquet (François), né à Abbeville (1763), S. 21 avril 1779.

Paratge (Pierre-Louis), né à Issel [Languedoc] (1761), S. 17 mai 1779.

Brières (Joseph), né à Versailles (1756), S. 11 juin 1779.

Moret (Richard), né à Versailles (1762), S. 11 juin 1779.

Cochin (Thomas), né à Versailles (1763), S. 11 juin 1779.

Dubourg (Nicolas), né à Attigny [Champagne] (1760), S. 25 sept. 1779, mort le 19 juin 1782 à l'hôpital de Williamsburg.

Rougier (Claude), S. 19 sept. 1779.

Nely (Jean-Nicolas), né à Morville [Lorraine] (1761), S. 16 oct. 1779.

Cosson (Michel), né à Saunay [près du Mans] (1760), S. 16 oct. 1779.

Mercier (René), né à Angers (1762), S. 11 nov. 1779.

Goyon (Claude), né à Mâcon [Bourgogne] (1764), S. 15 déc. 1779.

Piard (Joseph), S. 1er déc. 1779, mort le 21 oct. 1783 à Cadix.

Joubert (Jean), né à Paris (1761), S. 6 janv. 1780.

Cosson (Louis), né à Joinville [Champagne] (1753), S. 6 janv. 1780.

Chaflaut (Pierre), né à Genech [Flandre] (1755), S. 29 févr. 1780.

Le Gendre, S. 12 juill. 1777, mort le 2 oct. 1780 à l'hôpital de Newport en Amérique.

Brunet (Jean-Louis), S. 29 oct. 1776, mort le 20 févr. 1780 à l'hôpital d'York en Virginie.

Vignon (François), S. 19 avril 1776.

Saint-Just (Alexis), né à Lyon (1755), S. 26 mai 1771.

Trouchy (Mathieu), né à Violet [Languedoc] (1754), S. 2 avril 1779, mort le 4 août 1781 à l'hôpital de North Castle en Amérique.

Dutertre (François), dit **Breton**, né à Casseville [Bretagne] (1757), S. 29 juin 1774.

Bellegarde (Pierre), né à Saint-Jean-de-Kité [Languedoc] (1740), S. 4 févr. 1766.

Vedje (Denis), dit **La Sagesse**, né à Elbeuf [Normandie] (1759), S. 26 févr. 1776, congédié le 26 févr. 1784.

Viennois (Jean-Marie), dit **Chartres**, né à Lattay-en-Beauce (1756), S. 1er juin 1777, congédié le 22 juill. 1785.

Maruau (Jacques), dit **Marc**, né à Rignac (1760), S. 10 oct. 1778, congédié le 10 oct. 1786.

Igny (Antoine), dit **Versailles**, né à Versailles (1761), S. 22 août 1779.

Bertrand (Hugues), né à Meurette [Guyenne] (1761), S. 21 févr. 1780.

Bigot (Jean-Jacques), né à Saint-Pierre [Normandie] (1757), S. 11 mai 1780.

Compagnie de Saint-Léger.

Rességuier (François), né à Issel [Languedoc] (1747), S. 29 mai 1766, sergent-major, R. pour 8 ans du 29 mai 1774.

Chevalier (Jean-Pierre), né à Cardaillac [Quercy] (1735), S. 1er mars 1754, sergent parti pour la solde le 31 mars 1784.

Colet (Charles), dit **Saint-Louis**, né à Trévoux [Dombes] (1745), S. 27 juin 1765, mort le 4 août 1780 à l'hôpital de Newport, sergent du 1er déc. 1775.

D'Auriol (Jean-François), né à Saint-Cernin [Rouergue] (1754), S. 29 avril 1773, passé sergent le 6 août 1781.

Bailly (François), né à Pantaise [Franche-Comté] (1741), S. 16 avril 1762, congédié le 15 avril 1784.

Fabrigue (Raymond), né à Souillac [Languedoc] (1748), S. 18 janv. 1767, R. pour 8 ans du 18 janv. 1775, sergent du 21 nov. 1780.

Constaury (Antoine), dit **La Fleur**, né à Coronzelles [Provence] (1745), S. 16 févr. 1767, R. pour 8 ans du 16 févr. 1775.

Fabié (Jean), dit **Montpeyroux**, né à Montpeyroux [Languedoc] (1741), S. 26 nov. 1764, congédié le 8 sept. 1783.

Biez (Paul), dit **Boyer**, né à Airoux [Languedoc] (1748), S. 14 janv. 1768, congédié le 14 janv. 1784.

Bonnet (Joseph-Mathieu), né à Bourg-en-Bresse (1750), S. 24 mars 1774.

Mary (Louis), né à Alençon [Normandie] (1738), S. 28 mars 1761, R. pour 8 ans du 28 mars 1775.

Becombes (Jacques), dit **Lafontaine**, né à Perpignan (1748), S. 12 janv. 1765, R. pour 4 ans du 12 janv. 1781.

Idier (Antoine), dit **La Ramée**, né à Puginier [Languedoc] (1749), S. 6 nov. 1765, R. pour 4 ans le 6 nov. 1781.

Boul (Michel), né à Marseille (1737), S. 20 déc. 1763, congédié le 8 sept. 1783.

Ruben (Pierre), dit **Comtois**, né à Busset (1730), S. 19 févr. 1766, R. pour 8 ans du 19 févr. 1778.

Boyon (Nicolas), dit **Beausoleil**, né à Toulon [Picardie] (1744), S. 6 mars 1766, R. pour 8 ans du 6 mars 1774.

Bonneau (François), dit **Sans Quartier**, né à Vogué [Vivarais] (1748), S. 24 janv. 1768, congédié le 25 janv. 1784.

Costaury (Claude), dit Grignan, né à Groselle [Provence] (1742), S. 28 août 1768, congédié le 16 sept. 1784.

Chaise (Léonard), dit **Vadeboncœur**, né à Marsillac [Limousin] (1761), S. 25 nov. 1770, R. pour 8 ans du 25 nov. 1778.

Jasmin (Joseph), dit **Maurice**, né à Argis [Bresse] (1738), S. 15 févr. 1773, mort le 28 févr. 1783 en mer sur le « Neptune ».

Bernard (Guillaume), né à Soulles [Normandie] (1749), S. 15 mars 1773.

Jacquet (Joseph), dit **Sans Soucy**, né à Ratenelle [près Tournus, Bourgogne] (1750), S. 22 mars 1773, congédié le 8 sept. 1783.

Le Brun (Joseph), né à Baume [Dauphiné] (1749), S. 29 avril 1773, congédié le 8 sept. 1783.

Moulinier (Jean), né à Mensignac [Périgord] (1751), S. 3 mai 1773, congédié le 8 sept. 1783.

Lafond (Joseph), dit **La Lime**, né à Lyon (1751), S. 4 déc. 1773.

Lequinial (Philibert), dit **L'Aimable**, né à Paimpol (1754), S. 19 févr. 1774, R. pour 4 ans du 19 févr. 1782.

Costey (Jean-Pierre), dit **Vive l'amour**, né à Neuilly-L'Evêque [Normandie] (1751), S. 26 juin 1774, passé aux chasseurs en 1784.

Collet (Alexandre), né à Conches [Normandie] (1755), S. 5 août 1774, congédié le 5 août 1786.

Dumotel (Potérin), né à Caen [Normandie] (1754), S. 20 sept. 1774.

Cézard (Louis), né à Prêty [Bresse] (1754), S. 22 nov. 1774.

Frontier (Jean), né à Tournus [Bourgogne] (1756), S. 9 déc. 1774.

Melon (Charles), né à Monségur [Guyenne] (1755), S. 20 janv. 1775, congédié le 8 sept. 1783.

Jouve (Pierre), né à Gourdan [Bas-Languedoc] (1743), S. 27 avril 1775, congédié le 8 sept. 1783.

Braux (Thomas), dit **Gaillard**, né à Alençon [Normandie] (1757), S. 7 oct. 1775, congédié le 8 sept. 1783.

Waringaux (Jean), né aux Bœufs [Picardie] (1752), S. 9 nov. 1775, mort le 30 sept. 1780, à l'hôpital de Newport.

Guy (Louis), né à Châlon [Bourgogne] (1756), S. 10 mars 1776, congédié le 10 mars 1784.

Mercher (Alexandre), né à Long [Picardie] (1754), S. 14 mars 1776, congédié le 14 mars 1784.

Grimaud (Antoine), né à Camps [Provence] (1754), S. 7 avril 1786, congédié le 7 avril 1784.

Blavet (Pierre), né à Argentan [Normandie] (1758), S. 30 avril 1776.

Labourcy (Antoine), dit **Divertissant**, né à Lyon (1740), S. 31 oct. 1766, congédié le 8 sept. 1783.

Thirut (Jean), né à Sancy [Brie] (1754), S. 25 avril 1776, réformé le 5 oct. 1783.

La Mouche (Jean-Jérôme), né à Troyes (1750), S. 3 sept. 1776, congédié le 3 sept. 1784.

Fiajolet (Pierre), né à Turcey [Bourgogne] (1755), S. 10 oct. 1776, congédié le 17 oct. 1784.

Lyonnois (Pierre), né à Paris [Saint-Sulpice] (1756), S. 27 nov. 1776, mort le 6 mars 1782, à l'hôpital d'York.

Chomard (Jean), né à Thory [Bourgogne] (1754), S. 1er déc. 1776, mort le 12 sept. 1780, à l'hôpital de Newport.

Nolot (Georges), né à Valois [Bourgogne] (1751), S. 1er déc. 1776.

Gay (Jean-Pierre), né à Bouillac [Quercy] (1759), S. 9 déc. 1776, congédié le 8 déc. 1784.

Frontier (Claude), né à Tournus [Bourgogne] (1760), S. 11 déc. 1776, passé aux chasseurs le 15 nov. 1783.

Bouvier (Claude), né à Lyon (1750), S. 23 déc. 1776, R. du 23 déc. 1784.

Depeyre (Louis), né à Gramat [Quercy] (1761), S. 11 mars 1777, passé caporal le 9 sept. 1783.

Bourgongnioux (Jean), dit **Gramat**, né à Gramat [Quercy] (1761), S. 11 mars 1777, mort le 16 sept. 1780, à l'hôpital de Newport.

Duchesne (Pierre), né à Louhans [Bresse] (1761), S. 13 mars 1777.

Simon (Antoine), né à Barsac [Guyenne] (1757), S. 9 mai 1777, congédié le 9 mai 1785.

Tinancourt (Antoine), né à Bresle [Picardie] (1759), S. 1er janv. 1771, congédié le 31 déc. 1783.

Paradis (Charles), né à Paris [Saint-Eustache] (1756), S. 11 août 1777, congédié le 11 août 1785.

Mauritaux (Jacques), né à Mâcon (1758), S. 16 août 1777, congédié le 16 août 1785.

Vieillard (Louis), né à Véron [Champagne] (1760), S. 7 sept. 1777.

Barilly (Jacques), né à Charleville [Champagne] (1759), S. 7 oct. 1777, congédié le 7 oct. 1785.

Biffard (Claude), né à Montlieu [Bourbonnais] (1759), S. 7 oct. 1777.

Clément (Jean), né à Piolenc [Comtat Venaissin] (1760), S. 29 nov. 1777, mort le 3 janv. 1781, à l'hôpital de Newport.

Ermange (Jean), né à Folligny [Normandie] (1757), S. 7 déc. 1777, congédié le 7 déc. 1785.

Vial (Pierre), né à Folligny [Normandie], (1757), S. 7 déc. 1777, mort le 18 déc. 1781, à l'hôpital de Williambourg.

Filliol (Jacques), né à Castelnaudary, [Languedoc] (1759), S. 19 déc. 1777, congédié le 19 déc. 1785.

Davernes (Pierre), né à Argentan [Normandie] (1756), S. 9 janv. 1778, congédié le 9 janv. 1785.

Mialoux (Jacques-Laurent), né à Tutelle [Languedoc] (1762), S. 22 janv. 1778, mort le 4 déc. 1780, à l'hôpital de Newport.

Bresc (Antoine), né à Rego [près Trézanne, Savoie] (1755), S. 22 janv. 1778.

Desmérites (Pierre), né au Puy [Poitou] (1762), S. 8 mars 1778, congédié le 4 déc. 1783.

Le Corné (François), né à Durot [près Argentan] (1755), S. 1er avril 1778, congédié le 1er avril 1786.

Le Lièvre (Charles), né à Coutances [Normandie] (1762), S. 1er avril 1778, passé caporal le 9 sept. 1783.

Chambellan (Pierre-Louis), né à Beaumont-le-Roger [Normandie] (1756), S. 22 avril 1778, congédié le 25 août 1785 comme sergent-fourrier.

Miché (Pierre), dit **Dauphiné**, né à Vic [Dauphiné] (1753), S. 24 mai 1778.

Huet (Claude), né à Epernay [Champagne] (1760), S. 4 sept. 1778, congédié le 28 avril 1787.

Fournier (Jacques-André), né à Louvres [Isle-de-France] (1755), S. 21 nov. 1778, congédié le 28 août 1786.

Bimont (Martin), né à Louvres [Isle-de-France] (1761), S. 21 nov. 1778, passé aux grenadiers en 1782.

Gadois (Jean-François), né à Coulonges [Picardie] (1760), S. 29 nov. 1778.

Igna (Antoine), dit **Rufin**, né à Coulonges [Picardie] (1760), S. 29 nov. 1778.

Daré (Nicolas), né à Saint-Denis [Isle-de-France] (1758), S. 1er déc. 1778, congédié le 12 févr. 1786.

Comelin (François), né à Louvres [Isle-de-France] (1757), S. 17 déc. 1778.

Le Bas (François), né à Noirville [Normandie] (1754), S. 13 févr. 1779.

Champeau (Claude), né à Préfontaine [Champagne] (1744), S. 26 févr. 1779, passé au chasseurs en 1781.

Bouvier (Girard), dit **Morel**, né à Saint-Girod [Savoie] (1754), S. 1er avril 1779.

Bouchacourt (Antoine), né à Pierrelaye [Bourgogne] (1760), S. 11 avril 1779.

Detchevery (Jean-Dominique), né à Meaux [Brie] (1763), S. 14 avril 1779.

Lafontaine (Mathieu), né à Chaussegrise [Normandie] (1760), S. 15 avril 1779.

Rabet (Pierre), né à Cerisy-la-Salle [près Coutances, Normandie] (1759), S. 11 juin 1779.

Frontier (Auguste), né à Tournus [Bourgogne] (1763), S. 20 juin 1779.

Rativet (Claude), dit **Romans**, né à Loudun [Poitou] (1751), S. 1er juill. 1779, congédié le 8 sept. 1783.

Richard (Joseph), né à Patornay [Franche-Comté] (1738), S. 28 sept. 1757, sergent, R. pour 8 ans du 2 janv. 1776.

Breton (Pierre), né à Bennay [Lorraine] (1755), S. 23 déc. 1779.

Dubois (André), né à Bernay [Normandie] (1761), S. 12 févr. 1780.

Lefrançois (Simon), dit **Bayeux**, né à Bayeux [Normandie] (1763), S. 13 mars 1780.

Hervieux (Jean), né à Saint-Lô [Normandie] (1763), S. 15 mars 1780.

Reboulet (David), né à Pontaix [Dauphiné] (1761), S. 11 avril 1779.

Lair (Jean), né à Bollène [Comtat Venaissin] (1741), S. 1er nov. 1760, R. du 22 déc. 1780, pour 4 ans.

Ménager (Pierre), né à Quetteville [Normandie] (1753), S. 6 oct. 1775, mort le 24 févr. 1783, à bord du « Neptune ».

Le Roy (Jean-Louis), né à Vaudrepon [Picardie] (1760), S. 3 août 1779, congédié le 31 août 1783.

Roger (Raymond), né à Villepinte [Languedoc] (1760), S. 8 avril 1780, congédié le 8 avril 1786.

D'Auriol (François), dit **La Valette**, né à Issel [Languedoc] (1757), S. 24 mars 1775, congédié le 1er mai 1783.

Roche (Barthélemy), dit **Sans fesse**, né à Panissières-en-Forez (1754), S. 3 sept. 1773, sergent du 6 avril 1780.

Hillion (Michel), né à Saint-Brieuc (1758), S. 25 sept. 1775, congédié le 8 sept. 1783.

Bogne (Pierre-François), né à Châtel-Censoir [Bourgogne] (1764), S. 12 janv. 1780, passé caporal en 1783.

Le Gomme (Simon), né à Tournus [Bourgogne] (1759), S. 7 avril 1780, passé aux grenadiers le 9 sept. 1783.

Quatrain (Pierre), dit **La Noix**, né à Versailles (1750), S. 1er mars 1775.

Mabrieux (Jean-Pierre), dit **La Tulipe**, né à La Noguère [Languedoc] (1759), S. 2 févr. 1780.

Martin (François), né à Cleriez [Normandie] (1760), S. 5 avril 1780.

Borlaz (Jacques), dit **Francœur**, né à Poiseux [Nivernais] (1758), S. 7 mars 1779.

Boniface (François), né à Rouen (1759), S. 9 oct. 1775.

Pampanon (Jean), né à Nevers (1760), S. 2 déc. 1779.

Humbert (Jean-Baptiste), né à Beauzée [Lorraine] (1757), S. 1er avril 1780.

Borlaz (Pierre), dit **Cabanel**, né à Marsac [Auvergne] (1756), S. 4 avril 1780.

Malterre (François), dit **Toury**, né à Toury [Nivernois] (1758), S. 18 mars 1779.

Raynal (Jean-Baptiste), né à Rouzet [Rouergue] (1759), S. 2 févr. 1780.

Chevalier (Jean), dit **L'Isle-de-France**, né à Saint-Cyr (1756), S. 25 sept. 1776, passé aux chasseurs en 1784.

Arnould (Etienne), dit **Arnoux**, né à Chatenois [Lorraine] (1755), S. 29 oct. 1777, congédié le 29 oct. 1785.

—

Compagnie Dupalais.

Astoin (François), né à Marseille (1748), S. 16 avril 1770, trésorier le 20 sept. 1782.

Lambert (Raymond), dit **Montauban**, né à Montauban (1742), S. 10 mars 1758, sergent, R. du 18 mars 1776, pour 8 ans.

Tollon (Jean-Claude), né à Parmillieu [Dauphiné] (1743), S. 12 mai 1767, sergent, R. pour 8 ans du 12 mai 1775.

Terrier (Jean-Baptiste), né à Tournus [Bourgogne] (1747), S. 18 janv. 1767, sergent, R. du 18 janv. 1775.

Ribeau (Antoine), dit **Rochefort**, né à Rochefort (1730), S. 28 avril 1758, R. pour 8 ans du 4 juill. 1772.

Marquat (Jean), né à Salses [Languedoc] (1736), S. 26 avril 1765, congédié le 22 juill. 1785.

Charbonnier (Pierre), né à Vaudemanche [Champagne] (1730), S. 17 juill. 1760, R. pour 8 ans du 27 nov. 1774.

Morlaix (Michel), dit **Pierrelatte**, né à Pierrelatte [Dauphiné] (1746), S. 2 oct. 1770, congédié le 2 oct. 1776.

Blaye (Etienne), dit **Divertissant**, né à Vacqueyras [Comtat Venaissin] (1744), S. 8 déc. 1765, R. pour 8 ans le 8 déc. 1773.

Beaurain (Etienne), né à Paris (1749), S. 6 oct. 1772, congédié le 8 sept. 1783.

Garlet (Noël), dit **La Violette**, né à Rouen (1735), S. 24 janv. 1756, parti aux Invalides le 31 mars 1784.

Desjardins (Pierre), né à Lyons-la-Forest [Normandie] (1731), S. 7 avril 1757, R. pour 8 ans le 7 avril 1773.

Vertreux (Jean), dit **La Plaine**, né à Saint-Jean-de-Boiseau [Bretagne] (1735), S. 11 oct. 1759, R. pour 8 ans, le 7 avril 1775.

Gourbil (Pierre), né à Vaz [Bourgogne] (174.), S. 3 nov. 1759, parti pour les Invalides le 25 mars 1785.

Couturin (Jean-Baptiste), dit **Champagne**, né à Audincourt [Champagne] (1736), S. 15 nov. 1760, R. pour 8 ans le 15 nov. 1776.

Estagnier (Giraud), dit **La Liberté**, né à Saint-Laurent [Rouergue] (1738), S. 11 mars 1761, R. pour 8 ans le 11 mars 1777.

Bernard (Joseph), dit **Sans Regret**, né à Sablé [Maine] (1740), S. 1er avril 1762, R. pour 8 ans du 1er avril 1770.

Mérieux (Jacques), né à Voutenay [Bourgogne] (1740), S. 21 juin 1762, congédié le 21 juin 1784.

Titry (Laurent), dit **La Fleur**, né à Obernai [Alsace] (1735), S. 10 nov. 1760, mort le 17 nov. 1785, à l'hôpital d'Uzès.

Savine (Auzias), dit **La Motte**, né à La Motte [Provence] (1748), S. 7 janv. 1767, mort le 2 sept. 1780, à l'hôpital de Newport.

Charet (Pierre), né à Chamont [Dauphiné] (1746), S. 23 mai 1771, R. pour 8 ans, le 23 mai 1779.

Clerc (Raymond), dit **Quercy**, né à Figeac [Quercy] (1750), S. 5 déc. 1772, congédié le 8 sept. 1783.

Boissand (Michel), dit **Beausoleil**, né à Préty [Bourgogne] (1752), S. 1er janv. 1773, mort le 24 oct. 1781.

Martel (Joseph), né à Montluel [Bresse] (1752), S. 4 févr. 1773.

Auvergnon (Pierre), né à Monpazier [Périgord] (1751), S. 16 févr. 1773.

Bontems (Jean), né à Monplaisant [Périgord] (1742), S. 16 févr. 1773, congédié le 8 sept. 1783.

Peyron (Jean-Baptiste), né à Paris (1750), S. 24 févr. 1773, congédié le 22 juill. 1785.

Payant (Vincent), né à Saint-Alexandre (1754), S. 14 mars 1773, passé aux grenadiers en 1781.

Ricou (Louis), dit **Billetin**, né à Monségur [Provence] (1750), S. 29 avril 1773, congédié le 8 sept. 1783.

Bernard (Etienne), né à Jarrier [Savoie] (1749), S. 19 mai 1773, congédié le 8 sept. 1783.

Roitoux (Pierre), né à Mâcon [Bourgogne] (1755), S. 14 mars 1774.

Hennequin (François), né à Coutances [Normandie] (1752), S. 13 oct. 1774, congédié le 8 sept. 1783.

Connoissant (Pierre), dit **Lefranc**, né à Saint-Lô [Normandie] (1755), S. 16 janv. 1775.

La Personne (Jean-François), né à Paris (1756), S. 6 févr. 1756.

Jouve (Guillaume), né à Gordes [Provence] (1756), S. 23 mars 1775, congédié le 8 sept. 1783.

Bouscarle (Hyacinthe), dit **Fleur d'Epine**, né à Gordes [Provence] (1756), S. 23 mars 1775.

Grandmaison (Pierre), né à Saint-Martin-de-Tallevende [Normandie] (1758), S. 1er avril 1775, congédié le 8 sept. 1783.

Amilliers (Pierre), dit **Fleury**, né à Fleurieux [Lyonnois] (1753), S. 27 avril 1775, congédié le 8 sept. 1783.

Vergier (Jean), dit **Brindamour**, né à Dieulivol [Guyenne] (1757), S. 27 avril 1775.

Grenier (Gabriel), né à Piolenc [Comtat Venaissin] (1754), S. 30 avril 1775.

Humeau (Jean), né à Juvigné [Maine] (1746), S. 6 oct. 1775, mort le 5 sept. 1780 à l'hôpital de Newport.

Deneux (Jacques), né à Amiens [Picardie] (1756), S. 19 oct. 1775, congédié le 19 oct. 1783.

Boutrû (Pierre-Charles), né à Paris (1759), S. 10 janv. 1776.

Lemore (Louis-François), né à Arras [Artois] (1758), S. 10 févr. 1776, congédié le 10 févr. 1784.

Clamaron (François), né à Paris (1747), S. 24 mars 1776.

D'Ourchy (Nicolas), né à Loeuilly [Picardie] (1756), S. 2 avril 1776, congédié le 2 avril 1784.

Duvivier (Jean-Pierre), né à Paris (1760), S. 5 juill. 1776, passé aux grenadiers le 11 déc. 1781.

Parzy (François), né à Aucy-Legrand [Artois] (1758), S. 14 août 1776, congédié le 14 août 1784.

Decrion (Louis-Joseph), né à Roubaix [Flandre] (1757), S. 3 sept. 1776, congédié le 3 sept. 1784.

Damiens (Nicolas), dit **l'Espérance**, né à Ecueil [Champagne] (1754), S. 5 nov. 1776, congédié le 16 sept. 1784.

Borelly (Pierre), dit **Poirica**, né à Castelnaudary [Languedoc] (1760), S. 11 déc. 1776.

Foulier (Jacques), né à Paris [Sainte-Marguerite] (1757), S. 21 déc. 1776, congédié le 6 févr. 1784.

Chabot (Pierre), né à Vicques [Normandie] (1759), S. 3 déc. 1776.

Bissé (Jean), né à Maffliers [Isle-de-France] (1760), S. 26 déc. 1776, passé aux chasseurs le 31 août 1784.

Bonnefoy (Pierre), né à Figeac [Quercy] (1757), S. 6 janv. 1777, congédié le 22 juill. 1785.

Pandua (Jean-Baptiste), né à Madagascar (1761), S. 17 janv. 1777, nègre, engagé comme musicien.

Coigné (Claude), dit **Sans Soucy**, né à Lyon (1761), S. 18 févr. 1777, passé caporal en mai 1786.

Vergier (Joseph), né à Rouville [Provence] (1758), S. 1er mars 1777.

Dordé (Jean), né à Figeac [Normandie] (1759), S. 11 mars 1777, congédié le 16 août 1785.

Pieu (Pierre), dit **Grenoble**, né à Saint-Aupre [Dauphiné] (1755), S. 11 mars 1777, R. pour 4 ans du 11 mars 1785.

Flamand (Claude), né à Chuzelles [Dauphiné] (1757), S. 13 mars 1777, congédié le 13 mars 1785.

Fontanges (François), né à Fontanges [Auvergne] (1757), S. 13 mars 1777.

Lefebvre (François), né à Saint-Vigor [Normandie] (1758), S. 23 mars 1777.

Molardon (Louis-Jacques), né à Toul (1759), S. 28 mars 1777.

Déessaux (Louis), né à La Cornière [Normandie] (1760), S. 2 avril 1777.

Ferrand (Pierre), né à Bimenu [Rouergue] (1755), S. 11 avril 1777, R. pour 4 ans le 11 mars 1785.

Boquet (Denis), né à Dijon (1760), S. 11 juin 1777, parti pour les Invalides le 16 avril 1784.

Pouvion (Lambert), né au Gros Caillou [près Paris] (1756), S. 2 juill. 1777, congédié le 16 sept. 1785.

Cella (Marc), né à Argentat (1755), S. 16 août 1777, congédié le 16 août 1784.

Givot (Claude), né à Appaix [Dauphiné] (1758), S. 10 nov. 1777, congédié le 10 nov. 1785.

Langlois (Jacques), né à Neuilly [Normandie] (1757), S. 29 nov. 1777, mort le 17 oct. 1781 à l'armée.

Parmentier (Pierre), né à Sées [Normandie] (1757), S. 29 nov. 1777.

Guérit (Adrien), né à Bouchée [Hainault] (1761), S. 1er déc. 1777, caporal le 20 déc. 1780.

Guérit (Elie), né à Bouchain [Hainaut] (1758), S. 21 déc. 1777, congédié le 21 déc. 1785.

Marigné (Jacques), né à Argentan [Normandie] (1760), S. 9 janv. 1778, congédié le 9 janv. 1786.

Rouny (Jean-Pierre), né à Grignan [Provence] (1761), S. 19 févr. 1778, R. le 19 févr. 1786.

Noël (Jean-Baptiste), né à Floyon [Flandre] (1762), S. 23 févr. 1778, passé aux grenadiers le 9 sept. 1783.

Jacob (Pierre), né à Terrebasse [près Vienne, Dauphiné] (1761), S. 7 mars 1778, congédié le 8 mars 1786.

Lefrère (Michel), né à Argentan [Normandie] (1760), S. 8 mars 1778, passé aux grenadiers le 9 sept. 1783.

Delense (Louis), né à Alais [Languedoc] (1760), S. 8 mars 1778, congédié le 8 mars 1786.

Ducros (Claude-François), S. 1er mars 1778, congédié le 8 sept. 1786.

Ruffia (Jean), S. 1er mars 1778, mort le 8 janv. 1784, à l'hôpital de Toulon.

Le Monnier (Joackim), né à Thorigny [Normandie] (1760), S. 31 mars 1778, passé aux grenadiers le 13 juill. 1784.

Marguier (François), né à Runux [Lorraine] (1760), S. 8 avril 1778, R. pour 8 ans le 8 août 1786.

Barberot (Pierre), né à Treuilly [Franche-Comté] (1761), S. 8 avril 1778, passé aux chasseurs le 14 nov. 1781.

Broc (Jacques), né à La Réole [Guyenne] (1760), S. 17 avril 1778, congédié le 17 avril 1786.

De Nogens (Joseph), né à Pont-de-Vaux [Bresse] (1762), S. 26 juin 1778.

Borgieu (Joseph), dit **L'Allemand**, né à Pont-de-Vaux [Bresse] (1761), S. 26 juin 1778, congédié le 26 juin 1786.

Voidieu (Joseph), né à Villeneuve-de-Bercy [Vivarais] (1761), S. 25 juill. 1778, parti pour les Invalides le 16 avril 1784.

Mayet (Joseph), né à Saint-Cécile [Comtat Venaissin] (1758), S. 20 oct. 1778, congédié le 20 oct. 1786.

Hormé (Jean-François), né à Fretteineulle [Picardie] (1758), S. 7 oct. 1778, congédié le 8 sept. 1783 comme sergent.

Dieu (Charles), né à Péronne (1736), S. 13 janv. 1779.

Delaunay (Pierre), dit **Prudence**, né à Argentan [Normandie] (1761), S. 15 févr. 1779.

Bénard (Pierre), né à Carentan [Normandie] (1756), S. 4 févr. 1779, congédié le 8 sept. 1783.

Farnaud (Jean-Baptiste), né à Saint-Saturnin [Provence] (1762), S. 9 avril 1779.

Serre (François), né à Roussillon [Provence] (1762), S. 9 avril 1779.

Coubrun (Ambroise), né à Géfosse [Normandie] (1760), S. 14 avril 1779.

Mancel (Louis), né à Nozay [Isle de France] (1760), S. 15 avril 1779, mort à l'hôpital de Toulon le 19 août 1783.

Castel (Etienne), né à Margal [Languedoc] (1762), S. 24 avril 1779.

Vergès (Jean-Baptiste), né à Sainte-Opportune-la-Campagne [près Evreux] (1763), S. 2 juin 1779.

Fessard (Charles-Nicolas), né à Villetarte [Normandie] (1761), S. 13 sept. 1779.

Bresson (Henri), né à Vaux [Champagne] (1739), S. 11 mai 1755, sergent-fourrier du 11 juin 1776. R. du 25 sept. 1779.

Colet (Pierre), né à Chevigné [Beauce] (1760), S. 7 oct. 1779.

Picard (Charles-François), né à Crèvecœur [Picardie] (1755), S. 31 oct. 1779.

Roitoux (Pierre), dit **Vivelamour**, né à Mâcon [Bourgogne] (1755), S. 14 mars 1774, mort le 6 mai 1782 à l'hôpital d'York.

Duplessis (Louis), né à Conches [Normandie] (1761), S. 10 mars 1780, passé aux grenadiers le 13 juill. 1784.

Cailleu (Louis), né à Malleville-en-Caux [près Caudebec] (1762), S. 1er mars 1780, mort le 20 nov. 1782 à l'hôpital de Baltimore.

La Venûe (Jean), né à Monségur [Guyenne] (1761), S. 29 mars 1780, passé aux grenadiers le 5 sept. 1783.

Marty (Jean), dit **La Liberté**, né à Loubersan [Auvergne] (1747), S. 11 nov. 1767, sergent-major, congédié le 20 févr. 1784.

Tabouret (Barthélemy), né à Bayonne (1754), S. 12 oct. 1772, congédié le 1er sept. 1783.

Fouquet (Pierre), né à Vendôme [Beauce] (1750), S. 3 juill. 1779, passé aux chasseurs le 29 sept. 1780.

Dufeu (Etienne), né à Sens (1758), S. 14 oct. 1777, congédié le 16 oct. 1785.

Ravot (Jean), né à Mancey [Bourgogne] (1760), S. 19 déc. 1779.

Gayet (Jean), né à Hermanville [Normandie] (1758), S. 14 févr. 1780, mort le 9 mai 1782 à l'hôpital de l'armée.

Fontavin (Anne), né à Fleury [prov. Forez] (1758), S. 18 juill. 1783, rayé des contrôles le 16 sept .1784.

SIÈGE D'YORK-TOWN

Le Général Rochambeau et Washington donnent les derniers ordres pour l'Attaque

RÉGIMENT DE SAINTONGE

Le premier colonel de ce régiment fut le marquis de Bligny (François-Germain le Camus), le 8 septembre 1684.

Le onzième, le vicomte de Custine (Adam-Philippe), le 8 mars 1780;

Le douzième, le vicomte de Rochambeau, — fils du général, comte de Rochambeau — (Donatien-Marie-Joseph de Vimeur), le 11 novembre 1782.

Le dernier, Des Francs (Jean-Claude), le 24 octobre 1792.

Le 26 avril 1775, alors que le régiment était à Toul, il fut réuni à l'ancien régiment de Cambrésis, qui devint son deuxième bataillon. Saintonge s'embarqua à Brest le 10 avril 1780 pour les États-Unis d'Amérique. Il avait été précédé par des volontaires impatients de combattre pour la liberté. Le 15 juillet 1779, à la prise de Stony-Point, le major de Fleury était arrivé le premier dans les retranchements des Anglais et avait abattu le drapeau britannique. A la paix, le congrès décerna à ce brave officier une médaille qui lui fut remise par l'illustre Franklin.

Le régiment avait à sa tête le vicomte de Custine. Custine qui était précédemment colonel de Rouergue avait demandé et obtenu de remplacer à la tête de Saintonge le vicomte de Béranger, nommé brigadier le 3 janvier 1780, au moment où son régiment était désigné pour s'embarquer. A son retour Custine reprit le régiment de Rouergue. Le vicomte de Rochambeau remplaça Custine à la tête de Saintonge et obtint ensuite le régiment d'Auvergne.

Le régiment de Saintonge prit part à toute la campagne. Il se distingua à York-Town. Il passa l'hiver qui suivit aux États-Unis et fut transporté en 1782 aux Antilles. Il rentra à Brest en juillet 1783.

Thomas Balch dit de ce régiment, dans son ouvrage intitulé *The French in America : The history of this regiment blends with that of the army itself.*

En 1791, Saintonge fut désigné sous l'indication de 82e régiment d'infanterie. Le 82e régiment actuel qui lui fait suite est en garnison à Montargis.

Adam-Philippe, Comte DE CUSTINE SARRECK, né à Metz le 4 février 1740, Colonel.

ÉTAT-MAJOR

—

COLONEL

Le comte de **CUSTINE de SARRECK** (Adam-Philippe), né à Metz, le 4 févr. 1740. Colonel du 8 mars 1780; le 5 déc. 1781 reçut une lettre de satisfaction et l'espérance d'un gouvernement de son grade à l'occasion de sa bonne conduite à York-Town. Gouverneur de Toulon le 19 avril 1782; remplacé par le vicomte de Rochambeau à cette date.

COLONEL EN SECOND

Le comte de **CASTRIES de CHARLUS** (Armand-Charles-Augustin), né à Paris, le 3 mai 1756. Du 5 déc. 1781 susceptible de la charge de mestre de camp général de la cavalerie, six mois avant l'âge de vingt-neuf ans pour sa conduite distinguée à York-Town.

LIEUTENANT-COLONEL

Le chevalier **CHAUDRON de la VALETTE** (Charles-François), né à Montfort [Bourbonnais], le 5 juin 1731. Brigadier le 5 déc. 1781 pour sa conduite distinguée à la prise d'York-Town.

MAJOR

TEISSEYDRE de FLEURY (François-Louis), né à Saint-Hippolyte, le 20 août 1749. Noté en 1781 comme s'étant distingué à York-Town.

QUARTIER-MAITRE TRÉSORIER

La FAGE (Bernard), né le 6 janv. 1734, à Saint-Hibarre [comté de Foix].

CAPITAINES COMMANDANTS

Le baron de **FERRETTE** (Jean-Baptiste), né à Cernay [Alsace], le 13 janv. 1736. Le 5 déc. 1781 reçut l'espérance d'une lieutenance-colonelle pour sa bonne conduite à York-Town.

GOROT de BEAUMONT (Alexis-Jean-François), né à Limoges, le 25 juill. 1735. Le 5 déc. 1781, a obtenu une pension pour sa bonne conduite à York-Town.

De WOUVES (Pierre-Daniel-Barard), né à Héry [Bourgogne], le 3 janv. 1740.

DAURIEN de MADRON de BRIE (Jean-Georges-Prosper), né près Saverdun [comté de Foix], le 25 nov. 1737. Le 5 déc. 1781, honoré d'une gratification pour sa bonne conduite à York-Town.

DUCHESNE (Jacques), né à Chevreux [Poitou], le 13 déc. 1734. Chevalier de Saint-Louis en 1781.

De la FALNERE (Léonard-Lefebvre), né à Richelieu [Poitou], le 30 juill. 1743.

De la CORBIERE (Antoine-Madeleine), né à Avranches, le 11 août 1743. Chevalier de Saint-Louis le 5 déc. 1781 pour sa bonne conduite à York-Town.

De BERTRIER des FORETS (André), né à Saint-Denis-le-Chosson, le 8 févr. 1743. Capitaine du 19 mars 1780; mort en 1781.

De BOISBRAS BEDEE (Ange-Armand), né à Rennes, le 1er mars 1742. Chevalier de Saint-Louis, le 5 déc. 1781 pour sa bonne conduite à York-Town.

Des ROCHES (Philippe-Henry), né à Périgueux, le 8 nov. 1742. Chevalier de Saint-Louis du 5 déc. 1781 pour sa bonne conduite à York-Town.

DENOS ou **d'ENOS** ou **des NOES** (Augustin-Rouxolin), né à Caen, le 10 avril 1741. Le 5 déc. 1781, chevalier de Saint-Louis pour sa bonne conduite à York-Town.

SCOT de COULANGES (Jacques), né le 25 juill. 1742, à Epeigné [Touraine]. Chevalier de Saint-Louis, le 5 déc. 1781 pour sa bonne conduite à York-Town.

De COURVOL (Pierre), né à Saint-Maurice-de-Nivernais, le 11 nov. 1745. Chevalier de Saint-Louis en 1782.

Le chevalier **de CHAMPAGNE** (Pierre-Charles-Marie), né à Angers, en janv. 1746. Capitaine en second, du 12 mars 1780; capitaine commandant en 1782.

BELLEMARE de SAINT-CYR (Marc-Antoine-Georges), né au Breuil [Normandie], le 3 mai 1749. Capitaine en 1780; capitaine commandant en 1782.

JAMES de LONGUEVILLE (Charles-Philippe), né au château de Saint-Vincent de Larochefoucault [Angoumois]. Capitaine en second en 1780; capitaine commandant en 1782.

De RECUSSON (Jacques-Alexandre), né à Fécamp, le 6 juill. 1745. Capitaine en 1780; capitaine commandant en 1782.

De GRATEL DOLOMIEU (Alphonse-Louis-François), né à La Cote-Saint-André [Dauphiné]. Capitaine en 1780; capitaine commandant en 1786.

LIEUTENANTS EN PREMIER

De MARGUERIT (Charles-François-Sébastien), né à Falaise, le 21 mars 1746. Capitaine en 1780; capitaine commandant en 1787.

Du ROSEL ou **ROZEL** (Louis-Joseph-Jacques), né à Saint-Germain-du-Crioult [Basse Normandie], le 31 juill. 1746. Lieutenant en premier en 1779; capitaine en 1781.

Le chevalier **du ROSEL** (Gilles), né à Saint-Germain-du-Crioult, le 30 oct. 1748. Lieutenant en 1780; capitaine en 1782.

De WALES ou **VALLES** (Christophe), né à Châteaudun, le 3 févr. 1753. Lieutenant en 1780; capitaine en 1782.

De la CHENAYE (Claude-François-Fernandin), né à Blamont, le 21 avril 1748. Lieutenant en 1780.

Le chevalier **de COULAINE** (Augustin-Pierre-Quirit), né à Loudun, le 27 sept. 1754. Lieutenant en 1780; capitaine en 1782.

De BELLEMARE de NEUVILLE (Henry-Léonard-Louis), né le 19 juin 1754, à Brionne [généralité de Rouen].

LAFUTSUN de LACARRE (Jean-Henry), né à l'Ile d'Oléron, le 19 oct. 1754. Premier lieutenant en 1780; capitaine.

De CHAMPETIER (Claude), né à Fonzon [Vivarais]. Premier lieutenant du 15 avril 1780.

De VILLEFRANCHE (Louis-Joseph-Gentien), né à Alby, le 20 avril 1754. Lieutenant en premier en 1780; capitaine en 1782.

LIEUTENANTS EN SECOND

Le chevalier **de TASCHER** (Louis-François-Philibert), né au château de Glay, près La Ferté-Bernard [Maine], le 17 août 1754.

MONTAULIEU d'ARPAVON (Jean-Paul-Julien), né à Valréas dans le Comtat, le 18 oct. 1755. Lieutenant en second en 1780; lieutenant en premier en 1782.

De QUIRIT de COULAINE (François-René), né le 2 déc. 1757, à Loudun [diocèse de Tours]. Lieutenant en 1782.

Des VIGNES (Pierre), né à Aubergenville [Isle de France], le 4 juin 1737. Lieutenant, du 12 mars 1780.

DUPERRON de MADIRAN (Joseph-Laurent), né à Crouseilles [Béarn], en août 1749. Lieutenant en second en 1780; lieutenant en premier en 1782.

CHAUDRON de la VALETTE (Balthazar-Edme), né à Evreux, le 22 nov. 1758, lieutenant en second en 1780; lieutenant en premier en 1782.

De RESTE (Jean-Georges), né à Saint-Ybars [comté de Foix], le 3 févr. 1746. Lieutenant en second en 1780; lieutenant en premier en 1782.

De MESTRE (Jean), né à Monastier [diocèse d'Agen], le 6 nov. 1752. Lieutenant en second en 1780; lieutenant en premier en 1782.

Le MONIER (René), né à Fresnay-le-Vicomte, le 6 févr. 1742. Lieutenant en 1780; lieutenant en premier en 1783.

Du TEIL (Jean-Michel), né à Pomier [diocèse de Vienne, Dauphiné]. Lieutenant en 1780; en premier en 1782.

SOUS-LIEUTENANTS

De JOUSSELIN (Louis-Gabriel-François), né en 1756, le 15 avril.

De SEGUIN de PIEGON (Etienne-René), né en 1758, le 6 mai.

DUPONT d'AUBEVOYE de LAUBERDIERE (Louis-François), le 29 oct. 1759. Aide de camp de Rochambeau; récompensé en 1782 pour sa bonne conduite à York-Town.

De LONGUEVILLE de JAMES (Jean-Joachim), né au château de Saint-Vincent de la Rochefoucault [Angoumois], le 24 août 1762. Blessé à York-Town.

De BIOTIERE (Jean-Fiacre).

VARIN de la CHAUSSEE (Charles-Alexandre), né à Rouen, le 3 juill. 1759. Sous-lieutenant en 1779, lieutenant en 1782.

D'AGUE de la VOUTE (Charles-René), né le 2 juill. 1761.

FAUSSE de MAYENCE (Charles-Gaspard), né à Blanay [Normandie], le 22 févr. 1735. Sous-lieutenant en 1780; lieutenant en 1784.

LAFORGUE de BELLEGARDE (Denis-François-Calixte), né le 9 oct. 1762.

Le COMTE (Pierre), né à Périgueux, le 8 nov. 1763. Sous-lieutenant en 1780; lieutenant en 1786.

DESPREZ de la GRALIERE (Jean-Philippe-César), né le 14 sept. 1759. Sous-lieutenant en 1778; lieutenant en 1782.

De TAFFIN (Benjamin-Benoit-Joseph), né le 21 mars 1761. Sous-lieutenant en 1778; lieutenant en 1782.

DENIS (François), né à Saint-Pierre-d'Entremont, le 13 janv. 1733. Sous-lieutenant en 1779; lieutenant en 1782.

D'ISAMBARD des MILLEVILLES (Ange-Paul-Polycarpe). Sous-lieutenant du 12 mars 1780.

De FOVILLE (François-Charles-Jean-Baptiste). Sous-lieutenant du 12 mars 1780.

BON de BEAUGENDRE (Jean-Victor), Sous-lieutenant du 12 mars 1780.

LAFFON du CLUSSEAU (Jean), né le 19 juill. 1762. Sous-lieutenant du 15 avril 1780.

BARBIER de la SERRE (Arsenne-Guillaume-Joseph). Sous-lieutenant du 15 avril 1780.

Suivant Thomas Balch :

Des BRIERES (Zacharie-Jacques), né à Paris, le 26 mars 1738. Capitaine du 12 mars 1780; le 5 déc. 1781 nommé chevalier de Saint-Louis pour sa bonne conduite à York-Town.

Le chevalier **DELAVERGUE du TRESSAN** (Claude-Marie-Madeleine), né à Toul, le 25 févr. 1755. Venu du régiment de Beauvais à celui de Saintonge en 1778; capitaine de remplacement en 1784.

De TRION de MONTALEMBERT (Louis-François-Joseph-Bonaventure), né à Paris, le 18 oct. 1768.

MARCOU. Grenadier du régiment de Saintonge fit toute la campagne; il fut blessé sur le « Zélé » en abordant le « Romulus » et reçut le prix de la prise.

Compagnie de grenadiers*.

DE BEAUMONT, capitaine.

Nicolas (François), dit **Lavaleur**, né à Aigle [Arnay] (1730), S. 1er sept. 1767, promu officier le 26 sept. 1782.

Egard (François), dit **Sans-Terre**, né à Wassy [Picardie] (1716), S. 1er déc. 1754, parti pour la pension le 1er juill. 1783.

Geoffroy (François), né à Rouillé [près Rennes] (1732), S. 3 sept. 1761, congédié le 12 oct. 1783.

Baillon (Charles), dit **Ladouceur**, né à Bourg (1738), S. 6 juill. 1769.

Candry (Jean), né à Toul (1756), S. 26 juin 1774, congédié le 6 juill. 1783.

Labrue (Marc), né à Périgueux (1746), S. 1er mars 1770, mort à Newport le 15 sept. 1780.

Fradin (François), né à Saint-Jean-d'Angely (1727), S. 25 juill. 1760.

Vaillant (François), dit **La Giroflée**, né à Fieu [près Belfort] (1721), S. 12 nov. 1758, parti pour la pension le 16 avril 1786.

Cheminet (Louis), dit **Lafleur**, né à Selles [Poitou] (1740), S. 21 juin 1768.

Chamande (Michel), dit **Fontaine**, né à Beaun-en-Bresse [près Bourg] (1734), S. 4 mars 1768, passé aux chasseurs le 2 avril 1786.

Le Corme (Vincent), dit **La Tulipe**, né à Vignagne [Bretagne] (1732), S. 20 avril 1764, mort à Newport le 15 août 1780.

Le Clerc (Alexis), dit **Bellefleur**, né à Bacqueville [Normandie] (1724), S. 7 avril 1759, passé sergent aux chasseurs le 23 août 1782.

Maure (Léon), dit **Monplaisir**, né à Roquefort [Gascogne] (1718), S. 15 nov. 1751, mort à Williamsburg le 28 oct. 1781.

Drieux (Jean), né à Bordeaux (1752), S. 9 mars 1768, congédié le 9 mars 1784.

Nicolas (Joseph), dit **L'Eveillé**, né à Cette (1751), S. 13 avril 1769.

Dupont (Michel), né à Saint-Sauveur [Normandie] (1750), S. 8 nov. 1768, passé sergent-major le 1er avril 1784.

Arnaud (Mathurin-Louis), né à Rennes (1751), S. 6 oct. 1768, mort à Newport le 4 avril 1781.

Bernard (Pierre), dit **Martin**, né à Degragne [Provence] (1744), S. 2 juill. 1768, passé sergent le 24 juin 1786.

Viceriac (Armée), né à Tiez [Auvergne] (1742), S. 21 sept. 1768, congédié le 24 sept. 1784.

Bouchera (Jean), né à Tiez [Auvergne] (1742), S. 21 sept. 1768, passé sergent le 23 avril 1786.

Parot (Jean), dit **L'Espérance**, né à Bergement [Bourgogne] (1744), S. 29 sept. 1755, parti pour la pension le 30 mars 1784.

* Abréviations : S. = Entré au service; R. = Rengagé.

Delabre (Joseph), né à La Rochelle (1745), S. 21 juill. 1770, passé tambour-major le 7 juin 1785.

Gerbault (Guillaume), né à Saumur (1746), S. 3 oct. 1769, congédié le 13 oct. 1785.

Gourron (Bernard), né à Tours (1747), S. 2 août 1770.

Dumoulin (Jean), né à Abrune [Périgord] (1748), S. 8 janv. 1771.

Richon (Jean), dit **Branche d'or**, né à Bordeaux (1749), S. 18 nov. 1772, congédié le 6 juill. 1783.

Seranne (Étienne), né à Cette (1752), S. 12 déc. 1772, congédié le 6 juill. 1783.

Catereau (Michel), dit **Saint-Julien**, né au Mans (1743), S. 29 nov. 1770.

Le Moine (Pierre), dit **Lafeuillade**, né à Nemours [Gâtinais] (1751), S. 27 mars 1773, congédié le 6 juill. 1783.

Ferrier (Jean), dit **Paul**, né à Angoulême (1746), S. 2 mars 1769, passé sergent le 21 août 1785.

Masson (François), né à Paris (1747), S. 1er mai 1770, passé sergent le 23 févr. 1785.

Roum (Pierre), dit **Bellegarde**, né à Calais (1752), S. 17 mars 1772, passé sergent le 15 sept. 1784, mort le 13 avril 1786.

Casse (Antoine), dit **Turenne**, né à Lizac [Quercy] (1752), S. 24 févr. 1773, congédié le 6 juill. 1783.

Jourdan (Guiraud), dit **La Giberne**, né à Lizac [Quercy] (1752), S. 4 mars 1773, congédié le 6 juill. 1783.

Laprade (Guillaume), né à Gaillac [Comté de Foix] (1754), S. 1er mai 1773, passé caporal le 11 mars 1782.

Serrault (Jacques-Simon), né à Sées [Normandie] (1752), S. 2 août 1772, congédié le 6 juill. 1783.

Charboury (Joseph-Armand), né à Provins (1750), S. 7 déc. 1772, congédié le 6 juill. 1783.

Le Clerc (Joseph), né à Saint-Remy [Champagne] (1754), S. 2 nov. 1773.

Bernard (Antoine), né à Sinerance [Rouergue] (1750), S. 6 nov. 1772, congédié le 6 juill. 1783.

Cristophe (Claude), né à Toul (1754), S. 30 oct. 1774, congédié le 6 juill. 1783.

Guichard (Antoine), né à Bordeaux (1751), S. 23 nov. 1772, congédié le 6 juill. 1783.

Menard (Jean), dit **Laviolette**, né à Caussade [Quercy] (1752), S. 13 avril 1773.

Sancier (Julien), né à Laval (1754), S. 8 juin 1774, congédié le 6 juill. 1783.

Poissonneau (Jacques), dit **La Volonté**, né à Saint-Morille-du-Pont-de-Cé [Anjou] (1752), S. 17 avril 1774, congédié le 6 juill. 1783.

Broqua (Jean), né à Bordeaux (1750), S. 6 janv. 1773.

Perrucheau (Jean), né à Châtin [Nivernois] (1751), S. 6 mars 1775.

Samson (Nicolas), né à Boulogne [Normandie] (1752), S. 28 oct. 1773.

Marion (Noël), né à Bigeau [Bresse] (1754), S. 5 avril 1774.

Bordier (Louis), né à Champigny [Poitou] (1754), S. 23 avril 1774.

Fournier (Arnaud), né à Loiguan [Guyenne] (1752), S. 21 juin 1774.

Péchard (Julien), dit **Bellerose**, né à l'Isle-Bouchard [Touraine] (1755), S. 4 avril 1775, congédié le 6 juill. 1783.

Raison (Louis-François), né à La Rochelle (1751), S. 23 oct. 1775.

Calot (Jean-Baptiste), né à Toul (1756), S. 31 oct. 1774, congédié le 6 juill. 1783.

Gautier (Jean), dit **L'Angevin**, né à Château-Gontier (1754), S. 22 sept. 1774, congédié le 6 juill. 1783.

Barès (Benoit-Joseph), né à Paris (1755), S. 24 nov. 1774.

Lanoche (Pierre), né à Vannes (1752), S. 17 avril 1772.

Dussaussoir (Jean-Nicolas), né à Troyes (1753), S. 2 nov. 1773.

Cupillard (Claude-Léonard), né à Morteau (1753), S. 1er mai 1774, congédié le 6 juill. 1783.

Marc (Claude), dit **Commercy**, né à Vignot (1755), S. 19 avril 1774, congédié le 6 juill. 1783.

L'Ami (Amable), né à Sondes [Manche] (1754), S. 21 déc. 1773.

Gossin (Jean-Louis), né à Cassel [Flandre] (1754), S. 11 mai 1776.

Hayer (Philippe), né à Nantes (1758), S. 9 nov. 1774.

Hurion (Louis), né à Pagny-sur-Meuse (1756), S. 26 sept. 1774.

Colson (Christophe), né à Foug [près Toul] (1759), S. 4 févr. 1776.

Thomas (Louis), né à Regny-la-Salle (1758), S. 3 sept. 1774.

Nobolet (Pierre), né à Saint-Vivien [Périgord] (1756), S. 31 oct. 1773.

Carton (Philippe-Joseph), né à Chièvre [Hainaut] (1756), S. 27 juill. 1777.

Descloux (Jean-François), né à Terde [Franche-Comté] (1753), S. 1er avril 1776.

Martin (Pierre), né à Cuinel (1759), S. 11 juill. 1775.

Braltret (Nicolas), né à Toul (1758), S. 13 avril 1775.

Christophe (Joseph), dit **Cœur d'Acier**, né à Saint-Michel-de-Bordeaux (1758), S. 22 mai 1775, mort le 6 sept. 1783.

Thouron (Pierre), né à Apremont [Lorraine] (1759), S. 5 juill. 1775.

Négrier (Jean), né à Nancy [Lorraine] (1760), S. 10 avril 1776.

Honot (Benoit-Joseph), né à Nancy [Lorraine] (1759), S. 9 janv. 1775.

Lucas (Charles), né à Bivelet (1759), S. 12 déc. 1776.

Gautier (Jacques), né à Doiron [Poitou] (1758), S. 10 mars 1778.

Bouillon (Pierre), né à Saint-Pierre [Normandie] (1758), S. 6 mai 1779.

Carpentier (Pierre-François), né à Yvrench [près Amiens] (1757), S. 7 nov. 1777.

Monginot (Jean), né à Perrel (1758), S. 29 juin 1775.

Bastien (Antoine), né à Brinvillers (1758), S. 6 déc. 1777.

Pesse (Jean), né à Aix-la-Chapelle (1757), S. 24 juin 1777.

Barbecave (Paul), dit **La Lancette**, né à Scot [Béarn] (1739), S. 18 juill. 1768, R. pour 8 ans le 19 juill. 1776.

Gragnon (Pierre), dit **La Liberté**, né à Rabastens en Bigorre (1753), S. 10 déc. 1773.

Richard (Pierre), né à Nancy (1759), S. 6 juill. 1774.

Codert (Claude), né à Dijon [Bourgogne] (1760), S. 11 déc. 1776.

L'Ecuyer (Pierre), né à Abbeville [Picardie] (1756), S. 8 mars 1778.

Morel (Jean-Thomas), né à Toul (1759), S. 3 déc. 1775.

Ruffin (Jean-Balthazard), né à Norquerque (1758), S. 16 nov. 1777.

Boichaud (Nicolas), dit **Vive l'Amour**, né à Maubois (1758), S. 1er avril 1776.

Genin (Claude), né à Nivollet en Bugey (1761), S. 15 janv. 1778.

Le Hêtre (Jean-Baptiste), né à Claville [Normandie] (1752), S. 24 janv. 1769, R. pour 8 ans en 1777.

Virozel (Jean), né à Manges [Rouergue] (1754), S. 6 nov. 1772.

Barrois (Pierre), né à Nancy (1758), S. 12 sept. 1775.

Achambaut (Charles), né à Hesdin [Artois] (1761), S. 19 juill. 1777, passé caporal en 1784.

Le Mille (Charles), né à Amiens (1758), S. 22 nov. 1776.

Estival (Dominique), né à Griny [Artois] (1758), S. 23 juill. 1777.

Nicolas (Jean), dit **Pleuzy**, né à Toul (1747), S. 6 févr. 1770, R. pour 8 ans le 6 févr. 1778.

Grebert (Jérôme), né à Fruges [Artois] (1761), S. 27 juin 1777.

Petit (Christophe), né à Toul (1760), S. 17 févr. 1776, caporal en 1784.

Longrais (Nicolas), né à Fontenay [près Caen] (1740), S. 15 févr. 1759, R. pour 8 ans le 15 févr. 1775.

La Chapelle (Claude), né à Paris (1756), S. 25 nov. 1774.

Vergne (François), né à Châteauroux [Berry] (1753), S. 13 août 1769, mort le 16 avril 1783.

Girard (Claude), né à Cette [Languedoc] (1761), S. 13 avril 1769, sergent-major le 1er juill. 1785.

Sary (Michel), né à Jarnac [Saintonge] (1758), S. 22 sept. 1774.

Pelletier (François), né à Perrancey [Champagne] (1760), S. 28 mai 1776, congédié le 28 mai 1784.

Lami (Jean), né à Bernay [Normandie] (1762), S. 14 avril 1778.

Tellier (Charles), né à Amiens (1757), S. 20 févr. 1778.

Cuvier (Joseph), né à Colombey [Lorraine] (1760), S. 16 août 1776.

Bos (Baptiste), né à Saint-Ybars [comté de Foix] (1759), S. 25 mars 1778.

Bougreau (François), né à l'Isle-Bouchard (1756), S. 10 juin 1777.

Henriot (François), né à Barouville-Drouze [près Metz] (1755), S. 9 sept. 1774, congédié le 6 juill. 1783.

Perrot (Jean), né à Angers (1758), S. 16 mars 1776.

Person (Jean), né à Contrisson [Lorraine] (1757), S. 6 oct. 1776.

Cloquenot (Jean), né à Magny [Bourgogne] (1760), S. 16 mars 1776, congédié le 28 mars 1784.

Froment (Henri-Joseph), né à Château-Porcien [Champagne] (1760), S. 15 oct. 1776, congédié le 15 oct. 1784.

Le Blond (Joseph), né à Mathay [Franche-Comté] (1760), S. 11 juin 1776.

Sosiau (Joseph), né à Bois-Gervilly [Bretagne] (1743), S. 6 mars 1769, R. pour 8 ans le 6 mars 1777.

Fournier (Charles), né à Châteaudun [Beauce] (1761), S. 1er avril 1779.

Fouré (Pierre), né à Saint-Gondran [Bretagne] (1762), S. 4 juill. 1779.

Longuet (Joseph), né à Saint-Martin-de-l'Ile-de-Ré (1751), S. 1er mars 1771, a quitté le régiment le 26 févr. 1784.

Mathurel (Louis), né à Paris (1758), S. 29 janv. 1775.

Tournay (Claude), né à Nancy (1760), S. 1er oct. 1776, congédié le 10 oct. 1784.

Poncet (François-Joseph), né à Malche [Franche-Comté] (1758), S. 23 mars 1776, congédié le 23 mars 1784.

Bonnet (Pierre), né à Périgourd (1758), S. 6 mars 1778.

Crimer (Pierre), né à Bigne-Basse [près Abbeville] (1762), S. 15 févr. 1778, mort le 19 déc. 1785.

Alexandre (Pierre-André), né à Domqueur [Picardie] (1761), S. 21 oct. 1777, congédié le 16 juin 1785.

Guéraud (Pierre), né à Saint-Martin-de-l'Ile-de-Ré (1763), S. 1er mars 1780 mort le 22 août 1786.

Renaud (Laurent), né à Menillot (1757), S. 12 juin 1774, passé dans la compagnie de Roche le 21 avril 1784.

Chaignet (François), né à Dijon (1753), S. 22 avril 1780, mort le 15 févr. 1781.

Damodey (Pierre), né à Saint-Martin-de-l'Ile-de-Ré (1753), S. 1er juill. 1769, congédié le 23 août 1785.

Poinçon (Gilles), né à Saint-Thual [Bretagne] (1761), S. 1er sept. 1779.

Benoit (Jean), né à Remoncourt [Lorraine] (1756), S. 22 nov. 1775.

Duchesne (Léonard), né à La Rochefoucauld [Angoumois] (1760), S. 5 juill. 1778.

Ferdinand (François), né à Fillièvres [Artois] (1762), S. 20 févr. 1779, mort le 17 oct. 1786.

Hainot (Jean-Baptiste), né à Plume [Normandie] (1761), S. 3 janv. 1780.

Marcoux (Jean-Claude), né à Salins [Franche-Comté] (1760), S. 29 avril 1776, congédié le 29 avril 1784.

Folet (Antoine), né à Wiry [Picardie] (1759), S. 17 oct. 1776.

Longrai (Olivier), né à Avranches [Normandie] (1759), S. 22 déc. 1779.

Dufraisne (Jacques), né à Rosières [Anjou] (1759), S. 31 août 1776, congédié le 31 août 1784.

Brast (François), né à Abbeville (1761), S. 26 févr. 1777, passé caporal en 1786.

Roi (Guillaume), né à Marthon [Périgord] (1762), S. 1er avril 1779.

Daguet (Jean), né à Landiers [Bretagne] (1755), S. 1er janv. 1780.

Biot (François), né à Alençon [Normandie] (1748), S. 6 oct. 1768, passé dans Courvol le 23 oct. 1785.

Estival (Dominique), né à Griny [Artois] (1758), S. 23 juill. 1777, congédié le 16 juill. 1785.

Moreau (Pierre), né à Chinon [Touraine] (1762), S. 1er janv. 1779.

Huet (Philippe), dit **Nantais**, né à Nantes (1758), S. 9 nov. 1774.

Le Bœuf (Jean-Martin), né à Reims (1760), S. 19 févr. 1777.

Morel (Jean-Thomas), né à Toul (1759), S. 3 déc. 1775.

Tournier (André), né à Cournangoux [Bresse] (1751), S. 7 mars 1769, congédié le 20 août 1785.

Faugeard (Urbain), né à Chinon [Touraine] (1760), S. 18 févr. 1778, congédié le 18 févr. 1786.

Robert (Christophe), né à Reims (1760), S. 17 sept. 1776.

Couron (Louis), né à Tours (1751), S. 21 oct. 1773.

Mème (Pierre-Joseph), né à L'Isle-en-Flandre (1738), S. 1er mars 1773.

Masson (François), né à Paris [Saint-Sulpice] (1757), S. 1er mai 1770, R. pour 8 ans le 1er mai 1778.

Laroyenne (Jean-Baptiste), né à Plancher-les-Mines [Franche-Comté] (1760), S. 20 nov. 1777.

Mercier (Sébastien), né à Troussey [Lorraine] (1758), S. 28 août 1775.

Launay (Pierre), né à Bourg-de-Croiseille [Maine] (1748), S. 30 oct. 1771, R. pour 8 ans le 30 oct. 1779.

Archambault (Charles-Louis), né à Hedin [Artois] (1761), S. 19 juill. 1777.

Archambault (Charles-Louis), né à Hesdin [Artois] (1761), S. 1er nov. 1777.

Guyard (Maurice), né à Gualardon [Beauce] (1763), S. 4 juill. 1779, congédié le 23 juin 1786.

Compagnie de Wouves.

Gacset (Jean), né à Besançon (1730), S. 21 janv. 1756, sergent-major parti pour la solde le 1er juill. 1783.

Perault (François), né à Guéret (1741), S. 20 janv. 1759, sergent parti pour la solde le 31 juill. 1783.

D'Esauders (Jean), né à Beauville [Guyenne] (1743), S. 2 sept. 1773, sergent.

Henri (François), dit **Verdun**, né à Verdun (1740), S. 10 déc. 1758, caporal, congédié le 6 juin 1785.

Le Herle (Nicolas), né à Mailly [Marne] (1751), S. 1er mars 1770, passé musicien à l'état-major le 15 sept. 1784.

Tiviat (Jean), dit **Bonsecours**, né à Sanseur [près Nancy] (1752), S. 26 oct. 1755, caporal, congédié le 28 mars 1785.

Rigal (Raymond), né à Tours (1747), S. 20 sept. 1764.

Constant (Jean), né à Villers-la-Montagne [Lorraine] (1752), S. 7 mars 1768, congédié le 17 mars 1784.

Sauttier (Pierre), dit **Belamour**, né à Amiens (1741), S. 11 avril 1758, mort le 26 mars 1784.

Lausiane (Lazare), né à Autun [Bourgogne] (1736), S. 1er avril 1766, mort à Brest le 22 juin 1783.

Masieu (Paul), dit **La Joye**, né à Linnecourt [près Rouen] (1746), S. 1er mars 1766, R. pour 8 ans le 1er mars 1774.

Corczevaud (Jean-Marie), dit **Branchedor**, né à Geny [près Soissons] (1749), S. 1er sept. 1766, R. pour 8 ans le 17 mars 1774.

Dupont (Charles), dit **La Roze**, né à Bourg-de-Passe (1729), S. 15 sept. 1758, parti pour les Invalides le 1er mai 1784.

Munier (Jean-Baptiste), dit **Longury**, né à Longwy (1749), S. 20 janv. 1767, mort à Newport le 15 sept. 1780.

Jacob (Gilles), né à Saint-Brieuc (1752), S. 9 avril 1767, congédié le 6 juill. 1783.

Genet (Jean), dit **Bourguignon**, né à Beaune (1743), S. 12 févr. 1769, R. le 12 févr. pour 8 ans 1777.

Goyer (Jean), né à Davons [près Châteaudun] (1751), S. 8 mars 1769, mort à York le 26 janv. 1782.

Révol (Jean), dit **Sans Chagrin**, né à Macon (1742), S. 10 sept. 1769, mort à Newport le 29 avril 1781.

Ecope (Christophe), dit **La Bombe**, né à Chambouccourt [Joinville] (1758), S. 16 mars 1770, R. le 16 mars 1778.

Micsea (Pierre), dit **Brindamour**, né à Glanon [Bourgogne] (1751), S. 14 avril 1770, R. le 14 avril 1770.

Davinet (Pierre), dit **Vitvay**, né à Bourg-de-Possé (1759), S. 10 juill. 1771.

Beaupied (Jean), dit **Lapierre**, né à Bordeaux (1755), S. 9 sept. 1772, mort le 1er sept. 1786.

Chevalier (Barthélemy), dit **La Peinture**, né à Angoulême (1755), S. 4 déc. 1772, congédié le 6 juill. 1783.

Lefevre (Nicolas), dit Vainguiais, né à Poissons [Champagne] (1756), S. 18 déc. 1772, congédié le 6 juill. 1783.

Magne (Bernard), né à Bourg-de-Laine (1756), S. 10 janv. 1773, congédié le 10 janv. 1781.

Cotelle (Athanase), dit **Tranquille**, né à Douai (1751), S. 30 sept. 1773.

Gilaud (Etienne), dit **Saint-Amand**, né à Poitiers (1755), S. 3 oct. 1773.

Limousin (Guillaume), dit **Sanguin**, né à Limoges (1754), S. 31 oct. 1773, congédié le 1er juill. 1783.

Barbot (Pierre), né à Martillac [Guyenne] (1751), S. 3 déc. 1773.

Vevisselle (Benoît), né à Chazelles (1749), S. 23 févr. 1774, parti pour la pension le 10 mai 1784.

Perdrijas (Jean), dit **La Tourmente**, né à Saint-Remy-de-Bordeaux (1758), S. 23 mai 1774.

Gaillod (Jean), dit **Bellair**, né à Lavie [près Bordeaux] (1757), S. 1er sept. 1774.

Arnaud (Jean), dit **Lajeunesse**, né à Niort (1755), S. 22 sept. 1774.

Mareuil (Nicolas), né à Congé [Normandie] (1756), S. 9 déc. 1774.

Héraut (Jacques), dit **La Liberté**, né à Ploërmel [Bretagne] (1757), S. 24 janv. 1775.

Soleil (Nicolas), né à Toul (1758), S. 4 sept. 1775, congédié le 14 oct. 1783.

Denicpol (Denis), né à Rouen (1729), S. 3 mars 1776, congédié le 13 mars 1784.

Robin (Jacques), né à Mirebeau [près Dijon] (1755), S. 5 mars 1776, mort le 11 nov. 1786.

Cornette (Nicolas), né à Montdidier [Picardie] (1760), S. 16 mars 1776, mort le 7 sept. 1786.

Ignace (Claude), né à Ferrière [près Baume-les-Dames] (1757), S. 1er avril 1776, congédié le 19 avril 1784.

Laute (Jean), né à Val-de-Roulans [près Baume-les-Dames] (1759), S. 21 avril 1776.

Guerrin (Jean-Baptiste), né à Tuvay [près Baume-les-Dames] (1759), S. 3 mai 1776, mort le 23 déc. 1784.

Damel (Louis), né à Carpois-au-Bois [Lorraine] (1760), S. 16 mai 1776, passé caporal le 5 nov. 1786.

Blond (Joseph), né à Mathay [près Baume-les-Dames] (1760), S. 11 juin 1776.

Loizillon (Vincent), né à Leneyoy (1758), S. 1er sept. 1776, congédié le 1er sept. 1784.

Batty (Jean-Baptiste), né à Landres [près Sedan] (1758), S. 12 sept. 1776.

Ballon (Etienne), né à Saint-Jean (1759), S. 12 sept. 1776.

Marchand (Bernard), né à Crêty [Bourgogne] (1758), S. 21 sept. 1776, congédié le 21 sept. 1784.

Frémy (Pierre), né à Saumur [Anjou] (1760), S. 21 sept. 1776.

Becard (Louis-Joseph), né à Frévent [Artois] (1748), S. 1er déc. 1765, mort le 27 sept. 1786.

Eernard (Denis), né à Crépey [Lorraine] (1776), S. 30 sept. 1776, congédié le 30 sept. 1784.

Mondoigt (Jean-Baptiste), né à Juvincourt (1758), S. 12 oct. 1776, congédié le 18 oct. 1784.

Jacquet (Nicolas), né à Charleville (1760), S. 19 oct. 1776.

Roquancourt (Jean-Baptiste), né à Abbeville (1756), S. 22 oct. 1776, congédié le 23 oct. 1784.

Fevre (Joseph), né à Courchapon [Franche-Comté] (1760), S. 30 oct. 1776.

Perrot (Jacques), né à Seuilly [Touraine] (1756), S. 11 nov. 1776, rayé des contrôles le 1er oct. 1785.

Elevain (Jean-Baptiste), né à Vislacourt (1759), S. 13 nov. 1776.

Beucler (Georges), né à Pierre-Fontaine [Franche-Comté] (1752), S. 22 nov. 1776, congédié le 22 sept. 1784.

Braqué (Nicolas), né à Abbeville (1759), S. 1er janv. 1777.

Lizambour (Jean-Baptiste), né à Abbeville (1761), S. 1er janv. 1777.

Roquancour (Jacques), né à Abbeville (1755), S. 6 juin 1777.

Clautan (Nicolas), né à Rethel Mazarin [Champagne] (1759), S. 24 juin 1777.

Gaudé (Joseph), né à Reims (1760), S. 6 juill. 1777.

Homain (Philippe), né à Abbeville [Picardie] (1758), S. 16 août 1777, mort le 27 sept. 1783.

Delatre (Philippe), né à Vergnain [Artois] (1759), S. 12 oct. 1777.

Chassein (Louis), né à Cette (1760), S. 17 mars 1778.

Cocholx (Jacques), né à Bacqueville [Caux] (1757), S. 14 avril 1778, congédié le 14 avril 1786.

Raimond (Nicolas), né à Paris (1758), S. 15 avril 1778.

Devaux (Michel), né à Gouville [Normandie] (1751), S. 1er août 1778.

Le Doux (Jean), né à Amiens (1762), S. 12 sept. 1778.

Badoru (Jean), né aux Bouneix (1761), S. 30 sept. 1778.

Maurel (Louis), né à Dunkerque (1762), S. 29 sept. 1778.

Belhache (André), né à Bernay [Normandie] (1760), S. 2 févr. 1779.

Flechau (Jean), né à Paris (1763), S. 5 févr. 1779.

Jamé (Pierre), né à Mondoubleau [Maine] (1758), S. 4 mars 1779.

Bailly (Jean-François), né à Valognes (1758), S. 24 avril 1779.

Lehodey (Gilles), né à Villedieu (1760), S. 24 avril 1779.

Bozac (Jean), né à Chadron (1745), S. 4 juill. 1779, congédié le 19 avril 1784.

Bezard (Denis), né à La Ferté-Lowendal (1755), S. 27 juin 1772, congédié le 27 juin 1784.

Jamoy (Pierre), né à Vignoc [Bretagne] (1761), S. 1er nov. 1779, mort le 30 nov. 1782.

Broutel (Antoine), né à Hesdin [Artois] (1764), S. 8 janv. 1780.

Dufresnoy (Jacob), né à Hesdin [Artois] (1764), S. 8 janv. 1780.

Ruelot (Joachim), né à Trémorel [Bretagne] (1763), S. 1er mars 1780, congédié le 24 févr. 1784.

Mangout (Dominique), né à Toul (1751), S. 2 mars 1780, mort à Newport le 24 avril 1781.

Platier (Pierre), né à Château-Gontier [Anjou] (1759), S. 2 mars 1780.

Le Nel (Henri), né à Chassepierre [Luxembourg] (1758), S. 10 avril 1780.

Raymond (Jean), dit **La Bonté**, né à Brie [Angoumois] (1735), S. 1er avril 1760, mort le 10 nov. 1760.

Masson (François), né à Chinon (1757), S. 19 mars 1778.

Rassel (Louis), né à Seclin [Flandre] (1744), S. 11 déc. 1772, mort à Newport le 1er juin 1781.

Desforges (Louis), né à Lusigny (1745), S. 18 déc. 1767.

Mitier (Jacques), né à Nîmes (1748), S. 1er avril 1773.

Grimaud (Jean), dit **La Forme**, né à Saint-Martin [près Toulouse] (1739), S. 20 déc. 1758, parti pour la pension le 16 avril 1786.

Ceris (Louis), né à Bordeaux (1741), S. 9 nov. 1769.

Morel (Jacques), né à Prangey [Champagne] (1754), S. 18 sept. 1777.

Le Bel (Louis), né à Amiens (1735), S. 25 sept. 1766, congédié le 6 juill. 1783.

Manesse (Charles-Joseph), dit **La Fleur**, né à Maubeuge (1711), S. 29 déc. 1755.

Cazac (Jacques), dit **La Fortune**, né à Toulouse (1743), S. 5 févr. 1767, passé caporal le 1er mai 1785.

Tournon (François), dit **Montauban**, né à Montauban (1729), S. 9 févr. 1769.

Dufraigne (François), né au Quartier [Auvergne] (1743), S. 22 avril 1771, R. pour 8 ans le 20 avril 1779.

Vincent (Jean), né à Senones [Lorraine] (1754), S. 10 mai 1777.

Homasson (François), né à Dorat [Auvergne] (1747), S. 30 mai 1777.

Tilloy (Jean), né à Arras (1761), S. 24 juin 1761, congédié le 21 avril 1784.

Diette (Pierre), né à Tours (1750), S. 1er déc. 1760.

Marnyac (Joseph), né à Périgueux (1757), S. 17 juin 1773, congédié le 6 juill. 1783.

Martray (Louis), né à Néron [Nivernais] (1749), S. 26 nov. 1769, passé caporal en 1785.

André (Louis), né à Carcassonne (1754), S. 1er janv. 1770, passé sergent en 1785.

Carrière (Jean-Bernard), né à Toulouse (1756), S. 27 oct. 1773, congédié le 6 juill. 1783.

Rousseau (François), né à Bégé (1754), S. 30 avril 1774, congédié le 6 juill. 1783.

Freville (René), né à Cahan (1758), S. 23 oct. 1776.

Brachy (Denis), dit **Sans Quartier**, né à Mâcon (1751), S. 10 nov. 1769.

Fabre (René), né à Carcassonne (1754), S. 1er janv. 1770, passé sergent en 1786.

Dubuch (Marc), né à Saint-Martin [Normandie] (1749), S. 16 juill. 1776.

Le Moine (Jean), né à Villedieu [Normandie] (1755), S. 21 oct. 1771, passé sergent en 1785.

Dupuy (Jean), né à Rennes (1759), S. 8 nov. 1768.

Chouard (Pierre), né à Dijon (1752), S. 5 mars 1776, congédié le 8 oct. 1784.

Fouré (Pierre), né à Saint-Gondran [Bretagne] (1762), S. 4 juill. 1779.

Dufresne (Mathurin), né à Saint-Louand [Bretagne, près Chinon] (1750), S. 6 avril 1769, passé sergent en 1786.

Accard (Isidore), né à Abbeville (1761), S. 9 mars 1778.

Gilbert (Denis), dit **Laramée**, né à Champlitte [Franche-Comté] (1758), S. 1er déc. 1778.

Bouillon (Barthélemy), né à Vernaison [Lyonnais] (1757), S. 22 sept. 1776.

Robert (Claude-François), né à Mont-de-Vougney [Franche-Comté] (1757), S. 23 mars 1776.

Compagnie Duchesne.

Allard (Sébastien), né à Montigny [Beauce] (1725), S. 19 sept. 1755, congédié le 1er juill. 1783.

Paumiers (Jean), dit **Brindamour**, né à Mauvoisin [Gascogne] (1732), S. 28 avril 1758, congédié le 28 mars 1784.

Benoit (René), dit **Dumaine**, né à Darné [Bas-Maine] (1728), S. 3 mars 1759, congédié le 21 nov. 1783.

Biot (François), né à Alençon [Normandie] (1748), S. 6 oct. 1768, passé aux grenadiers le 1er mars 1784.

Neaux (Louis), dit **Vadeboncœur**, né à Varaize [Saintonge] (1735), S. 31 juill. 1760.

Laforest (Pierre), dit **Sans Remission**, né à Versailles (1733), S. 2 juill. 1763.

Fournier (Louis), né à Taillis [Bretagne] (1724), S. 17 oct. 1761, parti pour les Invalides le 1er mai 1784.

Louvet (Pierre), dit **Beausoleil**, né à Rouen (1752), S. 2 juill. 1768, congédié le 2 juill. 1784.

Le Clerc (Pierre), né à Rouvray-Saint-Florentin [Beauce] (1747), S. 2 juill. 1768, mort le 25 août 1783.

Nolet (Pierre), dit **Sans Chagrin**, né à Libourne (1751), S. 13 août 1768, congédié le 1er juill. 1783.

Villette (Pierre), né à La Houle [Normandie] (1753), S. 1er nov. 1769, caporal en 1785.

Poiron (Mathurin), né à Monnières [Bretagne] (1745), S. 13 janv. 1770, mort le 5 oct. 1782.

Chartier (Jean), né à Amboise [Touraine] (1737), S. 10 nov. 1771, mort le 22 sept. 1786.

Boidin (René), né à Poitiers (1755), S. 1er mai 1773, passé caporal le 1er nov. 1785.

Wigny (Charles), né à Sos [Normandie] (1755), S. 17 oct. 1773, mort en mer le 13 mai 1780.

Guichet (René), né à La Daudais [Anjou] (1757), S. 11 nov. 1773, congédié le 6 juill. 1783.

Deshayes (Jacques), né à Flacourt [Normandie] (1744), S. 9 nov. 1774, mort le 25 juill. 1785.

Le Brun (Philippe), né à Rouen (1757), S. 20 nov. 1774, congédié le 6 juill. 1783.

Boudeville (Jean-Baptiste), né à Champcourt-en-Bassigny (1755), S. 20 nov. 1774, congédié le 6 juill. 1783.

Moulinié (Jean), né à Bournazel [Albigeois] (1753), S. 27 mars 1775.

Gilbert (Julien), né à Paris (1760), S. 24 janv. 1776.

Robert (Claude-François), né à Mont-de-Vougney [Franche-Comté] (1757), S. 23 mars 1776.

Quenin (Antoine), né à Dambelin [Franche-Comté] (1740), S. 4 mai 1776.

Dutertre (François), né à Moron [Normandie] (1757), S. 24 mars 1776, congédié le 24 mars 1784.

Levon (Jean), dit **Lavigne**, né à Sées [Normandie] (1759), S. 27 mars 1776, mort sur l' « Ardent » le 16 mars 1781.

Bar (Jacques), né à Grenay [Dauphiné] (1759), S. 29 avril 1776.

Rouvier (Jean-Pierre), né à Toul (1760), S. 8 mai 1776, congédié le 8 mai 1784.

Franot (Pierre), né à Commercy (1758), S. 23 juill. 1776.

Jeoffroy (François), né à Bassompierre [Lorraine] (1759), S. 4 avril 1776, congédié le 4 août 1784.

Dufraine (Jacques), né à Rozières [Anjou] (1759), S. 31 août 1776, passé aux grenadiers le 1er janv. 1784.

Peletier (Claude), né à Brognon [Champagne] (1754), S. 22 sept. 1776.

Gauché (François), né à Dijon (1756), S. 22 sept. 1776.

Celot (Michel), né à Fontevrault (1758), S. 24 sept. 1776.

Martin (Jacques), né à Cuisy [Lorraine] (1758), S. 17 oct. 1776, congédié le 17 oct. 1784.

Ubert (Jean-Louis), né à Reims (1754), S. 29 oct. 1776.

Gantié (Louis), né à Clause [Anjou] (1756), S. 1er nov. 1776.

Grelero (Pierre-Joseph), né à Chaudefontaine [près Besançon] (1757), S. 18 déc. 1776, congédié le 7 juill. 1785.

Niel (Jean-Baptiste), né à Millam [Flandre] (1757), S. 16 févr. 1777.

Laporte (Laurent), né à l'Isle-de-Ré (1755), S. 23 oct. 1775.

Dubois (Jean), né à Lémeré [Touraine] (1756), S. 16 nov. 1776.

Nouel (Etienne), né à Rouen (1769), S. 1er juin 1777, mort le 15 mai 1781.

Bouveno (Pierre-Louis), né à Ay [près Epernay] (1760), S. 24 juin 1777.

Philibert (Jean-Claude), né à Coucy-la-Ville (1759), S. 17 oct. 1776, mort le 26 mars 1783.

Danjoüe (Jean), né à Champ-du-Boult [Normandie] (1757), S. 1er nov. 1777.

Detouche (François), né à Brizay [Anjou] (1755), S. 6 déc. 1777.

Leprete (François), né à Frevent [Artois] (1761), S. 6 déc. 1777.

Hebert (François), né à Paris (1756), S. 27 juin 1772.

Estival (Jean-Baptiste), né à Gruny [Artois] (1762), S. 16 janv. 1778.

Lembert (Joseph), né à La Loge [Artois] (1761), S. 12 févr. 1778, congédié le 23 avril 1786.

Verette (François), né à Saint-Léonard [Normandie] (1755), S. 25 févr. 1778, mort à Newport le 29 nov. 1780.

Verette (Dominique), né à Saint-Léonard [Normandie] (1759), S. 25 févr. 1778, mort à Newport le 11 déc. 1780.

Bisson (Pierre), né à Benet (1725), S. 11 nov. 1763, mort à Newport le 5 août 1780.

Rattio (Grégoire), né à L'Isle-en-Dodon [Gascogne] (1759), S. 25 mars 1778, mort à Newport le 22 nov. 1780.

Lanoire (David), né à Montbéliard [Franche-Comté] (1760), S. 28 mars 1778.

Patalier (Joseph-François), né à Rouen (1761), S. 3 avril 1778, mort à New-York le 14 avril 1782.

Ruban (Guillaume), né à Silfiac [Bretagne] (1759), S. 10 mai 1778, mort à New-York le 20 déc. 1780.

Vasseur (Pierre-Alexandre), né à Montboubert [Amiens] (1761), S. 11 juill. 1778, mort à Newport le 6 avril 1781.

Dubois (Pierre), né à Sées [Normandie] (1762), S. 25 juill. 1778, mort sur l'« Ardent » le 16 mars 1781.

Maurel (Jérôme), né à Cette (1750), S. 19 avril 1767, mort à Newport le 11 oct. 1780.

Diot (Jean), né à Courcebœufs [Le Mans] (1755), S. 2 déc. 1778.

Marguillé (René), né à Pézé [Le Mans] (1759), S. 2 déc. 1778, congédié le 10 déc. 1786.

Pinon (François), né à Beaumont-la-Rousse (1761), S. 4 déc. 1778.

Cruche (Charles), né à Saint-Calais [Le Mans] (1761), S. 16 déc. 1778.

Bourgouin (Jacques), dit **La Douceur**, né au Mans (1754), S. 16 nov. 1772.

Bertrand (Jean), né à Mézières (1758), S. 12 oct. 1776, congédié le 12 oct. 1784.

Curé (Etienne), né à Montdeblanc (1762), S. 17 mars 1779.

Le Blanc (André), né à Thionville (1761), S. 3 avril 1779.

Mefray (Jean), né à Pézé [Le Mans] (1762), S. 22 févr. 1779.

Limard (Pierre), né à Cancale [Bretagne] (1762), S. 5 juill. 1779.

Guyard (Maurice), né à Gallardon [près Chartres] (1763), S. 4 juill. 1779, passé aux grenadiers en 1784.

Bord (Pierre), né à Saint-Léonard [près Limoges] (1764), S. 1er janv. 1780, mort le 5 juill. 1781.

Perusson (François), né à Saint-Léonard [près Limoges] (1761), S. 1er janv. 1780.

Esnaut (Jean-Baptiste), né à Plana [près Lisieux] (1761), S. 3 janv. 1780.

La Gache (Gervais), né à Hesdin [Artois] (1764), S. 5 janv. 1780.

Colin (Pierre), né à Plelan [Bretagne] (1761), S. 8 janv. 1780, mort le 22 nov. 1783.

Le Page (Jean), né à Bedié [Bretagne] (1759), S. 1er févr. 1780, mort le 27 juill. 1780.

Vidon (Louis), né à Montfort-l'Amauri (1752), S. 28 févr. 1780.

Biset (Charles), né à Montfort-l'Amauri (1752), S. 28 févr. 1780.

Girard (Louis), né à Saint-Vast [Normandie] (1764), S. 29 mars 1780.

Virozel (Antoine), né à Monzières [Languedoc] (1749), S. 1er mars 1769.

Léonard (Louis), né à Saint Pour de Tournière [Languedoc] (1735), S. 30 avril 1767.

Alexandre (Jean), né à Thiecourt [Picardie] (1720), S. 1er févr. 1755, mort le 6 mars 1784.

Battalle (Jean), né à Orthez [Béarn] (1734), S. 5 déc. 1767, mort le 6 mars 1783.

Lombard (Joseph), né à Saint-Sulpice-de-Mareuil [Périgord] (1744), S. 1er mai 1770.

Garde (Jean-Pierre), dit **La Lance**, né à Montjoux [Dauphiné] (1742), S. 6 févr. 1771, mort le 27 sept. 1786.

Martin (François), né à Meursault [Bourgogne] (1748), S. 5 déc. 1774, congédié le 6 juill. 1783.

Noque (Louis), dit **Saint-Privat**, né à Saint-Privat-de-Vallongue [Cévennes] (1747), S. 20 nov. 1775, congédié le 22 nov. 1783.

Monniot (Antoine), dit **Bologne**, né à Bologne [Champagne] (1760), S. 2 janv. 1777.

Chipot (Pierre), né à Creil (1750), S. 18 juin 1777.

Brachere (François), né à Nancy (1753), S. 15 sept. 1777.

Morel (Jacques), né à Prangey [Champagne] (1754), S. 18 sept. 1777.

Duchargé (Jacques), dit **Bellefin**, né à Tours (1757), S. 7 déc. 1778.

Dupont (Louis), dit **Pona**, né à Pona [Champagne] (1753), S. 19 déc. 1777.

Foucret (Michel), né à Angers (1761), S. 18 févr. 1780.

Toutin (Joseph), dit **La Giroflée**, né à Pougard (1761), S. 18 déc. 1780.

Guyton (René), dit **Fleur d'Epine**, né à Souligné [Maine] (1760), S. 14 nov. 1780.

Estival (Dominique), né à Gruny [Artois] (1758), S. 23 juill. 1777.

Langrené (Jean-Baptiste), né à Arras (1748), S. 9 janv. 1765.

Gillain (Noël), né à Palaiseau [Normandie] (1754), S. 8 janv. 1771.

Méme (Pierre-Joseph), né à Lille (1743), S. 1er mars 1773.

Favard (Jean), né à Vrainville [Lorraine] (1757), S. 23 oct. 1775.

Chevalier (Joseph), dit **La Brie**, né à Bourbon (1738), S. 19 nov. 1758.

Basset (François), né à Lyon (1747), S. 3 mars 1779.

Lauliot (Pierre), né à Soissons (1736), S. 2 juill. 1774.

Saussier (Pierre), dit **La Roche**, né à Frenay-en-Gombey (1751), S. 12 févr. 1768.

Receveur (Antoine-Joseph), né à Framboulans [Besançon] (1758), S. 12 févr. 1778.

Gondran (Jean-Louis), né à Saint-Paul-Trois-Châteaux [près Grenoble] (1733), S. 1er janv. 1759.

Courville (Jean), né à Reims (1756), S. 21 sept. 1776.

Lefebvre (Pierre), né à Millebosc (1759), S. 23 mars 1778.

Ravat (Etienne), dit **Belle-rose**, né à Saint-Etienne-en-Forez (1750), S. 2 juill. 1768, congédié le 5 nov. 1786.

Desrosiers (Marcel), né à Saint-Cloud (1748), S. 1er janv. 1766.

Guyotte (Jean), né à Pogny (1758), S. 13 oct. 1776.

Bonhomme (Guillaume), dit **Carray**, né à Bordely [Quercy] (1757), S. 15 oct. 1777.

Cheminot (Jean), né à Coux et Montendre (1751), S. 1er nov. 1772.

Lombard (Joseph), dit **Duchâteau**, né à Saint-Sulpice-de-Mareuil [Périgord] (1744), S. 1er mai 1770, congédié le 23 déc. 1785.

Le Neveux (Joseph), né à Doudeville [Normandie] (1755), S. 22 févr. 1779.

Durand (François), né à Beaulieu [Languedoc] (1749), S. 4 mai 1769.

Thyriat (Pierre), né à Nancy (1758), S. 24 sept. 1776.

Compagnie de la Corbière.

Gardel (Jacques), né à Bordes [Comté de Foix] (1736), S. 21 oct. 1763.

Maihé (Claude), dit **Vincent**, né à la Chapelle-sous-Chaux [Alsace] (1728), S. 3 nov. 1755, mort le 19 févr. 1784.

Barbeau (François), né à Metz [Lorraine] (1733), S. 1er avril 1770, mort en 1782.

Rhodé (Claude), né à Salavre [près Bourg-en Bresse] (1752), S. 22 nov. 1768, congédié le 22 nov. 1784.

Poisseau (Raymond), né à Chalon-sur-Saône (1735), S. 1er janv. 1759, mort à Newport le 10 sept. 1780.

Rubignat (Antoine), né à Guerzat (1741), S. 7 mai 1765, mort le 25 avril 1786.

Dufresne (Mathurin), né à Saint-Louand (1750), S. 6 avril 1769.

Laborré (Jacques), dit **Bellerose**, né à Nuits [Bourgogne] (1737), S. 26 août 1755.

Miclaut (Emeri), né à Bourg-de-Jorenne [Saintonge] (1752), S. 16 nov. 1772.

Guerret (Pierre), né à Trèle [évêché de Rennes] (1744), S. 11 nov. 1763.

Petit (Jean), né à Marez [Rouergue] (1752), S. 4 mars 1769, mort le 21 mai 1785.

Colly (Nicolas), né à Bellefontaine [près Metz] (1751), S. 8 mars 1769, congédié le 13 juin 1785.

Ernous (Joseph), né à La Flèche [Anjou] (1754), S. 15 janv. 1770, congédié le 15 janv. 1786.

Lagoyer (Pierre), dit **La Forge**, né au Mans (1753), S. 26 oct. 1772, congédié le 7 nov. 1783.

Propin (Jean), né à Saint-Foy [Agenois] (1756), S. 1er mai 1773, congédié le 6 juill. 1783.

Sudre (Pierre), né à Bordeaux (1756), S. 31 oct. 1773.

Devis (Pierre), dit **Lafitte**, né à Langon [Guyenne] (1755), S. 2 avril 1773, mort à Newport le 5 août 1780.

Ferrier (Claude), né à Coulandon [Bourbonnais] (1756), S. 18 janv. 1774.

Piechant (Charles), né à Toul (1755), S. 7 nov. 1774, congédié le 7 nov. 1783.

Faxel (François), né à Vaucouleurs [près Toul] (1759), S. 17 avril 1775, rayé des contrôles le 1er avril 1784.

Coutrel (Pierre), né à Epernay (1756), S. 26 mai 1775, congédié le 7 nov. 1783.

Aubry (Nicolas), né à Sané-de-Ribary (1758), S. 4 févr. 1776, congédié le 13 févr. 1784.

Tournier (Gillaire), né à Gray [près Beaume-les-Dames] (1754), S. 14 mars 1776.

Laurent (Claude), né à Gilly [Bourgogne] (1756), S. 30 mars 1776, mort à Newport le 10 nov. 1780.

Lambert (Pierre), né à Nixéville [Lorraine] (1757), S. 2 avril 1776, congédié le 2 avril 1784.

Baroin (Philippe), né à Saint-Sernin-du-Plain [Bourgogne] (1758), S. 18 avril 1776.

Baux (Pierre), né à Magnès les Belvon (1758), S. 21 avril 1776, mort le 13 avril 1786.

Hautier (Antoine), né à Brantôme [Périgord] (1758), S. 29 avril 1776, congédié le 30 avril 1784.

Carré (Charles), né à Souzay [Anjou] (1758), S. 29 avril 1776, réformé le 20 août 1786.

Gros (Jacques-François), né à La Chapelle [Franche-Comté] (1750), S. 3 mai 1776.

Tisserand (Jean), né à Turay [Franche-Comté] (1759), S. 8 mai 1776.

Barthélemy (Etienne), né à Beaune [Bourgogne] (1758), S. 26 mai 1776, mort le 6 oct. 1783.

Leymarie (Jacques), né à Cubas [Périgord] (1760), S. 29 avril 1776, congédié le 30 juill. 1785.

Hénard (François), né à Commercy (1756), S. 3 juin 1776, congédié le 3 juin 1784.

Capitaine (Bernard), né à Massey [Lorraine] (1760), S. 7 juin 1776, mort le 22 juin 1783.

Arnaud (Claude-François), né à Saulx [Franche-Comté] (1759), S. 22 juin 1776.

Riquet (Jean-Baptiste), né à Bezannes (1751), S. 13 sept. 1776, congédié le 21 avril 1784.

Beguinot (Louis), né à Chenay [Champagne] (1758), S. 28 sept. 1776, mort à Newport le 16 sept. 1780.

Marie (Jean), né à Vaucouleurs [Lorraine] (1755), S. 28 sept. 1776, congédié le 28 sept. 1784.

Baylle (Jean-Baptiste), né à Reims (1754), S. 15 oct. 1776, mort à Baltimore le 15 sept. 1782.

Perrotot (Urbain), né à Couziers [Touraine] (1739), S. 21 oct. 1776.

Bedouët (Louis), né à Tours (1759), S. 21 oct. 1776, congédié le 21 oct. 1784.

Normand (Pierre-Constant), né à Domart-en-Ponthieu [près Amiens] (1760), S. 24 oct. 1776, congédié le 24 oct. 1784.

Tillier (Jean-Baptiste), né à Bonnières [Artois] (1760), S. 25 oct. 1776, congédié le 25 oct. 1784.

Le Jeune (Louis), né à Boulogne (1759), S. 30 oct. 1776, mort à Newport le 17 sept. 1780.

Bony (Pierre), né à Vielverge [Bourgogne] (1751), S. 11 déc. 1776, congédié le 20 avril 1784.

Guezlin (Jean), né à Vielverge [Bourgogne] (1751), S. 11 déc. 1776, mort le 5 juin 1784.

Carré (Etienne), né à Builly-le-Rabutin (1758), S. 11 déc. 1776, mort à Newport le 1er juill. 1782.

Le Bœuf (Jean-Martin), né à Reims (1760), S. 19 févr. 1777, passé aux grenadiers en 1784.

Deigout (Jean), né à Saufail (1759), S. 24 mars 1777, mort le 14 avril 1784.

Monjoye (René), né à Monthois (1757), S. 2 avril 1777.

Guillard (Louis), né à Connerré (1760), S. 2 avril 1777, congédié le 26 juill. 1785.

Cayeu (Jean-Baptiste), né à Saint-Valéry [Picardie] (1755), S. 8 mai 1777, mort le 13 mars 1783.

Duval (Antoine), né à Cahon [Picardie] (1757), S. 2 juin 1777, congédié le 13 juin 1785.

Pourchin de Terme, né à Besson (1759), S. 14 juin 1777, mort à Newport le 17 sept. 1780.

Vendal (Victor-Joseph), né à Blingel [Artois] (1759), S. 6 juill. 1777, mort à Newport le 23 août 1780.

Annerey (Philippe), né à Blingel [Artois] (1757), S. 6 juill. 1777, congédié le 26 juill. 1785.

Cayeux (Antoine-Jacques), né à Abbeville (1760), S. 28 nov. 1777, mort à Newport le 13 sept. 1780.

Maxan (Guillaume), né à Abbeville (1754), S. 14 déc. 1777.

Samson (Jean-Jacques), né à Abbeville (1758), S. 9 déc. 1777, congédié le 24 juin 1786.

Vacage (Simon-Antoine), né à Paris (1760), S. 14 oct. 1776, congédié le 14 oct. 1784.

Deborde (Jean), né à Chinon (1756), S. 19 mars 1778.

Bequet (Charlemagne), né à Saint-Valery [Picardie] (1753), S. 5 mars 1778, congédié le 20 avril 1786.

Pinguet (Claude), né à Candes [Touraine] (1760), S. 25 juin 1778, congédié le 1er juin 1784.

Dommanget (Florent), né à Châlons (1750), S. 24 janv. 1777.

Courtilliet (Jean), dit **Branched'or**, né à Saumur [Anjou] (1760), S. 12 août 1778, congédié le 13 juin 1785.

Massat (François), né à Tertain [Languedoc] (1758), S. 16 janv. 1779.

Moreau (Pierre), né à Chinon [Touraine] (1762), S. 27 janv. 1779, passé aux grenadiers le 1er mars 1784.

Cardelin (Maurice), dit **Beauraisin**, né en Bretagne (1752), S. 9 nov. 1774.

Templet (Jacques), né à Vassy (1758), S. 1er mai 1779.

Rey (Antoine), né à Renage [Dauphiné] (1763), S. 1er mai 1779.

Dumont (Eugène), né à La Charité-sur-Loire (1756), S. 1er mai 1779.

Salmon (Jean-Baptiste), né à Marsal [Lorraine] (1759), S. 29 déc. 1775, parti pour les Invalides le 1er mai 1784.

Lainé François), né à Colleville [Normandie] (1760), S. 1er nov. 1779, mort à Newport le 27 août 1780.

Massacry (Joseph), né à Chinon [Touraine] (1756), S. 19 mars 1778, congédié le 15 avril 1786.

Sube (Pierre), né à Tours (1758), S. 1er sept. 1780, congédié le 26 févr. 1784.

Richet (Charles), né à Millebosc [Normandie] (1750), S. 19 avril 1768, adjudant le 1er juill. 1785.

Hainque (Lambert), né à Paris (1755), S. 1er janv. 1772.

Le Comte (Jacques), dit **Nevers**, né à Achun [Nivernois] (1754), S. 17 févr. 1773, congédié le 5 août 1784.

Lahaye (Alexis), né à Saint-Maurice [près La Rochelle] (1751), S. 3 oct. 1769, mort le 10 sept. 1782.

Dimu (Claude), dit **Mérey**, né à Pouilly [Bourgogne] (1743), S. 23 févr. 1767, mort le 30 mars 1783.

Malgoueyre (Jean-Baptiste), né à Albi [Languedoc] (1751), S. 30 avril 1776.

Monsein (Jean), né à Avranches [Normandie] (1761), S. 22 avril 1779.

Nouvel (Jean), né à Marcey [Normandie] (1757), S. 15 mai 1779, mort à Providence le 1er mars 1782.

Aldat (Louis), né à Tonnerre [Bourgogne] (1735), S. 12 févr. 1766.

Sauzerot (Simon), dit **Tranquille**, né à Grézillé [Anjou] (1719), S. 1er nov. 1764, mort le 13 janv. 1785.

Delportes (Pierre-Joseph), né en Artois (1733), S. 28 mars 1766, mort le 22 déc. 1783.

Gombeau (Bernard), né à Saint-Jean-Lherm [Languedoc] (1749), S. 15 mars 1775, congédié le 7 nov. 1783.

La Roque (Jean), dit **Fleur d'Oranger**, né à Rodez (1753), S. 22 mars 1776, congédié le 22 mars 1784.

Greget (Jean-Claude), né à Plancher [Franche-Comté] (1753), S. 11 nov. 1776, congédié le 11 nov. 1784.

Poly (Jacques), né à Troyes (1756), S. 9 avril 1777.

Grenouillet (Gérard), né à Blainville [Lorraine] (1756), S. 1er nov. 1777.

Caumet (Pierre), né à Loupian [Languedoc] (1756), S. 13 mars 1778.

Rouge (Jean), né à Montesquieu [Gascogne] (1755), S. 16 mai 1778, congédié le 26 mai 1786.

Lamblin (Claude), né à Ronchamp [Franche-Comté] (1747), S. 19 mars 1778.

Le Comte (Jean-Pierre), né à Santeuil [Beauce] (1749), S. 5 nov. 1778, mort le 19 mars 1783.

Gilbert (Denys), dit **La Ramée**, né à Champlitte [Franche-Comté] (1758), S. 1er déc. 1778.

Gélion (Pierre-Claude), né à Arlay [Franche-Comté] (1753), S. 16 déc. 1778, congédié le 26 déc. 1786.

Baroche (Jean), dit **La Douceur**, né à Javron [Maine] (1752), S. 7 juill. 1779.

Ridet (Alexis), dit **Manceau**, né à Contilly [Maine] (1759), S. 15 juin 1779.

Cheron (Jacques), né à Savignac [Périgord] (1758), S. 28 nov. 1780, mort le 16 sept. 1782.

Le Bret (Pierre-Louis), dit **La Volonté**, né à Fécamp [Normandie] (1759), S. 6 oct. 1780.

Bauné (Jean), dit **La Clef des Cœurs**, né à Courcemont [Maine] (1760), S. 14 nov. 1780, mort le 3 nov. 1786.

Allot (François), né à Saint-Aubin-d'Aubigné [Bretagne] (1742), S. 6 oct. 1768, congédié le 6 juin 1785.

Barbeau (Pierre), né à Martillac [Guyenne] (1754), S. 3 déc. 1773, congédié le 7 nov. 1783.

Le Doux (Jean), né à Amiens (1735), S. 2 juill. 1768, mort le 2 nov. 1782.

Marquilly (Barthélemy), né à Estaires [Flandre] (1739), S. 15 juill. 1755, congédié le 1er juill. 1783.

Cheminot (Jean), né à Coux-et-Montendre [Saintonge] (1754), S. 1er nov. 1772.

Boischaud (Pierre), né à Maubourguet (1732), S. 10 août 1776, congédié le 10 août 1784.

Manne (Pierre), dit **Sans Quartier**, né à la Serre [Dauphiné] (1744), S. 1er nov. 1768, congédié le 1er nov. 1784.

Thomas (Etienne), né à Thun [près Saint-Amand] (1759), S. 5 juill. 1776.

Menier (René), né à Huismes [Touraine] (1754), S. 11 nov. 1776.

L'Espagnol (Jean-Bernard), né à Saint-Ybars [Comté de Foix] (1758), S. 16 mai 1778.

Lalin (Jean-Baptiste), né à Périgueux (1754), S. 25 mars 1780, mort le 2 déc. 1783.

Guillard (Jean), né à Connerré [Mans] (1755), S. 2 avril 1777, congédié le 26 juill. 1785.

Montjoye (René), né à Montoire [près Le Mans] (1757), S. 2 avril 1777, congédié le 26 juill. 1785.

Renaud (Laurent), né à Menillot [près Toul] (1757), S. 12 juin 1774.

La Planche (Guillaume), né à Angoulême (1755), S. 1er avril 1778, mort le 12 juin 1785.

Menu (Remy), né à Reims (1760), S. 13 oct. 1776.

Siméon (Nicolas), né à Auxonne (1757), S. 16 oct. 1776.

Blandin (Charles), né à Vellexon [Franche-Comté] (1753), S. 1er sept. 1776.

Plantin (Jean-François), né à Reims (1756), S. 4 oct. 1776, mort le 16 nov. 1786.

Lefevre (Jacques), né à Saulzoir [près Hesdin, Artois] (1761), S. 6 févr. 1778, congédié le 6 févr. 1786.

Herbet (Pierre-François), né à Fillièvres [près Hesdin, Artois] (1760), S. 19 juill. 1777.

Auger (Joseph), né à Toul (1762), S. 1er févr. 1778.

Compagnie de Bedée.

Touron (Joseph), né à Brin [près Nancy] (1736), S. 25 nov. 1755, parti pour la pension le 30 mars 1784.

Chaiseau (François), né à Saint-Sulpice [près Périgueux] (1733), S. 4 mars 1762, congédié le 6 juill. 1783.

Jolas (André), né à Avanche-de-Brey [Lorraine] (1745), S. 24 avril 1769, mort à la Providence le 18 sept. 1780.

Dumoutier (Jean-Baptiste), né à Versailles (1745), S. 12 févr. 1768.

Picant (Jean-Marie), né à Rennes (1744), S. 6 oct. 1768.

Audebert (Arnould), né à Périgueux (1745), S. 13 oct. 1784.

Proux (Antoine), né à Saint-Aubin-d'Aubigny [Poitou] (1751), S. 8 oct. 1769, mort le 1er mai 1784.

Bernierre (Joseph), né à Bordeaux (1749), S. 12 oct. 1769, congédié le 14 oct. 1785.

Le Bourg (Bertrand), né à Plouharnel [Basse-Bretagne] (1743), S. 7 nov. 1769.

Gavignon (Pierre), né à Saron [Berry] (1752), S. 1er janv. 1770, mort le 21 oct. 1782.

Durand (René), né à Bauzy [Anjou] (1752), S. 12 janv. 1770, congédié le 12 janv. 1786.

Fouché (Simon), né à Paris (1749), S. 1er nov. 1771, parti pour la pension le 28 mars 1784.

Guillou (Jean), né à Grandpré (1754), S. 17 févr. 1773.

Gouron (Louis), né à Tours (1751), S. 21 oct. 1773.

Coutureaux (François), né à Bourgueil [Anjou] (1751), S. 16 mai 1774, congédié le 6 juill. 1783.

Trément (Joseph-Didier), né à Nancy (1757), S. 4 juill. 1774.

Drapier (Louis), né à Doncourt [près Toul] (1756), S. 13 nov. 1774, mort le 16 févr. 1783, sur le « Duc de Bourgogne ».

Gruzel (Ambroise), né à Rodez (1759), S. 6 sept. 1775, congédié le 11 oct. 1783.

Huguenin (Luc), né à La Tour de Sçay [Comté, près Baume-les-Dames] (1758), S. 14 mars 1776.

Vuillaume (Jean), né à Francheville [près Toul] (1757), S. 24 juin 1776, congédié le 24 juin 1784.

Humbert (Louis), né à Dôle (1759), S. 1er août 1776, congédié le 1er août 1784.

Bertol (Claude), né à Thuilley-aux-Groseilles [Lorraine] (1757), S. 18 août 1776, mort à Newport le 24 nov. 1783.

Jannin (Nicolas), né à Bar-le-Duc (1755), S. 18 sept. 1776.

Nacletin (Thomas), né à Lunéville (1758), S. 27 sept. 1776.

Lance (Nicolas), né à Bignicourt-sur-Saulx ((1758), S. 9 oct. 1776, congédié le 9 oct. 1784.

Guiot (Jean), né à Châlons (1758), S. 13 oct. 1776.

Messain (Louis-Alexandre), né à Amiens (1759), S. 23 oct. 1776, congédié le 13 oct. 1784.

Le Drur (Etienne), né à Livry [Champagne] (1750), S. 23 oct. 1776.

Touvenot (Blaise), né à Saint-Broingt-les-Fosses (1750), S. 30 oct. 1776.

Rougeaux (Jean), né à Vermondans [Franche-Comté] (1754), S. 7 nov. 1776, congédié le 7 nov. 1784.

Pouvrau (Jean), né à Lernay [Touraine] (1759), S. 4 janv. 1777, mort le 4 sept. 1782.

Fainau (Vincent), né à Tilloy [Champagne] (1755), S. 21 janv. 1777.

Guérin (Jean-François), né en Champagne (1758), S. 24 janv. 1777, congédié le 26 juill. 1785.

Fournier (Joseph), né à Gouy [Picardie] (1751), S. 28 mars 1777, passé caporal le 21 août 1785.

Lemoine (Toussaint), né à Cormontreuil [Champagne] (1749), S. 15 avril 1777.

Brauly (Claude), né à Audruicq [près Boulogne] (1757), S. 3 mai 1777, congédié le 29 juill. 1785.

Personne (Louis), né à Saint-Valéry [Somme] (1758), S. 8 mai 1777.

Bigot (Louis), né à Dreux [Normandie] (1754), S. 8 mai 1777, mort à Newport le 24 déc. 1780.

Blangé (Adrien), né à Abbeville [Picardie] (1755), S. 8 mai 1777.

Seuveur (Louis), né à Royon [Artois] (1755), S. 28 mai 1777, mort à Newport le 12 mai 1781.

Bonaut (Pierre), né à l'Ile Bouchard [près Tours] (1758), S. 10 juin 1777, parti pour les Invalides le 1er mai 1784.

Ponchel (Jacques), né à Diéval [près Hesdin] (1758), S. 15 oct. 1777.

Viet (François), né à Villers-Cotterets (1758), S. 2 nov. 1777.

Lambert (Jacques), né à Saint-Omer [Artois] (1755), S. 4 nov. 1777, mort à Newport le 10 juin 1780.

Carret (Joseph), né à Diéval [près Hesdin] (1748), S. 14 nov. 1777, mort à Saint-Campton en 1782.

La Noix (Pierre), né à Crépy (1759), S. 14 nov. 1777, congédié le 14 nov. 1785.

Chartier (Claude), né à Sées [Normandie] (1760), S. 2 déc. 1777, mort à la Providence le 6 déc. 1781.

Dejean (Raymond), né à Sep [Languedoc] (1751), S. 12 avril 1768, congédié le 20 avril 1785.

Heurtaut (Charles), né à Moncontour [Bretagne] (1761), S. 1er janv. 1778, congédié le 1er avril 1786.

Lefevre (Jacques), né à Saulzoir [près Hesdin] (1761), S. 6 févr. 1778.

Roye (Nicolas), né à Francières [près Abbeville] (1756), S. 1er mars 1778, mort à la Providence le 23 août 1780.

Groux (Jacques), né à Wassy (1757), S. 2 mars 1778, congédié le 17 août 1784.

Barthélemy (Louis), né à Rouen (1762), S. 6 mars 1778, congédié le 6 avril 1786.

Gobert (Joseph), né à Saint-Ybars [Comté de Foix] (1761), S. 23 mars 1778, congédié le 20 avril 1786.

Delatre (Jean), né à Abbeville (1761), S. 30 avril 1778.

Cognot (Pierre), né à Autrans (1751), S. 13 mai 1778.

La Roque (François), né à Lézat [comté de Foix] (1760), S. 16 mars 1778.

Jourda (Jean-Pierre), né à Lézat [comté de Foix] (1761), S. 18 mai 1778.

Daubermelle (Pierre), né à Saint-Riquier-en-Rivière (1760), S. 6 juin 1778, mort à Newport le 16 avril 1788.

Samuz (Louis), né à Paris (1751), S. 1er oct. 1778, réformé le 7 nov. 1783.

Boussery (Signary), né à Sermes [Périgord] (1724), S. 2 avril 1756, parti pour la pension le 25 mars 1783.

Romain (Louis), né à Rouen (1748), S. 23 juin 1778, parti pour les Invalides le 1er mai 1784.

Revert (Adrien), né à Saint-Vast [Normandie] (1762), S. 29 nov. 1778, mort sur « l'Ardent » le 16 mars 1781.

Dubreuil (Jean-Baptiste), né à Montreuil-sur-Mer (1762), S. 25 mars 1779, mort le 22 déc. 1783.

Lizé (André), né à Beaucé [près Baugé] (1760), S. 1er mai 1779, mort à Newport le 10 sept. 1780.

Pruvost (Charles), né à Douriez [Artois] (1758), S. 1er juin 1779, congédié le 19 juin 1786.

Lecoq (François), né à Rennes (1762), S. 1er août 1779.

Richebourg (Maurice), né à Saint-Sauveur-de-Bayeux (1763), S. 19 déc. 1779.

Joret (François), né à Médréac [Bretagne] (1762), S. 1er janv. 1780.

Auger (Jean-Baptiste), né à Bernay [Normandie] (1762), S. 3 janv. 1780, mort le 8 nov. 1780.

Joulan (Gilles), né à Melesse [Bretagne] (1762), S. 5 janv. 1780.

Bourbon (Pierre), né à Gambais [Beauce] (1760), S. 28 févr. 1780.

Aimard (Jean), né à Périgueux (1763), S. 1er mars 1780.

Hébert (Charles), né à Paris (1760), S. 24 janv. 1776.

Gerchens (Jean), né à Toulouse (1764), S. 28 mars 1780.

Roques (Antoine), né à Luzan [Albigeois] (1762), S. 28 mars 1780, mort le 17 sept. 1786.

Bonneval (Jean-Baptiste), né à Libourne (1749), S. 31 oct. 1773, congédié le 9 juill. 1783.

Fournier (François), né à Vitré [Bretagne] (1751), S. 16 févr. 1769.

Mourier (Dominique), né à Duzel [Bretagne] (1755), S. 1er févr. 1772.

Cousture (Pierre), né à Saint-Ybars [Languedoc] (1742), S. 6 oct. 1768, mort à Baltimore le 1er mai 1783.

Petillon (Georges), dit **La France**, né à Chalot-de-la-Grande (1738), S. 7 avril 1757, mort à Newport le 27 déc. 1780.

Michel de Gane, né à Vieux-Savigny [Normandie] (1722), S. 1er juill. 1759.

Dubiquoy (Pierre), dit **La Grenade**, né à Etré-Saint-Denis (1732), S. 2 avril 1766, congédié le 6 juill. 1783.

Isbuzé (Adrien), né à Fismes [Champagne] (1723), S. 11 janv. 1761, congédié le 6 juill. 1783.

Du Tartre (François), dit **Saint-Médard**, né à Magny-Saint-Médard [Bourgogne] (1738), S. 18 févr. 1769, passé caporal le 2 déc. 1784.

Allazard (Pierre), dit **L'Apparence**, né à Noves [près d'Arles] (1741), S. 12 août 1776, parti pour les Invalides le 1er juin 1784.

Lanté (Jacques-François), dit **Fort Château**, né à Viserny [Bourgogne] (1755), S. 17 sept. 1776, congédié le 17 sept. 1784.

Ramonet (François), né à Suippes [Champagne] (1749), S. 14 oct. 1776, congédié le 14 oct. 1784.

Griset (Jean-Claude), dit **Belle Fleur**, né à Plancher Bas [Franche-Comté] (1751), S. 11 nov. 1776, passé caporal le 5 nov. 1786.

Girardeau (François), né à Pranthoy [Champagne] (1754), S. 18 sept. 1777.

Louy (Jean-Pierre), dit **Blanchet**, né à Plancher Bas (1754), S. 17 février 1777, passé caporal le 1er nov. 1785.

Vaille (Charles), né à Ruesnes-en-Hainaut (1753), S. 23 août 1778, congédié le 23 août 1786.

Berger (Nicolas), dit **Boulanger**, né à Dommevières [Lorraine] (1749), S. 12 déc. 1778, mort le 1er août 1782.

Benoît (Louis), dit **Sans Chagrin**, né à Le Mans (1763), S. 25 juin 1780, mort le 29 sept. 1782.

Laugé (Louis-Gabriel), né à Bonnétable [Maine] (1762), S. 1er nov. 1780, congédié le 23 avril 1786.

La Porte (Laurent), né à l'Isle de Ré (1755), S. 23 oct. 1775, congédié le 20 août 1785.

Robert (Jean-Baptiste), dit **Belle Isle**, né au Casse [Agenois] (1755), S. 28 févr. 1773, congédié le 6 juill. 1783.

Moreau (Claude), dit **La Forêt**, né à Saint-Pierre-du-Col [près Périgueux] (1735), S. 14 avril 1759.

Lassale (Pierre-Nicolas), né à Avize [Champagne] (1761), S. 3 juin 1777.

Buneteux (Jean-Baptiste), né à Azincourt [Artois] (1752), S. 23 mars 1778, mort le 28 août 1786.

Bengin (Pierre-Joseph), né à Anvin [Artois] (1763), S. 18 mars 1779, mort le 26 sept. 1786.

Glavet (Louis), né à Fontainebleau (1763), S. 1er févr. 1780, mort le 30 avril 1782.

Monier (Jacques), dit **Fleur d'Orange**, né à Saint-Maixent (1738), S. 1er avril 1763.

Bouilly (Armand), né à Nantes (1759), S. 14 mai 1778, congédié le 19 juin 1784.

Dajette (Pierre), dit **Printemps**, né à Argilly [Bourgogne] (1745), S. 3 mai 1767.

Ravat (Etienne), dit **Bellerose**, né à Saint-Etienne (1750), S. 10 août 1767, passé sergent le 29 mars 1784.

Thyriat (Pierre), né à Nancy (1758), S. 24 sept. 1776.

Durand (François), né à Beaulieu [Languedoc] (1749), S. 4 mai 1769, passé sergent le 23 oct. 1785.

Letertre (Jean), né au Mans (1759), S. 28 janv. 1776, congédié le 28 févr. 1784.

Ferrier (Etienne), né à Angoulême (1746), S. 1er mars 1770.

Longuet (Joseph), né à Saint-Martin-de-l'Isle-de-Ré (1751), S. 1er mars 1771, mort le 21 janv. 1785.

Bégin (Joseph), né à Remoncourt [Lorraine] (1757), S. 15 nov. 1775, mort le 14 oct. 1786.

Lombard (Joseph), dit **Duchaseau**, né à Saint-Sulpice-de-Mareuil [Périgord] (1744), S. 1er mai 1770, passé sergent le 7 juin 1785.

Monniot (Antoine), dit **Bologne**, né à Bologne [Champagne] (1759), S. 2 janv. 1777.

Vaillant (Jean-François), né à Nouval [près Clermont, Picardie] (1750), S. 16 mars 1770, passé fourrier le 1er sept. 1785.

Esterin (François), dit **Villeneuve**, né à Bordeaux (1756), S. 22 nov. 1772.

Le Moine (Jean), né à Villedieu (1755), S. 21 oct. 1771, passé sergent le 1er sept. 1785.

Bar (Jacques), né à Grenay [Dauphiné] (1759), S. 29 avril 1776, mort le 18 déc. 1786.

Martray (Louis), né à Néron [Nivernais] (1749), S. 26 nov. 1769, caporal le 23 oct. 1785.

Boisdin (René), né à Poitiers (1755), S. 1er mai 1773, caporal le 1er nov. 1785.

Brulot (François-Adrien), né à La Colonne [Brie] (1753), S. 1er mars 1770, caporal le 1er mai 1786.

Lebert (Charles-Gabriel-Antoine), né à Orléans (1754), S. 15 août 1770, sergent le 14 août 1786.

Devavre (Charles), né à Paris (1754), S. 9 nov. 1777.

Compagnie des Forets.

Baudin (Jean), né à Bagneaux [Bourgogne] (1735), S. 7 sept. 1755, mort à Newport le 30 juin 1780.

Grenet (François), né à Paris (1736), S. 1er janv. 1754, parti pour la pension le 4 nov. 1783.

Ladouche (Pierre), dit **Lagrandeur**, né à Dax [Gascogne] (1734), S. 7 mai 1752, parti pour la pension le 30 mars 1784.

Humbert (François), né à Brazey [Bourgogne] (1734), S. 1er avril 1756, parti pour la pension le 1er juill. 1783.

Pellicat (Antoine), né à Montluçon (1744), S. 15 oct. 1769, mort le 3 janv. 1783.

Duchan (Joseph), dit **Lafleur**, né à Mimort [Gascogne] (1755), S. 16 oct. 1774, congédié le 13 déc. 1783.

Meunier (Nicolas), né à Lérouville (1748), S. 3 mai 1767, mort à Newport le 19 avril 1781.

Esterin (François), dit **Villeneuve**, né à Bordeaux (1756), S. 2 nov. 1772, passé sergent le 21 août 1785.

Constant (Benoît), né à Dijon (1748), S. 1er mars 1766, mort à Newport le 27 mai 1781.

Montet (Antoine), dit **Lacouture**, né à Granges [Auvergne] (1742), S. 7 nov. 1764, mort le 12 oct. 1786.

Vaneur (Jacques), dit **Vadeboncœur**, né à Auxy-le-Château [Picardie] (1748), S. 1er nov. 1765, congédié le 17 juin 1785.

Tessier (Jean-Baptiste), dit **Latendresse**, né à Cette (1751), S. 20 avril 1767, mort en mer le 28 juill. 1780.

Poujal (Joseph), né à Bordeaux (1756), S. 4 déc. 1772, congédié le 16 févr. 1784.

Peyhouran (Antoine), dit **Lyonnais**, né à Lyon (1749), S. 8 avril 1773, congédié le 6 nov. 1783.

Barutaud (Zacarie), né à Saint-Junien [Limousin] (1752), S. 19 avril 1773, mort en mer le 24 juin 1780.

Bernard (Jean), dit **Belfleur**, né à Nieul [Saintonge] (1751), S. 2 sept. 1773, congédié le 6 nov. 1783.

Lamarque (David), dit **Cizeaud**, né à Saint-Mont [près d'Auch] (1754), S. 3 oct. 1773, passé caporal le 1er mai 1784.

Vergnein (Jacques), dit **L'Eveillé**, né à Marmande [Guyenne] (1756), S. 24 oct. 1773.

Rogniant (Pierre), dit **Francœur**, né à Chinon [Bretagne] (1753), S. 9 août 1774, mort le 24 sept. 1782.

Bahnaud (Jacques), né à Notre-Dame-de-Clisson (1754), S. 14 juill. 1774, congédié le 6 nov. 1783.

Ladouche (François), né à Bordeaux (1755), S. 29 juill. 1771, rayé des contrôles le 18 juin 1786.

Cormiet (Joseph), dit **Manssaud**, né aux Noyers [près du Mans] (1751), S. 9 nov. 1774, congédié le 6 nov. 1783.

Rivail (Guillaume), dit **La Flamme**, né à Guingamp [Bretagne] (1748), S. 14 févr. 1775.

Dalée (Bernardet), dit **La Tulipe**, né à Tarramé [près Limoges] (1758), S. 20 févr. 1775.

Demy (Jacques), né à Sevrat-par-Redon [Bretagne] (1743), S. 28 mars 1775, congédié le 6 nov. 1783.

Merceron (Armée), dit **Nantais**, né à Nantes (1755), S. 6 avril 1775, congédié le 6 nov. 1783.

Laroche (Claude), né à Vézelise [Lorraine] (1758), S. 9 nov. 1775, congédié le 15 déc. 1783.

Lavigne (Arnaud), né à Bussières-en-Rouergue (1751), S. 9 janv. 1776, resté malade en Amérique le 11 juin 1783.

Sancey (Joseph), né à Besançon (1759), S. 19 janv. 1776.

Perron (Joseph), né à Clerval [Beauce] (1753), S. 14 mars 1776, congédié le 13 déc. 1783.

Quenaire (Jean-Baptiste), né à Nancy (1760), S. 25 avril 1775, congédié le 25 avril 1784.

Benoist (Jean), dit **Vaucouleurs**, né à Vaucouleurs [Champagne] (1759), S. 16 mai 1776, congédié le 16 mai 1784.

Noppe (Louis), né à Dunkerque (1759), S. 18 mai 1776, congédié le 18 mai 1784.

Vautier (Jean), né à Commercy (1757), S. 18 mai 1776, congédié le 18 mai 1784.

George (Nicolas), né à Bouvron [près Toul] (1750), S. 19 mai 1776, congédié le 19 mai 1784.

Michel (Joseph), né à Commercy (1756), S. 27 mai 1776, congédié le 27 mai 1784.

Roussel (Jean), né à Vilcey-sur-Trey [près Toul] (1758), S. 10 juill. 1776, congédié le 21 avril 1784.

Nédée (Augustin), né à Guesnain (1750), S. 28 août 1776, congédié le 28 août 1784.

Houpillard (Jacques), né à Reims (1759), S. 13 sept. 1776, mort à la tranchée d'York le 17 oct. 1781.

Levieux (François), né à Ligny [près Bar-le-Duc] (1759), S. 18 sept. 1776, congédié le 18 sept. 1784.

Courtois (Antoine), né à Dexauforge [Lorraine] (1755), S. 24 sept. 1776, congédié le 6 nov. 1783.

Parrée (Jacques), né à Tours (1758), S. 30 sept. 1776, mort le 12 sept. 1782.

Rollin (Reniès), né à Reims (1759), S. 13 oct. 1776, mort le 11 août 1782.

Porcher (Jean-Louis), né à Plachy [près Amiens] (1760), S. 23 oct. 1776, congédié le 24 oct. 1784.

Liebert (Jean-Baptiste), né à Saulchoy [Picardie] (1753), S. 23 oct. 1776, mort à York le 21 mars 1782.

Pollée (François), né à Dampierre [près Saumur] (1758), S. 16 nov. 1776, congédié le 16 nov. 1784.

Determiny (Nicolas), né à Buigny-Saint-Maclou [Picardie] (1760), S. 16 févr. 1777, mort le 24 avril 1782.

Carrou (François), né à Buigny-Saint-Maclou [Picardie] (1757), S. 16 févr. 1777, congédié le 26 juill. 1785.

Detalminy (Pierre), né à Buigny-Saint-Maclou [Picardie] (1759), S. 16 févr. 1777, congédié le 23 avril 1786.

Bras (François), né à Abbeville (1761), S. 26 févr. 1777.

Reveillon (Antoine), né à Aire [Artois] (1758), S. 26 févr. 1777.

Boniverd (Jean-Claude), né à Tasseron [Bresse] (1748), S. 10 avril 1777.

Dupont (Louis), né à Elbœuf (1754), S. 10 avril 1777.

Duval (Cézard), né à Boulogne [Picardie] (1760), S. 9 juin 1777, congédié le 26 juill. 1785.

Touzard (Antoine), né à Hesdin [Artois] (1758), S. 26 juin 1777.

Gantré (Hipidor), né à Fillièvres [Artois] (1760), S. 19 juill. 1777.

Herbet (Pierre-François), né à Fillièvres [Artois] (1760), S. 19 juill. 1777.

Belleville (Pierre-Joseph), né à Villedain [Artois] (1761), S. 29 août 1777, mort à Newport le 9 sept. 1780.

Benoist (François), né à Fillièvres [Artois] (1755), S. 14 sept. 1777.

Pierrin (Philippe), né à Quend [Picardie] (1761), S. 20 oct. 1777, mort le 31 janv. 1785.

Penta (Jacques), né à Vitteaux [Bourgogne] (1760), S. 1er oct. 1776, congédié le 1er oct. 1784.

Petignot (Jean-Pierre), né à Bourg-de-Frey [Franche-Comté] (1756), S. 27 févr. 1778, congédié le 12 avril 1786.

Acard (Isidor), né à Abbeville (1761), S. 3 mars 1778.

Flamant (André), né à Rieux [comté de Foix] (1760), S. 25 mars 1778, congédié le 25 juin 1781.

Bardel (François), né à Périgueux (1762), S. 2 avril 1778, congédié le 14 avril 1786.

Huchet (Jean-Baptiste), né Vironchaux [Picardie] (1757), S. 11 vril 1778, congédié le 21 avril 1786.

Dejoux (Yves), né à Ploërmel [Bretagne] (1758), S. 14 mai 1778.

Begnet (Mathurin), né à Misseriac [Bretagne] (1740), S. 19 mai 1778.

Bonnot (François), né à Caro [Bretagne] (1748), S. 19 mai 1778, mort à la Providence le 19 sept. 1780.

Fourneaud (Guillaume), né à Laval [Maine] (1755), S. 1er avril 1779.

Roy (Guillaume), né à Marthon [Périgord] (1762), S. 1er avril 1779.

Granet (Joseph-Théophile), né à Montauban (1751), S. 8 nov. 1768, congédié le 16 nov. 1784.

Vrigny (Jacques), dit **L'Ami**, né à Sées [Normandie] (1756), S. 17 oct. 1773, congédié le 6 nov. 1783.

De L'Homme (François), né à Saint-Didier [Bretagne] (1760), S. 19 déc. 1779, congédié le 17 juin 1785.

Chapput (Guillaume), né à Saint-Léonard [près Limoges] (1762), S. 1er janv. 1780, congédié le 17 juin 1785.

Bureau (Jacques), né à Saint-Léonard [près Limoges] (1761), S. 1er janv. 1780, mort à Newport le 24 sept. 1780.

Doûi (Jean), né à Saint-Aubin-le-Vertueux [Normandie] (1754), S. 3 janv. 1780, mort à Newport le 13 sept. 1780.

Deulpierre (Jacques), né à Vron [Picardie] (1761), S. 5 janv. 1780, mort le 14 janv. 1784.

Péhée (Jean), né à Cesson [Bretagne] (1757), S. 8 janv. 1780.

Turpin (René), né à Cossé [près Laval] (1760), S. 1er mars 1780.

Gattelier (Martin), né à Tours (1752), S. 1er avril 1780, congédié le 14 déc. 1783.

Cardin (Jean), né à Sacey en basse Normandie (1755), S. 4 avril 1777, congédié le 29 juill. 1785.

Sainte-Marie (Jacques), né à Oloron [Béarn] (1754), S. 1er avril 1775, congédié le 6 nov. 1783.

Clairé (André), né à Vaux-en-Bugey [près Belley] (1711), S. 1er déc. 1758, mort le 14 janv. 1783.

Mestre (Dominique), dit **Saint-Jean,** né en Gascogne [près Auch] (1736), S. 16 janv. 1765, mort le 12 avril 1782.

Mouillard (Nicolas), né à Ainay [Nivernais] (1736), S. 15 sept. 1777, mort le 3 sept. 1784.

Boce (Barthélemy), dit **Saint-Antoine,** né à Saint-Antoine [Querey] (1749), S. 4 janv. 1769.

Banchet (Jean), né à Lyon (1753), S. 26 juin 1776, congédié le 26 juin 1784.

Maire (Claude-Joseph), né à Besançon (1749), S. 13 août 1776, congédié le 13 août 1784.

Tardif (Amable), dit **Riom,** né à Riom [Auvergne] (1751), S. 6 sept. 1777.

Chapellier (Barthélemy), né à Beaucaire [Languedoc] (1753), S. 7 févr. 1778, congédié le 7 févr. 1786.

Vilaton (Jean), né à Grenoble (1757), S. 20 mars 1778, mort le 24 sept. 1782.

Fabre (Pierre), né à Lédat [Agénois] (1754), S. 8 avril 1778, congédié le 18 avril 1786.

Jager (Sébastien), dit **Chasseur,** né à Massevaux [Haute-Alsace] (1759), S. 21 août 1778.

Tenadé (François), né à Longwy [Bourgogne] (1750), S. 9 janv. 1779.

Devaux (Antoine), dit **La Ferre,** né à La Fère [Picardie] (1761), S. 1er févr. 1779.

Bouvier (Firmin), né à Lyon (1759), S. 27 juill. 1779.

Renoud (Jean-Antoine), dit **Bellerose,** né à Vendôme [Beauce] (1757), S. 30 déc. 1779.

Bosset (Joseph), dit Beausoleil, né à Vez [Isle de France] (1761), S. 2 avril 1780.

Jouanne (Denys), dit **Constant,** né à Saumur (1763), S. 22 juin 1780, congédié le 1er juin 1784.

Bertaud (Jacques), né à Lyon (1750), S. 12 déc. 1770, congédié le 7 déc. 1783.

Doncour (François), né à Nancy (1756), S. 28 déc. 1773, congédié le 6 nov. 1783.

Hébert (Charles-François), né à Paris (1760), S. 24 janv. 1776, congédié le 20 avril 1784.

Meissonnier (Jean), dit **L'Aimable,** né à Cette (1753), S. 12 déc. 1772, congédié le 6 nov. 1783.

Ginest (Etienne), né à Chausse-Fontaine [près Soissons] (1752), S. 8 juin 1768, mort le 5 août 1783.

Audonneau (Pierre), dit **Dunois,** né à Châteaudun (1756), S. 28 avril 1773, congédié le 6 nov. 1783.

Audinot (Antoine-Constant), dit **La Violette,** né à Clermont [Auvergne] (1747), S. 15 sept. 1764, mort le 23 oct. 1786.

Heluard (Pierre), né à Saint-Didier [Bretagne] (1743), S. 6 oct. 1768, resté malade en Amérique le 11 juin 1783.

Gambier (André), né à Vignacourt [Picardie] (1762), S. 2 janv. 1778, mort le 11 août 1784.

Poucheux (Philippe), dit **Comtois,** né à Pessans [Franche-Comté] (1751), S. 1er avril 1775, congédié le 6 nov. 1783.

Robert (Christophe), né à Reims (1760), S. 17 sept. 1776.

Godet (Joseph), né à Reims (1760), S. 6 juill. 1777, congédié le 23 avril 1786.

Cinardier (Jean), né à Verville [Beauce] (1758), S. 25 mars 1780.

Fontan (Pierre), né à Saint-Emilion [Guienne] (1743), S. 1er oct. 1773, mort le 13 août 1786.

Malgoire (Jean-Baptiste), né à Alledac [Languedoc] (1751), S. 30 avril 1776.

Bretille (André), né à Corbeil [près Paris] (1762), S. 27 mars 1780.

Naclitain (Thomas-Joseph), né à Lunéville (1758), S. 27 sept. 1776.

Besson (Jean-Baptiste-Louis), né en Normandie [près Verneuil] (1758), S. 30 nov. 1774.

Beugnet (Louis-Jean-François), né à Chinon [Touraine] (1760), S. 25 févr. 1778, congédié le 9 avril 1786.

Masson (François), né à Paris (1747), S. 1er mai 1770, passé sergent le 1er juill. 1785.

Galzeau (Jean-Baptiste), né à Vellerot [Franche-Comté] (1752), S. 22 mars 1776.

Fournier (Pierre-Joseph), né à Gouy [Picardie] (1751), S. 28 mars 1777.

Compagnie Baron de Ferrette.

Marquand (Etienne), né à Paris (1732), S. 1er oct. 1760, congédié le 11 nov. 1783.

Magrault (Nicolas), dit **La Tulipe,** né à Fontenoy [Lorraine] (1720), S. 18 sept. 1755, parti pour la pension le 1er juill. 1783.

Le Noir (Joseph), dit **Vive l'Amour,** né à Paris (1734), S. 9 mai 1761, mort le 8 févr. 1784.

Du Clou (Pierre), né à Hièvre [Franche-Comté] (1742), S. 21 avril 1776.

Thibault (Charles), né à Orléans (1736), S. 2 juill. 1768, mort à Newport le 15 août 1780.

Cahon (Pierre), dit **Divertissant,** né à Midrevaux [Champagne] (1731), S. 1er avril 1760, parti pour la pension le 30 mars 1784.

Burdot (Jean), dit **Lyonnais,** né à Igé [près Mâcon] (1734), S. 2 juill. 1768, parti pour la pension le 30 mars 1784.

Souvreau (Louis), dit **La Valette,** né à Cheveux [Poitou] (1749), S. 1er mars 1766, congédié le 6 juill. 1783.

Fenix (François), dit **La Liberté,** né à Orléans (1749), S. 2 juill. 1768, mort le 31 oct. 1786.

Richard (Jean), dit **La Roze,** né à Rennes (1752), S. 15 janv. 1768, congédié le 6 juill. 1783.

Raurel (Pierre), dit **Prêt-à-Boire,** né à Montauban (1726), S. 8 juill. 1768, mort le 6 juin 1783.

Jourdan (Jean-Pierre), né à Grenade [Languedoc] (1750), S. 8 nov. 1768, disparu le 1er avril 1783.

Loison (François), né à Lamballe [Bretagne] (1751), S. 2 nov. 1769, disparu le 22 août 1781.

Du Bois (Louis-François), né à Paris (1754), S. 2 mai 1770, mort le 31 déc. 1786.

Le Bert (Charles-Gabriel-Antoine), né à Orléans (1754), S. 16 août 1770, passé sergent le 14 avril 1786.

Pinceau (Jean), né au Helfaut [Bretagne] (1754), S. 17 avril 1772, congédié le 6 juill. 1783.

Brestin (François), né à Saumur (1755), S. 1er janv. 1773, congédié le 6 juill. 1783.

Dézendez (Antoine-Joseph), né à Arras (1756), S. 6 juin 1773, mort le 20 oct. 1786.

Hirvoix (Claude), dit **La Lancette,** né à Angoulême (1755), S. 1er mai 1773, congédié le 6 juill. 1783.

Aimable (Guillaume), né à Rouen (1757), S. 2 nov. 1773.

Mouginet (Jean), né à Mont-le-Vignoble [Lorraine] (1751), S. 20 nov. 1773.

Hervé (Pierre), né à Château-du-Loir [près Tours] (1755), S. 13 avril 1774, congédié le 23 avril 1782.

Blin (Pierre), né à Mailly [Bourgogne] (1757), S. 14 juin 1774, congédié le 6 juill. 1783.

Souvet (Jean), né à Nancy (1755), S. 13 août 1774.

Husson (Marc), né à Nancy (1756), S. 16 août 1774, congédié le 6 juill. 1783.

Christophe (Georges), né à Toul (1755), S. 8 sept. 1774, congédié le 6 juill. 1783.

Carré (François), né à Tonnerre [Bourgogne] (1753), S. 8 avril 1773, congédié le 6 juill. 1783.

Guenaud (Claude), né à Florentin (1756), S. 8 avril 1775, congédié le 25 août 1784.

Castel (Joseph), né à Châtenois [Lorraine] (1758), S. 20 sept. 1775, congédié le 24 mars 1784.

Calo (Nicolas), né à Vézelise [Lorraine] (1757), S. 16 févr. 1776.

But (Etienne), né à Paris (1758), S. 22 mai 1776, congédié le 22 mars 1784.

Simonin (Pierre), né à Soye-en-Comté (1755), S. 11 juin 1776.

Belamy (Elophe), né à Châtenois [Lorraine] (1758), S. 19 juill. 1776, congédié le 19 juill. 1784.

Simonin (Jean-Louis), né à Nancy (1760), S. 18 sept. 1776, congédié le 18 sept. 1784.

Bouillon (Barthélemy), né à Vernaison-en-Lyonnais (1757), S. 22 sept. 1776.

Vanerot (Thomas), né à Bar-le-Duc (1759), S. 6 oct. 1776.

Menu (Rémy), né à Reims (1744), S. 13 oct. 1760, passé caporal le 2 août 1784.

Louis (Joseph), né à Nancy (1760), S. 13 oct. 1776, congédié le 13 oct. 1784.

Girardelet (Jacques), né à Dijon (1760), S. 30 oct. 1776, congédié le 30 oct. 1784.

La Boureau (Claude), né à Meloisey [Bourgogne] (1758), S. 30 oct. 1776.

Couin (Jean-Baptiste), né à Pont-Sainte-Maxence [Picardie] (1759), S. 7 nov. 1776.

De Cambray (Pierre-Sébastien), né à Reims (1758), S. 24 sept. 1776, congédié le 26 juill. 1785.

Emeri (Louis), né à Montreuil [près Paris] (1761), S. 16 janv. 1777.

Loit (Jacques), né à Rosny [Normandie] (1759), S. 29 janv. 1777.

Bameule (Julien), né au Tanu [Normandie] (1755), S. 29 janv. 1777.

Blanc (Barthélemy), né à Cette (1749), S. 20 avril 1767, congédié le 6 juill. 1783.

Bourdin (Pierre), né à Château-du-Loir (1758), S. 21 mars 1777, congédié le 26 juill. 1785.

Fourquier (Jean-Baptiste), né à Vignacourt [Picardie] (1752), S. 1er mai 1777, congédié le 26 juillet 1785.

Jacques (François), né à Abbeville (1750), S. 6 juin 1777.

Ménart (Pierre-François), né à Tagnon [Champagne] (1757), S. 5 juill. 1777, congédié le 19 juin 1785.

Bourgeois (Pierre-Jacques), né à Abbeville (1759), S. 17 juill. 1777, mort le 14 oct. 1784.

Mouton (Jean-Baptiste), né à Berniécourt [Artois] (1758), S. 14 sept. 1777.

Blou (Louis-Joseph), né à Arnonville [Artois] (1759), S. 9 oct. 1777.

Delosier (Antoine), né à Pont-sans-Pareil [près Calais] (1759), S. 19 oct. 1777.

Lyon (Charles-Vaast-Pamphile), né à Hesdin [Artois] (1761), S. 1er nov. 1777, congédié le 1er nov. 1785.

Le Blond (Joseph), né à Borin [Artois] (1759), S. 19 nov. 1777.

L'Ecuyer (François), né à Marconel [Artois] (1757), S. 17 déc. 1777, mort à Newport le 8 sept. 1780.

Jugan (André), né à Bezons [près Paris] (1761), S. 31 janv. 1778.

Conclerc (Nicolas), né à Clerval [Franche-Comté] (1762), S. 3 févr. 1778, congédié le 5 févr. 1786.

Petit (Louis-Antoine), né à Rouen (1755), S. 6 mars 1778.

Robert (François), né à Millebosc [Normandie] (1762), S. 23 mars 1778, congédié le 22 juin 1786.

Filiatre (Charles), né à Ambreville [près Dieppe] (1759), S. 16 mars 1778, mort à Newport le 23 août 1780.

Lorrain (Georges), né à Granges [Franche-Comté] (1760), S. 28 mars 1778, mort le 14 sept. 1782.

Jeanne (Nicolas), né à Bellangerville [Normandie] (1748), S. 3 avril 1778.

Batté (Pierre-Joseph), né au Crotoy [Picardie] (1760), S. 1er mai 1778, mort le 16 août 1782.

Deborde (Jean), né à Chinon [Touraine] (1756), S. 19 mars 1778.

Courtilliet (François), né à Chinon [Touraine] (1751), S. 18 févr. 1776.

Faujean (Urbain), né à Chinon [Touraine] (1751), S. 18 févr. 1776.

Masson (François), né à Chinon [Touraine] (1757), S. 19 mars 1778.

Joret (François), né à Saint-Florent [Angoumois] (1757), S. 31 mars 1776, congédié le 31 mars 1784.

Mesureux (Augustin), né à Auxy-le-Château [Artois] (1757), S. 19 déc. 1778.

La Verdure (Jean-Baptiste), né au Quesnoy [Artois] (1763), S. 10 févr. 1779.

Marie (Louis), né à Cherbourg (1758), S. 1er avril 1779.

Geret (Louis), né à Saint-Denis-des-Puits [Châteaudun] (1757), S. 3 avril 1779.

Louvel (Etienne-François), né à Paris (1762), S. 6 avril 1779, congédié le 19 juin 1785.

Renaud (Jean-Baptiste-François), né à Reims (1762), S. 1er mai 1779, congédié le 21 avril 1784.

Martinaud (Jean), dit **La Fleur**, né à Argilly [Bourgogne] (1735), S. 1er sept. 1755, parti pour la pension le 6 juin 1785.

Chauvin (Julien), né au Rondoir [Bretagne] (1757), S. 1er nov. 1779, mort à Williamsburg le 31 oct. 1781.

Choux (Philippe), né à Saint-Pern [Bretagne] (1763), S. 22 août 1779, congédié le 18 févr. 1784.

Gaudreuil (Joseph), né à Saint-André [Bretagne] (1761), S. 29 août 1779, parti pour la pension le 1er mai 1784.

Pinson (Charles), né à Bonnétable [Maine] (1759), S. 1er janv. 1780.

David (Henri), né à Saint-Aubin [près Châteaudun] (1762), S. 5 janv. 1780.

Thebault (François), né à Plomeur [Bretagne] (1762), S. 8 janv. 1780.

Voisin (Louis), né en Normandie [près Valognes] (1751), S. 2 mars 1780.

Guiraud (Antoine), né à Caussade [Guyenne] (1733), S. 2 juill. 1768, parti pour la pension le 30 mars 1784.

Chiquet (Jean), né à Lourdoueix-Saint-Pierre [Berry] (1751), S. 28 déc. 1768, congédié le 6 juill. 1783.

Mercier (Sébastien), né à Troussey [Lorraine] (1758), S. 28 août 1775.

Defeuille (Ferdinand), né à Neufchâteau (1758), S. 26 déc. 1775, passé sergent le 18 juin 1784.

Boursier (André), né à Toul (1755), S. 26 janv. 1774.

Bresson (François), né à Lyon (1761), S. 12 janv. 1780, mort le 29 mars 1783.

Berland (Antoine), dit **L'Hardy**, né à Saint-Chinian-de-la-Cosne [Languedoc] (1734), S. 30 avril 1767, congédié le 6 juill. 1783.

Cotte de la Haye (Joseph), né à Chatte [Dauphiné] (1759), S. 23 oct. 1776, congédié le 23 oct. 1784.

Le Grand (Louis-Charles-Michel-Marie), né à Dieppe (1751), S. 9 mars 1777, congédié le 20 févr. 1784.

Varlette (Jean-Louis), né à Reims (1756), S. 25 oct. 1777, congédié le 25 oct. 1785.

Le Jeune (Louis), né à Ay [Champagne] (1753), S. 7 déc. 1777, parti pour les Invalides le 1er mai 1784.

Garnier (Dominique), né à Rambervillers [Lorraine] (1751), S. 25 janv. 1779.

Soyeux (Claude-Joseph), dit **Jolicœur**, né à Matigny [Picardie] (1756), S. 8 févr. 1779.

Fortin (Louis), né à Loches [Touraine] (1757), S. 20 avril 1779.

Daniel (Pierre-François), né à Vitré [Bretagne] (1754), S. 12 juin 1779.

Dennefer (François-Paul-Jean-Marie-Charles), né à Péronne [Picardie] (1760), S. 13 juill. 1779, mort le 23 déc. 1782.

Tellier (Pierre-Nicolas), né à Sées [Normandie] (1759), S. 17 juill. 1779, mort le 14 août 1782.

Hurion (Louis), né à Pagny-sur-Meuse (1756), S. 26 sept. 1774.

Rimberg (Jacques), né à Lezoux [Auvergne] (1746), S. 2 oct. 1768, passé caporal le 21 avril 1784.

Renault (Claude-François), né à Saulx [Franche-Comté] (1759), S. 22 juin 1776.

Du Long (Jean-Baptiste), dit **La Girofiée**, né à Royan [Guyenne] (1756), S. 23 sept. 1773.

Guéraud (Jean), né à Neuvy [Touraine] (1753), S. 3 oct. 1769, congédié le 14 oct. 1783.

La Royenne (Jean-Baptiste), né à Plancher-les-Mines [Franche-Comté] (1760), S. 20 nov. 1777.

Bourbon (Pierre), né à Gambais [Beauce] (1760), S. 28 févr. 1780.

Roussely (Etienne), dit **Martin**, né à Monac [Limousin] (1735), S. 1er avril 1760, mort le 23 nov. 1783.

Guillot (Jacques), né à Saint-Jean-de-Losne [Bourgogne] (1750), S. 20 janv. 1769, congédié le 30 juill. 1785.

Desperrois (Jacques), né à Préville [Normandie] (1755), S. 31 mars 1780.

Dupuy (Jean), né à Rennes (1749), S. 8 nov. 1768, passé aux grenadiers le 5 nov. 1786.

Brulot (François-Adrien), né à Coulommes [Brie] (1743), S. 1er mars 1770, passé caporal le 1er juill. 1784.

Beuzelin (Jean), né à Colleville [Normandie] (1749), S. 29 juin 1778, congédié le 1er août 1786.

Roquencourt (Jacques), né à Abbeville (1755), S. 6 juin 1777.

Le Grand (Louis-Théodore), né à Angers (1753), S. 17 nov. 1775.

Barrer (Benoit-Joseph), né à Paris (1755), S. 24 nov. 1774.

Durbecq (Jacques), dit **Sans Peur**, né à Rocroy (1758), S. 6 déc. 1769, mort le 13 oct. 1786.

Huet (Nicolas-Siméon), né à Aussonce [près Reims] (1757), S. 16 oct. 1776.

Colin (Michel), né à Joinville [Champagne] (1749), S. 22 avril 1776, mort le 30 oct. 1786.

Rey (Antoine), né à Renage [Dauphiné] (1763), S. 1er mai 1779.

Griset (Jean-Claude), dit **Bellefleur**, né à Plancher-Bas [Franche-Comté] (1751), S. 11 nov. 1776.

Compagnie de la Folnère.

Duwez (Augustin-Roman), né à Arras (1739), S. 25 août 1756, congédié pour la pension le 1er févr. 1782.

Fréard (Jean-François), né à Château-Gaillard [Bellai] (1733), S. 1er avril 1752, congédié le 1er juill. 1783.

Guy (Jacques), né à Dampierre [Franche-Comté] (1738), S. 11 janv. 1764, congédié le 28 mars 1784.

Dubois (Jean), né à Marsilly [Normandie] (1736), S. 22 févr. 1762, mort le 25 oct. 1786.

Salir (Pierre), né à Guérande [Bretagne] (1747), S. 1er avril 1770, congédié le 6 juill. 1783.

Suitz (Gaspard), dit **L'Allemand**, né à Brett [Belfort] (1739), S. 1er janv. 1756, parti pour la pension le 28 mars 1784.

Desfosses (Louis), né à Amiens [Picardie] (1742), S. 1er oct. 1758, parti pour les Invalides le 1er mai 1784.

Langrené (Jean-Baptiste), né à Arras (1748), S. 9 janv. 1765, passé caporal le 1er déc. 1781.

Vergne (François), né à Châteauroux [Berri] (1753), S. 13 août 1769, passé caporal le 25 août 1781.

Maurel (Pierre), né à Avize (1735), S. 15 mars 1754, parti pour la pension le 1er juill. 1783.

Petillon (Georges), dit **La France**, né à Chalotte [près Nogent-sur-Seine] (1738), S. 7 avril 1757, mort à Newport le 10 janv. 1781.

Striff (Martin), né à Cernay [Alsace] (1739), S. 12 nov. 1758, mort le 4 nov. 1783.

Desroziers (Marcel), né à Saint-Cloud [près Paris] (1748), S. 1er janv. 1766, caporal le 2 août 1784.

Faure (Pierre), dit **Sans Souci**, né à Vals [Vivarais] (1745), S. 28 déc. 1766, mort le 5 janv. 1785.

Faussier (Pierre), dit **La Roche**, né à Fresnoy-les-Combries [près Crépy-en-Valois] (1751), S. 12 févr. 1768, caporal le 1er juill. 1781.

Virsovie (Jean), dit **Beau-Regard**, né à Saint-Hilaire [Limousin] (1740), S. 25 sept. 1763, passé caporal le 1er juill. 1785.

Fagot (Antoine), dit **La Bonté**, né à Saint-Amand [Berry] (1726), S. 5 déc. 1763, parti pour les Invalides le 1er mai 1784.

Brulot (François-Adrien), né à Coulommes [près Meaux, Brie] (1758), S. 1er mars 1770, passé caporal le 1er juill. 1784.

Vimor (Antoine), né à Saint-Julien-en-Forez (1754), S. 1er déc. 1770, congédié le 12 déc. 1783.

Gode (Claude), dit **La Déroute**, né à Château-Gaillard [Bugey] (1750), S. 1er mars 1773, congédié le 6 juill. 1783.

Dupré (Antoine), dit **Belle Rose**, né à Nîmes [Languedoc] (1747), S. 4 avril 1773.

Mézières (Jacques), né à Nancy (1755), S. 30 mars 1774, congédié le 6 juill. 1783.

Filleul (René), dit **Maloûin**, né à Saint-Servan [Bretagne] (1752), S. 13 avril 1774, congédié le 8 juill. 1783.

Raimont (Labat), dit **Branche d'or**, né à Dax (1753), S. 22 sept. 1774, congédié le 6 juill. 1783.

Proyer (Jean), dit **Bellehumeur**, né à Cherré [près Le Mans] (1751), S. 12 avril 1775, congédié le 6 juill. 1783.

Rousseaux (Léonard), né à Chaumont (1748), S. 30 avril 1775, mort à Newport le 20 oct. 1780.

Courtin (Claude), né à Choloy [Lorraine] (1750), S. 11 mai 1775.

Courtillet (Jean), né à Bourg-de-Bras [près Angers] (1756), S. 19 mai 1775, congédié le 6 juill. 1783.

Guay Nicolas), né à Pont-à-Mousson (1759), S. 6 juin 1775, mort le 22 sept. 1786.

Tabellion (Nicolas), né à Saint-Mansuy [près Toul] (1758), S. 4 sept. 1775.

Pérignon (Nicolas), né à Toul (1758), S. 4 sept. 1775, congédié le 1er oct. 1783.

Métrop (François), né à Maccy-sur-Vaise [Lorraine] (1758), S. 21 sept. 1775.

Colin (Nicolas), dit **Laforge**, né à Rambervillers [Lorraine] (1758), S. 25 sept. 1775.

Barré (Jean-Claude), né à Paris (1754), S. 15 oct. 1775, congédié le 13 oct. 1783.

Béjein (Joseph), né à Remoncourt [Lorraine] (1757), S. 15 nov. 1775, congédié le 1er déc. 1783.

Adrien (Nicolas), né à Vaucouleurs [Lorraine] (1757), S. 1er déc. 1775.

L'Eveillé (Claude), né à Gizier [Bourgogne] (1756), S. 11 févr. 1776.

Daulon (Claude), né à Ponton [Bourgogne] (1756), S. 21 févr. 1776, congédié le 23 févr. 1784.

Fauvel (Charles), né à Rouen (1733), S. 9 mars 1776.

Paris (Gabriel), né à Cextarre [Franche-Comté] (1758), S. 10 mars 1776, mort à Williamsburg le 31 oct. 1782.

Poncet (François-Joseph), né à Mèches [Franche-Comté] (1758), S. 23 mars 1776.

Demange (Blaize), né à Bochon [Lorraine] (1755), S. 28 mars 1776.

Bodignecourt (Nicolas), né à Mauvages [près Toul] (1752), S. 24 avril 1776, congédié le 24 avril 1784.

Champenois (Claude), né à Dijon (1753), S. 21 juin 1776, congédié le 21 juin 1784.

Ravelat (Barthélemi), né à Béziers (1752), S. 21 juin 1776.

Auxaire (Jean), né à Senoncourt [Lorraine] (1756), S. 1er juill. 1776, congédié le 1er juill. 1784.

Yart (Dominique), né à Commercy (1760), S. 4 sept. 1776, congédié le 4 sept. 1784.

Jaliot (Florent), né à Reims (1759), S. 23 sept. 1776, congédié le 23 sept. 1784.

Lechaudet (Claude), né à Ligny [près Bar-le-Duc] (1759), S. 9 oct. 1776, mort à Newport le 9 janv. 1781.

Guenoix (Pierre), né à Busserolles (1751), S. 26 févr. 1777, mort à Newport le 22 janv. 1781.

Michel (Georges), né à Nancy (1760), S. 1er mars 1777.

Terquavaire (Jean), né à Cordes [près Albi] (1759), S. 12 mars 1777, congédié le 26 juill. 1785.

Duclon (Joseph), né à Tournedos [Franche-Comté] (1754), S. 1er avril 1777.

Vallin (Pierre), né à Tours (1758), S. 16 avril 1777, congédié le 26 juill. 1785.

Couvreur (Dominique), né à Abbeville (1761), S. 11 juin 1777.

Groslot (François), né à Ligré [Touraine] (1752), S. 8 juill. 1777, mort à Newport le 9 août 1780.

Barbier (Pierre-Joseph), né à Saint-Simon-en-Dauphiné (1756), S. 28 mars 1774, congédié le 18 juin 1784.

Desroziaux (Marie), né à Hesdin [Artois] (1761), S. 1er août 1777, congédié le 1er août 1785.

Lagache (Ambroise-Joseph), né à Hesdin [Artois] (1760), S. 14 févr. 1777.

Macot (Joseph), né à Rocriette [près Hesdin, Artois] (1761), S. 9 oct. 1777, mort le 5 nov. 1782.

Mercier (Pierre), né à Nantes (1754), S. 6 avril 1774.

Savary (Nicolas), né à Abbeville (1759), S. 14 déc. 1777, congédié le 14 déc. 1785.

Brocvier (Emmanuel), né à Abbeville (1762), S. 14 févr. 1778, mort à Brest le 10 juill. 1783.

L'Ecuyer (Pierre-Alexandre), né à Abbeville (1756), S. 8 mars 1778.

Bonnaire (Jean), né à Nortable [près Lyon] (1744), S. 22 mars 1778, mort à Phisquil, le 31 oct. 1781.

Gigogne (Joseph), né à Vézelize [près Toul] (1760), S. 22 mars 1778, congédié le 11 avril 1786.

Luce (Nicolas), né à Barby [Champagne] (1760), S. 1er avril 1778, congédié le 18 avril 1786.

Ramisson (François), né à Saint-Front [Périgord] (1760), S. 20 avril 1778.

Cunaud (Jean-Baptiste), né à Saint-Georges [près Besançon] (1759), S. 29 avril 1778.

Mulot (Jacques), né à Bernay [Normandie] (1761), S. 9 mai 1778.

Richard (Henri), né à Dourdan [Beauce] (1762), S. 13 mai 1778, mort à Newport le 3 mars 1781.

Beuzelin (Jean), né à Colleville [Normandie] (1757), S. 29 juin 1778, passé caporal le 25 sept. 1784.

Batzo (François), dit **Mèze**, né à Mèze [Languedoc] (1755), S. 20 mars 1773.

L'Œillet (Adrien), né à Abbeville (1760), S. 1er nov. 1778, congédié le 30 nov. 1786.

Le Roy (Pierre), né à Abbeville (1761), S. 1er nov. 1778, congédié le 1er déc. 1786.

Colin (François), né à Racécourt [près Mirecourt] (1756), S. 24 juin 1774, mort le 31 juill. 1786.

Alipré (Pierre-Joseph), né à La Loge [Artois] (1762), S. 5 déc. 1778, congédié le 13 déc. 1786.

Langevin (François), né à Alounc [Normandie] (1763), S. 1er avril 1779.

Simon (François), né à Beaucene [Bretagne] (1760), S. 29 oct. 1779.

Brousse (Jean), dit **La Détente**, né à Aurillac (1756), S. 12 déc. 1773, congédié le 10 juin 1784.

Alard (Etienne-François), né à Crouy [près Meaux, Brie] (1761), S. 27 nov. 1779, mort à Newport le 7 janv. 1781.

Gravier (Pierre), né à Montfort-l'Amaury [Beauce] (1761), S. 28 févr. 1780.

Valette (Antoine), né à Périgueux (1763), S. 1er mars 1780.

Peronne (Antoine), né à Blamont [Franche-Comté] (1755), S. 1er déc. 1777, congédié le 6 juill. 1783.

La Chapelle (Pierre), né à Paris (1759), S. 14 oct. 1776, congédié le 14 oct. 1784.

Rulié (Marc), né à Pardoux-de-Mareuil [près Périgueux] (1728), S. 23 déc. 1764, passé caporal le 2 avril 1786.

Delaye (Jean), né à Conosel [près Grignan] (1749), S. 4 avril 1775, congédié le 6 juill. 1783.

Martin (Antoine), dit **Sans Quartier**, né à Verdun (1754), S. 1er mai 1776, congédié le 1er mai 1784.

Huguenin (Jean), né à Gamon [Champagne] (1751), S. 20 mai 1776, congédié le 20 mai 1784.

Houssement (Jean-Baptiste), né à Sancy [Lorraine] (1754), S. 19 déc. 1776, congédié le 26 juill. 1785.

Desgrey (Jean-Baptiste), dit **Hector**, né à Langres (1756), S. 1er nov. 1777, congédié le 1er nov. 1785.

Benezech (Henry), né à Calvisson [Languedoc] (1758), S. 30 déc. 1777.

Gardiol (Vincent), né à Uzès [Languedoc] (1753), S. 7 févr. 1778, congédié le 7 févr. 1786.

La Tour (Edme), né à Tonnerre [Bourgogne] (1757), S. 29 nov. 1778, congédié le 9 déc. 1786.

Tellier (Etienne), né à Rocquigny [Champagne] (1758), S. 25 sept. 1779, mort le 22 avril 1784.

Romaigne (Jean-Louis), dit **La Rose**, né à Saint-Michel-d'Uzès [Languedoc] (1755), S. 22 juill. 1776.

Grapin (Jean-Claude), dit **Brind'Amour** né à Bussey-Vergi [Franche-Comté] (1760), S. 28 nov. 1780, mort le 25 oct. 1786.

Durand (Pierre), dit **Tourangeau**, né à Rilly [Touraine] (1752), S. 2 févr. 1774, congédié le 6 juill. 1783.

Huet (Philippe), né à Nantes, (1758), S. 9 nov. 1774, passé caporal le 2 août 1784.

Audirac (Pierre-Gragnon), dit **La Liberté**, né à Rabastens-en-Bigorre (1753), S. 10 oct. 1773, congédié le 6 juill. 1783.

Vidou (Marc), né à Montfort-l'Amaury [près Paris] (1753), S. 1er nov. 1777.

Huet de la Mare (Louis), né à Nantes (1748), S. 10 mai 1767, fait adjudant le 25 juin 1786.

Cuisinier (Pierre), dit **L'Orange**, né à Antignac [Auvergne] (1756), S. 24 avril 1774, congédié le 6 juill. 1783.

Berthé (Jean-Nicolas), né à La-Chapelle-Dun [Franche-Comté] (1755), S. 28 mars 1778.

Vaillant (Jean-François), né à Nouvel [Picardie] (1750), S. 16 mars 1770, passé sergent le 21 avril 1785.

Gouts (Jacques), dit **Campagnac**, né à Leyran [Guyenne] (1758), S. 1er sept. 1774.

Masson (François), né à Chinon [Touraine] (1757), S. 19 mars 1778, congédié le 1er avril 1786.

Gaudin (François), né à Chinon [Touraine] (1758), S. 17 oct. 1776, congédié le 17 oct. 1784.

Piolet (Charles-Eloi), né à Millencourt [Picardie] (1757), S. 16 juin 1778, congédié le 17 août 1786.

Jacob (Henry), né à Montdauphin [Dauphiné] (1748), S. 4 oct. 1773.

Pelletier (Antoine), né à Toul (1758), S. 27 févr. 1774, passé musicien le 17 sept. 1784.

Plantin (Alexis), né à Vatan [Berry] (1756), S. 17 août 1772, mort le 20 déc. 1784.

Bejein (Joseph), né à Remoncourt [Lorraine] (1757), S. 15 nov. 1775, passé caporal le 16 nov. 1784.

Desfeuilles (Ferdinand), né à Neufchateau (1758), S. 26 déc. 1775, congédié le 23 avril 1786.

Lamblin (Claude-Joseph), né à Ronchamp [Franche-Comté] (1747), S. 19 mars 1778, mort le 24 déc. 1784.

Des Bray (Nicolas), né à Saint-Hilaire [Champagne] (1756), S. 12 oct. 1776.

Peltier (Jacques), né à Courchaton [Franche-Comté] (1749), S. 5 nov. 1776.

Le Lièvre (Jean-Nicolas), né à Hautbos [Picardie] (1750), S. 19 juil. 1777, caporal le 1er mars 1785.

Villette (Pierre), né à Toul (1753), S. 1er nov. 1769, congédié le 1er nov. 1785.

Brast (François), né à Abbeville (1761), S. 26 févr. 1777, caporal le 23 avril 1786.

Etival (Jean-Baptiste), né à Gruny [Artois] (1762), S. 16 janv. 1778, tambour le 1er mai 1786.

Tissèdre (Jean), né à Saint-Loup [Gascogne] (1747), S. 25 mai 1773, sergent-major le 1er juill. 1786.

Daniel (Louis), né à Carpris-aux-Bois [Lorraine] (1760), S. 16 mai 1776.

Compagnie Lefebvre de la Falnère.

Laccord (Léonard), né à Saint-Germain [près Limoges] (1742), S. 6 mars 1768, mort le 10 août 1782.

Vandal (Guillaume-Joseph), né à Humières [Artois] (1731), S. 10 oct. 1757, parti pour la pension le 28 mars 1784.

Farine (Antoine-Mouille), dit **Saint-Maurice**, né à Troyes (1738), S. 1er déc. 1758, parti pour la pension le 6 juin 1785.

Cambion (Laurent), dit **La Lancette**, né à Saint-Jean-Poudge [Béarn] (1754), S. 23 avril 1773, congédié le 6 juill. 1783.

Roulaud (François), dit **La Douceur**, né à Amiens (1736), S. 11 avril 1758, parti pour la pension le 6 juin 1785.

Gillet (Claude), né à Soulange [près Bourges] (1735), S. 11 avril 1758, mort le 17 mars 1784.

Gilbert (Jean), né à Chassagnes [près Mauriac (Haute-Auvergne)] (1737), S. 5 mars 1756, parti pour la pension le 6 juin 1785.

Rocher (Louis), dit **Beausoleil**, né à L'Home [près le Mans] (1736), S. 1er nov. 1759, parti pour les Invalides le 1er mai 1784.

Martin (Jean), dit **Lagny**, né à Nantes (1719), S. 25 oct. 1755, mort à la Providence le 23 août 1780.

Badier (Antoine), né à Is-sur-Tille [Bourgogne] (1737), S. 1er janv. 1756, parti pour la pension le 28 mars 1784.

Gobin (François), dit **Fleur d'Epine**, né à Eloye [Normandie] (1739), S. 25 déc. 1758, parti pour les Invalides le 22 mai 1786.

Tessier (Jean), dit **Laviolette**, né à Créon [près Bordeaux] (1754), S. 1er janv. 1773, mort à Newport le 13 août 1784.

Juliard (Jean), dit **Laplume**, né à Riaux [Franche-Comté] (1737), S. 7 janv. 1773, parti pour les Invalides le 22 mai 1786.

Pochique (Joseph), dit **Cœurderoy**, né à Quimper (1753), S. 20 janv. 1773, mort en mer le 4 juill. 1780.

Causson (Pierre), dit **Branchedor**, né à Bordeaux (1754), S. 7 févr. 1773, mort le 25 mars 1783.

Lavan (Nicolas), dit **La Giroflée**, né à Dourneau [Lorraine] (1742), S. 1er mai 1773, mort le 12 mars 1786.

Thibault (Jean), dit **Cézar**, né à Melevey [Beauce] (1752), S. 28 juin 1773.

Mousihet (Arnould), dit **La Liberté**, né à Porthesse [Guyenne] (1751), S. 4 nov. 1773.

Maubec (Louis), dit **Tailleur**, né à Aire-en-Armagnac (1754), S. 5 nov. 1773, congédié le 5 nov. 1780.

Peltant (François), né à Vitray [Poitou] (1748), S. 23 janv. 1774.

Teysse (Noël), dit **Rustique**, né à Consigney [Anjou] (1755), S. 22 août 1774, mort à Newport le 26 juill. 1780.

La Jeunesse (Pierre), dit **Sans-Regret**, né à Saint-Pardon [Guyenne] (1754), S. 22 août 1774.

Bonnard (Michel), dit **Sans-Façon**, né à Cheynat [Auvergne] (1745), S. 1er sept. 1774.

Mériadée (Pierre), dit **Saint-Amant**, né à Morlaix (1738), S. 22 sept. 1774, congédié le 22 sept. 1783.

Ganau (Léger), dit **Frappe d'Abord**, né à Saint-Nicolas-de-Saumur [Anjou] (1745), S. 19 mars 1775, congédié le 10 déc. 1783.

Jumeau (Jean), né à Saint-Germain-le-Bel [près Limoges] (1757), S. 28 mars 1775, mort le 1er oct. 1783.

Cheville (Jean), né à Nancy (1759), S. 25 juin 1775, congédié le 10 déc. 1783.

Schemesseur (Christophe), né à Moussey [Lorraine] (1758), S. 7 oct. 1775.

Marcelin (Philippe), né à Orine [près Toul] (1757), S. 30 oct. 1775.

Martellet (Claude), né à Trechatel [Bourgogne] (1755), S. 5 mars 1776, mort le 31 août 1786.

Moneau (Pierre-Joseph), né à Bel-Air [Franche-Comté] (1756), S. 22 mars 1776, mort à Newport le 17 sept. 1780.

Monin (Simon), né à Bel-Air [Franche-Comté] (1750), S. 22 mars 1776, mort le 10 sept. 1784.

Jourdain (Etienne), né à Epreville [près Rouen] (1756), S. 21 avril 1776.

Louche (Jean), né à La Comté [Maine] (1748), S. 29 avril 1776.

Linge (François), né à Toul (1760), S. 5 mai 1776, congédié le 5 mai 1784.

Gassouin (Bernard-Louis), né à Evreux [Normandie] (1759), S. 16 juin 1776, congédié le 16 janv. 1784.

Menwecq (Joseph), né à Vézelise [Lorraine] (1758), S. 11 juill. 1776.

Jaminet (Sébastien), né à Louyé [Normandie] (1745), S. 16 juill. 1776, mort le 12 août 1782.

Cézar (Joseph), né à Barigny [Lorraine] (1757), S. 4 août 1776, congédié le 4 août 1784.

Miget (Jean-Claude), né à Chalay [Franche-Comté] (1754), S. 28 août 1776, congédié le 28 août 1784.

Son (Joseph), né à Reims (1758), S. 13 sept. 1776, congédié le 13 sept. 1784.

Piler (Jean-Baptiste), né à Mézières [Champagne] (1759), S. 22 sept. 1776, congédié le 20 mai 1784.

Suty (Claude), né à Gondreville [Lorraine] (1759), S. 28 sept. 1776, mort le 1er févr. 1786.

Dufraine (Louis), né à Saint-Martin-de-Gennes [Anjou] (1756), S. 28 sept. 1776.

Garnier (Claude), né à Etiolles (1760), S. 5 oct. 1776, congédié le 10 oct. 1784.

Prudum (Louis), né à Sécharge [près Verdun] (1758), S. 16 oct. 1776.

Jeanqui (Antoine), dit **Guy**, né à Soissons [Picardie] (1754), S. 16 oct. 1776.

Hyvert (Jean), né à Chinon [Touraine] (1758), S. 1er nov. 1776, congédié le 1er nov. 1784.

Charlier (Jean-Baptiste), né à Charleville (1749), S. 22 nov. 1776, mort le 25 déc. 1780.

Pourmier (Jacques), né à Vollandry [Anjou] (1758), S. 21 mars 1777.

Joachim (Philippe), né à Ericy [près Fontainebleau] (1749), S. 1er avril 1777.

Duchâtel (Pierre-Jacques), né à Abbeville (1754), S. 3 mai 1777, mort le 10 déc. 1784.

Valois (Thomas), né à Beaumont-en-Argonne [Champagne] (1759), S. 24 juin 1777.

Magnié (Pierre-Nicolas), né à Fruges [Artois] (1759), S. 23 sept. 1777, mort le 4 sept. 1786.

Gruhé (Joachim-Joseph), né à Fruges [Artois] (1761), S. 23 sept. 1777, mort le 6 août 1786.

Belair (Jean), né à Jonzac [Saintonge] (1759), S. 22 déc. 1777, congédié le 30 sept. 1783.

Cayeux (François), né à Abbeville (1760), S. 8 mars 1778, congédié le 10 avril 1786.

Broyelle (Antoine), né à Saint-Martin-le-Sec [Picardie] (1758), S. 10 mars 1778, passé caporal le 7 janv. 1785.

Welquar (Jacques-Joseph), né à Bachy [Flandre] (1761), S. 17 mars 1778.

Drin (Jacques-Charles), né à Vironchaux [Picardie] (1756), S. 17 mars 1778, mort en mer le 13 juill. 1780.

Marinier (Toussaint), né à Bernay [Normandie] (1759), S. 20 mars 1778, mort à Newport le 17 nov. 1780.

Doré (Adrien), né à Bernay [Normandie] (1760), S. 27 mars 1778, congédié le 21 avril 1784.

Burel (Jean), né à Bernay [Normandie] (1756), S. 1er avril 1778.

Cheneau (Guillaume), né à Nauzaren [Périgord] (1757), S. 20 avril 1778.

Robert (Henri-Constantin), né à Paris (1757), S. 26 avril 1778.

Brunel (Jean-Claude), né à Amiens (1762), S. 6 juin 1778.

Le Roulier (François), né à Piancourt [Normandie] (1755), S. 19 juin 1778.

Daterme (Pierre), dit **Bel'Amour**, né à Chatas-en-Bourbonnais [près Moulins] (1732), S. 3 avril 1759, parti pour la pension le 16 avril 1786.

Belet (Sulpice), né à Fransu [Picardie] (1759), S. 12 août 1778.

Vandal (Charles), né à Miès [Artois] (1758), S. 30 oct. 1778, congédié le 28 nov. 1786.

Bruché (Laurent), né à Fressin [Artois] (1760), S. 30 oct. 1778, congédié le 28 nov. 1786.

Dufroy (Joseph), né à Fruges [Artois] (1762), S. 30 oct. 1778, congédié le 28 nov. 1786.

Rimbeau (Pierre), né à Fontainebleau (1760), S. 1er déc. 1778.

Riquoy (Louis), né à Châteaudun (1758), S. 1er avril 1779.

Courtois (Guillaume), né à Bois-Normand [Normandie] (1758), S. 1er avril 1779, passé caporal le 1er nov. 1785.

Picaut (Jean-Claude), né à Saint-Lamain [Franche-Comté] (1752), S. 10 nov. 1769, mort à la Providence le 11 oct. 1780.

Joubeau (Félix), né à Médréac [près Saint-Malo] (1760), S. 29 oct. 1779.

Angeron (François), né à Vire [Normandie] (1749), S. 21 oct. 1771, passé dans Royal Roussillon le 25 nov. 1781.

Allot (Pierre-François), né à Vitré [Bretagne] (1763), S. 1er janv. 1780, congédié le 21 avril 1784.

Laborie (Henri), né à Saint-Crépin-de-la-Brosse [près Périgueux] (1762), S. 1er janv. 1780, congédié le 6 juin 1784.

Lapeyrière (Pierre-Venthon), né à Périgueux (1763), S. 1er janv. 1780, congédié le 1er juin 1784.

Le Doux (Pierre), né à Angers (1751), S. 1er janv. 1780.

Meinien (François), né à Lury [Maine] (1758), S. 12 janv. 1780.

Le Vol (Paul), né à Sentès [Ile-de-France] (1746), S. 2 mars 1780.

Servenerie (Léonard), né à Limoges (1757), S. 1er mai 1776, congédié le 20 avril 1784.

La Hogue (François), dit **La Jeunesse**, né à Versailles (1744), S. 22 déc. 1770, passé sergent le 1er avril 1784.

Corbin (Julien), né à Ussey [Normandie] (1752), S. 6 mai 1773, congédié le 6 juill. 1783.

Tortority (Jacques), né à Douai (1758), S. 1er avril 1775.

Royer (Jean), né à Plouasne [Bretagne] (1759), S. 9 nov. 1779.

Aurillard (Jean), né à Barbezieux (1763), S. 8 avril 1780, congédié le 13 août 1784.

Chastan (Denis), dit **Francœur**, né à Sainte-Cécile-en-Comtat [près Avignon] (1715), S. 24 déc. 1762, parti pour la pension le 28 mars 1784.

Lami (Pierre), né à Rouen (1746), S. 11 févr. 1775, congédié le 6 juill. 1783.

Viellard (Remi), dit **L'Eveillé**, né à Ay [Champagne] (1751), S. 7 avril 1775, congédié le 6 juill. 1783.

Simonin (Etienne), né à Vaivre [Franche-Comté] (1757), S. 1er juill. 1777.

Le Lièvre (Jean-Nicolas), né à Mautbons [Picardie] (1750), S. 19 juill. 1777, passé caporal le 1er mars 1785.

Thomas (Mathias), dit **Jolie Fleur**, né à Venteon [près Remiremont] (1753), S. 15 nov. 1778.

Legatière (Antoine), dit **Vainqueur**, né à Beaujeu [Beaujolais] (1750), S. 1er janv. 1779.

Versain (Antoine), né à Haguenau [Basse-Alsace] (1757), S. 29 sept. 1779, passé caporal le 7 juin 1785.

Bruerre (Galien), né à Tours (1759), S. 20 nov. 1779.

Vernier (Jean), né à Oisilly-sur-Vinjanne [près Dijon] (1738), S. 11 avril 1758, congédié pour la pension le 16 avril 1786.

Le Feivre (Nicolas), dit **La Gloire**, né à Saint-Denis [près Paris] (1757), S. 16 oct. 1773.

Gauvard (Julien), né à Millam [Flandre] (1758), S. 16 févr. 1777.

Siméon (Nicolas), né à Auxonne [Picardie] (1757), S. 16 oct. 1776, passé sergent le 4 oct. 1784.

L'Empereur (Henry), né à Strasbourg (1759), S. 29 juill. 1778, congédié le 14 août 1786.

Bourlier (Jean), né à Saint-Calais [Maine] (1762), S. 27 févr. 1779.

Tonnellier (Joseph), né à Metz (1755), S. 23 nov. 1778, congédié le 12 déc. 1786.

Galzeau (Jean-Baptiste), né à Vellerot [Franche-Comté] (1752), S. 22 mars 1776, passé sergent le 1er juill. 1785.

Tiercelin (Jean-Baptiste), né à Orléans (1762), S. 30 mars 1780.

Reimberg (Jacques), né à Lezan [Auvergne] (1742), S. 2 oct. 1768, passé sergent le 1er nov. 1785.

Archambault (Charles-Louis-François), dit **La Gache**, né à Hesdin [Artois] (1761), S. 19 juill. 1777, passé caporal le 4 oct. 1784.

Poquet (Michel), né à Cairet [Poitou] (1758), S. 18 nov. 1776.

Launay (Pierre), né à Bourg-de-Croiseille [près Le Mans] (1748), S. 30 oct. 1771, passé aux gendarmes le 1er sept. 1785.

Cantré (Isidore), né à Fillièvres [près Hédin, Artois] (1760), S. 19 juill. 1777.

Desbordes (Jean), né à Chinon [Touraine] (1756), S. 19 mars 1778.

Petit (Louis-Antoine), né à Rouen (1751), S. 6 mars 1778.

Louy (Jean-Pierre), dit **Plancher**, né à Plancher-Bas [Franche-Comté] (1754), S. 17 févr. 1777.

Touzard (Antoine), né à Hesdin [Artois] (1758), S. 26 juin 1777.

Anglade (Jean-Louis), dit **Marius**, né à Carcassonne (1752), S. 2 sept. 1773, passé sergent-major le 17 avril 1786.

Chardinal (Jean-Baptiste), dit **Content**, né à Joudin [Champagne] (1745), S. 17 déc. 1776, mort le 7 nov. 1786.

Juart (Félix), dit **Lannois**, né à Haucourt [Champagne] (1746), S. 17 déc. 1776, mort le 24 oct. 1786.

Compagnie de chasseurs.

DE BRIE, capitaine.

Douin (Louis), dit **Fraisant**, né à Fraisans [Franche-Comté] (1739), S. 26 oct. 1755, parti pour la pension le 28 mars 1784.

Jacouet (Yves), dit **La France**, né à Bourg-d'Elignac [près Nantes] (1744), S. 1er juin 1764.

Bounin (Antoine), dit **Pret à Boire**, né à Ancône [Dauphiné] (1745), S. 10 nov. 1769.

Houdin (Jean-Baptiste), dit **Saint-Arnoult**, né à Novillers [Beauce] (1750), S. 29 mars 1768, passé caporal le 1er nov. 1785.

Palaguet (Laurent), dit **Brindamour**, né à Bouvières [près Montélimar] (1737), S. 25 août 1755, parti pour la pension le 1er juill. 1783.

Thebault (Guilhaume), dit **Saint-Joseph**, né à Rennes (1736), S. 12 févr. 1761, mort le 31 déc. 1784.

Petitbon (Jean), né à Rennes (1737), S. 15 déc. 1763, mort le 31 mai 1784.

Boisson (Antoine), dit **Bellecour**, né à Lyon (1749), S. 23 févr. 1767.

Lasaigue (François), dit **Versailles**, né à Aurillac [Auvergne] (1746), S. 22 juill. 1768.

De Lisse (Guilhaume), dit **Bienvenu**, né à Libourne (1752), S. 18 août 1768, mort à Newport le 30 sept. 1780.

Durbecq (Jacques), dit **Sans Peur**, né à Gué-d'Hossus [près Rocroi] (1753), S. 6 déc. 1769, passé caporal le 24 déc. 1785.

Chevallier (Guilhaume), dit **Saint-Victor**, né à Saint-Victor [Auvergne] (1750), S. 12 janv. 1770, congédié le 15 déc. 1783.

Lorence (Louis), né à Château-Goutier [Anjou] (1754), S. 12 janv. 1770, mort le 27 oct. 1783.

Danion (Louis), né à Guerre [Bretagne] (1752), S. 1er mars 1770.

Bruiere (Bastien), né à Versailles (1751), S. 15 oct. 1770.

Ray (Pierre), né à Périgueux (1756), S. 13 mars 1772, mort en mer le 16 mai 1780.

Broujounet (Jean), né à Cette (1755), S. 26 avril 1772, mort le 6 oct. 1782.

Bertin (Gabriel), né à Bordeaux (1754), S. 2 déc. 1772, congédié le 6 juill. 1783.

Mahé (Jean), né à Vannes (1752), S. 1er mars 1773, mort le 10 mai 1781.

Beautemps (Pierre), né à Châtillon [près Moulins] (1756), S. 6 mars 1773.

Brion (Michel), dit **Jolibois**, né à Samoreau [près Fontainebleau] (1755), S. 26 mai 1773.

Fournier (Jean), né à La Place de Najas [près Agen] (1755), S. 15 oct. 1773.

Besson (François), né à Bort [Auvergne] (1752), S. 31 oct. 1773, congédié le 6 juill. 1783.

Grisfoult (Jean), dit **Beausoleil**, né à Sainte-Livrade (1753), S. 1er nov. 1773, congédié le 1er nov. 1781.

Laugiou (Nicolas), né à Chantelle [près Gannat] (1753), S. 8 janv. 1774.

Pichery (Joachim), dit **Belhumeur**, né à Saintes [Saintonge] (1756), S. 23 janv. 1774.

Reines (Raimond), né à Bouillac [près Monestier] (1754), S. 16 mars 1774, congédié le 6 juill. 1783.

Aubry (Jean), né à Château du Loir [près Tours] (1755), S. 23 avril 1774, congédié le 6 juill. 1783.

Jo (Jean), dit **La Grenade**, né au bourg de Sion [près Limoges] (1753), S. 1er sept. 1774.

Haraud (Alexis), né à Vézelise [3 Evêchés] (1756), S. 17 oct. 1774.

Le Comte (Claude), né à Signelet [Bourgogne] (1757), S. 12 févr. 1775, mort à Providence le 19 sept. 1780.

Javergeat (Bertrand), né à Périgueux (1759), S. 29 mars 1775, congédié le 15 déc. 1783.

Olivier (Laurent), né à Paris (1759), S. 1er avril 1775.

Bertin (Charles), dit **l'Amitié**, né à Louze [près Bar-le-Duc] (1758), S. 4 oct. 1775.

Herel (Nicolas), né à Puche [Lorraine] (1753), S. 27 sept. 1776, congédié le 27 sept. 1784.

Manichon (Guillaume), né à Les Poix [Champagne] (1755), S. 4 oct. 1776, parti pour les Invalides le 1er mai 1784.

Plantier (Jean-François), né à Reims (1756), S. 4 oct. 1776, passé caporal le 1er mars 1785.

Debret (Nicolas), né à Saint-Hilaire [Champagne] (1756), S. 12 oct. 1776, passé caporal le 13 déc. 1784.

Soin (Gabriel-Alexis), né à Reims (1754), S. 12 oct. 1776, congédié le 15 déc. 1783.

Fet (Etienne), né à Pin [près Tours] (1754), S. 25 oct. 1776, congédié le 25 oct. 1784.

Roy (Jean-Jacques), né à Bermont [Franche-Comté] (1752), S. 7 nov. 1776, mort en mer le 13 mai 1780.

Jolly (Joseph), né à Pont-de-Roide [près Beaume-les-Dames] (1756), S. 22 nov. 1776, congédié le 22 nov. 1784.

Couvert (Jacques), né à Abbeville (1760), S. 12 déc. 1776.

Cavilion (André), né à Abbeville (1760), S. 30 janv. 1777, congédié le 26 juill. 1785.

Hamel (Pierre), né à Vire [Normandie] (1757), S. 8 févr. 1777, mort le 6 sept. 1782.

Lié (Pierre), dit **L'Aimable**, né à Abbeville (1753), S. 14 mars 1777.

Dubesset (Louis), né à Brimeux [près Hesdin, Artois] (1759), S. 27 juin 1777.

Sterque (Deil), né à Plancher-les-Mines [Franche-Comté] (1759), S. 20 nov. 1777, mort à Newport le 17 avril 1781.

Beaudoin (Louis-Henry), né à Abbeville (1754), S. 29 janv. 1778, parti pour les Invalides le 24 sept. 1784.

Richard (Toussaint), né à Féchain [Hainaut] (1760), S. 13 févr. 1778, mort à Newport le 6 oct. 1780.

Risse (Laurent), né à Plancher-les-Mines [Franche-Comté] (1750), S. 24 févr. 1778, congédié le 24 févr. 1786.

Gilliet (Félix), né à Plancher-les-Mines [Franche-Comté] (1760), S. 24 févr. 1778.

Augé (Joseph), né à Toul (1762), S. 1er févr. 1778, passé caporal le 12 févr. 1786.

Aumassy (Pierre), né à Périgueux (1753), S. 1er mars 1778, congédié le 8 avril 1786.

Maupin (Pierre), né à Douvast [Picardie] (1762), S. 16 sept. 1778.

Guilbert (Joseph), né à Bléquin [Artois] (1759), S. 30 oct. 1778, congédié le 26 nov. 1786.

Vernier (Alexis), né à La Combe Sommotte [Franche-Comté] (1758), S. 30 oct. 1778.

Anglade (Jean-Louis), dit **Marius**, né à Carcassonne (1752), S. 2 sept. 1773, passé sergent-major le 17 avril 1786.

Bleau (François-Cyprien), né à Campagne [près Hesdin, Artois] (1760), S. 5 déc. 1778, congédié le 9 déc. 1786.

Flohot (Pierre-Bazile), né à Grolay [près Paris] (1754), S. 4 janv. 1779.

Fourneau (Louis), né à Saint-Epain [Touraine] (1760), S. 17 mars 1779.

Noyelle (André), né à Hesdin [Artois] (1758), S. 1er mai 1779.

Guétard (Sébastien), né à La Bâtie Montgascon [Dauphiné] (1756), S. 1er mai 1779, mort à la Providence le 10 sept. 1780.

Gabert (Guillaume), né à Tullins [près Grenoble] (1760), S. 15 mai 1779.

Meignier (Jean-Baptiste), né à Avignon (1741), S. 15 juill. 1766, passé adjudant le 17 nov. 1781.

Lemoille (Charles), né à Tréméven [Bretagne] (1756), S. 1er sept. 1779, rayé des contrôles le 1er oct. 1785.

Dartique (Pierre), né à Hesdin [Artois] (1761), S. 27 juin 1777.

Magnain (Jean), né à La Rochelle (1755), S. 1er nov. 1772, passé caporal le 13 nov. 1784.

Pair (Michel), né à Nüremberg [Allemagne] (1758), S. 27 nov. 1779, congédié le 10 août 1784.

Coutel (Guillaume), né à Sedan (1744), S. 19 déc. 1779, mort à Williamsburg le 31 janv. 1782.

Primo (Gilles), né à Antrain [Bretagne] (1760), S. 1er janv. 1780, mort le 26 déc. 1782.

Jouan (Pierre), dit **Sans Souci**, né à Courdemanche [Normandie] (1758), S. 1er mars 1780.

Cardin (Charles), né à Sacey [Normandie] (1761), S. 31 mars 1780.

Gauthier (Jean-François), né à Saurisbourg [Beauce] (1757), S. 10 avril 1780.

Corbière (Jean), né à Paulinet [près Albi] (1743), S. 4 nov. 1769.

Petitemanche (Hilaire), né à Lenoncourt [Lorraine] (1756), S. 4 sept. 1774, congédié le 6 juill. 1783.

Vilmain (George), né à Blamont [Lorraine] (1756), S. 1er déc. 1775.

Mercier (Nicolas), né à Troussey [Lorraine] (1758), S. 28 août 1775.

Prieur (Jean-Louis), né à Mauregard [Brie] (1751), S. 17 nov. 1775, mort le 9 oct. 1786.

Daniaud (Louis), né à Cognade (1754), S. 13 août 1772, congédié le 13 août 1784.

Rainesse (François), né à Boulognac [Albigeois] (1756), S. 16 mars 1774, congédié le 6 juill. 1783.

Gigoult (Louis), né à Fontenoy [près Toul] (1757), S. 25 août 1776.

Vernier (Jean-Baptiste), dit **Lorrain**, né à Vézelise [Lorraine] (1754), S. 17 août 1775, congédié le 14 sept. 1783.

Gilot (Jean-Antoine), né à Sorcy [Lorraine] (1759), S. 23 avril 1776, parti pour la pension le 28 mars 1784.

Majart (Nicolas), né à Reims (1751), S. 22 nov. 1776.

Jacquelin (Louis), né à Chinon [près Tours] (1757), S. 21 mars 1777.

Renaud (Jean-Claude), né à Autechaux [près Baume-les-Dames] (1760), S. 28 mars 1778.

Martin (Georges), né à Toul (1753), S. 24 oct. 1774, congédié le 6 juill. 1783.

Toulon (Louis), né à Marcé [Anjou] (1734), S. 1er nov. 1765, congédié le 6 juill. 1783.

Jarry (François), né au Lude [Anjou] (1737), S. 23 août 1768.

Laforgue (Pierre), né à Bordeaux (1749), S. 6 juill. 1773, congédié le 6 juill. 1783.

Billard (Jean-Baptiste), né à Cravant [Bourgogne] (1749), S. 1er sept. 1773, congédié le 6 juill. 1783.

Montigné (Louis), dit **Lacouture**, né à Le Mans (1748), S. 1er mars 1774, congédié le 6 juill. 1783.

Sauveton (Christophe), né à Lyon (1754), S. 3 août 1776, congédié le 3 août 1784.

Rousselot (Joseph), dit **Vadeboncœur**, né à Soulnot [Franche-Comté] (1749), S. 2 nov. 1776, congédié le 2 nov. 1784.

Peltier (Jacques), né à Courchaton [Franche-Comté] (1749), S. 5 nov. 1776, passé caporal le 1er mai 1785.

Taurez (Louis), dit **Joinville**, né à Joinville (1751), S. 15 nov. 1776, congédié le 25 nov. 1784.

Le Blanc (Etienne), né à Frenay [Dauphiné] (1755), S. 21 mars 1777.

Petiteau (Benigne), né à Aprey [Bourgogne] (1750), S. 22 août 1777, mort le 12 sept. 1783.

Goujot (François), né à La Rochechouart [Poitou] (1753), S. 25 oct. 1777, mort le 3 août 1786.

Assaud (Pierre-Paul), né à Loupian [Languedoc] (1752), S. 13 mars 1778.

Gilles (Antoine), dit **Gevaudan**, né à Laubert en Gevaudan [près Mende] (1751), S. 30 mars 1778.

Le Clerc (Alexis), dit **Bellefleur**, né à Bacqueville [Normandie] (1724), S. 7 avril 1759, parti pour la pension le 6 juin 1785.

De la Prade (Guillaume-Laleine), né à Gaillac [Comté de Foix] (1754), S. 1er mai 1773, congédié le 1er déc. 1782.

Launay (Pierre), né à La Croixille [près Le Mans] (1748), S. 30 oct. 1771, passé sergent le 7 juin 1785.

Duperier (Antoine), né à Mugron en Béarn [près Pau] (1752), S. 13 avril 1774, passé adjudant le 15 sept. 1784.

Margotty (Jean), dit **Sans Façon**, né à Pressignac [Périgord] (1728), S. 18 avril 1771.

Prévôt (François), né à Abbeville (1760), S. 25 oct. 1776, congédié le 25 oct. 1784.

Birbal (Merlin), né à Cordes [près Albi] (1759), S. 12 mars 1777.

Roussel (Jean), né à Bourgueil [près Chinon, Touraine] (1752), S. 3 août 1770, passé sergent le 7 juin 1785.

Bader (François), dit **Bourguignon**, né à Longwy [Bourgogne] (1750), S. 9 janv. 1779, passé sergent le 1er janv. 1785.

Malbran (Jean), né à Tours (1761), S. 21 mars 1777.

Gilbert (Jean), né à Brunoy [près Paris] (1752), S. 18 août 1779.

Rivière (Antoine), né à Brindas [Bourgogne] (1747), S. 18 mai 1776, congédié le 19 mai 1784.

Lamarque (David), dit **Ciseaux**, né à Semon [Gascogne] (1754), S. 3 oct. 1773, caporal le 1er mai 1784.

Doce (Barthélemy), né à Saint-Antoine [Quercy] (1739), S. 4 janv. 1769, passé sergent le 1er nov. 1785.

Bigaux (Nicolas-Prosper), né à Dreux [Normandie] (1747), S. 6 févr. 1770.

Broyelle (Antoine), né à Saint-Martin-le-Sec [Picardie] (1758), S. 10 mars 1778.

Versain (Antoine), né à Haguenau [Basse-Alsace] (1760), S. 29 sept. 1779.

Vaillant (Jean-François), né à Noyal [Picardie] (1750), S. 16 mars 1770, passé caporal le 5 nov. 1786.

Courtois (Guillaume), né à Bois-Normand [Normandie] (1758), S. 1er avril 1779.

Chamande (Michel), dit **Fontaine**, né à Bourg-en-Bresse (1734), S. 4 mars 1768, mort le 13 oct. 1786.

Lassalle (Pierre-Nicolas), né à Avize [près Epernay] (1761), S. 3 juin 1777.

Durand (François), né à Beaulieu [Languedoc] (1749), S. 4 mai 1769.

Menu (Remi), né à Reims (1760), S. 13 oct. 1776.

RÉGIMENT DE ROYAL-DEUX-PONTS

(OFFICIERS SEULEMENT)

Le premier colonel de ce régiment fut le duc de DEUX-PONTS (Christian), le 1er avril 1757.

Le deuxième, le marquis de DEUX-PONTS (Christian), le 10 mars 1788.

A ce dernier succéda Louis-Amable DES PREZ le 25 juillet 1791, puis Jean-Christophe WISCH le 12 octobre 1792.

Ce régiment fut levé par le duc de Deux-Ponts en vertu d'une commission du 1er avril 1757.

Il fut réduit à deux bataillons le 21 décembre 1762. Il était alors en Allemagne, où le 10 octobre, il s'était emparé de la garnison de Wolfenbüttel. Il était à Dunkerque en 1774, à Metz en 1778, à Montivilliers et à Harfleur en mai 1779, à Landerneau, à Saint-Pol-de-Léon en décembre 1779 et il s'embarquait à Brest le 4 avril 1780 pour l'Amérique. Il fut un des quatre régiments que le comte de Rochambeau conduisit aux États-Unis. Royal-Deux-Ponts se distingua beaucoup en octobre 1781, au siège d'York-Town, et surtout le 14 octobre à l'attaque des redoutes, où il rivalisa de bravoure avec Gatinais (Royal-Auvergne).

Washington, au nom du congrès offrit à chacun de ces régiments trois pièces de canon qu'ils avaient prises. Ce fut le colonel-commandant, comte de Forbach du Royal-Deux-Ponts qui, dans cet assaut, eut la gloire de pénétrer le premier dans les retranchements des Anglais. Arrivé au sommet il tendit la main à un grenadier pour l'aider à monter. Ce grenadier tombe à ses pieds mortellement frappé, le colonel présente sa main à un autre avec le plus grand sang-froid. Ce brave officier qui avait été légèrement blessé d'un éclat de pierre arriva bientôt à Brest sur la frégate « Andromaque », chargé par le congrès américain de faire hommage au roi de quelques-uns des drapeaux enlevés à l'armée de Lord Cornwalis. Il était le neveu du duc de Deux-Ponts; il prit ensuite le titre de marquis de Deux-Ponts.

Le régiment Royal-Deux-Ponts revint en Europe en juillet 1783.

Il devint en 1791 le 99e régiment d'infanterie; le 99e régiment d'infanterie, qui est en garnison à Bourgoin et à Lyon, lui fait suite.

Comte CHRISTIAN DE FORBACH DE DEUX-PONTS, né à Deux-Ponts en 1754, Colonel.

ÉTAT-MAJOR

COLONEL

Le comte de **FORBACH de DEUX-PONTS** (Christian), né à Deux-Ponts, en 1754.

COLONEL EN SECOND

Le vicomte de **DEUX-PONTS** (Guillaume), remplacé par de **FERSEN** en 1782.

LIEUTENANTS-COLONELS

De **HADEN**.
Le baron d'**ESEBECK**, né à Deux-Ponts, en 1740.

MAJOR

De **PREZ**, né en 1730, au pays de Vaud.

QUARTIER-MAITRE TRÉSORIER

ANCIAUX.

CAPITAINES COMMANDANTS

Le baron de **FURSTENWAERTHER**.
Le baron de **WISCH**.
De **KLOCK**.
De **FLAD**.
De **THUILLIERES**, né en Lorraine.
De **SUNNAHL**.
De **STACK**.
Du **HAINAULT**, né à Manheim.
RUHLE de LILIENSTERN.
CHARLES de CABANNES, né à Luttange en 1742.

CAPITAINES EN SECOND

MAX de CABANNES.
Le baron de **HAACKE**.
De **FIRCKS**.
Le baron d'**ESEBECK**.
De **MÜHLENFELS**.
De **LUDWIG**.
Le baron de **JOHANN**.
Le chevalier de **HAACKE**.
Le baron de **CLOSEN**.

PREMIERS LIEUTENANTS

Le comte de **SPANER**.
Le baron de **KALB**, fils du général de ce nom, né en Saxe.
Le baron de **SCHWENGSFELD**.
Le baron de **GLAUBITZ**.
Le baron de **TRUCHSESS**.
Le baron de **BIBRA**, né à Bergame, en 1756.
D'ICHTERSHEIM l'aîné.

LIEUTENANTS EN SECOND

De **BERTRAND**, né à Avignon, le 25 déc. 1758.
D'ICHTERSHEIM.
De **SCHAUENBOURG**.
Du **PUGET**, né à Cuiseaux [Bourgogne], le 19 mai 1755.
BALTHAZAR de SCHAUENBOURG.
STOERTZ.
Le baron de **RATHSAMHAUSEN**.
Le baron de **GUNTZER**.
De **GEISPITZHEIM**.
Le baron de **GALATIN**, né à Genève, le 19 mars 1758.

SOUS-LIEUTENANTS

De **PRADELLES**, né à Diximude [Flandre], le 31 août 1755.
De **SCHWERIN**.
De **BERGH**.
De **HUMBERT**.
De **GALLOIS**, né à Créhange-de-Saint-Empire, en 1760.
SCHUTZ.
De **HOEN** (Philippe).
De **GALONNIE de VARIZE**.
Le baron de **LUCKNER**.
De **CUSTINE**.
De **TESHERY**.
De **RIBEAUPIERRE**.
D'EGLOFFSHEIM.
De **ZOLLER**.
De **RUPPLIN**.
De **SAVIGNAC**.
De **MARTINES**.
De **TSCHUDY**.
De la **ROCHE**.
De **VERGET**.
LEVAL.

RÉGIMENT D'AGÉNOIS

(OFFICIERS SEULEMENT)

Le premier colonel de ce régiment fut le marquis de Crillon (Louis-Pierre-Nicolasque des Balbi de Bertons), le 18 avril 1776;
Le deuxième, le baron de Cadignan (Charles Dupleix), le 11 novembre 1776;
Le troisième, le comte d'Autichamp (Antoine-Joseph-Eulalie de Beaumont), le 3 octobre 1779;
Le quatrième, le marquis de Rougé (Catherine-Jean-Alexis), le 1er juillet 1783;
Le septième, Leblanc de la Combe (Jacques-Hyacinthe), le 26 octobre 1792.

Le 1er et le 2e bataillons se trouvaient aux Antilles en 1779, quand une partie du régiment s'embarqua sur la flotte du comte d'Estaing et prit une part glorieuse au siège de Savannah. Le lieutenant Blandat fut tué à la sortie du 24 septembre. Le 9 octobre, à l'attaque infructueuse des retranchements, le capitaine du Barry et trois sous-lieutenants furent blessés.

En 1781, le régiment se réunit à la Martinique et s'embarqua sur la flotte du comte de Grasse pour aller renforcer l'armée que le comte de Rochambeau commandait sur le continent américain. Il arriva, le 15 août, avec Gatinais et Touraine, dans la baie de la Chesapeake, au moment où le général Cornwallis était cerné dans ses retranchements de York-Town par Washington et Rochambeau. Le marquis de Saint-Simon qui conduisait ce renfort, débarqua le 2 septembre dans le haut du James-River et se porta, le 4, à Williamsbourg à quatre lieues d'York-Town, où il se trouva avec le marquis de Lafayette qui commandait un corps d'Américains. Le 3 octobre deux compagnies de grenadiers et de chasseurs d'Agénois attaquèrent les piquets anglais et les forcèrent à se replier sur les ouvrages de la place. La tranchée fut ouverte le 6 au soir : le 15, Agénois repoussa une sortie, et le 19, lord Cornwallis capitula.

Le régiment se rembarqua le 5 novembre pour retourner à la Martinique.

Dans les derniers jours de 1781, une partie du régiment prit encore passage sur les vaisseaux du comte de Grasse. Il contribua à la prise de Bristone-Hill, le 12 février 1782, où l'on fit prisonnier de guerre le régiment Royal-Écossais, l'ancien Douglas, qui avait quitté le service de la France en 1678.

En 1791, l'Agénois devint le 16e d'infanterie; le 16e d'infanterie actuel, qui lui fait suite, est en garnison à Montbrison et à Saint-Étienne.

Charles DUPLEIX, Baron DE CADIGNAN, né le 28 janvier 1738, Colonel.

Antoine-Joseph-Eulalie DE BEAUMONT, Comte D'AUTICHAMP, né à Angers le 10 décembre 1744, Colonel.

ÉTAT-MAJOR

COLONELS

Le baron de **CADIGNAN** (Charles-Dupleix), né le 28 janvier 1738. Mort le 22 juin 1779 à Saint-Domingue.

Le comte de **BEAUMONT D'AUTICHAMP** (Antoine-Joseph-Eulalie), né à Angers, le 10 déc. 1744. Conduite distinguée à Saint-Christophe.

COLONELS EN SECOND

Le comte de **CRILLON** (Louis-Alexandre-Pierre-Nolasque), né à Paris, le 11 décembre 1744.

Le chevalier **DULAU D'ALLEMANS** (Pierre-Marie), né à Champiers [diocèse de Limoges].

LIEUTENANTS-COLONELS

RAYNE de CANTIS (Joseph), né à Marmande, le 15 mars 1718.

Le chevalier de **CADIGNAN** (Jean-Baptiste-Gérard-Dupleix), né à Condom, le 22 mai 1738. Conduite distinguée à Saint-Christophe.

MAJORS

PICAULT DESDORIDES (Jean-François-Louis).

Le chevalier de **SAGNARIGUE** (Jean-Baptiste), né à Perpignan, le 30 oct. 1742. Mort le 2 janvier 1781, à Saint-Domingue.

QUARTIER-MAITRE TRÉSORIER

De **BARRES** (Jean-Gerlan), né en 1740, à Saint-Antoine [Dauphiné].

CAPITAINES

SEGUIER de TERSON (Philippe), né à Castres, le 20 mai 1740.

De **LUSTRAC** (Jean-Joseph), né à Liasso [diocèse d'Aire, Gascogne], le 25 nov. 1733. S'est distingué au siège d'Yorck.

De **BEHAGLE** (Jean-Baptiste-Emanuel), né à Paris, le 3 févr. 1735.

La **ROCHE COQUET** (Marc-Antoine), né à Agen, le 30 juill. 1744.

RICHARD (Pierre-Nicolas), né à Rennes, le 6 juill. 1730.

De **LESPES** (Jean-Joseph), né à Mougron, près Tartres [Gascogne], le 8 déc. 1731. Mort le 7 mars 1782 des blessures qu'il avait reçues au siège de Saint-Christophe.

Le chevalier de **SAINT-GERMAIN** (Charles), né à La Selle [généralité d'Alençon], le 10 août 1740.

D'AUGUSSIN de BOURGUISSON (Pierre-Charles, né à Epigny [Touraine), en janvier 1743.

Le chevalier **D'YPRES** (Charles-Joseph), né à Eu [Normandie], le 18 mars 1740. Mort le 15 juin 1780.

D'IMBERT du BARRY (Denis), né à Puylaurens [Languedoc], le 11 févr. 1742. A obtenu le 19 avril 1782, une pension pour sa bonne conduite à Saint-Christophe et en considération de sa blessure reçue à Savannah.

Le chevalier **de DIANOUS** (Paul-Esprit), né à Serignan [comtat d'Avignon], le 30 juin 1744.

DESMARETS (Pierre-Henry-Adrien), né à Arras, le 11 janv. 1742.

De MARANS (Joseph), né è Brouage, le 24 nov. 1744.

De CAIRE (François), né à Faucon [près Embrun], le 17 févr. 1740.

DE la CORBIERE (René-Aimé-Gilbert-François), né à Saint-Martin-de-Jullien [diocèse d'Avranches], le 11 févr. 1742. Fait chevalier de Saint-Louis, le 5 déc. 1781, pour s'être distingué à York.

Le SAIGE de VILLEBRUNE (Servant-Paul), né à Sullion [diocèse de Saint-Malo], le 25 sept. 1747. Tué au siège du château de Saint-Christophe en 1782.

De SOYRES (Jean-François), né à La Réole [généralité de Bordeaux], le 5 févr. 1750.

De CAUMONT (Jean-Baptiste-François-Joseph), né à La Chapelle [diocèse d'Amiens], le 28 janv. 1747.

De FAYDEAU (Pierre-François-Clément), né à Poitiers, le 11 nov. 1747.

LIEUTENANTS

GRENIER de CAUVILLE (Jacques-François), né à Biennac [diocèse de Rouen], le 5 avril 1752.

BLAUDAT (Mathieu), né le 7 janv. 1725, à Malans [Franche-Comté]. Tué au siège de Savannah le 27 sept. 1779.

Le chevalier **D'IMBERT** (François-Gineste), né à Puylaurens, le 26 janv. 1751.

DROUILHET de SIGALAS (Ignace), né à Marmande [généralité de Bordeaux], le 26 novembre 1752. Blessé au siège d'York en 1781.

De KERMAREC de TRORON (Louis-Jean-Eusebe), né à Quimperlé, le 8 déc. 1747. Bonne conduite à York ; Blessé aux combats des 9 et 12 avril 1782, livrés par M. le comte de Grasse.

Le chevalier **GINESTE de NAJAC** (Charles), né à Puylaurens, le 25 janv. 1754.

POCQUET de PUYLERY de SAINT-SAUVEUR (Mathieu-Louis-Claude), né à la Martinique, le 10 déc. 1750. Blessé à Savannah où il s'est distingué; blessé à la prise d'York.

La COUSSAYE (Claude-Eugène), né à Saint-Savin [près Bourges], le 2 sept. 1753. Bonne conduite à Saint-Christophe.

PRADELLES de la TOUR SAINT-JEAN (Jean-Jacques-Elisabeth), né à Castres, le 23 juill. 1753.

Le COCQ de L'ECOTAY (Jean-Baptiste-Marie-Pierre), né à Cheméré-le-Roy [Touraine], le 20 oct. 1752.

De PIOLENC (Joseph-Louis-Gabriel), né au Saint-Esprit, le 12 juillet 1756.

DASNIERES (Robert), né à Vitrac [généralité de La Rochelle], le 18 juill. 1752.

De la DANDELLE (François-Marie), né le 11 août 1758.

D'HOUDETOT de COLOMBY (Marc-Joseph), né à Saint-Martin-de-Fressengeas, le 18 juin 1752. Blessé au siège d'York ; bonne conduite à York.

De VOISINS (Jean-Joseph-Roger), né à Nevers, le 9 février 1757. Bonne conduite à Saint-Christophe.

GINESTE de NAJAC (Etienne-Marguerite-Anne), né le 19 janv. 1759.

Le HOUX (Michel), né à Torcé [Maine], le 5 oct. 1736. Passé en Amérique en 1755 où il a fait toutes les campagnes.

De MAZELLIER (Pierre-Dominique-Marie).

PIGNOL de ROCREUSE (Gaspard-Jean-Joseph-Olivier). A obtenu la commission de capitaine pour avoir par son courage et sa fermeté sauvé 168 hommes de 200, qu'il commandait étant embarqué sur le navire « Les trois Henriettes » qui a fait naufrage sur les Antioches [près Oléron] en allant en Amérique le 23 mai 1779.

De CAUSSENS du BOUSEL (Michel), né le 21 sept. 1757.

SOUS-LIEUTENANTS

De PUJOL (Charles-Emanuel-Jean-Denis), né le 21 juin 1757.

De la CROIX (Jean), né à Sainte-Croix-du-Mont, le 15 avril 1759.

De PARFOURU de JOUVEAU (Jacques-Marcel), né le 23 sept. 1761.

De BRUGES (Louis-André-Hyacinthe), né le 26 août 1761.

BROSSIER de BESSENAY (Claude-Christophe), né à Lyon, le 2 nov. 1760.

De RAMBOS de la FITTE de MONTEGUT (Antoine-Jean).

De FABARS (François-Joseph-Alexandre).

De COQUET (Gabriel-François). Blessé aux combats du 9 ou du 12 avril 1782, livrés par M. le comte de Grasse.

De ROUILHAN (Jean-Claude), né le 9 oct. 1761. Capitaine et chevalier de Saint-Louis à sa rentrée en France.

GAILLOU de la FORGERIE (Jean-François). Tué aux combats des 9 ou 12 avril 1782 donnés par M. le comte de Grasse.

DU BUQ de MARCUSSY (Abraham).

PORTAL de MOUX (Pierre-Christophe). Tué au combat du 12 avril 1782, livré par M. le Comte de Grasse.

CHAUSSEPIED (Michel), né à *Brion* en 1733. Bonne conduite à York.

DAGNE de la VOUTE (Charles-René), né le 3 juill. 1761.

BERARD de MAURAIGE (Christophe-Philippe). A eu la jambe gauche cassée à l'affaire de Savannah le 9 oct. 1780, est resté sur le champ de bataille et a été pendant quatre mois prisonnier de guerre dans les hôpitaux ennemis.

GOUZIE (Maurice), né à Castelnaudary, en 1737. Bonne conduite à York ; tué à Saint-Christophe en févr. 1782.

De MONTLONG (Sébastien), né à Lyon, le 15 juill. 1758. Bonne conduite à York ; tué au siège de Saint-Christophe en 1782.

PREVOST (Pierre-Dominique), né à Bruxelles, le 3 avril 1739. A fait toutes les campagnes d'Amérique de 1776 à 1783.

De LAUMONT (Marie-Robert), né au fond de l'Ile à Vache [Ile de Saint-Domingue], en 1762. Blessé au siège d'York en 1781.

RÉGIMENT DE GATINAIS

(ROYAL-AUVERGNE)

Par ordonnance du 25 mars 1776, le régiment d'Auvergne avait été partagé en deux. Les 1er et 3e bataillons étaient restés d'Auvergne; les 2e et 4e bataillons avaient formé le régiment de Gâtinais. C'est ce dernier qui reçut, en 1781, le nom de Royal-Auvergne.

Les colonels de ce régiment, ou mestres de camp, furent successivement :

1° Le marquis de Caupenne (Louis-Henri), 18 avril 1876;

2° Le comte de Briey de Landres (Jean-Gabriel), 9 mai 1778;

3° Le marquis de Rostaing (Jean-Antoine-Marie-Germain), 27 octobre 1778;

4° Le vicomte de Rochambeau (Donatien), 1er juillet 1783;

5° De Tourville (Charles-Bertin-Gaston Chapuis), 25 juillet 1791;

6° De Fontbonne (Alexandre-Louis), 8 juillet 1792.

Pour se distinguer d'Auvergne, Gâtinais prit le collet jaune et les boutons blancs. Ses drapeaux furent noirs et violets, ces couleurs disposées comme dans les drapeaux du régiment d'Auxerrois.

Le 2e bataillon qui était à la Martinique depuis le 20 novembre 1775, passa en 1777 à Saint-Domingue. Le 1er bataillon, qui était allé à Calais en juin 1776, partit à la fin de cette année pour Bordeaux et s'y embarqua, le 25 septembre 1777, pour rejoindre le 2e bataillon. Le régiment resta en garnison au Cap jusqu'en 1779. Cette année, il fut mis à bord de la flotte du comte d'Estaing et se trouva, du 15 septembre au 20 octobre, au siège de Savannah. Les compagnies de chasseurs se couvrirent de gloire, le 9 octobre, à l'attaque des retranchements. Elles avaient pris pour mot d'ordre et de ralliement *Auvergne* et d'*Assas*. Le sous-lieutenant Levert entra le premier dans les retranchements, dont les défenseurs étonnés de tant d'audace, prirent la fuite en jetant leurs armes. Les Anglais cependant revinrent bientôt plus nombreux, et ces braves compagnies restées sans appui, ayant perdu la moitié de leur effectif, furent obligées de reculer. Elles se retirèrent en bon ordre, emportant leurs morts et leurs blessés, parmi lesquels étaient le vicomte de Béthizy, colonel en second, percé de trois coups de feu à la main gauche, au bras droit et dans le ventre; le capitaine Sireuil, frappé d'un biscaïen au côté; le capitaine de Foucault, renversé par le souffle d'un boulet; le lieutenant de Justamont, tué raide; le chevalier de la Roche-Negly, qui avait reçu un biscaïen à la tête et qu'on fut obligé de trépaner; et le chevalier de Tourville, qu'une balle avait traversé du téton droit à l'épaule. Le sous-lieutenant Levert avait eu ses habits criblés de balles.

Après la levée de ce siége, Gâtinais retourna au Cap, et en 1781, il fit partie du corps d'armée que le marquis de Saint-Simon conduisit aux États-Unis pour renforcer l'armée de Rochambeau. Il prit une part glorieuse au siège d'York-Town et à la capitulation de lord Cornwallis. Le 14 octobre, avec Royal-Deux-Ponts, et sous les ordres du lieutenant-colonel de Lestrade, il attaqua avec une extrême bravoure et emporta d'emblée les deux redoutes de la gauche des retranchements. Le capitaine de chasseurs de Sireuil fut encore blessé et cette fois très grièvement avec deux autres officiers. Après la victoire, Washington, en exprimant sa reconnaissance et son admiration aux généraux français, les pria d'offrir en son nom aux régiments Gâtinais et Royal-Deux-Ponts les trois pièces de canon qu'ils avaient enlevées dans les redoutes. Gâtinais se rembarqua peu après et revint à Saint-Domingue.

Une ordonnance du 11 juillet 1782 changea le nom du régiment et lui donna, en récompense de sa belle conduite en Amérique, le titre de Royal-Auvergne. Cette faveur fut accordée au régiment sur la demande du comte de Rochambeau, qui au siège d'York-Town, au moment d'une attaque décisive, s'adressant aux grenadiers de Gâtinais, leur avait dit : « Enfants, montrez que Gâtinais et Auvergne c'est tout un ». Les Grenadiers jurèrent de se faire tuer jusqu'au dernier pour mériter qu'on leur rendit le titre d'Auvergne.

En 1791, Royal-Auvergne devint le 18e d'infanterie, puis fut licencié en 1794. Le 18e d'infanterie actuel, qui lui fait suite, est en garnison à Pau.

JUSTE-ANTOINE-HENRY-MARIE-GERMAIN, Marquis DE ROSTAING, Colonel.

ÉTAT-MAJOR

COLONEL COMMANDANT

Le marquis de **ROSTAING** (Juste-Antoine-Henry-Marie-Germain). Le grade de brigadier lui a été conféré, le 5 déc. 1781, pour s'être distingué à la prise d'York.

COLONEL EN SECOND

Le vicomte de **BETHISY** (Jacques-Eléonor), né à Calais, le 4 déc. 1748. Blessé grièvement à Savannah en 1779.

LIEUTENANT-COLONEL

De l'**ESTRADE** (Claude), né au Puy [Velay], le 5 avril 1730. Brigadier par distinction, le 5 déc. 1781, pour ses actions courageuses à Yorck, en Virginie.

MAJOR

CHAPUIS de TOURVILLE (Charles-Bertin-Gaston), né à Hettange-la-Grande, le 4 janv. 1740. Bons services en Amérique où il a fait près d'un an les fonctions de major-général.

QUARTIER-MAITRE TRÉSORIER

VAUDRIME (François), né à Avauchoux, le 7 sept. 1735. Rang de capitaine, le 16 nov. 1783.

CAPITAINES

De **LALBENQUE** (Jean-François), né le 23 déc. 1730, à La Tour [Quercy]. Fait prisonnier au combat du 12 avril 1782, sur le vaisseau l' « Hector ».

Le chevalier de **ROUVERIE de CABRIERES** (Charles), né à Nîmes, le 5 janv. 1741. A reçu la croix de chevalier de Saint-Louis, pour sa bonne conduite à Yorck.

De **VACHON** (Pierre-Charles-François), né le 12 avril 1742, à Retournac [Velay]. A reçu la croix de chevalier de Saint-Louis, le 5 déc. 1781, pour la prise d'York.

De **CHAUMONT** (Pierre-Alexandre), né le 25 mars 1740, au Petit Mesnil [Champagne]. Retraité le 13 nov. 1781.

De **SIREUIL** (Jean-Jarlan), né le 25 déc. 1742, à Limeuil [Perigord]. Blessé à Savannah et à York ; mort à l'hôpital de Williamsbourg le 20 déc. 1781 (suite de ses bessures).

DUDROT (Marc-Antoine), né à Charleville, le 16 janv. 1743. Fait chevalier de Saint-Louis, le 5 déc. 1781, pour la prise d'York.

DOMERGUE de SAINT-FLORENT (François-Isaac), né à La Coupe [Languedoc], en 1742. Fait chevalier de Saint-Louis, le 5 déc. 1781, pour sa bonne conduite à Yorck.

La BORDE de PECOMME (Jean-François), né à La Bastide [Armagnac], le 7 févr. 1743. Fait chevalier de Saint-Louis, le 5 déc. 1781, pour la prise d'Yorck.

De **LANGON** (Jean-Jacques), né à Aire [Guyenne], le 14 févr. 1737. Fait chevalier de Saint-Louis, le 5 déc. 1781, pour sa bonne conduite à Yorck.

De **COUSSOT** (Joseph-Henry).

LEMUET de BELOMBRE de JUSSY (Louis-Stanislas), né à Auxerre, le 6 janv. 1744. Mort le 15 nov. 1781.

De **FOUCAULT** (Jean-Simon-David), né à l'Ile de Ré, le 26 févr. 1741. Blessé à Savannah.

De **BELCASTEL** (Mathieu-Sébastien), né à Sarrelouis, le 13 févr. 1745. Mort à Saint-Domingue le 7 janv. 1780.

Le chevalier de **BORDENAVE** (Jean-Ignace), né au Mont-de-Marsan, le 13 déc. 1742. Fait chevalier de Saint-Louis, le 5 déc. 1781, pour la prise d'Yorck.

De **VILLELONGUE de SAINT-MOREL** (Alleaume-François-Anne-Nicolas), né à Saint-Marcel, le 20 mars 1748.

Le chevalier **d'ASSAS** (Louis-André), né à Alais, le 2 avril 1749. Nommé à la majorité du régiment du Cap à Saint-Domingue, le 25 mai 1787.

De **MASCARON** (Philippe-Louis-Beau), né à Vauvert [Languedoc], le 22 janv. 1744. Belle conduite à Yorck.

De **MOLIERES** (André-Louis-Florent), né à Chambly [Diocèse de Beauvais], le 17 déc. 1749. Bonne conduite à Yorck.

CARRERE de LOUBERE (François), né au Mont-de-Marsan, le 4 mai 1750. Bonne conduite à Yorck.

Le chevalier de **VILLENEUVE de BERTHELOT** (Augustin-Clément), né à Ressigni [Anjou], le 19 août 1750. Mort en 1781 des blessures qu'il a reçues au siège d'York.

De **FONTBONNE** (Alexandre-Louis), né à Etoile [Dauphiné]. Capitaine commandant en 1786.

Le chevalier de **CHALENDAR** (Jean-Baptiste-Marguerite), né à Bounal [Diocèse du Puy], le 16 avril 1751. Belle conduite à York; fait prisonnier au combat du 12 avril 1782, sur le vaisseau « Le Caton ».

De **LA MORRE de VILLE AUX BOIS** (Claude-Antoine), né à Bar-le-Duc, le 5 mai 1757. Capitaine en second en 1786.

De **LA ROCHENEGLY** (Gabriel-François), né à Chamblas, le 4 oct. 1757. Blessé à Savannah; fait prisonnier au combat du 12 avril 1782, sur le vaisseau « Le Caton ».

LIEUTENANTS

Du **BROCA** (Pierre), né à Cazalis [Guyenne], le 14 mai 1731.

BOISLEVE du PLANTYS (Anne-Pierre), né à Blou [Diocèse d'Angers], le 3 janv. 1751. Capitaine en second, le 14 nov. 1781.

De **CHABOT** (René), né à Vendôme, le 3 oct. 1754. Tué le 30 sept. 1780, sur la frégate marchande « l'Espérance de Bordeaux », en rentrant en France.

De **BASQUIAT** (François-Léonard), né à Saint-Sever, le 29 janv. 1747. Capitaine en second le 16 nov. 1781.

Le chevalier de la **FABREGUE** (Jean-Barthelemy de Montalègre), né au Vigan [Languedoc], le 7 janv. 1755. Belle conduite à York.

CHATTON de la MORANDAIS (Jean-Louis), né à Evran [Evêché de Saint-Malo]. Capitaine en second, le 24 avril 1784.

TENET de LAUBADERE (Germain-Félix), né à Bassoues le 20 févr. 1749. Capitaine en second le 4 juill. 1784.

De **ROUSSILLE** (Raymond), né en 1756, à ..... Mort au Cap français [Ile Saint-Domingue].

TERRADE (Jean-Marie), né à Pérols [Guyenne], le 16 mai 1731. Belle conduite à Yorck.

Le chevalier de **RENTY** (Jean-Charles), né à Bois-Pargny, le 14 déc. 1756. Capitaine en second, le 24 sept. 1785.

DALMAS de COMMENCHON (François-Jacques), né le 3 déc. 1751, à.........

LEVERT de GENVILLE (Barthélemy-Laurent), né à Raincourt [Comté], le 10 août 1755. Belle conduite à York ; fait prisonnier au combat du 12 avril 1782, sur le vaisseau l' « Hector ».

De la **ROCHE NEGLY** (Gabriel-François), né à Chamblac, le 4 oct. 1757. A été blessé à Savannah; fait prisonnier au combat du 12 avril 1782, sur le vaisseau « Le Caton ».

La **PIERRE** (Louis), né à Figeac, le 16 déc. 1727. Belle conduite à York.

D'EMERIC (Louis-Aimé-Hyacinthe), né le 7 avril 1758, à......

CHAPUIS de TOURVILLE (Toussaint-Magloire), né à Viviers [Vivarais], le 6 juin 1761. A reçu un coup de fusil au travers de la poitrine à Savannah.

De **DURAT** (François-Jacques), né le 9 oct. 1761, à......... Fait prisonnier au combat du 12 avril 1782, sur le vaisseau l' « Hector ».

De **SILLEGUE** (Jean-François), né le 6 oct. 1761 à......... Blessé au siège d'York en 1781.

De **NAVERET de CAIXON** (Jean-Michel-Scipion), né le 30 avril 1760. Fait prisonnier au combat du 12 avril 1782, sur le vaisseau l' « Hector ».

PAILLOT (Antoine), né le........., à......... Belle conduite à York.

De **CAIGNET** (Jean-Baptiste-Armand), né à... le 29 août 1760. Fait prisonnier au combat du 12 avril 1782, sur le vaisseau « le Caton ».

De **LEONARDY** (Charles-Joseph), né le 22 sept. 1758, à......... Belle conduite à York.

SOUS-LIEUTENANTS

DUMONT (Antoine), né le 29 sept. 1761, à...... Fait lieutenant en second le 16 oct. 1781.

De **CALONNE de RAGEAUD** (Jean-Joseph), né à Saint-Sernin, le 10 oct. 1761. Lieutenant en second le 16 nov. 1781.

De **MARIN** (Jean).

BEAURIN (Jean-Nicolas).

DEJEAN (Fulcrand-Joseph), lieutenant en second, le 24 avril 1784.

DES GOUTES (Thomas).

PINDRAY (Pierre), mort en 1780.

BERENGER de CALADON (Jean-François).

De **BONNEVILLE** (Jean-Pierre-Louis), mort le 7 juill. 1780.

De **SUFFREN** (Laurent-Benjamin).

BONOT (Jean-Antoine), né à Nanterre en 1740. Belle conduite à York.

De **BARNAUD de VILLENEUVE** (François-Maurice), né à......... Fait prisonnier au combat du 12 avril 1782, sur le vaisseau « l'Ardent ».

Compagnie de grenadiers*.

PÉCOMME, capitaine.

La Rue (Auguste), né à Lyon (1749), S. 3 mai 1767, congédié le 11 août 1783.

* Abréviations : S. = Entré au service ; R. = Rengagé.

Fouillet (Jean-Pierre), né à Ambérieu [Bugey] (1740), S. 13 avril 1759, mort en 1782.

Meyni (Gaspard), né à Faverois [Haute-Alsace] (1730), S. 5 déc. 1767, mort le 9 août 1780.

Leuruet (Claude-François), né Auxon [près Besançon] (1750), S. 5 avril 1769, mort le 10 oct. 1782.

Sirrebouil (Jean-Baptiste), né à Rigney [Franche-Comté] (1752), S. 20 sept. 1769, R. pour 8 ans le 10 déc. 1775.

Clavel (Jean), né à Lyon (1751), S. 7 févr. 1770, R. pour 8 ans le 11 juin 1775.

Rozet (Jean-Pierre), né à Nanterre [près Paris] (1752), S. 23 sept. 1770, mort le 18 nov. 1779.

Achat (Claude), né à Saint-Amour [près Besançon] (1752), S. 30 janv. 1771, congédié en avril 1781.

Meugnot (Joseph), né à Besançon (1749), S. 15 mars 1771, congédié le 11 août 1783.

Grandjean (Pierre), né à Saint-Germain [Auvergne] (1752), S. 18 nov. 1771.

Le Fevre (Claude-Louis), né à Beauvais (1756), S. 22 nov. 1772, mort le 15 janv. 1780.

Bernier (Michel), né à Le Puy [Velay] (1754), S. 21 mars 1773, mort le 22 juin 1780.

Duplelet (Jean), né à Aire [Gascogne] (1746), S. 19 sept. 1773.

Tinier (Joseph), né à Pernière [Dauphiné] (1756), S. 17 avril 1774, mort en Virginie le 1er nov. 1781.

Garigues (Jean), né à Lucheux [Picardie] (1755), S. 18 avril 1774.

Sugueau (Jean), né à Saint-Sulpice [près Nevers] (1750), S. 13 mars 1775.

Charlou (Jacques), né à Saint-Amour [Flandre] (1754), S. 28 déc. 1775, congédié le 8 mai 1783.

Gilet (Antoine), né à Bordeaux (1738), S. 29 août 1776, congédié le 8 mai 1783.

Benard (Charles), né à Clichy-la-Garenne [près Paris] (1756), S. 15 janv. 1773.

Rapailler (Albert), né à Douai (1759), S. 3 févr. 1776, congédié le 25 nov. 1783.

Lambre (Jean-Charles), né à Paris (1759), S. 8 avril 1775, mort le 16 oct. 1779.

Porcelée (Jean), né à Bourg (1752), S. 4 janv. 1772, mort le 15 févr. 1780.

Audiger (Mathieu), né à Saint-Eloy [près Bourges] (1757), S. 22 déc. 1775, mort en Virginie le 17 mars 1782.

Charle (Nicolas), né à Crépy [Valois] (1758), S. 15 nov. 1773, congédié le 18 mai 1783.

Herbé (Louis), né à Senlis [Picardie] (1758), S. 18 oct. 1775, mort le 15 déc. 1780.

Gouya (Antoine), né à Saint-Jean-de-Trézy [Comté] (1754), S. 24 sept. 1770, tué à York le 14 oct. 1781.

Guilleraux (Joseph), né à La Charité [Nivernais] (1752), S. 20 août 1774, tué à York le 18 oct. 1781.

Pichou (Mathurin), né à Clermont [Maine] (1751), S. 4 mars 1771, mort le 25 févr. 1781.

Lassasine (Jean), né à Bonnaud [Charolais] (1750), S. 16 mars 1771, congédié le 11 août 1783.

Roche (Louis), né à Trouville [Normandie] (1749), S. 20 oct. 1769, mort le 14 nov. 1782.

Neveux (Etienne), né à Saint-Calais (1755), S. 21 mars 1775.

Lacroix (Louis), né à Saint-Ambroise [Languedoc] (1756), S. 12 avril 1775.

Le Proux (Charles-Louis), né à Solitre-en-Mer [près Saint-Calais] (1746), S. 25 mai 1771, congédié le 16 nov. 1783.

Mauchalin (Philibert), né à Blanc [Baujolais] (1756), S. 5 nov. 1774, tué à York le 14 oct. 1781.

Bize (Charles), né à Douai (1759), S. 3 févr. 1776, mort le 27 juin 1780.

Ouvrez (Nicolas), né à Nantes (1751), S. 21 oct. 1776.

Félix (Jean), né à Thilleux [Champagne] (1750), S. 21 oct. 1769, R. pour 8 ans le 11 sept. 1776.

Dezé (André), né à Dunkerque (1757), S. 10 sept. 1772, tué à Yorck le 4 oct. 1781.

Parou (Nicolas), né à Vermandovillers [Picardie] (1759), S. 17 juin 1773, congédié le 11 août 1783.

Dezé (Antoine), né à Dunkerque (1758), S. 27 janv. 1774, congédié le 11 août 1783.

Leniamte (Mathieu), né à Valenciennes (1761), S. 29 nov. 1771, mort le 6 juill. 1780.

Poitrat (Germain), né à Fougères [Bourgogne] (1759), S. 13 juill. 1775, congédié le 11 août 1783.

Jacquemard (Jean-Baptiste), né à Montigny [près Charleville] (1756), S. 5 avril 1775, mort le 30 mai 1779.

Finy (Antoine), né à Louvières [près Limoges] (1758), S. 10 nov. 1772, mort en Virginie le 1er févr. 1782.

Bedel (Jacques), né à Saverne [Alsace] (1755), S. 9 oct. 1774, tué à York le 14 oct. 1781.

Reigner (François), né à Mondragon [Dauphiné] (1759), S. 29 avril 1775, congédié le 11 août 1783.

Boudinet (Claude), né à Nevers (1762), S. 21 août 1775, congédié le 13 mai 1783.

Remont (Charles), né à Mansle [Angoumois] (1759), S. 25 oct. 1776, mort en Virginie le 13 oct. 1781.

Ruelle (Claude), né à Coudray [près Paris] (1751), S. 22 avril 1767, resté au régiment du Cap le 30 avril 1783.

Blavier (Nandin), né à Mure-aux-Bois [Champagne] (1761), S. 1er déc. 1775, resté au régiment du Cap le 30 avril 1783.

Bulle (Jean-Joseph), né à Besançon (1768), S. 18 déc. 1774, mort en Virginie le 19 nov. 1781.

Boulogne (Guillain), né à Bapaume [Artois] (1756), S. 1er oct. 1776, mort le 9 févr. 1780.

François (Victor), né à Puy-en-Velay (1761), S. 22 juill. 1777, congédié le 4 janv. 1784.

Peroty (Jacques), né à Fouchain [en Piemont] (1757), S. 7 déc. 1776.

Ferré (Joseph), né à Valenciennes (1750), S. 21 sept. 1766, R. pour 8 ans le 15 févr. 1779.

Lauchy (François), né à Besançon (1754), S. 11 juin 1770, mort le 24 févr. 1780.

Gatinot (Jean-Julien), né à Quinsac [près Bordeaux] (1755), S. 18 févr. 1776, congédié le 12 août 1783.

Vincent (Victor), né à Saint-Chef [Dauphiné] (1756), S. 17 mai 1776, mort le 26 févr. 1780.

Deschamps (Jacques), né à Aussay [Poitou] (1759), S. 15 nov. 1776, R. pour 8 ans le 7 sept. 1780.

Chapiers (Henry), né à Nevers (1759), S. 31 déc. 1775, resté au régiment du Cap le 30 avril 1783.

Beaudouin (Antoine), dit **La Victoire**, né à Rocherville [près de Chartres] (1757), S. 9 août 1779, mort en mer le 7 juill. 1783.

Desprès (Jean-Baptiste), dit **Cœurderoy**, né à Valenciennes (1762), S. 13 oct. 1775, congédié le 17 févr. 1784.

Nay (René), dit **Le Guerrier**, né à Angers (1760), S. 25 nov. 1776, congédié le 8 mai 1783.

Batz (Joseph), dit **Tranchemontagne**, né à Miron [Basse Guyenne] (1759), S. 15 août 1777.

Lambleau (Nicolas), dit **Vadeboncœur**, né à Reims (1762), S. 12 avril 1778.

Boulanger (Benoît), dit **Forcéville**, né à Beauvais (1756), S. 1er août 1779, congédié le 1er nov. 1782.

Pellerin de Chantereux (Louis-Jean-François), dit **Sans-Souci**, né à Compiègne (1758), S. 1er mai 1780, mort le 25 août 1780.

Marein (Paul), dit **La Violette**, né à La Chaize [Nivernois] (1752), S. 24 déc. 1770, congédié le 19 nov. 1783.

Bonnot (René), dit **Bellerose**, né à Saint-Jean [Bourbonnais] (1752), S. 21 oct. 1775, congédié le 8 mai 1783.

Chamois (Claude-Denis), dit **Branched'Or**, né à Arnay [Franche-Comté] (1761), S. 18 janv. 1778, mort en Virginie le 8 nov. 1781.

Vesier (Antoine), né à Arson [Picardie] (1747), S. 1er août 1779, resté au régiment du Cap le 30 avril 1783.

Stoudert (Claude), né à Lyon (1752), S. 27 déc. 1767, tué à Yorck le 14 oct. 1781.

Legras (Louis-François), né à Chaumont [Vexin] (1746), S. 9 août 1779.

Bediaux (Pierre), né à Paris (1749), S. 8 oct. 1766, congédié le 11 août 1783.

Lefèvre (Joseph), dit **Vive Le Roi**, né à Neuvilly [près Cambrai] (1751), S. 7 nov. 1778.

Georges (Jacques), dit **La Giroflée**, né à Cublaise [Beaujolais] (1761), S. 12 déc. 1780, congédié le 5 janv. 1782.

Parmentier (Louis), né à Saint-Jean-aux-Bois [près Compiègne] (1757), S. 18 avril 1775.

Caramousse (Pierre), dit **La Tempête**, né à Revel [Languedoc] (1760), S. 6 sept. 1777, mort le 18 août 1782.

Abert (Honoré), dit **Belle Lune**, né à Brignoles [Provence] (1753), S. 29 avril 1773.

Peignon (François), né à Dol [Bretagne] (1757), S. 2 févr. 1777, blessé à York en 1781.

Paulmier (Jean-Alexandre), né à Nemours [près Paris] (1753), S. 5 déc. 1772, congédié le 1er nov. 1782.

Renard (François), dit **Divertissant**, né à Chessy-la-Braye [Champagne] (1756), S. 21 nov. 1774, mort le 9 août 1782.

Bachelet (Jean), dit **Belair**, né à Rouen [Normandie] (1754), S. 30 mars 1773, resté au régiment du Cap le 30 avril 1783.

Gabriel (Armand), dit **Latendresse**, né à Lern [près Munster, Westphalie] (1753), S. 12 juill. 1781.

Fraisse (Jean), dit **Fine Lame**, né à Montauban [Quercy] (1750), S. 24 janv. 1768, resté au régiment du Cap le 30 avril 1783.

Pascal (Jean-Baptiste), né à Seigne [près Mende] (1757), S. 12 oct. 1776, resté au régiment du Cap le 30 avril 1783.

Jourdan (Claude-Etienne), né à Romans [Dauphiné] (1759), S. 12 janv. 1776, congédié le 13 mai 1783.

Lépicier (François), dit **Printemps**, né à Ballancourt [Bourgogne] (1760), S. 31 août 1778.

Béchain (Claude), né à Sarrelouis [Lorraine] (1751), S. 2 mai 1777, mort le 1er oct. 1782.

Bonnet (Joseph), né à Saint-Jean-de-Tavaillon [Dauphiné] (1757), S. 7 sept. 1776, mort le 31 août 1782.

Barré (François), né à Saint-Antoine [Dauphiné] (1754), S. 10 mars 1771, mort le 13 févr. 1784.

Meugnot (Joseph), né à Besançon (1749), S. 15 mars 1771, congédié le 11 août 1783.

Mormiche (Hilaire), dit **Le Juste**, né à Josnes [près Orléans] (1756), S. 17 mai 1775.

Chambon (Louis), né à Bourges (1753), S. 5 sept. 1773, congédié le 11 août 1783.

Tournier (Hilaire), né à Cirey [Franche-Comté] (1750), S. 1er janv. 1776, congédié le 27 janv. 1784.

Fabry (Jean-Baptiste), dit **La Verdure**, né à Chaoury [Bourgogne] (1760), S. 6 nov. 1776, resté au régiment du Cap le 30 avril 1783.

Buriat (Jacques), né à Saint-Paterne [près Nevers] (1752), S. 7 oct. 1769, resté au régiment du Cap le 30 avril 1783.

Masson (Jacques), né à Châteaudun [Beauce] (1758), S. 26 oct. 1775, congédié le 28 oct. 1783.

Mathieu (Jacques-René), dit **Le Souverain**, né à Neuilly-sur-Marne (1758), S. 3 mai 1775, congédié le 11 mai 1783.

Guillaumont (Pierre), dit **Versailles**, né à Versailles (1754), S. 15 avril 1775, congédié le 11 août 1783.

Spassime (Joseph), né à Malguasc [près Millau] (1755). S. 18 janv. 1778, resté au régiment du Cap le 30 avril 1783.

Crispin (Joseph), dit **Montpellier**, né à Chambeausil-de-Pétouin [Languedoc] (1763), S. 22 nov. 1778, resté au régiment du Cap le 30 avril 1783.

Terrier (Claude), né à Saint-Just [Bresse] (1755), S. 13 nov. 1771, congédié le 14 nov. 1783.

Castenet (Philippe-Jacques), né à Strasbourg (1749), S. 1er avril 1764, congédié le 1er avril 1784.

Gaucher (Louis-Joseph), né à Lyon (1761), S. 13 juin 1776, congédié le 13 juin 1784.

Ordentiaux (Guillaume), dit **Berry**, né à Léré [Berry] (1758), S. 26 avril 1776, congédié le 26 avril 1784.

D'Equen (Pamphile), né à Villers-Cotterêts [près Soissons] (1752), S. 18 mai 1775, congédié le 10 avril 1784.

Compagnie de Cabrières.

Gatette (Jean), né à Tissey [Bourgogne] (1738), S. 18 avril 1756, part. pour la pension le 13 mars 1781.

Humbert (Louis-François), né à Essonnes [près Paris] (1745), S. 14 sept. 1772, congédié le 11 août 1783.

Billy (Georges), né à Mulhausen [Alsace] (1729), S. 21 avril 1766, mort le 14 févr. 1781.

Guenard (Pierre), né à Ailleviliers [Comté] (1744), S. 22 avril 1765, mort le 6 nov. 1781.

Rouzet (Pierre), né à Roquedur [Languedoc] (1750), S. 25 nov. 1768.

La Lance (Hugues), né à Besançon (1754), S. 12 mars 1770.

Laborde (Joseph), né à Saint-Géry [Guyenne] (1740), S. 29 janv. 1761, R.

Degouy (Charles), né à Argenteuil [près Paris] (1747), S. 21 oct. 1766, R. pour 8 ans le 13 nov. 1772.

Vasseur (Charles), né à Amiens (1749), S. 14 nov. 1767, passé sergent-major le 24 août 1783.

Brochet (Nicolas), né à Aillevillers [Comté] (1750), S. 17 mars 1768, congédié le 18 mars 1784.

Mayette (Michel), né à Seigne [Lorraine Allemande] (1741), S. 7 janv. 1769.

Lacroix (Nicolas), né à Fays-Billot [Bourgogne] (1752), S. 15 mai 1769, R. pour 8 ans en 1774.

Marin (Paul), né à La Chaise [près Nevers] (1752), S. 24 déc. 1770, passé aux grenadiers le 6 juill. 1780.

Courbille (Pierre), né à Marnetz [près Soissons] (1756), S. 1er avril 1773.

Lecoin (Jean), né à Lagny [Champagne] (1751), S. 7 juin 1772, R. pour 8 ans le 9 oct. 1776.

Daron (Nicolas), né à Vermandovillers [Picardie] (1750), S. 17 janv. 1773, congédié le 11 août 1783.

Lavignette (Nicolas), né à Réville [Lorraine] (1752), S. 30 juin 1773, resté au régiment du Cap le 30 avril 1783,

Finefrock (Pierre), né à Saarwerden [Alsace] (1756), S. 9 janv. 1774.

Artaux (Jacques), né à l'Etoile [Dauphiné] (1756), S. 6 avril 1774.

Rousillon (François), né à Saint-Sulpice [près Nevers] (1754), S. 19 nov. 1774, passé caporal le 11 janv. 1780.

Leroux (Jean), né à Die [Dauphiné] (1754), S. 13 déc. 1774, congédié le 28 avril 1784.

Liotard (Etienne), né à Bollène [près Avignon] (1754), S. 27 mars 1775, congédié le 11 août 1783.

Parmentier (Louis), né à Saint-Jean-aux-Bois [près Compiègne] (1751), S. 18 avril 1775.

Guillet (Pierre), né à Vitré [Bretagne] (1749), S. 30 avril 1775, congédié le 10 août 1783.

Thomas (François), né à Charleville [Champagne] (1751), S. 4 mai 1775, congédié le 8 mai 1783.

Varsin (Thibault), né à Baugy [Berry] (1755), S. 7 déc. 1775.

Servier (François), né à Bourges (1753), S. 11 déc. 1775, congédié le 11 déc. 1783.

Lafranchise (Joseph), né à...... (Bas-Hainaut) (1759), S. 24 janv. 1776, congédié le 24 janv. 1784.

Labarre (Louis), né à Venette [Picardie] (1759), S. 1er avril 1776, mort le 18 avril 1780.

Saumier (Bernard), né à Villeneuve-le-Roi (1760), S. 17 avril 1776, mort le 1er sept. 1782.

Thiefry (Augustin), né à Condé [Hainaut] (1759), S. 24 avril 1776.

Ferray (Joseph), né près Cambrai (1758), S. 10 août 1776, passé caporal le 4 août 1780.

Coté (Antoine), né à Luviennes [Bugey] (1729), S. 15 oct. 1755, parti pour la pension le 5 janv. 1782.

Vivier (Jean), né à Moulins (1759), S. 7 sept. 1776.

Jobert (Etienne), né à Saint-Aigne (1760), S. 7 sept. 1776, tué à Savannah le 10 oct. 1779.

Lode (Pierre), né à Rucey [Picardie] (1759), S. 16 sept. 1776.

Eté (Jean-Baptiste-Alexandre), né à Amiens (1752), S. 30 sept. 1776.

Le Port (Jacques), né à Sery [Bourgogne] (1757), S. 5 oct. 1776.

Raymond (Charles), né à Nonsville [Angoumois] (1759), S. 25 oct. 1776, blessé à York mort en Virginie en 1781.

Nouveaux (Jean), né à Mansle [Saintonge] (1758), S. 25 oct. 1776.

Lion (Claude), né à Nîmes (1760), S. 3 déc. 1776.

Misol (Pierre), né dans le Languedoc (1750), S. 15 janv. 1777, mort le 25 juin 1780.

Jusserand (Nicolas), né à Issoudun [Berry] (1758), S. 21 janv. 1777, resté au régiment du Cap le 30 avril 1783.

Vesinet (Alexandre), né à Aire [Languedoc] (1759), S. 15 janv. 1777.

Dulch (Jean-Baptiste), né à Ortheviello [Gascogne] (1759), S. 10 févr. 1777, passé caporal le 16 juill. 1781.

Leturjon (Joseph), né à Ballon [Touraine] (1759), S. 14 sept. 1777.

Latargue (Jean), né à Hyregave [Basse-Guyenne] (1757), S. 17 sept. 1777, congédié le 4 mars 1784.

Allech (Jean-Pierre), né à Tonneins [Agénois] (1759), S. 8 mars 1777, congédié le 20 nov. 1783.

Brun (Toussaint), né à Agny (1759), S. 5 avril 1777.

Labadie (François), né à Bacala [Languedoc] (1759), S. 10 avril 1777.

Boisset (Antoine), né à Nîmes (1722), S. 15 avril 1760, R. pour 8 ans le 6 juin 1776.

Mague (Louis), né à Le Puy (1758), S. 3 mai 1777, mort le 6 avril 1782.

Grégoire (Pierre), né à Lyon (1758), S. 11 mai 1777, congédié le 28 mai 1784.

Thomas (Pierre-Vincent), né à Evaux [Poitou] (1758), S. 22 mai 1777.

Daremont (Jean), né près de Dax [Guyenne] (1758), S. 18 juin 1777.

Lafite (Jean), né à Beaumarchais [Gascogne] (1746), S. 18 juin 1777.

Gudot (Mathieu), né près d'Auch [Gascogne] (1761), S. 30 juill. 1777.

Ferron (Jean-Baptiste), né à Paris (1741), S. 9 mai 1769, R. pour 8 ans le 25 août 1777.

Moligny (Pierre), né à Auvillars [Gascogne] (1761), S. 21 août 1777.

Jettrot (Pierre), né à Bordeaux (1760), S. 21 août 1777.

Darmandieux (Jean), né à Agimont [Guyenne] (1757), S. 28 juin 1777.

Duberte (Jean), né à Langeas-en-Plaine (1758), S. 30 août 1777, tué à Savannah le 24 sept. 1779.

La Borde (Jean), né à Saint-Sever [Guyenne] (1755), S. 3 sept. 1777.

Vaudamé (Michel), né à Bruxelles [Brabant] (1749), S. 3 sept. 1777.

Giraud (Joseph), né à Saint-Macaire [Poitou] (1755), S. 15 sept. 1777, tué à York le 14 oct. 1781.

Courrier (Jean), né à Toulouse (1754), S. 16 déc. 1777, resté au régiment du Cap le 30 avril 1783.

Duhou (Jean-Louis), né à Paris (1752), S. 18 janv. 1778, congédié en nov. 1783.

Mesnard (Jacques), né à Saint-Martin d'Ablois [Champagne] (1751), S. 18 janv. 1778.

Darey (Bertrand), né à Agimont [Guyenne] (1760), S. 18 janv. 1778, mort en Virginie le 13 nov. 1782.

Joannès (André), né à Grand Chantilly [près Paris] (1760), S. 12 avril 1778, mort en 1779.

Gadot (Georges), né à Toux [Bourgogne] (1759), S. 12 avril 1778, mort le 25 mai 1781.

Garet (Joseph), né à Limoges (1762), S. 12 avril 1778, mort le 10 août 1779.

Duval (Michel), dit **Jolicœur**, né à Paris (1759), S. 1er août 1779, mort le 21 avril 1780.

Berne (Jean-Baptiste), dit **Belle Fleur**, né à Villers-Chemin [Franche-Comté] (1760), S. 1er août 1779, mort le 1er juill. 1780.

Champy (François), dit **La Tulipe**, né à Sézanne [Brie] (1761), S. 1er août 1779, réformé en 1783.

Forestier (Joseph), dit **Bellerose**, né à Valenciennes (1756), S. 1er août 1779, mort le 10 mars 1780.

Hichou (Etienne), né à Nîmes (1760), S. 5 août 1779, congédié le 11 nov. 1783.

Cochoix (Philippe), dit **Charlemagne**, né à Rouen (1761), S. 1er août 1779, mort le 23 avril 1780.

Bonnet (Jean), dit **Sans Souci**, né à Monestier de Clermont [Dauphiné] (1760), S. 1er août 1779, mort le 31 juill. 1780.

Jussy (Joseph), né à Besançon (1754), S. 12 mars 1770, congédié le 15 mai 1781.

Dupas (Pierre-Claude), né à Bouvignies [Flandre] (1760), S. 22 févr. 1776, congédié le 22 févr. 1784.

Piou (Pierre), dit **Bellehumeur**, né à Cassignol [Berry] (1741), S. 9 févr. 1756, parti pour la pension le 11 août 1783.

Léonard (Jean), dit **Berlin**, né à Colmar [Alsace] (1745), S. 14 janv. 1762, mort le 27 oct. 1782.

Delaye (Mathias), dit **Dubuisson**, né à Arras (1749), S. 1er janv. 1775, mort le 30 déc. 1782.

Deshayes (François), dit **Fleur d'Epine**, né à Orbec [Normandie] (1758), S. 2 févr. 1778, mort le 1er nov. 1781.

Blanchard (Etienne-Louis), dit **Monte au Ciel**, né à Paris (1754), S. 6 juin 1775, congédié le 11 août 1783.

Biat (Jean), dit **Prêt à Boire**, né à Pargny [Champagne] (1752), S. 28 oct. 1775, mort le 30 juill. 1782.

Lamarre (Antoine), dit **Sans Regret**, né à Versailles (1758), S. 28 avril 1778, congédié en nov. 1783.

Daussent (Pierre), dit **Belle Rose**, né à Paris (1763), S. 22 avril 1780, mort le 15 oct. 1781.

Hervé (Michel), dit **Laverdure**, né à Saint-Agnan-sur-Ballon [Maine] (1761), S. 12 juill. 1780, mort le 6 déc. 1781.

Vincent (Louis-Marie), dit **Clermont**, né à Sainte-Menehould [Champagne] (1748), S. 28 août 1780, réformé en nov. 1783.

Brugnot (Jean-Baptiste), dit **Monzac**, né à Mahangen [Lorraine] (1760), S. 30 avril 1776, mort le 2 janv. 1782.

Wandreweck (Amand), né à Lille-en-Flandre (1754), S. 14 mars 1774, mort le 11 nov. 1781.

Trisal (Nicolas), dit **Lafable**, né à Gelerac [Auvergne] (1752), S. 15 janv. 1773, mort le 17 janv. 1782.

Dumas (Louis), dit **Beausoleil**, né à Calvisson [Languedoc] (1763), S. 4 juin 1778, resté au régiment du Cap le 30 avril 1783.

Mathieu (Jean), dit **L'Eveillé**, né à Le Puy-en-Velay (1741), S. 14 juill. 1781.

Petit (Jean), dit **La Ramée**, né à Saint-Amand [Berry] (1754), S. 21 juin 1781, congédié le 4 mars 1784.

Delabre (Louis), dit **Bontemps**, né à Hirson (1754), S. 9 oct. 1777, mort le 24 oct. 1782.

Langlez (Albert-Joseph), dit **La Lancette**, né à Béthune [Artois] (1763), S. 2 janv. 1781.

Dez (Pierre-Louis-Joseph), dit **Sans Quartier**, né à Camiers [Artois] (1764), S. 21 janv. 1781, mort le 9 oct. 1782.

Patian (Jean-Maurice), dit **La Bonté**, né à Saint-Maurice-sur-Laveron [Gatinais] (1758), S. 27 févr. 1776, mort le 21 sept. 1782.

Dubail (Antoine), dit **Bon Retour**, né à Fontenelle [Thiérache] (1758), S. 2 oct. 1776, congédié en nov. 1783.

Mouton (Joseph), dit **La Fleur**, né à Douai (1750), S. 1er nov. 1774, mort le 15 déc. 1782.

Boudier (Etienne), né à Chaumigny [Brie] (1762), S. 26 août 1780, mort le 4 juill. 1782.

Le Comte (Marin), né à Gaumirvé [Maine] (1760), S. 19 avril 1777, mort le 15 déc. 1782.

Fregneau (Jean-Baptiste), dit **L'Enfer**, né à Chizé [Saintonge] (1762), S. 20 oct. 1780, congédié le 8 mai 1783.

Chatard (Louis), dit **Laverdure**, né à Villers-lès-Cagnicourt [Artois] (1763), S. 16 déc. 1781, mort le 17 juill. 1782.

Coudat (Martial), né à Legresse [Languedoc] (1756), S. 13 juin 1772, mort le 21 sept. 1782.

Pissot (Lange), dit **L'Amour**, né à Eclaron [Champagne] (1758), S. 24 nov. 1773, resté au régiment du Cap le 30 avril 1783.

Archambault (Jean), dit **Sans Crainte**, né à Cussay [Touraine] (1756), S. 8 janv. 1780, resté au régiment du Cap le 30 avril 1783.

Durand (François-Guillaume-Etienne), né à Versoix-en-France [Evêché de Genève] (1756), S. 29 oct. 1778.

Compagnie Dudrot.

Rosier (Michel), né à Avignon (1740), S. 1er mai 1759, passé sergent-major le 16 juill. 1781.

L'Avril (Jacques), né à Villeroy [près Besançon] (1744), S. 19 avril 1759, R. pour 8 ans le 23 avril 1777.

Richard (Alexis), né à Vraincourt [Lorraine] (1747), S. 22 août 1765, mort le 15 avril 1780.

Pincé (Pierre), né à Champ-Bellé [Bretagne] (1734), S. 15 mai 1758, mort le 27 oct. 1780.

Mathieu (Jean), né à Montaigu [Gascogne] (1728), S. 4 mai 1758, parti pour la pension le 5 janv. 1782.

Fourca (Claude), né à Nîmes (1740), S. 3 juill. 1762, mort le 1er mai 1780.

Bulle (Jean-Joseph), né à Besançon (1758), S. 18 déc. 1774, blessé à York, mort en Virginie en 1781.

Le Gros (Pierre), né à Lalobbe [Champagne] (1757), S. 26 mars 1770, passé sergent le 9 août 1779.

Dune (Antoine), né à Montauban (1733), S. 1er févr. 1765, parti pour la pension le 13 mars 1781.

Duroud (Sébastien), né à Besançon (1749), S. 25 janv. 1767, passé sergent le 4 nov. 1783.

Doré (Michel), né à Melun [Brie] (1734), S. 21 mars 1768, mort le 1er août 1782.

Courta (André), né à Claudy-en-Blaisois [près Blois] (1750), S. 15 avril 1771, mort le 30 août 1782.

Dezé (André), né à Dunkerque (1757), S. 10 sept. 1772, tué à York le 14 oct. 1781.

Moulin (Jean-Jacques), né à Géroménil [Lorraine] (1755), S. 21 févr. 1773, passé aux grenadiers le 15 oct. 1781.

Decoune (Louis), né à Méricourt [Picardie] (1753), S. 17 sept. 1773, tué à York le 12 oct. 1781.

Dezé (Antoine), né à Dunkerque (1758), S. 27 janv. 1774, congédié le 11 août 1783.

Chenevart (Denis), né à Paris (1752), S. 16 fév. 1775, passé sergent le 16 oct. 1782.

Meneson (Alexis), né à Colombey-les-Eglises [Champagne] (1752), S. 24 juill. 1775, mort le 19 sept. 1780.

Horlier (Antoine), né à Douai (1759), S. 18 oct. 1775.

Bonnot (René), né à Saint-Jean [Bourbonnais] (1752), S. 21 oct. 1775, congédié le 8 mai 1783.

Patrond (Jean), né à Bezannes [Champagne] (1757), S. 31 janv. 1774, congédié le 3 février 1784.

Laproutte (Guillaume), né à Loye [Bourgogne] (1757), S. 5 janv. 1776, congédié le 5 janv. 1784.

Le Clere (Jean), né à Paris (1759), S. 29 janv. 1776, passé sergent le 25 août 1780.

Bise (Charles), né à Douai (1759), S. 3 févr. 1776, mort le 27 juin 1780.

Meugiot (Jean-Baptiste), né à Besançon [Comté] (1750), S. 4 avril 1776, mort le 3 mars 1780.

Boulandin (Claude), né à Nevers (1758), S. 8 août 1776, mort le 20 mars 1779.

Jolly (François), né à Nevers (1753), S. 22 mai 1776, prisonnier le 12 avril 1782.

Tillé (Jean), né à Saint-Denis [près Paris] (1759), S. 15 mars 1775.

Escofier (Pierre), né à Douai (1758), S. 30 sept. 1776, congédié le 2 déc. 1783.

Bretet (Charles-François), né à Troësnes [Picardie] (1750), S. 1er oct. 1776.

Nay (René), né à Neuvic [Guyenne] (1746), S. 25 nov. 1776, congédié le 8 mai 1783.

Brumache (Guillaume), né à Dax [Guyenne] (1757), S. 8 oct. 1776, mort le 27 févr. 1781.

Gazin (François), né à Corbeil [Ile de France] (1758), S. 28 déc. 1776, congédié le 28 oct. 1783.

Paignon (François), né à Dol [Bretagne] (1757), S. 2 févr. 1777, parti le 30 avril 1783 ayant été blessé à Yorck.

Savane (Vincent), né à Cuigac [Gascogne] (1754), S. 21 févr. 1777.

Beruau (Pierre), né à Reims [Champagne] (1760), S. 30 avril 1777, resté au régiment du Cap le 30 avril 1783.

La Parre (Vincent), né à Castillon (1761), S. 15 avril 1777.

Lataude (Ramière), né à Montimare [Basse Guyenne] (1756), S. 5 mai 1777, resté au régiment du Cap le 30 avril 1783.

Léotard (Jean-Baptiste), né au Puy [Velay] (1759) S. 17 mai 1777.

Hayé (Jean), né à Amont [Gascogne] (1760), S. 3 juin 1777.

Lafargue (Michel), né à Agimont [Gascogne] (1752), S. 28 juin 1777, mort le 13 déc. 1780.

Marcereau (Paul), né à Chaville [Ile de France] (1748), S. 16 janv. 1770, R. pour 8 ans le 27 oct. 1776.

Pachy (Nicolas-Joseph), né à Bic-Fénival [Guyenne] (1761), S. 29 juill. 1777, passé caporal le 16 juill. 1781.

Dubroca (Jean-François), né à Lanienne [Gascogne] (1759), S. 7 août 1777, congédié le 8 mai 1783.

Masson (Hilaire), né à Givet [Hainaut] (1750), S. 26 août 1777, mort en mer le 23 juin 1783.

Batz (Joseph), né à Miron [Basse Guyenne] (1755), S. 15 août 1777.

Berquier (Jean), né à Grenoble [Dauphiné] (1760), S. 20 août 1777.

Monturier (Charles), né à Douai (1734), S. 4 déc. 1764, mort en mer le 7 févr. 1779.

Mousseau (Jean-Antoine), né à Paris (1754), S. 16 déc. 1777, congédié le 28 oct. 1783.

Clavery (Pierre), né à Castillon [Béarn] (1758), S. 18 janv. 1778.

Rousseau (Pierre), né à Chartres (1757), S. 12 janv. 1778, réformé le 20 nov. 1783.

Maréchal (François), né à Chauvirey-le-Château [Franche-Comté] (1749), S. 12 oct. 1765, resté au régiment du Cap le 30 avril 1783.

Vial (François), né à Fougerolles [Comté] (1750), S. 23 août 1760, mort le 9 févr. 1783.

Halou (Jean-Baptiste), né à Mantes [Bretagne] (1760), S. 18 juin 1778.

Toupain (Jean), né à Manosque [Provence] (1753), S. 6 avril 1772.

Tripotin (Antoine), né à Courville [Champagne] (1738), S. 11 avril 1759, parti pour la pension le 1er févr. 1784.

Martin (François), dit **La Terreur**, né à Gênes [Bourgogne] (1740), S. 1er août 1779, mort en mer le 29 juin 1783.

Gourdin (Antoine), dit **La Tulipe**, né à Pont-de-Veyle [Bresse] (1758), S. 1er août 1779, congédié le 27 févr. 1784.

Minière (Louis), dit **Américain**, né au Cap-Français (1756), S. 1er août 1779, mort le 10 juin 1781.

Dégout (Charles-Joachim), dit **La Liberté**, né à Paris (1759), S. 1er août 1779, mort au Port de Pay le 8 août 1782.

Regner (Pierre-Joseph), dit **La Bourgogne**, né à Aulot [Bourgogne] (1756), S. 1er août 1779, congédié le 15 mai 1783.

Granger (Jean), dit **La Guerre**, né à Montbrison [Forez] (1759), S. 1er août 1779, réformé en novembre 1783.

Saut (Toussaint-Joseph), dit **Saint-Louis**, né à Valenciennes (1761), S. 1er août 1779, congédié le 28 oct. 1783.

Serre (Jean-Pierre), dit **Sans Rémission**, né à Saint-Michel [Languedoc] (1752), S. 1er août 1779, mort le 19 oct. 1782.

Valour (Benoit), dit **Divertissant**, né à Saint-Pal-de-Mons [Velay] (1752), S. 1er août 1779, mort le 6 août 1780.

Berger (Pierre), dit **L'Espérance**, né à Bourges (1755), S. 1er août 1779, mort le 23 juin 1780.

Combe (Jean-Baptiste), dit **Laforest**, né au Val en Forez [près Lyon] (1758), S. 1er août 1779, réformé le 16 déc. 1783.

Julien (Jean), dit **Brisefert**, né à Gaillac [Rouergue] (1759), S. 1er août 1779, mort le 28 avril 1780.

Martial (Jacquery), dit **La Victoire**, né au Cap Français [Ile et Côte de Saint-Domingue] (1759), S. 1er août 1779, congédié le 8 mai 1783.

Balou (Jean-Baptiste), dit **La Douceur**, né à Paris (1761), S. 1er août 1779, mort le 27 févr. 1780.

Jolly (François), dit **La Gloire**, né à Pierrepont [Picardie] (1754), S. 1er août 1779, mort le 12 avril 1780.

Desplantes (Vincent), dit **Sans Quartier**, né à Marseille (1761), S. 26 juill. 1780, mort le 16 sept. 1782.

Tillion (Jean), dit **Fleur d'Epine**, né à Liège (1759), S. 21 oct. 1780, mort le 29 déc. 1780.

Renaud (Joseph), dit **La Douceur**, né à Grenoble [Dauphiné] (1763), S. 28 août 1780.

Melinge (Pierre), né à Saint-Martial-de-Mirambeau [Saintonge] (1748), S. 11 déc. 1780, mort le 1er mars 1781.

Dumey (Pierre), dit **Léveillé**, né à Limoges (1764), S. 12 févr. 1781.

Clavier (Jean-Baptiste), dit **Fleur d'Epine**, né à Saint-Plafot [Provence] (1753), S. 13 févr. 1781.

Escalia (André), dit **La Rose**, né à Portela [Piémont] (1757), S. 16 mars 1781, resté au régiment du Cap le 30 avril 1783.

Cassebois (Jean), dit **Sans Regret**, né à Sompuis [Champagne] (1760), S. 16 mars 1781, réformé le 20 nov. 1783.

Terrasse (Simon), né à Landau [Alsace] (1744), S. 6 août 1762, mort le 7 févr. 1782.

Bouché (Jean), dit **Bonaventure**, né à Martel [Anjou] (1758), S. 1er févr. 1780.

Champeau (Jean-Baptiste), dit **Réjoui**, né à Auxerre [Bourgogne] (1761), S. 10 déc. 1779, mort le 13 févr. 1782.

Planchenet (Simon), dit **Coutances**, né à Comma [Normandie] (1754), S. 22 août 1773, mort le 25 juill. 1782.

Le Berton (Antoine), dit **La Générale**, né à Paris (1756), S. 3 mars 1776, mort le 13 août 1782.

Grapin (Nicolas), dit **L'Aurore**, né à Perrigny [Bourgogne] (1761), S. 22 mai 1780, mort en Virginie en 1782.

Villette (Léonard), dit **Sans Peur**, né à Saint-Germain [Limousin] (1736), S. 21 nov. 1767, mort le 10 juill. 1782.

Bareille (Genin), dit **Lactionnaire**, né à Castillon [Guyenne] (1759), S. 6 avril 1778, mort le 2 août 1782.

Riotte (Pierre), dit **Bellefin**, né à Lyon (1751), S. 23 févr. 1766, mort le 23 oct. 1781.

Marchand (François), dit **Belle Fleur**, né à Couptrain [Maine] (1763), S. 3 août 1778.

Bouzy (Jacques) né à Paris (1747), S. 18 oct. 1773, congédié le 17 juill. 1781.

Vitré (Jean-Louis), dit **Rempart**, né à Villiers-Guislain [Cambrésis] (1757), S. 17 janv. 1777, mort en Virginie le 24 nov. 1781.

Moutenot (Jean-Claude), né à Jussey [Franche-Comté] (1755), S. 10 sept. 1776, mort le 24 juin 1782.

Chevalier (Joseph), né à l'Etoile [Dauphiné] (1736), S. 22 nov. 1755, mort en Virginie le 22 nov. 1781.

Chavaillard (Thomas), né à Vouzeron [Berry] (1760), S. 30 oct. 1779, mort en Virginie le 26 nov. 1781.

Nicole (Jean-Baptiste), dit **Briseier**, né à Poitiers [Poitou] (1757), S. 16 juill. 1779, mort le 14 nov. 1781.

Gagnadon (Martial), dit **Saint-Amand**, né à Confolens [Poitou] (1754), S. 11 déc. 1776, mort le 7 janv. 1781.

Monier (Mathieu), dit **La Tranchée**, né à Giverny [Bretagne] (1751), S. 12 sept. 1778, mort le 19 févr. 1782.

Tranchaud (Noël), dit **La Violette**, né à Rouen [Normandie] (1745), S. 5 nov. 1778, parti pour la pension le 1er janv. 1784.

Colastin (Joseph), né à Aynac [Languedoc] (1759), S. 3 sept. 1778, mort le 1er janv. 1782.

Brachotte (Claude), dit **Fleur d'Amour**, né à Valdahon [Franche-Comté] (1759), S. 3 mars 1776, mort le 10 juill. 1782.

La Guillaumie (Antoine), dit **Cœurderoy**, né à Lignerne [Limousin] (1753), S. 6 avril 1770, resté au régiment du Cap le 30 avril 1783.

Poilvilain (François), dit **Le Robuste**, né à Chemillé [Touraine] (1763), S. 3 févr. 1779, mort le 28 août 1782.

Spit (Nicolas), dit **La Pointe**, né à Nancy (1762), S. 29 janv. 1781, mort le 28 avril 1783.

Adam (Antoine), dit **Le Dangereux**, né à Cuisy-en-Almont [Soissonnais] (1757), S. 30 juin 1777, resté au régiment du Cap le 30 avril 1783.

Bixy (Charles-Louis), dit **Latendresse**, né à Lille [Flandre] (1759), S. 21 févr. 1776, mort le 18 déc. 1782.

Thomas (Pierre-André), dit **Letée**, né à Reims (1760), S. 15 déc. 1779, mort le 22 déc. 1782.

Denis (François), né à Fontenay-le-Comte [Poitou] (1752), S. 9 janv. 1760, mort le 23 juin 1782.

Goulet (Antoine), dit **Chatelet**, né à Champtonnay [Franche-Comté] (1757), S. 24 déc. 1774, mort le 17 déc. 1782.

Mangat (Victor), dit **Passepartout**, né à Angers [Anjou] (1764), S. 17 août 1780, réformé le 20 nov. 1783.

Cornu (Antoine-Thomas), dit **Beauséjour**, né à Rouen [Normandie] (1760), S. 29 févr. 1776, congédié le 1er déc. 1783.

Thibalot (Jean-Baptiste), dit **L'Automne**, né à Velars [Comté] (1761), S. 22 févr. 1777, resté au régiment du Cap le 30 avril 1783.

Fady (Florentin), né à Besançon (1750), S. 6 mars 1768, congédié le 6 mars 1784.

Laborie (Bernard), né à Dauzé [Armagnac] (1756), S. 17 sept. 1776.

La Roze (Charles), dit **Tranquille**, né à Metz (1763), S. 8 nov. 1777.

Pradel (Jean), né à Thiers [Auvergne] (1760), S. 25 août 1780, mort le 2 mai 1784.

Compagnie Langon.

Beaudelot (Jean-Baptiste), né à Vagnon [Champagne] (1737), S. 21 mai 1764, congédié au Cap le 8 mai 1783.

Bluchet (Sébastien), né à Brasse [Comté] (1742), S. 13 mars 1762, R. pour 8 ans le 12 mars 1776.

Texier (Louis-Auguste), né à Paris (1752), S. 17 nov. 1774, congédié au Cap le 8 mai 1783.

Cressant (Jean-François), né à Neuville [Picardie] (1740), S. 17 avril 1760, mort le 20 nov. 1780.

Inius (Bastien), né à Neuviller [Alsace] (1741), S. 5 déc. 1768, mort le 18 mai 1780.

Mougin (Etienne), né à Midrevaux [Lorraine] (1748), S. 21 déc. 1770, R.

Le Grand (François-Marie), né à Paris (1750), S. 22 avril 1767, congédié le 1er sept. 1783.

Millière (Alexis), né à Château-Villain [Bassigny] (1754), S. 4 nov. 1770, R.

Choviot (Louis), né à Saint-Sauveur [Bourgogne] (1740), S. 18 avril 1759, partir pour les Invalides le 5 janv. 1782.

Maréchal (François), né à Chauvirey-le-Château [Comté] (1749), S. 12 oct. 1765, passé au régiment du Cap le 30 avril 1783.

Virot (Christophe), né à Obenigue [Comté] (1751), S. 27 oct. 1769, parti pour les Invalides le 1er janv. 1784.

Terrier (Claude), né à Sant-Just [Bresse] (1755), S. 13 nov. 1771, congédié le 14 nov. 1785.

Alexandre (Jean), né à Villars [Nivernais] (1750), S. 27 nov. 1771, congédié le 28 nov. 1783.

Paulmier (Jean-Alexandre), né à Nemours [Gâtinais] (1758), S. 5 déc. 1772, congédié le 1er nov. 1782.

Girard (Bernard), né à Versailles (1756), S. 19 oct. 1774.

Chainchon (Louis-Marie), né à La Ferté-Vidame [près Alençon] (1755), S. 29 avril 1775.

Poitra (Germain), né à Fougères [Bourgogne] (1757), S. 18 juill. 1775, congédié le 11 août 1783.

Eguiard (Louis), né à Douai (1752), S. 8 nov. 1775, congédié le 8 nov. 1783.

Chapier (Henry), né à Nevers (1759), S. 31 déc. 1775, resté au régiment du Cap le 30 avril 1783.

Hudry (Claude-Alexandre), né à Paris (1759), S. 4 déc. 1775, congédié le 1er déc. 1783.

Boyer (Mathieu), né à Hanel-en-Velay (1756), S. 12 déc. 1775, congédié le 30 nov. 1783.

Livernois (Jean-André), né à Le Puy-en-Velay (1759), S. 12 déc. 1775, mort le 29 oct. 1781.

Devert (Laurent), né à Le Puy-en-Velay (1757), S. 12 déc. 1775, mort le 18 déc. 1780.

Masson (Pierre), né à Espinasse [Auvergne] (1758), S. 30 déc. 1775, congédié le 4 janv. 1784.

Pernin (Charles), né à Le Puy-en-Velay (1757), S. 21 mars 1775, congédié le 30 nov. 1783.

Planchon (François), né à Sancerre [Berry] (1759), S. 8 févr. 1776, réformé le 28 oct. 1783.

Stal (Joseph), né à Neuvy [Flandre] (1758), S. 27 févr. 1776, réformé le 28 oct. 1783.

Mathieu (Philipe), né à Remiremont [Lorraine] (1759), S. 13 mars 1776, congédié le 13 mars 1784.

Caborne (Michel), né à Vauchy [Berry] (1757), S. 30 mars 1776, mort le 3 avril 1781.

Vincent (Victor), né à Saint-Chef [Dauphiné] (1756), S. 17 mai 1776, mort le 26 févr. 1780.

Marival (Charles), né à Saint-Germain [près Compiègne] (1759), S. 17 mai 1776, resté au régiment du Cap le 30 avril 1783.

Charpentier (Gaspard), né à Paris (1760), S. 23 août 1776.

Pinonie (Jean), né à Avelle [Nivernais] (1756), S. 7 sept. 1776, resté au régiment du Cap le 30 avril 1783.

Robe (Louis-Joseph), né à Saint-Omer [Artois] (1760), S. 4 sept. 1776, passé caporal le 16 juill. 1781.

Blavier (Nandin), né à Maru-au-Bois [Champagne] (1761), S. 1er déc. 1776, passé au régiment du Cap le 30 avril 1783.

Doliger (Jean-Baptiste), né à Abbeville [Picardie] (1760), S. 28 sept. 1776, passé au régiment du Cap le 30 avril 1783.

Taselin (Louis), né à Montreuil [Picardie] (1759), S. 30 sept. 1776.

Monfaucon (Pierre), né à Paris (1758), S. 30 sept. 1776.

Boulogne (Quintain), né à Beaurains [Artois] (1758), S. 1er oct. 1776, mort le 9 févr. 1780.

Ouvrez (Nicolas), né à Nantes [Bretagne] (1751), S. 21 oct. 1776.

Vernillac (Jean), né à Châtres-la-Mine [Nivernais] (1741), S. 28 févr. 1777.

Pie (Charles), né à Joux [Auvergne] (1749), S. 11 avril 1777, mort le 11 août 1780.

Duprat (Jean), né à Mont-de-Marsan [Gascogne] (1761), S. 26 juin 1777.

Ruelle (Claude), né à Coudray [Ile de France] (1751), S. 22 avril 1767, resté au régiment du Cap le 30 avril 1783.

Dupont (Guillaume), né à Nogent-sur-Marne [près Paris] (1760), S. 28 juill. 1777, mort le 18 juin 1781.

La Matte (Dominique), né à Lauret [Gascogne] (1760), S. 15 août 1777.

Taillefer (Jean) né à Montauban [Languedoc] (1760), S. 21 août 1777.

Garon (Antoine), né à Limoges (1759), S. 24 août 1777.

Dupuy (Antoine), né à Lizant [Limousin] (1759), S. 31 sept. 1777, resté au régiment du Cap le 30 avril 1783.

Bousy (Jacques), né à Paris (1759), S. 16 déc. 1777, mort le 27 oct. 1780.

Langlois (Louis), né à Chartres (1760), S. 12 avril 1778, parti pour les Invalides le 13 mars 1781.

D'Elmes (François), né à Robecq [Artois] (1755), S. 12 avril 1778, mort le 31 déc. 1782.

Loyeur (Pierre), né à La Chapelle [près Chateaudun] (1760), S. 12 avril 1778, mort le 17 janv. 1782.

Lefevre (Louis), né à Puseaux [Picardie] (1752), S. 5 nov. 1771, mort le 7 août 1783.

Sellier (François-Alix), né à Mouflières [Picardie] (1760), S. 1er oct. 1776, mort le 4 févr. 1780.

Brostuian (Jean), dit **La Volonté**, né à Erchfeld [Hesse] (1745), S. 13 déc. 1778, mort le 29 oct. 1781.

Aickler (Jean), dit **La Fleur**, né à Hasbach [Hesse] (1755), S. 13 déc. 1778, mort le 10 nov. 1780.

Schmit (Henry), dit **Sans Souci**, né à Blanquembath [Hesse] (1750), S. 13 déc. 1778, mort le 9 mai 1780.

Chatte (Georges), dit **Sans Regret**, né à Witrol [Hesse] (1756), S. 13 déc. 1778, réformé le 28 oct. 1783.

Heck (Michel), dit **Piedferme**, né à Vormenzen [Alsace] (1729), S. 13 déc. 1778, réformé le 28 oct. 1783.

Reith (Jean) dit **La Déroute**, né à Passenhall [Hesse] (1754), S. 13 déc. 1778, mort le 18 nov. 1780.

Blongourget (Jean-Louis), dit **Duchesne**, né à Saudert [Lyonnais] (1756), S. 1er août 1779, mort le 25 févr. 1780.

Gardet (Pierre), dit **La Tulipe**, né à Chavagnac [Auvergne] (1758), S. 1er août 1779, resté au régiment du Cap le 30 avril 1783.

Raussillat (Jean), né à Laguon [Auvergne] (1752), S. 1er août 1779, mort le 20 juin 1780.

Pillée (Robert), né à Beaumont-le-Roger [Normandie] (1756), S. 1er août 1779, mort le 22 mai 1780.

Béranger (Pierre), dit **La Fortune**, né à Châteauneuf (1759), S. 1er août 1779, mort le 8 mai 1780.

Jean (Pierre), né à Montreuil-au-Houlme (1757), S. 1er août 1779, mort le 7 déc. 1781.

Garlon (Pierre), dit **L'Epine**, né à Paris (1759), S. 1er août 1779, mort le 27 nov. 1780.

Garsin (Joseph), dit **Sans Chagrin**, né à Carpentras (1759), S. 1er août 1779, resté au régiment du Cap le 30 avril 1783.

Winquel (Jean), dit **Sans Quartier**, né à Steinberg [Allemagne] (1760), S. 1er août 1779, mort le 8 juill. 1780.

Ruffet (François), dit **Lafrisure**, né à Matignon [Bretagne] (1762), S. 18 sept. 1779.

Gagerd (Nicolas), dit **Vadeboncœur**, né à Etampes [Beauce] (1755), S. 1er août 1779, parti pour la pension le 31 mars 1784.

Planchon (François), né à Saucerre [Berry] (1749), S. 3 févr. 1776, réformé le 28 oct. 1783.

Boursault (Pierre), né à Reims [Champagne] (1760), S. 30 avril 1777, resté au régiment du Cap le 30 avril 1783.

Roger (Jacques), né à Loches [Touraine] (1762), S. 8 avril 1780, resté au régiment du Cap le 30 avril 1783.

Petit (Pierre), dit **Villeneuve**, né à Sens [Bourgogne] (1754), S. 7 avril 1777.

Mongeron (Dominique), dit **La Bonté**, né à Favrier [Lorraine] (1756), S. 26 janv. 1775, mort le 19 sept. 1781.

Bega (Nicolas), dit **Soissonnais**, né à Bezu-le-Quercy (1759), S. 22 mars 1778, mort le 20 nov. 1781.

Médoc (Pierre-Joseph), né à Assy-en-Brie (1762), S. 25 sept. 1780, resté au régiment du Cap le 30 avril 1783.

Poucean (Jean-Claude), né à Tresilly [Comté] (1751), S. 1er juin 1766, mort le 20 nov. 1782.

Dubuc (Denis), né à Rouen (1759), S. 13 oct. 1776, resté au régiment du Cap le 30 avril 1783.

Boyer (Jean-Baptiste), dit **Lamoureux**, né à Tours (1739), S. 5 déc. 1775, mort le 17 oct. 1782.

Reine (Paul), né à Paris (1752), S. 19 sept. 1778, mort le 8 déc. 1782.

Savart (Germain), dit **Francœur**, né à Sugny [Bourgogne] (1751), S. 23 avril 1764, resté au régiment du Cap le 30 avril 1783.

Jobert (François), dit **Dunois**, né à La Chapelle [Beauce] (1742), S. 17 nov. 1763, mort au port de Paix en 1782.

Rouay (Charles), né à Courtemanche [Beauce] (1762), S. 5 août 1778, mort le 11 oct. 1781.

Milliot (Gaspard), né à Nancy (1755), S. 17 sept. 1780, mort le 27 sept. 1781.

Pimpres (Etienne), dit **Jolicœur**, né à Tours (1750), S. 11 nov. 1780.

Blanchard (Guillaume), né à Orléans (1751), S. 6 avril 1776, congédié le 28 févr. 1784.

Bertrand (Laurent), dit **Avignon**, né à Caromb [Comtat Venaissin] (1758), S. 25 mars 1777, resté au régiment du Cap le 30 avril 1783.

Matelle (Pierre-François), dit **L'Etendart**, né à Proville [Cambrésis] (1758), S. 6 mai 1777, mort le 27 sept. 1781.

Lefevre (Fortunat), né à Preigney [Comté] (1755), S. 1er janv. 1765, mort le 11 juill. 1782.

Cluzel (Armand), dit **Sans Crainte**, né à Bousquel [Rouergue] (1736), S. 1er août 1779, parti pour les Invalides le 1er janv. 1784.

Briançon (Louis), né à Rouen (1747), S. 8 mai 1779, mort le 26 déc. 1781.

D'Almas (Antoine), né à Retrauguerre [Auvergne] (1740), S. 24 avril 1766, mort le 13 déc. 1782.

Normand (Eloy), né à Tilloy [Picardie] (1751), S. 22 févr. 1779, mort en Virginie le 3 juin 1782.

Pierson (Pierre-Adam), né à Walvraidoff [Lorraine Allemande] (1736), S. 2 août 1770 mort le 9 juill. 1782.

Liénard (Barthélemy), né à Laurent-Court [Lorraine] (1763), S. 14 mai 1780, mort le 6 janv. 1782.

Doliger (Jean-Baptiste), né à Abbeville [Picardie] (1761), S. 28 sept. 1776, resté au régiment du Cap le 30 avril 1783.

Viel (François), né à Saint-Pierre-d'Entremont [Normandie] (1757), S. 12 avril 1779, congédié le 28 oct. 1783.

Guyon (Nicolas), dit **Auguste**, né à Cryon [Lorraine] (1756), S. 14 déc. 1774, mort le 30 juill. 1782.

Barba (Jean-Joseph), né à Ibigny [Touraine] (1749), S. 18 mars 1771, mort au Cap le 17 juin 1783.

Bauré (Daniel), dit **Fleur d'Oranger**, né à Rioux [Saintonge] (1758), S. 17 avril 1776, congédié le 17 avril 1784.

Nachon (Athanase), né à Aire [Artois] (1758), S. 10 janv. 1777, mort le 15 oct. 1782.

Migette (François-Remi), né à Longuyon [Lorraine] (1758), S. 20 avril 1780, mort le 6 août 1782.

Boucher (Jean), né à Pauvres-en-Perthois (1747), S. 7 avril 1765, mort le 9 nov. 1782.

Carré (Remy), né à Sorcy [Champagne] (1755), S. 7 sept. 1775, congédié le 7 sept. 1783.

Duprat (Jean), né à Mont-de-Marsan [Gascogne] (1762), S. 26 juin 1777.

Viette (Etienne), né à La Rochelle (1756), S. 7 nov. 1779, congédié le 6 avril 1784.

Paurret (Joseph), dit **Hainault**, né à Mortagne [Perche] (1756), S. 1er avril 1778, mort le 2 janv. 1784.

Provot (Jean-Baptiste), né à Lixhausen [Alsace] (1756), S. 19 déc. 1773, R. pour 8 ans le 9 févr. 1779.

Cretin (Henry), né à Montigny [Franche-Comté] (1757), S. 26 avril 1769, R. pour 8 ans le 24 mai 1773.

Barthelemy (Joseph), né à Ville-Nouvelle [province du Quercy] (1757), S. 11 oct. 1777, R. pour 8 ans le 24 oct. 1781.

Beauchet (François), né à Bouligny [Lorraine] (1759), S. 31 mai 1776, congédié le 31 mai 1784.

Compagnie Lalbenque.

Morin (Guillaume), né à Caen [Normandie] (1735), S. 29 févr. 1764, mort le 12 mai 1780.

Klencriche (Jean), né à Louterbach [Alsace] (1743), S. 19 juill. 1766, passé sergent-major le 16 oct. 1781.

Vial (François), né à Fougerolles [Comté] (1750), S. 22 août 1766, mort le 9 févr. 1783.

Sechetz (Jean), né à Hoguenau [Alsace] (1750), S. 9 oct. 1767, mort le 1er avril 1780.

Poncet (Jean-Baptiste), né à Serme [Comté] (1754), S. 26 sept. 1773, mort le 7 janv. 1781.

Le Bret (Joseph), né à Neuilly [Ile de France] (1745), S. 18 juill. 1761, resté au régiment du Cap le 30 avril 1783.

Félix (Jacques), né à Gezen [Comté] (1753), S. 21 oct. 1769, R. pour 8 ans le 11 oct. 1776.

Galette (François), né à Velay [Bourgogne] (1753), S. 6 févr. 1772, R. pour 8 ans le 13 oct. 1776.

Jame (Pierre), né à Bayeux [Normandie] (1758), S. 31 oct. 1772.

Limente (Mathieu), né à Nevers (1757), S. 29 nov. 1774, mort le 6 juill. 1780.

Jacqueray (Pierre), né à Saint-Loup [Comté] (1757), S. 23 janv. 1775, congédié le 10 août 1783.

Boudinet (Claude), né à Nevers (1759), S. 21 août 1775, congédié au Cap le 13 mai 1783.

Berthetou (Jean), né à Aix [Lyonnais] (1758), S. 23 sept. 1775.

Desprès (Jean-Baptiste), né à Valenciennes [Hainaut] (1758), S. 13 oct. 1775, congédié le 17 févr. 1784.

Bazin (Bernard), né à Remcly [Champagne] (1753), S. 18 oct. 1775.

Tillier (Claude), né à Paurière-en-Forest (1754), S. 18 oct. 1775, tué à Savannah le 24 sept. 1779.

Trinquet (Nicolas), né à Nevers (1758), S. 15 nov. 1775.

Ducrot (Nicolas), né à Thionville [Lorraine] (1760), S. 9 déc. 1775.

Charon (Germain), né à Saint-Julien [Beauce] (1757), S. 16 déc. 1775, mort le 9 janv. 1783.

Fauché (Antoine), né à Bouvigny [Flandre] (1760), S. 9 sept. 1776, mort en 1779.

Dupart (Elide-Pierre), né à Fauvigny [Auvergne] (1760), S. 22 sept. 1776, congédié le 22 févr. 1784.

Montagne (Pierre-Antoine-Joseph), né à Roncq [Flandre] (1760), S. 25 mars 1776.

Le Blanc (Gabriel), né à Carcé [Bourgogne] (1759), S. 17 avril 1776.

Chepy (Etienne), né à Vitry-le-François [Champagne] (1758), S. 19 avril 1776, congédié le 19 avril 1784.

Roussillon (Jean), né à Saint-Sulpice [Nivernois] (1756), S. 30 mai 1776.

Houzé (Michel-Joseph), né à Saint-Amand [Hainaut] (1758), S. 18 juin 1776, mort à Cadix en 1780.

Boulmier (Etienne), né à Coutances (1738), S. 22 mai 1764, mort en mer en 1780.

Robin (Philipe), né à Champlin [Nivernais] (1760), S. 12 juill. 1776, mort à Cadix en 1780.

Vigoureux (François), né à Tamray [Nivernois] (1760), S. 12 juill. 1776, mort le 28 oct. 1781.

Daubaton (Nicolas), né à Frely-Saint-Gaugeon (1740), S. 6 sept. 1770, resté au régiment du Cap le 30 avril 1783.

Didelot (Nicolas), né à Paris (1757), S. 18 août 1776.

Grenet (Nicolas), né à Beauvais [Picardie] (1758), S. 23 août 1776.

Prévot (Nicolas-Joseph), né à Aire [Artois] (1760), S. 4 sept. 1776.

Cailleux (Denis), né à Montreuil [Picardie] (1751), S. 26 sept. 1776.

Paris (Antoine), né à Iverny [Brie] (1756), S. 30 sept. 1776.

Sellier (François-Alexandre), né à Moustier [Picardie] (1758), S. 1er oct. 1776, mort le 14 févr. 1780.

Menu (Jean), né à Rognac [Périgord] (1754), S. 1er févr. 1777.

Tousset (Jean), né à Châteauneuf [Gascogne] (1759), S. 19 févr. 1777, tué à York le 14 oct. 1781.

Bourgé (Etienne), né à Bigarroque [Périgord] (1761), S. 24 févr. 1777.

Cavaret (Barthélemy), né à Sainte-Christie [Gascogne] (1759), S. 3 mars 1777.

Dubois (Mathieu), né à Magnon [Périgord] (1761), S. 1er avril 1777, mort le 26 juin 1780.

Filliot (Nicolas), né à La Barque [Saintonge] (1757), S. 1er mai 1777, réformé le 8 janv. 1784.

Vignon (Jean-Baptiste), né à Craponne [Velay] (1749), S. 25 mars 1767, R. pour 8 ans le 4 sept. 1772.

Staurbe (Henry), né à Lyon (1753), S. 3 juin 1777.

Petre (Jean-Pierre), né à Le Puy-en-Velay (1758), S. 6 juin 1777, mort le 23 févr. 1783.

Bonnefenne (Pierre), né à Saint-Aubin [Gascogne] (1757), S. 27 juin 1777, mort en mer le 7 mars 1782.

Jussy (Joseph), né à Besançon (1754), S. 12 mars 1770, congédié le 15 mai 1781.

Gassard (Pierre), né à Agimont [Gascogne] (1752), S. 27 juin 1777.

Crevoisier (Jacques), né à Jussey [Comté] (1761), S. 13 juill. 1777.

Aurelle (Jean-François), né à Colignac [Languedoc] (1761), S. 22 juill. 1777.

François (Victor), né à Le Puy-en-Velay (1760), S. 22 juill. 1777, congédié le 14 janv. 1784.

Lavie (Jean), né à Aubagnan [Gascogne] (1759), S. 1er août 1777.

Lalane (Antoine), né à Mougron [Gascogne] (1759), S. 15 août 1777.

Tauquet (François), né à Toulouse (1756), S. 24 août 1777, mort le 29 mai 1780.

Mognon (Jean), né à La Girardie [Perigord] (1747), S. 25 août 1777, mort le 29 sept. 1779.

Lutz (Joseph), né à Manneheim [Brabant] (1748), S. 3 sept. 1777, congédié au Cap le 8 mai 1783.

Chambart (Philibert), né à Feuillan [Bresse] (1757), S. 16 sept. 1777, réformé le 15 mars 1784.

Livernois (André), né à Le Puy-en-Velay (1760), S. 12 déc. 1775, mort le 29 oct. 1781.

Pernin (Charles), né à Le Puy-en-Velay (1757), S. 21 mars 1773, congédié le 30 nov. 1783.

Descourt (Rémi), né à Saint-Front-en-Velay (1757), S. 7 août 1774, mort le 25 mai 1780.

Sougle (François-Henri), dit **La Rose**, né à Reilus [Hesse] (1758), S. 13 déc. 1778.

Louckart (Fortuné), dit **Lajoie**, né à Menchousre [Hesse] (1758), S. 13 déc. 1778.

Roth (Conrad), dit **La Déroute**, né à Finghault [Hesse] (1755), S. 13 déc. 1778, mort le 10 avril 1781.

Poirson (Jean), dit **Belle Pointe**, né à Charme-la-Côte (1759), S. 1er août 1779, mort le 20 janv. 1780.

Biget (Claude), dit **Montauciel**, né à Lunéville [Lorraine] (1758), S. 1er août 1779, mort le 24 juin 1780.

Ranchou (François), dit **La Feuillade**, né à Laloré [Vivarais] (1759), S. 1er août 1779, mort le 2 juin 1780.

Valade (Pierre), dit **La Tulipe**, né à Bergerac [Perigord] (1757), S. 1er août 1779, réformé le 28 oct. 1783.

Adam (Jean), né à Mondorf [Lorraine] (1758), S. 1er août 1779, mort le 19 mai 1780.

Cardeaux (Claude), dit **La Terreur**, né à Fresse [Franche-Comté] (1760), S. 1er août 1779, mort le 24 juin 1780.

Masson (Pierre), né à Pinas [Auvergne] (1755), S. 30 déc. 1775, congédié le 4 janv. 1784.

Vigueur (André), dit **Vainqueur**, né à Tulette [Dauphiné] (1743), S. 25 mars 1762, mort en Virginie le 8 mars 1782.

Cotiaux (Frédéric-Etienne-Joseph), né à Valenciennes [Hainaut] (1755), S. 11 nov. 1774, mort en Virginie le 28 mars 1782.

Thibaud (Manuel), dit **Le Guerrier**, né à Auvreguier [Franche-Comté] (1751), S. 8 déc. 1764, mort le 24 mars 1782.

Brunot (Louis), dit **La Couture**, né à Seurre [Bourgogne] (1752), S. 21 avril 1767, congédié au Cap le 8 mai 1783.

Deschamps (Joseph), dit **Bonaventure**, enfant trouvé, élevé à l'hôpital du Saint-Esprit, à Besançon (1757), S. 12 mai 1776, mort le 25 oct. 1781.

Fasquet (Jacques-Joseph), né à Saint-Omer [Artois] (1756), S. 22 nov. 1776, mort le 1er janv. 1783.

Bon Ami (Jean), dit **Perigord**, né à Bergerac [Perigord] (1757), S. 23 févr. 1777, réformé le 28 oct. 1783.

Le Clerc (Louis-François), dit **La Prudence**, né à Abbeville [Picardie] (1759), S. 23 févr. 1777, réformé le 28 oct. 1783.

Minc d'Orge (Antoine-François), dit **l'Intrépide**, né à Paris (1751), S. 18 mars 1777, resté au régiment du Cap le 30 avril 1783.

Bourget (Jean), dit **Jolibois**, né à Busson [Normandie] (1754), S. 18 mars 1777, mort le 27 oct. 1782.

L'Ecluse (Louis), dit **Bellegarde**, né à Carantilly (1759), S. 13 avril 1777, mort en Amérique le 29 juill. 1782.

Le Buid (Jean), né à Saint-Sorlin [Bourgogne] (1757), S. 1er janv. 1779, mort le 7 nov. 1782.

Rimbaud (Pierre), dit **L'Avantageux**, né à La Chaussée [Anjou] (1761), S. 29 févr. 1779, mort le 14 avril 1782.

Alais (Jean-Pierre-Thomas), dit **Le Prudent**, né à Saint-du-Crotté [Normandie] (1760), S. 2 avril 1779, réformé le 28 oct. 1783.

Le May (Jacques), dit **l'Invincible**, né à Angers (1757), S. 7 déc. 1779, mort le 28 oct. 1781.

Butel (René), dit **Belle Etoille**, né à Parthenay [Poitou] (1762), S. 1er févr. 1780, mort le 14 avril 1782.

Lezot (Joseph), dit **Le Joyeux**, né à Rennes [Bretagne] (1755) S. 23 févr. 1780, mort le 25 janv. 1782.

Buquet (Jean-Baptiste-Joseph), dit **l'Eté**, né à Moulle [Artois] (1759), S. 6 mars 1780, mort le 27 juill. 1783.

Faret (Dominique), dit **La Ramée**, né à Mirecourt [Lorraine] (1753), S. 7 avril 1780, mort en Virginie le 3 avril 1782.

Thiriot (Jean-Baptiste), né à Dompierre [Lorraine] (1759), S. 15 avril 1780, mort le 21 nov. 1782.

Valin (Pierre), dit **La Déroute**, né à Champagne [Bugey] (1763), S. 17 mai 1780, mort en Virginie le 2 juin 1782.

La Croix (Guillaume-Joseph), dit **L'Empereur**, enfant trouvé élevé à l'Hôtel-Dieu de Vienne [Dauphiné] (1753), S. 23 mai 1780, mort le 23 déc. 1781.

Demaret (Nicolas), dit **Bellehumeur**, né à Belloy [Picardie] (1763), S. 21 juin 1780, mort le 29 nov. 1781.

Chaussier (Lambert-Joseph), dit **Lisle d'Amour** né à Paris (1763), S. 13 août 1780, mort le 1er sept. 1782.

Lefevre (François), dit **Patin**, né à Paris (1759), S. 1er avril 1776, mort le 17 mars 1782.

Henry (Jean-François), né à Vitry-le-François [Champagne] (1761), S. 16 juill. 1780, resté au régiment du Cap le 30 avril 1783.

L'Empereur (Jean-Baptiste), dit **La Gibecière**, né à Valenciennes (1755), S. 3 août 1777, congédié le 25 janv. 1784.

Coeffé (Gabriel), dit **Parfun**, né à Chartres [Beauce] (1760), S. 1er févr. 1779, mort le 9 mars 1782.

Luiné (Philipe), dit **L'Ainé**, né à Tours [Touraine] (1751), S. 29 avril 1767, mort en Virginie le 24 mars 1782.

Mercier (Louis), dit **Berrichon**, né à Chateauneuf [Berry] (1760), S. 20 oct. 1776, R. pour 8 ans le 5 déc. 1781.

Avale (Louis), dit **Senlis**, né à Senlis [Ile de France] (1757), S. 10 nov. 1779, congédié le 19 févr. 1784.

Auger (Etienne), dit **Branched'or**, né à Paris (1758), S. 10 nov. 1779, mort le 23 nov. 1781.

Le Roux (Jean-François), né à Chatillon [Dauphiné] (1760), S. 15 déc. 1776, congédié le 28 oct. 1783.

Raphaël (François), dit **Lespérance**, né à Saint-Romain [Picardie] (1764), S. 16 déc. 1779, mort le 2 nov. 1782.

Le Maitre (Joseph), dit **Lafeuillade**, né à Longueval [Picardie] (1764), S. 2 avril 1780, mort le 26 oct. 1782.

Le Gras (Jean), dit **La Faveur**, né à Mons-L'Etoille [Bourgogne] (1749), S. 26 nov. 1774, mort le 28 sept. 1782.

Pellerat (Etienne), dit **L'Amoureux**, né à Coulanges [Blésois] (1761), S. 20 nov. 1778, mort le 21 déc. 1782.

Juneaux (Edme), dit **La Liberté**, né à Laignes [Bourgogne] (1760), S. 11 juill. 1776, mort le 25 nov. 1782.

Holaguier (André), dit **Villeneuve**, né à Yssingeaux [Velay] (1750), S. 5 déc. 1768, congédié le 28 oct. 1783.

Le Sueur (Jean-Baptiste), dit **Beaujardin**, né à Versailles (1760), S. 20 mai 1780, congédié le 28 oct. 1783.

Aubry (Jean-Baptiste), dit **Sans Quartier**, né à Triport [Brie] (1762), S. 20 fév. 1780, mort le 27 août 1782.

Alory (René), né à Jarle [Anjou] (1762), S. 15 oct. 1780, mort le 14 oct. 1782.

Guerdon (Pierre-Patrice), dit **Belle Epine**, né à Granville [Normandie] (1752), S. 20 juin 1775, mort le 12 juill. 1782.

Guillaume (Jean-Baptiste), né à Rennes [Bretagne] (1754), S. 15 nov. 1774, congédié le 5 avril 1784.

Compagnie de chasseurs.

DE SIREUIL, capitaine.

Hérault (Jean-Claude), né à Monestier [Velay] (1752), S. 15 mars 1769, mort le 4 sept. 1780.

Marcerau (Pierre), né à Saint-Mathurin [Anjou] (1730), S. 26 janv. 1757, parti pour la pension le 5 janv. 1782.

Briette (Joseph), né à Besançon [Comté] (1750), S. 25 janv. 1767, congédié le 11 août 1783.

Richaud (Joseph), né à Evange [Dauphiné] (1750), S. 30 sept. 1766, congédié le 27 août 1783.

Durand (Léonard), né à Lamarche [Limousin] (1744), S. 29 mars 1766, R. pour 8 ans le 15 janv. 1777.

Vitry (Antoine), né à Paris (1743), S. 6 sept. 1766, congédié le 10 août 1783.

Poncelet (Jean-Baptiste), né à Montain [Champagne] (1746), S. 14 nov. 1767, R. pour 8 ans le 6 avril 1774.

Buriat (Jacques), né à Saint-Parize [Nivernais] (1752), S. 7 oct. 1769, resté au régiment du Cap le 30 avril 1783.

Camaret (Marie-Joseph), né à Noyon [Picardie] (1748), S. 9 juill. 1770, R. pour 8 ans le 5 avril 1777.

François (Charles), né à Wargnies [Picardie] (1758), S. 21 nov. 1771, resté au régiment du Cap le 30 avril 1783.

Martin (René), né à Sancerre [Poitou] (1749), S. 14 janv. 1772, R. pour 8 ans le 11 oct. 1776.

Seredan (Nicolas), né à Cernay [Champagne] (1756), S. 26 mars 1772.

Bertrand (Jean), né à Le Puy-en-Velay (1753), S. 23 sept. 1773, mort le 4 déc. 1780.

Restouble (Barthélemy), né à Frontignan [Languedoc] (1749), S. 29 sept. 1773, mort le 19 juill. 1782.

Ribierre (Jean), né à Nîmes [Languedoc] (1755), S. 17 avril 1774, passé caporal le 3 avril 1780.

Bruley (Louis-Félix), né à Marcilly [Brie] (1749), S. 12 avril 1775, congédié le 15 déc. 1783.

Dumas (Charles), né à Montreuil [Anjou] (1755), S. 27 août 1775, tué à Savannah le 24 sept. 1779.

Hateau (Pierre), né à Abbeville [Picardie] (1757), S. 28 oct. 1776, tué à Savannah le 10 oct. 1779.

Daurier (Charles), né à Saint-Paulin [Auvergne] (1761), S. 20 mars 1777.

Delot (Jean), né à Maigrue [Gascogne] (1761), S. 27 juin 1777, tué à Savannah le 10 oct. 1779.

Pegal (Antoine), né à Montauban [Languedoc] (1760), S. 21 août 1777.

Campagnol (Jean), né à Peyrehorade [Guyenne] (1750), S. 14 août 1777, mort le 23 nov. 1779.

Livache (Etienne), né à Beaujeu [Anjou] (1726), S. 1er mars 1765, parti pour la pension le 13 mars 1781.

Clavier (Jean), né à Saint-Laurent [Bretagne] (1751), S. 25 avril 1775, réformé le 28 oct. 1783.

Lacrivier (Philippe), né à Pamiers [Comté de Foix] (1754), S. 11 sept. 1777, réformé le 28 oct. 1783.

Vachère (André), né à Saint-Jean [Auvergne] (1746), S. 11 avril 1767, tué à York le 14 oct. 1781.

Tabaret (Joseph), né à Saint-Jean-en-Daux (1755), S. 26 nov. 1776, mort en Virginie le 22 mars 1782.

Michel (François), né à Saint-Sulpice [Nivernais] (1756), S. 4 mars 1774, réformé le 3 mars 1784.

Haymard (Jean), né à Mazerier [Bourbonnais] (1757), S. 28 juin 1774.

Massé (Nicolas), né à Doulle [Lorraine] (1756), S. 21 août 1774, mort en mer le 2 nov. 1779.

Desville (Louis), né à Saint-Vallier [Dauphiné] (1754), S. 14 juin 1776, congédié le 15 mai 1781.

Hainauld (Julien), né à Rouvray [Bourgogne] (1756), S. 9 juill. 1776, congédié le 8 mai 1783.

Parmentier (Antoine-François), né à Bruyne [Lorraine] (1757), S. 27 juin 1777, tué à Savannah le 10 oct. 1779.

Bailly (Claude), né à Chalonnes-sur-Loire [Anjou] (1757), S. 18 nov. 1776, mort en 1781.

Bonnet (Gabriel), né à Clonas [Dauphiné] (1761), S. 16 déc. 1777, mort le 1er avril 1780.

Missas (Louis), né à Reims (1757), S. 16 déc. 1777, parti pour les Invalides le 1er févr. 1784.

Sallemon (Antoine), né à Paris (1756), S. 16 déc. 1777, mort le 22 nov. 1781.

Jobin (Louis), né à Muy [Bourgogne] (1759), S. 18 janv. 1776, resté au régiment du Cap le 30 avril 1783.

Lanou (Michel), né à Vire [Normandie] (1758), S. 18 janv. 1778, mort le 11 mars 1781.

Grosse (Antoine), né à Léran [Comté de Foix] (1750), S. 12 avril 1778, mort le 9 avril 1780.

Assier (Jean), né à Domeyrat [Auvergne] (1754), S. 8 janv. 1778, mort en 1781.

Robé (Joseph), né à Remiremont [Lorraine] (1758), S. 18 janv. 1778, congédié le 28 nov. 1783.

Robert (François), né à Lever-Voiser [Comté] (1758), S. 12 avril 1778, congédié le 5 déc. 1783.

Gracia (Jean), né à Bouligny [Lorraine] (1760), S. 12 avril 1778, mort le 24 mars 1780.

Nichau (François), né à Paris (1751), S. 22 juill. 1774, congédié le 30 nov. 1783.

Ketre (Christian), dit **Latendresse**, né à Fraonaiss [Hesse] (1756), S. 13 déc. 1778.

Maille (Jean), dit **Sans Façon**, né à Taniers [Hesse] (1756), S. 13 déc. 1778.

Deveaux (François), né à Hautieux [Basse-Normandie] (1749), S. 11 juill. 1775, mort le 28 juill. 1781.

Sourin (Joseph), né à Arc [Franche-Comté] (1755), S. 17 janv. 1779, mort le 3 mars 1780.

Plaquet (Médard), né à Ronchois [Normandie] (1744), S. 1er nov. 1765, tué à Savannah le 10 oct. 1779.

Miller (Jean-Routhe), dit **Fleur d'Amour**, né à Battenheim [Alsace] (1762), S. 22 févr. 1779, mort en Virginie le 22 mars 1781.

Maubracq (Armand), né à Bordeaux (1746), S. 19 juin 1779, resté au régiment du Cap le 30 avril 1783.

Boisse (Jean), dit **Cahors**, né à Gigouzac [Quercy] (1742), S. 1er août 1779, mort en mer le 10 nov. 1779.

Cussel (Vincent), dit **Jolicœur**, né en Italie (1756), S. 1er août 1779, tué à Savannah le 10 oct. 1779.

Tasdit (Michel), dit **Bataille**, né à Mâcon-sur-Saône [Bourgogne] (1757), S. 1er août 1779.

La Coste (Jean), né à Casoleau [Gascogne] (1748), S. 11 avril 1767, tué à York le 14 oct. 1781.

Tallard (Jean), né à La Croix [près Nevers] (1749), S. 15 févr. 1771, parti pour la retraite le 11 août 1783.

Bèze (Antoine), né à Saint-Omer [Picardie] (1752), S. 8 mars 1770, tué à York le 11 oct. 1781.

Poche (Antoine), né à Paris (1754), S. 13 nov. 1771, mort à Charleston en 1780.

Marton (Joseph), né à Villefranche [Beaujolais] (1755), S. 22 mars 1774.

Stal (Joseph), né à Orchies [Flandre] (1760), S. 27 févr. 1776, congédié le 28 oct. 1783.

Sonnier (Bernard), né à Villeneuve-le-Roi [Bourgogne] (1762), S. 17 avril 1776, mort le 1er sept. 1782.

Chepy (Etienne), né à Vitry-le-François [Champagne] (1759), S. 19 avril 1776, congédié le 19 avril 1784.

Le Port (Jacques), né à Saizy [Bourgogne] (1757), S. 5 oct. 1776.

Lacollé (Jean-François), né à Nanteuil ou Nantouillet [Beauce] (1757), S. 15 nov. 1776, resté au régiment du Cap le 30 avril 1783.

Dumont (Denis), né à Melun [Brie] (1754), S. 7 déc. 1776, mort en Virginie le 12 mars 1781.

Touzé (Jean), né à Castelnau Barbarens [Gascogne] (1760), S. 19 févr. 1777, tué à York le 14 oct. 1781.

Aillier (Jean-Pierre), né à Tonneins [Agenois] (1760), S. 8 mars 1777, congédié le 20 nov. 1783.

Bonnet (Grégoire), né à Lyon (1756), S. 1er avril 1777, resté au régiment du Cap le 30 avril 1783.

Chalonneaux (Joseph), né à Saulon-en-Bourgogne (1758), S. 1er avril 1777, congédié le 20 nov. 1783.

Bernard (Jean-Baptiste), né à Saintes [Saintonge] (1758), S. 16 déc. 1777, resté au régiment du Cap le 30 avril 1783.

Suplis (Louis-François), né à Reims [Champagne] (1758), S. 16 déc. 1777, resté au régiment du Cap le 30 avril 1783.

Haumette (Pierre), né à Brissac [Berry] (1757), S. 16 déc. 1777, resté au régiment du Cap le 30 avril 1783.

Lescouvette (Pierre), né à Toulouse (1760), S. 16 déc. 1777, mort le 8 déc. 1782.

Texier (Charles), né à Versailles (1760), S. 12 avril 1778, resté au régiment du Cap le 30 avril 1783.

Jobert (Antoine), né à Saint-Remy-sur-Creuse [près Poitiers] (1743), S. 3 sept. 1778, congédié le 28 oct. 1783.

Pierson (Charles), né à Wassy [près Joinville, Champagne] (1748), S. 30 mai 1780, mort en Virginie le 21 nov. 1781.

Sorbetz (Barthélemy), né à Aire [Guyenne] (1755), S. 26 avril 1775, tué à York le 14 oct. 1781.

Jacqueray (Pierre-Joseph), né à Saint-Loup [Comté] (1758), S. 13 juin 1775, congédié le 10 août 1783.

Laurenceau (Jean), dit **Belle Humeur**, né à Castres [Albigeois] (1760), S. 16 mars 1781, mort le 29 déc. 1781.

Bourgé (Etienne), né à Bigarroque [Périgord] (1760), S. 24 févr. 1777.

Née (Guillaume), dit **Bataille**, né à Caudebec [Normandie] (1762), S. 28 mars 1779, resté au régiment du Cap le 30 avril 1783.

Le Maire (Etienne), dit **Tranquille**, né à Meaux [Brie] (1755), S. 2 oct. 1776, congédié le 28 oct. 1783.

Julien (Claude), dit **Francœur**, né à Louhans [Bourgogne] (1755), S. 12 mai 1778, tué à York le 14 oct. 1781.

Terrier (Nicolas), dit **Pret à Boire**, né à Châlons [Champagne] (1754), S. 11 sept. 1776, congédié le 18 janv. 1784.

Oudart (Noël), dit **L'Eveillé**, né à Montreuil [Ile de France] (1758), S. 3 févr. 1776, congédié le 1er nov. 1783.

Engler (Louis), dit **Sans Peur**, né à Saint-Avold [Lorraine allemande] (1752), S. 3 févr. 1775, congédié le 10 août 1783.

Curdinet (François), dit **Montauciel**, né à Mirecourt [Lorraine] (1760), S. 1er août 1777, tué à Yorck le 14 oct. 1781.

Duthou (Jean-Baptiste), dit **Branched'or**, né à Arras [Artois] (1758), S. 11 févr. 1777, mort le 14 janv. 1782.

Billard (François-Joseph), dit **La Vigueur**, né à Saint-Omer [Artois] (1759), S. 29 août 1776, mort en Virginie le 6 janv. 1782.

Pialat (Louis-Nicolas), dit **La Déroute**, né à Auxerre [Bourgogne] (1760), S. 29 févr. 1776, mort le 3 févr. 1784.

Gérard (Jean-Louis), dit **La Rose**, né à Besançon (1751), S. 23 sept. 1776, mort en Virginie le 26 mai 1782.

Bauchet (Jean-Louis), dit **La Tempête**, né à Pas-en-Artois (1757), S. 28 oct. 1776, mort le 16 févr. 1782.

Baptiste (Louis-François), dit **La Fierté**, né à Alençon [Normandie] (1758), S. 28 oct. 1779, parti pour les Invalides le 5 janv. 1782.

Bardin (Roland-Louis), dit **Jolicœur**, né à Puylaurent [Languedoc] (1762), S. 17 sept. 1779, resté au régiment du Cap le 30 avril 1783.

Curdon (Louis-Victor), dit **Frappe d'Abord**, né à Abbeville [Picardie] (1757), S. 11 sept. 1774, mort en Virginie le 24 oct. 1781.

Jonard (Jean-Louis), dit **Laprudence**, né à Rocroy [Champagne] (1758), S. 16 févr. 1776.

Berrurier (Jean-Baptiste), dit **La Volonté**, né à Caen [Normandie] (1760), S. 27 nov. 1778, parti pour la pension le 31 mars 1784.

Gilles (Pierre), dit **Courageux**, né à Loubans [Bourgogne] (1757), S. 28 oct. 1777, tué à York le 14 oct. 1781.

Colué (André), dit **La Victoire**, né à Fresnes [Comté] (1757), S. 23 nov. 1777, mort le 10 oct. 1781.

Houba (Rémy), dit **La Terreur**, né à Floing [Champagne] (1759), S. 31 mai 1778, tué à York le 14 oct. 1781.

Marque (Pierre), dit **Bayonne**, né à Louisbourg [Canada] (1755), S. 17 mars 1774, congédié le 10 août 1783.

Esbelle (Louis), dit **La Victoire**, né à Bouviguy [Flandre] (1757), S. 22 févr. 1776, congédié le 22 févr. 1784.

Thévin (Edme), dit **Printemps**, né à Coulanges-sur-Yonne [Bourgogne] (1759), S. 11 avril 1776, congédié le 11 avril 1784.

Roux (Jean-Baptiste), dit **La Gloire**, né à Lyon (1763), S. 19 août 1780, congédié le 8 mai 1783.

Plotou (Pierre), dit **La Pointe**, né à Le Puy-en-Velay (1750), S. 24 mars 1776, congédié le 24 mars 1784.

Dubois (Jean), né à Besançon (1750), S. 14 janv. 1775, congédié le 10 août 1783.

Mathieu (Pierre), dit **Bellerose**, né à Rambervillers [Lorraine] (1757), S. 1er août 1779, congédié le 4 nov. 1783.

Toussaint (Nicolas), dit **Sans Soucy**, né à Lons-le-Saunier [Comté] (1756), S. 15 avril 1780, réformé le 6 janv. 1784.

Vielle (Jean-Baptiste), dit **La Tour**, né à Saint-Hymer [Normandie] (1757), S. 30 oct. 1776, resté au régiment du Cap le 30 avril 1783.

Lacvivier (Philippe), né à Pamiers [Comté de Foix] (1755), S. 11 sept. 1777, réformé le 21 nov. 1783.

Deduit (Antoine), né à Genouilleux en Dombes [près Lyon] (1753), S. 29 avril 1772, congédié le 19 avril 1784.

Compagnie Vacheron.

Jardeaux (Jacques), né à Lachapelle-sous-Chaux [Alsace] (1755), S. 21 févr. 1773, mort le 6 août 1782.

Alix (Nicolas), né à La Haye-Malherbe [Normandie] (1758), S. 9 mai 1774, congédié le 11 août 1783.

Billion (André), né à Bourges [Berry] (1750), S. 22 avril 1768, mort le 9 août 1779.

Denis (Jean), né à Marey [Nivernais] (1760), S. 5 juill. 1773, mort le 12 mars 1784.

Midoc (Jean), né à Coulommiers [Brie] (1747), S. 23 janv. 1764, congédié le 11 nov. 1783.

Gard (Nicolas), né à Besançon (1750), S. 1er juin 1768, mort le 20 avril 1784.

Varoquet (Jean), né à Courcy [Champagne] (1752), S. 30 avril 1767, resté au régiment du Cap le 30 avril 1783.

Gaumain (Louis-Nicolas), né à Versailles (1752), S. 9 mai 1769, mort le 24 août 1779.

Viard (Louis-Joseph), né à Cambrai (1753), S. 14 mars 1770, mort le 28 août 1779.

Fouinot (Claude), né à Paris (1750), S. 12 févr. 1771, congédié le 28 oct. 1783.

Lambert (Gilles), né à Ménars-la-Ville [près Blois] (1752), S. 18 mars 1773, congédié le 8 mai 1783.

Hurset (Philippe), né au Pecq [près Paris] (1752), S. 18 juill. 1773.

Equimbert (Jean-Baptiste), né à Paris (1756), S. 16 août 1774, congédié au Cap le 8 mai 1783.

Barbé (Jacques), né à Orléans (1753), S. 15 nov. 1776, mort en 1782.

Prochasson (François), né à Montargis [Gatinois] (1755), S. 7 déc. 1776.

Chayée (Edme), né à Melun [Brie] (1757), S. 7 déc. 1776, mort le 10 mai 1782.

Houssey (Gilles-Henry), né à Aliême [Bretagne] (1755), S. 7 déc. 1776.

Mausseau (Michel), né à Joué [Anjou] (1758), S. 1er avril 1777, congédié le 28 oct. 1783.

Beauchêne (Claude), né à Ponts-de-Cé [près Angers] (1755), S. 1er avril 1777, mort le 13 août 1782.

Le Comte (Louis), né à Nantes (1756), S. 1er avril 1777, mort le 13 nov. 1779.

Le Page (Pierre), né à Belley en Bugey (1751), S. 16 déc. 1777, mort le 3 déc. 1781.

Brully (Guillaume-Gilles), né à Laurac [près Carentan] (1750), S. 16 déc. 1777.

Pomée (Jean-Judy), né à Paris (1755), S. 16 déc. 1777, réformé le 22 nov. 1783.

Ausausse (François), né à Saint-Arailles [près Auch] (1751), S. 16 déc. 1777, mort le 30 août 1780.

Boutin (Augustin), né à Jamon [Gascogne] (1748), S. 16 déc. 1777.

Bouin (Jean-Baptiste), né à Fay-aux-Loges (1752), S. 16 déc. 1777, mort en 1780.

Coudignos (André), né à Charost [Poitou] (1748), S. 16 déc. 1777, mort le 17 janv. 1780.

Jean (Jean-Louis), né à Saint-Eustache (1753), S. 12 avril 1778.

Toureau (Michel), né à Baivé [Anjou] (1760), S. 12 avril 1778.

De Lusac (Pierre), né à Augard [Limousin] (1756), S. 12 avril 1778, congédié le 1er janv. 1784.

Jiron (Joseph), dit **Cirant**, né à Martigues [Provence] (1744), S. 12 avril 1778.

Gabet (Pierre), né à Paris (1758), S. 12 avril 1778.

Vaudamé (Michel), né à Bruxelles [Brabant] (1758), S. 3 sept. 1777.

Pot de Vin (Jacques), dit **Beausoleil**, né à Conflans [Maine] (1759), S. 1er août 1779, mort le 14 mai 1782.

Bunet (Vincent-Bossué), dit **Latendresse**, né à Pontoise [près Paris] (1758), S. 1er août 1779, mort le 21 sept. 1779.

Beau (François), dit **Sans Quartier**, né à Iglier [Beauce] (1756), S. 1er avril 1779, congédié le 8 mai 1783.

Aubert (Joseph), dit **Pied Ferme**, né à Bargemon [Provence] (1760), S. 1er août 1779, mort le 10 déc. 1779.

Denis (Julien), né à Béthencourt [Cambrésis] (1757), S. 1er août 1779, mort le 27 mai 1780.

D'Auphin (Jean), dit **Belle Pointe**, né à Martigny-le-Comte [Charolais] (1759), S. 1er août 1779.

Laurent (Antoine), né à La Tour-de-Sçay [Comté] (1759), S. 1er août 1779, mort le 15 janv. 1781.

Bastialle (Etienne), dit **La Tranchée**, né à Dannes [près Boulogne] (1761), S. 1er août 1779.

Brunet (Pierre), dit **Cœurderoy**, né à Angerville-la-Martel [Normandie] (1758), S. 1er août 1779, mort le 8 mai 1780.

La Proute (Guillaume), né à Louhans [Bourgogne] (1717), S. 5 janv. 1776, congédié le 5 janv. 1784.

Hudry (Claude-Alexis), né à Annot-sur-Marne (1750), S. 4 déc. 1775, congédié le 4 déc. 1783.

Aubert (Louis), né à Draguignan (1736), S. 9 mai 1758, mort le 13 août 1780.

Servain (Germain), dit **Bien Aimé**, né à Auxerre [Bourgogne] (1753), S. 1er août 1779, mort le 15 août 1783.

Girard (Bernard), né à Versailles (1756), S. 18 oct. 1774.

Baron (Louis), dit **La Tendresse**, né à Saint-Marc [Ile et côte de Saint-Domingue] (1759), S. 19 déc. 1780, resté au régiment du Cap le 30 avril 1783.

D'Arouai (Antoine-François), né à Paris (1746), S. 18 janv. 1778, mort le 14 avril 1782.

L'Ebre (Mathias), dit **La Terreur**, né à Traubach [Alsace] (1741), S. 16 mars 1781.

Brocourt (Jean), dit **Lajeunesse**, né à D'Anguimbert [Lorraine] (1763), S. 16 mars 1781, mort le 19 mai 1782.

Hursy (Etienne), dit **La Guerre**, né à Montemart-le-Comte [Périgord] (1761), S. 16 mars 1781, mort le 28 janv. 1781.

Berranger (Pierre), dit **L'Eveillé**, né à Bordeaux (1740), S. 19 mai 1781.

Bolle (Jean-Mathieu), né à Le Puy-en-Velay (1740), S. 12 juill. 1781.

Le Gay (Guillaume), né à Pontoise [près Paris] (1759), S. 16 déc. 1777, mort le 1er févr. 1782.

Hache (Pierre), né à Paris (1762), S. 15 déc. 1778, congédié au Cap le 8 mai 1783.

Reclus (Jean), né à Flagnac [Rouergue] (1757), S. 14 janv. 1781, mort le 11 sept 1782.

Vaudricourt (Louis), né à Paris (1754), S. 4 mai 1781, congédié le 1er nov. 1782.

Beaulieu (Jean-Paul), né à Ermont [près Paris] (1763), S. 13 mai 1780, mort le 30 août 1782.

Le Roi (Théophile-Joseph), né à Hondeghem [Hainaut] (1755), S. 10 nov. 1775, congédié le 10 nov. 1783.

Chevreaux (André), né à Varzy [Auxerrois] (1761), S. 20 janv. 1777, mort le 22 juill. 1782.

Resteing (Joseph), né à Le Puy-en-Velay (1763), S. 5 mars 1780, mort le 20 oct. 1782.

Perissein (Pierre-Joseph), né à Saint-Jean D'Arves [Savoie] (1742), S. 18 févr. 1765, mort le 6 août 1782.

André (Louis), né à Caen [Normandie] (1763), S. 12 oct. 1780, mort le 13 sept. 1782.

Morel (Joseph), né à Merbier [Franche-Comté] (1760), S. 14 sept. 1777, mort le 14 oct. 1782.

Noel (André), né à Le Puy-en-Velay (1750), S. 6 avril 1780, mort le 31 oct. 1782.

Deshayes (François), né à Orbec [Normandie] (1758), S. 2 févr. 1775, congédié le 4 févr. 1784.

Des Bretons (Pierre-Antoine), né à Fresnay-le-Comte [Maine] (1747), S. 16 mai 1767, resté au régiment du Cap le 30 avril 1783.

Pémalle (Claude), dit **Rozières**, né à Bar-le-Duc (1762), S. 11 déc. 1779, resté au régiment du Cap le 30 avril 1783.

Gauthier (Pierre), né à Louviers [Normandie] (1757), S. 19 déc. 1778, mort le 18 août 1782.

Dubeau (Etienne), né à Abbeville [Picardie] (1763), S. 9 janv. 1779, mort le 22 sept. 1782.

Jeannin (Denis), né à Villeneuve-Saint-Georges [Brie] (1756), S. 15 mars 1781, réformé en 1783.

Foucault (Antoine), né à Clermont [Auvergne] (1760), S. 15 juin 1780, mort le 28 mars 1783.

Le Mets (Pierre), dit **La Flèche**, né à la Flèche [Anjou] (1751), S. 4 févr. 1771, mort le 4 août 1782.

Bouvel (François), né à Montauban [Bretagne] (1762), S. 28 juin 1778, mort le 9 déc. 1782.

Feuilly (Jacques), né à Saint-Firmin [Berry] (1744), S. 20 oct. 1779, mort le 21 sept. 1781.

Poinsignon (Nicolas), dit **Des Lauriers**, né à Rouil [Lorraine] (1732), S. 7 sept. 1754, parti pour la pension le 11 août 1783.

Victor (Louis), dit **Triomphant**, né à Beauroussel [Perche] (1745), S. 17 févr. 1771, mort le 9 oct. 1782.

Pierrard (Pierre), né à Fley [Bourgogne] (1752), S. 18 janv. 1778, resté au régiment du Cap le 30 avril 1783.

François, (Hippolite-Gabriel), né à La Ferté-sous-Jouarre [Brie] (1761), S. 9 juill. 1777, réformé en 1783.

Chatal (Etienne), né à Saint-Morillon [Languedoc] (1762), S. 10 déc. 1780, réformé en 1783.

Ploudron (Jacques), né à Paulhenc [Auvergne] (1757), S. 12 juill. 1777, noyé le 21 juill. 1781.

Vigant (Etienne-Eustache), né à Civray [Poitou] (1758), S. 2 juill. 1777, congédié le 20 févr. 1784.

Bonnafoux (Antoine), né à Alais [Languedoc] (1761), S. 5 déc. 1780, congédié le 28 oct. 1783.

Bruly (Guillaume-Gille), né à Laurme [près Carentan] (1749), S. 16 déc. 1777, congédié le 28 oct. 1783.

Coudroy (Jean-Louis), né à Moislains [près Péronne] (1745), S. 12 sept. 1765, congédié le 7 mai 1783.

Compagnie Saint-Florent.

Barrere (Bertrand), né à Despas [Gascogne] (1741), S. 26 avril 1775, parti pour la solde le 1er févr. 1784.

Clédes (Jean), né à Beussy [Guyenne] (1755), S. 1er mai 1773, congédié le 10 août 1783.

Audinot (Jacques), né à Paris (1753), S. 5 août 1774, congédié le 10 août 1783.

Godin (Jean-François), né à Chambéry [Savoye] (1732), S. 19 nov. 1754, parti pour la pension le 20 juin 1780.

Fretté (Benoist), né à Rocroy [Champagne] (1750), S. 15 mars 1769, resté au régiment du Cap le 30 avril 1783.

Barthélemy (François), né à Elais (Bourgogne] (1752), S. 23 nov. 1773.

Boillier (Gaspard), né à Besançon (1749), S. 1er avril 1774, mort en Espagne en 1783.

Aumont (Pierre), né à Frantigné [Champagne] (1750), S. 27 févr. 1775, mort le 20 mars 1780.

Bertrand (Jean), né à Auriac [près Agen] (1757), S. 26 avril 1775.

Dubois (Philibert), né à Brasser [Bourgogne] (1757), S. 1er avril 1777, réformé le 28 oct. 1783.

Dufut (Michel-Philippe), né à Riennes [Guyenne] (1758), S. 16 déc. 1777, mort en Virginie le 10 nov. 1781.

Jovy (Jean-François), né à Paris (1758), S. 16 déc. 1777, congédié le 28 oct. 1783.

Delmont (Jean) né à Brieul [Bas Limousin] (1759), S. 16 déc. 1777, resté au régiment du Cap le 30 avril 1783.

Hudes (Jean), né à Rouen [Normandie] (1758), S. 16 déc. 1777, tué à Savannah le 10 oct. 1779.

Marcadier (Pierre), né à Montauban [Quercy] (1758), S. 18 janv. 1778, tué à Savannah le 10 oct. 1779.

Gérard (Laurent-Jean), dit **Sans Chagrin**, né à Senn [Comté] (1757), S. 1er août 1779, mort le 10 août 1780.

Blanc (François), dit **La Rose**, né à Tarascon [Provence] (1762), S. 1er août 1779, mort le 21 oct. 1782.

Robert (Joseph), dit **Belle Pointe**, né à Casse-Jardit (1757), S. 1er août 1779, mort le 2 oct. 1779.

Oudart (Jean-Louis), dit **Vadeboncœur**, né à Boulogne-sur-Mer (1755), S. 1er août 1779, mort le 25 sept. 1779.

Paul (Joseph-Toussaint), dit **Saint-Louis**, né à Valenciennes (1761), S. 1er août 1779, congédié le 28 oct. 1783.

Thillier (Jean), né à Saint-Denis [près Paris] (1759), S. 15 mars 1775, R. pour 8 ans le 9 août 1779.

Gervais (François), dit **Francœur**, né à Saint-Jean-de-Gardeningue [près Anduze] (1759), S. 16 mars 1781.

Bouisson (Jacques), dit **Bel Amour**, né à Montpellier [Languedoc] (1759), S. 18 juill. 1781.

Beaudouin (Pierre), dit **La Rigueur**, né à Niort [Poitou] (1763), S. 28 sept. 1780, mort à La Rochelle le 22 juill. 1783.

Masquilier (François), dit **Condé**, né à Guigny [Flandre] (1744), S. 31 janv. 1766, R. pour 8 ans le 12 déc. 1781.

Robert (Etienne), dit **Clermont**, né à Clermont [Auvergne] (1755), S. 7 juill. 1773, mort le 28 mai 1782.

Fusquel (Pierre), dit **Bienveillant**, né à Guines [Picardie] (1756), S. 16 avril 1775, mort le 21 sept. 1781.

Le Fèvre (François), dit **La Déroute**, né à Abbeville [Picardie] (1758), S. 20 nov. 1775, mort le 2 août 1782.

Habetot (François), dit **Du Breuil**, né à Metz [Evêchés] (1751), S. 31 janv. 1776, mort le 11 juill. 1782.

Roux (Louis), né à Saint-Lubin [Beauce] (1751), S. 14 juill. 1776, mort le 23 août 1782.

Duplais (Jean), dit **Bresse**, né à Suzay [Berry] (1761), S. 2 avril 1777, mort le 24 août 1782.

Marre Boin (Jean-Pierre), dit **Picard**, né à Ostel [Soissonnois] (1761), S. 8 oct. 1777, mort le 17 août 1782.

Le Fèvre (François), né à Yponisse [Bourgogne] (1760), S. 2 mai 1777, mort le 12 juill. 1782.

Barbet (Antoine), né à Magny-Lessart [Ile de France] (1745), S. 2 avril 1778, mort à Newport le 15 juin 1782.

Vergot (Pierre), dit **La Faveur**, né à Villeneuve [Languedoc] (1760), S. 1er mars 1779, réformé le 24 avril 1784.

Mezier (Jean-Baptiste), dit **Charleville**, né à Tailly [Champagne] (1763), S. 28 avril 1778, mort le 4 août 1782.

Oudot (Claude), dit **Lafeuillade**, né à Plombières [Lorraine] (1761), S. 21 août 1779, mort le 14 déc. 1781.

Richaume (Pierre), dit **Vitry**, né à Vitry [Champagne] (1760), S. 18 nov. 1779, mort le 24 août 1782.

Charièrre (Jean-Louis), né à Jeantes [Picardie] (1763), S. 18 mai 1780.

Boutin (Mars), dit **Belle Rose**, né à Patoy [Bretagne] (1763), S. 4 juin 1780.

Boudin (Jean-Baptiste), dit **Sans Quartier**, né à Frevent [Artois] (1763), S. 25 août 1780, mort le 17 juin 1782.

Auger (Etienne), dit **La Réjouissance**, né à Amiens [Picardie] (1750), S. 22 avril 1773, mort le 13 févr. 1783.

Paquier (Antoine), dit **Point-du-Jour**, né à Lyon (1763), S. 18 janv. 1781.

Leger (Pierre-François), dit **La Liberté**, né à Paris (1761), S. 9 sept. 1778, mort le 12 juill. 1782.

Crinon (Nicolas-Joseph), dit **La Victoire**, né à Cagnicourt [Artois] (1758), S. 25 juin 1781, mort le 26 août 1782.

Renaud (Georges), dit **Sans Façon**, né à Sette Lange [Luxembourg français, près Thionville] (1760), S. 16 mars 1781, réformé le 28 oct. 1783.

Coste (Antoine), né à Chaud [Languedoc] (1753), S. 18 janv. 1778, resté au régiment du Cap le 30 avril 1783.

Bosson (Jean), dit **Sans Chagrin**, né à Gex [Bourgogne] (1755), S. 12 juill. 1781, resté au régiment du Cap le 30 avril 1783.

Jutel (Philippe-François), né à Paris (1756), S. 15 août 1781.

Gauthier (Jean), dit **Divertissant**, né à Alençon [Normandie] (1744), S. 10 août 1758, mort le 9 août 1782.

Phelinne (Etienne), né à Uzès [Languedoc] (1747), S. 5 déc. 1767, mort au Port au Prince.

Dorget (Claude), né à Dombrot [Lorraine] (1758), S. 15 nov. 1776, congédié le 18 mai 1784.

Poinsot (François), né à Longeville [près Metz, Lorraine] (1756), S. 7 déc. 1776, congédié le 8 juin 1784.

Fort (François), né à Etain [Lorraine] (1757), S. 15 nov. 1776.

Delpeche (Jean-Marc), dit **Saint-Germain**, né à Pont-Audemer [Normandie] (1760), S. 1er mars 1779, congédié par réforme le 24 avril 1784.

Le Quès (Pierre-Joseph), né à Vannes [Bretagne] (1755), S. 9 avril 1773, R. pour 8 ans le 1er avril 1779.

Gilbert (Pierre), né à Silesaud [Bretagne] (1747), S. 19 mars 1769, mort le 30 août 1780.

Chenet (Michel), né à Kaltenhausen [Alsace] (1749), S. 16 déc. 1777, mort le 14 févr. 1781.

Pouthier (Laurent), né à Montpellier [Languedoc] (1737), S. 21 mai 1759, mort le 26 janv. 1783.

Compagnie de Coussol.

Rithier (Charles), né à Comtheim [près Worene, Palatinat] (1740), S. 18 déc. 1767, mort le 14 janv. 1780.

Salles (Jean), né à Valoque [Languedoc] (1751), S. 15 mars 1769, mort le 9 nov. 1781.

Vextain (Emanuel), né à Lanel [Flandre] (1750), S. 5 janv. 1771, mort le 14 oct. 1781.

Leblanc (Joseph), né à Marseille (1760), S. 21 mars 1768, tué à Savannah le 24 sept. 1779.

Nissol (Pierre), né à Le Mas de Lojujournaux [Languedoc] (1751), S. 5 janv. 1777, mort le 25 juin 1780.

Mourache (Paul), né à Nevers [Nivernais] (1741), S. 8 janv. 1760, mort le 5 avril 1780.

Decroisette (Paul), né à Beaumont [Picardie] (1744), S. 15 nov. 1763, mort le 13 févr. 1783.

Desprès (Honoré), né à Arles [Provence] (1745), S. 31 mars 1768, mort le 27 mai 1780.

Hourdain (Joseph), né à La Haïrie [Normandie] (1755), S. 5 févr. 1771, congédié le 8 nov. 1783.

Marette (Pierre-Joseph), né à Awoingt [Hainaut] (1753), S. 22 nov. 1771, mort à Cadix en 1781.

Hiroux (Joseph), né à Douche-Saint-Nicolas [Velay] (1753), S. 27 janv. 1774.

Brunel (Adrien), né à Saint-Germain [près Compiègne] (1755), S. 7 févr. 1774, mort le 14 mai 1781.

Thiviot (Nicolas-Claude), né à Rouilly [Champagne] (1754), S. 15 nov. 1776.

La Croix (Nicolas), né à Peguin [Lorraine] (1752), S. 15 nov. 1776, resté au régiment du Cap le 30 avril 1783.

Vielle (Julien), né à Reute [Bretagne] (1759), S. 15 nov. 1776, mort le 19 sept. 1782.

Fraiquaux (Paul), né à Niort [Poitou] (1746), S. 1er avril 1777, congédié au Cap le 8 mai 1783.

Piout (Georges), né à D'Erlaine [Franche-Comté] (1755), S. 1er avril 1777, réformé le 28 oct. 1783.

Chapelain (François-Denis), né à Alençon [Normandie] (1756), S. 16 déc. 1777, mort à Moëze près Larochelle en 1782.

Carquabo (Hugues), né à Rouville [Guyenne] (1755), S. 16 déc. 1777, mort le 18 déc. 1779.

Lefebvre (François), né à Vitré [Bretagne] (1756), S. 16 déc. 1777.

Déchamp (André), né à Niort [Poitou] (1756), S. 16 déc. 1777, resté au régiment du Cap le 30 avril 1783.

Largue (Jean), né à Saint-Thurien [Normandie] (1754), S. 18 janv. 1778.

Compa (François), né à Hautecourt [Bugey] (1755), S. 18 janv. 1778, réformé le 2 nov. 1783.

Charbonnier (Jean), né à Paris (1746), S. 18 janv. 1778, resté au régiment de la Guadeloupe en 1782.

Crepain (Etienne), né à Fontenay-sur-Conie [Beauce] (1756), S. 12 avril 1778, mort le 6 mai 1784.

Hiomet (François-Marie), né à Paris (1753), S. 9 févr. 1771, congédié le 24 avril 1784.

Toridivet (Jean), né à Dijon (1752), S. 27 juin 1774, congédié le 28 oct. 1783.

Blanchet (Julien), né à Fougères [Bretagne] (1753), S. 16 déc. 1778, resté au régiment du Cap le 30 avril 1783.

Hary (Valentin), né à Strommer [Angleterre] (1763), S. 15 avril 1779.

Langlois (Philippe), dit **L'Eveillé**, né à Paris (1757), S. 1er août 1779.

Perigault (Edme), né à Vermanton (1758), S. 1er août 1779, mort le 15 août 1780.

La Ferté (François), dit **La Tulipe**, né à Saint-Pourçain [Auvergne] (1759), S. 1er août 1779, tué sur le « Caton » au combat du 9 avril 1782.

Chariat (Germain), dit **Cœuderoy**, né à Irancy [Bourgogne] (1757), S. 1er août 1779, mort le 14 mai 1780.

Vincent (Martin), dit **Bellamour**, né à Corcelles [Bugey] (1759), S. 1er août 1779, mort le 10 janv. 1781.

Martin (Jacques), dit **Fleur d'Orange**, né à Moissey [Comté] (1757), S. 1er août 1779, mort le 12 juin 1781.

Rebier (Pierre-Louis), dit **Sans Regret**, né à Guigny [Picardie] (1744), S. 1er août 1779, mort au fort Royal en 1782.

Laurent (Jacques), dit **La Déroute**, né à la Chapelle-Rolland [Brie] (1758), S. 1er août 1779, mort le 17 nov. 1781.

Gaudray (Jacques), dit **Branched'or**, né à Saint-Calois [Maine] (1757), S. 1er août 1779, mort le 2 oct. 1779.

De Launait (François), né à Saint-Pierre-sur-Dives [Normandie] (1760), S. 1er août 1779, mort le 10 mars 1780.

Le Sieur (Charles), dit **Bellehumeur**, né à Tournes [Champagne] (1760), S. 1er août 1779.

Yvin (Yves), dit **La Violette**, né à Chateauneuf [Bretagne] (1755), S. 29 mars 1781, resté au régiment du Cap le 30 avril 1783.

Sarreau (Pierre), dit **La Bonté**, né à Dijon (1755), S. 12 nov. 1774, mort le 24 déc. 1783.

Ozanne (Pierre), dit **Leroy**, né à Bernay [Normandie] (1756), S. 1er oct. 1773, mort le 14 oct. 1781.

Monier (Joseph), né à Funas [Dauphiné] (1757), S. 4 août 1777.

L'Ecuyer (Jean-Noël), né à Saint-Pierre [Gâtinais] (1751), S. 21 juill. 1777, mort au régiment du Cap le 30 avril 1783.

Le Ferme (Pierre-François), né à Saint-Agnan [Picardie] (1756), S. 4 mars 1779, mort le 9 nov. 1781.

Tincelin (Jean), né à Lunéville [Lorraine] (1756), S. 25 avril 1779, mort le 25 déc. 1781.

Drot (Jean-Louis), dit **La Giroflée**, né à Baume-les-Dames [Comté] (1755), S. 4 juin 1777, mort le 5 févr. 1783.

Bonnet (Hilaire), né à Bretigney [Franche-Comté] (1756), S. 12 nov. 1775, congédié le 12 nov. 1783.

La Rose (Jacques), né à Losne [Bourgogne] (1763), S. 31 mai 1780, mort le 14 janv. 1782.

Bourguignon (Jean-Baptiste), né à Haucourt [Normandie] (1763), S. 24 mars 1780, mort en Virginie le 3 juill. 1782.

Cousseau (Pierre-Alexandre), dit **La Clef des Cœurs**, né à Tours (1754), S. 13 juin 1778, resté au régiment du Cap le 30 avril 1783.

Maigret (Georges), né à Mandrevillars [Franche-Comté] (1752), S. 2 déc. 1776, mort le 10 mars 1782.

Simono (Nicolas), dit **La Rigueur**, né à Montcharvot [Champagne] (1759), S. 5 mars 1777.

Le Prince (Pierre), né à La Grande Loy [Franche-Comté] (1750), S. 9 mars 1766, mort le 20 janv. 1782.

David (Charles), né à La Chapelle-Taillefert [Marche] (1751), S. 26 nov. 1777, resté au régiment du Cap le 30 avril 1783.

Bellonque (Jean), dit **L'Actionnaire**, né à Lagor [Béarn] (1759), S. 3 avril 1780, mort en 1782.

Meinier (François), dit **Saint-Martin**, né à Saint-Martin-de-Brousse (1741), S. 1er avril 1763, mort le 15 nov. 1781.

Grusset (François), dit **l'Olivier**, né à Angers (1763), S. 3 nov. 1779, mort à Niort en 1782.

Servant (Jean-Bertrand), dit **Latendresse**, né à Angers (1764), S. 1er juin 1779, tué sur le « Caton » le 9 avril 1782.

Cabaret (Louis-François), dit **Montigny**, né à Montigny [Picardie] (1755), S. 23 janv. 1775, congédié le 10 août 1783.

Fouesette (Jean-Baptiste), dit **La Chopine**, né à Sommehonne [dans le Luxembourg] (1754), S. 11 sept. 1778, mort le 20 mai 1782.

Duplouy (Eustache), dit **Apollon**, né à Saint Omer [Artois] (1764), S. 11 janv. 1780, resté au régiment du Cap le 30 avril 1783.

Le Grand (Joseph), dit **La Redoute**, né à Douai (1762), S. 30 avril 1777, réformé le 19 mai 1782.

Braud (Jean-Michel), dit **La Guerre**, né à Niort [Poitou] (1742), S. 15 déc. 1774, mort le 14 août 1782.

Carriès (Pierre), dit **Vigant**, né à Villefranche [Languedoc] (1743), S. 13 mars 1761, mort le 4 juin 1783.

Harbelet (Jean), dit **Beaujardin**, né à Etampes [Beauce] (1751), S. 12 nov. 1768, mort le 20 août 1782.

Le Comte (Etienne), dit **La Berloque**, né à Caen [Normandie] (1765), S. 25 nov. 1780, mort le 10 juill. 1782.

Chaulet (David), dit **Deslauriers**, né à Champigny [Bourgogne] (1764), S. 13 août 1781, mort le 3 août 1782.

Dumas (Louis-Victor), dit **Branle Bas**, né à Auxy-le-Château [Artois] (1757), S. 8 juin 1780, mort le 23 août 1782.

Orry (Pierre), dit **Bellegarde**, né à Montargis [Gâtinais] (1749), S. 15 nov. 1770, resté au régiment du Cap le 30 avril 1783.

Chenet (Joseph), dit **L'Amoureux**, né à Châlon-sur-Saône [Bourgogne] (1761), S. 26 déc. 1779, mort le 19 juill. 1782.

Vigoureux (François), dit **César**, né à Le Puy-en-Velay (1754), S. 9 janv. 1777, mort le 20 sept. 1782.

Huard (Jean-François), né à Sedan [Champagne] (1751), S. 17 janv. 1776, congédié le 17 janv. 1784.

Houssard (Charles-François), né à Rouen (1753), S. 1er sept. 1767, mort le 27 août 1782.

Charet (Gilbert), né à Chézy [Bourbonnais] (1756), S. 17 févr. 1774, mort en Virginie en déc. 1781.

Broché (Nicolas), né à Aillevillers [Franche-Comté] (1750), S. 17 mars 1768, congédié le 17 mars 1784.

Dupont (Jean), dit **Boulogne**, né à Boulogne-sur-Mer (1739), S. 12 mai 1776, congédié le 9 mai 1784.

Garnier (Joseph), né à Sausseuil [Champagne] (1757), S. 15 nov. 1776.

Forêt (Adrien), né à Dommartin [Picardie] (1751), S. 15 déc. 1769, mort le 3 août 1782.

Compagnie de Chaumont.

Palis (Paul), né à Thionville [près Metz] (1752), S. 1er avril 1774, mort à York le 20 oct. 1781.

Tourmol (Louis), né à Autruche [Picardie] (1742), S. 15 mai 1758, adjudant le 1er mars 1783.

Emanuel (François), dit **Hurault**, né à Amame [Lorraine] (1748), S. 1er sept. 1767, congédié le 1er nov. 1780.

Guénin (Pierre), né à Montbard [Bourgogne] (1735), S. 5 avril 1758, R. pour 8 ans le 29 mars 1772.

Jacob (Claude-Etienne), né à Vesoul [Comté] (1737), S. 10 sept. 1755, mort le 16 nov. 1779.

Sauvat (André), né à Saint-Thurin [Auvergne] (1754), S. 15 nov. 1772, congédié le 11 août 1783.

Rabut (Antoine), né à Saint-Quentin [Picardie] (1750), S. 25 oct. 1766, mort le 3 févr. 1780.

Janin (Jean-Claude), né à Sampigny [Lorraine] (1754), S. 2 avril 1774, congédié le 11 août 1783.

Bize (Jacques-François), né à Pierrefontaine [Franche-Comté] (1755), S. 4 sept. 1774, mort en Virginie le 15 mai 1782.

Maurice (Jean), né à Saint-Pierre [Gascogne] (1760), S. 7 déc. 1776, tué à Savannah le 10 oct. 1779.

Bervet (Michel), né à Durtal [Anjou] (1753), S. 1er avril 1777, resté au régiment du Cap le 30 avril 1783.

Deshayes (Louis), né à Fontaine-en-Beauce [Beauce] (1757), S. 21 nov. 1776, mort le 11 oct. 1780.

Megnau (Jacques), né à Mettray [Touraine] (1742), S. 1er avril 1777, mort le 15 mai 1780.

Galiaque (Jean-Baptiste), né à La Chapelle [près Paris] (1756), S. 16 déc. 1777, mort le 27 août 1781.

Pertiaut (François), né à Moux [Bourgogne] (1757), S. 16 déc. 1777, mort le 7 août 1779.

L'Avergne (André), né à Ars [Ile de Ré] (1750), S. 16 déc. 1777, mort le 22 oct. 1779.

Royer (Charles-Jacques), né à Paris (1755), S. 16 déc. 1777, mort le 2 janv. 1780.

Chicheris (Jean), né à Pons [Saintonge] (1756), S. 6 déc. 1777, tué à bord le 23 mars 1780.

Gilaud (Pierre-Paul), né à Meaux [Brie] (1747), S. 16 déc. 1777, mort le 18 oct. 1780.

Bedel (Jean), né à Montauban (1757), S. 18 janv. 1778, resté au régiment du Cap le 30 avril 1783.

Mayeux (François), né à Orléans (1756), S. 18 janv. 1778, mort le 11 nov. 1779.

Pipart (Jean-François), né à Crèvecœur [Brie] (1754), S. 18 janv. 1778, resté au régiment du Cap le 30 avril 1783.

Dufour (Charles), né à Dreux [Beauce] (1757), S. 18 janv. 1778, mort le 31 oct. 1781.

Simon (Jacques), né à Romaine-sur-les-Côtes [Bretagne] (1757), S. 12 avril 1778, mort le régiment du Cap le 30 avril 1783.

Pochaligou (Corentin), né à Quimperlé [Basse-Bretagne] (1757), S. 12 avril 1778, mort le 27 févr. 1782.

Mouille Farine (Claude-Joseph), né à Troyes [Champagne] (1758), S. 12 avril 1778, resté au régiment du Cap le 30 avril 1783.

Augaros (Antoine), né à Auxonne [Bourgogne] (1759), S. 1er avril 1777, congédié au Cap le 8 mai 1783.

Josse (Pierre), né à Chartres [Beauce] (1758), S. 12 avril 1778, congédié le 28 oct. 1783.

Cauvin (Jean-Pierre), dit **L'Assemblée**, né à Saint-Pierre-sur-Dive [Basse Normandie] (1758), S. 1er août 1779, mort le 3 mai 1780.

Hébert (François), né à Danizy [Picardie] (1758), S. 1er août 1779, mort le 8 nov. 1779.

Baye (Armand), dit **La Lune**, né à Langon [Guyenne] (1758), S. 1er août 1779, mort le 5 mars 1780.

Bournier (Bernard), dit **Brin d'Amour**, né à Beaune [Bourgogne] (1758), S. 1er août 1779, congédié le 28 oct. 1783.

Avet (Etienne), dit **Latour**, né à Thônes [Savoie] (1758), S. 1er août 1779, mort le 23 oct. 1780.

Duprès (Barthélemy), dit **La Violette**, né à La Motte [Guyenne] (1760), S. 1er août 1779.

Leiogier (Jean-Martin), dit **Bellehumeur**, né à Saint-Maurice-de-Lignon [Velay] (1753), S. 1er août 1779.

Souriguière (Bernard), dit **Vadeboncœur**, né à Aussère [près Toulouse] (1758), S. 3 nov. 1779, resté au régiment du Cap le 30 avril 1783.

Hugonin (Félix), dit **La Valence**, né à Bordeaux (1757), S. 7 août 1780, réformé le 28 oct. 1783.

Huguenot (Marc), dit **Sans Façon**, né à Saint-Vincent [Orléanais] (1736), S. 1er août 1779, mort le 13 août 1780.

La Rose (Fabien), dit **La Forgne**, né à Saint-Chamant [Limousin] (1755), 28 sept. 1780, mort le 18 nov. 1780.

Domino (Jean), dit **La Douceur**, né à Saint-Surin [Médoc] (1764), S. 21 mars 1781, tué à York le 13 oct. 1781.

Rannesire (Pierre), dit **Le Protecteur**, né à Sarrebourg [Lorraine allemande] (1753), S. 16 mars 1781, congédié le 28 oct. 1783.

Le Moine (Pierre), dit **La Forme**, né à Versailles (1756), S. 9 avril 1781.

Masson (Jean-Baptiste), dit **La Volonté**, né à D'Anneret [Languedoc] (1760), S. 17 avril 1781.

Clément (François), dit **Bien Aimé**, né à Draguignan (1759), S. 16 mars 1781, resté au régiment du Cap le 30 avril 1783.

Bisiau (Lamoral-Joseph), dit **Ferdinand**, né à Valenciennes [Hainaut] (1748), S. 8 juin 1781, resté au régiment du Cap le 30 avril 1783.

Courtat (André), né à Chaudy [Blésois] (1750), S. 15 avril 1771, mort le 30 août 1782.

Fuchs (Joseph), dit **Brisefer**, né à Rouffach [Alsace] (1760), S. 16 mars 1781, mort le 30 juill. 1781.

Bourgeat (Claude), dit **Bourguignon**, né à Lacrost [Bourgogne] (1760), S. 22 juin 1781, resté au régiment du Cap le 30 avril 1783.

D'Evenin (Arnaud), né à Turnin [Flandre] (1745), S. 28 janv. 1761, mort le 2 juill. 1782.

Lestrades (Jean-Baptiste), dit **La Valeur**, né à Toulouse [Languedoc] (1739), S. 9 févr. 1767, parti pour la pension le 5 janv. 1782.

Guelin (Nicolas), dit **Vexin**, né à Neuilly-en-Vexin [près Pontoise] (1751), S. 6 juin 1777, mort en Virginie le 13 nov. 1781.

Beaudiant (François), dit **La Bonté**, né à Moncla [Béarn] (1758), S. 22 mars 1778, mort le 4 août 1782.

Dubettier (Antoine), dit **Sans Quartier**, né à Paris (1758), S. 20 août 1778, mort le 6 juill. 1782.

De Lannoy (Jean-Pierre), dit **Lafeuillade**, né à Fontainebleau (1761), S. 1er déc. 1778, mort le 23 nov. 1781.

Spinga (Laurent), dit **L'Orange**, né à Besançon [Franche-Comté] (1761), S. 5 févr. 1780, resté au régiment du Cap le 30 avril 1783.

Gaignat (Pierre), dit **Belle Fleur**, né à Milly-en-Gâtinais (1762), S. 19 févr. 1780, mort le 13 mai 1782.

Catel (Jean), dit **La Gaité**, né à Montchauvel [Normandie] (1762), S. 1er mars 1780, mort en Virginie le 2 nov. 1781.

Perry (Joseph), dit **Prêt à Boire**, né à Fougères [Bretagne] (1756), S. 17 avril 1780, mort le 20 janv. 1782.

Lauras (Antoine), dit **Sans Façon**, né à Saint-Rome [Rouergue] (1762), S. 20 avril 1780, mort en janv. 1782.

Finet (Pierre), dit **L'Artois**, né à Hesdin [Artois] (1761), S. 15 juin 1780, mort le 1er janv. 1782.

Le Simple (Nicolas), dit **Stainville**, né à Dreux [Beauce] (1764), S. 13 oct. 1780.

Bardou (Jean-François), dit **L'Escard**, né à La Bastide Clairence [Bas Navarrais] (1755), S. 14 août 1779, mort le 12 nov. 1781.

Perret (Claude), dit **Dijon**, né à Dijon [Bourgogne] (1755), S. 21 mai 1780, réformé le 11 févr. 1784.

Denizot (Jean-Baptiste), né à Vorges [Picardie] (1733), S. 20 oct. 1763, parti pour les Invalides le 1er janv. 1784.

Pilau (Jean), dit **Sans Soucy**, né à Vaudenasse [Bourgogne] (1754), S. 27 févr. 1774, mort le 5 déc. 1781.

Ospell (Mathieu), né à Errouville [Lorraine] (1751), S. 28 août 1767, mort le 3 déc. 1781.

Champion (Louis), né à Sermaize [Champagne] (1724), S. 16 déc. 1755, parti pour la pension le 5 janv. 1782.

Lœil (Jean-Baptiste), dit **Beaudiscours**, né à Cambrai (1758), S. 8 août 1776, resté au régiment du Cap le 30 avril 1783.

Robert (Louis), dit **Bellefin**, né à Créancey [Bourgogne] (1751), S. 6 août 1776, congédié le 29 nov. 1783.

Carrat (Pierre), dit **Berrichon**, né à Issoudun [Berry] (1753), S. 17 juin 1780, congédié le 8 mai 1783.

Monjoux (Pierre), dit **l'Invincible**, né à Montpellier [Languedoc] (1761), S. 16 mars 1781, réformé le 20 nov. 1783.

Fortin (Pierre), dit **Sans Peur**, né à Visèche [Bretagne] (1748), S. 30 nov. 1779, renvoyé à son régiment le 29 mai 1782.

Marcadier (Pierre), dit **L'espérance**, né à Chillac [Saintonge] (1750), S. 25 janv. 1779, mort le 28 déc. 1782.

Maubert (François), dit **Basoche**, né à Bazoche [Normandie] (1756), S. 15 oct. 1779, resté au régiment du Cap le 30 avril 1783.

Le Roux (René-Hyacinthe), dit **Figaro**, né à Rennes [Bretagne] (1760), S. 1er août 1780, mort le 21 nov. 1782.

Le Veff (Jean), dit **Tranquille**, né à Baratref [Bretagne] (1750), S. 8 oct. 1779, mort le 30 août 1782.

Mercier (Claude), dit **Beausseron**, né à Angerville [Beauce] (1754), S. 22 févr. 1781, resté au régiment du Cap le 30 avril 1783.

Daraud (Gilles), dit **La Verdure**, né à Saint-Laurent [Normandie] (1763), S. 3 août 1781, resté au régiment du Cap le 30 avril 1783.

Guillain (Bruno), dit **Alexandre**, né à Béthune [Artois] (1762), S. 10 déc. 1780, mort le 24 sept. 1782.

La Marche (Joseph), dit **Bellerose**, né à Saint-Cyprien [Périgord] (1760), S. 28 mars 1781, mort le 25 août 1782.

Moignon (Jean-Baptiste), dit **La Faveur**, né à Riom [Auvergne] (1744), S. 28 nov. 1765, mort le 3 oct. 1782.

Rouré (Louis), dit **L'Automne**, né à Versailles (1762), S. 6 juill. 1778, congédié le 4 avril 1784.

Rourré (Honoré), dit **L'Insensible**, né à Blois (1762), S. 28 nov. 1780, mort le 27 oct. 1782.

Ducreux (Philippe-René), dit **Lagrandeur**, né à Ruffet [Franche-Comté] (1752), S. 5 oct. 1778, mort le 13 oct. 1782.

Le Roy (Jacques), dit **Condé**, né à Condé [Normandie] (1750), S. 30 août 1780, mort le 9 févr. 1783.

Queroy (Etienne), dit **Belœillet**, né à Corbeil [Ile de France] (1757), S. 18 mars 1778, congédié le 28 oct. 1783.

Marie (Antoine), né à .... [Limousin] (1757), S. 7 déc. 1776, congédié le 18 mai 1784.

Bellier (Claude), né à Vitré [Bretagne] (1738), S. 3 janv. 1757, parti pour la pension le 1er janv. 1784.

Jameaux (Gaspard), né à Anjou [Dauphiné] (1760), S. 29 mars 1776, congédié le 4 mars 1784.

Couque (Jean), né à Quintimont [Agenois] (1762), S. 26 mars 1777.

Perez (Claude), né à Dijon (1755), S. 24 mai 1780, congédié le 7 févr. 1784.

Simonin (Jean-Jacques), né à Moulan-sur-Seine [Ile de France] (1754), S. 18 janv. 1778, resté au régiment du Cap le 30 avril 1783.

Duviviers (Pierre), né à Beaumont-le-Roger [Normandie] (1755), S. 1er nov. 1771, congédié le 4 avril 1784.

Salisson (Jean-François), né à Saint-Chamond [Lyonnais] (1740), S. 6 janv. 1767, mort le 12 sept. 1783.

Gaillot (Michel), né à Luthenay [Nivernais] (1755), S. 27 févr. 1771, congédié le 11 août 1783.

Vioubled (François), né à Durtal [Normandie] (1754), S. 1er avril 1777, congédié le 18 juin 1784.

Goguelet (Jean), né à Roudée [Bourgogne] (1760), S. 8 juin 1776, congédié le 8 juin 1784.

Mary (Antoine), né à La Girisse [Limousin] (1757), S. 7 déc. 1776, congédié le 18 mai 1784.

Jubelain (Jean), né à Saint-Antoine-de-Gurgue [Auvergne] (1754), S. 15 nov. 1772, congédié le 11 août 1783.

Patin (Jean), né à Besançon (1750), S. 1er janv. 1769, congédié au Cap le 8 mai 1783.

RÉGIMENT DE TOURAINE

Le premier colonel de ce régiment fut le baron du Plessis-Joigny (Timoléon de Congressan) le 29 avril 1625.

Il fut réorganisé le 16 avril 1775, après avoir été partagé en deux régiments dont l'un garda le nom et les drapeaux de Touraine et l'autre prit le titre de Savoie-Carignan.

Le premier colonel du nouveau régiment de Touraine fut le marquis de Laval (Anne-Alexandre-Marie-Sulpice-Joseph de Montmorency) le 26 avril 1775.

Ses successeurs furent : le marquis de Saint-Simon Maubléru (Claude-Anne) le 29 juin 1775

Le vicomte de Poudenx (Henri-François-Liamard) le 13 avril 1780.

Le vicomte de Mirabeau (André-Boniface-Louis de Riquetti) le 10 mars 1788.

Le dernier, Charlot (Guillaume) le 17 août 1792.

Vers la fin de 1779, le Touraine s'embarqua à Brest pour les îles d'Amérique.

Le 12 avril 1780, ce régiment partit avec Agénois et Gatinais sur la flotte du comte de Grasse pour aller renforcer autour d'York-Town l'armée de Rochambeau. Le marquis de Saint-Simon commandait les forces de renfort. Il s'embarqua le 5 août et arriva le 15 dans la baie de la Chesapeak. Il prit part au siège d'York-Town; puis retourna aux Antilles. Après un court séjour à la Martinique, il rembarqua sur la flotte du comte de Grasse et arriva le 11 janvier 1782 en vue de l'île Saint-Christophe. Il contribua à la prise de Bristone-Hill. Touraine rentra en France en 1783. Il devint le 33e d'infanterie en 1791. Le 33e actuel est en garnison à Arras.

Henry-François LIAMART, Vicomte DE POUDENX, né à Paris le 1er août 1748, Colonel.

ÉTAT-MAJOR

COLONEL, MESTRE DE CAMP

Le vicomte **de POUDENX** (Henry-François-Liamart), né à Paris, le 1er août 1748. A reçu, le 5 déc. 1781, une lettre de satisfaction pour sa bonne conduite à Saint-Christophe et à York.

MESTRES DE CAMP EN SECOND

Le comte **de FLECHIN de VAMIN** (Charles-François-Joseph). A reçu, le 5 déc. 1781, une lettre de satisfaction pour sa bonne conduite à York (Virginie).

Le chevalier **de RIQUETTI de MIRABEAU** (André-Boniface-Louis), né à Paris, le 30 nov. 1754. S'est trouvé en 1780 aux combats de M. de Guichen et s'est distingué à Saint-Christophe où il a été blessé.

LIEUTENANT-COLONEL

Du MOULIN de la BARTELLE de MONTLEZUN (Jean-François), né à Aire [Guienne], le 14 juin 1729. A reçu une forte contusion aux combats des 9 et 12 avril 1782 livrés par M. le comte de Grasse.

MAJOR

De MENONVILLE (Louis-Antoine-Thibault). A obtenu une pension à l'occasion du siège d'York.

QUARTIER-MAITRE TRÉSORIER

REYNAUD (Pierre), né à Marseille, le 3 avril 1731. A pris le rang de capitaine, le 30 mars 1780.

CAPITAINES

La COSTE de la MARQUE (Guillaume-Marcillac), né à Argentat [Limousin], en mai 1733.

PAUDIN de BEAUREGARD de ROMMEFORT (Charles-Pierre), né à Cognac, le 15 juin 1740. Chevalier de Saint-Louis, le 24 juin 1780.

DOMERGUE de BEAUREGARD (Joseph), né à Mende [Gévaudan], le 24 fév. 1735.

De LAUNAY (Jean-Baptiste-René-Clément), né à Ruffeveil [Normandie], en nov. 1739. Bonne conduite à York.

DESBORDES (Charles-Etienne-Marguerite), né à Bourg [Bresse], le 21 août 1736.

CHARLOT (Guillaume), né à Foingrave [Guienne], le 21 mars 1736. Fait chevalier de Saint-Louis le 5 déc. 1781, pour sa bonne conduite à York.

SAVARY (Charles-François), né à Paris, le 5 mai 1738. Mort en 1782.

DUCASSE (Paul), né à Mirande, le 15 avril 1736. Fait chevalier de Saint-Louis, le 15 sept. 1782.

De TARDIVY de THORENC (Jean-Baptiste-Guerillot-Albert), né à Grasse, le 12 juin 1743.

GALTIER D'ALOSE (Joseph-Philémon), né à Merueis [Languedoc]. Fait capitaine commandant, le 22 mai 1780.

SANTIS DESPENANT (Marc-Antoine), né à Castelnau en 1745.

Le chevalier **de MARCY de SIGNY** (Jean-Claude), né à Laon, le 10 nov. 1750. A péri en 1780 sur le vaisseau de commerce du Havre « Le Phénix ».

Le chevalier de **CLAMOUZE** (André-Bernard), né à Valenciennes, le 21 déc. 1752. Mort en 1780.

RAYNAULT de PASSEPLANE (Charles-Augustin-Alexandre), né le 25 janv. 1752, à Salvetat. Fait capitaine commandant le 12 nov. 1782.

NORMANDIN (Jean-Pierre), né à Montélimar, le 1er mai 1730. Mort le 2 avril 1780.

Le chevalier **ARON de REBOURGUIL** (Louis-Etienne), né le 16 févr. 1749 à Milhau [Rouergue]. Le 5 déc. 1781, a reçu la promesse d'une majorité d'infanterie, à l'occasion du zèle et du talent qu'il a particulièrement montrés à York.

Le chevalier **de BEDOS de CAMPAN** (Henry-Dominique-André), né à Puylaurens, le 13 mars 1753. Fait capitaine commandant, le 4 janv. 1783.

De VEZIAN (Pierre-Jacques-Jean-Marguerite), né à Montpellier, le 1er mai 1753. Mort en 1780 sur la frégate du Roy.

VIJAN AURIOL de BAUDREUIL (Jacques-Henry), né le 21 janv. 1751 à Saint-Pierre-le-Moutier [Nivernais]. Fait capitaine commandant, le 30 mai 1784.

Le chevalier **de BONNE** (Jean), né le 22 juill. 1750 à Viviers-les-Montagnes. Bonne conduite à Saint-Christophe.

LIEUTENANTS

PARMENTIER (Jacques-Joseph), né à Heigen, le 15 août 1728. Belle conduite à York.

Le GRAS de VAUBERY (Louis-François-Alexandre-Edouard), né à Montgenes, le 3 sept. 1754.

De GOURCY (Joseph), né à Dommartin, le 8 févr. 1754. Fait capitaine en second, le 1er janv. 1781.

De PONTAVICE des LANDES (Jean-Joseph-Marie), né à Fougères, le 11 févr. 1753. Fait capitaine en second, le 1er janv. 1781.

HEMARD (François-Xavier), né à Verdun, le 15 juin 1752. Fait capitaine en second, le 1er janv. 1782.

BEATRIX (François-Félix), né à Valognes, le 11 avril 1753. Mort en 1780.

BAILLYAT de PRECHATEAU (Nicolas-François), né à Dijon, le 26 févr. 1753. Fait capitaine en second, le 1er janv. 1782.

Le CHEVALIER (Gilles-Michel), né à Boisroger [Normandie], en mai 1730. Fait capitaine, le 14 janv. 1783.

De BRANCHE (Pierre-Nicolas), né à Laon, le 23 sept. 1755. Fait capitaine en second, le 13 juill. 1782.

Le chevalier **de CREMOUX** (Jean-Marie), né à Périgueux, le 8 avril 1758. Fait capitaine en second, le 12 nov. 1782.

PATET (Joseph), né à Montville, le 30 nov. 1741. Fait lieutenant en premier, le 28 févr. 1783.

De la ROCHE VERNAY (Henry), né à Loudun, le 5 août 1757. Fait lieutenant en premier, le 1er août 1780.

De POMMERY (Marie-François-Bonaventure), né à Laon, le 10 août 1757. Fait lieutenant en premier, le 1er janv. 1781.

CARDON de VIDAMPIERRE (Jean-Joseph-Antoine), né le 1er nov. 1758. Fait lieutenant en premier, le 1er janv. 1782.

SOUS-LIEUTENANTS

FRANÇOIS (Jean), né à Metz, le 12 juill. 1735. A obtenu, le 4 avril 1781, une pension de retraite.

De BRESSOLLES (François-Denis), né le 12 juill. 1759, à La Celle [diocèse de Bourges]. Fait lieutenant en second, le 22 mai 1780.

De MATHEY (Joseph-Casimir-François), né à Carpentras, le 5 août 1760. Fait lieutenant en second, le 22 mai 1780.

Le COQ de BOIS BAUDRAN (Jean-Gaspard). Fait lieutenant en second, le 1er août 1780.

D'ALBENAS (Jean-Joseph). Fait lieutenant en second, le 1er sept. 1780.

De RETZ (Auguste-Guillaume-Honoré). Fait lieutenant en second, le 1er janv. 1781.

De MONTALEMBERT (Casimir), né le 11 avril 1763. Fait lieutenant en second, le 1er janv. 1781; blessé légèrement aux combats du 9 au 12 avril 1782 donnés par M. le comte de Grasse.

Du JONQUOIS (Jacques-Marie-Louis-Eléonore).

De FLORIT de la TOUR de CLAMOUZE (Clément-Antoine-Simon), né le 25 nov. 1762. Fait lieutenant en second, le 1er janv. 1782.

De MARQUET de MARCY (François-Guillaume), né le 28 sept. 1763. Fait lieutenant en second, le 1er janv. 1782.

De BANAL (Antoine-Pierre-Gabriel). Fait lieutenant en second, le 1er janv. 1782.

Du BAC (Jean-Baptiste). Mort en 1781 sur la frégate « La Diane ».

DUHAMEL de la BOTHELIERE (Michel-Ami-Fidel), né le 10 oct. 1759. Fait lieutenant en second, le 4 janv. 1783.

Du MOULIN de MONTLEZUN de la BARTHELLE (Barthélemi-Sernin), né le 8 déc. 1762. Fait lieutenant en second, le 24 juin 1782.

De la PORTE (Pierre-Jean-Baptiste), né le 31 janv. 1761. Fait lieutenant en second, le 13 juill. 1782.

BLONDEL de BONNEUIL DAZAINCOURT (Augustin-Charles-Marie). Fait lieutenant en second, le 12 nov. 1782.

Du PERON (Jean-Marie), né le 8 avril 1764. Fait lieutenant en second, le 30 mai 1784.

Le chevalier **de CASTELNAU** (Jean). Fait lieutenant en second, le 30 mai 1784.

SEIGNEURET (Louis), né le 11 mai 1726, à Bazoches [Perche]. Le 28 juill. 1782, a reçu la croix de chevalier de Saint-Louis et une pension de retraite.

Compagnie de la Coste *.

Bernard (Pierre), né à Wadelincourt [Trois Evêchés] (1727), S. 4 mars 1752, parti pour la pension le 30 juin 1783.

Darvieux (François), né à Macla [près Saint-Etienne] (1730), S. 20 mars 1754, mort à Kingston en janvier 1781.

Dumousseau (Michel), né à Saint-Léger [Nivernais] (1731), S. 26 mars 1754, parti pour la pension le 30 déc. 1783.

Chauvet (Dominique), né à Revel [Provence] (1727), S. 6 avril 1754, mort à Kinston en 1781.

Picard (Jean), né à Courtry [Bourgogne] (1734), S. 5 mars 1758, R. pour 8 ans le 1er oct. 1779.

Roulier (Julien), né au Mans (1736), S. 27 avril 1758, mort à la Petite-Anse le 12 déc. 1781.

Brassier (Julien), né à Saint-Germain [Anjou] (1745), S. 5 déc. 1763, mort étant prisonnier de guerre en sept. 1781.

Glatignon (René), né à Lovenay [Maine] (1744), S. 26 déc. 1763, R. pour 8 ans le 11 nov. 1778.

Jacob (Pierre-François), né à Pierrefontaine [Franche-Comté] (1740), S. 21 déc. 1764, R. pour 8 ans le 1er oct. 1779.

Graffet (Isaac), né à Sacy [Normandie] (1747), S. 15 mars 1765, R. pour 8 ans le 1er nov. 1783.

Nozier (Jacques), dit **Ramponeau**, né à Vat [Vivarais] (1748), S. 24 avril 1766, R. pour 4 ans le 7 oct. 1778.

* Abréviations : S. = Entré au service ; R. = Rengagé.

Michel (Antoine), né à Allanche [Auvergne] (1746), S. 23 oct. 1766, mort au Cap le 9 juin 1782.

Bruton (Jacques), né à Vouvray (1745), S. 23 févr. 1767, R. pour 8 ans le 14 nov. 1783.

Noirot (André), né à Neuf-Brisach (1738), S. 28 mars 1767, mort à Kingston le 14 nov. 1780.

Robert (Pierre), né à Marseille (1744), S. 15 avril 1767, congédié le 10 août 1783.

Lorth (Jean-François), né à Dunkerque (1742), S. 1er nov. 1769, R. pour 8 ans le 1er nov. 1777.

Brachet (Jean), né à Tournus [Languedoc] (1752), S. 7 août 1762, R. pour 8 ans le 17 janv. 1780.

Le Roux (Jean), dit **Noailles**, né à Chanteloup [Normandie] (1752), S. 26 juin 1772, mort le 2 nov. 1781.

Andonneau (Noël), dit **Argenson**, né à Chateaudun [Beauce] (1751), S. 13 sept. 1772, R. pour 8 ans le 8 nov. 1778.

Denyot (Pierre), dit **Colbert**, né à Vendôme [près d'Orléans] (1748), S. 21 oct. 1772, R. pour 8 ans le 6 juin 1779.

Bras (Jean), dit **Benjamin**, né à Courgenay [Bourgogne] (1752), S. 14 nov. 1772, R. pour 8 ans le 14 nov. 1780.

Sarrazin (Jean-Claude), dit **Lange**, né à Antoisson [Franche-Comté] (1755), S. 16 déc. 1773, mort le 31 janv. 1782.

Fontainier (Antoine) dit **Rohan**, né à Saint-Chely-d'Aubrac [Rouergue] (1758), S. 8 mars 1775, mort au Cap le 28 août 1781.

Mallet (Guillaume), dit **Rouergue**, né à Saint-Geniez [Rouergue] (1757), S. 8 mars 1775, mort le 27 oct. 1781.

Le Brun (Edme), né à Arrentières [Champagne] (1747), S. 2 sept. 1775, mort le 24 nov. 1781.

Faure (Pierre), né à Empurany [Vivarais] (1756), S. 25 nov. 1775, mort à la Petite-Ance le 27 janv. 1782.

Boucher (Pierre), né à Romans [Dauphiné] (1758), S. 25 nov. 1775, mort en juin 1781.

Docant (François), dit **Roch**, né à Sommières [Languedoc] (1759), S. 2 déc. 1775, R. pour 4 ans le 2 déc. 1779.

David (Philibert), né à Epaon [Auvergne] (1750), S. 15 déc. 1775, R. pour 4 ans le 15 déc. 1779.

Courbet (Antoine), dit **Riboteur**, né à Saint-Hilaire [Dauphiné] (1750), S. 4 févr. 1776, mort le 18 déc. 1781.

Salles (Isaac), né à Sauve [près d'Alais] (1758), S. 9 mai 1776.

Simonneau (Etienne-Michel), né à Paris (1759), S. 15 mai 1776, congédié le 5 déc. 1783.

Robert (Jean), dit **Richard**, né à Fossange [Auvergne] (1760), S. 13 juill. 1776, congédié le 18 nov. 1782.

Del (Charles), né à Pesmes [Franche-Comté] (1750), S. 27 sept. 1776, R. pour 8 ans le 25 févr. 1783.

Chaudier (Joseph), né à Romans [Dauphiné] (1759), S. 13 oct. 1776, R. pour 4 ans le 23 nov. 1783.

Arzillier (Guillaume), dit **Romans**, né à Viam [Vivarais] (1756), S. 15 nov. 1776, mort au Cap le 17 mars 1782.

Charpentier (Jacques), né à Fresne-le-Vicomte [Normandie] (1736), S. 7 janv. 1777, rayé des contrôles le 15 oct. 1782.

Dreuilhet (Dominique), né à Auch [Gascogne] (1758), S. 14 janv. 1777, mort le 24 nov. 1781.

Lagneau (Jacques), né à Chaumont [Champagne] (1760), S. 18 févr. 1777, mort au Cap le 20 avril 1783.

Cappelet (Charles), dit **Rossignol**, né à Prémont [Cambrésis] (1759), S. 23 juill. 1777, mort à Kingston en févr. 1781.

Hénon (Louis-François), dit **Reymond**, né à Montauban [Picardie] (1760), S. 2 août 1777, R. pour 4 ans le 24 nov. 1783.

Roue (Jean), né à Saint-Laurent (1760), S. 17 août 1777.

Dumont (Jean-Baptiste), dit **Ruzé**, né à Lille (1761), S. 10 déc. 1778, R. pour 8 ans le 25 oct. 1783.

Courtois (Nicolas-Charles), né à Nogent-sur-Seine [Champagne] (1760), S. 18 déc. 1778, mort au Cap le 21 sept. 1782.

Laverne (Jean), dit **Ravage**, né à Piaux [Auvergne] (1761), S. 21 févr. 1779, R. pour 4 ans le 23 nov. 1783.

Traineau (André), dit **Romanet**, né à Rouen (1759), S. 30 nov. 1779, mort le 5 avril 1782.

Limel (Antoine-François), dit **Rafin**, né à Paris (1762), S. 1er nov. 1778, mort au Cap le 1er août 1782.

Salomon (André), dit **Rabé**, né à Bossieu [Dauphiné] (1753), S. 15 oct. 1779.

Hyménée (Claude), dit **Rigobert**, né à Beaussais [Languedoc] (1756), S. 15 oct. 1779, R. pour 4 ans le 23 nov. 1783.

Giraud (François), dit **Roussel**, né à Neuilly [près de Paris] (1753), S. 20 oct. 1779, mort le 6 janv. 1782.

Lambert (Blaise), dit **Rasoir**, né à Besançon [Franche-Comté] (1763), S. 2 nov. 1779, mort le 24 nov. 1781.

Gault (Nicolas), dit **Rabaton**, né à Paris (1760), S. 30 déc. 1779, R. pour 4 ans le 23 nov. 1783.

Menatoire (Charles), né à Beaucaire (1737), S. 1er janv. 1756, mort au Cap le 3 mars 1783.

George (Claude), dit **Saint-Georges**, né à Marbache [près Nancy] (1740), S. 21 mai 1758, mort le 17 mars 1782.

Planchard (Jean), dit **Ranconet**, né à Néris [près de Moulins] (1743), S. 1er mai 1760, mort au Cap le 3 oct. 1782.

Dieuleven (Joseph), dit **Recouvrance**, né à Neufchâtel [près d'Alençon] (1740), S. 21 mars 1760, mort au Cap le 4 juill. 1782.

Mayeux (Louis), dit **Refuge**, né à Launois [Bretagne] (1740), S. 25 avril 1765, mort au Cap le 26 nov. 1782.

Bierne (David), dit **Ram**, né à Saint-Jean-de-Cornies [près de Montpellier] (1748), S. 6 avril 1766, mort en mer le 15 avril 1782.

Vital (Simon), dit **Rapé**, né à La Petite-Raon [près de Senones] (1754), S. 11 janv. 1770, R. pour 8 ans le 3 janv. 1776.

Barey (Jean-François), dit **Rival**, né à Revigny-sur-Mouse (1754), S. 10 déc. 1772, mort à Williamsbourg le 31 déc. 1781.

Denis (François), dit **Replique**, né à Pange [près de Metz] (1755), S. 3 nov. 1774, mort au Cap le 11 janv. 1782.

Valette (Jean), dit **Ramée**, né à Saint-Jean-La-Palu [près de Limoges] (1755), S. 17 janv. 1775, mort au Cap le 3 juin 1782.

Renaudot (Jacques), dit **Riccoboni**, né à Chancenne [près de Besançon] (1754), S. 1er mai 1775, mort au Cap le 16 oct. 1782.

Queray (Jean-Baptiste), dit **Ramassé**, né à Amiens (1752), S. 19 févr. 1776, congédié le 5 déc. 1783.

Viard (Dominique), dit **Robustin**, né à Epinal (1762), S. 21 févr. 1776, mort au Cap le 27 août 1782.

Gauthier (Antoine), dit **Rotrou**, né à Saint-Nicolas [près Nancy] (1749), S. 24 févr. 1776, mort au Cap le 12 févr. 1783.

Sipeyre (Jean), dit **Rancy**, né à Nimes (1759), S. 29 mars 1776, mort au Cap le 24 déc. 1781.

Perrin (Jean), dit **Robinson**, né à Bazouges-La-Pérouse [Bretagne] (1756), S. 9 déc. 1776, mort au Cap le 29 juin 1782.

Jenne (Jean), dit **Rhin**, né à Courcelles [près Besançon] (1762), S. 25 janv. 1777, mort au Cap le 15 juin 1782.

Noiret (Nicolas), dit **Renommée**, né à Neuville-lès-This [près de Châlons] (1761), S. 30 janv. 1778, mort au Cap le 1er sept. 1781.

Bily (Mathurin), dit **Rivery**, né à La Rozey [Bretagne] (1759), S. 27 avril 1778, mort au Cap le 21 août 1782.

Valentin (Simon), dit **Raisin**, né à Gérardmer (1759), S. 10 mars 1778, mort au Cap le 10 nov. 1782.

Suinau (Jacques), dit **Renaudeau**, né à Nogent-sur-Seine (1762), S. 18 déc. 1778, réformé le 7 déc. 1783.

Rimbeau (Jean), dit **Remigny**, né à Lougues [Touraine] (1760), S. 10 janv. 1779, réformé le 6 déc. 1783.

Huteau (Louis), dit **Ricard**, né à Lieuville [près d'Orléans] (1759), S. 19 mai 1779, mort en mer le 18 nov. 1781.

Vincent (Jean), dit **Ratier**, né à La Flèche [Touraine] (1762), S. 16 août 1779.

Bourguiot (Joseph), dit **Ruelle**, né à La Flèche [Touraine] (1761), S. 7 déc. 1779, congédié le 25 avril 1783.

Quaisse (Antoine), dit **Ruminot**, né à Gray-la-Ville [près Besançon] (1762), S. 16 févr. 1780, mort au Cap le 18 juill. 1782.

Mory (François), dit **Ravel**, né à Esclusclles [près de Châteauneuf] (1763), S. 21 févr. 1780.

Jain (Jean-Charles), dit **Remuzat**, né à Tilleul-Lambert (1764), S. 17 mars 1780.

Henry (Nicolas), dit **Riffé**, né à Pérus [près de Langres] (1762), S. 25 mars 1780, mort au Cap le 22 sept. 1782.

Philippe (Jean-Baptiste), dit **Romain**, né à Senozan [près de Mâcon] (1757), S. 6 avril 1780.

La Rüe (François), dit **Rozean**, né à Craye [près de Beauvais] (1760), S. 16 avril 1780.

Costail (Sidel), dit **Runoir**, né à Laugeac (1758), S. 12 juin 1780, mort à Williamsbourg le 4 nov. 1781.

Drevet (Pierre-François), dit **Rambouillet**, né Beauvais (1763), S. 21 juin 1780.

Guerrei (Pierre), dit **Ruffi**, né à Nancy (1763), S. 6 août 1780.

Colin (Jean-Pierre), dit **Rabutin**, né à Sivry (1762), S. 6 août 1780.

Antoine (Etienne), dit **Rir**, né à Paris (1764), S. 7 oct. 1780, mort au Cap le 18 juill. 1782.

Lazet (François-Joseph), dit **Lozet**, né à Banville [près de Longwy] (1761), S. 6 mai 1780, mort au Cap le 9 juin 1782.

Molandre (Louis), né à Saint-Dizier (1750), S. 21 nov. 1767, R. pour 8 ans le 21 nov. 1775.

Caperon (Roch), né à Viviers (1758), S. 12 juin 1776.

Colar (André), né à Boyenne [près d'Angers] (1749), S. 6 janv. 1760, mort à Williamsbourg le 30 oct. 1781.

Coisy (Isidor), né à Amiens (1759), S. 1er mai 1773, R. pour 8 ans le 1er mai 1781.

Thibaud (Jean), dit **Boulay**, né à Saint-Pierre [près Laigle] (1758), S. 16 mars 1777, mort au Cap le 23 août 1782.

Fouquet (Georges), né à Baccarat (1761), S. 6 janv. 1777, mort au Cap le 21 juin 1782.

Bellanger (Pierre), né à Léglantiers [près de Clermont] (1760), S. 6 déc. 1777, mort au Cap le 22 août 1782.

Dumas (Jacques), né à Nimes (1762), S. 24 mars 1780.

Bassemaison (Gabriel), né à Chateaulin (1764), S. 10 sept. 1779, mort au Cap le 17 juin 1782.

Villatte (Jean), né à Agnac (1752), S. 16 mai 1781, mort au Cap le 8 nov. 1782.

Nozot (Louis-Joseph), né à D'Afresoy (1754), S. 18 oct. 1770, R. pour 8 ans le 8 oct. 1776.

Charbaudet (Jean), dit **Armani**, né à Poigny [près Meaux] (1752), S. 1er nov. 1776.

Michaut (Claude), né à Choye [près Gray] (1757), S. 31 juill. 1777.

Senoble (Claude), né à Fontaine-Mâcon [près Nogent-sur-Seine] (1761), S. 7 nov. 1779.

Charles (François), né à Remoiville [près Noufchâteau] (1759), S. 5 déc. 1779, mort au Cap le 21 mai 1780.

Le Maire (Louis-Antoine), né à Sens (1764), S. 26 mai 1780.

Le Chêne (François), dit **Duchêne**, né à Bourges (1745), S. 30 nov. 1763, mort au Cap le 25 mai 1782.

Flamand (Jean-Nicolas), né à Gros-Theil [près Rouen] (1755), S. 10 févr. 1774, mort au Cap le 15 août 1782.

Volant (Jacques), né à Montélimar [Dauphiné] (1758), S. 24 sept. 1776, mort au Cap le 27 juin 1782.

Bergerat (Michel), né à Le Busson [près de Guéret] (1759), S. 4 oct. 1777.

Pradine (Jean-Pierre), né à Gardebinux [près d'Alby] (1761), S. 1er déc. 1777, mort au Cap le 10 sept. 1782.

Barbier (Michel), dit **Ferrasse**, né à Saint-Germain-en-Laye [Ile de France] (1755), S. 23 mars 1778.

Prevost (Louis), né à Danneil [près Beauvais] (1754), S. 1er févr. 1772, mort au Cap le 5 janv. 1783.

Auzoux (Jean-Baptiste), né à Louviers (1750), S. 16 nov. 1773, mort au Cap le 25 sept. 1782.

Defer (Louis-Charles), né Saint-Maur [Ile de France] (1762), S. 31 oct. 1780, mort au Cap le 13 sept. 1782.

Ribbes (Jean-Baptiste), né à Clermont (1748), S. 20 avril 1781, mort au Cap le 3 juin 1782.

André (Germain), né à Issondun (1757), S. 3 avril 1778.

Cloaret (René), né à Loqueffœt [près de Châteaulin] (1760), S. 5 mai 1778, mort au Cap le 2 sept. 1782.

Chenaux (Pierre-Joseph), né à Noisy [près Versailles] (1746), S. 15 juin 1773, R. pour 4 ans en 1781.

Vire (Jean), né à Saint-Just [près Lyon] (1763), S. 29 mars 1773, R. pour 4 ans en 1780.

Mougel (Pierre), né à Remoncourt [près Mirecourt] (1760), S. 17 mars 1777.

Grenier (Jean), né à Sommières (1754), S. 11 juin 1775, congédié le 3 août 1783.

Le Grand (Pierre-François), né Comines (1754), S. 14 juill. 1770.

Bonnafous (Guillaume), né à Lamothe (1759), S. 15 déc. 1775, congédié le 5 déc. 1783.

Boudard (Paul), né à Sedan (1762), S. 28 oct. 1776.

Bardin (Claude), né à Dijon (1754), S. 28 juin 1776, R. pour 8 ans le 4 nov. 1783.

Lembleu (François), né à Loudun [Poitou] (1757), S. 13 avril 1776, R. pour 8 ans le 21 nov. 1783.

Duval (Jean-Baptiste), né à Saint-Pierre-ès-Champs (1746), S. 1er avril 1768, R. pour 8 ans le 31 mars 1776.

Le Breton (Nicolas-Pierre-Alexis), né à Caen (1754), S. 9 oct. 1777, mort au Cap le 22 juill. 1782.

Compagnie de Thorenc.

Forest (Michel), né à Malval [près Saint-Etienne] (1724), S. 7 août 1757, parti pour les Invalides le 30 juin 1783.

Jamais (Sébastien), né à La Ville-Basse-de-Brie [Trois Evêchés] (1741), S. 24 nov. 1761, mort le 13 nov. 1781.

Drapier (Pierre), né à Valenciennes (1743), S. 1er juin 1763, tué au Cap le 9 avril 1782.

Rigal (Jean-Baptiste-Joseph-Henry), né à Douai (1746), S. 4 déc. 1764, mort au Cap le 7 janv. 1783.

Person (Claude), né à Vellexon [Franche-Comté] (1749), S. 14 avril 1766, congédié le 2 août 1783.

Souly (Pierre), dit **Saint-Hilaire**, né à Saint-Hilaire [près Montpellier] (1749), S. 9 nov. 1774, congédié le 12 oct. 1783.

Ferriot (Jean), né à Chambon [Forez] (1749), S. 1er déc. 1775, mort à Saint-Domingue le 26 nov. 1781.

Dugas (Antoine), né à Le-Bas-du-Malbeaux [Languedoc] (1756), S. 4 déc. 1775, congédié le 5 déc. 1783.

Royer (François), né à Lanteuil [Normandie] (1755), S. 10 août 1776, passé caporal le 24 août 1782.

Camille (Pierre), né à Paris (1757), S. 10 nov. 1776, congédié le 10 mai 1783.

Piot (Jacques), né à Rueil [près Paris] (1758), S. 10 nov. 1776, mort le 14 mars 1782.

Lorain (François), né à Montzéville [en Clermontois] (1758), S. 8 déc. 1776, mort en mer le 10 juin 1782.

Videvard (Henry), dit **Dubois**, né à Metz [Trois Evêchés] (1756), S. 17 févr. 1777, mort au Cap le 2 juill. 1782.

Ladoucette (François), dit **Doucet**, né à Parfondrupt [Lorraine] (1758), S. 5 mars 1777, mort au Cap le 9 nov. 1782.

Vachiron (Pierre), dit **Daun**, né à Amplepuis [Beaujolais] (1760), S. 30 mai 1777, congédié le 18 nov. 1782.

Feuillet (Henry), né à Viviers [Vivarais] (1749), S. 18 mars 1767, congédié le 3 août 1783.

Pouilly (Louis-Charles), dit **D'Accord**, né à Ambrières [Champagne] (1757), S. 18 juill. 1777, mort au Cap le 7 juill. 1782.

Arnaud (Jean-Baptiste), dit **Déricourt**, né à Paris (1756), S. 2 oct. 1777, parti pour les Invalides le 4 mars 1784.

Duquesnay (Pierre-Etienne), né à Rouen [Normandie] (1761), S. 14 août 1778.

Davreux (Ambroise-Joseph), né à Maroilles [Hainaut] (1759), S. 16 juill. 1777, mort au Cap le 23 juin 1782.

Graverie (Jean-Antoine), dit **Darius**, né à Crécy [Brie] (1759), S. 5 sept. 1778, congédié le 31 mars 1784.

Gorse (François), né à Baziège [Languedoc] (1744), S. 18 mars 1765, congédié le 3 août 1783.

Isnard (Jean-Baptiste), dit **Destin**, né à Reillanne [Provence] (1757), S. 30 déc. 1778, mort au Cap le 10 oct. 1782.

Piquet (Jean-Baptiste), dit **Dieu**, né à Monthairons [Barrois] (1760), S. 2 févr. 1779, mort au Cap le 3 janv. 1783.

Toque (Benjamin-Robert), dit **Départ**, né à Rouen [Normandie] (1763), S. 9 mai 1779, mort au Cap le 19 août 1782.

D'Aunay (Julien), né à Le Plouyé [Bretagne] (1744), S. 20 oct. 1779, mort au Cap le 12 août 1782.

Hubert (Joseph), dit **Derronay**, né à Grandpré [Champagne] (1763), S. 2 déc. 1779.

Brossier (Joseph), dit **Dorival**, né à Sisteron [Provence] (1758), S. 15 déc. 1778, mort au Cap le 27 oct. 1782.

Desnan (Pierre), dit **Deman**, né à Angoulême (1763), S. 15 déc. 1778, mort au Cap le 20 août 1782.

Denis (Louis), né à Banthelu [Normandie] (1757), S. 20 oct. 1779, mort au Cap le 14 juin 1782.

Marcadé (François), dit **Duchâteau**, né à Paris (1763), S. 28 oct. 1779, congédié le 29 févr. 1784.

Michaud (Louis-Simon), dit **Deshalliers**, né à De Pocné [Ile de France] (1748), S. 1er nov. 1779, mort au Cap le 2 janv. 1782.

Lambelet (Pierre), dit **Dijon**, né à Sault [Bourgogne] (1743), S. 18 nov. 1779, mort au Cap le 23 juin 1782.

Martin (Joseph), né à Nevers (1737), S. 4 mars 1753, mort au Cap le 13 juin 1782.

Mollière (Lazare), né à Jussas [Angoumois] (1738), S. 19 janv. 1758, R. pour 4 ans le 11 nov. 1778.

Duvois (François), né à Conflans [Lorraine] (1753), S. 26 oct. 1771, R. pour 8 ans le 22 janv. 1779.

Vaugin (Claude), dit **Dulaurent**, né à Loy-sur-Seille [Trois Evêchés] (1730), S. 15 oct. 1761, mort au Cap le 30 déc. 1781.

Journet (Benoist), né à Cruzilles [Bresse] (1749), S. 26 oct. 1766, mort au Cap le 16 juin 1782.

Roussel (Jean-Louis), dit **D'Aguesseau**, né à Saint-Quentin [Picardie] (1741), S. 31 janv. 1766, mort au Cap le 20 juin 1782.

Girard (Jean), né à Mariendal [Lorraine allemande] ((1749), S. 27 juill. 1767, mort au Cap le 19 août 1782.

Gigot (Pierre), dit **D'Aubenton**, né à Cussy-le-Châtel [Bourgogne] (1763), S. 25 mars 1774, congédié le 2 août 1783.

Le Clerc (Gabriel), dit **D'Ouvillier**, né à Nancy (1763), S. 22 janv. 1777, R. pour 8 ans le 22 déc. 1781.

Ratau (Philippe) dit **Dubary**, né à Autun (1757), S. 27 févr. 1777, tué à bord du « Scipion » le 17 oct. 1782.

Hibert (François), dit **Doulan**, né à Orléans (1762), S. 29 janv. 1780, congédié le 20 nov. 1782.

Isambart (Charles-François), dit **Donchery**, né à Paris (1763), S. 18 mars 1780, mort au Cap le 12 juin 1782.

Thion (Jean-Claude), dit **Diligent**, né à Pesmes [près d'Auxonne] (1764), S. 3 avril 1780, parti pour les Invalides le 30 janv. 1783.

Mouchin (Léger), dit **Duprat**, né à Orléans (1762), S. 20 avril 1780.

Le Clerc (Louis-Léonard), dit **Durtal**, né à Orléans (1763), S. 6 mai 1780.

Benos (André), dit **Desroches**, né à Bouvray-Sainte-Croix [près d'Orléans] (1741), S. 7 mai 1780, mort à l'hôpital du fort Royal le 17 avril 1782.

Xrhouvet (Louis-Philippe), dit **Dumoulin**, né à Vincennes [près Paris] (1758), S. 17 mai 1780, congédié le 10 mai 1783.

Chaudet (Antoine), dit **Digne**, né à Loudes [près Le Puy] (1759), S. 19 mai 1780.

Boulet (Claude), dit **Dombasle**, né à Paris (1764), S. 29 mai 1780.

Boulnoir (Claude-Victor), dit **Delande**, né à Blérancourt [près de Soissons] (1757), S. 9 août 1780.

Potdevin (Marie-Alexandre), dit **D'Argencourt**, né à Paris (1761), S. 28 sept. 1777, mort au Cap le 18 juin 1782.

Blanchon (Jean-Blaise), dit **Deschamps**, né à Chamalières [près Le Puy] (1762), S. 3 nov. 1777.

Froment (Pierre), dit **Duportail**, né à Nîmes [Languedoc] (1759), S. 1er sept. 1774, mort le 22 déc. 1781.

Bellot (François), dit **Dravincourt**, né à La Chapelle-sous-Chaux [Haute-Alsace] (1761), S. 4 mai 1777.

Dinot (Louis), né à Saint-Quentin (1748), S. 1er nov. 1778, mort au Cap le 18 juin 1782.

Vinot (Edme), dit **Divoir**, né à Tonnerre (1761), S. 25 déc. 1778, mort au Cap le 8 juill. 1782.

Masson (Jean), dit **Duconseil**, né à Grainé-sur-Ours [près Bar-sur-Seine] (1761), S. 10 janv. 1779, mort au Cap le 30 juill. 1782.

Peltier (Jean), dit **Brad'Or**, né à Saulgé-l'Hôpital [Maine] (1761), S. 19 nov. 1779, mort au Cap le 6 juill. 1782.

Barbay (Martin), dit **Dusaillant**, né à Paris (1754), S. 17 sept. 1781, congédié le 9 nov. 1782.

Mestant (Claude-François), né à Traves [près Vesoul] (1757), S. 16 déc. 1772, R. pour 8 ans le 4 sept. 1780.

Desroches (Simon), né à Orléans (1745), S. 25 oct. 1780, mort au Cap le 20 août 1782.

Coche (Pierre), né à Saint-Sorlin-d'Arves [en Savoye] (1747), S. 29 déc. 1780, mort au Cap le 19 août 1782.

Cardinaux (Jean-François), né à Paris (1761), S. 19 juin 1777.

Menet (Joseph), né à Rocroy [Champagne] (1760), S. 18 mars 1777, mort au Cap le 14 août 1782.

Brie (Noël), né à Parmain (1739), S. 29 juill. 1769, R. pour 8 ans le 29 juill. 1781.

Suard (Pierre), né à Saint-Denis [Anjou] (1760), S. 27 mars 1776.

Thevenon (Claude), né à Cussy [près Dijon] (1760), S. 30 déc. 1779, mort au Cap le 14 juill. 1782.

Morissot (Jacques), né à Angers (1760), S. 28 oct. 1780.

Pacquin (Jean), né à Houdelaincourt [près Gondrecourt] (1760), S. 26 févr. 1781, mort au Cap le 24 juill. 1782.

Boursot (Louis), né à Marsangy (1760), S. 17 avril 1781, mort au Cap le 19 août 1782.

Frayon (Antoine), né à Valence (1762), S. 15 févr. 1777.

Maras (Thomas-Aimable), dit **Cléron**, né à Paris (1761), S. 17 mars 1779, congédié le 10 mai 1783.

Goupy (Julien), dit **Coromandel**, né à Chateaubourg [près Vitré] (1755), S. 19 mars 1775, mort au Cap le 26 juillet 1782.

Stavial (François), né à Maillon [près d'Alby] (1751), S. 25 févr. 1767, mort au Cap le 12 juin 1782.

Delarges (Christophe), né à Lyon (1748), S. 31 mars 1768, mort au Cap le 25 juin 1782.

Chauvin (Jean), né à Le Péage [près Taulignan] (1764), S. 10 déc. 1780, mort au Cap le 19 août 1782.

Giffon (Alexis), né à Bagnols (1761), S. 10 déc. 1780, mort au Cap le 2 sept. 1782.

Delmas (Jean), né à Lorges (1754), S. 11 avril 1781, mort le 20 août 1782.

Alliard (Antoine), né à Etampes [Beauce] (1756), S. 31 mars 1776, mort au Cap le 22 mai 1782.

Foucault (Marin), né à Savigny [près Mortain] (1758), S. 29 nov. 1776, mort au combat du 12 avril 1782.

Joûe (Vincent), né à Beaucaire (1747), S. 23 avril 1767, parti pour les Invalides le 4 mars 1784.

Dumas (Etienne), né à Pluviers [près Périgueux] (1750), S. 20 déc. 1778, mort au Cap le 6 sept. 1782.

Moreau (Julien), né à Ploërmel [près Rennes] (1756), S. 1er déc. 1777, R. pour 8 ans le 31 déc. 1783.

Vigé (Pierre), né à Bergerac (1761), S. 11 mars 1779, mort au Cap le 23 juin 1782.

L'Allemand (Michel-Jean-Martial), né à Torigni [près Caen] (1759), S. 27 juin 1780, mort au Cap le 19 août 1782.

Verdant (Louis), né à Avesnes [près Valenciennes] (1762), S. 25 déc. 1780, mort au Cap le 18 déc. 1782.

Brunot (Augustin), né à Fontevrault [près Poitiers] (1748), S. 1er avril 1766, R. pour 4 ans le 19 oct. 1778.

Briquet (Pierre-Antoine), né à Cessières [près Laon] (1756), S. 3 juin 1773, mort au Cap le 25 juin 1782.

Roger (Joseph), né à Guise [près d'Amiens] (1760), S. 2 mai 1779.

Dessin (Jacques), né à Orléans (1739), S. 25 août 1775, mort sur le « Scipion » (suite de blessures) le 21 oct. 1782.

Queras (Claude), dit **Quras**, né à Naves [près Gannat (1737), S. 26 oct. 1758, R. pour 4 ans le 21 nov. 1778.

Sevillier (Pierre), né à Hesdin [près Lille] (1741), S. 17 oct. 1764, mort au Cap le 13 août 1782.

Grobert (Jean), dit **Divertissant**, né à Salins (1745), S. 5 mars 1765, mort au Cap le 20 juin 1782.

Cladet (Charles), dit **Berger**, né à Cusset [près Moulins] (1757), S. 27 sept. 1775, mort au Cap le 23 juill. 1782.

Dumont (Pierre-Joseph), né à Loos [près Lille] (1760), S. 16 déc. 1776.

Bousicq (François), né à Orléans (1757), S. 2 juill. 1780, mort au Cap le 23 août 1782.

Jouvellier (Antoine), né à Saint-Lubin [près Châteaudun] (1742), S. 21 août 1780, mort à l'hôpital de Périgueux le 25 janv. 1784.

Montant (Louis), né à Sigogne [près Nevers] (1761), S. 29 oct. 1780.

Grenet (Jean), né à Orléans (1750), S. 26 nov. 1780, mort au Cap le 7 juill. 1782.

Demonet (Antoine), né à Nevers (1762), S. 5 déc. 1780.

Breton (François), né à Boisseau (1756), S. 1er mai 1781, mort au Cap le 14 juill. 1782.

L'Etang (Henry), né à Saint-Marc à Frongier [près Guéret] (1749), S. 3 nov. 1777, mort au Cap le 1er oct. 1782.

Severin (Pierre), né à Thionville (1747), S. 24 janv. 1765, R. pour 8 ans le 24 août 1780.

Mercier (Nicolas), né à Saint-Nicolas (1756), S. 28 janv. 1772, R. pour 8 ans le 22 janv. 1779.

Jumancour (Nicolas), né à Autremencourt [près Soissons] (1757), S. 26 janv. 1777.

Peisson (Pierre), né à Romans [Dauphiné] (1757), S. 11 oct. 1776.

Dain (Jean-Louis), né à Montchâlons [près Laon] (1759), S. 31 mars 1777.

Delormes (Luc), né à Orléans (1762), S. 31 août 1779.

Dehors (Pierre-Alexandre), né à Damieuse [près Beauvais] (1752), S. 5 nov. 1769, R. pour 8 ans le 5 sept. 1777.

Giroux (Charles), né à Paris (1755), S. 1er déc. 1778.

Cariotte (Claude), né à Saint-Pierre-le-Ciel [près Grenoble, Dauphiné] (1741), S. 14 déc. 1768, R. pour 8 ans le 2 oct. 1778.

Martin (Pierre), né à Tiercelet [Lorraine] (1753), S. 24 août 1778, congédié le 2 août 1783.

La Cour (Charles-François), né à Riancourt [près Vicq] (1754), S. 11 oct. 1773, R. pour 4 ans le 24 mars 1779.

Marquet (Pierre), né à Navenne [près de Vesoul] (1756), S. 10 avril 1777.

Cassegrain (François), né à Baigneaux [près d'Orléans] (1762), S. 5 sept. 1780.

Baudron (Urbain), né à Montourtier [près Le Mans] (1760), S. 26 nov. 1780.

Degaste (Jean), dit **Drusus**, né à Rambouillet [Beauce] (1762), S. 1er déc. 1780.

Ledoux (Pierre), né à Genève (1761), S. 5 nov. 1778, réformé le 6 déc. 1783.

Picaud (Pierre-François), né à Moucavret [Bourbonnais] (1758), S. 20 sept. 1776.

Boissinet (Pierre), né à Paris (1753), S. 15 mars 1780.

Compagnie de Savery.

Godrillet (Jean), né à Saint-Jean-des-Ameges [Nivernais] (1728), S. 25 janv. 1750, parti pour les Invalides le 30 juin 1783.

Fabre (Paul), né à Castelnaudary [Languedoc] (1738), S. 1er févr. 1756, mort le 26 déc. 178[illegible].

Richard (Pierre), né à Fontaine [Franche-Comté] (1739), S. 15 mars 1756, mort au Cap le 13 janv. 1782.

Abraham (René), né à Rozières [Anjou] (1724), S. 25 août 1757, parti pour les Invalides le 1er juin 1782.

Pariel (Léonard), né à Régny [Forez] (1738), S. 1er sept. 1758, mort le 27 nov. 1781.

Giquet (Jean-Gérard), né à Rennes [Bretagne] (1744), S. 10 sept. 1761, mort au Cap le 15 juill. 1782.

Janot (Noël), né à Saint-Sylvain [Touraine] (1744), S. 13 nov. 1763, congédié avec pension le 1er janv. 1786.

Pressavin (Claude), né à Poligny [Franche-Comté] (1729), S. 17 nov. 1763, mort à Orléans le 19 sept. 1782.

Dufour (Jean) né à Grisolles [Languedoc] (1747), S. 24 mars 1765, congédié le 10 mai 1783.

Le Roy (Gabriel), né à Montemont [Savoye] (1746), S. 16 nov. 1765, mort au Cap le 14 juin 1782.

Coffin (Jean), dit **Laius**, né à Charleville [Champagne] (1744), S. 17 avril 1766, mort à Saint-Domingue le 10 avril 1781.

Blaye (Pierre), né à Jaujac [Vivarais] (1750), S. 18 mars 1767, mort en mer le 22 nov. 1781.

Constant (Antoine), né à Saint-Clément-de-Régnat [Auvergne] (1735), S. 27 mars 1767, mort en mer le 18 avril 1782.

Colas (Martin), dit **Latinus**, né à Vitré [Bretagne] (1751), S. 29 avril 1767, mort à Ounaminthe le 20 oct. 1781.

Peith (Joseph), né à Lauterbourg [Alsace] (1749), S. 28 août 1767, mort au fort Dauphin le 22 déc. 1781.

Bargevin (François), né à Pouilly-sur-Loire [Gatinois] (1749), S. 18 janv. 1768, mort au fort Royal le 3 janv. 1782.

Roch (Félix), né à La Folie [près Landrecies] (1746), S. 16 nov. 1768, mort au Cap le 21 juin 1782.

Mouget (Joseph), né à Clérey-la-Côte [Lorraine] (1750), S. 22 janv. 1769, mort au fort Dauphin le 4 déc. 1781.

George (Michel), né à Wolfisheim [Alsace] (1751), S. 24 mai 1769, mort à la Petite-Anse le 21 janv. 1782.

Vidot (Dominique), dit **La Jeunesse**, né à Bruyat [Bourbonnois] (1752), S. 10 avril 1770, mort au fort Dauphin le 28 nov. 1781.

Barbet (Jean-Baptiste), dit **La Roche**, né à La Roche-Yon [Normandie] (1751), S. 21 mars 1771, mort au fort Dauphin le 10 oct. 1781.

Michel (Georges), dit **Coligny**, né à Foville [Trois Evêchés] (1751), S. 8 mars 1773, mort au fort Royal le 9 avril 1782.

Bisson (Pierre), dit **Demetrius**, né à Paris (1752), S. 24 mars 1773, mort au fort Dauphin le 2 janv. 1782.

Daty (Jean), dit **Foix**, né à Guipry [Bretagne] (1753), S. 30 mars 1773, mort au fort Dauphin le 22 déc. 1781.

Guéprotte (Clément), dit **Beaumanoir**, né à Dornon [Trois Evêchés] (1754), S. 5 oct. 1773, mort au Cap le 6 févr. 1783.

Trotte (Pierre), dit **Pharaon**, né à Trélon [Hainaut] (1748), S. 26 déc. 1773, mort au fort Dauphin le 9 nov. 1781.

Olanier (Jacques), né à Briançon [Dauphiné] (1754), S. 6 déc. 1774, congédié le 10 mai 1783.

Brun (Melchior-Jean), dit **Toulouse**, né à Toulouse (1755), S. 5 janv. 1775.

Pages (Pierre), dit **Arcas**, né à Montpellier (1757), S. 11 juin 1775, tué au siège de Bristone-hill (Ile Saint-Christophe) le 23 janv. 1782.

Bisson (Guillaume), né à Paris (1757), S. 6 sept. 1775, mort au fort Dauphin le 26 nov. 1781.

Alabes (Charles-Marie), né à Marseille (1757), S. 13 janv. 1776, congédié le 6 déc. 1783.

Pradhout (Jean-Pierre), né à Alais [Cévennes] (1759), S. 22 mai 1776, mort le 3 déc. 1781.

Champol (Claude), né à Saint-Jean-La-Bussière [Beaujolais] (1759), S. 22 mars 1776, rayé des contrôles le 21 nov. 1782 (mort chez lui).

Colin (Nicolas), dit **Lausus**, né à Domèvre-sur-Durbion [Lorraine] (1755), S. 22 mars 1776, mort à la Petite-Anse le 22 déc. 1781.

Courtois (Jean), né à Sommières [Languedoc] (1758), S. 6 avril 1776, mort au Cap le 13 juin 1782.

Charrière (Pierre), né à Saint-Etienne [Forez] (1759), S. 5 mai 1776, mort au Cap le 15 juill. 1782.

Bonafond (Charles), dit **Linus**, né à Paris (1759), S. 15 mai 1776, congédié le 27 mai 1784.

Favre (Joseph), né au Gran-Bornand [République de Genève] (1758), S. 12 juin 1776, congédié le 5 déc. 1783.

Fage (Alexis), dit **Liban**, né à Alais [Cévennes] (1759), S. 16 juin 1776, mort le 25 févr. 1782.

André (Vincent), né à Saint-Jean-d'Arcyan [Dauphiné] (1760), S. 4 juill. 1776, congédié le 5 déc. 1783.

Pargeon (Jean-Antoine), né à Grasse [Vivarais] (1757), S. 14 juill. 1776, mort en mer le 14 août 1781.

Delignere (Antoine), né à Moulins [Bourbonnais] (1759), S. 23 oct. 1776, mort au fort Dauphin le 19 nov. 1781.

Perdrox (Laurent), né à Marcey [Anjou] (1754), S. 28 janv. 1777, mort au fort Dauphin le 26 nov. 1781.

Dumarest (Pierre), né à Romagne [Trois Evêchés] (1759), S. 20 févr. 1777, mort au Cap le 26 nov. 1782.

Begouin (Joseph), né à Fontevrault [près Poitiers] (1759), S. 28 févr. 1777, mort à la Petite-Anse le 19 déc. 1781.

Roux (Toussaint), dit **Lowendal**, né à Saint-Etienne [Forez] (1760), S. 17 févr. 1777, mort à Saint-Domingue le 25 mars 1781.

Blin (Benoist), dit **Louvain**, né à Bressieux [Lyonnais] (1755), S. 11 juin 1777, mort au Cap le 18 juin 1782.

Dounewen (François), dit **Lauret**, né à Chemery [Lorraine Allemande] (1759), S. 7 janv. 1778, mort au fort Dauphin le 4 déc. 1781.

Maréchal (Louis), né à Sannois [Ile de France] (1748), S. 27 mars 1768, mort à Ounaminthe le 20 nov. 1781.

Berthuy (Guillaume), né à Monjon [Auvergne] (1742), S. 16 avril 1766, congédié le 6 août 1783.

Guérin (Jean-Louis), dit **Lafontaine**, né à Sannois [Ile de France] (1756), S. 16 oct. 1778, mort au Cap le 9 mai 1782.

Tampier (Jacques), dit **Lafrance**, né à Bézancourt [Ile de France] (1759), S. 16 oct. 1778, mort le 21 mars 1782.

Bertremieux (François-Thomas), dit **Lance**, né à Souly [Artois] (1761), S. 26 oct. 1778, mort le 24 nov. 1782.

Pennequin (Jean-Baptiste-Joseph), dit **Lothaire**, né à Lille (1761), S. 10 déc. 1778, mort au Cap le 3 déc. 1781.

Willems (Alexis-Joseph), dit **L'Orange**, né à Lille (1761), S. 2 févr. 1779, mort au Cap le 22 sept. 1781.

Caüe (Jean-Louis), dit **Lahire**, né à Graincourt [Artois] (1762), S. 2 févr. 1779, rayé des contrôles le 25 mars 1782.

Gouverneur (François-Nicolas-Eloy), né à Paris (1748), S. 20 avril 1779, tué à bord du « Marseillois » le 9 avril 1782.

Caillot (Pierre), né à Le Quartier-Saint-Julien [Provence] (1739), S. 10 juill. 1759, mort au fort Dauphin le 5 déc. 1781.

Philippe (Pierre), dit **Léonard**, né à Amiens [Picardie] (1760), S. 30 oct. 1779, mort au fort Dauphin le 18 nov. 1781.

Gérard (Jean), dit **Lisimon**, né à Montmirail [près de Mende] (1755), S. 13 févr. 1765, mort à Cambray le 22 mai 1782.

Le Roux (Jean), dit **Lactance**, né à Saint-Nicolas [Orléanais] (1762), S. 23 nov. 1779, mort au Cap le 5 janv. 1782.

Mougal (Nicolas), dit **Lazare**, né à Bessoncourt [Alsace] (1756), S. 21 mars 1778, mort le 13 nov. 1781.

Bletterie (Pierre), dit **Lisbonne**, né à Clermont [Auvergne] (1758), S. 9 déc. 1778, mort en mer le 24 nov. 1781.

Simon (Jean-Baptiste-François), dit **Souvier**, né à Notre-Dame-D'Aliermont [Normandie] (1762), S. 10 déc. 1778, mort au Cap le 13 août 1782.

Simon (Jean-Louis), dit **Lautrebourg**, né à Bischheim [Strasbourg] (1763), S. 21 févr. 1779, mort au Cap le 1er juill. 1782.

Avril (Paul), dit **Limoges**, né à Magnac [près Limoges] (1744), S. 21 mai 1779, mort au Cap le 9 mars 1782.

Le Queux (Gaspard), dit **Limbourg**, né à Charmes [près Liège] (1752), S. 6 sept. 1779, mort à Brest le 11 mai 1783.

Minet (Jean-Jacques), dit **Lacombe**, né à Château-Porcien [près Châlons] (1765), S. 5 oct. 1779, mort au Cap le 3 juill. 1782.

Menier (André), dit **Libourne**, né à Sénestis [près Bordeaux] (1763), S. 11 oct. 1779, mort au Port-au-Prince le 4 mai 1781.

Foul (Jacques), dit **Loyal**, né à Saint-Cosme [près Montpellier] (1760), S. 15 oct. 1779, tué au siège de Bristone-hill le 5 févr. 1782.

Cochery (Jean-Nicolas), dit **Lancastre**, né à Paris (1759), S. 20 oct. 1779, congédié le 1er mars 1784.

Perin (Claude), dit **Loyauté**, né à Paris (1753), S. 21 oct. 1779, mort au fort Royal le 9 déc. 1781.

Kema (Claude), dit **Lentulus**, né à Clermont (1763), S. 4 nov. 1779.

Brabant (François-Joseph), né à Paris (1763), S. 3 oct. 1778, mort au Cap le 13 sept. 1782.

Aubert (Georges), né à La Bresse [près Saint-Dié] (1758), S. 23 févr. 1779, mort au Cap le 23 juin 1782.

Laguestouse (Jean), né à Corbère [près Pau] (1761), S. 17 avril 1779, mort à l'hôpital du Quesnoy le 25 janv. 1784.

Laulanie (André), dit **Landreci**, né à Montélimar [Dauphiné] (1762), S. 1er nov. 1772, mort en mer le 15 avril 1782.

Bersion (Pierre), né à Sens (1763), S. 8 juill. 1776, mort au Cap le 2 sept. 1782.

Bernard (Claude), né à Nanlon [près Besançon] (1755), S. 6 nov. 1776, mort en mer le 17 févr. 1783.

Vivanson (Bernard), né à Chartres (1762), S. 12 janv. 1777, mort le 23 déc. 1781.

Dassié (Jean-Baptiste), né à Conflans (1753), S. 17 juin 1778, mort à New-York le 1er mars 1782.

Dutaillon (Martin), né à Montbrison (1764), S. 15 avril 1779, mort au Cap le 25 sept. 1782.

Barbet (Claude), né à Soissons (1742), S. 18 oct. 1759, mort en mer le 11 nov. 1781.

Warmé (Pierre-François), né à Fresne au Val [près d'Amiens] (1761), S. 1er nov. 1777, mort en mer le 11 nov. 1781.

Tamguy (Jean-Louis), né à Rennes (1759), S. 27 oct. 1781, mort au Cap le 1er juill. 1782.

Robert (Etienne-François), né à Orléans (1761), S. 12 avril 1780, mort au Cap le 7 oct. 1782.

Philibert (Jean), né à Saint-Sauveur [près Orléans] (1764), S. 15 mai 1780, mort le 18 avril 1782.

Dardonville (Etienne), né à Orléans (1751), S. 26 mai 1780, mort au Cap le 2 août 1782.

Bossard (Nicolas-Joseph), né à Paris (1748), S. 14 juill. 1780, mort au Cap le 18 juin 1782.

Jorest (Laurent), né à Paris (1763), S. 17 août 1780, mort au Cap le 22 mai 1782.

Hüe (Simon), né à Lagny [près Meaux] (1763), S. 2 sept. 1780, mort au Cap le 11 nov. 1782.

L'Eclanché (Jean-Martin), né à Séez [près Caen] (1761), S. 26 oct. 1780, mort au Cap le 14 juin 1782.

Cornian (Jean-Robert), né à Orléans (1746), S. 4 nov. 1780, mort au Cap le 20 oct. 1782.

Boutellier (Claude), né à Orléans (1754), S. 5 déc. 1780, mort au Cap le 2 sept. 1782.

Boursault (Jean-Louis), né à Petit-Bry-sur-Marne [près Paris] (1763), S. 23 janv. 1781, mort au Cap le 11 sept. 1782.

Genet (Jean-Jacques), né à Orléans (1754), S. 28 févr. 1781, mort au Cap le 14 juin 1782.

Charrier (Noël-Antoine), dit **Chateaudun**, né à Chateaudun [près d'Orléans] (1760), S. 5 mars 1781, mort au Cap le 4 déc. 1782.

Verin (Pierre-François), né à Paris (1764), S. 21 mars 1781, mort au fort Royal le 30 mars 1782.

Goupillon (Etienne), né à Chartres (1763), S. 27 mars 1781, mort au Cap le 18 juin 1782.

Meunier (Louis), né à Paris (1764), S. 17 mai 1781, mort au Cap le 14 sept. 1782.

Fauvel (Jean), né à Saint-Sauveur-Lendelin [près Coutances] (1763), S. 1er oct. 1780, mort au Cap le 16 sept. 1782.

Pradon (Joseph), dit **Renoir**, né à Alais (1754), S. 17 juin 1780.

Julien (François), né à Barat (1740), S. 2 oct. 1757, mort au Cap le 13 juin 1782.

Vité (Antoine), né à Paris (1749), S. 5 déc. 1766, mort au Cap le 1er nov. 1782.

Dupouchet (Jean-Baptiste-Pierre), né à Paris (1752), S. 7 mars 1766, mort au Cap le 3 juill. 1782.

Duval (Thomas), né à Senlis (1764), S. 11 mai 1780, mort au fort Royal le 25 juin 1782.

Ratel (Martin-Denis), né à Gisors [près Rouen] (1761), S. 11 oct. 1780, mort au Cap le 9 juin 1782.

Le Gendre (Sulpice), né à Aulnay [près Paris] (1764), S. 16 nov. 1780, mort au fort Royal le 3 févr. 1782.

Barthelemy (Jean), dit **Liotard**, né à Arquejols [Velay] (1764), S. 9 avril 1781, mort au Cap le 14 juin 1782.

Voyard (François), né à Provenchères (1750), S. 24 avril 1777, mort au Cap le 17 juin 1782.

Jourdain (Georges), né à Saint-Cernin (1759), S. 11 mai 1777, tué à bord du « Marseillois » le 9 avril 1782.

Mayeux (Germain), né à Paris (1762), S. 13 fév. 1781, mort au Cap le 17 août 1782.

Gueffier (Nicolas-Charles-Joseph), né à Paris (1763), S. 30 avril 1781, mort au Cap le 25 août 1782.

Cossard (Pierre), né à Cambron [près d'Abbeville] (1744), S. 8 nov. 1764, mort au Cap le 30 juill. 1782.

Varé (Hubert), né à Boinville [près Verdun] (1747), S. 15 janv. 1775, mort au Cap le 11 juill. 1782.

Pedevin (Jean), né à Ballon [près Rennes] (1762), S. 30 juin 1780, mort au Cap le 16 janv. 1783.

La Cloche (Nicolas), né à Laon (1758), S. 9 oct. 1777, mort au Cap le 5 oct. 1782.

Jouard (Edme-Laurent), né à Regennes [près d'Auxerre] (1759), S. 17 mars 1778, mort au Cap le 1er août 1782.

Bert (Jean), né à Embrun [Dauphiné] (1755), S. 13 avril 1779, mort au Cap le 23 juill. 1782.

Brochier (Pierre), né aux Vignes [Dauphiné] (1764), S. 19 avril 1781, mort au Cap le 28 juin 1782.

Le Grave (Jean-Baptiste), né à Paris (1760), S. 7 mai 1780, mort au Cap le 30 juin 1782.

Perigault (Pierre), né à Chateaudun (1761), S. 19 juin 1780, tué à bord du « Marseillois » le 12 avril 1782.

Defrey (Jean-Baptiste), né à Toulouse (1758), S. 13 oct. 1780, mort au Cap le 20 juill. 1782.

Chambon (Baptiste), né à Cuffy [près Le Puy] (1760), S. 27 oct. 1780, mort au Cap le 20 août 1782.

Malhuite (Jean), né à Aubinges [près Bourges] (1761), S. 26 mars 1781, mort au Cap le 9 juill. 1782.

Combe (Joseph), dit **Dologne**, né à Sommières [près Montpellier] (1757), S. 30 déc. 1778, mort au Cap le 8 déc. 1782.

Compagnie de Rommefort.

Bonnet (Jean), né à Alzon [Languedoc] (1730), S. 25 mars 1753, parti pour les Invalides le 1er juin 1782.

Robert (Michel), né à Cros de Géorand [Vivarais] (1738), S. 29 mai 1754, parti pour la pension le 25 avril 1785.

Roch (Antoine), né à Villemagne [Languedoc] (1733), S. 2 mai 1755, parti pour la pension le 30 déc. 1783

Laurent (Jean), né à Savasson [Dauphiné] (1726), S. 1er mai 1758, R. pour 4 ans le 17 août 1780.

Salle (Antoine), né à Saint-Thibéry [Languedoc] (1738), S. 1er janv. 1759, R. pour 4 ans le 27 sept. 1778.

Leroux (Thomas), né à Saint-Martin-du-Manoir [Normandie] (1740), S. 14 oct. 1760, mort à la Jamaïque en sept. 1782.

Louvrier (Jean), né à Sourdeval [Normandie] (1746), S. 24 avril 1765, R. pour 4 ans le 30 avril 1779.

Renaudin (Jean-Louis), né à Audun-le-Roman [Lorraine] (1755), S. 9 oct. 1771, R. pour 8 ans le 13 oct. 1778.

Lepée (Jean-Baptiste), dit **Almanzor**, né à Vitrey [Franche-Comté] (1754), S. 18 déc. 1772, congédié le 13 oct. 1783.

Fabouret (André), dit **Midas**, né à Laval [Bas-Languedoc] (1755), S. 29 avril 1774, mort à Ounaminthe le 22 janv. 1781.

Biet (Barthelemy), dit **Esope**, né à Gignac [Languedoc] (1759), S. 9 mars 1775, tué au siège de Bristone-hill le 23 janv. 1782.

Ayen (Sébastien), né à Bourbon [Provence] (1758), S. 11 mars 1775, R. pour 4 ans le 11 mars 1779.

Aupoupan (Etienne), dit **Montbazin**, né à Montbazin [Languedoc] (1748), S. 16 mars 1775, R. pour 4 ans le 16 mars 1779.

Pichenot (François-Jacques), dit **Cignus**, né à Castelnex [Bourgogne] (1750), S. 4 avril 1775, congédié le 13 oct. 1783.

Serres (Etienne), dit **La Liberté**, né à Saint-Laurent-de-Rive-d'Anne [Rouergue] (1754), S. 7 juill. 1775, congédié le 3 août 1783.

Deschaux (Pierre), né à Queyrières [en Velay] (1754), S. 21 oct. 1775, congédié le 22 nov. 1783.

Bonnefond (François), né à Terrasson [Périgord] (1753), S. 3 nov. 1775, congédié le 14 mars 1782.

Joson (Etienne), né à Lamothe [Languedoc] (1750), S. 24 déc. 1775, congédié le 6 déc. 1783.

Léger (Laurent), né à Saint-Sornin-La-Marche [Limousin] (1749), S. 9 avril 1776, congédié le 5 déc. 1783.

Trantoul (Armand), né à Banières [Haut-Languedoc] (1753), S. 12 mai 1776, mort à la Jamaïque en août 1782.

Mongin (Jean-Baptiste), né à Richebourg [Bourgogne] (1754), S. 10 août 1776, mort à Williamsbourg le 12 oct. 1781.

Le Jeune (Jean-Baptiste), né à Rethel-Mazarin [Champagne] (1756), S. 10 août 1776, congédié le 18 nov. 1782.

Espiez (Pierre), né à Gap [Dauphiné] (1757), S. 27 août 1776.

Brunet (Antoine), né à Nevers (1757), S. 27 oct. 1776.

Raveau (Pierre), né à Thauvenay [Berry] (1748), S. 2 janv. 1777, mort à la Jamaïque en juin 1782.

La Fèvre (Pierre), dit **Néron**, né à Harponville [Picardie] (1753), S. 9 févr. 1777, rayé des contrôles le 30 juin 1782.

Valhein (Jean-Baptiste), dit **Nallin**, né à Naives [Lorraine] (1755), S. 1er avril 1777, mort au Cap le 28 nov. 1782.

Burlet (Jean), dit **Nestor**, né à Saint-Donat [Dauphiné] (1761), S. 16 juill. 1777.

Lamothe (Joseph-Terrin), né à Romans [Dauphiné] (1754), S. 1er avril 1773, R. pour 4 ans le 1er avril 1781.

Jugla (Simon), dit **Nolet**, né à Brienne-le-Chatel [Champagne] (1756), S. 14 nov. 1777, R. pour 8 ans le 11 oct. 1783.

Lina (Jean-Claude), dit **Namur**, né à Achimont [Lorraine] (1759), S. 20 nov. 1777.

Cordebat (Nicolas), dit **Neuville**, né à Flornoy [Champagne] (1761), S. 13 déc. 1777, mort au Cap le 24 août 1781.

Parlon (Pierre), dit **Navarre**, né à Paris (1762), S. 1er avril 1778.

Quevin (Louis-Pierre), dit **Normandie**, né à Grand-Quevilly [Normandie] (1758), S. 13 août 1778, R. pour 8 ans le 29 sept. 1783.

Audierne (Jean-Louis), né à Paris (1757), S. 16 oct. 1775, congédié le 16 oct. 1783.

Riet (Jean), dit **Naïf**, né à Chavagnac [Auvergne] (1759), S. 14 oct. 1778, mort au fort Royal le 18 déc. 1781.

Demaison (Jean-Charles), dit **Nanterre**, né à Morcourt [Picardie] (1763), S. 29 mars 1779.

Motte (Pierre), dit **Numa**, né à Rouen [Normandie] (1763), S. 21 juin 1779.

Horelle (François), dit **Nancy**, né à Ruffigné [Bretagne] (1756), S. 11 juill. 1779.

Harin (François), dit **Nantes**, né à Québriac [Bretagne] (1750), S. 26 juill. 1779.

Gastelière (Nicolas), né à Montargis [près d'Orléans] (1758), S. 10 août 1779, tué au siège à Saint-Christophe le 28 janv. 1782.

Bissouet (Charles), dit **Nathan**, né à Caen [Normandie] (1762), S. 1er juill. 1779, mort à Saint-Christophe le 28 janv. 1782.

Cordier (Jean-Louis), dit **Nicias**, né à Dieppe [Normandie] (1762), S. 4 juill. 1779.

Guillot (Simon), dit **Nessus**, né à Orléans (1763), S. 16 sept. 1779, R. pour 8 ans le 30 oct. 1784.

Poncet (Louis-Joseph), dit **Nicomède**, né à Paris (1759), S. 2 nov. 1779, congédié le 30 janv. 1783.

Gagnepain (Jacques), dit **Nivernois**, né à Mennecy [Ile de France] (1760), S. 29 nov. 1779.

Dupuis (Charles), dit **Ninèvres**, né à Orléans (1763), S. 1er déc. 1779, tué à Bristone-hill le 23 janv. 1782.

Mouret (Etienne), dit **Navissot**, né à Fougerolles [Franche-Comté] (1762), S. 14 févr. 1778.

Richet (Claude), dit **Naufrage**, né à Laguissé [Picardie] (1760), S. 19 nov. 1778.

Janimart (Dominique), dit **Ninard**, né à Toulouse [Languedoc] (1760), S. 9 déc. 1778.

Gannette (Léonard), dit **Novillard**, né à Pontgouin [Beauce] (1748), S. 10 avril 1779.

Herinier (André), dit **Nivelon**, né à Verceil [Italie] (1742), S. 4 sept. 1779, mort à l'hôpital de Cadix le 5 janv. 1783.

Denis (Pierre), dit **Nivel**, né à Saint-Vivien [Saintonge] (1753), S. 15 oct. 1779.

Bonnefemme (Pierre), dit **Nizidor**, né à Aubagnan [Gascogne] (1763), S. 11 oct. 1779.

Morel (Antoine), dit **Nankin**, né à Dijon [Bourgogne] (1756), S. 15 oct. 1779.

Lagier (Louis), dit **Nicaise**, né à Francillon [Dauphiné] (1752), S. 15 oct. 1779.

Fate (Conrad), dit **Nephtali**, né à Anbourg [Mayence] (1750), S. 20 oct. 1779, réformé le 6 déc. 1783.

Bellon (Nicolas), dit **Nevers**, né à Notre-Dame-des-Vertus [Ile de France] (1758), S. 20 oct. 1779.

Saunier (Charles), dit **Nougarède**, né à Brulange-la-Paroisse [Trois Evêchés] (1758), S. 21 oct. 1779.

Cuny (Claude), dit **Nuage**, né à Metz [Evêchés] (1757), S. 21 oct. 1779.

Manoy (Jean-Pierre), dit **Novassel**, né à Vitry [Luxembourg] (1761), S. 21 oct. 1779.

Coutin (Jean), dit **Neclarius**, né à Guny [Picardie] (1763), S. 28 oct. 1779, réformé le 8 déc. 1783.

Remy (Nicolas), dit **Numitor**, né à Lunéville [Lorraine] (1760), S. 1er nov. 1779, mort au fort Royal le 18 août 1781.

Dubois (François), dit **Niort**, né à Laval [près Le Mans] (1762), S. 1er nov. 1779.

Mirgault (Louis), dit **Nubius**, né à Sommières [Poitou] (1757), S. 2 nov. 1779, mort à la Jamaïque en juillet 1782.

Vanersis (Michel), dit **Nantonnier**, né à Bruxelles (1753), S. 12 nov. 1779, mort au Cap le 24 juin 1781.

Daslet (Pierre-François), dit **Nassau**, né à Corbeil [Brie] (1762), S. 18 nov. 1779.

Guimet (Alexis), dit **Néon**, né à Saint-Caradec [Bretagne] (1756), S. 17 déc. 1779.

Liébaut (Jean), né à Rupt [Trois Evêchés] (1747), S. 6 avril 1769, R. pour 8 ans le 6 juin 1777.

Vasseur (Pierre-Philippe), dit **Novion**, né à Aubenton [Champagne] (1753), S. 9 oct. 1770, R. pour 8 ans le 15 oct. 1775.

Baudinet (Jean), dit **Neuthy**, né à Louvigny [Trois Evêchés] (1752), S. 13 mars 1773, rayé des contrôles le 14 août 1783.

Viennot (Henry), né à Lanthenans [Franche-Comté] (1740), S. 1er août 1763, R. pour 8 ans le 1er août 1779.

Félix (Sigisbert), dit **Neuwiorck**, né à Nancy (1756), S. 25 janv. 1777, mort le 10 févr. 1782.

Ely (Claude), né à Brie-Comte-Robert [Brie] (1737), S. 12 janv. 1755, mort à Williamsbourg le 16 mars 1782.

Trinquecoste (Etienne), dit **Norvège**, né à Cologne [en Bas Armagnac] (1749), S. 26 fév. 1773, R. pour 4 ans le 26 oct. 1781.

Gambier (Antoine-Noël), né à Paris (1758), S. 8 mai 1779, congédié le 31 mars 1783.

Thirion (Jean-Baptiste), dit **Harlay**, né à Fleury-les-St-Loup [Franche-Comté] (1757), S. 12 mars 1774, congédié le 14 oct. 1783.

Perier (Joseph), dit **Naturel**, né à Saint-Jacques-d'Ambur [Auvergne] (1749), S. 1er août 1766, congédié le 13 oct. 1783.

Piger (Pierre), dit **Noble**, né à Saint-Etienne [Forez] (1755), S. 1er oct. 1774.

Massol (Jean-Pierre), dit **Nonacourt**, né à Bourgnonval [Albigeois] (1757), S. 28 janv. 1778, mort à Williamsbourg le 31 déc. 1781.

Tolet (Fleury), dit **Noric**, né à Saint-Symphorien-le-Château (1760), S. 10 oct. 1778.

Millet (Jean), dit **Newton**, né à Le Pas [près Tours] (1761), S. 13 juin 1779.

Daliguant (Julien), dit **Nogent**, né à Mellet-du-Dezert [près Rennes] (1762), S. 12 sept. 1779, mort à Cadix le 17 avril 1783.

Huet (Jean), dit **Nérac**, né à Saint-Brieuc [près Rennes] (1754), S. 28 mars 1780.

Gentillé (Jean-Pierre), dit **Nécessaire**, né à Voyenne [près d'Amiens] (1762), S. 15 avril 1780.

Huteau (Jean), dit **Noroy**, né à Orléans (1761), S. 17 avril 1780, mort au fort Dauphin le 18 nov. 1781.

Durand (Marceau), dit **Nolvat**, né à Orléans (1763), S. 5 mai 1780, mort à la Jamaïque en août 1782.

Girard (Jean-Pierre), dit **Nerestan**, né à Chateaudun (1763), S. 16 mai 1780.

Fourcade (Antoine), dit **Nacles**, né à Orbessan [près d'Auch] (1764), S. 19 mai 1780.

Chipart (Charles), dit **Necker**, né à Paris (1762), S. 12 juin 1780, réformé le 2 oct. 1783.

Gazot (René), dit **Norvillé**, né à Bourgueil [près Tours] (1762), S. 28 juill. 1780, mort au fort Royal le 28 janv. 1782.

Lambert (Jean-François), dit **Nantillac**, né à Vavincourt [près Nancy] (1759), S. 19 août 1780.

Asselin (Claude), dit **Ninus**, né à Orléans (1758), S. 24 avril 1780, mort le 19 oct. 1781.

Berthé (Nicolas), dit **Beaujeu**, né à Beausac [près Besançon] (1761), S. 3 mars 1778.

Feuillent (Pierre), né à Voisy [près d'Amiens] (1754), S. 7 nov. 1778, tué le 23 janv. 1782.

Deleray (Jean), né à Coulans [près Besançon] (1732), S. 11 nov. 1763, mort le 11 avril 1783.

Lebre (Jean-Baptiste), dit **Lefèvre**, né à Marseille (1751), S. 10 févr. 1766, mort au fort Royal le 12 déc. 1781.

Roguin (Ponce), né à Corbière [Ardenne] (1750), S. 12 juill. 1767, mort au fort Royal le 2 déc. 1781.

Boutemy (Jean-Baptiste), né à Cambrai (1749), S. 20 oct. 1767, R. pour 8 ans le 10 mars 1782.

Pilon (Jean-Philippe), né à Ligny [près Cambray] (1760), S. 22 août 1777, mort en mer le 25 nov. 1781.

Boignot (François), né à Foucheres (1760), S. 8 oct. 1777, mort au fort Royal le 30 déc. 1781.

Tibolot (Simon), né à Gy [près Gray] (1761), S. 14 nov. 1777, R. pour 8 ans le 11 oct. 1783.

Beauve (Jean-Jacques), né à Compiègne (1762), S. 9 janv. 1779, R. pour 8 ans le 8 janv. 1784.

Foulay (Etienne), né à Chablis [près Tonnerre] (1760), S. 10 janv. 1779.

Renault (François-Nicolas), né à Troyes (1761), S. 6 mai 1779.

Nicolas (Denis-Thomas), dit **Duplessis**, né à Saint-Germain [près Paris] (1763), S. 7 mars 1780.

Rouleau (Etienne), né à Saint-Jean-de-la-Ruelle [près d'Orléans] (1763), S. 3 mai 1780.

Laurain (Jean), né à Moulins (1762), S. 27 août 1780.

Duplessis (Bernard), né à Verdun (1764), S. 12 oct. 1780.

Perraut (Louis), né à Saint-Genoux [près Bourges] (1760), S. 2 nov. 1780.

Devouges (Louis-François-Alexandre), né à Chartres (1763), S. 8 nov. 1780.

Proux (Jean-Hilaire), né à Villermain [près d'Orléans] (1762), S. 24 nov. 1780, mort à La Rochelle le 21 sept. 1782.

Renault (Michel-Laurent), né à Orléans (1763), S. 26 mars 1781, mort en mer le 20 juill. 1782.

Granger (Marin), né à Orléans (1764), S. 18 mai 1781, mort le 6 nov. 1783.

Vanos (Jean), né à Hablainville [Lorraine] (1742), S. 1er oct. 1771, mort au Cap le 20 févr. 1782.

Savard (Jean-Claude), né à Paris (1764), S. 17 sept. 1780, mort en août 1782.

Barré (Jean-Baptiste), né à Paris (1764), S. 17 sept. 1780.

Barré (Louis), né à Paris (1764), S. 7 janv. 1781.

Guyot (François), né à Parthenay [près Poitiers] (1750), S. 8 avril 1774.

Dehout (Jean-Baptiste), né à Rainneville [Picardie] (1759), S. 16 juin 1777.

Brasseur (Louis-Edme), né à Noyon [près d'Amiens] (1750), S. 28 avril 1779.

Foix (François), né à Mailly [près Châlons] (1747), S. 5 févr. 1780, mort à Cadix le 14 févr. 1783.

Compagnie Ducasse.

Deligny (François), né à Chauny [Picardie] (1733), S. 27 déc. 1752, R. pour 8 ans le 11 oct. 1776.

Arnoux (François), né à Marseille (1736), S. 20 avril 1775, R. pour 8 ans le 6 févr. 1779.

Maniclair (Julien), né à Poiseul-la-Grange [Champagne] (1736), S. 7 oct. 1755, R. pour 8 ans le 24 oct. 1778.

Richard (Claude), né à Belleville [près Paris] (1739), S. 16 mars 1758, mort au Cap le 9 août 1782.

Benard (Jean), né à Ricuu [Beauce] (1736), S. 27 juin 1758, mort au Cap le 29 août 1782.

Isnard (Joseph), né à Aix [Provence] (1740), S. 10 mai 1759, mort au Cap le 1er oct. 1782.

Jeaume (Jacques), né à Besson [Languedoc] (1742), S. 25 janv. 1760, mort au fort Dauphin le 25 oct. 1781.

Robinot (André), né à Chinon [Touraine] (1746), S. 2 nov. 1763, tué au siège de Bromstonhill le 23 janv. 1782.

Morizet (Antoine), né à Chatellerault [Champagne] (1748), S. 31 déc. 1764, R. pour 8 ans le 28 sept. 1778.

Decochevy (François), né à Rueil [près Paris] (1740), S. 16 avril 1765, mort au Cap le 11 juin 1782.

Gomer (Jacques), né à Plancher-Bas [Franche-Comté] (1747), S. 24 janv. 1766, mort au Port au Prince en août 1781.

Ydrac (François), né à Brive-la-Gaillarde [Limozin] (1748), S. 30 mai 1766, R. pour 4 ans le 30 mai 1782.

Kindel (Jacob), né à Englinger [Trois Evêchés] (1744), S. 23 janv. 1767, mort au Cap le 7 juill. 1782.

Hippe (Jean-Baptiste), né à Strasbourg (1750), S. 11 sept. 1767, R. pour 8 ans le 11 mars 1783.

Brouard (Joseph-Mathieu), dit **La Jeunesse**, né à Tremblay [Ile de France] (1753), S. 1er avril 1770, mort au Cap le 8 juin 1782.

Lefort (Jacques), dit **Tranquille**, né à Sens [Champagne] (1739), S. 27 janv. 1772, mort au Cap le 13 juill. 1782.

Diot (Jean-Louis), dit **Moïse**, né à Saint-Valérien [Beauce] (1754), S. 26 févr. 1774, R. pour 4 ans le 1er oct. 1778.

Simon (Augustin), dit **Vendôme**, né à Saint-Martin [Picardie] (1755), S. 10 mars 1774, réformé le 7 déc. 1783.

Durand (Jean-François), dit **Arretas**, né à Neuvier [Franche-Comté] (1756), S. 1er avril 1774, R. pour 4 ans le 12 mars 1782.

Mathis (Philippe), dit **Berwick**, né au hameau de Bizing [Lorraine allemande] (1755), S. 3 août 1774, mort au Cap le 9 févr. 1783.

Melac (Michel), dit **Couronne**, né à Encausse [Armagnac] (1755), S. 26 mars 1775, mort au Cap le 3 déc. 1782

Beautier (Pierre-Jean-Simon), né à Paris (1756), S. 15 août 1775, congédié le 15 août 1783.

Chazal (Barthélemy), né à Aujargues [Languedoc] (1756), S. 28 déc. 1775, congédié le 5 déc. 1783.

Gras (Jean), né à Orthevielle [Haut-Languedoc] (1758), S. 3 août 1776, congédié le 1er juin 1782.

Bonnot (Pierre), dit **Beaunot**, né à Brive-la-Gaillarde [Limousin] (1760), S. 12 oct. 1776, mort au Cap le 6 avril 1783.

François (François), né à Amiens [Picardie] (1759), S. 8 nov. 1776, congédié le 8 nov. 1784.

Cayot (François), né à Loudun [Poitou] (1756), S. 29 déc. 1776.

Noton (Pierre), né à Verrue [Poitou] (1755), S. 28 févr. 1777.

Martin (Nicolas-François), dit **Ferdinand**, né à Ecluron [Champagne] (1761), S. 13 mars 1777, tué au siège de Bristone-hill le 23 janv. 1782.

Griner (François), dit **Flavigny**, né à Blainville [Lorraine] (1758), S. 12 juill. 1777, mort au Cap le 30 août 1782.

Tournier (Martin), dit **Fénélon**, né à Vervins [Picardie] (1756), S. 12 nov. 1777, mort au Cap le 1er sept. 1781.

Thomé (Jean), dit **Figeac**, né à Bramonas [Province de Gévaudan] (1755), S. 28 mars 1778, mort au Cap le 30 avril 1782.

Cassé (Etienne-Augustin), né à Paris (1762), S. 29 mai 1778, congédié le 25 août 1782.

Le Roy (Pierre-Louis), dit **Fontaine**, né à Hermies [Picardie] (1762), S. 22 oct. 1778.

Masson (Pierre), dit **Fabius**, né à Montgeron [près Paris] (1758), S. 24 nov. 1778, congédié le 23 sept. 1782.

Aley (Louis-Charles), dit **Fayet**, né à Fréville-lez-Champs [Normandie] (1761), S. 14 nov. 1778, mort au Cap le 18 juin 1782.

Simon (François), dit **Frontignan**, né à Paris (1755), S. 7 déc. 1778, mort au Cap le 24 juin 1782.

Galloyer (Jean), dit **Sort**, né à Orléans (1757), S. 29 janv. 1779.

Bonnet (Jean-Baptiste-Florent), né à Chauny [Picardie] (1757), S. 18 févr. 1779.

Bainville (Michel), dit **Sugues**, né à Chartres [Beauce] (1754), S. 4 juin 1779, réformé le 9 août 1783.

Godefroy (Pierre), dit **Facile**, né à Clefs [Anjou] (1759), S. 31 avril 1779, mort au Cap le 30 avril 1783.

Grimaux (Guillaume), dit **Fantin**, né à Bourges [Berry] (1763), S. 29 oct. 1779.

Bosseron (Charles-Nicolas), dit **Fisson**, né à Chatellerault [Poitou] (1764), S. 8 juill. 1778.

Auberger (Benoît), dit **Fessut**, né à Trévoux [Lionnois] (1761), S. 28 nov. 1778, mort en mer le 28 oct. 1781.

Soulange (André), dit **Frecon**, né à Jumeaux [Auvergne] (1762), S. 8 juill. 1779.

Martin (Jean), dit **Fourcy**, né à Chinon [Touraine] (1763), S. 5 août 1779.

Goursolle (Pierre), dit **Fresnes**, né à Saint-Antoine-d'Auberoche [Périgord] (1754), S. 1er nov. 1779.

Poidre (Cristian-David), dit **Frédac**, né à Strude ou Struth [Alsace] (1763), S. 2 nov. 1779.

Lièvre (Georges), dit **Fabien**, né à Héricourt [Franche-Comté] (1759), S. 2 nov. 1779.

Renaud (Antoine), dit **Frenaux**, né à Saint-Bonnet [Dauphiné] (1755), S. 4 nov. 1779.

Boudatz (Louis), né à Rainville [Lorraine] (1742), S. 28 juill. 1761, mort le 9 mai 1782.

Wathier (Norbert), dit **Fontenelle**, né à Laon [Picardie] (1749), S. 2 mai 1767, mort au Cap le 10 juin 1782.

Morel (Pierre), né à Montpellier (1755), S. 27 févr. 1773, R. pour 4 ans le 27 févr. 1781.

Magnan (Philippe), né à Marseille (1750), S. 26 janv. 1767, tué au siège de Bristone-hill le 23 janv. 1782.

Simonneau (Pierre-Toussaint), dit **Fléchier**, né à Paris (1748), S. 28 oct. 1779.

Bozet (Joseph), dit **Fulvius**, né à Dunkerque [Flandre] (1755), S. 21 déc. 1780, mort au Cap le 18 juin 1782.

Genjambre (Nicolas), dit **Fier**, né à Neufchateau [Lorraine] (1756), S. 21 déc. 1780.

Roland (François), né à Guyenne [Auvergne] (1746), S. 1er févr. 1765, R. pour 4 ans le 4 mai 1781.

Jacobin (Joseph), dit **Florensac**, né à Paris (1764), S. 5 mars 1781, congédié le 31 mars 1784.

Oubry (Mathieu), dit **Francfort**, né à Selberg [Alsace] (1741), S. 4 nov. 1779, mort au Cap le 4 déc. 1782.

Descombes (Martin), dit **Foucault**, né à Ancizes [près Riom] (1756), S. 2 nov. 1765, R. pour 4 ans le 28 sept. 1778.

Devaise (Joseph), dit **Fortin**, né à Fournas [près Montpellier] (1751), S. 15 déc. 1765, mort à Williamsbourg le 4 nov. 1781.

Mathis (Adam-Louis), dit **Francœur**, né à Metz (1762), S. 4 mars 1772, mort au Cap le 1er juin 1782.

Lefevre (Marc-Joseph), dit **Fedoix**, né à Blaringhem [près Lille] (1756), S. 11 juill. 1773, mort au Cap le 30 juin 1782.

Fevre (Nicolas), dit **Faucon**, né à Bize [près Châlons] (1757), S. 1er avril 1755, mort au Cap le 3 juin 1782.

Pouch (Jean-Pierre), dit **Fouligny**, né à Dogelheim [près Strasbourg] (1758), S. 18 nov. 1775, mort au Cap le 15 sept. 1782.

Pinau (Pierre), dit **Farnaise**, né à Saint-Cyr [près Dijon] (1762), S. 24 janv. 1780, mort au Cap le 28 juin 1782.

Barret (Nicolas), dit **Foix**, né à Chantereine [près Chaumont] (1752), S. 11 mars 1780, mort au Cap le 29 août 1782.

Fouchet (Nicolas), né à Orléans (1754), S. 2 mai 1780.

Fyon (Charles), dit **Fabrice**, né à Saint-Quentin [Touraine] (1760), S. 20 août 1780, mort au Cap le 23 juin 1782.

Diat (Jean), dit **Favorable**, né à Trinay [près d'Orléans] (1755), S. 5 juin 1780, mort au Cap le 12 août 1781.

Moraud (Claude), dit **Fourmagne**, né à Nîmes (1755), S. 4 mars 1778, mort au Cap le 30 juin 1782.

Rebot (Jean-Baptiste), né à Saint-Victor [près Saint-Etienne] (1755), S. 1er mars 1776, congédié le 5 déc. 1783.

Vaudeville (Joseph), né à Mirecourt (1761), S. 2 déc. 1776, mort au fort Royal le 7 mars 1782.

Bertèche (Jean-Baptiste), dit **César**, né à Sedan (1759), S. 18 févr. 1777, mort au Cap le 28 juin 1782.

Favier (Jean-Baptiste), né à Charleville (1762), S. 3 mars 1777, R. pour 8 ans le 21 déc. 1781.

Constantin (Etienne), né à Chaignay [près Gray] (1760), S. 10 avril 1777, mort au Fort Royal le 22 mars 1782.

Pièche (Joseph), né à Saint-André [près Le Vigan] (1756), S. 4 nov. 1778, mort au Cap le 27 août 1782.

Pulpièce (François), né à Amiens (1762), S. 10 mars 1779.

Pichot (Jacques), né à Arrou [près Chartres] (1764), S. 16 avril 1780, mort au Cap le 9 nov. 1782.

Tricotel (Louis-Brice), né à Léchelle [près Compiègne] (1763), S. 9 août 1780, mort au Cap le 3 août 1782.

Parmentier (Nicolas), né à Paris (1763), S. 16 oct. 1780.

Pollard (Philippe-Joseph), né à Saint-Leu [Artois] (1757), S. 29 août 1773, congédié le 29 nov. 1784.

Le Prêtre (Laurent), né à La Touche-aux-Arçons [près d'Angers] (1755), S. 12 mars 1776, mort au Cap le 9 nov. 1782.

Prieur (Louis), né à Commissey [près de Tonnerre (1756), S. 7 avril 1777, mort au Cap le 28 sept. 1782.

Lancel (Pierre-Joseph), né à Cambrai (17 ?), S. 1er févr. 1778, mort au Cap le 9 sept. 1782.

Mathieu (Laurent), né au Chêne [près d'Auxerre] (1760), S. 1er mai 1781, mort au Cap le 29 mai 1782.

Liotard (Charles), né à Avignon (1752), S. 29 nov. 1770, mort au Cap le 17 juin 1782.

Collignon (Claude), né à Ligny [près Bar-le-Duc] (1757), S. 7 avril 1775, mort au Cap le 3 juill. 1782.

Gauthier (François), né à Albi (1763), S. 15 janv. 1781, mort au Cap le 9 juill. 1782.

Meunier (Edme), dit **Balot**, né à Ballot [près Chatillon] (1763), S. 19 févr. 1781, mort au Cap le 25 avril 1783.

Grugeon (Jean-Baptiste), né à Hescamps [près d'Amiens] (1756), S. 16 sept. 1776, mort au Cap le 7 sept. 1782.

Foullut (Claude), né à Lyon (1760), S. 23 avril 1779, mort au Cap le 29 juin 1782.

Romanet (Jean-André-Auguste), né à Arcueil [près Paris] (1762), S. 29 juin 1780, mort au Cap le 2 juin 1782.

Gorse (Joseph), né à Jouillat [près Guéret] (1754), S. 20 janv. 1781, mort au Cap le 17 juin 1782.

Carios (Charles), né à Bonneville (1756), S. 1er déc. 1776, mort au Cap le 5 oct. 1782.

Gorse (Nicolas), dit **Lusignan**, né à Troyes (1748), S. 15 févr. 1780, mort au Cap le 17 juill. 1782.

Pascal (Antoine), né à Vias [Généralité de Montpellier] (1761), S. 17 avril 1781, mort au Cap le 18 juill. 1782.

Petit (Eloy), né à Paris (1751), S. 17 avril 1775, mort au Cap le 21 août 1782.

La Fosse (Louis), né à Mesmain [Généralité de Tours] (1761), S. 6 mars 1777, mort au Cap le 31 août 1782.

Le Brun (François), né à Nozières [Généralité de Rennes] (1762), S. 1er mai 1778, mort au Cap le 30 juin 1782.

Gerly (François-Honoré), né à Dieppe (1763), S. 7 oct. 1779, mort au Cap le 10 sept. 1782.

Lancelle (Jacques-Joseph), dit **Bellegarde**, né à Villerspol (village) [Généralité de Valenciennes] (1762), S. 1er janv. 1780, mort au Cap le 17 juill. 1782.

Beale (Louis-François), né à Contrelan [près Nogent-le-Rotrou] (1756), S. 29 août 1780, mort au Cap le 19 août 1782.

Le Sieur (Antoine), né à Tourville [près d'Avranches] (1756), S. 29 août 1780, mort au Cap le 3 sept. 1782.

Michel (Pierre), né à Chateaudun (1762), S. 29 oct. 1780.

Nivault (Jean-Jacques), né à Viabon [près Chateaudun] (1760), S. 5 nov. 1780.

Terrier (Louis), né à Orléans (1761), S. 23 nov. 1780, mort au Cap le 12 juill. 1782.

Aubry (Jean-Pierre-Michel), né à Paris (1761), S. 30 nov. 1780.

Roux (Joseph), né à Bagnères [près de Tarbes] (1762), S. 19 janv. 1781, mort au Cap le 16 févr. 1783.

Pinet (Jean-Pierre), né à Bourges (1764), S. 19 juin 1780.

Ponard (Claude-Joseph), né à Longchaumois [près Saint-Claude] (1751), S. 4 déc. 1764, mort au Cap le 29 déc. 1782.

Hienne (Pierre-Joseph), né à Chalezeule [près Besançon] (1750), S. 22 juill. 1773, mort au Cap le 9 avril 1783.

Maszin (Jean-François), dit **Barrière**, né à Buzy [près d'Etain] (1760), S. 30 mars 1777.

Vigoureux (Antoine), né à Saint-Denis-Combarnazat [près Gannat] (1732), S. 25 mars 1756, R. pour 4 ans le 13 sept. 1780.

Decamp (Claude-Denis), né à Lagny [près Paris] (1757), S. 9 nov. 1775, congédié le 10 mai 1783.

Pacquier (André), né à Arvert [près Saintes] (1759), S. 19 juin 1778.

Harpin (Jean-Nicolas), dit **Bertin**, né à Hildesheim [Allemagne] (1762), S. 28 nov. 1779.

Martin (François), dit **Signy**, né à Boisigny [près Chateau-Porcien] (1755), S. 3 mars 1777, R. pour 4 ans le 10 mai 1781.

La Rivière (Jean-Alexandre), né à La Rivière [près Chateaudun] (1759), S. 1er sept. 1781, mort au Cap le 5 mai 1783.

Onfroy (André), né à Caen (1741), S. 14 janv. 1770, R. pour 8 ans le 27 août 1778.

Blanc (François), dit **Le Blanc**, né à Alais [Cévennes] (1758), S. 7 juin 1776.

Lemaître (Jean), né à Hénon [Bretagne] (1753), S. 29 sept. 1776.

Remi (François), dit **La Forme**, né à Câteau-Cambrésis (1759), S. 1er oct. 1776.

Compagnie de grenadiers.

DE LAUNAY, capitaine.

Ingotz (Nicolas), né à Joinville [Lorraine] (1738), S. 3 sept. 1755, mort le 28 mai 1783.

Paillant (Jean-Pierre), né à Saint-Antoine [Provence] (1738), S. 25 janv. 1756, congédié le 10 mai 1783.

Roussille (André), né à Montpellier (1743), S. 20 déc. 1759, R. pour 8 ans le 18 sept. 1777.

Annion (Joseph), né à Moncourt [Lorraine] (1743), S. 27 janv. 1760, mort au Cap le 11 juin 1782.

Coffignat (Guillaume), né à Villefranche [Bourgogne] (1742), S. 19 avril 1758, congédié le 21 oct. 1783.

Petit (François), né à Nîmes [Languedoc] (1741), S. 30 janv. 1760, R. pour 4 ans le 10 nov. 1778.

Babin (Pierre), né à Bourganeuf [Maine] (1746), S. 7 avril 1764, parti pour les Invalides le 30 juin 1783.

Bourquin (Jean-François), né à Lure [Franche-Comté] (1750), S. 20 sept. 1766, mort au Cap le 6 sept. 1782.

Labrut (Joseph-Alexis), né à Granges [Franche-Comté] (1748), S. 18 janv. 1768, réformé au Cap le 31 déc. 1782.

Guillemain (François), dit **Bellegloire**, né à Frouel-le-Dusseux [Normandie] (1750), S. 20 mars 1769, R. pour 8 ans le 15 juill. 1774.

Loutz (François), né à Strasbourg (1753), S. 28 mai 1769, R. pour 8 ans le 1er nov. 1774.

Blaise (Jean-Baptiste-Joseph), né à Lille [Flandre] (1753), S. 23 août 1769, blessé au combat du 12 avril 1782, mort le 14 du dit.

Charlier (François), dit **Saint-Germain**, né à Saint-Germain-en-Laye [Ile de France] (1755), S. 25 mai 1772, R. pour 8 ans le 2 oct. 1778.

Vauchel (Etienne-André), dit **Mara**, né à Paris (1749), S. 1er déc. 1772, R. pour 8 ans le 11 nov. 1779.

Delval (Philippe), dit **Lafeuillade**, né à Metz (1757), S. 5 juill. 1773, parti pour les Invalides le 4 mars 1784.

Delplanque (Bernard), né à Boulogne-sur-Mer [Picardie] (1756), S. 29 août 1773, congédié le 31 déc. 1783.

Pringot (Philippe), dit **Artus**, né à Charleville [Champagne] (1757), S. 31 oct. 1773, mort au fort Dauphin le 8 déc. 1781.

Soulier (Laurent), dit **Cyrus**, né aux Bains-de-Balarmé [Languedoc] (1755), S. 15 mai 1775, mort en mer le 8 nov. 1781.

Bonat (Jacques), dit **Condé**, né aux Bains-de-Balarmé [Languedoc] (1757), S. 15 mai 1775, congédié le 3 août 1783.

Docand (Guillaume), né à Sommières [Languedoc] (1755), S. 11 juin 1775, mort à Williamsbourg le 7 avril 1782.

Lécuyer (Jean-François), né à Paris (1752), S. 16 oct. 1775, congédié le 16 oct. 1783.

Longuet (Joseph), né à Montdidier [Picardie] (1753), S. 13 nov. 1775, congédié le 13 nov. 1783.

Sabatier (Jean), né à Saint-Privat [Languedoc] (1756), S. 1er nov. 1775, R. pour 4 ans le 1er nov. 1779.

Mathieu (Pierre), né à Saint-Ange [Dauphiné] (1749), S. 5 mai 1776, mort à Orléans le 1er mai 1782.

Delarche (Edme), dit **Lagiroflée**, né à Fresnoy [Gatinais] (1753), S. 5 nov. 1778, R. pour 8 ans le 1er oct. 1779.

Malvert (Jean), né à Marcillac [Rouergue] (1759), S. 22 août 1775, congédié le 22 août 1783.

Arnaud (Jean-Pierre), dit **Ferdinand**, né aux Bains-de-Balarmé [Languedoc] (1755), S. 16 juin 1775, mort au Cap le 7 juill. 1782.

Le Bel (Hubert), né à Soissons (1757), S. 8 nov. 1773, R. pour 4 ans le 23 mai 1779.

Guyot (Joseph), né à Arraux [Provence] (1760), S. 26 févr. 1776, R. pour 4 ans le 26 févr. 1780.

Coulet (Jean-Pierre), dit **Nismes**, né à Nîmes [Languedoc] (1760), S. 30 déc. 1778, mort au Cap le 27 août 1782.

Weiber (Pierre), dit **Gramont**, né à Widrevolt [Lorraine Allemande] (1751), S. 9 sept. 1772, mort au Cap le 15 oct. 1782.

Bouhoury (Louis-Alexandre), dit **Camille**, né à Paris (1758), S. 8 mai 1779, congédié le 31 mai 1783.

Guyot (Pierre), dit **Neufchâteau**, né à Gendreville [Lorraine] (1756), S. 27 mars 1775, R. pour 4 ans le 27 mars 1779.

Pringot (Thomas), né à Charleville [Champagne] (1753), S. 3 avril 1774, mort au Cap le 27 mai 1782.

Motte (Michel), dit **Gisors**, né à Saint-Andéol [Vivarais] (1743), S. 26 mai 1759, congédié le 3 août 1783.

Guibert (Jean), né à Saint-Donat [Dauphiné] (1756), S. 5 mai 1776, mort au Cap le 29 juin 1782.

Desbœuf (Pierre-François), né à Paris (1744), S. 15 oct. 1761, R. pour 4 ans le 16 oct. 1783.

David (Charles-Joseph), dit **Bellefleur**, né à Pérenchies [Flandre] (1747), S. 5 mars 1770, mort au Cap le 21 sept. 1782.

Rhodé (Robert), né à Mezières [Champagne] (1735), S. 23 sept. 1773, mort au Cap le 1er juin 1782.

Barroire (Louis), dit **Gusman**, né à Boudrac [Bas-Armagnac] (1755), S. 24 déc. 1775, congédié le 5 déc. 1783.

Benoist (Joseph), né à Romans [Dauphiné] (1759), S. 13 oct. 1776.

Niple (Claude), dit **Belidor**, né à Diémoz [Dauphiné] (1757), S. 23 déc. 1777.

Paymat (Nicolas), dit **Dombasle**, né à Saint-Dizier [Champagne] (1757), S. 6 janv. 1778.

Rivière (Claude), dit **Blois**, né à Lyon (1760), S. 27 mars 1778, R. pour 8 ans le 13 oct. 1782.

Elard (Beuvin), dit **Pomard**, né à Tournay [Flandre] (1761), S. 13 févr. 1779, mort au Cap le 21 août 1782.

Auger (Jean-Baptiste), dit **Giroy**, né à Bréhéville [Trois Évêchés] (1750), S. 23 nov. 1773, mort le 18 avril 1782.

Massot (Pierre), dit **Grenoble**, né à Romans [Dauphiné] (1758), S. 9 oct. 1775, congédié le 10 oct. 1783.

Decombre (François), dit **Gibernes**, né à Romans [Dauphiné] (1760) S. 27 mars 1776, R. pour 8 ans le 20 oct. 1782.

Gobert (Jean), dit **Glorieux**, né à Tarentaise [Forez] (1760), S. 28 mars 1777, mort au Cap le 26 juin 1782.

Portail (Antoine), né à Creysse [Quercy] (1748), S. 22 oct. 1766, R. pour 4 ans le 22 oct. 1782.

Brieux (Jacques), dit **Gaspard**, né à Monin [Vivarais] (1748), S. 1er déc. 1766, mort au Cap le 1er juin 1782.

Pourcelles (Jean-Jacques), né à Marseille (1748), S. 23 janv. 1768, R. pour 8 ans le 20 sept. 1775.

Bouché (Pierre-Gaspard), dit **Guisse**, né à La Fère [Picardie] (1755), S. 4 oct. 1772, congédié le 10 oct. 1783.

Couvret (Charles), dit **Grégoire**, né à Metz (1757), S. 21 mai 1773, mort au Cap le 5 juin 1782.

Guy (Joseph), dit **Guyenne**, né à Marseille (1753), S. 30 janv. 1775, congédié le 3 août 1783.

Petit (Jean), dit **Grand**, né à Marches [Dauphiné] (1757), S. 4 juill. 1776.

Beaumont (Jacques), dit **Grandval**, né à Loiré [Anjou] (1757), S. 27 mars 1778.

Minard (Antoine-Joseph), dit **Grandpré**, né à Wardencourt [Artois] (1751), S. 20 juin 1779.

Podemain (Jean), dit **Galois**, né à Rouen [Normandie] (1763), S. 13 août 1779, mort au Cap le 11 août 1782.

Monard (Nicolas), dit **Grison**, né à Rouen [Normandie] (1762), S. 24 août 1778, mort à Williamsbourg le 8 nov. 1781.

Arquet (Jean), dit **Grecourt**, né à Crespian [Languedoc] (1757), S. 26 févr. 1776, mort au Cap le 2 sept. 1782.

Barthe (Hubert), dit **Gélon**, né à Varennes [Clermontois] (1759), S. 10 nov. 1776.

Bastien (Nicolas), dit **Goze**, né à Verdun [Trois Évêchés] (1760), S. 12 janv. 1777.

Couvert (Fulcran), dit **Girardin**, né à La Panouse [Rouergue] (1756), S. 3 avril 1774, congédié le 11 oct. 1783.

Dombre (Étienne), dit **Georges**, né à Florac [Gévaudan] (1755), S. 16 oct. 1775, mort au Cap le 7 juill. 1782.

Louette (Jean-Baptiste), dit **Patinoir**, né à Liard [Champagne] (1759), S. 27 févr. 1777.

La Violette (Nicolas), dit **Guibray**, né à Longpont [Picardie] (1752), S. 13 avril 1774, congédié le 2 août 1783.

Jaudin (François), dit **Guerchy**, né à Reu [Trois Évêchés] (1761), S. 16 mai 1778.

Chevalier (Charles-François), dit **Goblin**, né au Gros-Caillou [Paris] (1761), S. 31 oct. 1778, mort au Cap le 11 juin 1782.

Denis (André), dit **Gillet**, né à Villeneuve-Saint-Denis [près Paris] (1749), S. 18 juin 1774, mort au Cap le 2 févr. 1783.

Bourdon (Jean-François), dit **Grandville**, né à Paris (1749), S. 1er févr. 1776, tué au Cap le 12 avril 1782.

Rault (Thomas), dit **Grandmaison**, né à Maroué [Bretagne] (1760), S. 11 oct. 1776.

Chausson (Jacques), dit **Gentil**, né à Neuville [près d'Étampes] (1760), S. 4 nov. 1778, mort au Cap le 4 juill. 1782.

Beaupré (Antoine-Huet), dit **Gordon**, né à Fontainebleau [près Paris] (1758), S. 2 sept. 1780, mort au Cap le 9 sept. 1782.

Chambon (Pierre), dit **Cambon**, né à Saint-Cirq [près Montauban] (1762), S. 15 déc. 1778.

Mouget (Denis), dit **Ponthieu**, né à Langres, (1756), S. 1er nov. 1775, mort au Cap le 28 juill. 1782.

Franc (Joseph), né à Nîmes (1759), S. 23 sept. 1775, congédié le 22 sept. 1783.

Marchandise (Philippe), né à Etricourt [près Péronne] (1755), S. 1er déc. 1772, R. pour 8 ans le 1er déc. 1780.

Barbet (Jean-Baptiste), dit **Lamarre**, né à Larrahe-Yon [près Rouen] (1762), S. 9 nov. 1778.

Varney (Louis), né à Luzy [près Langres] (1752), S. 11 mars 1769, R. pour 8 ans le 21 oct. 1774.

Moird (Emmanuel), né à Bergues-Saint-Vinox [près Dunkerque] (1754), S. 21 déc. 1780.

Ladray (Marcelin), né à Saint-Julien [près Lyon] (1749), S. 26 juin 1767, congédié le 3 août 1783.

Hannier (Pierre), né à Saint-Dizier [près de Châlons] (1741), S. 17 févr. 1767, mort au Cap le 10 nov. 1782.

Richelot (Jean), né à Baccarat (1758), S. 23 déc. 1775.

Fleurent (Carien), né à Fontenoy [près Bruyère] (1760), S. 4 janv. 1777.

Dominique (Jean-François), né à Bourieville [près d'Eu] (1762), S. 21 oct. 1779.

La Fond (Jean), né à Villefranche (1760), S. 15 févr. 1777.

Macier (Marcel), dit **Lucius**, né à Gercy [près Soissons (1760), S. 15 mars 1778.

Delbos (Jean), né à Camon [près Bordeaux] (1755), S. 11 janv. 1775, congédié le 3 août 1783.

Robert (François), né à Génolhac [près d'Uzès] (1751), S. 24 févr. 1776.

Pauvert (Jean), né à Muy [près Châteaudun] (1753), S. 10 juill. 1780.

Poquet (Jean-Baptiste), né à Cerny-les-Bucy [près Laon] (1758), S. 24 mai 1775.

Ferrand (Pierre), né à Autun [Bourgogne] (1760), S. 4 juill. 1776, congédié le 5 déc. 1783.

Blusseau (Claude-Esprit), né à Besançon (1750), S. 30 janv. 1776.

Le Brun (Joseph), né à Marvéjols [près Mende] (1746), S. 11 déc. 1764, R. pour 8 ans le 6 févr. 1779.

Vincent (Dominique), né à Metz (1750), S. 15 mars 1767, R. pour 8 ans le 28 févr. 1775.

Gérard (Nicolas), né à Coupéville [près Châlons] (1753), S. 8 mai 1770, R. pour 8 ans le 15 mars 1775.

Joly (Gervais), né à Saint-Jean-de-Cousange [près Clermont] (1747), S. 6 mars 1776, R. pour 4 ans le 17 oct. 1778.

Delumeau (René), né à Valois [près de Mantes] (1742), S. 20 oct. 1779.

André (Jean-Baptiste), né à Autoue [près d'Ancey] (1762), S. 21 oct. 1779.

Gay (Jean), né à Frélois [près Semur] (1762), S. 9 juin 1780.

Vignot (Mathurin), né à Chateaugiron [près Rennes] (1761), S. 26 nov. 1779.

Debay (François-Joseph), né à Paris (1754), S. 25 mars 1777, congédié le 12 févr. 1784.

Aubert (Charles-Joseph-Nicolas), né à Saint-Omer (1754), S. 27 févr. 1773, R. pour 8 ans le 1er mars 1779.

Waguenn (Joseph), né à Justhire [Flandre Allemande] (1759), S. 18 oct. 1780.

Gravier (Jean-Marie), né à Paris (1753), S. 7 avril 1769, R. pour 8 ans le 21 août 1774.

Cerfontaine (Nicolas), né à Metz (1753), S. 5 oct. 1772, R. pour 8 ans le 2 oct. 1778.

Cray (Pierre), dit **Domitien**, né à Sône [Dauphiné] (1758), S. 24 déc. 1776, R. pour 8 ans le 20 déc. 1781.

Duquesnay (Pierre-Étienne), né à Rouen (1761), S. 14 août 1778, congédié le 10 avril 1784.

Boqueau (Jacques), né à Maincou [près Reims] (1756), S. 17 déc. 1780.

Le Cocq (Nicolas-François), né à Paris (1757), S. 25 mars 1776, R. pour 8 ans le 25 juill. 1783.

Gallot (Philippe), né à Vervins (1762), S. 7 déc. 1778.

Ledra (François), dit **Givet**, né à Consenvoye [près Sainte-Ménehould] (1761), S. 5 août 1777.

Fouché (René), né à Saint-Denis-Gatine [près Mayenne] (1757), S. 17 oct. 1774, R. pour 8 ans le 25 oct. 1778.

Bonnot (Jean-Baptiste), né à Paris (1755), S. 25 sept. 1780.

Desnoyer (Alexandre), né à Thilouze [Touraine] (1761), S. 28 janv. 1777, R. pour 4 ans le 30 mai 1781.

Praux (René), né à Darecy [Anjou] (1761), S. 30 mars 1780.

Dubois (Simon), né à Paris (1761), S. 8 nov. 1780.

Delaître (Jean-Louis), né à Orléans (1762), S. 23 juill. 1780.

Budon (Louis), né à Saint-Lyé [Orléanais] (1759), S. 7 juin 1780.

Tantin (Jacques), dit **Richon**, né à Montreuil [Ile de France] (1763), S. 22 déc. 1779.

Masson (Charles-Hippolyte), né à Mérouville [Beauce] (1762), S. 5 oct. 1780.

Brun (Jean-Pierre), dit **Glorieux**, né à Lyon (1755), S. 9 sept. 1772, R. pour 4 ans le 25 janv. 1780.

Cavet (Nicolas-Médard), né à Deniécourt [Picardie] (1757), S. 8 févr. 1777.

Compagnie de Beauregard.

Bonnet (Louis), né à Perreux [Beaujolais] (1734), S. 16 mars 1755, mort au Cap le 26 déc. 1781.

Chauvin (Vincent), né à Bovière [Dauphiné] (1737), S. 5 sept. 1755, R. pour 4 ans le 29 déc. 1779.

De Laître (François), né à Bellieux [Champagne] (1742), S. 19 févr. 1760, parti pour la pension le 30 juin 1783.

Delivet (François), né à Brie-Comte-Robert [Ile de France] (1744), S. 2 févr. 1762, R. pour 8 ans le 1er oct. 1779.

Boisset (François), né à Angers [Anjou] (1747), S. 16 févr. 1764 mort au Cap le 2 sept. 1781.

Dufeu (Pierre), né à Triez [Picardie] (1739), S. 1er déc. 1765, mort au Cap le 6 juin 1782.

Pierron (Jean-Claude), né à Rottenville [Lorraine] (1745), S. 17 févr. 1766, mort au Cap le 22 sept. 1782.

De France (Lubin), né à Saint-Martin-Le-Noeud [Picardie] (1742), S. 13 avril 1768, mort au Cap le 12 juin 1782.

Menestrier (Jean-Baptiste), né à Ajaccio [Corse] (1757), S. 1er janv. 1774.

Dartis (Pierre), dit **Egée**, né à Jaujac [Vivarais] (1758), S. 31 mai 1775, congédié le 3 août 1783.

Martin (Joseph), né à Langogne [Gévaudan] (1758), S. 7 janv. 1776, mort au Cap le 15 sept. 1782.

Bidot (Jean), né à Chabanne [Poitou] (1754), S. 9 avril 1776, mort en Virginie le 16 oct. 1781.

Bonardel (Jean), né à Bésayes [Dauphiné] (1755), S. 5 mai 1776, mort au Cap le 26 janv. 1783.

Ridel (Jean-Pierre), né à Paris (1757), S. 7 oct. 1776.

Gallois (Henry), né à Verdun (1759), S. 19 oct. 1776.

Marcey (Jean), dit **Belarbre**, né à Loudun [Poitou] (1756), S. 29 déc. 1776.

Cerens (Jean-Baptiste), dit **Bellehumeur**, né à Muret [Picardie] (1750), S. 14 janv. 1777.

Baudier (Antoine), dit **Bellefleur**, né à Verdun (1758), S. 15 janv. 1777.

Aleps (Nicolas-Pierre-Auguste), dit **Beausoleil**, né à Joigny [Champagne] (1761), S. 21 févr. 1777.

Lambert (Jean-Adam), dit **Beaupuits**, né à Hatten [Lorraine Allemande] (1760), S. 19 avril 1777, mort au Cap le 2 oct. 1782.

Drapier (Joseph), dit **Branched'or**, né à Pont-à-Mousson [Lorraine] (1773), S. 1er juill. 1775 (Enfant de troupe).

Lainé (Jacques), dit **Bellegarde**, né au Gros-Caillou [Paris] (1760), S. 11 déc. 1777.

Mazaudier (Augustin), dit **Babin**, né à Longogne [Gévaudan] (1758), S. 1er avril 1778.

Delorme (Hubert-Vincent), dit **Boniface**, né à Morel [Gâtinais] (1759), S. 5 sept. 1778.

Biet (Jean-François), né à Paris (1759), S. 22 sept. 1778, réformé le 5 sept. 1783.

Ivin (Joachim), dit **Brissac**, né à Vervins [Picardie] (1761), S. 7 déc. 1778, tué dans la traversée le 12 avril 1782.

Pottin (Germain), dit **Briançon**, né à Ronchères [Champagne] (1761), S. 17 janv. 1779, mort au fort Dauphin le 18 nov. 1781.

Belanger (Jacques), né à Orléans (1760), S. 12 oct. 1779, tué au siège de Bristone-hill le 23 janv. 1782.

Michelet (Pierre), dit **Bretagne**, né à Rennes (1762), S. 1er nov. 1779, blessé au combat du 12 avril 1782, mort le 15 dudit.

Thierry (Gabriel), dit **Bapaume**, né à Arras [Artois] (1761), S. 5 mars 1778, mort au Cap le 3 juill. 1782.

Lucas (André), dit **Boileau**, né à Nanteuil-le-Haudouin [Picardie] (1759), S. 5 déc. 1778.

Le Jars (René), dit **Bonvin**, né au Mans [Maine] (1762), S. 25 janv. 1779.

Fabre (Jean), dit **Bonamy**, né à Pastour [Agenois] (1760), S. 13 mai 1779, congédié le 10 mai 1783.

Pelletier (Sulpice), dit **Batelier**, né à Ambron [Orléanois] (1759), S. 5 oct. 1779, parti au régiment du Cap le 1er mai 1783.

Batonnain (Jean), né à Chatillon [Bresse] (1762), S. 15 oct. 1779.

Vassot (Pierre-François), dit **Beck**, né à Chateaudun [Beauce] (1762), S. 21 oct. 1779.

Tournier (François), dit **Bellepointe**, né à Chateau-Chalons [Franche-Comté] (1763), S. 28 oct. 1779.

Barrois (Louis-Paul), né à Paris (1763), S. 28 oct. 1779.

Le Roy (Honoré), dit **Beaupré**, né à Melun [Ile de France] (1755), S. 27 déc. 1770, congédié le 20 mars 1783.

Huret (Nicolas), dit **Brache**, né à Paris (1747), S. 18 févr. 1773, mort au Cap le 13 nov. 1782.

Jamois (Claude), dit **Beaumont**, né à Houlun [Perche] (1740), S. 25 mai 1762, mort à Oumanimthe le 15 août 1781.

Grangier (Jacques), né à Serres [Dauphiné] (1736), S. 19 avril 1753, R. pour 8 ans le 19 avril 1777.

Potevin (Louis), né à Saint-Germain-en-Laye [Ile de France] (1749), S. 13 avril 1766, mort en mer le 18 oct. 1782.

Dijon (Mathieu), né à Paris (1749), S. 22 avril 1774.

Delangres (Dominique), dit **Bienvenu**, né à Thionville [Trois Évêchés] (1759), S. 9 mars 1777, mort au Cap le 7 août 1782.

Dulong (Pierre), dit **Bergerac**, né à Pointis [Gascogne] (1756), S. 21 déc. 1780, congédié le 10 mai 1783.

Charles (Etienne), né à Bouvron [Lorraine] (1739), S. 19 sept. 1771, R. pour 8 ans le 22 janv. 1779.

Vidal (Jacques), dit **Beaucaire**, né à Beaumes-de-Venise [Comtat d'Avignon] (1741), S. 30 août 1759, mort au Cap le 4 juill. 1782.

Soulignac (Julien), dit **Biron**, né à Allauch [Auvergne] (1752), S. 14 avril 1769, mort au Cap le 11 juill. 1782.

Bastide (Gabriel), dit **Bagnol**, né à Saint-Benoit-du-Sault [Berry] (1752), S. 17 avril 1777, mort au Cap le 17 déc. 1782.

Rival (François), dit **Bonnefoy**, né à Moyen [Dauphiné] (1742), S. 4 févr. 1765, mort au Cap le 3 sept. 1782.

Moraud (Pierre), dit **Boufflers**, né à Antibes [Provence] (1740), S. 19 août 1758, R. pour 4 ans le 12 oct. 1778.

Le Clais (Jacques-Henry), dit **Bienheureux**, né à Paris (1747), S. 30 oct. 1764, mort au Cap le 23 juin 1782.

Diglemann (Martin), dit **Bouvier**, né à Colmar [Alsace] (1749), S. 23 nov. 1767, R. pour 4 ans le 23 nov. 1779.

Gautin (Jean), dit **Bertaud**, né à Valon [près d'Autun] (1748), S. 14 janv. 1765, blessé au combat du 12 avril 1782, mort le 15 dudit.

Poly (Joseph), dit **Brie**, né à Quiranc [Comtat] (1752), S. 12 nov. 1772, R. pour 8 ans le 29 oct. 1778.

Blanc (Placide), né à Cluny (1747), S. 10 oct. 1773, mort au Cap le 17 juin 1782.

Traquier (Guillaume), dit **Bonsecours**, né à Villefranche (1756), S. 7 déc. 1775, mort au Cap le 15 août 1781.

Henry (Pierre), dit **Brejot**, né à Langres (1754), S. 12 févr. 1776, réformé le 6 déc. 1782.

Brière (Jacques), né à Amiens (1760), S. 3 avril 1776, mort au Cap le 17 juin 1782.

Condé (Baptiste), dit **Boulais**, né à Nogent-sur-Seine [près Troyes] (1750), S. 8 déc. 1777, mort au Cap le 3 oct. 1781.

Duguet (Jacques-Philippe), dit **Briffaut**, né à Paris (1764), S. 16 févr. 1780.

Muguet (Nicolas), dit **Bonneval**, né à Evreux [près Caen] (1763), S. 27 févr. 1780, mort au Cap le 31 mai 1782.

Gougeon (Philibert), dit **Bastien**, né à Saint-Prix [près d'Autun] (1758), S. 6 avril 1780, mort au fort Dauphin le 15 nov. 1781.

André (Bastien), dit **Breuil**, né à Nancy (1762), S. 17 avril 1780, mort au Cap le 24 juill. 1782.

Dumont (Pierre), dit **Brienne**, né à Orléans (1756), S. 18 avril 1780.

Colet (Etienne), dit **Buisson**, né à Chartres (1764), S. 23 avril 1780, mort au fort Royal le 17 févr. 1782.

Colibert (Pierre), dit **Barbade**, né à Raux [près de Caën] (1759), S. 3 avril 1780, mort au Cap le 14 nov. 1781.

Renoir (Jean-Baptiste), dit **Bezier**, né à Blois [près d'Orléans] (1760), S. 7 mai 1780, mort en mer le 6 oct. 1781.

La Tour (Vincent), dit **Boston**, né à Bettemol [près Saint-Grison] (1762), S. 19 mai 1780, mort au Cap le 22 juill. 1782.

Le Clerc (Joseph-Médard), dit **Boudin**, né à Paris (1763), S. 19 mai 1780.

Mesel (Jean), dit **Broglio**, né au Pont-Saint-Esprit [près d'Uzès] (1757), S. 22 mai 1780, mort au Cap le 24 oct. 1782.

La Loup (Simon), dit **Belle Etoile**, né à Orléans (1759), S. 2 juin 1780.

Coyon (Charles), dit **Brive**, né à Saint-Martin-du-Péan [près Chateaudun] (1761), S. 6 juin 1780, mort au Cap le 19 août 1781.

Dupont (Jean-Louis), dit **Brulot**, né à Saint-Germain-en-Laye [près Paris] (1757), S. 12 juin 1780.

Jallet (Michel), dit **Bruxelles**, né à Mers [près Beaugency] (1750), S. 18 juin 1780, mort au Cap le 20 juill. 1782.

Planque (Pierre-Alexandre), dit **Bigaro**, né à Amiens (1763), S. 31 oct. 1780, mort au Cap le 6 déc. 1781.

Ponsignon (Jean-François), dit **Bordeau**, né à Vauvillars [près Vesoul] (1757), S. 17 nov. 1773, mort en mer le 20 nov. 1781.

Rossignol (Antoine), dit **Barcelonne**, né à Viala [près Rodez] (1754), S. 2 sept. 1773, tué au Cap le 12 avril 1782.

Brichet (Jacques), né à Braux [près Charleville] (1761), S. 7 janv. 1777, mort au Cap le 3 juin 1782.

Royer (Michel), dit **Beaudouin**, né à Château [près Verneuil] (1760), S. 22 déc. 1779.

Robinet (Dominique), dit **Binet**, né à Haucourt [près Chatel] (1762), S. 2 janv. 1780.

La Vratte (Jean-Baptiste), né à Orléans (1760), S. 6 nov. 1780, congédié le 13 janv. 1784.

Moreau (Nicolas), né à Reims (1762), S. 11 nov. 1780, réformé le 7 déc. 1783.

La Maison (Jean), né à Louras [Périgord] (1762), S. 21 mai 1780.

Le Bœuf (René), dit **Sans Chagrin**, né à Bressuire [près Poitiers] (1754), S. 3 avril 1772, R. pour 8 ans le 26 juin 1778.

Vaugeois (Nicolas), né à Paris (1752), S. 19 févr. 1774, R. pour 8 ans le 29 sept. 1778.

Perlat (Guillaume), né à La Selle [près Beaune] (1757), S. 2 avril 1776, congédié le 5 déc. 1783.

Pie (Philippe), né à Sault [près Vesoul] (1759), S. 10 avril 1777, mort au Cap le 18 sept. 1782.

Perrot (Joseph), né à Hale [près Sedan] (1760), S. 12 août 1777, mort au Cap le 5 août 1782.

Beaupair (Nicolas), né à Virnieu [près Dienze] (1748), S. 11 janv. 1764, mort au Cap le 8 oct. 1782.

Izidor (Pierre), né à Fayel [près Chaumont] (1759), S. 23 févr. 1777, mort au Cap le 12 mai 1782.

Janny (Jean), né à Albi (1757), S. 15 oct. 1777, mort au Cap le 7 sept. 1782.

Poulain (Jean-Louis), né à Gonesse [près Paris] (1758), S. 17 janv. 1778.

Dubeau (Jean-François), né à Hercilly [près Pontoise] (1758), S. 1er mars 1778.

Hamelin (Claude), né à Saint-Martin-de-Landelle [près Avranches] (1757), S. 1er juin 1778.

Brechet (Jean), né à Nantes (1748), S. 1er mai 1766, mort au Cap le 2 juill. 1782.

La Combe (Laurent), né à La Bessarède [près Rodez] (1753), S. 20 nov. 1775, R. pour 8 ans le 4 nov. 1779.

Marchand (Pierre), né à Maringues [Auvergne] (1747), S. 1er sept. 1758, mort au Cap le 11 juill. 1782.

Hersan (Charles), dit **Fortune**, né à Vendôme (1762), S. 1er mars 1781, mort au Cap le 8 oct. 1782.

Lucas (Etienne), né à Orléans (1755), S. 10 mai 1780, mort au Cap le 20 juin 1782.

Foucault (Jean-Léonard), né à Paris (1761), S. 24 nov. 1780.

Pinçon (Jean-Baptiste), né à Paris (1761), S. 24 nov. 1780.

Bouvet (Jean-François), né à Orléans (1761), S. 6 déc. 1780.

Fendant (Charles-François), né à Intreville [près de Chartres] (1762), S. 10 déc. 1780.

Bradane (Claude), né à Orléans (1760), S. 15 déc. 1780.

Blache (Claude), né à Saint-Jean-de-Royan [Dauphiné] (1756), S. 9 déc. 1780, mort au Cap le 27 juin 1782.

Allard (Julien), né à Epineux-le-Séguin [Maine] (1757), S. 8 mars 1773, mort au Cap le 11 déc. 1782.

D'Emeilly (Nicolas), dit **Lysandre**, né à Villers-aux-Nœuds [près Saint-Dizier] (1757), S. 24 oct. 1777.

Mesnil (Jacques-Antoine), né à Saint-Denis [près Paris] (1762), S. 1er févr. 1778.

Chapité (Joseph), né à Lunéville (1761), S. 30 nov. 1779, mort au Cap le 11 juill. 1782.

Vantageol (Antoine), né à Le Puy-en-Velay (1745), S. 17 oct. 1765, R. pour 8 ans le 15 mars 1780.

Rouffinaux (Christophe), né à Bourgneuf-en-Retz [près Rennes] (1752), S. 1er avril 1775.

Fortin (Nicolas), né à Seuzey [près Saint-Mihiel] (1760), S. 7 juill. 1777.

Royaux (Joseph), dit **Plaisance**, né à Oisy [près Guise] (1755), S. 8 nov. 1774, R. pour 8 ans le 3 nov. 1778.

Liégois (Pierre), dit **Léandre**, né à Saint-Dizier [Champagne] (1756), S. 14 janv. 1773, R. pour 4 ans le 14 janv. 1781.

Mercier (Pierre), né à Haute-Roche [près Semur] (1746), S. 11 mars 1768, R. pour 8 ans le 3 mars 1776.

Peyre (Barthelemy), né à La Sorgue [Dauphiné] (1755), S. 5 févr. 1776.

Soulier (Jean-Baptiste), né à Baumy [Dauphiné] (1750), S. 3 juin 1775.

Réverend (Jean-Claude), né à Paris (1749), S. 15 mai 1767, R. pour 8 ans le 13 juill. 1773.

Chaunet (Fleury), dit **Ruage**, né à Châlon-sur-Saône (1758), S. 28 janv. 1773, R. pour 8 ans le 1er oct. 1778.

Dechoux (Charles), né à Paris (1761), S. 24 mai 1780.

Compagnie Charlot.

Stein (Jean-Georges), né à Abscon [Flandre] (1730), S. 23 déc. 1749, R. pour 8 ans le 9 oct. 1775.

Thurel (Jean), né à Oruin [Bourgogne] (1715), S. 2 févr. 1750, parti pour la pension le 30 déc. 1783.

Laine (Jean), né à Civry [Bourgogne] (1742), S. 27 févr. 1759, mort au Cap le 13 sept. 1782.

Boulanger (Nicolas-Pierre), né à Paris (1731), S. 1er mai 1759, R. pour 4 ans le 2 oct. 1778.

Boucher (Nicolas-Pierre), né à Paris (1743), S. 17 janv. 1765, mort au Cap le 18 mai 1782.

Fisson (Nicolas), né à Saint-Mihiel [Lorraine] (1745), S. 16 mars 1765, R. pour 8 ans le 8 juin 1779.

Mathé (Jean), né à La Celle-Saint-Cyr [Bourgogne] (1748), S. 22 mars 1766, mort en mer le 7 oct. 1781.

Weber (Henry), dit **Webre**, né à Monotowillier [Lorraine-Allemande] (1749), S. 6 févr. 1767, R. pour 4 ans le 7 févr. 1779.

Martin (Antoine), dit **Marius**, né à Valamas [Vivarais] (1746), S. 26 juin 1767, mort au Cap le 28 juin 1782.

Reymond (Joseph), né à Fongère [Vivarais] (1750), S. 17 avril 1767, R. pour 8 ans le 15 sept. 1775.

Person (Mansuy), né à Maru-la-Petite [Lorraine] (1750), S. 22 avril 1769, R. pour 8 ans le 11 oct. 1774.

Dupuis (Joseph), né à Paris (1753), S. 15 juill. 1769, R. pour 8 ans le 21 août 1774.

Le Beau (Pierre), né à Boulencourt [Normandie] (1753), S. 17 juill. 1771, mort en mer le 1er oct. 1781.

Clément (Albin), dit **Luther**, né à Frotey-les-Vesoul [Franche-Comté] (1756), S. 1er mai 1773, R. pour 4 ans le 17 oct. 1778.

Lallemant (Nicolas), dit **Ptolémée**, né à Seniet [Lorraine Allemande] (1757), S. 18 oct. 1773, mort au Cap le 18 juin 1782.

Louthier (Joseph), né à Nîmes [Languedoc] (1758), S. 14 sept. 1775, mort au Cap le 4 août 1782.

De Roux (Dauphin), dit **Roux**, né à Mauridon [Dauphiné] (1758), S. 4 juill. 1776, mort au Cap le 13 nov. 1782.

Maréchal (Louis-Claude), dit **Monthazon**, né à Chaulnes [Picardie] (1755), S. 8 févr. 1777, mort au Cap le 25 août 1782.

Boucher (Jean-Baptiste), dit **Mercure**, né à Romagne [Trois Evêchés] (1760), S. 20 févr. 1777.

Artaux (Claude), dit **Mirepoix**, né à Lyon (1759), S. 8 mars 1777.

Gauthier (François), dit **Mirabel**, né à Lyon (1760), S. 8 mars 1777, mort au Cap le 1er juill. 1782.

Aubert (Michel), dit **Monlouis**, né à Lineu [Dauphiné] (1756), S. 9 mars 1777, mort en mer le 21 sept. 1781.

Vivenot (Claude-Nicolas), dit **Milan**, né à Saint-Dizier [Champagne] (1753), S. 19 août 1777.

Marcel (Antoine), dit **La Fère**, né à Saint-Nicolas-au-Bois [Picardie] (1759), S. 10 juill. 1770, mort au Cap le 16 sept. 1782.

Delmas (Jean-Joseph), dit **Clovis**, né à Saint-Geniez [Rouergue] (1750), S. 1er avril 1772, congédié le 18 oct. 1783.

Begre (Augustin), dit **Meroué**, né à Fency [Picardie] (1761), S. 5 sept. 1778, mort au Cap le 2 août 1782.

Lehué (Jacques-Nicolas-René), dit **Maurepas**, né à Rouen (1759), S. 26 sept. 1778, mort au Cap le 16 mai 1782.

Demarais (Jacques-Denis), dit **Montjoye**, né à Rouen (1760), S. 15 oct. 1778, parti pour les Invalides le 4 mars 1784.

Piteux (Louis-François), dit **Marival**, né à Maurneuville [Picardie] (1760), S. 2 janv. 1779.

Langlade (Jean), né à Montpellier (1738), S. 29 août 1755, R. pour 8 ans le 12 oct. 1778.

Fournier (Pierre), né à Prévinquières [Rouergue] (1740), S. 19 avril 1758, R. pour 4 ans le 17 sept. 1780.

Coutelon (Charles-Michel-Quentin), dit **Maubert**, né à Saint-Quentin [Picardie] (1761), S. 28 janv. 1779.

Hoyan (Jean-Baptiste), dit **Maubeuge**, né à Paris (1754), S. 2 févr. 1779, congédié le 13 juin 1784.

Sauzet (Louis), dit **Marzeville**, né à Nancy (1754), S. 2 févr. 1779, mort au Cap le 2 juin 1782.

Pierrecour (Nicolas-Théodore), dit **Midas**, né à Suzy [Picardie] (1759), S. 4 févr. 1779.

Fauregard (Jean-Baptiste), dit **Malherbe**, né à Longchamp [Champagne] (1753), S. 1er sept. 1771, mort au Cap le 1er juill. 1782.

Lionois (Hippolyte-François), dit **Montpellier**, né à Montpellier (1766), S. 21 oct. 1779.

Renaud (François), dit **Marimont**, né à Chateau-du-Loir [Touraine] (1762), S. 1er août 1779, mort au Cap le 10 juill. 1782.

Neveux (Nicolas), dit **Montargis**, né à Orléans (1762), S. 31 août 1779.

Cleret (Jean-Baptiste), dit **Mustapha**, né à Amiens [Picardie] (1741), S. 1er janv. 1778.

Mercier (François), né à Grenoble [Dauphiné] (1758), S. 9 déc. 1778, mort au Cap le 19 mai 1782.

Peguet (Louis), dit **Musulman**, né à Eu [Normandie] (1754), S. 10 déc. 1778, mort au fort Dauphin le 9 déc. 1782.

Le Fevre (Guillaume), dit **Mayenne**, né à Rouen [Normandie] (1756), S. 5 avril 1779, mort au Cap le 24 juin 1782.

Damin (Marie-François), dit **Machabée**, né à Paris (1763), S. 5 août 1779.

Granda (Honoré), dit **Montereau**, né à Nice (1760), S. 15 août 1779.

Rolle (Louis), dit **Molina**, né à Neuvache [Dauphiné] (1756), S. 25 août 1779.

Richard (Claude), dit **Mahomet**, né à Lezan [Languedoc] (1760), S. 15 oct. 1779.

Tort (Jean), dit **Mouzon**, né à Carcassonne [Languedoc] (1763), S. 15 oct. 1779.

Demang (Pierre), dit **Montbrun**, né à Attigny [Trois Evêchés] (1762), S. 1er nov. 1779.

Simon (François), dit **Mithridate**, né à Levécourt [Trois Evêchés] (1764), S. 1er nov. 1779, mort au Cap le 14 août 1782.

Ledrenne (François), né à Chateaulin [Bretagne] (1760), S. 9 janv. 1780.

Desnoyer (Etienne-Louis), dit **Montauban**, né à Montauban (1741), S. 19 août 1758, mort au fort Royal le 16 janv. 1782.

Vivart (Etienne), né à Pouzat [Vivarais] (1747), S. 13 déc. 1766, mort au Cap le 18 juin 1782.

Barre (Toussaint), dit **Montreuil**, né à Aubignan [Comtat] (1745), S. 28 août 1775, congédié le 8 août 1783.

Coureur (Pierre), dit **Montigny**, né à Paris (1738), S. 8 nov. 1776, mort au Cap le 21 juill. 1782.

Rochefort (Charles), dit **Mailly**, né à Orléans (1749), S. 29 juin 1777, mort au Cap le 9 oct. 1782.

De Goy (Jean-Baptiste), dit **Mazarin**, né à Saint-Germain-sur-Meuse [Lorraine] (1757), S. 14 juill. 1775, R. pour 4 ans le 24 oct. 1779.

Coet (Claude), dit **Molé**, né à Liesse-sous-Marchais [Picardie] (1750), S. 25 déc. 1773, mort au Cap le 2 déc. 1782.

Pascal (Jacques), dit **Manière**, né à Bouin [près Guise] (1752), S. 9 sept. 1768, mort au Cap le 29 nov. 1782.

Robert (Martin), dit **Marivaux**, né à Lyon (1764), S. 15 janv. 1773, réformé le 5 déc. 1783.

Reclus (Pierre), dit **Mobile**, né à Boulrain [Rouergue] (1750), S. 11 oct. 1775, mort à New-Yorck prisonnier de guerre le 11 févr. 1782.

Fayet (Jean), dit **Muet**, né à Dreux [près Orléans] (1758), S. 17 mars 1776, mort au fort Royal le 29 janv. 1782.

Laurent (Daniel), dit **Malebranche**, né à Strasbourg (1761), S. 25 mars 1777, mort à Hampton le 22 oct. 1781.

Barbet (Nicolas), dit **Maupertuis**, né à Meury [près Metz] (1760), S. 27 juill. 1777.

Verpet (Jean), dit **Mayence**, né à Paris (1760), S. 19 mai 1779, mort au Cap le 15 oct. 1782.

Monnier (Michel), né à Saint-Lô [près Rouen] (1763), S. 21 sept. 1779, mort au fort Royal le 18 janv. 1782.

Le Sene (Jean), dit **Mirabeau**, né à Saint-Pellerin [Normandie] (1748), S. 28 févr. 1780.

Pinchon (Louis), dit **Ménélas**, né à Thoix [près Amiens] (1755), S. 8 avril 1780, mort au Cap le 23 juin 1782.

Lormier (Augustin), dit **Magloire**, né à Orléans (1762), S. 26 avril 1780, mort à Williamsbourg le 22 janv. 1782.

Briet (Nicolas), dit **Medus**, né à Langres (1764), S. 29 avril 1780, mort au Cap le 30 mai 1782.

Gilles (Pierre-Alexandre), dit **Maron**, né à Chateaudun (1762), S. 22 mai 1780.

Blanchard (Jean), dit **Mérops**, né à Baule [près Beaugency] (1756), S. 12 juin 1780.

Audierne (Paul-Maurice), dit **Memnon**, né à Paris (1763), S. 17 juin 1780, mort au Cap le 28 juin 1782.

Perchereau (Jean-François), dit **Monplaisir**, né au Grand-Saint-Marc [près d'Etampes] (1759), S. 26 juill. 1780.

Buon (Jean), dit **Magie**, né à Beaufort [près Tours] (1760), S. 28 juill. 1780.

Brot (Jean), dit **Mazet**, né à Vandegon [Poitou] (1760), S. 22 août 1780, mort à Ounanimthe le 25 août 1781.

Mignot (François), dit **Mascaron**, né à Livogouse [près Guingamp] (1764), S. 27 juill. 1780, mort au Cap le 24 juill. 1782.

Mion (Pierre), dit **Bassigny**, né à Chaumont (1749), S. 2 mai 1767, mort à Williamsbourg le 13 mars 1782.

Malzan (Dominique), dit **Mirmont**, né à Remiremont (1762), S. 21 avril 1779, mort au Cap le 20 mai 1782.

Portier (Etienne), dit **La Terreur**, né à Terrelaze (1742), S. 29 janv. 1759, R. pour 8 ans le 6 juin 1775.

Ferry (Jean-Nicolas), né à Liesse [près Laon] (1748), S. 16 nov. 1764, R. pour 8 ans le 28 sept. 1778.

Lefevre (Joseph), né à Nesle [près Amiens] (1759), S. 13 août 1769, mort à Williamsbourg le 23 oct. 1781.

Gouin (Pierre), dit **Richelieu**, né à Richelieu [près Poitiers] (1742), S. 29 nov. 1774, mort au Cap le 20 juill. 1782.

Quinement (Jean), né à Cognac (1762), S. 29 nov. 1775, congédié le 9 nov. 1783.

Auger (François-Joseph), né à Cambrai (1762), S. 29 déc. 1775.

Neveu (Edme), dit **Desloriers**, né à Malay [près Sens] (1760), S. 2 déc. 1776, mort à Williamsbourg le 12 oct. 1781.

Mezier (Jean), dit **L'Invincible**, né à Chagny [près Rethel] (1760), S. 15 déc. 1776, parti pour les Invalides le 4 mars 1784.

Authon (Augustin), né à Verfeuil [près d'Uzès] (1752), S. 11 sept. 1775, congédié le 11 sept. 1783.

De Beaulieu (Louis-Garnier), né à Paris (1764), S. 1er juin 1780, mort au Cap le 4 oct. 1782.

Tourbetin (Antoine), dit **Calvaire**, né à Douai (1757), S. 28 janv. 1780, mort au Cap le 10 août 1782.

Ducloux (François), né à Châteauneuf (1761), S. 18 janv. 1780.

Marsolier (Pierre), né à Châteaudun (1759), S. 19 janv. 1780, mort au Cap le 1er août 1782.

Pezard (Toussaint), né à Orléans (1763), S. 10 déc. 1780, mort au Cap le 22 août 1782.

Charpentier (Noël), né à Paris (1764), S. 20 oct. 1780, mort au Cap le 26 août 1782.

De la Veau (Joseph), né à Angers (1751), S. 9 mars 1768, mort au Cap le 21 juin 1782.

Steiner (Joseph), né à Wolxheim [Alsace] (1757), S. 18 oct. 1773, mort au Cap le 28 juin 1782.

Mougin (Jean-Nicolas), né à Champs [près Epinal] (1760), S. 11 févr. 1777, mort au Cap le 16 juin 1782.

Thomas (Jean-Baptiste), né à Sens (1761), S. 15 oct. 1780.

Le Bègue (Nicolas-Albert), né à Brognon [près Rocroy] (1762), S. 26 nov. 1780, mort au Cap le 14 août 1782.

Renaud (Pierre), né à Nancy (1753), S. 20 août 1770, mort au Cap le 6 déc. 1782.

Debrie (Jacques-Charles), né à Bul de Neuilly [près Paris] (1760), S. 27 juill. 1777, mort au Cap le 25 août 1782.

Serré (Augustin), né à Cordes [près Albi] (1760), S. 8 janv. 1778.

Nouveau (François), né à Angoulême (1763), S. 27 nov. 1780, mort au Cap le 24 juin 1782.

Duchemin (François), né à Antrain [près Rennes] (1760), S. 6 juill. 1778, mort au Cap le 28 juin 1782.

Million (Jean-Pierre), né à Orléans (1758), S. 26 août 1778, mort au Cap le 23 sept. 1782.

Servais (Antoine), né à Plaux (1762), S. 20 fév. 1780, tué le 12 avril 1782.

Curant (Mathieu), né à Montpellier (1757), S. 18 mars 1776, mort au Cap le 3 nov. 1782.

Laine (Jacques-François), né à D'Appe (1762), S. 15 mars 1780, mort au Cap le 25 juill. 1782.

Vauclin (Denis), né à Saint-Denis [près Paris] (1747), S. 20 nov. 1764, R. pour 4 ans le 30 sept. 1778.

Perthuy (Benjamin-Valentin), né à Orléans (1749), S. 16 avril 1780.

Thierry (Claude-Denis), né à Paris (1761), S. 8 nov. 1780, mort au Cap le 25 août 1782.

Roulain (Toussaint), né à Saint-Georges-de-Bohon (1761), S. 4 déc. 1780, mort au Cap le 19 oct. 1782.

Chevreuse (Maurice), né à Taizé (1753), S. 29 avril 1770, mort au Cap le 10 févr. 1783.

Arnould (François), né à Metz (1761), S. 30 août 1780.

Roland (Jean-Pierre), né à Toulouse (1760), S. 13 déc. 1776.

Laporte (Pierre), dit **Lehérissier**, né à Gatteville [près Valognes] (1759), S. 15 nov. 1778.

Thugant (Etienne), né à Orléans (1672), S. 7 sept. 1780.

Rouzières (Jean-Baptiste), né à Gremilly [Lorraine] (1753), S. 3 oct. 1774.

Gourian (François), né à Saint-Brieuc [Bretagne] (1758), S. 20 sept. 1776.

Doucet (Jacques), né à la Neuville [Champagne] (1755), S. 2 juill. 1780.

L'Amy (Dominique), né à Paris (1760), S. 14 nov. 1780.

Compagnie Desbordes.

Masson (Nicolas), né à Serancourt [Lorraine] (1730), S. 4 avril 1751, parti pour la pension le 30 déc. 1783.

Clément (J.), né à Marseille (1740), S. 3 déc. 1757, mort au fort Dauphin le 5 déc. 1781.

Beaudouin (Joseph), né à Bouc [Provence] (1740), S. 27 juin 1758, mort à la Petite-Ance le 19 janv. 1782.

Arnaud (Joseph), né à Aix [Provence] (1736), S. 10 mai 1759, mort au fort Dauphin le 24 nov. 1781.

Sirvy (Pierre), né à Cucuron [Provence] (1742), S. 1er oct. 1759, congédié le 16 déc. 1782.

Arnoux (Nicolas), né à Rueil [Ile de France] (1741), S. 16 avril 1765, R. pour 8 ans le 1er oct. 1779.

Dupuis (Gilbert), né à Paris (1748), S. 16 mars 1776, R. pour 4 ans le 30 sept. 1778.

Menicier (Vincent), né à Tessancourt [Normandie] (1748), S. 19 mai 1776, mort au fort Dauphin le 19 nov. 1781.

Deleros (Jean-Baptiste), né à Paris (1749), S. 15 nov. 1766, mort au fort Dauphin le 8 déc. 1781.

Le Roy (Nicolas), né à Sarrey [Champagne] (1746), S. 21 nov. 1766, mort au Cap le 1er fév. 1782.

Hommet (Pierre), né à Sury [Forez] (1740), S. 16 févr. 1768, congédié le 16 mars 1782.

Drouin (François-Marie), né à Paris (1752), S. 5 juill. 1769, R. pour 8 ans le 28 août 1774.

Huja (François), né à Boviolles [Lorraine] (1742), S. 4 janv. 1772, mort au fort Dauphin le 22 nov. 1781.

Chanoine (Etienne), dit **Bajazet**, né à Paris (1754), S. 19 juill. 1772, mort au fort Dauphin le 3 déc. 1781.

Prudomot (François), dit **Polydore**, né à L'Echelle [Picardie] (1755), S. 8 nov. 1773, congédié le 3 août 1783.

Chretiennot (François), dit **Adonias**, né à Charmoy [Champagne] (1757), S. 17 janv. 1775, mort au fort Dauphin le 17 nov. 1781.

Miaude (Pierre-Augustin), né à Paris (1757), S. 15 août 1775.

Durand (Jean-Baptiste), né à Paris (1760), S. 13 avril 1776, mort au Cap le 6 févr. 1782.

La Gorche (Remy), né à Veillat [Périgord] (1749), S. 1er mai 1776, réformé le 6 déc. 1783.

Dieu (Germain-François), né à Paris (1754), S. 1er mai 1776, congédié le 10 mai 1783.

Chiron (Augustin), né à Romans [Dauphiné] (1756), S. 5 mai 1776.

Fillatreau (François), né à Loudun [Poitou] (1747), S. 17 mai 1776, cong. le 16 mai 1783.

Rozier (Jean), dit **Bellehumeur**, né à Ligeac [près Périgueux] (1757), S. 12 août 1776.

Valadier (Pierre), dit **Prêt-à-Boire**, né à Martel [Quercy] (1758), S. 13 oct. 1776.

Arnould (Claude), dit **Porus**, né à Sorans-sur-Saône (1760), S. 10 nov 1776, mort au fort Royal le 6 mars 1782.

Mouillé (Louis), dit **Printems**, né à Mont [Poitou] (1759), S. 29 déc. 1776.

Barroyer (Pierre), né à Paris (1750), S. 14 janv. 1777.

Gauvain (Louis), né à Tours [Touraine] (1754), S. 28 janv. 1777.

Urbain (Joseph), né à Sommevoire [Champagne] (1751), S. 21 févr. 1777.

Laforge (Pierre), né à Saint-Etienne [Forez] (1761), S. 25 avril 1777.

Figuer (Pierre), dit **Penthièvre**, né à Chateauneuf [Dauphiné] (1749), S. 30 avril 1777.

Adam (Louis-Joseph), dit **Polybe**, né à Saint-Dizier [Champagne] (1760), S. 19 août 1777.

Letourneau (Michel), dit **Platon**, né à Mezeray [Anjou] (1758), S. 11 oct. 1777, mort au fort Royal le 30 nov. 1781.

Curien (Nicolas), dit **Plutus**, né à Vagney [Lorraine] (1757), S. 29 oct. 1777.

Arnoud (Adrien), dit **Plaisir**, né à Châlon-sur-Saône [Bourgogne] (1754), S. 13 mai 1777.

Poissy (François), dit **Boullogne**, né à Boulogne-sur-Mer (1746), S. 23 mars 1770, mort au fort Dauphin le 22 nov. 1781.

Desvoges (Pierre), dit **Pompadour**, né à Boulonday [Basse-Normandie] (1751), S. 21 juill. 1778.

Bogis (Jean), dit **Préville**, né à Preuilly [Touraine] (1762), S. 13 août 1778.

Delecluse (Pierre), dit **Plutarque**, né à Givet (1762), S. 10 déc. 1778.

Flidot (Nicolas), dit **Pratin**, né à Nogent-sur-Seine [Champagne] (1761), S. 18 déc. 1778.

Huguin (Louis), né à Nogent-sur-Seine [Champagne] (1760), S. 18 déc. 1778.

Mieumé (Jean-Baptiste), dit **Prudent**, né à Bion [Normandie] (1759), S. 7 janv. 1779.

Poirin (Jean-Baptiste), né à Harcourt [Normandie] (1753), S. 14 avril 1769, R. pour 8 ans le 22 avril 1774.

Audoux (Jacques-Etienne), dit **Préfontaine**, né à Paris (1762), S. 22 janv. 1779.

Bouzant (Henry-Parfait), né à Maricourt [Picardie] (1762) S. 3 mars 1779.

Prince (François), né à Humbercourt [Picarcardie] (1762), S. 4 mars 1779, mort à fort Dauphin le 6 nov. 1781.

Thery (Louis), dit **Pyrame**, né à Arras [Artois] (1762), S. 8 mars 1779.

Bauloguel (Jean-Baptiste), dit **Plaisant**, né à Paris (1763), S. 9 mai 1779, congédié le 31 mars 1784.

Delville (Nicolas), dit **Prieur**, né à Delbacq [Artois] (1761), S. 20 juin 1779, mort au fort Dauphin le 28 oct. 1781.

La Rue (Noël-Julien), dit **Pisistrates**, né à Les Rochers (faubourg Saint-Martin) [Basse Normandie] (1761), S. 27 juin 1779.

La Goutte (Jean), né à Kersaint [Bretagne] (1758), S. 30 juin 1779, mort au fort Dauphin le 26 déc. 1781.

Placet (Charles), né à Soissons [Picardie] (1744), S. 17 déc. 1761, R. pour 4 ans le 3 sept. 1779.

Henry (Simon), dit **Odoacre**, né à Bagnols [Languedoc] (1759), S. 19 févr. 1775, mort au Cap le 6 août 1782.

Luthon (Jean-Baptiste), dit **Perche**, né à Orléans (1760), S. 1er déc. 1779.

Larmet (Louis), dit **Paris**, né à Nogent-le-Roy [Champagne] (1762), S. 19 août 1779.

Vrain (François), dit **Prestan**, né à Villecy [Nivernais] (1758), S. 19 août 1779.

Prevost (J.), né à Nancy (1762), S. 4 sept. 1779.

Fléaux (Joseph), dit **Pyrrhus**, né à Buc [Lorraine] (1761), S. 4 sept. 1779, mort au fort Dauphin le 14 déc. 1781.

La Griffe (Noël), dit **Pinçon**, né à Saint-Rozier [Languedoc] (1757), S. 15 oct. 1779.

Plassiard (Charles-Etienne), né à Nancy (1762), S. 15 oct. 1779.

Cauvin (Antoine-Honoré), dit **Poincourt**, né à Nice (1758), S. 15 oct. 1779.

Magnan (François), dit **Puysieux**, né à Lorient (1761), S. 20 oct. 1779, mort à Williamsbourg le 19 oct. 1781.

Pahour (Philippe), né à Saarwerden [Lorraine Allemande] (1761), S. 1er nov. 1779.

Nicolas (Jean-Philippe), dit **Pavot**, né à Paris (1762), S. 18 nov. 1779.

Train (Pierre), dit **Preuilly**, né à Fontenay-le-Comte (1762), S. 13 nov. 1779.

Touard (Guillaume), dit **Plombières**, né à Morlaix [Bretagne] (1763), S. 11 janv. 1780.

Hébert (François), dit **Palmier**, né à Paris (1754), S. 6 sept. 1775, mort au Cap le 21 juin 1782.

Vallin (Jean), dit **Patrice**, né à Cork [province de l'Irlande] (1749), S. 3 juill. 1780, mort au Cap le 3 juill. 1782.

Lamy (Pierre-François), né à Maule [Beauce] (1737), S. 7 août 1767, R. pour 4 ans le 23 sept. 1779.

De Bay (François-Joseph), né à Paris (1754), S. 25 mars 1777.

Chaville (Claude), dit **Péron**, né à Velars-sur-Ouche [Bourgogne] (1762), S. 2 nov. 1779.

Chatembert (Louis), dit **Prêt-à-rire**, né à Maurinc [Limozin] (1749), S. 24 oct. 1766, mort au Cap le 28 sept. 1782.

Simon (Jean-Claude), né à Arbois [Franche-Comté] (1745), S. 12 juill. 1767, R. pour 8 ans le 8 janv. 1775.

Grenier (Joseph), dit **Pologne**, né à Rochemaure [Vivarais] (1751), S. 29 août 1767, congédié le 29 août 1783.

Louis (Pierre), dit **Porquin**, né à Montcourt [près Péronne] (1748), S. 3 mai 1769, mort au Cap le 20 août 1782.

Solot (Pierre), dit **Poirier**, né à Angers [Touraine] (1742), S. 1er nov. 1769, mort au Cap le 16 juill. 1782.

Boisson (Denis), dit **Priape**, né à Perrey [près Dôle] (1755), S. 22 nov. 1770, R. pour 8 ans le 22 nov. 1778.

Guillé (Claude), dit **Petit**, né à Romenay [près Bourg] (1749), S. 24 nov. 1770, R. pour 8 ans le 24 nov. 1778.

Buisson (Philibert), dit **Prunier**, né à Lisieux (1763), S. 5 déc. 1772, R. pour 8 ans le 27 avril 1780.

Madelpy (Jean), dit **Pragner**, né à Puyrénier [près Brive] (1755), S. 3 avril 1774, mort au Cap le 5 nov. 1782.

Simonin (A.), dit **Perpignan**, né à Nancy (1758), S. 4 oct. 1775, mort au Cap le 24 juin 1782.

Bedesque (J.), dit **Pamplune**, né à Auray (1760), S. 15 août 1776, mort au Cap le 3 sept. 1782.

Vercheyre (Pierre), dit **Partois**, né à Chassigny [près Chateauneuf] (1756), S. 6 janv. 1777, mort au fort Royal le 13 déc. 1781.

Moulins (Antoine), dit **Pindare**, né à Valence (1761), S. 22 janv. 1777, mort à Williamsbourg le 24 oct. 1781.

Vion (Etienne), dit **Picardie**, né à Charion [près Poitiers] (1743), S. 5 mars 1777, mort au fort Royal le 24 janv. 1782.

Boueisson (Louis), dit **Payen** né à Saint-George [près Villefranche] (1760), S. 9 mars 1777, mort au Cap le 19 juin 1782.

Gros (Pierre), dit **Portail**, né à Tombebœuf [près Assay] (1750), S. 21 mars 1777, mort au Cap le 27 juill. 1782.

Couardes (Jean-Pierre), dit **Pinet**, né à Narbonne (1754), S. 26 avril 1777, mort au Cap le 21 janv. 1783.

Avise (Jean-Baptiste), dit **Pardroit**, né à La Vacquerie (village) [près Amiens] (1754), S. 17 oct. 1777, mort au Cap le 10 juin 1782.

Tranchevent (François), dit **Portepaix**, né à Dinan (1760), S. 18 sept. 1778, mort au Cap le 1er oct. 1782.

Jacquet (Claude-Pierre), dit **Principe**, né à Jugard [près Bourg] (1758), S. 1er nov. 1778.

Le Reverend (Pierre), dit **Primo**, né à Montbourg [près Valognes] (1761), S. 26 déc. 1778, mort au Cap le 9 sept. 1782.

Gagnard (Jean), dit **Pinard**, né à Paray [Touraine] (1750), S. 28 déc. 1779, mort au Cap le 14 juin 1782.

Roussel (Jean-Baptiste), dit **Prochaine**, né à Pretot [près Champlitte] (1762), S. 1er janv. 1780, mort au fort Royal le 30 janv. 1782.

Huet (Charles), dit **Philosophe**, né à Negreville [près Valognes] (1753), S. 3 févr. 1780, mort au Cap le 29 mars 1783.

Moniot (Jean), dit **Pontife**, né à Suzannecourt [près Chaumont] (1763), S. 25 mars 1780.

Lallemand (Claude), dit **Poligny**, né à Nionoucourt [Lorraine] (1761), S. 3 avril 1780, mort au Cap le 3 nov. 1782.

Fabrie (Pierre-Jacques), dit **Perdreau**, né à Bois-Commun [près Sens] (1758), S. 19 avril 1780, mort au Cap le 1er juill. 1782.

Charrier (Pierre-Joseph), dit **Ploermel** né à Anizy-le-Comte [près Laon] (1762), S. 24 avril 1780, mort au Cap le 27 mai 1782.

Grelé (Jacques), dit **Planque**, né à Angers (1761), S. 31 mai 1780.

Le Comte (Philippe-Denis), dit **Plantade**, né à Orléans (1752), S. 5 juin 1780, mort au Cap le 2 août 1782.

Chevalier (Augustin), dit **Pinot**, né à Orléans (1762), S. 5 juin 1780, mort au Cap le 6 août 1781.

Le Roy (Saturnin), dit **Principal**, né à Orléans (1752), S. 2 juill. 1780.

Pouillé (Jean-François), né à Orléans (1763), S. 21 juill. 1780, parti pour les Invalides le 4 mars 1784.

Coudrau (Jean), dit **Polonois**, né à Saumur (1742), S. 29 juill. 1780, mort au Cap le 27 mai 1782.

Bordé (Joseph), dit **Poncet**, né à Paris (1756), S. 17 sept. 1780, mort au Cap le 4 août 1782.

Freret (Charles-François), dit **Duhamel**, né à Saint-Omer (1750), S. 16 avril 1768, mort au Cap le 31 oct. 1782.

Crouzet (Gabriel), né à Saint-Martin-de-Nevol (1748), S. 1er avril 1769, mort au Cap le 15 juin 1782.

Menage (Laurent), né à Amiens (1755), S. 1er mai 1773, mort au Cap le 25 juill. 1782.

Savoix (Martial), dit **Pavillon**, né à Ruffey [près de Beaune] (1757), S. 29 mars 1774, mort à Williamsbourg le 30 oct. 1781.

Cantelux (Claude-Nicolas), né à Amiens (1757), S. 17 mars 1778, mort au Cap le 1er juill. 1782.

Rigault (Edme), né à Chablis [près Tonnerre] (1760), S. 19 janv. 1779, mort au Cap le 28 juin 1782.

Dufailly (Claude), né à Parc-Saint-César [près Vézelise] (1760), S. 2 janv. 1780, mort au Cap le 29 nov. 1782.

Michaux (Jean-Baptiste), né à Faye-aux-Loges (1744), S. 17 mai 1780.

Dumoncel (Denis), né à Nibel [près Montargis] (1761), S. 29 juill. 1780, mort au Cap le 25 juin 1782.

Thurot (Louis), né à La Fontaine-Saint-Martin [près La Flèche] (1761), S. 30 oct. 1780, mort au Cap le 21 juin 1782.

Cabaret (Jean-Louis), né à La Ferté-sous-Jouarre [Brie] (1763), S. 11 nov. 1780, mort au Cap le 11 juill. 1782.

Gathelier (Joseph), né à Cusset [près Moulins] (1757), S. 14 juin 1773, R. pour 8 ans le 5 oct. 1778.

Dégout (Léonard), né à Paris (1760), S. 27 mars 1777, mort au Cap le 5 juin 1782.

Bunel (Jacques), né à Crouy [près Maux] (1756), S. 1er oct. 1777.

Jollin (Jean-Baptiste), né à Saint-Germain-en-Laye [Ile de France] (1758), S. 3 févr. 1780, mort au Cap le 20 sept. 1782.

Huet (Jean), né à Saint-Sulpice-de-Maci [près Avranches] (1756), S. 1er juin 1778, mort au Cap le 10 juill. 1782.

Blavoyer (Henry), né à Bar-sur-Aube [Champagne] (1756), S. 27 sept. 1779, mort au Cap le 1er oct. 1782.

Buchepeau (Charles), né à La Châtre [Berry] (1762), S. 10 sept. 1778, mort au Cap le 13 août 1782.

Aumaître (Pierre), né à Nevers (1761), S. 27 août 1780, mort au Cap le 2 juin 1782.

Compagnie de chasseurs.

D'ARTEL DE VEINSBERG, capitaine.

Charpentier (Pierre), né à l'Arbroye [Flandre] (1747), S. 12 nov. 1765, R. pour 4 ans le 12 oct. 1778.

Miler (G.), né à Evrigne [Nassau] (1750), S. 23 janv. 1767, R. pour 4 ans le 23 janv. 1779.

Delaunay (Jean-Baptiste), né à Ruelle [Ile de France] (1743), S. 20 déc. 1767, congédié le 5 déc. 1783.

Chaillot (Henry), né à Argenteuil [Ile de France] (1748), S. 27 mars 1768, mort au Cap le 3 juill. 1782.

Doumot (Estienne), né à Bognion [Franche-Comté] (1753), S. 11 févr. 1769, mort au Cap le 2 juin 1782.

Millet (Edme), dit **Bellerose**, né à Nogent-sur-Seine [Champagne] (1752), S. 1er févr. 1771, mort au fort Dauphin le 30 oct. 1781.

Le Maitre (Jacques-François), dit **Apis**, né à Vendôme (1752), S. 12 nov. 1772, congédié le 2 août 1783.

Le Coq (Louis), dit **Homère**, né à Courdemanche [Normandie] (1747), S. 25 déc. 1772, congédié le 2 août 1783.

Lambert (Louis), dit **Charlemagne**, né à Saint-Dizier [Champagne] (1755), S. 14 janv. 1773, mort en mer le 22 nov. 1781.

Audibon (Pierre), dit **Marivaux**, né à Montigny [Gâtinais] (1756), S. 1er avril 1774, congédié le 10 mai 1783.

Martinon (Joseph), né à Bourg-du-Mouchet [Poitou] (1756), S. 9 avril 1776, parti pour les Invalides le 4 mars 1784.

Nivet (Léonard), né à Limoges (1754), S. 12 oct. 1776, mort à St-Eustache le 6 févr. 1782

Aubert (Jean-Louis), né à Sontavers [Picardie] (1760), S. 20 févr. 1777.

Didiot (Christophe-François), né à Le Pecq [Ile de France] (1754), S. 2 mars 1777.

Labory (Bernard), né à Paris (1752), S. 3 août 1777, congédié le 10 mars 1782.

Fouquet (Thomas), dit **Colmar**, né à Loudun [Poitou] (1760), S. 19 mai 1778.

Chappat (Jacques), dit **Clermont**, né à Clermont [Clermontois] (1754), S. 20 sept. 1778, congédié le 31 janv. 1784.

Lefevre (Louis-Charles), dit **Charlesquint**, né à Gaillard-Bois [Normandie] (1755), S. 19 oct. 1778.

Ancy (Julien), dit **Clarendon**, né à Brecey [Normandie] (1750), S. 6 déc. 1778.

Hulin (Louis), dit **Cinna**, né à Paris (1763), S. 25 févr. 1779.

Lafond (Jean), né à Nîmes (1759), S. 6 sept. 1775, congédié le 22 oct. 1783.

Mallard (Antoine), né à Veuvey-sur-Ouche [Bourgogne] (1757), S. 24 déc. 1776, mort au Cap le 19 janv. 1783.

Bertol (Constant), dit **Constantin**, né à Lille [Flandre] (1755), S. 1er mars 1771, mort au Cap le 17 juin 1782.

Vincent (Michel), dit **Cirus**, né à Oches [Lorraine] (1751), S. 9 oct. 1773, tué au combat du 12 avril 1782.

Poupinol (Urbain), dit **Chaumont**, né à Vergnes [Poitou] (1758), S. 29 déc. 1776, mort au Cap le 23 juin 1782.

Navet (Jacques), dit **Condée**, né à Saint-Dizier [Champagne] (1761), S. 2 oct. 1777, mort le 7 août 1782.

Tournant (François-André-Gabriel), dit **Clairval**, né à Château-Thierry [Champagne] (1759), S. 13 avril 1777, cong. le 10 mai 1783.

Bourgeois (Antoine), dit **Charmant**, né à Voiron [Dauphiné] (1756), S. 27 déc. 1779, congédié le 3 avril 1784.

Le Maire (Jacques), né à Paris (1748), S. 25 mars 1766, R. pour 8 ans le 25 mars 1782.

Gloire (André), dit **Calais**, né à Limagne [Auvergne] (1740), S. 11 déc. 1766, tué à Saint-Christophe le 28 janv. 1782.

Coqueluche (Claude-François), né à Dôle [Franche-Comté] (1755), S. 26 mai 1773, congédié le 8 août 1783.

Jourdain (Jean), dit **Chambord**, né à Loudun [Poitou] (1760), S. 27 janv. 1777.

Humbert (Nicolas), dit **Champeau**, né à Sainte-Hélène [Lorraine] (1757), S. 4 août 1777, mort au Cap le 2 mars 1783.

D'Ambricourt (Pierre), dit **Charenton**, né à Melun [Ile de France] (1760), S. 9 nov. 1778.

Muraud (Pierre), dit **Cresus**, né à Bailleul [Flandre] (1754), S. 30 janv. 1770, mort au Cap le 19 juin 1782.

Dugrée (Michel-Jean-Renée), dit **Calvin**, né à Lourigne [Bretagne] (1754), S. 1er août 1779, mort au Cap le 15 oct. 1782.

Rivage (Jean-Jacques), dit **Calchas**, né à Derboncourt [Picardie] (1753), S. 19 août 1770, mort au Cap le 14 sept. 1782.

La Cuisse (Pierre-Philippe), dit **Cignus**, né à Nancy (1757), S. 1er déc. 1774, congédié le 12 oct. 1783.

Bremont (Antoine), dit **Créolle**, né à Marseille (1744), S. 4 mai 1775, mort au fort Royal le 16 janv. 1782.

Paillon (Joseph), dit **Canada**, né à Saint-Esprit (1757), S. 20 juill. 1775, mort au Cap le 10 juin 1782.

Chevalier (Louis), dit **Capricorne**, né à Contigny [près d'Angers] (1758), S. 9 nov. 1779.

Charpentier (Pierre), dit **Cassel**, né à Hombourg [3 Evêchés] (1756), S. 7 mars 1774, mort au Cap le 26 juill. 1782.

Gobert (Jean), dit **Croissant**, né à Cambron [Picardie] (1759), S. 26 janv. 1777, mort au Cap le 1er mai 1783.

Canivet (Nicolas-Joseph), dit **Catalan**, né à Lille [Flandre] (1750), S. 17 sept. 1775, mort au Cap le 28 mai 1782.

L'Herminier (André-Michel), dit **Cayenne**, né à Paris (1750), S. 10 nov. 1776, mort au fort Royal le 6 janv. 1782.

Le Faure (Genet), dit **Corinthe**, né à Glénac [près d'Arthon] (1752), S. 18 mars 1776, mort au Cap le 24 oct. 1782.

Paul (Pierre), dit **Caverne**, né à Montfaucon [Champagne] (1752), S. 23 nov. 1772, R. pour 8 ans le 17 mai 1779.

Huleau (Jacques), dit **Carnaval**, né à La Haute-Rivière [près Sedan] (1754), S. 26 mai 1774, mort au Cap le 19 juin 1782.

Kermorvant (Armand), dit **Cady**, né à Quimperlé [près Rennes] (1757), S. 5 avril 1776.

Mothé (Jean), dit **Cocardo**, né à Thorigny [près Caen] (1758), S. 4 mai 1776, mort au Cap le 3 sept. 1782.

De Blé (Philippe), dit **Chebec** né à Caen (1761), S. 31 oct 1776, mort au fort Royal le 19 janv. 1782.

Lecarte (Simon), dit **Cormoran**, né à Quimper (1755), S. 2 déc. 1776, mort en mer le 19 nov. 1781.

Fleury (Gab.), dit **Cacique**, né à Paris (1761), S. 29 juill. 1780, mort au Cap le 28 juin 1782.

Turban (Victor), dit **Champion**, né Talmas [près Amiens] (1761) S. 19 oct. 1777, mort au fort Royal le 13 déc. 1781.

Barberet (Antoine), né à Saint-Dizier [près Villefranche] (1760), S. 1er sept. 1777, tué à Saint-Christophe le 28 janv. 1782.

Cosson (Claude), né à Saint-Dizier [Champagne] (1759), S. 2 oct. 1777.

Cousin (Marcel), né à Dompierre-aux-Bois (1756), S. 17 juin 1777.

Nol (Antoine), né à Strasbourg (1763), S. 4 oct. 1779, mort au Cap le 12 janv. 1783.

Oui (Pierre-Michel), né à Paris (1760), S. 2 févr. 1779, congédié le 24 sept. 1785.

Maubert (Gabriel), né à Nancy (1761), S. 6 déc. 1776.

Samies (Gabriel), né à Paris (1756), S. 23 juin 1776, congédié le 5 déc. 1783.

Fleuret (François), dit **Dancourt**, né à Chamouilly [Champagne] (1757), S. 19 août 1777.

Duprez (Noël), né à Saint-Etienne [Forez] (1758), S. 25 avril 1776, mort au Cap le 21 juin 1782.

Massonot (Louis), né à La Haye [Touraine] (1749), S. 26 janv. 1768, mort au Cap le 13 août 1782.

Aniquet (Jean-François), né à Herchies [Picardie] (1754), S. 12 janv. 1778.

Lefèvre (Louis), né à Sens (1757), S. 8 juill. 1776, congédié le 5 déc. 1783.

Coupet (J.), né à Sedan (1758), S. 10 nov. 1776.

Bellet (Jean-Baptiste), né à Metz (1755), S. 4 nov. 1774, mort au Cap le 17 juin 1782.

Vincenot (Robert), né à Paris (1751), S. 18 mars 1776, congédié le 10 mai 1783.

Vincenot (Marie-Noël), dit **Cadet**, né à Paris (1756), S. 18 mars 1776, mort au Cap le le 3 juill. 1782.

Benoist (Bernard), né à Albi (1758), S. 25 nov. 1776, mort au Cap le 26 juin 1782.

Ancelin (Pierre-Jean), né à Saint-Léonard (1758), S. 5 déc. 1776.

Noël (Pierre), né à Paris (1760), S. 27 févr. 1777, mort au Cap le 14 août 1782.

Longeard (Michel), né à Guingamp [près Rennes] (1750), S. 10 mars 1777.

Bouillon (Nicolas-Denis), né à Paris (1761), S. 13 mai 1777.

Lambotte (Isidore-Michel), né à Paris (1752), S. 8 févr. 1781, mort au Cap le 15 nov. 1782.

Dufour (Pierre), né à Paris (1746), S. 4 nov. 1773, mort au Cap le 6 févr. 1783.

Beugnier (François-Charles-Joseph), né à Saint-Omer (1756), S. 20 févr. 1776, mort au Cap le 2 août 1782.

Le Cler (Jean-Baptiste), né à Paris (1755), S. 7 oct. 1776.

Debut (Michel), né à Dreux [Généralité d'Orléans] (1760), S. 8 nov. 1778.

Louvet (Jean-Baptiste-Joseph), né à Lille (1760), S. 24 janv. 1779.

Brulé (Antoine-Claude), né à Paris (1739), S. 20 févr. 1769, mort au Cap le 10 oct. 1782.

Raymond (Jean-Baptiste-Antoine), né à Paris (1759), S. 21 mars 1779, mort au Cap le 6 juill. 1782.

Bouvier (Etienne), né à La Côte-Saint-André [Dauphiné] (1758), S. 16 déc. 1776, mort au Cap le 28 août 1782.

Liemard (Philippe-Joseph), né à Feignies-en-Hainaut [près Maubeuge] (1760), S. 3 oct. 1778, mort au Cap le 28 août 1782.

Claquart (Pierre), né à Dompierre [près Amiens] (1756), S. 24 août 1780, mort au Cap le 17 juin 1782.

Bardonnon (Luc), né à Aigueperse [près Clermont] (1758), S. 3 mai 1775, R. pour 4 ans le 3 août 1779.

Pelabu (Lazare), né à Marseille (1754), S. 16 mars 1776, congédié le 8 déc. 1783.

Xardel (Sébastien), né à Frémery [près Toul] (1740), S. 11 janv. 1772, R. pour 4 ans le 5 avril 1779.

Schafrat (Adam), dit **Chafrat**, né à Aix-la-Chapelle (1748), S. 6 oct. 1773, R. pour 4 ans le 23 août 1782.

Ventrepol (Claude), né à Thionville (1756), S. 10 mars 1773, R. pour 8 ans le 29 sept. 1778.

Tardif (Antoine-Marie), dit **L'Amitié**, né à Paris (1756), S. 16 janv. 1775, R. pour 4 ans le 16 févr. 1779.

Daydé (Jean), né à Massage-du-Bouage [près Albi] (1744), S. 6 août 1760, R. pour 4 ans le 30 oct. 1778.

Fabre (Joseph-Armand), né à Berrias [près Viviers] (1757), S. 13 avril 1774.

Miniot (Benoist), né à Montlivault [près Blois] (1758), S. 17 août 1779.

Grignon (Jean), né à Le Martray [près Loudun] (1759), S. 28 févr. 1777.

Garache (Jean), né à Verdun (1760), S. 20 mars 1777.

Siméon (Jacques), né à Longwy (1763), S. 11 juin 1776, congédié le 5 déc. 1783.

La Vigne (Louis-Joseph), né à Beaumont-sur-Oise (1755), S. 6 avril 1774, R. pour 4 ans le 25 juin 1779.

Tréat (Jean), né à Grandchamp [près Beaumont] (1761), S. 31 août 1778.

Barbara (Jean-Baptiste). dit **Carcasonné**, né à Cramant [près Nogent-sur-Seine] (1762), S. 2 avril 1779.

Thevenot (Jean), dit **Bienaimé**, né à Paris (1754), S. 8 oct. 1772.

Liénard (François-Joseph), né à Paris (1762), S. 22 avril 1780.

Poulain (Jean-Baptiste), né à Saint-Denis [près Paris] (1763), S. 14 juill. 1781.

Renoult (René), né à Loudun [Poitou] (1758), S. 13 avril 1776.

Planche (J.), né Vernon (1759), S. 26 déc. 1778.

Pelletier (Joseph), né à Auxelles-Bas [près Belfort] (1758), S. 21 mars 1779.

Armand (Antoine), dit **César**, né à Sommières (1760), S. 4 déc. 1778.

Carin (François), né à Valenciennes (1760), S. 8 déc. 1778.

De La Haye (François), né à Paris (1763), S. 18 mars 1780.

Varin (Jean-Louis), né à Vervins (1759), S. 4 févr. 1779.

Bouthé (J.), né Orléans (1763), S. 11 nov. 1779.

Rignier (Christophe), né à Nogent-le-Rotrou (1763), S. 23 oct. 1779.

Bellemain (Louis), né à Bransle [près Montargis] (1768), S. 9 août 1780.

Saillant (Nicolas-Pierre), né à Angers (1757), S. 28 févr. 1777.

D'Alam (Louis), né à Gouges [près Montpellier] (1764), S. 15 mars 1780.

Lépine (Joseph), né à Léocourt [près Saint-Quentin] (1757), S. 8 sept. 1779.

Fenier (François), né à Verdun [Gascogne] (1749), S. 19 mars 1780.

Morel (François), né à Besançon (1753), S. 1er mars 1780.

Bertaud (Jean-Louis), dit **Alexandre**, né à Vimoutiers [Normandie] (1760), S. 22 mai 1780.

Defraize (François), né à Orléans (1758), S. 4 juin 1780.

Bayot (L.), né à Paris (1760), S. 12 oct. 1780.

Pantin (Louis-Marie), dit **Claives**, né à Paris (1759), S. 26 mars 1776.

Duminy (François), dit **Rodolphe**, né à Amiens (1764), S. 18 juin 1780.

Guiraud (Guillaume), né à Castres (1749), S. 24 juin 1767, R. pour 4 ans le 24 juin 1779.

RÉGIMENT D'HAINAULT

(UN BATAILLON)

Le régiment fut levé en vertu d'une commission délivrée le 25 février 1651 sous le nom de Vendôme.

Prit le nom de la province Hainault le 10 décembre 1762 et devint le 50e régiment d'infanterie le 1er janvier 1791; son 1er bataillon entra le 24 novembre 1793, dans la 99e demi brigade de ligne et le 2e fut versé le 4 décembre suivant dans la 100e.

Le premier mestre de camp de ce corps a été César duc de Vendome et le dernier fut Jean-Ignac, de Bordenave.

Un bataillon de Hainault s'embarqua sur la flotte du comte d'Estaing en 1779. Ce bataillon se distingua à la prise de la Grenade en 1779; assista le 6 juillet de la même année au combat naval livré contre la flotte de l'amiral Byron et prit part, au mois d'octobre suivant, au siège de Savannah, le bataillon rentra à la Martinique après la levée du siège et y demeura jusqu'à la paix.

Le 50e régiment d'infanterie actuel est en garnison à Périgueux.

Jean-Baptiste LAPLIN, né à Moulins-en-Bourbonnois le 24 juin 1734, Lieutenant-colonel.

ÉTAT-MAJOR

LIEUTENANT-COLONEL

LAPLIN (Jean-Baptiste), faisant fonctions de lieutenant-colonel, né le 24 juin 1734, à Moulins [Bourbonnois]. Blessé dangereusement le 4 juill. 1779, à la prise de la Grenade; mort le 28 janv. 1780.

CAPITAINES

DESCHAMPS de VILLAINE (Joseph), né en 1733, à Montluçon [Bourbonnois].

LOMBARD de ROQUEFORT (Jean-Joseph), né en 1735, à Antibes.

De **MAREUIL** (Etienne-Louis-Denis), né à Paris, le 26 févr. 1733.

De **MANOEL** (Etienne), né le 5 juill. 1740, à La Salle [Cévennes]. A été nommé le 20 sept. 1779, commandant en second de la Grenade.

De **MANOEL la GRAVIERE de VEGOBRE** (François), né le 24 déc. 1746, à la Salle [Languedoc]. Mort le 29 janv. 1780.

D'ARTUS (Pierre-Marion), né le 22 août 1747, à La Salle [diocèse d'Alais]. A fait toute la guerre d'Amérique.

LIEUTENANTS

MONTERNO du CHATELARD des BRETS (Aimé-Jean-Jacques-Elisabeth), né à Trévoux, le 29 déc. 1750. A été blessé à Savannah.

De la **BEAUME d'ANGELY** (Paul). Fait capitaine au régiment de la Martinique, le 2 oct. 1784.

MARMIER (Charles-Jacques-Magdelaine), né à Montpellier, le 26 févr. 1757. Tué le 1er sept. 1781 sur la frégate « La Magicienne » dans le combat où elle a été prise par un vaisseau anglais.

De **BARRE de LEUZIERE** (Denisse-Pierre), né à Nîmes, le 30 déc. 1753. Fait aide-major du régiment de la Martinique, le 2 oct. 1784.

DESVAULX (Joseph-André-Jean), né à Marsac [Bretagne], le 4 nov. 1751. Fait capitaine dans le régiment de la Guadeloupe, le 2 oct. 1784.

SOUS-LIEUTENANTS

De **VAUDREMONT** (Joseph-Louis), né le 4 juill. 1756, à Lavaur [Languedoc]. Placé à une lieutenance dans le régiment de la Martinique, le 2 oct. 1784.

SAINTE-LUCE (Jean-Baptiste-Guillaume-Bernardin), né le 23 févr. 1761, à Saint-Pierre [île de la Martinique]. Passé sous-aide-major dans le régiment de la Guadeloupe, le 2 oct. 1784.

Compagnie Deschamps.

Barraud (Jean), né au Grand Bois [Saintonge] (1712), S. 1er avril 1755, parti pour la pension le 16 juill. 1781.

Auzivizier (Jean-Baptiste), dit **Vadeboncœur**, né à Lorgues [Provence] (1738), S. 1er févr. 1759, congédié le 4 mars 1781.

Bidault (Pierre), né à Chaumont [Bassigny] (1737), S. 1er sept. 1758, embarqué pour l'Amérique en avril 1778.

Gauthier (Etienne), né à Dijon (1737), S. 1er nov. 1761, tué à Savannah le 9 oct. 1779.

Auzivizier (Honoré), né à Lorgues [Provence] (1739), S. 18 mars 1774, parti pour la pension le 15 avril 1786.

Rouvierre (Jean), dit **Belais**, né à Saint-Jean-de-Gardoningue [Languedoc] (1742), S. 1er avril 1760, mort en Amérique le 1er janv. 1784.

Enchaise (Barthélemy), né à Létarjie [Lyonnois] (1728), S. 26 avril 1750, parti pour la pension le 19 juill. 1781.

Charles (Claude), dit **Blondin**, né à Crion [Lorraine] (1735), S. 20 mars 1756, parti pour la pension le 20 juin 1783.

Bayle (Etienne), dit **Lapointe**, né à Sarugnac [Languedoc] (1740), S. 26 févr. 1757, embarqué pour l'Amérique en avril 1778.

Perfishe (Pierre), dit **Orange**, né à Cordes [Languedoc] (1735), S. 4 nov. 1761, congédié le 1er juill. 1784.

Antonnin (Xavier), né à Belfort [Alsace] (1750), S. 11 mai 1776.

Chenu (François), dit **La Tulipe**, né à Beaucourt [Alsace] (1735), S. 1er mai 1753, mort en Amérique le 5 mai 1778.

Beaumont (Dominique), dit **La Liberté**, né à Raon l'Etape [Lorraine] (1733), S. 15 août 1756, mort en Amérique le 2 janv. 1780.

Filiot (Joseph), dit **Saint-Joseph**, né à Ruoms [Vivarais] (1735), S. 1er avril 1762, mort en Amérique le 25 févr. 1780.

Gilbert (Jean), né à Pisieu [Dauphiné] (1749), S. 17 mars 1766, mort en Amérique le 24 mars 1780.

Fautras (Pierre), dit **Montplaisir**, né à Nantilly [Anjou] (1747), S. 25 nov. 1765, rayé des contrôles le 1er janv. 1784.

Jenet (Hubert), dit **Froment**, né à Fontaine [Bourgogne] (1734), S. 1er févr. 1766, parti pour les Invalides le 30 avril 1785.

Miseran (Henry), né à Villemontry [Champagne] (1747), S. 1er mars 1767, mort au fort Royal le 8 févr. 1781.

Leger (François), dit **Laviolette**, né à Pons [Saintonge] (1750), S. 4 oct. 1768, R. pour 8 ans le 21 nov. 1774.

Méjes (Sébastien), dit **Beauséjour**, né à Tors [Lorraine] (1753), S. 1er oct. 1770, tué à Savanach le 9 oct. 1779.

Ferry (Pierre), né à Bertrambois [Lorraine] (1750), S. 13 oct. 1770, R. pour 8 ans le 13 déc. 1777.

Martin (Paul), né à Montluçon [Bourbonnois] (1753), S. 1er mars 1771, congédié le 1er juill. 1784.

Dumay (Jacques), dit **Bienaimé**, né à Fontenay-le-Comte [Poitou] (1753), S. 29 avril 1771, congédié le 8 nov. 1783.

Genet (Jean), dit **La Fleur**, né à Anselle [Lorraine] (1754), S. 1er déc. 1771, parti pour l'Amérique en 1778.

Simon (Jean), dit **Saint-Simon**, né à Sillery [Champagne] (1756), S. 11 sept. 1772, congédié le 12 sept. 1780.

Laroche (Benoist-Joseph), né à Lille [Flandre] (1754), S. 12 déc. 1772, embarqué pour l'Amérique en 1778.

Tharon (François), dit **Moirmon**, né à Moiremont [Champagne] (1756), S. 31 mars 1773, passé caporal le 1er nov. 1782.

Lefort (Jean), né à Daverre [Poitou] (1752), S. 12 oct. 1774, mort en Amérique le 29 janv. 1780.

Roussou (Jean), né à Ayguevives [Languedoc] (1744), S. 25 nov. 1774.

Grenier (Antoine), né à Embrun [Dauphiné] (1744), S. 3 déc. 1774.

Juillien (Pierre), né à La Côte-Saint-André [Dauphiné] (1756), S. 5 févr. 1775, rayé des contrôles le 1er janv. 1784.

Du Lac (Jean-Baptiste), né à Bort [Limousin] (1754), S. 26 févr. 1775.

Dupousel (Louis-Pierre), né à Vilcey [Lorraine] (1754), S. 1er avril 1775, mort en Amérique le 10 févr. 1780.

Vilfort (Gérôme), né à Moulins [Bourbonnais] (1757), S. 5 avril 1775, congédié le 4 avril 1783.

Cagnot (Jacques), né à Verneuil-sur-Seine (1755), S. 10 avril 1775, mort le 11 juill. 1784.

Mery (François), né à Peyroles [Languedoc] (1756), S. 1er mai 1775, congédié le 4 avril 1783.

Henry (Dié), dit **Nancy**, né à Serres [Lorraine] (1757), S. 1er mai 1775, mort, rayé des contrôles le 1er janv. 1784.

Soumeire (Jacques), né à Marseille (1758), S. 1er mai 1775, mort, rayé des contrôles le 1er janv. 1784.

Simon (Alexis), dit **Comtois**, né à Lavans [Comté] (1756), S. 6 mai 1775, tué à Savanach le 9 oct. 1779.

Bruset (Jean), né à Guinout [Dauphiné] (1756), S. 4 juill. 1775, congédié le 1er juill. 1784.

Hollié (Bertrand), né à Malzieux [Géraudan] (1755), S. 16 juill. 1775, mort en Amérique le 11 janv. 1780.

Billard (Claude), né à Montmerle [Dombes] (1757), S. 15 août 1775, parti avec la récompense militaire le 12 déc. 1781.

Derbez (Hyacinthe), né à Barcelonnette [Provence] (1755), S. 26 août 1775, congédié le 1er juill. 1784.

Larochette (Antoine), né à Loyes [Bugey] (1755), S. 17 oct. 1775, congédié le 7 nov. 1783.

Vilion (Barthélemy), dit **Lyonnais**, né à Lyon (1755), S. 1er nov. 1775.

Jas (Mathieu), né à Châtonnay [Dauphiné] (1755), S. 28 déc. 1775, mort en Amérique le 14 oct. 1779.

Simien (Antoine), né à Susville [Dauphiné] (1757), S. 2 janv. 1776, congédié le 7 nov. 1783.

Girard (Maurice), dit **Belfleur**, né à Beaurepaire [Dauphiné] (1758), S. 9 janv. 1776, mort, rayé des contrôles le 1er janv. 1784.

Niron (Jean-Antoine), dit **Jolicœur**, né à Saint-Genest L'Argentière [Lyonnais] (1757), S. 11 janv. 1776, mort en Amérique le 22 août 1779.

Chaumesson (Claude), né à Versailles (1759), S. 2 mai 1776, mort au Cap le 14 août 1779.

Léautard (Bernard), né à Toulon (1759), S. 8 mai 1776, mort en Amérique le 2 févr. 1780.

Montallier (Jean-Eloy), né à Rouen [Normandie] (1744), S. 28 août 1776.

Morel (Jean), né à Chabeuil [Dauphiné] (1760), S. 11 sept. 1776.

Fériol (André), né à Aix [Provence] (1759), S. 8 oct. 1776, parti pour les Invalides le 16 juill. 1784.

Desmazès (Antoine), né à Pézenas [Languedoc] (1759), S. 8 oct. 1776, mort au fort Royal le 28 mars 1782.

Seylan (Jean-Baptiste), né à Aran [Provence] (1760), S. 11 oct. 1776, mort en Amérique le 7 janv. 1780.

Esty (Jean-Baptiste), né à Cadenet [Provence] (1760), S. 12 oct. 1776, mort en Amérique le 6 juill. 1779.

Germain (Jean-Pierre), né à Marseille (1759), S. 21 oct. 1776, réformé le 15 juin 1779.

Boudrot (Bernard), né à Vassin [Bourgogne] (1758), S. 1er nov. 1776, mort en Amérique le 29 janv. 1779.

Duchêne (Nicolas), né à Louhans [Bourgogne] (1760), S. 1er déc. 1776, mort en Amérique le 14 janv. 1780.

Arnauld (Esprit), né à Orange [Dauphiné] (1756), S. 15 déc. 1776.

Bouet (Antoine), dit **Saint-Antoine**, né à Beaucroissant [Dauphiné] (1759), S. 20 janv. 1777, mort en Amérique le 30 oct. 1779.

Armand (Vincent), dit **Beausoleil**, né à Bourg Saint-Andéol [Vivarais] (1761), S. 1er févr. 1777.

Gady (Alexandre), dit **Sans Crainte**, né à Paris (1758), S. 13 févr. 1777, congédié en Amérique le 1er déc. 1779.

Bonseigneur (Antoine), né à Maincy [Ile de France] (1760), S. 8 mars 1777.

Dourlan (Abraham), né à Pommard [Bourgogne] (1758), S. 16 mars 1777, mort en Amérique le 15 janv. 1780.

Convert (Joseph), dit **La Ramée**, né à Chassieu [Dauphiné] (1753), S. 20 mars 1777, mort à Goreck le 25 oct. 1781.

Rouberet (Louis), né à Saint-Croix paroisse de Casaguas [Languedoc] (1759), S. 23 mars 1777, mort en mer le 28 juill. 1779.

Rabe (Claude), dit **Beaujardin**, né à Anduze [Languedoc] (1758), S. 23 mars 1777, mort en Amérique le 11 mars 1780.

Donnau (Joseph), né à Barcelonnette [Provence] (1761), S. 1er avril 1777, mort en Amérique le 3 janv. 1780.

Rescagne (Jean), né à Carcassonne [Languedoc] (1748), S. 23 févr. 1770, mort en Amérique le 13 août 1778.

Jouffroy (Jean-Baptiste), né à Dijon (1761), S. 20 nov. 1777.

Fraisinet (Henry), né à Saint-Jean-de-Gardoningue [Cévennes] (1760), S. 2 déc. 1777, mort, rayé des contrôles le 1er janv. 1784.

Claparède (Paul), né à Saint-Hippolyte [Languedoc] (1761), S. 2 déc. 1777.

Arziary (Jean-Baptiste), né à La Roque d'Anthéron [Provence] (1755), S. 24 déc. 1777.

Angle (Pierre), dit **Langlois**, né à Lille [Albigeois] (1758), S. 22 janv. 1778.

Charux (Joseph), né à Saint-Maurice [Dauphiné] (1760), S. 18 févr. 1778, mort le 7 août 1784.

Martel (Joseph), né à Tourette [Provence] (1758), S. 21 févr. 1778, mort à Cadix le 1er déc. 1782.

Marquisat (Joseph-Toussaint), né à Toulon paroisse Saint-Louis (1758), S. 27 févr. 1778, congédié en juill. 1782.

Croux (Michel), né à Cadenet [Provence] (1757), S. 26 mai 1778.

Champier (Raymond), né à Marseille (1761), S. 30 mars 1778, mort en mer.

Barnier (Paul), né à Saint-Jean-de-Gardoningue [Languedoc] (1754), S. 31 mars 1778.

Geoffroy (Guillaume), dit **Gardanne**, né à Gardanne [Provence] (1761), S. 15 avril 1778, congédié le 6 avril 1786.

Ragot (Guillaume), né à Nancy [Lorraine] (1750), S. 11 juin 1778.

Benoit (Michel), né à Arles [Provence] (1762), S. 28 juin 1778, mort en mer le 22 août 1781.

Sabrier (François), né à Arles [Provence] (1762), S. 28 juin 1778, congédié le 31 août 1781.

Boucaru (Jacques), dit **Desarennes**, né à Nîmes [Languedoc] (1762), S. 10 juill. 1778, mort à bord du « Diadème » le 9 janv. 1782.

Guigou (François), né à Tafare [Provence] (1759), S. 15 juill. 1778, réformé le 16 août 1783.

Giraud (Claude), dit **Saint-Nizier**, né à Lyon (1762), S. 22 juill. 1778.

Azar (Pierre), né à Saint-Blaise [Provence] (1762), S. 25 juill. 1778.

Alègre (Etienne), dit **Vivarais**, né à Jaujac [Vivarais] (1761), S. 25 juill. 1778, mort le 23 juin 1785.

L'Amblart (Louis), dit **La Rose**, né à La Salle [Languedoc] (1760), S. 2 août 1778, réformé le 22 sept. 1780.

Guitard (Jean), dit **Languedoc**, né aux Vans [Vivarais] (1759), S. 8 sept. 1778, réformé le 26 janv. 1781.

Gerenne (Jean), dit **Fumel**, né à Fumel [Agénois] (1754), S. 19 sept. 1778, mort en mer le 18 oct. 1781.

Bigorre (Bernard), né à Alby (1758), S. 19 sept. 1778.

Ducos (Nicolas), né à Dax [Gascogne] (1756), S. 24 mars 1778.

Cauredon (Pierre), né à Sommières [Languedoc] (1761), S. 20 oct. 1778, congédié par grâce le 20 juin 1783.

Fusquet (Jean), né à Anduze [Languedoc] (1759), S. 27 nov. 1778, mort le 22 avril 1785.

Vaquier (François), dit **Turenne**, né à Artigat [Foix] (1759), S. 4 nov. 1778, mort en mer le 5 sept. 1781.

Moras (Jean), né à Arao [Provence] (1760), S. 18 nov. 1778, congédié le 31 mai 1781.

Quaintal (Jean), dit **Artois**, né à Bloguac [Vivarais] (1761), S. 27 nov. 1778, mort le 23 juin 1779.

Auradon (Jean), dit **Languedoc**, né à Alzonne [Languedoc] (1743), S. 7 févr. 1760, fait officier en Amérique le 20 janv. 1780.

Pierre (Nicolas-Jean), dit **Laviolette**, né à Bellefontaine [Lorraine] (1727), S. 27 févr. 1757, mort en Amérique le 2 août 1779.

Merlin (Antoine), né à Morelmaison [Lorraine] (1743), S. 29 oct. 1764, mort en Amérique le 14 janv. 1780.

Grisou (Jean-François), né à Crest [Dauphiné] (1737), S. 4 oct. 1755, mort en Amérique le 14 janvier 1780.

Lafontaine (Silvain), né à Tauche [Berry] (1734), S. 1er janv. 1759, mort en Amérique le 15 juill. 1778.

Fourcade (Pierre), né à Bourg [Bordelais] (1739), S. 1er nov. 1761, mort en Amérique le 31 janv. 1780.

Hoursou (Gilbert), né à La Grange [Bourbonnois] (1740), S. 1er mars 1762, mort en Amérique le 1er janv. 1784.

Moisi (Joseph), dit **Lajeunesse**, né à Saint-Léonard [Lorraine] (1743), S. 23 janv. 1765, mort en Amérique le 25 mars 1780.

Peltré (Ignace), né à Oricourt [Comté] (1748), S. 4 oct. 1765, tué en Amérique le 8 déc. 1778.

Moreau (Nicolas), dit **Bienaimé**, né à Vussincourt [Lorraine] (1749), S. 20 juin 1766, mort en Amérique le 21 févr. 1780.

Bertrand (Jean-Baptiste), né à Nantes [Bretagne] (1752), S. 26 août 1768, mort en Amérique le 1er janv. 1784.

Dubessé (Jean-Pierre), dit **Annibal**, né à Beauchastel [Vivarais] (1753), S. 6 avril 1770, tué en Amérique, le 6 juill. 1779.

Niel (Antoine), dit **Vandosme**, né à Davon [Comté] (1744), S. 29 mars 1771, mort en Amérique le 1er févr. 1780.

Thevenin (Philippe), dit **Bourbon**, né à Bourbon-L'Archambault (1746), S. 10 nov. 1771, mort en Amérique le 2 juin 1781.

Merlin (Martin), dit **Sertorius**, né à Morelmaison [Lorraine] (1754), S. 6 janv. 1772, congédié en Amérique le 1er juill. 1784.

Grosvillaume (Claude), dit **Bienvenu**, né à Germont [Champagne] (1755), S. 24 févr. 1772, mort en Amérique le 26 sept. 1779.

Baissan (Vincent), né à Madagascar (1751), S. 1er août 1772, congédié en Amérique le 1er juill. 1784.

Fadet (François), né à Sauve [Languedoc] (1758), S. 10 déc. 1774, congédié en Amérique le 1er juill. 1784.

Tissier (Antoine), né à Saint-Saturnin [Auvergne] (1757), S. 2 janv. 1775, mort à Sainte-Lucie le 18 déc. 1778.

Fernons (Toucl), dit **Jolicœur**, né à Fresne [Gévaudan] (1759), S. 5 févr. 1775, mort en Amérique le 7 mars 1779.

Drache (Alexandre), dit **Brutus**, né à Crèvecœur [Cambrésis] (1754), S. 1er mars 1775, mort en Amérique le 6 févr. 1780.

Goyet (Denis), dit **Brindamour**, né à Rougemont [Bugey] (1756), S. 1er mai 1775, mort en Amérique le 5 juill. 1779.

Boulanger (Nicolas), né à Ogéviller [Lorraine] (1757), S. 1er nov. 1775, mort en Amérique le 6 déc. 1779.

Christophe (Nicolas), né à Ailly-aux-Bœufs [Lorraine] (1751), S. 27 déc. 1775, mort en Amérique le 10 janv. 1779.

Compagnie Lombard.

Buissierre (Guillaume), dit **Dussiers**, né à Dardes [Auvergne] (1758), S. 1er mai 1776, mort en Amérique le 25 janv. 1780.

Pitois (Michel), né à Lyon (1759), S. 2 mai 1776, mort en Amérique le 8 janv. 1780.

Moulin (Jean), né à Narbonnet [Dauphiné] (1758), S. 23 oct. 1776, mort en Amérique le 18 juill. 1778.

Cabanel (Claude), né à Lyon (1758), S. 4 nov. 1776, mort en Amérique le 6 mars 1780.

Girard (Morin), dit **Laflamme**, né à Revest [Provence] (1759), S. 9 janv. 1776, mort en Amérique le 7 mai 1780.

Caroubin (Claude), dit **Alexandre**, né à Lorgues [Provence] (1760), S. 16 déc. 1776, mort en Amérique le 20 juin 1780.

Marvillan (Antoine), dit **Turenne**, né à Marseille (1738), S. 16 déc. 1776, mort en Amérique le 1er janv. 1784.

Seine (Bastien), dit **Diomède**, né à Mayence [Provence] (1759), S. 12 janv. 1777, mort en Amérique le 28 févr. 1780.

Cognat (Pierre), dit **Fabius**, né à Logre [Lyonnais] (1757), S. 1er févr. 1777, mort en Amérique le 1er janv. 1784.

Michel (Jean-Baptiste), dit **Gustave**, né à Lemiel [Provence] (1756), S. 1er févr. 1777, tué au combat du 27 sept. 1779.

Thomas (François), dit **Tancrède**, né à Bragny [Bourgogne] (1759), S. 2 févr. 1777, mort en Amérique le 1er janv. 1784.

Guedin (Valentin-Joseph), dit **La Ramée**, né à Rœux [Artois] (1756), S. 8 janv. 1773, congédié à la Grenade le 1er juill. 1784.

Lardillier (Jean-Marie), dit **Biron**, né à Bessenay [Lyonnois] (1752), S. 15 mai 1777, mort en Amérique le 12 août 1779.

Bisagnier (François), dit **Adrien**, né à Vence [Provence] (1759), S. 16 mai 1777, mort en Amérique le 21 mai 1780.

Barry (Martin), dit **Fabert**, né à Marseille (1751), S. 25 juill. 1777, mort en Amérique le 23 déc. 1779.

Giraud (Etienne), né à Rieux [Languedoc] (1760), S. 1er févr. 1778, mort en Amérique le 25 juill. 1779.

Arnould (André), né à Chabeuil [Dauphiné] (1727), S. 31 août 1755, parti pour la pension le 18 juin 1783.

Boyer (David), dit **Beausoleil**, né à Douzelle [Lorraine] (1737), S. 1er sept. 1755, mort sergent en Amérique le 6 sept. 1779.

Vincent (Jean), dit **Castelnaud**, né à Castelnau-de-Mendailles [Quercy] (1725), S. 1er sept. 1755, mort en campagne le 26 déc. 1779.

Romary (Joseph), dit **Laprairie**, né à Douzelle [Lorraine] (1738), S. 7 mars 1756, parti pour la pension le 1er mars 1785.

Bezard (René), dit **Berry**, né à Bourges (1738), S. 20 janv. 1756, mort en campagne le 18 août 1780.

Boulacier (Aimond), dit **Précis**, né à Capelprui [Berry] (1745), S. 10 avril 1765, parti pour la pension le 12 déc. 1781.

Stroup (Jean-Pierre), né à Mistrolle [Lorraine-Allemande] (1743), S. 26 nov. 1765, congédié en Amérique le 1er janv. 1784.

Patrona (Paul), dit **Duchateau**, né à Bourges (1747), S. 14 mars 1768, mort en Amérique.

Brun (André), dit **Brindamour**, né à Pons [Saintonge] (1750), S. 4 oct. 1768, mort en Amérique.

Fouquier (François), dit **Bellefleur**, né à Nîmes (1751), S. 4 mai 1769, tué à bord du « Vaillant » le 13 oct. 1779.

Mésabelouse (Jean), dit **Bonenfant**, né à Romanèche [Maconnois] (1751), S. 18 sept. 1769, parti pour les Invalides le 16 juill. 1784.

Lucas (Pierre), né à l'Isle [Bourbonnais] (1752), S. 12 juill. 1771, congédié en Amérique le 12 juin 1784.

François (Jean), dit **Aymard**, né à Somme-Tourbe [Champagne] (1752), S. 10 sept. 1772, congédié en Amérique le 1er juill. 1784.

Lacombe (Alexis), né à Sumène [Languedoc] (1754), S. 20 avril 1773, congédié en Amérique le 24 juin 1783.

Vautier (Jean-Pierre), dit **Labonté**, né à Marseille (1756), S. 1er oct. 1774, congédié en Amérique le 1er juill. 1784.

Boula (Michel), né aux Dinas [Dauphiné] (1756), S. 14 oct. 1774, congédié en Amérique le 1er juill. 1784.

Guitau (Benoit), né à Lyon (1758), S. 2 nov. 1774, mort en campagne le 16 août 1779.

Moure (Joseph), né à Besse [Provence] (1758), S. 3 déc. 1774, mort en Amérique le 1er juill. 1784.

Bonnavan (François), né à Bourganeuf [Poitou] (1751), S. 5 déc. 1774, mort en campagne le 10 févr. 1780.

Azemard (Jean-Baptiste), né à Espira-de-l'Agly [près Perpignan] (1755), S. 30 déc. 1774, mort en Amérique.

Meuil (Nicolas), dit **Saint-Martin**, né à Dommartin [Lorraine] (1757), S. 1er mai 1775, congédié en Amérique le 1er janv. 1784.

Chambegnac (Antoine), dit **Beziers**, né à Bourdelas [Languedoc] (1756), S. 1er mai 1775, mort en Amérique.

Laugier (Jean-Joseph), né à Marseille (1757), S. 10 juin 1775, parti pour la pension le 22 juill. 1783.

Alais (René-Hypolite), dit **La Couture**, né à Sainte-Gemme-la-Bruyère [Poitou] (1758), S. 14 janv. 1776, congédié en Amérique le 1er juill. 1784.

Marie (Pierre), né à Besançon [Comté] (1755), S. 2 mars 1776, congédié en Amérique le 1er janv. 1784.

Chevrelat (Antoine), né à Toizay [Dombes] (1750), S. 2 mars 1776, mort en campagne le 23 oct. 1779.

Niollon (Joseph), né à Toulon (1759), S. 12 juin 1776, mort en campagne le 11 févr. 1780.

Mahut (Nicolas), né à Chambly [Picardie] (1758), S. 23 juin 1776, mort en campagne le 16 août 1779.

Renault (François), né à Lunéville [Lorraine] (1758), S. 30 juill. 1776, congédié le 12 juill. 1784.

Coste (Louis), né à Magagnose [Provence] (1757), S. 11 nov. 1776.

Cabrot (Pierre), dit **La Palme**, né à Saint-Amand-de-Castres [Languedoc] (1757), S. 21 nov. 1776, mort en campagne le 18 août 1779.

Blouet (Alexis), né à Crillon [Comtat Venaissin] (1761), S. 12 janv. 1777, mort en campagne le 22 mars 1780.

Ferlande (Honoré-Antoine), dit **Marseille**, né à Marseille (1751), S. 4 févr. 1777, mort, rayé des contrôles le 1er janv. 1784.

Guyot (Antoine), né à Vannes [Bourgogne] (1750), S. 8 févr. 1777, mort en campagne le 6 juill. 1779.

Donnat (Jérôme), né à Lisle, résidant à Cabrières [Comtat] (1758), S. 1er mars 1777, mort en campagne le 16 mars 1779.

Caze (Jean-Baptiste), né à Montpellier [Languedoc] (1761), S. 8 mars 1777.

Marlot (Etienne), né à Puligny [Bourgogne] (1757), S. 16 mars 1777.

Aubagnac (Gabriel), né à Neuvialle [Languedoc] (1759), S. 22 mars 1777, mort en mer, rayé en 1784.

Sabattier (Paul), né à Saint-Hippolyte [Languedoc] (1760), S. 23 mars 1777, mort en campagne le 3 mars 1780.

Meunier (Jacques), dit **Languedoc**, né à Le Maine [Languedoc] (1738), S. 7 janv. 1776, mort en Amérique le 6 sept. 1779.

Mazory (André), dit **Mazaury**, né à Saint-Hippolyte [Languedoc] (1761), S. 23 mars 1777, mort en Amérique le 9 mars 1779.

Stadieu (Jacques-Antoine), né à Saint-Florent (1761), S. 22 juin 1777, mort en campagne le 12 févr. 1780.

Julian (David), né à Saint-Hippolyte [Languedoc] (1759), S. 15 août 1777, mort en campagne le 8 mars 1780.

Cancel (Antoine), né à Nîmes (1761), S. 15 août 1777.

Combe (Pierre), dit **Hypolite**, né à Saint-Hippolyte [Languedoc] (1760), S. 2 oct. 1777, mort en Amérique le 15 janv. 1780.

Dascamp (Louis), né à Sauve [Cévennes] (1759), S. 14 oct. 1777, mort en Amérique le 18 août 1780.

Bassaut (Pierre-Joseph), né à Mignafans [Comté] (1747), S. 20 janv. 1765, mort en Amérique, rayé le 1er juill. 1784.

Cousin (Joseph), dit **Landreci**, né à Landrecies [Hainaut] (1756), S. 7 août 1773, mort en Amérique le 5 mars 1780.

Devaux (Joseph), dit **Cœurderoy**, né à Bourg Dondin [Artois] (1753), S. 29 mars 1773.

Gentils (François), né à Croze [Dauphiné] (1739), S. 10 août 1758, parti pour la pension le 19 juill. 1782.

Rigaud (Louis), né à Aubusson-en-Marche (1744), S. 24 févr. 1767, adjudant, passé à la Martinique en 1784.

Barbotant (Antoine), dit **Jolicœur**, né à Oloron [Béarn] (1742), S. 1er nov. 1761, passé à la Martinique en 1784.

Fairre (Pierre), dit **Vivarais**, né à Saint-Barthélemy-le-Pin [Vivarais] (1738), S. 25 mars 1756, Blessé en Amérique le 16 juin 1780.

Thimerois (Pierre), dit **André**, né à La Frette [Dauphiné] (1742), S. 25 juin 1760, mort en Amérique.

Marret (Gilbert), dit **Bienaimé**, né à Apchon [Auvergne] (1744), S. 20 mai 1765, mort en Amérique le 13 sept. 1778.

Leclair (Jean-Baptiste), né à La Leve (1738), S. 21 déc. 1765, mort en Amérique le 6 août 1778.

Brunet (Sébastien), dit **Bellehumeur**, né à Saint-Lattier [Dauphiné] (1735), S. 16 août 1755, mort en Amérique le 10 juill. 1779.

Leger (Mahieux), dit **Dupont**, né à Pont-à-Mousson [Lorraine] (1731), S. 4 janv. 1756, mort en Amérique le 6 juill. 1778.

Marchadier (Louis), dit **Laramé**, né à Saint-Junien-en-banc [Marche] (1738), S. 9 mars 1759, mort en Amérique le 3 juin 1779.

Calviac (Pierre), né à Les Avregnasses (1740), S. 28 juill. 1760, passé à la Martinique le 12 juin 1784.

Pompera (Jean), dit **Bel Amour**, né à Susmesse [Cévennes] (1743), S. 1er sept. 1761, mort en Amérique le 29 janv. 1780.

Godon (Claude), dit **Saint Pont**, né à Saint-Pont [Bourbonnais] (1740), S. 18 mars 1766, mort en Amérique le 5 févr. 1780.

Joanin (Nicolas), dit **Chalon**, né à Nettancourt [Champagne] (1739), S. 15 avril 1767, mort en Amérique le 11 déc. 1779.

Goirant (Vincent), né à Berre [Provence] (1753), S. 19 juin 1769, tué en Amérique le 7 oct. 1779.

Dutan (Pierre), dit **La Sagesse**, né à Villefranche [Beaujolais] (1753), S. 17 juill. 1769, tué en Amérique le 18 déc. 1778.

Lisbonne (Antoine-Joseph), né à Lisbonne [Portugal] (1745), S. 15 nov. 1769, mort en Amérique le 18 déc. 1778.

Louet (Barthélemy), né à Saint-Affrique [Rouergue] (1750), S. 8 mai 1770, passé à la Martinique le 12 juin 1784.

Therom (Jean-Baptiste), dit **Sans Quartier**, né à Bertrambois [Trois Évêchés] (1746), S. 13 déc. 1770, mort en Amérique le 27 févr. 1780.

L'Huillier (Nicolas), dit **Vadeboncœur**, né à Rapey [Lorraine] (1754), S. 13 déc. 1770, passé à la Martinique le 11 août 1784.

Vidal (André), né à Phalsbourg (1755), S. 11 janv. 1771, mort, rayé des contrôles le 1er janv. 1784.

Schaytre (Jean-Pierre), dit **La Victoire**, né à Obernai [Alsace] (1751), S. 29 mars 1771, mort, rayé des contrôles le 1er janv. 1784.

Roy (Antoine), né à Felletin-en-Marche (1756), S. 2 juill. 1774, mort, rayé des contrôles le 1er janv. 1784.

Millon (Jean), dit **Duchâteau**, né à Vienne-le-Château [Clermontois] (1753), S. 22 févr. 1772, tué en Amérique le 9 oct. 1779.

Jeanson (François), dit **Laneuville**, né à La-Neuville-au-Pont [Champagne] (1755), S. 1er mars 1772, mort en Amérique le 14 févr. 1780.

Euselin (André-Joseph), né à Arras [Artois] (1755), S. 24 oct. 1772, mort en Amérique le 15 janv. 1780.

Guilbert (Dominique-Joseph), dit **La Jeunesse**, né à Lille [Flandre] (1757), S. 19 mai 1773, passé à la Martinique le 12 juin 1784.

Buy (Jean), dit **Montauciel**, né à Saint-Rambert [Forez] (1755), S. 10 nov. 1773, mort en Amérique le 10 mai 1779.

Furgaud (Jacques), né à Evaux [près Guéret] (1757), S. 10 mai 1774, congédié, rayé des contrôles en 1784.

Benoit (Louis), dit **Bonenfant**, né à Saint-Jean-de-Gardoningue [Cévennes] (1756), S. 3 nov. 1774, tué en Amérique le 9 oct. 1779.

Calin (Antoine), dit **Clermont**, né à Clermont [Auvergne] (1747), S. 20 janv. 1775, rayé des contrôles le 1er janv. 1784.

Drillon (Guillaume), dit **Forézien**, né à Saint-Etienne [Forez] (1752), S. 1er févr. 1775, congédié, rayé des contrôles le 1er juill. 1784.

Marilhet (Anne), dit **Brindamour**, né à Autrac [Auvergne] (1757), S. 5 mars 1775, mort, rayé des contrôles le 1er janv. 1784.

Vergne (Gilbert), né à Clermont [Auvergne] (1759), S. 5 mars 1775, congédié le 1er juill. 1784.

Mingot (Antoine), dit **La Couture**, né à Besse [Provence] (1756), S. 7 juin 1775, congédié, rayé des contrôles le 1er juill. 1784.

Audrial (Jean-Marie), né à Saint-Veron [Lyonnois] (1752), S. 6 janv. 1776.

Flesche (Jean), né à Trois-Maisons [faubourg de Nancy] (1756), S. 12 juin 1775, mort en Amérique le 3 janv. 1780.

Chauvat (Jean), né à Saint-Etienne [Forez] (1756), S. 1er nov. 1775, congédié le 14 nov. 1784.

Martelot (Guillaume), né à Cravant [Bourgogne] (1753), S. 7 déc. 1775.

Le Bel (François), dit **Cadet**, né à Toulon [Provence] (1759), S. 6 janv. 1776, mort, rayé des contrôles le 1er janv. 1784.

Gremelle (Charles), né à Nancy (1759), S. 4 mars 1776, congédié, rayé des contrôles le 1er janv. 1784.

Meilhion (François), né à Lestard [Gascogne] (1759), S. 2 juin 1776, mort en Amérique le 9 janv. 1780.

Laporte (Gaspard), né à Lunéville [Lorraine] (1757), S. 30 juill. 1776, passé à la Martinique le 12 juin 1784.

Revertegad (Joseph-Laurent), dit **Bellerose**, né à Marseille (1760), S. 11 sept. 1776.

Carrier (François), né à Tracros [Auvergne] (1759), S. 22 oct. 1776, mort en Amérique le 13 janv. 1780.

Julien (Mathieux), né à Marseille (1760), S. 23 oct. 1776, mort en Amérique le 5 févr. 1780.

Valot (Jean), dit **Valon**, né à Collange [Bourgogne] (1758), S. 1er nov. 1776, mort en Amérique le 10 sept. 1779.

Bec (Michel), né à Digne [Provence] (1759), S. 11 nov. 1776, mort en Amérique le 6 juill. 1779.

Drogue (Charles), né à Lyon (1759), S. 24 nov. 1776.

Chabrand (Louis), né à Anduze [Languedoc] (1760), S. 1er déc. 1776.

Gilin (Philippe), né à Bordeaux (1761), S. 18 janv. 1777, mort en Amérique le 27 avril 1778.

Viala (François), né à La Salle [Cévennes] (1757), S. 23 mars 1777, mort caporal en Amérique le 17 janv. 1780.

Durieux (Jean-Baptiste), né à Rieux [Provence] (1761), S. 7 avril 1777, mort en Amérique le 22 oct. 1780.

Perissol (Pierre), né au Canet [Provence] (1754), S. 24 mai 1777, passé à la Martinique le 12 juin 1784.

Gobert (Jean-Baptiste), né à Albi [Albigeois] (1761), S. 22 juin 1777, passé à la Martinique le 12 juin 1784.

Rebufey (Antoine), dit **Fayence**, né à Fayence [Provence] (1759), S. 11 août 1777, passé à la Martinique le 12 juin 1784.

Laugier (Jean-François), né à Marseille (1760), S. 11 août 1777.

Bacula (Charles), dit **Sans Peur**, né à Saint-Andéol [Provence] (1752), S. 14 août 1777, mort en Amérique le 20 juill. 1779.

Jourdan (Jean), né à Toulouse (1760), S. 4 oct. 1777.

Mousset (Joseph), né à Le Batut [Rouergue] (1757), S. 11 janv. 1778, mort en Amérique le 23 juin 1779.

Compagnie Mareuil.

Revertegat (Jean-Baptiste), dit **Jasmin**, né à Marseille (1762), S. 9 févr. 1778, mort en Amérique.

Vatech (Pierre), dit **La Volonté**, né à Varès [Quercy] (1741), S. 25 août 1769 mort en Amérique le 23 déc. 1779.

Lussan (Louis-Bernard), né à Lussan [Languedoc] (1733), S. 26 janv. 1759, tué au combat du 16 août 1778.

Leroux (Louis), né à Malestroit [Bretagne] (1733), S. 12 févr. 1751, mort en Amérique.

Boyer (Henry), dit **Sans Pardon**, né à La Roche [Périgord] (1730), S. 3 mars 1757, mort en Amérique le 4 févr. 1780.

Cadot (Etienne), dit **Larose**, né à Nevers (1728), S. 1er nov. 1775, mort en Amérique.

Yvernon (Blaise), dit **L'Eveillé**, né à La Châtre [Berry] (1747), S. 1er juin 1766, congédié en Amérique.

Trémault (Jean-François), né à Revigny-aux-Vaches [Lorraine] (1740), S. 25 mars 1766, passé à la Martinique le 12 juin 1784.

Devaux (Philippe-Joseph), né à Saint-Maurice [Comté] (1748), S. 4 août 1770, passé à la Martinique le 12 juin 1784.

Pouradier (Antoine), né à Vaux [Champagne] (1728), S. 1er nov. 1755, passé à la Martinique le 20 juill. 1784.

Vaché (Gilbert), dit **Bellerose**, né à Breuil [Bourbonnais] (1719), S. 1er nov. 1755, mort en campagne le 18 août 1779.

Salmon (Charles), dit **La Rigueur**, né à Saint-Mard [Haute-Champagne] (1737), S. 20 janv. 1765, passé à la Martinique le 12 juin 1784.

Brun (Louis-Jean), né à Florans-de-Broyan [Dauphiné] (1742), S. 17 mars 1766 passé à la Martinique le 12 juin 1784.

Solier (Jean), dit **Triton**, né à Brignon [Languedoc] (1748), S. 16 janv. 1767 congédié le 1er juill. 1784.

Calot (Nicolas), dit **Triomphant**, né à Epinal [Lorraine] (1741), S. 2 avril 1767, passé aux grenadiers en 1784.

Colon (François), dit **Courchemin**, né à Lyon (1753), S. 6 avril 1770, mort en campagne le 4 févr. 1780.

Martin (Etienne), né à Toulouse [Languedoc] (1752), S. 8 mai 1770, rentré à la Martinique le 12 juin 1784.

Perrin (Jean-Nicolas), né à La Bresse [Lorraine] (1753), S. 1er août 1770, mort en campagne le 21 févr. 1780.

Belcourt (Antoine), né à Faure [Lorraine] (1753), S. 17 oct. 1770, mort le 25 janv. 1780.

Millot (Sébastien), né à Saudaucourt [Lorraine] (1731), S. 16 févr. 1771, mort en Amérique le 1er févr. 1780.

Barthélemy (Jean), né à Hannonville [Lorraine] (1753), S. 23 févr. 1771, rentré au régiment le 20 juill. 1782.

Rale (Joseph), dit **Saint-Martin**, né à Plovesiat [Trois Evêchés] (1749), S. 15 avril 1771, rayé des contrôles en 1784.

Rabin (Jean), dit **Jolibois**, né à Moyeuvre-aux-Forges [Lorraine] (1750), S. 1er mai 1772, R. pour 8 ans le 15 mai 1780.

Fournier (Jacques), dit **Sainte-Menehould**, né à Lagrange-aux-Bois [Champagne] (1754), S. 1er sept. 1772, rentré à la Martinique le 12 juin 1784.

La Coche (Ignace-Joseph), né à Douai [Flandre] (1751), S. 14 oct. 1773, rentré à la Martinique le 1er déc. 1783.

Baillard (Jacques), né à Verdun [Bourgogne] (1753), S. 11 oct. 1774, mort à la Grenade le 5 sept. 1780.

Hebrard (Pierre), né à Saint-Jean-de-Gardoningue [Cévennes] (1756), S. 4 nov. 1774, congédié, rayé des contrôles le 1er janv. 1784.

Cuisinier (Jean-Baptiste), né à Benest [Lyonnais] (1751), S. 28 déc. 1775, mort, rayé des contrôles le 1er janv. 1784.

Guigne (Joseph), né à Sallettes [Dauphiné] (1751), S. 10 déc. 1775, congédié, rayé des contrôles le 1er juill. 1784.

Beau (Léonard), né à Leviroile [Poitou] (1755), S. 11 janv. 1776, mort au Cap français le 11 août 1779.

Duval (**Léopold**), né à Villucourt [Lorraine] (1756), S. 13 janv. 1776.

Courlet (Antoine), dit **Sans Chagrin**, né à Salon [Provence] (1755), S. 14 janv. 1776, mort en campagne le 9 mars 1780.

Berthier (Joseph), dit **Dominique**, né à Mourolier [Rouergue] (1756), S. 24 janv. 1776, congédié le 7 nov. 1783.

Raimond (Louis-François), né à Restailly [Lyonnois] (1758), S. 2 mars 1776, mort en campagne le 13 oct. 1779.

Stécly (Joseph), né à Maujouy [Lorraine] (1758), S. 22 juin 1776, mort en campagne le 7 janv. 1780.

Badaroux (Jacques), né à Viez [Cévennes] (1754), S. 2 juill. 1776, passé à la Martinique le 12 juin 1784.

Guery (Jacques), né à Coust [Berry] (1758), S. 1er sept. 1776, mort en campagne le 13 août 1778.

Hilaud (François), né à La Rochelle [Aunis] (1758), S. 8 oct. 1776.

Marie (Simon), né à Marseille (1759), S. 21 oct. 1776, mort en campagne le 20 févr. 1780.

Barbaut (Antoine), né à Brignoles (1759), S. 21 oct. 1776.

Roc (Honoré), né à Aix [Provence] (1760), S. 9 nov. 1776.

Dumoutier (Binjamin), né à Rouen [Normandie] (1759), S. 9 nov. 1776, mort en mer le 9 oct. 1779.

Morin (Claude), né à Verdun-sur-Saone [Bourgogne] (1758), S. 20 nov. 1776.

Berja (Jacques), né à Lignan [Languedoc] (1752), S. 21 nov. 1776, tué au combat du 11 août 1778.

Meunier (Claude), dit **La Forme**, né à Fouchetans [Bourgogne] (1756), S. 16 janv. 1777.

Manciel (Joseph), dit **Forcalquier**, né à Forcalquier [Provence] (1761), S. 1er mars 1777, congédié avec pension le 21 juin 1783.

Chavelot (Gabriel), dit **Clavelot**, né à Chagny [Bourgogne] (1758), S. 16 mars 1777, mort à La Grenade le 15 mars 1780.

Delmas (Joseph), né à Aurillac [Auvergne] (1758), S. 22 mars 1777, mort à La Grenade le 12 févr. 1780.

Fontaine (Louis), né à Anduze [Languedoc] (1756), S. 23 mars 1777, mort le 11 mars 1780.

Dourbest (Louis), dit **Divertissant**, né à Saint-Jérôme [Provence] (1761), S. 1er avril 1777, mort le 30 juill. 1780.

Martin (Barthélemy), dit **Le Noir**, né à Lyon (1757), S. 8 avril 1777.

Moreau (Joseph), dit **Belfin**, né à Forcalquier [Provence] (1760), S. 20 avril 1777, mort le 31 janv. 1780.

Renaud (Joseph), né à Marseille (1761), S. 23 juin 1777, congédié avec pension le 22 juin 1783.

Philippon (Claude), né à Lesches [Dauphiné] (1740), S. 1er mai 1766, tambour-major, passé au régiment de la Guadeloupe le 12 juin 1784.

Vialet (Michel-Thomas), dit **Béziers**, né à Béziers [Languedoc] (1744), S. 1er mars 1764, mort en Amérique le 13 janv. 1780.

Venisa (Claude), né à Bedousse [Cévennes] (1742), S. 6 août 1758, passé dans la compagnie Lapierre le 12 mars 1785.

Dupuy (Augustin), né à Riom [Auvergne] (1744), S. 7 mars 1766, mort en Amérique le 22 févr. 1782.

Combe (Jacques), dit **La Giroflée**, né à Castelnaudary [Languedoc] (1742), S. 9 mars 1759, passé au bataillon de la Guadeloupe en 1784.

Ferrier (Mathieu), né à Ménerbes [Combat Venaissin] (1748), S. 16 mai 1766, mort en Amérique le 11 juill. 1780.

Marsidien (Florent), dit **Bourbonnois**, né à Hérisson [Bourbonnois] (1746), S. 9 avril 1765, rentré au corps le 13 déc. 1781.

Billau (Jean), dit **Desroziers**, né à Beaumont [Gascogne] (1742), S. 10 juill. 1765, passé au bataillon de la Martinique en 1784.

Philippe (Louis), né à La Cote d'Or [Guinée] (1750), S. 14 mai 1773, congédié, rayé des contrôles le 1er janv. 1784.

Palau (Gilbert), dit **Sans Pitié**, né à Le Brethon [Bourbonnois] (1735), S. 24 mars 1760, mort en Amérique le 18 août 1780.

Chatillon (Luc), dit **La Déroute**, né à Marigny [Bourgogne] (1732), S. 27 oct. 1751, mort en Amérique le 15 oct. 1779.

Goyot (André), dit **Sans Souci**, né à Feux [Berry] (1739), S. 28 avril 1765, mort à la Grenade.

Bonhomme (Joseph), dit **Sans Regret**, né à Graffigny [Lorraine] (1747), S. 21 oct. 1765, mort en Amérique le 9 août 1780.

Heustache (Joseph), né à Saint-Germain-en-Laye [Ile de France] (1748), S. 16 mars 1766, tué en Amérique le 9 oct. 1779.

Bernux (Léonard), dit **La Grenade**, né à Château du Loir [Maine] (1746), S. 5 avril 1766, congédié le 16 déc. 1783.

Talbot (André), né à Saint-André [Normandie] (1750), S. 22 juin 1767, congédié le 16 juill. 1783.

Genset (Pierre), dit **Bonnerencontre**, né à Montauban [Quercy] (1752), S. 24 nov. 1769, mort en Amérique le 15 janv. 1780.

Gariot (Jean), né à Lyon (1754), S. 23 mai 1770, passé dans la compagnie Borrano le 14 sept. 1784.

Brigaudet (Jacques), né à Frénois [Bourgogne] (1752), S. 26 mai 1769, R. pour 8 ans le 16 avril 1775.

Hédan (Jean-Baptiste), né à Saint-Symphorien [Dauphiné] (1753), S. 26 oct. 1769, R. pour 8 ans le 20 févr. 1777.

Silvestre (François), dit **Le Solide**, né à Toulouse [Languedoc] (1754), S. 2 avril 1770, R. pour 8 ans le 1er janv. 1777.

Duroux (George), né à Remiremont [Lorraine] (1753), S. 16 janv. 1771, mort à Limoges en janv. 1784.

Detouet (Louis), dit **Saint-Pierre**, né à Caillouël [Picardie] (1750), S. 1er déc. 1771, congédié le 9 mars 1781.

Thomas (Maurice), dit **La Fonde**, né à Evron [Bourgogne] (1754), S. 14 déc. 1772, congédié le 1er juill. 1784.

Monté (Claude), dit **La Douceur**, né à Evaux [Lorraine] (1756), S. 7 mars 1773, mort sergent en Amérique le 14 janv. 1780.

Teillet (Charles-Joseph), dit **Condé**, né à Condé [Hainaut] (1757), S. 28 avril 1773.

Fortin (Pierre-Jean-François), né à Gravelines [Flandre] (1755), S. 16 mai 1773, mort en Amérique le 10 mars 1780.

Chardon (Martin), dit **La Rose**, né à Madegney [Lorraine] (1755), S. 3 sept. 1773.

D'Allemagne (Claude), né à Belair [Dugey] (1754), S. 24 déc. 1773, passé fourrier en 1781.

Vial (Antoine), né à Sainte-Foy [près Lyon] (1756), S. 26 oct. 1774.

Jean (Joseph-Petit), né à Cluny [Bourgogne] (1756), S. 4 nov. 1774.

Thomas (François), né à Nancy [Lorraine] (1757), S. 2 juill. 1775, mort en Amérique le 27 févr. 1780.

Miret (Germain), né à Marseille (1758), S. 5 août 1775, mort en Amérique.

Feuillet (Pierre), né à Pézenas [Languedoc] (1757), S. 10 nov. 1774, congédié le 10 nov. 1782.

Masse (Jacques), né à Notre-Dame [Provence] (1758), S. 3 févr. 1775, mort en Amérique.

Revigny (Jean), né à Trévoux [Dombes] (1758), S. 7 mars 1775, congédié en 1784.

Lambotte (Remis), né à Belmont-sur-Vair [près Neufchateau] (1758), S. 1er mai 1775.

Courdillac (Jean), né à La Cluse [Dauphiné] (1757), S. 28 déc. 1775.

Germain (Joseph), né à Punichet [Provence] (1758), S. 1er févr. 1776, tué en Amérique le 9 oct. 1779.

Chatenay (Georges), né à Mirecourt [Lorraine] (1759), S. 4 mars 1776.

Dumont (Léonard), né à Ussel [Limousin] (1758), S. 18 avril 1776, mort en Amérique.

Mouliard (Joseph), né à Versailles (1759), S. 2 mai 1776.

Arnauld (Germain), né à Marseille (1760), S. 15 juin 1776, passé caporal le 10 avril 1782.

Palmier (Claude), né à Evigny [Champagne] (1759), S. 13 juill. 1776, mort à l'hôpital de Lyon le 17 juin 1784.

Berger (Simon), né à Saint-Genis-Laval [Lyonnais] (1759), S. 16 juill. 1776, mort en Amérique le 7 août 1780.

Dubasque (Jean), né à Lectoure [Gascogne] (1757), S. 5 juill. 1776.

Clemandot (Jean), né à Chateau-Chinon [Nivernais] (1755), S. 11 oct. 1776, tué en Amérique le 9 oct. 1779.

Dumas (Antoine), né à Lyon (1760), S. 22 oct. 1776, mort en Amérique le 1er sept. 1782.

Sissau (Charles), né à Vence [Provence] (1760), S. 9 nov. 1776, mort en Amérique le 19 janv. 1780.

Fontenay (Antoine), né à Anduze [Languedoc] (1759), S. 1er déc. 1776.

Sibert (Jacques), né à Lyon (1757), S. 1er nov. 1776, mort, rayé des contrôles le 1er janv. 1784.

Renoir (Jean-Baptiste), né à Lorgues [Provence] (1760), S. 16 déc. 1776.

Larieu (Bernard), né à Lectoure [Gascogne] (1758), S. 1er févr. 1776.

Marlan (Jacques), né à Versailles (1752), S. 25 déc. 1776, mort en Amérique le 13 janv. 1780.

Ricard (Jean-Joseph), dit **La Lancette**, né à Magnane [Provence] (1759), S. 16 janv. 1777, mort à Sarrelouis le 20 janv. 1784.

Joannes (Pierre), né à Vence [Provence] (1759), S. 5 févr. 1777.

L'Hermitte (Jacques-René), né à Bonnétable [Maine] (1753), S. 13 févr. 1777, mort, rayé des contrôles le 1er janv. 1784.

Aimé (Jean) né à Mervent [Poitou] (1752), S. 16 mars 1777.

Barbusse (Jacques), né à Larnac [Languedoc] (1761), S. 23 mars 1777, mort en Amérique le 13 oct. 1779.

Valet (Jean-Pierre), dit **L'Orange**, né à Valensole [Provence] (1761), S. 7 avril 1777, mort en Amérique le 2 févr. 1780.

Berard (Joseph), né à Bourg-en-Bresse (1757), S. 8 sept. 1773, passé au bataillon de la Martinique le 12 juin 1784.

Tremont (Joseph), né à Lectoure [Gascogne] (1761), S. 1er mai 1777, passé au bataillon de la Martinique le 12 juin 1784.

Renauld (André), né à Besse [Provence] (1760), S. 21 juill. 1777, passé au bataillon de la Martinique le 12 juin 1784.

Labord (François), né à Mauroux [Gascogne] (1758), S. 1er déc. 1777, mort en mer le 1er sept. 1781.

Galtier (François), né à Melac [Rouergue] (1757), S. 8 déc. 1777.

Maurin (Laurent), né à Antraigues [Vivarais] (1753), S. 9 mars 1770, R. pour 8 ans le 9 mars 1776.

Travaux (Jean), dit **La Prudence**, né à Plessé [Bretagne] (1758), S. 26 mars 1778, mort au Cap.

Rousset (Jean), dit **Belisle**, né à l'Isle-en-Comtat [près Cavaillon] (1760), S. 27 mars 1778.

Laurency (Jean-André), dit **Laurent**, né à Marseille (1762), S. 16 août 1778, tué en mer le 1er sept. 1778.

Daudet (Jacques), né à Saint-Ambroix [Vivarais] (1761), S. 22 août 1778, mort en mer.

Compagnie De Manoel.

Jantelle (Emilien), dit **La Ferté**, né à La Ferté [Comté d'Arbois] (1732), S. 1er avril 1754, congédié avec pension le 19 juill. 1782.

Bouy (Jean-Pierre), dit **Andeuze**, né à Générac [Languedoc] (1742), S. 1er juin 1761, fait officier le 12 juin 1784.

Pouillant (Pierre), dit **Genest**, né à Saint-Genest [Auvergne] (1740), S. 27 févr. 1757, mort à Brest le 26 nov. 1780.

Servet (Balthasard), dit **Dupont**, né à Fétilleux (1737), S. 1er janv. 1759, mort en Amérique le 16 août 1778.

Charret (Mathieux), dit **La Combe**, né à Chabrillac [Vivarais] (1735), S. 19 nov. 1758, mort en Amérique le 1er févr. 1780.

Sarret (Benoist), né à Sandon [Beaujolais] (1735), S. 1er nov. 1762, parti avec la récompense militaire le 23 avril 1784.

Grandelande (Antoine), dit **Laforge**, né à Tonnoy-sur-Moselle [Lorraine] (1731), S. 17 juill. 1756, mort en Amérique le 16 août 1778.

Pouget (Jean), né à Saint-Vallier [Languedoc] (1742), S. 9 mars 1759, mort à la Grenade.

Fretton (André), dit **Lafontaine**, né à Terrebasse [Dauphiné] (1741), S. 26 oct. 1758, passé au bataillon de la Martinique le 12 juin 1784.

Delonne (Charles), dit **L'Angevin**, né à Châtenay-sur-Seine (1739), S. 28 janv. 1767, passé au bataillon de la Martinique le 12 juin 1784.

Carpentier (Louis), dit **La Victoire**, né à Sotteville [Normandie] (1746), S. 13 oct. 1765, mort à l'Hôpital de Tarascon le 17 janv. 1782.

Joseph (Jean-Baptiste-Antoine), né à Arras [Artois] (1745), S. 17 mars 1766, mort en Amérique le 14 juin 1779.

Joron (Alexis), dit **Saint-Jacques**, né à Amiens [Picardie] (1743), S. 17 août 1766, mort à la Grenade le 15 mai 1782.

Leger (Jean), né à Langey [Touraine] (1744), S. 21 mars 1767, congédié le 1er oct. 1783.

Colet (Nicolas), né à Mirabel [Provence] (1751), S. 15 juill. 1769, rayé des contrôles le 1er janv. 1784.

Menelot (Jean-Nicolas), dit **La Grenade**, né à Blémerey [Lorraine] (1754), S. 16 févr. 1771, tué au combat du 16 août 1778.

Martin (Bertin), né à Viole [Trois-Evêchés] (1752), S. 27 sept. 1771, parti pour les Invalides le 19 juill. 1782.

Mereau (Pierre), né à Reims [Champagne] (1752), S. 27 oct. 1771, mort en Amérique le 4 déc. 1780.

Le Baude (Ponce), né à Clemenci [Trois Evêchés] (1756), S. 6 sept. 1772, passé au bataillon de la Guadeloupe le 12 juin 1784.

Chevalier (Charles), né à Poissy [Beauce] (1757), S. 23 janv. 1773, passé au bataillon de la Guadeloupe le 12 juin 1784.

Vameraute (François), dit **Labassée**, né à La Bassée [Artois] (1756), S. 7 août 1773, mort en Amérique le 15 mars 1780.

Laniborion (Jean-François), dit **La Volonté**, né à Voulpaix [Laonnais] (1754), S. 25 août 1773, congédié, rayé des contrôles le 1er juill. 1784.

Vaché (Pierre), dit **Bourguignon**, né à Lux [Bourgogne] (1756), S. 2 sept. 1773, congédié, rayé des contrôles le 1er janv. 1784.

Bine (François), né à Saint-Genis-Laval (1755), S. 17 oct. 1774, mort, rayé des contrôles le 1er janv. 1784.

Rivière (Pierre-Joseph), dit **Avignon**, né à Grillon [Comtat] (1757), S. 1er févr. 1775, congédié, rayé des contrôles le 1er juill. 1784.

Raimond (Jacques), né à Saint-Genis-Largentière [près Lyon] (1757), S. 13 mars 1775, mort en Amérique le 31 déc. 1779.

Bouché (Pierre-Etienne), né à Torcy [Bugey] (1753), S. 13 mars 1775, mort à La Grenade.

Olivier (Honoré), né à Sainte-Marguerite [Provence] (1753), S. 3 avril 1775, mort en Amérique.

Gley (Jean-Baptiste), né à Gérardmer [Lorraine] (1753), S. 5 mai 1775, mort en Amérique le 17 juill. 1779.

Bouton (Jean), né à Saint-Germain [Beaujolais] (1758), S. 1er sept. 1775, congédié, rayé des contrôles le 1er juill. 1784.

Carbonet (Vidal), né à Saint-Orthaire (1749), S. 6 janv. 1776, tué au combat le 13 sept. 1779.

Maubu (Louis), dit **La Lime**, né à Chagny [Bourgogne] (1758), S. 12 déc. 1775, passé au bataillon de la Martinique le 12 juin 1784.

Cadix (Jérôme), né à Aren (1759), S. 11 févr. 1776, mort au combat le 18 déc. 1778.

Ayot (Joseph), dit **Salon**, né à Salon [Provence] (1759), S. 2 mars 1776, mort en campagne le 26 oct. 1779.

Richard (Pierre), né à Enus [Provence] (1753), S. 10 mars 1776, mort en campagne le 26 août 1779.

May (Jacques), né à Perroy [Bresse] (1756), S. 20 mai 1776.

Gall (Jean), né à La Tour d'Auvergne [Auvergne] (1758), S. 28 juin 1776, mort en campagne le 14 août 1779.

Bernard (Nicolas), né à Guigny [Artois] (1760), S. 29 juin 1776.

Joannon (André), né à Lyon (1759), S. 11 oct. 1776.

Ravacheu (Jean), dit **Talin**, né à Talin [Lyonnais] (1756), S. 25 oct 1776, mort en Amérique.

Vernet (Gabriel), né à Saint-Genis-Laval [Lyonnais] (1756), S. 25 oct. 1776.

Moreau (Jacques), né à Crissey [Bourgogne] (1756), S. 1er nov. 1776.

Richard (Pierre), dit **Sans Peur**, né à La Garnerie [Languedoc] (1760), S. 1er déc. 1776.

Maureau (Joseph), dit **Bonenfant**, né à Saint-Saturnin [Provence] (1761), S. 18 janv. 1777, mort à la Grenade le 22 févr. 1780.

Caire (Claude), né à Lyon (1760), S. 20 janv. 1777, mort à La Grenade le 16 janv. 1780.

Bourdier (Michel), né à Nantes [Bretagne] (1755), S. 11 févr. 1777, mort en Amérique.

Douan (Antoine), né à Antigny-la-Ville [Bourgogne] (1757), S. 9 févr. 1777, mort en Amérique le 9 oct. 1779.

Flory (Claude), né à Roquebrune [Provence] (1759), S. 14 févr. 1777, mort en Amérique le 21 janv. 1779.

Bouillon (Prospert), né à Neuvialle [Languedoc] (1759), S. 22 mars 1777.

Marc (Antoine), né à Chambarigan [Languedoc] (1758), S. 23 mars 1777, mort en Amérique le 3 sept. 1779.

Cotte (Hercule), dit **Sans Chagrin**, né à Madagascar (1754), S. 16 janv. 1773, congédié en Amérique le 11 juin 1784.

Dravot (Pierre), dit **Lyonnais**, né à Lyon (1748), S. 17 mars 1766, congédié avec pension le 18 juin 1783.

Dufay (Antoine), né à Lyon (1758), S. 20 avril 1777, mort en Amérique.

Cadéot (Auguste), né à Marcelin [Guyenne] (1761), S. 1er mai 1777, tué au combat du 16 août 1778.

Bereugnier (Jean-Baptiste), né à Marseille (1761), S. 3 oct. 1777.

Duchay (Augustin), né à Saint-Cannat [Provence] (1755), S. 17 oct. 1777, mort en campagne le 28 juin 1778.

Aubert (Louis), né à Campano [Provence] (1760), S. 5 déc. 1777.

Bertrand (Barthélemy), dit **Seguret**, né à Buscastel [Rouergue] (1757), S. 11 janv. 1778.

Roche (Jean-Jacques), dit **Laverdure**, né à Voveray [Dauphiné] (1722), S. 28 août 1758, passé au bataillon de la Guadeloupe le 12 juill. 1784.

Linier (Jacques-Etienne), dit **Sans Souci**, né à Marseille (1762), S. 27 janv. 1778, mort le 28 janv. 1780.

Chinon (Gaspard-François-Marie), né à Marseille (1760), S. 18 févr. 1778.

Guintrau (Pierre), dit **La Liberté**, né à Daluis Provence (1760), S. 26 mars 1778, mort en campagne le 20 janv. 1780.

Beruguet (Paul), né à Saint-Hippolyte [Languedoc] (1740), S. 2 janv. 1756, mort en Amérique le 16 déc. 1779.

Brun (Jean-Louis), né à Saint-Paul-Trois-Châteaux [Dauphiné] (1737), S. 23 nov. 1754, mort en campagne le 15 oct. 1779.

Garden (Jean), dit **Liverdun**, né à Liverdun [Lorraine] (1743), S. 21 oct. 1765, passé au bataillon de la Martinique le 12 juin 1784.

Derré (Julien), dit **La Tulipe**, né à Maillé [Maine] (1742), S. 1er juin 1762, mort en Amérique le 1er oct. 1779.

Français (Pierre), dit **Brise**, né à Favières [Lorraine] (1734), S. 4 mars 1757, rentré le 20 août 1784.

Vidal (François), dit **Toulouse**, né à Toulouse [Languedoc] (1740), S. 1er juill. 1760, mort le 6 août 1779.

Magin (Pierre), dit **Maugin**, né à Tollaincourt [Lorraine] (1745), S. 4 avril 1765, mort en campagne le 6 janv. 1780.

Masson (Jean-Louis), dit **Sans Regret**, né à Visan [Comtat Venaissin] (1746), S. 17 mars 1766, mort, rayé des contrôles le 1er janv. 1784.

Mareil (Pierre-Joseph), dit **La Chapelle**, né à La Chapelle [Artois] (1741), S. 22 nov. 1765, mort, rayé des contrôles le 1er janv. 1784.

Reynaud (André), dit **Dupuy**, né au Moulin [Velay] (1747), S. 8 mars 1766, mort à la Grenade le 26 juin 1780.

Gautier (Jean), né à Tournon [Vivarais] (1746), S. 17 mars 1766, mort en Amérique le 9 oct. 1779.

Le Faure (Jean-Baptiste), dit **Pariset**, né à Ville Parisis [Ile de France] (1738), S. 5 déc. 1766, parti pour la pension le 1er mai 1782.

Antoine (Jean), dit **Jassemin**, né à Nîmes (1750), S. 16 janv. 1767, mort en campagne le 30 mars 1779.

Vidal (Louis), dit **Monferran**, né à Monferran [Auvergne] (1747), S. 28 mars 1767, mort, rayé des contrôles le 1er janv. 1784.

Mercier (Lambert), né à Lyon (1753), S. 5 juill. 1770, mort en campagne le 2 févr. 1780.

René (Jean), dit **La Jeunesse**, né à Oppenans [Comté] (1753), S. 4 nov. 1770, R. pour 8 ans le 25 déc. 1777.

Chaudon (Jean), dit **La Fidélité**, né à Lyon (1753), S. 26 déc. 1770, mort, rayé des contrôles le 1er janv. 1784.

Lahizet (Jean-Louis), dit **Bellehumeur**, né à Domgermain [Lorraine] (1749), S. 1er janv. 1771, mort, rayé des contrôles le 1er janv. 1784.

Gendarme (Jean-Baptiste), né à Beuvezin [Lorraine] (1753), S. 1er janv. 1771, mort, rayé des contrôles le 1er janv. 1784.

Renauldon (Jean-Baptiste), né à Issoudun [Berry] (1755), S. 10 nov. 1771, congédié en Amérique le 1er janv. 1780.

Meunier (Nicolas), né à Moressi-le-Neuf [Ile de France] (1752), S. 1er févr. 1773, mort en Amérique le 29 févr. 1780.

Lentier (Claude), dit **La Verdure**, né à Grenoble [Dauphiné] (1755), S. 20 déc. 1773.

Gaucherand (Louis), né à Saint-Andéol [Vivarais] (1756), S. 19 mars 1774.

Garçonnet (François), né à Saint-Jean-le-Vieux [Bugey] (1756), S. 19 oct. 1774, rentré le 5 août 1784.

Gasquier (Louis), né à La Salle [Cévennes] (1755), S. 10 oct. 1774, mort en campagne le 9 oct. 1779.

Collet (Jean-Benoît), né à Lyon (1757), S. S. 9 janv. 1775, mort en campagne le 17 oct. 1779.

Montel (Barthélemi), né à Brignoles [Provence] (1757), S. 21 janv. 1775.

Bonniot (Antoine), né à Monestier-de-Clermont [Dauphiné] (1758), S. 7 mars 1775.

Prud'homme (Zacharie-François), né à Paris (1757), S. 7 mars 1775, mort en Amérique le 6 janv. 1779.

Piraube (Gabriel), né à Bazas [Gascogne] (1756), S. 1er mai 1775, mort au Cap le 15 sept. 1779.

Senas (Etienne), né à Chazelle [Forez] (1757), S. 9 août 1775.

Richard (Antoine-Martinet), né à Villeneuve-Saint-Georges [Ile de France] (1758), S. 1er sept. 1775, mort en campagne le 14 août 1778.

Herquenne (Nicolas), né à Miry [Lorraine] (1756), S. 29 sept. 1775.

Malmontois (Joseph), né à Florimont [Lorraine] (1755), S. 29 sept. 1775, mort en campagne le 2 déc. 1779.

Brabas (Pierre), né à Lectoure [Gascogne] (1757), S. 17 avril 1776.

Odoyer (Fabien), né à Florence [Gascogne] (1756), S. 18 avril 1776, mort en Amérique le 17 janv. 1780.

Borde (Raimon), né à Lectoure [Gascogne] (1758) S. 5 juill. 1776.

Jimbert (André), né à Le Puy [Velay] (1760), 1er oct. 1776.

Triol (Jean-Antoine), né à Lunel [Languedoc] (1759), S. 19 oct. 1776.

Daudat (Marin), dit **Nizier**, né à Lyon (1756), S. 16 oct. 1776, mort en campagne le 21 juill. 1778.

Roland (Joseph), né à Saint-Julien [Provence] (1760), S. 28 oct. 1776, mort en campagne le 9 oct. 1779.

Caud (François), né à Volnay [Bourgogne] (1758), S. 1er nov. 1776, mort en campagne le 2 janv. 1780.

Maquaire (Jacques), né à Volnay [Bourgogne] (1758), S. 20 nov. 1776, mort en Amérique le 27 déc. 1779.

Lavigne (Jean-Baptiste), né à Marseille (1760), S. 1er déc. 1776.

Richot (Benoît), né à Le Pair [Lorraine] (1757), S. 3 janv. 1777.

Guinet (Barthélemi), né à Grandlemps [Dauphiné] (1759), S. 18 janv. 1777, mort en campagne le 16 avril 1779.

Charlot (Antoine), né à Voiron [Dauphiné] (1760), S. 4 févr. 1777.

Gubier (Pierre), né à Saint-Sorlin [Lyonnais] (1757), S. 11 févr. 1777, mort en campagne le 10 janv. 1780.

Julien (Guillaume), né à Paris (1760), S. 21 févr. 1777.

Pugniel (Antoine), né à Genouillac [Quercy] (1754), S. 21 févr. 1777.

Germain (Jacques-François), né à Fontenay-le-Comte [Bas-Poitou] (1751), S. 2 mars 1777.

Chenevet (Claude), né à Pomard [Bourgogne] (1759), S. 16 mars 1777, mort en campagne le 9 oct. 1779.

Decharget (François), dit **Bourguignon**, né à Nuits [Bourgogne] (1761), S. 16 mars 1777, mort en campagne le 28 janv. 1780.

Sabathier (Laurent-Victor), né à Saint-Hippolyte [Languedoc] (1759), S. 16 mars 1777.

Sujet (Honoré), né à Saint-Florent [Languedoc] (1761), S. 23 mars 1777, mort en campagne le 29 août 1778.

Bremont (Antoine), dit **Jolicœur**, né à La Verdure [Provence] (1761), S. 9 avril 1777.

Issartel (Jacques), né à Meyrus [Vivarais] (1759), S. 11 avril 1777.

Burguet (Jacques), dit **Cadet**, né à Saint-Hippolyte [Languedoc] (1761), S. 15 août 1777, mort en Amérique le 15 déc. 1779.

Lescaut (Jacques), dit **La Giroflée**, né à Morembert [Champagne] (1741), S. 1er mars 1761, passé au régiment de la Martinique le 12 juin 1784.

Fabre (Joseph), né à Marseille (1762), S. 20 janv. 1778.

Lauris (Joseph), né à Arles [Provence] (1760), S. 10 févr. 1778.

RÉGIMENT DE FOIX

(UN BATAILLON)

Le régiment de Foix (infanterie) a été créé le 13 septembre 1684; le premier colonel de ce corps fut Jules-Armand COLBERT, marquis de Blainville.

Ce régiment devint 83e régiment d'infanterie le 1er janvier 1791; le premier de ses bataillons entra dans la composition de la 7e 1/2 brigade de ligne en 1795 et le second fut incorporé en 1796 dans la 154e. Son dernier chef a été Antoine Balland.

Un bataillon formé de détachements tirés du régiment de Foix fut embarqué sur la flotte du comte d'Estaing, en 1779; ce bataillon prit part à la conquête de la Grenade, au combat naval livré le 6 juillet 1779 à l'amiral Byron, au siège de Savannah au mois de septembre suivant, puis, monté à bord du vaisseau *Le Magnanime*, aux affaires des 9 et 12 août 1782 contre l'amiral Rodney. Cette troupe est rentrée en France à la paix.

Le 83e régiment d'infanterie actuel est en garnison à Toulouse.

MARC-ANTOINE DU CHASTELET, né à Boulogne-sur-Mer en 1739, Lieutenant-colonel.

ÉTAT-MAJOR

LIEUTENANT-COLONEL

Du CHASTELET (Marc-Antoine), faisant fonctions de lieutenant-colonel, né en 1739, à Boulogne-sur-Mer. Avait été nommé provisoirement à la lieutenance de Roy de Saint-Vincent.

MAJOR

De TRENONNAY (Antoine), faisant fonctions de major, né le 14 févr. 1735, au bourg de Voyron [Dauphiné]. Mort le 10 sept. 1780.

CAPITAINES

BERNARDY de SIGOYER (Dominique-Jacques-Christophe), né le 25 juill. 1748, à Apt [Provence].

DEMORLON.

SEISSAN de MARIGNAN (Jean-Baptiste), né à Auch, le 30 déc. 1750.

DAMPIERRE de MILLIANCOURT (Pierre-François).

Le chevalier **de BIVILLE** (Aimé-Marie-Etienne), né le 4 nov. 1756, à Neufchâtel [diocèse de Dieppe]. Mort à l'hôpital du Roy à l'île Saint-Vincent le 15 juin 1780.

LIEUTENANTS

ARNAUDET (André), né le 6 déc. 1726 [Périgord].

Le CLOUSTIER (Ferdinand-Thomas-Louis), né à Dieppe, le 14 oct. 1754. Mort le 3 août 1780.

SOUS-LIEUTENANTS

GUERRET de GRANNOT (Parre-Marguerite)

La BATTUT (Jean-François-Dominique).

MALHERBE D'AUBIJOUX (Paul).

Compagnie de grenadiers *.

DE SIGOYER, capitaine.

Leroy (Jean), dit **Baguette**, né à Angoulême [Agenais] (1754), S. 15 févr. 1770, R. pour 8 ans le 30 mai 1774.

Bitge (Jean), dit **Point du Jour**, né à Lugac [Quercy] (1757), S. 22 janv. 1775, mort à Saint-Vincent le 10 oct. 1781.

Boc (Nicolas), né à Casteljaloux [Guyenne] (1744), S. 9 déc. 1765, fait adjudant le 2 mai 1785.

Geoffroy (Nicolas), né à Metz (1754), S. 27 févr. 1770, congédié le 29 oct. 1783.

Taquet (Jacques-François), né à Dieppe [Normandie] (1744), S. 24 déc. 1758, mort à Saint-Vincent le 25 janv. 1781.

Diverny (Charles), né à Mirecourt [Lorraine] (1732), S. 1er avril 1758, congédié le 5 juill. 1783.

Galmar (Humbert), né à Poligny [Franche-Comté] (1732), S. 6 mai 1765, mort sur le « Guerrier » le 29 sept. 1779.

Fassier (Jean-Baptiste), dit **Sans Chagrin**, né à Paris (1744), S. 18 nov. 1763, parti pour les Invalides le 21 juin 1781.

* Abréviations : S. — Entré au service; R. — Rengagé.

Renard (Guillaume), dit **Sans Souci**, né à Saint Omer [Artois] (1735), S. 9 août 1763, mort en Amérique le 10 sept. 1780.

Abert (Jean), né à Angers [Anjou] (1743), S. 18 févr. 1766, mort à Saint-Vincent le 13 févr. 1781.

Serres (Jean), né à Mont-de-Marsan [Gascogne] (1758), S. 26 nov. 1775, congédié le 25 janv. 1784.

Choquier (Urquin), dit **Desloriers**, né à Parchetolet [Bretagne] (1737), S. 30 mai 1763, congédié le 5 juill. 1783.

Pequet (Pierre), né à Houdetot [Normandie] (1730), S. 13 déc. 1753, mort à la Martinique le 11 oct. 1779.

Boisseau (Jean), né à Saint-Moran [Bretagne] (1743), S. 8 mai 1765, tué à Savannah le 15 oct. 1779.

Gros (Jean), dit **Lœillet**, né à Garvange [Périgord] (1746), S. 2 nov. 1765, mort au Cap le 20 août 1779.

Robert (Jean-Baptiste), dit **Lavertepée**, né à Etavigny-en-Valois [Brie] (1744), S. 24 nov. 1763, mort à la Martinique le 9 oct. 1779.

Sorret (Sébastien), dit **Francœur**, né à Monampteuil [Laonnais] (1728), S. 9 déc. 1763, rayé des contrôles le 5 juill. 1783.

Donnot (Silvain), dit **Laviolette**, né à Saint-Paterne [Berry] (1744), S. 12 janv. 1765, rayé des contrôles le 23 juill. 1783.

Brulet (Jean-Baptiste), dit **Fleur d'Orange**, né à Belleu [Picardie] (1743), S. 2 févr. 1765, R. pour 8 ans le 29 mars 1772.

Nobilo (Martin), dit **La Branchée**, né à Tours [Touraine] (1749), S. 1er mai 1766, rayé des contrôles le 23 juill. 1784.

Rossein (André), dit **L'Aiguille**, né à Metz [Lorraine] (1739), S. 1er janv. 1767, congédié le 14 juill. 1783.

Millot (Nicolas-Fiacre), dit **Mézières**, né à Mézières [Champagne] (1745), S. 26 mars 1768 congédié le 28 avril 1784.

Agard (Jean), dit **Bayeux**, né à Bayeux [Normandie] (1749), S. 8 nov. 1768, mort le 9 oct. 1779.

Brouillard (Jacques), né à Anglure [Champagne] (1750), S. 22 déc. 1769, mort à Saint-Vincent le 24 déc. 1779.

Danon (Joseph), dit **Hercule**, né à Joppécourt [Lorraine] (1750), S. 10 juin 1770, mort le 20 mai 1780.

Chartier (Jacques), dit Pourpée, né à Rosoy [Picardie] (1752), S. 6 juill. 1770, mort à la Martinique le 18 juin 1779.

Charpentier (Jean-Baptiste), dit **Jolicœur**, né à Paris (1752), S. 12 févr. 1771, mort le 9 oct. 1779.

Dodain (Jean), dit **La Tendresse**, né à Rochevilliers [Champagne] (1750), S. 13 mars 1771, mort à Saint-Vincent le 26 mai 1780.

Duhamet (Robert-Nicolas), dit **Montauciel**, né à Saint-Paul-de-Rouen [Normandie] (1755), S. 13 sept. 1772, mort à Saint-Vincent le 11 oct. 1780.

Gabriel (Pierre), né à Morvilliers [Champagne] (1747), S. 18 mars 1773, caporal le 1er nov. 1782.

Garet (Yvon), dit **Meunier**, né à Grandchamp [Bretagne] (1734), S. 19 juill. 1773, mort à la Martinique, le 1er oct. 1779.

Mignac (Joseph-Jacques), né à Quimperlé (1754), S. 29 sept. 1773, mort à Saint-Vincent le 25 oct. 1780.

Dufresne (Jean), né à Angers (1755), S. 22 janv. 1774.

Levêque (Pierre-Marie), dit **L'Espérance**, né à Suresnes [Ile-de-France] (1757), S. 28 mars 1774, mort à La Martinique le 19 déc. 1779.

Thillier (Jean-Denis), dit **La Fleur**, né à Gaire [près Chateaudun] (1757), S. 8 avril 1774, mort à la Martinique le 25 oct. 1780.

Stanguy (Jean), dit **Quimperlé**, né à Guisseny [près Quimper] (1757), S. 8 oct. 1774, rayé des contrôles le 5 juill. 1783.

Le Penee (Louis), dit **Bellegarde**, né à Aurny [près Rennes] (1754), S. 21 oct. 1774, mort sur le « Guerrier » le 11 oct. 1779.

Surin (Arnaut), né à Vendays [Médoc] (1750), S. 3 déc. 1774, mort à la Martinique le 1er janv. 1780.

Cazarei (Pierre), dit Gradignan, né à Gradignan [Guyenne] (1754), S. 18 janv. 1775.

Fregefont (Jacques), né à Bordeaux (1759), S. 18 janv. 1775, rayé des contôles le 23 juill. 1784.

Beaumore (Jean), dit **La Vertu**, né au bourg de Droux [Basse-Marche] (1754), S. 20 mars 1775, rayé des Contrôles le 23 juill. 1784.

Condamy (Joseph), dit **Lamy**, né au Dorat [Basse-Marche] (1753), S. 20 mars 1775, mort à la Martinique le 31 déc. 1779.

Laroche (François), né à Saint-Julien [Vivarais] (1747), S. 30 mars 1775.

Broua (Joseph), né à Aire [Gascogne] (1758), S. 17 juin 1775, mort à Saint-Vincent le 27 janv. 1780.

Crepin (Jean), dit **Passepartout**, né à Roquebrune (1755), S. 3 déc. 1775, congédié le 4 déc. 1783.

Lafond (Mathurin), né à Gradignan [Guyenne] (1754), S. 20 mai 1776.

Castet (Jean-François-Eugène), né à Mauvezin [Armagnac] (1757), S. 23 mai 1776, mort au Cap le 18 août 1779.

Leblanc (Nicolas), dit **Toulouse**, né à Toulouse (1750), S. 30 juill. 1767, congédié le 10 déc. 1788.

Papon (Jean), dit **La Liberté**, né à Nanteuil [Périgord] (1749), S. 2 oct. 1765, rayé des contrôles le 23 juill. 1784.

Moinet (Ambroise), dit **La Guerre**, né à Chaudon [Beauce] (1749), S. 10 avril 1767, mort à la Martinique le 11 déc. 1779.

Constant (Pierre), né à Rodez [Rouergue] (1760), S. 30 juill. 1776, passé caporal le 15 juill. 1780.

Castet (Jean-Baptiste), dit **Chevalier**, né à Mauvezin [Armagnac] (1760), S. 6 sept. 1776.

Audrivet (Jean), dit **La Sonde**, né à Benest [Saintonge] (1758), S. 6 sept. 1776, passé sergent le 29 août 1786.

Dagnan (Jean), dit **Laverdure**, né à Beaumarchais [Armagnac] (1759), S. 10 sept. 1776, mort à la Grenade le 18 déc. 1779.

Clavel (Joseph), dit **Annibal**, né à Apt [Provence] (1759), S. 7 janv. 1777, mort sur la « Blanche » le 7 déc. 1779.

Bosredon (Pierre), né à Bordeaux (1745), S. 15 nov. 1763, mort le 21 août 1782.

Peltier (Nicolas), né à Charleville (1752), S. 28 sept. 1770, R. pour 8 ans, le 11 janv. 1777.

L'Isle (Bernard-Benoit), dit **Brind'amour**, né à Bordeaux (1760), S. 18 févr. 1777.

Bouchardon (Jean-Marie), dit **Télémaque**, né à Lyon (1761), S. 21 févr. 1777.

Serisié (Jean), dit **Saint-Maixent**, né à Saint-Maixent [Guyenne] (1760), S. 23 févr. 1777.

Berlinga (Claude), dit **La Terreur**, né à Villard [Dauphiné] (1754), S. 3 avril 1777, mort à Saint-Vincent le 23 déc. 1779.

Basset (Pierre), né à Bordeaux (1759), S. 19 avril 1777.

Sarpot (Jean), dit **Fleur d'Or**, né à Bordeaux (1759), S. 19 avril 1777.

Catre (Robert), dit **Dauphiné**, né au Carlin [Dauphiné] (1753), S. 20 mai 1777, mort le 15 mars 1780.

Flottès (Pierre), né à Clermont-de-Lodève [Bas-Languedoc] (1748), S. 16 juin 1777.

Amiard (André), dit **La Rose**, né à Grenay [Dauphiné] (1753), S. 22 juill. 1777.

Demay (Jean-Baptiste), dit **Olivier**, né à Hautour [Gascogne] (1758), S. 26 juill. 1777.

Dubois (Antoine), né Badaroux [Gévaudan] (1753), S. 4 août 1777.

Balet (Joseph), dit **Languedoc**, né à Trèves [Languedoc] (1759), S. 6 août 1777, mort le 9 nov. 1779.

Perrard (Augustin), dit **La Lancette**, né à Blaye [Guyenne] (1757), S. 23 août 1777, congédié le 23 août 1783.

Barreyre (Jean), dit **Lamour**, né à Bordeaux (1750), S. 26 août 1777.

Barthelemy (Etienne), dit **La Douceur**, né à Mascarville [Languedoc] (1757), S. 13 sept. 1777.

Fagot (Joseph), dit **Jolibois**, né à Voiron [Dauphiné] (1759), S. 13 sept. 1777, mort sur le « Magnanime » le 9 avril 1781.

Flandrin (Joseph), dit **Lajoie**, né à Voiron [Dauphiné] (1761), S. 29 janv. 1778.

Dumas (Etienne), né à Lyon (1761), S. 16 juill. 1778.

Maltre (Claude-Etienne), né à Baume-les-Messieurs [Comté] (1761), S. 4 avril 1778, mort sur le « Magnanime » le 27 avril 1782.

Dubuisson (Jean), né à Orléans (1752), S. 9 sept. 1778.

Terrau (Edmond), né à Moirans [Dauphiné] (1747), S. 1er avril 1766, R. pour 4 ans le 9 nov. 1779.

Berry (Jean), né à Saintes [Saintonge] (1755), S. 8 août 1775.

Chalavin (Antoine), né à Saint-Just [près Lyon] (1760), S. 22 oct. 1778.

Villoud (Jean-Baptiste), né à Lyon (1758), S. 18 nov. 1778.

Labeigne (Jean), dit **L'Eveillé**, né à Saint-Geniez [Périgord] (1760), S. 4 déc. 1778, mort sur le « Magnanime » le 1er avril 1782.

La Jujie (Bertrand), dit **La Tulipe**, né à Eybènes [Périgord] (1755), S. 4 déc. 1778, mort le 28 août 1786.

Faret (Joseph), dit **Divertissant**, né à Boujan [Languedoc] (1756), S. 8 déc. 1778, congédié le 16 déc. 1786.

Dulong (Jacques), né à Sainte-Livrade [Agénais] (1761), S. 11 déc. 1778.

Bonnier (Mathieu), né à Clermont-de-Lodève [Languedoc] (1761), S. 14 déc. 1778, congédié le 16 déc. 1786.

Morestain (Joseph), dit **Moiran**, né à Coulonges [Dauphiné] (1750), S. 23 déc. 1778.

Berthe (Auger-Noël), né à Meaux [Brie] (1742), S. 22 janv. 1779.

Combete (Jean), dit **Clermont**, né à Clermont-de-Lodève [Languedoc] (1760), S. 2 févr. 1779.

Lescudier (Jean-Pierre), dit **La Volonté**, né à Clermont-de-Lodève [Languedoc] (1762), S. 3 févr. 1779.

David (Jean-Baptiste), dit **L'Isle d'Amour**, né à Brive-la-Gaillarde [Limousin] (1761), S. 6 févr. 1779.

Balet (Aimard), dit **Tranquille**, né à Simandre [Lyonnais] (1761), S. 14 févr. 1779.

Desbans (Mathurin), né à Bordeaux (1762), S. 15 févr. 1779.

Combet (Pierre), dit **Beaudésir**, né à Montpellier [Languedoc] (1762), S. 20 févr. 1779, mort le 24 déc. 1783.

Saulaville (Claude), dit **Sainte-Croix**, né à Lyon (1763), S. 25 févr. 1779.

Nicolas (Jacques), dit **Labaterie**, né à Beaucaire [Languedoc] (1761), S. 27 nov. 1778.

Maragou (Jean), né à Béziers [Languedoc] (1762), S. 7 mars 1779.

Olivier (Guillaume), dit **L'Aimable**, né à Béziers [Languedoc] (1763), S. 7 mars 1779.

Compagnie de Biville.

Vaize (Jean-Baptiste), dit **Résolu**, né à Aunac [Languedoc] (1762), S. 30 avril 1779, mort sur le « Magnanime » le 7 sept. 1781.

Marchand (Jean), dit **Divertissant**, né à Séglien [Bretagne] (1749), S. 20 août 1767, R. pour 8 ans le 28 juin 1773.

Godard (Nicolas), né à Phalsbourg [Lorraine allemande] (1738), S. 14 déc. 1762, mort à la Martinique le 31 août 1779.

Rignac (Thomas), né à Châteauneuf [Agénois] (1741), S. 2 juin 1757, R. pour 4 ans le 25 sept. 1783.

Franquelin (Denis), dit **Saint-Médard**, né à Gouy [Picardie] (1732), S. 7 août 1763, mort à la Martinique le 15 avril 1780.

Domingy (Pierre), né à Monflanquin [Guyenne] (1749), S. 23 févr. 1766, R. pour la troisième fois en 1782.

Goupy (Pierre), dit **Sans Regret**, né à Paris (1727), S. 29 juill. 1763, mort à La Grenade le 30 janv. 1780.

Dolet (Nicolas), dit **Saint-Louis**, né à Charmes [Laonnais] (1734), S. 11 oct. 1758, R. pour 8 ans le 20 nov. 1780.

Capet (Edme), dit **La Branche**, né à Branches [Bourgogne] (1728), S. 28 oct. 1763, mort à Saint-Vincent le 22 déc. 1779.

Maillot (Jacques), dit **La Tulipe**, né à Pau [Béarn] (1742), S. 13 mai 1763, rayé des contrôles le 23 juill. 1784.

Bennassy (Pierre), dit **La Réjouy**, né à Rennes [Bretagne] (1749), S. 2 nov. 1765, rayé des contrôles le 23 juill. 1784.

Chaudant (Gilbert), né à Issoudun [Berry] (1747), S. 25 déc. 1764, rayé des contrôles le 23 juill. 1784.

Angros (Pierre), dit **L'Amoureux**, né à Châlon-sur-Saône (1747), S. 8 nov. 1763, rayé des contrôles le 23 juill. 1784.

Baronittes (Jean), dit **La Tendresse**, né à Marmande [Guyenne] (1745), S. 18 déc. 1765, rayé des contrôles le 23 juill. 1784.

Petitier (Jérémie), dit **Bien-Aimé**, né à Saint-Georges-de-Vilaine [Maine] (1731), S. 10 oct. (1758); mort à Saint-Vincent le 11 oct. 1780.

Audebert (Jean), dit **Bellehumeur**, né à Gradignan [Guyenne] (1746), S. 6 oct. 1773, rayé des Contrôles le 5 juill. 1783.

Donat (Bastien), né à Bordeaux (1759), S. 11 mars 1774, congédié le 12 sept. 1780.

La Rieux (Jean), né à Castillon de Bonnefond [près Toulouse] (1754), S. 28 mars 1774, parti pour les Invalides le 21 mai 1782.

Fourgeaud (Louis), dit **Vive le Roi**, né à Saint-Auban [Limousin] (1731), S. 20 avril 1774, mort sur le « Champion » le 29 oct. 1779.

Gérard (Jean), né à Alzac [Guyenne] (1756), S. 14 avril 1775, mort à Saint-Vincent le 24 mars 1780.

Bertrand (Raymond), né à Mérignac [Guyenne] (1755), S. 18 mai 1775, mort à Saint-Vincent le 24 juin 1780.

Haussard (Jacques), dit **l'Isle d'Amour**, né à Aumale [Normandie] (1753), S. 1er août 1775.

Daines (Etienne), dit **La Volonté**, né à Bordeaux (1758), S. 4 août 1775, mort à Saint-Vincent le 14 mars 1780.

Castexuau (Jean-Mathieu), né à Auch (1757), S. 9 sept. 1775.

Nadat (Jean-Baptiste), dit **La Lancette**, né à Pau (1759), S. 22 sept. 1775.

Laforçade (Thibaud), né à Louvigny [Guyenne] (1750), S. 3 oct. 1775.

Bessac (Bertrand), dit **L'Eveillé**, né La Crèche [Quercy] (1756), S. 8 nov. 1775, mort à Saint-Vincent le 26 janv. 1781.

Boyer (Joseph), dit **La Victoire**, né à Bordeaux (1760), S. 29 janv. 1776, mort à Saint-Vincent le 11 juill. 1780.

Charlot (Hugues), dit **Voiron**, né à Voiron [Dauphiné] (1758), S. 2 mai 1776.

Faugeuil (René), dit **Mayenne**, né à Mayenne [Bas-Maine] (1751), S. 8 mai 1776, congédié le 15 août 1784.

Girard (Jean), dit **Noblecœur**, né à Saint-Mars-la-Réorthe [Poitou] (1757), S. 9 juill. 1776.

Martignole (Alexis), dit **La Pensée**, né à Saint-Paul-de-Fenouillet [Languedoc] (1760), S. 18 sept. 1776, mort à Saint-Vincent le 16 févr. 1780.

Loquin (André), dit **La Frisure**, né à Ozolles [Franche-Comté] (1756), S. 3 oct. 1776, mort à Saint-Vincent le 27 mai 1780.

Daziron (Guillaume), dit **La Règle**, né à Brioux [près Lectoure] (1750), S. 3 oct. 1776, mort au Cap le 26 oct. 1779.

Prieux (Antoine), dit **Francœur**, né à Lavops [Languedoc] (1754), S. 1er nov. 1776, mort à Saint-Vincent le 3 janv. 1780.

Fosse (Louis), dit **Lafosse**, né à Alais [Haut-Languedoc] (1759), S. 8 nov. 1776.

Bouvié (Jean), dit **Lajoye**, né à Marnans [Dauphiné] (1760), S. 5 nov. 1776.

Brulé, (Jean), dit **Lafleur**, né à Voiron [Dauphiné] (1759), S. 7 févr. 1777, mort au Cap le 27 août 1779.

Richet (Jacques), dit **Fleur d'Amour**, né à Bayeux [près Caen] (1760), S. 27 mars 1777, mort à la Martinique le 14 déc. 1779.

Besson (Claude-Deleaz), né à Ambérieu [Bugey] (1758), S. 16 avril 1777, mort à Saint-Vincent le 15 oct. 1780.

Dejambe (Claude), dit **Piedferme**, né à Bordeaux (1758), S. 19 avril 1777, mort à la Martinique, le 13 févr. 1781.

Montané (Jean), né à Grenade [Gascogne] (1756), S. 19 avril 1777.

Vives (Pierre), né à Villefranche [Languedoc] (1756), S. 8 mai 1777.

Baugrand (Pierre), dit **Blondin**, né à Port-Sainte-Marie [Guienne] (1760), S. 10 mai 1777, mort à Saint-Vincent le 27 févr. 1780.

Cena (Philibert), dit **La Gaîté**, né à Voiron [Dauphiné] (1760), S. 20 mai 1777, mort à Saint-Vincent le 10 févr. 1780.

Bartie (Louis), dit **Laguillotière**, né à Lyon (1756), S. 14 août 1777.

Auvet (Jean-Mathieu-Raymond), dit **L'Amour**, né à Aix [Provence] (1760), S. 27 août 1777.

La Roque (Noël), né à Bordeaux (1760), S. 26 sept. 1777, mort à Saint-Vincent le 5 févr. 1780.

Prinqué (Charles), dit **La Terreur**, né à Bazas [près Bordeaux] (1758), S. 26 sept. 1777, mort à Saint-Vincent le 2 juill. 1780.

Jourgeon (Jean-Baptiste), dit **L'Arquebuse**, né à Saint-Etienne [Forez] (1758), S. 26 sept. 1777, mort sur le « Fantasque » le 9 sept. 1779.

Ristou (Jean), né à Bordeaux (1757), S. 14 sept. 1777.

Finitry (Joseph), né à Voiron [Dauphiné] (1759), S. 8 nov. 1777, mort en mer le 7 juin 1782.

Repelin (Joseph), né à Rives [Dauphiné] (1761), S. 8 nov. 1777.

Molinas (Charles), dit **Lafeuillade**, né à Goult [Provence] (1760), S. 28 janv. 1778.

Pointeau (Jean), né à Marigné [Anjou] (1731), S. 15 janv. 1759, rayé des contrôles le 23 juill. 1784.

Jacob (Bernard), né à Taillancourt [Champagne] (1744), S. 28 mai 1763, rayé des contrôles le 23 juill. 1784.

Le Roy (François), dit **Jolicœur**, né à Wadelincourt [près Sedan] (1745), S. 8 août 1763, R. pour 8 ans le 22 mars 1778.

Beauregard (Nicolas-François), né à Paris (1726), S. 17 mai 1763, parti pour les Invalides le 21 juin 1781.

Fournier (François), dit **Cœur de Roi**, né à Lyon (1742), S. 25 févr. 1765, mort à Saint-Vincent le 17 déc. 1779.

Cauterau (François), dit **L'Aiguille**, né à Jarzé [Anjou] (1745), S. 14 déc. 1765, R. pour 8 ans en 1781.

Calais (Joseph-Mathurin), né à Montargis [Gâtinais] (1742), S. 6 janv. 1766, rayé des contrôles le 23 juill. 1784.

Boutruche (Nicolas), né à La Loupe [Beauce] (1722), S. 12 mars 1766, mort le 5 oct. 1779.

Royer (Pierre), né à Colombier [Périgord] (1745), S. 25 juill. 1767, mort sur le « Zélé » le 11 oct. 1779.

Crevet (Gabriel), dit **Fleur d'Epine**, né à Bergerac [Périgord] (1754), S. 9 juil. 1770, mort à Saint-Vincent le 11 mars 1780.

Niancourt (Charles), dit **Dubuisson**, né à Paris (1753), S. 29 avril 1771, mort à Saint-Vincent le 29 mai 1780.

Freville (Louis), né à Abbeville [Picardie] (1753), S. 15 nov. 1771, mort le 13 oct. 1779.

Daveliey (Louis-Marie), né à Aivre [Bourbonnais] (1751), S. 24 déc. 1771, mort le 9 oct. 1779.

Geret (Louis), né à Pontarlier [Comté] (1753), S. 5 avril 1772, rayé des contrôles le 23 juill. 1784.

Frangeul (François), dit **L'Œilloit**, né à Mayenne [Maine] (1755), S. 22 sept. 1772, mort à Saint-Vincent le 1er févr. 1780.

Descombes (Pierre), né à Bordeaux (1756), S. 29 mars 1773, congédié le 29 mars 1781.

Bec de Lièvre (Jean), né à Guichen [Bretagne] (1755), S. 24 avril 1773, mort à Saint-Vincent le 6 mai 1780.

David (Jean-Baptiste), né à Rennes (1753), S. 15 mai 1773, mort le 12 sept. 1779.

Lainé (Remy), dit **Laviolette**, né à Goult [Provence] (1759), S. 28 janv. 1778.

Laurent (Claude), né à Grenoble [Dauphiné] (1759), S. 15 mars 1778.

Colla (Jean), dit **Berrichon**, né à La Chapelotte [Berry] (1760), S. 30 mars 1778.

Baget (Martial), dit **Saint Julien**, né à Brioude [Auvergne] (1756), S. 2 avril 1778.

Guienet (Pierre), dit **Télémaque**, né à Boissey [Bresse] (1755), S. 2 avril 1778.

Magnot (Jean), né à Saint-Ferréol [Agénois] (1747), S. 18 juin 1766, R. pour 8 ans le 15 déc. 1779.

Bertin (Pierre), né à Poitiers [Poitou] (1758), S. 1er juin 1778.

Fournier (Victor), né à Vienne [Dauphiné] (1761), S. 16 juill. 1778.

Mariotte (Jean-Marie), né à Tournus [Bourgogne] (1761), S. 14 sept. 1778.

Haulin (Gabriel), né à Garancières [Ile-de-France] (1760), S. 16 oct. 1778.

Grangé (René), né à Hardanges [Bas Maine] (1761), S. 10 nov. 1778.

Peruzat (Bonnel), né à Saint-Pierre-le-Chastel [Auvergne] (1759), S. 13 nov. 1778.

Gareau (Philibert), né à Tournus [Bourgogne] (1762), S. 26 nov. 1778.

Guereau (Thomas), né à Montpellier (1762), S. 30 nov. 1778.

Perrier (Jean), né à Sarlat [Périgord] (1762), S. 4 déc. 1778.

Chassin (Jean), né à Bourg-Lastic [Auvergne] (1760), S. 6 déc. 1778.

Maison (Jean), dit **Limouzin**, né à Peligour [Limousin] (1759), S. 6 déc. 1778, mort sur le « Magnanime » le 11 déc. 1781.

Soullier (Jean), né à Béziers [Languedoc] (1761), S. 11 déc. 1778.

Compagnie Demarignan.

Pia (Pierre), dit **Champagne**, né à Jaucourt [Champagne] (1751), S. 11 févr. 1770, mort à la Martinique le 26 sept. 1779.

Bertrand (Jacques), né à Beaune (1748), S. 26 nov. 1770, R. pour 8 ans le 26 nov. 1774.

Retaut (Nicolas), dit **Saint-Nicolas**, né à Oberkanty [Lorraine] (1752), S. 11 févr. 1771, mort à Saint-Vincent le 10 juin 1780.

Quaintet (Simon), né à Paris (1751), S. 12 févr. 1771, mort le 3 juill. 1782.

Barancourt (Roch), dit **Parisien**, né à Paris (1744), S. 2 mars 1771, mort sur la « Blanche » le 14 nov. 1779.

L'Epicier (François), né à Amiens (1754), S. 9 janv. 1772, mort sur le « Magnanime » le 5 mars 1782.

Glacaut (Nicolas), dit **La Rose**, né à Pont-de-Metz [Picardie] (1754), S. 9 janv. 1772, mort au Cap le 22 août 1779.

Jouin (Michel), dit **Jolicœur**, né à Loulay (1757), S. 27 juin 1773, mort sur le « Tonnant » le 18 juill. 1779.

Bagol (Jean), dit **Latendresse**, né à Saint-Brieuc [Bretagne] (1749), S. 4 juill. 1773, mort le 9 oct. 1779.

Sot (Raymond), dit **Printemps**, né à Gorle [Guienne] (1753), S. 15 oct. 1773, mort à la Martinique le 10 juill. 1779.

Bouchet (François), dit **Fleur d'Or**, né à Dinan [Bretagne] (1744), S. 7 févr. 1774, mort à Saint-Vincent le 24 déc. 1780.

Destrés (Nicolas), né à Nemours [Gâtinais] (1754), S. 3 mars 1774.

Andrieux (Etienne), dit **Saint-André**, né à Bordeaux (1754), S. 13 mai 1774, mort à Saint-Vincent le 19 févr. 1780.

Lune (Julien), né à Saint-Sulpice [Saintonge] (1749), S. 18 août 1774, mort sur le « Magnanime » 15 avril 1781.

Lafuste (Raymond), né à Villeneuve-de-Rivière [Gascogne] (1755), S. 31 mars 1775, mort à Saint-Vincent le 7 janv. 1780.

Gaudin (Renaud), dit **Vadeboncœur**, né à Bourg-de-Mâcon-la-Ville [Touraine] (1751), S. 18 juill. 1775, mort à la Grenade le 26 déc. 1779.

Codiare (Jean), dit **Brindamour**, né à La Châtre [Berry] (1755), S. 10 nov. 1775, mort au Cap le 26 juin 1783.

La Croix (François), dit **Sans Chagrin**, né à Bordeaux (1758), S. 21 mars 1776, mort sur le « Guerrier » le 30 sept. 1779.

Lavallée (Michel-Gillet), dit **L'Espérance**, né à Lamure [Dauphiné] (1758), S. 2 mai 1776, mort à Saint-Vincent le 19 févr. 1779.

Jeans (Charles), dit **La Giroflée**, né à Apt, [près Aix] (1758), S. 7 janv. 1777, mort à Saint-Vincent le 5 févr. 1780.

Lassave (Jean), dit **Vive l'Amour**, né à Toulouse (1760), S. 26 janv. 1777, mort sur le « Vengeur » le 16 oct. 1779.

Jourdrain (Germain), dit **Lavigne**, né à La Châtre [Berry] (1755), S. 27 janv. 1777, mort sur le « Magnanime » le 9 mars 1782.

Brasseur (Jean-Baptiste), dit **La Victoire**, né à Bordeaux (1760), S. 24 mars 1777, mort à Saint-Vincent le 8 avril 1780.

Asemberg (Joseph), **dit Languedoc**, né à Montpellier (1759), S. 6 mai 1777, mort à Saint-Vincent le 27 mai 1780.

Mouchet (Joseph), dit **Sans Peur**, né à Roquefort [Gascogne] (1760), S. 26 sept. 1777, mort à Saint-Vincent le 7 août 1780.

Langlade (Jacques), né à Toulouse (1758), S. 10 oct. 1777, mort à Saint-Vincent le 2 mars 1780.

Ruffin (Jean-Claude), dit **Montplaisir**, né à Amplepuis [Lyonnais] (1762), S. 10 nov. 1778, mort sur le « Magnanime » le 27 déc. 1781.

Arrivat (Antoine), dit **Laréjouy**, né à Bassoues [Languedoc] (1760), S. 20 déc. 1778, mort sur le « Magnanime » le 11 août 1782.

Cancanas (Antoine), dit **La Lancette**, né à Poudaillan [Languedoc] (1759), S. 31 déc. 1778, mort sur le « Magnanime » le 19 juill. 1781.

Cudelau (François-Martin), dit **Montaudin**, né à Montaudin (1752), S. 24 janv. 1771, mort sur le « Magnanime » le 6 juin 1782.

Bory (Pierre), dit **Cahors**, né à Cahors (1743), S. 22 mars 1763, mort sur le « Fantasque » le 4 oct. 1779.

Mouliet (Antoine), dit **Vive l'Amour**, né à Machecoul [Bretagne] (1747), S. 10 avril 1768, mort sur la « Provence » le 28 oct. 1779.

Vatier (François), dit **Belsin**, né à Nancy (1752), S. 13 déc. 1769, passé en Amérique comme volontaire en 1782.

Dubois (François), né à Saint-Genis (1756), S. 1er janv. 1775, mort sur le « Magnanime » le 24 août 1782.

Jonterne (Jean), dit **Fontaine**, né à Loudun [Poitou] (1756), S. 2 mai 1775, mort au Cap le 30 avril 1783.

Lafitte (Jean), né à Aurignac [près Saint-Sever] (1755), S. 12 juill. 1775, mort sur le « Tonnant » le 19 oct. 1779.

Destrue (André), dit **Quartier**, né à Bordeaux (1758), S. 29 oct. 1775, mort à la Martinique le 23 juin 1779.

Convert (Pierre), dit **La Liberté**, né à Mont-de-Marsan (1759), S. 29 janv. 1776, mort à Savannah le 9 oct. 1779.

Bonnival (Antoine), dit **La Terreur**, né à Cézarin (1756), S. 1er avril 1776, mort sur le « Tonnant » le 21 oct. 1779.

Chambre (Pierre), né à Bordeaux (1759), S. 21 sept. 1776, mort à la Martinique le 25 juill. 1779.

Ribolt (Simon), né à Orléans (1760), S. 9 sept. 1778, mort sur le « Magnanime » le 10 avril 1781.

Lionnois (Jean), dit **Lalbaguère**, né à Sarlat [Périgord] (1754), S. 4 déc. 1778, mort sur le « Magnanime » le 11 oct. 1781.

Charbonnier (Jean), dit **Saint-Eloy**, né à Laigne [Poitou] (1757), S. 29 janv. 1779, mort sur l'« Hercule » le 10 juin 1781.

Surel (Jacques), né à Confolens [Languedoc] (1755), S. 2 juill. 1779, mort le 22 mai 1782 sur le « Magnanime ».

Baussière (Pierre), né à Bordeaux (1764), S. 13 juill. 1781, passé en Amérique comme volontaire en 1782.

Naville (André), né à Lyon (1765), S. 7 mars 1782, passé en Amérique comme volontaire en 1782.

Gaussreteau (François), né à Bordeaux (1736), S. 7 févr. 1765, mort sur la « Blanche » le 27 oct. 1779.

Duot (Nicolas), dit **Dubuisson**, né à Bourgoult [Normandie] (1722), S. 30 avril 1754, mort sur le « Guerrier » le 29 oct. 1779.

Chatain (Pierre), dit **Nivernais**, né à Saint-Léger [Nivernais] (1739), S. 20 janv. 1765, mort sur le « Guerrier » le 16 oct. 1779.

Caille (Pierre), dit **Sans Quartier**, né à Brioux [Poitou] (1746), S. 2 août 1766, mort à Saint-Vincent le 30 sept. 1780.

Lœillet (Jean), né à Vannes [Bretagne] (1748), S. 16 juill. 1767, mort à la Grenade le 11 déc. 1779.

Nanniau (Simon), dit **Jolicœur**, né à Gespunsart [Champagne] (1735), S. 23 janv. 1768, mort à la Martinique le 8 juin 1779.

Joly (Nicolas), né à Verdun (1747), S. 23 févr. 1770, mort à Saint-Vincent le 29 août 1780.

Corretier (François), né à Verdun (1750), S. 15 juin 1770, mort à Saint-Vincent le 15 juin 1780.

Genin (Félix), né à Chatenay [Lorraine] (1748), S. 10 juill. 1770, mort à Saint-Vincent le 1er sept. 1780.

Toutou (François), dit **Sans Façon**, né à Gray [Franche-Comté] (1755), S. 10 nov. 1771, mort sur la « Blanche » le 24 déc. 1779.

Wanvervick (Philippe), dit **L'Espérance**, né à Aire [Artois] (1756), S. 3 sept. 1772, mort à Saint-Vincent le 19 nov. 1779.

Dumas (Jean), né à Bordeaux (1758), S. 5 mai 1774, mort à Saint-Vincent le 30 août 1780.

Boyer (Jean), né à Bordeaux (1757), S. 18 sept. 1774, mort à Saint-Vincent le 17 oct. 1780.

Babouan (Jean), dit **L'Ile d'Amour**, né à Bordeaux (1747), S. 29 avril 1775, mort à Saint-Vincent le 20 juin 1780.

Loudin (Martial), né à Saint-André [Périgord] (1758), S. 31 mai 1775, mort sur l'« Hercule » le 12 avril 1782.

Peigné (Jacques), dit **Belamour**, né à Thoiré [Bretagne] (1757), S. 20 déc. 1775, mort sur la « Blanche » le 29 oct. 1779.

Mallet (Louis-Joseph-Marin), né à La Ferté sous-Jouarre [Brie] (1759), S. 11 avril 1776, mort à Saint-Vincent le 24 mai 1780.

Atry (Louis), dit **Gazmin**, né à Sarlat [Périgord] (1754), S. 3 mai 1776, mort à Saint-Vincent le 18 oct. 1780.

Dessès (Jean), dit **Justin**, né à Saint-Just en Armagnac (1760), S. 18 juin 1776, mort sur le « Vengeur » le 9 nov. 1779.

Berlier (François), dit **Saint-Etienne**, né à Saint-Etienne [Forez] (1756), S. 27 nov. 1776, mort à Saint-Vincent le 29 mars 1780.

Barade (Barthélemy), né à Bordeaux (1760), S. 24 mars 1777, mort sur le « Magnanime » le 16 avril 1782.

Boissière (Jean), dit **La Lancette**, né à Montpellier (1753), S. 9 mai 1777, mort à Saint-Vincent le 27 févr. 1780.

Arbien (Etienne-André), dit **Montpellier**, né à Montpellier (1751), S. 24 mai 1777, mort à Saint-Vincent le 8 avril 1780.

Laube (Barthélemy), dit **Jolibois**, né à Montpellier (1756), S. 12 mars 1778, mort sur le « Magnanime » le 3 mai 1782.

Laurent (François), né à Berrac [Languedoc] (1762), S. 2 janv. 1779, mort sur le « Magnanime » le 31 mars 1782.

Baiche (Jean), né à Villefranche [Rouergue] (1757), S. 18 oct. 1779, passé comme volontaire en Amérique en 1782.

Belliard (Joseph), né à Fontenay-le-Comte (1758), S. 24 févr. 1780, passé comme volontaire en Amérique en 1782.

Flamand (Etienne), dit **Beauséjour**, né à Beaumont [Cambrésis] (1741), S. 23 févr. 1770, mort au Cap le 12 déc. 1779.

Allemand (Antoine), né au Pin [Languedoc] (1761), S. 5 juin 1780, passé comme volontaire en Amérique en 1782.

Octave (Dominique), né à Ausnoncourt [Lorraine allemande] (1760), S. 16 janv. 1782, passé comme volontaire en Amérique en 1782.

Durand (Jean), né à Magnan [Périgord] (1736), S. 1er oct. 1766, mort à Saint-Vincent le 19 sept. 1780.

Houdié (Pierre), né à Haterre [Agénais] (1749), S. 15 mai 1765, mort à la Martinique le 10 juill. 1779.

Perez (René), dit **Derozier**, né à Bourges, (1747), S. 16 nov. 1764, mort à Saint-Vincent le 2 sept. 1781.

Brion (Jean-Louis), né à Brie-sous-Sancerre [Berry] (1737), S. 7 juin 1765, mort sur le « Champion » le 26 nov. 1779.

Spitalier (Jacques), dit **La Giroflée**, né à Albi (1749), S. 1er déc. 1765, mort à Saint-Vincent le 6 févr. 1780.

Demonte (Louis), dit **La Fleur**, né à Castelsarrazin [Languedoc] (1744), S. 1er déc. 1765, mort à la Martinique le 21 août 1779.

Leroy (François-Joseph), né à Hesdin [Artois] (1755), S. 14 août 1772, mort à Saint-Vincent le 4 mai 1780.

Marterre (François), dit **Tranquile**, né à Saint-Aquilin [Périgord] (1758), S. 20 oct. 1775, mort à la Martinique le 16 août 1779.

Bitobec (Pierre), né à Bordeaux (1757), S. 5 janv. 1776, mort sur le « Fendant » le 18 déc. 1779.

Teste (Bertrand), dit **Télémaque**, né à l'Isle-Jourdain [Armagnac] (1761), S. 28 janv. 1777, mort à la Martinique le 7 juill. 1779.

Charpentier (Louis), dit **Vainqueur**, né à Nantes [Bretagne] (1760), S. 19 déc. 1778.

Moutel (Liberal), né à Brive-la-Gaillarde [Limousin] (1762), S. 15 janv. 1779, mort sur l'« Hercule » le 23 oct. 1781.

Romieu (François), dit **Bellehumeur**, né à Toulouse (1762), S. 15 avril 1779. Passé volontairement en Amérique en 1782.

Normand (Jacques), dit **Portevin**, né à Vandeuvres [Poitou] (1761), S. 15 janv. 1780, passé volontairement en Amérique en 1782.

Vessière (Jean), né à Saint-Crépin [Quercy] (1764), S. 28 mai 1782, passé volontairement en Amérique en 1782.

Compagnie Dampierre.

Peraut (Jean), dit **Langevin**, né à Auges [paroisse Saint-Pierre] (1738), S. 15 mai 1760, mort à Saint-Vincent le 25 déc. 1779.

Georgeon (Jacques), dit **Sans Peur**, né à La Rochelle (1750), S. 10 juill. 1769, mort à Saint-Vincent le 8 janv. 1780.

Lanaud (Pierre), dit **Bellefleur**, né à Orléans (1749), S. 17 oct. 1769, mort le 9 oct. 1779.

Florentin (Didier), né à Verdun (1752), S. 28 avril 1770, mort à Saint-Vincent le 25 août 1780.

Saigne (Julien), né à Naves [Limousin] (1748), S. 4 mai 1771, mort au Cap le 16 août 1779.

Menage (François), dit **La Sagesse**, né à Orville [Artois] (1753), S. 3 nov. 1771, mort sur la « Blanche » le 2 déc. 1779.

Darc (François), né à Aire [Artois] (1756), S. 25 août 1772, mort à Saint-Vincent le 1er janv. 1781.

Chartier (Etienne), dit **La Gaité**, né à Rennes (1756), S. 18 juin 1773, mort sur le « Zélé » le 29 sept. 1779.

Langlais (Honoré), né à Paris (1756), S. 5 août 1773, mort à La Martinique le 18 nov. 1779.

Marechal (Pierre), né à Casteljaloux [Guienne] (1756), S. 19 oct. 1773, mort à Saint-Vincent le 6 sept. 1780.

Cheret (Charles-Marie), dit **Bien Aimé**, né à Bréhan-Loudéac [Bretagne] (1753), S. 12 nov. 1773, mort sur la « Blanche », le 27 oct 1779.

Leluc (Joseph), né à Grandchamp [Bretagne] (1754), S. 4 mars 1774, mort à Saint-Vincent le 10 sept. 1781.

Bonnet (Jean), né à Castelnau [Guyenne] (1756), S. 27 avril 1774.

Boucherié (Pierre), dit **La Rose**, né à Sarlat [Périgord] (1758), S. 12 oct. 1774.

Mathion (Pierre), dit **Lafeuillade**, né à Sampigny [Champagne] (1753), S. 27 nov. 1774, mort sur la « Blanche » le 4 déc. 1779.

Laffon (Hugues), né à Montfaucon [Quercy] (1757), S. 3 déc. 1774.

Allard (Bernard), né à Albi [Languedoc] (1756), S. 25 févr. 1775, mort à La Grenade le 18 déc. 1779.

Guillernie (Léonard), né à Blond [Limousin] (1757), S. 26 mars 1775, mort à Saint-Vincent le 3 mars 1780.

Depuy (Jean-Baptiste), né à Vic-Fezensac [Armagnac] (1757), S. 3 oct. 1775, mort au Cap le 24 déc. 1779.

Rondeau (Pierre), dit **Cœur de Roy**, né à Bordeaux (1756), S. 5 janv. 1776, mort à Saint-Vincent le 16 févr. 1780.

Seutex (Bernard), dit **L'Aimable**, né à Auch [Armagnac] (1760), S. 2 mai 1776.

Garbay (François), dit **Sans Chagrin**, né à Bordeaux (1758), S. 20 mai 1776, mort le 9 oct. 1779.

Serres (Jean), dit **Francœur**, né à Mauvezin [Armagnac] (1758), S. 15 juin 1776, mort sur le « Fantasque » le 4 déc. 1779.

D'Antillac (Guillaume), dit **L'Œillet**, né à Bordeaux (1755), S. 30 juin 1776, mort sur la « Blanche » le 14 nov. 1779.

Millet (Germain), né à Dombec-le-Roy [Berry] (1750), S. 24 janv. 1775, mort à Saint-Vincent le 25 août 1780.

Pijego (Jean-Louis), dit **Poitevin**, né à Loudun, [Poitou] (1757), S. 6 sept. 1776, mort à Saint-Vincent le 14 juill. 1780.

Dousset (Joseph)), dit **Lavie**, né à Pavie [Armagnac] (1756), S. 15 sept. 1776.

Teissier (Pierre), dit **Lafortune**, né à Bordeaux (1760), S. 18 févr. 1777, mort à Saint-Vincent le 1er juin 1780.

Stival (Pierre), né à Bordeaux (1743), S. 1er sept. 1776.

Flandin (Melchior-Blety), dit **Sans Façon**, né à Machieu [Dauphiné] (1757), S. 16 mars 1777, mort à Saint-Vincent le 17 mars 1780.

Robert (Mathieu), né à Bordeaux (1754), S. 19 sept. 1776, mort sur le « Zélé » le 18 oct. 1779.

Tremont (François), dit **Léguillé**, né à Bordeaux (1760), S. 13 sept. 1777, mort à La Grenade le 26 déc. 1779.

Dobé (Jean), né à Sarlat [Périgord] (1762), S. 18 sept. 1778.

Abeille (Jean-Pierre), dit **La Vertu**, né à Saint-Chinian [Languedoc] (1751), S. 25 déc. 1778, mort au Cap le 30 avril 1783.

Camus (Pierre), dit **La Plume**, né à Saint-Etienne [Forez] (1763), S. 6 févr. 1779, mort sur l'« Hercule » le 30 oct. 1781.

Savequet (Dominique), dit **Bellone**, né à Laidere [Gascogne] (1759), S. 18 mars 1779, mort sur l'« Hercule » le 9 oct. 1781.

Lepetit (Roland), dit **Sans Soucy**, né à Penvenan [Basse-Bretagne] (1757), S. 10 avril 1779, mort sur l'« Hercule » le 29 déc. 1781.

Cavalier (François), né à Lestelle [Béarn] (1759), S. 20 avril 1779, mort sur l'« Hercule » le 19 nov. 1781.

Tellier (Pierre), dit **Toulouse**, né à Saint-Julien [Languedoc] (1759), S. 14 mai 1779, mort sur l'« Hercule » le 28 févr. 1781.

Duranton (Jean), né à Bordeaux (1762), S. 15 juill. 1779, mort sur l'« Hercule » le 14 févr. 1781.

Faure (Claude), né à Lyon (1762), S. 30 oct. 1780, passé en Amérique comme volontaire en 1782.

D'Aubin (Charles-Grégoire), né à Quimperlé [Basse-Bretagne] (1746), S. 25 juin 1781, passé en Amérique comme volontaire en 1782.

Romeru (Jacques), né à Vierville [Beauce] (1746), S. 15 mars 1766, mort à la Martinique le 21 déc. 1781.

Moinet (Jean-François), né à Braisne [Picardie] (1751), S. 18 mars 1768, mort à la Martinique le 30 janv. 1782.

Guérin (François), dit **La Liberté**, né à Reims [Champagne] (1749), S. 16 nov. 1768, R. pour 8 ans le 4 janv. 1774.

Dijeaux (Jean), dit **Bordeaux**, né à Bordeaux (1750), S. 10 mai 1769, mort sur le « Tonnant » le 18 juill. 1779.

Thomas (Mathias), dit **La Réjouissance**, né à Bitche [Lorraine Allemande] (1754), S. 18 janv. 1771, mort sur le « Pendant » le 3 sept. 1779.

Nouvel (Louis), dit **Vive le Roy**, né à Loudéac [Bretagne] (1754), S. 3 déc. 1772, mort sur le « Guerrier » le 30 sept. 1779.

Lacaze (Grégoire), né à Oloron [Béarn] (1756), S. 13 nov. 1773, mort à Saint-Vincent le 9 mai 1780.

Mamale (Bernard), dit **Alexandre**, né à Janzé [Bretagne] (1752), S. 10 mars 1774, mort sur le « Champion » le 4 nov. 1779.

Lecorne (Pierre), né à Vignac [Languedoc] (1741), S. 18 sept. 1774, mort au Cap le 3 déc. 1779.

Dumas (Jean), né à Champagne [près Périgueux] (1753), S. 4 nov. 1775, mort au Cap le 21 sept. 1782.

Peronet (Elie), dit **La Vigne**, né à Mortagne [près Saintes] (1755), S. 26 mars 1776, mort à la Martinique le 6 juill. 1779.

Bois (Joseph), dit **Dubois**, né à Laumatte [Dauphiné] (1759), S. 2 mai 1776, mort à la Martinique le 14 juill. 1779.

Bernard (Paul), né à Marennes (1760), S. 21 sept. 1776.

Villonyère (Pierre), dit **Lamoureux**, né à La Châtre [Berry] (1759), S. 27 janv. 1777, mort à Saint-Vincent le 9 févr. 1780.

Boutan (François), dit **La Violette**, né à Mageloup [Saintonge] (1758), S. 24 mars 1777, mort à Saint-Vincent le 8 oct. 1780.

Bouire (Pierre), dit **L'Aimable**, né à Bordeaux (1760), S. 10 mai 1777, mort à Saint-Vincent le 6 oct. 1780.

Mouret Pierre), né à Thiviers [Périgord] (1757), S. 26 sept. 1777, mort à la Grenade le 26 nov. 1779.

Oran (Henry), né au Cambout [Périgord] (1757), S. 6 oct. 1777, mort sur le « Guerrier » le 23 oct. 1779.

Bise (Jean), dit **Saint-Gaudens**, né à Saint-Gaudens [Gascogne] (1757), S. 6 oct. 1777, mort à Saint-Vincent le 8 sept 1780.

Dupuy (Joseph), dit **L'Amour**, né à Moncrabeau [Gascogne] (1761), S. 1er janv. 1779, mort sur le « Magnanime » le 25 oct. 1782.

Maurisset (Louis), né à Niort [Poitou] (1760), S. 8 janv. 1779, mort sur l'« Hercule » le 10 avril 1781.

Barbe (Pierre), dit **Labastide**, né à La Bastide [près Bordeaux] (1760), S. 22 janv. 1779, passé en Amérique comme volontaire en 1782.

Girard (Jean), né à Aligny (1760), S. 14 mai 1780, passé en Amérique comme volontaire en 1782.

Age (André), né à Blois (1747), S. 28 nov. 1763, passé en Amérique comme volontaire en 1782.

Duval (Jean-Claude), né à Saint-Denis [Ile de France] (1735), S. 16 juin 1763, mort sur le « Tonnant » le 11 oct. 1779.

RÉGIMENT DE DILLON

(OFFICIERS SEULEMENT)

ÉTAT-MAJOR

COLONEL

Le comte **DILLON** (Arthur).

COLONEL EN SECOND

Le chevalier **DILLON** (Théobald).

LIEUTENANT-COLONEL

DILLON (Barthélemy).

MAJOR

O'MORAN (Jacques).

QUARTIER-MAITRE TRÉSORIER

MONCARELLY (Barthélemy).

CAPITAINES

MOORE (Gérard).
PURDON (Simon).
BANCKS (Thomas).
NUGENT (Anselme).
SWIGNY (Paul).
SHEE (Robert).
MOORE (Guillaume).
O'NEILL (Bernard).
O'BERIN (Michel).
TAAFFE (Laurent).

CAPITAINES EN SECOND

De **MANDEVILLE** (Jacques).
MACQUIRE (Philippe).
MACDERMOTT (Thomas), aîné.
O'REILLY (Jean).
KELLY (Guillaume).
MACDERMOTT (Thomas).
NOVOLAN (Christophe).
O'DOYER (Denis).
LYNCK (Isidore).
COGHLAN (Therence).

LIEUTENANTS

GREENLAW (Jean-Bernard).
DILLON (Thomas).
O'KEEFFE (Patrice).
O'FAREL (Claude).
De **MACDERMOTT** (Bernard).
WELSH (Michel).
EVIN (Nicolas).
COMMERFORT (Joseph).
BROWNE (Jean).
DUGGAN (Jean).

LIEUTENANTS EN SECOND

DARCY (Louis).
FITZ HARRIS (Guillaume).
BROWNE (Thomas).
TAAFFE (Christophe).
FENNELL (Jean).
HUSSEY (Jean).
Le chevalier **WYHTE SEYSLIP** (Nicolas).
SWIGNY (Edmond).
O'FARELL (Emanuel).
O'FARELL (Jacques).

SOUS-LIEUTENANTS

MACLOSKY (Jacques).
De **MORGAN** (Jean-Baptiste).
MAC SHEEHY (Patrice).
FITZGERALD (Edouard).
SHEE (Guillaume).
O'FARELL (Emmanuel).
FITZMAURICE (Joseph).
O'REILLY (Charles).
MACDONALD (Jean-Baptiste).
O'MEARA (Daniel).
KHNOPFF (Louis).
MAHONY (Denis).
SHELDON (Guillaume).
O'MORAN (Charles).
OWENS (Henry).
STRANGE (Patrice).
PURDON (Henry).
MURPHY (Patrice).
DEHAYS (Thomas).

RÉGIMENT DE WALSH

(OFFICIERS SEULEMENT)

ÉTAT-MAJOR

MAJOR

O'BRIEN (Thadée).

QUARTIER-MAITRE TRÉSORIER

BANCELIN (Charles).

CAPITAINES

De FITZ MAURICE (Thomas).
Le chevalier **de WALSH** (Charles).
O'NIEL (Jean).
De NAGLE (Jacques).
O'BRIEN (Jean).
D'ARCY (Jacques).

CAPITAINES EN SECOND

STACK (Edouard).
BELLEW (Laurent).
O'CROLY (Charles).
O'DRISCOL (Jacques).
Le chevalier **O'CONNOR** (Armand).

LIEUTENANTS

PLUNKETT (François).
O'RIORDAN (Jacques).
KEATING (Guillaume).
BARRY (Richard).

LIEUTENANTS EN SECOND

O'SHEIL (Jacques).
O'MEARA (Jean-Baptiste).
O'GORMAN (Charles).
MEIGHAN (Georges).
MAC-CARTHY (Eugène).

SOUS-LIEUTENANTS

KEATING (Jean).
CRUICE (James).
O'CROWLY (Félix).
DARELL (Philippe).
O'FLYN (Jacques).
BARKER (William).
TRAUT (Thomas).
BARRY (David).
O'CAHILL (Louis).
TOBIN (Jacques).

RÉGIMENT D'AUXONNE

(2e BATAILLON)

Le régiment d'Auxonne formé de la brigade d'Invilliers du corps royal en vertu de l'ordonnance du 13 août 1765 eut pour premier colonel Philippe-Louis de VERTON de RICHEVAL et le dernier fut François BRAIVE, devenu général de brigade.

Au commencement de la guerre d'Amérique, le 2e bataillon s'embarqua à Brest avec la petite armée de Rochambeau.

Le bataillon revint en France en 1783.

Ce régiment devenu 3e est actuellement en garnison à Nice.

JEAN-PIERRE GOULET DE LA TOUR, né à Metz le 10 juin 1730, Lieutenant-colonel.

ÉTAT-MAJOR

LIEUTENANT-COLONEL

GOULET de la TOUR (Jean-Pierre), né le 10 juin 1730, à Metz.

RANG DE LIEUTENANT-COLONEL

De **NADAL** (Antoine-Xavier), né à Colmar, le 13 déc. 1733.

CUIROL de LAZIERS (Guillaume), né à Mirepoix, le 8 août 1729.

Le chevalier **de BUZELET** (Jacques-Nicolas-Catherine), né le 6 déc. 1740, à Metz.

De **CAPRIOL de SAINT-HILAIRE** (Jean-Marie-André), né le 22 nov. 1722, à Péchaudier [près Castres].

CAPITAINES

Le chevalier **de BOISLOGE** (Henry-Emery), capitaine de canonniers, né le 12 oct. 1736, à Verdun-sur-Meuse.

De **MORCOURT de FOY** (Jean-Baptiste), capitaine de canonniers, né le 30 avril 1740, à Metz.

De **NEURISSE** (Bernard), capitaine de canonniers, né le 31 déc. 1736, à Tartas [Gascogne].

De **RUMIGNY** (Philippe), capitaine de canonniers, né le 6 avril 1738, à la paroisse Saint-Louis-du-Crocq [diocèse d'Amiens].

OLIVIER D'HEMERY (François), capitaine de canonniers, né en févr. 1742, à Rom [près Coné, Poitou].

JOSSERAND (François-Justin), capitaine de canonniers, né le 2 mai 1736, à Montélimar.

Le chevalier **DUPUY** (Etienne), capitaine de canonniers, né le 2 août 1745, à Castel-Sarrazin. Mort à la Grenade le 20 déc. 1779.

GARRET de MAISONNEUVE (Pierre), capitaine de bombardiers, né le 8 déc. 1743, aux Ferrières [Bourbonnais].

BONNAY de la ROUVRELLE (Jean-Baptiste), capitaine de bombardiers, né le 9 nov. 1743, aux Grandes Islettes [diocèse de Verdun].

De **MONGINOT de NONCOURT** (Paul-Alexandre-François-Xavier), capitaine, né le 6 juill. 1746, à Saint-Nicolas-du-Port [Lorraine]. Mort le 6 oct. 1779 à Newport.

Du **SAUSSAY de GREVILLE** (Floxel-Henry), capitaine, né le 2 nov. 1743 à Gréville [généralité de Caen].

BARTHELEMY (Nicolas), capitaine en second de sapeurs, né le 15 déc. 1744, à Toul.

BOIVIN de la MARTINIERE (Guillaume), capitaine en second, né le 10 janv. 1745, à Vire.

De **JUMECOURT** (Charles-Arnould-Ignace), capitaine en second, né le 30 juill. 1749.

De **ROUYER** (Claude-Hubert), capitaine par commission, né le 3 nov. 1748, à Barville-sur-Meuse.

DAUBERT (Jean-Charles-François-Gabriel), capitaine par commission, né le 10 août 1747, à La Croizette [évêché du Mans].

PILOTTE de la BAROLLIERE (Jacques-François-Alphonse), capitaine par commission, né le 3 janv. 1749, à Lunéville.

De **CREMILLES** (Denis), capitaine par commission, né le 9 oct. 1750, à Toizelay près Chatillon-sur-Indre [diocèse de Bourges].

LIEUTENANTS

TARDY de la BROSSY (Jean-Philippe), lieutenant en premier, né le 11 oct. 1751, à La Voulte [diocèse de Viviers].

De **FOUCHET la GARRIGUE** (Philippe), lieutenant en premier, né le 3 mars 1752, à Vay [Béarn].

MOLLET de BREGEOT (Louis-Georges), lieutenant en premier, né le 5 sept. 1749, à Epinal. Mort au fort Royal à la Martinique.

Le comte **de CLERMONT CREVECŒUR** (Jean-François-Louis), lieutenant en premier, né le 10 janv. 1752, à Saint-Remy-de-Longchamps [diocèse de Toul, Lorraine].

Le comte **de CHARBONNEL** (Michel-Benoît), lieutenant en premier, né le 10 févr. 1749, au bourg de Saint-Maurice en Gourgois [Forez].

GRIVEL de VILEY (François-Joseph-Donatien), lieutenant en premier, né le 2 oct. 1752, à Saint-Christophe [Franche-Comté].

Le chevalier **de BERLIER** (François-Augustin), né le 3 oct. 1747, à Draguignan.

De **SANCE** (Augustin-Jean-Jacques), lieutenant, né le 6 nov. 1717, à Strasbourg. Tué à Savannah, le 25 sept. 1779.

De **GENEVY de PUSIGNAN** (Alexandre-César), lieutenant en second, né le 4 avril 1741, à Roanne [Forez].

De **VASSERVAS** (Philippe-François-Roch), lieutenant en second, né le 17 avril 1751, à Doullens [Picardie].

Le chevalier **de RUFFET de SAINT-MARTIN** (Louis), lieutenant en second, né le 20 févr. 1748, à Dijon.

DALMAS de PRACONTAL (Joseph-François), lieutenant en second, né le 21 oct. 1749, à Embrun.

Le chevalier **BORTHON de la MOTTE** (Jean), lieutenant en second, né le 16 juin 1755, à Auxonne.

Le chevalier **de THIBALLIER** (Jean), lieutenant en second, né le 26 mai 1748, à Pompey [près Nancy].

De **VERTON** (Jacques-Philippe), lieutenant en second, né le 30 août 1757, à Eu [Normandie].

EBLE (Jean-Baptiste), lieutenant en troisième, né le 5 juin 1744.

BORDRE (Louis-Emile), lieutenant en troisième, né le 15 juin 1743.

FAGUETTE (Jean-Baptiste), lieutenant en troisième, né en 1735.

GILLET (Jean-François), lieutenant en troisième, né le 4 oct. 1750.

MARTRAIRE (Charles), lieutenant en troisième, né le 2 févr. 1741.

BERTHIER (François), lieutenant en troisième, né le 25 sept. 1743.

DOUE (François), lieutenant en troisième, né en 1737.

LEFEBVRE de VULMONT (Bernard), lieutenant en troisième, né le 5 janv. 1740, à Metz.

D'ALTEGAU, capitaine par commission *.

THOMASSIN, lieutenant en premier.

DERVIEUX, lieutenant en second.

De MEAUX, lieutenant en second.

La ROMAGERE, lieutenant en second.

PARISON, lieutenant en troisième.

SICARD, lieutenant en troisième.

Compagnie De Boislogé, chevalier **.

Benoit (Cueul), né à Mâcon [Bourgogne] (1744), S. 9 janv. 1768, passé au régiment colonial le 16 févr. 1785.

Barrey (Charles), né à Châtellerault [Poitou] (1737), S. 10 avril 1765, R. pour 8 ans le 3 déc. 1778.

Guignot (Maurice), né à Villiers-le-Potel [Champagne] (1747), S. 21 nov. 1765, mort chez lui le 15 oct. 1783.

Chitray (Claude), né à Vy-les-Lure [Comté] (1747), S. 1er août 1766, R. pour 8 ans le 24 mai 1779.

Terver (Nicolas), né à Mitry [près Thionville] (1750), S. 1er févr. 1769, mort en mer dans la traversée de France en Amérique le 23 mai 1780.

Rupert (Jean), né à Kœnigsmaker [près Thionville] (1750), S. 3 sept. 1769, R. pour 8 ans le 7 août 1775.

Thiery (Louis), né à Saint-Cosme [Maine] (1740), S. 30 avril 1770, passé au régiment colonial le 16 févr. 1785.

Broche (Louis-Joseph), né à Courrières [Artois] (1750), S. 3 févr. 1770, passé au régiment colonial le 16 févr. 1785.

Le Bley (Jacques), dit **Cadet**, né à Jussey [Comté] (1758), S. 1er oct. 1774, congédié le 25 juill. 1783.

Richard (Anatoille), dit **La Grenade**, né à Vernois [Comté] (1747), S. 8 août 1775, congédié le 5 sept. 1783.

Senot (Jean), né à Chissey [Comté] (1756), S. 10 sept. 1775.

Audivoit (Etienne), dit **Jonvel**, né à Jonvelle [Comté] (1755), S. 16 sept. 1775.

Cornevin (Claude), né à Villiers-le-Potel [Champagne] (1749), S. 21 nov. 1765, R. pour 8 ans le 25 mai 1779.

Grenier (Jean-Baptiste), né à Longchaumois [Comté] (1755), S. 24 août 1775, congédié le 5 oct. 1783.

Lacordaire (Nicolas), né à Fouvent-le-Chatel [Comté] (1757), S. 2 juin 1776, congédié le 2 juin 1784.

Boulogne (Jean-Pierre), né à Saint-Gobain [Picardie] (1759), S. 6 janv. 1777, congédié le 6 janv. 1786.

Charlier (Jean), dit **Laplaine**, né à Nancy [Lorraine] (1757), S. 18 févr. 1777, passé sergent le 1er nov. 1784.

Goutenoir (Etienne), né à Saint-Symphorien-de-Lay [Beaujolais] (1750), S. 18 nov. 1779.

Quesanne (Joseph), né à Morvillars [Alsace] (1759), S. 23 janv. 1778.

Allard (Joseph), né à Chauvirey [Comté] (1762), S. 24 févr. 1778.

Laux (Antoine), dit **Jolicœur**, né à Kœnigsmaker [Trois Evêchés] (1759), S. 30 avril 1778.

Goury (Claude), né à Saint-Nicolas [Lorraine] (1759), S. 29 oct. 1778.

Blot (Jean-Baptiste), né à Etreux [Picardie] (1761), S. 17 nov. 1778.

Dubrez (François), né à Esserval [Comté] (1758), S. 3 déc. 1778, mort en Amérique à l'hôpital de Newport le 21 avril 1781.

Cuny (Claude-François), sergent, né à Fouchécourt [Comté] (1752), S. 5 déc. 1769, passé sergent-major le 4 févr. 1783.

Le Sage (François), né à Marcilly [Bourgogne] (1747), S. 8 févr. 1779, mort à l'hôpital d'Auxonne le 21 avril 1786.

Magnin (Antoine), né à Metz [Trois Evêchés] (1741), S. 23 févr. 1779.

Lemaitre (Nicolas), né à La Fère [Picardie] (1762), S. 31 janv. 1779.

Perrin (Edme), né à Perthes [Champagne] (1735), S. 31 janv. 1756, parti pour la pension le 25 juill. 1785.

Dubré (Louis), dit **La France**, né à Gouy [Ile de France] (1736), S. 1er avril 1756, parti pour la récompense militaire le 1er févr. 1783.

Tarby (Jean), né au Grand Vaire [Comté] (1761), S. 11 févr. 1778, mort à l'hôpital d'Auxonne le 2 avril 1785.

Grange (Sébastien), dit **La Grange**, né à Notre-Dame-du-Chatel [Savoie] (1758), S. 11 mai 1779, mort en Amérique le 1er avril 1782.

Bordereau (Aimé), né à Brinon [Anjou] (1744), S. 1er juill. 1779.

Villers (Adrien), né à Haucourt [Picardie] (1755), S. 16 oct. 1779.

Colin (Nicolas), né à Sommerviller [Lorraine] (1762), S. 15 nov. 1779.

Duplaquet (Théodore), né à Chauny [Picardie] (1759), S. 12 déc. 1779.

Laubé (Joseph-Marie), né à Noyon [Picardie] (1762), S. 15 déc. 1779.

Doussot (Jean-François), né à Flavigny [Bourgogne] (1760), S. 16 déc. 1779, passé au régiment colonial le 16 févr. 1785.

Petitjean (Simon), né à Villecomte [Bourgogne] (1747), S. 28 déc. 1779, passé au régiment colonial le 1er févr. 1785.

Mathis (Guillaume), né à Saint-Jean-de-Rohrbach [Lorraine] (1761), S. 21 janv. 1780.

Braquil (Joseph), né à Manoncourt [Lorraine] (1759), S. 15 févr. 1780.

Bregin (Jullien), né à Plumergat [Bretagne] (1758), S. 20 avril 1780.

Petit (Jean), né à Bourbon-L'Archambault [Bourbonnois] (1761), S. 15 mars 1781.

Parent (Rameau), né à Calzan [Languedoc] (1757), S. 11 mars 1780.

Hubert (Aimé), né à Sainte-Colombe [Anjou] (1757), S. 15 mai 1780.

Bonnard (Ennemond), né à Saint-Symphorien-en-Dozon [Dauphiné] (1757), S. 29 mars 1775.

Gaudissart (Joseph), né à Floyon [Hainaut] (1756), S. 14 juin 1776.

Compagnie De Neurisse.

Decarreau (François), né à Montmeillant [Champagne] (1747), S. 21 déc. 1763, congédié par grâce le 31 août 1786.

Baud'houin (Remy), dit **La Liberté**, né à Bruyères [Picardie] (1737), S. 2 mai 1757, trois rengagements.

Clavier (François), né à Seiovo [Dauphiné] (1738), S. 29 mars 1763, mort en Amérique à l'hôpital de la Providence le 7 nov. 1780.

Deine (Jean-Charles), né à Billy-Montigny [Artois] (1744), S. 2 août 1767, parti en congé le 5 août 1783.

Viriot (Roger), né à Verrières [Champagne] (1749), S. 5 janv. 1768, R. en 1776.

Gorrelier (Pierre-Nicolas), né à Walincourt [Cambrésis] (1747), S. 15 oct. 1769, mort à Villiamsburg le 19 oct. 1781.

Thevenot (Jean-Baptiste), né à Conflans [Lorraine] (1758), S. 11 janv. 1774, congédié le 4 juill. 1783.

Bressant (Jean-Claude), né à Bucey [Comté] (1755), S. 1er févr. 1774, passé au régiment colonial le 16 févr. 1785.

Liebau (Jean), né à Oinzy [Bourgogne] (1744), S. 14 nov. 1774, R. pour 8 ans le 14 nov. 1782.

Morel (Jean-Baptiste-Buffard), né à Longchaumois [Comté] (1751), S. 6 déc. 1774.

Dubois (François), né à Château-Thierry [Brie] (1758), S. 3 juin 1776, congédié le 3 janv. 1784.

Lefort (Joseph), né à Touly [Picardie] (1759), S. 7 juin 1776, congédié le 7 janv. 1784.

Gaudissard (Joseph), né à Floyon [Flandre] (1757), S. 14 juin 1776, passé sergent le 4 févr. 1783.

Georget (Joseph), né à Varangeville [Lorraine] (1758), S. 16 janv. 1776, mort à Morlaix le 22 juill. 1783.

Pichon (Jean-Claude), né à Moncey [Comté] (1757), S. 25 janv. 1777, passé sergent le 17 sept. 1783.

Chaumont (Jean-Baptiste), né à Robert-Espagne [Lorraine] (1760), S. 29 mars 1777, passé sergent le 25 juill. 1783.

Trennin (Pierre-Eloy), né à **Jussy** [Picardie] (1760), S. 25 juin 1777.

Porcherot (Antoine), né à Fouchécourt [Comté] (1757), 30 juin 1777.

Feuvet (Nicolas), né à Longavesnes [Picardie] (1758), S. 16 oct. 1777.

Collier (Pierre), né à Saint-Maurice-sur-Favron [Gatinois] (1760), S. 19 nov. 1777, congédié le 4 janv. 1782.

Boit (Pierre), né à Châtillon [Comté] (1753), S. 20 nov. 1777.

Beltz (Conrad), né à Altkirch [Alsace] (1757), S. 3 déc. 1777.

Bonnenoix (Jean-Charles), né à Jussy [Comté] (1760), S. 11 févr. 1778.

Diguat (Jean-Baptiste), né à Roanne [Forest] (1759), S. 9 mars 1778.

Simert (Charles), né à Alberstroff [Lorraine] (1750), S. 14 nov. 1766, sergent-major le 20 avril 1784.

Fontaine (Pierre), né à Etampes [Beauce] (1734), S. 4 avril 1758, congédié en Amérique le 1er déc. 1782.

Le Fevre (Pierre), né à Thenailles [Picardie] (1759), S. 29 oct. 1778.

Lavit (Jacques), né à Buligny [Lorraine] (1739), S. 28 févr. 1757, congédié en Amérique le 1er déc. 1782.

Cartel (Louis-Joseph), né à Mony [Picardie] (1759), S. 27 nov. 1778.

Ducroisé (Charles), né à Bretigny [Normandie] (1760), S. 15 avril 1779.

Mazet (Jean), né à Las [Anjou] (1750), S. 10 déc. 1779, mort à l'hôpital de Newport le 8 sept. 1780.

* Ces officiers figurent réellement sur l'état d'embarquement pour l'Amérique, sans indication des prénoms ni du lieu de naissance.

** Abréviations : S. = Entré au service ; R. = Rengagé.

Maillot (Jean), né à Bregille-les-Marnay [Comté] (1748), S. 20 nov. 1763, R. pour 8 ans le 20 nov. 1779.

Blavignat (Bernard), né à Martel [Quercy] (1750), S. 27 oct. 1774.

Dénommé (Louis-Joseph), dit **Vadeboncœur**, né à Bernon [Picardie] (1758), S. 24 oct. 1777.

Belin (René), dit **Angers**, né à Bernac [Anjou] (1759), S. 26 déc. 1778.

Vebre (Jean-Frédéric), né à Jusming [Lorraine (1759), S. 6 févr. 1779.

Thouret (Pierre-Joseph), né à Orve [Comté] (1759), S. 11 sept. 1779.

Charlet (Etienne), né à Popincourt [Picardie] (1760), S. 19 oct. 1779.

Touillet (Alexandre), né à Saint-Pierre à Gouy [Picardie] (1749), S. 15 déc. 1779.

Barbier (Louis), né à Gésincourt [Comté] (1762), S. 28 déc. 1779.

Benoist (Charles), né à Laune-du-Fond [Maine] (1754), S. 15 janv. 1780.

Riquet (Laurent), né à La Grande Tranche [Dauphiné] (1761), S. 26 janv. 1780.

Paret (Pierre), né à Champtocé [près Angers] (1750), S. 29 janv. 1780.

Besancenot (Joseph), né à Les Bâties [paroisse de Vezet, Comté] (1762), S. 14 févr. 1780.

Gérardin (Dominique), né à Gerenoncourt [Lorraine] (1758), S. 15 févr. 1780.

Bromblet (Joseph), né à Vaux [Bugey] (1759), S. 2 mars 1780.

Teillier (Floricourt), né à Coupru [Picardie] (1756), S. 17 janv. 1780, mort en Amérique le 31 oct. 1780.

Jacquet (Noël), né à Orbey [Alsace] (1761), S. 18 févr. 1780.

Escoffier (Médard), né à Charcenne (1747), S. 6 janv. 1764, R. pour 4 ans le 6 janv. 1780.

Donint (Nicolas), né à Orléans (1748), S. 10 mai 1780.

Humbert (Jacques-Joseph), né à Marigny [Comté] (1745), S. 15 mai 1765, mort sur le Vaisseau du Roi pendant la traversée de Boston à Saint-Domingue le 3 avril 1783.

Cuny (Charles-François), né à Fauchécourt [Comté] (1752), S. 5 déc. 1760, R. pour 8 ans le 5 déc. 1777.

Le Bel (Philippe), né à Metz (1754), S. 24 oct. 1770, R. pour 8 ans le 24 oct. 1778.

Le Roy (Jean), né à Lyon (1764), S. 8 déc. 1780.

Cuny (Jean), dit **Cadet**, né à Fauchécourt [Comté] (1766), S. 1er juin 1781.

Théaude (François), né à Hayange [Trois Evêchés] (1759), S. 10 mai 1776.

Compagnie De Morcourt de Foy.

Grossetête (Antoine), dit **Divertissant**, né à Auxonne [Bourgogne] (1751), S. 4 mars 1768, mort à l'hôpital ambulant devant York le 28 oct. 1781.

Mercier (Nicolas-Ambroise), né à Malche [Comté] (1747), S. 7 mars 1766, passé au régiment colonial le 16 févr. 1785.

France (Christophe), né à Sarralbe [Lorraine] (1751), S. 5 févr. 1768, mort à l'hôpital d'Auxonne le 13 juill. 1784.

Mille (Pierre-François), né à Offignies-sur-la-Lis [Flandre] (1740), S. 2 juill. 1770, R. pour 8 ans le 27 févr. 1778.

Deport (Nicolas), né à Mollans [Comté] (1735), S. 10 déc. 1760, R. pour 8 ans le 18 déc. 1777.

Ducret (Louis), né à Besançon (1741), S. 1er avril 1758, mort à l'hôpital de Besançon le 25 avril 1785.

Mangin (Antoine), né à Marais [Lorraine] (1730), S. 4 avril 1758, R. pour la troisième fois.

Huchot (Pierre), né à Morhange [Lorraine] (1746), S. 21 févr. 1765, mort à l'hôpital d'Auxonne le 19 nov. 1784.

Bareau (Antoine), né à La Praye [Bourgogne] (1746), S. 1er avril 1766, mort en Amérique le 5 oct. 1782.

Le Riche (Jacques), né à Bruyères [Picardie] (1748), S. 3 avril 1767, mort en Amérique le 8 déc. 1781.

Bedus (Pierre-Joseph), né à Cambrai (1753), S. 6 nov. 1770, R. pour 8 ans le 6 nov. 1778.

Niolot (Philibert), né à Châtillon-sous-Cortine [Comté] (1741), S. 28 nov. 1763, R. pour 4 ans le 28 nov. 1779.

Clément (Pierre-François), dit **Beausoleil**, né à Guillon [Comté] (1727), S. 18 mai 1755, parti pour la pension le 25 juill. 1785.

Félix (Nicolas), né à Paris (1727), S. 13 juill. 1757, R. pour la troisième fois en 1782.

Martin (Jean), dit **Lajeunesse**, né à Cendrecourt [Comté] (1758), S. 17 avril 1774.

Geindre (Georges), né à Vaire [Comté] (1748), S. 21 août 1774, congédié le 5 juill. 1783.

Demougeot (Jean-Baptiste), né à Lods [Comté] (1748), S. 25 août 1774, congédié le 5 juill. 1783.

Demougeot (Claude-Antoine), né à Lods [Comté] (1757), S. 21 nov. 1774, mort en Amérique à Newport le 2 oct. 1780.

Seguin (Jean), né à Coiffans [Bassigny] (1758), S. 5 mars 1775.

La Lime (Jean), né à Brégnier [Bugey] (1754), S. 22 avril 1775, congédié le 5 juill. 1783.

Leroy (Nicolas), né à Landricourt [Picardie] (1744), S. 21 mai 1776.

Demageot (Pierre), né à Manicamp [Picardie] (1751), S. 2 juill. 1776, mort en Amérique le 4 oct. 1782.

Chevance (Philippe), né à Saint-Denis-du-Port [Ile de France] (1752), S. 17 févr. 1777, mort à Auxonne le 18 mai 1785.

Chevance (Louis), dit **Saint-Denis**, né à Saint-Denis-du-Port [Ile de France] (1756), S. 17 févr. 1777.

Parmentier (Jean-Baptiste), né à Saint-Denis-du-Port [Ile de France] (1752), S. 14 nov. 1777, mort à Auxonne le 13 déc. 1785.

Fercoux (Jean-Baptiste), né à Evricourt-Epinoy [Picardie] (1757), S. 18 nov. 1777.

Arteau (Jean), né à Contour [Beaujolais] (1757), S. 2 déc. 1777.

Berry (Claude), né à Saint-Denis-de-Cabanne [Lyonnois] (1758), S. 30 janv. 1778.

Bouffange (Claude), né à Noailly [Bourgogne] (1757), S. 9 mars 1778.

Escoffier (Jean-Antoine), né à Saint-Malo [Bretagne] (1758), S. 2 août 1778.

Monniot (Claude), né à Perrey-le-Petit [Champagne] (1761), S. 1er avril 1779, passé sergent le 16 janv. 1784.

Finet (Louis-Alexandre-Nicolas), né à Saint-Germain-le-Comte [Normandie] (1749), S. 8 avril 1779, mort à l'hôpital de la Charité le 29 août 1783.

Aimé (Joseph), né à Nevers (1760), S. 15 avril 1779.

Ricarraud (Jean-Humbert), né à Grand-Chatel [Comté] (1738), S. 7 avril 1763, mort à Newport le 22 mars 1781.

Renaud (François-Xavier), né à Lods [Comté] (1747), S. 9 mars 1775.

Heurtard (Claude), né à Gy [Comté] (1747), S. 18 nov. 1766, R. pour 8 ans le 17 août 1779.

Berland (Nicolas), né à Igny [Comté] (1748), S. 3 févr. 1765, R. pour 8 ans le 1er avril 1781.

Millard (Jean-Nicolas), né à Beulotte-Saint-Laurent [Comté] (1759), S. 17 mars 1779.

Gestin (Jean), né à Landerneau [Bretagne] (1762), S. 1er nov. 1779.

Cournes (Pierre), né à Besançon [Comté] (1759), S. 1er juill. 1779.

Legier (Augustin), né à Besançon [Comté] (1761), S. 2 mai 1779.

Morge (Alexis), né à Landricourt [Picardie] (1761), S. 27 nov. 1779.

Fievet (Louis-Antoine), né à Chauny [Picardie] (1759), S. 27 nov. 1779.

Richard (Jean-Pierre), né à Arnoncourt [Champagne] (1760), S. 15 déc. 1779, mort en Amérique à Newport le 18 sept. 1780.

Gachenot (Thomas), né à Saint-Nicolas [Lorraine] (1760), S. 16 déc. 1779.

Denis (Jean-Louis), né à Pierrepont [Picardie] (1760), S. 19 janv. 1780.

Fider (Jean-Baptiste), né à Hassanbourg [Lorraine] (1760), S. 21 janv. 1780.

Pressois (Guillaume), né à La Cour-Marigny [Gâtinais] (1759), S. 24 févr. 1780, mort en mer le 16 févr. 1783.

Magnin (Jean), né à Frangy [Bourgogne] (1761), S. 17 déc. 1779.

Taurot (Claude-François), né à Champvans-les-Gray [Comté] (1741), S. 16 mars 1759, sergent le 21 janv. 1781.

François (Louis), né à Franchevelle [Comté] (1748), S. 6 févr. 1761, R. le 3 déc. 1778 pour 8 ans.

Pichon (Joseph), né à Evron [Maine] (1754), S. 4 févr. 1780.

Severry (Pierre), né à Augamere [Anjou] (1756), S. 26 déc. 1778.

Carré (René), né à Petit Nojon [Maine] (1760), S. 15 mai 1780.

Moret (Claude), né à Sozemaine [Dauphiné] (1750), S. 15 juill. 1780.

Coquet (Joseph), né à Lempire [Picardie] (1760), S. 23 sept. 1777.

Le Bled (Claude), né à Jussey [Comté] (1754), S. 23 janv. 1771, R. pour 8 ans le 6 févr. 1778.

Compagnie De Rumigny.

Poulnot (Jean-Baptiste), né à Gray [Comté] (1737), S. 1er nov. 1756, parti de Williamsburg en Virginie le 2 févr. 1782, pour la récompense militaire.

Patin (Jean-Baptiste), né à Charcenne [Comté] (1742), S. 8 janv. 1764, sergent-major le 25 oct. 1781.

Parisson (Nicolas), né à Frenay [Champagne] (1730), S. 26 juill. 1757, mort à l'hôpital d'Auxonne le 31 oct. 1784.

Chatelain (Jean-Baptiste), né à Ribemont [Picardie] (1735), S. 13 mai 1762, mort à l'hôpital d'Auxonne le 29 déc. 1785.

Cordier (Jean-Noël), né à Arc-sous-Cicon [Comté] (1741), S. 6 nov. 1763, mort en mer en revenant d'Amérique le 16 nov. 1783.

Richard (Jacques), né à Montigny [Comté] (1732), S. 5 déc. 1763, R. pour 8 ans le 28 déc. 1778.

Tissier (Nicolas), né à Montcourt [Comté] (1746), S. 29 janv. 1764, R. pour 8 ans le 25 sept. 1778.

Carbonel (Louis), né à Saint-Julien [Languedoc] (1744), S. 22 août 1764, mort à l'hôpital d'Yorck, le 8 déc. 1781.

Gerard (Etienne), né à Lusigny [Champagne] (1740), S. 27 janv. 1766, R. pour 8 ans le 1er déc. 1778.

Routhier (Joseph), né à Landresse [Comté] (1737), S. 4 mars 1766, R. pour 8 ans le 18 févr. 1774.

Despalmes (Charles), né à Saint-Pierre-Laval [Auvergne] (1748), S. 8 févr. 1768, passé au régiment colonial le 16 févr. 1785.

Cordier (Charles-François), né à Arc-sous-Cicon [Comté] (1754), S. 9 oct. 1771, mort en mer le 16 mars 1781.

Bornel (Désiré), né à La Torte [Bourgogne] (1751), S. 1er nov. 1771, R. pour 8 ans le 1er nov. 1779.

Quenot (Louis), né à Monthieux-en-Bresse [Bourgogne] (1753), S. 1er nov. 1771, R. pour 8 ans le 25 sept. 1779.

Tronquet (Etienne), né à Chateauneuf [Gâtinais] (1758), S. 8 janv. 1775.

Loignot (Joseph), né à Bourguignon-les-la-Charité [Comté] (1748), S. 20 févr. 1775.

Beginert (Jean-Baptiste), né à Saint-Jean [Lorraine] (1756), S. 27 mars 1775, mort à l'hôpital de Providence le 29 mai 1781.

Gigoulès (Nicolas), né à Chateauvieux [Comté] (1754), S. 1er avril 1775.

Klein (Joseph), né à Mittelschaeffelsheim [Basse-Alsace] (1747), S. 21 avril 1775.

Adrey (Jean-Claude), né à Cussey [Comté] (1755), S. 21 janv. 1776.

L'Etrillard (Jean-Baptiste), né à Couvron [Picardie] (1758), S. 3 nov. 1776.

Serbinat (Clément), né à Monteeau [Dauphiné] (1755), S. 4 mai 1777.

Terray (Jean-Claude), né à Cherlieu [Lyonnais] (1761), S. 18 juin 1777, mort à l'hôpital d'Auxonne le 18 juin 1784.

Demilly (Jean-Louis), né à Roucy [Picardie] (1760), S. 1er sept. 1777.

Degardey (Théodore), né à Wassigny-en-Artois [Picardie] (1757), S. 17 nov. 1777.

Jeandin (François), né à Jeandelize [Lorraine] (1759), S. 22 nov. 1777.

Trunquet (Nicolas), dit **Bellerose**, né à Chateauneuf [Gâtinais] (1760), S. 5 déc. 1777.

Paris (Jean-Claude), né à Fondremand [Comté] (1762), S. 25 janv. 1778.

Malservée (Etienne), né à Vassy [Champagne] (1758), S. 13 mars 1778.

Courtoisier (Dominique), né à Bassigney [Comté] (1749), S. 13 janv. 1767, R. pour 8 ans le 13 janv. 1775.

Guillemet (Pierre), né à Guillemet [Bretagne] (1756), S. 16 août 1778.

Bachelet (Nicolas), né à Barisis-aux-Bois [Picardie] (1760), S. 29 oct. 1778.

Cuquemel (Pierre), né à Bécherel [Bretagne] (1753), S. 14 nov. 1778.

Jaumer (André), né à Lodève [Languedoc] (1754), S. 24 févr. 1779.

Malaval (François), né à Creysseilles [Rouergue] (1759), S. 28 févr. 1779.

Duguet (Joseph), né à Pludino [Bretagne] (1758), S. 14 avril 1779, mort en Amérique le 23 sept. 1782.

Zegue (Jacques), né à Vadans [Comté] (1739), S. 18 févr. 1757, sergent-major le 10 avril 1780.

Etienne (Nicolas), né à Hautecourt-la-Grande [Lorraine] (1748), S. 5 mars 1767, congédié le 24 juill. 1783.

Nicot (Jean-Claude), né à Bussières [Comté] (1758), S. 10 avril 1775, congédié le 24 juill. 1783.

Patras (Thomas), né à La Côte-Saint-André [Dauphiné] (1756), S. 19 avril 1777, mort en Amérique le 13 sept. 1780.

Brandin (Pierre-François), né à Saint-Loup [Comté] (1757), S. 13 mars 1778.

Lauremier (Philippe), né à Saint-Loup [Comté] (1758), S. 3 févr. 1779.

Brouette (Pierre), né à la Neuville [Picardie] (1762), S. 12 nov. 1779.

Desbottes (Joseph), né à Cambrai (1748), S. 11 déc. 1779.

Aubry (Joseph), né à Arnancourt [Champagne] (1762), S. 15 déc. 1779.

Payoux (Pierre-Varin), né aux Choux [Gâtinais] (1753), S. 4 janv. 1780.

Domant (Mathieu), né à Steinbach [Lorraine] (1763), S. 21 janv. 1780.

Poutoire (Michel-Pierre), né à Bonnétable [Maine] (1760), S. 19 déc. 1779.

Gauthier (François), né à Saint-Aubin-de-Terregatte [Normandie] (1752), S. 14 févr. (1780), mort des blessures reçues à York le 18 oct. 1781.

Venette (Jean-Louis), né à Montigny [Artois] (1754), S. 28 févr. 1780.

Teilsard (Toussaint), né à Bucey [Comté] (1760), S. 7 déc. 1780, mort en Amérique le 27 oct. 1782.

Martin (Jean), né à Pommerols [près Montpellier] (1761), S. 23 déc. 1779.

Laviaux (Claude-François), né à Ronchamp [Comté] (1760), S. 27 mars 1780.

Monnin (Jean), né à Flammerans [Bourgogne] (1745), S. 7 nov. 1763, R. pour 4 ans le 7 nov. 1779.

Vautrin (Nicolas), né à Saint-Nicolas [Lorraine] (1762), S. 27 déc. 1780.

Castille (Maximilien), né à Brebières [Artois] (1748), S. 3 févr. 1768, R. pour 8 ans le 3 févr. 1776.

Laubast (Jean), né à Saint-Agnan [Gascogne] (1759), S. 25 juin 1778.

Fournier (Louis), né à Perucier [Picardie] (1754), S. 11 févr. 1780.

Chaumont (Jean-Baptiste), né à Robert-Espagne [Lorraine] (1760), S. 29 mars 1777.

Serbenat (Clément), né à Mondeeau [Dauphiné] (1755), S. 4 mai 1777.

Compagnie Ollivier D'Hemery.

Monnot (Joseph), sergent, né à Mirecourt [Lorraine] (1739), S. 9 mars 1757, parti pour la pension le 25 juill. 1785.

Berthé (François), né à Bourg [Bresse] (1742), S. 3 sept. 1768, mort en Amérique le 17 août 1780.

Suard (Jean), dit **L'Enclume**, né à Saint-Laurent [Périgord] (1731), S. 24 mai 1758, congédié en Amérique le 1er déc. 1782.

Becquaire (Martin), dit **Laplaisance**, né à Macheren [près Thionville] (1742), S. 31 mars (1759), R. pour 8 ans le 11 juin 1779.

Suard (Félix), dit **La Jeunesse**, né à Perpignan (1743), S. 12 mai 1760, mort en Amérique le 13 juin 1783.

Ferrey (Claude-Pierre), né à Oiselay [Comté] (1748), S. 17 déc. 1766, mort d'une blessure reçue à Yorck le 23 oct. 1781.

Courtot (Nicolas), né à Lure [Comté] (1754), S. 18 févr. 1774, congédié le 5 juill. 1783.

Courtot (Jean-Baptiste), dit **Saint-Jean**, né à Lure [Comté] (1756), S. 18 févr. 1774, R. le 18 févr. 1782, pour 4 ans.

Queinel (Christophe), dit **Ladouceur**, né à Ferrières [Trois Évêchés] (1733), S. 2 mai 1758, mort en Amérique le 23 août 1780.

Billion (Joseph), né à Saint-Laurent-du-Pont [Dauphiné] (1754), S. 1 avril 1775, congédié en Amérique le 2 mars 1783.

Lalaux (Jean-François), né à Vaux-en-Arrouaise [Picardie] (1759), S. 27 sept. 1775.

Salomon (Philibert-Antoine), né à Bruyères [Picardie] (1756), S. 9 oct. 1775, mort à l'hôpital ambulant devant York le 2 nov. 1781.

Lefèvre (Jean), né à Condrans [Picardie] (1754), S. 19 janv. 1776.

Delattre (Antoine), né à Beaulor [Picardie] (1755), S. 24 janv. 1776.

Dubois (Louis-Joseph), né à Saint-Omer [Artois] (1744), S. 29 avril 1763, R. pour 8 ans le 29 avril 1778.

Lecas (Pierre-François), né à Condren [Picardie] (1757), S. 20 mars 1776.

Lorain (Jean-Antoine), né à Fosseux [Picardie] (1752), S. 4 avril 1776, mort en Amérique le 18 août 1780.

Chardin (Claude), dit **Cadet**, né à Bassigney [Comté] (1752), S. 29 mai 1776.

Glaize (Pierre), né à Berhen [Lorraine] (1757), S. 30 nov. 1776.

Marneur (Claude), né à Vy-le-Ferroux [Comté] (1768), S. 6 déc. 1776.

Chovory (Barthelemy), né à Souhesme [Verdunois] (1757), S. 23 janv. 1777.

Delisle (Jean-Pierre), né à Souhesmes [Verdunois] (1749), S. 17 avril 1766, R. pour 4 ans le 17 avril 1782.

Ferrard (Jean), dit **Ferrette** né à Haute-Yutz [Lorraine] (1757), S. 23 nov. 1777.

Barascud (Antoine), dit **Brindamour**, né à Saint-Rome-de-Tarn [Rouergue] (1757), S. 20 déc. 1777.

Maillefer (Prosper), dit **La Fleur**, né à Bruyères [Picardie] (1761), S. 8 févr. 1778.

Briot (Valentin), né à Fouvent-le-Châtel [Comté] (1756), S. 26 mars 1778.

Dole (Claude), sergent-major, né à Serval [Picardie] (1736), S. 2 mars 1757, fait officier le 25 oct. 1781.

Minochet (Michel), né à Stangmeur [Bretagne] (1752), S. 2 janv. 1779.

Tombois (Pierre-François), né à Frières-Faillouel [Picardie] (1760), S. 24 janv. 1779.

Billy (François), né à Auzéville [Lorraine] (1748), S. 13 mars 1779.

Billy (Jean), dit **Jacquemin**, né à Auzéville [Lorraine] (1741), S. 30 mars 1779.

Chapelain (Pierre-François), né à Saint-Vit [Comté] (1760), S. 20 avril 1779, mort en Amérique le 11 sept. 1780.

Prévot (Jean-Baptiste), né à Saint-Quentin [Picardie] (1759), S. 20 août 1777.

Boudaille (François), né à Verrières [Champagne] (1759), S. 21 oct. 1778, mort en Amérique le 17 juill. 1781.

Mangel (Nicolas), né à Saint-Loup [Comté] (1759), S. 3 févr. 1779.

Lainey (Julien), né à Bouillé [Anjou] (1758), S. 12 mars 1779.

L'Archey (Dominique), né à Jonvelle [Comté] (1760), S. 14 mars 1779.

Gabriel (Jean-Louis), né à Chauny [Picardie] (1760), S. 26 oct. 1779.

Molin (Jean-Claude), né à Montaigu [Comté] (1755), S. 1er déc. 1779.

Canoine (Jean), né à Chauny [Picardie] (1756), S. 15 déc. 1779, mort à l'hôpital de Morlaix le 12 sept. 1783.

Montagne (Philippe), né à Vernancourt [près Joinville] (1763), S. 15 déc. 1779, mort à l'hôpital de Crampton (Amérique), le 28 sept. 1782.

Poireau (Jean-Baptiste), né à Moulins [Hainaut] (1756), S. 27 déc. 1779, mort en mer (naufrage), le 4 févr. 1783.

Brohard (Joseph-Louis), né à Guise [Picardie] (1758), S. 23 janv. 1780.

Pernot (Jean-Claude), né à Hyèvre [Comté] (1758), S. 1er févr. 1780, mort à l'hôpital de Besançon le 20 oct. 1784.

Lainey (Mathieu), né à Saint-Aubin en Terregatte [Normandie] (1762), S. 14 févr. 1780.

Patin (Jean-Baptiste), sergent-major, né à Charcenne [Comté] (1742), S. 8 janv. 1764, mort en mer (naufrage) le 7 févr. 1783.

Aubry (François), dit **Brindamour**, né à Villemort [Champagne] (1743), S. 13 mai 1766, R. pour 4 ans le 22 mai 1780.

Ballot (Jacques), né à Besançon (1762), S. 23 févr. 1780.

Carrey (Etienne), né à Nans-sous-Sainte-Anne [Comté] (1763), S. 13 août 1779.

Delmonté (Louis), né à Fontenoy-la-Ville [Lorraine] (1753), S. 20 mai 1770, parti pour le régiment colonial en 1785.

Le Roux (Jean-Louis), né à Condren [Picardie] (1759), S. 22 mai 1777.

Cœurotte (Simon), né à Dammartin [Comté] (1759), S. 21 nov. 1777.

Tisserand (Antoine), né à Pertain [Picardie] (1759), S. 4 janv. 1779.

Duport (Claude-Joseph), né à Jussey [Franche-Comté] (1752), S. 23 févr. 1771, R. pour 4 ans le 23 janv. 1779.

Compagnie Josserand.

Gauché (Louis), né à Scey-sur-Saône [Comté] (1735), S. 12 mai 1760, mort à Newport le 23 mai 1781.

Huguenin (Claude-Antoine), né à Bétoncourt [Comté] (1740), S. 6 févr. 1765, R. pour 8 ans le 6 févr. 1779.

Creteau (Charles), dit Saint-Cosme [Touraine] (1745), S. 6 mars 1768, passé au régiment du Cap le 16 févr. 1785.

Pinot (François), né à Poligny [Comté] (1752), S. 17 juill. 1771, R. pour 8 ans le 17 juill. 1779.

Ecarnaux (Jean-Baptiste), né à Palise [Comté] (1754), S. 15 mai 1772, congédié le 4 juill. 1783.

Beatois (Guillaume), dit **Denis**, né à Frangy [Bourgogne] (1737), S. 15 févr. 1762, R. pour 8 ans le 10 mars 1777.

Chenu (Jean), né à Poligny [Comté] (1755), S. 18 déc. 1773, R. pour 8 ans le 18 déc. 1781.

Jacquemin (Pierre), né à Branne [Comté] (1755), S. 5 sept. 1774, congédié avec pension le 1er janv. 1782.

Chartillon (François), né à Montarlot [Comté] (1751), S. 22 mai 1775, mort en Amérique le 28 oct. 1780.

Collignon (Jacques), né à Illange [Trois Evêchés] (1749), S. 10 juill. 1767, congédié le 5 mai 1786.

Pouilliard (Toussaint), né à Pérucée [Picardie] (1757), S. 5 nov. 1775, congédié le 4 nov. 1783.

Lahurte (Jean-Joseph), né à Varangeville [Lorraine] (1760), S. 16 janv. 1777.

Lambert (Claude-François), né à Moncey [Comté] (1759), S. 25 janv. 1777, mort chez lui le 6 déc. 1783.

Deneuville (Louis), né à Fourdrain [Picardie] (1757), S. 24 avril 1777.

Maréchal (Germain-Alexis), né à Jussy [Picardie] (1759), S. 3 juill. 1777.

Baudouin (Alexandre), né à Festieux [Picardie] (1758), S. 7 oct. 1777.

Le Page (Jean), né à Ouchy [Gâtinais] (1758), S. 19 nov. 1777.

Rouge (Frédéric), né à Kanfen [Trois Evêchés] (1759), S. 26 déc. 1777.

Peffert (Nicolas), né à Imeldange [Trois Evêchés] (1757), S. 27 févr. 1778.

Tisserand (François-Jean), né à Corravillers [Comté] (1758), S. 10 janv. 1779.

Conort (Jean-Pierre), né à Marminiac [Auvergne] (1753), S. 29 nov. 1779.

Delaporte (François), né à Chaumussay [Touraine] (1758), S. 28 déc. 1779, mort à Newport le 2 oct. 1780.

L'Archey (Etienne), né à Equevilley [Comté] (1741), S. 3 déc. 1763, sergent-major le 1er avril 1780.

Mennetrier (Jean), né à Poncey [Bourgogne] (1749), S. 3 janv. 1767, R. pour 8 ans le 22 oct. 1777.

Boulsard (François-Fortuné), né à Lons-le-Saunier [Comté] (1751), S. 19 juill. 1771, R. pour 8 ans le 19 juill. 1779.

Douche (Pierre), né à Cerny [Picardie] (1756), S. 3 oct. 1777.

Vieuville (Jean-Louis), né à La Ferté [Picardie] (1754), S. 21 juill. 1771, R. pour 8 ans le 21 juill. 1779.

Provins (Jean-Baptiste), né à La Neuville-les-Frey-sur-Saône [Comté] (1753), S. 12 janv. 1775, congédié le 4 juill. 1783.

Gille (Augustin-Nicolas), né à Margival [Picardie] (1758), S. 14 juin 1777.

Mouflier (Jean-François), né à Jussy [Picardie] (1760), S. 18 nov. 1777.

Fulminet (François), né à Lods [Comté] (1758), S. 3 déc. 1777.

Desgranges (Claude), dit **Vauban**, né à Vauban [près Mâcon] (1748), S. 25 déc. 1777.

Durand (Etienne), né à Bourbonne-les-Bains [Champagne] (1761), S. 11 juin 1779.

Joulin (Jean), né à Forges [Anjou] (1761), S. 2 mars 1779, noyé à Williamsburg le 30 juin 1782.

Goujon (Gabriel), né à Auvet [Comté] (1755), S. 20 févr. 1779.

Joly (Jean), né à La Brie [Lorraine] (1759), S. 9 mars 1779.

Grebeaux (Adrien), né à Noyelle-sous-Bellonne [Artois] (1759), S. 26 oct. 1779, mort à l'hôpital d'Auxonne le 30 janv. 1784.

Bouchard (Jean), né à Sainte-Croix [Bourgogne] (1751), S. 15 déc. 1779.

Le Sourd (Denis), né à Chauny [Picardie] (1760), S. 22 nov. 1779.

Le Clerc (Jean-Baptiste), né à Labergement [Comté] (1760), S. 28 déc. 1779.

Prisencé (Pierre), né à Frangy [Bourgogne] (1760), S. 17 déc. 1779.

Maillotte (Jean), né à Pontailler [Bourgogne] (1761), S. 6 janv. 1780.

Broux (Pierre), né à Feins [Anjou] (1759), S. 29 janv. 1780.

Delsaint (François), né à Vuisac-en-Conflans [Roussillon] (1752), S. 28 févr. 1780.

Marcoux (Pierre), né à Verrières-sur-Aisne [Champagne] (1762), S. 13 fév. 1780.

Becker (Nicolas), né à Alhen [Lorraine] (1761), S. 21 janv. 1780.

Dapre (Pierre), dit **Dauphiné**, né à Monestier-de-Clermont [Dauphiné] (1752), S. 23 mars 1772, R. pour 8 ans le 23 nov. 1778.

Séraphin (Claude), né à Josain [Lorraine] (1761), S. 10 déc. 1778.

Maitre (Claude-Louis), né à Pesmes [Comté] (1757), S. 21 avril 1779, mort chez lui le 23 déc. 1784.

Charlier (Jean), né à Nancy (1757), S. 18 févr. 1777.

Le Page (Jean), né à Ouchy [Gâtinais] (1758), S. 19 nov. 1777.

Compagnie Dupuy, chevalier.

Rousau (Claude), dit **Desjardin**, né à Auxonne [Bourgogne] (1738), S. 12 mai 1760, mort à l'hôpital d'Auxonne le 21 avril 1784.

Barat (Jean), né à Ossey [Champagne] (1747), S. 1er janv. 1765, mort en mer le 24 mai 1781.

Carbonnaux (Claude), dit **Sans Regret**, né à Bousselange [Bourgogne] (1741), S. 22 avril 1766, passé au régiment colonial le 16 févr. 1785.

Corre (François), né à Louppy [Trois Evêchés] (1745), S. 7 juin 1767, congédié le 5 juill. 1783.

Castille (Maximilien), né à Brebières [Artois] (1748), S. 3 févr. 1768, passé sergent le 5 mars 1782.

Chateau (Jean-Nicolas), né à Charleville [Champagne] (1749), S. 8 mars 1768, passé au régiment colonial le 16 févr. 1785.

Carmel (Simon), né à Villecomtal [Rouergue] (1749), S. 1er juin 1768, mort à l'hôpital de Baltimore le 14 nov. 1782.

Collin (Joseph), né à Velogny [Bourgogne] (1749), S. 1er déc. 1768, R. pour 8 ans le 1er déc. 1776.

Mousset (Louis), né à Charcenne [Comté] (1750), S. 2 janv. 1770, R. pour 8 ans le 2 janv. 1778.

Guyot (Gabriel), né à Saint-Nicolas [Lorraine] (1754), S. 19 juill. 1771, mort à l'hôpital de Nancy le 25 nov. 1784.

Le Gris (Jean-Nicolas), né à Puche [Lorraine] (1750), S. 3 janv. 1768, congédié le 3 janv. 1784.

Petitjean (Claude-Denis), né à Morre [Comté] (1750), S. 7 avril 1775.

Prantigny (Louis-Etienne), né à L'Isle [Comté] (1752), S. 6 juin 1772, fait officier le 1er nov. 1784.

Lefèvre (Gaspard), né à Templeuve [Flandre] (1748), S. 10 sept. 1776, mort en Amérique le 6 juill. 1781.

Person (François), né à Roncourt [Lorraine] (1758), S. 31 mars 1777, mort à l'hôpital de Brest le 11 juill. 1783.

Dulleau (Claude), né à Saint-Christ [Picardie] (1758), S. 31 juill. 1777.

Mulot (Joseph), né à Montauban [Picardie] (1758), S. 12 août 1777, mort en Amérique le 2 févr. 1783.

Chameau (Jacques), né à Montigny-sur-Crécy [Picardie] (1760), S. 1er mars 1777, mort en Amérique le 25 juill. 1781.

Hurier (Louis), né à Heudicourt [Picardie] (1750), S. 20 nov. 1777.

Pagnon (Pierre), né à Pargny [Picardie] (1760), S. 1er déc. 1777.

Duhamel (Jean-Joseph), né à Curchy [Picardie] (1755), S. 5 janv. 1778.

Stier (Mathieu), né à Heudicourt [Picardie] (1760), S. 15 janv. 1778.

Picard (Julien), né à Saint-Aignan [Maine] (1759), S. 24 févr. 1778.

Royron (Jean-François), né à Saint-Hostien [Velay] (1752), S. 20 nov. 1775.

Rigaud (Joseph), né à Versigny [Picardie] (1754), S. 24 juill. 1777.

Maigny (Pierre), né à Chatnay [Bretagne] (1748), S. 25 mai 1778.

Petitpas (François), né à La Chapelle-Janson [Bretagne] (1757), S. 17 oct. 1778.

Barret (Jean-Baptiste-Joseph), né à Dompierre-sur-le-Doubs [Comté] (1759), S. 30 oct. 1778.

Marotte (Honoré-Rémy), né à Pertuis [Picardie] (1761), S. 23 nov. 1778.

Jacqué (Jean-Baptiste), né à Corravillers [Comté] (1761), S. 10 janv. 1779.

Jéronne (Alexis), né à Etampes [Beauce] (1763), S. 26 févr. 1779.

Verney (Antoine), né à Martel [Quercy] (1759), S. 31 mars 1773.

Monnier (Pierre), né à Plédéliac [Bretagne] (1762), S. 9 août 1779.

Christot (Jacques), né à Mézin [Languedoc] (1762), S. 18 juill. 1779, tué en batterie, d'un boulet, au siège d'York le 17 oct. 1781.

Meret (Claude), né à Troissereux [Picardie] (1751), S. 1er nov. 1779.

Croisière (Joseph-Marie), né à Bourg-Paul-Muzillac [Bretagne] (1752), S. 15 nov. 1779.

Georget (Michel), né à Bourg-Paul-Muzillac [Bretagne] (1761), S. 29 nov. 1779.

Compagnon (Laurent), né à Tours (1762), S. 28 déc. 1779, mort en Amérique le 17 janv. 1782.

Le Bel (Etienne), né à Orville [Champagne] (1760), S. 11 avril 1779.

Le Bel (Claude) dit **Cadet**, né à Orville [Champagne] (1761), S. 11 avril 1779, mort à l'hôpital de Morlaix le 16 juill. 1783.

Viette (Jean), né à Blamont [Comté] (1762), S. 24 août 1779.

Augustin (Colin), né à Passavant [Comté] (1754), S. 6 oct. 1779.

Rondot (François), né à Villars-les-Potelle [Champagne] (1760), S. 4 nov. 1779.

Grandmougin (Nicolas), né à Fétaire [Comté] (1761), S. 25 janv. 1780, mort en Amérique le 2 sept. 1782.

Mougin (Jean), né à Ancey [Champagne] (1758), S. 10 févr. 1780.

Ray (Jean), né à Auxonne [Bourgogne] (1762), S. 28 déc. 1779, mort à l'hôpital de Brest le 25 juill. 1783.

Renaux (François), né à Roche-sur-Bucey [Comté] (1759), S. 2 févr. 1780.

Eloy (Jean-Nicolas), dit **Lajeunesse**, né à Etreux Landrenot [Picardie] (1763), S. 17 nov. 1779.

Mathieu (Jean-François), né à Varangéville [Lorraine] (1763), S. 14 févr. 1780.

Robert (Philippe), né à Teuley [Comté] (1759), S. 16 févr. 1780.

Rouel (Nicolas-François), né à Hemeruy [Artois] (1750), S. 3 avril 1777.

Bosque (Jean-Pierre), né à Moussan [Languedoc] (1761), S. 2 mai 1780, congédié en Amérique pour rentrer en France le 1er mai 1783.

Bouchey (Louis), né à Bienois [Brie] (1745), S. 13 oct. 1779, réformé le 18 juill. 1784.

Thouvenot (Antoine), né à Tartécourt [Comté] (1762), S. 15 déc. 1779.

Minet (Claude), né à Lazeville [Champagne] (1761), S. 6 janv. 1781, mort en Amérique le 13 oct. 1782.

Coutte (Augustin-Quentin), né à Saint-Quentin [Picardie] (1761), S. 2 nov. 1777.

Chataigné (Jean-François), né à Quers [Comté] (1755), S. 16 mars 1775.

Pipelay (Jean-Jacques), né à Pertuis [Picardie] (1760), S. 23 nov. 1778.

Barret (Jean-Baptiste-Joseph), né à Dompierre-sur-le-Doubs [Comté] (1759), S. 30 oct. 1778.

Arcelin (Jean-Baptiste), né à Vitry-le-François (1757), S. 4 mars 1775.

Compagnie Garret De Maisonneuve.

Fernoux (Simon), né à Marnoz [Comté] (1740), S. 12 mai 1760, R. pour 8 ans le 1er sept. 1777.

Maillard (Jérôme), né à Fleury-la-Rivière [Champagne] (1735), S. 21 mai 1755, mort à l'hôpital d'Auxonne le 16 sept. 1783.

Pelitier (Jacques), dit **Deslauriers**, né à La Garde Oyron [Dauphiné] (1740), S. 19 janv. 1757, mort à Williamsburg le 7 oct. 1781.

Levert (Jacques), né à Epéhy [Picardie] (1735), S. 4 avril 1758, R. pour 8 ans le 30 sept. 1773.

Denef (Jean-Nicolas), né à Neufchef [Lorraine] (1743), S. 3 avril 1762, R. pour 8 ans le 18 mars 1777.

Creusy (Jean-Baptiste), né à Ferrière-les-Scey [Comté] (1739), S. 14 déc. 1765, R. pour 8 ans le 14 déc. 1779.

Bredille (Denis), né à Sirey [Bourgogne] (1746), S. 4 avril 1766, mort en mer le 6 juin 1781.

Gevrey (Claude-Henry), né à Isilo [Bourgogne] (1748), S. 5 nov. 1767, mort à l'hôpital de Boston le 12 juill. 1781.

Moraud (François), né à Vitteaux [Bourgogne] (1749), S. 13 mars 1768, R. pour 8 ans le 15 nov. 1776.

Voilquin (Pierre), né à Jandreville [Lorraine] (1751), S. 9 avril 1770, R. pour 8 ans le 9 avril 1778.

Baubillier (Pierre-Antoine), né à La Grand Combe [Comté] (1752), S. 3 mai 1774, mort à l'hôpital de Boston le 15 juin 1781.

Etienne (Jean), né à Aubecourt-la-Grange [Trois Evêchés] (1758), S. 1er mai 1775.

Robe (Pierre-François), né à Courtetain [Comté] (1758), S. 26 juill. 1775.

Pery (Adrien), né à Landresse [Comté] (1755), S. 22 déc. 1775.

Dubuy (Jean-Baptiste), né à Monceau-les-Loups [Picardie] (1754), S. 21 janv. 1776.

Petitjean (Antoine), né à Colombier [Lorraine] (1755), S. 6 mai 1776, mort pendant la traversée de France en Amérique le 27 mars 1781.

Besaque (Joseph), né à Couvron [Picardie] (1752), S. 21 avril 1776.

Berteaux (Joseph), né à Dombasle [Lorraine] (1756), S. 1er mai 1776.

Pierre (Baptiste), né à Montreux [Lorraine] (1748), S. 3 oct. 1776.

Maguin (Claude-Philippe), né à Besançon [Comté] (1754), S. 2 mars 1777.

Chaffenet (Jean-François), né à Corravillers [Comté] (1759), S. 28 mars 1777.

Hoccard (François), né à Chatenois [Lorraine] (1756), S. 30 mars 1777, mort à l'hôpital d'Auxonne le 16 sept. 1783.

Lemoine (Antoine), né à Vonel [Picardie] (1757), S. 21 juill. 1777.

Couvreur (André), né à Barizy-aux-Bois [Picardie] (1758), S. 29 oct. 1777.

Le Dez (Edme), né à Triguères (Gatinois] (1753), S. 19 nov. 1777.

Marchand (Jean), né à Renange [Lorraine] (1758), S. 26 déc. 1777.

Imbert (Jean-Louis), né à Regny [Beaujolais] (1760), S. 30 janv. 1778.

Dœillet (François), né à Poncey [Bourgogne] (1761), S. 23 juill. 1777.

Vernay (Antoine), né à La Ville Dieu [Vivarais] (1755), S. 21 avril 1778.

Ricard (Fulqueront-Dominique), né à Lodève [Languedoc] (1754), S. 24 févr. 1779.

Brillant (Jean), né à Bayet Moran [Bretagne] (1753), S. 19 mars 1779.

Le Bert (Yves), né à Berledy [Bretagne] (1760), S. 21 mars 1779.

Martin (Jean), né à Vandœuvre [Lorraine] (1743), S. 5 févr. 1764, mort à Brest en juin 1781.

Vanier (René), né à Mayenne (1760), S. 29 nov. 1779.

Tervers (Jean), né à Mitry [Trois Evêchés] (1742), S. 7 avril 1767, R. pour 8 ans le 7 avril 1775.

Le Roy (François), sergent-major, né à La Barre [Comté] (1740), S. 20 mars 1762, R. pour 8 ans le 1er sept. 1778.

Barbaux (Jacques), né à La Grange-Tourain [Comté] (1756), S. 19 déc. 1774, congédié le 5 juill. 1783.

Barbet (Louis), né à Charné [Mâcon] (1748), S. 14 déc. 1768, R. pour 8 ans le 14 déc. 1775.

Lastre (Joseph), né à Buffard [Comté] (1750), S. 13 mai 1771, R. pour 8 ans le 13 mai 1779.

Ardouins (Jacques), dit **Desmaret**, né à Beaunes [Champagne] (1748), S. 13 mars 1772, R. pour 8 ans le 1er nov. 1780.

Baudry (François), né à Poncey [Bourgogne] (1759), S. 8 mai 1777.

Lavisé (Pierre), né à Bourbonne-les-Bains [Champagne] (1761), S. 11 juin 1779.

Cuinet (Claude-Antoine), né à l'Abbaye de Damparis [Comté] (1753), S. 26 sept. 1779.

Goichot (Joseph), né à Trésilley [Comté] (1760), S. 18 oct. 1779.

Holback (George), né à Layvills [Lorraine] (1761), S. 21 janv. 1780.

Gruyeres (François), né à Saint-Germain [Comté] (1764), S. 26 févr. 1780.

Voirin (François), né à Ludres [Lorraine] (1752), S. 27 févr. 1780.

Leproud (Thomas), né à Tours (1760), S. 1er mars 1780.

Solacier (Jean), né à Perruge [Bourgogne] (1759), S. 1er mars 1780.

Vimbert (Martin), né à Toucout [Comté] (1761), S. 15 juill. 1780.

Camus (François), né à Champigneulles [Lorraine] (1762), S. 11 août 1780.

Bulh (Martin), né à Amfersbach [Alsace] (1763), S. 1er déc. 1779, mort en Amérique le 1er sept. 1782.

Le Vert (Mathieu), né à Metz [Lorraine] (1767), S. 2 oct. 1772, réformé le 18 juill. 1785.

Compagnie Bonnay de la Rouvrelle.

Bruxelle (Claude), né à Flavy-le-Martel [Picardie] (1738), S. 27 oct. 1763, R. pour 8 ans le 15 sept. 1778.

Thiroux (Jean), né à Folembray [Picardie] (1752), S. 22 nov. 1770, mort en Amérique le 20 juin 1780.

Heimes (Michel), né à Rohrbach [Lorraine] (1752), S. 28 févr. 1771, R. pour 8 ans le 28 févr. 1778.

Closset (Jacques-Cristianne), dit **Fleur dépine**, né à Offenbach [Allemagne] (1762), S. 20 déc. 1778, noyé dans la rivière d'York le 21 sept. 1781.

Le Bœuf (François), dit **Sans Soucy**, né à Villers-les-Pots [Bourgogne] (1745), S. 5 déc. 1773, congédié le 7 juill. 1783.

Goguillot (Jean-Joseph), né à Besançon [Comté] (1755), S. 1er mai 1774, congédié le 7 juill. 1783.

Moraux (Claude-François), dit **Divertissant**, né à Salins [Comté] (1757), S. 1er juin 1774, congédié le 7 juill. 1783.

Bonnet (Antoine), né à Brétigny [Comté] (1743), S. 15 avril 1764, mort en Amérique le 6 sept. 1780.

Caillet (Michel), né à Jussey [Comté] (1758), S. 23 oct. 1774, R. pour 8 ans le 12 sept. 1779.

Varrin (Jean-Louis), né à Besançon (1756), S. 1er déc. 1774, congédié le 7 juill. 1783.

Berthet (François), né à Pirey [Comté] (1756), S. 1er mars 1775, congédié le 7 juill. 1783.

Gouthière (Jacques), né à Villane-Blesoye [Champagne] (1746), S. 4 mars 1775, congédié le 7 juill. 1783.

Gerard (Alexis-Toussaint), né à Moncey [Comté] (1757), S. 27 avril 1775, congédié le 7 juill. 1783.

Guillaume (Jean-Baptiste), né à Jussey [Comté] (1755), S. 28 avril 1775.

Dutrule (Jean-Baptiste), né à Etuz [paroisse de Cussey, Comté] (1744), S. 12 mai 1760, R. pour 8 ans le 1er sept. 1777.

Dimanche (Michel-François), dit **Perney**, né à Vauvillers [Comté] (1748), S. 16 sept. 1775, congédié le 15 sept. 1783.

Cretin (Jacques), né à Sassenay [Bourgogne] (1746), S. 25 mars 1776.

Stenfetz (Pierre), né à Saint-Jean-de-Rohrbach [Lorraine] (1756), S. 2 avril 1776.

Roux (Antoine-Petit), né à Villers-en-Argonne (1759), S. 3 mai 1776.

Bonnotte (François), né à Bucey [Comté] (1758), S. 25 févr. 1777.

Guillaume (Martin), dit **La Douceur**, né à Bucey [Comté] (1759), S. 25 févr. 1777.

Duport (Joseph), né à Jussey [Comté] (1752), S. 23 janv. 1771, sergent-major le 4 févr. 1783.

L'Epicier (Jean-Claude), né à Dizy [Picardie] (1758), S. 27 juill. 1777.

Besson (Jean), né à Matour [Bourgogne] (1758), S. 18 nov. 1777, mort à Newport le 16 mars 1781.

Boit (Antoine), né à Châtillon-sur-Cortine [Comté] (1754), S. 20 nov. 1777.

Dubrey (François), né à Jussey [Comté] (1757), S. 19 déc. 1777.

Grandgirard (Nicolas), né à Jussey [Comté] (1756), S. 6 févr. 1778.

Benoit (Modeste), né à Cazères [Guyenne] (1745), S. 6 févr. 1778, mort à l'hôpital d'Auxonne le 23 juill. 1784.

Bévalot (Jean-Baptiste), né à Sauvigney-les-Montlozain [Comté] (1759), S. 13 mars 1778.

Broccard (Pierre), né à Oiselay [Comté] (1739), S. 23 oct. 1768, R. pour 8 ans le 23 oct. 1776.

Gaugien (Simon), né à Rosières-sur-Mance [Comté] (1761), S. 12 janv. 1779.

Bayrettes (Louis), né à Verrières [Champagne] (1762), S. 7 févr. 1779, mort en Amérique le 28 août 1780.

Masson (Julien), né à Ruffigné [Bretagne] (1752), S. 2 mars 1779.

Fole (Nicolas), né à Gouhenans [Comté] (1759), S. 14 mars 1773, noyé dans la rivière d'York le 21 sept. 1781.

Soriol (Jean), né à Chuelles [Gâtinais] (1758), S. 13 mars 1779.

Jacquin (Jean-Baptiste), né à Gevigney [Comté] (1751), S. 23 janv. 1771, congédié le 30 août 1784.

La Taille (Jean), né à Uckange [Lorraine] (1745), S. 4 oct. 1767, R. pour 8 ans le 6 nov. 1776.

Clément (Louis), né à Poligny [Comté] (1746), S. 5 déc. 1763, mort à l'hôpital d'Auxonne le 26 sept. 1783.

Hodard (Nicolas), né à Rimange [Lorraine] (1747), S. 4 mai 1768, R. pour 8 ans le 9 mars 1780.

Bruges (Vincent), né à Ambon [Bretagne] (1761), S. 31 mars 1779.

Volot (Jean-Baptitse), dit **La Faveur**, né à Marnay [Comté] (1759), S. 27 juin 1779.

Marraix (Vincent), né à Besançon [Comté] (1757), S. 1er oct. 1779, mort en Amérique, le 25 sept. 1780.

Millot (Ferréol), né à Recologne [Comté] (1761), S. 25 oct. 1779.

Remy (Nicolas), né à Letraye [Lorraine] (1759), S. 6 nov. 1779.

Le Bru (Alexis), né à Granges-le-Bourg [Comté] (1761), S. 6 déc. 1779, mort en Amérique le 8 oct. 1782.

Cordelier (Jean-Claude), né à Pompierre [Comté] (1761), S. 24 déc. 1779.

Pourray (Etienne), né à Saint-Gand [Comté] (1763), S. 24 janv. 1780.

Plantier (Louis-Gabriel), né à Perrigny [Bourgogne] (1761), S. 1er mars 1780.

Carillon (Pierre), né à Arc [Comté] (1760), S. 7 mars 1780.

Remy (Jean-Joseph), né à Letraye [Lorraine] (1760), S. 10 mars 1780, mort à l'hôpital d'Auxonne le 13 mars 1785.

Regneaule (François-Denis), né à Folleduc [Bourgogne] (1761), S. 5 avril 1780, mort en Amérique le 23 août 1780.

Paris (Claude-François), né à Hyèvre-Magny [Comté] (1760), S. 7 mars 1780, mort à Williamsbourg le 6 mars 1782.

Poix (François), né à Loulans [Comté] (1758), S. 20 juill. 1779.

Le Devin (Jean), né à Séqueville [Basse Normandie] (1763), S. 4 nov. 1780.

Bonnard (Joseph), né à Sandaucourt [Lorraine] (1746), S. 21 déc. 1766, R. pour 8 ans le 4 août 1780.

Duchemin (Jacques-Louis-Angélique), né à Saint-Gobain [Picardie] (1759), S. 6 janv. 1777.

Compagnie Barthélemy.

Siré (Jean), né à Montrequienne [juridiction de Metz] (1740), S. 23 mars 1757, congédié avec pension le 7 mai 1783.

Barbier (François), dit **Beausoleil**, né à Crisolles [Picardie] (1735), S. 1er avril 1758, congédié avec pension le 25 juill. 1785.

Chaltien (Jean), dit **La Bonté**, né à Metzerwisse [Lorraine] (1737), S. 1er avril 1758, sergent le 27 nov. 1781.

Jambon (Vincent), né à Romanèche [Bourgogne] (1738), S. 29 mars 1763, R. pour 8 ans le 1er sept. 1778.

Morel (Antoine), né à Boulot [Comté] (1742), S. 16 juill. 1763, passé au régiment colonial le 16 févr. 1785.

Frie (Pierre), dit **La Douceur**, né à Voiron [Dauphiné] (1745), S. 15 avril 1764, R. pour 8 ans le 15 avril 1778.

Gouet (François), né à Essieu [Bugey] (1746), S. 2 déc. 1765, R. pour 8 ans le 20 août 1779.

Bernard (Jean), né à Quincy [Lorraine] (1749), S. 16 déc. 1766, mort à l'hôpital d'Auxonne le 12 avril 1785.

Jacques (Maurice), tambour, né à Aucht [Lorraine] (1750), S. 2 nov. 1767, R. pour 8 ans le 2 nov. 1775.

Fontaine (Pierre), né à Châlon-sur-Saône [Bourgogne] (1750), S. 1er oct. 1769, congédié par grâce le 30 août 1784.

Prevost (Joseph), né à Corre [Comté] (1745), S. 6 avril 1770, R. pour 8 ans le 6 avril 1778.

Salomon (Joseph), né à Dommartin [Champagne] (1751), S. 20 juill. 1771, R. pour 8 ans le 20 juill. 1778.

Zotz (George-Adam), dit **Landau**, né à Herbsheim [Haute-Alsace] (1753), S. 4 juin 1774, R. pour 8 ans le 17 avril 1782.

Iund (François), dit **Strasbourg**, né à Weyersheim [Alsace] (1755), S. 5 juin 1774, mort à Williamsburg le 26 nov. 1781.

Ruchot (Augustin), né à La Maison de Dieu [Bourgogne] (1748), S. 5 nov. 1764, R. pour 8 ans le 5 nov. 1780.

Boyrot (Jean-Baptitse), sergent-major, né à Bourges [Berry] (1743), S. 12 juin 1770, R. pour 8 ans le 12 juin 1778.

Riget (Pierre-Louis), né à Thoraise [Comté] (1758), S. 3 avril 1775, congédié le 6 juill. 1783.

Mezy (François), sergent, né à Auvillers [Verdunois] (1754), S. 21 oct. 1775.

Bernardin (Claude), né à Cassey [Comté] (1752), S. 21 janv. 1776, congédié avec pension militaire le 1er janv. 1782.

Turot (Alexis), né à Bray-Saint-Christophe [Picardie] (1755), S. 16 août 1776.

Ciré (Mathieu), né à Montrequienne [Trois Evêchés] (1760), S. 10 mars 1777, mort en Amérique le 23 août 1780.

Gougey (Claude-François), né à Besançon (1754), S. 12 mars 1777.

Delalieux (François), né à Remioncourt [Picardie] (1758), S. 8 avril 1777.

Bazin (Eugène), né à Saint-Chef [Dauphiné] (1757), S. 4 mai 1777.

Coquard (François), né à Entremont [Dauphiné] (1755), S. 14 déc. 1777.

Berthier (Jean-Baptiste), né à Pontcey [Comté] (1757), S. 18 déc. 1777.

Coutellier (Aubin), né à Rosey [Comté] (1759), S. 12 mars 1778.

Thomas (Antoine), né à Roanne [Forez] (1760), S. 29 nov. 1778.

Joliclère (Claude-Joseph), né à Mignovillard [Comté] (1758), S. 16 déc. 1778.

Baubigny (François), né à Vernix [Normandie] (1761), S. 24 mars 1779.

Martin (Pierre-Joseph), sergent, né à La Neuville Saint-Remy [près Cambrai] (1749), S. 2 mai 1767, parti pour la pension le 25 juill. 1785.

Thiel (Jean), né à Saint-Aubin [Anjou] (1760), S. 29 nov. 1779.

Cabrot (Antoine), né à Saint-Sauveur [Bourgogne] (1760), S. 19 déc. 1779.

Peret (Pierre), né à Jandun [Champagne] (1758), S. 8 févr. 1778.

Julliard (André), né à Basseville [Lyonnais] (1758), S. 15 mars 1779.

Bidaux (Jean), né à Arc [Comté] (1744), S. 25 janv. 1778, mort en mer pendant la traversée de France en Amérique sur le « Mars » le 7 juill. 1780.

Pierron (Joseph), né à Saint-Nicolas, [Lorraine] (1761), S. 15 nov. 1779.

Gaulard (Claude-François), né à Bucey [Comté] (1761), S. 8 déc. 1779.

Thieulle (François), né à Pommerols [Languedoc] (1760), S. 22 déc. 1779.

Clauzelle (Jean-Louis), né à Genève (1762), S. 17 janv. 1780.

Jobard (Pierre-Alexis), né à Foncine [Comté] (1761), S. 2 févr. 1780, mort en Amérique [Baltimore] le 31 janv. 1783.

L'Eclopé (Jean), né à Bourges (1756), S. 5 févr. 1780.

Gehier (François), né à Saint-Michel-de-la-Palud [près Angers] (1761), S. 22 févr. 1780.

Thimon (Jean), né à Saint-Jean-de-Losne [Bourgogne] (1759), S. 1er mars 1780.

Collieux (Jean-François), né à Sainte-Marie [Comté] (1759), S. 2 mars 1780.

Baquet (Jean-Alexis), né à Chauny [Picardie] (1761), S. 11 déc. 1779.

Desmeurs (Claude), né à Armancourt [Champagne] (1760), S. 15 déc. 1779.

Caron (Eloy), né à Noyon [Picardie] (1759), S. 7 janv. 1780.

Décembre (George), né à Houkerich [Lorraine] (1761), S. 21 janv. 1780.

Le Grand (Antoine), né à Saint-Pierre-des-Verriers [Picardie] (1756), S. 6 mars 1780.

Martin (Vincent), né à Rochereau [Lorraine] (1761), S. 13 oct. 1779, mort à l'hôpital d'York le 28 févr. 1782.

Lefèvre (François), né à Jussey [Comté] (1752), S. 18 juill. 1771, mort en Amérique le 11 déc. 1782.

Monnin (Joseph), né à Digne [Provence] (1745), S. 12 mars 1768, R. pour 8 ans le 12 mars 1776.

Caurotte (Pierre), dit **Jolibois**, né à Dammartin [Comté] (1758), S. 22 nov. 1777.

RÉGIMENT DE METZ

(2e BATAILLON)

Le régiment de Metz a été formé de la brigade de Loyauté du corps royal de l'artillerie, en vertu de l'ordonnance du 13 août 1765; son premier colonel a été Gédéon Le Duchat d'Ouderne, et Mathieu (Alexis) en fut le dernier.

En 1777 son 2e bataillon est envoyé aux Antilles.

Deux compagnies du 1er bataillon furent à leur tour envoyées en Amérique en avril 1780 et deux autres les suivirent en 1781.

Ce corps avait à l'armée de Rochambeau dix compagnies; les autres étaient stationnées à Saint-Domingue et dans différentes îles des Antilles.

Ce qui restait de ces compagnies est rentré en France en 1784.

Le régiment de Metz, actuellement 19e régiment d'artillerie, est en garnison à Nîmes.

Le Chevalier Pierre DE GIMEL, né à Rudeil le 28 janvier 1728, Lieutenant-colonel.

ÉTAT-MAJOR

LIEUTENANT-COLONEL

Le chevalier de **GIMEL** (Pierre), né le 28 janv. 1728, à Rudeil [Limousin].

CHEFS DE BRIGADE

Le chevalier **SAINT-MICHEL de MISSOLZ** (Jacques), né le 23 avril 1724, à Annonay [Vivarais].

La BARRE de CARROY (Charles-Joseph-Abel), né le 2 oct. 1733, à Paris.

CAPITAINES

DURAND (Joseph), né le 31 janv. 1761, à Limoges.

ROTALIER (Pierre-Alexis), capitaine de canonniers, né le 22 juill. 1738, à Lons-le-Saunier [Franche-Comté].

TARDY de MONTRAVEL (Jean-François), né le 14 févr. 1744, à Valence.

Le chevalier **LEFEBVRE de VULMONT** (Pierre-Henry), né le 6 août 1741, à Metz. Mort le 14 déc. 1781, à Saint-Domingue.

PELLETIER de GLATIGNY (Louis-François), né en mai 1746, à Compiègne.

Le chevalier **DUPUY** (Etienne), né le 2 août 1743, à Castel-Sarrazin. Mort à la Grenade le 20 déc. 1779.

PELLETIER D'ARGERS (Gabriel-Joseph-Augustin-Laurent), capitaine de sapeurs, né le 23 août 1749, à Metz.

Le chevalier **MAUGIN DOUENCE** (Jean-Baptiste), capitaine par commission, né le 18 oct. 1746, au Blanc [Berry].

De WATRY (Modeste-Joseph), capitaine par commission, né le 16 janv. 1749, à Thionville.

OLLIVIER (Jean-Baptiste), capitaine par commission, né le 15 mai 1746, à Metz.

De DOUAY (Albert-Louis), capitaine par commission, né le 20 févr. 1751.

DURAND de GEVIGNEY (Claude-François-Ignace), capitaine par commission, né le 15 mai 1750, à Besançon.

LIEUTENANTS

Le comte de **CHARBONNEL de JUSSAC** (Michel-Benoit), lieutenant en premier, né le 10 févr. 1749, au Bourg de Saint-Maurice [Gourgeois].

DROZAIN (René-Antoine), lieutenant en premier, né le 1er sept. 1749, à Versailles.

LEBLANC D'ECQUILLEY (Jacques-Joachim-Louis), lieutenant en premier, né le 2 févr. 1751, à Saint-Martin-d'Angentes [diocèse de Langres].

De SONGIS (Charles-Louis-Didier), lieutenant en premier, né le 13 févr. 1752, à Troyes [Champagne].

GUY de GIMEL (Paul), lieutenant en premier, né le 10 mars 1748, à Rudeil [diocèse de Limoges].

CHASSAIN de MARSILLY (François-Gilbert), lieutenant en premier, né le 19 sept. 1749, à Montbrison.

De VAURION (Benoit-François), lieutenant en premier, né le 15 janv. 1750, à Lyon.

CAILLERE DUGLACIS (Honoré), lieutenant en second, né le 1er oct. 1748, à Dijon.

Le DUCHAT DAUBIGNY (François), lieutenant en second, né le 28 oct. 1750, à Metz.

De CAUSSANEL (Antoine-Jacques), lieutenant en second, né le 2 févr. 1751, à Alzon. Mort au Cap, le 26 oct. 1781.

De NEUFVY (René-Marguerite-Henry), lieutenant en second, né le 30 juill. 1750, à Mayat [diocèse du Mans].

De RIDONET de SAUCE (Jean-Louis-Alexandre), lieutenant en second, né le 18 mars 1755, à Metz.

Le chevalier **DURAND** (Jean-Baptiste-Vincent), lieutenant en second, né le 8 janv. 1758, à Besançon.

Le chevalier **de FAULTRIER** (Joachim-Jacques-Philippe), lieutenant en second, né le 1er mars 1755, à Metz.

De MESTRE (André), lieutenant en second, né en 1757.

Le chevalier **de PEYRELONGUE** (François-Aubert), lieutenant en second, né le 27 sept. 1748.

VERNIER (Jean), lieutenant en troisième, né le 14 févr. 1737, à Blamont.

VERNIER (Jean-Paul), lieutenant en troisième.

GOFFART (Jean-Claude), lieutenant en troisième, né le 26 févr. 1744, à Toul.

PECQUEUX (Jacques), lieutenant en troisième, né en 1749.

GERVAIS (Jean), lieutenant en troisième, né en 1731.

DUROZ (Simon), lieutenant en troisième, né en 1737.

*Le chevalier de **MAUROY**, rang de major.
MISSOLZ, rang de major.
VERNIER, aide-major.
MAIGRET, capitaine.
TIXERANDET, capitaine.
La DOAILLIERE, capitaine.
Le chevalier de **LABORIE**, capitaine.
Le chevalier de **MARICULLE**, lieutenant en second.
RICHARD, lieutenant en troisième.
HOUPLAIN, lieutenant en troisième.
HUMBERT, lieutenant en troisième.
CONTONET, lieutenant en troisième.

Compagnie Durand **.

Galaud (Jean-Antoine), né à Besançon (1744), S. 26 oct. 1764.
Laforet (Gabriel), né à Montelier [Dauphiné] (1745), S. 4 févr. 1765.
Cochard (Pierre-François), né à Lyon (1745), S. 12 févr. 1766.
Perrin (Humbert), né à Metz (1749), S. 19 nov. 1765.
Vogin (Pierre), né à La Neuville (1752), S. 16 nov. 1770.
Plée (Antoine), né à Missy [Picardie] (1738), S. 26 janv. 1757.
Aurbin (Adrien), né à Drieucourt [Picardie] (1740), S. 14 mai 1758.
Leiffer (Louis), né à Saint-Avold [Lorraine] (1741), S. 1er mars 1760.
Drasfumel (Jean), né à Châteldon [Bourbonnais] (1738), S. 2 févr. 1763.
Maugeot (Charles), né à Douai (1745), S. 2 févr. 1763.
Boudy (Louis), né à Marchepy [Trois Evêchés] (1745), S. 14 mars 1766.
Pincenay (Jean), né à Thorrenc [Vivarais] (1744), S. 6 avril 1766.
Play (François), né à Flirey [Lorraine] (1739), S. 26 juin 1766.
Guillaud (Jacques), né à Saint-Didier-de-la-Tour-du-Pin [Dauphiné] (1736), S. 16 oct. 1766.
Bolteux (Jean-Baptiste), né à Perrigny [Bourgogne] (1744), S. 11 nov. 1766.
Hatté (Pierre-Louis), né à Cugny [Picardie] (1749), S. 20 janv. 1767.
Oudet (Jean), né à Drans [Franche-Comté] (1746), S. 22 mars 1767.
Cartier (Joseph), né à Damas-aux-Bois [Lorraine] (1743), S. 31 mars 1767.
Michault (Dominique), né à Minorville [Lorraine] (1749), S. 21 déc. 1767.
Jourtes (Pierre-Louis), né à Chaly [Brie] (1750), S. 1er avril 1768.
Pagey (Pierre), né à Annonay [Vivarais] (1752), S. 21 sept. 1770.
Nocq (Charles), né à Saint-Quentin (1747), S. 4 janv. 1771.
Roussel (Jean-Baptiste), né à Meruheux [Normandie] (1757), S. 25 juin 1774.
Coquenel (Charles), né à Fay-les-Noyon [Picardie] (1756), S. 12 sept. 1774.
Dumont (Médart), né à Vesles [Picardie] (1754), S. 9 oct. 1774.
Peridon (Nicolas), né à Mouelpont [Lorraine] (1757), S. 16 mars 1776.
Chocq (Jean), né à La Fère [Picardie] (1756), S. 12 avril 1776.
La Motte (Jean-Antoine), né à Mâchecourt [Picardie] (1759), S. 2 mars 1777.
Corby (Jean-Baptiste-Nicolas), né à Paris (1761), S. 21 avril 1777.

Compagnie De Missolz.

Desset (Jean-François-Nicolas), né à Chaourse-en-Thiérache [juridiction de Rocroy] (1739), S. 14 mai 1758.
Bonnot (Jean-Baptiste), né à Blamont [Franche-Comté] (1733), S. 30 mars 1754.
Thiébault (François-Joseph-Grand), né à Vouhenans [Franche-Comté] (1739), S. 17 mars 1760.
Razotte (Joseph), né à Metz (1744), S. 11 nov. 1766.
Le Maître (Louis), né à Benay [Picardie] (1739), S. 9 oct. 1755.
Bernard (Jean), né à Bazoilles [Lorraine] (1727), S. 6 avril 1758.
Sablon (François), né aux Sablons [Dauphiné] (1739), S. 6 avril 1758.
Gavaud (Jean-Claude), dit **Bellerose**, né à Joudes [Bourgogne] (1740), S. 14 mai 1758.
Bernola (Jacques), dit **La Couture**, né à Villefranche (1739), S. 1er sept. 1760.
Etouvard (Jean-Pierre), dit **Cambrai**, né à Trois-Villes [Cambrésis] (1743), S. 3 nov. 1762.
Minet (Jacques), né à Agimont [Hainaut] (1738), S. 9 mars 1763.
Delorme (Claude), né à Soucieu [Lyonnois] (1744), S. 2 janv. 1764.
Auclair (Gaspard), né à Velesmes [Franche-Comté] (1744), S. 1er mars 1764.
Blehée (Bernard), né à Saint-Mihiel [Lorraine] (1747), S. 25 juill. 1766.
Le Comte (Charles), né à Dommartin [Lorraine] (1749), S. 10 janv. 1766.
Garaud (Louis), né à Neuf-Chef [Lorraine] (1747), S. 1er avril 1766.
Gavaud (Jean), né à Joudes [Bourgogne] (1747), S. 19 févr. 1767.
Maguigny (Jacques), né à Saint-Didier [Lyonnais] (1742), S. 22 févr. 1767.
Levret (Claude), né à Menotey [Franche-Comté] (1745), S. 29 nov. 1767.
Mathiote (Nicolas), né à La Neuville [près Vic] (1740), S. 21 déc. 1767.
Mennegay (François-Joseph), né à Pont-de-Roide [Franche-Comté] (1746), S. 7 févr. 1768.
Mairot (Augustin), né à Arc [Franche-Comté] (1751), S. 26 avril 1771.
Le Clair (Jean-Baptiste), né à Rémonville [Champagne] (1753), S. 1er mai 1772.
Buret (Antoine), né à Chauny [Thiérache] (1755), S. 18 oct. 1773.
Le Comte (Alexandre), né à Dommartin [Lorraine] (1758), S. 14 avril 1774.
Le Comte (Jean), né à Nouvion [Picardie] (1755), S. 25 juin 1774.
Le Comte (Louis), né à Nouvion [Picardie] (1756), S. 25 juin 1774.
Voidet (Vincent), né à Epagny (1757), S. 3 févr. 1775.
Camus (Remy), né à Asfeld [Champagne] (1756), S. 8 mai 1775.
Sohier (Jean-Baptiste), né à Asfeld [Champagne] (1755), S. 4 juill. 1775.
Caillot (Henry), né à Everguicourt [Picardie] (1752), S. 26 janv. 1776.
Brulefer (Jean-Louis), né à Pommeuse [Brie] (1754), S. 1er avril 1776.
D'Anteny (Quentin), né à Chauny [Thiérache] (1758), S. 5 déc. 1776.
Estier (Etienne), né à Asfeld [Champagne] (1759), S. 29 mars 1777.
Meunier (Nicaise), né à Blanzy [Champagne] (1753), S. 17 mai 1777.
Lausare (Nicolas), né à Berulles [Champagne] (1754), S. 18 sept. 1777.

Compagnie Rotalier.

Berthelou (Philippe), né à Légna [Franche-Comté] (1737), S. 24 mars 1757.
Boullet (Pierre-Toussaint), né à Amboise [Touraine] (1734), S. 6 févr. 1757.
Vaillant (Jean), né à Essoyes [Champagne] (1735), S. 6 avril 1758.
Plée (Jean-Charles), né à Missy-le-Château [Picardie] (1741), S. 14 mai 1758.
Moilé (François), dit **Lafeuillade**, né à Saint-Quentin [Picardie] (1753), S. 14 mars 1770.
Le Roy (François), né à Morville-sur-Nied [près Metz] (1743), S. 26 oct. 1763.
Adam (François), né au bourg de Bazailles [près Metz] (1738), S. 15 janv. 1765.
Gautier (Jean), dit **Vadeboncœur**, né à Guivry [Picardie] (1749), S. 11 mars 1766.
Boxberg (Nicolas), né à Mollkirch [Basse-Alsace] (1747), S. 1er avril 1766.
Boucher (Julien), né à Quistinic [Bretagne] (1738), S. 24 juin 1766.
Comtois (Claude-François), né à Mondon [Franche-Comté] (1751), S. 20 janv. 1767.
Cassel (François), né à Tincourt [Picardie] (1746), S. 18 déc. 1767.
Pariset (François), né à Avrigney [Franche-Comté] (1752), S. 17 mars 1768.
Magnenet (Pierre-Joseph), né à Vellevans [Franche-Comté] (1744), S. 3 avril 1768.
Boulanger (Charles-Nicolas), né à Proyart [Picardie] (1750), S. 5 mai 1768.
Gauthier (Nicolas), né à Langres [Champagne] (1751), S. 8 oct. 1770.
Baud (Nicolas), né à Gennes [Franche-Comté] (1748), S. 29 nov. 1770.
Cremer (Nicolas), né à Hettange-la-Grande [près Thionville] (1743), S. 16 oct. 1770.
Gabriel (Louis), né à Chauny [Picardie] (1754), S. 18 déc. 1770.
Bourgain (Jacques), né à Morsain [Picardie] (1753), S. 21 déc. 1770.
De Bauve (Nicolas), né à Bouconville [Picardie] (1752), S. 27 mai 1771.
Parant (Jean-Joseph), né à Najal [Picardie] (1755), S. 18 oct. 1773.
Malh (Claude), né à Auxonne [Bourgogne] (1767), S. 21 sept. 1774.
Le Gay (Adrien), né à Douai [Flandre] (1755), S. 22 nov. 1774.
Estevez (Benoist), né à Hamblain-les-Prés [près Arras] (1756), S. 26 oct. 1775.
Malaquin (Pierre-Antoine), né à Bantie [Picardie] (1759), S. 25 févr. 1776.
Cousin (Jean-Baptiste), né à Ofry [Champagne] (1755), S. 25 mars 1777.
Nicolot (Jean-Philippe), né à Auboncourt Rivières [Champagne] (1760), S. 6 avril 1777.
Gronier (Joseph), né à Vermand [Picardie] (1755), S. 7 mai 1777.
Courtin (Claude), né à Fontaine [Picardie] (1751), S. 3 juill. 1777.

Compagnie Tardy de Montravel.

Goffard (Jean-Claude), né à Toul (1744), S. 1er mai 1764.
Georges (Pierre-Joseph), né à Marchiennes [Flandre] (1738), S. 11 mars 1757.

* Les officiers dont les noms suivent figurent sur l'état d'embarquement, mais il n'a pas été possible de trouver trace de leurs prénoms ni du lieu de naissance.
** Abréviations : S. = Entré au service; R. = Rengagé.

Pioche (Valentin), né à La Roche [Champagne] (1751), S. 8 déc. 1766.

Auper (Pierre), né à Webenheim [Lorraine] (1736), S. 8 févr. 1763.

Person (Louis), né à Cousancelles [Lorraine] (1739), S. 14 mai 1758.

Flamand (Pierre-Joseph), né à Cambrai (1734), S. 2 févr. 1763.

Launoy (Pierre), né à Dommery [Champagne] (1741), S. 13 mars 1763.

La Compar (François), né à Metz (1745), S. 7 avril 1763.

Pontlevis (Jean-Baptiste), né à Maubeuge (1743), S. 23 oct. 1763.

Colaine (Nicolas), dit **Cadet**, né à Joinville [pays Messin] (1741), S. 2 avril 1766.

Rotte (François), né à Beltainvillers [près Metz] (1747), S. 28 nov. 1766.

Frochot (Simon), né à Savigny-le-Sec [Bourgogne] (1748), S. 1er nov. 1767.

Tisserand (Joseph), né à Saône [Franche-Comté] (1748), S. 27 nov. 1767.

Le Page (Antoine), né à Vaillant [Champagne] (1750), S. 4 mars 1768.

Donney (Jean-Nicolas), né à Aumetz [Lorraine] (1750), S. 9 juin 1769.

Progny (Etienne), né à Moug [Picardie] (1744), S. 2 janv. 1770.

Gotillot (Claude), né aux Bois-de-la-Magdelaine [Nivernais] (1750), S. 13 avril 1770.

Girardot (Jean), né à Celles [Bassigny] (1740), S. 19 oct. 1770.

Chire (François), né à Vernois-sur-Mance [Franche-Comté] (1753), S. 2 mars 1771.

Hautelin (Antoine), né à Saint-Thiébault [Champagne] (1753), S. 20 mars 1771.

Goffard (Jacques), né à Toul (1751), S. 31 août 1771.

Bourbier (Louis), né à Anizy [Picardie] (1754), S. 1er oct. 1774.

Reignier (Servais), né à Foucaucourt [Picardie] (1756), S. 25 oct. 1774.

Le Moine (Augustin), né à Bretigny [Picardie] (1747), S. 20 févr. 1775.

Blier (Pierre-François), né à Cambrai [Picardie] (1756), S. 25 juin 1775.

Pirot (Jacob), né à Thiaucourt [Lorraine] (1754), S. 30 oct. 1775.

Groulé (Nicolas-Joseph), né à Marchiennes [Flandre] (1758), S. 1er févr. 1776.

Dussart (Alexandre), né à Marchiennes [Flandre] (1759), S. 3 févr. 1776.

De Lestre (Charles), né à Macquigny [Picardie] (1758), S. 8 mai 1776.

Flamand (François), né à Regny [Picardie] (1754), S. 14 juin 1776.

Dorger (Jean), né à Coulommiers [Brie] (1758), S. 21 nov. 1776.

Robert (Jean-François), né à Epénancourt [Picardie] (1760), S. 29 mars 1777.

Noel (Michel-Louis), né à Void [aux Evêchés] (1760), S. 16 avril 1777.

Dienard (François), né à Saint-Amand [Hainaut] (1755), S. 2 déc. 1777.

Compagnie De Vulmont.

Champion (François), né à Tournon [Vivarais] (1737), S. 1er avril 1757.

Paris (Pierre), né à Coublanc [Champagne] (1742), S. 4 mars 1762.

Pietre (Jean), né à Ancerville [Barrois] (1725), S. 25 mars 1757.

Chapuis (Emanuel), né à Saint-Georges [Franche-Comté] (1749), S. 5 févr. 1767.

Lux (Louis), dit **Laverdure**, né à Langotte [Lorraine] (1730), S. 12 juill. 1753.

Barbouhet (Pierre), né à Bastide-de-Luzech [Quercy] (1736), S. 19 mars 1756.

Jeunot (Georges), né à Pierreville [Lorraine] (1742), S. 8 mai 1763.

Courtin (Antoine-Joseph), né à Locquignol [Hainault] (1745), S. 2 avril 1766.

Juge (Jean), né à Eshières [Dauphiné] (1742), S. 13 janv. 1769.

Cabache (Barthelemy), dit **Saint-Etienne**, né à Bayonvillers [Picardie] (1740), S. 30 mars 1759.

Dory (Michel), dit **Saint-Julien**, né à Saint-Julien [près Metz] (1748), S. 4 déc. 1764.

Sigrist (Ignace), né à Ingenheim [Alsace] (1745), S. 29 mars 1765.

Prudhomme (Nicolas), né à Rivières-les-Bois [Champagne] (1746), S. 1er déc. 1765.

Breniaux (Jean-François), né Brainans [Franche-Comté] (1748), S. 3 janv. 1767.

Jacques (Louis-Joseph), né à Sancy [Lorraine] (1746), S. 20 févr. 1767.

Picard (Christophe), né à Brainans [Franche-Comté] (1757), S. 29 juill. 1767.

Aubry (Jean-Michel), né à Saint-Fiacre [Brie] (1749), S. 6 avril 1768.

Chanot (Jean-Claude), né à Pesmes [Franche-Comté] (1752), S. 10 déc. 1769.

Gallet (André), né à Travecy [Picardie] (1752), S. 23 déc. 1770.

Mangin (Martin-Grand), né à Morelmaison [Lorraine] (1754), S. 20 févr. 1771.

Saint-Quentin (Louis-Thiéry), né à Signy-le-Petit [Thiérache] (1753), S. 18 janv. 1772.

Daniel (Pierre), né à Remigny [Picardie] (1751), S. 16 mars 1774.

Boulnois (Germain), né au Petit-Recey [Picardie] (1754), S. 3 juill. 1774.

Grégoire (Etienne), né à Vincencourt [Picardie] (1757), S. 8 août 1774.

Couttin (Remy), né à La Hardelle [Champagne] (1751), S. 16 nov. 1774.

Bernard (Jean-Jacques), né à Regny [Picardie] (1757), S. 22 sept. 1774.

Devaux (François), né à Balâtre [Picardie] (1753), S. 14 mars 1775.

Mangin (François-Grande), né à Morelmaison [Lorraine] (1758), S. 2 juill. 1775.

Berthe (Antoine), né à Bertincourt [Picardie] (1743), S. 19 août 1777.

Marouré (Jean-Joseph), né à Preux-au-Bois [Hainault] (1754), S. 4 déc. 1777.

Haultion (Jean-Louis), né à Pierrepont [Picardie] (1759), S. 18 sept. 1777.

Compagnie Pelletier de Glatigny.

Miny (Claude-François), né à Poligny [Franche-Comté] (1739), S. 14 mai 1758.

Angelot (Philippe), né à Dammartin [Franche-Comté] (1740), S. 6 avril 1758.

Lambert (Claude-François), dit **Bellerose**, né à Gilley [Franche-Comté] (1750), S. 28 mars 1767.

Anceaume (Toussaint), dit **La Tulipe**, né à Notre-Dame-en-Vaudreuil [Normandie] (1736), S. 6 avril 1758.

L'Endormy (Pierre), dit **L'Espérance**, né à Mouy [Picardie] (1742), S. 1er mars 1760.

La Barre (Pierre), né à Blanzy [Picardie] (1741), S. 2 févr. 1763.

Beurnier (Jean), né à Saône [Franche-Comté] (1746), S. 1er janv. 1764.

Baugenet (Claude), dit **Magny**, né à Magny [près Metz] (1742), S. 1er mars 1764.

Cadit (Joseph), né à Rivières-les-Bois [Champagne] (1748), S. 1er déc. 1765.

Menée (Pierre-Gabriel), né à Nogent-l'Artaud [Brie] (1747), S. 27 févr. 1766.

Miraucourt (Claude-Laurent), né à Mouroux [Brie] (1746), S. 24 juill. 1766.

Renaud (Clément), né à Moutauglaust [Brie] (1745), S. 24 juill. 1766.

Lobgeois (Claude-François), né à Chacrise [Picardie] (1747), S. 19 janv. 1767.

Mouillon (Pierre), né à Perrigny [Bourgogne] (1742), S. 3 sept. 1767.

Petit (François), né au corps (1757), S. 18 sept. 1767.

Buix (Nicolas), né à Inglange [près Metz] (1749), S. 25 nov. 1767.

Brie (Antoine), né à Chauny [Picardie] (1751), S. 7 juin 1770.

Compere (Adrien-Joseph), né à Vetly [Picardie] (1752), S. 5 déc. 1770.

Bonnel (Jean-Baptiste), né à Laudat [Flandre] (1753), S. 4 nov. 1773.

Gonet (Laurent), né à Faily-Wrigo [Picardie] (1753), S. 3 juin 1774.

Foulon (Simon-François), né à Béthencourt [Picardie] (1756), S. 5 juin 1774.

Coquenet (Charles), né au Puy [Picardie] (1756), S. 12 sept. 1774.

Dru (Louis), né à Chauny [Picardie] (1757), S. 6 févr. 1775.

Mery (Jacques), né à Houville [Beauce] (1747), S. 14 nov. 1775.

Deslandre (François), né à Montfaucon [Argonne] (1743), S. 9 déc. 1775.

Bonnet (Pierre-André), né à Landat [Flandre] (1755), S. 1er févr. 1776.

Blain (Jean-Baptiste), né à Guincourt [Champagne] (1756), S. 7 févr. 1776.

Darcouville (Pierre-Simon), dit **L'Ecolier**, né à Fismes [Champagne] (1757), S. 3 mai 1776.

Mangin (Louis), né à Belleau [Lorraine] (1758), S. 31 mai 1776.

Hazard (Joseph), né à Mervron [près Metz] (1749), S. 20 juin 1776.

Caulier (Théodore), né à Catillon-sur-Oise [Picardie] (1759), S. 17 janv. 1777.

Mareschal (Jean), né à Châteauvillain [Champagne] (1755), S. 25 mars 1777.

Compagnie Dupuy.

Gervais (Jean), né à Coudrecourt [Ile de France] (1730), S. 6 avril 1758.

Martin (Pierre), né à Balâtre-le-Roy [Picardie] (1743), S. 17 mai 1762.

Cleroi (Nicolas), né à Varennes [Picardie] (1754), S. 19 juill. 1770.

Chopard (Etienne), né à Girolles-les-Forges [Bourgogne] (1734), S. 6 avril 1758.

Benoist (Louis), né à Montorge [paroisse de Villers-sur-Chalamont, Franche-Comté] (1740), S. 11 mars 1760.

Lucas (Dominique), dit **Jolibois**, né à Nomeny [Lorraine] (1746), S. 11 oct. 1763.

Leger (Pierre), né à Nedange [Trois Evêchés] (1747), S. 22 févr. 1766.

Court (Michel), né à Kedange [Trois Evêchés] (1745), S. 1er avril 1766.

Prince (François), né à Angeot [Haute-Alsace] (1747), S. 7 févr. 1767.

Blain (Jean-Louis), né à Justine [Champagne] (1748), S. 15 avril 1767.

Cassard (Claude-François), né à Landresse [Franche-Comté] (1750), S. 15 avril 1767.

Horion (Christophe), né à Vernéville [près Metz] (1751), S. 13 janv. 1768.

Groyer (Charles), né à Monteux [Comté d'Avignon] (1748), S. 21 févr. 1768.

Philippart (Pierre), né à Bodange [Lorraine] (1746), S. 5 mai 1768.

Lanaud (Etienne), né à Peintre [Franche-Comté] (1752), S. 10 mars 1762.

Michel (Joseph), né au Vrôlot [Normandie] (1748), S. 1er mai 1770.

Le Senne (Jean-Baptiste), né à Doullens [Picardie] (1752), S. 21 nov. 1770.

Fovet (Antoine), né à Priseces [Picardie] (1752), S. 5 déc. 1770.

Gabillot (François), né à Sauvigny-les-Pesmes [Franche-Comté] (1747), S. 14 avril 1771.

Palette (Sulpice), né à Longavesnes [Picardie] (1752), S. 7 juill. 1771.

Chopart (Jacques), né à Girolles-les-Forges [Bourgogne] (1751), S. 28 déc. 1773.

Ludot (Joachim), né à Lhuître [Champagne] (1747), S. 1er mars 1774.

Hobert (Antoine), né à Biariols [Picardie] (1747), S. 26 mai 1774.

Moury (François), né à Laon [Picardie] (1757), S. 16 août 1774.

Laoüer (Jean-Baptiste), né à Saint-Avold [Lorraine] (1760), S. 1er mars 1775.

Duquenel (Jean-Louis-Nicolas), né à Persan (1756), S. 13 avril 1776.

Blocteur (Jacques), né à Sauville [Champagne] (1747), S. 5 sept. 1776.

Perfrene (Pierre), né à Cortevaix (1741), S. 12 févr. 1777.

Rompteau (Guilain-Joseph), né à Saint-Amand [Flandre] (1756), S. 5 mars 1777.

Picard (Augustin), né à Auxerre (1767), S. 1er juill. 1777.

Compagnie Peltier d'Argens.

Bigarelle (Jean-Nicolas), né à Herny [près Metz] (1739), S. 1er févr. 1762.

Boutteaux (Jean-Philippe), né à Aulnoye-les-Berlaimont [Hainaut] (1752), S. 25 déc. 1769.

Girou (Joseph), né à Saint-Mihiel [Lorraine] (1741), S. 14 oct. 1757.

Barbier (François), né à Saint-Valery-sur-Aumale [Normandie] (1736), S. 6 avril 1758.

Cotret (Antoine-Joseph), né à Epehy [Picardie] (1738), S. 17 mai 1762.

Mullière (Auguste-Joseph), né à Lille [Flandre] (1743), S. 2 févr. 1763.

Morré (Remy), né à Flavy-le-Martel [Picardie] (1740), S. 26 mai 1758.

Pique (Claude), né à Lagny [Ile de France] (1727), S. 2 févr. 1763.

Jaquemar (Louis), né à Metz (1746), S. 29 nov. 1763.

Clément (Jean), né à Brabant-le-Roy [Champagne] (1740), S. 1er févr. 1766.

Lar Bove (Jean-François), né à Saint-Remy-d'Arrancy [Picardie] (1744), S. 21 févr. 1766.

Barthelemy (Antoine), né à Morville-sur-Nied [Trois Evêchés] (1748), S. 27 févr. 1766.

Messin (Charles), né à Brule [Champagne] (1748), S. 18 oct. 1766.

Carpin (Jean-François), né à Fontaine-l'Evêque [Hainaut] (1750), S. 19 oct. 1766.

Teisseire (Raymond), né à Cannes [Languedoc] (1746), S. 20 févr. 1767.

Job (Etienne), né à Boulay [Lorraine] (1748), S. 30 avril 1767.

Deldique (Pierre-François), né à Tourcoing [Flandre] (1739), S. 12 déc. 1767.

Bournon (Nicolas), né à Vichery [Trois Evêchés] (1752), S. 20 févr. 1769.

Vitue (Etienne), né à Barenton-Cel [Picardie] (1743), S. 5 sept. 1770.

Villiers (Antoine), dit **Mober**, né à Calais [Picardie] (1751), S. 26 sept. 1770.

Bajamont (Joseph), né à Ertaire [près Evaux] (1753), S. 20 janv. 1771.

Fraye (Toussaint), né à Ley [paroisse de Donnelay, près Metz] (1750), S. 20 févr. 1771.

Dubois (Sébastien), né à Viry [Picardie] (1748), S. 29 nov. 1773.

Bleure (Jacques), né à Nouvion-Labbesse [Picardie] (1756), S. 15 août 1774.

Vilain (Sébastien), dit **Bastien**, né à Pinon [Picardie] (1754), S. 18 sept. 1774.

Poltin (Nicolas), né à Montcornet [Picardie] (1756), S. 26 oct. 1774.

Gusquin (Joseph), né à Regnéville [près Verdun] (1745), S. 19 févr. 1775.

Noel (Anterne), né à Paris (1755), S. 12 juill. 1776.

Maulh (Louis), né à La Fère [Picardie] (1772), S. 1er juill. 1777.

Bodard (François), né à Metz (1755), S. 11 déc. 1777.

Compagnie Douence.

Contosset (Denis), né à Savigny [Bourgogne] (1737), S. 25 mars 1757.

Brenier (Marc), né à Arc [Franche-Comté] (1734), S. 6 avril 1758.

Bourlier (Claude), né à Arc-sur-Til [Bourgogne] (1740), S. 1er juill. 1760.

Delsance (Antoine), né à Douai [Flandre] (1739), S. 19 janv. 1757.

Petit (Pierre-Etienne), dit **Bellerose**, né à Besançon [Franche-Comté] (1751), S. 5 juin 1767.

Pouce (Pierre), né à Axat [Languedoc] (1733), S. 6 avril 1758.

Hequet (François), né à Lille [Flandre] (1736), S. 6 avril 1758.

Guy (Pierre-François), dit **Vadeboncœur**, né à Poligny [Franche-Comté] (1746), S. 15 avril 1765.

Schneider (Christian), né à Drinborn [Lorraine] (1742), S. 25 déc. 1765.

Lamboulay (François-Gabriel), né à Vesoul [Franche-Comté] (1753), S. 14 févr. 1768.

Pietre (Charles-Joseph), né à Sommelonne [Barrois] (1750), S. 17 nov. 1764.

Torque (Jean), dit **Jolicœur**, né à Quintenas [Vivarais] (1744), S. 6 avril 1766.

Macherez (Jacques), dit **L'Aiguille**, né à Metz (1744), S. 23 mars 1762.

Macherez (Claude), né à Metz (1751), S. 22 mars 1767.

Charlet (Guillaume), né à Chaponost [Lyonnois] (1730), S. 12 juill. 1767.

Pierson (Sébastien), né à Ars-sur-Moselle [près Metz] (1735), S. 22 déc. 1767.

Gouss (Jean), né à Drinborn [Lorraine] (1748), S. 5 mai 1768.

Birr (Nicolas), né à Téting [Lorraine] (1736), S. 25 déc. 1770.

Delicourt (Jean-François), né au Plessier [Picardie] (1750), S. 10 févr. 1771.

Guedon (Jean), né à Morelmaison [Lorraine] (1756), S. 26 déc. 1773.

Bullot (Jean-François), né à Avigny [Franche-Comté] (1754), S. 20 mai 1774.

Eyret (Jean-Pierre), né à La Fère [Picardie] (1758), S. 9 juin 1774.

Noé (Pierre-Augustin), né à Anizy-le-Château [Picardie] (1757), S. 4 août 1774.

Roubat (Louis), né à Montferrant [Franche-Comté] (1755), S. 22 déc. 1774.

Villequin (Louis), né à La Neuville-en-Beine [Picardie] (1756), S. 20 août 1775.

Masson (Pierre-Joseph), né à Grenoble [Dauphiné] (1746), S. 6 sept. 1775.

Fleury (Julien), né à Fligneret [Bretagne] (1757), S. 1er déc. 1775.

Renaud (Christophe), né à Nouillonpont [Lorraine] (1759), S. 18 mars 1776.

Compagnie De Watry.

Trotet (Jean-Claude), né à Beaumans [Franche-Comté] (1738), S. 1er avril 1758.

Le Clerc (Philippe), né à Senans [Franche-Comté] (1737), S. 6 avril 1758.

Neigre (Charles), né à Duriage [Piedmont] (1735), S. 2 févr. 1763.

Colin (Pierre), dit **Desmarteaux**, né à Vaubecourt [Barrois] (1734), S. 14 mai 1758.

Doude (Jean), né à La Mure [Dauphiné] (1740), S. 10 déc. 1758.

Weiber (Antoine), né à Urmat [Alsace] (1740), S. 1er mai 1760.

Liebert (Pierre), né à Liesse [Laonnois] (1733), S. 26 janv. 1761.

Pierrard (Jean), dit **La Treille**, né à Kœnigmacker [Trois Evêchés] (1740), S. 4 janv. 1764.

Valençon (Mathieu), dit **Printemps**, né à Meillonnas [Bresse] (1739), S. 1er mai 1764.

Chedat (Nicolas), né à Metz (1744), S. 27 févr. 1766.

Teusch (Christophe), né à L'Ort [Lorraine Allemande] (1743), S. 9 avril 1767.

Cousseau (Guillaume), né à Grandpré [Champagne] (1747), S. 15 avril 1767.

Duval (Charles-Louis), né à Villeselve [Picardie] (1745), S. 30 avril 1767.

Renaud (Claude-Ignace), né à La Grand'-Combe-des-Bois [Franche-Comté] (1744), S. 19 janv. 1768.

Oudin (Claude), né à Marnay [Franche-Comté] (1750), S. 9 déc. 1768.

La Cour (Jean-Baptiste), né à Avrigney [Franche-Comté] (1751), S. 25 mars 1769.

Graindelet (Pierre), né à Saint-Brice-de-Gauchey [Vermandois] (1747), S. 16 avril 1770.

Bonnard (Jean-Joseph), né à Folembray [Picardie] (1757), S. 10 févr. 1774.

Geffrin (Pierre-Alexis), né à Brihaucourt [Picardie] (1758), S. 1er mai 1774.

Macé (Antoine-Luc), né à Villers-Cotterêts [Picardie] (1758), S. 16 mai 1775.

Garreau (Pierre), né à Laval (1755), S. 20 juin 1777.

Parent (Pierre), né à Asfeld [Champagne] (1758), S. 23 juill. 1777.

LES COMBATTANTS FRANÇAIS DE LA GUERRE AMÉRICAINE

1778 — 1783

TABLE DES MATIÈRES

6098. — Librairies-Imprimeries réunies, B, rue Saint-Benoît, 7. — MOTTEROZ, directeur.

www.ingramcontent.com/pod-product-compliance
Ingram Content Group UK Ltd.
Pitfield, Milton Keynes, MK11 3LW, UK
UKHW020302230726
13925UKWH00001B/184

9 782013 566599